행동과학을 위한
통계의 핵심

ESSENTIALS OF STATISTICS FOR THE BEHAVIORAL SCIENCES

Frederick J Gravetter · Larry B. Wallnau · Lori-Ann B. Forzano

행동과학을 위한 통계의 핵심

이태헌·문광수·박준성·박찬호·석혜원·이문수 옮김

제9판

박학사

Cengage

Australia • Brazil • Canada • Mexico • Singapore • United Kingdom • United States

Cengage

Essentials of Statistics for the Behavioral Sciences, Ninth Edition

Frederick J Gravetter
Larry B. Wallnau
Lori-Ann B. Forzano

Original edition © 2018 Wadsworth, a part of Cengage Learning.
Essentials of Statistics for the Behavioral Sciences, 9th Edition by Frederick J Gravetter, Larry B. Wallnau, Lori-Ann B. Forzano
ISBN: 9781337098120

This edition is translated by license from Wadsworth, a part of Cengage Learning, for sale in Korea only.

ISBN: 978-89-98521-72-1

Cengage Learning Korea Ltd.
14F YTN Newsquare 76 Sangamsan-ro
Mapo-gu Seoul 03926 Korea

Cengage is a leading provider of customized learning solutions with employees residing in nearly 40 different countries and sales in more than 125 countries around the world. Find your local representative at: **www.cengage.com**.

To learn more about Cengage Solutions, visit **www.cengageasia.com**.

Every effort has been made to trace all sources and copyright holders of news articles, figures and information in this book before publication, but if any have been inadvertently overlooked, the publisher will ensure that full credit is given at the earliest opportunity.

Printed in Korea
Print Number: 02 Print Year: 2025

역자 서문

첫 강의를 준비할 때 느꼈던 설렘과 긴장은 제법 강의 경력이 쌓인 지난 학기에도 여전했다. 첫 강의를 준비하면서 적절한 교재를 선정하느라 한참의 시간을 보냈던 기억이 있는데, 지금도 그러한 노력에 들이는 시간은 크게 줄지 않은 것 같다. 나를 비롯하여 독자들이 좀 더 쉽게 읽을 수 있고, 쉽게 읽히는데도 통계의 기초적 개념과 이론을 효과적으로 전달해 줄 수 있는 책, 그런 책을 찾기 위한 가치 있는 노력이 아닌가 한다.

나는 그동안 비전공자들에게 기초 통계 과목을 가르치면서, 통계 소프트웨어의 도움 없이 종이와 연필 그리고 지우개만 가지고 결과를 도출하고 그 과정을 확인할 수 있는 예를 사용하려고 무던히 애를 써 왔다. 물론, 기초 통계에서 반드시 다루어야 할 핵심적인 개념을 좀 더 쉽고 효과적으로 전달하기 위한 방안으로 그런 노력을 해 온 것이다. 노력은 지금도 계속하고 있다. 하지만 시간과 노력을 제법 많이 들여 창조한 자료, 나의 연필과 지우개로 족했던 바로 그 자료가 강의실에 입장한 후 거기서 재잘대는 형형색색의 필기도구로는 감당이 되지 않는 경우도 종종 있었음을 솔직하게 용기 내어 고백한다.

교재를 선택하는 과정에서 겪은 몇 번의 시행착오 끝에 이 번역본의 원서를 처음 접하게 되었다. 나는 원서의 저자들 역시 내가 원했던 그런 종류의 자료를 사용하여 독자의 이해를 돕고 있다는 사실을 알고 반가움을 느낀 동시에 내가 만든 자료의 한없는 가벼움을, 아니 사실은 무거움을 함께 느껴야 했다.

처음으로 통계라는 거대하고 높게만 느껴지는 산을 넘어야 하는 사람에게는 조심스럽게 준비된 과정을 차근차근 밟아 가는 것이 큰 도움이 된다. 자료를 직접 손으로 만져 보고 결과를 도출하는 과정을 눈으로 확인해 볼 수 있는 기회를 가진다는 것은 곧 궁극적으로 통계적 이론과 개념을 이해하기 위한 도구를 자신의 손에 쥐고 필요할 때마다 꺼내어 사용할 수 있는 능력을 가진다는 것이다.

그래서 직접 손으로 다룰 수 있을 정도의 작은 규모이면서도 핵심 개념을 이해시키기 위해 면밀하게 준비된 자료가 중요한 역할을 하는 것이다. 이 책은 그러한 자료들이 처음부터 끝까지, 평균, 표준편차의 계산부터 분산 분석, 회귀 분석에 이르기까지 제 역할을 톡톡히 하고 있다.

마침 우리나라에서 강의를 시작할 무렵 박학사와 인연이 닿아 이 원서를 번역할 기회가 생겼고, 혼자서는 감당하기 힘들까 저어하여, 학문적 인연과 인간적 인연을 동원하여 현재의 번역진과 공동 번역 작업을 감행할 수 있게 되었다.

번역이 완성되기까지 번역진 모두 많은 시간과 노력을 들였지만, 원문의 의미를 훼손하지 않는 범위에서 매끄러운 의역을 하기가 매우 힘들었고, 통계 용어의 적절한 번역에 대한 합의 등에 대해 아직 해결해야 할 부분이 많이 남아 있는 것이 사실이다. 또한 번역을 하면서 크고 작은 오류와 어색한 표현 등을 최대한 줄이기 위해 모든 번역진이 최선을 다했으나 독자들의 입장에서는 아직 많이 미흡할 것인데, 이는 모두 대표 역자인 나의 책임임을 명확히 밝히며, 앞으로 지속적으로 개선해 나갈 것을 약속드린다.

이 책의 번역이 완성되기까지, 바쁜 일정 속에서도 나와의 인연 때문에 번역에 동참해 주신 분들께 진심으로 감사드리며, 편집 과정에 큰 기여를 해 준 윤소진, 유승민 중앙대학교 심리학과 대학원생들에게도 감사의 마음을 전한다. 더불어 이 책의 출판을 승낙해 주신 박학사의 구본하 사장님과 원서에 포함된 많은 도표와 그림 및 수식을 정확하게 한국어판으로 다듬어 준 편집부 김재석 님과 꼼꼼하게 교정해 준 신현경 님께 감사의 마음을 전한다.

자료를 직접 헤아려 보는 경험을 통해서만 얻을 수 있는 통찰의 희열을 경험하길 진심으로 바라며.

2020년 2월 역자 대표 이태헌

저자 서문

행동과학을 공부하는 많은 학생들이 통계 과목을 흥미로운 교과목으로 여기기보다는 좀 부담스러운 장애물처럼 여깁니다. 학생들은 인간의 행동에 대해 배우고 싶어 하지, 수학이나 과학을 배우고 싶어 하지 않습니다. 통계학 강의는 학생들의 교육 또는 직업의 목표와 무관해 보이기도 합니다. 하지만 행동과학이 과학으로 분류되고 있고, 그러므로 통계적 지식은 필수라고 할 수 있습니다. 통계 절치를 활용하여 연구사들은 자신의 연구 결과를 객관적이고 체계적인 방법으로 해석하고 설명할 수 있습니다. 과학적 연구는 우리가 정보를 수집하는 시스템이며, 통계학은 우리가 수집한 정보를 가지고 합리적이며 정당한 결론을 도출하게 하는 도구입니다. 이 책의 목표는 통계 방법을 가르치는 것, 그에 더하여 과학에 필수적이며 일상생활에서의 의사 결정에 도움을 주는 객관성과 논리성의 기본 원칙을 전달하는 것입니다.

이 책, 『행동과학을 위한 통계의 핵심』 제9판은 심리학 또는 행동과학 학부에서 다루는 통계 과정을 대상으로 합니다. 이 책의 전반적인 학습 목표는 아래와 같으며, 이는 미국 심리학회(Noland and the Society for the Teaching of Psychology Statistical Literacy Taskforce, 2012)에서 제시한 학습 목표 중 일부에 해당합니다.

1. 중심 경향성 및 변산성 측정값의 계산 및 의미 해석
2. 인과관계와 상관관계의 구분
3. 통계량, 그래프, 표로 나타난 자료의 해석
4. 주어진 연구 설계, 연구 문제 또는 연구 가설에 적절한 통계적 분석의 선택 및 구현
5. 가설 검정 과정에서의 자료 분석 및 해석을 위한 올바른 전략 확인
6. 적합한 기술 통계 및 추리 통계의 선택, 적용 및 해석
7. APA 형식을 사용한 통계 분석 보고서 작성 및 해석
8. 자료에서 나타난 통계적으로 유의미한 결과와 우연히 나타난 결과의 구분
9. 통계적 유의성의 기본 검증 방법들의 계산 및 해석
10. 신뢰 구간의 계산 및 의미 해석
11. 효과 크기 측정 및 의미 해석

12. 실질적인 통계적 유의성의 인지

이 책의 장들은 우리가 통계학 강의에서 가르치는 순서대로 구성되어 있습니다. 기술 통계(1~4장)로 시작해서 추리 통계(5~8장)의 기초가 이어지며, 상관과 비모수적 통계 검정(14~15장)으로 넘어가기 전에 표본 평균 및 분산에 중점을 둔 다양한 통계 절차(9~13장)를 검토합니다. 다른 방식의 구성을 선호하는 강의자들을 위해, 기존 순서를 수정하는 것에 대한 정보를 다음의 '강의자를 위한 안내'에 소개하였습니다. 각 장은 수많은 예제(실제 연구를 기반으로 한 많은 사례들), 각 절에 대한 학습 목표 및 학습 점검과 더불어, 핵심 요약, 주요 용어, SPSS 사용 지침, 문제 해결을 위한 팁, 증명, 그리고 각 장을 마무리하는 연습 문제로 이루어져 있습니다.

『행동과학을 위한 통계의 핵심』의 이전 판들에 익숙한 독자들은 제9판에서 몇 가지 달라진 점을 확인할 수 있습니다. 변경 사항은 '강의자를 위한 안내'에 요약되어 있습니다. '강의자를 위한 안내'에 뒤이어 소개될 '학생을 위한 안내'는 학생들에게 도움이 될 것입니다. 이 책을 개정하면서 우리는 학생들을 최우선으로 생각하였습니다. 우리 학생들은 몇 년에 걸쳐 정직하고 유용한 피드백을 제공해 주었으며, 학생들의 노력과 인내는 강의와 저술 활동을 하는 우리에게 가장 큰 보람입니다. 도움을 주신 분들에게 진심으로 감사를 전합니다.

강의자를 위한 안내

『행동과학을 위한 통계의 핵심』의 이전 판들에 비해 제9판에서는 많은 변화를 확인할 수 있습니다. 책 전체에 걸쳐 연구 예제가 업데이트되었고, 학생들에게 특히 흥미로울 실제 예제가 추가되었으며, 각 장 뒷부분의 연습 문제가 광범위하게 수정되었습니다.

이 판의 주요 개정 내용은 아래와 같습니다.

1. 모든 장의 각 절은 해당 절에 대한 '학습 목표' 목록으로 시작됩니다.
2. 각 절은 객관식 질문과 답변으로 구성된 '학습 점검'으로 마무리되는데, 각 학습 목표마다 하나 이상의 질문이 있습니다.
3. 스스로 해 볼 수 있도록 예제와 증명이 각 장에 추가되었습니다. 구체적인 통계 계산을 수행함으로써 학생들은 각 장에서 제시된 주제를 이해하였는지 확인할 수 있습니다.

그 외에 구체적이고 주목할 만한 개정 사항은 아래와 같습니다.

1장 주제 순서를 재구성하여 단순화하였습니다.

2장 비교적 간소한 편집을 통해 좀 더 명확하고 단순하게 구성하였습니다.

3장 개념의 흐름을 용이하게 하기 위해 주제 순서를 재구성하였습니다. 중위수에 대한 논의는 세련되고 명확해졌으며, 표본과 모집단을 포함하게 되었습니다.

4장 시작 문단을 편집하면서 변산성 개념을 좀 더 친숙한 개념인 다양성 및 일관성과 연관 지었습니다. 표준편차 및 분산에 대한 절은 계산보다는 개념에 주안점을 두어 편집하였습니다.

5장 표본 z 점수를 다루는 절을 포함시켜, 모집단과 표본이 일관성 있게 논의되도록 하였습니다.

6장 6-4절 '추리 통계 미리 보기'를 간결하게 구성하였습니다.

7장 표준편차와 표준오차의 차이를 설명하는 글상자를 삭제하고, 그 내용을 7-4절에 소개하였습니다. 또한, 표준오차가 이 장에서 새로 소개된 주요 요소임을 편집을 통해 강조하였습니다. 마지막 절인 '추리 통계 미리 보기'는 6장과 마찬가지로 간결하게 구성하였습니다.

8장 예시들을 간결하게 제시하였고 대부분의 장에서 동일한 연구 예시에 초점을 맞추었습니다. 불필요한 예시는 삭제하였습니다.

9장 신뢰 구간 공식의 출처를 명확히 하고, 구간이 표본 평균으로 이루어져 있다는 점을 강조하기 위해 신뢰 구간을 소개하는 절을 편집하였습니다.

10장 $(M_1 - M_2)$의 추정 표준오차를 제시하는 10-2절을 단순화하였습니다.

11장 대응 개체 설계에 대한 논의는, 반복 측정 설계와 비교되는 독립 측정 설계의 장단점이기에 장의 뒷부분으로 옮겼습니다. t 검정에 대한 다른 두 장과 일치하도록 가설 검정에 대한 절을 신뢰 구간에 대한 절과 분리하였습니다. 독립 측정 설계 및 반복 측정 설계를 비교하는 절의 내용을 추가하였습니다.

12장 내용을 단순화하기 위해 분산 분석에서 불필요한 예시 한 가지를 삭제하였습니다. 가설 검정 및 효과 크기에 대한 논의가 사후 검정으로 바로 이어질 수 있도록 절들을 재구성하였습니다.

13장 반복 측정의 가설 검정 및 효과 크기 측정 결과에 영향을 미치는 요인들에 대한 논의 부분이 크게 늘어났습니다. 2요인 ANOVA를 소개하고 시연하는 부분에서는 동일한 연구 예제를 사용하여 단순화하였습니다.

14장 부분 상관관계에 관한 절이 상관과 관련된 필수적인 주제가 아니라고 판단하여 삭제하였으며, 이로 인해 장이 짧아지고 단순화되었습니다.

15장 새로운 절(15-4절)에서 두 종류 카이 제곱 검정의 효과 크기 측정값으로 Cohen의 w를 소개하였습니다.

■ 강의 계획에 맞추어 교재를 활용하세요.

이 책의 장들은 우리의 통계 강의에서 사용되는 순서대로 구성되어 있습니다. 하지만 강의하는 사람에 따라서 다른 순서를 선호할 수도 있고, 어떤 주제는 강조하지 않거나 생략할 수도 있습니다. 교재의 순서를 강의 계획서에 맞게 삭제하거나 재구성할 수 있도록 각 장과 절이 서로 독립적인 내용이 되도록 노력하였습니다. 자주 발생하는 몇 가지 예시가 아래에 제시되어 있습니다.

- 강의자가 분산 분석(12~13장)을 강조할 것인지, 아니면 상관/회귀(14장)를 강조할 것인지 선택하는 경우는 흔합니다. 한 학기 강의에서 두 주제를 전부 다루는 경우는 드뭅니다.
- 이 책에서는 상관(14장)을 소개하기 전에 평균과 평균 차이에 관한 모든 가설 검정을 다루었지만, 많은 강의자들은 강의 주제 순서에서 상관을 훨씬 일찍 다루고자 합니다. 이러한 요구대로, 피어슨 상관관계의 계산 및 해석을 나타내는 14-1절, 14-2절, 14-3절은 4장(변산성) 다음에 바로 다룰 수 있습니다. 14장의 다른 절은 가설 검정을 참고하기 때문에, 가설 검정 과정(8장)을 배우고 난 뒤로 미뤄져야 합니다.
- 강의자들은 강의 주제 순서에서 카이 제곱 검정(15장)을 더 일찍 다룰 수 있습니다. 확률에 대한 가설 검정을 다루는 15장은 가설 검정 과정을 소개하는 8장 뒤에 둘 수 있습니다. 위 주제 순서를 완료한 뒤에는, 독립 카이 제곱 검정의 기초를 다지기 위해 피어슨 상관(14-1절, 14-2절, 14-3절)을 먼저 다루길 추천합니다.

학생을 위한 안내

이 책의 중요한 목표는 통계를 되도록 쉽고 고통스럽지 않게 공부할 수 있도록 하는 것입니다. 무엇보다도 이 책은 기법을 연습할 수 있는 많은 기회를 학습 점검, 문제 해결을 위한 팁, 증명, 연습 문제의 형태로 제공합니다. 이런 기회들을 잘 활용하길 바랍니다. 수식을 암기하는 대신 본문을 읽어 보세요. 우리는 절차가 왜 개발되었는지, 그리고 언제 사용해야 하는지를 설명하는 개념적 맥락 안에서 각 통계적 절차를 소개하였습니다. 여러분이 본문을 읽고 통계 공식 속 기본 개념을 이해한다면, 공식을 익히고 활용하는 것이 훨씬 쉬워질 것입니다. 우리가 학생들에게 주는 조언을 다음의 '학습 요령'에 소개하였습니다. 여러분의 선생님에게도 조언을 구해 보세요. 그분들도 자신들만의 아이디어를 가지고 있을 것입니다.

■ 학습 요령

우리의 학생들이 그랬듯이, 여러분들도 이 팁들이 유용하다고 느낄 것입니다.

- 성공적인 통계 강좌 수강의 열쇠는 이 책을 꾸준히 해내는 것입니다. 각각의 새로운 주제는 이전 주제를 기반으로 합니다. 앞의 내용을 익혔다면, 다음 내용은 그저 한 걸음만 더 내딛으면 됩니다. 하지만 적절한 배경지식이 없다면, 새로운 주제는 완전히 수수께끼일 것입니다. 여러분이 잘 따라가지 못한다고 생각하면, 바로 도움을 요청하세요.
- 한꺼번에 길게 공부하는 것보다는 한 주에 여러 번 짧게 공부하는 것이 더 효율적일 것입니다. 학습은 나눠서 하는 것이 가장 좋습니다. 예를 들어, 매일 밤 30분씩 공부하고 문제를 푸는 것이 일주일에 한 번 3시간 30분 공부하는 것보다 훨씬 효과적입니다.
- 강의 전에 예습을 하세요. 오늘 배울 부분을 강의 시간 전에 읽어서, 강의자보다 약간 앞서 나가야 합니다. 읽은 내용을 완전히 이해하기는 어렵겠지만, 해당 주제에 대한 대강의 생각을 가지게 되므로 강의를 더욱 쉽게 따라갈 수 있습니다. 특히 헷갈리는 내용을 확인하고 강의 시간에 이것을 명확히 할 수 있습니다.
- 강의 시간에 집중하고 생각하세요, 당연한 조언처럼 들리지만, 이는 종종 실천되지 않습니다. 많은 학생들이 강의자의 예시나 말을 실제로 이해하고 익히지 못하였는데도 이를 전부 받아 적으려고 많은 시간을 소비합니다. 강사님께 여쭤 보세요. 특히 본문에 비슷한 예제가 많은 경우에는 강의에서 설명하는 모든 예제를 받아 적을 필요는 없습니다. 때때로 저희도 학생들에게 연필을 잠시 내려놓고 일단 들어 보라고 합니다.
- 정기적으로 스스로를 점검해 보세요. 자신이 배운 것을 확인하려고, 장의 내용을 모두 끝내거나 그 주가 끝나길 기다리지 마세요. 교재를 읽다가도 멈추고 예제를 풀어 보세요. 또한, 각 절을 끝마친 후에는 학습 점검을 풀어 보세요. 각 강의가 끝난 뒤에는 연습 문제를 풀어 보세요. 예제를 풀어 보고, 여러분이 주요 용어를 정의할 수 있는지 확인하세요. 어려움이 생기면, 지체하지 말고 답을 찾도록 해 보세요. 해당 절을 다시 읽거나, 선생님에게 가거나, 강의 시간에 질문하세요. 그렇게 해보면, 새로운 내용으로 넘어갈 수 있습니다.
- 자신을 속이지 말고 부정하지도 마세요. 많은 학생들이 강의 시간에 문제를 푸는 강의자를 보고 "쉽네, 이해했어."라고 스스로 생각합니다. 정말로 이해했나요? 그 장을

뒤적거리지 않아도 스스로 문제를 풀 수 있나요? 문제를 해결하기 위해 교재의 예제를 참고로 하는 것은 괜찮지만, 자신의 학습 수준을 확인하기 위해 책을 덮은 상태에서도 문제를 해결해 보세요.

- 많은 학생들이 도움을 요청하는 것을 어색해합니다. 이는 우리가 강의를 할 때 겪는 가장 큰 어려움입니다. 여러분은 이 거부감을 극복하는 방법을 찾아야 합니다. 강의 시간에 질문하는 것이 너무 불안하다면, 선생님에게 직접 연락하는 것이 좋은 시작점이 될 수 있습니다. 여러분은 기쁘게도 선생님이 소리 지르거나, 꾸짖거나, 물지 않는다는 것을 알게 될 것입니다! 또한 선생님이 여러분에게 도움을 줄 수 있는 다른 학생을 추천할 수도 있습니다. 다른 학생의 가르침은 매우 큰 도움이 될 것입니다.

■ 연락처

몇 년에 걸쳐, 우리 반 학생들과 우리의 책을 공부하는 다른 학생들은 저희에게 값진 피드백을 주었습니다. 이 책에 대한 제안이나 의견이 있다면, 아래 주소로 연락해 주세요.

Professor Emeritus Frederick Gravetter, Professor Emeritus Larry Wallnau, or Professor Lori-Ann Forzano at the Department of Psychology, The College at Brockport, SUNY, 350 New Campus Drive, Brockport, New York 14420

Gravetter 명예교수의 이메일(fgravett@brockport.edu)로 연락을 주셔도 좋습니다.

학습 보조 도구

이 편집판에서 제공되는 학습 보조 도구는 다음과 같습니다.

- **MindTap® Psychology** Gravetter, Wallnau, Forzano의 『행동과학을 위한 통계의 핵심』 제9판을 위한 *MindTap® Psychology*는 학생들을 참여시키고 비판적 사고를 지니게 하는 데 도움을 주는 디지털 학습 솔루션입니다. MindTap은 개인화할 수 있는 어플리케이션이자 역동적인 과제 해결 방식이고, 실시간 강좌 분석 도구이자 접근 가능한 리더기입니다. MindTap은 쓸데없는 부분을 자르는 과자 모양 틀처럼 학생들을 무관심한 사람에서 참여자로, 단순 암기자에서 비판적 사고자로 만듭니다. MindTap은 강의 특화적이고 정확하며 독특한 도구 세트(다양한 개념을 통해 학생들을 안내하는 비디오 자습서, 학습한 내용을 연습할 수 있는 대화식 문제 자습서 등)를 강의자가 쉽게 이용할 수 있도록 합니다. MindTap은 워크 플로를 개선하도록 설계된 인터페이스로, 단체 강의 또는 개인 과외 계획을 세울 때 여러분의 시간을 절약해 줍니다. 여러분은 모든 자료를 놓치지 않고 다루면서도 학생들의 비용을 낮춰 주는 강의를 구성하고 특성화할 수 있습니다. 강의 상호 작용 분석을 기반으로 하는 실시간 학생 추적은 지속적으로 피드백하며 정보를 제공함으로써 강의를 조정하는 데

필요한 정보를 제공합니다.

- **Aplia** 학생들이 강의 활동에 계속 참여하고 통계 분석의 기본 도구와 개념을 익히게 하는 온라인 대화형 학습 솔루션입니다. 연구 심리학자가 학생들의 우수성을 높이기 위해 만든 Aplia는 실제 시나리오들을 기반으로 한 콘텐츠를 제공하며, 학생들이 통계를 일상생활에 적용하는 방법을 배우는 데 도움이 되는 질문을 합니다. 동시에 모든 장의 과제를 자동으로 채점하며, 학생들에게 자세한 설명을 제공하고, 모든 질문에서 학생들이 배우고 개선되었는지를 확인합니다.
- **온라인 강의자 메뉴얼** 온라인 강의자 매뉴얼 이 매뉴얼에는 학습 목표, 핵심 용어, 각 장의 자세한 개요, 요약, 강의 계획, 토론 주제, 학생 활동, '만약에' 시나리오, 미디어 도구, 샘플 강의 계획서 및 확장된 문제 은행이 수록되어 있습니다. 학습 목표는 토론 주제, 학생 활동 및 미디어 도구와 관련되어 있습니다.
- **온라인 PowerPoints** 이 편리한 Microsoft PowerPoint® 슬라이드들은 강의 준비 프레젠테이션에서 본문의 장들을 간략하게 설명합니다. 이는 시각 자료에 익숙한 학생들에게 효과적으로 다가가면서, 여러분의 강의를 더욱 흥미롭게 진행할 수 있도록 도와줍니다. Microsoft PowerPoint® 슬라이드는 새로운 편집본의 교재 내용과 구성을 반영하도록 업데이트되었습니다.
- **Congncro®에서 제공하는 Cengage 학습 검사** Congnero®에서 제공하는 Cengage 학습 검사는 문제 은행 콘텐츠를 작성, 편집 및 관리할 수 있는 유연한 온라인 시스템입니다. 시험의 여러 버전들을 한번에 생성하고 시험을 강의실의 LMS에서 제공할 수 있습니다.

감사의 말씀

책 한 권을 출판하기 위해서는 많은 분들의 정성이 필요합니다. 이 책을 펴내는 데 Cengage 출판사의 여러 사람들이 많은 기여를 해 주셨습니다. 제품 디렉터인 Marta Lee-Perriard, 제품 관리자인 Carly McJunkin, 제품 어시스턴트인 Kimiya Hojjat, 선임 콘텐츠 프로젝트 관리자인 Carol Samet, 아트 디렉터인 Vernon Boes에게 감사를 전합니다. 특히 우리 콘텐츠 개발자이신 Linda Man과 MPS의 제작 과정을 이끌었던 Lynn Lustberg에게 감사를 전하고 싶습니다.

원고의 개선을 위해서는 검토자의 역할이 매우 중요합니다. 따라서 검토에 도움을 주신 여러 동료, 즉 켄트 주립 대학교의 Patricia Tomich, 휴스턴 대학교의 Robert E. Wickham, 웨스턴 미시간 대학교의 Jessica Urschel, 캘리포니아 주립 대학교 Long Beach 캠퍼스의 Wilson Chu, 오리건 대학교의 Melissa Platt, 루이스앤클라크 대학교의 Brian Detweiler-Bedell에게 감사를 전합니다.

마지막으로 배우자와 아이들, 즉 Debbie Gravetter와 Charlie, Ryan, Alex Forzano와 Naomi, 그리고 Nico Wallnau에게 진심 어린 감사를 전합니다. 가족들의 인내와 지지가 없었다면 이 책은 세상에 나오기 힘들었을 것입니다.

Frederick J Gravetter, Larry B. Wallnau, Lori-Ann B. Forzano 드림

저자 소개

Frederick J Gravetter 뉴욕 주립 대학교 Brockport 캠퍼스 심리학과 명예교수입니다. Brockport에서 통계학, 실험 설계, 인지 심리학을 주로 강의하였습니다. MIT에서 수학 학사 학위를, 듀크 대학교에서 심리학 박사 학위를 받았습니다. 이 책뿐만 아니라 여러 연구 논문을 출판하였으며,『행동과학에 대한 연구 방법 및 행동 과학에 대한 통계(*Research Methods for the Behavioral Sciences and Statistics for the Behavioral Sciences*)』의 공동 저자입니다.

Larry B. Wallnau 뉴욕 주립 대학교 Brockport 캠퍼스 심리학과 명예교수입니다. Brockport 캠퍼스에서 강의하는 동안 생물심리학에 관한 수많은 연구 논문을 발표하였으며, 여러 학회지의 편집 위원을 맡았습니다. Gravetter 박사와 함께『행동과학을 위한 통계(*Statistics for the Behavioral Sciences*)』의 공동 저자입니다. 뉴헤이븐 대학교에서 석사 학위를, 뉴욕 주립 대학교 Albany 캠퍼스에서 심리학 박사 학위를 받았습니다. 달리기를 취미로 시작하였고, 뉴욕과 뉴잉글랜드 경주에서 완주하였습니다. 유기되거나 구조된 개를 입양하는 것에 큰 기쁨을 느끼고 있습니다.

Lori-Ann B. Forzano 뉴욕 주립 대학교 Brockport 캠퍼스 심리학과 교수로, 학부 및 대학원에서 연구 방법, 학습 심리학, 섭식 관련 심리학, 통계학을 가르치고 있습니다. 뉴욕 주립 대학교 Stonybrook 캠퍼스에서 심리학으로 석사 학위를, 실험심리학으로 박사 학위를 받았습니다. 성인과 어린이의 충동성과 자기조절에 관해 연구합니다. 학회지인 *Experimental Analysis of Behavior, Learning and Motivation, The Psychological Record*에 연구들을 발표하였습니다.『행동과학을 위한 연구 방법론(*Research Methods for the Behavioral Sciences*)』의 공동 저자이기도 합니다.

차례

제12장 분산 분석 소개 399

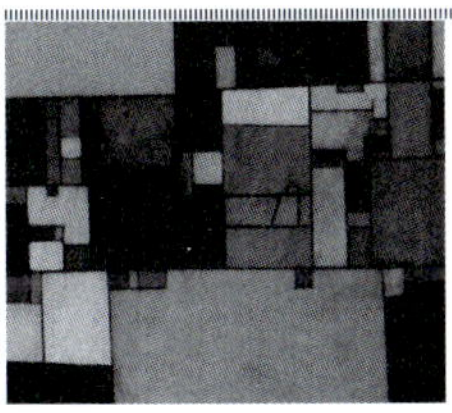

제13장 반복 측정과 2요인 분산 분석 451

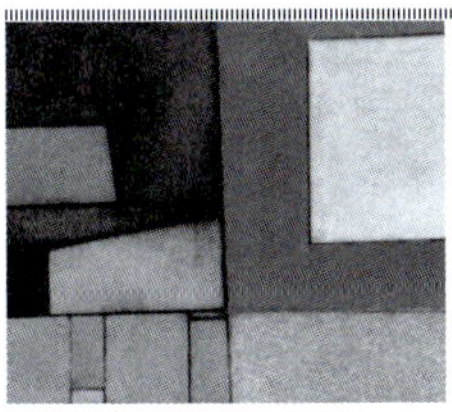

제14장 상관과 회귀 515

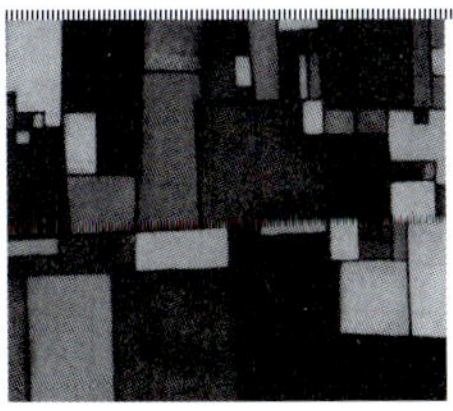

제 15 장 카이제곱 통계량: 적합도와 독립성에 대한 검정 581

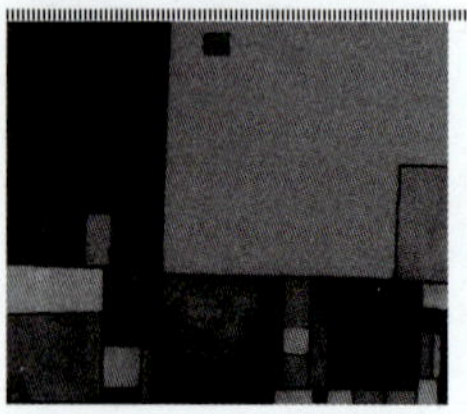

CHAPTER

1

통계에 대한 소개

1-1 통계, 과학, 그리고 관찰

학습 목표(Learning Objectives)

1. 모집단, 표본, 모수 및 통계량에 대해 구분할 수 있다. 이들 간의 관계를 기술하고 각각의 예를 설명할 수 있다.
2. 일반적으로 통계의 두 범주로 구분되는 기술 통계와 추론 통계를 설명하고, 이들이 연구에서 어떻게 사용되는지 설명할 수 있다.
3. 표집 오차의 개념을 설명하고, 추론 통계에서 다루는 근본적인 문제인 표집 오차가 어떻게 발생되는지 설명할 수 있다.

■ 서문

통계에 대한 토의를 시작하기 전, Wrong Shui의 철학(Candappa, 2000)에서 다음 단락을 읽어 보자.

> **깨달음을 위한 여행**(Journey to Enlightenment)
> Wrong Shui에는, 인생이란 여행자가 본 적도 없고 예상치도 못한 장애물들을 극복한 끝에 이해와 깨달음을 얻게되는 장대한 여정으로 본다. 여러분들의 집에서 조명 스위치를 방문에서 멀리 떨어져 있는 구석진 곳으로 옮긴 후 이러한 모험을 흉내내 보라.[1]

왜 복잡한 철학으로부터 통계 책을 시작하는가? 부분적으로는 유머로 기분을 가볍게 하고 싶었기 때문이다. 통계 공부를 시작하는 것은 일반적으로 인생의 즐거운 순간은 아니다. 또한 앞서 제시한 단락은 책의 목적을 위한 훌륭한 반례이기도 하다. 특히, 우리의 목표는 통계(statistics)라는 세상을 가로지르는 여정에서 여러분들이 어둠 속을 헤매지 않도록 많은 도움과 밝은 조명을 제공하는 등의 모든 노력을 다하는 것이다. 이를 위해 학습 목표로 각 절을 시작하고 마지막에는 간단한 연습 문제로 얼마나 습득했는지 알아볼 것이다. 또한 새로운 통계 절차를 소개할 때는 그 절차가 의도한 목적을 함께 설명할 것이다. 왜 새로운 통계적 절차가 필요한지 이해한다면 통계를 배우는 것이 훨씬 쉬워질 것이다.

이 첫 번째 장의 목적은 통계에 대해 소개하고 책의 뒷부분을 이해하는 데 필요한 배경 지식을 제공하는 것이다. 과학의 일반적인 분야에서 통계의 역할에 대해 논의하

---

[1] Candappa, R. (2000). *The Little Book of Wrong Shui*. Kansas City, MO: Andrews McMeel Publishing. 허락하에 재인쇄.

고, 이어지는 통계 방법에 필요한 어휘 및 표기법을 소개할 것이다. 이 책은 통계의 기본 개념과 정의부터 시작하여 체계적이고 논리적인 발전을 통해 점차 정교한 설명으로 진행된다. 따라서 각각의 새로운 주제는 다음에 나오는 자료의 토대가 된다. 예를 들어, 처음 9장의 내용은 10장에 제시된 통계적 방법에 대한 배경(토대)이 된다. 따라서 9장을 읽지 않고, 10장을 바로 읽으면 혼란스럽고 이해하기 어려울 수 있다. 그러나 기존 장을 통해 배경 자료를 배우고 이해하면 이후 장에서 제시된 새로운 개념을 통합할 수 있는 참조 프레임을 갖게 될 것이다.

■ 통계의 정의

한 정의에 따르면, 통계는 덴버(Denver)의 연평균 강설량 또는 데릭 지터(Derek Jeter, 뉴욕 양키스 유격수)의 평균 타율과 같은 사실과 수치로 구성되어 있다. 이러한 통계는 대규모 정보를 몇 가지 간단한 수치로 요약해 주기 때문에 일반적으로 유익하고 시간을 절약할 수 있다. 이 장의 뒷부분에서 통계량(사실과 수치)을 계산하는 방법에 대해 알아보겠지만, 지금은 좀 더 광범위한 통계의 정의를 살펴볼 것이다. 특히, 통계학이라는 용어는 일반적인 수학 분야를 언급하기 위해 사용된다. 이 경우 **'통계적 절차'**를 줄여 **'통계'**라는 용어로 표현한다. 예를 들어, 행동과학에서 연구 결과를 요약하고 평가하는 데 사용되는 통계 기법들을 배우는 통계 과정에서 이 책을 사용할 수 있다.

행동과학(및 다른 분야)의 연구는 정보 수집과 관련이 있다. 예를 들어, 대학생이 인쇄물과 컴퓨터 중 어떤 것을 활용했을 때 학습을 잘하는지 비교, 판단하려면 학생의 학습 습관 및 학업 성취도에 대한 정보를 수집해야 한다. 연구자가 정보 수집 작업을 마쳤을 때, 대개 시험 점수, 성격 점수, 의견과 같은 측정물을 가지고 있을 것이다. 이 책에서는 연구자들이 수집한 정보를 분석하고 해석하기 위해 통계를 사용한다. 특히, 통계는 다음 두 가지 일반적인 목적을 제공한다.

1. 통계는 연구자가 연구에서 무슨 일이 일어났는지 확인하고 그 결과를 다른 사람에게 전달할 수 있도록 정보를 정리하고 요약하는 데 사용된다.
2. 통계는 연구자가 획득한 특정(specific) 결과에 기초하여 어떤 일반적인 결론이 타당한지(justified based) 정확히 결정함으로써 연구를 시작한 질문에 답변하는 데 도움을 준다.

통계(statistics)라는 용어는 정보의 조직화(organizing), 요약(summarizing) 및 해석(interpreting)을 위한 일련의 수학적 절차를 말한다.

통계 절차는 정보나 관찰값을 정확하고 유익한 방식으로 제시하고 해석하는 데 도움이 된다. 어느 정도 과장하면, 통계는 연구자들이 혼란에서 벗어날 수 있게 해 준다. 또한 통계는 과학계에서 인정하고 이해하는 일련의 표준화된 기술을 연구자들에게 제공한다. 따라서 한 연구자가 사용하는 통계 방법은 다른 연구자들에게도 친숙하기 때문에 통계가 어떻게 수행되었고 그 결과가 무엇을 의미하는지를 이해할 수 있다.

■ 모집단과 표본

행동과학에 대한 연구는 전형적으로 사람들의 특정 집단(또는 집단들)에 대한 일반적인 질문으로부터 시작한다. 예를 들어, 연구자들은 대학생들의 학업에서 부정 행위(academic dishonesty)와 관련된 요인들이 무엇인지 알고 싶어 할 수도 있다. 또는 남성과 여성이 욕실에 머물러 있는 시간을 비교 조사하기를 원할 수도 있다. 첫 번째 예에서의 연구자는 대학생 집단에 관심이 있다. 두 번째 예에서의 연구자는 남성 집단과 여성 집단을 비교하고 싶어 한다. 통계 용어로 연구자가 연구하고 싶어 하는 집단 전체를 **모집단**이라고 한다.

> **모집단**(population)은 특정 연구에서 연구 대상이 되는 모든 개인의 집합이다.

상상할 수 있듯이, 모집단은 꽤 크다. 예를 들면, 여성의 경우 모집단은 지구상의 여성 전체를 말한다. 연구자가 필요에 따라 구체적으로 정할 수 있는데, 미국의 등록된 여성 유권자들만으로 제한할 수도 있다. 어쩌면 미국 상원의원 중, 여성 의원을 대상으로 연구하고 싶을 수도 있다. 연구자가 모집단을 어떻게 정의하느냐에 따라 모집단 크기는 매우 큰 것부터 아주 작은 것까지 다를 수 있다. 연구의 모집단은 언제나 연구자에 의해 정의된다. 게다가 모집단은 사람들로만 구성될 필요가 없다. 쥐, 기업, 공장에서 생산된 부품, 또는 연구자가 연구하고 싶어 하는 그 어떤 것이라도 모집단이 될 수 있다. 실제로 보면, 미국 대학 2학년생이나 중소기업의 종사자 수처럼 모집단의 수는 매우 크다.

모집단이 흔히 매우 큰 경향이 있기 때문에 연구자가 관심 있는 모집단의 모든 개인을 조사하는 것(전수 조사)은 대개 불가능하다. 따라서 연구자들은 일반적으로 모집단에서 더 작고 다루기 쉬운 집단을 선택하고 그 선택된 집단 안에 있는 개개인을 연구한다. 통계 용어로 모집단으로부터 선택된 개인의 집합을 **표본**이라고 한다. 표본은 모집단을 대표하기 위한 것이며, 항상 해당 표본이 속한 모집단과 관련지어 이해되어야 한다.

> **표본**(sample)은 모집단에서 선택된 개인 집합이며, 대개 연구에서 모집단을 대표하기 위한 것이다.

모집단에서 보았듯이, 표본 크기도 다를 수 있다. 예를 들어, 한 연구는 대학원생

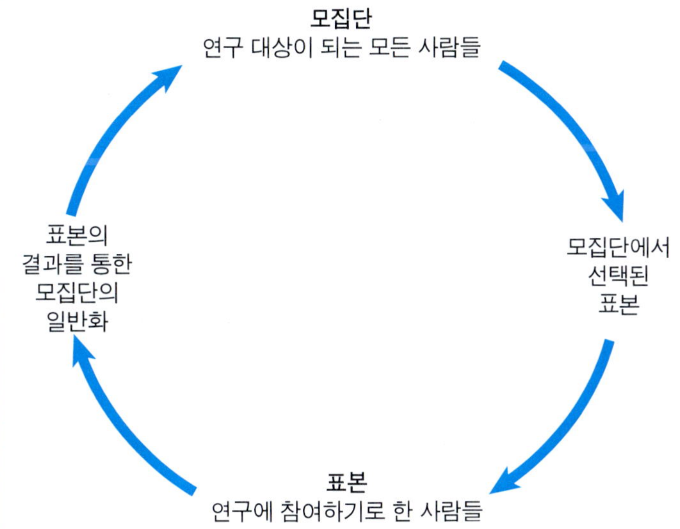

그림 1.1
모집단과 표본 간의 관계

중 10명의 학생만을 대상으로 한 표본이 있을 수도 있고, 또 다른 연구는 특정 콜레스테롤 약을 복용하는 1만 명 이상의 환자들을 표본으로 사용할 수 있다.

지금까지 모집단에서 표본이 선택되는 것에 대해 설명했지만 이는 실제로 표본과 모집단 사이의 전체 관계의 절반에 불과하다. 특히, 연구자가 표본 연구를 마쳤을 때의 목표는 전체 모집단으로 결과를 일반화하는 것이다. 연구는 모집단에 관한 일반적인 질문에서 시작되었다는 것을 기억해야 한다. 이에 대답하기 위해 한 연구자는 표본 연구를 한 다음, 표본의 결과를 토대로 모집단으로 일반화한다. 표본과 모집단 사이의 전체 관계는 **그림 1.1**에 나타나 있다.

■ 변수와 자료

전형적으로 연구자들은 모집단(또는 표본)의 개인의 특정 특성(specific characteristics)에 관심이 있거나, 개인이나 그들의 행동에 영향을 미칠 수 있는 요인(factor)에 관심이 있다. 예를 들어, 연구자들은 TV 광고가 사람들의 패스트푸드 선호에 어떤 영향을 미치는지 관심을 가질 수 있다. 새로운 광고가 TV에 나오면, 사람들의 음식 선택 또한 달라지는가? 변화하거나 다른 값(different value)을 갖게 되는 것이 무엇인지 말하는 것을 변수라고 한다.

변수(variable)는 여러 개인에 따라 값이 달라지거나 변하는 특성 또는 조건이다.

다시 한 번 변수는 체중, 성별, 성격, 패스트푸드 선호도와 같이 개인마다 갖고 있는 다른 특성이 될 수 있다. 또한 변수들은 온도, 하루 중 특정 시간 또는 텔레비전 광고와 같은 환경 조건이 될 수 있다.

변수의 변화를 검증하려면 연구 중인 변수를 측정해야 한다. 각 개인에 대해 얻어진 측정값을 데이텀(datum, 자료) 또는 더 일반적으로 **점수** 또는 **원점수**라고 한다. 전체 점수의 집합(set)을 **자료 세트** 또는 단순히 **자료**라고 부른다.

자료(data)는 측정값 또는 관찰값이다. **자료의 집합**(data set)은 측정값 또는 관찰값의 모음이다. **데이텀**(datum)은 단일 측정값 또는 관찰값이며, 일반적으로 **점수**(score) 또는 **원점수**(raw score)라고 한다.

넘어가기 전에 표본, 모집단, 그리고 자료에 대해 한 가지 더 확인해야 한다. 앞서 사람들(individuals)의 관점에서 모집단과 표본을 정의했다. 예를 들어, 대학원생으로 구성된 모집단과 콜레스테롤 환자로 구성된 표본에 대 논의했다. 하지만 모집단이나 표본이 점수들을 가리킬 수도 있다는 점을 유의해야 한다. 연구에서는 일반적으로 점수를 얻기 위해 각 개인을 측정하는 것이 포함되어 있기 때문에, 사람들로 구성된 모든 표본(혹은 모집단)은 상응하는 점수의 표본(또는 모집단)을 만들어 낸다.

■ 모수와 통계량

자료를 설명할 때 자료가 모집단 또는 표본에서 추출되었는지를 명시해야 한다. 모집단을 설명하는 특성(예: 모집단의 평균 점수)을 **모수**라고 한다. 표본을 기술하는 특성을 **통계량**이라고 한다. 따라서 표본의 평균 점수는 통계의 예다. 일반적으로 연구 과정은 모집단의 모수에 관한 질문으로 시작된다. 그러나 실제 자료는 표본에서 추출되며 표본 통계량을 계산하는 데 사용된다.

모수(parameter)—모집단을 설명하는 값(일반적으로 숫잣값)이다. 모수는 일반적으로 모집단에 해당하는 개인을 측정해서 얻은 값이다.

통계량(statistic)—표본을 설명하는 값(일반적으로 숫잣값)이다. 통계량은 일반적으로 표본에 해당하는 개인을 측정해서 얻은 값이다.

모든 모집단의 모수는 상응하는 표본 통계량이 있고, 대부분의 조사 연구는 표본의 통계량을 모집단 모수에 대한 질문에 답하기 위해 사용한다(**그림 1.1**). 결과적으로, 이 책의 많은 부분은 표본 통계량과 해당 모집단 모수 사이의 관련성을 설명하고 있다. 예를 들어, 7장에서는 표본에서 얻은 평균과 표본을 획득한 모집단의 평균 사이의 관계를 소개할 것이다.

■ 기술 통계와 추론 통계 방법

연구자들은 자료를 정리하고 해석하기 위해 다양한 통계 절차들을 개발했지만, 이러한 상이한 절차들은 두 가지 일반적인 범주로 분류할 수 있다. 첫 번째 범주인 **기술 통계**는 자료를 단순화하고 요약하는 데 사용되는 통계 절차이다.

> **기술 통계**(descriptive statistics)는 자료를 요약, 정리 및 단순화하기 위해 사용되는 통계 절차이다.

기술 통계는 원점수를 취하여 이를 관리 가능한 형태로 정리하거나 요약하는 방법이다. 종종 점수는 전체 점수 집합(set)을 볼 수 있도록 표(table)나 그래프(graph)로 정리된다. 또 다른 일반적인 방법은 평균을 계산하여 점수를 요약하는 것이다. 평균은 자료 세트에 수백 개의 점수가 있더라도 전체 세트에 대해 하나의 값을 제공한다.

두 번째 **추론 통계**이다. 추론 통계는 표본 자료를 사용하여 모집단에 대해 설명하는 일반적인 방법이다.

> **추론 통계**(inferential statistics)는 표본을 연구한 후 해당 표본이 선택된 모집단에 대해 일반화할 수 있는지를 알아 가는 과정으로 구성되어 있다.

모집단은 전형적으로 크기가 매우 크기 때문에, 모든 사람들을 측정하는 것은 불가능하다. 따라서 모집단을 설명하기 위해 표본을 선택한다. 표본의 결과를 분석하여 모집단에 대한 일반적인 설명을 하고자 한다. 일반적으로 연구자들은 표본 통계량을 통해 모집단의 모수에 대한 결론을 도출한다. 그러나 표본을 사용할 때 한 가지 문제점은 표본이 모집단에 대한 제한된 정보만 제공한다는 점이다. 표본은 일반적으로 모집단을 대표하지만 전체 모집단에 대해 완전하고 정확하게 묘사할 수는 없다. 따라서 일반적으로 표본 통계량과 해당 모집단의 모수 사이에는 어느 정도의 차이가 있다. 이 불일치를 **표집 오차**라고 하며, 이는 추론 통계가 지니고 있는 근본적인 문제를 야기한다.

> **표집 오차**(sampling error)는 표본 통계량과 해당 모집단의 모수 사이에 존재하는 자연적으로 발생하는 불일치 또는 오류이다.

표집 오차 개념은 **그림 1.2**에 예시되어 있다. 이 그림에서는 대학생 1,000명과 표본 2개를 보여 주는데, 모집단에서 각각 표본으로 선발된 5명의 학생이 있다. 각 표본은 서로 다른 특성을 가진 다른 개인이다. 각 표본의 특성은 표본의 특정 개인에 따라 다르기 때문에, 통계량은 표본마다 다를 수 있다. 예를 들어, 표본 1의 학생들은 평균 19.8세,

그림 1.2

표집 오차의 시연. 동일한 모집단에서 두 개의 표본을 선택한다. 표본 통계량은 표본마다 다르며, 모든 표본 통계량은 해당 모집단 모수와 다르다. 표본 통계량과 모집단 모수 간의 우연한 차이를 표집 오차라고 한다.

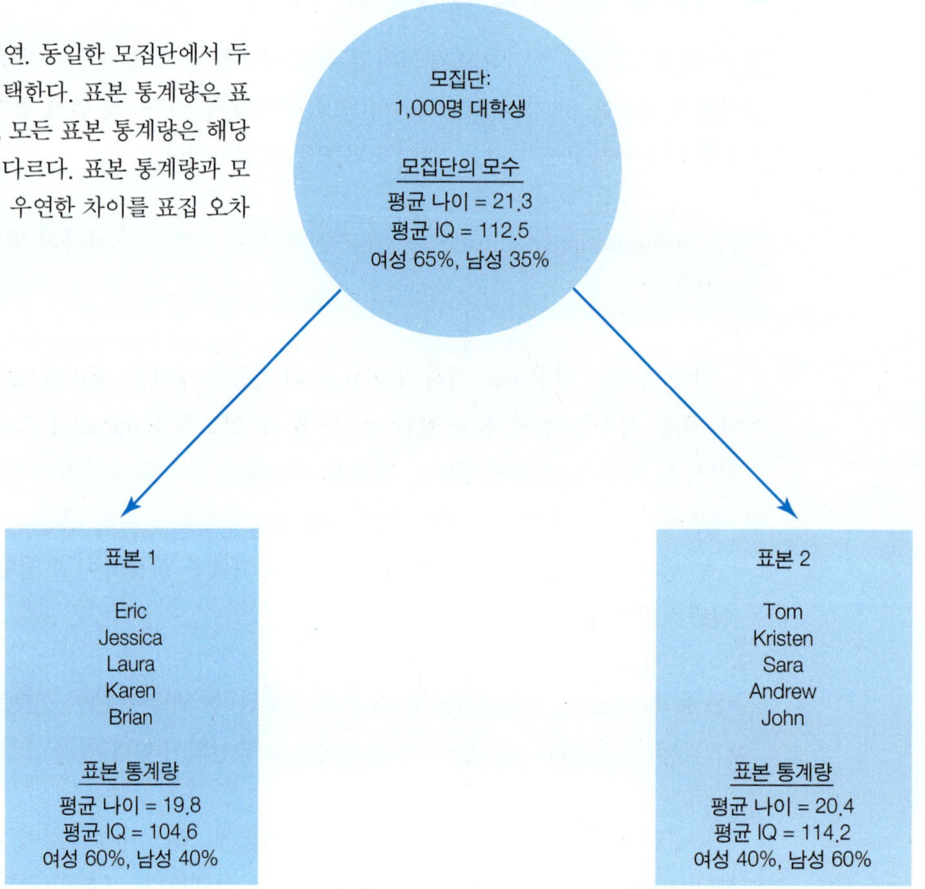

표본 2의 학생들은 평균 20.4세이다.

또한 표본에 대해 얻어진 통계량이 전체 모집단의 모수와 동일할 가능성이 매우 낮다. 예를 들어, **그림 1.2**에서 두 표본 모두 모집단의 모수와 정확히 동일한 통계량을 가지고 있지 않다. 또한 **그림 1.2**에는 수백 개의 가능한 표본 중 두 개만 보여 주고 있다. 각 표본은 서로 다른 개인을 포함하고 다른 통계량을 작성하게 된다. 표집 오차의 기본 개념은 다음과 같다. 표본 통계량은 표본마다 다르며 일반적으로 해당 모집단의 모수와 다르다.

표집 오차의 일반적인 예 중 하나는 표본 비율(sample proportion)과 관련된 오류이다. 예를 들어, 정치 여론조사 결과에 대해 보고하는 신문 기사에서는 다음과 같은 진술을 자주 볼 수 있다.

브라운 후보자가 투표에서 51%로 앞서고 있다. 존스 후보는 42%의 찬성을 얻었고, 나머지 7%는 결정되지 않았다. 이 여론조사는 등록된 유권자들의 표본에서 나왔으며

±4% 오차가 있다.

오차 범위(margin of error)가 표집 오차이다. 이 경우 보고되는 백분율은 표본으로부터 얻었으며 전체 모집단에 일반화되었다. 언제나 그렇듯 표본 통계량이 완벽할 것이라고는 기대하지는 않는다. 표본 통계량이 모집단 모수를 나타내기 위해 사용될 때는 항상 '오차 범위'가 있기 때문이다.

■ 연구에서의 통계

다음 예는 연구의 일반적인 단계를 보여 주고, 자료를 구성하고 해석하는 데 기술 통계 및 추론 통계가 어떻게 사용되는지를 보여 준다. 이 사례의 끝부분에서 표집 오차가 실험 결과의 해석에 어떻게 영향을 미칠 수 있는지 그리고 이 문제를 처리하기 위해 추론 통계 방법이 필요한 이유를 알아본다.

예제 1.1 그림 1.3은 일반적인 연구 상황의 개요를 나타내며 기술 통계와 추론 통계가 수행하는 역할을 나타내고 있다. 이 연구의 목적은 우리가 이전에 제기했던 질문 "대학생들은 인쇄물이나 컴퓨터 둘 중, 무엇을 활용했을 때 공부가 더 잘되는가?"를 밝히는 것이었다. 대학생 모집단에서 두 개의 표본을 추출한다. 표본 A의 학생들은 30분 동안 공부할 수 있는 인쇄물을 제공받고, 표본 B의 학생들은 컴퓨터를 통해 같은 내용을 공부한다. 다음으로 모든 학생들은 이 공부한 내용에 대한 평가를 위해 객관식 시험을 본다. 이 시점에서 연구자들은 표본 A의 점수와 표본 B의 점수, 두 가지 자료 세트를 가지게 된다(그림 1.3을 참고). 이때 통계를 활용한다.

첫째, 기술 통계는 자료를 단순화하는 데 사용된다. 예를 들어, 연구자들은 각 표본의 점수를 보여 주는 그래프를 그리거나 각 표본의 평균 점수를 계산할 수 있다. 기술 통계 방법들은 점수들을 간단하고 정리된 방식으로 설명할 수 있도록 해 준다. 이 예에서 인쇄물로 공부한 학생들은 시험에서 평균 26점을 받았고, 컴퓨터로 공부한 학생들은 평균 22점을 받았다.

연구자가 결과를 설명한 후, 다음 단계는 결과를 해석하는 것이다. 이것이 추론 통계의 역할이다. 이 예에서, 연구자들은 두 표본 사이의 4점 차이(표본 A 평균 26점 및 표본 B 평균 22점)를 확인할 수 있었다. 추론 통계는 다음과 같이 두 가지 해석을 구분해야 한다.

1. 인쇄물과 컴퓨터 사이에는 실질적인 차이가 없으며, 표본 간의 4점 차이는 표집 오차의 예에 불과하다(그림 1.2의 표본처럼).
2. 인쇄물과 컴퓨터 사이에는 실제로 차이가 있으며, 표본 간의 4점 차이는 다른 공부 방법에 의해 야기되었다.

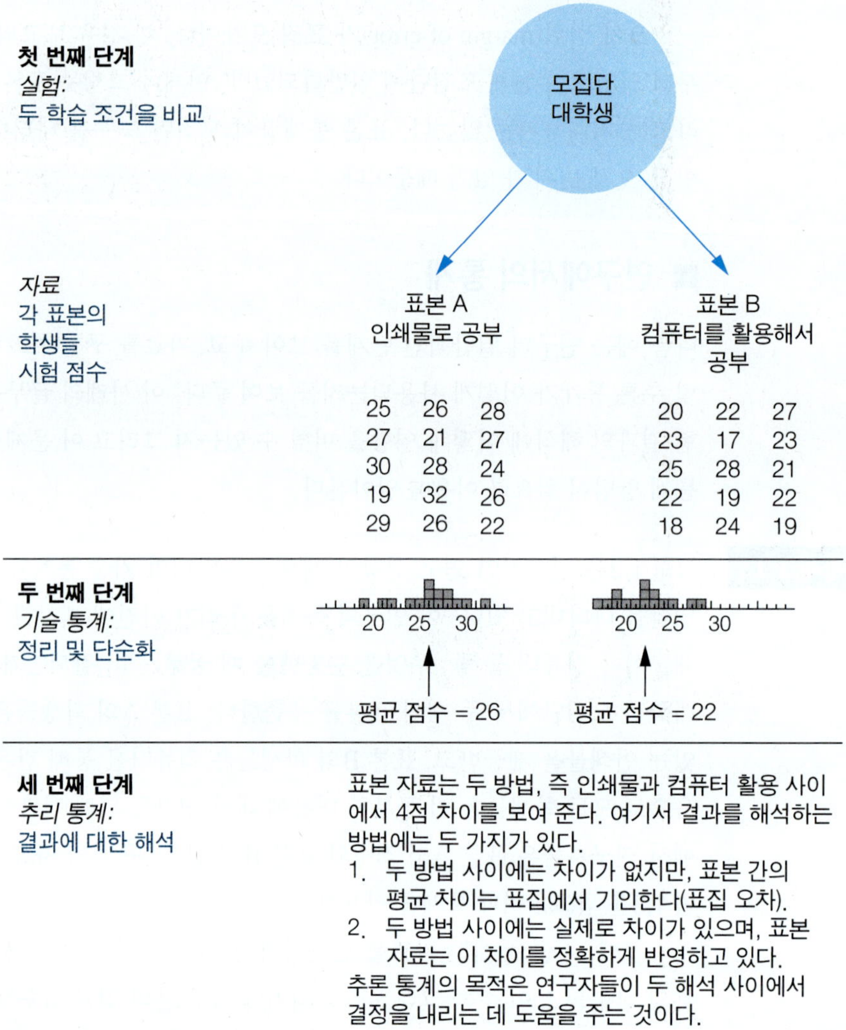

그림 1.3
연구에서 통계의 역할

간단히 말해서, 표본 간의 4점 차이가 두 가지 학습 방법으로 인해 발생한 차이에 대한 설득력 있는 증거를 제공하는가, 아니면 4점 차이가 단지 우연인가? 추론 통계의 목적은 이 질문에 대답하는 것이다. ■

학습 점검

학습 목표 1 **1.** 한 연구자는 미국 대학생들의 패스트푸드 식습관에 관심이 있다. 50명의 학생 집단을 대상으로 면접을 실시하는데, 연구자는 이 학생들이 주당 평균 2.3회 패스트푸드 음식을 사 먹는 것을 발견했다. 이 연구의 경우, 평균 2.3회는 ________의 예이다.

a. 모수

b. 통계량

c. 모집단

d. 표본

학습 목표 1 **2.** 한 연구자가 뉴욕주에서 가을에 이주해 온 캐나다기러기들이 이동한 평균 거리에 대해 궁금해한다. 뉴욕에 있는 캐나다기러기의 전체 집단은 ________의 예이다.

a. 표본

b. 통계량

c. 모집단

d. 모수

학습 목표 2 **3.** 표본이 획득된 모집단에 대한 결론을 도출하기 위해 표본 자료를 사용하는 통계 방법에 사용되는 용어는 무엇인가?

a. 모집단 통계량

b. 표본 통계량

c. 기술 통계

d. 추론 통계

학습 목표 3 **4.** SAT는 언어 시험의 평균 점수가 매년 500점이 되도록 표준화되어 있다. 만약 당신이 언어 SAT를 본 졸업생 100명의 집단을 선택한다면, 그들의 평균 점수에 대해 어떤 값을 얻을 것인가?

a. 500점

b. 500점 이상

c. 500점 이하

d. 500점 근처이나 500점이 아닐 수도 있다.

답 **1. b** **2. c** **3. d** **4. d**

1-2 변수와 측정

학습 목표(Learning Objectives)

4. 구성개념(construct)을 위해 조작적 정의(operational definition)가 개발된 이유를 설명하고 조작적 정의의 두 가지 구성 요소를 확인할 수 있다.
5. 이산변수(discrete variable) 및 연속변수(continuous variable)를 구분하고 각각의 예를 설명할 수 있다.
6. 정확 한계(real limit)를 정의하고, 이것이 연속변수를 측정하는 데 필요한 이유를 설명할 수 있다.
7. 네 가지 측정 척도(명목, 서열, 등간, 비율)를 비교, 대조하고 어떤 척도인지 구분할 수 있다.

조사 연구에서 자료를 구성하는 점수는 변수를 관찰하고 측정한 결과다. 예를 들어, 연구자는 일련의 IQ 점수, 성격 점수 또는 반응 시간 점수를 사용하여 연구를 진행한다. 이 절에서는 측정 중인 변수와 측정 과정을 자세히 살펴보고자 한다.

■ 구성개념과 조작적 정의

신장, 체중 및 눈의 색(eye color)과 같은 일부 변수는 직접 관찰하고 측정할 수 있는 잘 정의된 구체적인 실체(entity)이다. 반면에 행동과학자들이 연구한 많은 변수들은 사람들의 행동을 기술하고 설명하는 것을 돕기 위해 사용하는 내부적 특성이다. 예를 들어, 학생이 똑똑하기 때문에 학교에서 우등생이라고 말한다. 또는 사회적 상황에서 누군가가 불안하거나 배가 고프다고 말한다. 지능, 불안, 배고픔과 같은 변수들을 **구성개념**이라고 부르며, 그것들은 무형이기 때문에 직접 관찰될 수 없으므로 이를 종종 가설적 구성개념(hypothetical construct)이라고 부른다.

지능과 같은 구성개념은 직접 관찰할 수 없는 내부 특성이지만, 구성개념을 대표하는 행동을 관찰하고 측정할 수 있다. 예를 들어, 지능을 직접 관찰할 수 없지만 지적인 행동의 예를 볼 수 있다. 그런 후 외적 행동을 통해서 구성개념에 대한 **조작적 정의**를 한다. 즉, 조작적 정의는 관찰하고 측정할 수 있는 외부 행동의 관점에서 구성개념을 정의한다. 예를 들어, 지능은 IQ 검사 점수로 측정되고 정의되며, 또는 배고픔은 마지막 식사한 이후의 시간으로 측정되고 정의될 수 있다.

구성개념(construct)은 직접적으로 관찰될 수 없지만 행동을 기술하고 설명하는 데 유용한 내적 속성 또는 특성이다.

조작적 정의(operational definition)는 외적 행동을 측정하기 위해 필요한 측정 절차(일련의 작업들)를 명확히 하며, 구성개념을 정의하고 측정하는데 일련의 작업을 적용한 결과로 얻은 측정값들을 이용한다. 조작적 정의는 다음의 두 가지 요소를 지니고 있다: 첫째, 구성 개념을 측정하기 위한 작업의 집합을 기술한다. 둘째, 결과적으로 얻은 측정값으로 구성 개념을 정의한다.

■ 이산변수와 연속변수

연구에서 변수들은 그들에게 할당할 수 있는 값의 유형으로 특징지을 수 있다. **이산변수**는 분리되는 변수, 즉 개별 범주로 구성된다. 이 유형의 변수는 인접한 두 범주 사이에 중간값이 없다. 10개 항목 다중 선택 퀴즈에서 각 학생의 정답 수를 고려해 보자. 인접한 값, 예를 들어 7개의 정답과 8개의 정답 사이에 다른 값을 관찰할 수 없을 것이다.

이산변수(discrete variable)는 점수 간에 분리된 개별 범주로 구성된다. 두 개의 인접한 범주 사이에는 어떤 값도 존재할 수 없다.

이산변수는 예를 들어, 가족 내 자녀 수 또는 수업에 참여하는 학생 수와 같이 일반적으로 정수, 셀 수 있는 숫자로 제한된다. 만약 매일 출석하는 것을 관찰한다면, 하루는 18명, 다음 날에 19명의 학생 수를 셀 수 있다. 그러나 18과 19 사이의 값을 관찰하는 것은 불가능하다. 이산변수는 질적으로 다른 관찰값으로 구성될 수도 있다. 예를 들어, 출생순서(첫째 또는 둘째)별로 분류할 수 있고, 직업(간호사, 교사, 변호사 등)별로 분류할 수 있으며, 대학생의 경우 전공(예술, 생물학, 화학 등)별로도 분류할 수 있다. 각각의 경우 변수는 분리된 개별 범주로 구성되므로 이를 이산변수라고 한다.

반면에 많은 변수들은 점수들 간에 분리되어 있지 않다. 시간, 높이, 무게와 같은 변수는 분리되거나, 범주로 나눠지는 것처럼 고정되고 제한되어 있는 것이 아니다. 예를 들어 시간, 분, 초 또는 그 이하의 단위(초 단위에서 분수로 나눌 수 있기 때문)에서도 시간을 측정할 수 있다. 이 변수들은 무한한 수들 분수로 나눌 수 있기 때문에 **연속적**이다.

연속변수(continuous variable)의 경우 관찰된 두 값 사이에 무한한 숫값이 존재한다. 연속변수는 무한한 수의 작은 부분으로 나눌 수 있다.

예를 들어, 한 연구자가 다이어트 연구에 참여하는 개인 집단의 체중을 측정하고 있다고 가정해 보자. 중량은 연속변수이기 때문에 연속선으로 그려질 수 있다(**그림**

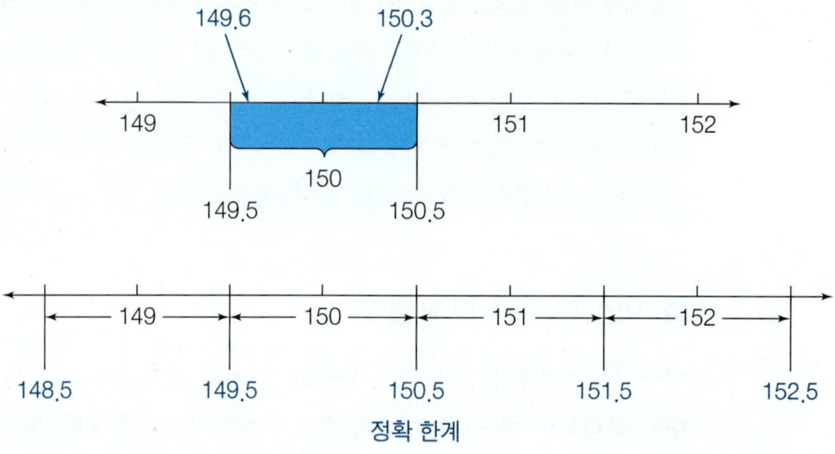

그림 1.4
가장 가까운 정수까지 무게를 측정할 때, 149.6과 150.3의 값이 150파운드에 할당된다. 149.5와 150.5 사이의 간격에 있는 모든 값은 150파운드의 값으로 주어진다.

1.4). 선에는 인접 점 사이의 간격이나 분리가 없는 무한한 수의 가능한 점이 있음을 유의해야 한다. 항상 두 점 사이에 있는 세 번째 값을 찾을 수 있다.

두 가지 다른 요인이 연속변수에 적용된다.

1. 연속변수를 측정할 때는 서로 다른 두 명의 개인이 동일한 측정값을 가지는 것은 매우 드물다. 왜냐하면 연속변수는 무한한 수의 가능한 값을 가지므로 두 사람이 정확히 같은 점수를 갖는 것은 거의 불가능하기 때문이다. 자료에 동점 점수의 수가 상당할 경우 측정 절차가 매우 조잡한지 또는 변수가 실제로 연속적이지 않은지 의심해야 한다.
2. 연속변수를 측정할 때는 먼저 측정 척도에서 일련의 측정 범주를 구분해야 한다. 예를 들어, 가장 가까운 정수로 무게를 측정하면 149파운드, 150파운드 등의 범주가 발생한다. 그러나 각 측정 범주는 실제로 경계에 의해 정의되어야 하는 구간이다. 무게가 150, 149, 151파운드의 주변 값을 구별하기 위해 측정 척도상에서 그 경계를 설정해야 한다. 이러한 경계를 정확 한계라고 하며, 이는 인접 점수 사이의 정확히 중간에 위치한다. 따라서 150파운드 값은 실제로 하단의 149.5파운드의 정확 하한계와 상단의 정확 상한계인 150.5파운드의 경계가 있는 구간이다. 그 결과, 150파운드의 몸무게를 주장하는 두 사람은 아마도 정확히 같은 몸무게는 아닐 것이다. 한 사람은 실제로 149.6파운드, 다른 한 사람은 150.3파운드가 나갈 수 있지만, 두 사람 모두 150파운드 무게에 할당된다(그림 1.4 참조).

학생들은 종종 정확히 측정된 150.5를 150 값에 할당해야 하는지 아니면 151 값에 할당해야 하는지 묻는다. 대답은 150.5가 두 구간의 경계라는 것이며, 반드시 한 구간에 있거나 다른 구간에 할당될 필요는 없다. 대신 150.5의 할당은 반올림에 따라 결정된다. 반올림하는 경우 150.5는 더 높은 간격(151), 반올림을 안 하는 경우에는 더 낮은 간격(150)으로 할당된다.

정확 한계(real limit)는 연속적인 숫자 라인에 표시된 점수에 대한 간격의 경계다. 두 개의 인접 점수를 분리하는 정확 한계는 점수 사이의 정확히 중간에 위치한다. 각각의 점수에는 두 가지 정확 한계가 있다. **정확 상한계**(upper real limit)는 간격의 맨 위에 있고 **정확 하한계**(lower real limit)는 맨 아래에 있다.

정확 한계의 개념은 점수 범주가 정수가 아닐 때에도 연속변수의 측정에 적용된다. 예를 들어, 1/10초까지의 시간을 측정하는 경우, 측정 범주는 31.0, 31.1, 31.2초 등이 될 것이다. 각 범주는 정확 한계로 한정되는 척도의 간격을 나타낸다. 예를 들어, 31.1초의 점수는 실제 측정값이 31.05초의 정확 하한계와 31.15초의 정확 상한계 사이에 있다. 정확 한계는 항상 인접한 범주 사이의 중간에 있다는 점을 기억해야 한다.

이 책의 다른 장에서 그래프를 만들고 연속적인 척도로 다양한 계산을 할 때 정확 한계가 다시 사용될 것이다. 그러나 지금 이 장에서 연속변수를 측정할 때마다 정확 한계가 필수적이라는 것을 깨달아야 한다.

마지막으로, 측정에서 얻은 점수가 아닌 측정 중인 변수에도 연속 및 이산이라는 용어가 적용된다. 예를 들어, 사람들의 키를 가장 가까운 정수 단위로 측정하면 60인치, 61인치, 62인치 등의 점수를 얻는다. 이 점수들은 분리된 숫자로 보일 수 있지만, 기본적으로 변수는 연속적이다. 변수가 연속적인지 이산인지 결정하는 한 가지 핵심은 연속변수는 임의 개수의 분수 부분으로 나눌 수 있다는 점이다. 키와 같은 경우 가장 가까운 인치, 인접한 0.5인치 또는 더 인접한 0.1인치까지 측정할 수 있다. 마찬가지로 학생의 지식을 평가하는 교수는 학생들을 두 개의 광범위한 범주로 분류하는 합격/불합격 시스템을 사용할 수 있다. 그러나 교수는 학생을 평가할 때 0점에서 10점까지의 퀴즈 점수에 해당하는 11개 항목으로 나뉘는 10점짜리 퀴즈를 볼 수 있다. 또는 그 교수는 학생들을 평가할 때 0에서 100까지 101개의 범주로 나눌 수 있는 100점짜리 시험을 사용할 수도 있다. 즉, 변수를 측정할 때 변수의 정확도(degree of precision) 또는 범주 수를 자유롭게 선택할 수 있다면 변수는 연속적이어야 한다.

■ 측정의 척도

자료 수집(data collection)은 관찰에 대한 측정을 요구하는 것이다. 측정(measurement)은 개인 또는 사건을 범주화하는 것이다. 범주는 단순히 남성/여성(male/female) 또는 취업자/미취업자(employed/unemployed)와 같은 명칭일 수도 있고, 68인치 또는 175파운드와 같은 숫잣값이 될 수도 있다. 변수를 측정하는 데 사용되는 범주는 측정 척도를 구성하며, 범주 간의 관계에 따라 척도 유형이 달라진다. 예를 들어, 만약 사람들의 키에 관심이 있다면, 단순히 그들을 큰 키, 중간 키, 작은 키의 세 가지 범주로 분류하여 측정할 수 있다. 그러나 이런 간단한 분류는 개인의 실제 키에 대해 많은 것을 알려 주지 않고, 집단의 평균 키를 계산하기에 충분한 정보 또한 제공하지 못할 것이다. 이러한 분류가 일부 연구 목적에 적합할지라도, 상세한 질문에 답하기 위해서 좀 더 정교한 측정이 필요하다. 이 절에서는 가장 단순한 척도부터 가장 정교한 척도까지 네 가지 측정 척도에 대해 살펴볼 것이다.

명목 척도 명목이라는 단어는 '이름과 관계 있는 것'을 의미한다. 명목 척도로 측정하는 것은 사람들을 다른 이름을 가고 있지만 서로 체계적으로 연관되어 있지 않은 범주로 분류하는 것이다. 예를 들어, 만약 대학생 집단을 연구하기 위해 전공을 측정한다면, 그 범주는 예술, 생물, 사업, 화학 등이 될 것이다. 각 학생은 자신의 전공에 따라 하나의 범주로 분류된다. 명목 척도로 측정하면 두 사람이 다르다는 것은 알 수 있지만, 차이의 방향이나 크기를 말해 주지 않는다. 만약 한 학생이 미술 전공이고 다른 학생이 생물 전공이라면 그들이 다르다고 할 수 있지만, 미술이 생물 전공보다 '이상' 또는 '미만'이라고 할 수 없고, 미술과 생물학 사이에 얼마나 많은 차이가 있는지 규정할 수 없다. 명목 척도의 다른 예로는 인종, 성별 또는 직업별로 사람을 분류하는 것을 들 수 있다.

명목 척도(nominal scale)는 이름이 다른 일련의 범주로 구성된다. 명목 척도에 대한 측정은 관찰값을 명명하고 범주화하지만, 관찰값 간에 양적인 구분을 하지 않는다.

명목 척도의 범주는 양적인 값은 아니지만, 숫자로 표시된다. 예를 들어, 건물의 방이나 사무실은 번호로 구분할 수 있다. 방 번호는 단순히 이름일 뿐이고 어떠한 양적 정보도 반영하지 않는다. 즉, 109호실은 100호실보다 크지도 않고, 9점만큼 더 크지도 않다. 또한 자료가 컴퓨터 프로그램에 입력될 때 명목 척도의 범주에 대한 코드로 숫잣값을 사용한다. 예를 들어, 설문 조사의 자료는 남성이 0으로 여성이 1로 코딩할 수 있다. 여기서 이 숫잣값은 단순히 이름일 뿐이지 어떠한 양적인 차이를 나타내지 않는다. 다음으로 소개하는 척도는 양적 구별을 위한 시도를 반영하는 척도이다.

서열 척도 서열 척도를 구성하는 범주는 이름(명목 척도)이 다를 뿐만 아니라 크기 차이에 따라 고정된 순서로 구성된다.

서열 척도(ordinal scale)는 순서대로 나열된 일련의 범주로 구성된다. 서열 척도에 대한 측정은 규모나 크기에 따라 관찰값에 서열을 매기는 것이다.

종종 서열 척도는 경마 결승 순서처럼 일련의 순위(첫 번째, 두 번째, 세 번째 등)로 구성된다. 가끔 그 범주가 패스트푸드 음식점의 소형, 중형 및 대형 음료수와 같이 언어 라벨로 되어 있는 경우도 있다. 어느 경우든, 범주가 서열을 형성한다는 사실은 범주 사이에 방향적 관계가 있음을 의미한다. 서열 척도로 측정하면 두 사람이 다른지를 알 수 있고, 차이의 방향 또한 결정할 수 있다. 그러나 서열 척도는 두 사람 간의 차이의 정도는 알려 주지 않는다. 예를 들어, NASCAR 경주에서 1위는 2위보다 더 빨리 달렸지만, 순위 자체에서 얼마나 빨리 달렸는지는 알려 주지 않는다. 서열 척도의 다른 예로는 졸업생 등수(1등, 2등), 티셔츠 크기(소, 중, 대)를 들 수 있다. 또한 서열 척도는 종종 수치화하기 어려운 변수를 측정하는 데 사용된다. 예를 들어, 사람들은 자신의 음식 선호도에 순위를 매길 수 있지만 스테이크보다 초콜릿 아이스크림을 얼마나 더 좋아하는지 설명하는 것은 어렵기 때문이다.

등간 척도와 비율 척도 등간 척도와 비율 척도는 모두 일련의 서열 범주(서열 척도 등)로 구성되며, 범주는 모두 동일한 크기의 일련의 간격을 유지해야 한다. 따라서 측정 척도는 눈금자의 인치와 같이 일련의 동일한 간격으로 구성된다. 등간 척도와 비율 척도의 다른 예로 초 단위의 시간, 파운드 단위의 무게, 화씨 단위의 온도를 들 수 있다. 각 경우 눈금의 위치에 관계없이 하나의 간격(1인치, 1초, 1파운드, 1도)은 크기가 동일하다. 간격이 모두 같은 크기라는 사실은 두 측정 사이에서 차이의 방향과 크기를 알 수 있게 해 준다. 예를 들어, 화씨 80°의 측정값이 60°의 측정값보다 높으며, 정확히 20° 높다는 것을 알 수 있다.

등간 척도와 비율 척도를 구별하는 요소는 영점의 특성이다. 등간 척도는 임의의 영점을 가진다. 즉, 0 값은 단순히 편의 또는 참조의 문제로서 척도의 특정 위치에 할당된다. 특히, 등간 척도에서 0 값은 측정하는 변수의 전혀 없음(nothing)을 의미하지 않는다. 예를 들어, 화씨 0도의 온도는 온도가 없다는 것을 의미하지 않으며, 온도는 심지어 더 내려갈 수도 있다. 임의의 영점을 갖는 등간 척도는 상대적으로 드물다. 가장 흔한 두 가지 예가 화씨 및 섭씨 온도 눈금이다. 다른 예로는 골프 점수(언더파와 오버파)와 평균 강우량(이상과 이하)이 상대 측정값에 포함된다.

비율 척도에서 0은 임의의 값이 아니라 측정 중인 변수의 완전한 부재(none)를 나타내는 의미 있는 값이다. 절대 또는 비임의 영점이 존재한다는 것은 변수의 절대량을 측정할 수 있다는 것을 의미한다. 즉, 0에서부터 거리를 측정할 수 있다. 이를 통해 비율 측면에서 측정값을 비교할 수 있다. 예를 들어, 10갤런(0보다 많은 10갤런)의 가스탱크는 5갤런(0보다 많은 5갤런)의 가스탱크보다 2배 많은 가스를 보유하고 있다. 또한 완전히 빈 탱크는 0갤런이란 것을 주목해야 한다. 요약하면, 비율 척도를 사용하여 두 측정값 간의 차이 방향과 크기를 측정하고 비율의 관점에서 그 차이를 설명할 수 있다. 비율 척도는 매우 일반적이며, 높이 및 무게와 같은 물리적 측정뿐만 아니라 반응 시간 또는 시험에서 오류 수와 같은 변수도 여기에 해당한다. 등간 척도와 비율 척도의 구분이 예제 1.2에 제시되어 있다

등간 척도(interval scale)는 정확히 동일한 크기의 모든 구간에 대해 정렬된 범주로 구성되어 있다. 척도에서 숫자 간 차이가 동일하면 크기의 차이도 동일하다. 그러나 등간 척도의 영점은 임의적이며, 측정 중인 변수의 절대 0(nothing)을 나타내지 않는다.

비율 척도(ratio scale)는 0이 측정되는 변수가 없음을 나타내는 추가 기능이 있는 등간 척도이다. 비율 척도에서는 숫자 비율이 크기의 비율을 반영하고 있다.

예제 1.2 한 연구자가 8세 소년들의 키를 측정하고자 한다. 처음에 연구자는 각 아이의 키를 인치 단위로 기록하고, 44인치, 51인치, 49인치 등과 같은 값을 얻었다. 이러한 초기 측정은 비율 척도를 사용한 것이다. 여기서 0은 높이가 없음을 나타낸다(절대 0점). 또한 이러한 측정을 사용하여 비율을 형성할 수 있다. 예를 들어, 60인치의 어린이는 40인치의 아이보다 1.5배 더 크다.

이제 연구자가 각 아이의 실제 키와 이 연령 집단의 평균 키 사이의 차이를 계산하여 초기 측정값을 새로운 척도로 변환한다고 가정해 보자. 평균보다 1인치 큰 아이는 +1점을 받고, 평균보다 4인치 큰 아이는 +4점을 받는다. 마찬가지로 평균보다 2인치 작은 아이는 −2점을 받는다. 이 척도에서 0점은 평균 키에 해당한다. 이때 0은 더 이상 키의 완전한 부재를 나타내지 않기 때문에 새로운 척도는 등간 척도가 된다.

원래의 점수와 변환된 점수는 모두 인치 단위로 측정했고, 두 척도 모두 차이 또는 거리를 계산할 수 있다. 예를 들어, 첫 번째 척도에서 57인치와 51인치의 키를 가진 두 소년 사이에는 6인치의 차이가 있다. 마찬가지로, 두 번째 척도에서 +9와 +3을 측정한 두 소년 사이에는 6인치의 차이가 있다. 그러나 두 번째 척도에서는 비율 비교가 가능하지 않다. 예를 들어, +9를 측정한 소년은 +3을 측정한 소년보다 세 배 더 크지 않기 때문이다. ■

통계와 측정 척도 통계 목적상, 측정 척도(scales of measurement)는 자료를 평가하는 데 사용되는 통계(방법)를 결정할 수 있도록 도와주기 때문에 중요하다. 구체적으로 등간 척도 또는 비율 척도에서의 수치 점수를 사용하는 특정 통계 절차가 있지만, 명목 척도 또는 서열 척도의 비수치 점수를 사용하는 통계 절차도 있다. 이 구분은 수치에 해당하는 점수는 기본 산술 연산(덧셈, 곱셈 등)이 가능하지만 수치가 아닌 점수에는 해당되지 않는다는 점에 기반한다. 예를 들어, 학생 집단에 대한 IQ 점수를 측정한다면, 점수를 합한 후 평균 점수를 계산할 수 있다. 반면 각 학생의 학업 전공을 측정하는 경우 점

수를 더할 수는 없다. 3명의 심리학 전공자와 1명의 영어 전공자 그리고 2명의 화학 전공자의 합산은 얼마인가? 이 책에 제시된 대다수의 통계 방법은 등간 척도 또는 비율 척도로부터 얻은 수치 점수를 위해 고안되었다. 대부분의 통계 프로그램의 경우, 등간 척도와 비율 척도를 구분하는 것은 중요하지 않다. 두 척도가 모두 점수 간의 차이를 계산하고 점수를 더하고 평균 점수를 계산할 수 있는 수치에 해당하기 때문이다. 반면에 명목 척도 또는 서열 척도의 측정은 일반적으로 수치가 아니며 거리를 측정하지 않고 많은 기본 산술 연산이 불가능하다. 따라서 명목 척도 또는 서열 척도 자료에는 대체 통계 방법이 필요하다[예: 3장의 중위수(median)와 최빈값(mode), 14장의 스피어만(Spearman) 상관관계, 15장의 카이제곱 검정].

학습 점검

학습 목표 4 **1.** 조작적 정의란 무엇인가?

a. 가설적인 구성개념에 대한 정의

b. 가설적인 구성개념을 측정하기 위한 방법

c. 가설적인 구성개념을 측정하고 정의하는 방법

d. 위의 어느 것도 아님

학습 목표 5 **2.** 한 연구자가 평생 동안 성인의 직업 수를 결정하는 요인을 연구하고자 한다. 직업 수와 같은 변수는 어떤 변수에 속하는가?

a. 이산형

b. 연속형

c. 명목형

d. 서열형

학습 목표 6 **3.** 0.5인치 단위로 높이를 측정할 수 있을 때 69.0인치의 정확 한계는 얼마인가?

a. 68과 70

b. 68.5와 69.5

c. 68.75와 69.75

d. 68.75와 69.25

학습 목표 7 **4.** 삶의 질(quality of life)을 기준으로 도시의 순위를 매기려고 측정할 때 적절하게 사용할 수 있는 척도는 무엇인가?

a. 명목 척도
b. 서열 척도
c. 등간 척도
d. 비율 척도

답 **1. c 2. a 3. d 4. b**

1-3 세 가지 자료 구조, 연구 방법, 그리고 통계

학습 목표(Learning Objectives)

8. 기술 연구, 상관 연구, 실험 연구, 비실험 연구를 기술 · 비교 · 대조하고, 각각에 관련된 자료 구조를 구분할 수 있다.

9. 독립변수, 종속변수, 준독립변수를 정의하고 각각의 예를 설명할 수 있다.

■ 자료 구조 1. 각 개인에 대해 측정되는 하나 이상의 개별 변수가 있는 집단: 기술 연구

어떤 연구는 자연적으로 존재하는 개별 변수들을 단순 기술하기 위해 수행된다. 예를 들어, 대학 관계자는 대학생 집단의 식사, 수면, 공부 습관을 설명하고자 조사 연구(survey)를 실시할 수 있다. 표 1.1은 이러한 유형의 연구에서 얻은 자료의 예이다. 연구자가 여러 변수를 측정할 수도 있지만 연구 목표는 각 변수를 개별적으로 설명하는 것에 있다. 특히 이러한 유형의 연구에서는 변수 간의 관계는 설명하지 않는다.

표 1.1에는 조사된 자료가 제시되어 있고 이 조사는 자료 간의 관계보다는 개별 변수를 설명하는 데 초점을 맞추고 있다. 이는 **기술 연구** 또는 **기술 연구 전략**의 한 예다.

기술 연구(descriptive research) 또는 **기술 연구 전략**(descriptive research strategy)에서는 개별 변수를 단순히 기술할 목적으로 한 개 이상의 개별 변수를 측정한다.

기술 연구의 결과가 매일 공부하는 시간과 같은 수치 점수로 구성되는 경우, 일반적으로 제3장과 제4장에 제시된 통계 방법에 의해 설명이 가능하다. 예를 들어, 연구자는 대학생들의 매주 패스트푸드점에서의 식사 횟수의 평균들을 알고 싶어 할 수도 있다. 수치가 아닌 자료는 일반적으로 각 범주의 비율 또는 백분율을 계산하여 기술한다.

표 1.1 8명 학생 집단에서 각 개인에 대해 측정한 세 개의 개별 변수

	학생들의 패스트푸드 매주 이용 횟수	일일 수면 시간	일일 공부 시간
A	0	9	3
B	4	7	2
C	2	8	4
D	1	10	3
E	0	11	2
F	0	7	4
G	5	7	3
H	3	8	2

예를 들어, 최근 신문 기사에 따르면 미국 성인의 34.9%가 비만이며 건강한 체중보다 약 35파운드가 더 많이 나간다고 한다.

■ 변수 간의 관계

그러나 대부분의 연구는 둘 이상의 변수 간 관계를 연구하고자 한다. 예를 들어, 아이들이 하는 비디오 게임에서의 폭력 정도와 그들이 보이는 공격 행동 정도 사이에 어떤 관계가 있는가? 어린 시절 언어 발달과 대학에서의 학업 성취 사이에는 어떤 관계가 있는가? 관계성을 확립하기 위해 연구자들은 관측, 즉 두 변수에 대해 측정해야 한다. 최종적으로 측정된 자료는 다양한 연구 방법과 통계 방법을 분류하는 데 도움이 되는 두 가지 자료 구조로 구분될 수 있다. 다음 절에서는 이러한 두 자료 구조를 식별하고 논의할 것이다.

■ 자료 구조 2. 서로 다른 두 변수가 있는 하나의 집단: 상관 분석

변수 간의 관계를 연구하는 한 가지 방법은 개인들이 원래 지니고 있는 두 변수를 측정하는 것이다. 즉, 각 개인에 대해 두 변수를 간단히 측정한다. 예를 들어, 연구를 통해 페이스북 사용 시간과 학업 성취도 간의 관계성을 파악하고자 한다(Junco, 2015). 그림 1.5는 8명의 학생을 대상으로 페이스북 사용 시간과 학업 성취도를 측정하여 얻은 자료의 예이다. 그런 다음 연구자들은 변수 간의 관계를 밝히고자 자료에서 일관된 패턴을 찾는다. 예를 들어, 페이스북 사용 시간이 학생들 간에 변할 때, 학업 성취도 역시 변화하는 경향이 있는가?

점수가 그래프로 표시되는 경우 자료의 일관된 패턴을 쉽게 알 수 있다. 그림 1.5는

학생	페이스북 사용 시간	학업 성취도
A	4	2.4
B	2	3.6
C	2	3.2
D	5	2.2
E	0	3.8
F	3	2.2
G	3	3.0
H	1	3.0

(a)

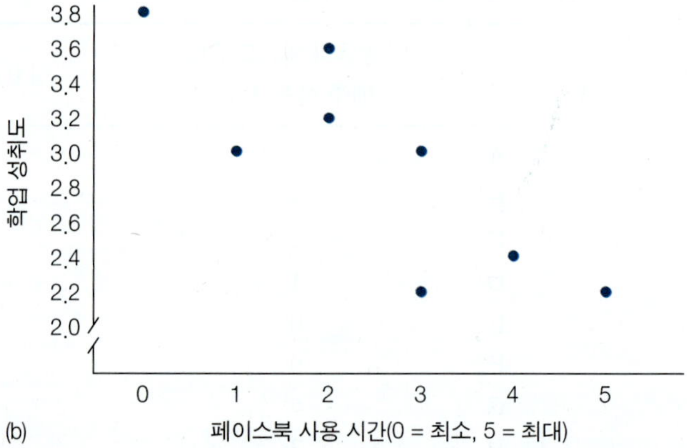

(b)

그림 1.5

변수 간의 관계를 평가하는 연구를 위한 두 개의 자료 구조 중 하나이다. 각 개인에 대해 두 가지 측정을 했다(페이스북 사용 시간과 학업 성취도). 이에 대한 점수가 표(a)와 그래프(b)에 표시되어 있다.

산포도(scatter plot)라는 그래프로 8명의 학생들의 점수를 나타내고 있다. 산포도에서는 각 개인이 한 점으로 표시되고, 가로(수평) 방향은 학생의 페이스북 사용 시간, 세로(수직) 방향은 학생의 학업 성취도 점수를 알려 준다. 산포도는 페이스북 사용 시간과 학업 성취도 사이의 명확한 관계를 보여 준다. 페이스북 사용 시간이 증가함에 따라 학업 성취도는 감소함을 알 수 있다.

단순히 각 개인에 대해 서로 다른 두 변수를 측정하고, **그림 1.5**처럼 자료를 표시하는 연구가 **상관 연구법** 또는 **상관 연구 전략**(correlational research strategy)의 한 예다.

상관 연구법(correlational method)에서는 두 변수 사이에 관계가 있는지 여부를 결정하기 위해 두 가지 변수를 측정해야 한다.

상관 연구법을 위한 통계 상관 연구에서는 자료가 연속 점수로 구성되는 경우, 두 변수 사이의 관계를 상관관계(correlation)라고 하는 통계를 사용하여 측정하고 기술한다. 상관관계와 상관 분석에 대해서는 14장에서 상세히 논할 것이다. 간혹, 상관 연구에 사용된 측정 과정은 개인별 수치가 아닌 단순히 범주로 구분하기도 한다. 예를 들어, 남성 또는 여성이 포함된 대학생 집단을 대상으로 한 연구에서는 성별 및 자신의 체중(저체중, 보통, 과체중)을 기준으로 학생을 분류할 수 있다. 연구자는 개인별로 2개의 자료를 가지고 있지만, 두 자료 모두 수치로 제시되지 않는다. 이러한 유형의 자료는 일반적으로 각각의 범주로 분류되는 개인의 수를 보여주는 표에 요약될 수 있다. **표 1.2**는 이러한 종류의 요약 표이다. 예를 들어, 이 표는 표본 중 12명의 남성들만이 자신들을 과

표 1.2 비연속적인 점수로 구성된 상관 자료이다. 각 개인에 대해 두 가지, 즉 성별과 스스로 설명한 체중 측정값이 제시되어 있다. 각 숫자들은 각 범주에 얼마나 많은 사람들이 있는지 보여 준다. 예를 들어, 50명의 여성 중 4명만이 자신들을 저체중으로 보았다.

	저체중	보통	과체중	
남성	6	32	12	50
여성	4	25	21	50

체중으로 생각한다는 것을 보여 준다. 이러한 유형의 자료는 숫자(예: 남성＝0 및 여성＝1)로 코딩될 수 있으며, 상관관계를 분석할 수 있다. 표 1.2의 자료와 같은 비연속적인 자료에 대한 변수 간의 관계는 일반적으로 카이제곱 검정(chi-square test)이라고 알려진 통계 방법을 사용하여 평가한다. 카이제곱 검정은 15장에 소개되어 있다.

상관 연구법의 한계 상관 연구의 결과는 두 변수 사이의 관계의 존재를 입증할 수 있지만, 관계에 대한 어떤 설명도 제공하지 않는다. 특히, 상관 연구는 원인과 결과의 관계를 입증할 수 없다. 예를 들어, 그림 1.5의 자료는 대학생들의 페이스북 사용 시간과 학업 성취도 간의 체계적인 관계를 보여 준다. 페이스북을 사용하는 시간이 많을수록 낮은 학업 성취도를 보이는 경향이 있었다. 하지만 이러한 관계에 대해 가능한 많은 설명이 있을 수 있고, 낮은 학업 성취도를 보이는 페이스북 사용자들에게 어떤 요인(또는 요인들)이 있었는지 정확히 알 수 없다. 예를 들어, 많은 학생들은 공부하는 동안 페이스북으로 여러 가지 일을 한다고 보고한다. 이 경우에, 그들의 낮은 학업 성취도는 공부하는 동안 멀티태스킹으로 인한 산만함 때문이라고 설명할 수 있다. 그러나 페이스북 사용 시간을 줄이는 것만으로 그들의 학업 성취도가 향상될 것이라고 결론을 내릴 수 없다. 두 변수 사이의 인과관계를 증명하기 위해서는 연구자들은 다음에 논의되는 실험 방법을 사용해야 한다.

■ 자료 구조 3. 두 집단 이상의 점수 비교: 실험 설계법 및 비실험 설계법

두 변수 사이의 관계를 조사하는 두 번째 방법은 두 개 이상 집단의 점수를 비교하는 것이다. 여기에서는 변수 중 하나를 사용하여 집단을 정의한 다음 두 번째 변수를 측정하여 각 집단에 대한 점수를 통해 변수 간의 관계를 연구한다. 예를 들어 Polman, de Castro와 van Aken(2008)은 10세 소년 표본을 무작위로 두 집단으로 나누었다. 한 집단은 폭력적인 비디오 게임을 했고, 다른 집단은 비폭력적인 게임을 했다. 게임을 한 후, 아이들이 자유 놀이 시간에 공격 행동(타격, 발차기, 밀고, 위협, 욕설, 싸움, 또는 다른 아

그림 1.6
변수 간의 관계를 평가하는 연구를 위한 두 번째 자료 구조. 한 변수(폭력적 게임 대 비폭력적 게임)는 집단을 정의하는 데 사용되며, 두 번째 변수(공격 행동)는 각 집단 내에서 측정된 점수이다.

집단을 정의하는 데 한 변수 (비디오 게임 유형)를 사용한다.

두 번째 변수(공격 행동)는 각 집단 내에서 점수를 얻기 위해 측정된다.

폭력적 게임	비폭력적 게임
7	8
8	4
10	8
7	3
9	6
8	5
6	3
10	4
9	4
6	5

두 집단의 점수 비교

이를 놀림)을 하는지 살펴보았다. 결과에 대한 자료의 예는 **그림 1.6**과 같다. 그런 다음 연구자들은 폭력적 비디오 게임 집단의 점수와 비폭력적 비디오 게임 집단의 점수를 비교한다. 두 집단 사이의 체계적인 차이는 폭력적인 비디오 게임을 하는 것과 10세 소년들에게 공격 행동 간의 관계에 대해 밝힐 수 있다.

두 집단(또는 그 이상의 집단) 비교를 위한 통계 이 책에 제시된 대부분의 통계 절차는 그림 1.6의 연구와 같은 집단을 비교하는 연구를 위해 고안되었다. 특히, 각 집단의 점수를 요약하고 설명하는 기술 통계를 검토하고, 추론 통계를 사용하여 집단 간의 차이를 전체 모집단에 일반화할 수 있는지 여부에 대해 결정한다.

측정을 통해 수치 점수를 얻게 되었을 때, 통계적 평가는 일반적으로 각 집단의 평균 점수를 계산한 다음 평균을 비교한다. 평균 계산 과정은 3장에 제시되며, 평균을 비교하기 위한 다양한 통계 방법은 8장에서 13장까지 제시되어 있다. 측정 과정에서 개인을 단순히 비수치적 범주로 분류하는 경우, 통계 평가는 일반적으로 각 집단에 대한 비율 계산(computing proportion)과 비교(comparing proportion)로 이루어진다. 이전에 **표 1.2**에서 성별과 스스로 설명한 체중 사이의 관계를 조사하는 비수치적 자료의 예를 제시했다. 동일한 자료를 사용하여 남성의 비율을 여성의 비율과 비교할 수 있다. 예를 들어, 남성의 24%는 자신을 과체중이라고 묘사한 반면, 여성은 42%가 과체중이라고 보고했다. 이전과 같이, 이 자료는 15장에 제시된 카이제곱 검정을 사용하여 평가한다.

■ 실험 연구법과 비실험 연구법

서로 다른 두 가지 연구 방법이 있는데, 모두 비교할 점수를 가진 집단이 필요하다. 바로 실험 방법과 비실험적 방법이다. 이 두 가지 연구 방법은 정확히 동일한 통계를 사용하며, 두 변수 사이의 관계를 보여 준다. 두 가지 연구 방법의 차이는 그 관계를 어떻게 해석하는가에 있다. 실험을 통해 얻은 결과를 인과관계라고 한다. 예를 들어, 한 변수의 변화에 따라 두 번째 변수의 차이가 유발되었다고 결론 내릴 수 있다. 비실험적 연구는 원인과 결과에 대해 설명하지 못한다. 한 변수의 변화에 따른 두 번째 변수의 변화를 말할 수 있지만, 그 이유는 설명할 수 없다. 두 가지 연구 방법은 각각 다음 절에서 논의할 것이다.

■ 실험 연구법

집단의 점수를 비교하는 것과 관련된 한 가지 특정 연구 방법은 **실험 연구법**(experimental method) 또는 **실험 연구 전략**(experimental research strategy)으로 알려져 있다. 실험 연구의 목적은 두 변수 사이의 인과관계(cause-and-effect relationship)를 입증하는 것이다. 구체적으로, 실험은 한 변수의 값이 변하면 두 번째 변수에서 변화가 일어난다는 것을 보이고자 한다. 이 목표를 달성하기 위해 실험 연구법에는 실험이 다른 유형의 연구와 구별되는 두 가지 특성이 있음을 알아야 한다.

1. **조작** 연구자들은 한 수준에서 다른 수준으로 변수를 조작(manipulation)한다. 폭력적인 비디오 게임이 공격 행동에 미치는 영향을 조사하는 Polman 등(2008)의 실험에서 연구자들은 한 집단의 소년들에게 폭력적인 게임을 하게 하고 다른 집단에게는 비폭력적 게임을 하게 함으로써 폭력의 수준을 조절했다. 두 번째 변수를 측정하여 조작으로 인해 변화가 일어났는지 여부를 결정한다. Polman 등(2008)의 실험에서는 공격 행동이 측정되었다.
2. **통제** 연구자는 관련 없는 다른 변수가 연구에 영향을 미치지 않도록 연구 상황에 대한 통제(control)를 해야 한다.

이러한 두 가지 특성을 입증하기 위해, 폭력적인 비디오 게임이 공격 행동에 미치는 영향을 검토한 Polman 등(2008)의 연구를 고려해 보자(**그림 1.6** 참조). 공격 행동의 차이가 폭력의 정도에 의해 일어났다고 말할 수 있으려면, 그 차이에 대한 다른 가능한 설명은 배제되어야 한다. 즉, 공격 행동에 영향을 미칠 수 있는 다른 변수들은 통제되어야 한다. 연구자가 고려해야 할 변수에는 두 가지 일반적인 범주가 있다.

더 복잡한 실험에서, 연구자는 둘 이상의 변수를 체계적으로 조작할 수 있고 둘 이상의 변수를 관찰할 수 있다. 여기서는 하나의 변수만 조작하고 하나의 변수만 관찰하는 가장 단순한 경우를 고려하고 있다.

1. **연구 참가자 변수** 이 변수는 개인마다 다른 나이, 성별, 지능과 같은 특징들이다. 실험 참가자의 다른 집단(처치 집단인 A와 다른 처치 집단 B)을 비교할 때마다 연구자들은 참가자 변수(participant variable)가 집단마다 다르지 않음

을 확인해야 한다. 예를 들어, 그림 1.6에 제시된 실험의 경우, 연구자들은 비디오 게임에서의 폭력이 참가자들의 공격 행동에 변화를 일으킨다고 결론을 내리고 싶어 한다. 이 연구에서 두 조건 모두 10세 소년들이었다. 그러나 비폭력 조건의 참가자는 주로 여성이었고 폭력 조건의 참가자는 주로 남성이었다고 가정해 보자. 이 경우에, 두 집단 간 공격성의 차이에 대한 대안적인 설명이 가능하다. 특히, 집단 간의 차이는 게임의 폭력성 여부에 의해 야기되었을 수도 있지만, 참가자들의 성별에 의해 야기되었을 수도 있기 때문이다. 연구 결과에 대해 두 개 이상의 설명이 가능할 때 연구는 명확한 결론에 도달할 수 없기 때문에 혼란이 발생하게 된다.

2. **환경적 변수** 여기에는 밝기, 하루의 시간, 그리고 날씨 조건과 같은 환경의 특징들이 있다. 연구자는 처치 A에 참여한 사람들이 처치 B에 참여한 사람들과 동일한 환경에서 실험이 진행되는지 확인해야 한다. 예를 들어, 비디오 게임 폭력 실험(그림 1.6 참조)에서 비폭력 조건의 참가자들은 모두 아침에, 폭력 조건의 참가자들은 모두 저녁에 실험을 했다고 하자. 연구자는 공격 행동의 차이가 폭력의 정도에 의해 발생했는지, 아니면 하루 중 시간에 의해 발생했는지를 결정할 수 없기 때문에 혼란스러운 실험이 될 것이다.

연구자들은 일반적으로 다른 변수를 조절하기 위해 세 가지 기본적인 기술을 사용한다. 첫째, 연구자는 무작위 할당(random assignment)을 사용할 수 있으며, 이는 각 참가자가 각 처치 조건에 배정될 가능성이 동일하다는 것을 의미한다. 무작위 할당의 목적은 참가자의 특성을 두 집단 사이에 균등하게 할당하여 어느 집단도 다른 집단보다 현저하게 뛰어나지(또는 많게, 빠르게) 않도록 하는 것이다. 또한 무작위 할당은 환경 변수를 통제하는 데 사용될 수 있다. 예를 들어, 오전이나 오후에 임의적으로 참가자를 무작위로 배정하여 테스트할 수 있다. 변수를 통제하기 위한 두 번째 방법은 동일한 집단 또는 동등한 환경을 보장하기 위해 매칭(matching)을 시키는 것이다. 예를 들어, 연구자는 각 집단에 정확히 여성 60%와 남성 40%인지 확인함으로써 집단을 매칭시킬 수 있다. 마지막으로 연구자들은 변수를 일정하게 유지함으로써 통제할 수 있다. 예를 들어, 앞서 논의된 폭력적인 비디오 게임 연구(Polman et al., 2008)에서 연구자들은 10세 소년(연령과 성별 상수)만을 참가자로 연구를 진행했다. 이 경우, 연구자들은 한 집단이 현저하게 나이가 많거나 다른 집단보다 여성의 비율이 더 높지 않다고 확신할 수 있게 된다.

실험 연구법(experimental method)에서 한 변수는 조작되고 다른 변수는 관찰 및 측정된다. 두 변수 간에 인과관계를 확립하기 위해 실험 연구에서는 다른 변수들이 결과에 영향을 미치지 않도록 이들을 통제한다.

실험 연구법의 용어 실험 연구법에서 사용되는 두 변수는 특정 이름을 사용한다. 실험자가 조작하는(manipulated) 변수를 **독립변수**라고 한다. 참가자가 할당된 처치 조건을 통해 확인할 수 있다. **그림 1.6**의 예에서, 비디오 게임에서의 폭력 정도는 독립변수이다. 각 조건 내에서 점수를 얻기 위해 관찰되고 측정된 변수를 **종속변수**라고 한다. **그림 1.6**의 예에서, 공격 행동의 수준은 종속변수다.

독립변수(independent variable)는 연구자가 조작하는 변수이다. 행동 연구에서 독립변수는 대개 참가자에게 노출되는 두 개(또는 그 이상)의 처치 조건으로 구성된다. 독립변수는 종속변수를 관찰하기 전에 조작된다.

종속변수(dependent variable)는 처치(treatment)의 효과를 평가하는 것으로 관찰되는 변수다.

실험 연구에서는 한 변수(독립변수)를 조작하고, 한 변수(종속변수)를 측정하여 두 변수 사이의 인과관계를 평가한다. 실험에서는 하나의 변수, 즉 종속변수만 실제로 측정된다. 이는 두 변수가 측정되고 이 자료가 개인의 두 점수로 구성되는 상관 연구와 다른 점이다.

실험에서의 통제 조건 종종 실험에는 참가자가 어떤 처치도 받지 않는 조건에 포함된다. 이 조건의 점수는 처치를 받는 참가자들의 점수와 비교된다. 이러한 유형의 연구 목적은 처치 조건의 점수가 무처치 상태의 점수와 실질적으로 다르다는 것을 보여 줌으로써 처치의 효과가 있음을 입증하는 것이다. 이러한 종류의 연구에서 무처치 조건(no-treatment condition)을 **통제 조건**이라고 하고 처치 조건(treatment condition)을 **실험 조건**이라고 한다.

통제 조건(control condition)의 개인은 실험 처치를 받지 않는다. 대신 그들은 처치를 받지 않거나 중립적이거나 위약 처치(placebo treatment)를 받는다. 통제 조건의 목적은 실험 조건과의 비교를 위한 기저선(baseline)을 제공하는 것이다.

실험 조건(experimental condition)의 개인들은 실험적인 처치를 받는다.

독립변수는 항상 최소 2개의 값으로 구성된다. ('변수'라고 말하기 전에 두 가지 이상의 다른 값을 가져야 한다.) 비디오 게임 폭력 실험(**그림 1.6** 참조)의 경우, 독립변수는 비디오 게임에서의 폭력 정도이다. 실험 집단과 통제 집단을 사용한 실험의 경우 독립적인 변수는 처치 대 무처치이다.

■ 비실험적 방법: 비동등 집단 및 사전–사후 비교 연구

비공식적으로 사람들은 실험이라는 용어를 어떤 종류의 조사 연구로 언급하는 경향이 있다. 그러나 실험이라는 용어는 앞에서 설명한 특정 요건을 충족하는 연구에만 적용된다. 특히, 실제 실험에서는 독립변수와 다른 가외 변수에 대해 엄격한 구분과 통제를 포함하고 있다. 그 결과, 실제 실험은 아니지만, 집단의 점수를 비교하여 변수 간의 관계를 검토하는 다른 연구 설계들이 있다. 두 가지 예가 **그림 1.7**에 있으며, 다음 단락에서 논의할 것이다. 이런 유형의 연구는 비실험 연구로 분류된다.

그림 1.7의 상단 부분은 소년과 소녀를 비교하는 **비동등 집단 연구**(nonequivalent group study)의 예를 보여 주고 있다. 이 연구는 실험과 유사하게 두 집단의 점수를 비교하는 것이다. 그런데 실험과 달리 연구자가 참가자들을 특정 집단으로 할당할 수 없다. 모든 남성은 소년 집단에 속하고 여성은 소녀 집단에 속한다. 이러한 유형의 연구는 기존 집단을 비교하기 때문에, 연구자는 참가자들의 집단 할당을 통제할 수 없고 동등한 집단을 보장할 수 없다. 비동등 집단 연구의 다른 예로는 8세 어린이와 10세 어린이, 섭식 장애가 있는 사람들과 장애가 없는 사람들, 그리고 한 부모 가정의 아이들과 양 부모 가정의 아이들을 비교하는 것이다. 참가자 변수를 통제하고 동등한 집단을 보장하기 위해 무작위 할당(random assignment)과 같은 방법을 사용하는 것이 불가능하기 때문에, 이러한 유형의 연구는 진정한 실험이 아니다.

그림 1.7의 하단 부분은 치료 전 및 치료 후 우울 점수를 비교하는 **사전–사후 연구**(pre-post study)의 예를 보여 준다. 사전–사후 연구는 사전 집단과 사후 집단의 점수를 측정하기 위해서 시간(사전/사후)의 경과를 사용한다. **그림 1.7**에서 두 집단의 점수는 각 참가자에게 동일한 변수(우울)를 치료 전 및 치료 후 두 번 측정하여 구한다. 그러나 사전–사후 연구에서는 시간 경과에 대한 통제력이 없다. 사전 점수는 항상 사후 점수보다 일찍 측정된다. 두 집단의 점수 차이가 치료로 인해 발생할 수도 있지만, 시간이 지남에 따라 집단의 점수가 바뀔 수도 있다. 예를 들어, 우울 점수는 시간이 지남에 따라 감기의 증상이 사라지는 것처럼 낮아질 수 있기 때문이다. 사전–사후 연구에서 연구자는 또한 시간에 따라 변하는 다른 변수들을 통제할 수 없다. 예를 들어, 치료 전 날씨는 어둡고 우울했는데 치료 후의 날씨는 밝고 화창하게 변할 수 있다. 이 경우 우울 점수는 치료 때문이 아니라 날씨 때문에 향상될 수 있다. 시간과 관련된 변수나 시간의 흐름을 통제할 수 없기 때문에 이러한 연구는 진정한 실험이 아니다.

상관 연구 또한 비실험적 연구의 예이다. 그러나 이 절에서는 점수를 갖고 있는 둘 이상의 집단을 비교하는 비실험적 연구에 대해 논의하고 있다.

비실험적 연구의 용어 그림 1.7에 나타난 두 가지 조사 연구는 전형적인 실험은 아니지

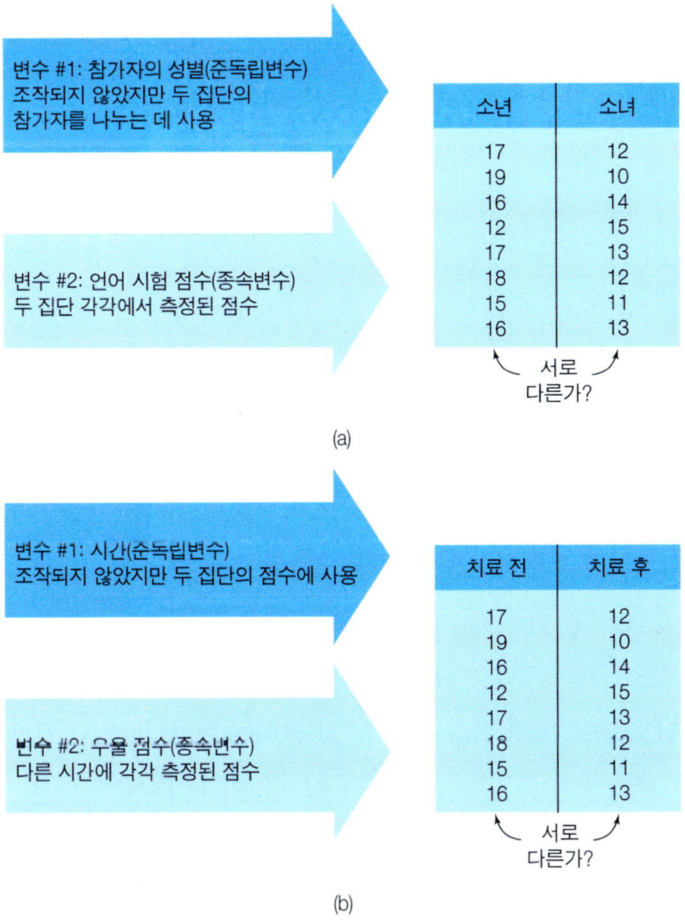

그림 1.7
두 집단의 점수를 비교하는 것과 관련된 비실험적 연구의 두 가지 예이다. (a)에서 참가자 변수(성별)를 사용하여 집단을 나눈 다음, 종속변수(언어 시험 점수)를 각 집단에서 측정한다. (b)에서 시간은 두 개의 집단을 정의하는 데 사용되는 변수이고, 종속변수(우울 점수)는 두 번(사전-사후) 각각 측정한다.

만, 실험에서 발견되는 것과 유사한 종류의 자료를 생성한다는 것을 주목해야 한다(**그림 1.6** 참조). 각각의 경우, 하나의 변수를 사용하여 집단을 만들고, 두 번째 변수는 각 집단 내의 점수를 얻기 위해 측정된다. 실험에서 집단은 독립변수의 조작에 의해 생성되며 참가자의 점수는 종속변수가 된다. 이 동일한 용어는 종종 비실험 연구에서도 두 변수(독립변수, 종속변수)를 구분하기 위해 사용된다. 즉, 집단을 만드는 데 사용되는 변수는 독립변수이고 점수는 종속변수이다. 예를 들어, **그림 1.7**의 상단 부분은 독립변수(소년/소녀)이고 언어 시험 점수는 종속변수이다. 그러나 성별(소년/소녀)은 조작되지 않았기 때문에 진정한 독립변수가 아님을 알아야 한다. 이러한 이유로, 비실험 연구에서 '독립변수'를 종종 **준독립변수**로 부른다.

비실험 연구에서 서로 다른 점수를 만들어 내는 집단을 생성하는 '독립변수'를 **준독립 변수**(quasi-independent variable)라고 하는 경우가 많다.

학습 점검

학습 목표 8 **1.** 상관 연구에서 각 개인에 대해 측정되는 변수의 수와 연구에 참여한 개인의 집단은 몇 개인가?

a. 1 변수, 1 집단

b. 1 변수, 2 집단

c. 2 변수, 1 집단

d. 2 변수, 2 집단

학습 목표 8 **2.** 미국과 캐나다의 대학생을 대상으로 한 알코올 섭취를 비교한 연구에 따르면, 미국 학생들보다 더 많은 수의 캐나다 학생들이 알코올을 섭취하지만 미국 학생들이 캐나다 학생들보다 더 많은 양의 알코올을 섭취한다고 한다(Kuo, Adlaf, Lee, Gliksman, Demers, & Wechsler, 2002). 이 연구에서 어떤 연구 디자인을 사용했는가?

a. 상관

b. 실험

c. 비실험

d. 비상관

학습 목표 9 **3.** 최근 한 연구에 따르면, 유전자 변형 곡물을 섭취한 어린 쥐들이 정상적인 곡물을 섭취한 쥐들보다 성체가 되었을 때 무게가 10% 더 나간다고 한다. 이때 독립변수는 무엇인가?

a. 유전자 변형 식품을 섭취한 쥐

b. 규칙적인 식품을 섭취한 쥐

c. 쥐에게 주는 섭취물의 차이

d. 성체가 된 쥐의 체중

정답 **1. c** **2. c** **3. c**

1-4 통계 표기법

학습 목표(Learning Objectives)

10. 기호 X, Y, N, n, Σ를 구분할 수 있다.

11. 올바른 연산 순서에 따라 합산 표기법과 기타 수학 연산을 사용하여 계산하는 과정을 설명할 수 있다.

연구에서의 측정은 통계 분석을 위한 자료를 제공한다. 대부분의 통계 분석은 초중고 학창 시절에 배웠던 것과 동일한 일반적인 수학 연산, 표기법 및 기본 산수를 사용한다. 이 절에서는 통계 산출에 사용되는 특수 표기법을 소개한다. 이 장 후반부에는 필요에 따라 추가로 통계 표기법을 소개할 것이다.

■ 점수

퀴즈 점수
X
37
35
35
30
25
17
16

키	몸무게
X	Y
72	165
68	151
67	160
67	160
68	146
70	160
66	133

연구에서 변수를 측정한다는 것은 각 개인에게 점수를 부여하는 것이다. 원점수(raw score)는 연구에서 얻어진 원래의 변하지 않는(unchanged) 점수이다. 특정 변수에 대한 점수는 일반적으로 문자 X로 표시한다. 예를 들어, 통계 과정의 성적을 매기기 위해 시험을 보고 그 점수를 측정했다. 첫 시험에서 35점을 얻은 경우에 $X = 35$라고 명시할 수 있다. 일련의 점수는 X열에 표시할 수 있다. 예를 들어, 수업에서 나온 퀴즈 점수 목록은 왼쪽 단일 열과 같이 제시될 수 있다.

두 변수에 대해 관측할 경우 각 개인에 대해 2개의 점수가 매겨진다. 자료는 두 변수에 대해 X와 Y로 표시된 두 개의 목록으로 표시할 수 있다. 예를 들어, 키에 대한 인치(변수 X)와 무게에 대한 파운드(변수 Y)의 측정값은 이중 열에 표시된 것과 같이 표시할 수 있다. 각 X, Y 쌍은 단일 참가자의 측정된 결과를 나타낸다.

문자 N은 집합에 몇 개의 점수가 있는지 확인하기 위해 사용한다. 대문자 N은 모집단의 점수에 대한 수이고, 소문자 n은 표본의 점수에 대한 수로 구분한다. 이 책의 다른 부분에서 표본과 모집단을 구분을 위해 표기를 달리해서 사용한다는 것을 알게 될 것이다. 이전 표의 키 및 몸무게 자료의 경우, 두 변수의 $n = 7$이다. 소문자 n을 사용하는데, 이때 이 자료는 표본임을 의미한다.

■ 합산 표기법

통계에 필요한 계산의 대부분은 점수의 집합을 더하는 것을 포함한다. 이 절차는 매우 자주 사용되기 때문에 점수 집합의 합을 나타내기 위해 특수 표기법을 사용한다. 그리스 문자 시그마(sigma) 또는 Σ는 합산을 하는 데 사용된다. ΣX는 변수 X에 대한 모든 점수를 더하는 것을 의미한다. 합산 부호 Σ는 '합산(the sum of)'으로 읽을 수 있다. 따라서 ΣX는 '점수의 합산'으로 읽는다. 퀴즈 점수 10, 6, 7, 4의 합산 식은 다음과 같다.

$$\Sigma X = 27, N = 4$$

합산 표기법을 올바르게 사용하려면 다음 두 가지 사항을 명심해야 한다.

1. 합산 부호 Σ는 항상 기호나 수학적 표현으로 이어진다. 기호 또는 표현식은 정확히 어떤 값을 더해야할지 명확히 한다. 예를 들어, ΣX를 계산하려면, 합산 기호 뒤에 있는 기호는 X이고, 작업은 X값의 합산을 찾는 것이다. $\Sigma(X-1)^2$를 계산하려면 합산 부호 뒤에 비교적 복잡한 수학식이 표시되므로 첫 번째 작업은 각 점수에 대해 $(X-1)^2$를 계산한 다음 그 값을 더하는 것이다.

2. 합산 과정은 종종 곱셈이나 제곱과 같은 몇 가지 다른 수학적 연산과 함께 포함된다. 정답을 얻기 위해서는 여러 가지 작업을 올바른 순서대로 수행해야 한다. 다음은 수학 연산을 수행하기 위한 올바른 연산 순서를 보여 주는 목록이다. 이 부분의 내용 대부분을 잘 알고 있겠지만, 아래 네 번째 순서에서 합산 과정을 소개하고 있다.

수학에서 연산 순서

1. 괄호 안에 포함된 모든 계산은 먼저 실행한다.

2. 제곱(또는 다른 지수로 올림)은 두 번째로 수행한다.

3. 곱하기 그리고/또는 나누기는 세 번째로 수행한다. 일련의 곱셈 및/또는 나눗셈 작업은 왼쪽에서 오른쪽으로 수행되어야 한다.

4. 다음에 Σ을 사용하는 합산을 수행한다.

5. 마지막으로 다른 덧셈 및/또는 뺄셈을 계산한다.

다음 예들은 이 책에서 제시하는 대부분의 계산과 공식에 어떻게 합산에 대한 표기법을 사용하는지를 보여 준다. 계산에 여러 단계가 필요할 때마다 계산표를 사용하여 해당 과정을 시연하는 데 도움을 제공할 것이다. 이 표는 첫 번째 열의 원래 점수를 나열한 다음, 열을 추가하여 각 연속 단계의 결과를 보여 준다. 연산 순서 목록의 처음 세 작업은 모두 계산표에 새 열을 생성한다는 점을 유의해야 한다. 합산(목록의 4번)이 되면 표의 마지막 열에 값을 더하여 합산한다.

예제 1.3 네 가지 사례의 점수들은 3, 1, 7, 4의 값으로 구성되어 있다. 이 점수에 대해 ΣX, ΣX^2,

$(\sum X)^2$를 계산할 것이다. 계산 과정 시연을 돕기 위해, 첫 번째 열에 원점수(X값)를 보여주는 계산 표를 사용할 것이다. 그런 다음 일련의 작업에서 추가 단계를 계산하기 위해 열을 추가한다. 목록의 처음 세 개 연산(괄호, 제곱, 곱하기)은 모두 새로운 값에 대한 열을 생성한다. 그러나 마지막 두 번의 작업은 합산에 해당하는 단일 값을 산출한다.

X	X^2
3	9
1	1
7	49
4	16

왼쪽 표는 $\sum X^2$에 대한 계산에 필요한 원점수(X값)와 제곱 점수(X^2 값)를 보여 준다.

첫 번째 계산인 $\sum X$는 괄호, 제곱 또는 곱셈을 포함하지 않으므로, 더하기만 하면 된다. X값은 표의 첫 번째 열에 나열되며, 이 열의 값들을 더한다.

$$\sum X = 3 + 1 + 7 + 4 = 15$$

$\sum X^2$를 계산하려면 각 점수를 제곱한 다음 제곱한 값의 합을 구해야 한다. 계산표에는 원점수 및 제곱(계산 첫 단계에서 얻은 값)이 표시된다. 두 번째 단계는 제곱한 값의 합을 찾는 것이므로 X^2 열에 숫자를 더하면 된다.

$$\sum X^2 = 9 + 1 + 49 + 16 = 75$$

최종 계산 $(\sum X)^2$에는 괄호가 포함되어 있으므로 첫 번째 단계는 괄호 안의 계산을 수행하는 것이다. 따라서 먼저 $\sum X$를 구하고 나서 이 합을 제곱한다. 먼저 $\sum X = 15$를 계산했다. 그래서 다음과 같이 계산한다.

$$(\sum X)^2 = (15)^2 = 225$$ ■

예제 1.4 예제 1.3의 네 가지 사례의 점수를 사용해서 $\sum(X - 1)$ 및 $\sum(X - 1)^2$을 계산한다. 다음의 계산표는 계산을 설명하는 데 도움이 될 것이다.

X	$(X - 1)$	$(X - 1)^2$
3	2	4
1	0	0
7	6	36
4	3	9

첫 번째 열은 원점수이다. 두 번째 열은 $(X - 1)$에 해당하는 값이고, 세 번째 열은 $(X - 1)^2$에 해당하는 값이다.

$\sum(X - 1)$을 계산하려면 첫 번째 단계는 괄호 안의 작업을 수행해야 한다. 따라서 각각의 X값에서 1을 뺀다. 결괏값은 표의 중간 열에 열거되어 있다. 다음 단계는 $(X - 1)$ 값을 더하는 것이므로 중간 열의 값을 더하는 것이다.

$$\sum(X - 1) = 2 + 0 + 6 + 3 = 11$$

$\sum(X - 1)^2$의 계산에는 세 단계가 필요하다. 첫 번째 단계는 X에서 1을 빼는 것이다.

이 단계의 결과는 계산표의 중간 열에 표시되어 있다. 두 번째 단계는 각 $(X-1)$ 값을 제곱하는 것이다. 이 단계의 결과는 표의 세 번째 열에 표시되어 있다. 마지막 단계는 $(X-1)^2$ 값을 더하는 것이므로, 세 번째 열에 값을 더하여 얻을 수 있다.

$$\Sigma(X-1)^2 = 4 + 0 + 36 + 9 = 49$$

이 계산에서는 값을 먼저 제곱한 뒤에 더해야 한다는 점에 유의한다. 흔히 하는 실수는 $(X-1)$을 다 더한 후 제곱하는 것으로, 이런 실수가 발생하지 않도록 주의해야 한다. ■

예제 1.5 앞의 두 가지 예와 다른 많은 상황에서, 합산은 계산의 마지막 단계다. 연산 순서에 따라 괄호, 지수 및 곱셈이 모두 합산 전에 나온다. 그러나 합산 후 덧셈과 뺄셈이 완료되는 경우가 있다. 이 예에서는 이전 두 예제의 동일한 점수를 사용하며 $\Sigma X - 1$을 계산하는 것이다.

괄호, 지수 또는 곱셈이 없는 경우, 첫 번째 단계는 합이다. 따라서 ΣX를 계산하는 것부터 시작한다. 앞서 $\Sigma X = 15$임을 알고 있다. 다음 단계는 총점에서 1점을 빼는 것이다. 이러한 경우 식은 다음과 같다.

$$\Sigma X - 1 = 15 - 1 = 14$$ ■

예제 1.6 이 예에서 각 개인은 2개의 점수를 가지고 있다. 첫 번째 점수는 X, 두 번째 점수는 Y이다. 다음 계산표의 도움을 받아 ΣX, ΣY, ΣXY를 계산한다.

ΣX를 찾으려면 X열의 값을 더한다.

개인	X	Y	XY
A	3	5	15
B	1	3	3
C	7	4	28
D	4	2	8

$$\Sigma X = 3 + 1 + 7 + 4 = 15$$

마찬가지로, ΣY는 중간에 위치한 Y열의 값을 더한 것이다.

$$\Sigma Y = 5 + 3 + 4 + 2 = 14$$

ΣXY를 계산하기 위해서, 첫 번째 단계는 각 개인에 대해 X 곱하기 Y를 하는 것이다. 결과물(XY값)은 표의 세 번째 열에 나열되어 있다. 마지막으로, 얻은 값을 더한다.

$$\Sigma XY = 15 + 3 + 28 + 8 = 54$$ ■

예제 1.7 점수 5, 2, 4, 2에 대해 다음의 값을 계산해 보자.

a. ΣX^2 **b.** $\Sigma(X+1)$ **c.** $\Sigma(X+1)^2$

답은 a. 49, b. 17, c. 79이다. ■

학습 점검

학습 목표 10 **1.** 대문자 N으로 표시되는 값은 무엇인가?

- **a.** 모집단의 수
- **b.** 표본의 수
- **c.** 총합 문제에서 더해야 할 값의 수
- **d.** 총합 문제에서 단계 수

학습 목표 11 **2.** 점수 0, 1, 4, 2에 대한 $\sum(X + 1)$의 값은 얼마인가?

- **a.** 8
- **b.** 9
- **c.** 11
- **d.** 16

학습 목표 11 **3.** $(\sum X)^2$의 마지막 계산법은 무엇인가?

- **a.** 각 점수의 제곱하기
- **b.** 점수 더하기
- **c.** 각 점수에 대한 합을 제곱하기
- **d.** 제곱된 점수 더하기

정답 **1.** a **2.** c **3.** c

핵심 요약

1. 통계라는 용어는 자료의 구성, 요약 및 해석 방법을 이해하기 위해 사용한다.

2. 과학적 질문들은 보통 모집단에 관한 것인데, 모집단은 연구 대상이 되는 개인들의 총체이다. 일반적으로 모집단의 수가 너무 많아서 모든 개인을 검사할 수 없기 때문에 대부분의 연구는 표본으로 이루어진다. 표본은 보통 연구 목적을 위해 모집단에서 표집된 집단이다.

3. 표본을 설명하는 특성을 통계량이라고 하며, 모집단을 설명하는 특성을 모수라고 한다. 표본 통계량은 대개 해당 모집단 모수를 나타내지만, 일반적으로 통계량과 모수 사이에는 어느 정도의 불일치가 존재한다. 통계량과 상응하는 모수 간에 자연적으로 발생하는 차이를 표집 오차라고 한다.

4. 통계적 방법은 두 가지 범주로 분류될 수 있다. 즉, 자료를 구성하고 요약하는 기술 통계와 모집단에 대한 추론을 도출하기 위해 표본 자료를 사용하는 추론 통계이다.

5. 구성개념은 직접 관찰될 수 없는 변수다. 조작적 정의는 구성개념을 대표하는 외적 행동의 관점에

서 구성개념을 측정하고 정의한다.

6. 이산변수는 불가분의 범주, 종종 셀 수 있는 정수들로 구성된다. 연속변수는 무한히 나눌 수 있는 범주로 구성되며, 각 점수는 척도의 간격에 해당한다. 간격을 분리하는 경계를 정확 한계라고 하며, 인접 점수 사이의 정확히 중간에 위치한다.

7. 측정 척도는 개인을 분류하는 데 사용되는 일련의 범주로 구성된다. 명목 척도는 이름만 다를 뿐 크기나 방향 면에서 구별되지 않는 범주로 구성된다. 서열 척도에서 범주는 방향 측면에서 구분되어 서열이 지정된 단계를 형성한다. 등간 척도는 모두 동일한 크기가 같은 간격의 순서로 된 일련의 범주로 구성된다. 등간 척도로 범주 간 방향과 거리를 구별할 수 있다. 마지막으로 비율 척도는 절대 0점을 가진 등간 척도를 말한다. 비율 척도를 사용하면 측정 비율은 크기의 비율을 반영한다.

8. 실험 연구법은 독립변수를 조작하여 다른 처치 조건을 만든 다음 종속변수를 측정하여 얻은 점수를 통해 변수 간의 관계를 검증하는 방법이다. 그런 다음 집단 간의 점수를 비교한다. 잡단 간의 체계적 차이는 독립적 변수를 한 조건에서 다른 조건으로 변경하는 것이 종속변수의 변화를 야기했다는 증거를 제공한다. 독립변수와 종속변수 간의 관계에 영향을 미치는 것을 막기 위해 다른 변수들은 통제된다. 즉, 실험 연구법의 목적은 변수 간의 인과관계를 입증하는 것이다.

9. 비실험 연구 또한 집단의 점수를 비교함으로써 변수들 사이의 관계를 조사하지만, 비실험 연구는 전형 실험처럼 엄격하지 않아 인과관계라고 보기 어렵다. 다른 집단을 만들기 위해 변수를 조작하는 대신에, 비실험적 연구는 비교되는 집단의 점수를 비교하기 위해 기존의 참가자 특성(예: 남성/여성) 또는 시간 경과(전/후)를 사용한다.

10. 실험에서 독립변수는 연구자에 의해 조작되며 종속변수는 치료의 효과를 평가하기 위해 관찰되는 변수다. 비실험에서 집단을 만드는 데 사용되는 변수는 준독립변수다.

11. 문자 X는 변수의 점수를 나타내는 데 사용된다. Y는 두 번째 변수의 점수를 나타낸다. 문자 N은 모집단의 사례 수를 나타내는 기호이고, n은 표본의 사례 수를 나타내는 기호이다.

12. 그리스 문자 시그마(Σ)는 총합을 나타내는 데 사용된다. 따라서 ΣX라는 표현은 '점수의 합산'으로 해석된다. 합산은 수학적 연산(덧셈 또는 곱셈 등)이며, 연산 순서에 따라 적절하게 수행해야 한다. 괄호, 지수 및 곱셈/나눗셈이 완료된 후에 합산한다.

주요 용어

통계 statistics (3)
모집단 population (4)
표본 sample (4)
변수 variable (5)
자료 data (6)
자료 세트 data set (6)
데이텀 datum (6)
점수 score (6)
원점수 raw score (6)
모수 parameter (6)
통계량 statistic (6)
기술 통계 descriptive statistics (7)
추론 통계 inferential statistics (7)
표집 오차 sampling error (7)
구성개념 construct (12)
조작적 정의 operational definition (13)
이산변수 discrete variable (13)
연속변수 continuous variable (13)
정확 한계 real limit (15)
정확 상한계 upper real limit (15)

정확 하한계 lower real limit (15)

명목 척도 nominal scale (16)

서열 척도 ordinal scale (16)

등간 척도 interval scale (17)

비율 척도 ratio scale (17)

기술 연구 descriptive research (20)

기술 연구 전략 descriptive research strategy (20)

상관 연구법 correlational method (22)

실험 연구법 experimental method (25)

독립변수 independent variable (27)

종속변수 dependent variable (27)

통제 조건 control condition (27)

실험 조건 experimental condition (27)

비동등 집단 연구 nonequivalent groups study (28)

사전-사후 연구 pre-post study (28)

준독립변수 quasi-independent variable (30)

SPSS®

SPSS라고 알려진 사회과학 통계 패키지는 이 책에 제시된 대부분의 통계 계산을 수행하는 컴퓨터 프로그램이며, 일반적으로 대학 및 대학 컴퓨터 시스템에서 이용 가능하다. SPSS가 적용되는 각 장의 끝에 있는 SPSS 부분에는 이 장에 제시된 통계 작업을 수행하기 위해 SPSS를 사용하기 위한 단계별 지침이 소개되어 있다.

문제 해결을 위한 팁

더하기 부호가 계속된다면[예: ΣX 또는 $\Sigma(X+3)$] 상징적 표현인 합 기호로 단순화할 수 있다. 이 기호는 값을 더하는 것을 의미한다. 이 기호를 열 제목으로 사용하고 기존 값에 특정 값을 더하여 새로운 열에 적절한 값들을 나열할 수 있다. 예를 들어, $\Sigma(X+3)$를 구하려면 X열 옆에 $(X+3)$로 향하는 열을 만든다. $(X+3)$ 값을 모두 나열한 다음 열의 값들을 모두 더한다.

종종, 합산 표기법은 몇 가지 계산 단계를 요구하는 비교적 복잡한 수학 공식의 일부분이다. 수학적 연산의 순서에 따라 일련의 계산 단계가 수행되어야 한다(32~33쪽 참조).

증명 1.1

합 기호

점수들은 다음과 같은 값으로 구성되어 있다.

7 3 9 5 4

위의 점수에 대해 다음을 각각 계산하시오.

ΣX

$(\Sigma X)^2$

ΣX^2
$\Sigma X + 5$
$\Sigma(X - 2)$

ΣX 계산 ΣX를 계산하기 위해, 단순하게 집단의 모든 점수를 더한다.

$$\Sigma X = 7 + 3 + 9 + 5 + 4 = 28$$

$(\Sigma X)^2$ 계산 첫 번째 단계는 괄호 안의 ΣX를 계산하는 것이다. 두 번째 단계는 ΣX값을 제곱하는 것이다.

$$\Sigma X = 28 \quad \text{그리고} \quad (\Sigma X)^2 = (28)^2 = 784$$

X	X^2
7	49
3	9
9	81
5	25
4	16

ΣX^2 계산 첫 번째 단계는 각각의 점수를 제곱하는 것이다. 두 번째 단계는 점수 제곱을 더하는 것이다. 계산표는 점수와 제곱 점수를 보여 준다. ΣX^2를 계산하려면 X^2 열에 있는 값들을 더한다.

$$\Sigma X^2 = 49 + 9 + 81 + 25 + 16 = 180$$

$\Sigma X + 5$ 계산 첫 번째 단계는 ΣX를 계산하는 것이다. 두 번째 단계는 총점에 5점을 더하는 것이다.

$$\Sigma X = 28 \quad \text{그리고} \quad \Sigma X + 5 = 28 + 5 = 33$$

X	$X-2$
7	5
3	1
9	3
5	7
4	2

$\Sigma(X - 2)$ 계산 첫 번째 단계는 각 점수에서 2점을 빼는 것이다. 두 번째 단계는 결괏값을 더하는 것이다. 계산 표는 점수 및 $(X - 2)$ 값을 보여 준다. $\Sigma(X - 2)$를 계산하려면 $(X - 2)$ 열에 있는 값들을 더한다.

$$\Sigma(X - 2) = 5 + 1 + 7 + 3 + 3 = 18$$

연습 문제

1. 한 연구자는 미국 고등학생들의 문자 메시지에 관해 관심이 있다. 연구자는 100명의 학생을 선발해 각 개인이 매일 보내는 문자 메시지 수를 측정하고 그 평균을 계산한다.
   a. 이 연구의 모집단은 무엇인가?
   b. 이 연구의 표본은 무엇인가?
   c. 연구자가 계산한 평균 숫자는 ____의 예이다.
2. 모집단 및 표본에 대해 정의하고, 조사 연구에서 각각의 역할을 설명하시오.
3. 통계 방법은 기술 방법과 추론 방법, 두 가지 주요 범주로 분류된다. 각 범주의 통계 방법에 대한 일반적인 목적을 기술하시오.
4. 통계량과 모수에 대해 정의하고, 표집 오차와 어떻게 관련되어 있는지 설명하시오.

5. 왜 정직(honesty)이 구체적인 변수가 아닌 가설적인 구성개념인지 설명하시오. 조작적 정의를 사용하여 정직을 측정하고 정의할 수 있는 방법을 기술하시오.

6. 세금 신고서(tax form)에는 나이, 연간 소득, 부양가족 및 사회보장 번호가 구분되어 제시되어 있다. 이 세 변수 각각에 대해 사용 가능한 측정 척도를 구분하고, 각각의 변수가 연속변수인지 이산변수인지 구분하시오.

7. 이 장에서는 명목 척도와 같이 단순한 분류에서부터 비율 척도에 이르기까지 다양한 네 가지 척도를 소개했다.

a. 명목 척도와 비교하여 서열 척도에서 얻을 수 있는 추가 정보는 무엇인가?

b. 서열 척도와 비교하여 등간 척도에서 얻을 수 있는 추가 정보는 무엇인가?

c. 등간 척도와 비교하여 비율 척도에서 얻을 수 있는 추가 정보는 무엇인가?

8. 상관 연구에서의 자료에 대해 설명하고, 이 자료가 두 변수 간의 관계를 평가하는 실험 및 비실험적 연구에서 얻은 자료와 어떻게 다른지 설명하시오.

9. 실험 연구의 목표가 비실험적 연구 또는 상관 연구의 목표와 다른 점을 설명하시오. 그리고 실험 연구의 목표를 달성하기 위해서 필요한 두 가지 요소를 식별하시오.

10. 최근 연구 결과, 일상에서 저지방 우유(1% 또는 탈지)를 마신 어린이들은 지방분을 빼지 않은 전유 또는 2% 우유를 마신 어린이들에 비해 2~4세 때 과체중이거나 비만이 될 가능성이 더 높았다(Scharf, Demmer, & DeBoer, 2013). 이는 실험 연구의 예인가, 아니면 비실험 연구의 예인가?

11. Gentile, Lynch, Linder와 Walsh(2004)는 600명의 8학년과 9학년 학생들을 대상으로 게임 습관과 기타 행동에 내해 실문했다. 그들의 결과는 폭력적인 비디오 게임을 더 많이 경험한 청소년들이 더 적대적이고 교사들과 더 자주 논쟁을 벌인다는 것이었다. 이것은 실험 연구인가, 아니면 비실험적 연구인가?

12. 미국과 캐나다의 대학생을 대상으로 한 알코올 섭취를 비교한 연구에 따르면, 미국 학생보다 더 많은 수의 캐나다 대학생들이 알코올을 마시지만 미국 대학생들은 캐나다 대학생들보다 더 많은 양을 마신다고 한다(Kuo, Adlaf, Lee, Gliksman, Demers, & Wechsler, 2002). 이 연구가 실험의 한 예인가? 왜 그런지 또는 왜 그렇지 않은지 설명하시오.

13. Stephens, Atkins와 Kingston(2009)은 참가자들이 자신이 좋아하는 맹세를 외칠 때 중립적인 말을 외칠 때보다 더 많은 고통을 견딜 수 있는지를 실험했다. 이 연구에서 독립변수와 종속변수를 기술하시오.

14. Ackerman과 Goldsmith(2011)는 인쇄물로 공부하는 학생들과 컴퓨터로 공부하는 학생들의 학습 성과를 비교했다. 모든 학생들은 공부한 내용에 대한 시험을 봤고, 연구자들은 그들의 정답 수를 기록했다.

a. 이 연구에서 종속변수는 무엇인가?

b. 종속변수는 이산변수인가, 아니면 연속변수인가?

c. 종속변수를 측정하기 위해 사용한 측정 척도(명목 척도, 서열 척도, 등간 척도, 비율 척도)는 무엇인가?

15. 눈에 보이는 문신을 한 사람들이 문신을 하지 않은 사람들보다 덜 매력적으로 여겨진다는 증거가 있다. Resenhoeft, Villa와 Wiseman(2008)은 한 집단의 학생들에게 팔에 용 문신이 있는 24세 여성의 컬러 사진을 보여 주었다. 두 번째 집단의 학생들에게는 문신만 지운 같은 사진을 보여 주었다. 그리고 각 참가자들에게 사진 속 여성의 매력도를 평가해 달라고 요청했다.

a. 이 연구에서 독립변수는 무엇인가?

b. 독립변수를 측정하기 위해 사용한 척도는 무

엇인가?

c. 이 연구에서 종속변수는 무엇인가?

d. 종속변수를 측정하기 위해 사용한 척도는 무엇인가?

16. Guéguen과 Jacob(2012)은 여종업원에게 6주 동안 매일 다른 색의 셔츠를 입으라고 요청했고, 남성 고객이 남긴 팁을 기록했다. 그 결과 남성 고객들은 여종업원이 빨간 셔츠를 입었을 때 훨씬 더 많은 팁을 주었다. 이 연구에서의 독립변수와 종속변수를 식별하시오.

17. Ford와 Torok(2008)는 동기부여 표지판이 대학 캠퍼스의 신체 활동을 증가시키는 데 효과적이라는 것을 발견했다. 대학 건물의 엘리베이터와 계단에 "건강한 생활양식을 위한 발걸음"과 "보통 사람은 1분에 10칼로리를 소모한다"와 같은 표지판이 붙어 있었다. 학생과 교직원은 표지판이 붙어 있는 기간 동안 표지판이 없는 기간에 비해 계단을 더 많이 사용했다.

a. 이 연구에서 독립변수와 종속변수는 무엇인가?

b. 독립변수를 측정하기 위해 사용한 척도는 무엇인가?

18. 다음 점수에 대해 각 문제의 답을 구하시오.

a. ΣX
b. $(\Sigma X)^2$
c. $\Sigma X - 2$
d. $\Sigma(X - 2)$

X
3
2
4
2

19. 다음 점수에 대해 각 문제의 답을 구하시오.

a. ΣX^2
b. $(\Sigma X)^2$
c. $\Sigma(X + 1)$
d. $\Sigma(X + 1)^2$

X
1
2
4
1
3

20. 다음 점수에 대해 각 문제의 답을 구하시오.

a. ΣX
b. $(\Sigma X)^2$
c. ΣX^2
d. $\Sigma(X + 3)$

X
−2
−2
7
−3
−1

21. $n = 5$인 참가자별로 두 가지 점수 X와 Y가 있다. 이 점수들에 대해 각 문제의 답을 구하시오.

a. ΣX
b. ΣY
c. $\Sigma(X + Y)$
d. ΣXY

과목	X	Y
A	3	1
B	1	5
C	−2	2
D	−4	2
E	2	4

22. 합산 표기법을 사용하여 다음의 계산을 각각 표기하시오.

a. 점수를 더하고 그 합을 제곱하시오.

b. 각 점수를 제곱한 다음 제곱한 값을 더하시오.

c. 각 점수에서 2점을 빼서 결괏값을 더하시오.

d. 각 점수에서 1점을 빼서 결괏값을 제곱하시오. 그런 다음 제곱한 값을 더하시오.

23. 다음 점수에 대해 각 문제의 답을 구하시오.

a. ΣX^2
b. $(\Sigma X)^2$
c. $\Sigma(X - 3)$
d. $\Sigma(X - 3)^2$

X
4
5
2
1
3

CHAPTER

2

빈도 분포와 빈도 분포표

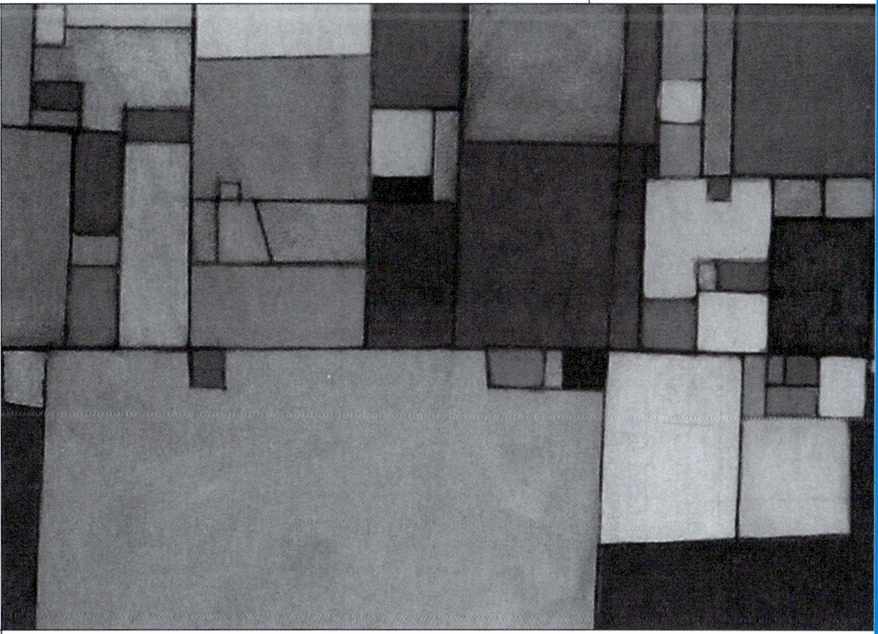

필요한 지식

아래 개념들은 이 장을 이해하기 위해 필요한 주요 개념들이다. 해당 장을 참고하여 충분히 숙지하기를 바란다.

- 비율
  - 분수
  - 소수
  - 백분율
- 측정 척도(1장): 명목 척도, 서열 척도, 등간 척도, 비율 척도
- 연속변수 및 이산변수(1장)
- 정확 한계(1장)

2-1 빈도 분포 및 빈도 분포표

학습 목표(Learning Objectives)

1. 빈도 분포표를 작성하고 사용하여, 원점수와 어떻게 관련되어 있는지 설명할 수 있다.
2. 빈도표에서 $\sum X$, $\sum X^2$을 계산하고, 각 점수로 구성된 특정 집단의 비율과 백분율을 계산할 수 있다.

연구 결과는 일반적으로 연구 중 수집된 측정값 또는 점수에 해당하는 숫잣값들로 구성된다. 연구자가 해야 할 일은 점수를 조직적으로 잘 정리하여 자료의 모든 패턴을 쉽게 보게끔 만들고 다른 사람과 의사소통할 수 있게 하는 것이다. 이것이 기술 통계의 역할이다. 즉, 자료의 구성과 표현을 단순화하는 것이다. 자료를 정리하는 가장 일반적인 절차 중 하나가 빈도 분포에 각 점수를 배치하는 것이다.

빈도 분포(frequency distribution)는 측정 척도의 각 범주에 위치한 개인 점수를 보여주는 요약된 표이다.

빈도 분포는 정리되지 않은 일련의 점수들을 최고점부터 최저점까지 순서대로 배치하여 동일한 점수를 가진 개인들을 함께 묶는 작업을 한다. 예를 들어, 가장 높은 점수가 $X = 10$일 때, 빈도 분포는 10, 9, 8 순서로 묶인다. 따라서 빈도 분포는 연구자가 전체 점수를 '한눈에' 볼 수 있게 한다. 그리고 점수가 높은지 낮은지, 한 영역에 집중되었는지, 아니면 전체적으로 흩어져 있는지를 보여 주며, 일반적으로 자료의 정리본을 제공한다. 빈도 분포는 전체 점수에 대한 상황을 제공할 뿐만 아니라 상대적인 개별 점수의 위치에 대해 확인할 수 있다.

빈도 분포는 표(table) 또는 그래프(graph)로 구성될 수 있지만, 두 경우 모두 분포에 대한 동일한 두 가지 요소를 나타낸다.

1. 원래 측정 척도를 구성하는 범주 세트
2. 각 범주의 빈도 또는 개인 점수에 대한 기록

따라서 빈도 분포는 개별 점수가 측정 척도에서 어떻게 분포되어 있는지 보여 준다. 이를 빈도 분포라고 한다.

■ 빈도 분포표

가장 간단한 빈도 분포표는 서로 다른 측정 범주(X값)에 대해 최고점에서 최저점까지 나열하여 측정 척도를 보여 준다. 각 X값 옆에, 자료에서 특정 측정값이 발생한 빈도 또는 횟수를 표시한다. 일반적으로 점수에 대한 열 제목을 X라 하고, 빈도에 대한 열 제목을 f라 한다. 빈도 분포표의 예는 다음과 같다.

최고점부터 최저점까지 범주를 나열하는 것이 일반적이지만, 정해진 것은 아니다. 많은 컴퓨터 프로그램들에서는 최저점에서 최고점으로 분류하기도 한다.

예제 2.1 다음은 $N = 20$명인 집단에서 10점 만점의 통계 퀴즈를 진행하여 얻은 점수이다. 빈도 분포표를 통해 이 점수들을 정리할 것이다. 점수는 다음과 같다.

8	9	8	7	10	9	6	4	9	8
7	8	10	9	8	6	9	7	8	8

X	f
10	2
9	5
8	7
7	3
6	2
5	0
4	1

1. 여기에서 최고점은 $X = 10$이고, 최저점은 $X = 4$이다. 따라서 표의 첫 번째 열은 측정 척도(X값)를 구성하는 범주 목록으로 10에서 4까지 나타내고 있다. 얻은 점수들이 모두 표에 나열되어 있다. 예를 들어, $X = 5$에는 빈도가 없지만 이 값도 포함된다. 서열 척도, 등간 척도 또는 비율 척도를 사용하면 범주가 순서대로 나열된다(보통 최고점에서 최저점으로 나열된다). 명목 척도의 경우 범주는 어떤 순서로도 나열될 수 있다.
2. 각 점수와 관련된 빈도는 두 번째 열에 기록된다. 예를 들어, 두 사람이 $X = 10$의 점이므로 $X = 10$ 옆 f 열에 2가 있다.

이 표는 통계 퀴즈에 대해 얻은 점수를 정리한 결과표이기 때문에 퀴즈 결과를 빨리 확인할 수 있게 된다. 예를 들어, 두 명의 만점자가 있었으며, 이들의 학년은 8학년과 9학년으로 높은 학급의 학생이 높은 점수를 받았다. 한 가지 예외인 $X = 4$를 제외하고 대부분의 학생들은 수업 내용을 상당히 잘 배운 것으로 보인다.

빈도 분포표의 X값은 실제 점수가 아니라 측정 척도를 나타낸다. 예를 들어, X열은 10을 한 번만 나열하지만, 빈도 열은 실제로 $X = 10$이 두 개 있음을 나타내고 있다. 또한 X에서 $X = 5$가 있지만, 빈도 열을 보면 실제로 $X = 5$에 해당하는 점수가 없는 것을 알 수 있다.

또한 빈도 분포는 총점수의 수를 찾는 데 사용될 수 있다. 빈도를 합하면 총인원수를 얻을 수 있게 된다.

$$\Sigma f = N$$

■

빈도 분포표에서 ΣX 구하기 빈도 분포표에 정리된 점수에 대해 점수의 합산, ΣX를 계산하거나 다른 계산을 수행해야 하는 경우도 있다. 이 계산을 올바르게 완료하려면 표에 표시된 모든 정보를 사용해야 한다. 즉, 전체 점수를 얻기 위해서는 X열과 f열의 정보를 모두 사용하는 것이 필수적이다.

빈도 분포표의 점수에 대해 계산을 해야 하는 경우, 가장 안전한 절차는 계산을 시작하기 전에 표의 정보를 사용하여 개별 점수의 전체 목록을 복구하는 것이다. 이 과정은 다음의 예에서 소개될 것이다.

예제 2.2

X	f
5	1
4	2
3	3
2	3
1	1

옆에 있는 빈도 분포표를 보자. 이 표는 총 10개의 점수에 대하여, 5점이 하나, 4점이 둘, 3점이 셋, 2점이 셋, 그리고 1점이 하나 있음을 보여준다. 10개의 점수를 모두 나열하면 ΣX 또는 ΣX^2와 같은 계산을 진행할 수 있다. 예를 들어, ΣX를 계산하기 위해서 10개 점수들을 합하면 다음과 같다.

$$\Sigma X = 5 + 4 + 4 + 3 + 3 + 3 + 2 + 2 + 2 + 1$$

이 표의 분포를 통해 $\Sigma X = 29$를 구할 수 있다.

마찬가지로 ΣX^2을 계산하려면 10개의 점수를 각각 제곱한 다음 제곱된 값을 더한다.

$$\Sigma X^2 = 5^2 + 4^2 + 4^2 + 3^2 + 3^2 + 3^2 + 2^2 + 2^2 + 2^2 + 1^2$$

이번에는 $\Sigma X^2 = 97$을 구할 수 있다. ■

빈도 분포표에서 ΣX를 얻는 다른 방법은 각 점수에 빈도를 곱한 다음 이들을 더 하는 것이다. 이 합산은 ΣfX와 같이 기호로 표기할 수 있다. 예제 2.2의 자료를 통해 다음과 같이 계산에 대해 요약할 수 있다.

주의: 표 안에서 ΣX를 구하는 것은 어렵지 않지만, 더 복잡한 수식의 경우에는 실수할 수 있다.

X	f	fX	
5	1	5	(5×1 = 5)
4	2	8	(4×2 = 8)
3	3	9	(3×3 = 9)
2	3	6	(2×3 = 6)
1	1	1	(1×1 = 1)
	$\Sigma X = 29$		

ΣX를 찾기 위해서 어떤 방법을 사용하든, 중요한 점은 X열의 정보 외에 빈도 열에 주어진 정보를 사용해야 한다는 것이다.

다음 예를 통해 빈도 분포표의 점수에 대한 ΣX와 ΣX^2을 계산하여 지금까지 설명한 부분을 이해했는지 확인해 보자.

예제 2.3 예제 2.1(43쪽)의 빈도 분포표에 표기된 점수에 대해 ΣX와 ΣX^2을 계산한다. $\Sigma X = 158$과 $\Sigma X^2 = 1{,}288$을 구할 수 있다. ■

■ 비율과 백분율

빈도 분포표에는 점수의 분포를 설명할 수 있는 다른 측정값들을 추가할 수 있다. 대표적인 두 가지 측정값으로 비율(proportion)과 백분율(percentage)이 있다.

비율은 각 점수와 관련된 전체 집단의 분수(fraction)로 측정한다. 예제 2.2를 보면, $X = 4$에 해당되는 2명이 있다. 따라서 $X = 4$에는 10명 중 2명이므로 그래서 비율은 $\frac{2}{10} = 0.20$이 된다. 일반적으로 각 점수와 관련된 비율은 다음과 같다.

$$\text{비율} = p = \frac{f}{N}$$

비율은 전체 숫자(N)에 대한 빈도(f)를 설명하므로, 이를 **상대 빈도**(relative frequency)라고 한다. 비율은 분수(예: $\frac{2}{10}$)로 표기할 수도 있지만 일반적으로 소수(decimal)로 작성한다. p, 즉 비율에 대한 열은 기본 빈도 분포표에 추가할 수 있다(예제 2.4 참조).

연구자들은 빈도(f)와 비율(p) 외에도 점수 분포를 백분율로 설명하는 경우가 많다. 예를 들어, 교사는 수업의 15%가 A학점, 23% B학점 등을 받았다고 말함으로써 시험 결과를 설명할 수 있다. 각 점수와 관련된 백분율을 계산하려면 먼저 비율을 찾은 다음 100을 곱한다.

$$\text{백분율} = p(100) = \frac{f}{N}(100)$$

열에 %를 추가하여 빈도 분포표에 백분율을 포함시킬 수 있다. 예제 2.4는 빈도 분포표에 비율과 백분율을 추가하는 과정을 보여 준다.

예제 2.4 예제 2.2의 빈도 분포표가 여기에서 다시 사용된다. 각 점수와 관련된 비율(p)과 백분율(%)을 보여 주는 항목을 추가했다.

X	f	$p = f/N$	$\% = p(100)$
5	1	1/10 = 0.10	10%
4	2	2/10 = 0.20	20%
3	3	3/10 = 0.30	30%
2	3	3/10 = 0.30	30%
1	1	1/10 = 0.10	10%

■

학습 점검

학습 목표 1 **1.** 빈도 분포표에 다음 점수를 기재하면 $X = 2$에 해당하는 빈도는 얼마인가?

점수: 2, 3, 1, 1, 3, 3, 2, 4, 3, 1

a. 1
b. 2
c. 3
d. 4

학습 목표 1 **2.** 다음의 퀴즈 점수 분포에서, 얼마나 많은 사람들이 퀴즈에 응시했는가?

a. 5
b. 10
c. 15
d. 21

X	f
5	6
4	5
3	5
2	3
1	2

학습 목표 2 **3.** 다음 빈도 분포에서 ΣX^2의 값은 얼마인가?

a. 50
b. 55
c. 74
d. 225

X	f
5	1
4	0
3	2
2	1
1	3

정답 **1. b 2. d 3. a**

2-2 묶음 빈도 분포표

학습 목표(Learning Objectives)

3. 묶음 빈도 분포표를 사용하는 것이 유용한 경우를 찾아 점수들을 가지고 이 유형의 표를 만들어 사용할 수 있다.

자료들이 광범위한 값을 갖고 있는 경우, 모든 개별 점수를 빈도 분포표에 나열하는 것은 합리적이지 않다. 예를 들어, 최저 $X = 41$에서 최고 $X = 96$까지의 시험 점수를 생각해 보자. 이 점수에서는 50 이상의 **범위**(range)를 포함하고 있다.

$X = 96$에서 $X = 41$까지 모든 개별 점수를 모두 기록하려면, 빈도 분포표를 완성하는 데 56개의 행이 필요할 것이다. 이렇게 하면 이 자료들을 정리할 수 있겠지만, 이 표는 길어지고 복잡해질 것이다. 표를 구성하는 목적은 상대적으로 간단하고 요약된 모습의 자료를 얻기 위해서임을 기억해야 한다. 이를 위해서 점수를 급간으로 분류한 다음 각 개별 점수를 나열하는 대신 표에 급간을 나열함으로써 정리할 수 있다. 예를 들어, 90점대를 받은 학생들의 수, 80점대를 받은 학생들의 수 등을 보여 줄 수 있는 표를 만들 수 있다. 이를 개별 값이 아닌 집단의 점수를 제시하기 때문에 이를 **묶음 빈도 분포표**(grouped frequency distribution table)라고 말한다. 이 집단 또는 이 간격을 **급간**(class intervals)이라고 한다.

점수가 정수일 경우, 최고점과 최저점의 차이에 1을 더하면 정규 표의 전체 행수를 얻을 수 있다.

행 = 최고점 − 최저점 + 1

묶음 빈도 분포표를 만들 때 필요한 몇 가지 지침이 있다. 이러한 지침은 절대적인 것이 아니라 단순한 지침이지만, 간단하고 잘 조직되어 쉽게 이해할 수 있는 표를 만드는 데 도움이 될 것이다.

지침 1 묶음 빈도 분포표에는 약 10개 정도의 급간이 적절하다. 표의 급간이 10개 이상이면, 복잡해져서 빈도 분포표의 목적을 상실하게 된다. 반면에 너무 적은 급간을 가지게 되면 점수의 분포에 대한 정보를 잃을 수 있다. 극단적으로 하나의 급간으로 된 표는 점수의 분포 형태에 관해 아무것도 알려 주지 못할 것이다. 빈도 분포의 목적은 연구자가 자료를 볼 수 있도록 돕는 것이므로, 표에 급간이 너무 적거나 너무 많으면 명확한 표를 제공하기 어렵다. 여기서 10개의 급간은 일반적인 지침이며, 절대적인 것이 아님을 유의해야 한다. 예를 들어, 칠판에 표를 만든다면 아마도 5~6개의 급간이 적절할 것이다. 만약 이 표가 과학 보고서에 있다면 12~15개의 급간이 적절할 것이다. 두 경우 모두 표를 만드는 목표는 상대적으로 보고 이해하기 쉬운 표를 제공하기 위한 것이다.

지침 2 각 급간의 폭은 비교적 단순한 숫자여야 한다. 예를 들어, 2, 5, 10 또는 20의 경우, 급간 폭에 대해 적합한 선택이 될 것이다. 급간 중 5나 10의 경우가 계산하기 쉽다. 이 숫자들은 이해하기 쉽고 어떻게 점수 범위를 급간으로 나누었는지 쉽게 볼 수 있게 해 준다.

지침 3 각 급간의 최저 점수는 폭의 배수가 되어야 한다. 예를 들어, 10점의 폭을 사용하는 경우 급간은 10, 20, 30, 40 등으로 시작해야 한다. 다시 말하자면 이러한 방법은 누군가가 볼 때 표가 어떻게 만들어졌는지 쉽게 이해할 수 있게 해 준다.

지침 4 모든 급간은 동일한 폭이어야 한다. 특정 점수가 정확히 한 급간 내에 속하도록 한 점수가 다른 급간과 겹치지 않아야 한다. 이러한 규칙의 적용은 예제 2.5에서 설명한다.

예제 2.5 교사가 여기에 제시된 N = 25명의 시험 점수를 얻었다. 이 점수들을 정리하기 위해서 이 점수들을 빈도 분포표에 넣을 것이다. 점수는 다음과 같다.

82 75 88 93 53 84 87 58 72 94 69 84 61
91 64 87 84 70 76 89 75 80 73 78 60

첫 번째 단계는 점수 범위를 결정하는 것이다. 이 자료의 경우 최저점은 X = 53점이고 최고점은 X = 94점이기 때문에 각 개별 점수를 나열하는 표에 총 42개의 행(row)이 필요하다. 42행은 간단한 표를 제공하지 않기 때문에, 점수를 급간으로 분류해야 한다.

기억하자. 점수가 정수일 경우, 행수는 '최고점 − 최저점 + 1'이다.

좋은 급간 폭을 찾기 위한 최선의 방법은 지침 1과 지침 2를 동시에 사용하는 체계적인 시행착오적 접근을 하는 것이 필요하다. 특히, 약 10개의 급간을 원하며 급간 폭이 단순한 숫자가 되어야 한다. 이 예에서 점수는 42점의 범위를 포함하므로 이 범위를 커버하는 데 필요한 급간의 수를 확인하기 위해 여러 개의 다른 급간 폭을 만들어 볼 것이다. 예를 들어, 각 급간이 2점 넓이였다면, 42점의 범위를 커버하는 데는 21개의 급간이 필요할 것이다. 이건 너무 많아서 5~10점에 대한 급간으로 넘어갈 것이다. 다음 표는 이러한 가능한 폭에 필요한 급간의 수를 보여 준다.

밑에 있는 급간은 일반적으로 최저 점수 아래로 확장되고 가장 높은 급간은 최고 점수를 초과하기 때문에 계산된 급간보다 약간 더 많은 급간이 필요한 경우가 많다.

급간	42점에 대한 범위를 포함하는 데 필요한 급간의 수	
2	21	너무 많다
5	9	좋다
10	5	너무 적다

급간의 폭 5는 10개 정도의 급간이 될 것이다.

다음 단계는 실제로 급간을 확인하는 것이다. 이 자료의 최저 점수는 X = 53점이기 때문에 가장 낮은 급간에 이 값이 포함되어야 한다. 급간은 5의 배수가 최저 점수로 되어야 하므로 급간은 50에서 시작해야 한다. 급간은 5의 폭을 가지므로 50, 51, 52, 53, 54의 5개의 값을 포함해야 한다. 따라서 맨 밑의 급간은 50~54이다. 다음 급간은 55에서 시작하여 59가 될 것이다. 또한 이 급간은 5의 배수로 정확히 5개(55, 56, 57, 58, 59)를 포함하는 점수를 가진다. 모든 급간을 보여 주는 전체 빈도 분포표는 표 2.1에 제시되어 있다.

표 2.1 이 묶음 빈도 분포표는 예제 2.5의 자료를 보여 준다. 원점수는 최고점인 X = 94점부터 최저점인 X = 53까지 다양하다. 이 범위는 각 급간마다 정확히 5점 폭으로 9개의 급간으로 나뉘었다. 빈도에 대한 열(f)은 각 급간에 점수를 가진 개인의 빈도 수를 나열한다.

X	f
90~94	3
85~89	4
80~84	5
75~79	4
70~74	3
65~69	1
60~64	3
55~59	1
50~54	1

급간이 나열되면 빈도 열을 추가하여 표를 완성하게 된다. 빈도 열의 값은 해당 급간에 위치한 점수를 가진 개인의 수를 나타낸다. 이 예에서 60~64급간에 점수를 받은 세 명의 학생이 있었기 때문에 이 급간의 빈도는 f = 3이다(표 2.1 참조). 이 기본 표는 각 급간과 관련된 비율과 백분율을 보여 주는 열을 추가하여 확장할 수 있다.

마지막으로, 점수를 묶음표에 배치하면 개별 점수에 대한 구체적인 정보를 잃게 될 수 있다는 점을 유의해야 한다. 예를 들어, 표 2.1은 한 사람이 65에서 69 사이의 점수를 가지고 있지만, 이 표에서는 정확한 점수값을 알 수 없다. 일반적으로, 급간이 넓을수록 더 많은 정보가 손실된다. 표 2.1에서 급간 폭은 5점이며, 표는 60점 이상 65점 미만의 점수를 가진 3명과 65점 이상의 점수를 가진 1명이 있음을 보여 준다. 급간 폭을 10점으로 넓히면 이 정보는 유실된다. 급간 폭이 10인 경우 모든 60점대는 60~69로 표시된 한 구간으로 함께 분류된다. 이런 경우 표는 60~69급간에 4명의 빈도를 보여 주지만 이들이 60점대 위에 있는지 아래에 있는지 말해 줄 수 없다. ■

■ 정확 한계와 빈도 분포

1장에서 살펴보았듯이, 연속변수(continuous variable)는 무한수의 값을 가지며, 연속적이고 무한 수의 점을 갖는 수직선으로 나타낼 수 있다. 연속변수를 측정할 때 결과에 대한 측정값은 단일 점이 아니라 수직선의 급간에 해당한다. 예를 들어, 시간을 초 단위로 측정하는 경우, 8초의 점수는 정확 한계 7.5초와 8.5초로 경계가 정해진 급간을 나타낸다. 그렇기에 8이란 점수의 빈도가 3임을 보여 주는 빈도 분포표에서는 세 명의 개인이 모두 정확히 동일한 측정값을 가졌다고 말하기 어렵다. 대신, 세 가지 측정값이 7.5와 8.5 사이의 동일한 급간에 위치하고 있다는 것을 알 수 있다.

정확 한계 개념은 묶음 빈도 분포표의 급간에도 적용된다. 예를 들어, 40~49의 클래스 급간은 X = 40에서 X = 49까지의 점수를 포함한다. 이러한 값은 급간에 대한 상한과 하한을 구성하는 것으로 나타나기 때문에 급간의 분명한 한계라고 불린다. 연속변수를 측정하는 경우 점수는 실제로 39.5에서 40.5까지의 구간에 있다. 마찬가지로 $X =$ 49는 48.5에서 49.5까지의 구간이다. 따라서 이 급간의 정확 한계는 39.5(정확 하한계)와 49.5(정확 상한계)이다. 다음 상위 급간은 50~59이며 정확 하한계는 49.5이다. 따라서 두 급간은 실제 한계 49.5에서 만나기 때문에 눈금에 급간이 없다. 또한 각 급간의 폭은 급간의 정확 한계를 고려할 때 더 쉽게 이해할 수 있다. 예를 들어, 50~59는 정확 한계 49.5와 59.5이다. 이 두 정확 한계 사이의 거리(10점)는 급간의 폭이다.

학습 점검

학습 목표 3 **1.** 어느 일련의 점수가 최고점 $X = 96$점부터 최저점인 $X = 27$점까지 다양하다. 이 점수를 10점 급간의 폭으로 묶음 빈도 분포표를 만들 경우, 표의 가장 높은 곳에 있어야 하는 급간은 ________이다.

a. 90~99

b. 90~100

c. 91~100

d. 87~96

학습 목표 3 **2.** 다음 분포에서 가장 낮은 점수는 얼마인가?

a. $X = 16$

b. $X = 17$

c. $X = 1$

d. 결정할 수 없다.

X	f
24~25	2
22~23	4
20~21	6
18~19	3
16~17	1

학습 목표 3 **3.** 다음 중 묶음 도수 분포표에 관한 설명 중 잘못된 것은 무엇인가?

a. 급간의 폭은 약 10개의 급간을 사용해야 한다.

b. 급간은 X열의 맨 위에 있는 가장 높은 값부터 시작하여 내림차순으로 나열된다.

c. 각 급간의 최저 점수는 구간 폭의 배수다.

d. N값은 X열의 급간 수를 세어 결정할 수 있다.

답 **1.** a **2.** d **3.** d

2-3 빈도 분포 그래프

학습 목표(Learning Objectives)

4. 빈도 분포 그래프의 세 가지 유형(히스토그램, 절선도표, 막대그래프)을 구분하고, 각각의 그래프를 언제 사용하는지 설명할 수 있다.
5. 빈도 분포 그래프를 작성하고 사용하여 이 그래프가 원점수와 어떻게 관련되어 있는지 설명할 수 있다.
6. 모집단에 대한 빈도 분포 그래프가 표본에서 사용된 그래프와 다른 점이 무엇인지 구분할 수 있다.
7. 점수 또는 빈도 분포 그래프에 기반하여 분포(대칭, 정적 편포 또는 부적 편포)의 형태를 설명할 수 있다.

빈도 분포 그래프는 기본적으로 빈도 분포표에서 사용할 수 있는 정보에 대한 그림이다. 몇 가지 다른 유형의 그래프도 고려하겠지만, 우선 모두 축이라고 불리는 두 개의 선(수평선과 수직선)으로 시작한다. 수평선은 *X*축 또는 가로축이다. 수직선은 *Y*축 또는 세로축이다. 측정 척도(*X*값)는 *X*축을 따라 좌측에서 우측으로 값이 증가하는 형태로 나열된다. 빈도는 *Y*축에 나열되며, 값은 아래에서 위로 증가한다. 일반적으로 두 축이 교차하는 지점은 점수와 빈도 모두에 대해 0 값을 가져야 한다. 최종 일반 규칙은 높이(*Y*축)가 길이(*X*축)의 약 2/3에서 3/4이 되도록 그래프를 구성해야 한다는 것이다. 이러한 지침을 위반하면 자료를 오도하는 그래프를 만들 수 있다(글상자 2.1 참조).

■ 등간 척도 또는 비율 척도 자료를 위한 그래프

자료가 등간 척도 또는 비율 척도로 측정된 경우, 빈도 분포 그래프를 그리는 두 가지 옵션이 있다. 그 두 종류의 그래프를 **히스토그램**(histogram)과 **절선도표**(polygon)라고 한다.

히스토그램 히스토그램을 구성하려면 먼저 *X*축을 따라 균등한 급간으로 점수(측정 범주)를 나열한다. 그런 다음 각 *X*값 위에 막대를 그린다.

a. 막대의 높이는 해당 범주의 빈도에 해당한다.

b. 연속변수의 경우, 막대의 폭은 범주의 정확 한계까지 확장한다. 이산변수의 경우, 각 막대는 각 측면의 인접 범주에 정확히 절반의 거리만큼 확장한다.

연속변수와 이산변수의 경우, 히스토그램의 각 막대는 인접 범주 사이의 중간점으로 확

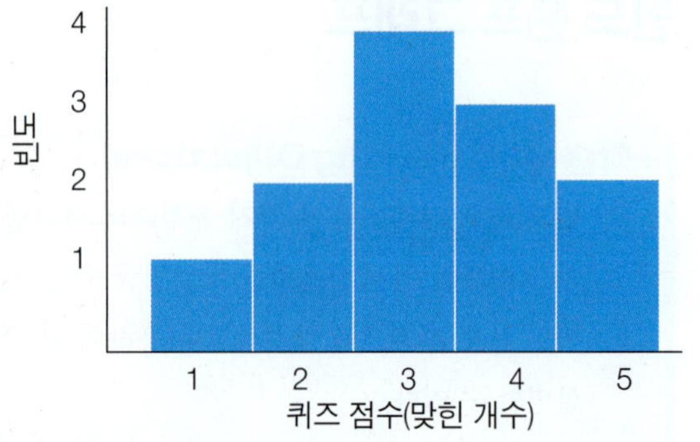

X	f
5	2
4	3
3	4
2	2
1	1

그림 2.1
빈도 분포에 대한 히스토그램의 한 예이다. 동일한 퀴즈 점수가 빈도 분포표와 히스토그램에 제시되어 있다.

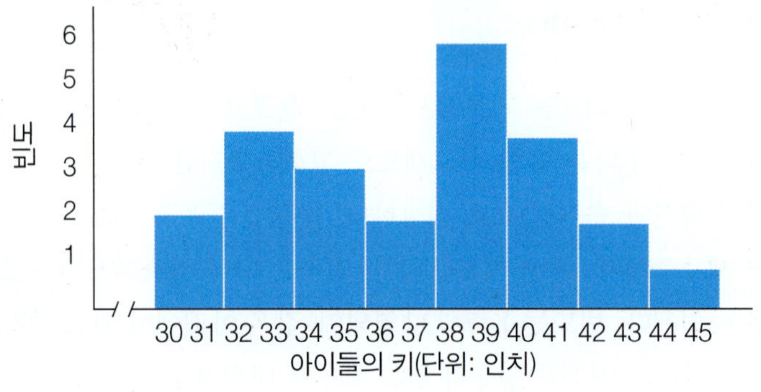

X	f
44~45	1
42~43	2
40~41	4
38~39	6
36~37	2
34~35	3
32~33	4
30~31	2

그림 2.2
묶음 빈도 분포에 대한 히스토그램의 한 예이다. 아이들의 키에 대한 빈도 분포표와 히스토그램이 제시되어 있다.

장된다. 그 결과, 인접한 막대가 붙어 있어 막대 사이에 공백이나 틈이 없다. 히스토그램의 예는 **그림 2.1**에 나타나 있다.

자료를 급간으로 묶은 경우, 각 구간 위에 막대를 그려 막대 폭이 구간의 정확 한계까지 확장되도록 빈도 분포 히스토그램을 구성할 수 있다. 이전과 같이 인접한 막대 사이에 공간이 없다. 이 과정은 **그림 2.2**에 나타나 있다.

그림 2.1과 **그림 2.2**에 표시된 두 히스토그램의 경우, 수직축과 수평축의 값이 분명하게 표시되어 있고 두 축 모두 라벨이 붙어 있다는 점을 주목해야 한다. 또한 가능하면 측정 단위를 구체화한다. 예를 들어, **그림 2.2**는 인치 단위로 측정한 높이 분포를 보여 준다. 마지막으로, **그림 2.2**의 수평축은 0부터 48인치까지 가능한 모든 높이를 나열하지 않는다. 대신, 그래프는 0과 30 사이의 절단된 급간을 보여 주고 이 급간이 생략되었다는 것을 알려 주고 있다.

수정된 히스토그램 기존의 히스토그램을 약간 수정하면 매우 쉽게 그릴 수 있고 이해하기 쉬운 빈도 분포의 스케치를 얻을 수 있다. 각 점수 위에 막대를 그리는 대신, 블록

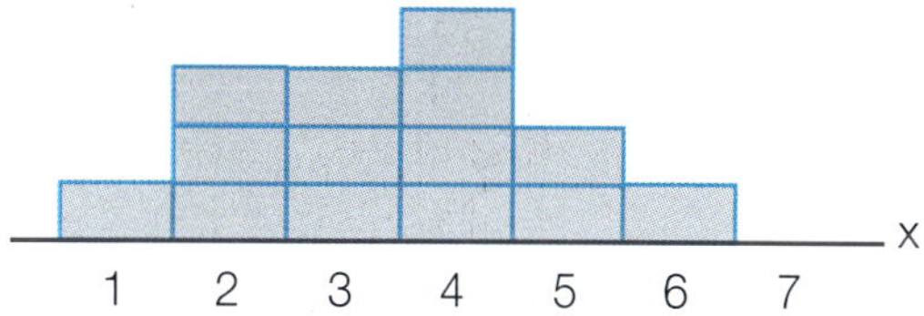

그림 2.3
개별 점수 위에 각 개인의 점수가 블록으로 표시되는 빈도 분포 그래프이다. 예를 들어, 세 사람이 $X = 2$의 점수를 받았다.

으로 그리는 것이다. 각 블록은 한 개인을 나타내므로 각 점수 위에 있는 블록 수는 해당 점수의 빈도와 일치한다. 그 예를 **그림 2.3**에 나타내었다.

쌓인 블록 수는 각 범주의 절대 빈도를 매우 쉽게 파악할 수 있게 해 준다. 또한 한 범주와 다른 범주 간의 정확한 빈도 차이를 쉽게 확인할 수 있다. 예를 들어, **그림 2.3**에서는 $X = 1$보다 $X = 2$ 점수를 가진 사람이 두 명 더 많다. 빈도는 블록 수에 의해 명확하게 표시되므로 이 표는 빈도를 표시하는 수식선(Y축)이 필요하지 않다. 일반적으로 이러한 종류의 그래프는 점수 표본 분포에 대해 단순하지만 구체적인 그림을 제공한다. 이 책의 나머지 부분에서 표본 자료를 보여 주기 위해 종종 이런 종류의 그래프를 사용할 것이다. 그러나 이러한 그림은 대략적인 분포를 알게 해 줄 뿐, 두 개의 라벨이 있는 축이 그려진 히스토그램을 대체할 수 없다는 점에 유의해야 한다.

절선도표 등간 척도 또는 비율 척도로 측정된 점수 분포를 그래프로 나타내기 위한 두 번째 옵션은 절선도표(polygon)이다. 절선도표를 구성하려면 먼저 X축을 따라 동일한 급간으로 점수(측정 범주)를 나열해야 한다. 그리고 다음의 과정을 따른다.

a. 점의 수직 위치가 범주의 빈도에 해당하도록 점을 각 점수 위에 중심을 맞춘다.
b. 일련의 점을 연결하기 위해 점에서 점으로 연속적인 선을 그린다.
c. 점수 범위의 각 끝에서 X축(0점)까지 선을 그려서 그래프를 완성한다. 최종 선은 대개 왼쪽에는 최저 점수보다 한 범주 낮은 지점에서, 오른쪽에는 최고 점수

글상자 2.1 그래프의 사용과 오용

그래프는 자료의 정확한 그림을 제공하기 위한 것이지만, 점수를 과장하거나 왜곡할 수도 있다. 이러한 왜곡은 일반적으로 그래프 작성의 기본 규칙을 따르지 않아 발생한다.

다음 예는 그래프 구조를 조작하여 동일한 자료를 완전히 다른 두 가지 방식으로 제시할 수 있다는 것을 보여 주고 있다.

(다음 쪽에 계속)

글상자 2.1 그래프의 사용과 오용(계속)

연도	살인 건수
2013	42
2014	44
2015	47
2016	49

지난 몇 년간 시는 매년 발생하는 살인 건수를 기록해 왔다. 자료는 다음과 같이 요약된다. 이 자료는 **그림 2.4**의 두 가지 다른 그래프로 표시되었다. 첫 번째 그래프에서 높이를 과장하고 Y축 번호를 0이 아닌 40부터 매기기 시작했다. 그 결과, 이 그래프는 4년 동안 살인 건수가 급격히 증가하고 있는 것으로 보인다. 두 번째 그래프에서 X축을 확장했고 Y축의 시작점을 0에서부터 시작했다. 그 결과, 4년간의 살인 건수에 거의 변화가 없는 것처럼 보인다.

어떤 그래프가 정확한가? 그 대답은 어느 것도 매우 좋지 않다는 것이다. 그래프의 목적은 자료의 정확한 표시를 제공하는 것임을 기억해야 한다. **그림 2.4**의 첫 번째 그래프는 연도 간의 차이를 과장하고 두 번째 그래프는 차이를 숨기고 있다. 여기에는 타협이 필요하다. 또한 어떤 경우에는 그래프가 정보를 표시하는 최선의 방법이 아닐 수도 있다. 예를 들어, 이러한 자료의 경우 표의 숫자를 표시하는 것이 두 그래프보다 더 나을 수 있다.

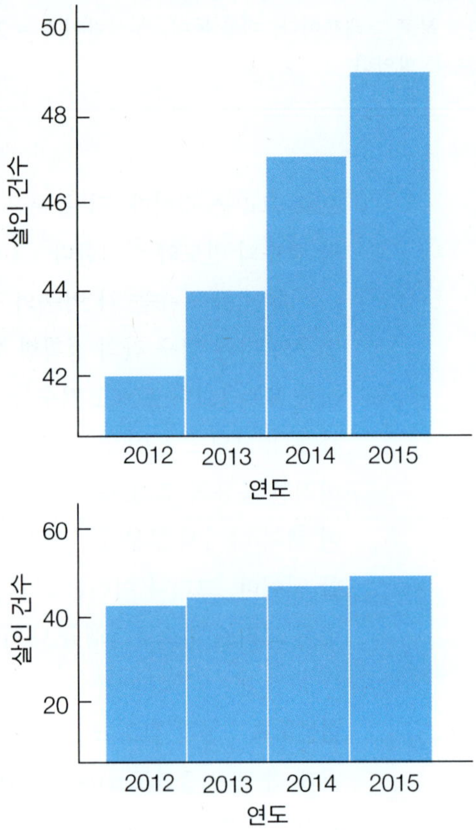

그림 2.4
4년 동안 도시에서 발생한 살인 건수를 보여 주는 두 개의 그래프이다. 두 그래프 모두 정확히 동일한 자료를 보여 준다. 하지만 첫 번째 그래프는 살인율이 높고 빠르게 증가하고 있는 모습을 보여 준다. 두 번째 그래프는 4년 동안 살인 건수가 낮고 변하지 않았다는 인상을 준다.

보다 한 범주 높은 지점에서 X축에 도달하도록 그려진다. 절선도표의 예는 **그림 2.5**와 같다.

절선도표는 또한 급간으로 묶인 자료에서도 사용될 수 있다. 묶음 분포의 경우 각

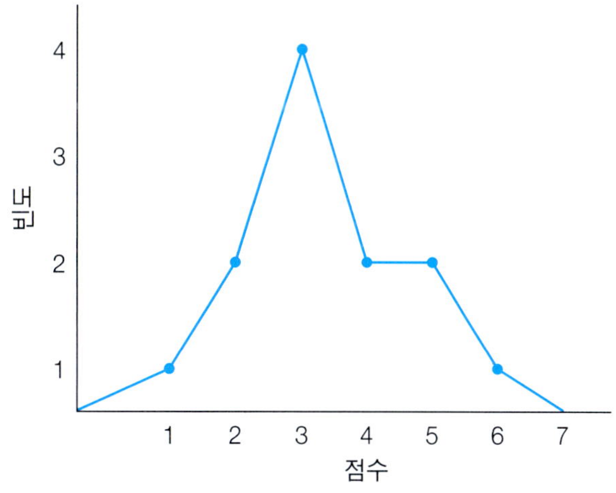

X	f
6	1
5	2
4	2
3	4
2	2
1	1

그림 2.5
빈도 분포에 대한 절선도표의 예이다. 동일한 자료의 점수들이 빈도 분포표와 절선도표로 제시되었다.

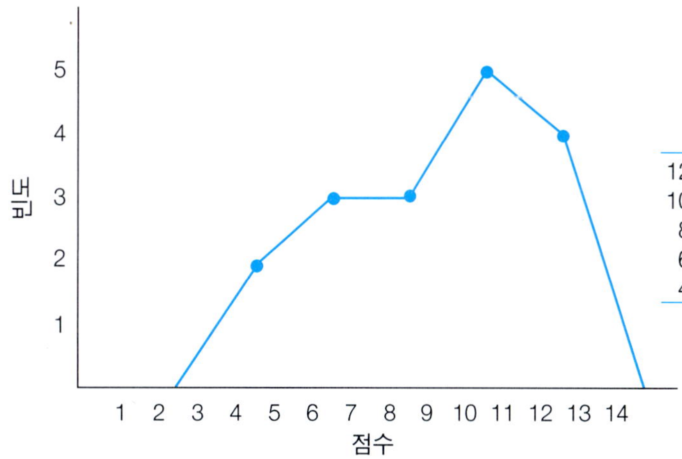

X	f
12~13	4
10~11	5
8~9	3
6~7	3
4~5	2

그림 2.6
묶음 빈도 분포에 대한 절선도표의 예이다. 동일한 자료의 점수들이 빈도 분포표와 절선도표로 제시되었다.

점을 급간의 중간점(midpoint) 바로 위에 배치한다. 중간점은 급간에서 가장 높은 점수와 가장 낮은 점수를 평균하여 찾을 수 있다. 예를 들어, 20~29로 나열된 급간은 24.5의 중간점을 가질 수 있다.

$$\text{중간점} = \frac{20 + 29}{2} = \frac{49}{2} = 24.5$$

묶음 자료가 있는 빈도 분포 절선도표의 예는 **그림 2.6**에 나와 있다.

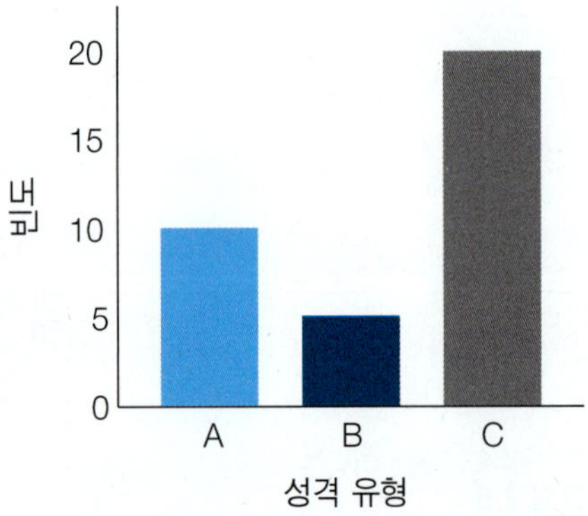

그림 2.7
대학생의 표본에서 성격 유형의 분포를 보여 주는 막대그래프이다. 성격 유형은 명목 척도로 측정된 이산변수이기 때문에 그래프의 막대 사이에 공백이 있다.

■ 명목 척도 또는 서열 척도를 위한 그래프

점수가 명목 척도 또는 서열 척도로 측정되는 경우(일반적으로 수치가 아닌 값), 빈도 분포는 막대그래프로 표시될 수 있다.

막대그래프 막대그래프(bar graph)는 인접 막대 사이에 공간이 있다는 점을 제외하면 히스토그램과 기본적으로 동일하다. 명목 척도의 경우, 막대 사이의 공간은 척도가 별도의 범주로 구성되었다는 것을 의미한다. 서열 척도의 경우 범주가 모두 같은 크기라고 가정할 수 없기 때문에 별도의 막대가 사용된다.

막대그래프를 구성하려면 X축을 따라 측정 범주를 나열한 다음, 각 범주 위에 막대의 높이가 범주의 빈도와 일치하도록 막대를 그린다. 막대그래프의 예는 **그림 2.7**과 같다.

■ 모집단 분포 그래프

모집단의 각 점수에 대해 정확한 빈도를 얻을 수 있는 경우 표본에 일반적으로 사용되는 히스토그램, 절선도표 및 막대그래프와 정확히 동일한 빈도 분포 그래프를 만들 수 있다. 예를 들어, 모집단을 $N = 50$명의 특정 집단으로 정의하면, 모집단에 IQ가 $X = 110$인 사람이 얼마나 있는지 쉽게 알 수 있다. 그러나 미국의 성인 전체 인구에 관심이 있다면, IQ 110을 가진 사람들의 정확한 숫자를 얻는 것은 불가능할 것이다. 매우 큰 모집단의 빈도 분포를 보여 주는 그래프를 만드는 것은 가능하지만, 이 그래프는 보통 상대 빈도와 부드러운 곡선이라는 두 가지 특징을 포함하고 있다.

상대 빈도 일반적으로, 모집단의 각 점수에 대한 절대 빈도는 구하기 어렵지만, 상대 빈도(relative frequency)는 구하기 쉽다. 예를 들어, 미국에 살고 있는 남성과 여성의 정

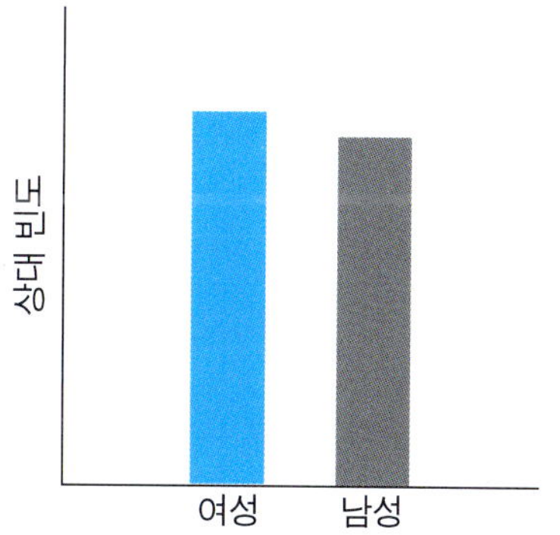

그림 2.8
미국의 여성과 남성의 상대적 빈도를 보여 주는 빈도 분포이다. 정확한 인원수를 알 수 없다는 점에 유의한다. 이 그래프는 단순히 남성보다 여성이 약간 더 많다는 것을 보여 준다.

확한 인원수는 아무도 모른다. 계속해서 변하고 있기 때문이다. 하지만 과거의 인구조사 자료와 일반적인 추세를 토대로 해서 두 인원수가 매우 비슷하고 여성이 남성보다 약간 더 많다고 추정할 수 있다. 막대그래프에서 여성에 해당하는 막대를 남성에 해당하는 막대보다 약간 높게 만들어 이러한 상대 빈도를 나타낼 수 있다(그림 2.8). 이 그래프는 절대 인원수가 아닌 여성과 남성의 상대적 인원수를 보여 주고 있다.

부드러운 곡선 모집단이 등간 척도 또는 비율 척도 점수로 구성되는 경우, 히스토그램과 절선도표에서 보이는 들쭉날쭉한 단계적 형태 대신 부드러운 곡선(smooth curve)을 사용하여 분포를 그리는 것이 일반적이다. 부드러운 곡선은 일련의 점[실제 빈도, a series of dots(real frequencies)]을 연결하는 것이 아니라 한 점에서 다음 점으로 발생하는 상대적 변화를 보여 주고 있다. 공통적으로 발생하는 모집단 분포 중 하나는 정규 곡선(normal curve)이다. 정규(normal)란 단어는 방정식으로 정확하게 정의할 수 있는 특정 모양(shape)을 나타낸다. 좀 더 정밀하게, 정규분포는 가운데에 가장 큰 빈도를 가지고 양 극단 쪽으로 갈수록 상대적으로 작은 빈도를 가지는 좌우 대칭의 분포이다. 정규분포의 좋은 예는 **그림 2.9**와 같은 IQ 점수에 대한 모집단 분포이다. 정규라는 모양의 분포는 흔하게 일어나고, 이 모양은 특정한 상황에서 수학적으로 보장되기 때문에, 이 책 전반에 걸쳐 자주 사용될 것이다.

앞으로, **점수 분포**(distributions of score)를 언급할 것이다. **분포**(distribution)라는 용어가 나타날 때마다 빈도 분포 그래프의 이미지를 떠올려 보는 것이 좋다. 그래프는 개별 점수가 정확히 어디에 있는지를 보여 주는 그림을 제공한다. 좀 더 구체화하면, 이 그래프가 **그림 2.3**의 블록 더미처럼 개인 더미를 나타낸다고 생각하는 것이 유용할 것이다. **그림 2.9**에 나온 IQ 점수 모집단의 경우, 대부분의 사람들이 평균 IQ를 가지고 있기 때문에 100 정도의 IQ 점수가 가장 높다. 최고치인 130의 IQ에 해당하는 사람은 몇 명밖에 없다.

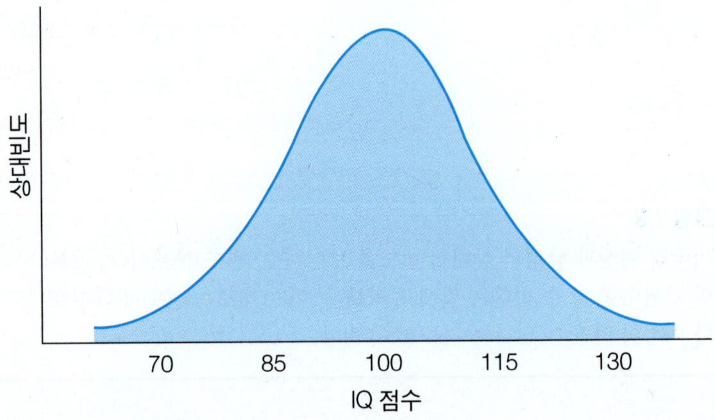

그림 2.9
IQ 점수의 모집단 분포, 즉 정규 분포의 예

■ 빈도 분포의 모양

연구자들은 완전한 빈도 분포 그래프를 그리는 대신, 단순히 그래프의 특성들을 바탕으로 그 분포를 기술한다. 모든 분포를 완벽하게 설명하는 세 가지 특성이 있다. 모양(shape), 중심 경향값(central tendency) 및 변산성(variability)이다. 간단히 말해서, 중심 경향값은 분포의 중심이 어디에 위치하는지를 측정하는 것이고, 변산성은 점수가 넓은 범위로 퍼져 있거나 좁게 모여 있는 정도를 측정한다. 중심 경향값과 변산성은 3장과 4장에서 자세히 다룰 것이다. 기술적으로, 분포의 모양은 그래프에서 각 *X*값과 *Y*값 사이의 정확한 관계를 규정하는 방정식으로 정의된다. 그러나 우리는 정교함은 덜하지만 대부분의 분포의 모양을 설명하는 데 도움이 되는 몇 가지 용어를 사용한 것이다.

거의 모든 분포는 대칭이거나 치우친 분포로 분류할 수 있다.

대칭 분포(symmetrical distribution)에서, 분포의 한쪽이 다른 한쪽과 동일하게 겹치게 되는 중간 부분에 수직선을 그릴 수 있다(그림 2.10).

치우친 분포(**편포**, skewed distribution)에서 점수는 눈금의 한쪽 끝으로 누적되는 경향이 있고 다른 쪽 끝에서는 점차 가늘어지는 경향이 있다(그림 2.10 참조).

점수가 분포의 한쪽 끝을 향해 점점 가늘어지는 구간을 **분포의 꼬리**(tail of the distribution)라고 한다.

꼬리가 *X*축의 양 끝(0보다 큰)을 향하기 때문에 오른쪽 꼬리가 있는 치우친 분포를 **정적 편포**(positively skewed distribution), 꼬리가 왼쪽으로 향하는 경우에서는 **부적 편포**(negatively skewed distribution)라고 한다(그림 2.10 참조).

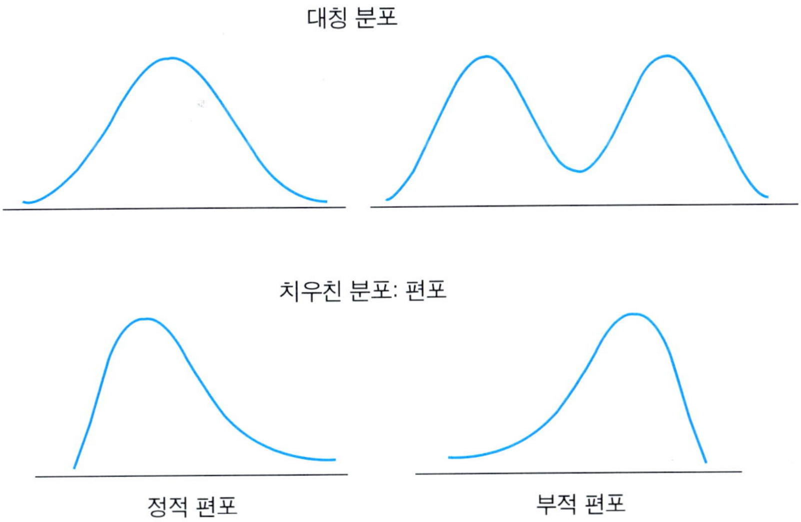

그림 2.10
분포에 대한 다른 모양의 예

매우 어려운 시험에서, 대부분의 점수는 낮은 경향이 있고, 소수의 사람들만이 높은 점수를 받았다. 이것은 정적 편포를 만들 것이다. 마찬가지로, 매우 쉬운 시험은 부적 편포를 만드는 경향이 있는데, 대부분의 학생들은 높은 점수를 받고 소수의 학생들만 낮은 점수를 받았기 때문이다.

모든 분포가 완벽하게 대칭이거나 한 방향으로 기울어진 것은 아니다. 따라서 '거의 대칭' 또는 '정적으로 치우칠 가능성이 있는'이라는 문구로 이러한 모양을 설명하는 것이 일반적이다. 즉, 분포의 모양에 대한 일반적인 기술에 목표를 둔다.

학습 점검

학습 목표 4 **1.** 다음 중 절선도표에 의해 표시되는 측정 척도는 무엇인가?

a. 등간 척도 또는 비율 척도
b. 비율 척도
c. 명목 척도 또는 서열 척도
d. 명목 척도

학습 목표 5 **2.** 퀴즈 점수에 대한 히스토그램이다. 히스토그램의 막대가 왼쪽에서 오른쪽으로 점차 높이가 감소하는 경우, 퀴즈 점수에 대해 결론을 내릴 수 있는 것은 무엇인가?

a. 낮은 점수보다 높은 점수가 더 많다.
b. 높은 점수보다 낮은 점수가 더 많다.

c. 점수가 증가함에 따라 막대의 높이가 감소한다.

d. 위의 항목 중에 아무것도 없다.

학습 목표 6 **3.** 각 범주의 실제 개인 수를 표시하는 대신, 모집단 빈도 분포 그래프는 대개 _____를 표시한다.

a. 추정된 빈도

b. 묶음 빈도

c. 상대 빈도

d. 가설 빈도

학습 목표 7 **4.** 정적으로 치우친 분포(정적 편포)에서 가장 높은 빈도를 가진 점수는 어디에 있는가?

a. 분포의 오른쪽

b. 분포의 왼쪽

c. 분포의 중간

d. 두 개의 뚜렷한 봉우리에서 나타남

답 **1. a** **2. b** **3. c** **4. b**

핵심 요약

1. 기술 통계의 목표는 자료를 조직화하고 제시 방식을 단순화하는 것이다. 한 가지 기술적 방법은 측정 척도에서 각 범주에 얼마나 많은 개인(또는 점수)이 위치하는지를 빈도 분포표 또는 그래프를 통해서 정확하게 보여 주는 것이다.

2. 빈도 분포표에는 측정 척도(X값)를 구성하는 범주가 한 열에 제시되어 있다. 두 번째 열의 각 X값 옆에는 해당 범주의 개인 빈도 또는 수가 있다. 표는 각 범주의 상대 빈도를 나타내는 비율 열을 포함할 수 있다.

$$\text{비율(proportion)} = p = \frac{f}{N}$$

표에는 각 X값과 관련된 백분율을 나타내는 백분율 열이 포함될 수 있다.

$$\text{백분율(percentage)} = p(100) = \frac{f}{N}(100)$$

3. 단순한 빈도 분포표를 위해 최대 10~15개의 행을 가지는 것이 좋다. 점수의 범위가 표의 최댓값보다 클 경우, 범위를 급간으로 나누는 것이 일반적이다. 각 급간의 점수에 해당하는 개인의 빈도나 수를 급간 옆 열에 제시한다. 그 결과를 묶음 빈도 분포라고 한다. 묶음 빈도 분포표 구성을 위한 지침은 다음과 같다.

a. 약 10개의 급간이 적절하다.

b. 각 구간의 폭은 단순한 숫자(예: 2, 5, 10)가 되어야 한다.
c. 각 급간의 최저 점수는 폭의 배수가 되어야 한다.
d. 모든 급간은 동일한 폭이어야 하며, 점수 범위를 공백 없이 포함해야 한다.

4. 빈도 분포 그래프는 수평축의 점수와 수직축의 빈도를 나열한다. 분포를 표시하는 데 사용되는 그래프의 유형은 사용된 측정 척도에 따라 달라진다. 등간 척도 또는 비율 척도의 경우에는 히스토그램 또는 절선도표를 사용한다. 히스토그램의 경우에는 막대의 높이가 빈도에 해당하도록 각 점수 위에 막대를 그린다. 각 막대는 점수의 정확 한계까지 확장되어 인접 막대와 붙어 있다. 절선도표의 경우, 점은 각 점 또는 급간의 중간점 위에 배치되어 점의 높이가 빈도와 일치하도록 한다. 그런 다음 선을 그려 점을 연결한다. 막대그래프는 명목 척도 또는 서열 척도와 함께 사용된다. 막대그래프는 인접 막대 사이에 급간이 떨어져 있다는 점을 제외하고 히스토그램과 유사하다.

5. 모양은 점수 분포를 설명하는 데 사용되는 기본 특성 중 하나이다. 대부분의 분포는 대칭 분포 또는 치우친 분포로 분류할 수 있다. 오른쪽으로 꼬리가 있는 치우친 분포를 정적 편포라고 부르며, 왼쪽으로 꼬리가 있으면 부적 편포라고 한다.

주요 용어

빈도 분포 frequency distribution (42)

범위 range (47)

묶음 빈도 분포표 grouped frequency distribution table (47)

급간 class interval (47)

정확 한계 apparent limits (49)

히스토그램 histogram (51)

절선도표 polygon (53)

막대그래프 bar graph (56)

상대 빈도 relative frequency (56)

대칭 분포 symmetrical distribution (58)

치우친 분포 skewed distribution (58)

분포의 꼬리 tail(s) of a distribution (58)

정적 편포 positively skewed distribution (58)

부적 편포 negatively skewed distribution (58)

SPSS®

다음은 빈도 분포표 또는 그래프를 만들기 위해 SPSS를 사용하는 방법에 대한 자세한 지침이다.

빈도 분포표

자료 입력

1. 데이터 보기 화면의 VAR00001 한 열에 모든 점수를 입력한다.

자료 분석

1. 상단의 도구 모음에서 **분석**(Analyze)을 클릭하고 **기술 통계량**(Descriptive Statistics)을 선택한 다음 **빈도 분석**(Frequency)을 클릭한다.

2. 왼쪽 상자에서 점수 열(VAR00001)의 이름을 선택하고 가운데의 화살표를 클릭하여 **변수**(Variable) 상자로 이동한다.
3. **빈도표 출력**(Display Frequency Table)을 위한 옵션이 선택되어 있는지 확인한다.
4. **확인**(OK)을 클릭한다.

SPSS 출력 결과

빈도 분포표에는 각 점수에 대한 백분율과 누적 백분율도 나열되어 있는 최솟값에서 최댓값까지의 점수가 표시된다. 발생하지 않는 점수(빈도 0)는 표에 포함되지 않으며, 프로그램은 점수를 급간으로 분류하지 않는다(모든 값이 나열됨).

빈도 분포 히스토그램 또는 막대그래프

자료 입력

1. 데이터 보기 화면의 VAR00001 한 열에 모든 점수를 입력한다.

자료 분석

1. 상단의 도구 모음에서 **분석**(Analyze)을 클릭하고 **기술 통계량**(Descriptive Variables)을 선택한 다음 **빈도 분석**(Frequency)을 클릭한다.
2. 왼쪽 상자에서 점수 열(VAR00001)의 이름을 선택하고 가운데의 화살표를 클릭하여 **변수**(Variable) 상자로 이동한다.
3. **차트**(Charts)를 클릭한다.
4. **막대도표**(Bar Graphs)나 **히스토그램**(Histogram)을 선택한다.
5. **계속**(Continue)을 클릭한다.
6. **확인**(OK)을 클릭한다.

SPSS 출력 결과

SPSS는 빈도 분포표와 그래프를 제시해 준다. SPSS는 종종 예측하지 못한 급간을 가진 히스토그램을 제시하기도 한다는 점에 유의해야 한다. 막대그래프는 일반적으로 각 점수와 관련된 실제 빈도를 더 명확하게 보여 준다.

문제 해결을 위한 팁

1. 묶음 빈도 분포표를 작성할 때 일반적인 실수는 각 급간의 최고점과 최저점을 사용하여 구간 폭을 계산하는 것이다. 예를 들어, 일부 학생들은 20~24로 표시된 급간이 단지 4라고 생각한다. 올바른 급간 폭에 대해 식별하려면 다음과 같이 한다.
   a. 급간에 따라 개별 점수를 센다. 이 예에서 총 5개의 값에 대한 점수는 20, 21, 22, 23, 24이다. 따라서 급간 폭은 5이다.
   b. 정확 한계를 사용하여 급간의 실제 폭을 결정한다. 예를 들어, 20~24급간의 정확 하한값은 19.5, 정확 상한값은 24.5(다음 점수의 절반)이다. 정확 한계를 사용하면 급간 폭은 $24.5 - 19.5 = 5$ 이다.

증명 2.1

묶음 빈도 분포표

다음 $N = 20$ 점수의 경우, 5 급간 폭을 사용하여 묶음 빈도 분포표를 구성해 보자. 점수는 다음과 같다.

14	8	27	16	10	22	9	13	16	12
10	9	15	17	6	14	11	18	14	11

1단계 **급간을 설정한다.** 이 분포에서 가장 큰 점수는 $X = 27$이고 가장 낮은 점수는 $X = 6$이다. 해당 자료의 경우, 빈도 분포표는 22개의 행을 가지게 된다. 이 경우 행수가 너무 많기 때문에, 묶음 빈도 분포표가 더 적절하다. 결과적으로 급간 폭이 5이고 5개의 행으로 이루어진 표가 되었다.

X
25~29
20~24
15~19
10~14
5~9

급간 폭은 급간의 정확 한계로 결정된다는 점을 기억해야 한다. 예를 들어, 급간 25~29의 정확 상한계가 29.5이고 정확 하한계는 24.5이다. 이 두 값의 차이, 즉 5는 급간의 폭이다.

2단계 **각 급간의 빈도를 결정한다.** 점수를 검토하고, 25~29의 급간에 포함되는 수를 세어 본다. 이전에 세었던 각 점수의 빈도는 무시해도 좋다. 각 급간에 대한 빈도를 기록한다. 다른 급간에도 빈도를 기록한다. 결과는 다음과 같다.

X	f	
25~29	1	(해당하는 X값 = 27)
20~24	1	$X = 22$
15~19	5	(해당하는 X값 = 16, 16, 15, 17, 18)
10~14	9	(X = 14, 10, 13, 12, 10, 14, 11, 14, 11)
5~9	4	(X = 8, 9, 9, 6)

연습 문제

1. 다음의 n = 20의 점수에 대해 빈도 분포표를 작성하시오.

6 10 9 5 10 8 7 4 10 9
8 8 6 10 9 10 5 9 9 6

2. 다음 점수에 대한 빈도 분포표를 작성하시오. 비율 및 백분율에 대한 열을 표에 포함하시오.

점수: 4 5 7 8 1 6 8 7 4 4
6 3 4 7 6 4 5 3 5 5

3. 다음 표에서 제시된 점수 분포를 가지고 각 값을 구하시오.

a. n
b. $\sum X$
c. $\sum X^2$

X	f
5	2
4	3
3	1
2	4
1	2

4. 다음 표에서 제시된 점수 분포를 가지고 각 값을 구하시오.

a. n
b. $\sum X$
c. $\sum(X - 1)$

X	f
10	1
9	2
8	4
7	3
6	2

5. 다음 각각에 대해 묶음 빈도 분포에 가장 적합한 급간 폭을 결정하고 점수 범위를 구분하는 데 필요한 대략적인 급간 수를 구하시오.

a. 점수 범위 $X = 6$에서 $X = 81$까지
b. 점수 범위 $X = 18$에서 $X = 34$까지
c. 점수 범위 $X = 56$에서 $X = 97$까지

6. 다음 점수의 경우 가장 작은 값은 $X = 7$이고 가장 큰 값은 $X = 48$이다.

a. 최적의 급간 폭을 결정하고 묶음 빈도 분포표에 필요한 대략적인 급간 수를 구하시오.
b. 결정한 급간 폭을 사용하여 묶음 빈도 분포표에 점수를 작성하시오.

26 40 21 17 48 31 37 22
24 13 30 28 29 19 44 34
35 20 7 42 39 31 40 11

7. 다음 점수는 2015년 시카고에서 주차 위반 고지서를 받은 n = 32명의 무작위 표본에 대한 연령이다. 최적의 급간 폭을 결정하고 묶음 빈도 분포표에 점수를 배치해 보았다. 표를 보면 주차 위반 고지서가 연령대에 걸쳐 균등하게 발행된 것으로 보이는가?

57 30 45 59 39 53 28 19
34 21 34 38 52 29 64 39
22 44 46 26 56 20 33 58
32 25 48 22 51 26 63 51

8. 묶음표의 점수에서는 얻을 수 없는 일반적인 빈도 분포표의 점수에서 사용할 수 있는 정보는 무엇인가?

9. 막대그래프와 히스토그램의 모양 차이를 설명하고 각 유형의 그래프를 사용하는 상황을 설명하시오.

10. 다음 점수에 대해 답하시오.

7 5 4 4 6 5 2 3 2 4 5 8
5 8 3 3 6 4 7 3 4 3 3 6

a. 점수에 대한 분포표를 만드시오.
b. 이 자료들을 통해 빈도 분포 히스토그램을 그리시오.

11. 다음 표에 표시된 점수 분포에 대한 히스토그램을 그리시오.

X	f
10	2
9	4
8	1
7	1
6	4
5	2

12. 다음 표에 표시된 점수 분포에 대한 절선도표를 그리시오.

X	f
6	2
5	5
4	3
3	2
2	1

13. 다음 점수에 대해 답하시오.

12 13 8 14 10 8 9 13 9
9 14 8 12 8 13 13 7 12

a. 빈도 분포표에 점수를 정리하시오.

b. 빈도를 기준으로 분포의 모양에 대해 파악하시오.

14. 빈도 분포표에 다음 점수를 입력하시오. 빈도에 따라 분포의 모양아 어떠한지 설명하시오.

15 14 9 10 15 12 14 11 13
14 13 14 12 14 13 13 12 11

15. 대학생의 표본에 대한 설문조사는 다음과 같은 변수를 포함했다. 각 변수에 대해 점수 분포를 표시하는 데 사용해야 하는 그래프 유형(히스토그램, 절선도표 또는 막대그래프)에 대해 구분하시오.

a. 연령

b. 출생순위

c. 전공

d. 등록 유권자 (예/아니요)

16. Gaucher, Friesen과 Kay(2011)는 그들은 '남성성을 내포하는' 단어(경쟁적, 독립적, 분석적, 강함)가 직업 소개 자료, 특히 남성이 지배하는 분야의 구인 광고에 일반적으로 사용된다는 사실을 발견했다. 이와 유사한 연구에서, 한 연구자는 구인 광고에서 남성 중심 단어의 수를 세어, 다음의 자료를 얻었다. 이 분포를 보여 주는 데 적합한 그래프 종류를 결정하고 빈도 분포 그래프를 그리시오.

분야	남성성 단어의 수
배관공	14
전기기사	12
경비원	17
경리	9
간호사	6
유아교육자	7

17. 다음 절선도표에 표시된 분포에 대한 다음 값을 각각 구하시오.

a. n

b. $\sum X$

c. $\sum X^2$

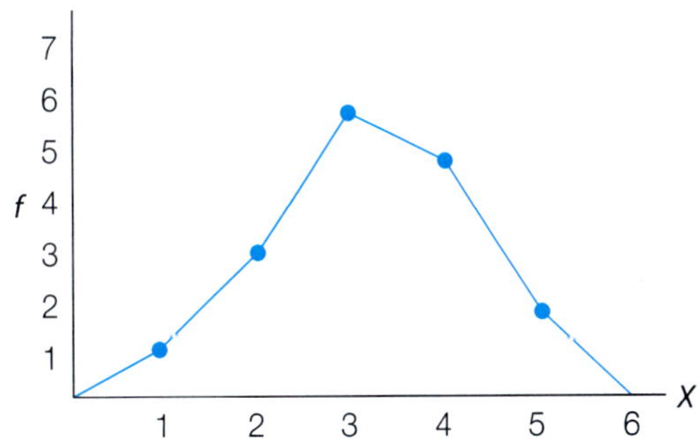

18. 다음 점수에 대해 답하시오.

7 5 6 4 4 3 8 9 4 7 5 5 6
9 4 7 5 10 6 8 5 6 3 4 8 5

a. 빈도 분포표를 작성하시오.

b. 분포에서 보여 주고 있는 자료에 대한 히스토그램을 그리시오.

c. 다음 특성을 사용하여 분포를 설명하시오.

(1) 분포의 모양은 어떠한가?

(2) 분포의 중심(평균)을 가장 잘 나타내는 점수는 무엇인가?

(3) 점수가 모여 있는가, 아니면 흩어져 있는가?

19. 지역의 패스트푸드점은 보통 커피를 세 가지 다른 용량(소형, 중형, 대형)으로 구분하여 세 가지 가격으로 판매하고 있다. 최근에 그들은 용량에 무관하게 커피를 1달러에 판매하는 특별 할인 행

사를 진행했다. 판매 기간 중, 한 직원은 수요일 아침에 판매된 커피의 수를 기록했다. 그다음 주 수요일, 가격이 정상으로 돌아왔을 때 직원은 다시 각 용량별로 판매된 커피의 수를 기록했다. 결과는 다음 표에 제시되어 있다.

정상가		모든 용량 1달러	
X	*f*	*X*	*f*
대형	12	대형	41
중형	25	중형	27
소형	31	소형	11

a. 두 기간 동안 각각 판매된 커피 용량의 분포를 보여 주는 데 적합한 그래프의 종류는 무엇인가?

b. 빈도 분포 그래프 2개를 그리시오.

c. 두 그래프를 근거로 한 판매가 고객이 주문한 커피의 용량에 영향을 미쳤는가?

20. Weinstein, McDermott과 Roediger(2010)는 학생들이 시험을 준비하기 위해 사용하는 다양한 기술을 연구하는 실험 연구 결과를 발표했다. 학생들은 이 자료에 대한 시험이 있다는 것을 알고, 한 문장을 읽는다. 이 문장을 읽은 후에, 한 조건의 학생들은 이 문장을 다시 읽고 공부를 계속하도록 요청받았다. 두 번째 조건에서의 학생들은 이 자료에 대해 읽고 준비된 일련의 질문에 대답했다. 그리고 모든 학생들이 시험을 보았다. 다음 표는 연구에서 얻은 결과와 유사한 시험 점수를 보여 준다.

두 학생 집단의 시험 점수	
단순 반복	질의 응답
8, 5, 7, 9, 8	9, 7, 8, 9, 9
9, 9, 8, 6, 9	8, 10, 9, 5, 10
7, 7, 4, 6, 5	7, 9, 8, 7, 8

문장을 다시 읽은 학생의 빈도 분포를 보여 주는 절선도표를 그리시오. 같은 그래프에서 질문에 답한 학생들의 점수를 보여 주는 절선도표를 그리시오. (두 가지 다른 색상을 사용하거나 한 절선도표의 경우 실선을 사용하고 다른 절선도표의 경우 점선을 사용하시오.) 두 집단 사이에 차이가 있는 것처럼 보이는가?

21. 최근 연구는 부모가 숫자에 대해 이야기하는 데 보내는 시간이 자녀의 수학적 발달에 큰 영향을 미칠 수 있다는 것을 보여 준다(Levine, Suriyakham, Rowe, Huttenlocher, & Gunderson, 2010). 이 연구에서 연구자들은 30개월에서 14세 사이의 아이들의 집을 방문하여 아이들의 부모님으로부터 들은 '숫자 대화'의 양을 기록했다. 그런 다음 연구자들은 46개월에 아이들이 숫자들의 의미에 대한 지식에 대해 시험을 봤다. 다음 자료는 연구에서 얻은 결과와 유사하다.

두 부모 집단 아이들의 수 지식 점수	
숫자 대화 빈도가 낮은 부모	숫자 대화 빈도가 높은 부모
2, 1, 2, 3, 4	3, 4, 5, 4, 5
3, 3, 2, 2, 1	4, 2, 3, 5, 4
5, 3, 4, 1, 2	5, 3, 4, 5, 4

숫자 대화 빈도가 낮은 부모를 둔 아동의 빈도 분포를 보여 주는 절선도표를 그리시오.
같은 그래프에서, 숫자 대화 빈도가 높은 부모를 가진 아이들의 점수를 보여 주는 절선도표를 그리시오. (두 가지 다른 색상을 사용하거나 한 절선도표의 경우 실선을 사용하고 다른 절선도표의 경우 점선을 사용하시오.)
두 집단 사이에 차이점이 있는가?

CHAPTER

3

중심 경향값

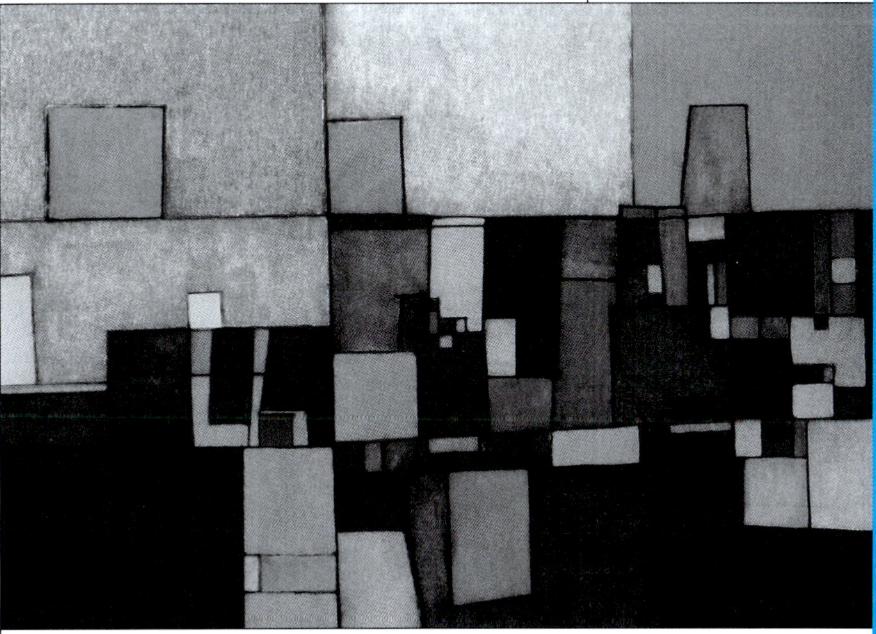

필요한 지식

아래 개념들은 이 장을 이해하기 위해 필요한 주요 개념들이다. 해당 장을 참고하여 충분히 숙지하기 바란다.

- 합산 표기법(1장)
- 빈도 분포(2장)

3-1 개요

기술 통계의 일반적인 목적은 일련의 점수를 조직화하고 요약하는 것이다. 아마도 분포를 요약하고 설명하는 가장 일반적인 방법은 전체 분포를 대표하는 단일 값으로 정의되는 평균 점수(average score)를 찾는 것이다. 통계에서 평균이나 대표 점수의 개념을 **중심 경향값**이라고 한다. 중심 경향값을 측정하는 목표는 분포의 중심을 확인해 주는 단일 값을 결정하여 점수 분포를 기술하는 것이다. 이상적으로 이 중앙값은 분포의 모든 개인들을 가장 잘 대표하는 점수가 될 것이다.

> **중심 경향값**(central tendency)이란 분포의 중심을 정의하는 단일 점수를 결정하는 통계 수단이다. 중심 경향값은 전체 집단에서 가장 일반적이거나 가장 대표적인 단일 점수를 찾기 위해 사용한다.

일상 언어에서 중심 경향값은 '평균(average)' 또는 '대표적인(typical)' 개인을 확인하기 위한 것이다. 이 평균값은 전체 모집단(population) 또는 표본(sample)에 대해 간단하게 설명하는 데 사용할 수 있다. 전체 분포를 설명하는 것 외에도, 중심 경향값을 측정하는 것은 개인 또는 자료 간의 비교에도 유용하다. 예를 들어, 날씨 자료에 따르면 워싱턴주 시애틀의 연평균 기온은 화씨 53°, 연평균 강수량은 34인치로 나타났다. 이에 비해 애리조나주 피닉스의 평균 기온은 화씨 71°, 강수량은 7.4인치였다. 이 사례의 핵심은 대표하는 수치로 대량의 자료를 설명할 수 있다는 장점을 입증하는 것이다. 중심 경향값은 대규모 모집단의 전형적인 특징이 무엇인지 알려 주고, 그렇게 함으로써 더 많은 자료를 요약할 수 있다. 통계학자는 자료 기술(data description)에 대한 측면을 설명하기 위해 '수치 처리(number crunching)'라는 표현을 사용하는 경우가 있다. 즉, 많은 점수로 구성된 분포를 얻은 후 모든 점수들을 기술하는 하나의 값으로 '처리(crunch)'한다.

불행하게도, 중심 경향값을 결정하기 위한 하나의 표준 절차는 없다. 문제는 모든 상황을 대표하는 중심값이 되는 유일한 측정값은 없다는 것이다. **그림** 3.1에 표시된 세 가지 분포는 이러한 사실을 입증하는 데 도움이 될 것이다. 세 가지 분포에 대해 논의하기 전에 잠시 그림을 보고 각 분포에 대해 '중심(center)' 또는 '가장 대표적인 점수(most representative score)'를 확인해 보자.

1. 첫 번째 분포[**그림** 3.1(a)]는 대칭이며, 점수들은 $X = 5$를 중심으로 모여 있다. 이러한 유형의 분포에서는 '중심'을 확인하기 쉽고 대부분의 사람들은 $X = 5$가 중심 경향값의 적절한 값이라는 데 동의할 것이다.
2. 그러나 두 번째 분포[**그림** 3.1(b)]에서부터 문제가 발생한다. 이제 점수는 부적 편

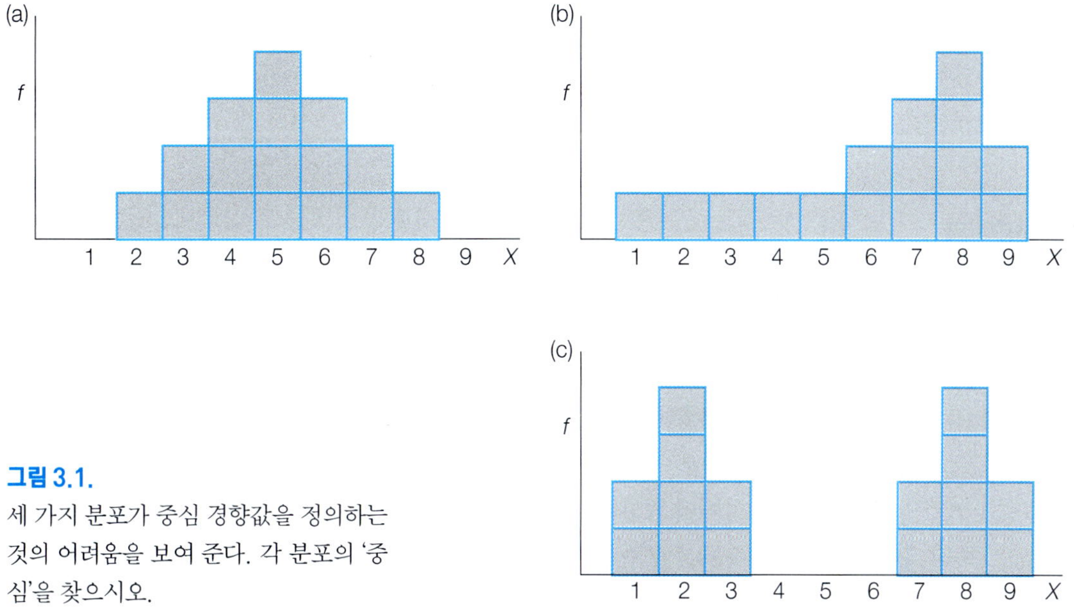

그림 3.1.
세 가지 분포가 중심 경향값을 정의하는 것의 어려움을 보여 준다. 각 분포의 '중심'을 찾으시오.

포(부적으로 치우친 분포)를 형성한다. 점수들은 $X = 8$ 주위에는 높이 쌓여 있지만, 왼쪽 $X = 1$ 방향으로는 점진적으로 줄어들고 있다. 이 경우 '중심'은 어디에 있는가? 어떤 사람들은 $X = 8$을 중심으로 선택할 수 있다. 왜냐하면 다른 어떤 단일 값보다 많은 사람들이 이 점수를 가지고 있기 때문이다. 그러나 $X = 8$은 분명히 분포의 중간에 있지 않다. 실제 점수(16개 중 10개)의 대부분은 8점 미만이기 때문에 '중심'을 8점 이하의 값으로 정의하는 것이 타당해 보인다.

3. 이제 세 번째 분포를 보자[그림 3.1(c)]. 분포는 대칭적이지만, 두 개의 뚜렷한 점수 더미가 있다. $X = 5$를 중심으로 분포가 대칭이므로 $X = 5$를 '중심'으로 선택할 수 있다. 그러나 $X = 5$(또는 심지어 근접)에 점수가 없으므로 이 값은 대표 점수로 좋지 않다. 한편, 한 집단은 $X = 2$가 중심, 다른 집단은 $X = 8$이 중심으로, 두 개의 분리된 점수들이 있기 때문에, 이 분포는 두 개의 중심을 가지고 있다고 말할 수 있다. 하지만 하나의 분포에 두 개의 중심이 있을 수 있을까?

분명히, 분포의 '중심'을 정의하는 것에 문제가 있을 수 있다. 그림 3.1(a)에 표시된 것과 같이 멋지고 깔끔한 분포의 경우, 이 분포의 중심에 대해 모두가 동의할 것이다. 그러나 다른 분포가 있을 수도 있고 중심이란 정의에 대해 다른 의견이 있을 수 있음을 알아야 한다. 이러한 문제를 해결하기 위해, 통계학자들은 평균, 중위수, 최빈값 등 세 가지 중심 경향값을 측정하는 방법을 개발했다. 그들은 다르게 계산되고 서로 다른 특징들을 가지고 있다. 세 가지 방법 중 어느 방법이 특정 분포에 가장 적합한지 결정하려면, '가장 점수를 잘 대표하는 단일 점수 찾기'라는 중심 경향값의 일반적인 목표를 기억하는 것이 좋다. 세 가지 측정 방법 각각은 특정 상황에서 가장 잘 사용할 수 있도록 개발되었다. 세 가지 측정 방법을 소개한 후에 이 내용을 더 자세히 알아볼 것이다.

3-2 평균

학습 목표(Learning Objectives)

1. 평균을 정의하고 모평균과 표본 평균을 모두 계산할 수 있다.
2. 총합이 균등하게 나눠질 때, 각 개인이 받는 양으로서 그리고 균형점(balancing point)으로서 평균의 대체 정의를 설명할 수 있다.
3. 가중 평균을 계산할 수 있다.
4. 빈도 분포표에서 n, ΣX, M을 구할 수 있다.
5. 점수 변경, 점수 추가 또는 제거, 각 점수에서 상수를 더하거나 빼는 것, 각 점수에 상수를 곱하거나 나누는 것이 평균에 미치는 영향을 설명할 수 있고 각각의 결과를 계산할 수 있다.

산술 평균이라고도 하는 **평균**(mean)은 분포의 모든 점수를 더하고 점수에 대한 사례 수로 나누어 계산한다. 모집단의 평균은 그리스 문자 mu, μ('뮤'로 발음함)로 표기하고 표본의 평균은 M 또는 $\overline{X}$('x-bar'로 읽음)로 표기한다.

많은 통계 교과서에서는 관례적으로 표본 평균을 나타내기 위해 $\overline{X}$를 사용한다. 그러나 원고와 발표된 연구 보고서에서의 문자 M은 표본 평균의 표준 표기법이다. 연구 보고서를 읽을 때 M이라는 문자를 읽게 될 것이고 연구 보고서를 작성할 때 M이라는 문자를 사용해야 하므로, 이 책에서는 동일한 표기법을 사용할 것이다. $\overline{X}$ 표기법은 여전히 표본 평균을 확인하는 데 적절하며, 경우에 따라, 특히 교과서에서 자주 사용된다.

분포의 **평균**(mean)은 전체 점수 합을 사례 수로 나눈 값이다.

모평균에 대한 공식은 다음과 같다.

$$\mu = \frac{\Sigma X}{N} \tag{3.1}$$

첫째, 모집단의 모든 점수를 합한 후 N으로 나눈다. 표본의 경우 계산은 정확히 같지만 표본 평균(sample mean)의 공식은 표본값을 나타내는 기호를 사용한다.

$$\text{표본 평균} = M = \frac{\sum X}{n} \tag{3.2}$$

일반적으로, 모집단의 특성(모수)은 그리스 문자로 표본값(통계량)은 알파벳 문자로 나타낸다. 평균이 문자 M으로 표기되었다면, 표본을 다루고 있음을 의미한다. 또한 표본 평균 공식에서는 소문자 n을 표본 점수의 사례 수를 나타내는 기호로 사용한다.

예제 3.1 $N = 4$인 다음 모집단의 경우,

$$3, 7, 4, 6$$

평균은 다음과 같다.

$$\mu = \frac{\sum X}{N} = \frac{20}{4} = 5$$ ■

■ 평균에 대한 대체 정의

점수들을 더한 후 점수의 개수로 나누는 절차는 평균에 대한 유용한 정의이지만, 중심 경향값의 중요한 측정을 더 잘 이해할 수 있게 해 주는 두 가지 대체 정의가 있다.

총합을 균등하게 나누기 첫 번째 대안은 분포의 총합($\sum X$)을 모든 개인(N)에게 균등하게 나눌 때 각 개인이 받는 양으로 평균을 생각하는 것이다. 다음 예를 고려해 보자.

예제 3.2 $n = 6$명의 소년들이 중고 물품 판매장(garage sale)에서 총 180개의 카드가 들어 있는 야구 카드 한 상자를 구입했다. 만약 소년들이 카드를 똑같이 나누면, 이 소년들은 각각 몇 장의 카드를 받을까? 이 문제는 평균 계산을 위한 표준 절차를 나타내고 있다. 구체적으로, 총합($\sum X$)은 사례(n)로 나누어 각 소년당 평균 $\frac{180}{6} = 30$장의 카드를 가질 것이다. ■

앞의 예는 평균을 각 개인이 균등하게 나눌 때 얻는 양으로 정의할 수 있다는 것을 보여 준다. 다소 사회주의적인 이 방법은 평균을 알고 있고, 총계를 찾아야 하는 문제들에 특히 유용하다. 다음 예를 고려해 보자.

예제 3.3 이제 예제 3.2의 6명의 소년들이 그들의 야구 카드를 이베이(http://www.ebay.com)에서 팔기로 결정했다고 가정해 보자. 만약 소년 한 명당 평균 $M = 5$달러를 번다면, 그들 전체의 총액은 얼마인가? 각 소년이 얼마나 많은 돈을 가지고 있는지 정확히 알지는 못

하더라도, 평균의 새로운 정의는 돈을 모아서 그 총액을 균등하게 나눈다면, 각 소년은 5달러를 받게 될 것이라는 점을 말해 준다. n = 6명의 소년들이 5달러를 받으려면, 총액은 6(5달러) = 30달러이어야 한다. 이 답을 확인하기 위해 평균에 대한 공식을 사용할 수 있다.

$$M = \frac{\sum X}{n} = \frac{30\text{달러}}{6} = 5\text{달러}$$ ■

균형점으로서의 평균 평균을 정의하는 두 번째 대안은 평균을 분포의 균형점으로 설명하는 것이다. N = 5 점수(1, 2, 6, 6, 10)로 구성된 모집단이 있다. 이 모집단의 경우 $\sum X$ = 25이며 $\mu = \frac{25}{5} = 5$이다. 그림 3.2는 히스토그램으로 그려진 모집단을 보여 주며 각 점수는 시소 위의 상자로 표현된다. 시소가 평균과 같은 점에서 놓이면, 균형을 잡고 수평을 잡을 수 있다.

평균 위에서 시소가 균형을 이룬 이유는 평균으로부터 각 상자(점수)의 거리를 측정할 때 명확해진다.

점수	평균으로부터의 거리
$X = 1$	평균보다 4점 아래
$X = 2$	평균보다 3점 아래
$X = 6$	평균보다 1점 위에
$X = 6$	평균보다 1점 위에
$X = 10$	평균보다 5점 위에

평균이 거리의 균형을 유지한다. 즉, 평균보다 낮은 총거리는 평균보다 높은 총거리와 동일하다.

평균 이하: 4 + 3 = 7점
평균 이상: 1 + 1 + 5 = 7점

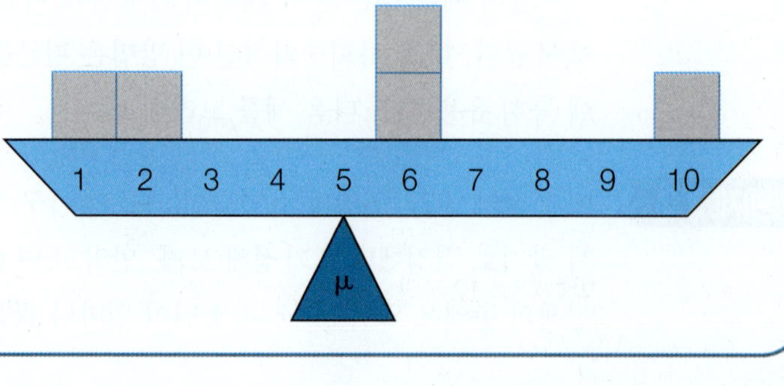

그림 3.2
시소로 표시되는 빈도 분포는 평균에 균형을 이룬다. Weinberg, G. H., Schumaker, J. A., and Oltman, D. (1981). *Statistics: An intuitive approach*. Belmont, CA: Wadsworth. (p. 14)

평균은 균형점 역할을 하기 때문에 평균값은 항상 최저점과 최고점 사이의 어딘가에 위치한다. 즉, 평균은 이 점수 범위를 벗어날 수 없다. 만약 분포에서 최저점이 $X = 8$이고 최고점이 $X = 15$일 경우, 평균은 8과 15 사이에 있어야 한다. 이 범위를 벗어나는 값이 계산된다면 오류가 생긴 것이다.

균형점(balance point)이 평균인 시소의 이미지는 새로운 점수가 추가되거나 기존 점수가 제거될 때 분포가 어떻게 영향을 받는지를 파악하는 데 유용하다. 예를 들어, 그림 3.2의 분포에 대해 $X = 10$에 새 점수가 추가되면 평균(균형점)은 어떻게 되는가?

■ 가중 평균

종종 두 세트의 점수를 합친 다음 결합된 집단에 대한 전체 평균을 찾아야 할 때가 있다. 예를 들어, 두 개의 별도의 표본을 가정해 보자. 첫 번째 표본은 $n = 12$, 평균 $M = 6$이다. 두 번째 표본은 $n = 8$, 평균 $M = 7$이다. 두 개의 표본을 합치면 전체 평균은 얼마인가?

전체 평균을 계산하려면 두 가지 값이 필요하다.

1. 결합된 집단에 대한 점수의 전체 합계($\sum X$)
2. 결합된 집단의 전체 사례 수(n)

결합된 집단의 전체 점수 수는 첫 번째 표본(n_1)과 두 번째 표본(n_2)을 더하면 쉽게 찾을 수 있다. 이 경우, 첫 번째 표본에는 12사례가, 두 번째 표본에는 8사례가 있으며, 결합된 집단에는 총 $12 + 8 = 20$사례가 있다. 마찬가지로, 첫 번째 표본의 합($\sum X_1$)과 두 번째 표본의 합($\sum X_2$)을 더하면 전체 집단에 대한 전체 합을 구할 수 있다. 이 두 값을 가지고 기본 공식을 사용하면 평균을 계산할 수 있다.

자료가 두 개 이상의 표본(또는 모집단)을 포함할 때, 우리는 표본을 구분하기 위한 첨자를 사용한다. 예를 들어, n_1은 표본 1의 점수 수를 의미한다.

$$\text{전체 평균} = M = \frac{\sum X(\text{결합된 집단의 전체 합})}{n(\text{결합된 집단의 전체 사례 수})}$$

$$= \frac{\sum X_1 + \sum X_2}{n_1 + n_2}$$

각 표본에 대한 점수의 합계를 찾으려면, 평균은 총합($\sum X$)이 균등하게 나눠질 때 각 개인이 받는 양으로 정의될 수 있다. 첫 번째 표본은 $n = 12$, $M = 6$이다(점수 대신 달러로 표현하면, 이 표본은 $n = 12$명이며, 각 개인은 총액을 균등하게 나눌 때 6달러를 받는다). 12명당 $M = 6$을 얻으려면, 총계는 $\sum X = 12 \times 6 = 72$이어야 한다. 같은 방식은 두 번째 표본에서 $n = 8$이고, 평균 $M = 7$이면, 총계는 $\Sigma X = 8 \times 7 = 56$이어야 한다. 이 값을 사용하여 구한 전체 평균은 다음과 같다.

$$\text{전체 평균} = M = \frac{\Sigma X_1 + \Sigma X_2}{n_1 + n_2} = \frac{72 + 56}{12 + 8} = \frac{128}{20} = 6.4$$

다음 표는 계산을 요약한 것이다.

첫 번째 표본	두 번째 표본	결합된 표본
$n = 12$	$n = 8$	$n = 20(12 + 8)$
$\Sigma X = 72$	$\Sigma X = 56$	$\Sigma X = 128(72 + 56)$
$M = 6$	$M = 7$	$M = 6.4$

이때 전체 평균은 원래 두 표본 평균 사이의 중간에 있지 않다는 점을 유의해야 한다. 왜냐하면 두 집단에서 표본의 크기가 동일하지 않으므로 한 집단이 전체 집단에 더 큰 기여를 하게 되어 전체 평균을 결정할 때 더 큰 비중을 갖기 때문이다. 이러한 이유로, 계산된 전체 평균을 **가중 평균(weighted mean)**이라고 한다. 이 예에서 $M = 6.4$의 전체 평균은 $M = 7$(작은 표본의 평균)보다 $M = 6$(큰 표본의 평균)에 가깝다.

다음 예제를 통해 가중 평균을 직접 계산해 보고 얼마나 이해했는지 확인해 보자.

예제 3.4 한 표본은 $n = 4$, 평균은 $M = 8$이고, 두 번째 표본은 $n = 8$, 평균은 $M = 5$이다. 두 개의 표본을 합치면, 결합된 집단의 평균은 얼마인가? 답은 $M = 6$이다. ■

■ 빈도 분포표에서의 평균 계산

빈도 분포표에 일련의 점수가 정리되어 있는 경우, 표에서 개별 점수를 제거하면 평균 계산이 더 쉬워진다. 표 3.1은 빈도 분포표에 정리된 점수의 분포를 보여 준다. 이 분포에서 평균을 계산하려면 첫 번째 열의 X값과 두 번째 열의 빈도를 모두 사용해야 한다. 표의 값은 분포가 전체 사례 $n = 8$에 대해 10에는 1(하나), 9에는 2(둘), 8에는 4(넷) 및 6에는 1(하나)로 구성되어 있다는 것을 보여 준다. $n = \Sigma f$, 즉 빈도를 더하여 점수에 대한 사례 수를 결정할 수 있다. 점수 합계를 찾으려면 8명의 점수를 모두 더해야 한다.

$$\Sigma X = 10 + 9 + 9 + 8 + 8 + 8 + 8 + 6 = 66$$

2장(44쪽)에서 설명한 대로 계산하면 점수 합계를 찾을 수 있다. ΣX와 n을 찾았으면 평균을 평소대로 계산한다.

이 자료의 경우, 평균은 다음과 같다.

$$M = \frac{\Sigma X}{n} = \frac{66}{8} = 8.25$$

표 3.1 n = 8인 학생들의 통계 퀴즈 점수

퀴즈 점수(X)	f	fX
10	1	10
9	2	18
8	4	32
7	0	0
6	1	6

■ 평균의 특성

평균은 향후 논의에서 소개할 중요한 많은 특성을 가지고 있다. 일반적으로 이러한 특성은 분포의 모든 점수가 평균의 값에 기여한다는 사실에서 비롯된다. 특히, 모든 점수를 다 더하면 총합(ΣX)이 되고, 각 점수는 사례 수(n)에서 하나의 사례를 차지한다. 이 두 값(ΣX 및 n)은 평균값을 결정한다. 이제 평균의 네 가지 더 중요한 특징에 대해 알아보자.

점수 변경 어떤 한 점수의 값을 변경하면 평균값도 바뀐다. 예를 들어, 심리학 수업에서의 표본의 퀴즈 점수는 9, 8, 7, 5, 1이었다. 표본은 n = 5로 구성되어 있고 총합은 ΣX = 30이다. 이 표본의 평균은 다음과 같다.

$$M = \frac{\Sigma X}{n} = \frac{30}{5} = 6.00$$

이제 점수 X = 1이 X = 8로 변경된다고 가정해 보자. 개인의 점수에 7점이 더해졌으며, 총점에도 7점이 더해진다(ΣX). 점수를 변경한 후, 새로운 분포는 다음과 같다.

9, 8, 7, 5, 8

전체 사례 수는 여전히 n = 5이지만 총합은 37점으로 변경되었다. 새로운 평균은 다음과 같다.

$$M = \frac{\Sigma X}{n} = \frac{37}{5} = 7.40$$

표본에서 어떤 한 점수를 변경하면 새로운 평균이 도출된다. 점수를 변경하면 $\sum X$값(점수의 합계)도 변경되므로 항상 평균값이 변경된다는 점을 알아야 한다.

새 점수 추가 또는 점수 제거 소개 분포에 새 점수를 더하거나 기존 점수를 빼면 평균이 변경된다. 단, 새로운 점수(또는 제거된 점수)가 평균과 정확히 같은 경우는 예외이다. 평균이 분포의 균형점으로 정의된다는 것을 기억한다면 점수를 더하거나 빼는 효과를 시각화하는 것이 쉽다. **그림 3.3**은 평균에서 균형을 이룬 시소에 상자로 표시된 점수 분포를 보여 준다. $X = 10$에 새로운 점수를 더하면 어떤 일이 일어날지 상상해 보라. 분명히, 시소는 오른쪽으로 기울어져 균형을 되찾기 위해 중심점(평균)을 오른쪽으로 이동해야 할 것이다.

이제 $X = 9$에서 점수를 빼면 어떻게 될지 상상해 보라. 이번에는 시소가 왼쪽으로 기울어졌고, 다시 한 번, 균형을 되찾기 위해 평균을 변경해야 할 것이다.

마지막으로, $X = 7$에 새로운 점수를 더하여 평균과 정확히 같게 하면 어떤 일이 일어날지 생각해 보라. 시소는 어느 방향으로든 기울지 않기 때문에 평균은 정확히 같은 곳에 머물 것이다. 또한 $X = 7$에서 새로운 점수를 제거해도 시소는 균형을 계속 유지하고 평균은 변경되지 않는다. 일반적으로 새 점수를 더하거나 빼면 새 점수(또는 기존 점수)가 평균에 정확히 위치하지 않는 한 평균은 변경될 것이다.

다음 예제는 기존 표본에 새 점수가 추가될 때 새로운 평균이 어떻게 계산되는지를 정확하게 보여 준다.

예제 3.5 점수를 더하거나 빼는 것은 원점수가 표본인지 모집단인지 여부에 관계없이 평균에 동일한 영향을 미친다. 새로운 평균 계산을 시연하기 위해, **그림 3.3**에 표시된 점수를 사용할 것이다. 그러나 이번에는 $n = 5$와 $M = 7$인 표본으로 계산한다. 이 표본에서 총합 $\sum X = 35$다. $X = 13$의 새로운 점수가 표본에 더해지면 평균은 어떻게 되는가?

새로운 표본의 평균을 찾으려면 n과 $\sum X$의 값이 새로운 점수에 의해 어떻게 변하는지 알아야 한다. 원래의 표본에서 새로운 점수를 더하는 효과를 고려한다. 원래 표본은 $n = 5$이므로 새롭게 사례 1을 추가하면 $n = 6$이 된다. 마찬가지로 원래 표본의 총

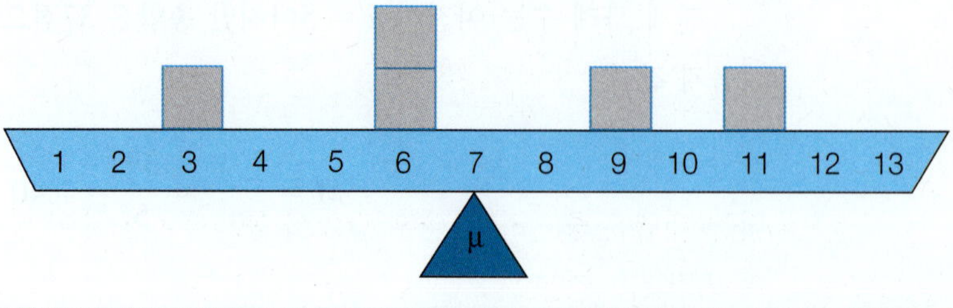

그림 3.3
$N = 5$인 분포의 균형 잡힌 평균은 $\mu = 7$이다.

합은 $\sum X = 35$였다. $X = 13$을 더하면 13점이 증가하여 새롭게 $\sum X = 35 + 13 = 48$이 된다.

$$M = \frac{\sum X}{n} = \frac{48}{6} = 8$$

전체 과정은 다음과 같이 요약할 수 있다.

원표본	$X = 13$을 추가한 새로운 표본
$n = 5$	$n = 6$
$\sum X = 35$	$\sum X = 48$
$M = \frac{35}{5} = 7$	$M = \frac{48}{6} = 8$

■

다음 예제를 풀면서 분포에서 점수를 빼면 평균이 어떻게 변하는지 확인해 보자.

예제 3.6 $n = 5$, $M = 7$의 표본이 있다. 표본에서 $X = 11$의 값을 가진 점수를 빼면 나머지 점수의 평균은? 정답은 $M = 6(24/4 = 6)$이다. ■

각 점수에서 상수 추가 또는 제거 분포의 모든 점수에 상숫값을 더하는 경우 평균도 동일한 상수만큼 증가한다. 마찬가지로 모든 점수에서 상수를 빼면 평균도 동일한 상수만큼 감소한다.

Jones, Jones, Thomas와 Piper(2003)는 술이 반대 성별을 가진 사람, 즉 이성에게 매력을 현저하게 증가시킨다는 것을 보여 주는 연구를 실시했다. 참가자들에게 남성과 여성의 얼굴 사진을 보여 주고 각 얼굴의 매력에 대해 평가하도록 요청했다. 적당한 알코올 섭취를 한 참가자들은 술을 마시지 않았을 때보다 이성들에게 눈에 띄게 높은 점수를 주었다. 표 3.2는 특정 남성 얼굴을 평가하는 $n = 6$명의 여성 참가자 표본 결과를 보여 준다. 첫 번째 열은 참가자가 술을 마시지 않았을 때의 값을 보여 준다. 이 열의 합계는 $n = 6$명의 참가자의 표본에 대한 것이므로, 평균은 $M = \frac{17}{6} = 2.83$이다. 이제 알코올의 효과가 각 개인의 평가 점수에 일정량(1점)을 더하는 것이라고 가정해 보자. 적당한 알코올 소비 후 결과 점수는 표의 두 번째 열에 표시된다. 이 점수의 경우, 총합은 23이고, 평균은 $M = 3.83$이다. 각 사례의 점수에 1점을 더하면 평균 $M = 2.83$에 평균이 1점이 더해져 $M = 3.83$이 된다. (처치 효과는 보통 일정량을 더하거나 빼는 것만큼 간단하지 않다는 것을 유념할 필요가 있다. 그럼에도 불구하고, 모든 점수에 상수를 더하는 개념은 중요하며, 이후 장에서 통계를 사용하여 평균 차이를 검증할 때 이 개념이 다시 강조될 것이다.)

표 3.2 여성 표본 $n = 6$의 남성 얼굴의 매력도 평가

참가자	알코올 미섭취	적당량의 알코올 섭취
A	4	5
B	2	3
C	3	4
D	3	4
E	2	3
F	3	4
	$\sum X = 17$	$\sum X = 23$
	$M = 2.83$	$M = 3.83$

각 점수에 상수 곱하기 또는 나누기 분포의 모든 점수에 상숫값을 곱하기 또는 나누기를 하면 평균은 동일한 방식으로 변화한다.

각 점수에 상숫값을 곱하는 것이 측정 단위를 변경하는 일반적인 방법이다. 예를 들어, 측정 단위인 분을 초로 변경하려면 60을 곱하고, 인치를 피트로 변경하려면 12로 나누면 된다. 연구자들이 공통적으로 해야 할 일 중 하나는 국제 표준에 부합하는 측정 단위로 측정값을 바꾸는 것이다. 예를 들어, 미국심리학회의 출판 가이드라인에서는 대부분의 비표준 단위를 사용할 때 표준 측정값을 괄호 안에 보고할 것을 요구한다. 표 3.3은 인치 단위로 측정한 $n = 5$의 표본을 센티미터로 측정한 점수로 변환하는 방법을 보여 준다. 1인치는 2.54센티미터이다. 첫 번째 열은 총 $\sum X = 50$, $M = 10$인치의 원점수를 나타낸다. 두 번째 열에서는, 각각의 원점수에 2.54를 곱했으며(인치에서 센티미터로 변환), 결괏값은 총합 $\sum X = 127$, $M = 25.4$이다. 각 점수에 2.54를 곱하는 것은 평균에 2.54를 곱하는 것이기도 하다. 그러나 개별 점수와 표본 평균값이 변경되었다고 해서, 실제 측정값이 변경되는 것은 아니라는 점을 알고 있어야 한다.

표 3.3 인치에서 센티미터로 변환된 측정값

인치로 측정한 원래 측정값	센티미터로 변환하기 위해 2.54를 곱한 값
10	25.40
9	22.86
12	30.48
8	20.32
11	27.94
$\sum X = 50$	$\sum X = 127.00$
$M = 10$	$M = 25.40$

학습 점검

학습 목표 1 **1.** $n = 5$ 표본이 $M = 12$의 평균을 가질 때, 이 표본의 $\sum X$는 얼마인가?

a. $12/5 = 2.40$

b. $5/12 = 0.417$

c. $5(12) = 60$

d. 주어진 정보로 판단할 수 없다.

학습 목표 2 **2.** 표본의 평균은 $M = 72$이다. $X = 58$의 점수를 가진 한 사람을 표본에서 제거하면, 표본 평균에 어떤 영향을 미칠 것인가?

a. 표본의 평균은 증가할 것이다.

b. 표본의 평균은 감소할 것이다.

c. 표본의 평균은 이전과 같은 것이다.

d. 주어진 정보로 판단할 수 없다.

학습 목표 3 **3.** 첫 번째 표본은 $n = 4$이고 $M = 10$, 두 번째 표본은 $n = 4$, $M = 20$이다. 두 개의 표본을 합칠 경우, 조합된 표본의 평균값은 얼마인가?

a. 15와 같다.

b. 15보다 크지만 20보다 작다.

c. 15 미만이고 10보다 크다.

d. 어느 것도 맞지 않다.

학습 목표 4 **4.** 다음 빈도 분포표에 제시된 표본의 평균은 얼마인가?

a. 2.0

b. 2.5

c. 3.0

d. 3.5

X	f
4	1
3	2
2	2
1	3

학습 목표 5 **5.** 모집단의 $N = 10$이고 평균은 30이다. 분포의 모든 점수에 3을 곱하면 새로운 평균의 값은 얼마인가?

a. 30

b. 33

c. 60

d. 90

답 **1.** c **2.** a **3.** a **4.** a **5.** d

3-3 중위수

학습 목표(Learning Objectives)

6. 중위수를 정의 및 계산할 수 있고 연속변수에서 정확한 중위수를 찾을 수 있다.

중심 경향값의 두 번째 측정값을 **중위수**라고 부른다. 중위수의 목표는 분포의 중간점을 찾는 것이다. 평균과 달리 중위수를 나타내는 특정 기호나 표기법은 없다. 대신에, 단순히 **중위수**라는 단어를 사용한다. 또한 표본과 모집단에서 중위수의 정의와 계산은 동일하다.

분포의 점수가 가장 작은 것부터 가장 큰 것 순으로 나열되는 경우, **중위수**(median)는 목록의 중간점(midpoint)이 된다. 좀 더 구체적으로 말하자면, 중위수는 분포에서 점수의 50%에 위치하는 측정 척도상의 점이다.

■ 대부분의 분포에서 중위수 찾기

중위수를 분포의 **중간점**으로 정의하는 것은 점수가 동일한 개수를 가진 두 개의 집단으로 나눠는 것을 의미한다. 최고점 X값과 최저점 X값 사이의 중간점이 중위수가 아니다. 중위수를 찾으려면 가장 작은 값에서 가장 큰 값 순서로 점수를 나열한다. 중위수는 분포 내의 점수에서 50% 이상의 첫 번째 점이다. 중위수는 점수 목록에 있는 점수와 동일하거나 그 목록의 두 점수 사이의 값이 될 수 있다. 중위수는 대수적(algebraically)으로 정의되지 않았다는 점을 유의해야 한다(중위수 계산을 위한 방정식은 없음). 이는 정확한 값을 결정하는 데 어느 정도의 주관이 반영됨을 의미한다. 그러나 다음 두 가지 예제는 대부분의 분포에서 중위수를 찾는 과정을 보여 준다.

예제 3.7 이 예에서는 N(또는 n)이 홀수일 때 중위수를 계산한다. 홀수 개의 점수에서는 점수를 순서대로(최저에서 최고까지) 나열하고, 중위수는 목록의 중간에 해당하는 점수이다. 순서대로 나열하여 $N = 5$의 점수를 보면 다음과 같다.

$$3, 5, 8, 10, 11$$

중간에 위치한 점수는 $X = 8$이므로 중위수는 8이다. $N = 5$ 점수의 계산 방법을 사용하면 50%는 $2\frac{1}{2}$이 된다. 가장 작은 점수부터 시작하여 50%에 도달하려면 3, 5, 8을 세어야 한다. 이 분포의 중위수는 중간에 있는 점수이므로, 즉 $X = 8$이 된다. ■

예제 3.8 이 예에서는 N(또는 n)이 짝수일 때 중위수를 계산한다. 분포에 짝수의 점수가 있으면 점수를 순서대로(최저에서 최고까지) 나열한 다음 중간 점수 2개의 평균을 찾아 중위수를 구한다. 모집단의 점수는 다음과 같다.

$$1, 1, 4, 5, 7, 8$$

이제 중간에 해당하는 점수 쌍(4, 5)을 선택하고 합산하여 2로 나눈다.

$$\text{중위수} = \frac{4+5}{2} = \frac{9}{2} = 4.5$$

$N = 6$에서 계산 절차를 사용하면 50%는 세 번째가 된다. 가장 작은 점수부터 시작하여 최소한 50%에 도달하기 전에 첫 번째 1, 두 번째 1 및 세 번째 4를 세어야 한다. 다시 말해서 이 분포의 중위수는 4.5이며, 이는 $X = 4$를 넘는 첫 번째 점이다. 이 분포의 경우 정확히 세 번째(50%)는 4.5점 이하에 위치한다. 참고로 가운데 두 점수 사이에 간격이 있으면, 중위수는 두 점수 사이의 중간으로 정의된다. 예를 들어, 중간에 두 점수가 하나는 $X = 4$이고 또 다른 하나는 $X = 6$이면 중위수는 5로 정의된다. ■

점수를 나열하고 집계하는 간단한 방법은 대부분의 분포에 대한 중위수를 결정하기에 충분하며, 이산변수에 대해서는 항상 적절하다. 이 방법은 항상 정수 또는 두 정수 사이의 중간점이 산출된다는 것을 유의해야 한다. 그러나 연속변수로 측정된 분포에서는, 분포의 정확히 상위, 하위 50%를 구분하는 특정 지점에 위치하는 중위수를 찾을 수 있다. 정확한 중위수를 찾기 위한 절차는 다음 절에서 설명한다.

■ 연속변수에서 정확한 중위수 찾기

1장에서 연속변수는 무한수를 분수로 나눌 수 있다고 설명했다. 예를 들어, 시간은 초, 1/10초, 1/100초 등으로 측정될 수 있다. 분포의 점수가 연속변수로 측정된 경우, 범주 중 하나를 분수로 나누고 분포의 하단 50%와 상단 50%를 분리하는 정확한 점을 찾아 중위수를 구할 수 있다. 다음의 예는 이 과정을 보여 준다.

예제 3.9 이 예제에서 다음 $n = 8$에 대한 정확한 중위수를 찾을 수 있다.

$$1, 2, 3, 4, 4, 4, 4, 6$$

이 표본의 빈도 분포는 **그림 3.4**(a)에 나와 있다. 짝수(개)의 점수에서는 보통 중간 두 점수의 평균을 계산하여 중위수를 찾는다. 이 방법을 사용하면 중위수는 $X = 4$이다. 이산변수의 경우 $X = 4$는 중위수에 대한 바른 값이다. 1장에서 이산변수는 가족의 자

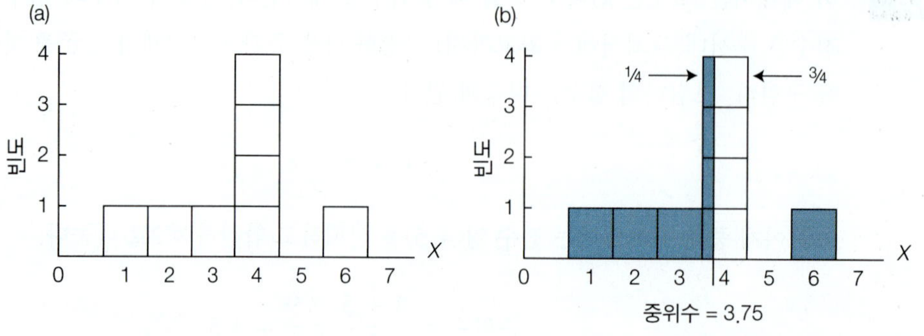

그림 3.4

중위수에서 여러 점수를 갖는 분포. 이 분포에 대한 중위수 X = 4에는 각 4개 상자가 중위수(왼쪽) 아래에 있는 각 상자의 1/4과 중위수(오른쪽) 위에 있는 각 상자의 3/4과 함께 두 개의 절로 분할되도록 위치한다. 그 결과, 중위수의 각 면에 분포의 50%에는 정확히 4개의 상자가 있다.

녀 수와 같이 나눌 수 없는 범주로 구성된다는 점을 기억해야 한다. 어떤 가정은 4명의 자녀를 낳고, 어떤 가정은 5명의 자녀를 두지만, 4.31명의 아이는 없다. 이산변수의 경우, 범주 X = 4는 나눌 수 없으며 정수 4는 중위수가 된다.

그러나 분포에 대해 히스토그램을 보면 X = 4 값이 분포를 정확히 반으로 나눠진 것처럼 보이지 않는다. 문제는 X = 4를 정확히 4.00을 의미하는 것으로 해석하기 때문에 발생한다. 그러나 점수가 연속변수에 대한 측정이라면 X = 4는 실제로 3.5에서 4.5까지의 간격에 해당하며, 중위수는 이 간격 내의 점에 해당한다.

정확한 중위수를 찾기 위해, 먼저 분포에 n = 8의 점수가 8개의 상자로 표현되어 있다. 중위수는 각 측면에 정확히 4개 상자(50%)가 있는 지점이다. 왼쪽부터 시작하여 측정 척도를 오른쪽으로 이동하면 X축에서 값 3.5에 도달하면 총 3개의 상자가 누적되어 있다[그림 3.4(a) 참조]. 4개(50%)의 목표에 도달하기 위해 상자 하나를 더 추가해야 한다. 문제는 다음 간격에 4개의 상자가 있다는 것이다. 해결책은 각 상자의 일부분을 취해서 분수들이 합쳐져서 1개의 상자를 제공하는 것이다. 예를 들어, 각 상자의 1/4씩을 가져온다면 합쳐서 1개의 상자가 된다. 이 해법은 그림 3.4(b)와 같다. 분수는 50%에 도달하는 데 필요한 상자의 수와 간격에 해당하는 빈도로 결정된다.

$$분수 = \frac{50\%에\ 도달하는\ 데\ 필요한\ 수}{간격에\ 해당하는\ 빈도}$$

이 예에서는 간격에 4개 상자 중 하나가 필요했으므로 1/4이 된다. 각 상자 1/4을 얻기 위해서 중위수는 해당 간격에 정확히 1/4에 위치한 지점이어야 한다. X = 4의 간격은 3.5에서 4.5까지가 정확 한계이다. 간격 폭은 1점이기 때문에 간격의 1/4은 0.25

점에 해당한다. 간격의 왼쪽에서 시작하여 0.25점 오른쪽으로 이동하면 3.50 + 0.25 = 3.75의 값이 된다. 이 값이 중위수이며, 각 측면의 분포에 정확히 50%(4개 상자)를 가지게 된다. ■

점수를 분수로 나누어 정확한 중간점을 찾는 것은 연속변수에 적합하지만, 이산변수에는 적합하지 않다. 예를 들어, 중간 시간 3.75초는 중위수로 합리적이지만 가족 크기 3.75명은 중위수로 적당하지 않기 때문이다.

■ 중위수, 평균, 중간

평균 위의 거리는 평균 아래의 거리와 동일한 값을 가져야 하기 때문에, 평균을 분포에 대해 '균형점(balance point)'으로 설명했다. 이 정의에 따르면 평균이 항상 최저점과 최고점 사이의 어딘가에 위치한다. 그러나 균형점의 개념은 점수보다는 거리에 초점을 맞춘다는 점에 유의해야 한다. 특히, 대부분의 점수가 평균의 한쪽에 위치하는 분포를 가질 수 있다. **그림 3.5**는 6개 점수 중 5개가 평균보다 작은 값을 갖는 $N = 6$의 점수 분포를 보여 주고 있다. 이 그림에서 평균보다 높은 거리의 합은 8이기 때문에 평균보다 낮은 거리의 합은 8이어야 한다. 따라서 거리 개념을 사용하여 '중간'을 정의할 경우, 평균은 분포의 중간에 위치한다. 그러나 평균이 반드시 점수의 정확한 중심에 있는 것은 아니라는 것을 알 수 있다.

반면에 중위수는 분포의 중간 점수로 정의한다. 특히, 중위수는 점수의 절반이 한쪽에 있고 나머지 절반은 다른 쪽에 있도록 위치해 있다. 예를 들어, **그림 3.5**의 분포의 경우, 중위수는 $X = 2.5$에 위치해 있기 때문에 이 중위수는 정확히 위에 3개 점수가 있고 아래에 3개 점수가 있다. 따라서 '중간'이라는 용어가 점수 사례 수로 정의되는 경우 중위수가 분포의 중앙에 위치한다고 주장할 수 있다.

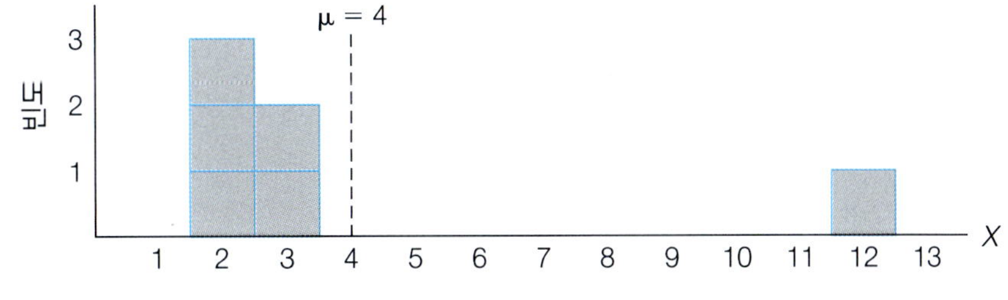

그림 3.5
$N = 6$이고, 평균이 $\mu = 4$인 모집단. 평균이 반드시 점수를 동일한 두 집단으로 나누는 것은 아니라는 점에 유의해야 한다. 이 예에서 점수 6개 중 5개는 평균보다 작은 값을 갖는다.

요약하자면, 평균(mean)과 중위수(median) 모두 중심 경향값(central tendency)을 정의하는 측정값이다. 그러나 둘 다 분포의 중간을 정의하지만 '중간'이라는 용어에 대한 다른 정의를 사용하고 있다.

학습 점검

학습 목표 6 **1.** 다음 점수의 중위수는 얼마인가?

점수: 1, 5, 7, 19

a. 5
b. 5.5
c. 6
d. 6.5

학습 목표 6 **2.** 다음 빈도 분포표에서 제시한 표본의 중위수는 얼마인가?

a. 1.5
b. 2.0
c. 2.5
d. 3.0

X	f
4	1
3	2
2	2
1	3

학습 목표 6 **3.** 연속변수인 다음 점수에 대한 정확한 중위수를 구하시오.

점수: 1, 4, 5, 5, 5, 6, 7, 8

a. 5
b. 5.17
c. 5.67
d. 6

답 **1. c** **2. b** **3. b**

3-4 최빈값

학습 목표(Learning Objectives)

7. 양봉 분포(bimodal distribution)의 주 최빈값과 마이너 최빈값을 포함하여 분포의 최빈값(mode)을 정의하고 결정한다.

중심 경향값의 마지막 측정값은 **최빈값(mode)**이다. 일반적인 mode라는 용어는 '관례적인 유행(customary fashion)' 또는 '대중적인 스타일(popular style)'을 의미한다. 통계적 정의로 볼 때 이 최빈값이 점수에서 가장 일반적인 관찰값이라는 점에서 유사하다.

> 빈도 분포(frequency distribution)에서 **최빈값**(mode)은 빈도가 가장 큰 점수 또는 범주이다.

중위수와 마찬가지로, 최빈값을 상징하거나 표본의 최빈값과 모집단의 최빈값을 변별하는 데 사용되는 기호나 특수 표기법은 없다. 또한, 이 최빈값의 정의는 모집단과 표본 분포에 대해 동일하다.

이 최빈값은 명목 척도를 포함한 모든 측정 척도의 대표적인 값 또는 가장 빈번한 값을 결정하는 데 사용할 수 있기 때문에 중심 경향값의 유용한 측정 방법이다(1장 참조). 예를 들어, 표 3.4에 제시된 자료를 보자. 이 자료는 100명의 학생들에게 도시에서 그들이 가장 좋아하는 레스토랑을 질문하여 얻은 자료이다. 결과를 보면, 표본은 $n = 100$이고, 각 점수는 학생이 지정한 레스토랑에 해당한다.

이 자료를 보면 가장 자주 방문하는 레스토랑은 Luigi 식당이다. 이러한 자료에 대한 최빈값의 응답(modal response)을 알 수 있지만 평균이나 중위수를 계산하는 것은 불가능하다는 점에 유의해야 한다. 특히, ΣX를 얻기 위해 레스토랑을 더할 수 없고, 점수(레스토랑 이름)를 순서대로 나열할 수 없다.

주의: 최빈값은 빈도가 아닌 점수 또는 범주이다. 그러므로 이 예제의 경우 최빈값은 $f = 42$가 아닌 Luigi 식당이 된다.

표 3.4 표본 $n = 100$의 대학생이 가장 좋아하는 레스토랑 이름

레스토랑	f
College Grill	5
George & Harry 식당	16
Luigi 식당	42
Oasis Diner	18
Roxbury Inn	7
Sutter's Mill	12

이 최빈값은 자료의 실제 점수에 해당하는 중심 경향값을 측정하는 유일한 방법이기 때문에 유용할 수 있다. 정의에 따르면, 최빈값은 가장 빈번하게 발생하는 점수이다. 반면에 평균과 중위수는 모두 계산된 값이며 종종 분포의 특정 점수와 같지 않은 새로운 값을 생성하기도 한다. 예를 들어, **그림 3.5**(83쪽)에서 평균 4와 중위수 2.5의 분포를 제시했다. 분포의 어떤 점수도 평균 4와 같지 않으며 중위수 2.5와도 같지 않다. 그러나 이 분포의 최빈값은 $X = 2$이고 실제로 $X = 2$의 점수를 가진 사람이 세 명이나 있다.

빈도 분포 그래프에서 가장 큰 빈도는 그림의 가장 높은 부분으로 나타난다. 최빈값을 찾으려면 분포에서 가장 높은 점에 있는 점수를 찾으면 된다.

분포에는 평균과 중위수는 하나만 있지만 둘 이상의 최빈값이 있을 수 있다. 특히, 가장 높은 빈도를 갖는 두 개 이상의 점수를 가질 수 있다. 빈도 분포 그래프에서, 동일한 높이의 뚜렷한 정점들이 보인다면 최빈값이 두 개 이상이다. 두 가지 이상의 최빈값(**양봉 분포**, bimodal)을 가진 분포를 **다중 분포**(multimodal)라고 한다. 때로는 동일한 높이를 보이는 점수가 여러 개인 분포에서는 최빈값이 없다고 한다.

부수적으로, 양봉 분포는 종종 동일한 모집단(또는 표본) 내에 두 개의 분리된 개별 집단이 존재한다는 것을 나타낸다. 예를 들어, 100명의 대학생 집합에서 각 개인의 키를 측정한 경우, 그 결과 분포는 아마도 두 가지 최빈값을 가질 것이다. 하나는 주로 남학생 집단에 해당하고 다른 하나는 주로 여학생에 해당한다.

엄밀히 말해서 이 최빈값은 가장 높은 빈도를 가진 점수이다. 그러나 분포에서 가장 높은 빈도를 보인 점수가 아니더라도 상대적으로 높은 빈도를 보이는 경우에도 종종 최빈값이라는 용어를 사용한다. 예를 들어, Sibbald(2014)는 캐나다 온타리오주에 있는 개별 교실의 학생 성취도 점수에 대한 빈도 분포 그래프를 살펴보았다. 이 연구의 목표는 단일 수업 내에서 두 가지 서로 다른 수준의 학생들에 대한 성취도를 나타내는 양봉 분포를 식별하기 위한 것이다. 이 연구에서는 양봉분포는 두 개 이상의 최댓값이 있는 분포로 정의되었다. **그림 3.6**은 연구에서 제시한 그래프와 유사한 점수 분포를 보여 준

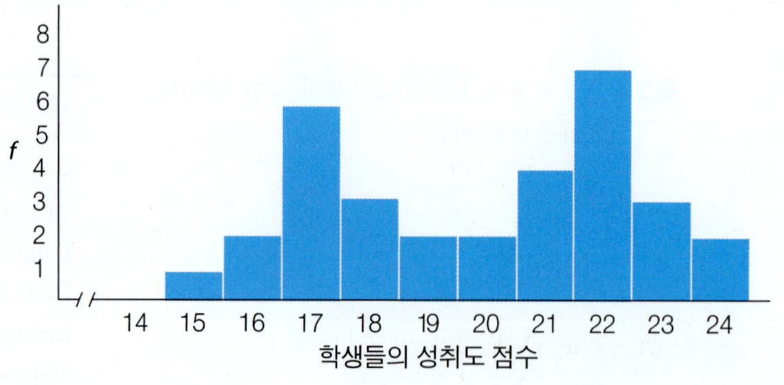

그림 3.6
한 교실의 학생들의 성취도를 보여 주는 빈도 분포, 양봉 분포의 예

다. 분포에는 두 개의 뚜렷한 정점이 있는데, 하나는 $X = 17$이고 다른 하나는 $X = 22$에 있다. 이 값들이 각각 분포의 최빈값이다. 단, 두 최빈값은 빈도수가 동일하지 않다. 7명의 학생이 $X = 22$점을 받았으며 6명만이 $X = 17$점을 받았다. 그럼에도 불구하고, 이 두 지점 모두 최빈값이다. 두 가지 최빈값의 빈도가 동일하지 않을 경우에 연구자들은 종종 더 높은 정점을 **주 최빈값**이라고 하고, 더 낮은 정점을 **부 최빈값**이라고 하여 두 값을 구별한다. 이 연구자는 양봉 분포를 통해, 성취도가 높은 학생을 위한 전략과 성취도가 낮은 학생들을 돕기 위한 교수 전략으로 나눠서 사용할 것을 교사에게 제안했다.

학습 점검

학습 목표 7 **1.** 빈도 분포표에 제시된 표본의 경우, 최빈값은 무엇인가?

a. 4
b. 3
c. 2.5
d. 2

X	f
5	1
4	2
3	3
2	4
1	2

학습 목표 7 **2.** 점수 분포에서 평균, 중위수, 최빈값이 모두 계산된 경우, 다음 진술 중 잘못된 것은 무엇인가?

a. 아무도 평균 점수와 동일한 점수를 얻지 못했다.
b. 아무도 중위수와 동일한 점수를 얻지 못했다.
c. 아무도 최빈값과 동일한 점수를 얻지 못했다.
d. 다른 세 문장은 모두 사실일 수 없다.

학습 목표 7 **3.** 다음 $n = 7$ 점수에 대한 최빈값은 무엇인가?

점수: 2, 4, 4, 5, 7, 8, 10

a. 4
b. 5
c. 5.5
d. 6

답 **1. d** **2. c** **3. a**

3-5 중심 경향값과 분포의 형태

학습 목표(Learning Objectives)

8. 대칭 분포 및 편포에서 중심 경향값의 세 가지 측정값(평균, 중위수, 최빈값)이 어떻게 서로 관련되는지 설명하고, 분포의 모양을 기반으로 상댓값을 예측할 수 있다.

중심 경향값의 세 가지 다른 측정값을 확인했고, 종종 연구자는 한 자료에서 세 가지 측정값을 모두 계산하기도 한다. 평균, 중위수, 최빈값이 모두 동일한 것을 측정하려 하기 때문에, 이 세 가지 값 간에 관련성이 있다고 기대하는 것이 합리적이다. 사실 중심 경향값의 세 가지 측정값 사이에는 일부 일관되고 예측 가능한 관계가 있다. 특히, 세 가지 측정 모두 동일한 상황이 있다. 반면에 세 가지 측정값이 서로 다른 상황이 있다. 부분적으로는 평균, 중위수, 최빈값 간의 관계는 분포의 모양에 따라 결정된다. 두 가지 일반적인 유형의 분포를 고려할 것이다.

■ 대칭 분포

대칭 분포(symmetrical distribution)의 경우, 그래프의 오른쪽은 왼쪽과 동일하다. 분포가 완벽하게 대칭인 경우, 그래프의 면적의 정확히 절반이 중심 양쪽에 있기 때문에 중위수는 정확히 중앙에 위치한다. 또한 분포 왼쪽에 있는 각 점수가 오른쪽의 해당 점수(대칭 이미지)에 의해 균형을 이루므로 평균은 완벽하게 대칭적인 분포의 중심에 있다. 따라서 평균(균형점)은 분포의 중심에 위치한다. 따라서 완벽하게 대칭적인 분포의 경우 평균과 중위수는 동일하다(그림 3.7). 분포가 대략 대칭이지만 완전하지 않은 경우 평균과 중위수는 분포의 중심에 서로 가까이 있다.

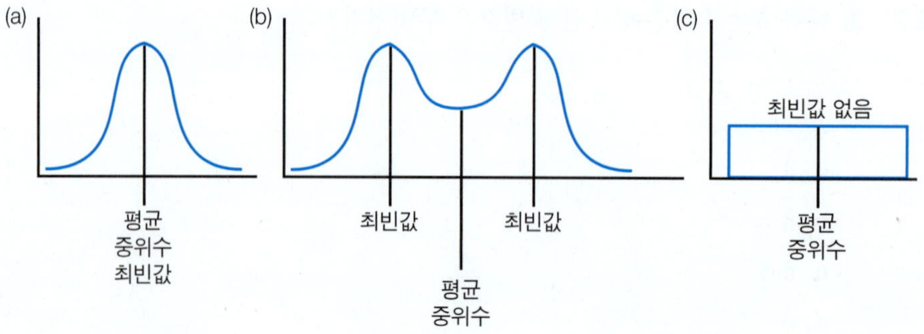

그림 3.7
세 가지 대칭적 분포의 중심 경향값의 측정값: 정상 분포, 양봉 분포 및 직사각형 분포

대칭적 분포에 하나의 최빈값만 있는 경우, 그것은 또한 분포의 중심에 있을 것이다. 따라서 한 최빈값을 가지며 완전하게 대칭 분포의 경우, 평균, 중위수 및 최빈값의 세 가지 측정값 모두 동일한 값을 갖는다. 대략 대칭적인 분포의 경우, 세 가지 측정값이 분포의 중심에 함께 모인다(군집화). 반면에 대칭인 양봉 분포[그림 3.7(b) 참조]인 경우, 각 측면의 최빈값과 함께 가운데에 평균과 중위수를 함께 가질 것이다. 직사각형 분포[그림 3.7(c) 참조]는 모든 *X*값이 동일한 빈도를 보이므로 최빈값이 없다. 그러나 여전히 평균과 중위수는 분포의 중심에 있다.

■ 편포

편포(skewed distribution), 즉 치우친 분포, 특히 연속변수에 대한 분포에서는 평균, 중위수 및 최빈값이 예측 가능한 다른 위치에 배치되는 경향이 강하다. 예를 들어, **그림 3.8(a)**는 왼쪽에 정점(가장 높은 빈도)이 있는 정적 편포를 보여 준다. 이 정점이 최빈값의 위치이다. 단, 최빈값에서 그린 수직선이 분포를 동일한 두 부분으로 나누지 않는다는 점이 명확해야 한다. 각 면이 정확히 분포의 50%가 되려면 중위수는 최빈값의 오른쪽에 위치하게 된다. 마지막으로, 평균은 일반적으로 꼬리의 극단 점수에 의해 가장 많이 영향을 받아 분포의 꼬리를 향하여 오른쪽으로 가장 멀리 옮겨지기 때문에 중위수의 오른쪽에 위치한다. 따라서 정적 편포에서 세 가지 중심 경향값 측정값 순서는 가장 작은 값부터(왼쪽에서 오른쪽으로) 최빈값, 중위수 그리고 평균이다.

평균, 중위수, 최빈값의 위치는 이산변수의 분포에서는 일관되게 예측되지 않는다(Von Hippel, 2005 참조).

부적 편포는 반대 방향으로 치우쳐 있고, 점수는 오른쪽에 쌓이고, 꼬리는 왼쪽으로

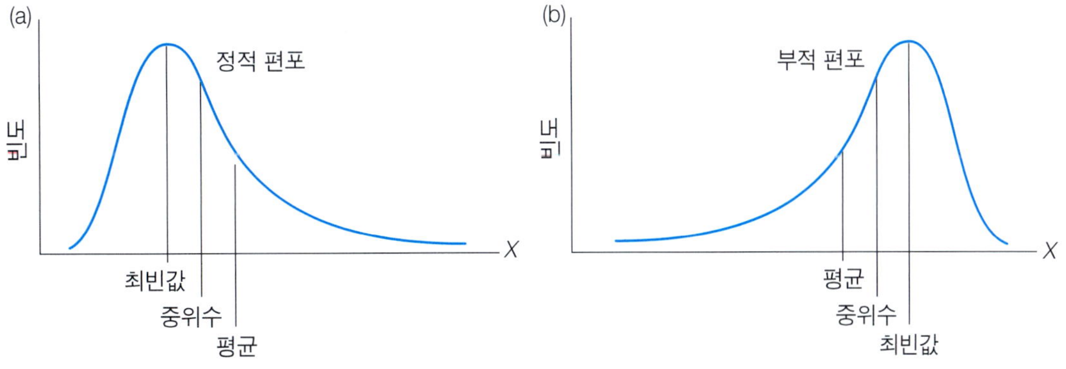

그림 3.8
편포에 대한 중심 경향값 측정값

가늘어진다. 예를 들어, 쉬운 시험의 성적은 부적인 편포를 형성하는 경향이 있다[그림 3.8(b) 참조]. 부적 편포의 경우, 최빈값은 오른쪽(정점이 있는)에 있고, 평균은 꼬리의 극단 점수에 의해 왼쪽으로 이동된다. 이전과 같이 중위수는 보통 평균과 최빈값 사이에 위치한다. 따라서 부적 편포에서 세 가지 중심 경향 측정값 순서는 가장 작은 값부터(왼쪽에서 오른쪽으로) 평균, 중위수 그리고 최빈값이다.

평균은 항상 분포의 꼬리로 이동한다는 것을 주목하라. 이런 상황을 '개의 꼬리가 몸통을 흔든다(tail wags the dog)'라고 한다.

학습 점검

학습 목표 8 **1.** 어느 점수 분포에서 평균은 중위수와 같다. 가장 가능성이 높은 이 분포의 형태는 무엇인가?

a. 대칭 분포
b. 정적 편포
c. 부적 편포
d. 모양을 결정할 수 없다.

학습 목표 8 **2.** 최빈값이 $X = 20$이고 중위수가 $X = 25$인 정적 편포의 경우, 가장 가능성이 있는 평균값은 얼마인가?

a. 25보다 크다.
b. 20보다 적다.
c. 20과 25 사이에 있다.
d. 이 정보로는 결정할 수 없다.

학습 목표 8 **3.** 부적 편포의 경우, 가장 작은 값부터 가장 큰 값까지 세 가지 측정값에 대한 바른 순서는 무엇인가?

a. 평균, 중위수, 최빈값
b. 평균, 최빈값, 중위수
c. 최빈값, 평균, 중위수
d. 최빈값, 중위수, 평균

답 **1.** a **2.** a **3.** a

3-6 중심 경향 측정값의 선택

학습 목표(Learning Objectives)

9. 중심 경향값의 세 가지 측정값(평균, 중위수 및 최빈값)을 각각 사용해야 하는 상황을 구분하고 각각의 장점과 단점을 파악할 수 있다.

대개 동일한 자료에서 두세 개의 중심 경향 측정값을 계산할 수 있다. 세 가지 측정값이 유사한 경우가 많지만, 다른 값들이 도출되는 상황이 있다(3-5절 참조). 어떤 중심 경향 측정값을 사용하는 것이 가장 좋은 방법인지 결정하는 것은 몇 가지 요인에 따라 달라진다. 그러나 이러한 요인을 논하기 전에, 점수가 숫자값(등간 척도 또는 비율 척도)인 경우에는 일반적으로 중심 경향 측정값으로 평균을 사용한다는 점에 유의할 필요가 있다. 평균은 분포에서 모든 점수를 사용하기 때문에 일반적으로 좋은 대푯값을 산출한다. 또한 중심 경향값의 목표는 전체 분포를 가장 잘 나타내는 단일한 값을 찾는 것이라는 점을 기억해야 한다. 좋은 대푯값이 되는 것 외에도 평균은 변산성(variability)의 가장 일반적인 측정인 분산 및 표준편차와 밀접하게 관련되어 있다는 추가적인 이점을 가지고 있다(4장 참조). 이 관계는 추론 통계와 관련이 있기 때문에 평균을 가치 있는 측정값으로 만든다. 여러 이유로, 평균은 일반적으로 중심 경향값의 세 가지 측정값 중 가장 좋은 것으로 간주된다. 그러나 평균을 계산할 수 없거나 평균이 특별히 대표적이지 않은 특정한 상황이 있다. 이러한 상황에서는 최빈값과 중위수를 사용한다.

■ 중위수를 사용할 때

중위수가 평균 대신 가치 있는 중심 경향값으로 사용되는 네 가지 상황을 알아보자. 첫 번째 세 가지 경우 자료는 일반적으로 평균을 계산할 수 있는 숫자값(등간 척도 또는 비율 척도)으로 구성된다. 하지만 각 사례에서는 평균을 계산하는 것이 불가능하거나, 평균을 계산하는 것이 분포의 중심이 아니거나, 분포를 대표하지 못할 때이다. 네 번째 상황은 서열 척도 자료에서 중심 경향값을 측정하는 경우이다.

극단 점수 또는 편포 이전에 언급한 바와 같이 분포가 왜곡되거나 일부 극단 점수(다른 대부분의 점수와 값이 매우 다른 점수)가 있는 경우, 평균은 분포의 대부분을 잘 대표하지 못할 수 있다. 문제는 극단적인 값들이 평균에 큰 영향을 미치고, 평균을 변화시킨다는 것이다. 이런 상황에서, 평균이 모든 점수를 동등하게 사용한다는 사실은 단점이 될 수 있다. 예를 들어, **그림 3.9**의 $n - 10$ 분포를 고려해 보자. 이 표본의 평균은 다음과 같다.

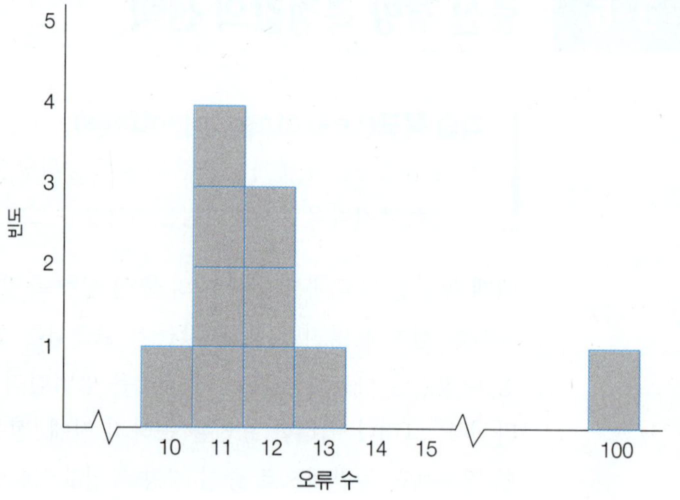

그림 3.9
극단 점수 1개가 있는 빈도 분포. 그래프의 X축에 두 번의 끊어짐이 보인다. 0~100의 모든 점수를 나열하는 대신, 그래프는 $X = 10$에서 가장 낮은 점수로 시작하여 $X = 15$와 $X = 100$ 사이에서 다시 끊어진다. X축의 끊어져 있는 부분은 독자들에게 일부 값이 누락되었음을 알리는 일반적인 방법이다.

$$M = \frac{\sum X}{n} = \frac{203}{10} = 20.3$$

평균은 이 분포의 어떤 점수도 대표하지 않는다는 점을 유의해야 한다. 대부분의 점수가 10과 13 사이에 집중되어 있지만, $X = 100$의 극단 점수는 $\sum X$의 값을 부풀리고 평균을 왜곡하게 된다.

반면에 중위수는 극단 점수에 의해 쉽게 영향을 받지 않는다. 이 표본의 경우, $n = 10$이므로 중위수의 양쪽에는 5개의 점수가 있어야 한다. 이때 중위수는 11.50이 되고, 매우 대표적인 값이라는 것을 알 수 있다. 또한, 극단 점수가 100점이 아닌 1,000점이더라도 중위수는 변하지 않는다는 점을 유의한다. 이 중위수는 극단 점수에 의해 상대적으로 영향을 받지 않기 때문에 편포의 평균값을 보고할 때 일반적으로 사용된다. 예를 들어, 개인 소득의 분포는 매우 치우쳐 있고, 일부는 천문학적인 소득을 벌고 있다. 이러한 극단값들이 평균값을 왜곡해서 우리 대부분이 버는 임금을 잘 대변하지 못하게 한다. 앞의 예와 같이, 중위수는 극단 점수가 존재할 때 선호되는 중심 경향 측정값이다.

결정되지 않은 값 때때로, 한 개인이 알려지지 않았거나 결정되지 않은 점수를 가진 상황에 직면하게 되는 경우도 있다. 이것은 종종 개인이 작업을 완료하는 데 필요한 오류 수(또는 시간)를 측정할 때 발생한다. 예를 들어, 미취학 아동들에게 가능한 한 빨리 나무 퍼즐을 조립하도록 요청한다고 가정하자. 실험자는 각 아이가 퍼즐을 완성하는 데 걸리는 시간(분)을 기록한다. 표 3.5는 $n = 6$명의 아동 표본에 대한 결과이다. 한 아이가 퍼즐을 완성하지 못했다. 한 시간이 지나서도 이 아이는 여전히 퍼즐을 완성할 기미

표 3.5 나무 퍼즐을 조립하는 데 필요한 시간(분)

사람	시간(분)
1	8
2	11
3	12
4	13
5	17
6	끝나지 않았음

가 보이지 않아 실험자가 멈추게 했다. 이 참가자는 미정, 확정되지 않은 점수를 가지고 있다. (여기서 주목해야 할 두 가지 중요한 점이 있다. 첫째, 실험자는 이 개인의 점수를 버려서는 안 된다. 표본을 사용하는 목적은 모집단의 모습을 얻는 것인데, 이 아이는 모집단의 일부가 이 퍼즐을 완성할 수 있다고 말하는 결과이다. 둘째, 이 아이에게 60분이라는 점수를 주어서는 안 된다. 실험자가 1시간 후에 아이의 퍼즐 조립을 멈췄지만, 그 아이는 퍼즐을 완성하지 못했다. 기록되는 점수는 퍼즐을 완성하는 데 필요한 시간이다. 이 아이가 퍼즐을 얼마 만에 완성할지 알 수 없다.)

미정 또는 결정되지 않은 값 때문에 이 자료의 평균을 계산하는 것은 불가능하다. 이는 평균에 대한 공식에서 $\sum X$ 부분을 계산할 수 없게 만든다. 그러나 중위수는 결정할 수 있다. 이 자료의 경우 중위수는 12.5이다. 이 분포에서 3개의 점수는 중위수보다 낮고 3개의 점수(미확인 값 포함)는 중위수보다 높다.

먹은 피자 수(X)	f
5개 이상	3
4	2
3	2
2	3
1	6
0	4

개방형 분포 범주 중 하나에 정확 상한계 또는 정확 하한계가 없는 경우 분포가 개방(open-ended)된다고 한다. 왼쪽의 표는 $n = 20$명의 고등학생의 표본이 한 달 동안 먹은 피자 수를 보여 주는 개방형 분포의 예이다. 이 분포의 상위 범주는 세 명의 학생들이 '5개 이상의' 피자를 먹었다는 것을 보여 준다. 이것을 개방형 범주(open-ended category)라고 한다. $\sum X$(전체 20명의 학생이 먹은 피자의 총수)를 얻을 수 없기 때문에 이러한 자료의 평균을 계산하는 것은 불가능하다. 그러나 중위수를 찾을 수 있다. 20점을 순서대로 나열하면 $X = 1$과 $X = 2$가 중간에 해당하는 두 개의 점수이다. 이 자료의 경우 중위수는 1.5이다.

서열 척도 많은 연구자들은 서열 척도 자료의 중심 경향값을 설명하기 위해 평균을 사용하는 것은 적절하지 않다고 생각한다. 서열 척도로 점수를 측정할 때, 중위수는 적절하고 선호되는 중심 경향 측정값이다.

서열 척도로 측정했을 때 방향(보다 크거나 작음)은 알 수 있지만 거리는 알 수 없다는 점을 기억해야 한다. 중위수는 방향에 따라 정의되므로 이 측정 유형에 적합하다. 점수의 절반은 중위수보다 높고 나머지 절반은 중위수보다 낮기 때문이다. 반면에 평균은 거리의 관점에서 중심 경향값을 정의한다. 평균은 분포에 대한 균형점으로, 평균보다 높은 거리는 평균 이하의 거리와 정확히 균형을 이룬다. 평균은 거리 단위로 정의되며, 서열 척도가 거리를 측정하지 않기 때문에 서열 척도로 측정된 점수에 대한 평균을 계산하는 것은 적절하지 않다.

■ 최빈값을 사용할 때

최빈값이 평균의 대안으로 사용되거나 중심 경향값을 설명하기 위해 평균과 함께 사용되는 세 가지 상황을 알아보자.

명목 척도 최빈값의 주된 장점은 명목 척도로 측정하는 자료의 중심 경향값을 측정하고 설명하는 데 사용할 수 있다는 점이다. 명목 척도를 구성하는 범주는 직업 또는 대학 전공으로 사람들을 분류하는 것과 같이 이름으로 구별된다. 명목 척도는 수량(거리 또는 방향)을 측정하지 않기 때문에 명목 척도에서 자료에 대한 평균 또는 중위수를 계산할 수 없다. 따라서 명목 척도 자료의 중심 경향값을 설명하는 유일한 옵션은 최빈값뿐이다. 점수가 등간 척도 또는 비율 척도로부터 수치인 경우, 최빈값은 보통 중심 경향 측정값으로 선호되지 않는다.

이산변수 이산변수(discrete variable)는 분할할 수 없는 범주형 변수인 것을 기억할 필요가 있다. 종종 이산변수는 가족의 자녀 수나 집의 방 수와 같은 값이다. 그러나 계산된 평균은 실제로 존재할 수 없는 부분적인 값이다. 예를 들어, 평균을 계산하면 '평균 가족의 자녀 수 2.4명, 집의 방 수 5.33'과 같은 결과가 나온다. 반면에 최빈값은 항상 실제 점수(가장 전형적인 경우)를 식별하므로 중심 경향값의 좀 더 합리적인 측정값을 산출한다. 이 최빈값을 사용하면, 결론은 "전형적인 가족은 2명의 자녀와 5개의 방이 있는 집을 가지고 있다"가 될 것이다. 많은 상황에서, 특히 이산변수에서, 사람들은 최빈값에 의해 생성된 현실적인 정숫값을 더 편하게 사용한다.

모양 설명 최빈값은 계산이 거의 또는 전혀 필요 없기 때문에 평균 또는 중위수와 함께 보조 측정값으로 사용된다. 이 상황에서 최빈값(또는 최빈값들)은 중심 경향 측정값과 함께 분포의 모양(shape)을 알려 준다. 최빈값은 빈도 분포 그래프에서 정점(또는 정점들)의 위치를 알려 준다. 예를 들어, 시험 점수의 평균이 72이고 최빈값이 80이라고 하면, 평균만을 가지고 그리는 것보다 분포를 더 잘 그릴 수 있다(3.5절 참조).

논문 들여다보기

중심 경향값에 대한 보고법

중심 경향값에 대한 측정은 연구 결과를 요약하고 기술하기 위해 행동과학에서 흔히 사용된다. 예를 들어, 연구자는 두 가지 다른 처치에서 나온 표본 평균값이나 큰 표본의 중위수를 사용하여 보고할 수 있다. 이러한 값은 결과를 설명하는 문서로 보고하거나 표 또는 그래프에 표시할 수 있다.

결과를 보고할 때, 많은 행동과학 학술지들은 American Psychological Association(APA)에서 채택한 *Publication Manual of the American Psychological Association*(6th ed., 2010)을 사용한다. 자료 및 연구 결과가 과학 문헌에 어떻게 보고되는지 기술할 때 때때로 APA 매뉴얼을 참조할 것이다. APA 매뉴얼은 문자 *M*을 표본 평균의 기호로 사용한다. 따라서 연구에 대해 다음과 같이 기술할 수 있다.

> 처치 집단은 통제 집단(M = 11.76)보다 과제에서 더 적은 오류(M = 2.56)를 보였다.

보고할 수 있는 방법이 많을 때 표제가 있는 표는 체계적이고 이해하기 쉬운 표현 방법을 제공한다. 표 3.6은 이 점을 예시한다.

중위수는 '*Mdn* = 8.5 오류'에서와 같이 약어 *Mdn*을 사용하여 보고하거나 다음과 같이 문장으로 간단히 보고할 수 있다.

> 처치 집단의 오류에 대한 중위수는 8.5로, 통제 집단의 경우 13의 중위수와 비교되었다.

최빈값을 보고하는 특별한 기호나 규칙은 없다. 최빈값은 보통 문장으로 보고된다.

표 3.6 연령에 따른 처치 집단과 통제 집단의 과제 수행에서 발생한 오류 점수에 대한 평균

	처치 집단	통제 집단
노년	1.45	8.36
청소년	3.83	14.77

■ 그래프에 평균과 중위수 표시할 때

그래프 역시 중심 경향값의 측정을 보고하고 비교하는 데 사용될 수 있다. 일반적으로 그래프는 표본 평균에 대해 얻어진 값을 표시하기 위해 사용되지만, 그그래프에 보고된 표본의 중위수도 종종 볼 수 있을 것이다(최빈값은 그래프에 거의 표시되지 않음). 그래프의 값은 여러 평균(또는 중위수)을 동시에 표시하여 집단이나 처치 조건을 신속하게 비교할 수 있다는 이점이 있다. 그래프를 준비할 때, 수평축에 서로 다른 집단이나 치료 조건을 나열하는 것이 일반적이다. 일반적으로, 이들은 독립변수나 준독립변수를 구성하는 값들이다. 종속변수(점수)의 값은 수직축에 열거되어 있다. 평균(또는 중위수)은 독립변수에 사용되는 측정 척도에 따라 선 그래프, 히스토그램 또는 막대그래프를 사용하여 디스플레이된다.

그림 3.10은 약물 복용량(독립변수)과 식품 소비량(종속변수) 간의 관계를 보여 주는 선 그래프의 예이다. 이 연구에서는 다섯 번의 다른 약물 용량(처치 조건)이 가로축에 나열되어 있다. 5개의 평균은 그래프에 점으로 되어 있다. 이 그래프를 만들기 위해 각 치료 조건 위에 점을 치료 조건의 평균 점수와 일치하도록 수직 위치에 배치했다. 그런 다음 점들은 직선으로 연결한다. 선 그래프는 수평축의 값이 등간 척도 또는 비율 척도에서 측정될 때 사용된다. 선 그래프의 대안은 히스토그램이다. 이 예에서 히스토그램은 각 약물 복용량 위에 인접 막대 사이의 공간이 없이 해당 집단의 평균 식품 소비량과 일치하게 막대를 표시한다.

그림 3.11은 미국의 여러 지역에 있는 단독 주택의 판매 가격에 대한 중위수를 막대그래프로 보여 준다. 막대그래프는 수평축에 표시된 집단 또는 처치법이 명목 척도 또

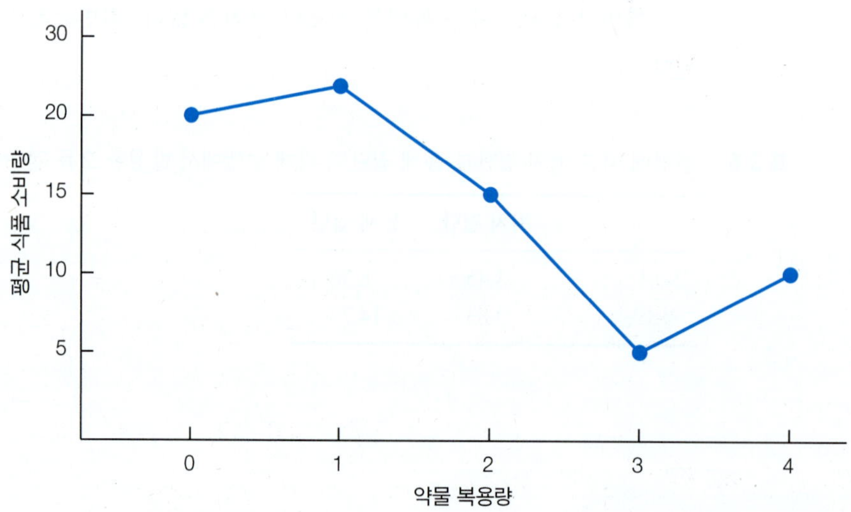

그림 3.10
독립변수(약물 복용량)와 종속변수(식품 소비) 간의 관계. 약물 투여량은 비율 척도로 측정한 연속변수이고 관계를 보여 주기 때문에 선 그래프가 사용된다.

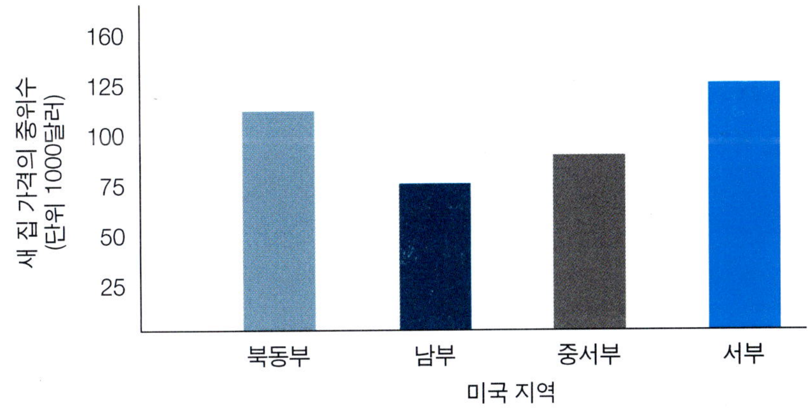

그림 3.11
미국의 지역별 신축 단독 주택의 평균 가격

는 서열 척도로 측정될 때 평균(또는 중위수)을 표시하기 위해 사용된다. 막대그래프를 만들려면 각 집단 또는 처치 바로 위에 막대를 그려 막대 높이가 해당 집단 또는 처치의 평균(또는 중위수)과 일치하도록 한다. 막대그래프의 경우 인접한 막대 사이에 공간이 있어 측정 척도가 명목 척도 또는 서열 척도임을 나타내고 있음을 알 수 있다.

어떤 종류의 그래프를 만들든지 2장에서 소개한 기본 규칙을 기억해야 한다.

1. 그래프의 높이는 수평축의 길이의 약 2/3에서 3/4까지여야 한다.
2. 일반적으로 두 축이 교차하는 지점에서 X축과 Y축의 시작 번호를 0으로 지정한다. 단, 0의 값이 자료의 일부인 경우 그래프가 축과 겹치지 않도록 0점을 교차점에서 이동하여 시작하는 것이 일반적이다(그림 3.10 참조).

이러한 규칙을 따르는 것은 자료의 정보를 정확하게 표시하는 그래프를 만드는 데 도움이 될 것이다. 연구 결과를 왜곡하는 그래프를 만들 수도 있지만(**글상자 2.1 참조**) 연구자는 연구 결과에 대한 정직하고 정확한 보고서를 제시할 윤리적 책임이 있다.

학습 점검

학습 목표 9 **1.** 한 연구자가 $n = 20$인 실험실 쥐의 표본을 대상으로 문제 해결에 대한 시간을 측정하고 있다. 하지만 쥐 중 한 마리가 문제를 해결하지 못해 연구자는 아직 결정하지 못한 점수를 갖고 있다. 이 자료에 대한 중심 경향값의 가장 좋은 측정값은 무엇인가?

a. 평균

b. 중위수

c. 최빈값

d. 이 자료들로 중심 경향 측정값을 결정할 수 없다.

학습 목표 9 2. 극단적인 점수로 인해 치우친 분포에 대한 가장 좋은 중심 경향 측정값은 무엇인가?

a. 평균

b. 중위수

c. 최빈값

d. 편포에서는 중심 경향값을 결정할 수 없다.

학습 목표 9 3. 설문지의 한 항목은 학생들에게 학교 마스코트 세 가지 중 선호하는 것을 선택하는 것이었다. 이 자료에 대한 중심 경향값의 가장 좋은 측정값은 무엇인가?

a. 평균

b. 중위수

c. 최빈값

d. 이 자료들로 중심 경향값을 결정할 수 없다.

답 **1. b 2. b 3. c**

핵심 요약

1. 중심 경향값의 목적은 분포의 중심을 확인하고 전체 점수 집합을 가장 잘 나타내는 단일한 값을 결정하는 것이다. 중심 경향값의 세 가지 표준 측정값은 최빈값, 중위수, 평균이다.

2. 평균은 산술 평균으로, 모든 점수를 더한 다음 사례 수로 나누어 계산한다. 개념적으로, 평균은 총합(ΣX)을 사례 수(N 또는 n)로 균등하게 나누어 구한다. 평균은 분포의 균형점으로 확인할 수도 있다. 평균 이상의 거리는 평균 이하의 거리와 정확하게 균형을 이루고 있다. 계산은 모집단 또는 표본 평균에 대해 동일하지만 모평균은 기호 μ로 표기하고 표본 평균은 M으로 표기한다. 등간 척도나 비율 척도로부터 나온 수치 점수를 가진 대부분의 상황에서, 평균은 중심 경향값의 선호되는 측정값이다.

3. 분포에서 점수를 변경하면 평균이 변경된다. 분포의 모든 점수에 상숫값을 더하거나 빼면 같은 상숫값이 평균에 더해진다(또는 빼진다). 모든 점수에 상수를 곱하면 평균도 동일한 상수를 곱한 값이 된다.

4. 중위수는 점수 분포의 중간점이다. 중위수는 분포의 평균에 영향을 미치는 몇 개의 극단 점수가 있을 때 선호되는 중심 경향 측정값이다. 중위수는 (무한)점수로 평균을 계산할 수 없는 경우에도 사용된다. 마지막으로 중위수는 서열 척도에서 성호되는 자료의 측정값이다.

5. 최빈값은 분포에서 가장 자주 발생하는 점수다. 그

것은 빈도 분포 그래프에서 정점을 찾아내면 쉽게 찾을 수 있다. 명목 척도로 측정한 자료의 경우, 이 최빈값은 중심 경향값의 적절한 측정값이다. 분포에 둘 이상의 최빈값이 있을 수 있다.

6. 대칭 분포의 경우 평균은 중위수와 동일하다. 만약 하나의 최빈값만 있다면, 최빈값 또한 평균, 중위수와 동일한 값을 갖는다.
7. 편포의 경우, 최빈값은 점수가 누적되는 측면을 향해 배치되며, 평균은 꼬리의 극단 점수로 당겨진다. 중위수는 일반적으로 이 두 값 사이에 위치해 있다.

주요 용어

중심 경향값 central tendency (68)

모평균 population mean (μ) (70)

표본 평균 sample mean (M) (71)

가중 평균 weighted mean (73)

중위수 median (80)

최빈값 mode (85)

양봉 분포 bimodal (86)

다중 분포 multimodal (86)

주 최빈값 major mode (87)

마이너 최빈값 minor mode (87)

대칭 분포 symmetrical distribution (88)

편포 skewed distribution (89)

정적 편포 positive skew (89)

부적 편포 negative skew (89)

선 그래프 line graph (96)

SPSS®

다음은 SPSS를 사용하여 **평균**과 $\sum X$를 계산하는 방법에 대한 자세한 지침이다.

자료 입력

1. 데이터 보기 화면의 VAR00001 한 열에 모든 점수를 입력한다.

자료 분석

1. 상단의 도구 모음에서 **분석**(Analuze)을 클릭하고 **기술 통계량**(Descriptive Statistics)를 선택한 다음 **기술 통계**(Descriptives)를 클릭한다.
2. 왼쪽 상자에서 점수 열(VAR00001)의 이름을 선택하고 가운데의 화살표를 클릭하여 **변수**(Variable) 상자로 이동한다.
3. 평균과 $\sum X$를 함께 사용하려면 **옵션**(Option)을 클릭하고 **합**(Sum)을 선택한 다음 **계속**(Continue)을 클릭한다.
4. **확인**(OK)을 클릭한다.

SPSS 출력 결과

SPSS는 점수 수(N), 최고점과 최저점, 점수 합계(이 옵션을 선택한 경우), 평균 및 표준편차를 나열하는 요약표를 만든다. 참고: 표준편차는 4장에 제시된 변산성의 측정값이다.

문제 해결을 위한 팁

X	f
4	1
3	4
2	3
1	2

1. 중심 경향값의 세 가지 측정값은 매우 간단하게 계산할 수 있는 것처럼 보이지만, 항상 오류가 발생할 가능성이 있다. 가장 일반적인 오류 원인은 다음에 열거되어 있다.

a. 많은 학생들은 빈도 분포표에 제시된 자료의 평균을 계산하는 것을 매우 어려워한다. 그들은 표의 빈도를 무시하고 단순히 X열에 열거된 점수값의 평균을 내는 경향이 있다. 빈도와 점수를 사용해야 한다. 점수에 대한 사례 수는 $N = \sum f$에 의해 구해지고, 모든 N점수의 합은 $\sum fX$에 의해 구해진다는 것을 기억하라. 왼쪽 옆에 제시된 분포의 경우 평균은 $\frac{24}{10} = 2.40$이다.

b. 중위수는 점수 분포의 중간점이지 측정 척도의 중간점이 아니다. 예를 들어, 100점이 만점인 시험의 경우 많은 학생들이 중위수가 $X = 50$이어야 한다고 잘못 추정한다. 중위수를 찾으려면 개별 점수의 전체 집합이 있어야 한다. 중위수는 개별 자료들을 동일한 크기의 두 집단으로 구분한다.

c. 최빈값에서 가장 흔한 오류는 학생들이 가장 높은 빈도의 점수보다 가장 높은 빈도를 보고하는 것이다. 중심 경향값의 목적은 가장 대표적인 점수를 찾는 것이라는 점을 기억하라. 왼쪽 옆에 제시된 분포의 경우, 최빈값은 $f = 4$가 아니라 $X = 3$이다.

증명 3.1

중심 경향값의 계산 방법

다음 표본에서 평균, 중위수 및 최빈값을 구해 보자. 점수는 다음과 같다.

$$5, 6, 9, 11, 5, 11, 8, 14, 2, 11$$

평균 계산법 평균의 계산에는 두 가지 정보, 즉 점수의 합계 $\sum X$와 점수의 수 n이 필요하다. 이 표본에서 $n = 10$이고, $\sum X$는 다음과 같다.

$$\sum X = 5 + 6 + 9 + 11 + 5 + 11 + 8 + 14 + 2 + 11 = 82$$

따라서 표본의 평균은 다음과 같다.

$$M = \frac{\sum X}{n} = \frac{82}{10} = 8.2$$

연속 자료의 정확한 중위수를 구하고 싶다면 예제 3.9(81쪽)를 참고할 수 있다.

중위수 찾기 중위수를 찾으려면 먼저 가장 작은 점수부터 큰 점수를 순서대로 나열해야 한다. 짝수의 점수를 가진 중위수는 목록에 있는 중간 2개의 점수의 평균이다.

순서대로 나열하면 다음과 같다.

2, 5, 5, 6, 8, 9, 11, 11, 11, 14

중간의 두 점수는 8과 9이다. 그리고 중위수는 8.5이다.

최빈값 찾기 이 표본에서 $X = 11$은 가장 자주 발생하는 점수다. 최빈값은 $X = 11$이다.

연습 문제

1. $n = 9$의 표본은 $\Sigma X = 108$이다. 표본의 평균은 얼마인가?

2. 다음 점수들의 평균을 구하시오.
점수: 2, 7, 9, 4, 5, 3, 0, 6

3. 모집단은 $N = 7$이고 평균은 $\mu = 13$이다. 이 모집단의 ΣX은 얼마인가?

4. $n = 10$의 첫 번째 표본은 평균 8을, 두 번째 표본은 $n = 5$, 평균 2를 갖는다. 두 개의 표본을 합치면, 조합된 표본의 평균은 얼마인가?

5. 한 표본은 평균 $M = 6$이고, 두 번째 표본은 평균 $M = 12$이다. 그 두 표본은 한 세트의 점수로 결합되었다.

- **a.** 두 표본 모두 $n = 4$일 경우 조합된 세트의 평균은?
- **b.** 첫 번째 표본이 $n = 3$이고, 두 번째 표본이 $n = 6$이면 조합된 표본의 평균은 얼마인가?
- **c.** 첫 번째 표본이 $n = 6$이고, 두 번째 표본이 $n = 3$이면 조합된 표본의 평균은 얼마인가?

6. 평균 $M = 8$인 표본의 경우 $\Sigma X = 56$이다. 표본에는 몇 개의 점수가 있는가?

7. 다음 빈도 분포표에서 평균을 구하시오.

X	f
6	1
5	4
4	2
3	2
2	1

8. $n = 6$ 표본에서, 점수 중 5개는 각각 평균보다 1점 높다. 6번째 점수는 평균과 비교했을 때 어느 위치에 있는가?

9. 모집단의 평균은 $\mu = 40$이다.

- **a.** 만약 각각의 점수에 5점을 더한다면, 새로운 평균의 값은 얼마인가?
- **b.** 각 점수에 3을 곱하면 새로운 평균의 값은 얼마인가?

10. 다음 문제에 답하시오.

- **a.** 표본의 각 점수에 8점을 더하면, 평균은 $M = 40$이 된다. 원래의 평균값은 얼마인가?
- **b.** 표본의 모든 점수에 5를 곱한 후 평균은 $M = 40$이 된다. 원래의 평균값은 얼마인가?

11. 표본은 $n = 8$, 평균은 $M = 7$이다. 한 점수가 $X = 20$에서 $X = 4$로 변경되면 새 표본의 평균값은 얼마인가?

12. 표본은 $n = 5$, 평균은 $M = 12$이다. 값이 $X = 18$인 새 점수가 표본에 추가되면 새 표본의 평균은 얼마인가?

13. $N = 10$인 모집단의 평균은 $\mu = 12$이다. 값이 $X = 21$인 점수가 모집단에서 제거되면 새 모집단의 평균값은 얼마인가?

14. 표본은 $n = 6$, 평균은 $M = 14$이다. 새로운 사례 하나 더했다. 새로운 표본의 평균은 $M = 12$가 되었다. 추가된 값은 얼마인가?

15. $N = 7$인 모집단의 평균은 $\mu = 9$이다. 이때 사례 1명을 빼면 새로운 모집단의 평균이 $\mu = 10$이 된다. 제거된 값은 얼마인가?

16. 다음 점수들의 중위수를 구하시오.
점수: 1, 9, 3, 6, 4, 3, 11, 10

17. 다음 빈도 분포표에서 점수 분포에 대한 중위수를 구하시오.

X	f
6	1
5	1
4	4
3	2
2	3
1	1

18. 다음은 $n = 10$ 표본의 점수들이다.

점수: 2, 3, 4, 4, 5, 5, 5, 6, 6, 7

a. 점수가 이산변수의 측정값이라고 가정하고 중위수를 구하시오.

b. 점수가 연속변수의 측정값이라고 가정하고 분포의 정확한 중간점인 중위수를 구하시오.

19. 다음 빈도 분포표에서 평균, 중위수, 최빈값을 구하시오.

X	f
9	1
8	1
7	3
6	4
5	1

20. 다음 점수들의 평균, 중위수, 최빈값을 구하시오.

점수: 8, 7, 5, 7, 0, 10, 2, 4, 11, 7, 8, 7

21. 다음 문제에 답하시오.

a. 다음 점수들의 평균, 중위수, 최빈값을 구하시오.

9	6	7	10	7	9	9	7
9	4	9	8	3	6	8	9

b. 세 가지 중심 경향 측정값들을 고려했을 때, 대칭 분포, 정적 편포 또는 부적 편포 중 가장 가능성이 높은 형태는 무엇인가?

22. 다음 문제에 답하시오.

a. 다음 빈도 분포표에서 평균, 중위수, 최빈값을 구하시오.

X	f
5	2
4	5
3	2
2	3
1	0
0	2

b. 세 가지 중심 경향 측정값들을 고려했을 때 대칭 분포, 정적 편포 또는 부적 편포 중 가장 가능성이 높은 형태는 무엇인가?

23. 중위수가 중심 경향값의 측정값으로 평균보다 나은 상황은 어떤 상황인지, 그리고 그 이유는 무엇인지 설명하시오.

CHAPTER

4

변산성

필요한 지식

아래 개념들은 이 장을 이해하기 위해 필요한 주요 개념들이다. 해당 장을 참고하여 충분히 숙지하기 바란다.

- 합산 표기법(1장)
- 중심 경향값(3장)
  - 평균
  - 중위수

4-1 변산성에 대한 소개

학습 목표(Learning Objectives)

1. 변산성을 정의하고, 통계량으로서의 중요성과 활용법을 설명할 수 있다.
2. 변산성의 가장 단순한 측정값인 범위를 정의/계산할 수 있고 범위의 제한점을 설명할 수 있다.

변산성이라는 용어는 일상생활에서 사용되는 의미와 유사하다. 즉, 어떤 것이 변한다(variable)는 것은 모두 동일하지 않다라는 의미이다. 통계에서는 수집된 일련의 점수들과 분포에서 변산성의 양을 측정하고자 한다. 분포에서 점수들이 모두 같다면 변산성이 없는 것이다. 만약 점수들 간의 차이가 작다면 변산성은 작고, 차이가 크다면 변산성이 크다.

이번 장에서는 통계적 개념으로 변산성을 소개한다. 즉, 분포 내에서 한 점수와 다른 점수들 간의 차이를 객관적으로 측정하고 기술하기 위해 사용되는 방법들에 대해 알아볼 것이다. 그리고 변산성은 점수 분포에서 어떤 값을 얻을 가능성이 높은지, 아니면 낮은지를 결정하는 데 도움을 준다. 변산성이 제공해 주는 이러한 정보는 추론 통계에서 매우 중요한 역할을 한다.

변산성(variability)은 분포에서 점수들 간의 차이에 대한 양적 측정값을 제공해 주고, 점수들이 얼마나 퍼져 있는지, 아니면 몰려 있는지에 대한 정도를 알려 준다.

그림 4.1은 성인 남성 모집단의 키(a)와 몸무게(b)의 분포를 보여 주고 있다. 두 분

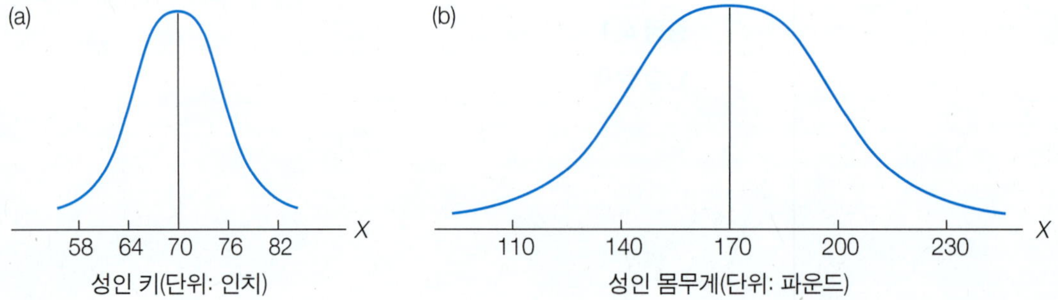

그림 4.1
성인 남성 모집단의 키와 몸무게 분포

포에서 중심 경향값이 다르다. 키의 평균은 70인치이고 몸무게 평균은 170파운드이다. 그리고 변산성도 다르다. 키 분포에서 자료들은 평균으로부터 5~6인치 내에 몰려 있지만, 몸무게 자료들은 훨씬 더 넓게 퍼져 있다. 몸무게 분포에서 40~50파운드 차이가 나는 두 남성의 자료를 찾는 것은 어렵지 않다.

변산성은 예측 가능성, 일관성 또는 다양성을 측정하는 것처럼 보일 수 있다. 매일 아침 회사나 학교에 가는 시간이 15~17분 걸린다면 통근/통학 시간을 예측할 수 있기(predictable) 때문에 60분 전에 집에서 나갈 필요가 없다. 유사하게 작업을 할 때 마다 일관되게(consistency) 우수한 수행 점수를 보인다면 좋은 기술을 가진 것으로 평가된다. 많은 운동경기에서도 매번 목표를 달성하는 선수는 훌륭한 선수이다. 마지막으로 기업이나 대학, 정부 기관은 학생들이나 직원들의 다양성(diversity)을 증가시키려고 한다. 앞에서도 언급했지만, 다양성은 서로 다르다는 것을 말한다. 따라서 예측 가능성, 일관성, 다양성은 점수들 간 또는 개인차와 관련되어 있고, 변산성은 이러한 것들을 측정하고 있는 것이다.

일반적으로 정확한 변산성 측정값은 두 가지 정보를 준다.

1. 변산성은 점수들의 분포를 알려 준다. 구체적으로 점수들이 모여 있는지, 아니면 넓게 퍼져 있는지를 알려 준다. 보통 변산성은 거리(distance)로 정의된다. 이 거리는 각 점수들 간의 차이가 어느 정도 되는지 또는 각 점수가 평균으로부터 얼마나 떨어져 있는지를 알려 준다. 예를 들어, 대다수 성인들의 키는 평균에서 5~6인치 사이에 모여 있다. 매우 키가 크거나 작은 사람도 있지만, 그들은 매우 소수이다.
2. 변산성은 한 점수(또는 점수들)가 전체 점수 분포를 얼마나 잘 대표하는지를 알려 준다. 이는 소수의 표본을 가지고 모집단에 대한 정보를 유추하기 위한 추론통계에서 매우 중요하다. 예를 들어, 모집단에서 한 남성의 키 자료를 선택했다고 가정해 보자. 대다수 남성의 키는 모평균에 몰려 있기 때문에, 선택한 자료와 모평균과의 차이는 6인치 이내일 것이다. 반면, 남성 몸무게의 경우, 개인 간 차이가 크기 때문에, 한 남성의 자료를 선택했을 때 모평균과 30파운드 이상 차이가 날 가능성이 높다. 따라서 변산성은 모집단을 대표할 하나의 표본값을 사용하는 것이 어느 정도의 오차를 가질지에 대한 정보를 제공해 준다.

이번 장에서, 변산성을 알려 주는 세 가지 측정값에 대해 알아볼 것이다. 그것은 범위(range), 표준편차(standard deviation), 분산(variance)이다. 이 중에서 표준편차와 분산이 가장 중요하다.

■ 범위

변산성을 정의하고 측정하기 위한 첫걸음(first step)은 범위(range)로, 분포 내 가장 낮은 점수인 최솟값부터 가장 높은 점수인 최댓값까지의 거리를 사용한다. 범위의 개념은 매우 직관적이지만, 범위를 계산하는 몇 가지 방법이 있다. 가장 일반적인 계산 방법은 최댓값(X_{max})에서 최솟값(X_{min})을 빼는 것이다.

$$\text{범위} = X_{max} - X_{min}$$

1～5점 사이의 값으로 구성된 자료가 있다면 범위는 4이다. SPSS를 비롯한 많은 통계 프로그램이 이 공식을 사용한다. 이 정의는 최댓값과 최솟값이 명확한 경우에 잘 적용된다. 예를 들어, 피자 조각과 같은 어떤 대상의 비율을 계산한다면 $\frac{1}{8}, \frac{1}{4}, \frac{1}{2}, \frac{3}{4}$과 같은 답을 얻을 수 있다. 소수의 형태로 나타나며, 비율은 0과 1 사이의 값을 갖는다. 0보다 작거나 1보다 큰 값을 얻을 수 없다. 따라서 비율에서 범위는 1이다.

이산변수와 연속변수에 대한 설명은 1장 13～15쪽 참조

또 다른 공식은 연속변수로 측정된 점수에서 종종 사용된다. 이 경우 범위는 최댓값의 정확 상한계(upper real limit, URL)와 최솟값의 정확 하한계(lower real limit, LRL)의 차이이다.

$$\text{범위} = X_{max}\text{의 URL} - X_{min}\text{의 LRL}$$

이 정의에 따르면 1～5점 사이의 값으로 구성된 자료의 범위는 5.5 − 0.5 = 5이다.

점수가 정수일 때 범위는 측정 범주의 수에 따라 정의될 수 있다. 모든 개인이 1, 2, 3 중 하나로 분류된다면 3개의 측정 범주가 있고 범위는 3이다. 숫자로 표현되는 이산변수 역시 유사하게 측정 범주의 수로 범위를 계산할 수 있다. 예를 들어, 가족의 수를 측정했고 값이 0부터 4까지였다면, 값의 범주는 0, 1, 2, 3, 4의 5개의 범주이고, 범위는 5이다. 따라서 점수가 모두 정수인 경우에 범위 공식은 다음과 같다.

$$\text{범위} = X_{max} - X_{min} + 1$$

어떤 공식을 사용하든, 범위는 간단하게 최댓값에서 최솟값 간의 거리를 계산해서 각 점수들이 얼마나 퍼져 있는지를 알려 주는 가장 명확한 방법이다. 하지만 범위를 변산성의 대표 측정값으로 사용할 때 발생하는 문제점은 점수 분포에서 다른 값은 반영되지 않고 양 극단 두 개의 값을 통해 결정된다는 것이다. 따라서 한 개의 자룟값이 비정상적으로 큰(또는 작은) 경우, 다른 자룟값들은 유사하더라도 범위는 커진다.

범위는 분포의 모든 값들을 고려하지 않기 때문에 전체 분포의 변산성에 대한 정확한 수치라고 하기 어렵다. 이러한 이유 때문에 범위는 신뢰하기 어렵고 대략적인 변산성 지수로 간주된다. 따라서 대부분의 상황에서는 어떤 범위 공식을 사용하느냐가 중요한 문제는 아니다.

학습 점검

학습 목표 1 **1.** 변산성이 증가하게 되면 어떤 결과가 나타나는가?

a. 점수들 간의 거리는 증가하고, 한 점수가 전체 점수 분포를 대표하는 정확성도 증가한다.

b. 점수들 간의 거리는 증가하고, 한 점수가 전체 점수 분포를 대표하는 정확성은 감소한다.

c. 점수들 간의 거리는 감소하고, 한 점수가 전체 점수 분포를 대표하는 정확성은 증가한다.

d. 점수들 간의 거리는 감소하고, 한 점수가 전체 점수 분포를 대표하는 정확성도 감소한다.

학습 목표 2 **2.** 다음 자료에서 범위는 무엇인가? 점수: 5, 7, 9, 15

a. 4

b. 5

c. 10 또는 11

d. 15

학습 목표 2 **3.** 다음 자료에서 범위가 증가하는 경우는 무엇인가? 점수: 3, 7, 10, 15

a. 3에 4를 더한다.

b. 7에 4를 더한다.

c. 10에 4를 더한다.

d. 15에 4를 더한다.

정답 **1. b** **2. c** **3. d**

4-2 분산과 표준편차의 정의

학습 목표(Learning Objectives)

3. 분산과 표준편차를 정의하고, 이에 대해 설명할 수 있다.

4. 간단한 자료의 분산과 표준편차를 계산할 수 있다.

5. 자료들의 빈도 분포 그래프를 보고 표준편차를 추정할 수 있다.

표준편차는 변산성 측정값 중 가장 많이 사용된다. 표준편차는 분포의 평균을 기준점으로 사용하고, 각 점수와 평균 간의 거리를 고려하여 변산성을 측정한다.

즉, 표준편차는 각 점수와 평균 간의 차잇값들의 표준 또는 평균에 대한 정보를 제공하고 각 점수들이 평균 근처에 모여 있는지, 멀리 퍼져 있는지를 알려 준다.

표준편차의 개념은 직관적이지만, 실제 구하는 공식은 더 복잡하므로, 그전에 분산(variance)의 개념을 알아야 한다. 먼저 공식의 논리부터 알아보자.

1단계 먼저 각 점수와 평균 간의 거리인 **편차**를 구한다. 각 점수의 편차는 각 점수와 평균 간의 차잇값으로 된다.

> **편차**(deviation) 또는 **편차 점수**(deviation score)는 한 점수와 평균 간 차잇값이며, 다음과 같이 계산된다.
>
> $$\text{편차} = X - \mu$$

평균(μ)이 50인 자료 분포에서, 한 점수(X)가 53이라면 편차는 3이다.

$$X - \mu = 53 - 50 = 3$$

한 점수(X)가 45이라면 편차는 -5이다.

$$X - \mu = 45 - 50 = -5$$

편차는 종종 소문자 x로 표기된다.

편차값은 +, − 부호와 숫자로 구성되어 있다. 부호는 평균으로부터의 방향성, 즉 평균보다 큰 값인지 작은 값인지를 알려 주고, 숫자는 평균으로부터의 거리를 알려 준다. 예를 들어, 편차가 -6이라면 평균보다 6만큼 작은 값이다.

2단계 다음 단계는 편차들의 평균을 계산하는 것이다. 편차값들을 모두 합한 후에 사례 수(N)로 나눈다. 다음 예제를 보자.

예제 4.1 4개 값의 합(ΣX)은 12이고 따라서 평균(μ)은 $\frac{12}{4} = 3$이다. 각 점수의 편차를 계산할 수 있다.

X	$X - \mu$
8	+5
1	−2
3	0
0	−3
	$0 = \Sigma(X - \mu)$

■

편차의 합이 0이라는 것에 주목하자. 평균이 전체 분포의 균형점이기 때문에 당연한 결과이다. 평균 이상 점수들의 편차 합과 평균 이하 점수들의 편차 합이 같다. 따라서 편차의 전체 합은 언제나 0이다.

편차의 합이 항상 0이라는 것은 변산성을 계산하는 데 도움이 되지 않는다. 구체적으로 점수들이 평균에 몰려 있어도, 평균으로부터 멀리 떨어져 있어도 편차의 평균은 0이기 때문에 변산성에 대한 어떤 정보도 제공해 줄 수 없다.

3단계 편차의 합이 0인 이유는 각 편차값의 부호가 다르기 때문이다. 이러한 부호(+, −)를 제거하기 위한 표준화된 절차는 각 편차값을 제곱하는 것이다. 이 제곱한 값들을 가지고 평균을 계산할 수 있다. 이 **편차 제곱의 평균**(mean squared deviation)을 **분산**이라고 한다.

> **분산**(variance)은 편차를 제곱한 값들의 평균이다. 분산은 평균으로부터의 거리를 제곱한 값들의 평균이다.

제곱을 하는 것은 단순히 부호(+, −)를 없애기 위한 절차이다. 즉, 거리의 제곱에 근거해 변산성 측정값을 계산하는 것이다. 분산은 추후 언급될 추론 통계 기법(분산 분석)에서 주로 다뤄지지만, 거리의 제곱이라는 개념은 직관적이지 않고 기술 통계 수준에서 이해하기 쉽지도 않다. 예를 들어, 뉴욕시티와 보스턴의 거리를 제곱한 값인 26,244제곱마일을 아는 것은 별 쓸모가 없다. 하지만 분산의 제곱근(square root)은 의미가 있다.

4단계 분산은 우리가 정확히 원하는 값은 아니다. 마지막 단계는 분산에 제곱근을 하여 표준편차를 구한다. 이 표준편차가 평균으로부터의 표준화된 거리를 측정한 값이다.

> **표준편차**(standard deviation)는 분산의 제곱근으로, 평균으로부터의 거리에 대한 평균 또는 표준 측정값을 제공해 준다.
>
> $$\text{표준편차} = \sqrt{\text{분산}}$$

그림 4.2에는 분산과 표준편차를 계산하는 전체 과정이 제시되어 있다. 변산성 측정값은 평균으로부터의 평균 거리를 통해 구할 수 있다. 하지만 편차의 합은 늘 0이기 때문에 편차값에 제곱을 한 후 다시 평균을 구한다. 마지막으로 제곱근을 구한다. 요약하면 표준편차는 편차 제곱평균의 제곱근이다. 개념적으로 표준편차는 각 점수들이 평균으로부터 떨어진 거리들의 평균 측정값을 알려 준다.

분산과 표준편차에 대한 수학 공식은 제시하지 않았지만, 이 두 값을 충분히 구할 수 있을 것이다. 다음 예제를 살펴보자.

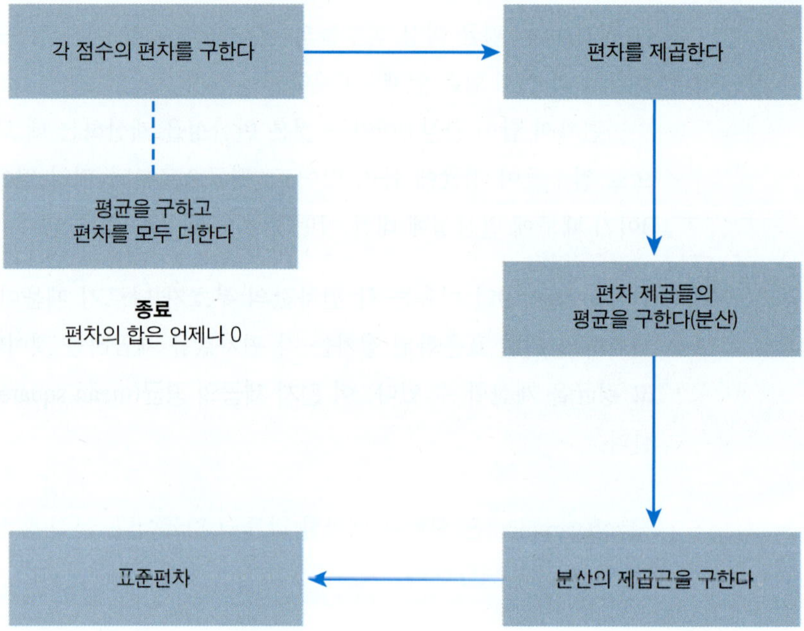

그림 4.2
분산과 표준편차의 계산 과정

예제 4.2 5개의 모집단 자료를 가지고 분산과 표준편차를 계산해 보자.

$$1, 9, 5, 8, 7$$

먼저 모평균을 구한다. $\sum X = 30$, 따라서 평균(μ)은 $\frac{30}{5} = 6$이다. 다음으로 각 점수의 편차를 구하고, 이 편차를 제곱한다. 평균값 6을 이용하여 아래 표와 같이 계산된다.

점수 X	편차 $X - \mu$	편차 제곱 $(X - \mu)^2$
1	−5	25
9	3	9
5	−1	1
8	2	4
7	1	1
		40 = 편차 제곱합

자료의 수(N)는 5, 편차 제곱합은 40, 따라서 분산은 $\frac{40}{5} = 8$, 표준편차는 $\sqrt{8} = 2.83$이다. ■

이 자료 분포에서 표준편차 2.83은 적절한 값이다. 그림 4.3에 5개 점수의 막대그래

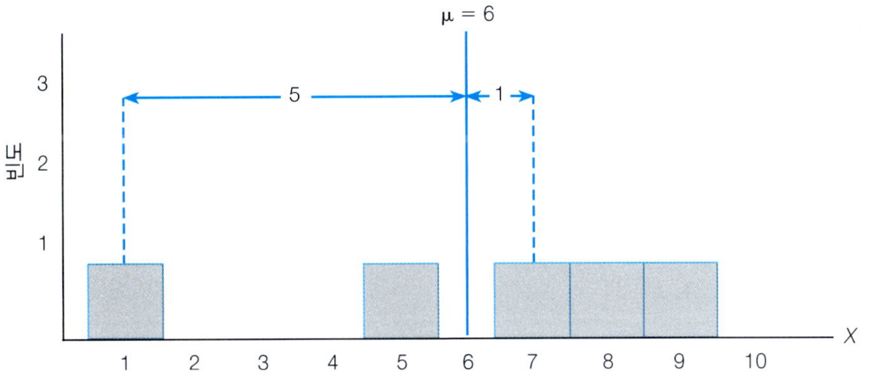

그림 4.3
5개 모집단 자료의 막대그래프가 제시되어 있다. 평균은 6이다. 평균과의 거리가 가장 작은 것은 1이고, 가장 큰 것은 5이다. 표준편차는 1~5 사이의 값을 가진다.

프가 제시되어 있다. 이 그림을 보면 각 점수들과 평균 간의 거리를 더 명확히 알 수 있다. 평균과의 가장 작은 차잇값은 1이고, 가장 큰 차잇값은 5이다. 따라서 표준편차값은 1~5 사이에 있다. 이런 방식으로 대략적인 표준편차값을 추정할 수 있다. 이 자료에서는 1~5 사이, 대략 3으로 추정할 수 있다. 앞서 계산한 값과 상당히 유사하다.

이렇게 표준편차를 대략적으로 추정하면 표준편차값을 계산하는 데 실수를 피할 수 있다. 만약 앞선 자료에서 표준편차값이 12로 계산되었다면 즉각 오류가 있었다는 것을 알 수 있다(가장 큰 편차값이 5이기 때문에 12는 나올 수 없는 값이다).

다음 예시를 통해 분산과 표준편차를 스스로 계산해 보자.

예제 4.3 다음 6개 자료의 분산과 표준편차를 구하시오. 12, 0, 1, 7, 4, 6. 분산은 16, 표준편차는 4가 나와야 한다. ■

분산과 표준편차는 평균으로부터의 거리를 통해 구해지기 때문에 이 두 변산성 측정값들은 등간 척도나 비율 척도를 통해 얻은 점수들에만 사용된다. 1장에서 이 두 척도만이 거리에 대한 정보를 제공한다고 설명했다. 명목 척도와 서열 척도는 그렇지 않다. 3장에서도 명목 척도로 측정된 자료는 평균 계산이 불가능하고, 서열 척도로 측정된 자료의 평균을 계산하는 것은 부적절하다고 기술했다. 평균이 분산과 표준편차 계산의 핵심 요소이기 때문에 같은 원리가 적용된다. 구체적으로 평균, 표준편차, 분산은 등간 척도, 비율 척도로 측정된 숫자로 된 자료에서만 사용될 수 있다.

학습 점검

학습 목표 3 **1.** 다음 자료 중 가장 큰 분산을 가진 자료는 무엇인가?

a. 1, 3, 8, 12

b. 12, 13, 14, 15

c. 2, 2, 2, 2

d. 22, 24, 25, 27

학습 목표 4 **2.** 다음 자료의 분산은 얼마인가? 점수: 4, 1, 7

a. $\frac{66}{3} = 22$

b. 18

c. 9

d. 6

학습 목표 5 **3.** 평균이 18, 최댓값 24, 최솟값 12인 자료에서 표준편차의 근삿값은 얼마인가?

a. 3

b. 6

c. 12

d. 24

정답 **1. a** **2. d** **3. a**

4-3 모집단에서의 분산과 표준편차의 측정

학습 목표(Learning Objectives)

6. 모집단 자료에서 편차 제곱합(*SS*)을 두 가지 공식을 사용하여 계산할 수 있고, 각각 언제 사용되는지 설명할 수 있다.

7. 모집단에서의 분산과 표준편차를 계산할 수 있다.

분산과 표준편차에 대한 개념은 모집단과 표본 모두 동일하다. 하지만 계산 방식은 조금 다르다. 먼저 모집단에서의 공식을 알아보고 4-4절에서 표본에서의 공식을 알아보자.

■ 편차 제곱합

분산은 편차 제곱합(sum of squared deviation)의 평균으로 합을 구한 후에 사례 수로 나누면 된다.

$$\text{분산} = \text{편차 제곱평균} = \frac{\text{편차 제곱합}}{\text{사례 수}}$$

이 공식에서 분자가 편차 제곱합이고 변산성의 기본 요소이며 *SS*라고 표기한다. 그리고 일반적으로 **제곱합**이라고 간단하게 부른다.

> ***SS*** 또는 **제곱합**(sum of square)은 편차 점수 제곱의 합이다.

*SS*의 공식에 대해 알아보자. 결국 동일한 값을 얻지만 상황에 따라 조금 다르게 쓰이는 공식이 있다.

첫 번째 공식은 편차의 정의에 기반한 공식(definitional formula)으로, 지금까지 언급해 왔듯이 편차를 제곱하여 합하는 공식이다.

$$\text{정의식: } SS = \sum(X - \mu)^2 \tag{4.1}$$

공식을 통해 다음과 같은 계산 순서를 파악할 수 있다.

1. 각 편차를 구한다: $X - \mu$
2. 각 편차값을 제곱한다: $(X - \mu)^2$
3. 편차 제곱값들을 모두 더한다.

다음의 예제를 통해 이 공식을 알아보자.

예제 4.4 4개의 자료를 가지고 *SS*를 구하고자 한다. 전체 합은 8이고, 평균은 2이다. 다음 표에 자료의 편차와 편차 제곱의 값이 제시되어 있다. 편차 제곱합(*SS*)은 22이다.

점수 X	편차 $X - \mu$	편차 제곱 $(X - \mu)^2$	
1	−1	1	$\sum X = 8$
0	−2	4	$\mu = 2$
6	+4	16	
1	−1	1	
		22	$\sum(X - \mu)^2 = 22$

■

정의식이 *SS*를 구하는 직접적인 방식이지만, 평균이 정수가 아니거나 편차값이 소수나 분수로 나오는 경우, 계산하기 어렵다. 특히 소수일 경우 반올림을 하게 되면 정확한 값을 도출하기 어렵다. 이러한 점들을 고려한 또 다른 공식이 개발되었다. 계산을 위한 공식(computational formula)으로 편차가 아닌 각 자료의 점수들만 가지고 계산할 수 있어서 소수나 분수로 인한 어려움을 최소화할 수 있다.

$$\text{계산식: } SS = \Sigma X^2 - \frac{(\Sigma X)^2}{N} \tag{4.2}$$

우선 각 점수들의 제곱을 모두 합한 후(ΣX^2), 각 점수의 합(ΣX)을 구하고 제곱하여 사례 수(N)로 나눈 후에 뺀다. 예제 4.5에 계산 절차가 제시되어 있으며, 정의식을 통해 구한 값과 동일하다.

예제 4.5 예제 4.4에 사용되었던 4개의 자료를 가지고 SS를 구하고자 한다. 두 개의 합(ΣX^2, ΣX)을 계산해야 한다. 우선 각 점수들의 합 ΣX를 구하고, 각 점수의 제곱을 모두 더한다. 이러한 과정이 아래 표에 제시되어 있다.

X	X^2
1	1
0	0
6	36
1	1
$\Sigma X = 8$	$\Sigma X^2 = 38$

$$\begin{aligned} SS &= \Sigma X^2 - \frac{(\Sigma X)^2}{N} \\ &= 38 - \frac{(8)^2}{4} \\ &= 38 - \frac{64}{4} \\ &= 38 - 16 \\ &= 22 \end{aligned}$$

■

두 공식을 통해 계산된 SS값은 동일하다. 공식이 다르게 보일 수 있지만 값은 동일하다. 정의식은 SS의 개념을 직접적으로 보여 주는 공식이지만, 평균이 분수나 소수일 경우에 사용하기 어렵다. 사례 수가 작고 평균이 정수라면 정의식을 사용하는 것이 좋겠지만, 그렇지 않은 경우라면 계산식이 더 사용하기 쉽다.

■ 최종 공식과 표기법

편차 제곱합을 제곱합 또는 SS로 부르는 것처럼, 분산을 의미하는 편차 제곱평균은 평균제곱(mean square) 또는 MS라 부른다.

SS의 정의와 계산법을 이해했다면 분산과 표준편차의 공식은 어렵지 않다. 분산은 편차 제곱의 평균이며, 모분산의 공식은 다음과 같다.

$$\text{분산} = \frac{SS}{N}$$

표준편차는 분산의 제곱근으로, 표준편차의 공식은 다음과 같다.

$$표준편차 = \sqrt{\frac{SS}{N}}$$

SS, 분산, 표준편차 계산 예제를 풀기 전에 마지막으로 익힐 표기법이 있다. 분산과, 표준편차의 기호는 모평균(μ)과 같이 모수로 그리스어로 표기된다. 표준편차는 그리스어 시그마(sigma)로 표기된다. 대문자 시그마(Σ)는 이미 사용되었기 때문에 모집단의 표준편차는 소문자 시그마(σ)를 사용한다. 표준편차와 분산의 관계를 고려하여 모분산은 σ^2로 표시한다.

$$모표준편차 = \sigma = \sqrt{\sigma^2} = \sqrt{\frac{SS}{N}} \tag{4.3}$$

$$모분산 = \sigma^2 = \frac{SS}{N} \tag{4.4}$$

모분산(population variance)은 σ^2로 표기하며, *SS*를 *N*으로 나누어서 구한다.

모표준편차(population standard deviation)는 σ로 표기하며, 모분산의 제곱근과 같다.

앞의 예제 4.3과 4.4에서 4개의 점수(1, 0, 6, 1)의 *SS*는 22였다. 따라서 모분산은 다음과 같다.

$$\sigma^2 = \frac{SS}{N} = \frac{22}{4} = 5.50$$

표준편차는 다음과 같다.

$$\sigma = \sqrt{5.50} = 2.345$$

학습 점검

학습 목표 6 **1.** 다음 5개의 모집단 자료의 *SS*는 얼마인가? 점수: 1, 9, 0, 2, 3

a. 10

b. 41

c. 50

d. 95

학습 목표 7 **2.** 다음 모집단 자료의 표준편차는 얼마인가? 점수: 1, 3, 9, 3

a. 36

b. 9

c. 6

d. 3

학습 목표 7 **3.** 모집단 자료의 $N = 8$이고, 표준편차가 3이라면 SS는 얼마인가?

a. 72

b. 24

c. $8\sqrt{3}$

d. $9/8 = 1.125$

정답 **1. c** **2. d** **3. a**

4-4 표본에서의 분산과 표준편차의 측정

학습 목표(Learning Objectives)

8. 표본의 분산과 표준편차를 계산할 때 왜 수정이 필요한지를 설명할 수 있다.

9. 표본에서의 SS를 정의적 · 계산식을 사용하여 구하고, 각 공식이 적절한 상황을 기술할 수 있다.

10. 표본에서 분산과 표준편차를 구할 수 있다.

■ 표본 변산성의 문제

추론 통계의 목적은 표본의 제한된 정보를 가지고 모집단에 대한 일반적인 결론을 이끌어 내는 것이다. 이러한 과정의 기본 가정은 표본이 모집단을 대표할 수 있도록 표집이 되어야 한다는 것이다. 하지만 이러한 과정 중에 발생하는 문제는 모집단의 변산성보다 표본의 변산성이 늘 작다는 것이다. 이에 대한 수학적인 증명은 이 책의 범위를 넘어선 것이지만 간단하게 **그림 4.4**에 제시되어 있다. 모집단에서는 몇 개의 극단값으로 인해 모집단의 변산성이 커진다. 하지

표본 통계량은 편향되어 있다. 보통 상응하는 모수보다 값이 일관적으로 높거나 낮다.

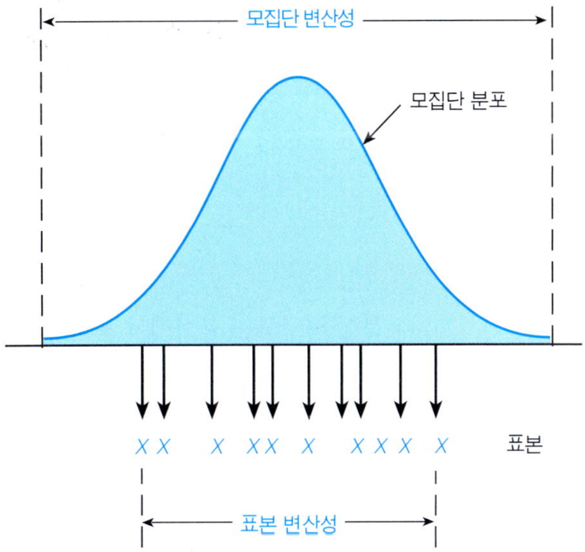

그림 4.4
성인 모집단의 키 자료는 정규분포를 보인다. 만약 이 모집단에서 표본을 선택한다면, 아마 평균 근처에 있는 사람들이 뽑힐 가능성이 높다. 결과적으로 표본 점수들의 변산성은 모집단 점수들의 변산성보다 작아진다.

만 이러한 극단값은 표집될 확률이 낮고 이로 인해 표본의 변산성이 상대적으로 작아진다. 따라서 모집단의 변산성을 표본으로 추정할 때 편향(biased)된 추정값을 얻게 된다. 이런 편향은 모집단의 정확한 값보다는 낮은 값으로 과소 추정하게 한다(세부적인 내용은 4-5절에 제시되어 있다).

다행히 표본의 변산성에서 편향은 일관적이고 예측 가능하기 때문에 수정될 수 있다. 예를 들어, 실체 차량 속도보다 늘 5마일 낮게 속도계에 표시된다면 속도계가 유용하지 않다고 할 수 없다. 속도계가 정확한 값을 표시할 수 있도록 수정할 수 있다. 같은 방식으로 표본의 분산을 수정할 수 있다. 수정의 목적은 표본의 분산을 통해 정확하고 불편향된 대표적인 모집단의 분산을 추정하는 것이다.

■ 표본의 분산과 표준편차 공식

표본의 분산과 표준편차는 모집단의 분산과 표준편차를 구하는 공식을 따른다. 첫째, *SS*를 계산하고, 둘째, 분산을 계산하고, 마지막으로 분산의 제곱근을 계산해 표준편차를 구한다.

표본의 *SS*를 구하는 공식은 모집단과 같지만, 표기에 차이가 있다. 표본의 평균은 *M*으로 사례 수는 *n*으로 표기한다. 따라서 표본의 *SS* 공식은 다음과 같다.

$$\text{정의식: } SS = \sum(X - M)^2 \tag{4.5}$$

모집단과 같이 다음의 단계를 거친다.

1. 각 점수의 편차를 구한다: $X - M$
2. 각 편차를 제곱한다: $(X - M)^2$
3. 편차 제곱값들을 모두 더한다: $SS = \sum(X - M)^2$

계산식은 분모의 N이 n으로 변경되고 나머지는 모집단의 공식과 동일하다.

$$\text{계산식: } SS = \sum X^2 - \frac{(\sum X)^2}{n} \tag{4.6}$$

분산을 구하는 공식에서 모집단과 중요한 차이를 보인다. 표본 변산성의 편향을 수정하기 위해 공식에서도 수정이 필요하다. 표본 분산(s^2으로 표기)의 공식은 다음과 같다.

$$\text{표본 분산} = s^2 = \frac{SS}{n - 1} \tag{4.7}$$

표준편차는 분산의 제곱근으로, 표본의 표준편차(s로 표기) 공식은 다음과 같다.

$$\text{표본 표준편차} = s = \sqrt{s^2} = \sqrt{\frac{SS}{n - 1}} \tag{4.8}$$

표본 분산(sample variance)은 s^2로 표기하고, 편차 제곱합을 $n - 1$로 나눈다.

표본 표준편차(sample standard deviation)는 s로 표기하고, 표본 분산의 제곱근을 구한다.

모집단은 N으로 나누지만 표준편차는 $n - 1$로 나눈다. 이는 표본 변산성의 편향을 교정하기 위한 것이다. 이러한 교정을 통해 분산의 값이 커지고, 이는 모분산의 정확한 그리고 불편(unbiased) 추정량이 된다. 다음의 예제를 통해 알아보자.

표본 변산성은 수정이 이뤄지지 않는다면 모집단의 변산성보다 낮은 값을 보인다.

예제 4.6 모집단에서 8개의 자료를 표집했다. 점수는 각각 4, 6, 5, 11, 7, 9, 7, 3이다. 이 자료의 막대그래프가 **그림** 4.5에 제시되어 있다. 계산을 시작하기 전에, 자료를 보고 대략적인 표준편차를 추정할 수 있다. 이 자료에서 평균은 6.5이고, 평균과 가장 가까운 점수는 6과 7로, 평균으로부터의 거리는 모두 0.50이다. 가장 평균과 차이가 큰 점수는 11이고 거리는 4.5이다. 따라서 0.50과 4.50 사이에 표준편차가 있고, 대략 2.5로 추정할 수 있다.

이 자료의 SS를 구해 보자. 평균이 6.5로 정수가 아니기 때문에 계산식을 사용한다. 다음의 표와 같이 점수들의 합과, 점수 제곱의 합을 구한다.

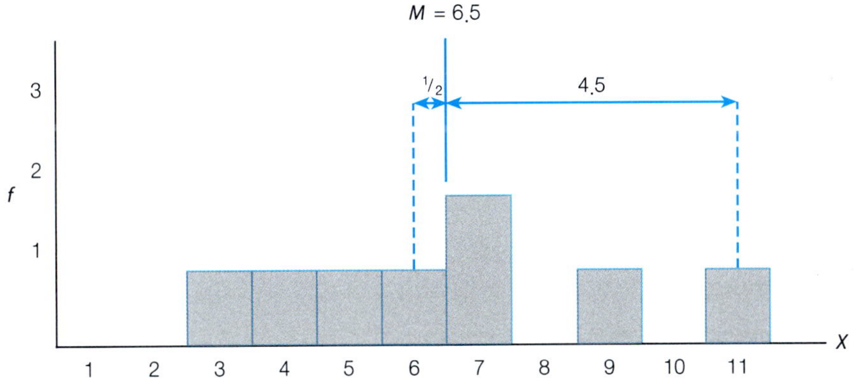

그림 4.5
8개 점수의 히스토그램이 제시되어 있다. 평균은 6.5, 평균과 가장 가까운 거리는 0.5, 가장 먼 거리는 4.5이다. 표준편차는 0.5와 4.5 사이에 존재하고 약 2.5로 추정된다.

점수 X	점수 제곱 X^2
4	16
6	36
5	25
11	121
7	49
9	81
7	49
3	9
$\Sigma X = 52$	$\Sigma X^2 = 386$

이 두 개의 합을 이용하면 다음과 같다.

$$SS = \Sigma X^2 - \frac{(\Sigma X)^2}{n} = 386 - \frac{52^2}{8}$$
$$= 386 - 338$$
$$= 48$$

이 표본의 편차 제곱합은 $SS = 48$이다. 계산을 이어 나가면 다음과 같다.

$$\text{표본 분산} = s^2 = \frac{SS}{n-1} = \frac{48}{8-1} = 6.86$$

마지막으로, 표준편차는 다음과 같다.

$$\text{표본 표준편차} = s = \sqrt{s^2} = \sqrt{6.86} = 2.62$$

그림 4.5에서의 표준편차 예측값과 비슷하다는 것을 알 수 있다. ■

다음 예제를 가지고 스스로 표본 분산과 표준편차를 계산해 보자.

예제 4.7 5개의 자료로 구성된 표본의 분산과 표준편차를 구하시오. 1, 5, 5, 1, 8. 분산은 9, 표준편차는 3이 나와야 한다. ■

표본의 분산과 표준편차 공식은 모집단과 유사한 추정값을 얻기 위해 수정되었다는 것을 기억해야 한다. 이러한 이유로 표본 분산은 **추정된 모분산**(estimated population variance), 표본 표준편차는 **추정된 모표준편차**(estimated population standard deviation)라고 부른다.

■ 표본 변산성과 자유도

모집단 자료에서는 모평균을 가지고 편차를 구할 수 있다. 표본을 사용할 때는 모집단의 평균(μ)은 알 수 없기 때문에 표본 평균으로부터 거리를 측정할 수밖에 없다. 각 표본의 평균은 다르기 때문에 편차를 구하기 위해서는 평균을 먼저 계산해야 한다. 하지만 평균 M값이 표본의 변산성을 제한한다. 다음의 예제를 보자.

예제 4.8 3개의 자료로 구성된 표본을 추출했고, 평균은 5였다. 처음 두 개의 자료는 제한 없이 어떤 값도 가질 수 있다. 첫 번째 자료가 2, 두 번째 자료가 9라고 가정한다면 평균은 고정되어 있기 때문에 세 번째 자료는 제한을 받는다.

점수	3개 자료의 평균은 5이다.
2	
9	
__	← 마지막 세 번째 자료의 값은?

이 예에서, 세 번째 자료의 점수는 $X = 4$이다. 4로 제한된 이유는 3개 자료의 평균이 5이기 때문에 전체 자료의 합은 15가 되어야 한다. 처음 두 자료의 합이 11이기 때문에 세 번째 자료는 4일 수밖에 없다. ■

예제 4.8에서 3개의 자료 중 처음 2개의 자료는 어떤 값이라도 가질 수 있지만, 마지막 자료의 값은 앞의 두 자료의 값에 의존하게 된다. 일반적으로 n개의 표본에서

$n-1$개의 자료는 다양한 값을 가질 수 있지만 마지막 자료는 제한된다. 따라서 표본에서 자유도는 $n-1$이다.

n개로 구성된 한 표본의 분산을 정의하는 데 **자유도**(degree of freedom, *df*)가 사용된다. 자유도는 표본의 전체 자료 수에서 독립적이고 자유로운 값을 가질 수 있는 자료의 수이다.

$n-1$ 자유도는 표본 분산과 표준편차의 공식에도 사용된다. 평균은 자료의 합을 구한 후에 사례 수로 나눈다.

$$\text{평균} = \frac{\text{합}}{\text{자료 수}}$$

표본의 분산을 계산할 때는 $n-1$ 자유도로 나눈다.

$$\text{분산} = \frac{\text{편차 제곱합}}{\text{자유도}} = \frac{SS}{df} = \frac{SS}{n-1}$$

이 책의 후반부에 다른 상황에서 자유도라는 개념이 다시 사용될 것이다. 지금은 표본의 평균이 표본 변산성을 제한한다는 것과 $n-1$개의 점수들이 자유로운 값을 가질 수 있다는 것을 알아 두자.

학습 점검

학습 목표 8 **1.** 표본 분산 공식에서 수정을 하는 이유에 대해 잘 설명한 것은?

a. 표본 분산을 구할 때 $n-1$이 아닌 n으로 나누는 경우 모분산이 과소 추정되는 경향이 있다.

b. 표본 분산을 구할 때 $n-1$이 아닌 n으로 나누는 경우 모분산이 과대 추정되는 경향이 있다.

c. 표본 분산을 구할 때 n이 아닌 $n-1$로 나누는 경우 모분산이 과소 추정되는 경향이 있다.

d. 표본 분산을 구할 때 n이 아닌 $n-1$로 나누는 경우 모분산이 과대 추정되는 경향이 있다.

학습 목표 9 **2.** *SS*값을 구할 때 정의식보다 계산식이 더 적절한 경우는?

a. 표본 평균이 정수일 때

b. 표본 평균이 정수가 아닐 때

c. 표본 분산이 정수일 때

d. 표본 분산이 정수가 아닐 때

학습 목표 10 **3.** 5개 자료로 구성된 표본의 분산은? 점수: 2, 0, 8, 2, 3

a. $\frac{81}{4} = 20.25$

b. $\frac{36}{4} = 9$

c. $\frac{36}{5} = 7.2$

d. $\sqrt{9} = 3$

정답 **1. a 2. b 3. b**

4-5 불편 통계량으로서의 표본의 분산

학습 목표(Learning Objectives)

11. 편향 통계량, 불편 통계량을 정의할 수 있다.

12. 표본 평균과 표본 분산이 불편 통계량인 이유를 설명할 수 있다.

■ 편향 통계량, 불편 통계량

앞서, 표본 변산성이 모집단의 변산성보다 과소 추정된다는 것을 알아봤다. 이러한 문제를 수정하기 위해 분산을 계산할 때 n이 아닌 $n - 1$로 나눈다. 이러한 수정으로 인해 더 정확한 모집단 추정값을 구할 수 있다. 구체적으로 $n - 1$로 나누는 것은 모집단의 분산에 대한 **불편** 통계량을 제공한다. 그렇다고 각 표본 분산이 모집단의 분산과 정확히 일치한다는 것은 아니다. 사실, 어떤 표본의 분산은 모집단의 분산을 과대 추정하기도 하고 과소 추정하기도 한다. 하지만 표본 분산들의 평균은 모집단의 분산을 정확하게 추정한다. 이러한 내용이 불편 통계량의 개념에 해당한다.

표본 통계량의 평균값(특정 표본 크기 n의 가능한 모든 표본으로부터 구한 통계량의 평균값)이 모수와 같다면 표본 통계량은 **불편 통계량**(unbiased statistic)이다.

모수에 상응하는 통계량의 평균값이 과소 또는 과대 추정되었다면 해당 통계량은 **편향된 통계량**(biased statistic)이다.

다음 예제를 통해 편향 통계량과 불편 통계량에 대해 알아보자.

예제 4.9 6개의 자료(0, 0, 3, 3, 9, 9)로 구성된 모집단이 있다. 평균은 $\mu = 4$이고 분산은 $\sigma^2 = 14$이다.

6장에서 언급될 복원 표집/추출(sampling with replacement)과 유사하게 예를 제시했다.

다음, 모집단에서 2개씩 표본을 선택한다. 가능한 모든 표본이 체계적으로 표집되었다. 표 4.1에 표집된 표본들 9개가 제시되어 있다. 이후 모든 표본들을 첫 번째 점수 기준으로 정렬한다. 처음에는 첫 번째 점수가 $X = 0$인 표본을, 다음에는 첫 번째 점수가 $X = 3$인 표본을 나열하는 식이다.

마지막으로 각 표본의 평균과 분산을 구한다. 분산은 두 가지 방식으로 구한다. 첫 번째 방식은 편향에 대한 수정 없이 SS를 n으로 나누는 것이다. 두 번째 방식은 불편 분산을 구하기 위해 SS를 $n - 1$로 나누는 것이다. 표본 평균과 두 가지 분산 역시 표 4.1에 제시되어 있다. ■

우선 n으로 나눈 편향된 표본 분산의 열을 보자. 9개의 분산의 전체 합은 63이고, 평균은 $\frac{63}{9} = 7$이다. 하지만 원래 모분산은 $\sigma^2 = 14$로, 표본 분산의 평균과 모분산은 동일하지 않다. 이렇듯 분산 계산에서 n으로 나누면 모분산의 정확한 추정값을 구할 수 없다. 일반적으로 이러한 표본 분산은 모분산을 과소 추정하게 되고 따라서 편향된 통계량이다.

표 4.1 예제 4.9에 기술된 2개 자료로 구성된 가능한 모든 표본들이 제시되어 있다. 각 표본의 평균, 그리고 두 가지 방식의 분산이 계산되어 있다. 즉, n으로 나눈 정확하지 않은 편향된 통계량과 $n - 1$로 나눈 정확한 불편 통계량이다.

표본	첫 번째 점수	두 번째 점수	표본 통계량		
			평균 M	편향된 분산 (n 사용)	불편 분산 ($n - 1$ 사용)
1	0	0	0.00	0.00	0.00
2	0	3	1.50	2.25	4.50
3	0	9	4.50	20.25	40.50
4	3	0	1.50	2.25	4.50
5	3	3	3.00	0.00	0.00
6	3	9	6.00	9.00	18.00
7	9	0	4.50	20.25	40.50
8	9	3	6.00	9.00	18.00
9	9	9	9.00	0.00	0.00
		전체	36.00	63.00	126.00

다음으로 $n - 1$으로 나눈 불편 표본 분산의 열을 보자. 9개의 분산의 전체 합은 126이고, 평균은 $\frac{126}{9} = 14$이다. 원래 모분산은 $\sigma^2 = 14$와 정확히 일치한다. 따라서 표본 분산의 평균은 모분산과 동일하다.

마지막으로 표본 평균 열을 보자. 모평균은 4이다. 정확히 평균이 4인 표본은 없다. 하지만 표본 평균들의 전체 합은 36이고 표본 평균들의 평균은 $\frac{36}{9} = 4$이다. 표본 평균들의 평균은 모집단의 평균과 일치한다. 이는 불편 통계량의 개념을 다시 보여 준다. 일반적으로 표본 평균들의 평균은 모평균을 정확히 추정한다.

요약하면, 각 표본 평균과 분산은 모집단과 동일하지 않지만 표본 평균들의 평균과 $n - 1$로 나눈 표본 분산은 모집단의 값을 정확히 추정하는 불편 통계량이다. 이는 추론 통계에서 매우 중요하다.

학습 점검

학습 목표 11 1. 연구자가 모집단에서 표본을 표집한 후 표본의 통계량을 계산했다. 다음 중 올바른 설명은 무엇인가?

a. 표본 통계량이 모수를 과대 추정한다면 통계량은 편향된 것이다.

b. 표본 통계량이 모수를 과소 추정한다면 통계량은 편향된 것이다.

c. 표본 통계량이 모수를 정확히 추정한다면 통계량은 편향되지 않은 것이다.

d. 정답 없음

학습 목표 11 2. 연구자가 모집단으로부터 가능한 모든 표본($n = 4$)을 표집했다. 그리고 각 표본의 통계량을 계산한 후 모든 통계량을 평균했다. 다음 중 가장 정확한 설명은 무엇인가?

a. 이 평균 통계량이 상응하는 모수를 과대 추정한다면 그 통계량은 편향된 것이다.

b. 이 평균 통계량이 상응하는 모수를 과소 추정한다면 그 통계량은 편향된 것이다.

c. 이 평균 통계량이 상응하는 모수와 동일하다면 그 통계량은 편향되지 않은 것이다.

d. 모두 정답

학습 목표 12 3. $\mu = 30, \sigma = 5$인 모집단에서 가능한 표본($n = 3$)을 모두 표집한 후 각 표본의 평균을 계산했다. 이 표본 평균들의 평균을 계산하면 그 값은 무엇인가?

a. 30

b. 30 초과

c. 30 미만

d. 정확히 30은 아니지만 30의 근삿값

정답 1. d 2. d 3. a

4-6 분산과 표준편차에 대한 추가 설명

학습 목표(Learning Objectives)

13. 모집단 또는 표본 분포의 빈도 분포 그래프에서 평균과 표준편차가 어떻게 표시되는지 기술할 수 있다.

14. 각 점수에 상수를 더하거나 뺄 경우, 그리고 곱하거나 나눌 경우, 평균과 표준편차가 어떻게 변하는지 기술할 수 있다.

15. 학술 논문에서 평균, 표준편차가 어떻게 보고되는지 기술할 수 있다.

16. 평균, 표준편차가 주어지면 일반적인 분포 형태를 알아낼 수 있다.

17. 표본 분산에 따라 표본의 자료 패턴이 어떻게 달라지는지를 설명할 수 있다.

■ 빈도 분포 그래프에서 평균과 표준편차 표시하기

빈도 분포 그래프에서, 수직선으로 평균(μ, M)의 위치를 표시한다. 표준편차는 평균으로부터의 거리이기 때문에 평균으로부터 출발하는 수평선이나 화살표로 표준편차까지의 거리(σ, s)를 표시한다. **그림 4.6(a)**은 $\mu = 80$, $\sigma = 8$의 모집단 분포를 보여 주고 있고, **그림 4.6(b)**는 $M = 16$, $s = 2$인 표본의 빈도 분포를 보여 주고 있다. 개략적으로, 분포의 중간에 수직선으로 평균이 표시되어 있다. 표준편차 선은 가장 큰 점수나 가장 작은 점수의 중간까지 표시가 된다[**그림 4.6(a)**에서 표준편차는 오른쪽 선으로 표시되어 있다. **그림 4.6(b)**에는 좌우 양쪽으로 표시되어 있다. 어떻게 표시하든 평균으로부터의 표준 거리를 보여 주는 것이 목표이다].

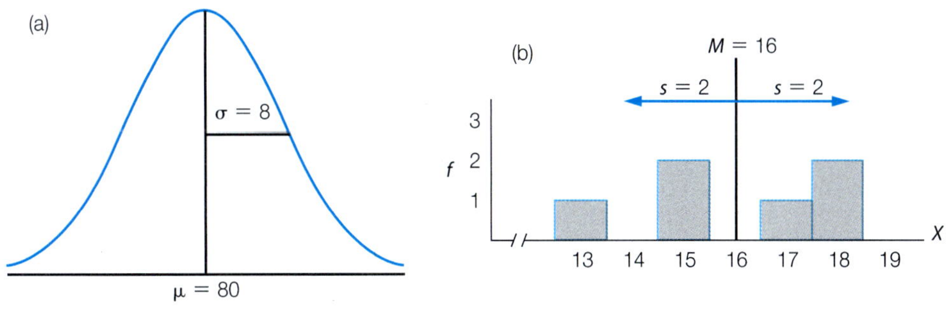

그림 4.6
빈도 분포 그래프에서 평균, 표준편차를 보여 주고 있다. (a) $\mu = 80$, $\sigma = 8$의 모집단 분포, (b) $M = 16$, $s = 2$인 표본 분포.

■ 척도의 변환

때때로 수집한 자료에 상수를 더하기, 빼기, 곱하기, 나누기를 할 때가 있다. 예를 들어, 측정 단위를 변경(분을 초로 변환하려면 각 점수에 60을 곱함)하고 싶어 각 참가자의 점수를 변환한다면 표준편차는 어떻게 될까?

가장 쉬운 방법은 표준편차는 거리 측정값으로 자료에서 두 개의 점수를 선택해서 거리가 어떻게 변하는지 파악해 보면 표준편차가 어떻게 변하는지 파악할 수 있다.

1. **각 점수에 상수를 더해도 표준편차는 변하지 않는다.** $\mu = 40$, $\sigma = 10$의 분포에서 각 점수에 모두 5점을 더하면 표준편차는 어떻게 변하는가? 41점과 43점, 두 개의 점수를 가지고 예를 들면, 두 점수의 차이는 2점이다. 각 점수에 5점을 더하면 46점, 48점이고 차이는 여전히 2점이다. 모든 점수에 특정 점수를 더해도 편차는 변하지 않고 따라서 표준편차도 변하지 않는다. 빈도 분포 그래프에서도 명확히 알 수 있다. 각 점수에 10점씩 더하면 그래프의 전체 분포가 10점 높은 점수로 이동한다. 평균은 10점 증가하지만 편차값이 변하지 않기 때문에 변산성 값도 변하지 않는다.
2. **각 점수에 상수를 곱하면 표준편차도 같은 상수를 곱한 값이 된다.** 위의 예와 동일한 $\mu = 40$, $\sigma = 10$의 분포에서, 각 점수에 2를 곱하면 표준편차는 어떻게 변하는가? 2개의 점수를 예를 들면, 41점, 43점 간의 차이는 2점이다. 두 점수에 2를 곱하면 82점, 86점으로, 차이는 4점으로 2배 증가한다. 각 점수에 특정 값을 곱하면, 편차값 역시 곱한 만큼 증가하고, 따라서 표준편차도 동일하게 증가한다.

논문 들여다보기

표준편차 보고

연구 결과를 보고할 때, 연구자는 중심 경향값과 변산성에 대한 기술 통계량을 기술한다. 심리학에서 종속변수는 등간, 비율 척도로 측정되어 숫자로 표시된다. 가장 일반적인 기술 통계량은 평균과 표준편차로 함께 보고된다. 많은 학술지, 특히 APA 규정을 따르는 학술지에서 표준편차는 *SD*로 표기한다. 예를 들어 다음과 같다.

> 폭력 만화를 본 아이들($M = 12.45$, $SD = 3.7$)이 일반적인 만화를 본 아이들($M = 4.22$, $SD = 1.04$)보다 더 높은 공격성 반응을 보였다.

여러 집단의 기술 통계량을 보고할 때는 표를 사용하여 제시한다. 표 4.2에 예가 제시되어 있다.

표 4.2 폭력 또는 비폭력 비디오 게임을 본 후 남녀 청소년들의 공격 행동 점수

퀴즈 점수	비디오 게임 종류	
	폭력	비폭력
남	$M = 7.72$ $SD = 2.43$	$M = 4.34$ $SD = 2.16$
여	$M = 2.47$ $SD = 0.92$	$M = 1.61$ $SD = 0.68$

종종 표에는 각 집단 사례 수가 함께 표기되기도 한다. 표의 목적은 자료를 조직화하여 간단하고 정확한 방식으로 제시하는 것이다.

■ 표준편차와 기술 통계량

표준편차를 구하기 위해서는 많은 계산이 필요하기 때문에, 표준편차가 무엇이고 왜 중요한지를 잊어버리는 경향이 있다. 표준편차는 주요 기술 통계량으로, 분포에서 점수들이 얼마나 넓게 퍼져 있는지를 알려 준다. 행동과학자들은 연구 참가자들과 동물들의 변산성을 다뤄야 한다. 사람은 같지 않고 다른 태도, 의견, 재능, 지능, 성격을 가지고 있다. 우리가 이러한 변수들의 평균을 구할 수 있지만 평균만큼 변산성도 중요하다. 표준편차는 평균으로부터의 거리를 측정하여 변산성을 기술해 준다. 어떤 분포에서, 어떤 개인들은 평균 근처에 있고, 다른 개인들은 상대적으로 평균으로부터 멀리 떨어져 있다. 표준편차는 전형적인 평균이나 표준적인 평균으로부터의 거리에 대한 측정값을 제공해 준다.

전체 분포 기술 연구 보고서에서는 모든 자료들을 제시하는 것보다 통상적으로 평균과 표준편차를 제시한다. 이 두 가지 기술 통계량이 주어지면 전체 분포를 파악할 수 있다. 예를 들어, $M = 36$, $s = 4$인 경우, 간단하게 각 점수들이 어디에 있을지 점을 찍으면서 막대그래프를 상상해 보는 것이다. 대부분의 자료들은 평균 36 근처에 있을 것이고, 평균으로부터 멀어질수록 찍히는 점의 수가 적어질 것이다. 어림잡아 전체 자료의 70%가 ±1 표준편차 사이에 있고 95%의 자료가 ±2 표준편차 사이에 있다. 이 예에서 표준편차가 4점이기 때문에 많은 자료가 평균으로부터 ±4점 사이에 존재하고 ±8점 사이에 거의 모든 자료가 있다. 한 가지 가능한 분포 예시가 **그림 4.7**에 제시되어 있다.

개별 점수의 위치 기술 그림 4.7은 평균, 표준편차를 보여 주는 것 외에도 이 두 값들을

그림 4.7
$M = 36$, $s = 4$인 20개 자료로 구성된 표본

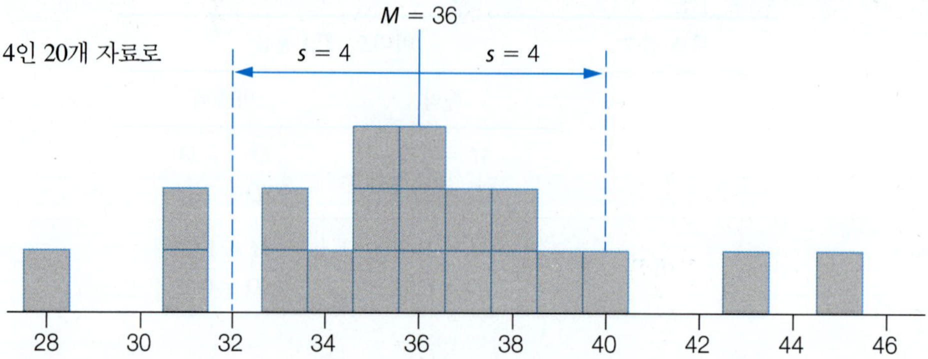

사용하여 측정 척도를 재구성하는 것도 보여 주고 있다(가로축의 X값). 측정 척도를 통해 전체 분포를 완성할 수 있고, 각 개별 점수들의 상대적 위치를 알 수 있다. 이 예에서 34점은 분포의 중앙 근처이고, 평균보다 살짝 낮은 점수라는 것을 알 수 있다. 한편 45점은 매우 높은 점수이고 분포의 오른쪽 끝부분에 있다.

한 점수의 상대적 위치는 표준편차의 크기에 따라 부분적으로 달라진다. **그림 4.6**에서 $\mu = 80$, $\sigma = 8$의 모집단 분포와 $M = 16$, $s = 2$인 표본의 분포를 확인했다. 모집단 분포에서 84점은 평균보다 4점 높은 점수이지만 매우 높은 점수는 아니다. 하지만 표본 분포에서 4점 높은 점수는 매우(극단적으로) 높은 점수이다. 모집단에서 평균과 4점 차이는 0.5 표준편차에 해당하지만 표본 분포에서는 2 표준편차에 해당한다.

이는 평균과 표준편차가 단순히 추상적인 개념이거나 수학적 계산에 그치지 않고, 그 이상의 것을 알려 준다는 것을 의미한다. 특히 일련의 점수들이 주어진 경우, 이 두 값은 구체적이고(concrete) 의미 있는(meaningful) 정보를 제공해 준다. 평균과 표준편차는 다음 장에 제시될 통계량들의 핵심 개념이고, 이 두 값을 잘 알면 **글상자 4.1**과 같이 더 복잡한 통계적 절차를 이해하는 데 도움이 된다.

■ 분산과 추론 통계

일반적으로 추론 통계의 목표는 연구 결과에서 의미 있고 유의한 패턴을 발견하는 것이다. 기본 질문은 표본 자료에서 발견된 패턴이 모집단의 패턴과 상응하는지, 아니면 단순히 우연에 의해서 다른 패턴이 도출된 것인지이다. 주어진 자료에서 변산성은 패턴이 얼마나 쉽게 도출될지(확률)를 알려 주기 때문에 추론 통계에서 중요한 역할을 한다. 대개, 낮은 변산성은 현재 패턴이 자주 도출될 수 있다는 것을 의미하고, 높은 변산성은 어떤 패턴이 존재하는지에 대한 모호함을 의미한다. 다음의 예를 통해 분산이 패턴에 어떤 영향을 미치는지 알아보자.

글상자 4.1 평균과 표준편차에 대한 비유

평균과 표준편차가 매우 복잡한 개념은 아니지만, 다음의 예가 두 통계량에 대한 이해를 도울 수 있을 것이다.

우리 지역 사회에서 새로운 고등학교의 부지는 지역의 정중앙으로 결정되었다. 대체 부지가 서쪽 끝에도 있었지만 동쪽 끝에서 통학하는 학생들은 아침에 매우 바쁘게 움직여야 한다. 이 예에서 고등학교 부지는 평균에 비유할 수 있다. 지역의 중앙인 것처럼 분포의 중앙이 평균이다.

지역사회의 각 학생들은 집과 학교 간의 거리를 측정할 수 있다. 일부 학생들은 몇 블록만 지나면 되겠지만 3마일 이상 떨어진 곳에 사는 학생도 있다. 학교와 학생 집 간의 평균 거리는 0.8마일이다. 이 학교로부터의 평균 거리는 각 점수들이 평균으로부터 떨어져 있는 거리를 측정하는 표준편차에 비유할 수 있다.

예제 4.10 많은 연구에서 두 집단 자료의 평균값을 비교한다. 예를 들어 다음을 보자.

> 치료 전보다 치료 후에 우울증 평균 점수가 감소했는가?
> 남성의 태도 평균 점수는 여성의 평균 점수와 다른가?
> 특별 프로그램에 참가한 학생들의 독서 성취 평균 점수가 그렇지 않은 학생들보다 높은가?

각 상황에서 목표는 의미 있고 유의한 패턴을 증명할 수 있는 두 평균 간의 명확한 차이를 찾는 것이다. 변산성은 명확한 패턴이 존재하는지를 결정하는 데 중요한 역할을 한다.

아래의 두 개의 표에 제시된 자료를 보자. 각 표에는 두 개의 처치 조건을 비교하고 있다. 두 실험에서 처치 1과 처치 2 간의 점수 차이가 일관적인지 파악해 보자.

실험 A		실험 B	
처치 1	처치 2	처치 1	치치 2
35	39	31	46
34	40	15	21
36	41	57	61
35	40	37	32

각 실험에서 처치 1보다 처치 2의 평균 점수가 5점 더 높다. 5점 차이는 변산성이 낮은 실험 A에서는 자주 발견되지만, 변산성이 큰 실험 B의 경우 경향이 명확하지 않

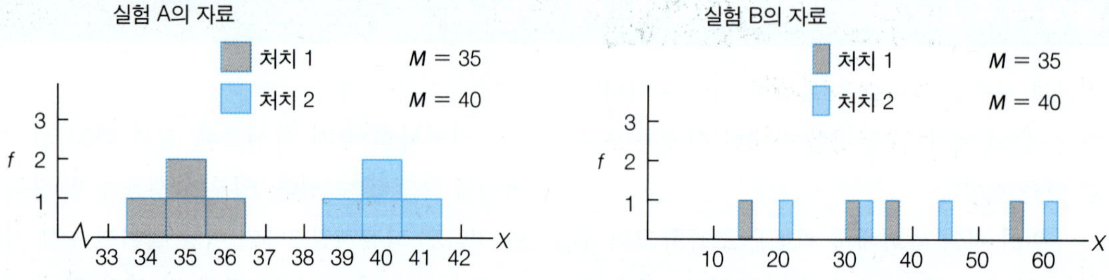

그림 4.8
두 개의 실험 결과를 보여 주는 그래프. 실험 A에서 변산성은 작고, 따라서 두 처치 간의 평균 차이 5점을 쉽게 파악할 수 있다. 실험 B는 변산성이 크기 때문에 평균 차이를 파악하기 어렵다.

다. 그래프로 보면 더 명확해진다. **그림 4.8**을 보면 실험 A의 결과, 처치 간 5점 차이가 명확히 보인다. 한 집단의 점수는 35점 근처에 모여 있고 다른 집단 점수는 40점 근처에 모여 있다. 한편, 실험 B의 점수들은 두 처치 간의 명확한 차이를 보이지 않는다. ■

추론 통계에서 표본의 분산은 **오차 분산**(error variance)으로 구분된다. 이 용어는 표본 분산에서 점수들 간의 차이가 통제할 수 없고 설명할 수 없는 요인들에 기인한다는 것을 의미한다. 오차 분산이 증가함에 따라 자료에서 체계적인 차이나 경향을 발견하기 어려워진다. 일반적으로 분산은 자료로부터 특정 신호를 찾기 어렵게 한다. 높은 분산은 두 점수 간의 평균 차이를 파악하기 어렵게 또는 불가능하게 하고, 의미 있는 경향을 파악하기 어렵게 한다.

학습 점검

학습 목표 13 **1.** $\mu = 40$, $\sigma = 5$의 정규분포를 이룬 모집단을 빈도 분포 그래프로 표시할 때 평균과 표준편차는 어떻게 표시되는가?

a. 평균은 40점에 수직선으로, 표준편차는 45점에 수직선으로 표시한다.

b. 평균은 40점에 향하는 화살표로, 표준편차는 45점에 수직선으로 표시한다.

c. 평균은 40점에 수직선으로, 표준편차는 40점과 45점 사이를 수평선으로 표시한다.

d. 평균은 40점에 향하는 화살표로, 표준편차는 40점과 45점에 사이를 수평선으로 표시한다.

학습 목표 14 **2.** $\mu = 45$, $\sigma = 6$의 모집단에서 각 점수에 5점을 더하면 새로운 μ, σ 값은 무엇인가?

a. $\mu = 45, \sigma = 6$

b. $\mu = 45, \sigma = 11$

c. $\mu = 50, \sigma = 6$

d. $\mu = 50, \sigma = 11$

학습 목표 15 **3.** 표본 25명의 참가자들을 대상으로 한 연구에서 평균은 12.7, 표준편차는 2.3이었다. 논문에 보고할 때 어떻게 보고하는가?

a. $M = 12.7, s = 2.3$

b. $M = 12.7, SD = 2.3$

c. $Mn = 12.7, s = 2.3$

d. $Mn = 12.7, SD = 2.3$

학습 목표 16 **4.** 다음 중 35점이 가장 극단적인 값이 되는 분포는 무엇인가?

a. $\mu = 30, \sigma = 5$

b. $\mu = 30, \sigma = 10$

c. $\mu = 25, \sigma = 5$

d. $\mu = 25, \sigma = 10$

학습 목표 17 **5.** 다음 중 두 처치 간의 평균 차이가 가장 명확하게 드러나는 표본 통계량은 무엇인가?

a. $M_1 = 40, M_2 = 45$, 전체 분산 = 15

b. $M_1 = 40, M_2 = 45$, 전체 분산 = 3

c. $M_1 = 40, M_2 = 42$, 전체 분산 = 15

d. $M_1 = 40, M_2 = 42$, 전체 분산 = 3

정답 **1. c 2. c 3. b 4. c 5. b**

핵심 요약

1. 변산성의 목적은 분포 내에서 각 점수가 얼마나 넓게 퍼져 있는지, 또는 모여 있는지를 측정하고 기술하기 위한 것이다. 3개의 대표적인 변산성 측정값들은 범위, 분산, 표준편차이다.

범위는 전체 자료에서 최솟값과 최댓값 간의 거리로, 두 개의 극단 점수에 의해 결정되고 개략적인 변산성 측정값으로 사용되고 있다.

표준편차와 분산은 일반적으로 많이 사용되는 변산성 측정값으로, 각 점수가 평균으로부터 떨어진 거리, 편차에 근거하고 있다. 분산은 편차 제곱의 평균이고 표준편차는 분산의 제곱근이다.

2. 분산과 표준편차 계산을 위해 편차 제곱합, *SS*를 구한다. 기호에서의 작은 차이를 제외하고는 표본과 모집단에서 *SS*값의 계산 과정은 같다. *SS*를 계

산하는 두 가지 방법이 있다.

I. 정의식으로 다음 절차를 따른다.

a. 각 점수의 편차를 구한다.

b. 각 편차를 제곱한다.

c. 편차 제곱값들을 더한다.

다음 공식으로 요약될 수 있다.

$$\text{정의식: } SS = \sum(X - \mu)^2$$

II. 평균이 정수가 아닌 경우 편차 제곱합은 계산식으로도 구할 수 있다.

$$\text{계산식: } SS = \sum X^2 - \frac{(\sum X)^2}{N}$$

3. 분산은 편차 제곱평균으로, 편차 제곱합을 사례 수로 나누어 구한다. 모집단에서 분산 공식은 다음과 같다.

$$\sigma^2 = \frac{SS}{N}$$

표본에서는 자유도 $n - 1$로 나눈다. 표본 분산 공식은 다음과 같다.

$$s^2 - \frac{SS}{n-1} = \frac{SS}{df}$$

$n - 1$을 사용함으로써 모분산의 불편 통계량을 얻을 수 있다.

4. 표준편차는 분산의 제곱근으로, 모집단에서의 공식은 다음과 같다.

$$\sigma = \sqrt{\frac{SS}{N}}$$

표본에서의 표준편차는 다음과 같다.

$$s = \sqrt{\frac{SS}{n-1}} = \sqrt{\frac{SS}{df}}$$

5. 각 점수에 상수를 더해도 표준편차는 변하지 않고, 각 점수에 상수를 곱하면 표준편차도 상수를 곱한 만큼 변한다.

6. 평균은 분포의 중심이고 표준편차는 각 점수가 평균으로부터 떨어진 거리의 평균으로, 두 값은 전체 분포를 합리적으로 정확하게 추측할 수 있게 해 준다. 평균과 표준편차를 알면 분포 내에서 개별 점수의 상대적 위치를 알 수 있다.

7. 큰 분산은 자료의 패턴 확인을 어렵게 하기 때문에 추론 통계에서 문제가 발생할 수 있다.

주요 용어

변산성 variability (104)

범위 range (106)

편차(또는 편차 점수) deviation or deviation score (108)

분산 variance (109)

표준편차 standard deviation (109)

제곱합 sum of squares (*SS*) (113)

모분산 population variance (σ^2) (115)

모표준편차 population standard deviation (σ) (115)

표본 분산 sample variance (s^2) (118)

표본 표준편차 sample standard deviation (s) (118)

자유도 degrees of freedom (df) (121)

불편 통계량 unbiased statistic (122)

편향 통계량 biased statistic (122)

SPSS®

다음은 SPSS를 활용하여 표본 자료의 **범위**, **표준편차**, **분산**을 계산하는 상세한 내용이 제시되

	N	범위	최솟값	최댓값	평균	표준편차	분산
VAR00001 유효 N(목록별)	8 8	8.00	3.00	11.00	6.5000	2.61861	6.85714

그림 4.9
예제 4.6에 있는 8개의 자료들의 기술 통계량을 보여 주는 SPSS 요약표

어 있다.

자료 입력

1. 데이터 보기 화면의 VAR00001 한 열에 모든 점수를 입력한다.

자료 분석

1. 상단의 도구 모음에서 **분석**(Analyze)을 클릭하고, **기술 통계량**(Descriptive Statistics)을 선택한 다음 **기술 통계**(Descriptives)를 클릭한다.
2. 왼쪽 상자에서 점수 열(VAR00001)의 이름을 선택하고 가운데의 화살표를 클릭하여 **변수**(Variable) 상자로 이동한다.
3. **옵션**(Options)에서 **분산**, **범위**(Variance, Range) 등을 선택하고 **계속**(Continue)을 클릭한다.
4. **확인**(OK)을 클릭한다.

SPSS 출력 결과

예제 4.6에 제시된 8개의 자료를 사용하여 분산과 표준편차를 구했고, 결과는 **그림 4.9**에 제시되어 있다. 요약표에 사례 수, 최댓값, 최솟값, 평균, 범위, 표준편차, 분산이 제시되어 있다. 범위와 분산은 앞서 분석 과정 중 옵션(Options)에서 선택해서 제시된 것이다. 주의: SPSS는 $n - 1$을 사용하여 표본 분산과 표준편차를 구한다. 만약 모집단 자료라면 표준편차를 구하기 위해 $(n - 1)/n$의 제곱근을 곱해 주면 된다.

주: SPSS 빈도 분포 그래프(2장 SPSS 참조)에서도 평균과 표준편차를 알 수 있다. 두 값이 그래프의 옆에 제시된다.

문제 해결을 위한 팁

1. 분산성의 목적은 분포에서 자료들이 얼마나 넓게 퍼져 있는지에 대한 측정값을 제공하는 것이다. 보통 표준편차를 많이 사용한다. 계산이 좀 복잡하기 때문에 계산 시작 전에 대략값을 추정해 보는 것이 좋다. 표준편차는 각 점수들이 평균으로부터 떨어진 거리에 대한 평균값이다. 따라서 가장 큰 편차값과 가장 작은 편차값 사이에 표준편차가 존재한다. 경험상 표준편차는 대략 범위의 1/4 정도의 값을 갖는다.

2. *SS*, 분산, 표준편차 공식을 외우기보다는 이러한 값들의 정의와 이들 간의 관련성에 대한

논리를 파악하는 것이 좋다.

> SS는 편차 제곱합이다.
> 분산은 편차 제곱의 평균이다.
> 표준편차는 분산의 제곱근이다.

기억해야 할 계산 공식은 SS뿐이다.

3. 표본의 SS를 계산할 때 $n - 1$을 사용하는 실수를 한다. SS 공식에서는 늘 n(또는 N)을 사용한다. 표본의 SS를 계산한 후에 분산과 표준편차 공식에서 오차를 수정하기 위해 $n - 1$을 사용한다.

증명 4.1

변산성 측정값 계산하기

다음 표본 자료의 분산과 표준편차를 구하시오.

$$10, 7, 6, 10, 6, 15$$

1단계 **SS를 계산한다.** 계산식을 사용하고, $n = 6$이다.

$$\Sigma X = 10 + 7 + 6 + 10 + 6 + 15 = 54$$

$$\Sigma X^2 = 10^2 + 7^2 + 6^2 + 10^2 + 6^2 + 15^2 = 546$$

$$\begin{aligned} SS &= \Sigma X^2 - \frac{(\Sigma X)^2}{N} = 546 - \frac{(54)^2}{6} \\ &= 546 - 486 \\ &= 60 \end{aligned}$$

2단계 **표본 분산을 계산한다.** SS를 자유도($n - 1$)로 나눈다.

$$s^2 = \frac{SS}{n-1} = \frac{60}{5} = 12$$

3단계 **표본 표준편차를 계산한다.** 분산의 제곱근이 표준편차이다.

$$s = \sqrt{12} = 3.46$$

연습 문제

1. 변산성에 대한 정의와 측정의 목적에 대해 간략하게 설명하시오.

2. 다음 자료에서 범위는(정답은 한 개 이상일 수 있음)? 점수: 6, 12, 9, 17, 11, 4, 14

3. 분산과 표준편차에서 측정하고 있는 것이 무엇인지 설명하시오.

4. 분산과 표준편차에서 음숫값이 나올 수 있는가?

5. 표준편차가 0인 표본 자료에 대해 기술하시오.

6. *SS*를 구하는 공식은 두 가지이다.
   - a. 정의식을 사용하기 용이할 때는?
   - b. 계산식이 사용되는 상황은?

7. 다음 각 자료들의 평균과 *SS*를 구하시오. 평균값에 기초해 *SS* 공식을 선택해서 계산하시오.

   A: 2, 6, 3, 1

   B: 2, 4, 1, 3

8. $N = 9$인 모집단 점수이다. 점수: 4, 2, 0, 5, 3, 2, 1, 7, 3
   - a. 모집단 분포를 보여 주는 막대그래프를 그려 보시오.
   - b. 막대그래프에서 평균값의 위치를 표시하고 표준편차를 추정해 보시오.
   - c. *SS*, 분산, 표준편차를 구하시오(추정한 표준편차와 비교해 보시오).

9. 다음 모집단 자료의 *SS*, 분산, 표준편차를 구하시오. 점수: 2, 13, 4, 10, 6

   (주: 정의식이 자료에 적합함)

10. 다음 모집단 자료의 *SS*, 분산, 표준편차를 구하시오. 점수: 1, 3, 1, 10, 1, 0, 1, 3

    (주: 계산식이 자료에 적합함)

11. 다음 모집단 자료에서 *SS*, 분산, 표준편차를 구하시오. 점수: 8, 1, 4, 3, 5, 3, 4

    (주: 정의식이 자료에 적합함)

12. 다음 자료가 있다. 점수: 6, 2, 3, 0, 4
    - a. 이 자료가 모집단의 자료라면 분산과 표준편차는 얼마인가?
    - b. 이 자료가 표본의 자료라면 분산과 표준편차는 얼마인가?

13. 표본 분산과 모분산의 공식이 왜 다른지 설명하시오.

14. 다음 6개의 표본 자료가 있다. 점수: 0, 11, 5, 10, 5, 5
    - a. 표본 분포를 보여 주는 막대그래프를 그려보시오.
    - b. 막대그래프에서 평균값의 위치를 표시하고 표준편차를 추정해 보시오.
    - c. *SS*, 분산, 표준편차를 구하시오(추정한 표준편차와 비교해 보시오).

15. 다음 8개 표본 자료의 *SS*, 분산, 표준편차를 구하시오. 점수: 0, 4, 1, 3, 2, 1, 1, 0

16. 다음 5개 표본 자료의 *SS*, 분산, 표준편차를 구하시오. 점수: 2, 9, 5, 5, 9

17. $\mu = 50, \sigma = 10$인 모집단이 있다.
    - a. 각 점수에 3점씩 더했다. 새로운 평균과 표준편차는 얼마인가?
    - b. 각 점수에 2를 곱했다. 새로운 평균과 표준편차는 얼마인가?

18. 다음 문제에 답하시오.
    - a. 표본의 모든 점수에 6점을 더한 후 $M = 70, s = 13$이었다. 원자료의 평균과 표준편차는 얼마인가?
    - b. 표본의 모든 점수에 3을 곱한 후 $M = 48, s = 18$이었다. 원자료의 평균과 표준편차는 얼마인가?

19. 다음 5개 표본 자료의 평균, 표준편차를 구하시오. 점수: 70, 73, 71, 80, 72.

    (힌트: 간단하게 계산하기 위해 각 점수에서 70점을 빼고 평균과 표준편차를 계산한다. 이후 다시

70점을 더한 후에 원자료의 평균과 표준편차를 구한다.)

20. 다음 8개 표본 자료가 있다. 점수: 0, 1, $\frac{1}{2}$, 0, 3, $\frac{1}{2}$, 0, 1

a. 각 점수에 2를 곱해 수치를 단순화한 새로운 표본을 만든다. 이후 이 표본의 평균과 표준편차를 구하시오.

b. a에서 구해진 값을 다시 2로 나눠서 원래 자료의 평균과 표준편차를 구하시오.

21. 6개의 모집단 자료가 있다. 점수: 2, 9, 6, 8, 9, 8

a. 범위와 표준편차를 구하시오.

b. 각 점수에 2를 더한 후 다시 범위와 표준편차를 구하시오. 각 점수에 특정 수를 더하는 것이 변산성 측정값에 어떤 영향을 미치는지 기술하시오.

22. 범위는 분포 내 양 극단 점수에 의해 결정된다. 반면 표준편차는 모든 자료를 사용한다.

a. 다음 4개 표본 자료(0, 6, 6, 12)의 범위, 분산, 표준편차를 구하시오. 분포의 중앙에 있는 점수가 두 개, 극단 점수가 두 개라는 점을 확인하자.

b. 중앙의 두 점수를 양 극단 점수로 변경했을 때 범위, 분산, 표준편차를 구하시오. 0, 0, 12, 12

c. 두 자료에서 범위를 가지고 어떻게 변산성을 비교할 수 있는가? 분산과 표준편차를 가지고 비교할 수 있는가?

23. 다음 4개의 표본 자료가 있다. 점수: 1, 1, 9, 1

a. *SS*, 분산, 표준편차를 구하시오.

b. 9를 3으로 바꾼 후에 다시 *SS*, 분산, 표준편차를 구하시오.

c. 하나의 극단 점수가 평균 표준편차에 어떤 영향을 미치는지에 대해 기술하시오.

24. Arden과 Plomin(2006)의 연구에서 소년들의 IQ 점수가 소녀들의 점수보다 더 변산성이 높았다. 한 연구자가 인지 능력에도 동일한 현상이 나타나는지 알고 싶어, 표준 인지 능력 검사를 소년, 소녀 각각 15명씩 실시했고, 점수는 다음과 같다.

소년	소녀
9 5 3 9 7	6 5 4 6 7
5 2 4 8 8	6 4 7 6 8
7 4 9 7 3	5 7 8 6 5

a. 각 집단의 평균, 분산, 표준편차를 구하시오.

b. 한 집단의 변산성이 확연히 다른 집단보다 높은가?

25. $\mu = 50, \sigma = 20$인 모집단이 있다.

a. 70점이 극단값으로 생각되는가?

b. $\sigma = 5$라면 70점은 극단값으로 생각되는가?

26. 평균(*M*) 39점인 시험에서 35점을 받았다.

a. $s = 2$와 $s = 8$ 중에 더 선호하는 분포는 무엇인가?
(힌트: 각 분포를 그려 보고 받은 점수의 위치를 표시해 보자.)

b. 43점을 받았다면 $s = 2$와 $s = 8$ 중에 더 선호하는 분포는 무엇인가? 그 이유를 설명하시오.

CHAPTER

5

z 점수: 표본 분포와 점수들의 위치

필요한 지식

아래 개념들은 이 장을 이해하기 위해 필요한 주요 개념들이다. 해당 장을 참고하여 충분히 숙지하기를 바란다.

- 평균(3장)
- 표준편차(4장)

5-1 소개

3장과 4장에서 전체 점수 분포를 기술하는 방법으로 평균과 표준편차에 대해 알아보았다. 이제 분포 내에서 개별 점수들에 대해 알아보자. 이번 장에서는 평균과 표준편차를 활용하여 각 점수를 **z 점수** 또는 **표준 점수(standard score)**로 변환하는 통계적 기법에 대해 알아볼 것이다. z 점수의 목적은 분포에서 각 점수들의 정확한 위치를 확인, 기술하는 것이다.

다음 예를 통해 z 점수가 유용한 이유 그리고 각 점수를 z 점수로 변환하는 방법에 대해 알아보자.

예제 5.1 통계 시험에서 76점을 받았다고 가정해 보자. 기분이 어떤가? 점수에 대해 평가하기 위해서는 더 많은 정보가 필요하다. 76점은 최고점일 수도 있고 최저점일 수도 있다. 이 점수의 위치를 알기 위해서는 분포 내 다른 점수들에 대한 정보가 있어야 한다. 예를 들어, 평균을 안다면 도움이 될 수 있다. 평균(μ)이 85점일 때보다 70점일 때 76점이 더 좋은 점수라는 것을 알 수 있다. 하지만 평균만으로는 정확한 위치를 알 수 없다. 평균(μ)이 70점이라면 평균보다 6점 더 높다는 것은 알 수 있지만 이 6점 차이가 매우 큰 차이일 수도, 아니면 매우 작은 차이일 수도 있다. **그림 5.1**에 두 가지 분포가 제시되어 있다. 평균은 70점으로 동일하지만 표준편차(σ)는 3과 12로 다르다. 두 분포에서 76점의 위치를 확인할 수 있다. (a)에서는 76점이 매우 높은 점수이지만 (b)에서는 평균보다 약간 높은 점수이다. 따라서 분포에서 점수의 위치는 평균과 표준편차에 따라 달라

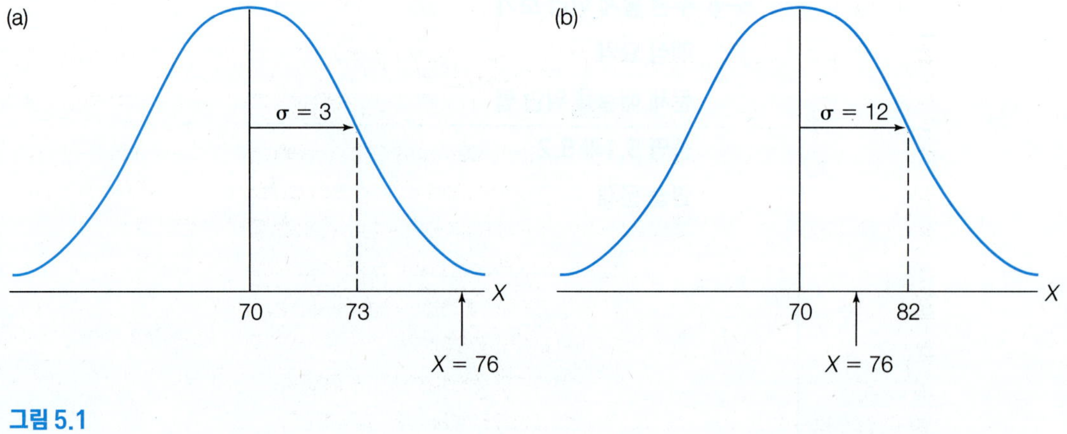

그림 5.1
두 시험 점수의 분포. 두 분포의 평균(μ)은 70점이지만 표준편차(σ)는 각각 3과 12로 다르다. 두 분포에서 76점의 위치는 매우 다르다.

진다. ■

앞의 예제에서 보았듯이 점수만으로 분포 내에서의 위치를 알기에는 정보가 많이 부족하다. 직접적으로 측정된 점수를 **원점수**(raw score)라고 부른다. 원점수를 더 의미 있고 더 많은 정보를 포함하는 새로운 점수로 변환할 수 있다. z 점수가 대표적이며 분포 내에서 원점수의 정확한 위치를 알려 준다.

z 점수의 또 다른 목적은 전체 분포를 **표준화**하는 것이다. 표준 분포의 대표적인 예가 IQ 점수이다. 다양한 IQ 검사가 있지만 검사 점수는 평균 100, 표준편차 15로 표준화된다. 따라서 다른 검사라고 하더라도 IQ 점수의 위치를 알 수 있고 비교할 수 있다. 예를 들어, 어떤 IQ 검사라고 하더라도, IQ 점수가 95점이라면 평균보다 약간 낮은 점수이지만 145점은 매우 높은 점수이다. 일반적으로 표준화 과정을 통해 다른 분포들을 동일하게 만들 수 있다. 표준화 과정의 장점은 표준화 전에 매우 다른 분포였다고 할지라도 분포를 비교할 수 있게 해 준다는 것이다.

요약하면, X값을 z 점수로 표준화하는 것은 두 가지 유용한 목적을 가지고 있다.

1. 각 z 점수는 분포 내에서의 X값의 정확한 위치를 알려 준다.
2. z 점수로 표준화된 분포는 다른 분포들을 직접적으로 비교할 수 있도록 해 준다.

이러한 목적들에 대해서는 다음 절에 구체적으로 제시되어 있다.

5-2 분포에서 z 점수와 위치

학습 목표(Learning Objectives)

1. z 점수가 모집단과 표본 분포에서 어떻게 정확한 위치를 알려 주는지 설명할 수 있다.
2. z 점수 공식을 통해 X값을 z 점수로, z 점수를 X값으로 변환할 수 있다.

z 점수의 주요 목적 중 하나는 분포 내에서 한 점수의 정확한 위치를 기술하는 것이다. z 점수를 +, − 값으로 변환하면,

1. 부호는 각 점수가 평균보다 높은지 낮은지를 알려 준다.
2. 숫자는 평균으로부터 몇 표준편차 떨어져 있는지 그 거리를 알려 준다.

$\mu = 100$, $\sigma = 15$의 IQ 분포에서 130점은 $z = +2.00$으로 변환된다. 이 z 점수는 원점수가 평균 이상이고 2 표준편차(30점)의 거리에 있다는 것을 알려 준다.

z 점수는 분포 내에서 한 점수의 정확한 위치를 알려 준다. +, − 부호는 각 점수가 평균보다 높은지 낮은지를 알려 주고, 숫자는 점수가 평균으로부터 몇 표준편차 떨어져 있는지 나타낸다.

z 점수는 두 부분으로 구성된다. 즉, 부호(+, −) 그리고 크기(숫값)이다. 분포 내에서 원점수의 정확한 위치를 기술하기 위해 두 부분이 필요하다.

z 점수와 관련된 문제를 풀 때 항상 그림 5.2를 떠올려 보는 것이 좋다. 모든 분포가 정규분포는 아니지만, 모집단에서의 z 점수를 사용할 때 정규분포를 사용할 것이다.

그림 5.2는 모집단 분포에서 다양한 z 점수를 보여 주고 있다. 평균보다 큰 z 점수는 +, 평균보다 작은 z 점수는 − 부호를 보인다. z 점수의 부호를 통해 그 점수가 평균보다 큰지 작은지 바로 알 수 있다. 그리고 z 점수 +1.0은 정확히 +1 표준편차에, z 점수 +2.0은 정확히 +2 표준편차에 위치하고 있다. z 점수의 숫값은 평균으로부터의 표준편차값을 알려 준다. 마지막으로, **그림 5.2**에는 모평균 또는 표준편차의 값이 제시되지 않았다. z 점수가 알려 주는 위치 정보는 분포에서 보이는 평균 또는 표준편차에 관계없이 모든 분포에 대해 동일하다.

그림 5.1에 표시된 두 가지 분포에서 z 점수를 사용하여 각 분포 내에서 76점의 위치를 다음과 같이 설명할 수 있다.

> 표준편차가 3인 **그림 5.1**(a)에서 76의 z 점수는 +2.00이다. 즉, 76점은 평균에서 정확히 2 표준편차만큼 위에 위치한다.
>
> 표준편차가 12인 **그림 5.1**(b)에서 76점의 z 점수는 +0.50이다. 이 분포에서 76점은 정확히 $\frac{1}{2}$ 표준편차만큼 평균 위에 위치한다.

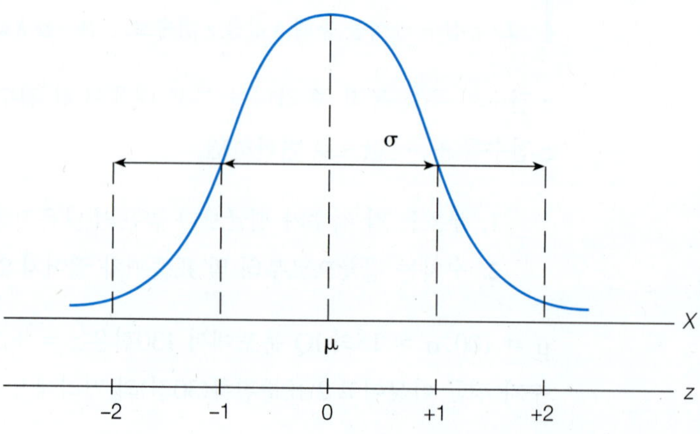

그림 5.2
모집단 분포에서 z 점수와 위치 간의 관계

■ 모집단에서 z 점수 계산하기

z 점수의 정의를 바탕으로 원점수를 z 점수로, z 점수를 원점수로 변환할 수 있다. 원점수와 z 점수의 관계는 간단한 공식으로 표현될 수 있고, 이 공식은 계산을 구조화하는 데 도움이 된다. 원점수를 z 점수로 변환하는 공식은 다음과 같다.

$$z = \frac{X - \mu}{\sigma} \tag{5.1}$$

$X - \mu$는 편차 점수(deviation score)이다(4장 108쪽 참조). 편차에서 부호는 평균보다 큰지 작은지를 알려 주고, 숫자는 평균으로부터 떨어진 거리를 알려 준다. z 점수는 표준편차 단위에서 거리를 측정하는 것으로 이 편차 점수를 σ로 나눈다. 이 공식은 z 점수 정의를 정확히 반영하고 있고 계산을 구조화해 준다. 다음 예를 통해 z 점수 공식의 사용법을 알아보자.

예제 5.2 $\mu = 100$, $\sigma = 10$인 점수 분포에서 130점에 해당하는 z 점수는? z 점수 정의에 따르면 130점은 평균보다 3 표준편차 큰 점수로, +3이다. z 점수 공식을 활용하면 다음과 같은 결과를 얻을 수 있다.

$$z = \frac{X - \mu}{\sigma} = \frac{130 - 100}{10} = \frac{30}{10} = 3.00$$

공식을 활용했을 때에도 정확히 z 점수의 정의를 활용한 것과 동일한 결과가 산출된다.■

예제 5.3 $\mu = 86$, $\sigma = 7$인 점수 분포에서 95점에 해당하는 z 점수는?

이 예제는 앞의 예제보다 좀 더 어렵다. z 점수의 정의를 통해 값을 구하는 것보다 공식을 사용하는 것이 더 쉽다.

$$z = \frac{X - \mu}{\sigma} = \frac{95 - 86}{7} = \frac{9}{7} = 1.29$$

95점의 z 점수는 1.29이며, 이 z 점수는 평균에서 1 표준편차보다 살짝 더 큰 점수라는 것을 알려 준다. ■

z 점수 공식을 사용할 때 z 점수의 정의도 함께 고려하는 것이 좋다. 예제 5.3에서 95점의 z 점수는 1.29였다. z 점수 정의를 활용하면 95점은 평균보다 9점 큰 점수이고 1 표준편차($\sigma = 7$)보다 살짝 높은 점수이다. 따라서 부호는 +이고 1보다 조금 큰 값이라는 것을 알 수 있다. 이를 통해 공식을 활용해 계산된 값이 정확한지 판단할 수 있다. 예를 들어, 공식을 통해 0.78이라는 z 점수를 얻었다면 이는 z 점수 정의와 일치하지 않는다. 따라서 z 점수를 계산할 때 정의를 염두에 두면 오류를 줄일 수 있다.

■ z 점수를 원점수로 변환하기

z 점수 공식을 통해 원점수를 z 점수로 쉽게 변환할 수 있지만, 반대로 z 점수를 원점수로 변환시켜야 할 때도 있다. 새로운 공식보다는 기존의 공식을 활용하는 것이 더 쉽다. z 점수가 평균으로부터 원점수가 어떤 방향으로 어느 정도에 위치하는지를 알려 준다는 점을 활용하여 변환할 수도 있다. 하지만 다음 공식을 사용하면 원점수로 쉽게 변환할 수 있다.

$\mu = 60, \sigma = 8$인 모집단에서 $z = -1.5$에 해당하는 점수는 얼마인가?

우선 z 점수를 통해 원점수가 평균으로부터 1.5 표준편차 떨어져 있다는 것을 알 수 있다. 표준편차가 8이므로 1.5(8) = 12이다. 다음으로 −이기 때문에 평균보다 12점 작은 점수이다. 평균이 60이기 때문에 구하는 점수는 다음과 같다.

$$X = \mu - 12 = 60 - 12 = 48$$

이를 바탕으로 공식을 산출하면 다음과 같다.

$$X = \mu + z\sigma \tag{5.2}$$

이 공식에서 $z\sigma$는 X의 편차로, 평균으로부터의 방향과 거리를 알려 준다. 이 문제에서 $z\sigma = (-1.5)(8) = -12$이다. 공식 5.2에서는 X를 구하기 위해 간단하게 평균과 편차를 활용했다.

마지막으로 공식 5.1과 5.2는 같은 공식의 두 가지 버전이라는 것을 알아 두자.

■ 표본에서 z 점수 계산하기

모집단에서의 z 점수를 구하는 원리는 표본에서도 동일하다. z 점수를 구하기 위해 표본 평균과 표준편차를 사용한다.

1. z 점수의 부호는 X값이 표본 평균보다 높은지 낮은지를 알려 준다.
2. z 점수의 값은 표준편차의 값을 통해 표본 평균으로부터 떨어진 거리를 알려 준다.

표본에서 X값을 z 점수로 변환하는 공식은 다음과 같다.

$$z = \frac{X - M}{s} \tag{5.3}$$

유사하게 z 점수를 X값으로 변환하는 공식은 다음과 같다.

$$X = M + zs \tag{5.4}$$

표본과 모집단에서의 공식이 동일하다. 다만 모수 μ, σ 가 아닌 M과 s를 사용한다는 것만 다르다.

예제 5.4 $M = 40$, $s = 10$인 표본에서 $X = 35$점에 해당하는 z 점수는? 그리고 $z = +2.0$에 해당하는 점수는?

35점은 평균으로부터 5점 떨어져 있고 정확히 표준편차의 절반이다. z 점수의 정의에 근거하여 해당되는 z 점수는 -0.50이다. 공식 5.3을 사용했을 때 $X = 35$점의 z 점수는 다음과 같다.

$$z = \frac{X - M}{s}$$

$$= \frac{35 - 40}{10} = \frac{-5}{10} -0.50$$

$z = +2.0$은 평균으로부터 2 표준편차 위에 위치한다. $s = 10$이기 때문에 거리는 20이다. 평균보다 큰 값이기 때문에 $X = 60$이다. 공식 5.4를 사용하면 다음의 계산을 얻는다.

$$X = M + zs = 40 + 2.00(10) = 40 + 20 = 60$$ ■

학습 점검

학습 목표 1 **1.** 분포에서 $z = -2.00$에 해당하는 점수는?

a. 평균보다 2점 높은 점수

b. 평균으로부터 2 표준편차만큼 높은 점수

c. 평균보다 2점 낮은 점수

d. 평균으로부터 2 표준편차만큼 낮은 점수

학습 목표 2 **2.** $\mu = 80$, $\sigma = 12$인 모집단 분포에서 $X = 92$에 해당하는 z 점수는?

a. +0.50

b. +1.00

c. +1.20

d. +12.00

학습 목표 3 **3.** $M = 72, s = 4$인 표본 분포에서 $z = -2.00$에 해당하는 X값은?

a. $X = 70$

b. $X = 68$

c. $X = 64$

d. $X = 60$

정답 **1. d** **2. b** **3. c**

5-3 z, X, 평균, 표준편차 간의 관계

학습 목표(Learning Objectives)

3. z 점수가 X, 평균, 표준편차와 어떤 관계에 있는지를 설명할 수 있고, z 점수와 X, 표준편차가 주어졌을 때 평균을 어떻게 구할 수 있는지, 그리고 z 점수와 X, 평균이 주어졌을 때 표준편차를 어떻게 구할 수 있는지 설명할 수 있다.

대부분 X값과 z 점수를 상호 쉽게 변환할 수 있다. 그리고 z 점수는 원점수와 평균, 표준편차와 관련이 있기 때문에 이 관계를 통해 다양한 문제들의 답을 구할 수 있다.

다음 두 문제를 보자.

예제 5.5 $\mu = 65$인 모집단 분포에서 59점에 해당하는 z 점수가 -2.00이다. 모집단 분포에서 표준편차는?

z 점수 -2.00은 59점이 평균으로부터 2 표준편차만큼 낮은 점수라는 것을 알려 준다. 그리고 59점과 평균 간의 차이는 6이다. 따라서 2 표준편차가 6점이기 때문에 1 표준편차는 $\sigma = 3$이다. ■

동일한 과정이 표본 자료에서도 사용된다.

예제 5.6 $s = 6$인 표본 분포에서, 33점의 z 점수가 $+1.50$이다. 이 표본의 평균은?

z 점수, $+1.50$은 평균으로부터 1.5 표준편차만큼 높은 점수라는 것을 알려 준다. 표준편차가 6이기 때문에 $1.5 \times 6 = 9$점이다. 따라서 33점은 평균보다 9점 높은 점수이고 평균 $M = 24$이다. ■

위의 두 문제와 관련된 분포를 생각해 본다면 더 이해하기 쉽다. 예제 5.5의 경우

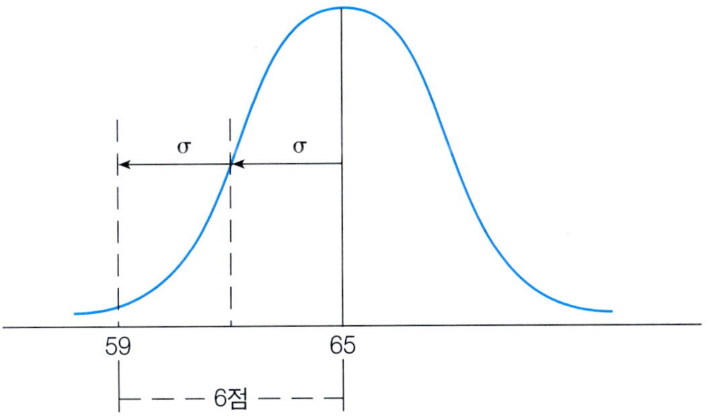

그림 5.3
예제 5.5의 물음에 대한 분포 그림. 2 표준편차가 6점에 대응하면 1 표준편차는 3점이다.

그림 5.3과 같이 비록 표준편차값은 모르지만 μ = 65인 정규분포를 바탕으로 1 표준편차씩 평균보다 낮은 방향으로 화살표를 그려 본다면 −2 표준편차에 해당하는 값이 59점이 된다. 59점은 평균과 6점 차이가 있고 6점이 2 표준편차에 해당하기 때문에 1 표준편차는 3점이 된다.

유사한 문제들은 이와 같은 방법으로 더 쉽게 이해할 수 있다. z 점수 정보를 평균과 표준편차를 구하는 데 사용할 수 있다.

예제 5.7 모집단 분포에서 54점에 해당하는 z 점수는 +2.0이고 42점의 z 점수는 −1.0이다. 이 모집단의 평균과 표준편차는? **그림 5.4**와 같은 분포 그림을 떠올리면 이러한 문제를 쉽게 이해할 수 있다.

이 문제의 핵심은 두 점수들 간의 거리를 파악하는 것이다. 거리는 표준편차로 측

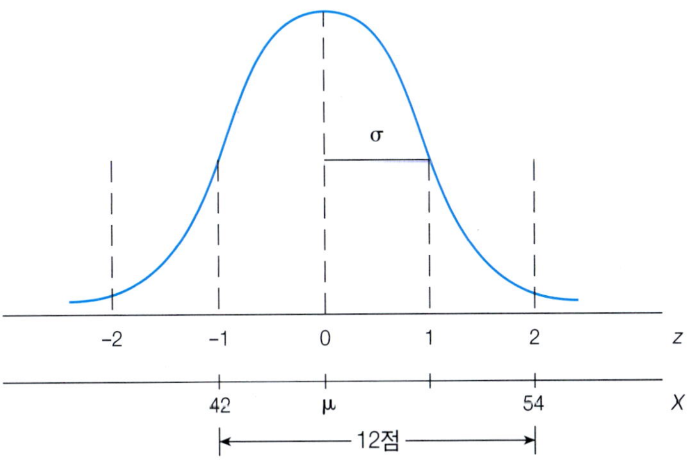

그림 5.4
예제 5.7에 대한 분포 그림. 42점과 54점의 차이는 12점이고 3 표준편차에 해당한다. 따라서 1 표준편차는 4점이고 42점은 평균보다 1 표준편차 아래에 있기 때문에 평균은 46이다.

정된다. 42점은 평균보다 1 표준편차 아래에, 54점은 평균보다 2 표준편차 위에 위치한다. 두 점수 간의 전체 거리는 3 표준편차이다. 두 점수 차이는 12점이기 때문에 등식은 다음과 같다.

$$3\sigma = 12\text{점}$$

계산하면 다음과 같다.

$$\sigma = 4\text{점}$$

결국 42점은 평균보다 1 표준편차 아래에 위치하고 $\sigma = 4$이기 때문에 평균 $\mu = 46$이고 표준편차 $\sigma = 4$이다. ■

이해를 돕기 위해 예제 5.7과 유사한 다음 문제를 풀어 보자.

예제 5.8 64점의 z 점수가 0.50이고 72점의 z 점수가 1.5인 표본 분포가 있다. 표본의 평균과 표준편차는 얼마인가? 정답은 $M = 60$, $s = 8$이다. ■

학습 점검

학습 목표 3 **1.** $\mu = 60$인 모집단 분포에서 58점의 z 점수는 -0.50이다. 표준편차는 얼마인가?

a. 1

b. 2

c. 4

d. 추가 정보가 필요하다.

학습 목표 3 **2.** $s = 8$의 표본 분포에서, 64점의 z 점수는 -0.50이다. 평균은 얼마인가?

a. $M = 56$

b. $M = 60$

c. $M = 68$

d. $M = 72$

학습 목표 3 **3.** 모집단 분포에서 45점의 z 점수는 $+2.00$, 30점의 z 점수는 -1.00이다. 평균은 얼마인가?

a. 30

b. 35

c. 37.5

d. 40

학습 목표 3 **4.** 표본에서 70점의 z 점수는 $+2.00$, 65점의 z 점수는 $+1.00$이다. 평균과 표준편차는 얼마인가?

a. $M = 60, s = 5$

b. $M = 60, s = 10$

c. $M = 50, s = 10$

d. $M = 50, s = 5$

정답 **1. c 2. c 3. b 4. a**

5-4 분포의 표준화를 위한 z 점수 사용

학습 목표(Learning Objectives)

4. 점수 전체를 z 점수로 변환하는, 즉 분포를 표준화하는 효과에 대해 기술하고 이렇게 표준화하는 것의 장점을 설명할 수 있다.

■ 모집단 분포

모집단의 모든 X값을 z 점수로 변환할 수 있다. 이러한 과정을 거치면 기존 분포는 z 점수 분포가 된다(그림 5.5). z 점수 분포는 z 점수 변환(z-score transformation)이 매우 유용한 도구임을 보여 주는 특징들을 가지고 있다. 구체적으로, 모든 X가 z 점수로 변환되어 얻어진 z 점수의 분포는 다음과 같은 속성을 지닌다.

1. **모양** z 점수 분포 모양은 원점수 분포 모양과 동일하다. 예를 들어, 원점수 분포가 부적으로 편포되었다면 z 점수 분포도 동일하게 부적으로 편포된다. 원점수 분포가 정규분포라면 z 점수 분포도 동일하게 정규분포이다. 각 원점수를 z 점수로 변환해도 각 점수의 분포 내 위치는 변하지 않는다. 예를 들어, 한 점수가 평균보다 $+1.00$ 표준편차 위에 있으면 z 점수는 $+1.00$이고 여전히 평균보다 $+1$ 표준편차 위에 있다. 원점수를 z 점수로 변환해도 위치는 변하지 않고 단순히 값만 바뀌는 것이다(그림 5.5 참조). 각 점수는 동일한 위치에 있기 때문에 분포의 모양이 변하지 않는다.

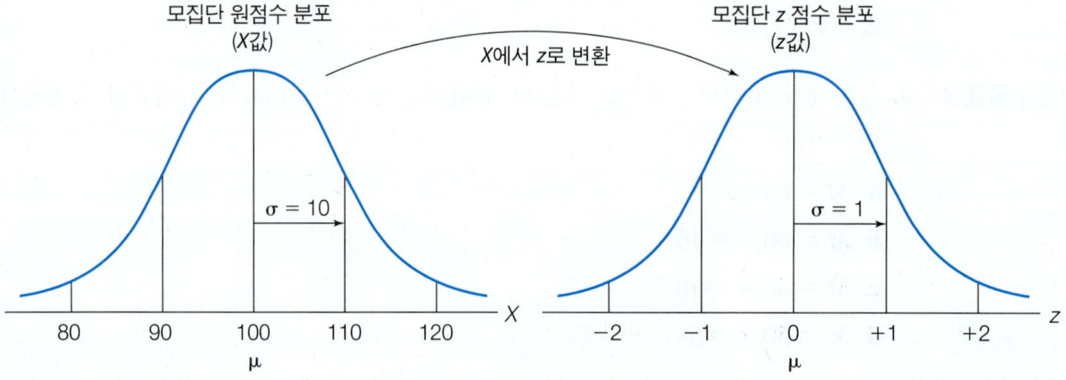

그림 5.5
전체 점수들이 z 점수로 변환되어도 분포의 모양은 변하지 않는다. 다만 평균은 0으로, 표준편차는 1로 바뀐다.

2. **평균** z 분포의 평균은 항상 0이다. 그림 5.5에서 원점수 분포의 평균 $\mu = 100$을 z 점수로 변환하면 결과는 다음과 같다.

$$z = \frac{X - \mu}{\sigma} = \frac{100 - 100}{10} = 0$$

따라서 원래의 모집단 분포의 평균은 z 점수 분포의 평균인 0으로 변환된다. 평균 0은 평균이 편리한 참조점이 되게 해 준다. + 점수는 평균보다 높은 점수라는 것을, − 점수는 평균보다 낮은 점수라는 것을 알려 준다. 즉, z 점수 분포에서 $\mu =$ 0이다.

3. **표준편차** z 점수 분포에서 표준편차는 항상 1이다. 그림 5.5에서 원점수 분포의 $\mu = 100$, $\sigma = 10$이다. 이 분포에서 110점은 평균보다 10점 높고 1 표준편차 위에 있다. 110점을 z 점수로 변환하면 +1.00이고 동일하게 평균보다 1 표준편차 위에 위치한다. 따라서 원점수 분포에서 표준편차 10은 z 점수 분포에서 1로 변환된다. 표준편차가 1로 변환되었을 때의 장점은 z 점수의 숫자가 평균으로부터 몇 표준편차 떨어져 있는지와 동일하다는 것이다. 예를 들어, z 점수가 1.50이면 원점수는 평균으로부터 정확히 1.50 표준편차에 떨어져 있다.

그림 5.5에는 원점수 분포가 z 점수 분포로 변환되는 과정이 제시되어 있다. 사실, 완전히 새로운 분포를 만들 필요는 없다. 대신 z 점수로의 전환은 단순히 재표기(relabeling)하는 것이다. 즉, z 점수 분포로 변환된 후에도 여전히 같은 분포 모양을 보이고 단지 각 원점수가 아닌 z 점수로 표기된다. 그림 5.6에 동일 분포에서 두 표기의 개념이 제시되어 있다. 한 선에 표기된 원점수는 다른 선에 표기된 z 점수와 상응한다. z 점수

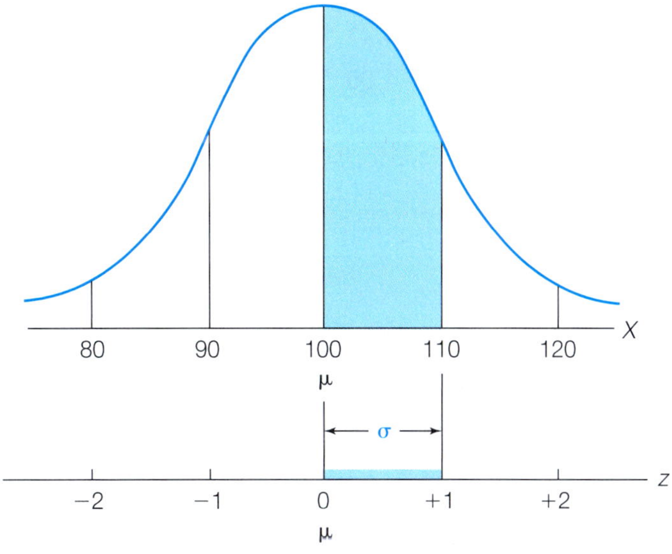

그림 5.6
z 점수 변환에 따라, X축은 z 점수 단위로 재표기된다. X축에서의 1 표준편차만큼의 거리($\sigma = 10$)는 z 분포의 1점에 상응한다.

분포에서 평균은 0이고 표준편차는 1이다.

■ 표본 분포

표본의 모든 점수들이 z 점수로 변환된다면 z 점수 표본 분포가 된다. 변환된 z 점수 분포는 모집단의 z 점수 분포와 동일한 속성을 가진다. 구체적으로는 다음과 같다.

1. z 점수 표본 분포는 원래의 표본 분포의 모양과 동일하다.
2. z 점수 표본 분포의 평균은 0이다. $M_z = 0$.
3. z 점수 표본 분포의 표준편차는 1이다. $s_z = 1$.

z 점수 표본 분포는 여전히 표본으로 간주되고 분산과 표준편차 계산 공식도 표본의 공식을 사용한다. 다음의 예시는 표본 점수를 z 점수로 변환하는 과정을 증명해 주고 있다.

예제 5.9

X	z
0	−1.50
2	−0.50
4	+0.50
4	+0.50
5	+1.00

0, 2, 4, 4, 5로 구성된 표본에서 평균은 $M = 3$이고, 분산은 $s^2 = 4$, 표준편차는 $s = 2$이다. 평균과 표준편차를 활용하여 각 점수를 z 점수로 변환할 수 있다. 예를 들어, 5는 평균보다 2점 높고 평균으로부터 1 표준편차만큼 위에 있어 z 점수는 1이다. 전체 자료의 z 점수는 왼쪽의 표와 같다.

z 점수의 합은 0($\Sigma z = 0$)이고, 따라서 z 점수 평균도 0($M_z = 0$)이다.

평균이 0이기 때문에 각 z 점수가 편차값이다. 따라서 z 점수의 제곱합은 편차의 제곱합과 같다. 표본 z 점수를 가지고 계산하면 다음과 같다.

$$SS = \sum z^2 = (-1.50)^2 + (-0.50)^2 + (+0.50)^2 + (+0.50)^2 + (+1.00)^2$$
$$= 2.25 + 0.25 + 0.25 + 0.25 + 1.00$$
$$= 4.00$$

z 점수의 집합은 표본으로 간주되기 때문에 분산을 계산할 때에는 표본에서의 계산 원칙인 $df = n - 1$을 적용한다.

z 점수 표본의 분산은 다음과 같다.

$$s_z^2 = \frac{SS}{n-1} = \frac{4}{4} = 1.00$$

z 점수 표본의 표준편차는 $s_z = \sqrt{1.00} = 1.00$이다. 언제나 z 점수 분포 평균은 0, 표준편차는 1이다. ■

■ 비교를 위한 z 점수의 활용

어떤 분포도 z 점수로 변환될 수 있고, z 점수 분포의 평균은 항상 0, 표준편차는 1이다. z 점수 분포의 평균과 표준편차가 같기 때문에 z 점수 분포를 **표준화된 분포**라고 부른다.

> **표준화된 분포**(standardized distribution)는 미리 결정된 평균과 표준편차를 가진 새로운 분포를 만드는 점수들로 구성되어 있다. 표준화된 분포는 상이한 분포들을 비교하는 데 사용된다.

z 점수 분포는 평균이 0 표준편차가 1인 표준화된 분포의 한 예이다. 즉, 어떤 자료의 분포도 z 점수로 변환되면 평균은 0, 표준편차는 1이 된다. 표준화한 분포의 한 가지 이점은 완전히 다른 분포에서 자료들이 표집되었다고 하더라도 다른 점수들을 비교할 수 있다는 것이다. 보통, 서로 다른 두 분포의 두 점수를 직접적으로 비교하는 것은 불가능하다. 예를 들어, 심리학 시험에서는 60점, 생물학 시험에서는 56점을 받았다. 어느 과목에서 더 높은 학점을 받을까?

서로 다른 분포의 점수이기 때문에 직접 비교할 수는 없다. 추가적인 정보가 없다면 두 시험 점수가 평균보다 높은지 낮은지 알 수 없다. 비교를 위해서는 각 분포의 평균과 표준편차를 알아야 한다. 생물학 시험 점수의 평균이 48, 표준편차는 4, 그리고 심리학 시험 점수의 평균이 50, 표준편차는 10이라고 가정해 보자. 이 정보를 통해 두 시험 점수의 분포를 추측할 수 있고 각 분포에서 두 시험 점수를 비교할 수 있다.

분포를 그려서 각 시험 점수를 표시하기보다는 z 점수를 계산해 보자. 심리학 점수의 z 점수는 다음과 같다.

$$z = \frac{X - \mu}{\sigma} = \frac{60 - 50}{10} = \frac{10}{10} = +1.0$$

생물학 z 점수는 다음과 같다.

$$z = \frac{56 - 48}{4} = \frac{8}{4} = +2.0$$

생물학 점수가 평균보다 2 표준편차 높은 점수이다. 한편 심리학은 1 표준편차 높은 점수이다. 상대적으로 생물학을 더 잘했다.

서로 다른 평균과 표준편차를 가진 분포에서 선택된 두 시험 점수를 직접적으로 비교할 수는 없다. 하지만 z 점수 분포는 동일한 평균과 표준편차를 가지고 있기 때문에 비교가 가능하다.

학습 점검

학습 목표 4 **1.** $\mu = 80, \sigma = 15$인 모집단 분포를 z 점수로 변환했다. 변환 후 이 z 점수 모집단의 평균은 다음 중 어느 것인가?

a. $\mu = 80$

b. $\mu = 1.00$

c. $\mu = 0$

d. 추가 정보가 필요하다.

학습 목표 4 **2.** $M = 50, s = 12$의 표본 분포를 z 점수로 변환했다. 변환 후 이 z 점수 표본의 표준편차는 다음 중 어느 것인가?

a. 0

b. 1

c. $n - 1$

d. n

학습 목표 4 **3.** 원점수를 z 점수로 변환했을 때의 이점은 무엇인가?

a. 모든 − 점수들이 제거된다.

b. 정규분포가 된다.

c. 모든 점수들이 평균 근처로 이동한다.

d. 정답이 없다.

학습 목표 4 **4.** Sarah는 지난주에 수학과 스페인어 시험을 봤다. 수학 시험 평균은 30점, 표준편차는 5이고 Sarah의 점수는 45점이었다. 스페인어 시험은 평균이 60점, 표준편차가 6이고, Sarah는 65점을 받았다. Sarah가 더 나은 성적을 받을 것으로 기대되는 과목은 무엇인가?

a. 수학

b. 스페인어

c. 두 시험 점수가 동일한 위치이기 때문에 동일한 성적을 받는다.

d. 추가 정보가 필요하다.

정답 **1.** c **2.** b **3.** d **4.** a

5-5 *z* 점수에 기반한 다른 표준 분포

학습 목표(Learning Objectives)

5. *z* 점수를 활용하여 특정 평균과 표준편차를 가진 표준화된 분포로 전환할 수 있다.

■ *z* 점수를 특정 평균과 표준편차를 가진 분포로 전환

z 점수 분포의 이점이 있지만 음수와 소수 때문에 많은 사람들이 어려움을 경험한다. 이러한 이유로 사전에 정의된 평균과 표준편차를 가지고 모두 양의 정수로 구성된 새로운 분포로 표준화한다. 새 분포의 목표는 분포 내 개별 점수들의 위치는 변하지 않으면서 쉬운 평균과 표준편차를 갖는 분포를 만드는 것이다. 이러한 형태의 표준화된 점수는 심리 또는 교육 분야 검사에 자주 사용된다. 예를 들어, 학업 적성 검사(Scholastic Aptitude Test)의 원점수는 평균 500, 표준편차 100의 표준화된 분포로 전환된다. 지능 검사 점수는 평균 100, 표준편차 15의 분포로 변환된다. 대부분의 지능 검사는 동일한 평균과 표준편차를 가지도록 표준화되어 있기 때문에 서로 다른 검사 점수라고 하더라도 비교가 가능하다.

새로운 평균과 표준편차를 가진 분포로 표준화하는 절차는 모집단과 표본 모두 두 단계를 거친다.

1. 원점수를 *z* 점수로 변환한다.

2. 특정 평균과 표준편차를 얻을 수 있도록 *z* 점수를 새로운 점수로 변환한다.

이러한 과정을 거친 후에도 원점수 분포에서의 각 점수의 위치는 새로운 분포에서도 동일하다. 모집단을 대상으로 한 다음의 예를 통해 증명해 보자.

예제 5.10 심리학 시험을 봤더니 $\mu = 57, \sigma = 14$였다. 시험 점수들을 $\mu = 50, \sigma = 10$의 새로운 표준화된 분포로 변환하고 싶다. 이 과정을 증명하기 위해 Maria($X = 64$)와 Joe($X = 43$)의 점수를 활용해 보자.

1단계 각 원점수를 z 점수로 변환한다.
Maria의 경우 64점이고 z 점수는 다음과 같다.

$$z = \frac{X - \mu}{\sigma} = \frac{64 - 57}{14} = +0.5$$

Joe의 경우 43점이고 z 점수는 다음과 같다.

$$z = \frac{X - \mu}{\sigma} = \frac{43 - 57}{14} = -1.0$$

주의: z 점수 변환 시 원점수 분포의 μ, σ 값을 사용한다.

2단계 각 z 점수를 $\mu = 50, \sigma = 10$의 새로운 표준화된 분포의 X값으로 변환한다.

Maria의 z 점수는 +0.50으로 평균으로부터 $\frac{1}{2}$ 표준편차 위에 위치해 있고, 새로운 분포에서 55점(평균보다 5점 높음)에 상응한다.

Joe의 z 점수는 −1.00으로 평균으로부터 1 표준편차 아래에 위치해 있고, 새로운 분포에서 40점(평균보다 10점 낮음)에 상응한다.

표 5.1 한 분포가 표준화될 때 두 개별 점수의 변화 과정 증명. 예제 5.10 참조.

	원점수 분포 $\mu = 57, \sigma = 14$		z 점수 위치		표준화된 점수 분포 $\mu = 50, \sigma = 10$
Maria	$X = 64$	→	$z = +0.50$	→	$X = 55$
Joe	$X = 43$	→	$z = -1.00$	→	$X = 40$

2단계 변환 과정이 표 5.1에 요약되어 있다. 예를 들어, Joe의 경우 원점수 분포와 새 표준화된 분포에서 동일한 $z = -1.00$에 위치한다. 이는 다른 학생들과 비교했을 때 Joe의 상대적 위치는 동일하다. ■

그림 5.7은 분포를 표준화하더라도 개별 점수의 상대적 위치는 변하지 않는다는 또 다른 증명을 보여 주고 있다. 이 그림에서 예제 5.10과 같이 $\mu = 57, \sigma = 14$의 원점수 분포가 제시되어 있고 Joe의 점수는 43점이었다. 원점수 외에 두 번째 척도에 z 점수값

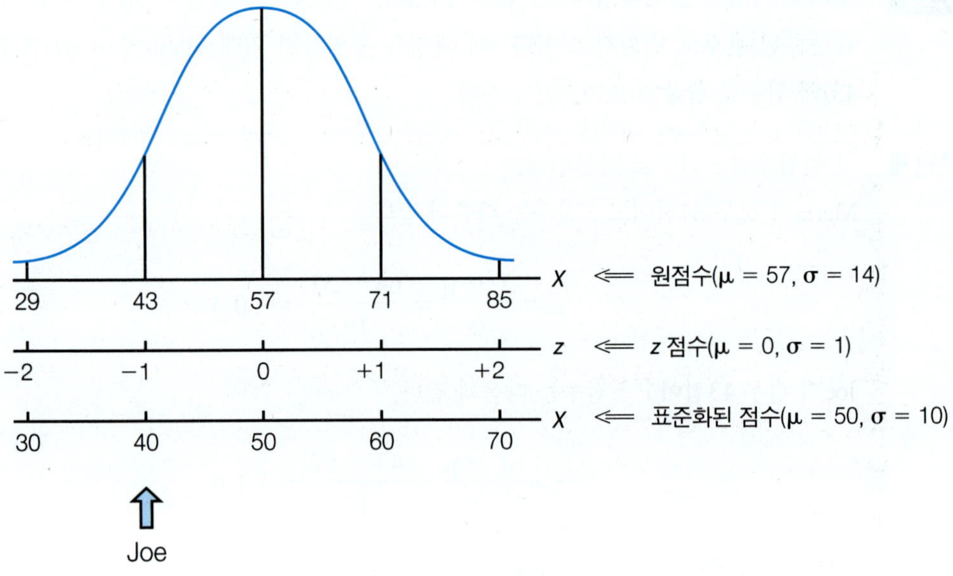

그림 5.7
예제 5.10의 점수 분포. 원점수 분포가 $\mu = 50, \sigma = 10$의 분포로 표준화되었다. 개인들의 원점수, z 점수, 표준화된 점수를 확인할 수 있다. Joe의 원점수는 43점, z 점수는 −1.00, 표준화된 점수는 40이다.

들이 제시되어 있고 Joe의 z 점수는 −1.00에 위치하고 있다. 마지막으로 세 번째 척도에서는 $\mu = 50, \sigma = 10$으로 표준화된 점수가 제시되어 있다. Joe의 점수는 40점이지만 위치는 모든 분포에서 동일하다는 것을 알 수 있다. 유일하게 변하는 것은 Joe의 점수값으로 원점수는 43점, z 점수는 −1.00, 표준화된 분포에서는 40이다.

학습 점검

학습 목표 5 **1.** $\mu = 63, \sigma = 8$인 분포를 $\mu = 50, \sigma = 10$의 새로운 분포로 표준화한다면 원점수 분포에서 59점은 새로운 분포에서 몇 점인가?

a. 동일하게 59

b. 45

c. 46

d. 55

학습 목표 5 **2.** $\mu = 35, \sigma = 8$인 분포를 $\mu = 50, \sigma = 10$의 새로운 분포로 표준화한다면 원점수 분포에서 39점은 새로운 분포에서 몇 점인가?

a. $X = 54$
b. $X = 55$
c. $X = 1.10$
d. 추가적인 정보가 필요하다.

학습 목표 5 3. z 점수를 활용하여 $M = 37, s = 6$의 표본을 $M = 50, s = 10$의 분포로 표준화했다. 원 분포에서의 z 점수와 비교했을 때 새 분포에서 개인의 z 점수는 어떻게 변하는가?
a. 새 분포 z = 원 분포 z +130
b. 새 분포 $z = \frac{10}{6}$(원 분포 z)
c. 새 분포 z = 원 분포 z
d. 주어진 정보만으로는 알 수 없다.

정답 1. b 2. b 3. c

5-6 추론 통계 미리 보기

학습 목표(Learning Objectives)

6. 표본으로부터 모집단을 추론할 때 z 점수를 사용하는 것이 연구자에게 어떤 도움을 줄 수 있는지 설명할 수 있다.

추론 통계는 표본 정보를 활용하여 모집단에 대한 질문에 답하는 기법들이다. 이후 장에서 연구 결과 해석에 추론 통계를 사용할 것이다. 일반적으로 연구는 모집단의 개인들에게 처치가 어떤 영향을 미칠 것인지에 대한 질문으로 시작한다. 모집단 전체를 연구하는 것은 보통 불가능하기 때문에 연구자는 표본을 선택하고 처치를 제공한다. 이러한 일반적인 연구 상황이 **그림 5.8**에 제시되어 있다. 처치의 효과를 평가하기 위해, 연구자는 처치를 받은 표본과 모집단을 비교한다. 표본의 개인들이 현저하게 모집단의 개인들과 다르다면 연구자는 처치의 효과가 있다는 증거를 얻게 된다. 하지만 표본이 모집단과 크게 다르지 않다면 처치의 효과가 없는 것이다.

표본이 모집단과 얼마나 확연히 다른지에 따라 연구 결과의 해석이 달라진다는 것에 주목할 필요가 있다. 현저한 차이 여부를 결정하는 한 가지 기법은 z 점수를 사용하는 것이다. 예를 들어, 한 개인의 z 점수가 모집단의 중심인 0 근처에 위치한다면 매우

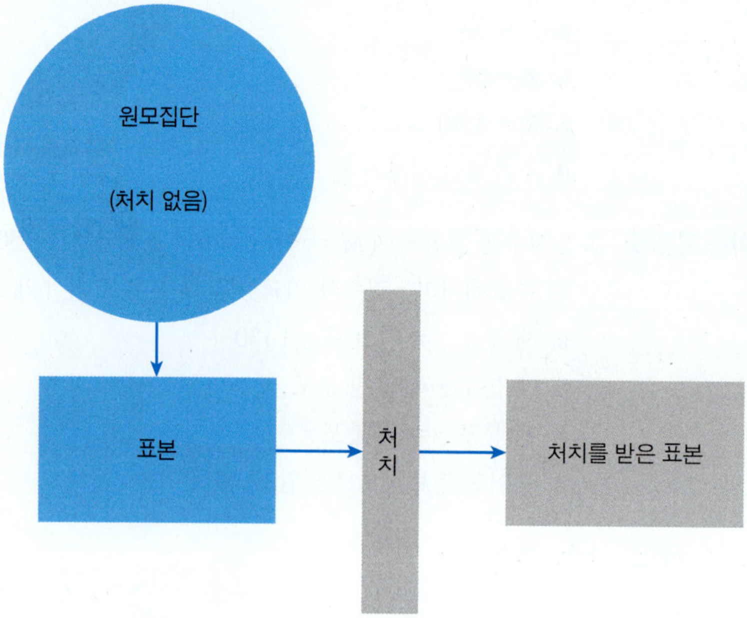

그림 5.8
연구 다이어그램. 연구의 목표는 처치의 효과를 평가하는 것이다. 모집단에서 표본이 선택되고 처치를 제공한다. 처치 후에 표본의 개인들이 모집단의 개인들과 현저히 다르다면, 연구자는 처치의 효과가 있다는 증거를 얻게 된다.

전형적인 또는 대표적인 개인으로 간주된다. 하지만 +2.00, −2.00을 넘는 극단적인 z 점수를 보인다면 모집단 내 대부분의 개인들과 현저한 차이를 보이는 개인이다. 따라서 처치가 변화를 유발했는지를 결정할 때 z 점수를 사용할 수 있다. 구체적으로 만약 처치를 받은 개인들이 극단적인 z 점수를 보인다면 그 처치의 효과가 있다고 결론 내릴 수 있다. 이 과정에 대한 예를 살펴보자.

예제 5.11 한 연구자가 새로운 성장 호르몬의 효과를 평가하고 있다. 보통 성숙한 쥐의 무게 평균은 400g이고 표준편차는 20g이다. 모집단 분포가 **그림 5.9**에 제시되어 있다. 이 분포는 처치를 받지 않은 보통 쥐들의 무게 분포이다. 연구자가 새로 태어난 쥐 한 마리를 골라 성장 호르몬을 주사했다. 쥐가 성장했을 때, 이 호르몬의 효과를 평가하기 위해 무게를 측정했다.

우선, 호르몬을 맞은 쥐의 무게가 418g이었다고 가정하자. 처치를 받지 않은 쥐들의 평균보다는 높지만, 이 무게가 호르몬이 효과가 있다는 확실한 증거인가? **그림 5.9**에서 418g은 주사를 맞지 않은 보통 쥐와 현저히 다르지 않다는 것을 알 수 있다. 구체적으로 주사를 맞은 쥐의 무게는 보통 쥐의 분포 중앙 근처에 위치하고 있다.

$$z = \frac{X - \mu}{\sigma} = \frac{418 - 400}{20} = \frac{18}{20} = 0.90$$

주사를 맞은 쥐가 보통 쥐들과 유사하기 때문에 호르몬이 효과가 없다고 결론 내릴

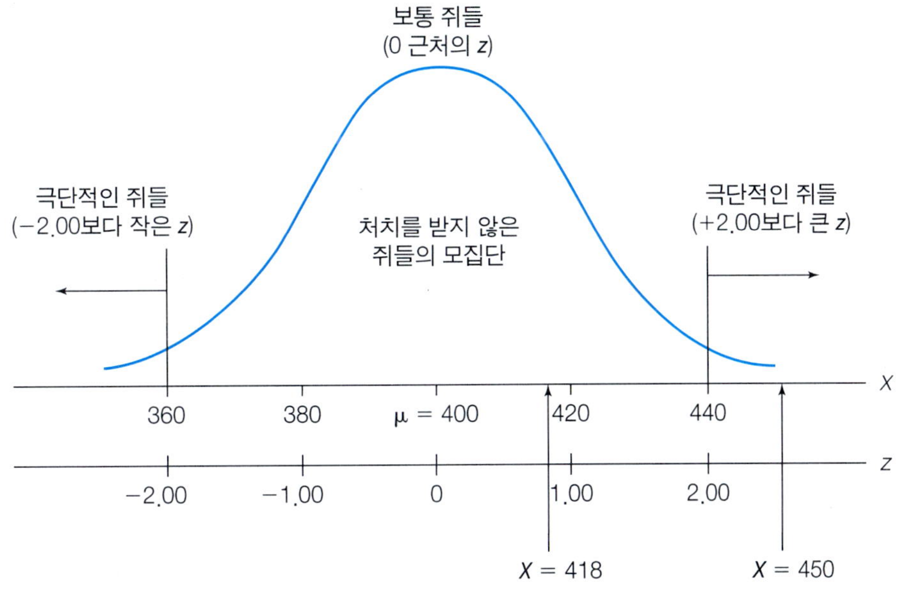

그림 5.9
성숙한 쥐 모집단의 무게 분포. 0 근처의 z값은 일반적이고 대표적인 쥐들이다. 하지만 +2.00, −2.00을 넘는 극단적인 z 점수들은 모집단과 현저한 차이를 보이는 쥐들이다.

수 있다.

이제 호르몬을 맞은 쥐의 무게가 450g이었다고 가정하자. 보통 쥐들의 분포에서 이 쥐의 z 점수는 다음과 같다.

$$z = \frac{X - \mu}{\sigma} = \frac{450 - 400}{20} = \frac{50}{20} = 2.50$$

이 경우, 주사를 맞은 쥐는 대부분의 보통 쥐들보다 현저하게 더 크고, 호르몬이 무게에 영향을 미친다고 결론을 내리는 것이 합리적이다. ■

이 예에서 표본으로부터 얻은 결과를 해석하는 데 z 점수를 활용했다. 구체적으로 한 연구에서 처치를 받은 개인들이 그렇지 않은 개인들과 비교했을 때 극단적인 z 점수를 보인다면, 처치의 효과가 있다고 결론 내릴 수 있다. 하지만 z 점수를 활용한 결론은 임의적이다. 0 근처의 z 점수를 보이는 개인들은 모집단을 잘 대표하는 개인들, ±2를 넘으면 극단적인 개인들이라고 기술하는 것이 합리적이지만, 수학적 규칙에 의해 결정된 임계점(boundaries)의 z 점수는 아니다. 다음 장에서 확률에 대해 알아보고 이 임계점을 결정하는 논리에 대해 알아볼 것이다.

학습 점검

학습 목표 6 **1.** 지난 20년 동안 4월 15일 최고 온도 평균은 $\mu = 62$, 표준편차는 $\sigma = 4$였다. 작년 최고 온도가 72도였다. 이 정보를 바탕으로 작년의 4월 15일 온도에 대해 어떻게 말할 수 있는가?

a. 평균보다 약간 높다.

b. 평균보다 매우 높다.

c. 평균보다 높지만 얼마나 높은지 기술하기는 어렵다.

d. 정보가 충분하지 않다.

학습 목표 6 **2.** 모집단에서 $X = 73$점을 얻었다. 어떤 모집단에서 73점이 극단적인 점수인가?

a. $\mu = 65, \sigma = 8$

b. $\mu = 65, \sigma = 3$

c. $\mu = 70, \sigma = 8$

d. $\mu = 70, \sigma = 3$

학습 목표 6 **3.** 다음 중 평균보다 15점 높은 점수가 극단적인 점수인 경우는 무엇인가?

a. 평균이 15보다 클 때

b. 표준편차가 15보다 클 때

c. 평균이 15보다 작을 때

d. 표준편차가 15보다 작을 때

정답 **1. b 2. b 3. d**

핵심 요약

1. 각 X값은 분포 내에서 X의 정확한 위치를 알려 주는 z 점수로 변환될 수 있다. z 점수의 +, − 부호는 각 점수가 평균보다 높은지 낮은지를 알려 주고 숫자는 표준편차와 같이 평균으로부터 떨어진 거리를 알려 준다.

2. z 점수 공식은 X값을 z 점수로 변환하는 데 사용된다. 모집단의 경우는 다음과 같다.

$$z = \frac{X - \mu}{\sigma}$$

표본의 경우는 다음과 같다.

$$z = \frac{X - M}{s}$$

3. z 점수를 원점수로 변환하기 위해, 공식보다는 z 점수의 정의를 사용하는 것이 쉽다. 하지만 z 점수 공식을 사용할 수도 있다.

모집단의 경우는 $X = \mu + z\sigma$이다.

표본의 경우는 $X = M + zs$이다.

4. 점수들의 전체 분포가 z 점수로 변환되면 z 점수 분포가 된다. z 점수 분포 모양은 원점수의 분포 모양과 동일하고 항상 평균은 0, 표준편차는 1이다.
5. 서로 다른 분포의 원점수를 비교할 때 z 점수 분포로 표준화한다. 표준화된 분포의 평균은 0, 표준편차는 1이기 때문에 비교할 수 있다. 실제로는, 비교될 원점수들만 변환하면 된다.
6. 심리 검사와 같은 특정 상황에서는 원점수를 z 점수로 표준화한 후에 z 점수 분포를 특정 평균과 표준편차를 가진 새로운 본포로 변환한다.
7. 추론 통계에서 z 점수는 특정 점수가 모집단을 얼마나 잘 대표하는지를 결정할 수 있는 객관적인 방법이다. z 점수가 모평균 0 근처에 위치한다면 매우 대표적인 점수이지만 +2.00, −2.00을 넘는 극단적인 z 점수를 보인다면 모집단 내의 다른 점수들과 현저한 차이를 보이는 것이다.

주요 용어

원점수 raw score (139)
z 점수 z-score (139)
편차 점수 deviation score (141)
z 점수 변환 z-score transformation (147)
표준화된 분포 standardized distribution (150)
표준화된 점수 standardized score (154)

SPSS®

SPSS 활용의 일반적인 사항들은 부록 D에 제시되어 있다. 다음은 SPSS를 활용하여 표본의 X값을 z값으로 변환하는 상세한 내용이 제시되어 있다.

자료 입력

1. 데이터 보기 화면의 VAR00001 한 열에 모든 점수를 입력한다.

자료 분석

1. 상단의 도구 모음에서 **분석**(Analyze)을 클릭하고, **기술 통계량**(Descriptive Statistics)을 선택한 다음 **기술 통계**(Descriptives)를 클릭한다.
2. 왼쪽 상자에서 점수 열(VAR00001)의 이름을 선택하고 가운데의 화살표를 클릭하여 **변수**(Variable) 상자로 이동한다.
3. **기술 통계**(Descriptive) 창의 하단에 있는 **표준화 값을 변수로 저장**(Save standardized values as variables)을 클릭한다.
4. **확인**(OK)을 클릭한다.

SPSS 출력 결과

사례 수, 최댓값, 최솟값, 평균, 범위, 표준편차가 결과로 제시된다. 하지만 데이터 보기 화면으로 돌아가면 새 열에 각 원점수에 상응하는 z 점수가 보인다.

주: SPSS 프로그램에서 z 점수는 모표준편차가 아닌 표본 표준편차를 사용하여 계산된다. 자료가 모집단이더라도 SPSS는 교정된 z 점수를 제시하지 않는다. SPSS에 제시된 z값

에 $\sqrt{n/(n-1)}$을 곱하면 모집단 z값을 구할 수 있다.

문제 해결을 위한 팁

1. X값을 z 점수로 변환할 때 공식에만 의존하기보다는 계산 전에 z 점수의 정의를 통해 답을 추정한다면 실수를 줄일 수 있다. 예를 들어, $z = -0.85$는 평균보다 거의 1 표준편차 낮은 위치이다. 이 z 점수를 활용하여 X값으로 변환할 때 답이 평균보다 작은지 확인하고 평균과 구한 값 간의 거리가 표준편차보다 약간 작다는 것을 확인하라.

2. 서로 다른 평균과 표준편차를 가진 분포들에서 추출된 점수들을 비교할 때, z 점수 공식에서 정확한 값을 사용하는 것이 중요하다. 원점수가 추출된 분포의 평균과 표준편차를 사용해야 한다.

3. z 점수는 특정 분포 맥락 내에서 상대적인 위치를 알려 준다는 것을 상기할 필요가 있다. z 점수는 절댓값이 아니라 상댓값이다. 예를 들어, $z = -2.00$이 절대적으로 매우 낮은 원점수를 의미하지는 않는다. 단순히 특정 집단 내에서 원점수가 낮은 점수 중 하나라는 것을 의미한다.

증명 5.1

X값을 z 점수로 변환하기

$\mu = 60, \sigma = 12$ 분포에서 $X = 75$의 z 점수는 얼마인가?

1단계 **z 점수의 부호를 결정한다.** 우선 X값이 평균보다 큰지, 작은지를 확인하면 z값의 부호를 결정할 수 있다. 이 분포에서 X값은 평균보다 크기 때문에 z 점수의 부호는 +이다.

2단계 **X와 평균 간의 거리를 표준편차 단위로 전환한다.** $X = 75, \mu = 60$으로 두 값 간의 거리는 15점이다. $\sigma = 12$로 거리는 $\frac{15}{12} = 1.25$ 표준편차이다.

3단계 **1단계의 부호와 2단계의 값을 결합한다.** 부호는 +, 값은 1.25이다.

$$z = +1.25$$

4단계 **z 점수 공식을 활용하여 답을 확인한다.** $X = 75, \mu = 60, \sigma = 12$를 활용하면 다음과 같다.

$$z = \frac{X - \mu}{\sigma} = \frac{75 - 60}{12} = \frac{+15}{12} = +1.25$$

증명 5.2

z 점수를 X값으로 변환하기

$M = 60$, $s = 12$의 표본에서 $z = -0.50$에 상응하는 X값은 얼마인가? z값을 알고 있는 상황에서는 X값을 구할 수 있다.

1단계 **평균과 비교해서 X값의 위치를 파악한다.** -0.50의 z 점수는 평균으로부터 $\frac{1}{2}$ 낮은 곳에 위치한다.

2단계 **표준편차 단위로 된 거리를 점수로 변환한다.** $s = 12$, 0.5 표준편차는 6점이다.

3단계 **X값을 확인한다.** X값은 평균보다 6점 낮은 점수이다. 평균이 60이기 때문에 $X = 54$이다.

연습 문제

1. z 점수가 분포에서 어떻게 정확한 위치를 알려 주는지를 설명하시오.

2. $\sigma = 20$인 모집단에서 다음에 해당하는 z 점수를 구하시오.

a. 평균보다 5점 높은 점수
b. 평균보다 2점 높은 점수
c. 평균보다 10점 낮은 점수
d. 평균보다 30점 낮은 점수

3. $s = 12$인 표본에서 다음 z 점수들의 상대적 위치를 기술하시오. 예를 들어, $z = +1.00$은 평균보다 12점 위에 위치한다.

a. $z = -2.00$
b. $z = +0.75$
c. $z = +1.00$
d. $z = -1.50$

4. $\mu = 40$, $\sigma = 8$인 모집단에서 다음을 구하시오.

a. 다음 값들의 z 점수를 구하시오. (주: z 점수 공식을 사용할 필요 없이 z 점수의 정의를 활용하여 구할 수 있다.)

$X = 44$ $X = 48$ $X = 56$
$X = 38$ $X = 34$ $X = 32$

b. 다음 z 점수에 상응하는 X값을 구하시오. (z 점수의 정의를 활용하여 구할 수 있다.)

$z = 1.00$ $z = 0.25$ $z = 1.50$
$z = -0.50$ $z = -1.25$ $z = -2.50$

5. $\mu = 80$, $\sigma = 9$인 모집단에서 다음 값들의 z 점수를 구하시오(공식을 사용하거나 계산기가 필요할 수도 있다.)

$X = 83$ $X = 75$ $X = 91$
$X = 67$ $X = 85$ $X = 68$

6. $M = 90$, $s = 20$인 표본에서 다음에 답하시오.

a. 다음 X값들의 z 점수를 구하시오.

$X = 95$ $X = 98$ $X = 105$
$X = 80$ $X = 88$ $X = 76$

b. 다음 z 점수에 상응하는 X값을 구하시오.

$z = -1.00$ $z = 0.50$ $z = -1.50$
$z = 0.75$ $z = -1.25$ $z = 2.60$

7. $M = 60$, $s = 7$인 표본에서 다음 X값들의 z 점수를 구하시오.

$X = 69$ $X = 72$ $X = 63$
$X = 54$ $X = 49$ $X = 52$

8. 다음 분포에서 $X = 30$의 z 점수를 구하시오.

a. $\mu = 50, \sigma = 20$

b. $\mu = 50, \sigma = 10$

c. $\mu = 20, \sigma = 5$

d. $\mu = 20, \sigma = 2$

9. 다음 분포에서 $z = 0.75$에 상응하는 X값을 구하시오.

a. $\mu = 90, \sigma = 4$

b. $\mu = 90, \sigma = 8$

c. $\mu = 90, \sigma = 12$

d. $\mu = 90, \sigma = 20$

10. 다음 모집단의 분포에서 $X = 40$의 z 점수와 $z = 0.25$에 상응하는 X값을 구하시오.

a. $\mu = 50, \sigma = 20$

b. $\mu = 50, \sigma = 4$

c. $\mu = 30, \sigma = 8$

d. $\mu = 30, \sigma = 4$

11. 다음 표본의 분포에서 $X = 24$의 z 점수와 $z = 1.50$에 상응하는 X값을 구하시오.

a. $M = 20, s = 12$

b. $M = 20, s = 4$

c. $M = 30, s = 8$

d. $M = 30, s = 10$

12. 평균보다 12점 낮은 값의 z 점수가 -1.50이다. 표준편차는 얼마인가?

13. 평균보다 20점 높은 값의 z 점수가 1.25이다. 표준편차는 얼마인가?

14. $\sigma = 14$인 모집단에서 $X = 24$의 z 점수가 -0.50이다. 모평균은 얼마인가?

15. $\mu = 45$인 모집단에서 $X = 54$의 z 점수가 1.50이다. 모집단의 표준편차는 얼마인가?

16. $s = 6$인 표본에서 $X = 30$의 z 점수가 -1.50이다. 표본 평균은 얼마인가?

17. $M = 63$인 표본에서 $X = 54$의 z 점수가 -0.75이다. 표본의 표준편차는 얼마인가?

18. 한 모집단 분포에서 $X = 57$의 z 점수가 -0.25, $X = 87$의 z 점수가 1.25이다. 이 모집단의 평균과 표준편차는 얼마인가? (힌트: 분포를 그려서 두 점수의 위치를 표시해 보자.)

19. 한 표본 분포에서 $X = 21$의 z 점수가 -1.00, $X = 12$의 z 점수가 -2.50이다. 이 표본의 평균과 표준편차는 얼마인가?

20. 시험 점수 분포의 평균이 $\mu = 42$이다.

a. $X = 46$인 경우, $\sigma = 5$와 $\sigma = 10$ 중에 더 나은 성적을 받을 수 있는 표준편차는 얼마인가?

b. $X = 38$인 경우, $\sigma = 5$와 $\sigma = 10$ 중에 더 나은 성적을 받을 수 있는 표준편차는 얼마인가?

21. 다음의 각 상황에서 시험 점수를 확인하고 더 나은 성적을 받은 점수는? 각 답에 대해 설명하시오.

a. $M = 82, \sigma = 8$에서 $X = 70$, 또는 $\mu = 72, \sigma = 12$에서 $X = 60$

b. $\mu = 49, \sigma = 6$에서 $X = 58$, 또는 $\mu = 70, \sigma = 10$에서 $X = 85$

c. $\mu = 24, \sigma = 4$에서 $X = 32$, 또는 $\mu = 20, \sigma = 2$에서 $X = 26$

22. $\mu = 41, \sigma = 4$인 모집단을 $\mu = 100, \sigma = 20$의 표준화된 분포로 변환했다. 원모집단(original population)에서의 각 값들의 새 표준화된 점수를 구하시오.

a. $X = 39$

b. $X = 36$

c. $X = 45$

d. $X = 50$

23. $M = 62, s = 5$인 표본을 $\mu = 50, \sigma = 10$의 표준화된 분포로 변환했다. 원표본(original sample)에서의 각 값들의 새 표준화된 점수를 구하시오.

a. $X = 61$

b. $X = 55$

c. $X = 65$

d. $X = 74$

24. 6개의 점수로 구성된 모집단이 있다.

점수: 2, 4, 1, 2, 7, 2

a. μ와 σ를 구하시오.

b. 모집단 각 점수의 z 점수를 구하시오.

c. 원모집단을 $N = 5$, $\mu = 50$, $\sigma = 10$의 새로운 모집단으로 변환하시오.

25. 5개의 점수로 구성된 표본이 있다.

점수: 8, 4, 10, 0, 3

a. M과 s를 구하시오.

b. 표본 각 점수의 z 점수를 구하시오.

c. 원표본을 $M = 100$, $s = 20$의 새로운 표본으로 변환하시오.

26. 다음의 각 모집단에서 $X = 85$는 분포의 가운데 점수에 가까운가? 아니면 극단적인 점수인가?

a. $\mu = 75$, $\sigma = 15$

b. $\mu = 80$, $\sigma = 2$

c. $\mu = 90$, $\sigma = 20$

d. $\mu = 93$, $\sigma = 3$

CHAPTER

6

확률

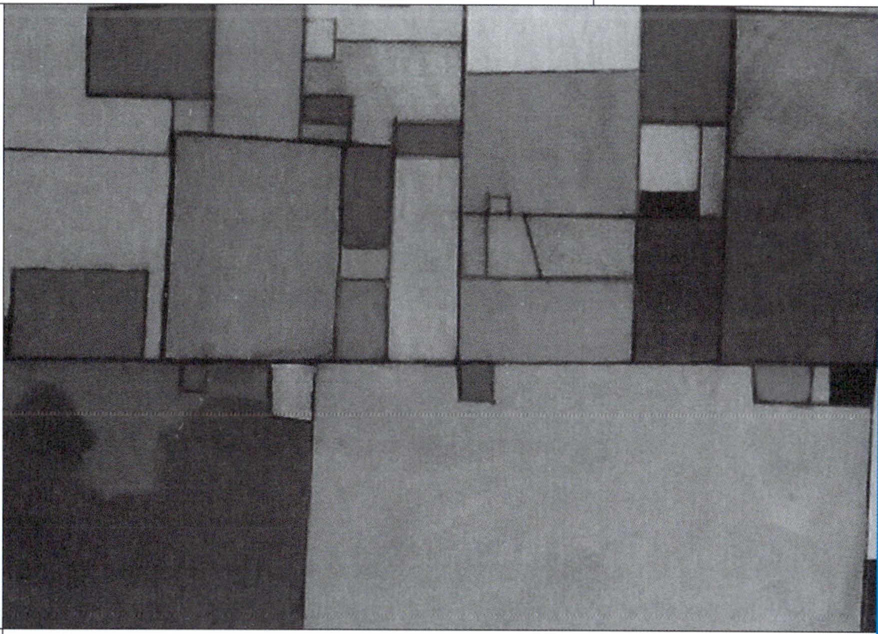

필요한 지식

아래 개념들은 이 장을 이해하기 위해 필요한 주요 개념들이다. 해당 장을 참고하여 충분히 숙지하기를 바란다.

- 비율
  - 분수
  - 소수
  - 백분율
- z 점수(5장)

6-1 확률에 대한 소개

학습 목표(Learning Objectives)

1. 확률을 정의하고 비율, 소수 그리고 백분율(%)로 (주어진 정보나 빈도 분포 그래프를 통해) 특정 결과의 확률을 계산할 수 있다.

1장에서 연구는 모집단에 대한 일반적인 질문으로 시작된다고 기술했지만 실제 연구는 표본을 통해 이뤄진다. 이런 상황에서 모집단에 대한 질문에 답하기 위해 표본을 대상으로 추론 통계를 사용한다. 추론 통계 절차의 중심에는 확률이 있다. 구체적으로, 표본과 모집단의 관계는 확률의 관점에서 정의된다.

예를 들어, 검은 구슬 50개와 흰 구슬 50개가 들어 있는 항아리에서 하나의 구슬을 선택한다고 가정해 보자(이 예에서는 항아리 속 구슬이 **모집단**이고 선택된 하나의 구슬이 **표본**이 된다). 표본이 어떤 색일지 정확히 알 수 없지만, 확률을 사용하여 가능한 결과에 대해 이야기할 수 있다. 이 경우 두 색 중 한 가지를 얻을 확률은 50:50이다. 이제 검은 구슬 90개와 흰 구슬 10개가 있는 다른 항아리(모집단)를 생각해 보자. 표본의 정확한 결과를 알 수는 없지만 표본이 검은색일 가능성이 높다는 것을 알 수 있다. 모집단의 구성을 알면 특정 표본을 얻을 확률을 알 수 있다. 이런 식으로 확률은 우리에게 모집단과 표본 사이의 관계를 알려 주고, 이 관계는 추론 통계의 토대가 된다.

앞의 예에서는 모집단으로 시작하여 확률을 사용해 얻을 수 있는 표본을 설명했다. 하지만 추론 통계의 목표는 이와 완전히 반대로 표본을 통해 모집단에 관한 질문에 답하는 것이다.

우리는 이 목표를 두 단계로 해결할 것이다. 첫 번째 단계에서 확률은 모집단과 표본을 연결하는 일종의 다리(bridge) 역할을 한다. 이 단계에서는 특정 모집단에서 얻을 수 있는 표본 유형을 확인한다. 표본 유형이 확인되면 표본을 통해 모집단을 추론할 수 있도록 확률 규칙을 반대로 사용할 수 있다(**그림 6.1** 참조). 이 과정을 통해 이전 예에서의 두 항아리(항아리 1에는 50개의 검은 구슬과 50개의 흰 구슬이, 항아리 2에는 검은 구슬 90개와 10개의 흰 구슬이 들어 있음) 중 어떤 항아리에서 표본이 추출되었는지 증명할 수 있다. 이제 표본을 선택할 때 안대를 사용하여 어떤 항아리에서 추출되었는지 모른다고 가정해 보자. 그리고 표본을 보고 어떤 항아리에서 표본이 추출됐는지 결정해야 한다. 4개의 구슬을 뽑았는데 모두 검은색이라면 어느 항아리를 모집단으로 선택할 것인가? 항아리 1에서 이 표본을 얻는 것은 상대적으로 쉽지 않다(낮은 확률). 항아리 1에서는 거의 대부분 4개의 구슬 중 적어도 1개의 흰 구슬이 나온다. 반면에 이 표본은 항아리 2에서 추출될 확률이 높다. 거의 모든 구슬이 검은색이기 때문이다. 따라서 이

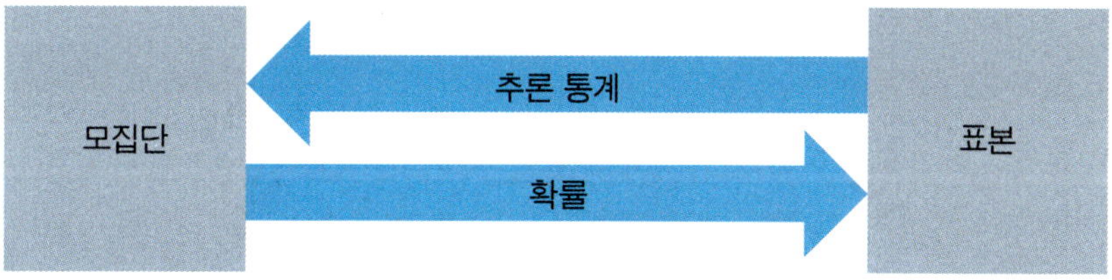

그림 6.1
추론 통계에서 확률의 역할. 확률은 모집단에서 얻을 가능성이 높은 표본의 유형을 예측하는 데 사용된다. 따라서 확률은 표본과 모집단을 연결해 준다. 표본을 사용하여 모집단에 대한 결론을 내릴 때 추론 통계는 이 확률에 근거한다.

표본은 항아리 2에서 나온 것으로 결정한다. 이 사례가 바로 표본을 사용하여 모집단을 추론한 것이다.

항아리에서 구슬을 선택하는 것이 행동과학에서 연구 결과를 해석하는 것과 아무런 관련이 없는 것처럼 보일 수 있지만 동일한 원칙이 적용된다. 예를 들어, 심리학자가 기말 시험 중 일부 학생들에게 불안감 설문지를 작성하게 했고, $M = 20$의 표본 평균을 얻었다고 하자. 이 결과를 바탕으로 표본이 20에 근접하지 않은 평균을 가진 모집단보다는 $\mu = 20$ 근처의 평균을 가진 모집단에서 추출될 가능성이 높다고 결론 내릴 수 있다.

■ 확률에 대한 정의

확률은 통계 입문을 넘어선 매우 광범위한 주제로, 여기서 이를 다 검증할 수는 없다. 대신 추론 통계를 소개하는 데 필요한 확률의 정의와 주요 개념들에 대해 알아볼 것이다. 확률의 간단한 정의는 다음과 같다.

여러 결과가 도출될 수 있는 상황에서, 어떤 특정한 결과가 발생할 **확률**(probability)은 모든 가능한 결과들 중에 그 결과가 나타날 비율 또는 분수로 정의된다.

$$A\text{의 확률} = \frac{A\text{로 분류되는 결과의 수}}{\text{가능한 모든 결과의 수}}$$

예를 들어, 52장의 카드에서 1장을 선택한다고 하자. 하트 킹을 선택할 확률은 $p = \frac{1}{52}$이다. A를 뽑을 확률은 전체 카드 중 A가 4장이므로 $p = \frac{4}{52}$이다. 확률에 대한 논의를 간단하게 하기 위해 기호를 사용할 것이다. 특정 결과의 확률은 p(특정 사건)로 표현된다. 카드에서 킹을 뽑을 확률은 p(킹), 동전을 던졌을 때 앞면이 나올 확률은 p(앞면)로 표현한다.

확률은 비율 또는 전체의 부분으로 정의된다. 이 정의를 통해 확률 문제가 비율 문제로 전환될 수 있다. 예를 들어, "카드 중 킹을 선택할 확률은?"은 "전체 카드 중 킹이 차지하는 비율은 얼마인가?"로 전환된다. 답은 $\frac{4}{52}$, 또는 '52 중 4'이다. 확률을 비율로 전환하는 것이 사소해 보일 수 있지만, 확률 문제가 복잡해질 때 매우 유용하다. 대부분의 문제에서, 모집단에서 특정 표본을 얻을 확률을 구한다는 것을 기억해 두자. **모집단과 표본**이라는 용어는 확률의 기본적 정의를 변화시키지는 않는다. 예를 들어, 전체 카드는 모집단으로 간주되고 한 장의 카드가 표본이다.

확률값 분수 또는 비율로 확률의 정의를 사용한다. 만약 이 정의를 사용한다면, 확률값은 분수로 표현된다. 예를 들어, 무작위로 카드를 한 장 뽑는다면 그 확률값은 다음과 같다.

$$p(\text{스페이드}) = \frac{13}{52} = \frac{1}{4}$$

동전을 던진다면 확률값은 다음과 같다.

$$p(\text{앞면}) = \frac{1}{2}$$

이러한 분수는 비율이나 소수로 표현될 수 있다.

$$p = \frac{1}{4} = 0.25 = 25\%$$

$$p = \frac{1}{2} = 0.50 = 50\%$$

일반적으로 확률값은 소수로 표현되지만, 분수, 소수, 비율 모두 사용해도 괜찮다.

가능한 모든 확률값은 범위가 제한되어 있다. 전혀 발생하지 않는 확률은 0 또는 0%이고, 항상 발생하는 확률은 1 또는 100%이다. 예를 들어, 10개의 흰 구슬이 든 항아리에서 검은 구슬이 뽑힐 확률은 다음과 같다.

$$p(\text{검은색}) = \frac{0}{10} = 0$$

흰 구슬이 뽑힐 확률은 다음과 같다.

$$p(\text{흰색}) = \frac{10}{10} = 1$$

■ 무작위 표집

앞선 확률의 정의가 정확하기 위해서는 **무작위 표집**의 절차를 통해 결과가 얻어져야 한다.

> **무작위 표집**(random sampling)을 위해서는 모집단에서 각 자료나 개인이 선택될 확률이 동일해야 한다. 이러한 무작위 표집을 통해 얻어진 표본을 **단순 무작위 표본**(simple random sample)이라고 한다.

많은 통계 공식에 요구되는 사항은 한 명 이상이 선택될 때, 각 개인이 선택될 확률이 동일해야 한다는 것이다. 이러한 두 번째 요구 사항을 **독립 무작위 표집**(independent random sampling)이라고 한다. **독립**이라는 용어는 어떤 특정 개인을 선택하는 것이 이전에 이미 선택된 개인으로부터 영향을 받지 않는다는 것을 의미한다. 즉, 한 개인이 선택될 확률은 동일하고 다른 개인들이 이전에 선택되었다 할지라도 확률은 변하지 않는다는 것이다.

독립 무작위 표집은 대부분의 통계 분석을 할 때 요구되기 때문에, 항상 이 표집 방법이 사용되었다고 가정한다. 간단하게 표현하기 위해 '독립'이라는 단어를 빼고 **무작위 표집**이라고 부른다. 하지만 이 표집에서 동일 기회와 동일 확률이 중요하다는 것을 알아야 한다. 무작위 표집을 통해 얻어진 표본들을 **독립 무작위 표본**, 또는 간단하게 **무작위 표본**이라고 한다.

> **독립 무작위 표집**(independent random sampling)을 위해서는 한 명 이상이 선택될 때, 각 개인이 선택될 확률이 동일해야 하고 어떤 특정 개인을 선택하는 확률이 항상 동일해야 한다. 이 기법을 통해 얻어진 표본들을 **독립 무작위 표본**(independent random sample), 또는 간단하게 **무작위 표본**(random sample)이라고 한다.

무작위 표집의 두 가지 요구 사항은 흥미로운 결과를 낳는다. 우선 선택 과정에 편향이 없어야 한다는 것이다. N명의 모집단에서 각 개인이 뽑힐 확률은 $p = \frac{1}{N}$이다. 예를 들어, 한 도시의 사람들을 무작위 표집한다고 했을 때 요트 클럽 회원 명단에서 표본을 선택하는 것, 그리고 대학교에서 무작위 표집을 할 때 심리학과 학생들 중에 선택하는 것은 무작위 표집이라고 할 수 없다. 이는 모든 사람들이 선택될 확률이 동일하다는 첫 번째 요구 사항을 충족하지 못하고 있기 때문이다.

다른 예를 들자면, 복권을 하나 샀고 내일 당첨자를 발표하는 날이다. 결과는 두 가지이다.

1. 당첨된다.

2. 당첨되지 않는다.

간단하게 정의하면, 당첨 확률은 $\frac{1}{2}$이다. 하지만 두 결과의 발생 가능성은 같지 않기 때문에 간단한 확률의 정의가 적용되지 않는다.

두 번째 요구 사항은 첫 번째보다 더 흥미롭다. 예를 들어, 카드 한 벌에서 2장의 카드를 선택한다면 첫 번째 카드가 다이아몬드 잭일 확률은 다음과 같다.

$$p(\text{다이아몬드 잭}) = \frac{1}{52}$$

한 장의 카드를 선택한 후 다음 카드를 선택할 때 다이아몬드 잭일 확률은? 첫 번째 카드를 손에 쥐고 있다고 가정하면 두 가지 확률이 가능하다.

만약 첫 번째 카드가 다이아몬드 잭이 아니었다면 $p(\text{다이아몬드 잭}) = \frac{1}{51}$ 또는 첫 번째 카드가 다이아몬드 잭이었다면 $p(\text{다이아몬드 잭}) = 0$이다.

어떤 경우든 첫 번째 카드의 확률값과 다르다. 이는 동일 확률이어야 한다는 무작위 표집의 요구 사항을 충족시키지 못하고 있다. 확률을 동일하게 하려면 첫 번째 뽑았던 카드를 다시 넣어야 한다. 이러한 절차를 **복원 표집** 또는 **복원 추출**(sampling with replacement)이라고 한다. 두 번째 요구 사항을 충족하기 위해서는 복원 추출이 필요하다.

[주: 무작위 표집의 정의를 위해서 동일 선택 기회와 동일 확률이 요구된다. 이러한 표집은 독립 무작위 표집으로 알려져 있고, 종종 복원 추출로 불린다. 나중에 소개될 많은 통계 기법들이 이 표집 방식에 근거하고 있다. 하지만 다른 무작위 표집의 개념도 존재한다. 특히 **비복원 무작위 표집**(random sampling without replacement)으로 불리는, 동일 확률을 요구하지 않은 무작위 표집의 정의도 흔하다. 그리고 조사 연구에서 연구자가 개인을 선택하기 위한 다양한 표집 기법이 존재한다.]

■ 확률과 빈도 분포

보통 확률을 구하는 상황에서는 모집단 점수들이 제시되고 모집단 점수는 빈도 분포 그래프로 그려질 수 있다. 그래프가 전체 모집단을 표시한 것이라면, 그래프의 특정 면적은 모집단에서의 특정 비율을 의미한다. 확률과 비율은 동일하기 때문에 그래프의 특정 면적은 모집단의 특정 확률과 동일하다. 따라서 모집단이 빈도 분포 그래프로 제시된다면 그래프에서 차지하는 비율을 확률로 표시할 수 있다. 그래프와 확률 간의 관계는 다음 예에 제시되어 있다.

예제 6.1 10개의 자료로 구성된 모집단이 있다. 1, 1, 2, 3, 3, 4, 4, 4, 5, 6. 이 모집단은 그림 6.2에 빈도 분포표로 제시되어 있다. 1개의 점수를 무작위 표집한다면 4보다 큰 점수를 선택

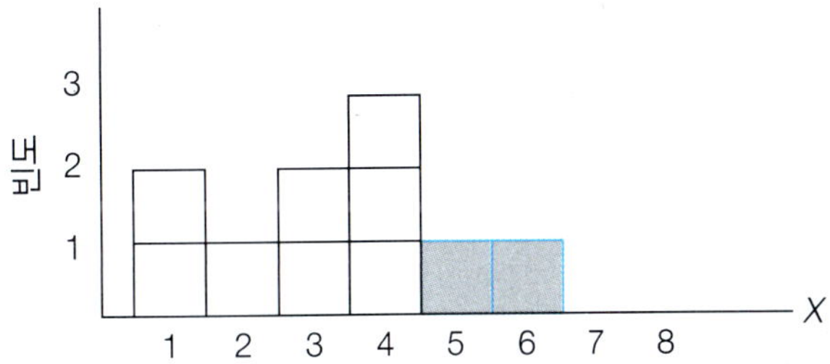

그림 6.2
10개의 자료로 구성된 모집단의 빈도 분포 그래프. 그림에서 음영 처리된 부분은 모집단에서 4보다 큰 값들이다. 음영 처리된 면적의 비율은 전체 분포의 (2/10)이다.

할 확률은 얼마인가? 이를 기호로 표시하면 다음과 같다.

$$p(X > 4) = ?$$

확률의 정의에 따르면 10개 점수 중에 해당하는 점수는 두 개로, 정답은 $p = \frac{2}{10}$이다. 빈도 분포표를 보면 이 답을 바로 얻을 수 있다. **그림 6.2**에서 4보다 큰 값이 차지하는 면적은 어느 정도인가? 음영 처리된 부분이 4보다 큰 값들이고 10개 중에 2개이다. 빈도 분포 그래프에서 **면적**으로 확률을 정의할 수 있다는 것을 알게 되었을 것이다. 이는 확률을 나타내는 매우 구체적이고 시각적인 방법이다.

같은 자료에서 5 미만의 자료가 선택될 확률은 얼마인가?

$$p(X < 5) = ?$$

그림 6.2에서 음영이 없는 영역을 찾을 수 있고, 이 부분은 10개 블록 중에 8개를 차지한다. 따라서 답은 $p = \frac{8}{10}$이다. ■

학습 점검

학습 목표 1 **1.** 심리학 개론 수업 수강생 44명 중 1학년 남학생이 9명, 1학년 여학생이 15명, 2학년 남학생이 8명, 2학년 여학생이 12명이다. 한 학생을 무작위 표집했을 때 2학년이 선택될 확률은 얼마인가?

a. $\frac{8}{24}$
b. $\frac{20}{24}$
c. $\frac{20}{44}$
d. $\frac{14}{44}$

학습 목표 1 **2.** 항아리에 10개의 붉은 구슬과 20개의 푸른 구슬이 들어 있다. 한 개를 선택했을 때 붉은색일 확률은 얼마인가?

a. $\frac{1}{30}$
b. $\frac{1}{20}$
c. $\frac{10}{30}$
d. $\frac{10}{20}$

학습 목표 1 3. 무작위 표집을 위해서는 복원 추출이 요구된다. 복원 추출의 목적은 무엇인가?
a. 모든 자료가 선택될 기회를 동일하게 한다.
b. 각 자료가 선택될 확률을 동일하게 한다.
c. 동일한 자료가 두 번 선택되지 않게 한다.
d. 모두 다 복원 추출의 목적에 해당한다.

장답 1. c 2. c 3. b

6-2 정규분포와 확률

학습 목표(Learning Objectives)

2. 정규분포표를 활용하여 다음에 답할 수 있다. (1) 특정 z 점수에 해당하는 비율과 확률, (2) 특정 비율에 해당하는 z 점수 위치.

2장에서 일반적인 모집단 분포의 예로 정규분포에 대해 소개했다. 정규분포의 예가 그림 6.3에 제시되어 있다.

정규분포는 좌우 대칭이고 정중앙값의 빈도가 가장 많고, 양 극단값으로 가면서 빈도가 점차 감소한다. 공식에 의해 정의된 정확한 정규분포(그림 6.3)가 있지만, 정규분포는 각 영역에 해당하는 비율로 기술될 수도 있다. 통계학자들은 정규분포의 각 영역을 확인하기 위해 z 점수를 활용한다. 그림 6.4에는 z 점수가 표시된 여러 영역들로 나눠진 정규분포를 보여 주고 있다. z 점수는 평균으로부터 떨어진 거리, 즉 표준편차로 분포 내 위치를 측정한다는 것을 기억해야 한다(따라서 $z = +1$은 평균보다 1 표준편차 위에 있고 $z = +2$는 평균보다 2 표준편차 위에 있다). 그림 6.4에는 각 영역에 해당하는 점수들의 비율을 보여 주고 있다. 평균부터 1 표준편차 사이에 자료의 34.13%가 속한다. z 점수 1과 2 사이에는 자료의 13.59%가 속한다. 이러한 방식, 즉 특정 영역이 차지하는 비율의 관점으로 정규분포를 정의할 수 있다.

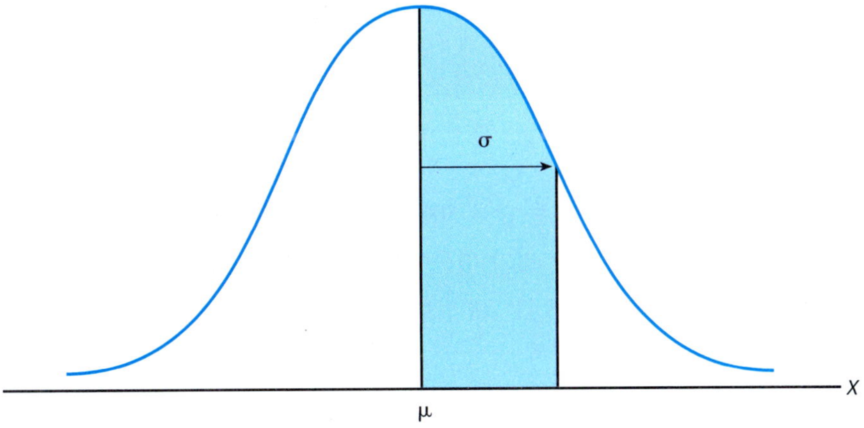

그림 6.3

정규분포. 정규분포의 정확한 모양은 각 X값(점수)에 상응하는 Y값(빈도)을 보이는 다음 공식에 따른다.

$$Y = \frac{1}{\sqrt{2\pi\sigma^2}} e^{-(X-\mu)^2/2\sigma^2}$$

(μ, e는 수학적 상수이다.) 간단하게, 중앙에 하나의 최빈값을 가진 좌우 대칭인 분포이다. 중앙에서 좌우 방향으로 갈수록 빈도는 점차 감소한다.

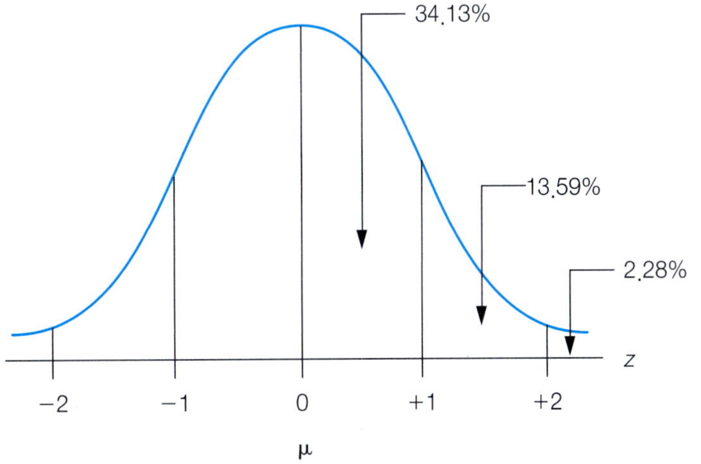

그림 6.4

z 점수로 변환된 정규분포

그림 6.4를 통해 정규분포에 대해 추가적으로 알 수 있는 것은 두 가지이다. 첫째, 정규분포는 좌우 대칭이기 때문에 좌측 분포의 특정 영역이 우측 영역과 동일하게 일치한다는 것이고, 둘째, 위치는 z 점수로 표시되기 때문에 평균과 표준편차에 상관없이 어떠한 정규분포든 동일한 비율을 보인다는 것이다. 어떤 분포든 z 점수로 변환하면 평균

은 0, 표준편차는 1이 되기 때문이다.

자연스럽게 발생하는 분포에 가장 적절한 형태는 정규분포이고, 이 종 모양은 특정 상황에서 보장되기 때문에(7장 참조) 이 분포에 대해 더 많은 설명이 필요하다. 정규분포에서 확률 문제를 해결하는 과정이 다음 예에 소개되어 있다.

예제 6.2 SAT 점수의 모집단 분포는 $\mu = 500$, $\sigma = 100$의 정규분포이다. 정규분포의 비율(그림 6.4)에 대한 정보를 알고 있기 때문에 특정 표본들의 확률을 구할 수 있다. 예를 들어, 무작위 표집을 했을 때 SAT 700점보다 높은 사람이 선택될 확률은? 기호로 표시하면 다음과 같다.

$$p(X > 700) = ?$$

다음과 같은 과정을 통해 이 질문에 대한 답을 구할 수 있다.

1. 확률 문제를 비율 문제로 전환한다. 가능한 모든 SAT 점수에서 700점을 초과하는 비율은 무엇인가?
2. 가능한 모든 SAT 점수는 모집단 분포이다. 이 모집단은 그림 6.5에 제시되어 있다. $\mu = 500$에서 $X = 700$은 평균의 우측에 있다. 700점보다 높은 점수는 그림에서 음영 처리되어 있다. 이 면적이 문제에서 요구하는 비율이다.
3. z 점수를 통해 700점의 정확한 위치를 구한다.

$$z = \frac{X - \mu}{\sigma} = \frac{700 - 500}{100} = \frac{200}{100} = 2.00$$

즉 700점은 정확히 평균보다 2 표준편차만큼 높고 상응하는 z 점수는 $z =$

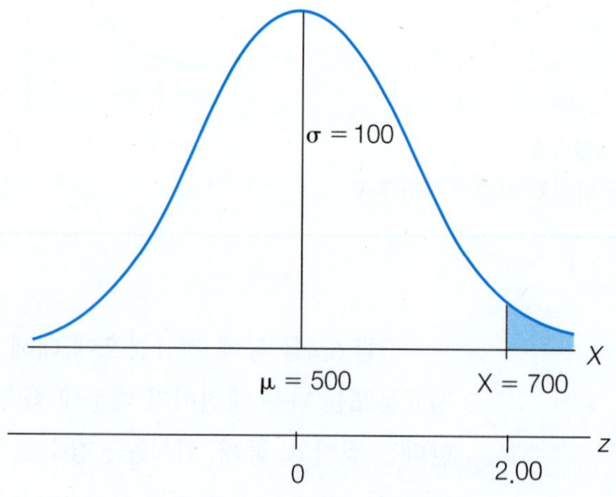

그림 6.5
예제 6.2에 기술된 SAT 점수 분포

+2.00이다. **그림 6.5**에 z 점수가 표시되어 있다.

4. 구하려는 비율은 z 점수로 표현될 수 있다.

$$p(z > 2.00) = ?$$

그림 6.4에 제시된 비율에 따라 μ, σ 값에 관계없이 모든 정규분포는 $z = +2.00$부터 꼬리까지 전체 점수의 2.28%가 해당한다. 따라서 SAT 점수 모집단에서 확률은 다음과 같다.

$$p(X > 700) = p(z > 2.00) = 2.28\%$$ ■

■ 정규분포표

많은 확률 문제를 풀기 전에 **그림 6.4**에 있는 정규분포 그래프보다 더 유용한 도구를 소개하고자 한다. 그래프는 단시 일부의 z 점수에 해당하는 비율을 보여 주고 있다. 더 완전한 z 점수와 비율이 정규분포표(unit normal table)에 제시되어 있다. 이 표는 정규분포에서 가능한 z 점수에 해당하는 비율을 보여 준다.

완전한 정규분포표는 부록 A의 표 A.1에 있고, **그림 6.6**에 일부분이 제시되어 있다. 표는 4개의 세로 열로 되어 있다. 첫 번째 세로 열인 A열에는 정규분포에서 다양한 위치를 나타내는 z 점수가 제시된다. 정규분포에 하나의 수직선을 긋는다면 이 선의 정확한 위치가 A열에 제시된 하나의 z 점수로 표시된다. 수직선을 기준으로 분포가 두 부분으로 나뉜다. 즉, 몸통(body)과 꼬리(tail)이다. B열과 C열에는 이 두 부분의 비율이 제시되는데, B열은 몸통, C열은 꼬리이다. 마지막으로 D열은 평균과 해당 z 점수 간에 위치한 분포의 비율을 알려 준다.

그림 6.7(a)를 통해 정규분포표를 사용하는 법을 알 수 있다. $z = +0.25$의 위치에 수직선이 그어져 있다. **그림 6.6**에 제시된 표를 활용하여 A열에서 $z = 0.25$를 찾는다. $z = +0.25$를 기준으로 몸통과 꼬리로 분포가 구분되고, 몸통은 전체 분포의 0.5987 또는 59.87%이고 꼬리는 0.4013 또는 40.13%이다. 평균과 $z = +0.25$ 간에 해당하는 비율은 0.0987 또는 9.87%이다.

정규분포표를 잘 활용하기 위해서 몇 가지 사실을 알고 있어야 한다.

1. 몸통은 좌우에 상관없이 언제나 큰 면적에 해당하는 부분이다. 유사하게 꼬리도 좌우 상관없이 항상 작은 면적을 의미한다.
2. 정규분포는 좌우 대칭으로 우측의 비율은 좌측과 일치한다. 예를 들어, **그림 6.7(b)**에서 $z = +0.25$의 몸통의 비율은 $z = -0.25$의 몸통의 비율과 일치한다. z 점수가 음수인 경우에는 우측이 몸통이 되고, 좌측이 꼬리가 된다. **그림 6.7(a)**

(A) z	(B) 몸통 비율	(C) 꼬리 비율	(D) 평균부터 z 점수 간의 비율
0.00	.5000	.5000	.0000
0.01	.5040	.4960	.0040
0.02	.5080	.4920	.0080
0.03	.5120	.4880	.0120
0.21	.5832	.4168	.0832
0.22	.5871	.4129	.0871
0.23	.5910	.4090	.0910
0.24	.5948	.4052	.0948
0.25	.5987	.4013	.0987
0.26	.6026	.3974	.1026
0.27	.6064	.3936	.1064
0.28	.6103	.3897	.1103
0.29	.6141	.3859	.1141
0.30	.6179	.3821	.1179
0.31	.6217	.3783	.1217
0.32	.6255	.3745	.1255
0.33	.6293	.3707	.1293
0.34	.6331	.3669	.1331

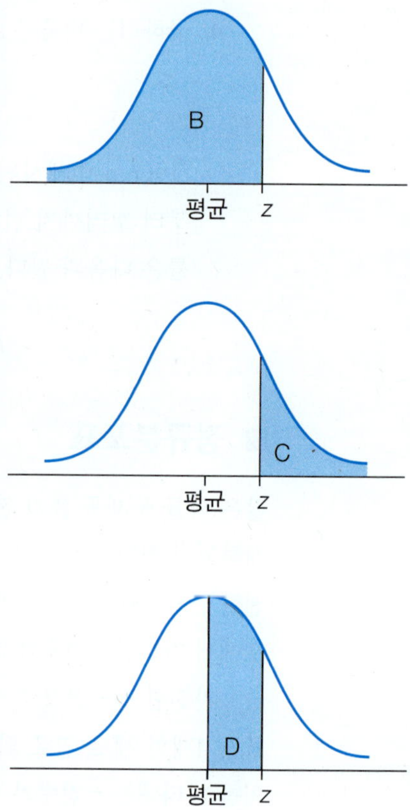

그림 6.6

정규분포표의 비율. 이 표에는 각 z 점수에 상응하는 정규분포의 비율이 제시되어 있다. A열에는 z 점수, B열에는 z 점수까지의 몸통의 비율, C열에는 꼬리의 비율, D열에는 평균과 해당 z 점수 간의 비율을 제시하고 있다.

에서 z 점수가 양수인 경우에는 좌측이 몸통, 우측이 작은 꼬리로 반대가 된다. 하지만 각 부분의 비율은 몸통이 0.5987, 꼬리인 0.4013으로 동일하다. 정규분포표에는 − 값이 없다. $-z$ 점수의 비율을 알기 위해서는 동일한 값의 $+z$ 점수를 활용하면 된다.

3. z 점수의 기호가 바뀌어도 비율은 항상 양수이다. 따라서 C열에는 좌, 우에 상관없이 꼬리의 비율이 제시된다.

■ 확률, 비율, 그리고 z 점수

정규분포표는 z 점수 위치와 비율 간의 관계에 대해 알려 주고 있다. 어떤 z 점수도 표에서 상응하는 비율을 확인할 수 있다. 유사하게, 비율을 알면 특정 z 점수를 알 수 있다. 확률과 비율이 동일하기 때문에 정규분포의 확률을 알기 위해 정규분포표를 사용할 수

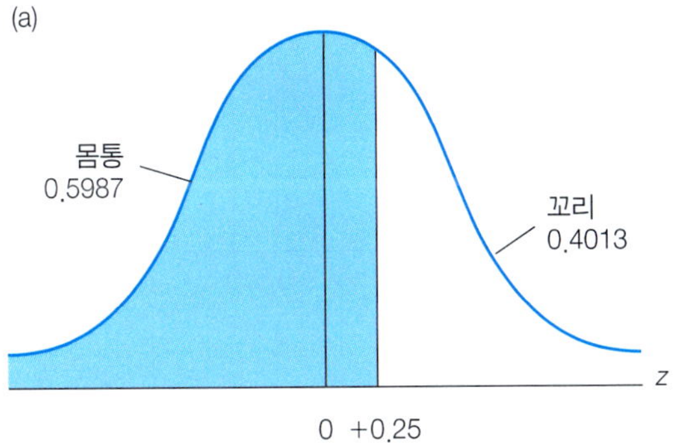

그림 6.7
$z = +0.25$와 $z = -0.25$에 해당하는 정규분포 비율

있다. 다음 예를 통해 이를 확인할 수 있다.

z 점수에 해당하는 확률/비율 찾기 다음의 각 예를 통해 특정 z 점수에 해당하는 확률과 비율을 구할 수 있다.

예제 6.3A 정규분포에서 $z = 1.00$보다 큰 영역의 비율은 얼마인가? 첫째, 분포를 그린 후에 구하려는 영역을 음영 처리한다. 관련 내용이 **그림 6.8(a)**에 제시되어 있다. 이 경우 $z = 1.0$보다 큰 음영 처리된 영역은 분포의 꼬리(tail)에 해당한다. 정규분포표 A열에서 해당 z 점수를 찾고, C열에서 해당 비율을 찾을 수 있다. **부록 A**를 활용하면 답은 0.1587이다.

같은 문제를 확률 문제로 물어볼 수 있다. "정규분포에서 z 점수가 +1.00보다 클 확률은 얼마인가?" 정답은 $p(z > 1.00) = 0.1587$ (또는 15.87%) ■

예제 6.3B 정규분포에서 z 점수가 1.50보다 작을 확률은 얼마인가? 기호로는 $p(z < 1.50) =$?이다. 관련 내용이 **그림 6.8(b)**에 제시되어 있다. z 점수 1.50보다 작은 영역의 비율을 구하는 것과 같다. 음영 처리된 영역의 비율은 50%가 넘기 때문에 몸통(body)에 해당한다. 정규분포표 A열에서 z 점수 1.50을 찾고, B열에서 해당 비율을 찾는다. 정답은 $p(z < 1.50) = 0.9332$ (또는 93.32%)이다. ■

예제 6.3C $-z$ 점수에 해당하는 비율을 구하는 문제들이 많다. 예를 들어, 정규분포에서 z 점수가 −0.50보다 작을 확률은 얼마인가? 기호로는 $p(z < -0.50) =$?이다. 관련 내용이 **그림 6.8(c)**에 제시되어 있다. 이러한 $-z$ 점수 문제를 해결하기 위해 정규분포는 대칭이고, z 점수 0이 평균, 양숫값은 우측, 음숫값은 좌측에 표시된다는 것을 알아야 한다. 좌측에서 −0.50보다 작은 영역의 비율은 우측에서 +0.50보다 큰 영역의 비율을 구하는 것과

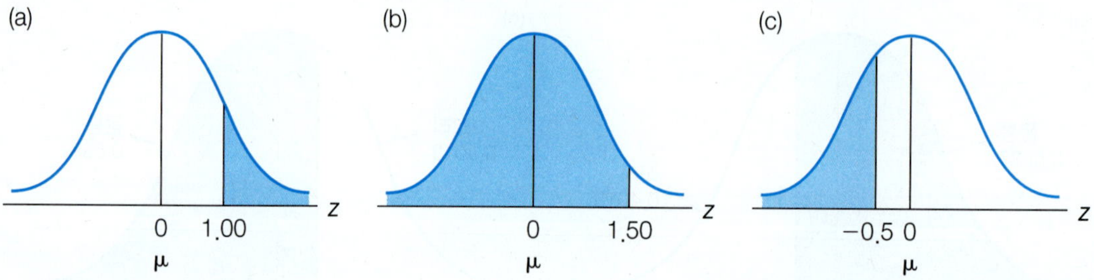

그림 6.8

예제 6.3A, 6.3B, 6.3C의 분포

같다. 정규분포표 A열에서 z 점수 0.50을 찾고, C열에서 해당 비율을 찾을 수 있다. 정답은 0.3085 (또는 30.85%)이다. ■

다음 예제를 스스로 풀어 보면서 얼마나 이해했는지를 확인해 보자.

예제 6.4 정규분포에서 다음 해당 영역의 비율을 구하시오.

a. $z > 0.80$

b. $z > -0.75$

정답은 각각 0.2119, 0.7734이다. ■

특정 비율에 해당하는 z 점수 찾기 이전의 예들은 A열의 z 점수를 사용하여 B열과 C열에서 비율을 찾았다. 하지만 표를 활용하여 비율을 알고 있다면 이에 상응하는 z 점수를 찾을 수 있다. 다음의 예에 이 과정들이 제시되어 있다.

예제 6.5A 정규분포에서 상위 10%와 나머지를 구분하는 z 점수는 얼마인가? 이 문제를 해결하기 위해, 정규분포를 그리고[그림 6.9(a)] 상위 10%에 해당되는 위치에 수직선을 긋는다. 이 선의 정확한 위치를 찾으면 된다. 이 분포에서 몸통은 0.9000(90%), 꼬리는 0.1000(10%)이다. z 점수를 찾기 위해 정규분포표의 C열에서 0.1000 또는 B열에서 0.9000을 찾으면 된다. 정확한 값을 찾을 수 없을 때는 가장 가까운 근삿값을 사용하면 된다. 이 예에서 0.1000은 C열에 없기 때문에 0.1003을 사용한다. 표에서 정확한 비율값을 찾는다면 A열에서 해당 z 점수를 찾을 수 있다.

이 예에서 10%에 해당하는 꼬리의 z 점수는 1.28이다. 하지만 정규분포표는 분포의 좌측과 우측을 구분하지 않는다. 따라서 최종 답은 우측일 경우 +1.28, 좌측일 경우는 −1.28 중에 하나이다. 이 문제는 우측 꼬리(즉 상위 10%)으로, 정답은 $z = +1.28$이다. ■

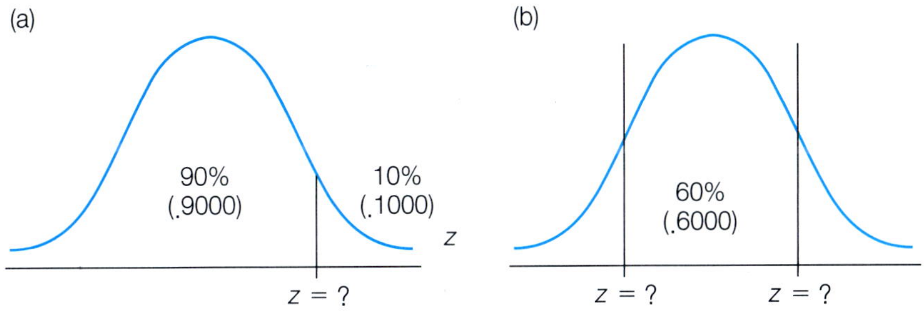

그림 6.9
예제 6.5A, 6.5B의 분포

예제 6.5B 정규분포에서 가운데 60%와 나머지를 구분하는 z 점수는 무엇인가?

이전 예와 같이, 정규분포를 그리고[그림 6.9(b)] 대략 분포 60%를 구분하는 양 쪽에 수직선을 긋는다. 이 수직선의 정확한 위치를 나타내는 z 점수를 찾으면 된다. 가운데 부분의 비율은 0.6000이고 나머지 0.4000을 동일하게 나누는 z 점수를 찾는다. 이 문제는 여러 방식으로 해결할 수 있지만 정규분포표의 D열(그림 6.6 참조)을 사용할 수 있다. 가운데 0.6000은 좌, 우로 0.3000씩 나눌 수 있다. 각 영역에 해당하는 비율 0.3000을 D열에서 찾는다. 정확한 값이 D열에 없기 때문에 근삿값인 0.2995를 사용한다. 이 값에 해당하는 A열의 z 점수는 0.84이다. 그림 6.9(b)에서 우측 경계 z 점수는 +0.84, 좌측은 −0.84이다. ■

지금까지 각 문제에 해당하는 분포 그림을 그렸다. 일반적으로 항상 분포를 그리고 수직선을 그은 후에, 해당 영역을 음영 처리하는 것이 좋다. 이렇게 그림을 그리는 것이 정규분포표를 사용하는 데 도움이 되고, 불필요한 오류를 줄일 수 있다.

학습 점검

학습 목표 2 **1.** 정규분포에서 무작위 표집을 했을 때 $z = 0.25$보다 작은 값이 선택될 확률은 얼마인가?

a. 0.5987
b. 0.4013
c. −0.5987
d. −0.4013

학습 목표 2 **2.** 정규분포에서 상위 90%와 나머지를 구분하는 z 점수는 얼마인가?

a. $z = 1.28$
b. $z = -1.28$

c. $z = 0.13$

d. $z = -0.13$

학습 목표 2 **3.** 정규분포에서 하위 20%와 상위 80%를 구분하는 z 점수는 얼마인가?

a. $z = 0.20$

b. $z = 0.80$

c. $z = 0.84$

d. $z = -0.84$

정답 **1. a 2. b 3. d**

6-3 정규분포에서 특정 점수의 확률과 비율

학습 목표(Learning Objectives)

3. 특정 X값의 확률을 계산할 수 있다.

4. 분포에서 특정 비율에 해당하는 점수를 계산할 수 있다.

지금까지 정규분포표를 사용하여 특정 z 점수에 해당하는 확률과 비율을 구했다. 하지만 대부분의 상황에서는 특정 X값의 확률이 필요하다. 다음 예를 보자.

> IQ 점수는 $\mu = 100$, $\sigma = 15$의 정규분포를 형성한다. 무작위로 선택을 했을 때 120점보다 낮은 IQ 점수를 가진 개인이 선택될 확률은 얼마인가?

주의: 정규분포표는 자료가 정규분포일 경우에 사용할 수 있다. 만약 정규분포가 아니라면, X값을 z로 변환하더라도 정규분포가 되지 않는다.

이 문제는 정규분포에서 특정 확률과 비율을 물어보고 있다. 하지만 정규분포표를 보기 전에 IQ 점수를 z 점수로 변환해야 한다. 따라서 이 문제를 해결하기 위해서는 한 단계를 추가하여 두 단계를 거쳐야 한다.

1. X값을 z 점수로 변환한다.

2. 해당 z 점수에 해당하는 비율을 정규분포표에서 찾는다.

이러한 과정이 다음의 예에 제시되어 있다.

예제 6.6 위에 제시된 문제와 관련된 분포가 **그림 6.10**에 제시되어 있고, 구하려는 비율, 즉 120

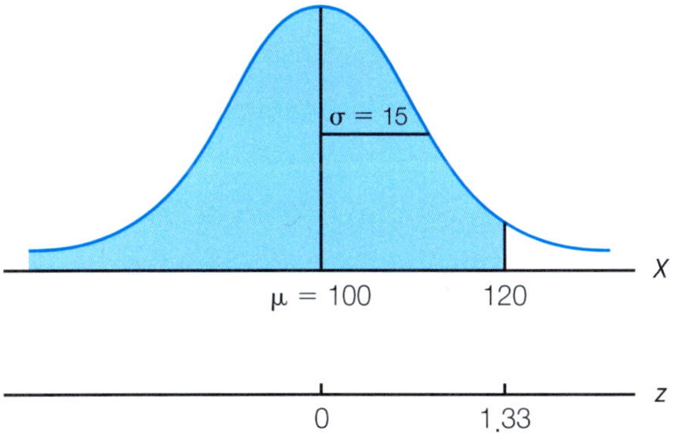

그림 6.10
IQ 점수 분포. 문제는 분포에서 120점 미만에 해당하는 비율 또는 확률을 구하는 것이다.

점 보다 낮은 IQ 점수를 가진 개인들의 영역이 음영 처리되어 있다.

첫 단계에서는 X값을 z 점수로 변환한다. 구체적으로 $X = 120$은 다음과 같이 변환된다.

$$z = \frac{X - \mu}{\sigma} = \frac{120 - 100}{15} = \frac{20}{15} = 1.33$$

따라서 120점의 z 점수는 1.33이고, 따라서 120점 미만의 점수는 z 점수 1.33 미만과 동일하다.

다음으로 정규분포표에서 z 점수를 찾는다. 120점 미만의 비율(**그림 6.10** 참조)은 몸통으로, 정규분포표 B열에서 찾는다. 그 비율값은 0.9082이다. IQ 점수가 120 미만인 사람을 무작위로 선택할 확률은 $p = 0.9082$이다. 기호로 표시하면 다음과 같다.

$$p(X < 120) = p(z < 1.33) = 0.9082(\text{또는 } 90.82\%)$$

마지막으로, 우리가 여기서 **확률**이라는 용어를 사용하여 질문을 표현하였다는 점에 주목할 필요가 있다. 구체적으로, 우리는 "IQ 점수가 120점 미만인 사람을 선택할 확률은 얼마인가?"라고 질문하였다. 그러나 비율이라는 용어를 사용해서도 같은 질문을 할 수 있다. 즉, "IQ 점수가 120점 미만인 사람의 비율은 얼마인가?"이다. 이 두 가지는 동일한 질문이며 질문에 대한 답 역시 동일하다. 이 두 가지와 동일한 질문을 하는 세 번째 방식은 **글상자 6.1**에 소개되어 있다. ■

두 점수 간의 확률/비율 구하기 다음 예는 두 값 사이에 있는 하나의 점수를 선택하는 확률을 구하는 절차를 보여 준다. 비록 이와 같은 문제는 B열과 C열(몸통과 꼬리)에 나와 있는 비율을 사용하여 풀 수도 있지만, 때로는 D열의 비율을 이용하는 것이 더 쉬울 경우도 있다.

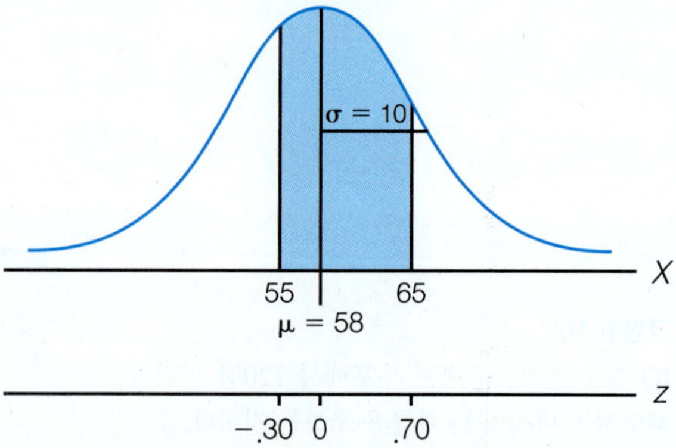

그림 6.11
예제 6.7의 분포

예제 6.7 고속도로 담당 부서에서 한 지역의 주간(interstate) 고속도로의 운전 속도를 측정하는 연구를 수행했다. 자료는 정규분포에 가깝고 시간당 $\mu = 58$마일, $\sigma = 10$이었다. 이 정보를 바탕으로, 시간당 55~65마일로 운전하는 차의 비율은 얼마인가? 이 문제를 기호로 표시하면 다음과 같다.

$$p(55 < X < 65) = ?$$

이 분포가 **그림 6.11**에 제시되어 있고, 해당 영역에 음영 처리가 되어 있다. 우선 이 구간값들에 해당하는 z 점수를 구한다.

$$X = 55: \quad z = \frac{X - \mu}{\sigma} = \frac{55 - 58}{10} = \frac{-3}{10} = -0.30$$

$$X = 65: \quad z = \frac{X - \mu}{\sigma} = \frac{65 - 58}{10} = \frac{7}{10} = 0.70$$

그림 6.11을 다시 보면, 요구하는 비율의 영역이 평균의 좌측과 우측으로 구분된다. 좌측 영역은 평균과 $z = -0.30$ 간의 비율을, 우측 영역은 평균과 $z = +0.70$ 간의 비율을 나타낸다. 정규분포표의 D열을 활용하면 이 두 비율은 0.1179와 0.2580이다. 이 두 영역을 합하면 답을 얻을 수 있다.

$$p(55 < X < 65) = p(-0.30 < z < +0.70) = 0.1179 + 0.2580 = 0.3759 \quad ■$$

예제 6.8 위의 운전 속도 자료를 동일하게 사용한, 65~75마일에 해당하는 차의 비율은 얼마인가?

$$p(65 < X < 75) = ?$$

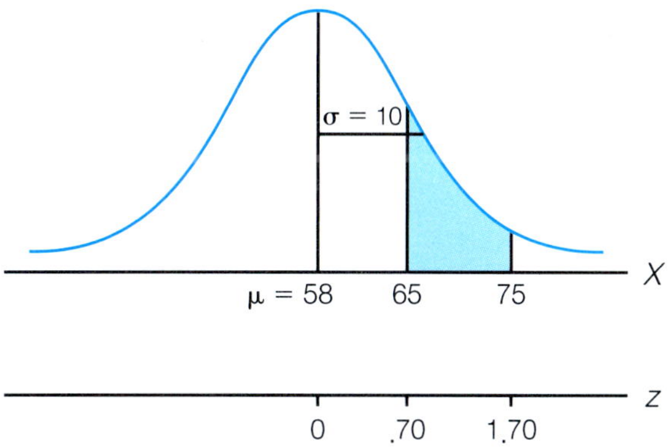

그림 6.12
예제 6.8의 분포

그림 6.12에 이 분포에 대한 그림과 해당 영역이 표시되어 있다. 이 구간값들에 해당하는 z 점수를 구한다.

$$X = 65: \quad z = \frac{X - \mu}{\sigma} = \frac{65 - 58}{10} = \frac{7}{10} = 0.70$$

$$X = 75: \quad z = \frac{X - \mu}{\sigma} = \frac{75 - 58}{10} = \frac{17}{10} = 1.70$$

정규분포표를 활용하여 두 z 점수 간의 비율을 구하는 여러 가지 방법이 있지만 분포의 꼬리에 해당하는 C열을 통해 비율을 구할 수도 있다. $z = 0.70$에 해당하는 C열의 비율은 $p = 0.2420$이다. 하지만 $z = 1.70$이 넘는 영역도 포함되어 있다. $z = 1.70$에 해당하는 C열의 비율은 $p = 0.0446$이다. 답을 구하기 위해 $z = 0.70$에 해당하는 비율에서 $z = 1.70$에 해당하는 비율을 빼면 된다.

$$p(65 < X, 75) = p(0.70 < z, 1.70) = 0.2420 - 0.0446 = 0.1974$$ ■

아래 예제를 통해 정규분포에서 특정 점수의 확률을 스스로 구할 수 있는지 점검해 보자.

예제 6.9 $\mu = 60$이고 표준편차 $\sigma = 12$인 정규분포에서 아래 경우의 확률을 찾으시오.

a. $p(X > 66)$

b. $p(48 < X < 72)$

정답은 각각 0.3085, 0.6826이다. ■

특정 비율과 확률에 상응하는 점수 찾기 이전 3개의 예에서 특정 X값에 해당하는 확률을 구하는 문제를 알아봤다. 이 문제를 해결하는 두 단계가 그림 6.13에 나와 있다. 지

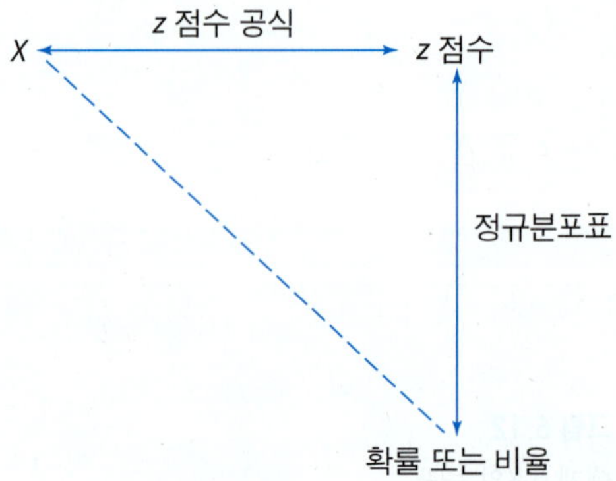

그림 6.13
z 점수를 매개로 하여 정규분포에서 확률과 비율을 구하는 두 단계가 제시되어 있다. X값과 확률 또는 비율이 점선으로 연결된 것처럼 X값을 바로 확률로 전환할 수는 없다. 그 대신 직선을 통해 중간 단계를 거쳐야 한다.

금까지는 이 그림에서 시계 방향, 즉 특정 값을 z 점수로 변환한 후 이를 바탕으로 확률을 구했다. 하지만 반시계 방향도 가능하다. 즉, 우리가 특정 비율을 아는 경우, 정규분포표를 통해 z 점수로 변환할 수 있고 이 z 점수를 통해 특정 X값을 구할 수 있다는 것이다. 다음 예에 이 과정이 나와 있다.

예제 6.10 미국 Census Breau(2005)는 미국 사람들의 통근 시간의 $\mu = 24.3$분이라고 밝혔다. $\sigma = 10$인 정규분포라고 가정했을 때, 이 분포에서 상위 10%인 사람의 통근 시간은 얼마인가? 이 문제와 관련된 내용이 **그림 6.14**에 제시되어 있다.

이 문제는 비율(10% 또는 0.10)을 통해 점수를 찾는 것이다. **그림 6.13**에서 제시된 것처럼 z 점수를 통해 확률에 해당하는 특정 점수를 구할 수 있다. C열에서 0.1000의 값을 찾는다. 동일한 비율 점수가 없다면 근삿값을 사용한다. 가장 가까운 근삿값은 0.1003이고 A열에서 $z = 1.28$이다.

다음으로 z 점수의 기호를 결정한다. 정규분포표에는 부호가 표시되지 않는다. **그림 6.14**를 보면 평균보다 높은 위치라는 것을 알 수 있고, 따라서 부호는 +이고 $z = +1.28$이다.

마지막으로 해당 z 점수를 X값으로 변환한다. 정의에 따르면 $z = 1.28$은 평균보다 1.28 표준편차 높은 점수이다. 1 표준편차가 10점이기 때문에 표준편차 1.28에 해당하는 점수는 다음과 같다.

$$1.28\sigma = 1.28(10) = 12.8$$

따라서 평균 24.3보다 12.8점 높은 점수가 된다.

$$X = 24.3 + 12.8 = 37.1$$

질문에 대한 답은 "미국 근로자 중 상위 10%에 해당하는 통근 시간 37.1분이다."

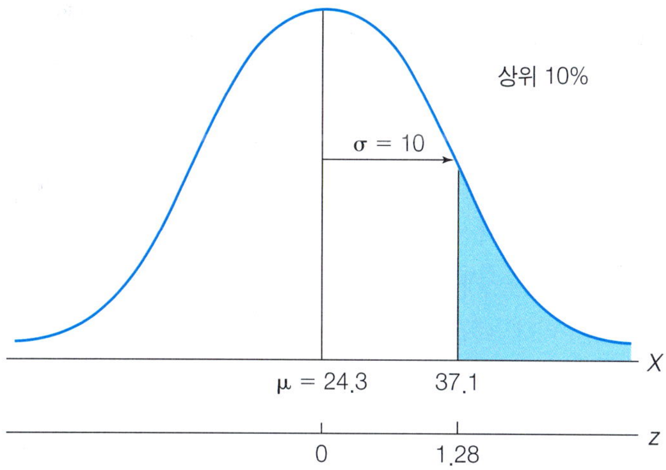

그림 6.14
미국 근로자의 통근 시간 분포. 이 문제는 통근 시간 상위 10%와 나머지를 구분하는 점수를 찾는 것이다.

이다. ■

예제 6.11 $\mu = 24.3$, $\sigma = 10$인 정규분포 통근 시간 자료에서 가운데 90%에 해당하는 범위의 값을 구하고자 한다. 이 문제 내용이 **그림 6.15**에 제시되어 있다.

가운데 90%(0.9000)는 평균으로부터 좌우로 45%씩 나눌 수 있다. 정규분포표 D열에서 0.4500을 찾으면 동일한 값이 없다. 근삿값으로 0.4495와 0.4505를 찾을 수 있다. 어느 값을 사용해도 상관없지만 전체 영역이 거의 90%가 되는 0.4505를 사용하겠다. 해당하는 열에서 $z = 1.65$이다. 따라서 좌우 경계 z 점수는 $+1.65$와 -1.65이다. z 점

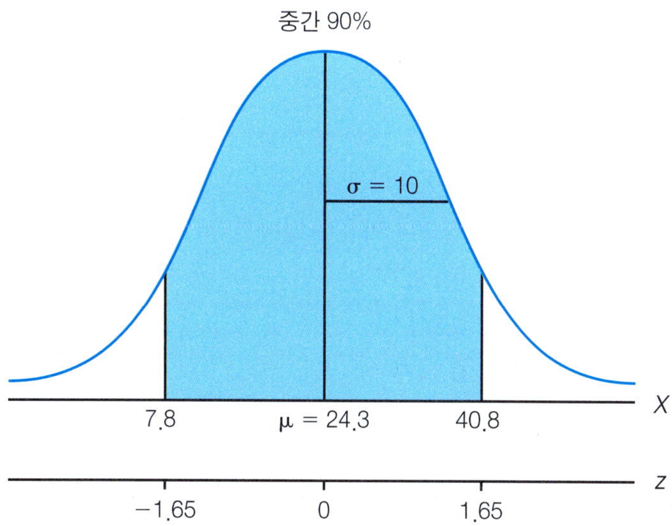

그림 6.15
미국 근로자의 통근 시간 분포. 이 문제는 분포에서 가운데 90%에 해당하는 점수를 찾는 것이다.

글상자 6.1 확률, 비율, 백분위수

지금까지 분포의 일부분으로 비율과 확률의 용어를 논의해 왔다. 하지만 같은 개념의 다른 용어들이 많다. 구체적으로 **백분위수(percentile rank)**는 분포에서 한 개인보다 동일하거나 낮은 점수를 갖는 개인들의 백분율로 정의되는 특정 점수이다. 예를 들어, 70%가 $X = 45$점 이하이면 $X = 45$점의 백분위수는 70%이다. 한 점수가 백분위수로 언급될 때 그 점수를 **백분위(percentile)**라고 부른다. 예를 들어, 70% 백분위수에 해당하는 점수는 70번째 백분위이다.

위 용어들은 확률과 호환하여 사용될 수 있다. 예제 6.6에서 문제는 "무작위로 선택할 때 IQ 점수 120점 이하가 선택될 확률은 얼마인가?"였다. 이는 "IQ 120점의 백분위수는 무엇인가?"와 동일한 질문이다. 유사하게 예제 6.10, "상위 10%는 매일 통근하는 데 몇 분이 소요되는가?"라는 질문은, 이 점수는 상위 10%와 하위 90%를 구분하기 때문에, "통근 시간 분포에서 90번째 백분위는 무엇인가?"라는 질문으로 변경될 수 있다.

수 1.65는 평균으로부터 1.65 표준편차 거리에 위치한다. 통근 거리 분포의 표준편차가 10이기 때문에 1.65 표준편차는 다음과 같다.

$$1.65\sigma = 1.65(10) = 16.5$$

따라서 우측 경계 점수는 평균보다 16.5 높은 점수로 $X = 24.3 + 16.5 = 40.8$이다. 유사하게 좌측 경계 점수는 평균보다 16.5 낮은 점수로 $X = 24.3 - 16.5 = 7.8$이다. 따라서 미국 통근자의 90%는 통근에 매일 7.8분에서 40.8분을 소요한다. 통근자 중 10%만이 이보다 적거나 많은 시간을 소요한다.

학습 점검

학습 목표 3 **1.** SAT 점수의 모집단은 $\mu = 500$, $\sigma = 100$의 정규분포이다. 모집단에서 400점보다 낮은 점수의 비율은 얼마인가?

a. 0.1587
b. 0.8413
c. 0.3413
d. −0.1587

학습 목표 3 **2.** $\mu = 100$, $\sigma = 20$의 정규분포에서 무작위로 선택했을 때 130점보다 낮은 점수가 뽑힐 확률은 얼마인가?

a. $p = 0.9032$
b. $p = 0.9332$
c. $p = 0.0968$
d. $p = 0.0668$

학습 목표 4 3. $\mu = 70, \sigma = 10$의 정규분포에서 상위 60%에 속하기 위한 최소 점수는 얼마인가?
a. 67.5
b. 62.5
c. 65.2
d. 68.4

정답 1. a 2. b 3. a

6-4 추론 통계 미리 보기

학습 목표(Learning Objectives)

5. 특정 결과가 나올 가능성을 바탕으로 처치의 효과를 평가하는 것에 확률이 어떻게 사용될 수 있는지 설명할 수 있다.

확률은 표본이 속한 모집단과 표본들 간의 직접적인 관계를 알려 준다. 이러한 관계는 추론 통계의 근간이 된다. 다음 예를 통해 확률이 추론 통계에서 어떻게 사용되는지 알아보자.

5장 마지막 부분에 연구 결과를 해석하는 데 추론 통계가 어떻게 사용되는지에 대해 알아봤다. 일반적인 연구 상황이 **그림 5.8**에 제시되었고 **그림 6.16**에도 제시되었다. 그림에 제시된 연구는 $\mu = 400, \sigma = 20$의 정규분포인 모집단에서 표본이 선택되고, 선택된 표본에 처치가 가해진다. 이 연구의 목표는 처치의 효과를 평가하는 것이다.

처치의 효과가 있는지를 검증하기 위해, 연구자는 처치를 받은 표본을 원래 모집단과 비교한다. 만약 처치를 받은 표본의 점수가 400점(모평균) 근처라면, 처치의 효과가 없다고 결론을 내린다. 반면, 처치를 받은 표본의 점수가 400점과 확연히 다르다면 연구자는 처치의 효과가 있다는 증거를 확보하게 된다. 이 연구에서 모집단에 대한 질문에 답하기 위해 표본을 사용했고, 이 내용이 추론 통계의 핵심이다.

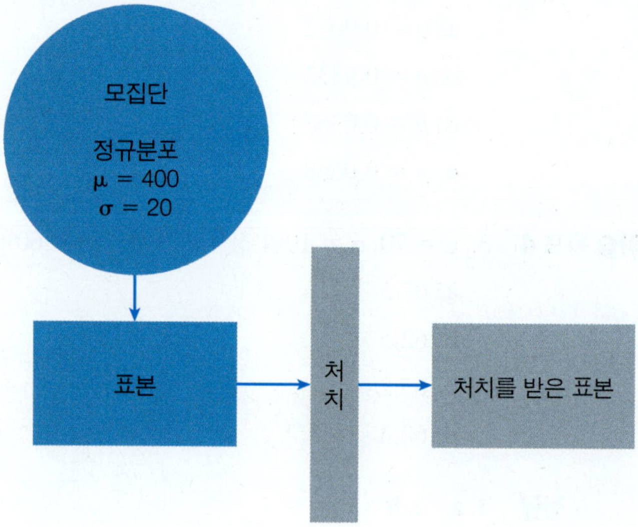

그림 6.16
연구 다이어그램. 모집단에서 표본이 선택되고 처치를 받는다. 처치의 효과가 있는지를 검증하는 것이 목표이다.

연구자가 결정해야 할 문제는 '400과 확연히 다른'의 의미를 정확하게 정의하는 것이다. 만약 처치를 받은 개인의 점수가 $X = 415$라면 처치의 효과가 있다고 말할 수 있는가? $X = 420$이라면 어떠한가? $X = 450$이라면 어떠한가? 5장에서 z 점수를 사용하는 것이 이 문제를 해결하는 한 가지 방법이다. 구체적으로, ±2.0을 넘어선 z 점수는 극단값(extreme score)으로서 확연히 다른 값으로 결론 내릴 수 있다. 하지만 $z = \pm 2.0$에 대한 결정은 임

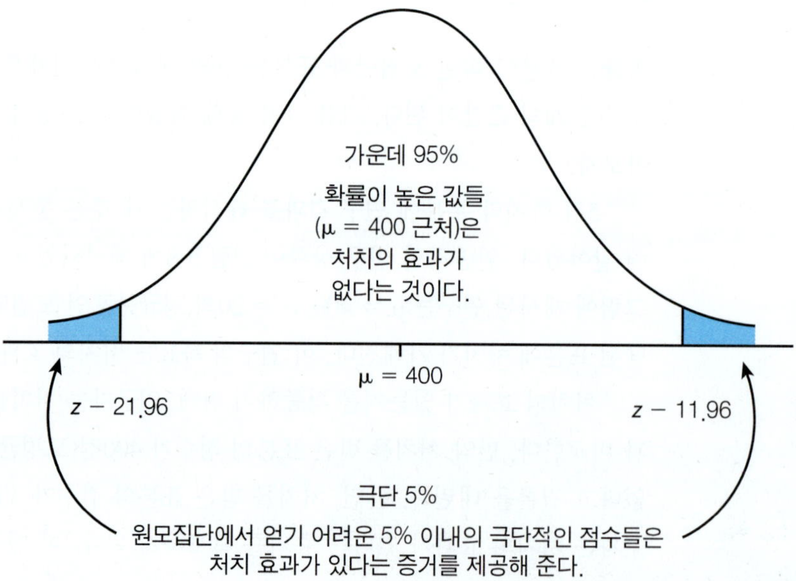

그림 6.17
처치 효과를 평가하기 위해 확률 사용하기. 원래 모집단에서 얻기 어려운 극단값들은 처치 효과의 증거로 간주된다.

의적인 것이다. 이제 또 다른 방법으로 확률을 통해 정확한 임계점(boundaries)을 결정할 수 있다.

그림 6.17은 가설적 연구를 통한 원모집단이 제시되어 있다. 대부분의 점수들이 $\mu = 400$ 근처에 모여 있다. 그리고 가운데 95%와 양쪽 극단적인 5%(0.0500)를 구분하는 임계점들이 표시되어 있다. 0.500을 반으로 나누면 좌우 각각 0.0250이 된다. 정규분포표(C)를 사용하면 z 점수 임곗값은 좌우 각각 +1.96, −1.96이다. 만약 원모집단에서 한 개인을 선택했다면 $z = \pm 1.96$을 넘어선 점수를 얻기는 어렵다.

임곗값 $z = \pm 1.96$은 표본이 처치 효과가 있다는 증거가 될 수 있는지를 결정하는 객관적인 기준이 된다. 구체적으로 처치를 받은 표본의 점수가 ±1.96 너머에 위치한다면 우리는 다음과 같이 결론 내릴 수 있다.

1. 표본이 평균으로부터 거의 2 표준편차 떨어져 있는 극단값으로, 원모집단에 속한 대부분의 개인들과는 확연히 다르다.
2. 만약 처치의 효과가 없다면 이 표본은 매우 나오기 힘든 결과이다. 구체적으로, 한 표본을 선택했을 때 ±1.96을 넘어설 가능성은 5% 미만이다.

따라서 표본은 처치의 효과가 있다는 명확한 증거를 제시하고 있다.

학습 점검

학습 목표 5 1. $\mu = 40, \sigma = 5$의 정규분포에서 $X = 52$ 이상의 점수들에 대한 설명으로 적절한 것은 무엇인가?

a. 선택되기 어려운 극단적인 점수이다.

b. 평균보다는 높지만 극단적인 점수는 아니다.

c. 평균보다 약간 높다.

d. 평균으로 대표적인 점수이다.

학습 목표 5 2. $\mu = 60, \sigma = 10$의 정규분포에서 가운데 95%와 극단 5%를 구분하는 X값은 얼마인가?

a. 51.6, 68.4

b. 47.2, 72.8

c. 43.5, 65.5

d. 40.4, 79.6

학습 목표 5 3. $\mu - 80, \sigma = 20$의 정규분포에서 한 개인이 선택되었고, 처치가 가해졌다. 처치 후 이 개인의 점수가 $X = 105$였다. 처치의 효과가 있다면(또는 크다면), 이렇게 높은 점수 이상의 개인이 나올 확률은 얼마입니까?

a. $p = 0.1056$

b. $p = 0.3944$

c. $p = 0.8944$

d. $p = 1.2500$

정답 **1. a 2. d 3. a**

핵심 요약

1. 특정 사건 A의 확률은 분수 또는 비율로 정의된다.

$$p(A) = \frac{A\text{로 분류되는 결과의 수}}{\text{가능한 모든 결과의 수}}$$

2. 무작위 표집일 경우에만 확률의 정의가 적용된다. 무작위 표집을 위해 다음 두 가지 조건이 충족되어야 한다.
   - **a.** 모집단 내 모든 개인이 선택될 기회가 동일하다.
   - **b.** 한 명 이상이 선택될 때 확률은 항상 동일해야 한다. 이는 복원 추출되어야 한다는 것을 의미한다.

3. 모든 확률 문제는 비율 문제로 재진술될 수 있다. "카드 한 벌에서 킹을 선택할 확률"은 "한 벌의 카드 중 킹의 비율"과 동일하다. 빈도 분포에서 확률 문제는 영역의 비율로 해결할 수 있다. "IQ 점수가 108보다 높은 사람이 선택될 확률"은 "전체 모집단에서 IQ 점수가 108보다 높은 사람들이 차지하는 비율"과 동일하다.

4. 정규분포에서 확률(비율)은 정규분포표에서 찾을 수 있다. 정규분포표는 특정 z 점수에 해당하는 비율을 알려 주고 있다. 정규분포표를 활용하여 X값을 확률로 변환하거나 확률을 X값으로 변환할 수 있다. 이를 위해 다음 두 단계를 거친다.
   - **a.** z 점수 공식(5장)을 통해 X를 z로, 또는 z를 X로 변환한다.
   - **b.** 정규분포표를 통해 z 점수에 해당하는 확률(비율) 또는 각 확률에 해당하는 z 점수를 구할 수 있다.

5. 백분위나 백분위수는 분포 내에서 한 점수의 상대적 위치를 측정한다(글상자 6.1 참조). 백분위수는 특정 X값 이하의 점수를 보인 개인들의 백분율이다. 백분위는 이 백분위수에 의해 확인되는 X값이다. 백분위수는 항상 문제에서 제시된 점수의 좌측에 해당하는 영역의 비율과 같다.

주요 용어

확률 probability (167)

무작위 표집 random sampling (169)

단순 무작위 표본 simple random sample (169)

독립 무작위 표집 independent random sampling (169)

독립 무작위 표본 independent random sample (169)

무작위 표본 random sample (169)

복원 표집/추출 sampling with replacement (170)

비복원 표집/추출 sampling without replacement (170)

정규분포표 unit normal

table (175) **백분위수** percentile rank (186) **백분위** percentile (186)

SPSS®

SPSS에서 확률을 계산할 수는 없다. 하지만 후반부에 검증할 추론 통계의 일부분으로 확률값을 제시해 준다. 추론 통계에서 확률을 유의 수준(significance levels)이라 부르는데, 이 유의 수준은 연구자가 결과를 잘못 해석할 확률에 대해 알려 준다.

문제 해결을 위한 팁

1. 확률이 비율과 동일하다고 하였으므로 확률 문제를 비율 문제로 재진술할 수 있다. 이러한 정의는 그래프로 제시된 모집단에서 특정 영역으로 확률(비율)이 제시되어 있는 문제를 해결할 때 유용하다. 정규분포에 대한 문제를 해결할 때 항상 먼저 분포를 그래프로 그린 후에 그래프에서 확률을 구해야 하는 해당 영역을 음영 처리하는 것이 문제 해결에 도움이 된다.

2. 정규분포표에서 z 점수는 모두 양수라는 것을 유념해야 한다. 하지만 정규분포는 좌우 대칭이기 때문에 표의 비율은 $+z$, $-z$ 점수에 모두 적용된다.

3. 흔히 정규분포의 좌측에서의 확률에 음숫값을 사용하는 오류를 범한다. 확률(비율)은 항상 양수이다. 10%는 분포의 좌우에 상관없이 10%이다.

4. 정규분포표의 비율은 정규분포에만 적용된다. 정규분포가 아니라면 이 표를 사용할 수 없다.

증명 6.1

정규분포표를 통해 확률 구하기

$\mu = 45$, $\sigma = 4$인 정규분포 모집단이 있다. 한 점수를 무작위로 선택했을 때 43보다 클 확률은 얼마인가? 즉 전체 분포에서 43점보다 큰 점수들의 비율은 무엇인가?

1단계 **분포에 대한 그림을 그린다.** $\mu = 45$, $\sigma = 4$인 정규분포이고 $X = 43$은 평균값보다 작기 때문에 평균의 좌측에 위치한다. 43보다 큰 점수들의 비율을 구하는 것이기 때문에 이 점수의 우측을 음영 처리한다. 이에 대한 내용이 그림 6.18에 제시되어 있다.

2단계 **X값을 z 점수로 변환한다.**

$$z = \frac{X - \mu}{\sigma} = \frac{43 - 45}{4} = \frac{-2}{4} = -0.5$$

3단계 **정규분포표에서 적절한 비율을 찾는다.** − 기호는 무시하고 A열에서 0.50을 찾는다. 이

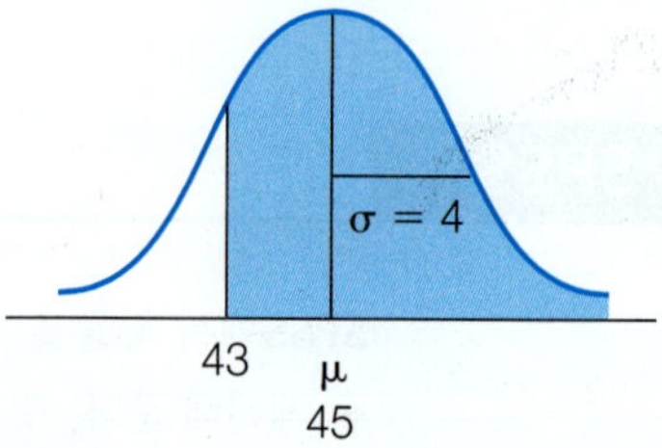

그림 6.18
증명 6.1의 분포

문제의 경우 몸통을 구하는 것이기 때문에 B열에서 해당 비율을 찾는다. 정답은 다음과 같다.

$$p(X > 43) = p(z > -0.50) = 0.6915$$

연습 문제

1. 무작위 표집이 되기 위한 두 가지 조건은 무엇인가?

2. 복원 추출에 대해 정의하고 왜 복원 추출이 사용되는지를 설명하시오.

3. 할로윈 데이가 다가오면 마트에서 Snikers, Milky Way, Twix 세 가지 과자로 구성된 3파운드 봉지를 판매한다. 한 봉지에 세 가지 과자의 수가 동일하게 들어 있다면 다음 문제에서의 확률은?

a. 무작위로 Milky Way를 선택한다.

b. 무작위로 Snikers 또는 Twix를 선택한다.

c. 무작위로 Twix가 아닌 다른 과자를 선택한다.

4. 심리학 수강생 중 남학생이 28명, 여학생이 52명이다. 교수가 무작위 표집을 사용하여 이름을 호명하고 있다.

a. 처음 호명된 학생이 여학생일 확률을 구하시오.

b. 3명의 학생을 무작위 표집으로 선택했는데, 처음 2명의 학생이 여학생이라면 세 번째 학생이 남학생일 확률을 구하시오.

5. 정규분포에서 다음에 제시된 z 점수의 위치에 수직선을 긋고, 좌우 어느 쪽이 몸통(body)인지 결정하고 몸통의 비율을 구하시오.

a. $z = 2.00$

b. $z = 0.75$

c. $z = -1.40$

d. $z = -0.67$

6. 정규분포에서 다음에 제시된 z 점수의 위치에 수직선을 긋고, 좌우 어느 쪽이 꼬리(tail)인지 결정하고 꼬리의 비율을 구하시오.

a. $z = 1.00$

b. $z = 0.50$

c. $z = -1.25$

d. $z = -0.40$

7. 정규분포에서 다음에 제시된 z 점수의 위치에 수직선을 긋고, 평균과 z 점수 간에 해당하는 비율을 구하시오.

a. $z = 1.80$

b. $z = 0.55$

c. $z = -1.10$

d. $z = -0.85$

8. 정규분포에서 다음 문제의 확률을 구하시오.

a. $p(z > 2.25)$

b. $p(z > -1.20)$

c. $p(z < 0.40)$

d. $p(z < -1.75)$

9. 정규분포에서 다음 두 z 점수들 사이에 해당하는 영역의 확률을 구하시오.

a. $z = -0.50, z = +0.50$

b. $z = -0.85, z = +0.85$

c. $z = -1.60, z = +1.60$

10. 정규분포에서 다음 문제의 확률을 구하시오.

a. $p(-1.80 < z < 0.20)$

b. $p(-0.40 < z < 1.40)$

c. $p(0.25 < z < 1.25)$

d. $p(-0.90 < z < -0.60)$

11. 정규분포에서 각각에 해당하는 수직선의 z 점수를 구하시오.

a. 우측의 꼬리 15%

b. 좌측의 꼬리 40%

c. 우측의 몸통 75%

d. 좌측의 몸통 60%

12. 정규분포에서 다음에 해당하는 z 점수 임곗값을 구하시오.

a. 가운데 20%와 나머지 80%를 구분

b. 가운데 25%와 나머지 75%를 구분

c. 가운데 70%와 나머지 30%를 구분

d. 가운데 90%와 나머지 10%를 구분

13. $\mu = 90, \sigma = 15$의 정규분포에서 다음에 제시된 X 점수에서 꼬리가 좌우 어느 쪽인지 결정하고 꼬리(tail)의 비율을 구하시오.

a. $X = 93$

b. $X = 110$

c. $X = 85$

d. $X = 70$

14. $\mu = 60, \sigma = 16$의 정규분포에서 다음에 제시된 X 점수에서 몸통이 좌우 어느 쪽인지 결정하고 몸통(body)의 비율을 구하시오.

a. $X = 64$

b. $X = 80$

c. $X = 52$

d. $X = 28$

15. $\mu = 85, \sigma = 20$의 정규분포에서 다음 각 문제에 해당하는 비율을 구하시오.

a. 89보다 큰 점수

b. 72보다 작은 점수

c. 70점과 100점 사이

16. 2014년 뉴욕 양키스 팀 타율 평균은 $\mu = 245$ (0.245지만 소수를 피하기 위해 제거)이다. 물론 각 게임마다 팀 타율은 다르지만 162게임의 타율은 정규분포이고 $\sigma = 40$이다.

a. 게임을 무작위로 선택했을 때 팀 타율이 300(3할) 초과일 확률을 구하시오.

b. 게임을 무작위로 선택했을 때 팀 타율이 200(2할) 미만일 확률을 구하시오.

17. 표준화된 IQ 검사 점수는 $\mu = 100, \sigma = 15$의 정규분포이다. 다음의 IQ 범주에 해당하는 비율을 구하시오.

a. 천재 또는 거의 천재: IQ 140 이상

b. 매우 높은 지능: IQ 120~140

c. 평균 또는 정상 지능: IQ 90~109

18. SAT 점수는 $\mu = 500, \sigma = 100$의 정규분포이다. 모집단에서 SAT 점수를 뽑았다.

a. SAT 400점 미만의 비율을 구하시오.

b. SAT 650점 초과의 비율을 구하시오.

c. 상위 20%에 속하기 위한 SAT 최저점을 구하시오.

d. 주립 대학교 SAT 합격점이 상위 40%라면 합격을 위한 SAT 최저점을 구하시오.

19. 최근 보고서에 따르면 미국인은 매일 평균 22.7 티스푼의 설탕을 섭취한다(National Geographic Magazine, 2013년 8월). 자료는 정규분포에 가깝고 $\sigma = 4.5$이다.

a. 매일 30티스푼 이상 설탕을 소비하는 사람의 비율을 구하시오.

b. 적어도 20티스푼의 설탕을 소비하는 사람의 비율을 구하시오.

20. 교육 수준이 높은 교외 가족의 2세 아이들의 하루 평균 TV 시청 시간은 $\mu = 60$분으로 보고되었다. 정규분포이고 $\sigma = 25$분이다.

a. 매일 2시간 이상 TV를 시청하는 2세 아이들의 비율을 구하시오.

b. 하루 30분 이하로 TV를 시청하는 2세 아이들의 비율을 구하시오.

21. 2010년 보고에 따르면 8~18세 미국인들의 전자기기(스마트폰, 컴퓨터, 태블릿) 사용 시간은 $\mu = 7.5$시간이었다. 정규분포이고 $\sigma = 2.5$시간이다.

a. 하루 9시간 이상 전자기기를 사용하는 개인이 선택될 확률을 구하시오.

b. 8~12시간 사용하는 8~18세 미국인들의 비율은 무엇인가? 기호로 표시하면 다음과 같다. $p(8 < X < 12) = ?$

22. 시애틀과 워싱턴의 연간 강수량은 $\mu = 34$인치이다. 강수량 분포는 정규분포이고 $\sigma = 6.5$인치이다. 다음의 강수량을 보고 극히 건조한 해인지, 극히 습한 해인지, 아니면 평범한 해인지를 결정하시오.

a. 연평균 강수량 41.8인치

b. 연평균 강수량 49.6인치

c. 연평균 강수량 28.0인치

CHAPTER 7

확률과 표본: 표본 평균의 분포

필요한 지식

아래 개념들은 이 장을 이해하기 위해 필요한 주요 개념들이다. 해당 장을 참고하여 충분히 숙지하기를 바란다.

- 무작위 표집(6장)
- 확률과 정규분포(6장)
- z 점수(5장)

7-1 표본, 모집단, 표본 평균의 분포

학습 목표(Learning Objectives)

1. 표본 평균의 분포를 정의하고, 논리적으로 예측 가능한 표본 평균 분포의 특성을 기술할 수 있다. 그리고 이러한 정보를 사용하여, 특정 모집단으로부터 나온 특정 크기의 표본들에 대해, 표본 평균들의 분포가 어떠한 특성을 나타내는지 알 수 있다.

앞의 5장과 6장에서 z 점수와 확률에 대해 다루었다. 모집단에서 점수 하나를 선택하면, 항상 이 점수에 대한 z 점수를 계산할 수 있는데, 이때 z 점수는 이 점수가 분포상 정확히 어디에 위치하는지를 나타낸다. 만약 모집단이 정규분포를 따른다면 임의의 점수를 얻을 확률 또한 계산할 수 있다. 예를 들어, 정규분포상에서 $z = +2.00$을 넘어서는 분포의 꼬리에 위치한 극단값을 얻을 확률은 $p = 0.0228$이다.

지금까지는 표본에 단 하나의 점수만 있는 상황에서 z 점수와 확률에 대해 살펴보았다. 그러나 대부분의 연구는 $n = 22$명의 Amazing Race(미국 리얼리티쇼) 참가자들, 또는 $n = 100$명의 유치원생들 등과 같이 훨씬 더 큰 표본을 사용한다. 이러한 상황에서는 모집단에 대한 질문에 답하기 위해 점수 하나가 아니라 표본 평균을 사용해야 한다. 이번 장에서는 z 점수와 확률에 대한 개념을 더욱 큰 표본에 적용할 수 있도록 확장할 것이다. 구체적으로, 표본 평균을 z 점수로 변환하는 절차를 소개한다. 이를 통해, 연구자는 표본에 대응하는 z 점수를 찾을 수 있게 될 것이다. 전과 마찬가지로, 0 근처에 있는 z 점수는 해당 표본이 분포의 중앙에 있고, 모집단을 잘 대표하는 표본임을 나타낸다. z 점수가 $+2.00$이나 -2.00을 넘어서는 경우는 극단적인 표본임을 나타낸다. 따라서 z 점수를 사용하면 어떤 특정 표본이 다른 모든 가능한 표본들과 비교하여 어디에 위치하는지를 기술할 수 있다. 또한 표본이 얼마나 큰지에 관계없이, z 점수를 사용하여 특정 표본을 얻을 확률 또한 알아낼 수 있다.

일반적으로 표본을 사용해서 연구하는 것이 어려운 이유는 표본이 모집단에 대해 불완전한 그림을 제공하기 때문이다. 예를 들어, 연구자가 어떤 주립 대학에서 $n = 25$명의 학생들을 무작위로 선택했다고 해 보자. 이 표본이 그 학교 전체 학생 모집단을 대표하는 것은 맞지만, 그럼에도 불구하고 모집단에 있는 어떤 부류의 학생들은 이 표본에는 분명 포함되지 않았을 것이다. 게다가 이 표본에 대해 계산한 통계량은 전체 모집단에 대해 구한 모수와는 그 값이 다를 것이다. 예를 들어, 25명 학생의 평균 IQ는 전체 모집단 학생들의 평균 IQ와는 다를 것이다. 표본 통계량과 이에 상응하는 모수 간의 차이 또는 오차를 **표집 오차**라 하고 **그림** 1.2(8쪽)에 예시가 나타나 있다.

표집 오차(sampling error)란 표본 통계량과 그에 상응하는 모수 간에 나타나는 차이 또는 오차의 양이다.

또한 표본은 변한다. 표집을 할 때마다 매번 동일한 표본을 얻을 수는 없다. 만약 동일한 모집단으로부터 두 개의 표본을 얻는다면, 이 두 표본은 서로 다를 것이다. 각 표본들은 서로 다른 개인, 서로 다른 점수로 구성되어 있고, 서로 다른 표본 평균을 나타낼 것이다. 그렇다면 어느 표본이 모집단을 가장 잘 기술하는지 어떻게 알 수 있을까? 어느 표본이 모집단을 얼마나 잘 기술하는지 예측하는 것이 가능할까? 특정한 특성을 가진 표본을 얻을 확률은 얼마인가? 표본과 모집단을 연관 짓는 규칙들을 배우고 나면, 이러한 질문들에 답을 할 수 있게 될 것이다.

■ 표본 평균의 분포

이미 언급했듯이 두 개의 표본은 비록 동일한 모집단에서 나왔다고 하더라도 서로 다르다. 표본들은 서로 다른 개인, 서로 다른 점수들로 구성될 것이고, 서로 다른 평균을 나타낼 것이다. 대부분의 경우 하나의 모집단으로부터 수천 개의 서로 다른 표본을 얻는 것이 가능하다. 동일한 모집단으로부터 나온 이러한 모든 서로 다른 표본들이 있을 때, 표본과 모집단의 관계를 간단한 규칙으로 나타내려는 시도는 무모해 보일 수 있다. 그러나 다행스럽게도 수많은 가능한 표본들의 집합은 생각보다 간단하고 질서 있는 패턴을 나타내기 때문에 어느 정도 정확하게 표본의 특성을 예측하는 것이 가능하다. 표본의 특성을 예측하는 것은 **표본 평균의 분포**를 기반으로 한다.

표본 평균의 분포(distribution of sample means)는 하나의 모집단으로부터 얻을 수 있는 모든 가능한 특정 크기(n)의 무작위 표본들에 대해 구한 표본 평균들의 분포이다.

여기서 중요한 것은 표본 평균의 분포는 모든 가능한 표본들을 포함한다는 것이다. 확률을 계산하려면 모든 가능한 값들을 알고 있어야 한다. 예를 들어, 만약 전체 표본 집합이 100개의 표본들로 이루어져 있다면, 어떤 특정한 표본을 얻을 확률은 100분의 1, 즉 $p = \frac{1}{100}$이 될 것이다(글상자 7.1).

또 한 가지 중요한 것은 표본 평균의 분포는 이전에 배운 분포들과는 다르다는 점이다. 지금까지 우리는 점수들의 분포에 대해 배웠다. 그러나 지금은 분포상의 값들이 점수가 아니고 통계량(표본 평균)이다. 통계량은 표본으로부터 얻는 것이기 때문에, 통계량의 분포를 흔히 **표집 분포**라 한다.

표집 분포(sampling distribution)는 하나의 모집단으로부터 특정 크기의 모든 가능한 표본들을 얻었을 때 이 표본들로부터 얻은 통계량의 분포이다.

따라서 표본 평균의 분포는 표집 분포의 하나의 예이다. 표본 평균의 분포를 흔히 M의 표집 분포라 한다.

만약 표본 평균들의 분포를 실제로 구해 보고 싶다면, 우선 모집단으로부터 일정한 크기(n)의 무작위 표본을 추출하고, 그 표본의 평균을 계산하고, 해당 표본 평균을 빈도 분포상에 위치시킨다. 그러고 나서 동일한 크기의 또 다른 무작위 표본을 추출하여 그 표본의 평균을 계산하고 이를 빈도 분포에 추가한다. 이 과정을 모든 가능한 무작위 표본들을 얻을 때까지 반복하면, 완성된 빈도 분포가 바로 표본 평균들의 분포가 된다.

■ 표본 평균 분포의 특징

예제 7.1은 표본 평균의 분포를 구하는 절차를 기술하고 있다. 이를 살펴보기 전에 상식과 약간의 논리를 사용하여 표본 평균 분포의 일반적인 특징들을 예상해 보자.

1. 표본 평균들은 모평균 주위에 모여 있을 것이다. 표본들은 모집단과 동일하지는 않지만 모집단을 대표한다. 따라서 대부분의 표본 평균들은 모평균과 비교적 가

글상자 7.1 표본 평균의 확률과 분포

나는 카드 게임에 사용하는 카드를 잃어버리는 안 좋은 습관을 가지고 있다. 게다가 나는 언젠가는 잃어버린 카드를 찾을 수 있으리라는 희망으로 항상 나머지 카드를 간직한다. 그 결과, 내 서랍은 카드가 몇 장 모자란 여러 벌의 카드 더미들로 가득 차 있다. 이렇게 몇 장을 잃어버린 여러 벌의 카드 더미 중에서 한 더미를 골라 카드를 잘 섞은 뒤 무작위로 한 장을 뽑는다고 해 보자. 이때 킹을 뽑을 확률은 얼마일까?

여러분은 아마도 이 확률 질문에 답할 수 없다는 것을 깨달았을 것이다. 킹을 뽑을 확률을 알기 위해서는 카드 더미 안에 얼마나 많은 카드가 있는지 그리고 어느 카드가 없는지를 알아야 하기 때문이다. (킹 카드를 잃어버렸는지, 잃어버리지 않았는지를 아는 것은 매우 중요하다.) 이 단순한 예시를 통해 알 수 있는 것은, 어떤 종류의 확률이든 이를 계산하기 위해서는 그 표본이 선택된 모집단에 대한 완전한 정보를 알아야 한다는 것이다. 이 예시에서 어떤 특정 카드를 선택할 확률을 알아내기 전에 카드 더미로부터 뽑을 수 있는 모든 가능한 카드가 무엇인지 알고 있어야 한다.

이번 장에서 우리는 확률과 표본 평균에 대해 살펴보고 있다. 어떤 특정한 표본 평균의 확률을 알기 위해서는 모든 가능한 표본 평균들에 대해 먼저 알아야 한다. 따라서 우선 어떤 특정한 모집단으로부터 얻을 수 있는 모든 가능한 표본 평균들을 정의하고 기술해야 한다. 모든 가능한 표본 평균의 집합(즉, 표본 평균의 분포)을 알아내고 나면, 특정 표본 평균을 선택할 확률도 알 수 있다.

까운 값을 나타낼 것이다.

2. 표본 평균들은 정규분포 모양으로 분포할 것이다. 논리적으로 생각하면, 대부분의 표본들은 μ와 근접한 평균을 나타낼 것이고 μ와 상당히 다른 표본 평균은 비교적 드물게 나타날 것이다. 따라서 표본 평균들은 분포의 중앙(μ 주변)에 더 많이 분포할 것이고 *M*과 μ의 거리가 멀어질수록 빈도가 점점 감소할 것이다. 이는 바로 정규분포가 기술하는 분포 모양이다.

3. 일반적으로 표본 크기가 커질수록 표본 평균들은 모평균 μ에 더 가까워질 것이다. 논리적으로 생각하면 크기가 큰 표본은 작은 표본에 비해 모집단을 더 잘 대표한다. 따라서 큰 표본으로부터 얻은 표본 평균들은 모평균과 상대적으로 더 가깝게 분포할 것이고, 작은 표본으로부터 얻은 표본 평균들은 모평균으로부터 더 멀리 흩어져 분포할 것이다.

앞으로 살펴보겠지만, 상식에 기반하여 얻어진 이러한 세 가지 특징들은 실제로 표본 평균의 분포를 정확히 기술한다. 다음 예제는 하나의 모집단으로부터 표본을 반복 추출함으로써 표본 평균의 분포를 구하는 과정을 보여 준다.

예제 7.1 오직 2, 4, 6, 8, 네 개의 점수로만 이루어진 모집단이 있다고 하자. 그림 7.1은 이 모집단의 빈도 분포 히스토그램을 나타낸다.

이 모집단을 사용해서 표본 크기가 $n = 2$인 표본 평균의 분포를 구해 보자. 표본 평균의 분포는 이 모집단으로부터 얻을 수 있는 $n = 2$ 크기의 모든 무작위 표본들에 대해 구한 표본 평균들의 분포이다. 먼저 모든 가능한 표본들부터 살펴보자. 이 예제에서는 서로 다른 16개의 표본이 있고, 이 표본들은 표 7.1에 나열되어 있다. 이 표본들이 체계적으로 나열되어 있음에 주목하라. 처음에 $X = 2$가 첫 번째 점수인 모든 가능한 표본이 나열되어 있고, 그다음에 $X = 4$가 첫 번째 점수인 모든 가능한 표본들이 나열되어 있고, 같은 방식으로 계속해서 나열되고 있다. 이러한 방식으로 나열하면, 모든 가능한 무작위 표본들을 빠뜨리지 않고 모두 다 포함시킬 수 있다.

무작위 표집은 복원 추출에 기반한다는 것을 기억하라.

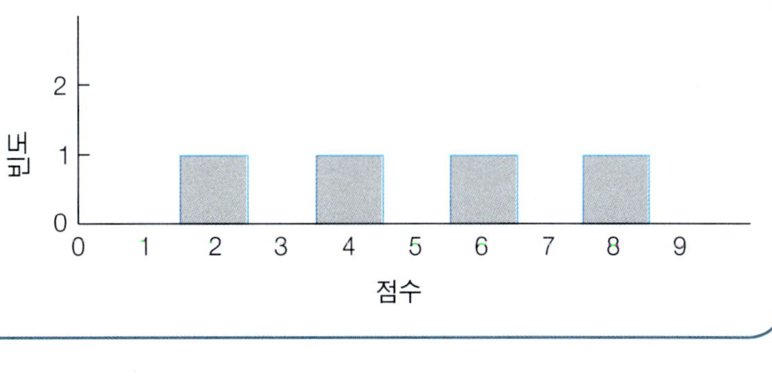

그림 7.1
4개의 점수(2, 4, 6, 8)로 이루어진 모집단의 빈도 분포 히스토그램

표 7.1 그림 7.1에 제시된 모집단으로부터 얻을 수 있는 n = 2개의 점수로 구성된 모든 가능한 표본들의 전체 집합. 표에서 나열하고 있는 것은 무작위 표본임에 주목하라. 무작위 표본은 복원 추출일 때에만 얻어지므로, 동일한 값 2개를 선택하는 것도 가능하다.

표본	점수 첫 번째	점수 두 번째	표본 평균(M)
1	2	2	2
2	2	4	3
3	2	6	4
4	2	8	5
5	4	2	3
6	4	4	4
7	4	6	5
8	4	8	6
9	6	2	4
10	6	4	5
11	6	6	6
12	6	8	7
13	8	2	5
14	8	4	6
15	8	6	7
16	8	8	8

다음으로, 16개 표본 각각에 대한 평균 M을 계산한다(표 7.1 마지막 열). 이 16개의 표본 평균이 그림 7.2에 빈도 분포 히스토그램으로 나타나 있다. 이것이 표본 평균의 분포이다. 그림 7.2의 분포는 우리가 표본 평균의 분포에 대해 예상했던 두 가지 특징을 보여 주고 있다.

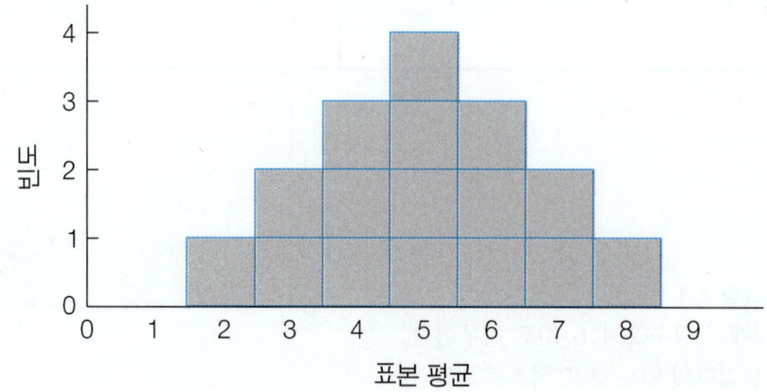

그림 7.2
n = 2일 때 표본 평균들의 분포. 이 분포는 표 7.1에 제시된 16개 표본 평균들을 보여 준다.

1. 표본 평균들은 모평균을 중심으로 분포한다. 이 예제에서 모평균은 $\mu = 5$이고, 표본 평균들은 5의 값을 중심으로 모여 있다. 표본 평균들이 모평균에 근사하는 경향을 보이는 것은 놀라운 일이 아니다. 표본들은 모집단을 대표하기 때문이다.

2. 표본 평균의 분포는 정규분포 모양에 근사한다. 이러한 특징에 대해서는 뒤에 더 자세히 논의할 것이며, 우리가 이미 확률과 정규분포에 대해 많은 것을 배웠기 때문에(6장) 이러한 특징은 매우 유용하게 사용될 것이다.

끝으로, 표본 평균의 분포를 사용하여 표본 평균에 대한 확률 질문들에 대해 답하고자 했던 이번 장의 목표를 달성할 수 있다. 예를 들어, 원래 모집단에서 $n = 2$인 평균을 추출한다면, 표본의 평균이 7보다 클 확률은 얼마인가? 기호로 나타내면 다음과 같다.

이 장에서 우리의 목표는 $n > 1$인 표본들에 대한 확률 질문에 답하는 것임을 기억하라.

$$p(M > 7) = ?$$

확률은 곧 비율을 나타내므로, 확률에 대한 질문을 다음과 같이 서술할 수 있다. "모든 가능한 표본 평균 중에 7보다 큰 값의 비율은 얼마인가?" 이러한 형태로 질문을 바꾸고 나면, 이 질문은 표본 평균의 분포를 살펴봄으로써 쉽게 답할 수 있다. 그림으로 나타낸 모든 가능한 표본 평균들 중에서(그림 7.2), 전체 16개의 평균값 중 오직 하나만이 7보다 큰 값을 갖는다. 따라서 정답은 16개 중 1, 즉, $p = \frac{1}{16}$이 된다. ■

학습 점검

학습 목표 1 **1.** $\mu = 80$이고 $\sigma = 18$인 정규 모집단으로부터 크기가 $n = 9$인 모든 가능한 무작위 표본을 추출하여 각 표본에 대한 평균을 구했을 때, 모든 표본 평균값들의 평균은 얼마인가?

a. 9

b. 80

c. 9(80) = 720

d. 추가적인 정보가 없으면 알 수 없다.

학습 목표 1 **2.** $\mu = 40$이고 $\sigma = 10$인 모집단으로부터 크기가 $n = 2$인 모든 가능한 무작위 표본을 추출하여 각 표본에 대한 평균을 구했다. 그리고 나서 동일한 모집단으로부터 크기가 $n = 25$인 모든 가능한 무작위 표본을 추출하여 각 표본에 대한 평균을 구했다. 크기가 n = 2인 표본에 대한 평균의 분포는 크기가 n = 25인 표본에 대한 평균의 분포와 어떻게 다른가?

a. 두 분포는 동일한 평균과 분산을 가질 것이다.

b. 크기가 n = 25인 표본의 평균과 분산 모두 크기가 n = 2인 표본의 평균과 분산에 비해 클 것이다.

c. 크기가 n = 25인 표본의 평균과 분산 모두 크기가 n = 2인 표본의 평균과 분산에 비해 작을 것이다.

d. 크기가 n = 25인 표본의 분산은 크기가 n = 2인 표본의 분산보다 작지만, 두 분포는 동일한 평균값을 가질 것이다.

학습 목표 1 **3.** μ = 80이고 σ = 10인 정규 모집단으로부터 크기가 n = 25인 모든 가능한 무작위 표본을 추출하여 각 표본에 대한 평균을 구했을 때, 표본 평균의 분포는 어떤 모양이라고 예상할 수 있는가?

a. 표본 평균들은 정규분포 모양으로 분포하는 경향이 있다.

b. 표본 평균의 분포는 표본 분포와 같은 모양일 것이다.

c. 표본은 가능한 모든 값에 대해 동일하게 분포하여 사각형 모양을 나타낼 것이다.

d. 수천 개의 가능한 표본이 있어서 분포의 모양을 예상하는 것은 불가능하다.

정답 **1.** b **2.** d **3.** a

7-2 표본 평균 분포의 모양, 중심 경향값, 변산성

학습 목표(Learning Objectives)

2. 중심 극한 정리가 표본 평균 분포의 모양, 중심 경향값 및 변산성을 어떻게 기술하는지 설명하고, 이러한 정보를 사용하여 특정한 모집단으로부터 추출한 특정한 크기의 표본에 대한 표본 평균의 분포를 알아낼 수 있다.

3. M의 표준오차를 어떻게 계산하는지 기술하고, 표준오차가 측정하는 것이 무엇인지 설명하고, 이것이 모집단의 표준편차와 어떻게 관련되는지 기술할 수 있다. 이러한 정보를 사용하여 특정한 모집단으로부터 추출한 특정한 크기의 표본에 대해 표본의 표준오차를 알아낼 수 있다.

■ 중심 극한 정리

예제 7.1은 매우 작은 모집단 그리고 크기가 $n = 2$인 표본을 고려한 아주 단순한 상황에서 표본 평균 분포를 어떻게 구하는지 보여 주고 있다. 더 큰 모집단과 표본을 다루는 좀 더 현실적인 상황에서는 가능한 표본의 수가 급격하게 증가하므로, 모든 가능한 무작위 표본을 실제로 구해 보는 것은 사실상 불가능하다. 다행스럽게도 수백, 수천 개의 표본을 추출하지 않고도 표본 평균의 분포가 정확히 어떻게 생겼는지 알 수 있는 방법이 있다. 구체적으로, **중심 극한 정리**로 알려진 수학적 명제는 만약 모든 가능한 표본을 얻어서 표본 평균을 계산하고 이 표본 평균들의 분포를 구한다면 그 분포가 어떠할지를 정확하게 기술해 준다. 이 중요하고도 유용한 정리는 많은 추론 통계의 초석이 된다. 이 정리의 핵심은 다음과 같다.

> **중심 극한 정리(central limit theorem)**: 평균이 μ이고 표준편차가 σ인 임의의 모집단에 대해, 표본 크기가 n인 표본 평균은 평균이 μ, 표준편차가 $\sigma/\sqrt{n}$인 분포를 따르고, n이 무한대에 가까워질수록 정규분포에 근사한다.

이 정리가 중요한 이유는 다음 두 가지 간단한 사실 때문이다. 첫째, 이 정리는 모집단이 어떤 모양, 평균, 표준편차를 가지든 상관없이 **임의의 모집단**에 대한 표본 평균들의 분포를 기술한다. 둘째, 표본 평균의 분포는 매우 빠르게 정규분포에 근사한다. 표본 크기가 $n = 30$에 도달하면, 표본 평균의 분포는 거의 완벽하게 정규분포가 된다.

중심 극한 정리는 분포를 기술하는 세 가지 기본 특성들, 즉 모양, 중심 경향값, 변산성에 기반하여 표본 평균의 분포를 기술한다. 이 각각에 대해 살펴보자.

■ 표본 평균 분포의 모양

표본 평균의 분포는 정규분포 모양을 띠는 경향이 있다는 것을 살펴보았다. 사실, 아래 두 조건 중 하나라도 만족하면 표본 평균 분포는 거의 완벽한 정규분포가 된다고 할 수 있다.

1. 표본을 추출한 원래 모집단이 정규분포를 따른다.

2. 표본 크기(n)가 약 30 또는 그 이상으로 상대적으로 크다.

n이 커질수록 표본 평균의 분포는 정규분포에 매우 가깝게 근사한다. $n > 30$이면, 원래 모집단의 분포 모양과 상관없이 표본 평균의 분포는 거의 정규분포가 된다.

앞서 이야기했듯이, 표본 평균의 분포가 정규분포를 따르는 경향이 있다는 것은 놀라운 일이 아니다. 모집단으로부터 하나의 표본을 추출했을 때, 이 표본 평균은 모평균과 유사할 것이라고 예상할 수 있다. 많은 서로 다른 표본을 추출하면, 표본 평균들은 μ를 중심으로 분포하리라고 예상할 수 있고, 이는 정규분포와 같은 모양이 된다. 그림 7.2에서 (아직 정규분포는 아니지만) 이러한 경향이 나타나는 것을 볼 수 있다.

■ 표본 평균 분포의 평균: *M*의 기댓값

예제 7.1에서 표본 평균들은 표본들이 추출된 모집단의 평균을 중심으로 분포하고 있다. 실제로, 모든 표본 평균들의 평균값은 모평균과 정확히 일치한다. 이러한 사실은 직관적으로 이해가 된다. 표본 평균들은 모평균에 가까울 것으로 기대되며, μ를 중심으로 분포하는 경향이 있기 때문이다. 이러한 현상을 공식화하여 말하면, 표본 평균 분포의 평균은 모평균과 항상 동일하다. 이 평균값을 *M*의 기댓값이라고 부른다. 상식적으로, 임의의 표본 평균이 있을 때 이 값은 모평균 근처에 있으리라고 '기대'된다. 모든 가능한 표본 평균들이 있을 때, 그 평균들의 평균값은 μ와 같다.

*M*의 평균값이 μ와 동일하다는 사실은 4장(122쪽)에서 편향 동세량과 불편 동세량을 설명하는 맥락에서 처음 소개되었다. 표본 평균은 표본 통계량의 평균이 모수와 동일한 불편 통계량 중 하나이다. 이 경우 모든 표본 평균들의 평균은 μ와 정확히 일치한다.

때때로 표본 평균 분포의 평균을 나타내기 위해 μ_M과 같은 기호를 사용하기도 한다. 그러나 $\mu_M = \mu$이므로, 우리는 표본 평균 분포의 평균을 나타내기 위해 기호 μ를 사용할 것이다.

> 표본 평균 분포의 평균은 모집단 점수들의 평균인 μ와 같다. 이를 ***M*의 기댓값**(expected value of *M*)이라고 부른다.

■ *M*의 표준오차

지금까지 우리는 표본 평균 분포의 모양과 중심 경향값에 대해 살펴보았다. 이 분포를 완전히 기술하기 위해 우리는 한 가지 또 다른 특성인 변산성에 대해 알아야 한다. 우리가 살펴볼 값은 표본 평균 분포의 표준편차로, σ_M과 같이 나타내고 *M*의 표준오차라고 부른다.

4장에서 표준편차를 처음 소개하면서, 이 변산성 측정값을 일반적으로 다음 두 가지 목적으로 사용한다고 기술했다. 첫째, 표준편차는 개인들의 점수가 서로 가까이 모여 있는지, 아니면 넓은 범위에 걸쳐 분산되어 있는지를 기술한다. 둘째, 표준편차는 어떤 개인의 점수가 모집단을 얼마나 잘 대표하는지를 나타낸다. 표준편차는 한 점수와 모평균 간에 얼마만큼의 거리를 합리적으로 기대할 수 있는지 그 크기를 제공하기 때문이다. 표준오차도 표본 평균 분포에 대해 동일한 두 가지 목적으로 사용된다.

1. 표준오차는 표본 평균들의 분포를 기술한다. 표준오차는 표본들 간에 얼마만큼의 차이를 기대할 수 있는지 그 크기를 제공한다. 표준오차가 작을 때에는 모든 표본 평균들이 서로 가까이 분포하며 유사한 값을 갖는다. 만약 표준오차가 크다면, 표본 평균들이 넓은 범위에 걸쳐 분산되어 있고 표본마다 평균값에 큰 차이가 있다.
2. 표준오차는 하나의 표본 평균값이 전체 분포를 얼마나 잘 대표하는지를 나타낸다. 구체적으로, 하나의 표본 평균과 표본 평균 분포의 전체 평균 사이에 얼마만큼의 거리를 합리적으로 기대할 수 있는지 그 크기를 제공한다. 이때 전체 평균은 μ와 동일하므로, 표준오차는 임의의 표본 평균(M)과 모평균(μ) 사이에 얼마만큼의 거리를 기대할 수 있는지에 대한 값을 제공한다고 할 수 있다.

하나의 표본이 모집단을 완전히 정확히 반영하리라고 기대할 수 없다는 점을 기억하자. 하나의 표본 평균은 모평균을 대표하기는 하지만, 표본과 모집단 간에는 보통 오차가 존재한다. 표준오차는 정확히 말하자면 임의의 표본 평균 M과 모평균 μ 간에 평균적으로 기대할 수 있는 차이를 나타낸다.

> 표본 평균 분포의 표준편차 σ_M을 **M의 표준오차**(standard error of M)라 부른다. 표준오차는 임의의 표본 평균(M)과 모평균(μ) 사이에 평균적으로 기대할 수 있는 거리를 나타낸다.

다시 한 번 말하자면, 표준오차를 나타내는 기호는 σ_M이다. 여기서 σ는 이 값이 표준편차임을 나타내고, 아래 첨자 M은 이것이 표본 평균 분포에 대한 표준편차임을 나타낸다. 표준오차는 하나의 표본 평균이 모평균을 얼마나 잘 추정하는지, 즉 M과 μ 사이에 얼마만큼의 오차를 기대해야 하는지를 구체적이고 정확하게 나타내기 때문에 매우 중요하다. 표본을 추출하는 근본적인 이유 중 하나는 표본 자료를 사용해서 모집단에 대한 질문에 답하기 위해서임을 떠올려 보자. 그러나 하나의 표본이 모집단에 대한 완벽히 정확한 그림을 제시하리라고 기대해서는 안 된다. 항상 표본 통계량과 그에 상응하는 모수 간에는 차이 또는 오차가 존재한다. 이제 우리는 얼마만큼의 오차를 기대할 수 있는지 정확히 계산할 수 있다. 임의의 표본 크기(n)에 대해, 우리는 표본 평균과 모평균의 평균적 거리를 나타내는 표준오차를 계산할 수 있는 것이다.

중심 극한 정리에 따르면, 표준오차는 $\sigma/\sqrt{n}$과 같다. 따라서 표준오차의 크기는 두 가지 요인에 의해 결정된다. 즉, (1) 표본의 크기, (2) 표본이 추출된 모집단의 표준편차이다. 이 각각의 요인에 대해 하나씩 살펴보자.

표본 크기 앞서 우리는 상식에 기반하여 표본의 크기가 그 표본이 모집단을 얼마나 정확하게 대표하는지에 영향을 줄 것이라고 예상했다. 구체적으로, 표본 크기가 클수록 오차가 작고, 표본 크기가 작을수록 오차가 클 것으로 예상했다. 일반적으로, 표본 크기가 증가할수록 표본 평균과 모평균 간의 오차는 줄어들게 된다. 이러한 법칙은 큰 수의 법칙이라고 알려져 있다.

큰 수의 법칙(law of large numbers)은 표본 크기(n)가 증가할수록 표본 평균이 모평균에 가까울 가능성이 높다는 것을 말한다.

모표준편차 앞서 지적했듯이, 표준오차의 크기는 표본 크기에 따라 달라진다. 구체적으로, 더 큰 표본은 더 작은 표준오차를 갖고, 더 작은 표본은 더 큰 표준오차를 갖는다. 극단적으로, 가능한 가장 작은 (그리고 가장 큰 표준오차를 갖는) 표본은 표본이 $n = 1$개의 점수로 이루어진 경우이다. 이러한 극단적인 상황에서는, 각 표본이 곧 하나의 점수이고, 표본 평균의 분포는 원래 점수들의 분포와 동일해진다. 이때 표본 평균 분포의 표준편차, 즉 표준오차는 원래 점수 분포의 표준편차와 같다. 다시 말하면, $n = 1$일 때, 표준오차 $= \sigma_M$는 표준편차 $= \sigma$와 같다.

$$n = 1\text{일 때, } \sigma_M = \sigma \text{ (표준오차 = 표준편차)}$$

표준편차를 표준오차의 '시작점'이라고 간주할 수 있다. $n = 1$일 때 표준오차와 표준편차는 같다. $\sigma_M = \sigma$, 표본 크기가 $n = 1$을 넘어서서 커질수록, 표본은 모집단을 더 정확히 대표하게 되고, 표준오차는 작아진다. 표준오차 공식은 표준편차와 표본 크기(n) 간의 이러한 관련성을 나타낸다.

$$\text{표준오차} = \sigma_M = \frac{\sigma}{\sqrt{n}} \tag{7.1}$$

이 공식은 중심극한 정리에도 나온다.

이 공식은 표준오차에 대한 모든 요건을 충족한다. 구체적으로 설명하면 다음과 같다.

a. 표본 크기(n)가 커질수록 표준오차의 크기가 줄어든다. (더 큰 표본이 더 정확하다.)

b. 표본이 하나의 점수로 구성되어 있을 때($n = 1$), 표준오차는 표준편차와 같다 ($\sigma_M = \sigma$).

그림 7.3은 표준오차와 표본 크기 간의 일반적인 관계를 보여 준다. (그림 7.3에 제시된 자룟값들을 어떻게 계산했는지는 표 7.2에 제시되어 있다.) 다시 말하지만, 기본적인 개념은 표본이 클수록 모집단을 잘 대표한다는 것이다. 또한 표준오차가 표본 크기

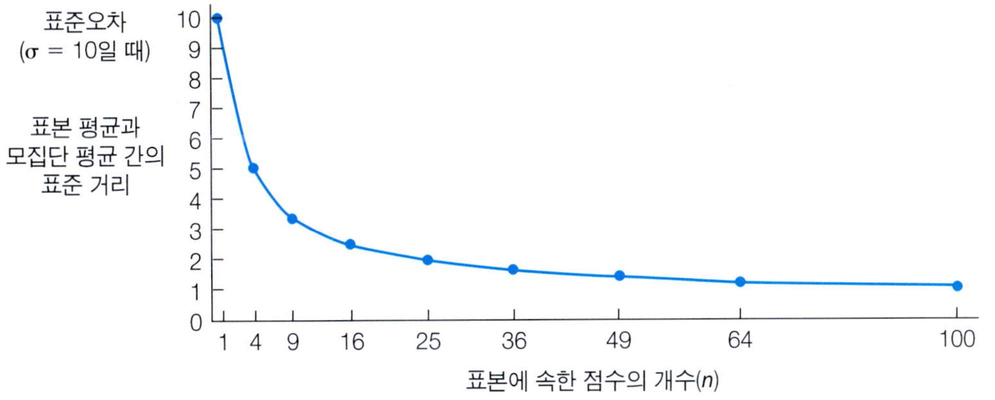

그림 7.3
표준오차와 표본 크기 간의 관계. 표본 크기가 증가할수록 표본 평균과 모평균 간의 오차가 점점 줄어든다.

표 7.2 그림 7.3에 제시된 값들의 계산. 다시 한 번, 표본 크기가 증가할수록 표준오차의 크기가 감소한다는 것을 확인할 수 있다.

표본 크기(n)	표준오차	
1	$\sigma_M = \frac{10}{\sqrt{1}}$	= 10.00
4	$\sigma_M = \frac{10}{\sqrt{4}}$	= 5.00
9	$\sigma_M = \frac{10}{\sqrt{9}}$	= 3.33
16	$\sigma_M = \frac{10}{\sqrt{16}}$	= 2.50
25	$\sigma_M = \frac{10}{\sqrt{25}}$	= 2.00
49	$\sigma_M = \frac{10}{\sqrt{49}}$	= 1.43
64	$\sigma_M = \frac{10}{\sqrt{64}}$	= 1.25
100	$\sigma_M = \frac{10}{\sqrt{100}}$	= 1.00

의 제곱근에 비례하여 줄어든다는 점을 확인할 수 있다. 결과적으로, 연구자가 $n = 30$ 정도까지 표본 크기를 증가시키면 오차를 상당히 줄일 수 있다. 그러나 $n = 30$ 이상으로 표본 크기를 증가시키는 것은 얼마나 표본이 모집단을 잘 대표하는지의 측면에서 상대적으로 이익이 적다.

분산을 사용하여 표준오차를 정의하기 식 7.1과 앞선 논의들에서 표준오차는 모표준편차에 의해 정의되었다. 그러나 모표준편차(σ)와 모분산(σ^2)은 직접적으로 연관되어 있기 때문에 표준오차에 대한 식에서 분산을 대신 사용할 수 있다. $\sigma = \sqrt{\sigma^2}$를 사용하면, 표준오차에 대한 식을 다음과 같이 나타낼 수 있다.

$$\text{표준오차} = \sigma_M = \frac{\sigma}{\sqrt{n}} = \frac{\sqrt{\sigma^2}}{\sqrt{n}} = \sqrt{\frac{\sigma^2}{n}} \tag{7.2}$$

이 장의 나머지 부분(그리고 8장)에서는 표준오차를 정의할 때 표준편차를 사용할 것이다(식 7.1). 그러나 그 이후 장(9장부터)에서는 분산에 기반한 식(식 7.2)이 더 유용할 것이다.

아래 예제에서 답을 직접 계산해 봄으로써 여러분이 표준오차에 대해 이해했는지를 점검해 볼 수 있을 것이다.

예제 7.2 만약 $\mu = 50$이고 $\sigma = 12$인 모집단으로부터 표본을 선택한다면, $n = 4$일 때와 $n = 16$일 때 표본 평균 분포의 표준오차는 얼마인가? 정답은 $n = 4$일 때 $\sigma_M = 6$이고, $n = 16$일 때 $\sigma_M = 3$이다. ■

■ 세 가지 서로 다른 분포들

표본 평균 분포에 대한 논의를 더 진행하기에 앞서, 우리가 현재 세 가지 서로 다르지만 연관된 분포들에 대해 다루고 있다는 점을 짚고 넘어가자.

1. 첫째, 점수들의 원래 모집단이 있다. 이 모집단은 수천, 수백만 명 사람들의 점수로 구성되어 있고, 모집단은 그 자체의 분포 모양, 평균, 표준편차를 갖는다. 예를 들어, IQ 점수의 모집단은 수백만 개의 IQ 점수들로 이루어져 있고, 이 점수들은 평균이 $\mu = 100$이고 표준편차는 $\sigma = 15$인 정규분포를 이룬다. 그림 7.4(a)에 모집단의 예가 제시되어 있다.
2. 다음으로 모집단으로부터 얻어진 표본이 있다. 표본은 적은 수의 사람들로부터 얻은 점수들의 집합이며 모집단을 대표한다. 예를 들어, $n = 25$인 표본을 선택하고 각 개인의 IQ 점수를 측정할 수 있을 것이다. 이때 이 25개의 점수를 빈도분포로 나타낼 수 있고, 표본 평균과 표본 표준편차를 계산할 수 있을 것이다. 표본 또한 자신의 분포 모양, 평균, 표준편차를 갖는다. 그림 7.4(b)에 표본의 예가 제시되어 있다.
3. 세 번째 분포는 표본 평균들의 분포이다. 이 분포는 특정한 크기의 모든 가능한 무작위 표본들로부터 얻은 표본 평균들로 구성된 이론적인 분포이다. 예를 들

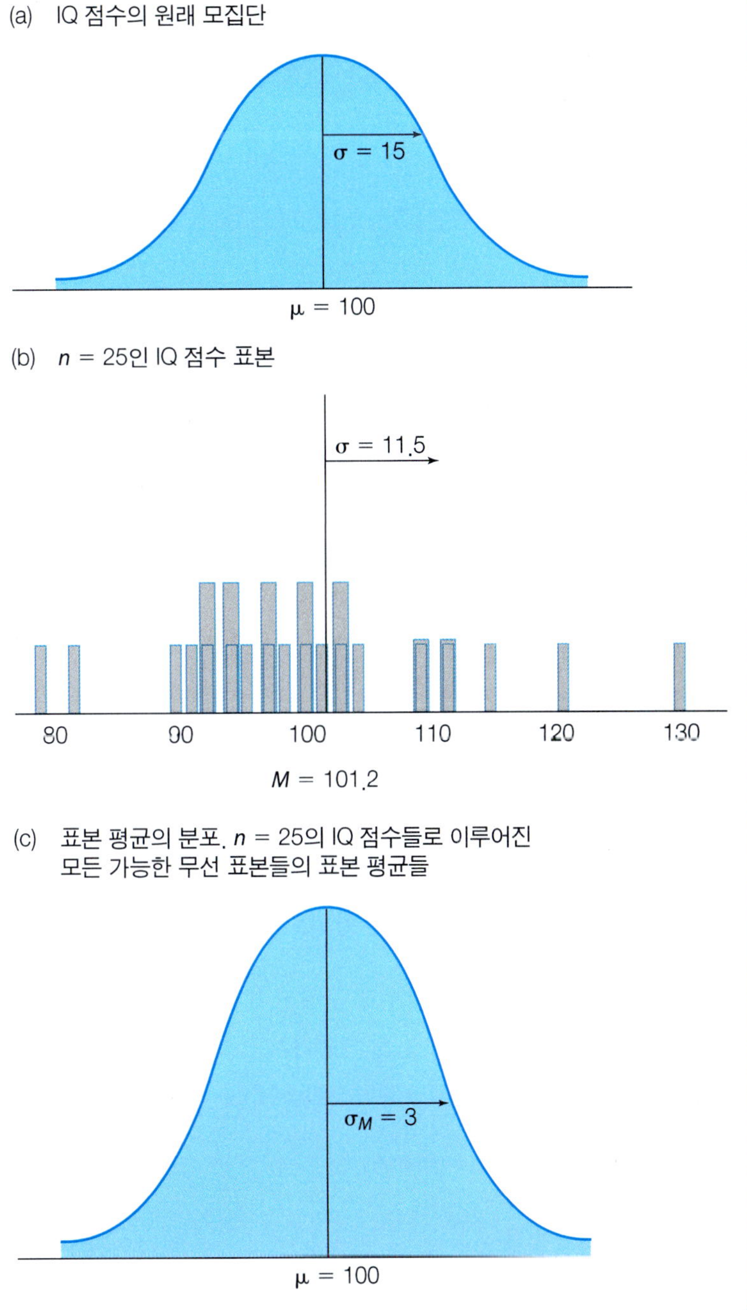

그림 7.4
세 분포들. (a)는 IQ 점수들의 모집단을 나타낸다. (b)는 n = 25인 IQ 점수들의 표본을 나타낸다. (c)는 n = 25인 IQ 점수 표본들의 표본 평균 분포를 나타낸다. 주목할 점은 (b)에 제시된 표본의 평균이 (c)에 제시된 분포에 나타난 수천 개의 표본 평균들 중 하나라는 것이다.

어, n = 25인 IQ 점수의 표본들에 대한 표본 평균의 분포는 그 평균(기댓값)이 μ = 100이고 표준편차(표준오차)가 $\sigma_M = \frac{15}{\sqrt{25}} = 3$인 정규분포일 것이다. 그림 7.4(c)에 이 분포가 제시되어 있고, 이 분포 또한 자신의 분포 모양, 평균, 표준편차를 갖는다.

주목할 것은, 표본 점수들[그림 7.4(b)]은 원래 모집단[그림 7.4(a)]으로부터 나온 것이고, 그 표본의 평균은 표본 평균 분포[그림 7.4(c)]에 있는 값들 중 하나라는 점이다. 따라서 이 세 분포들은 모두 연관이 있지만 서로 구분된다.

학습 점검

학습 목표 2 **1.** $\mu = 80$이고 $\sigma = 10$인 정규 모집단으로부터 각각 $n = 4$개의 점수로 이루어진 무작위 표본들을 추출한다면, 표본 평균들의 분포에서 평균의 기댓값은 얼마인가?

a. 2.5

b. 5

c. 40

d. 80

학습 목표 3 **2.** $\mu = 80$이고 $\sigma = 18$인 모집단으로부터 각각 $n = 9$개의 점수로 이루어진 무작위 표본들을 추출하고, 각 표본에 대해 평균을 계산한다면, M과 μ 간에 평균적으로 기대할 수 있는 거리는 얼마인가?

a. 2점

b. 6점

c. 18점

d. 추가적인 정보 없이는 알 수 없다.

학습 목표 3 **3.** $n = 4$개의 점수로 구성된 표본의 표준오차가 12라고 한다. 이 표본이 추출된 모집단의 표준편차는 얼마인가?

a. 48

b. 24

c. 6

d. 3

정답 **1.** d **2.** b **3.** b

7-3 *z* 점수와 표본 평균에 대한 확률

학습 목표(Learning Objectives)

4. 표본 평균에 대한 z 점수를 계산할 수 있다.

5. 표본 평균 분포가 정규분포가 되는 상황을 기술하고, 이러한 상황에서 특정한 표본과 관련된 확률을 찾을 수 있다.

표본 평균 분포를 사용하는 주된 목적은 특정한 평균을 갖는 표본을 선택할 확률을 구하기 위해서이다. 확률은 곧 비율에 상응한다는 점을 떠올려 보자. 표본 평균의 분포는 모든 가능한 표본 평균들의 전체 집합을 나타내기 때문에, 이 분포에서의 비율을 사용하면 특정 평균값을 갖는 표본을 얻을 확률을 구할 수 있다. 아래 예제는 이러한 과정을 보여 준다.

예제 7.3 SAT 점수의 모집단은 $\mu = 500$이고 $\sigma = 100$인 정규분포를 형성한다. 만약 $n = 16$명의 학생들로 구성된 무작위 표본을 추출한다면, 그 표본의 평균이 $M = 525$보다 클 확률은 얼마인가?

우선, 이 확률 질문을 비율에 대한 질문으로 다시 쓸 수 있다. 모든 가능한 표본 평균 중에 525보다 큰 값의 비율은 얼마인가? 알다시피 '모든 가능한 표본 평균들'이란 표본 평균의 분포를 말한다. 따라서 이 질문은 이 분포에서 특정한 비율을 찾아내라는 것이다.

(예제 7.1에서와 같이) 반복 추출을 하여 평균을 계산하는 과정을 통해 표본 평균 분포를 직접 만들어 볼 수 없다고 하더라도, 중심 극한 정리에 기반하여 표본 평균 분포가 정확히 어떻게 생겼는지 알 수 있다. 구체적으로, 표본 평균의 분포는 다음과 같은 특징을 갖는다.

주의: 표본 평균에 대한 확률 질문이 있을 때는 항상 표본 평균 분포를 사용해야 한다.

a. SAT 점수의 모집단이 정규분포이므로, 표본 평균의 분포는 정규분포이다.

b. 모평균이 $\mu = 500$이므로 표본 평균 분포의 평균은 500이다.

c. $n = 16$인 표본에 대해, 표본 평균 분포의 표준오차는 $\sigma_M = 25$이다:

$$\sigma_M = \frac{\sigma}{\sqrt{n}} = \frac{100}{\sqrt{16}} = \frac{100}{4} = 25$$

이 표본 평균 분포가 **그림 7.5**에 제시되어 있다.

우리는 표본 평균이 525보다 큰 경우(**그림 7.5**의 음영 영역)에 대해 관심이 있으므

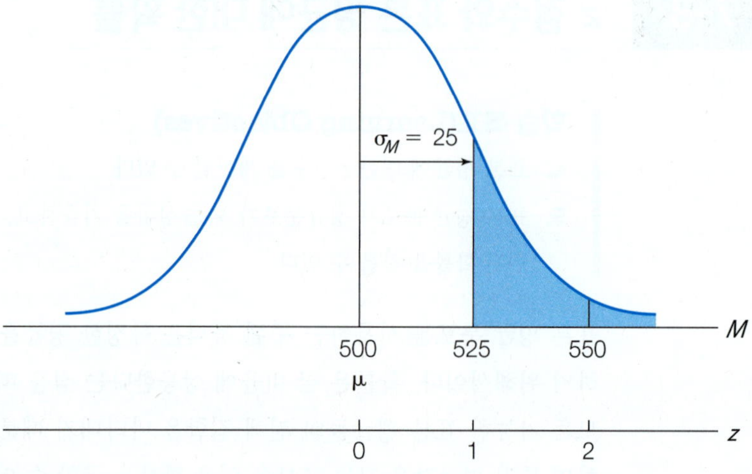

그림 7.5
n = 16일 때 표본 평균들의 분포. 이 표본들은 μ = 500이고 σ = 100인 정규 모집단으로부터 추출되었다.

로, 다음 단계로 z 점수를 사용하여 분포상에서 M = 525의 정확한 위치를 찾아야 한다. 525라는 값은 평균으로부터 25점 더 크므로, 정확히 1 표준편차(이 경우, 정확히 1 표준오차)에 해당한다. 따라서 M = 525에 해당하는 z 점수는 z = +1.00이다.

이 예제에서 표본 평균의 분포는 정규분포이기 때문에, z = +1.00과 관련된 확률을 찾기 위해 표준 정규분포표를 사용할 수 있다. 표에 따르면 분포 중 0.1587만큼이 z = +1.00을 넘어서는 분포의 꼬리에 위치해 있다. 따라서 결론은, 학생들의 평균 SAT 점수가 525보다 큰 n = 16인 무작위 표본을 얻을 확률은 p = 0.1587(15.87%)로, 비교적 가능성이 낮다고 할 수 있다. ■

■ 표본 평균에 대한 z 점수

예제 7.3에서 보았듯이, z 점수를 사용하면 표본 평균들의 분포에서 어떤 특정한 표본 평균의 정확한 위치를 기술할 수 있다. z 점수는 얻을 수 있었던 모든 가능한 다른 표본 평균들과 비교하여 특정한 표본 평균이 정확히 어디에 위치하는지를 알려 준다. 5장에서 정의했듯이, z 점수는 부호를 가진 값으로서 점수의 위치를 다음과 같이 나타낸다.

1. 부호는 주어진 점수가 평균보다 큰지(+), 아니면 작은지(−) 나타낸다.
2. 숫자는 주어진 점수와 평균 간의 거리가 몇 표준편차인지 나타낸다.

그런데 우리는 지금 표본 평균의 분포상에서의 위치를 찾고 있다. 따라서 이 분포에 적절한 기호와 용어를 사용해야 한다. 첫째, 우리는 어떤 점수(X)가 아니고 표본 평균(M)의 위치를 찾고 있다. 둘째, 표본 평균의 분포에서 표준편차는 표준오차 σ_M이다. 따라서 표본 평균에 대한 z 점수는 표본 평균의 분포에서 그 표본 평균의 위치를 알려 주는 부호화된 숫자로서 아래와 같이 정의할 수 있다.

1. 부호는 주어진 표본 평균이 분포의 평균(즉, 모평균, μ)보다 큰지(+), 아니면 작은지(−)를 나타낸다.
2. 숫자는 주어진 표본 평균과 μ의 거리가 몇 표준오차인지 나타낸다.

이러한 차이를 고려하면, 표본 평균의 위치를 나타내는 z 점수의 공식은 다음과 같다.

$$z = \frac{M - \mu}{\sigma_M} \tag{7.3}$$

모든 점수(X)에 대해 점수들의 분포에서 그 위치를 나타내는 z 점수가 있듯이, 모든 표본 평균(M)도 표본 평균의 분포에서 그 위치를 나타내는 z 점수를 가진다. 표본 평균의 분포가 정규분포일 때에는 z 점수와 표준 정규분포표를 사용하여 특정한 표본 평균과 연관된 확률을 찾을 수 있다(예제 7.3에서와 같이). 다음 예제는 여러분이 z 점수와 표본 평균에 대한 확률을 이해하고 있는지 점검해 볼 수 있는 기회가 될 것이다.

주의: 하나의 점수에 대한 z 점수를 계산할 때에는 표준편차 σ를 사용해야 한다. 표본 평균에 대한 z 점수를 계산할 때에는 표준오차 σ_M을 사용해야 한다.

예제 7.4 평균이 $\mu = 40$이고 표준편차가 $\sigma = 16$인 정규분포로부터 $n = 4$로 이루어진 표본을 추출했다.

a. 표본 평균 $M = 42$에 대한 z 점수를 구하라.
b. $M = 42$보다 큰 표본 평균을 얻을 확률을 구하라.

정답은 $z = 0.25$, $p = 0.4013$이다. ■

다음 예제는 모집단으로부터 어떤 종류의 표본들이 얻어질 것인지에 대해 수치적으로 예측하는 경우에도 표본 평균 분포를 사용할 수 있음을 보여 준다.

예제 7.5 앞서 언급했듯이, SAT 점수는 평균이 $\mu = 500$이고 표준편차가 $\sigma = 100$인 정규분포를 이룬다. 이 예제에서 우리는 $n = 25$명의 학생으로 이루어진 무작위 표본에 대해 어떤 종류의 표본 평균이 평균 SAT 점수로 얻어질 가능성이 높은지를 찾고자 한다. 구체적으로, 80%의 경우에 어떤 표본 평균값을 얻을 것으로 기대할 수 있는지 그 값들의 정확한 범위를 찾고자 한다.

우선 $n = 25$인 표본 평균들의 분포에서 출발해 보자. 이 분포는 기댓값이 $\mu = 500$인 정규분포이고, $n = 25$이므로 표준오차는 다음과 같다(그림 7.6).

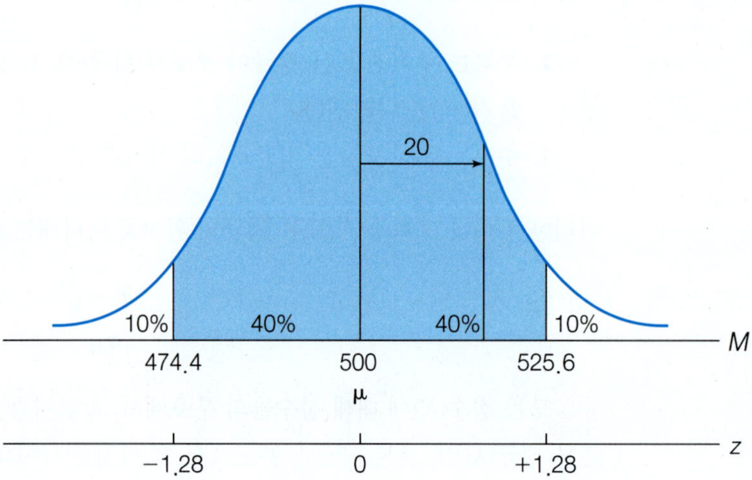

그림 7.6
n = 25인 표본 평균들의 분포의 중앙 80%. 이 표본들은 μ = 500이고 σ = 100인 정규 모집단으로부터 추출되었다.

$$\sigma_M = \frac{\sigma}{\sqrt{n}} = \frac{100}{\sqrt{25}} = \frac{100}{5} = 20$$

우리의 목표는 이 분포에서 가운데 80%를 구성하는 값들의 범위를 찾는 것이다. 이 분포가 정규분포이기 때문에 우리는 가운데 80%에 대한 경계를 표준 정규분포표를 사용하여 구할 수 있다. 첫째, 80%를 반으로 나누면 평균을 중심으로 한쪽에 40%(0.4000)가 위치한다. 표준 정규분포표 D열(평균과 z값 사이에 해당하는 비율)에서 0.4000 값을 찾으면, 이에 상응하는 z 점수는 z = 1.28이다. 따라서 분포에서 가운데 80%를 나타내는 경곗값은 z = +1.28과 z = −1.28이다. 정의에 따르면, 1.28이라는 z 점수는 평균으로부터 1.28 표준편차(또는 표준오차)만큼 위치가 떨어져 있음을 나타낸다. 표준오차가 20점이므로, 평균으로부터의 거리는 1.28(20) = 25.6점이 된다. 평균이 μ = 500이므로, 양쪽 방향으로 거리가 25.6만큼 떨어진 값들은 474.4에서 525.6의 범위를 산출한다.

따라서 모든 가능한 표본 평균들 중 80%는 474.4에서 525.6의 범위에 속한다. 만약 n = 25명으로 구성된 학생들의 표본을 추출한다면, 그 표본의 평균 SAT 점수가 이 구간 내에 위치할 것이라고 80% 확신할 수 있다. ■

예제 7.5의 핵심은 표본 평균의 분포가 표본 평균으로 어떤 값이 얻어질 것인지 예측하는 것을 가능하게 해 준다는 것이다. 모평균이 μ = 500이므로 n = 25명으로 구성된 학생들의 표본은 500 근처의 평균 SAT값을 가질 것이다. 좀 더 구체적으로, 표본 평균이 474.4와 525.6 사이의 값일 것이라고 80% 확신할 수 있다. 이렇게 표본 평균값을 예측할 수 있는 능력은 다음에 배울 추론 통계를 위한 중요한 도구가 된다.

학습 점검

학습 목표 4 **1.** $\mu = 70$이고 $\sigma = 20$인 모집단으로부터 $n = 16$개의 점수로 이루어진 표본을 얻었다. 만약 표본 평균이 $M = 75$라면, 이 표본 평균에 대응하는 z 점수는 무엇인가?

a. $z = 0.25$

b. $z = 0.50$

c. $z = 1.00$

d. $z = 2.00$

학습 목표 5 **2.** $\mu = 20$이고 $\sigma = 4$인 정규 모집단으로부터 $n = 4$개의 점수로 이루어진 무작위 표본을 추출했다. 이 표본의 평균이 $M = 22$보다 클 확률은 얼마인가?

a. 0.50

b. 1.00

c. 0.1587

d. 0.3085

학습 목표 5 **3.** $\mu = 40$이고 $\sigma = 6$인 정규 모집단으로부터 $n = 4$개의 점수로 이루어진 표본을 얻었다. 이 표본의 평균이 $M = 46$보다 클 확률은 얼마인가?

a. 0.3085

b. 0.1587

c. 0.0668

d. 0.0228

정답 **1. c** **2. c** **3. d**

7-4 표준오차에 대해 더 알아보기

학습 목표(Learning Objectives)

6. 표준오차의 크기가 표본 크기와 어떻게 관련되는지를 기술하고, 특정한 표준오차를 산출하는 데 필요한 표본 크기 또는 표본 크기가 변했을 때 산출되는 표준오차를 구할 수 있다.

5장에서 z 점수는 분포 내에서 개인 점수들의 정확한 위치를 기술한다는 개념을 소개했다. 6장에서는 임의의 점수, 특히 정규분포로부터 나온 임의의 점수를 얻을 확률을 어떻게 찾을 수 있는지를 소개했다. 지금까지 7장에서 다룬 대부분의 내용은 5장과 6장에서 배운 내용들의 단순 반복이었지만, 아래와 같은 두 가지 차이점이 있다.

1. 점수들의 분포 대신 표본 평균들의 분포를 사용한다.
2. 표준편차 대신 표준오차를 사용한다.

이 두 가지 차이점 중에서 7장에서의 가장 중요한 새로운 개념은 표준오차라 할 수 있다. 여기서 여러분이 기억해야 하는 하나의 규칙은 이것이다.

표본 평균을 사용할 때에는 언제나 표준오차를 사용해야 한다.

이 하나의 규칙이 7장의 모든 새로운 내용의 핵심이라고 할 수 있다. 따라서 이 절에서는 표준오차 개념에 초점을 두고 이 새로운 개념을 잘 이해했는지를 확인하고자 한다.

■ 표집 오차와 표준오차

7장을 시작하면서, 하나의 모집단으로부터 서로 다른 수천 개의 표본을 얻는 것이 가능하다는 개념을 소개했다. 각 표본은 그 표본에 속한 개인들, 그 표본에 속한 점수들, 그리고 그 표본의 평균을 가진다. 표본 평균들의 분포는 서로 다른 모든 표본 평균들을 하나의 그림으로 만든다. **그림 7.7**은 표본 평균들의 전형적인 분포를 나타낸다. 이 분포가 서로 다른 많은 표본들을 포함한다는 점을 강조하기 위하여, 그림을 만들 때 분포가 수백 개의 작은 상자들로 이루어져 있고 각 상자는 각 표본 평균을 나타내도록 했다. 또한, 표본 평균들은 모평균(μ)을 중심으로 분포하는 경향이 있고, 중심 극한 정리에 의해 예측할 수 있듯이 정규분포 모양의 분포를 형성한다.

그림 7.7에 제시된 분포는 표집 오차와 표준오차의 개념을 되짚어 보기 위한 구체적인 예시를 제공한다. 당연하게 보일 수도 있으나, 이 두 통계적 개념을 더 잘 이해할 수 있도록 아래와 같이 정리했다.

1. **표집 오차.** 표집 오차의 일반적인 개념은 보통 하나의 표본이 모집단을 완벽하게 정확히 대표하지 못한다는 것이다. 더욱 구체적으로, 하나의 표본에서 구한 통계량과 그에 상응하는 모수 간에는 차이(또는 오차)가 있게 마련이다. **그림 7.7**에서 볼 수 있듯이 각각의 표본 평균들은 모평균과 정확히 일치하지 않는다. 실제로 50%의 표본들은 μ보다 작은 평균값을 갖는다(분포의 왼쪽 절반). 마찬가지로, 50%의 표본들은 실제 모평균보다 큰 평균값을 갖는다. 일반적으로, 표본의 평균과 그 표본을 추출한 모집단의 평균 간에는 차이, 즉 표집 오차가 존재한다.

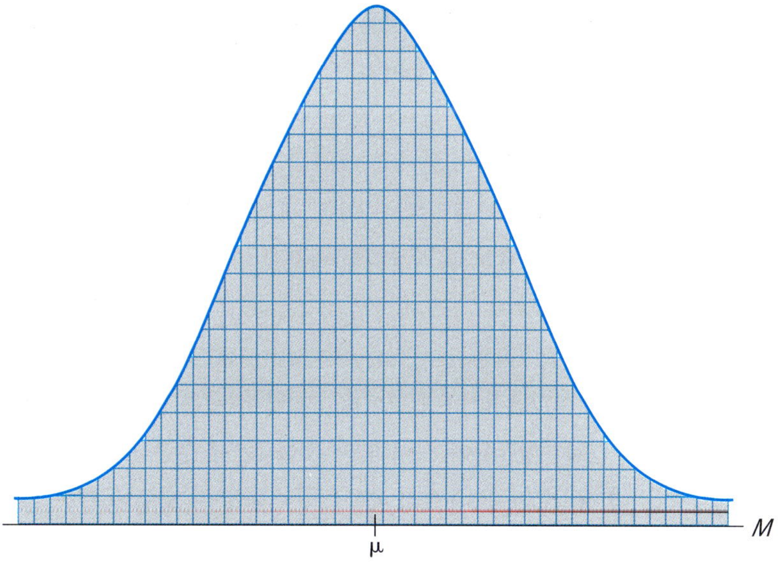

그림 7.7
표본 평균들의 전형적인 분포의 예. 작은 상자는 각각 하나의 평균으로부터 얻은 평균을 나타낸다.

2. 표준오차. 그림 7.7에서 대부분의 표본 평균들은 상대적으로 모평균 근처(분포의 중앙 부분)에 몰려 있다. 이 표본들은 모집단을 상당히 정확하게 대표한다. 반면, 어떤 표본의 평균은 분포의 꼬리 끝에 위치하여 상대적으로 모평균으로부터 멀리 떨어져 있다. 이러한 극단적인 표본 평균값들은 모집단을 정확하게 대표하지 못한다. 각각의 표본에 대해 그 표본의 평균과 모평균 간의 오차(또는 거리)를 계산할 수 있다. 어떤 표본들에서는 오차가 상대적으로 작고, 다른 표본들에서는 오차가 상대적으로 클 것이다. 표준오차는 표본 평균과 모평균 간의 '평균' 거리 또는 표준 거리를 나타낸다.

따라서 표준오차는 표집 오차를 정의하고 측정하기 위한 방법을 제공한다. 표준오차는 연구자에게 표본 자료가 그들이 연구하고 있는 모집단을 얼마나 정확하게 대표하는지를 보여 주는 지표가 된다. 예를 들면, 대부분의 연구 상황에서 모평균은 알려져 있지 않고, 연구자는 알려져 있지 않은 모집단에 대한 정보를 얻기 위해 표본을 모집한다. 구체적으로, 표본 평균은 알려져 있지 않은 모평균값에 대한 정보를 제공한다. 표본 평균이 모평균과 완벽하게 같을 것이라고 기대할 수는 없다. 둘 간에는 오차가 존재할 수밖에 없는데, 표준오차는 표본 평균과 알려져 있지 않은 모평균 간에 평균적으로 정확히 얼마만큼의 오차가 존재하는지를 알려 준다. 다음 예제는 표준오차를 어떻게 사용하는지 보여 주고 표준오차와 표준편차 간의 관계에 대한 추가적인 정보도 제공한다.

예제 7.6 지역 대학생들에 대한 최근 조사에서 다음과 같이 물어보았다. "당신은 매일 전자 동영상(인터넷, TV, 휴대폰, 태블릿 등)을 시청하는 데 몇 분의 시간을 보내십니까?" 평균 응답은 $\mu = 80$분이었고, 시청 시간의 분포는 표준편차가 $\sigma = 20$분인 정규분포에 근사했다. 다음으로, 이 모집단으로부터 하나의 표본을 추출하여 이 표본의 평균이 모평균을 얼마나 정확하게 나타내는지 살펴보고자 한다. 좀 더 구체적으로, 표본 크기가 정확도에 미치는 영향을 다음 세 표본을 통해 살펴보고자 한다. 즉, $n = 1$명의 학생으로 구성된 표본, $n = 4$명의 학생으로 구성된 표본, $n = 100$명의 학생으로 구성된 표본이다.

그림 7.8은 $n = 1$, $n = 4$, $n = 100$명의 학생들로 이루어진 표본들에 대해 표본 평균의 분포를 나타낸 것이다. 각 분포는 특정한 표본 크기일 때 얻을 수 있는 모든 가능한 표본 평균들을 모아 놓은 것이다. 세 분포 모두 정규분포이고(왜냐하면 원래 모집단이 정규분포를 따르기 때문이다), 세 분포 모두 동일한 평균값 $\mu = 80$을 나타내는데, 이는 M의 기댓값과 같다. 그러나 이 세 분포는 변산성의 측면에서 매우 다르다. 각각의 분포를 하나씩 살펴보자.

$n = 1$일 때 표본 크기가 가장 작다. 표본이 한 명의 학생으로 구성되어 있을 때 그 표본의 평균은 곧 그 학생의 점수와 같다. 즉, $M = X$이다. 따라서 $n = 1$이면 표본 평균의 분포는 점수들의 원래 모집단 분포와 같아진다. 이 경우, 표본 평균 분포의 표준오차는 원래 모집단의 표준편차와 같다. 식 7.1은 이를 나타낸다.

$$\sigma_M = \frac{\sigma}{\sqrt{n}} = \frac{20}{\sqrt{1}} = 20$$

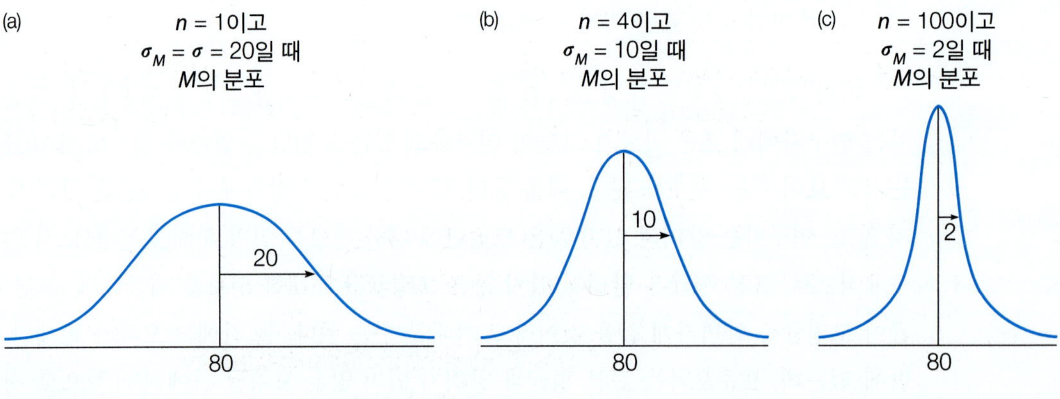

그림 7.8
$\mu = 80$이고 $\sigma = 20$인 정규 모집단으로부터 얻은 (a) $n = 1$일 때, (b) $n = 4$일 때, (c) $n = 100$일 때의 표본 평균들의 분포. 표본 크기가 증가할수록 표준오차의 크기가 줄어든다는 점에 주목하라.

표본이 한 명의 학생으로 이루어져 있을 때, 표본 평균과 모평균 간에는 평균적으로 20점의 차이가 있을 것으로 기대할 수 있다. 앞서 언급했듯이 모표준편차는 표준오차의 시작점이다. $n = 1$인 가능한 가장 작은 표본에서 표준오차는 표준편차와 같다[**그림 7.8(a)**].

그러나 표본 크기가 증가할수록 표준오차는 작아진다. $n = 4$명으로 구성된 표본의 표준오차는 다음과 같다.

$$\sigma_M = \frac{\sigma}{\sqrt{n}} = \frac{20}{\sqrt{4}} = \frac{20}{2} = 10$$

즉, M과 μ 간의 전형적인(또는 표준적인) 거리는 10점이다. **그림 7.8(b)**는 바로 이 분포를 나타낸다. 이 분포에서 표본 평균들은 $n = 1$일 때의 분포에 비해 모평균에 더 가까이 분포한다.

$n = 100$인 표본의 경우, 표준오차는 더 작아진다.

$$\sigma_M = \frac{\sigma}{\sqrt{n}} = \frac{20}{\sqrt{100}} = \frac{20}{10} = 2$$

$n = 100$명의 학생으로 구성된 표본은 $n = 4$ 또는 $n = 1$인 표본보다 모집단을 훨씬 더 정확하게 대표하는 표본 평균을 가질 것이다. **그림 7.8(c)**에서 볼 수 있듯이 $n = 100$인 경우 M과 μ 간에 오차가 매우 작다. 구체적으로 말하면, 표본 평균과 모평균 간에 평균적으로 단 2점 차이가 날 것으로 기대할 수 있다. ■

요약하면, 이 예제가 보여 주는 것은 다음과 같다. 가능한 가장 작은 표본($n = 1$)에서는 표준오차와 모표준편차가 동일하다. 표본 크기가 증가함에 따라 표준오차는 점점 작아지고 표본 평균은 μ에 점점 더 가깝게 근사하는 경향이 있다. 따라서 표준오차는 표본 크기와 정확도(M이 μ를 얼마나 정확히 나타내는지 정확도) 간의 관련성을 정의한다.

논문 들여다보기

표준오차의 보고

다음 장들에서 살펴보겠지만, 표준오차는 추론 통계에서 매우 중요한 역할을 한다. 그 중요성 때문에, 과학 논문들에서는 보통 표본의 표준편차가 아니라 표본 평균의 표준오차를 보고한다. 과학 논문들은 표준오차를 표기하는 방식이 서로 다른데, 흔히 *SE*와 *SEM*(standard error of the mean)을 사용한다. 표준오차는 두 가지 방식으

표 7.3 비디오 카메라 앞에서 일했던 참여자들과 그러지 않았던 참여자들(통제 집단)의 자의식 평균

	n	평균	표준오차
통제 집단	17	32.23	2.31
카메라	15	45.17	2.78

로 보고한다. 표준편차처럼 표본 평균과 함께 표에 보고할 수도 있고(표 7.3), 표준오차를 그래프에 보고하기도 한다.

그림 7.9는 표본 평균과 표준오차에 대한 정보를 나타내기 위해 막대그래프를 사용하는 예시를 보여 준다. 이 실험에서 두 표본(집단 A와 B)은 서로 다른 처치를 받았고, 그 이후 종속변수에 대한 참여자들의 점수를 기록했다. 집단 A의 평균은 $M = 15$점이고, 집단 B의 평균은 $M = 30$점이다. 두 표본 모두 M의 표준오차는 $\sigma_M = 4$이다. 막대의 높이는 평균을 나타내고, 표준오차는 각 막대의 윗부분에 오차막대를 사용해서 나타낸다. 각 오차막대는 표본 평균으로부터 1 표준오차 위아래로 뻗어나와 있다. 따라서 그래프는 각 집단의 평균 더하기 빼기 1 표준오차($M \pm SE$)를 나타낸다. 그림 7.9를 보면 표본 평균들에 대한 그림을 알 수 있을 뿐만 아니라 이 평균들에 대해 얼마만큼의 오차를 기대해야 하는지도 알 수 있다.

그림 7.10은 표본 평균과 표준오차를 어떻게 선 그래프로 나타내는지를 보여 준다. 이 연구에서는 서로 다른 연령 집단에 해당하는 두 표본이 네 번의 시행에 걸쳐 어떤 과제를 수행했다. 각 시행에서 범한 오류의 개수를 모든 참여자에 대해 기록했다. 그래프는 각 집단이 각 시행에서 보인 평균 오류의 수(M)를 나타낸다. 오차막대는 각 표본 평균의 표준오차 크기를 나타낸다. 여기서도 마찬가지로 오차막대는 평균값 위아래로 1 표준오차만큼 뻗어나와 있다.

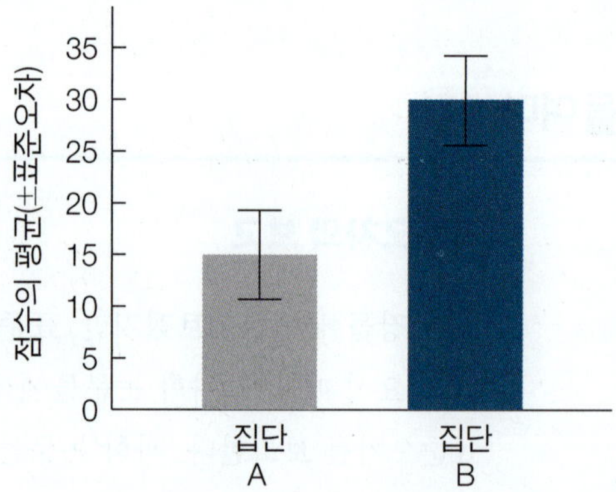

그림 7.9
처치 집단 A와 B의 점수의 평균(±표준오차)

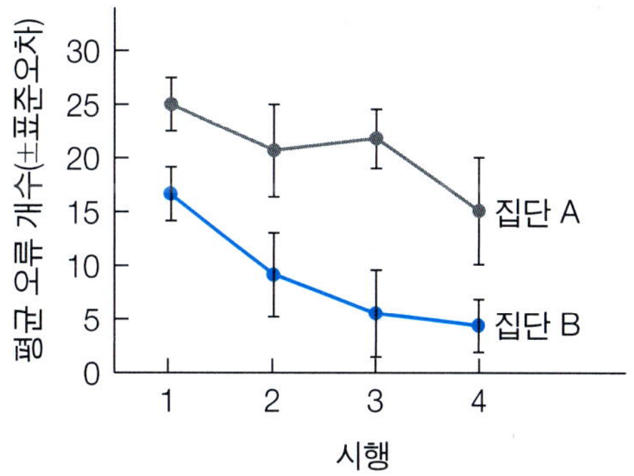

그림 7.10
각 시행에서 집단 A와 B의 평균 오류 개수(±표준오차)

학습 점검

학습 목표 6 **1.** 다음 중 M의 표준오차를 더 작아지도록 하는 것은 무엇인가?

a. 표본 크기와 표준편차를 모두 증가시킨다.

b. 표본 크기와 표준편차를 모두 감소시킨다.

c. 표본 크기는 증가시키고 표준편차는 감소시킨다.

d. 표본 크기는 감소시키고 표준편차는 증가시킨다.

학습 목표 6 **2.** $\sigma = 10$인 모집단으로부터 표본을 얻었을 때 표준오차가 2점이었다. 이 표본의 크기는 얼마인가?

a. $n = 5$

b. $n = 10$

c. $n = 20$

d. $n = 25$

학습 목표 6 **3.** $\mu = 80$이고 $\sigma = 20$인 모집단으로부터 무작위로 표본을 선택했다. 표준오차가 2점 또는 그 이하가 되기 위해서는 표본 크기가 얼마나 커야 하는가?

a. $n \geq 10$

b. $n \geq 25$

c. $n \geq 100$

d. 어떤 크기의 표본에 대해서도 표준오차가 2보다 작아지는 것은 불가능하다.

정답 **1. c** **2. d** **3. c**

7-5 추론 통계 미리 보기

학습 목표(Learning Objectives)

7. 표본 평균의 분포를 사용하여 충분히 나올 만한 표본과 그렇지 않은 표본을 구분함으로써 어떻게 처치 효과를 평가할 수 있는지를 설명할 수 있다. 그리고 이러한 정보를 사용하여, 특정한 표본이 처치 효과가 충분히 있을 것이라고 시사하는지, 그렇지 않은지를 결정할 수 있다.

추론 통계는 모집단에 대한 일반적인 결정을 내리기 위한 기반으로서 표본 자료를 사용하는 방법이다. 그러나 지금까지 살펴보았듯이 표본은 모집단을 완벽하게 정확히 반영하지 못한다. 특히 표본 통계량과 그에 상응하는 모수 간에는 어느 정도의 오차 또는 차이가 있게 마련이다. 이번 장에서 우리는 표본 평균에 초점을 두고, 표본 평균이 모평균과 정확히 일치하지 않는다는 점을 살펴보았다. M의 표준오차는 표본 평균과 해당 모집단의 평균 간에 평균적으로 얼마만큼의 차이를 기대해야 하는지를 나타낸다.

표본과 모집단 간에 존재할 수밖에 없는 차이로 인해 모든 추론 과정에는 불확실성과 오차가 개입된다. 구체적으로, 연구자가 모평균에 대한 결론을 내리기 위한 근거로 표본 평균을 사용할 때에는 항상 오차 범위(margin of error)를 고려해야 한다. 표본 평균은 완벽하지 않음을 기억하라. 이후 6개의 장에서는 모평균에 대한 추론을 위해 표본 평균을 사용하는 다양한 통계 방법들을 소개할 것이다.

각각의 방법들에서 표본 평균 분포와 표준오차는 추론 과정의 핵심적인 요소가 된다. 이 장들을 시작하기 전에, 어떻게 표본 평균을 z 점수 및 확률과 함께 사용하여 모평균에 대한 추론을 이끌어 낼 수 있는지 예제를 통해 살펴보자.

예제 7.7 한 심리학자가 새로운 성장 호르몬의 효과성에 대한 연구를 계획하고 있다. 일반적인 (호르몬을 투여하지 않은) 성체 쥐는 몸무게가 평균 $\mu = 400$그램이라고 알려져 있다. 물론 모든 쥐들이 동일한 크기는 아니어서, 몸무게는 $\sigma = 20$인 정규분포를 이룬다. 이 심리학자는 $n = 25$마리의 새로 태어난 쥐로 구성된 표본을 선택하여 호르몬을 주사한 뒤 이 쥐들이 성체가 되었을 때 몸무게를 재고자 한다. 이 연구의 구조가 **그림 7.11**에 제시되어 있다.

이 심리학자는 처치된 쥐들의 표본을 동일한 모집단에 속한 정상적이고 처치를 받지 않은 쥐들과 비교할 것이다. 만약 처치를 받은 표본에 속한 쥐들이 그렇지 않은 쥐들과 상당히 다르다면, 연구자는 호르몬의 영향에 대한 증거를 갖게 된다. 문제는 표본이 상당히 다르다고 하기 위해서 정확히 얼마만큼의 차이가 있어야 하는가를 결정하는 것이다.

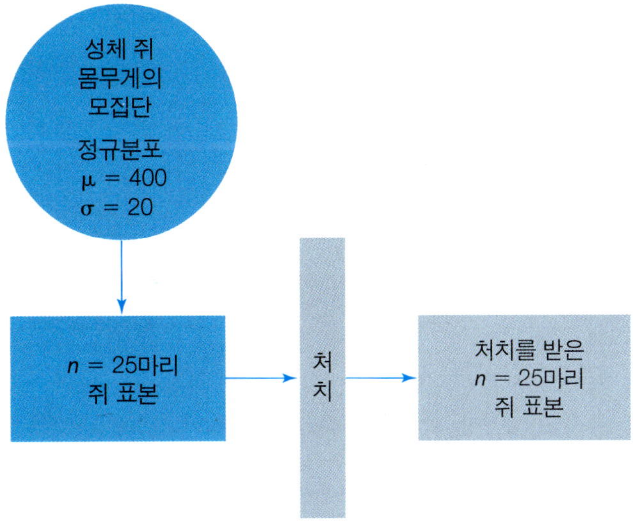

그림 7.11
예제 7.7에 기술된 연구의 구조. 이 연구의 목적은 처치(성장 호르몬)가 쥐의 몸무게에 영향을 미치는지 알아보는 것이다.

표본 평균의 분포와 표준오차는 이러한 결정에 도움을 준다. 특히, 표본 평균의 분포는 호르몬 주사를 맞지 않은 쥐들의 표본이 어떠할 것인지 기대할 수 있는 바를 정확하게 기술한다. 따라서 연구자는 다음 두 가지를 비교하면 된다.

a. (연구로부터 얻은) 처치를 받은 쥐들의 표본

b. (표본 평균 분포로부터 얻은) 처치를 받지 않은 쥐들의 표본들

만약 처치를 받은 표본이 처치를 받지 않은 표본들과 상당히 다르다면 처치 효과가 있다는 증거가 된다. 반대로, 만약 처치를 받은 표본이 처치를 받지 않은 표본들과 비슷하다면 처치 효과가 있는 것 같지 않다는 결론을 내려야 한다.

먼저, 처치를 받지 않은 쥐들의 원래 모집단에서 $n = 25$마리의 쥐들로 구성된 모든 가능한 표본들에 대한 표본 평균의 분포를 살펴보자. 표본 평균의 분포는 다음과 같은 특징을 가지고 있다.

1. 쥐 몸무게의 모집단이 정규분포를 이루므로, 표본 평균 분포도 정규분포이다.

2. 처치를 받지 않은 쥐들의 모평균은 $\mu = 400$이므로, 표본 평균 분포의 기댓값도 400이다.

3. 모집단의 표준편차는 $\sigma = 20$이고 $n = 25$이므로, 표본 평균 분포의 표준오차는 $\sigma_M = \frac{20}{\sqrt{25}} = \frac{20}{5} = 4$이다.

표본 평균 분포가 **그림 7.12**에 나타나 있다. 처치를 받지 않은(호르몬 주사를 맞지 않은) $n = 25$마리 쥐들의 평균은 400그램 근처에서 평균값을 나타낸다. 더 정확하게 알아보

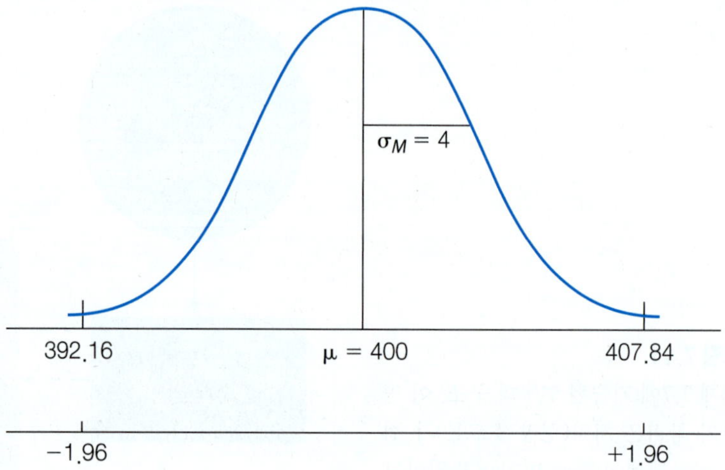

그림 7.12
(예제 7.7에서) 처치를 받지 않은 n = 25마리 쥐로 이루어진 표본의 표본 평균 분포

기 위해, 모든 가능한 표본 평균 중 가운데 95%를 결정하는 z 점수들을 사용할 수 있다. 6장(188쪽)에서 살펴보았듯이 정규분포의 가운데 95%는 $z = +1.96$과 $z = -1.96$의 경곗값 사이에 위치한다(표준 정규분포표를 확인하라). 이 z 점수 경곗값들이 **그림 7.12**에 제시되어 있다. 표준오차가 $\sigma_M = 4$일 때, $z = 1.96$은 평균으로부터 $1.96(4) = 7.84$점의 거리에 해당한다. 따라서 z 점수 경곗값 ±1.96은 표본 평균 392.16과 407.84에 대응된다.

n = 25마리의 처치를 받지 않은(성장 호르몬을 맞지 않은) 쥐들의 표본은 392.16과 407.84 사이의 평균값을 나타낼 것이 거의 확실하다(95%의 확률). 동시에, 표본 평균이 실제 처치 효과의 도움 없이 이 두 경곗값을 넘어서서 분포의 꼬리에 위치할 가능성은 매우 낮다(5% 이하의 확률). 따라서 만약 처치를 받은 표본의 평균이 이 경곗값들을 벗어난다면, 호르몬이 효과를 갖는다는 증거라고 볼 수 있다. ■

예제 7.7에서 우리는 z 점수 및 확률과 더불어 표본 평균의 분포를 사용함으로써 처치를 받지 않은 표본에 대해 합리적으로 기대할 수 있는 바를 기술했다. 그러고 나서, 처치를 받은 표본이 처치를 받지 않은 표본과 상당히 다른지를 살펴봄으로써 처치 효과를 평가했다. 이러한 과정은 가설 검정이라고 알려진 추론 방법의 기초가 되며, 8장과 이 책의 나머지 부분에서 반복적으로 다루게 될 것이다.

학습 점검

학습 목표 7 **1.** μ = 100이고 σ = 20인 모집단으로부터 표본을 얻었다. 다음 중 어느 표본이 0에 가장 가까운 z 점수를 산출하겠는가?

a. n = 25이고 M = 102인 표본

b. n = 100이고 M = 102인 표본

c. n = 25이고 M = 104인 표본

d. n = 100이고 M = 104인 표본

학습 목표 7 **2.** μ = 80이고 σ = 20인 정규 모집단에 대해 다음 표본 중 가장 얻을 가능성이 낮은 표본은 무엇인가?

a. n = 4이고 M = 88인 표본

b. n = 4이고 M = 84인 표본

c. n = 25이고 M = 88인 표본

d. n = 25이고 M = 84인 표본

학습 목표 7 **3.** μ = 100이고 σ = 15인 정규 모집단으로부터 표본을 선택했을 때, 다음 중 어느 표본이 가장 극단적이고 모집단을 잘 대표하지 못하는가?

a. n = 9이고 M = 90인 표본

b. n = 25이고 M은 90인 표본

c. n = 9이고 M = 95인 표본

d. n = 25이고 M = 95인 표본

정답 **1. a** **2. c** **3. b**

핵심 요약

1. 표본 평균의 분포란 주어진 모집단으로부터 얻을 수 있는 특정한 표본 크기(n)의 모든 가능한 무작위 표본들에 대한 M의 집합이라고 정의할 수 있다. 중심 극한 정리에 따르면, 표본 평균 분포의 특성은 다음과 같다.

a. 모양. 표본 평균의 분포는 다음 두 조건 중 어느 하나만 만족하게 되면 정규분포를 따른다.

i. 표본들이 선택된 모집단이 정규분포를 따른다.

ii. 표본 크기가 상대적으로 크다(n = 30 또는 그 이상).

b. 중심 경향값. 표본 평균 분포의 평균은 표본들이 추출된 모집단의 평균과 같다. 표본 평균 분포의 평균을 M의 기댓값이라고 한다.

c. 변산성. 표본 평균 분포의 표준편차를 M의 표준오차라 하고 다음 식과 같이 정의한다.

$$\sigma_M = \frac{\sigma}{\sqrt{n}} \quad \text{또는} \quad \sigma_M = \sqrt{\frac{\sigma^2}{n}}$$

표준오차는 표본 평균(M)과 모평균(μ) 간의 표준거리를 나타낸다.

2. 이번 장에서 가장 중요한 개념 중 하나가 바로 표준오차이다. 표준오차는 여러분이 표본 평균을 사용해서 모평균을 대표할 때 얼마만큼의 오차를 기대할 수 있는지를 말해 준다.

3. 표본 평균 분포에서 각 M의 위치를 z 점수를 사용하여 나타낼 수 있다.

$$z = \frac{M - \mu}{\sigma_M}$$

표본 평균 분포가 정규분포를 띠는 경향이 있기 때문에, z 점수와 표준 정규분포표를 사용해서 특정 표본 평균들에 대한 확률을 구할 수 있다. 구체적으로, 주어진 모집단으로부터 어떤 표본 평균들은 얻을 가능성이 높고 어떤 표본 평균들은 얻을 가능성이 낮은지 알아낼 수 있다. 표본에 대한 확률을 구할 수 있는 능력은 다음 장들에 제시된 추론 통계의 근간이 된다.

주요 용어

표집 오차 sampling error (196)

표본 평균의 분포 distribution of sample means (197)

표집 분포 sampling distribution (197)

중심 극한 정리 central limit theorem (203)

M의 기댓값 expected value of M (204)

M의 표준오차 standard error of M (205)

큰 수의 법칙 law of large numbers (206)

SPSS®

통계 프로그램 SPSS에는 표본 평균에 대한 표준오차 또는 z 점수를 계산하는 기능이 없다. 그러나 다음 장들에서 소개하는 새로운 추론 통계량들은 SPSS를 사용하여 구할 수 있다. 이 새로운 통계량들을 계산할 때, 보통 SPSS는 표본이 해당 모집단을 평균적으로 얼마나 정확하게 대표하는지 기술하는 표준오차를 함께 보고한다.

문제 해결을 위한 팁

1. 표본 평균과 관련된 확률 문제를 풀 때에는 항상 표본 평균 분포를 사용해야 한다. 모든 확률 문제는 비율에 대한 문제로 다시 표현할 수 있음을 기억하라. 표본 평균들에 대한 확률은 표본 평균 분포에서의 비율과 동일하다.

2. 표본 평균에 대한 확률을 계산할 때 가장 흔히 저지르는 잘못은 z 점수 공식에서 표준오차(σ_M) 대신 표준편차(σ)를 사용하는 것이다. 표준편차는 개별 점수에 대한 전형적인 편차(또는 '오차')를 나타낸다. 표준오차는 표본에 대한 전형적인 편차(또는 오차)를 나타낸다.

기억해야 할 점은 표본이 클수록 모집단을 더 정확하게 대표한다는 것이다. 따라서 표준오차에서 표본 크기(n)는 매우 중요한 역할을 한다.

$$\text{표준오차} = \sigma_M = \frac{\sigma}{\sqrt{n}}$$

3. 표본 평균 분포는 흔히 정규분포를 따르지만, 항상 정규분포를 따르는 것은 아니다. 확률을 구하기 위해 표준 정규분포표를 사용하기에 앞서, 표본 평균 분포가 정규분포를 따르는 조건을 충족하는지 확인해야 한다(핵심 요약의 **1**의 **a**를 보라). 분포를 그려서 해당 영역을 칠해 보면 정규분포에서의 확률 문제를 더 쉽게 풀 수 있음을 기억하라.

증명 7.1

표본 평균에 대한 확률과 분포

평균이 $\mu = 60$이고 표준편차가 $\sigma = 12$인 모집단이 정규분포를 이루고 있다. 이 모집단으로부터 $n = 36$개의 점수로 이루어진 표본을 선택했을 때, 63보다 큰 표본 평균을 얻을 확률은 얼마인가?

$$p(M > 63) = ?$$

1단계 **확률 문제를 비율에 대한 문제로 다시 서술한다.** $n = 36$인 모든 가능한 표본 평균들 중에 63보다 큰 평균의 비율은 얼마인가? 모든 가능한 표본 평균이란 단순히 표본 평균들의 분포를 뜻하는데, 이 분포는 정규분포를 따르고 평균은 $\mu = 60$이고 표준오차는 다음과 같다.

$$\sigma_M = \frac{\sigma}{\sqrt{n}} = \frac{12}{\sqrt{36}} = \frac{12}{6} = 2$$

2단계 **표본 평균에 대한 z 점수를 계산한다.** 표본 평균 $M = 63$은 아래 z 점수에 해당한다.

$$z = \frac{M - \mu}{\sigma_M} = \frac{63 - 60}{2} = \frac{3}{2} = 1.50$$

따라서 $p(M > 63) = p(z > 1.50)$이다.

3단계 **표준 정규분포표에서 비율을 찾는다.** A열에서 $z = 1.50$을 찾고 같은 행에서 C열에 있는 값인 $p = .0668$을 찾으면 이것이 답이 된다.

$$p(M > 63) = p(z > 1.50) = 0.0668(\text{또는 } 6.68\%)$$

연습 문제

1. 다음 각 항목을 간략하게 정의하시오.
   a. 표본 평균의 분포
   b. 중심 극한 정리
   c. M의 기댓값
   d. M의 표준오차
2. 평균이 $\mu = 65$이고 표준편차가 $\sigma = 15$인 모집단으로부터 표본을 선택한다고 하자.
   a. 표본 크기가 $n = 9$일 때, M의 기댓값과 M의 표준오차를 구하시오.
   b. 표본 크기가 $n = 25$일 때, M의 기댓값과 M의 표준오차를 구하시오.
3. 평균이 $\mu = 90$이고 표준편차가 $\sigma = 32$인 모집단에서 $n = 64$인 표본을 선택한다고 할 때, 표본 평균의 분포(모양, 평균, 표준오차)를 기술하시오.
4. 어떤 조건에서 표본 평균의 분포가 반드시 정규분포를 따르는가?
5. 표준편차가 $\sigma = 18$인 모집단으로부터 무작위 표본을 선택한다고 하자.
   a. 이 모집단으로부터 $n = 4$인 무작위 표본을 선택한다면, 표본 평균과 모평균 간에 평균적으로 얼마의 차이가 존재하겠는가?
   b. $n = 9$일 때에는 평균적으로 얼마의 차이가 존재하겠는가?
   c. $n = 36$일 때에는 평균적으로 얼마의 차이가 존재하겠는가?
6. $n = 16$인 표본에 대해, 다음 각 표준오차를 얻기 위해서는 모표준편차(σ)가 어떤 값을 가져야 하는가?
   a. $\sigma_M = 8$
   b. $\sigma_M = 4$
   c. $\sigma_M = 1$
7. 모평균이 $\mu = 40$이고 표준편차가 $\sigma = 8$일 때, 다음 각 표본에 대한 z 점수를 구하시오.
   a. $n = 1$이고 $X = 34$인 표본
   b. $n = 4$이고 $M = 34$인 표본
   c. $n = 16$이고 $M = 34$인 표본
8. 25개의 점수로 이루어진 표본의 평균이 $M = 68$이다. 아래 각 상황에서 이 표본에 대한 z 점수를 구하시오.
   a. $\mu = 60$이고 $\sigma = 10$인 모집단으로부터 표본을 얻었을 경우
   b. $\mu = 60$이고 $\sigma = 20$인 모집단으로부터 표본을 얻었을 경우
   c. $\mu = 60$이고 $\sigma = 40$인 모집단으로부터 표본을 얻었을 경우
9. 모집단이 평균이 $\mu = 85$이고 표준편차가 $\sigma = 24$인 정규분포를 형성한다. 아래 각 표본에 대해, 표본 평균에 대응하는 z 점수를 구하시오.
   a. $M = 91$이고 $n = 4$일 때
   b. $M = 91$이고 $n = 9$일 때
   c. $M = 91$이고 $n = 16$일 때
   d. $M = 91$이고 $n = 36$일 때
10. 표준화된 읽기 검사에서 4학년 학생들의 점수는 $\mu = 60$이고 $\sigma = 20$인 정규분포를 형성한다. 다음 각 상황에서 $M = 65$보다 큰 표본 평균을 얻을 확률을 구하시오.
    a. 표본이 $n = 16$명의 학생으로 구성된 경우
    b. 표본이 $n = 25$명의 학생으로 구성된 경우
    c. 표본이 $n = 100$명의 학생으로 구성된 경우
11. 사회 불안을 측정하는 설문지의 점수는 평균이 $\mu = 50$이고 표준편차가 $\sigma = 10$인 정규분포를 형성한다. 다음 각 상황에서 $M = 53$보다 큰 표본 평균을 얻을 확률을 구하시오.
    a. $n = 4$명으로 구성된 무작위 표본의 경우
    b. $n = 16$명으로 구성된 무작위 표본의 경우
    c. $n = 25$명으로 구성된 무작위 표본의 경우
12. 정규분포의 평균이 $\mu = 54$, 표준편차가 $\sigma = 6$이라고 하자.

a. 이 분포에서 $X = 51$보다 더 작은 점수를 무작위로 선택할 확률을 구하시오.

b. 이 분포에서 $n = 4$인 표본을 선택할 때 표본 평균이 $M = 51$보다 작을 확률을 구하시오.

c. 이 분포에서 $n = 36$인 표본을 선택할 때 표본 평균이 $M = 51$보다 작을 확률을 구하시오.

13. 모집단의 평균이 $\mu = 30$이고 표준편차가 $\sigma = 8$이라고 하자.

a. 만약 모집단 분포가 정규분포를 따른다면, $n = 4$인 표본에서 $M = 32$보다 큰 표본 평균을 얻을 확률을 구하시오.

b. 만약 모집단 분포가 정적으로 편포되어 있다면, $n = 4$인 표본에서 $M = 32$보다 큰 표본 평균을 얻을 확률을 구하시오.

c. 만약 모집단 분포가 정규분포를 따른다면, $n = 64$인 표본에서 $M = 32$보다 큰 표본 평균을 얻을 확률을 구하시오.

d. 만약 모집단 분포가 정적으로 편포되어 있다면, $n = 64$인 표본에서 $M = 32$보다 큰 표본 평균을 얻을 확률을 구하시오.

14. 평균이 $\mu = 75$이고 표준편차가 $\sigma = 20$인 정규분포로부터 나온 $n = 16$인 무작위 표본들에 대하여 다음을 계산하시오.

a. 표본 평균 분포에서 가운데 95%에 해당하는 표본 평균들의 범위

b. 표본 평균 분포에서 가운데 99%에 해당하는 표본 평균들의 범위

15. 한 심리학 개론 수업에서 시험 성적의 분포가 부적으로 편포되어 있었고, 평균은 $\mu = 71.5$, 표준편차는 $\sigma = 12$와 같았다.

a. $n = 9$명의 학생으로 구성된 무작위 표본을 선택할 때, 평균 성적이 75점 이상인 표본을 선택할 확률을 구하시오. (주의: 이 문제에는 함정이 있다.)

b. $n = 36$명의 학생으로 구성된 무작위 표본을 선택할 때, 평균 성적이 75점 이상인 표본을 선택할 확률을 구하시오.

c. $n = 36$명의 학생으로 구성된 무작위 표본을 선택할 때, 평균 성적이 70점에서 75점 사이인 표본을 선택할 확률을 구하시오.

16. 정의에 따르면 '점보 새우'란 10~15마리가 1파운드에 달하는 새우를 말한다. 1파운드 봉투에 든 점보 새우의 개수는 평균이 $\mu = 12.5$이고 표준편차는 $\sigma = 1.5$인 정규분포를 형성한다. $n = 25$개의 1파운드 봉투를 무작위로 선택했을 때 봉투당 평균 새우 마릿수가 $M = 13$ 이상일 확률을 구하시오.

17. 모집단의 평균이 $\mu = 72$ 표준편차는 $\sigma = 10$이라 하자. 표본 크기가 다음과 같을 때 표본 평균 분포의 표준오차를 구하시오.

a. $n = 4$일 때

b. $n = 25$일 때

18. 모표준편차가 $\sigma = 16$과 같다. 다음과 같은 표준오차를 가지려면 표본이 얼마나 커야 하는가?

a. 표준오차가 8보다 작으려면?

b. 표준오차가 4보다 작으려면?

c. 표준오차가 2보다 작으려면?

19. 모표준편차가 $\sigma = 10$일 때, 다음과 같은 표준오차를 가지려면 표본이 얼마나 커야 하는가?

a. 표준오차가 5보다 작으려면?

b. 표준오차가 2보다 작으려면?

c. 표준오차가 1보다 작으려면?

20. Jones, Thomas와 Piper(2003)는 음주가 이성의 매력 평가에 미치는 영향을 알아보는 연구를 수행했다. 술을 전혀 마시지 않았거나 적당량의 술을 마신 남학생들에게 여학생들의 사진을 보여주고 각 얼굴이 얼마나 매력적인지를 7점 척도(7 = 매력이 가장 높음)로 평정하게 했다. 이 연구 결과와 유사한 자료가 다음 표에 제시되어 있다.

음주량	평균	표준오차
전혀 마시지 않음	3.49	0.20
적당량을 마심	4.09	0.22

a. 표에 있는 모든 정보를 포함하는 막대그래프

를 그려 보시오.

b. 그래프를 보았을 때, 음주가 매력 지각에 영향을 미친다고 생각되는가?

21. 정규분포의 평균이 $\mu = 60$, 표준편차는 $\sigma = 12$라고 하자. 다음 각 표본에 대해 표본 평균에 대응하는 z 점수를 계산하고 이 표본 평균이 동일한 크기의 표본 중에서 전형적이고 대표적인 값인지, 아니면 극단적인 값인지 답하시오.

a. $n = 4$인 표본에서 $M = 64$일 때

b. $n = 9$인 표본에서 $M = 64$일 때

c. $n = 16$인 표본에서 $M = 66$일 때

d. $n = 36$인 표본에서 $M = 66$일 때

22. 평균이 $\mu = 76$이고 표준편차는 $\sigma = 20$인 정규분포로부터 무작위 표본을 얻었을 때, 표본 평균이 $M = 84$와 같았다.

a. $n = 4$일 때 이 표본 평균은 대표적인 값인가, 아니면 극단적인 값인가?

b. $n = 25$일 때 이 표본 평균은 대표적인 값인가, 아니면 극단적인 값인가?

23. 평균이 $\mu = 65$인 정규분포로부터 $n = 36$인 표본을 선택하였다. 표본 평균이 $M = 59$라고 할 때, 다음 각 상황에서 표본 평균에 대한 z 점수를 계산하고 이 표본 평균이 전형적이고 대표적인 값인지, 아니면 극단적인 값인지 답하시오.

a. 모표준편차가 $\sigma = 12$인 경우

b. 모표준편차가 $\sigma = 30$인 경우

CHAPTER

8

가설 검정의 소개

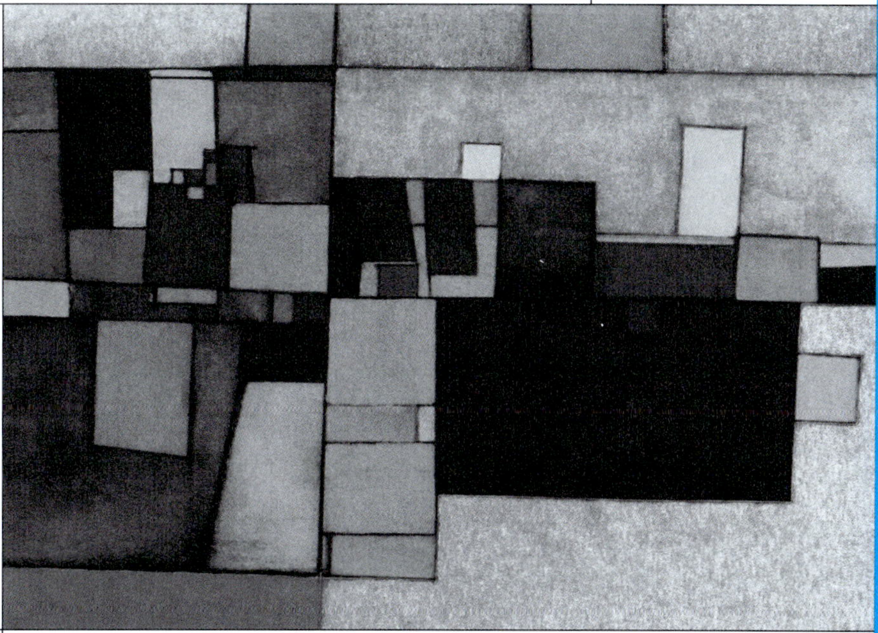

필요한 지식

아래 개념들은 이 장을 이해하기 위해 필요한 주요 개념들이다. 해당 장을 참고하여 충분히 숙지하기를 바란다.

- z 점수(5장)
- 표본 평균의 분포(7장)
  - 기댓값
  - 표준오차
  - 확률과 표본 평균

8-1 가설 검정의 논리

학습 목표(Learning Objectives)

1. 가설 검정의 목적을 기술하고 가설 검정의 목적을 어떻게 달성하는지 설명할 수 있다.
2. 가설 검정의 영가설과 대립가설을 정의하고, 특정한 연구 예시에 대해 영가설과 대립가설을 설정할 수 있다.
3. 유의 수준(알파 수준)과 가설 검정의 기각역을 정의하고, 가설 검정의 결과가 유의 수준에 따라 어떻게 달라지는지 설명할 수 있다.
4. 표준 4단계 절차를 사용하여 가설 검정을 수행하고, 처치 효과에 대한 통계적 결정을 내릴 수 있다.

연구자가 모집단에 속한 모든 개인을 일일이 관찰하는 것은 불가능하고 비현실적이다. 따라서 연구자들은 보통 표본으로부터 자료를 얻고, 표본 자료를 사용해서 모집단에 대한 질문에 답한다. 가설 검정은 연구자들로 하여금 표본 자료를 사용해서 관심의 대상이 되는 모집단에 대한 추론을 할 수 있도록 하는 통계적 절차이다.

가설 검정은 가장 널리 사용되는 추론 절차 중 하나이다. 사실상 이 책의 나머지 대부분은 다양한 상황과 예시에 따른 가설 검정에 대해 다루고 있다. 상황에 따라 가설 검정의 세부 사항들은 달라지겠지만 일반적인 절차는 달라지지 않는다. 이번 장에서는 가설 검정의 일반적 절차에 대해 소개한다. 앞의 5~7장들에서 배운 통계적 방법들이 사용될 것이다. 즉, z 점수, 확률, 표본 평균의 분포를 결합하여 가설 검정이라는 새로운 통계적 절차에 이르게 될 것이다.

가설 검정(hypothesis testing)은 표본 자료를 사용하여 모집단에 대한 가설을 확인하는 통계적 방법이다.

가설 검정 절차의 기저에 있는 논리를 아주 간단하게 설명하자면 다음과 같다.

1. 첫째, 모집단에 대한 가설을 세운다. 보통 가설은 모수에 대하여 설정한다. 예를 들어, 미국 성인들은 매년 추수감사절과 1월 1일 사이에 $\mu = 7$파운드의 몸무게가 증가한다는 식으로 가설을 세울 수 있다.
2. 표본을 선택하기에 앞서, 가설을 사용하여 표본이 어떠한 특성을 나타낼지 예측한다. 예를 들어, 모집단에서 평균적인 몸무게 증가가 $\mu = 7$파운드라고 한다면, 표본은 7파운드 근처의 평균값을 나타내리라고 예측할 수 있다.
3. 다음으로, 모집단으로부터 무작위로 표본을 얻는다. 예를 들어, $n = 200$명의 미

국 성인들의 표본을 선택하고 이 표본에 대해 추수감사절과 1월 1일 사이에 몸무게가 얼마나 변화하는지 측정한다.

4. 마지막으로, 얻어진 표본 자료를 가설에 기반한 예측과 비교한다. 만약 표본 평균이 예측과 일치한다면 가설이 옳다고 결론 내린다. 그러나 만약 자료와 예측 사이에 큰 차이가 존재하면, 가설이 옳지 않다고 결론 내린다.

가설 검정은 보통 연구 장면에서 사용한다. 즉, 연구자가 연구를 완료하고 결과를 평가하기 위해 가설 검정을 사용하는 것이다. 연구의 유형과 자료의 유형에 따라 가설 검정의 세부 사항들이 달라지게 된다. 이후 장들에서는 서로 다른 종류의 연구에서 사용되는 서로 다른 버전의 가설 검정들을 살펴볼 것이다. 그러나 일단 지금은 모든 가설 검정에 공통되는 기본 속성들을 살펴보기로 하자. 이를 위해, 가설 검정을 사용하는 가장 단순한 상황—표본 평균을 사용해서 모평균에 대한 가설은 검증하는 상황—을 예로 들어 살피보도록 하겠다.

다음 5개 장들에서는 표본 평균 및 평균 차이를 다루는 복잡한 연구 상황에서의 가설 검정을 살펴볼 것이다. 14장에서는 상관 연구를 살펴보고, 표본 자료에서 나타나는 관계를 사용해서 어떻게 모집단에서의 관계에 대한 가설 검정을 하는지 알아본다. 마지막 15장에서는 표본에 존재하는 비율을 사용해서 어떻게 그에 상응하는 모집단 비율에 대한 가설 검정을 하는지 알아본다.

■ 가설 검정의 요소들

다시 한 번 말하지만, 우리는 가설 검정을 소개할 때, 알려지지 않은 모평균에 대한 가설 검정을 위해 하나의 표본 평균을 사용하는 상황을 예시로 사용할 것이다.

알려지지 않은 모집단 그림 8.1은 가설 검정 절차를 소개하기 위해 사용할 일반적인 연구 상황을 보여 준다. 연구자는 이미 알려진 모집단으로부터 출발한다. 이 모집단은 처치 전에 존재하는 개인들의 집합이다. 이 예제에서는 원래 점수들이 $\mu = 16$이고 $\sigma = 3$인 정규분포를 형성한다고 가정한다. 연구의 목적은 모집단에서 개인들에 대한 처치의 효과를 알아보는 것이다. 즉, 연구의 목적은 처치가 시행된 후 모집단에 어떤 변화가 일어날지를 알아보는 것이다.

가설 검정 상황을 단순화하기 위해 처치 효과에 대해 한 가지 기본적인 가정을 하자. 만약 처치가 어떠한 효과를 나타낸다면, 이 효과는 단순히 각 개인 점수에 상수를 더하는 형태(또는 각 개인 점수로부터 상수를 빼는 형태)라고 가정하자. 3장과 4장에서 배운 것과 같이, 상수를 더하면(또는 빼면) 평균은 달라지지만 모집단의 분포 모양이나 표준편차는 달라지지 않는다. 따라서 처치 후의 모집단 분포는 원래 모집단 분포와 모

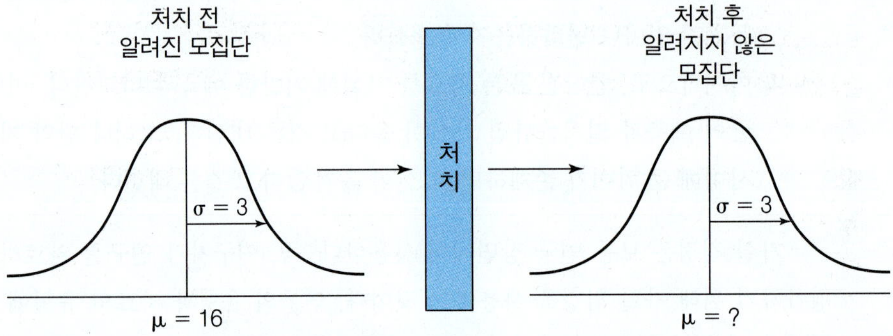

그림 8.1

가설 검정이 실시되는 기본적인 연구 상황. 처치 전 모집단의 모수 μ는 이미 알려져 있다고 가정한다. 이 연구의 목적은 처치가 모평균에 영향을 미치는지 알아보는 것이다.

양이 동일하고 표준편차도 동일하다고 가정할 수 있다. **그림 8.1**에 나타난 상황은 이러한 가정을 반영한다.

연구 문제가 처치 후의 알려지지 않은 모집단에 초점을 둔다는 것에 주목하자. 좀 더 구체적으로, 연구의 목적은 모집단에서 모든 개인에게 처치가 행해진다면 어떻게 될지를 알아보는 것이다.

연구에서의 표본 가설 검정의 목적은 모집단에서 개개인들에게 처치의 효과가 있는지 없는지를 알아보는 것이다. 그러나 보통 전체 모집단에 처치를 시행할 수는 없으므로 실제 연구는 표본을 사용하여 수행한다. **그림 8.2**는 가설 검정의 관점에서 연구의 구조를 나타낸 것이다. 처치 전 원래의 모집단이 왼쪽에 제시되어 있고, 처치 후의 알려지지 않은 모집단이 오른쪽에 제시되어 있다. 알려지지 않은 모집단은 사실은 가설적으로만 존재한다(결코 전체 모집단에 처치를 시행하지 않는다). 하지만 우리는 만약 처치가 전체 모집단에 시행된다면 어떤 일이 일어날지를 묻고 있다. 연구는 원래의 모집단으로부터 표본을 선택하고, 표본에 처치를 시행하고, 처치된 표본에 속한 개인들의 점수를 기록하는 과정으로 이루어진다. 즉, 연구는 처치된 표본을 산출하는 것이다. 이 표본은 간접적으로 얻어진 것이지만, 알려지지 않은 처치 후 모집단으로부터 직접 얻은 표본과 동일하다고 할 수 있다. 가설 검정은 **그림 8.2**의 오른쪽에 있는 처치된 표본을 사용하여 그림 오른쪽에 있는 알려지지 않은 처치 후 모집단에 대한 가설을 평가한다.

가설 검정은 일련의 표준화된 조작들을 따르는 형식적 절차이다. 이런 방식을 통해 연구자는 연구 결과를 평가하기 위한 표준화된 방법을 갖게 된다. 따라서 다른 연구자들도 어떻게 자료가 평가되고 어떻게 결론에 이르게 되었는지를 정확하게 알아채고 이

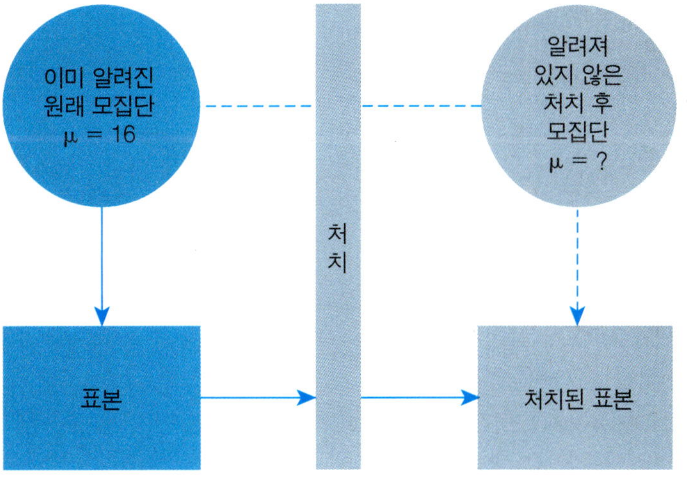

그림 8.2
가설 검정의 관점에서는, 전체 모집단이 처치를 받은 후 처치된 모집단으로부터 표본을 선택한다. 그러나 실제 연구에서는 원래 모집단으로부터 표본을 선택한 후에 이 표본에 처치를 하게 된다. 어느 관점에서건, 결과적으로 얻는 것은 처치된 모집단을 대표하는 처치된 표본이다.

해할 수 있다. 가설 검정의 형식적 구조를 강조하기 위해 이 책의 나머지 부분 모두에서 우리는 가설 검정을 4단계 절차로 제시할 것이다. 다음 예제는 가설 검정 절차를 소개하기 위한 구체적인 기초를 제공한다.

예제 8.1 이전 연구에 따르면 남성들은 여성이 빨간색 옷을 입었을 때 다른 색깔의 옷을 입었을 때에 비해 더 매력적이라고 평정한다고 한다(Elliot & Niesta, 2008). 이 결과에 기반하여 Guéguen과 Jacob(2012)은 동일한 현상이 남성들이 빨간색 옷을 입은 여종업원에게 반응하는 방식에도 영향을 미칠 것이라고 생각했다. 이들의 연구에서, 5곳의 레스토랑에서 일하는 여종업원들은 6가지 색깔(빨강, 파랑, 초록, 노랑, 검정, 흰색)의 동일한 셔츠를 6주의 기간 동안 서로 다른 날 착용했다. 셔츠를 제외하고는, 여종업원들은 일상적으로 행동하도록 지시를 받았고, 고객의 성별과 얼마의 팁을 주었는지를 기록했다. 그 결과 남성 고객들은 여종업원이 빨간 셔츠를 입었을 때 유의하게 더 팁을 많이 준 반면, 여성 고객들의 팁에는 옷 색깔이 영향을 주지 않았다.

한 연구자가 동네 레스토랑에서 이 결과를 반복하여 검증해 보기로 했다. 이 레스토랑의 여종업원(그리고 남종업원)들은 보통 흰 셔츠와 검은 바지를 착용하고, 레스토랑 기록에 따르면 남성 고객들로부터 받는 여종업원의 팁은 평균이 μ = 16퍼센트이고 표준편차는 σ = 3퍼센트포인트이다. 팁의 분포는 대략 정규분포를 이룬다. 연구자는 연구 기간 동안 여종업원들에게 빨간 셔츠를 입도록 하고 n = 36명의 남성 고객 표본이 주는 팁을 기록하고자 한다.

만일 표본의 평균 팁이 기저선(흰 셔츠를 입었을 때의 팁)과 눈에 띄게 다르다면, 연구자는 빨간색 옷을 입는 것이 팁을 주는 행동에 영향을 주었다고 결론 내릴 수 있다.

반면, 만일 표본의 평균 팁이 16퍼센트(기저선 값) 근처에 있다면, 연구자는 빨간 셔츠의 효과가 없었다고 결론 내려야 한다. ■

■ 가설 검정의 4단계

그림 8.2는 앞선 예제에 기술된 연구 상황과 동일한 일반적 구조를 나타낸다. 처치 전(빨간 옷을 입기 전) 원래 모집단의 평균 팁은 μ = 16퍼센트이다. 반면, 처치 후 모집단은 알려져 있지 않다. 구체적으로 말해서, 만약 여종업원들이 전체 남성 고객 모집단에 대해 빨간 옷을 입고 서빙을 한다면 평균 점수가 어떻게 변할지 알려져 있지 않다. 그러나 여종업원들이 빨간 옷을 입고 서빙을 한 n = 36명의 참여자 표본이 있고, 이 표본을 사용하면 알려져 있지 않은 모집단에 대해 추론을 할 수 있다. 다음 네 단계는 가설 검정 절차의 틀을 제시하며, 이 절차를 통해 표본 자료를 사용하여 알려져 있지 않은 모집단에 대한 질문에 답을 할 수 있다.

1단계 **가설 설정.** 이름 그대로 가설 검정 절차는 알려져 있지 않은 모집단에 대한 가설을 설정하는 것으로 시작한다. 실제로 우리는 두 가지 대립되는 가설을 설정하게 된다. 이때 주목할 것은 두 가설 모두 모집단의 모수에 대해 기술한다는 점이다.

두 가설 중 으뜸으로 중요한 가설을 영가설이라고 한다. 영가설은 처치가 아무런 효과가 없다는 진술이다. 일반적으로, 영가설은 아무런 변화, 효과, 차이가 없다고 기술한다. 즉, 아무런 일도 일어나지 않았다는 것으로, 따라서 영가설이라고 불린다. 영가설은 기호로 H_0와 같이 나타낸다. (H는 가설을 뜻하고 아래 첨자 0은 효과가 0이라는 가설을 뜻한다.) 예제 8.1의 연구에서 영가설은 남성 고객들의 모집단에서 빨간 셔츠는 팁을 주는 행동에 아무런 영향도 주지 않는다는 것이다. 기호로 나타내면 다음과 같다.

추론 통계의 목적은 표본 자료를 사용하여 모집단에 대한 일반적인 결론을 내리는 것이다. 따라서 가설 검정을 할 때에는 모집단의 모수를 예측한다.

$$H_0\text{: } \mu_{\text{빨간 셔츠}} = 16 \text{ (빨간 셔츠를 입더라도 평균 팁은 여전히 16퍼센트이다.)}$$

> **영가설**(null hypothesis, H_0)은 일반 모집단에서 아무런 변화, 차이, 또는 관련이 없다는 것이다. 실험의 맥락에서, H_0는 모집단에서 독립변수(처치)가 종속변수(점수)에 아무런 영향을 미치지 않을 것이라는 예측이다.

두 번째 가설은 단순히 영가설과 반대되는 것으로, 과학적 가설(scientific hypothesis) 또는 대립가설(H_1)이라고 부른다. 이 가설은 처치가 종속변수에 효과를 갖는다고 진술한다.

대립가설(alternative hypothesis, H_1)은 일반적인 모집단에서 변화, 차이, 또는 관계가 있다는 것이다. 실험의 맥락에서, H_1은 독립변수(처치)가 종속변수에 영향을 미친다는 예측이다.

영가설과 대립가설은 상호 배타적이고 포괄적이다. 이 둘은 동시에 참이 될 수 없다. 자료가 어느 가설을 기각해야 하는지를 결정한다.

이 예제에서, 대립가설은 빨간 셔츠를 입는 것이 팁에 영향을 미쳐서 모평균을 바꾼다는 것이다. 기호로 나타내면 다음과 같다.

H_1: $\mu_{빨간\ 셔츠} \neq 16$ (빨간 셔츠를 입으면 평균 팁이 16퍼센트와 다를 것이다.)

대립가설은 단순히 어떤 변화가 있을 것이라고만 기술한다. 대립가설은 그 효과가 팁을 증가시킬지, 아니면 감소시킬지에 대해 구체적으로 말하지 않는다. 어떤 경우에는 효과의 방향을 구체적으로 제시하는 대립가설이 적절하다. 예를 들어, 연구자는 빨간 셔츠가 팁을 증가시킬 것($\mu > 16$)이라고 가설을 세울 수 있다. 이러한 유형의 가설을 사용하면 방향성이 있는 검정을 하게 되는데, 이에 대해서는 이 장의 뒷부분에서 좀 더 자세히 다루도록 하겠다. 지금은 가설이 단순히 처치 효과가 '없다(H_0)', 아니면 '있다(H_1)'와 같이 기술되는 방향성이 없는 검증에 대해서만 살펴보도록 하자.

2단계 **판정 기준 세우기.** 결국 연구자는 표본 자료를 사용하여 영가설이 얼마나 믿을 만한지를 평가하게 된다. 자료는 영가설을 지지하거나 아니면 영가설에 반하게 된다. 특히, 만약 자료와 가설 간에 큰 차이가 있다면 영가설이 옳지 않다고 결론 내리게 된다.

이러한 결정 과정을 형식화하기 위해, 우리는 영가설을 사용하여 어떤 종류의 표본 평균이 얻어져야 하는지 예측한다. 구체적으로, 우리는 어떤 표본 평균들이 영가설과 일치하고 어떤 표본 평균들이 영가설에 반하는지를 결정한다.

예제에서 영가설은 빨간 셔츠가 아무런 영향이 없고 모평균은 여전히 $\mu = 16$퍼센트라는 것이다. 만약 이것이 사실이라면, 표본 평균은 16 근처의 값일 것이다. 따라서 16 근처의 표본 평균은 영가설과 일치한다. 반면, 16으로부터 멀리 떨어진 표본 평균은 영가설과 일치하지 않는다. 정확히 어떤 값들이 16 '근처' 값이고 어떤 값들이 16으로부터 '멀리 떨어진' 값인지를 정하기 위해, 영가설이 참일 때 얻을 수 있는 모든 가능한 표본 평균들을 생각해 보자. 예제에서 이것은 $n = 36$일 때의 표본 평균의 분포이다. 영가설에 따르면, 이 분포는 $\mu = 16$을 중심으로 한다. 이때 표본 평균들의 분포는 두 부분으로 나뉠 수 있다.

1. 만약 H_0가 참이라면 충분히 얻을 가능성이 있는 표본 평균들, 즉 영가설에 가까

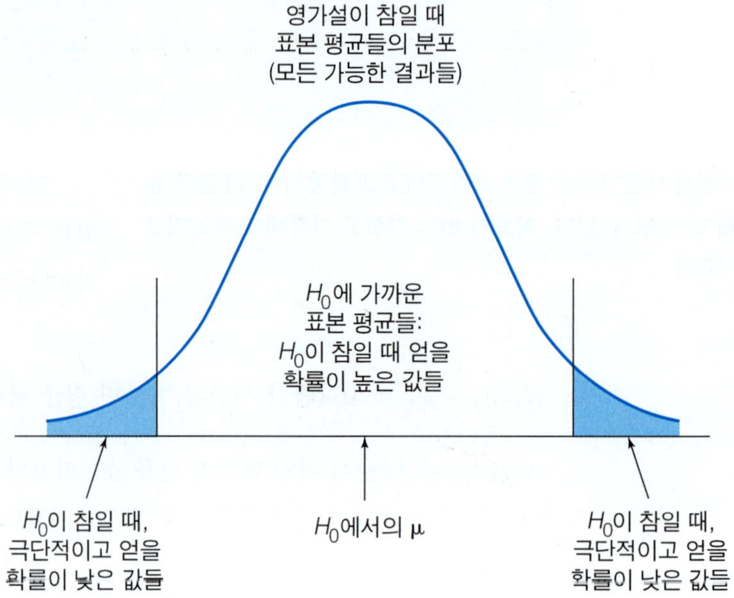

그림 8.3
가능한 표본들의 집합은 영가설이 참일 때 얻을 가능성이 높은 표본들과 얻을 가능성이 매우 낮은 표본들로 구분된다.

운 표본 평균들

2. 만약 H_0가 참이라면 얻을 가능성이 낮은 표본 평균들, 즉 영가설과 매우 다른 표본 평균들

그림 8.3은 이렇게 두 부분으로 구분된 표본 평균의 분포를 보여 준다. 확률이 높은 표본들은 분포의 중앙에 위치하고 영가설에서 제시된 값에 가까운 표본 평균을 갖는다. 반면 확률이 낮은 표본들은 분포의 극단 꼬리 쪽에 위치한다. 분포가 이러한 방식으로 구분되고 나면, 주어진 표본 자료를 분포의 값들과 비교할 수 있다. 구체적으로, 주어진 표본 평균이 (분포의 중앙에 있는 값들과 같이) 영가설과 일치하는지, 아니면 (분포의 극단 꼬리에 있는 값들과 같이) 영가설과는 매우 다른지를 결정할 수 있다.

유의 수준 확률이 높은 표본들과 확률이 낮은 표본들을 구분하는 경계를 찾기 위해서는 '낮은' 확률과 '높은' 확률이 정확히 무엇을 의미하는지를 정의해야 한다. 이는 가설 검정에서 유의 수준 또는 알파 수준이라고 알려진 특정 확률값을 선택함으로써 가능하다. 알파(α)값은 낮은 확률의 표본을 정의하기 위해 사용되는 작은 확률값이다. 관례적으로 널리 사용되는 유의 수준은 $\alpha = .05(5\%)$, $\alpha = .01(1\%)$, 그리고 $\alpha = .001(0.1\%)$이다. 예를 들어, $\alpha = .05$이면, 얻기 어려운 5%의 표본 평균들(극단값들)과 얻기 쉬운 95%의 표본 평균들(중앙에 위치한 값들)을 구분한다.

유의 수준에 의해 정의된 얻기 어려운 극단의 값이 이른바 말하는 기각역을 구성하

게 된다. 분포의 꼬리에 위치한 이 극단값들은 영가설과 일치하지 않는 결괏값들을 정의한다. 즉, 이 값들은 영가설이 참이라면 매우 얻기 어려운 값들이다. 연구에서 얻어진 자료가 기각역에 속하는 표본 평균을 산출할 때에는 자료가 영가설과 일치하지 않는다고 결론을 내리고 영가설을 기각한다.

유의 수준(level of significance) 또는 **알파 수준**(α level)은 가설 검정에서 '얻을 가능성이 낮은' 값을 정의하기 위해 사용하는 확률값이다.

기각역(critical region)은 영가설이 참이라면 매우 얻기 힘든(유의 수준에 의해 정의되는) 극단적인 표본값들로 구성된다. 기각역의 경곗값들은 유의 수준에 의해 결정된다. 만약 표본 자료가 기각역에 속하면, 영가설을 기각한다.

전문적으로 말하자면, 기각역은 처치 효과가 없을 때 (즉, 영가설이 참일 때) 얻을 가능성이 매우 낮은 표본들로 정의된다. 반대로 보면, 정말로 처치 효과가 있을 때 이를 확증하는 표본값들로 기각역을 정의할 수도 있다. 앞의 예에서 보통 남성 고객의 모집단은 평균적으로 $\mu = 16$퍼센트의 팁을 주었다. 우리는 이 모집단으로부터 표본을 선택하여 이 표본에 속한 사람들에게 처치(빨간 셔츠)를 시행했다. 처치가 효과가 있다는 것을 확신하려면 어떤 표본 평균이 나와야 할까? 당연히도 가장 확실한 증거는 $\mu = 16$과는 상당히 다른 표본값일 것이다. 가설 검정에서 기각역은 원래 모집단과는 '매우 다른' 표본값들로 정의할 수 있다.

기각역의 경곗값들 기각역을 정의하는 경곗값이 정확히 어디에 위치하는지 알아내기 위해 유의 수준 확률과 표준 정규분포표를 사용한다. 대부분의 경우 표본 평균의 분포는 정규분포이고, 표준 정규분포표는 기각역 경곗값에 대한 정확한 z 점수를 제공한다. 예를 들어, $\alpha = .05$일 때 경곗값은 극단값 5%를 가운데 95%와 분리하는 값이다. 극단값 5%는 분포의 양쪽 꼬리에 나뉘어 있으므로, 한쪽 꼬리에 각 2.5%(또는 0.0250)씩이 있는 것이다. 표준 정규분포표에서 C열을 보면 0.0250 비율을 찾을 수 있고 이에 해당하는 z 점수 경곗값은 $z = 1.96$임을 알 수 있다. 따라서 임의의 정규분포에서 극단값 5%는 $z = +1.96$과 $z = -1.96$ 바깥에 있는 분포의 꼬리에 위치한다. 이 값들이 $\alpha = .05$를 사용해서 가설 검정을 할 때 기각역의 경곗값이 된다(그림 8.4).

이와 유사하게, 유의 수준 $\alpha = .01$은 1% 또는 .0100이 분포 양쪽 꼬리에 나뉘어 있음을 뜻한다. 이 경우, 한쪽 꼬리에 각각 .0050의 비율이 존재하는 것이고, 이에 대응되는 z 점수 경곗값은 $z = \pm 2.58$(± 2.57를 사용해도 좋다)이다. $\alpha = .001$일 때 경곗값은 $z = \pm 3.30$이 된다. 이 값들을 표준 정규분포표에서 확인하고 이 값들을 어떻게 얻는지 확실히 이해하자.

3단계 자료 수집과 표본 통계량 계산. 이제 우리는 여종업원들이 빨간 셔츠를 입고 있을 때 남성 고객들이 주는 팁을 기록하기 시작한다. 중요한 것은 자료 수집이 연구자가 가설들을 설정하고 판정 기준을 결정한 후에 일어난다는 것이다. 이러한 순서는 연구자가 자료를 정직하고 객관적으로 분석하도록 하며, 실험 결과를 얻은 후에 판정 기준을 마음대로 변경하지 않도록 한다.

다음으로, 적절한 통계량을 사용하여 표본으로부터 얻어진 원자료를 요약한다. 이 예제에서 연구자는 표본 평균을 계산할 것이다. 이제 연구자가 얻어진 표본 평균(즉, 얻어진 자료)을 영가설과 비교하는 것이 가능하다. 이것이 가설 검정의 핵심이다. 즉, 자료를 가설과 비교하는 것이다.

이러한 비교는 표본 평균이 H_0에서 가정한 모집단과 비교하여 정확히 어디에 위치하는지를 기술함으로써 가능하다. 2단계에서 만약 영가설이 참이라면 기대할 수 있는 표본 평균의 분포, 즉 만약 처치의 효과가 전혀 없을 때 얻을 수 있는 모든 표본 평균들의 집합(그림 8.4 참조)을 구성했다. 이제 주어진 표본 평균이 영가설에서 가정하는 분포상에 어디에 위치하는지 알아내기 위하여 z 점수를 계산한다. 표본 평균에 대한 z 점수를 계산하는 공식은 아래와 같다.

$$z = \frac{M - \mu}{\sigma_M}$$

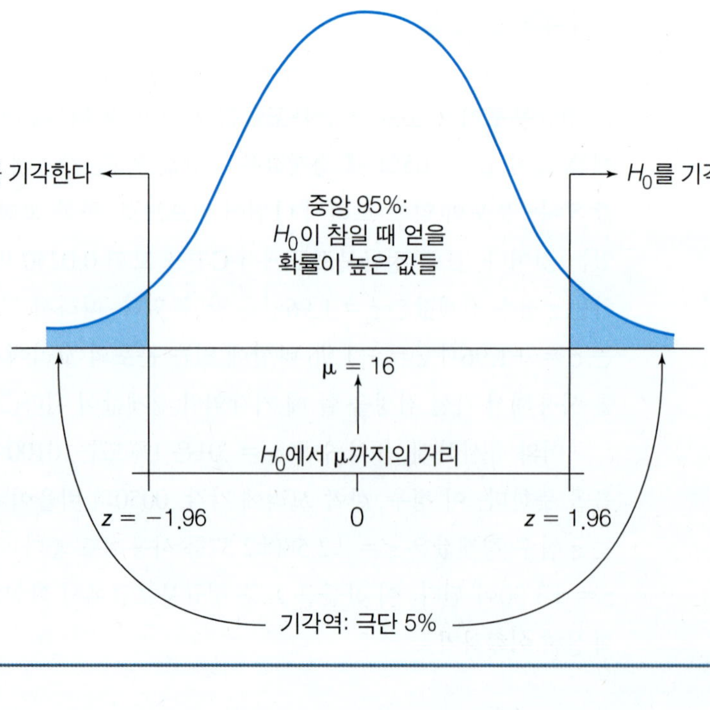

그림 8.4
α = .05일 때 기각역(가능성이 낮은 결과들)

이 식에서 표본 평균의 값(M)은 표본 자료로부터 얻고, μ 값은 영가설로부터 얻는다. 따라서 z 점수 공식은 다음과 같이 말로 표현할 수 있다.

$$z = \frac{\text{표본 평균} - \text{영가설에서 가정한 모평균}}{M\text{과 } \mu \text{ 간의 표준오차}}$$

z 점수 공식에서 분자는 자료와 영가설 간에 얼마나 차이가 나는가를 나타낸다. 분모는 임의의 표본 평균과 모평균 간에 존재하는 표준 거리를 나타낸다.

4단계 **판정하기.** 마지막 단계에서 연구자는 3단계에서 얻은 z 점수를 사용하여 2단계에서 설정한 기준에 따라 영가설에 대한 판정을 내린다. 판정 결과에는 다음 두 가지의 가능한 경우가 존재한다.

1. 표본 자료가 기각역에 속하는 경우이다. 정의에 따라, 기각역에 속하는 표본값은 영가설이 참일 때 얻을 가능성이 매우 낮다. 따라서 이 경우 표본이 H_0와 일치하지 않는다고 결론을 내리고, **영가설을 기각한다**는 판정을 내린다. 영가설이 처치 효과가 없다는 진술임을 상기하면, 영가설을 기각한다는 것은 처치 효과가 있다고 결론을 내리는 것이다.

   앞의 예로 돌아가서, 표본에서의 평균 팁이 $M = 17.2$퍼센트라고 하자. 이때 영가설은 모평균이 $\mu = 16$퍼센트라는 것이고, $n = 36$이고 $\sigma = 3$일 때 표본 평균의 표준오차는 다음과 같다.

   $$\sigma_M = \frac{\sigma}{\sqrt{n}} = \frac{3}{6} = 0.5$$

   따라서 표본 평균 $M = 17.2$에 대한 z 점수는 다음과 같다.

   $$z = \frac{M - \mu}{\sigma_M} = \frac{17.2 - 16}{0.5} = \frac{1.2}{0.5} = 2.40$$

   유의 수준 $\alpha = .05$에서 이 z 점수는 경곗값인 1.96을 훌쩍 넘는다. 따라서 표본의 z 점수가 기각역에 속하므로, 영가설을 기각하고 빨간 셔츠가 팁을 주는 행동에 영향을 미쳤다고 결론을 내린다.

2. 표본 자료가 기각역에 속하지 않는 경우이다. 이 경우, 표본 평균은 영가설에서 가정한 모평균과 충분히 가깝다(즉, 분포의 중앙에 위치한다). 따라서 자료가 영가설이 잘못되었다는 충분한 증거를 제공하지 않으므로, 이때는 **영가설을 기각하지 못한다**고 결론을 내린다. 이러한 결론은 처치 효과가 있다고 보기 어렵다는 것을 의미한다.

빨간 셔츠의 효과를 알아보는 연구에서, 표본 평균이 $M = 16.4$퍼센트였다고 해 보자. 앞서와 마찬가지로, $n = 36$인 표본의 표준오차는 $\sigma_M = 0.5$이고, 영가설에 따르면 $\mu = 16$이다. 이 값들을 사용해서 z 점수를 구하면 다음과 같다.

$$z = \frac{M - \mu}{\sigma_M} = \frac{16.4 - 16}{0.5} = \frac{0.4}{0.5} = 0.80$$

0.80이라는 z 점수는 기각역에 속하지 않는다. 따라서 영가설을 기각하지 못하고, 빨간 셔츠가 남성들이 팁을 주는 행동에 영향을 미친다고 보기 어렵다는 결론을 내린다.

일반적으로, 최종 판정은 실제로 얻은 처치된 표본을 처치되지 않은 표본들로 구성된 표본 평균의 분포와 비교함으로써 내리게 된다. 만약 주어진 처치된 표본(빨간 셔츠)이 처치되지 않은 표본들(흰 셔츠)과 거의 같다면, 처치 효과가 있다고 보기 어렵다고 결론을 내린다. 반대로, 만약 처치된 표본이 처치되지 않은 대다수의 표본들과 상당히 다르다면, 처치 효과가 있다고 결론을 내린다.

다음 예제는 가설 검정에 대한 여러분의 이해도를 확인해 볼 기회가 될 것이다.

예제 8.2 정규 모집단의 평균이 $\mu = 40$이고 표준편차는 $\sigma = 8$이다. 이 모집단으로부터 나온 $n = 16$명으로 구성된 표본에 처치를 시행한 후 표본 평균을 구했더니 $M = 45$였다. 가설 검정을 사용하여 처치 효과를 알아보고자 한다. 영가설을 기술하고, 표본이 유의 수준 $\alpha = .05$에서 영가설을 기각하기에 충분한 증거를 제공하여 유의한 처치 효과가 있다고 결론 내릴 수 있는지 판정하라. 이때 영가설은 $\mu = 40$이고, $z = 2.50$가 나오는데, 이 값은 기각역에 속하므로 영가설을 기각한다. ■

가설 검정에 대한 비유 가설 검정에서 영가설 기각과 관련하여 두 가지 가능한 판정 결과를 말할 때, H_0을 기각하거나 H_0 기각에 실패한다고 하는데, 이러한 표현들이 어색하다고 생각될 수도 있을 것이다. 만약 여러분이 연구를 처치 효과를 입증하기 위해 증거를 모으는 시도라고 간주한다면 이 두 판정 결과를 더 잘 이해할 수 있을 것이다. 이러한 관점에서 가설 검정을 수행하는 과정은 형사 재판에서 일어나는 과정과 유사하다. 다음 예를 살펴보자.

1. 가설 검정은 처치 효과가 없다는 영가설을 설정하는 것으로 시작한다. 형사 재판은 피고가 범죄를 저지르지 않았다는 가정에서 출발한다(무죄 추정의 원칙).
2. 연구자는 처치가 실제로 효과가 있다는 것을 보이기 위해 증거를 수집하고, 경찰은 실제로 범죄가 일어났음을 보이기 위해 증거를 수집한다. 이때 연구자와

경찰 모두 영가설을 반박하고자 한다.

3. 만약 충분한 증거가 있다면, 연구자는 영가설을 기각하고 실제로 처치 효과가 있다고 결론을 내린다. 만약 충분한 증거가 있다면, 배심원은 가설을 기각하고 피고가 유죄라고 결론짓는다.
4. 만약 증거가 충분하지 못하다면, 연구자는 영가설 기각에 실패한다. 이때 연구자는 처치 효과가 없다고 결론을 내리는 것이 아니고, 단지 효과가 있다고 단정할 만큼 충분한 증거가 없다고 결론을 내린다. 이와 유사하게, 만약 충분한 증거가 없다면 배심원은 피고의 유죄를 입증하는 데 실패한다. 이때 배심원은 피고가 무죄라고 결론짓는 것이 아니고, 단지 유죄 선고를 위한 충분한 증거가 없다고 결론을 내린다.

■ *z* 점수 통계량에 대해 더 자세히 알아보기

가설 검정에서 사용하는 *z* 점수 통계량은 이른바 **검정 통계량**(test statistic)의 첫 번째 구체적인 예시이다. **검정 통계량**이라는 용어는 가설 검정에 사용하기 위해 표본 자료를 하나의 특정한 통계량으로 변환함을 의미한다. 이후 장들에서 우리는 다양한 연구 상황들에서 사용되는 여러 다른 통계량들을 소개할 것이다. 하지만 대부분의 새로운 검정 통계량들은 *z* 점수와 동일한 기본 구조를 가지고 있고 동일한 목적으로 사용된다. 우리는 앞서 표본 자료와 모집단에 대한 가설을 비교하기 위한 절차로서 *z* 점수 공식을 기술한 바 있다. 이번 절에서 우리는 *z* 점수를 또 다른 두 가지 관점에서 논의할 것이다. 이를 통해 가설 검정과 가설 검정에서 *z* 점수의 역할에 대해 여러분들의 이해를 더욱 심화시킬 수 있을 것이다. 각 논의에서 *z* 점수는 이후 장들에서 배울 다른 검정 통계량들을 대신하는 일반적인 예시의 역할을 한다는 점을 기억하자.

레시피로서의 *z* 점수 공식 다른 모든 공식과 마찬가지로, *z* 점수 공식 또한 레시피라고 볼 수 있다. 만약 여러분이 설명을 잘 따르고 모든 재료를 제대로 투입한다면, 공식에 따라 *z* 점수를 산출할 수 있다. 그러나 가설 검정이라는 상황에서 여러분은 모든 필요한 재료를 다 가지고 있지 못하다. 구체적으로, 여러분은 모평균(μ)을 알지 못하는데, 이 값은 공식에 들어가는 하나의 요소 또는 재료이다.

이러한 상황은 재료 중 하나가 정확하게 기술되지 않은 레시피를 사용하여 케이크를 만드는 것과 같다. 예를 들어, 레시피에서 밀가루를 넣으라고 되어 있는데 종이에 얼룩이 묻어서 정확히 얼마만큼의 밀가루를 넣어야 하는지 읽을 수 없는 것처럼 말이다. 이때 여러분은 다음 단계들을 시도해 볼 수 있다.

1. 밀가루 양에 대한 가설을 세운다. 예를 들어, 올바른 양이 두 컵이라고 가정한다.

2. 가설을 검증하기 위해, 가정한 양의 밀가루를 나머지 재료와 섞어서 케이크를 굽는다.
3. 만약 케이크가 잘 완성된다면, 가설이 옳았다고 합당하게 결론 내릴 수 있다. 그러나 케이크가 형편없다면 가설이 틀렸다고 결론 내린다.

z 점수를 사용한 가설 검정에서 우리가 한 것도 본질적으로 이와 동일하다. 우리는 z 점수에 대한 공식(레시피)을 알고 있지만, 한 가지 재료가 부족하다. 구체적으로, 우리는 모평균 μ를 알지 못한다. 따라서 다음과 같이 해 본다.

1. μ값에 대한 가설을 수립한다. 이것이 바로 영가설이다.
2. 다른 값들(재료들)과 함께 영가설에서 가정하는 값을 공식에 대입한다.
3. 만약 공식이 0과 가까운 z 점수를 산출한다면(영가설에서 z 점수들은 0과 가까워야 한다), 가설이 옳다고 결론을 내린다. 반대로, 만약 공식이 극단값(영가설에서 나타나기 어려운 결과)을 산출한다면, 가설이 틀렸다고 결론을 내린다.

비율로서의 z 점수 공식 가설 검정 맥락에서, z 점수는 다음과 같은 구조를 가지고 있다.

$$z = \frac{M - \mu}{\sigma_M} = \frac{\text{표본 평균} - \text{영가설에서 가정하는 모평균}}{M\text{과 } \mu \text{ 간의 표준오차}}$$

이 공식에서 분자는 표본 자료와 영가설을 직접 비교하고 있음에 주목하라. 구체적으로, 표본 평균과 영가설에서 가정하는 모평균 간에 차잇값을 구했을 때 그 값이 얼마인지 나타낸다. 이 식에서 분모에 있는 표준오차는, 표본에 변화를 일으키는 어떠한 처치 효과도 없다고 했을 때 표본 평균과 모평균 간에 당연히 존재하는 표준적인 거리를 나타낸다. 따라서 z 점수 공식(그리고 많은 다른 통계량들)은 다음과 같은 비율이라고 볼 수 있다.

$$z = \frac{\text{표본}(M)\text{과 가설}(\mu)\text{ 간의 실제 차이}}{\text{처치 효과가 없을 때 } M\text{과 } \mu \text{ 간의 표준 차이}}$$

따라서 예를 들어, $z = 3.00$이라면, 이는 표본과 영가설 간에 차잇값을 구했을 때 이 값이 처치 효과가 없을 때 기대할 수 있는 차이보다 3배 더 크다는 것을 의미한다.

일반적으로, 앞의 z 점수처럼 검정 통계량이 크면 표본 자료와 영가설 간에 큰 차이가 있음을 나타낸다. 구체적으로, 큰 검정 통계량은 단지 우연에 의해서는 주어진 표본을 얻기가 매우 어렵다는 것을 나타낸다. 따라서 큰 (기각역에 속한) 검정 통계량을 얻었을 때 우리는 이것이 처치 효과에 의해 나타난 것이라고 결론을 내린다.

학습 점검

학습 목표 1 **1.** 일반적으로 가설 검정이란 무엇인가?

a. 연구자로 하여금 표본을 기술할 수 있도록 하는 기술적인 방법

b. 연구자로 하여금 모집단을 기술할 수 있도록 하는 기술적인 방법

c. 표본 자료를 사용하여 모집단에 대한 추론을 하기 위해 사용하는 추론 방법

d. 모집단에 대한 정보를 사용하여 표본에 대한 예측을 하기 위해 사용하는 추론 방법

학습 목표 2 **2.** 평균이 $\mu = 60$인 모집단으로부터 표본을 추출하고 이 표본에 속한 개인들에게 처치를 시행했다. 만약 가설 검정을 사용하여 처치 효과를 살펴본다고 할 때 영가설로 올바른 것은?

a. $\mu = 60$

b. $\mu \neq 60$

c. $M = 60$

d. $M \neq 60$

학습 목표 3 **3.** 다음 중 가설 검정에서의 기각역에 대해 올바르게 기술한 것은 무엇인가?

a. 영가설이 참일 때 매우 낮은 확률로 일어나는 결과들

b. 영가설이 참일 때 높은 확률로 일어나는 결과들

c. 영가설이 참이든 아니든 간에 매우 낮은 확률로 일어나는 결과들

d. 영가설이 참이든 아니든 간에 높은 확률로 일어나는 결과들

학습 목표 4 **4.** $\mu = 80$인 모집단으로부터 $n = 25$명으로 구성된 표본을 추출하고 표본에 처치를 시행했다. 만약 처치 효과가 크다면 다음 중 가장 일어날 법한 결과는 무엇인가?

a. 표본 평균이 80과 매우 달라서 영가설을 기각하게 된다.

b. 표본 평균이 80과 매우 달라서 영가설 기각에 실패하게 된다.

c. 표본 평균이 80과 가까워서 영가설을 기각하게 된다.

d. 표본 평균이 80과 가까워서 영가설 기각에 실패한다.

정답 **1. c 2. a 3. a 4. a**

8-2 가설 검정에서의 불확실성과 오류

학습 목표(Learning Objectives)

5. 제1종 오류와 제2종 오류를 정의하고 각 오류의 결과를 설명할 수 있다. 그리고 제1종 오류가 유의 수준과 어떻게 관련되는지 기술할 수 있다.

가설 검정은 **추론**의 과정이고, 추론 과정이란 제한적인 정보를 사용하여, 이를 기반으로 일반적인 결론에 도달함을 의미한다. 구체적으로, 표본은 전체 모집단에 대해 제한적인 정보 또는 불완전한 정보만을 제공한다. 그럼에도 불구하고, 가설 검정은 모집단에 대한 결론을 이끌어 내기 위해 표본을 사용한다. 이러한 상황에서는 잘못된 판정을 내릴 가능성이 항상 존재한다. 표본 자료가 모집단을 대표하기는 하지만, 표본이 진실과는 다른 결과를 산출하여 연구 결과에 대한 잘못된 판정을 하도록 할 가능성은 언제나 있다. 가설 검정에서 일어날 수 있는 오류에는 다음과 같은 두 가지 종류가 있다.

■ 제1종 오류

실제로 처치가 아무런 효과가 없을 때에도 수집한 자료에 기반하여 영가설을 기각하는 상황이 일어날 수 있다. 표본이 모집단과 동일할 것이라고 기대할 수 없으며, 어떤 극단적인 표본들의 경우에는 그들이 대표해야 하는 모집단과는 상당히 다를 수도 있음을 기억하자. 만약 연구자가 우연히도 이러한 극단적인 표본들 중 하나를 선택하게 된다면, 이 표본으로부터 얻은 자료는 실제로 처치 효과가 없더라도 마치 강력한 처치 효과를 나타내는 것처럼 보일 수도 있다. 예를 들어, 8-1절에서 우리는 남성 고객들의 팁을 주는 행동이 여종업원이 빨간색 옷을 입는 것에 어떻게 영향을 받는지 알아보는 연구에 대해 이야기했다. 이때 연구자가 원래 팁을 많이 주는 $n = 36$명의 남성을 표본으로 선택했다고 하자. 이 경우 빨간 셔츠(처치)가 전혀 효과가 없더라도 이 남성들은 평균보다는 높은 팁을 줄 것이다. 이때 연구자는 실제로는 처치 효과가 없지만 처치 효과가 있다고 결론 내릴 가능성이 높다. 이것이 제1종 오류의 예이다.

제1종 오류(Type I error)는 연구자가 실제로는 참인 영가설을 기각할 때 일어난다. 일반적인 연구 상황에서 제1종 오류는 연구자가 실제로는 효과가 없는데 처치 효과가 있다고 결론 내리는 것을 뜻한다.

여러분이 알아야 할 것은, 제1종 오류가 연구자가 너무나 명백한 어떤 것을 간과하여 일어난 바보 같은 실수가 아니라는 점이다. 오히려, 연구자는 명확히 처치 효과를 나타내는 것처럼 보이는 표본 자료를 얻었다. 연구자는 이용할 수 있는 정보에 기반하여 신중한 판정을 한 것이다. 문제는 표본으로부터 얻은 정보가 잘못된 판단을 내리게 한다는 점이다.

대부분의 연구 상황에서 제1종 오류로 인한 결과는 매우 심각할 수 있다. 연구자가 영가설을 기각하고 처치 효과가 있다고 믿기 때문에 연구자는 이 연구 결과를 보고하거나 논문으로 출판할 가능성이 크다. 그러나 제1종 오류는 이것이 틀린 보고임을 의미한다. 이처럼, 제1종 오류는 과학 논문에서 잘못된 결과 보고로 이어지는 것이다. 다른 연구자들이 이러한 잘못된 결과에 기반하여 이론을 세우거나 다른 실험을 설계하려고 할 수도 있다. 수많은 귀중한 시간과 자원이 낭비되는 것이다.

제1종 오류율 제1종 오류는 연구자가 자신도 모르게 극단적이고 모집단을 잘 대표하지 못하는 표본을 얻었을 때 발생한다. 다행스럽게도, 가설 검정은 제1종 오류가 일어날 위험을 최소화하도록 만들어져 있다. **그림 8.4**는 우리가 살펴보았던 여종업원에게 주는 팁에 대한 연구에서 표본 평균의 분포와 기각역을 보여 준다. 이 분포는 영가설이 참일 때 얻을 수 있는 모든 가능한 $n = 36$명으로 구성된 표본들의 표본 평균들을 포함하고 있다. 주목할 것은, 대부분의 표본 평균들은 영가설에서 가정한 모평균인 $\mu = 16$ 근처에 분포하고 기각역에 속하는 평균들을 얻을 가능성은 매우 낮다는 점이다.

유의 수준 $\alpha = .05$에서는 단지 5%의 표본들만이 기각역에 속하는 평균값을 갖는다. 따라서 그러한 표본들 중 하나를 얻을 확률은 5%($p = .05$)밖에 되지 않는다. 이렇듯, 유의 수준은 영가설이 참일 때 기각역에 속하는 표본 평균을 얻을 확률을 결정한다. 달리 말하면, 유의 수준이 제1종 오류를 범할 확률을 결정하는 것이다.

> 가설 검정에서 **유의 수준**(level of significance)은 제1종 오류를 범할 확률이다. 즉, 유의 수준은 영가설이 참임에도 불구하고 기각역에 속하는 표본 자료를 얻을 확률을 결정한다.

요약하면, 표본 자료가 기각역에 있으면 가설 검정에서 영가설을 기각하는 것이 적절한 판정이다. 보통의 경우 이것은 올바른 판정이다. 왜냐하면 처치가 표본을 원래 모집단과는 달라지게 만들었기 때문이다. 이러한 경우에는 가설 검정을 통해 실제 처치 효과를 제대로 발견한 것이다. 그러나 가끔은 처치 효과가 없어도 표본 자료가 단지 우연에 의해 기각역에 속하기도 한다. 이 경우, 연구자는 제1종 오류를 범하게 된다. 즉, 연구자는 실제로는 처치 효과가 없지만 처치 효과가 존재한다고 결론을 내리게 된다. 다행히도, 제1종 오류를 범할 확률은 작고 연구자의 통제하에 있다. 구체적으로, 제1종 오류를 범할 확률은 유의 수준과 같다.

■ 제2종 오류

연구자가 영가설을 기각할 때는 언제나 제1종 오류의 위험이 존재한다. 마찬가지로, 연구자가 영가설 기각에 실패할 때는 언제나 제2종 오류의 위험이 존재한다. 정의에 따르면, 제2종 오류는 틀린 영가설을 기각하지 못하는 것이다. 좀 더 쉽게 말하면, 제2종 오류는 처치 효과가 실제로는 존재하지만 가설 검정에서 이를 발견하는 데 실패하는 것을 의미한다.

제2종 오류(Type II error)는 연구자가 실제로는 틀린 영가설을 기각하지 못할 때 일어난다. 보통의 연구 상황에서, 제2종 오류는 가설 검정이 실제 처치 효과를 발견하는 데 실패했음을 의미한다.

제2종 오류는 비록 처치가 표본에 효과를 갖는다고 할지라도 표본 평균이 기각역에 속하지 않을 때 일어난다. 이러한 일은 처치 효과가 상대적으로 작을 때 종종 발생한다. 이 경우, 처치는 실제로 표본에 영향을 미치지만, 처치 효과의 크기가 표본 평균을 기각역에 속할 정도로 변화시키기에는 충분치 않은 것이다. 표본이 원래 모집단과 충분히 다르지 않기 때문에(기각역에 속하지 않기 때문에), 통계적 판정을 내릴 때에는 영가설을 기각하지 못하고 처치 효과가 있다고 말하기에 충분한 증거가 없다고 결론을 내리게 된다.

보통 제2종 오류로 인한 결과는 제1종 오류에 의한 것만큼 심각하지는 않다. 일반적으로 말해서, 제2종 오류는 연구 자료가 연구자가 얻고자 했던 결과를 보여 주지 못했음을 의미한다. 연구자는 이 결과를 받아들이고 처치의 효과가 없거나, 아니면 더 연구할 가치가 없는 아주 작은 효과만이 존재한다고 결론을 내릴 수도 있고, 또는 (보통은 더 큰 표본을 모으는 것과 같이 연구를 더욱 향상시켜서) 실험을 다시 실시하고 실제로 효과가 있음을 보이고자 할 수도 있다.

제1종 오류와 달리, 제2종 오류에 대한 하나의 정확한 확률을 정하는 것은 불가능하다. 대신, 제2종 오류를 범할 확률은 다양한 요인들에 따라 달라지므로 특정 확률값이 아닌 함수 형태로 존재한다. 하지만 제2종 오류를 범할 확률을 그리스 문자 베타, 기호로 β와 같이 나타낸다.

요약하면, 가설 검정에서는 언제나 두 가지 판정 중 하나를 내리게 된다.

1. 표본 자료가 영가설을 기각하기에 충분한 증거를 제공하여 처치 효과가 있다고 결론을 내린다.
2. 표본 자료가 영가설을 기각하기에 충분한 증거를 제공하지 않는다. 이 경우, H_0를 기각하지 못하고, 처치 효과가 있는 것 같지 않다고 결론을 내린다.

표 8.1 통계적 판정에서 가능한 결과들

		실제 상황	
		효과 없음, H_0이 참일 때	**효과 있음, H_0이 거짓일 때**
연구자의 판정	**H_0를 기각한다**	제1종 오류	올바른 판정
	H_0를 기각하지 못한다	올바른 판정	제2종 오류

어느 경우이든, 자료가 잘못된 결론을 내리도록 하여 판정이 잘못된 가능성이 있다. 정리하면, 가설 검정은 항상 두 가지 오류의 가능성을 갖는다.

1. 제1종 오류(알파): 참인 영가설을 기각하는 경우. 실제로는 처치 효과가 없더라도, 우연히 극단적인 표본 자료를 얻어서 효과가 있는 것처럼 보일 수 있다.
2. 제2종 오류(베타): 거짓인 영가설을 기각하지 못하는 경우. 처치가 표본에 효과를 갖는다고 할지라도 표본 자료가 기각역에 속하지 못한다.

모든 가능한 결과와 판정이 표 8.1에 제시되어 있다. 제1종 오류의 경우 잘못된 결과 보고로 이어질 수 있는데, 따라서 오류의 위험성이 특히 중요하다. 다행히도, 제1종 오류를 범할 확률은 유의 수준에 의해 결정되고, 이는 완전히 연구자가 통제할 수 있다. 가설 검정을 시작할 때 연구자는 가설을 설정하고 유의 수준을 선택하는데, 이 순간 제1종 오류의 위험이 결정된다.

■ 유의 수준의 선택

앞서 살펴보았듯이, 가설 검정에서 유의 수준은 매우 중요한 두 가지 기능을 한다. 첫째, 알파는 "일어날 가능성이 매우 낮은" 결과가 무엇인지 정의함으로써 기각역의 경곗값을 결정한다. 동시에 알파는 제1종 오류율을 결정한다. 가설 검정의 시작 단계에서 알파 값을 선택할 때, 여러분의 결정은 이 두 가지 모두에 영향을 미치게 된다.

유의 수준을 선택할 때 가장 중요하게 고려해야 하는 점은 제1종 오류의 위험을 최소화하는 것이다. 따라서 유의 수준은 보통 매우 작은 확률값을 갖는 경향이 있다. 관례적으로, 허용 가능한 가장 큰 값은 $\alpha = .05$이다(Cowles & Davis, 1982). 유의 수준 .05의 의미는, 처치 효과가 없을 때에도 여전히 영가설을 기각하여 제1종 오류를 범할 5%의 위험, 즉 20번 중에 1번의 확률이 있다는 것이다. 제1종 오류로 인한 결과는 상대적으로 심각할 수 있기 때문에, 많은 연구자들과 많은 과학 논문들에서는 잘못된 결과를 출판하여 이것이 과학 문헌의 일부가 되는 위험을 줄이기 위해 .01이나 .001과 같은 보수적인 유의 수준을 사용하는 것을 선호한다.

이쯤에서 여러분은 유의 수준을 선택하는 가장 좋은 전략은 제1종 오류의 위험을 최소화하기 위해 가능한 가장 작은 값을 선택하는 것이라고 생각할 수도 있다. 그러나 유의 수준을 낮추면 다른 종류의 위험이 증가한다. 구체적으로, 낮은 유의 수준은 더 낮은 제1종 오류의 위험을 뜻하지만, 이는 가설 검정이 연구 결과로부터 더 많은 증거를 요구한다는 것을 뜻하기도 한다.

제1종 오류의 위험과 가설 검정에서 요구하는 증거 간의 균형은 기각역의 경곗값들에 따라 달라진다. 가설 검정에서 처치 효과가 있다고 결론을 내리기 위해서는 표본 자료가 기각역에 속해야 한다. 만약 처치가 정말 효과가 있다면, 처치로 인해 표본이 원래 모집단과는 달라져야 한다. 본질적으로, 처치는 표본이 기각역에 속하도록 밀어낸다. 그러나 유의 수준이 낮아지면, 기각역의 경곗값들은 더 멀리 이동하게 되고 이 값에 도달하는 것은 더 어려워진다. **그림 8.5**는 유의 수준이 낮아짐에 따라 기각역의 경곗값들이 분포의 꼬리 쪽으로 얼마나 더 멀어지는지를 보여 준다. 분포에서 중심값인 $z = 0$이 영가설에서 가정한 μ값에 해당한다. 기각역의 경곗값들은 영가설을 기각하기 위해 표본 평균과 μ 간에 얼마나 큰 거리가 필요한지를 결정한다. 유의 수준이 낮아질수록 이 거리는 더 멀어진다.

따라서 .000001(100만분의 1)과 같이 극단적으로 낮은 유의 수준은 제1종 오류를 범할 위험이 거의 없음을 뜻하지만 기각역을 너무 멀리 밀어내서 영가설을 기각하는 것 자체를 본질적으로 불가능하게 만들 수도 있다. 즉, 표본 자료가 기각역의 경곗값에 도달하기 위해서는 엄청나게 큰 처치 효과가 있어야 하는 것이다.

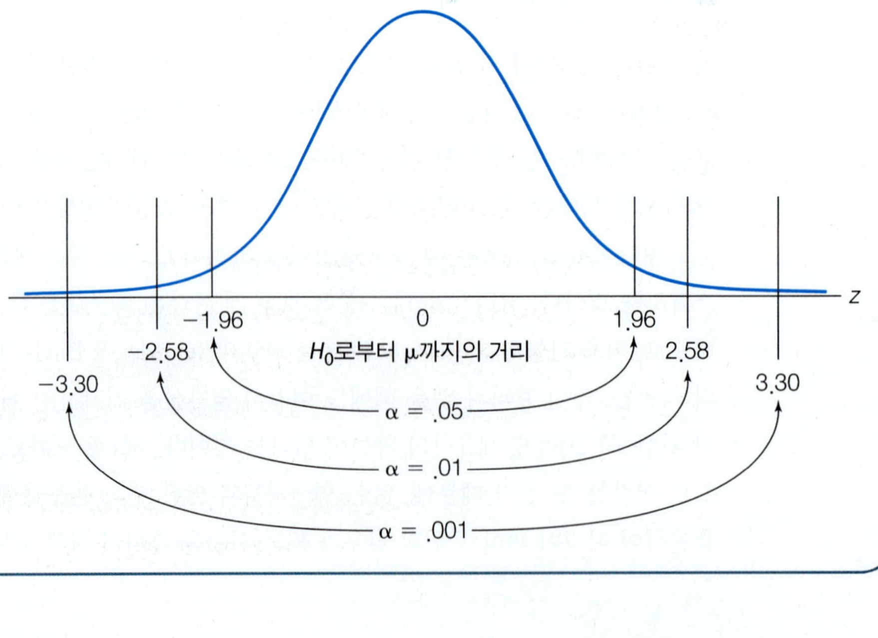

그림 8.5
서로 다른 세 유의 수준, 즉 α = .05, α = .01, α = .001에서 기각역 경계값들의 위치

일반적으로, 연구자들은 제1종 오류의 위험과 가설 검정에서 요구하는 증거 사이에서 균형을 유지하고자 한다. 유의 수준 .05, .01, .001은 오류의 위험이 낮으면서도 지나친 증거를 요구하지 않기 때문에 상당히 괜찮은 값으로 받아들여진다.

학습 점검

학습 목표 5 **1.** 제2종 오류는 무엇을 의미하는가?

a. 연구자가 처치 효과가 있다고 잘못 결론을 내리는 것이다.
b. 연구자가 처치 효과가 없다고 올바른 결론을 내리는 것이다.
c. 연구자가 처치 효과가 없다고 잘못 결론을 내리는 것이다.
d. 연구자가 처치 효과가 있다고 올바른 결론을 내리는 것이다.

학습 목표 5 **2.** 다음 중 제1종 오류의 정의는 무엇인가?

a. 거짓인 영가설을 기각하는 것
b. 참인 영가설을 기각하는 것
c. 거짓인 영가실을 기각하지 못하는 것
d. 참인 영가설을 기각하지 못하는 것

학습 목표 5 **3.** 유의 수준을 (예를 들어 .01에서 .05로) 높이면 그 결과는 무엇인가?

a. H_0를 기각할 가능성이 증가하고 제1종 오류의 위험도 증가한다.
b. H_0를 기각할 가능성이 감소하고 제1종 오류의 위험은 증가한다.
c. H_0를 기각할 가능성이 증가하고 제1종 오류의 위험은 감소한다.
d. H_0를 기각할 가능성이 감소하고 제1종 오류의 위험도 감소한다.

정답 **1. c** **2. b** **3. a**

8-3 가설 검정에 대해 더 알아보기

학습 목표(Learning Objectives)

6. z 점수를 검정 통계량으로 하는 가설 검정에서 논문에 결과를 어떻게 보고하는지를 기술할 수 있다.

7. 가설 검정 결과가 표본 크기, 표준편차, 그리고 표본 평균과 영가설에서 가정한 모평균 간의 차이에 따라 어떻게 영향을 받는지 설명할 수 있다.
8. z 점수를 검정 통계량으로 하는 가설 검정의 가정들을 기술할 수 있다.

■ 가설 검정에 대한 요약

예제 8.1에서 우리는 여종업원이 빨간 셔츠를 입는 것이 남성 고객들의 팁에 미치는 영향을 알아보는 연구를 예로 들어, 가설 검정의 모든 절차를 제시했다. 가설 검정의 4단계 과정을 요약하면 다음과 같다.

1단계: 가설을 설정하고 유의 수준을 선택한다.
2단계: 기각역의 위치를 결정한다.
3단계: 검정 통계량(z 점수)을 계산한다.
4단계: 영가설에 대한 판정을 내린다.

논문 들여다보기

통계적 검정 결과를 보고하기

여러분이 연구 결과를 논문으로 작성하거나 출판된 결과를 읽을 때, 가설 검정 결과를 제시하는 부분에서 특정한 전문 용어와 표기법을 사용한 것을 보게 될 것이다. 예를 들어, 예제 8.1에서 여종업원이 받는 팁에 대한 연구 결과가 과학 학술지에 출판된다면, 이 논문은 여러분에게 연구자가 유의 수준 .05에서 z 점수를 검정 통계량으로 사용하여 자료를 평가했다고 명시적으로 알려 주지 않을 것이다. 또한 "영가설을 기각한다"라고도 말해 주지 않을 것이다. 대신, 여러분은 아래와 같은 문장을 보게 될 것이다.

> 빨간 셔츠를 입는 것은 남성 고객들이 팁을 얼마나 주는가에 유의하게 영향을 미쳤다, $z = 2.40, p < .05$.

이 문장을 부분별로 나누어 살펴보자. 첫째, 통계적 검정에서 유의한 결과란 영가설이 기각되었다는 의미이다. 이 예에서 영가설은 빨간 셔츠가 아무런 효과를 갖지 않는다는 것이다. 그러나 자료는 분명히 빨간 셔츠를 입는 것이 효과가 있음을 나타내었다. 구체적으로, 만약 빨간 셔츠가 효과가 없다면 그러한 자료를 얻는 것은 매우 어려웠을 것이다.

만약 영가설이 참일 때 어떤 결과를 얻는 것이 매우 어렵다면 그 결과를 **유의하다**(significant) 또는 **통계적으로 유의하다**(statistically significant)라고 말한다. 즉, 영가설을 기각하기에 충분한 결과라는 것이다. 이처럼, 만약 가설 검정의 판정이 H_0을 기각하는 것이라면 처치는 유의한 효과를 갖는다.

다음으로, $z = 2.40$은 z 점수가 표본 자료를 평가하기 위한 검정 통계량으로 사용되었고, 그 값이 2.40이었음을 나타낸다. 마지막으로, $p < .05$는 가설 검정을 위해 사용한 유의 수준을 나타내는 관례적인 방법이다. 이것은 제1종 오류의 가능성(및 확률)을 나타내기도 한다. 구체적으로, 연구자는 처치 효과가 있었다고 보고하고 있지만, 이것이 잘못된 보고일 수 있음을 인정하고 있는 것이다. 즉, 빨간 셔츠가 아무런 효과가 없더라도 표본 평균이 기각역에 속했을 수 있다. 그러나 만약 처치 효과가 없다면 기각역에 속하는 표본 평균을 얻을 확률(p)은 매우 작다(.05 미만이다).

APA 양식에 따르면 유의 수준을 나타내는 확률값을 나타낼 때에는 앞자리 0을 사용하지 않는다.

H_0를 기각하지 못한다는 통계적 판정을 내리는 상황에서는 다음과 같이 결과를 기술할 수 있다.

> 빨간 셔츠를 입는 것은 남성 고객들이 팁을 얼마나 주는가에 유의하게 영향을 미치지 않았다, $z = 0.75$, $p > .05$.

이 경우, $z = 0.75$의 결과는 드문 결과가 아니며(기각역에 속하지 않는다), 영가설이 참이고 처치 효과가 없을 때 상대적으로 높은 확률(.05보다 큰 확률)로 나타날 수 있는 결과라고 할 수 있다.

가설 검정을 컴퓨터 프로그램을 사용하여 실시하는 경우, 결과에 z 점수뿐만 아니라 정확한 p값, 즉 처치 효과가 없을 때 해당 결과가 나올 확률 또한 출력되는 경우가 종종 있다. 이 경우, '보다 작다' 또는 '보다 크다'의 표기 대신 정확한 p값을 보고하도록 권장하고 있다. 예를 들어, 처치 효과가 유의했다, $z = 2.40$, $p = .0164$와 같이 보고할 수 있다. 그러나 정확한 p값을 사용할 때에도 여전히 전통적인 유의성 기준은 충족시켜야 한다. 구체적으로, 통계적으로 유의하려면, p값이 .05보다 작아야 한다. p값은 H_0이 참일 때(처치 효과가 없을 때) 해당 결과가 일어날 확률이고, 유의한 결과란 이 확률이 매우 작다는 것이다.

■ 가설 검정에 영향을 미치는 요인들

가설 검정에서 최종적인 판정은 z 점수 통계량에 의해 결정된다. 만약 z 점수가 기각역에 속할 만큼 크다면, 우리는 영가설을 기각하고 유의한 처치 효과가 있다고 결론을 내린다. 그렇지 않으면, 우리는 H_0를 기각하는 데 실패하고 처치 효과가 유의하지 않다고 결론짓는다. z 점수의 크기에 가장 확연히 영향을 미치는 요인은 표본 평균과 H_0에서 가정하는 모평균 간의 차이이다. 큰 평균 차이는 처치를 받은 표본이 처치를 받지 않은 모집단과 상당히 다르다는 것을 나타내고 처치 효과가 유의하다는 결론을 뒷받침한다. 그러나 z 점수는 평균 차이와 더불어 표준오차에 의해서도 영향을 받는다. 표준오차는 점수들의 변산성(표준편차 또는 분산)과 표본 크기(n)에 의해 결정된다.

$$\sigma_M = \frac{\sigma}{\sqrt{n}}$$

따라서 점수의 변산성과 표본 크기 또한 z 점수가 H_0를 기각할 정도로 큰 값이 될지 그렇지 않을지를 결정한다. 이 절에서 우리는 점수의 변산성과 표본 크기가 어떻게 가설 검정 결과에 영향을 미치는지 살펴볼 것이다.

각 요인들을 살펴보기 위해 예제 8.1의 연구를 살펴보자. 이 연구는 $n = 36$명의 남성 고객들로 이루어진 표본을 사용했고 다음과 같이 결론을 내렸다. 빨간 셔츠를 입는 것이 여종업원들이 받는 팁에 유의한 영향을 미친다, $z = 2.40, p < .05$.

점수의 변산성 4장(128쪽)에서 우리는 변산성이 높으면 연구 결과에서 분명한 패턴을 발견하기 어려울 수도 있음을 살펴보았다. 가설 검정에서 높은 변산성은 유의한 처치 효과를 발견할 가능성을 낮출 수 있다. 예제 8.1의 연구에서 표준편차는 $\sigma = 3$이다. 표본 크기가 $n = 36$일 때, 표준오차는 $\sigma_M = 0.5$점이었고 $z = 2.40$와 같이 유의한 z 점수를 얻었다. 이제 표준편차가 $\sigma = 6$으로 증가하면 어떤 일이 생기는지 살펴보자. 이렇게 변산성이 증가하면 표준오차는 $\sigma_M = \frac{6}{\sqrt{36}} = 1$점이 된다. 원래 예제에서와 같이 1.2점의 평균 차이를 사용하면 (17.2 대 16) 새로운 z 점수는 다음과 같이 얻을 수 있다.

$$z = \frac{M - \mu}{\sigma_M} = \frac{17.2 - 16.0}{1} = \frac{1.2}{1} = 1.2$$

이 z 점수는 더 이상 기각역의 경계인 1.96을 넘어서지 못하므로, 통계적 판정은 영가설을 기각하지 못한다는 것이 된다. 변산성의 증가는 표본 자료가 더 이상 처치 효과가 유의하다고 결론을 내리기에 충분하지 않음을 의미한다. 일반적으로, 변산성의 증가는 더 큰 표준오차와 더 작은(0에 가까운) z 점수를 산출하게 된다. 만약 다른 요인들이 모두 동일하다면, 변산성이 증가할수록 유의한 처치 효과를 발견할 가능성은 낮아진다.

표본 크기 가설 검정 결과에 영향을 미치는 두 번째 요인은 표본에 있는 점수의 개수이다. $n = 36$명의 남성 고객으로 이루어진 표본을 사용하는 예제 8.1의 연구에서 표준오차는 $\sigma_M = \frac{3}{\sqrt{36}} = 0.5$점이었고, 유의한 z 점수 $z = 2.40$을 얻었다. 이제 표본 크기가 $n = 16$으로 줄어들면 어떤 일이 생기는지 살펴보자. $n = 16$일 때 표준오차는 $\sigma_M = \frac{3}{\sqrt{16}} = 0.75$가 되고 z 점수는 아래와 같다.

$$z = \frac{M - \mu}{\sigma_M} = \frac{17.2 - 16.0}{0.75} = \frac{1.2}{0.75} = 1.60$$

표본 크기를 $n = 36$에서 $n = 16$으로 줄이면 z 점수의 크기를 줄이는 결과를 낳는다. 이 예에서, z 점수는 더 이상 기각역에 속하지 않고, 따라서 효과가 유의하지 않다는 결론을 내리게 된다. 일반적으로, 표본 크기를 줄이는 것은 더 큰 표준오차와 더 작은(0에 가까운) z 점수를 산출한다. 만약 다른 모든 요인들이 모두 동일하다면, 표본 크기가 클수록 유의한 처치 효과가 나타날 가능성이 커진다.

■ z 점수를 사용하는 가설 검정의 가정들

가설 검정에서 사용하는 수학은 일련의 가정들에 기초하고 있다. 이 가정들이 충족되면 검정이 정당한 결론을 산출한다고 확신할 수 있다. 하지만 만약 이러한 가정들이 충족되지 않는다면 가설 검정의 결과에 대한 신뢰가 떨어질 수 있다. 실제로 연구자들은 가설 검정의 기반이 되는 가정들에 대해서 크게 염려하지는 않는데, 이는 가정들이 충족되지 않더라도 보통 가설 검정이 잘 작동하기 때문이다. 그러나 여러분은 가설 검정이 적절하게 사용되고 있는지 확인하기 위해, 각 유형의 통계적 검증과 관련된 기본 조건들에 대해 알고 있어야 한다. z 점수를 사용하는 가설 검정의 가정들을 요약하면 다음과 같다.

무작위 표집 연구에 참여하는 참여자들이 무작위로 선택되었다고 가정한다. 우리가 표본에서의 발견을 모집단으로 일반화하고자 함을 떠올려 보자. 따라서 표본은 그 표본이 선택된 모집단을 잘 대표해야 한다. 무작위 표집은 표본의 대표성을 확립하도록 돕는다.

관찰값들의 독립성 표본에 있는 점수들은 독립적인 관찰값들로 이루어져야 한다. 일상적인 말로 하면, 두 관찰값들이 독립이라는 것은 첫 번째 관찰값과 두 번째 관찰값 간에 어떠한 일관되고 예측 가능한 관계도 존재하지 않는다는 것이다. 좀 더 정확하게 말하면, 두 사건(또는 관찰값들)이 독립적이라는 것은 첫 번째 사건이 발생하는 것이 두 번째 사건이 발생할 확률에 어떠한 영향도 주지 않는다는 것이다. 독립과 비독립의 구체적인 예시가 **글상자 8.1**에 제시되어 있다. 보통, 독립성 가정은 무작위 표본을 사용함으로써 충족된다. 또한 무작위 표본은 모집단에 대한 표본의 대표성을 확립하고 결과가 모집단으로 일반화될 수 있도록 돕는다.

글상자 8.1 독립적 관찰값들

관찰값들의 독립성은 거의 모든 가설 검정의 기본 전제이다. 여기서의 핵심은 각 관찰값 또는 측정값들이 다른 관찰값이나 측정값에 의해 영향을 받지 않는다는 것이다. 독립적인 관찰값들의 예로 동전을 계속해서 던져서 얻은 결과를 들 수 있다. 이 동전이 찌그러진 곳이 없다고 가정하면, 매번 동전을 던졌을 때 50 대 50의 확률로 앞면이나 뒷면이 나올 것이다. 그리고 더 중요한 것은, 매번의 동전 던지기가 그 이전의 시행과는 **독립적**이라는 것이다. 예를 들어, 다섯 번째 동전을 던졌을 때 앞면이 나올 확률은 그 이전 네 번의 시행에서 어떤 결과가 나왔든 관계 없이 50%이다. 이 동전은 이전에 무슨 일이 일어났는지 기억하지 못하고 과거에 의해서 영향을 받지 않는다. (주: 많은 사람들은 사건의 독립성을 믿지 못한다. 예를 들어, 연속으로 뒷면이 네 번 나오면, 동전의 앞면이 나올 때가 지났기 때문에 이번에 앞면에 나올 확률이 증가했으리라고 생각하기 쉽다. 이것이 '도박사의 오류'라는 잘못이다. 동전은 앞서 일어났던 일들을 알지 못하고 이전 결과에 의해 영향을 받을 수 없음을 기억하자.)

대부분의 연구 상황에서 관찰값들의 독립성은 보통은 개별적이고 서로 연관이 없는 개인들의 무작위 표본을 사용함으로써 충족된다. 그렇게 되면 각 개인으로부터 얻은 측정값이 연구에 참여하는 다른 참여자들에 의해 영향을 받지 않는다. 다음 두 상황은 관찰값들이 독립적이지 않은 경우의 예를 보여 준다.

1. 주립 대학 신입생들의 수학 능력에 관심이 있는 연구자가 그 학교의 물리학 프로그램을 설명하는 짧은 오리엔테이션에 참석한 학생 중 n = 20명의 표본을 모집했다. 이 경우 분명하게도 연구자는 20개의 독립적인 관찰값을 가지지 않는다. 이 표본은 편향되고 대표적이지도 않을 뿐더러, 이 오리엔테이션에 참여한 학생 집단은 일반적이지 않은 높은 수준의 수학적 배경을 공유하고 있을 것이다. 따라서 각 학생들의 점수는 이 집단에 속한 다른 학생들의 점수와 유사할 가능성이 높다.

2. **비복원 추출**을 사용하여 표본을 얻게 되면 관찰값들의 독립성이 깨진다. 예를 들어, 20명의 잠재적인 참여자 중에서 선택을 한다고 했을 때, 각 개인이 처음 선택될 확률은 20분의 1이다. 그러나 첫 번째 사람이 선택된 후에는 19명만 남게 되고 두 번째로 선택될 확률은 19분의 1로 달라진다. 두 번째 선택의 확률이 첫 번째 선택의 확률에 의해 달라지므로, 이 두 선택은 서로 독립적이지 않다.

처치에 의해 σ 값이 변하지 않음 가설 검정에서 z 점수 공식 중 중요한 부분 중 하나가 바로 표준오차 σ_M이다. 표준오찻값을 계산하기 위해서는 표본 크기(n)와 모표준편차(σ)를 알아야 한다. 그러나 가설 검정에서 표본은 알려지지 않은 모집단으로부터 나온다(그림 8.2). 만약 모집단이 정말로 알려져 있지 않다면, 우리는 표준편차를 알 수 없고, 따라서 표준오차도 계산할 수 없다. 이러한 딜레마를 해결하기 위해, 우리는 가정을 한다. 구체적으로 말해서, 알려지지 않은 (처치 후) 모집단의 표준편차가 처치 전 모집단의 표준편차와 같다고 가정한다.

사실, 이러한 가정은 많은 통계적 절차들에서도 사용되는 좀 더 일반적인 가정으로부터 나온 결과이다. 여기서 좀 더 일반적인 가정이란, 처치의 효과가 모집단에 있는 모든 점수에 상수만큼 더하는(또는 상수만큼 빼는) 효과라는 것이다. 상수를 더하는(또는 빼는) 것은 평균은 달라지게 하지만 표준편차에는 아무런 영향이 없음을 떠올려 보자. 또 한 가지 강조하고 싶은 것은 이러한 가정은 이론적인 이상이라는 점이다. 보통, 실제 실험에서 처치는 완벽하고 일관되게 더해지는 효과를 나타내지 않는다.

표집 분포의 정규성 z 점수를 사용해서 가설을 검증할 때 우리는 기각역을 찾기 위해 표준 정규분포표를 사용했다. 이 표는 표본 평균들의 분포가 정규분포일 때에만 사용할 수 있다.

학습 점검

학습 목표 6 **1.** 한 연구자가 '$z = 2.18, p < .05$'와 같이 보고했다. 이때 가설 검정에서 일어난 일은 다음 중 무엇인가?

a. 영가설이 참일 때 주어진 표본 평균을 얻을 가능성이 매우 낮고, 따라서 H_0를 기각했다.

b. 영가설이 참일 때 주어진 표본 평균을 얻을 가능성이 높고, 따라서 H_0를 기각했다.

c. 영가설이 참일 때 주어진 표본 평균을 얻을 가능성이 매우 낮고, 따라서 H_0를 기각하지 못했다.

d. 영가설이 참일 때 주어진 표본 평균을 얻을 가능성이 높고, 따라서 H_0를 기각하지 못했다.

학습 목표 7 **2.** $\mu = 80$이고 $\sigma = 5$인 모집단으로부터 $n = 4$명으로 이루어진 표본을 선택하고, 이 표본에 처치를 시행했다. 만약 이 처치가 정말로 효과가 있다면, $n = 25$명으로 표본 크기를 증가시킬 때 나타날 수 있는 결과는 무엇인가?

a. 표본에서 극단적인 z 점수를 얻을 가능성이 높아지고 처치 효과가 존재한다고 결론을 내릴 가능성이 높아진다.
b. 표본에서 극단적인 z 점수를 얻을 가능성이 높아지고 처치 효과가 존재하지 않는다는 결론을 내릴 가능성이 높아진다.
c. 표본에서 0에 가까운 z 점수를 얻을 가능성이 높아지고 처치 효과가 존재한다고 결론을 내릴 가능성이 높아진다.
d. 표본에서 0에 가까운 z 점수를 얻은 가능성이 높아지고 처치 효과가 존재하지 않는다는 결론을 내릴 가능성이 높아진다.

학습 목표 8 3. z 점수를 사용한 가설 검정에서 임곗값을 찾기 위해 표준 정규분포표를 사용하려면 어떤 가정이 충족되어야 하는가?
a. 처치 전 모집단 점수들이 정규분포를 이룬다.
b. 점수들이 무자위 표집을 통해 수집되었다.
c. 표본 점수들은 독립적인 관찰값이다.
d. 표본 평균의 분포가 정규분포이다.

정답 1. a 2. a 3. d

8-4 방향성이 있는(단방) 가설 검정

학습 목표(Learning Objectives)
9. 방향성이 있는(단방) 가설 검정의 가설들과 기각역을 기술할 수 있다.

8-2절과 8-3절에 제시된 가설 검정 절차는 표준적인, 즉 **양방 검정** 형태이다. 양방이라는 용어는 기각역이 분포의 양쪽 꼬리로 나뉜다는 것에서 비롯되었다. 이러한 형태는 현재까지 가설 검정에서 가장 널리 받아들여지고 있는 절차이다. 하지만 다른 형태도 존재하며, 이를 이번 장에서 다룰 것이다.

보통 연구자는 처치 효과의 방향에 대해 구체적인 예측을 가지고 실험을 시작한다. 예를 들면, 특정 훈련 프로그램이 학생들의 수행을 **향상**시킬 것으로 예측한다거나 술을 마시면 반응 시간이 느려질 것이라고 예측하는 식이다. 이 경우, H_0과 H_1이 이러한 방향성 있는 예측을 반영하도록 통계적 가설들을 설정할 수 있다. 이것을 방향성이 있는 검정 또는 보통 **단방 검정**이라고 한다.

방향성이 있는 가설 검정(directional hypothesis test) 또는 **단방 검정**(one-tailed test)에서 통계적 가설들(H_0과 H_1)은 모평균이 증가하는지, 감소하는지를 제시한다. 즉, 이 가설들은 효과의 방향성에 대해 기술한다.

다음 예제는 단방 가설 검정의 요소들을 보여 준다.

예제 8.3 앞서 예제 8.1에서 우리는 여종업원이 빨간 셔츠를 입는 것이 남성 고객들이 주는 팁에 어떠한 영향을 미치는지를 살펴보는 연구에 대해 논의했다. 이 연구에서 $n = 36$명의 표본에 속한 각 참여자는 빨간 셔츠를 입은 여종업원의 주문을 받았고, 이들이 주는 팁이 얼마인지를 기록했다. (여종업원이 빨간 셔츠를 입지 않았을 때) 일반적인 남성 고객의 모집단에서, 팁의 분포는 대략 평균이 $\mu = 16$퍼센트이고 표준편차가 $\sigma = 3$퍼센트포인트인 정규분포를 따른다. 이 예제에서 예상되는 효과는, 빨간색이 팁을 증가시킨다는 것이다. 만약 연구자가 $n = 36$명의 참여자에 대해 표본 평균 $M = 16.9$퍼센트를 얻는다면, 이 결과는 빨간 셔츠가 정말로 팁을 증가시킨다고 결론 내리기에 충분한가? ■

■ 방향성이 있는 검정의 가설들

처치 효과에 대해 특정한 방향의 효과가 기대되므로, 연구자가 방향성이 있는 검정을 수행하는 것이 가능하다. 첫 번째의 (그리고 가장 중요한) 단계는 통계적 가설들을 설정하는 것이다. 영가설은 효과가 없다고 진술하고, 대립가설은 효과가 있다고 진술함을 떠올려 보자. 이 예제에서 예측된 효과는 빨간 셔츠가 팁을 증가시킨다는 것이다. 따라서 두 가설을 다음과 같이 설정할 수 있다.

H_0: 팁이 증가하지 않는다. (처치 효과가 없다.)
H_1: 팁이 증가한다. (예상한 대로 처치 효과가 있다.)

방향성이 있는 가설들을 기호로 나타낼 때에는 대립가설(H_1)에서 시작하는 것이 더 쉽다. 우리는 일반적인 모집단의 평균이 $\mu = 16$임을 알고 있고, H_1은 여종업원이 빨간 셔츠를 입었을 때 이 값이 증가한다는 것이다. 따라서 H_1을 기호로 나타내면 다음과 같다.

H_1: $\mu > 16$ (여종업원이 빨간 셔츠를 입으면 평균 팁이 16퍼센트보다 높다.)

영가설은 빨간 셔츠가 팁을 증가시키지 않는다는 것이다. 기호로는 다음과 같다.

H_0: $\mu \leq 16$ (여종업원이 빨간 셔츠를 입으면 평균 팁이 16퍼센트보다 높지 않다.)

다시 한 번 언급하지만 이 두 가설들은 상호 배타적이며 모든 가능성들을 포괄한다. 또한 이 두 가설들은 일반적인 남성 고객들의 모집단에 대한 것이지 연구에 포함된 36명의 남성들에 대한 것이 아니다. 우리는 만약 모든 남성 고객들이 빨간 셔츠를 입은 여종업원의 서빙을 받는다면 어떤 일이 일어나는지에 대해 묻고 있는 것이다.

■ 방향성이 있는 검정의 기각역

기각역은 만약 영가설이 참이라면 (즉, 처치 효과가 없다면) 얻을 가능성이 매우 낮은 표본 결과들에 의해 정의된다. 앞(239쪽)에서 기각역이 처치가 정말로 효과가 있음을 확증하는 표본값들에 의해서도 정의될 수 있다고 기술했다. 방향성이 있는 검정에서 기각역의 위치를 결정하는 가장 간단한 방법이 바로 '확증'의 개념을 사용하는 것이다. 영가설이 참이라면 얻을 수 있는 모든 가능한 표본 평균들에서부터 논의를 시작하자. 이것이 표본 평균의 분포이다. 이 분포는 (검사 점수들의 모집단이 정규분포이기 때문에) 정규분포를 이루며, 기댓값은 (H_0에 의해) $\mu = 16$이고, $n = 36$인 표본에 대해 표준오차는 $\sigma_M = \frac{3}{\sqrt{36}} = 0.5$가 된다. 이 분포가 그림 8.6에 나타나 있다.

이 예제에서는 처치가 점수를 증가시킬 것으로 기대된다. 만약 처치를 받지 않은 남성 고객들의 모집단이 평균 $\mu = 16$퍼센트의 팁을 준다면, 16보다 상당히 큰 표본 평균은 빨간 셔츠가 효과가 있음을 확신하게끔 하는 증거가 될 것이다. 따라서 기각역은 $\mu = 16$보다 훨씬 큰 표본 평균에 대응하는, 분포의 오른쪽 꼬리 부분에 전적으로 위치하게 된다. 기각역이 분포의 한쪽 꼬리에만 위치하기 때문에, 방향성이 있는 검정을 보통 단방 검정이라고 부른다. 이 경우, 유의 수준에 의해 정의된 비율이 분포의 양쪽 꼬리로 나뉘지 않고 한쪽 꼬리에만 한정된다. 예를 들어, $\alpha = .05$를 사용한다면, 5% 모두가 한쪽 꼬리에 위치하게 되는 것이

만약 처치가 점수를 감소시킬 것이라고 예측하는 경우에는 기각역이 분포의 왼쪽 꼬리에 전적으로 위치하게 된다.

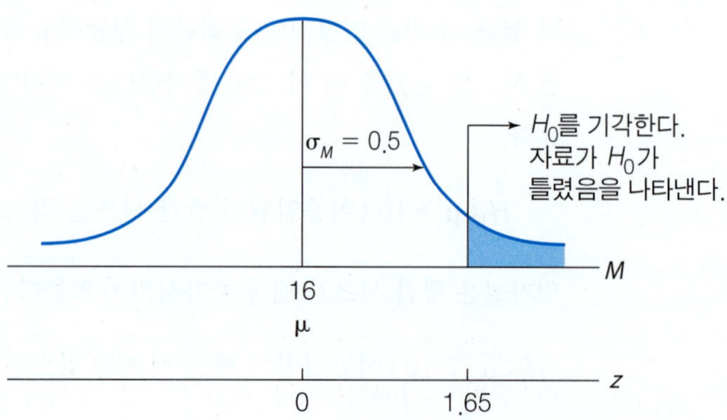

그림 8.6
예제 8.3에서의 기각역

다. 이 경우, 기각역의 z 점수 경곗값은 $z = 1.65$이고, 이 값은 표준 정규분포표의 C열(꼬리)에서 .05의 비율값을 찾으면 얻을 수 있다.

방향성이 있는 검정(단방 검정)은 가설 검정의 단계에서 다음 두 변화를 요구한다.

1. 가설 검정의 첫 번째 단계에서, 가설 설정에 방향성 있는 예측을 반영한다.

2. 두 번째 단계에서, 기각역이 분포의 한쪽 꼬리에만 전적으로 위치한다.

이 두 가지 차이를 제외하고는, 단방 검정은 일반적인 양방 검정과 완전히 동일하게 진행된다. 구체적으로, z 점수 통계량을 계산하고 이 z 점수가 기각역에 속하는지 그렇지 않는지에 기반하여 H_0에 대한 판정을 내린다.

이 예제에서 연구자는 빨간 셔츠를 입은 여종업원의 서빙을 받은 36명의 참여자들로부터 평균 팁 $M = 16.9$퍼센트를 얻었다. 이 표본 평균은 아래 z 점수에 해당한다.

$$z = \frac{M - \mu}{\sigma_M} = \frac{16.9 - 16.0}{0.5} = \frac{0.9}{0.5} = 1.80$$

z 점수, $z = 1.80$는 단방 검정에서 기각역에 속한다(그림 8.6 참조). 이 값은 H_0이 참일 때 얻을 가능성이 매우 낮은 결과이다. 따라서 우리는 영가설을 기각하고 빨간 셔츠가 남성 고객들의 팁을 유의하게 증가시킨다고 결론을 내린다. 이 결과를 논문에 보고할 때에는 아래와 같이 기술한다.

빨간 셔츠를 입는 것은 유의하게 팁을 증가시킨다, $z = 1.80$, $p < .05$, 단방 검정.

결과 보고에서 단방 검정을 사용했음을 명확하게 나타내고 있다는 점에 주목하자.

■ 단방 검정과 양방 검정의 비교

가설 검정의 일반적인 목적은 모집단에서 처치 효과가 있는지, 그렇지 않은지를 결정하는 것이다. 가설 검정은 하나의 표본을 선택하고, 그 표본에 처치를 하고, 그 결과를 원래 모집단과 비교함으로써 수행된다. 만약 처치를 받은 표본이 원래 모집단과 상당한 차이를 보인다면, 우리는 처치 효과가 있다고 결론을 내리고, H_0를 기각한다. 반대로, 만약 처치를 받은 표본이 원래 모집단과 여전히 유사하다면, 우리는 처치 효과에 대한 확실한 증거가 없다고 결론 내리고, H_0를 기각하지 못한다. 이러한 결정에서 중요한 요인은 처치를 받은 표본과 원래 모집단 간 **차이의 크기**이다. 큰 차이는 처치 효과가 있음을 입증하고, 작은 차이가 나타나면 처치 효과가 있다고 말하기에 충분하지 않은 것이다.

단방 검정과 양방 검정 간의 주된 차이는 H_0를 기각하기 위해 사용하는 기준에 있다. 단방 검정에서는 표본과 모집단 간 차이가 예측된 방향으로 나타난다면 상대적으로 작은 차이가 있더라도 영가설을 기각할 수 있다. 반면, 양방 검정에서는 차이의 방향과 관계없이 상대적으로 큰 차이를 필요로 한다. 다음 예제는 이러한 점을 잘 보여 준다.

예제 8.4 여종업원이 빨간 셔츠를 입는 것이 남성 고객들이 주는 팁에 어떤 영향을 미치는지 알아보는 예제 8.3에서의 단방 검정을 다시 한 번 살펴보자. 만약 표준적인 양방 검정을 사용했다면, 아래와 같은 가설을 사용했을 것이다.

H_0: $\mu = 16$ (빨간 셔츠는 팁에 영향을 주지 않는다.)

H_1: $\mu \neq 16$ (빨간 셔츠는 팁에 영향을 준다.)

$\alpha = .05$ 수준에서 양방 검정을 사용하면, ±1.96을 넘어서는 z 점수들이 기각역을 구성한다. 예제 8.3의 자료는 표본 평균 $M = 16.9$퍼센트를 나타냈고, $z = 1.80$이었다. 양방 검정에서 이 z 점수는 기각역에 속하지 않는다. 따라서 우리는 빨간 셔츠가 유의한 효과를 갖지 않는다고 결론을 내린다. ■

예제 8.4의 양방 검정에서 표본 평균과 영가설에서 가정한 모평균 간($M = 16.9$, $\mu = 16$) 0.9점의 차이는 영가설을 기각할 만큼 충분히 크지 않다. 그러나 예제 8.3의 단방 검정에서, 동일한 0.9점의 차이는 H_0를 기각하고 유의한 처치 효과가 있다고 결론 내리기에 충분할 만큼 크다.

모든 연구자들이 단방 검정이 양방 검정과 다르다는 것에 동의한다. 그러나 이 차이에 대한 해석에는 여러 가지가 존재한다. 어떤 연구자들은 양방 검정이 더 엄밀하며, 따라서 단방 검정보다 더 설득력이 있다고 주장한다. 다른 연구자들은 단방 검정이 더 민감하게 효과를 발견하기 때문에 단방 검정을 더 선호한다. 즉, 단방 검정을 사용하면 상대적으로 작은 효과도 유의하지만 양방 검정을 사용하면 유의하지 않게 나타날 수 있다.

일반적으로 연구에서 효과의 방향성에 대한 강한 기대가 없거나 두 개의 경합하는 예측이 존재하는 경우에는 양방 검정을 사용해야 한다. 예를 들어, 한 이론은 점수가 증가할 것으로 예측하고 다른 이론은 점수가 하락할 것으로 예측하는 경우에는 양방 검정을 사용하는 것이 적절하다. 단방 검정은 연구를 수행하기 이전에 효과의 방향성에 대한 예측을 하고 이러한 예측에 대해 강력하게 정당화를 할 수 있을 때에만 사용해야 한다. 특히, 만약 양방 검정이 유의한 결과를 보이지 않았을 때, 같은 자료로 유의한 결과를 건져 내기 위한 이차적인 시도로 단방 검정을 이어서 수행하는 것은 결코 해서는 안 되는 일이다.

학습 점검

학습 목표 9 **1.** 평균이 $\mu = 50$인 모집단이 있다. 이 모집단에 속한 개인들에게 어떤 처치를 하면 점수가 높아질 것으로 기대된다. 만약 이 처치의 효과를 단방 검정을 사용하여 평가한다면, 다음 중 영가설로 올바른 것은 무엇인가?

a. $\mu \geq 50$
b. $\mu > 50$
c. $\mu \leq 50$
d. $\mu < 50$

학습 목표 9 **2.** 한 연구자가 처치의 효과를 살펴보기 위한 실험을 실시했다. 이 처치는 모집단에 속한 개인들의 점수를 떨어뜨릴 것으로 예측되고, 모평균은 $\mu = 80$으로 알려져 있다. 단방 검정을 사용하여 실험 결과를 평가하고자 할 때, 다음 중 대립가설(H_1)로 올바른 것은 무엇인가?

a. $\mu > 80$
b. $\mu \geq 80$
c. $\mu < 80$
d. $\mu \leq 80$

학습 목표 9 **3.** 한 연구자가 처치가 모평균을 증가시킬 것으로 기대하고 있다. 정규분포를 가정했을 때 $\alpha = .01$ 수준에서 단방 검정을 실시한다면 이때 z 점수 임곗값은 얼마인가?

a. $+2.33$
b. ± 2.58
c. $+1.65$
d. ± 2.33

정답 **1. c** **2. c** **3. a**

8-5 가설 검정에 대한 우려들: 효과 크기 측정

학습 목표(Learning Objectives)

10. 가설 검정의 결과를 기술할 때 효과 크기를 보고해야 할 필요성에 대해 설명할 수 있다.

11. 효과 크기 측정값으로서 Cohen의 d를 계산할 수 있다.
12. Cohen의 d와 같은 효과 크기 측정값들이 표본 크기와 표준편차에 의해 어떻게 영향을 받는지 설명할 수 있다.

가설 검정은 자료를 평가하고 해석하기 위해 가장 널리 사용되는 방법이지만, 많은 과학자들은 가설 검정 절차에 대해 다양한 우려를 표명해 왔다(예를 들어, Loftus, 1996; Hunter, 1997; Killeen, 2005 참조).

가장 주된 우려는 유의한 처치 효과를 보이는 것이 반드시 실질적인 처치 효과를 나타내는 것은 아니라는 점이다. 특히, 통계적 유의성은 처치 효과의 절대적 크기에 대해서는 어떠한 실질적인 정보도 제공하지 않는다. 대신, 가설 검정은 단지 처치 효과가 없다면 연구에서 얻은 결과가 나타났을 가능성이 매우 낮다는 것을 입증할 뿐이다. 가설 검정에서는 (1) 만약 처치 효과가 없다면 M과 μ 간에 합리적으로 기대할 수 있는 차이를 나타내는 표준오차를 계산하고, (2) 실제로 얻어진 평균 차이가 이 표준오차에 비해 상당히 크다는 것을 보임으로써 이러한 결론에 도달하게 된다.

가설 검정이 상대적인 비교를 한다는 점에 주목하라. 처치 효과의 크기는 표준오차에 대해 상대적으로 평가된다. 만약 표준오차가 매우 작다면, 처치 효과 또한 매우 작더라도 여전히 유의한 결과가 나올 수 있다. 따라서 유의한 효과가 반드시 큰 효과를 의미하지는 않는다.

다음 예제는 가설 검정이 절대적인 효과 크기가 아니라 상대적인 효과 크기를 평가한다는 점을 잘 드러낸다.

예제 8.5

$\mu = 50$이고 $\sigma = 10$인 정규분포를 이루는 점수들의 모집단이 있다. 이 모집단에서 표본을 선택하여 처치를 했을 때 표본 평균은 $M = 51$이었다. 이 표본은 효과가 통계적으로 유의하다는 것을 입증하는 증거를 제공하는가?

표본 평균과 원래 모집단 간에 1점 차이밖에 나지 않지만 이 차이는 유의한 결과를 나타내기에 충분할 수 있다. 특히나, 가설 검정 결과는 표본 크기에 따라 달라진다.

예를 들어, $n = 25$인 표본에서 표준오차는

$$\sigma_M = \frac{\sigma}{\sqrt{n}} = \frac{10}{\sqrt{25}} = \frac{10}{5} = 2.00$$

이고, $M = 51$에 대한 z 점수는 다음과 같다.

$$z = \frac{M - \mu}{\sigma_M} = \frac{51 - 50}{2} = \frac{1}{2} = 0.50$$

이 z 점수는 임곗값인 $z = 1.96$에 미치지 못하므로, 영가설을 기각하지 못한다. 이 경우

M과 μ 간의 1점 차이가 유의하지 않은 것은, 이 값이 표준오차인 2점에 대해 상대적으로 평가되었기 때문이다.

이제 $n = 400$일 때의 결과에 대해 고려해 보자. 표본이 커지면, 표준오차는

$$\sigma_M = \frac{\sigma}{\sqrt{n}} = \frac{10}{\sqrt{400}} = \frac{10}{20} = 0.50$$

과 같고 $M = 51$에 대한 z 점수는 다음과 같다.

$$z = \frac{M - \mu}{\sigma_M} = \frac{51 - 50}{0.5} = \frac{1}{0.5} = 2.00$$

이번에는 z 점수가 1.96 경계를 넘기 때문에, 영가설을 기각하고 유의한 효과가 있다고 결론을 내린다. 이 경우, M과 μ 간의 1점 차이는 표준오차인 0.5점에 대해 상대적으로 평가되었기 때문에 통계적으로 유의하다. ■

예제 8.5의 핵심은 작은 처치 효과도 통계적으로 유의할 수 있다는 것이다. 만약 표본 크기가 충분히 크다면, 얼마나 작은 처치 효과이든 간에 영가설을 충분히 기각할 수 있다.

■ 효과 크기의 측정

앞 절에서 이야기했듯이, 가설 검정에 대한 우려 중 하나는 가설 검정이 처치 효과의 절대적인 크기에 대해서 평가하지 못한다는 것이다. 이 문제를 해결하기 위해, 연구자가 통계적으로 유의한 효과를 보고할 때에는 항상 효과 크기 또한 보고하도록 권장하고 있다(L. Wilkinson과 통계적 추론에 대한 APA 태스크포스팀, 1999의 가이드라인을 참조하라). 따라서 여러 가설 검정들에 대해 제시할 때, 우리는 **효과 크기**를 측정하고 보고하기 위한 여러 방법들 또한 함께 제시할 것이다. 효과 크기는 표본 크기에 영향을 받지 않는 방식으로 처치 효과의 절대적 크기를 측정하고 기술하는 것을 목적으로 한다.

효과 크기(effect size) 측정값은 사용한 표본의 크기와 독립적으로 절대적인 처치 효과의 크기를 측정하기 위해 사용된다.

효과 크기 측정값으로 가장 간단하면서도 직접적인 방법 중 하나는 Cohen의 d를 사용하는 것이다. Cohen(1988)은 평균 차이를 표준편차 단위로 측정함으로써 효과 크기를 표준화할 것을 제안했다. 결과적으로 다음과 같이 효과 크기를 계산할 수 있다.

$$\text{Cohen의 } d = \frac{\text{평균 차이}}{\text{표준편차}} = \frac{\mu_{\text{처치 후}} - \mu_{\text{처치 전}}}{\sigma} \tag{8.1}$$

z 점수를 사용한 가설 검정에서 평균 차이는 처치 전의 모평균과 처치 후의 모평균 간의 차이에 의해 결정된다. 그러나 처치 후 모평균은 알려져 있지 않다. 따라서 우리는 처치를 한 표본의 평균을 대신 사용할 수밖에 없다. 표본 평균은 모평균을 대표할 것으로 기대되고 처치 효과에 대한 가장 좋은 측정값을 제공함을 기억하라. 따라서 실제로 Cohen의 d를 추정하는 계산식은 다음과 같다.

Cohen의 d는 두 평균 간의 거리를 측정하므로, 식이 음수를 산출하더라도 보통 양수로 보고한다.

$$\text{추정된 Cohen의 } d = \frac{\text{평균 차이}}{\text{표준편차}} = \frac{M_{\text{처치 후}} - \mu_{\text{처치 전}}}{\sigma} \tag{8.2}$$

계산식에 포함되어 있는 표준편차는 평균 차이의 크기를 표준화하는데, 이는 z 점수들이 분포에서의 위치를 표준화하는 것과 같은 방식이라고 볼 수 있다. 예를 들어, 15점의 평균 차이는 표준편차의 크기에 따라 상대적으로 큰 효과 크기를 나타낼 수도, 아니면 상대적으로 작은 효과 크기를 나타낼 수도 있다. **그림 8.7**은 이러한 현상을 보여준다. 그림의 윗부분(a)은 처치 결과 SAT 점수에서 15점의 평균 차이가 나타나는 경우이다. 처치 전 평균 SAT 점수는 $\mu = 500$점이고, 처치 후 평균은 515점이다. SAT 점수의 표준편차는 $\sigma = 100$이다. 따라서 15점 차이는 작은 차이라 할 수 있다. 이 예제에서 Cohen의 d를 구하면 다음과 같다.

$$\text{Cohen의 } d = \frac{\text{평균 차이}}{\text{표준편차}} = \frac{15}{100} = 0.15$$

이제 **그림 8.7(b)**에 나타난 효과 크기를 살펴보자. 이번에는 처치 결과 IQ 점수에서 15점의 차이가 나타났다. 처치 전 평균 IQ 점수는 100이고, 처치 후 평균은 115이다. IQ 점수의 표준편차는 $\sigma = 15$이므로, 15점의 평균 차이는 큰 차이라 할 수 있다. 이 예제에서 Cohen의 d를 구하면 다음과 같다.

$$\text{Cohen의 } d = \frac{\text{평균 차이}}{\text{표준편차}} = \frac{15}{15} = 1.00$$

Cohen의 d는 처치 효과의 크기를 표준편차 단위로 측정한다. 예를 들어, $d = 0.50$은 처치가 표준편차의 절반 크기만큼 평균을 변화시킨다는 것을 나타낸다. 마찬가지로, $d = 1.00$은 처치 효과의 크기가 1 표준편차와 같다는 것을 나타낸다.

Cohen(1988)은 **표 8.2**에 제시된 것처럼 처치 효과의 크기를 평가하기 위한 기준을 제시했다.

Cohen의 d에 대한 마지막 예시로, 예제 8.5에서 살펴본 두 가설 검정을 고려해 보자. 각 검정에서, 처치 전 모집단의 평균은 $\mu = 50$이고 표준편차는 $\sigma = 10$이었다. 처치

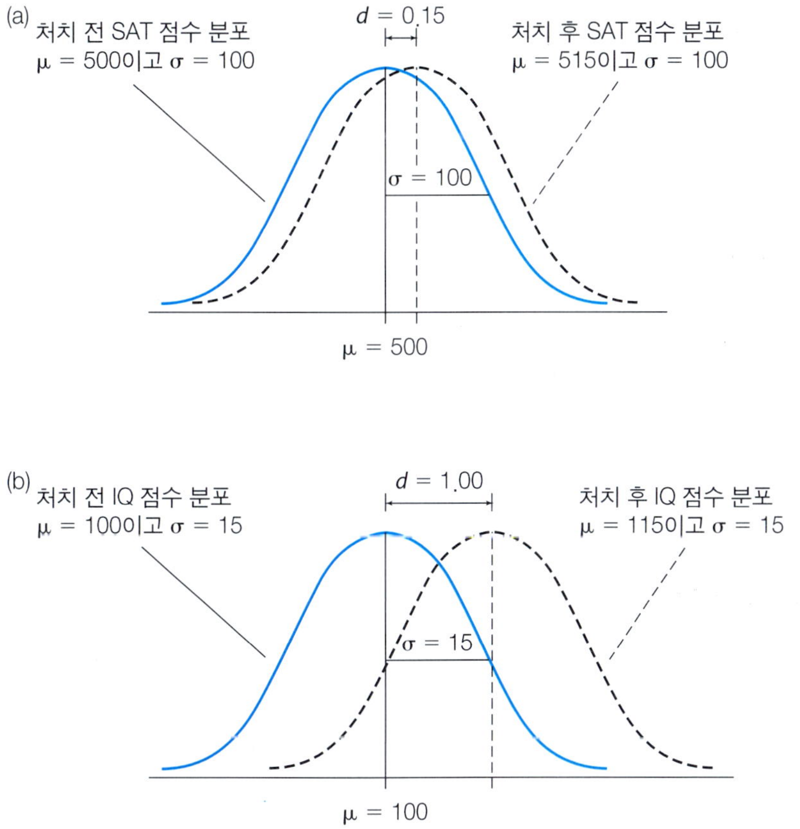

그림 8.7
서로 다른 두 상황에서 15점의 처치 효과가 나타나는 모습. (a)의 경우, 표준편차가 σ = 100이므로 15점의 효과는 상대적으로 작다. (b)의 경우, 표준편차가 σ = 15이므로 15점의 효과는 상대적으로 크다. Cohen의 *d*는 효과 크기를 측정하기 위해 표준편차를 사용한다.

후 표본의 평균은 $M = 51$이었다. 한 검정에서는 $n = 25$인 표본을 사용하고, 다른 검정에서는 $n = 400$인 표본을 사용했지만, Cohen의 d를 계산할 때에는 표본 크기를 고려하지 않는다. 따라서 두 가설 검정 모두에서 동일한 Cohen의 d값을 산출한다.

$$\text{Cohen의 } d = \frac{\text{평균 차이}}{\text{표준편차}} = \frac{1}{10} = 0.10$$

주목할 것은, Cohen의 d는 단순히 처치 효과의 크기만을 기술하며 표본에 몇 명이

표 8.2 Cohen의 d를 사용한 효과 크기의 평가

d의 크기	효과 크기의 평가
$d = 0.2$	작은 효과(평균 차이가 0.2 표준편차 정도)
$d = 0.5$	중간 효과(평균 차이가 0.5 표준편차 정도)
$d = 0.8$	큰 효과(평균 차이가 0.8 표준편차 정도)

있는가에 의해 영향을 받지 않는다는 것이다. 두 가설 검정 모두에서, 처치 전 모집단의 평균은 $\mu = 50$이었고, 처치 후 표본 평균은 $M = 51$이었다. 따라서 처치에 의해 점수가 1점 증가했고, 이는 10분의 1 표준편차와 같다(Cohen의 $d = 0.1$).

학습 점검

학습 목표 10 **1.** 다음 중 어느 경우에 매우 작은 크기의 효과가 통계적으로 유의한가?

a. 표본이 크고 표준편차가 클 때

b. 표본이 크고 표준편차가 작을 때

c. 표본이 작고 표준편차가 클 때

d. 표본이 작고 표준편차가 작을 때

학습 목표 11 **2.** 평균이 $\mu = 80$이고 표준편차가 $\sigma = 12$인 모집단으로부터 $n = 9$개의 점수로 이루어진 표본을 선택하여 이 표본에 처치를 가했다. 처치 후, 연구자는 Cohen의 d를 사용하여 효과 크기를 측정했고, $d = 0.25$와 같았다. 이때 표본 평균의 값은 얼마인가?

a. $M = 81$

b. $M = 82$

c. $M = 83$

d. $M = 84$

학습 목표 12 **3.** 다른 모든 요인들이 동일할 때, 표본 크기가 영가설 기각과 Cohen의 d값에 어떠한 영향을 미치는가?

a. 표본이 클수록 영가설을 기각할 가능성이 높아지고 Cohen의 d값도 커진다.

b. 표본이 클수록 영가설을 기각할 가능성이 높아지지만 Cohen의 d값은 작아진다.

c. 표본이 클수록 영가설을 기각할 가능성이 높아지지만 Cohen의 d값에는 아무런 영향도 주지 않는다.

d. 표본이 클수록 영가설을 기각할 가능성이 낮아지지만 Cohen의 d값에는 아무런 영향도 주지 않는다.

정답 **1. b** **2. c** **3. c**

8-6 통계적 검정력

학습 목표(Learning Objectives)

13. 가설 검정에서의 검정력을 정의하고 검정력이 제2종 오류를 범할 확률과 어떠한 관련이 있는지 설명할 수 있다.

14. 검정력에 영향을 미치는 요인들을 파악하고 검정력이 각 요인에 의해 어떻게 영향을 받는지 설명할 수 있다.

효과 크기를 직접적으로 측정하는 대신 처치 효과의 크기 또는 강도를 살펴보기 위한 또 다른 접근은 통계적 검정의 검정력을 측정하는 것이다. 검정력이란 실제로 처치 효과가 있을 때 가설 검정이 영가설을 기각할 확률이라고 정의할 수 있다.

통계적 검정에서의 **검정력**(power)이란, 검정이 거짓 영가설을 제대로 기각할 확률을 나타낸다. 즉, 검정력은 처치 효과가 실제로 존재할 때 검정이 이 효과를 발견할 확률을 나타낸다.

처치 효과가 있을 때 가설 검정에서 가능한 결과는 다음 두 가지뿐이다.

1. 영가설 기각에 실패한다.
2. 영가설을 기각한다.

첫 번째 결과, 즉 실제 효과가 있을 때 영가설 기각에 실패하는 것을 앞(248쪽)에서 제2종 오류라고 정의했다. 두 번째 결과, 즉 실제 효과가 있을 때 영가설을 기각하는 것을 검정의 검정력이라고 정의할 수 있다. 가설 검정에서 가능한 결과가 두 가지뿐이므로, 첫 번째 결과의 확률과 두 번째 결과의 확률을 더하면 반드시 1.00이 되어야 한다. 우리는 이미 제2종 오류(첫 번째 결과)를 범할 확률을 $p = \beta$라고 나타냈다. 따라서 검정의 검정력(두 번째 결과)은 $p = 1 - \beta$와 같다.

다음 예제에서 우리는 가설 검정에서 검정력, 즉 가설 검정이 올바르게 영가설을 기각할 확률을 어떻게 계산하는지 보일 것이다. 그러나 동시에 이는 가설 검정 결과 제2종 오류를 범할 확률을 계산하는 것과도 같다. 예를 들어, 가설 검정의 검정력이 70%($1 - \beta$)라면, 제2종 오류의 확률은 30%(β)가 된다.

검정력의 계산 연구자들은 보통 연구가 성공적일지 아닐지를 알아보기 위해 검정력을 계산한다. 따라서 연구를 실제로 수행하기 이전에 검정력을 계산한다. 이런 식으로, 연구자들은 실제 연구에 시간과 노력을 쏟기에 앞서 결과가 유의할(즉, H_0를 기각할) 확률을 알아볼 수 있다. 그러나 검정력을 계산하기 위해서는 첫째로 가설 검정 결과에 영향을 미치는 다양한 요인들에 대해 여러 가정을 세우는 것이 필요하다. 표본 크기, 처치 효과의 크기, 그리고 선택된 유의 수준과 같은 요인들은 모두 가설 검정에 영향을 미칠 수 있다. 다음 예제는 구체적인 연구 상황에서 검정력을 어떻게 계산하는지 보여준다.

예제 8.6 평균이 $\mu = 80$이고 표준편차가 $\sigma = 10$인 정규분포 모양의 모집단이 있다. 한 연구자가 이 모집단으로부터 $n = 4$명의 표본을 선택하여 각 개인들에게 처치를 시행하고자 한다. 이 처치는 8점의 효과를 나타낼 것으로 기대된다. 즉, 이 처치는 각 개인의 점수에 8점씩을 더할 것이다.

우리는 이 연구의 두 가지 가능한 결과들을 살펴볼 것이다. 첫 번째 결과는 영가설에서 예측하는 결과로, 효과 크기가 없는 경우이다. 두 번째 결과는 연구자가 예측하는 결과로, 효과가 각 개인의 점수에 8점씩을 더하는 경우이다. **그림 8.8**은 이 두 결과에 대한 표본 평균 분포를 나타낸다. 영가설에 따르면, 표본 평균들은 $\mu = 80$을 중심으로 분포한다(왼쪽). 8점의 효과 크기가 있는 경우, 표본 평균들은 $\mu = 88$을 중심으로 분포한다(오른쪽). 표본 크기가 $n = 4$일 때, 이 두 분포는 모두 다음과 같은 표준오차를 갖는다.

$$\sigma_M = \frac{\sigma}{\sqrt{n}} = \frac{10}{\sqrt{4}} = \frac{10}{2} = 5$$

주목할 것은 왼쪽 분포가 영가설이 참일 때 모든 가능한 표본 평균들을 나타낸다는 점이다. 이 분포는 우리가 가설 검정에서 기각역의 위치를 알기 위해 사용하는 분포이다. $\alpha = .05$에서, 기각역은 이 분포에서의 극단값들로 구성되며, 구체적으로 $z = 1.96$ 또

그림 8.8
가설 검정에서 검정력 측정의 예. 왼쪽은 영가설이 참일 때 나타나는 표본 평균의 분포이다. 기각역은 이 분포에서 정의된다. 오른쪽은 8점의 처치 효과가 있을 때 나타나는 표본 평균의 분포이다. 만약 8점의 효과가 있다면, 대략 1/3 정도의 표본 평균들이 기각역에 속하게 된다는 점에 주목하라. 따라서 이 검정의 검정력(H_0 기각할 확률)은 8점의 효과 크기에서 대략 33% 정도 된다.

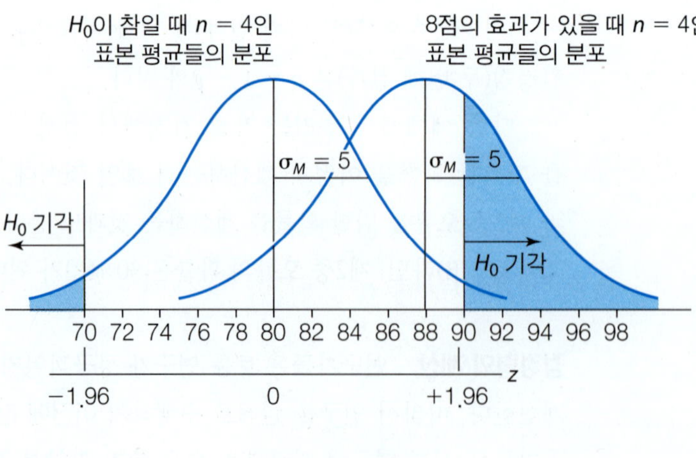

는 $z = -1.96$을 넘는 표본 평균값들로 이루어진다. 이 값들이 **그림 8.8**에 나타나 있고, 두 분포 모두에서 이 기각역에 속하는 모든 표본 평균들은 음영으로 표시되어 있다.

이제 오른쪽에 있는 분포에 주목해 보자. 이 분포는 8점의 처치 효과가 있을 때 모든 가능한 표본 평균들을 보여 준다. 대략 3분의 1 정도의 표본 평균들이 $z = 1.96$ 경계를 넘어서 위치하고 있다. 이는 만약 8점의 처치 효과가 있다면 3분의 1의 확률로 기각역에 속하는 표본 평균을 얻어 영가설을 기각할 것임을 의미한다. 즉, 이 가설 검정의 검정력(H_0을 기각할 확률)은 만약 8점의 처치 효과가 있다고 한다면 33%라고 할 수 있다.

정확한 검정력을 계산하기 위해서는 오른쪽에 있는 분포에서 얼마만큼의 비율이 음영으로 칠해져 있는지를 알아야 한다. 이를 위해, 기각역의 정확한 경계가 어디인지 찾고, 표준 정규분포에서 확률값을 찾아야 한다. 첫 번째 단계는 $z = +1.96$ 임곗값에 해당하는 표본 평균을 찾는 것이다. 정의에 의해, 이 경곗값은 평균에서 1.96 표준편차 더 큰 위치에 해당한다. 표준편차(표준오차)가 5점일 때, 이 거리는 다음과 같다.

$$1.96\sigma_M = 1.96(5) = 9.80\text{점}$$

따라서 $z = +1.96$ 임곗값은 표본 평균 $M = 80 + 9.80 = 89.80$에 해당한다. $M = 89.80$보다 더 큰 모든 표본 평균은 기각역에 속하고 영가설 기각으로 이어질 것이다. 다음으로, 처치 후 표본 중 얼마만큼의 비율이 $M = 89.80$보다 큰지 알아낸다. 처치 후 분포(오른쪽)에서, 모평균은 $\mu = 88$이고 표본 평균 $M = 89.90$은 다음 z 점수에 해당한다.

$$z = \frac{M - \mu}{\sigma_M} = \frac{89.80 - 88}{5} = \frac{1.80}{5} = 0.36$$

마지막으로, 표준 정규분포표에서 $z = 0.36$에 해당하는 값을 찾으면, 음영으로 표시된 부분($z > 0.36$)은 $p = 0.3594$(즉 35.94%)에 해당함을 알 수 있다. 따라서 만약 처치가 8점의 효과를 갖는다면, 모든 가능한 표본 평균 중 35.94%는 기각역에 속할 것이고 이때 우리는 영가설을 기각하게 될 것이다. 즉, 이 검정의 검정력은 35.94%이다. 좀 더 실질적으로 말하면, 이 검정력이 의미하는 것은 연구가 성공할 확률이 상대적으로 낮다는 것이다. 만약 연구자가 $n = 4$명으로 구성된 표본을 선택하고, 처치가 실제로 8점의 효과가 있다면, 가설 검정이 유의한 결과를 나타내는 것은 모든 경우 중 35.94%밖에 되지 않는다. ■

■ 검정력과 효과 크기

논리적으로 생각하면, 검정력과 효과 크기는 분명히 연관된다. **그림 8.8**은 8점의 효과 크기에서 검정력 계산을 보여 준다. 만약 처치 효과가 16점이라면 어떻게 될지 생각해 보자. 16점의 처치 효과가 있다면, 오른쪽 분포는 더 오른쪽으로 이동하여 그 중심이

μ = 96이 되고, 이는 두 분포 간 거리를 증가시킨다. 이러한 새로운 위치에서는, 대략 90%의 처치 후 표본 평균들이 z = 1.96 경계를 넘어가게 된다. 따라서 16점의 처치 효과가 있을 때는, 영가설 기각으로 이어지는 표본을 선택할 확률이 90%가 된다. 다시 말하면, 8점의 효과가 있을 때는 검정력이 36%였던 것에 비해(예제 8.5), 16점의 효과가 있을 때에는 검정력이 거의 90%가 된다. 앞서 보았듯이, 임곗값의 정확한 위치에 해당하는 z 점수를 찾을 수 있고 표준 정규분포표에서 검정력을 찾을 수 있다. 16점의 처치 효과가 있을 때, 임곗값(M = 89.80)은 z = −1.24에 해당되고 이 검정의 검정력은 p = 0.8925, 즉 89.25%이다.

일반적으로, 효과 크기가 증가할수록 오른쪽에 있는 표본 평균의 분포는 오른쪽으로 더 멀리 이동하고 더 많은 표본들이 z = 1.96 경계를 넘어서게 된다. 따라서 효과 크기가 증가할수록 H_0를 기각할 확률 또한 증가하고, 이는 곧 검정력의 증가를 의미한다. 이처럼 Cohen의 d와 같은 효과 크기 측정값과 검정력은 둘 다 처치 효과의 강도 또는 크기를 반영한다.

■ 검정력에 영향을 미치는 다른 요인들

가설 검정에서 검정력은 처치 효과 크기에 의해 직접적으로 영향을 받지만, 검정력이 순수하게 효과 크기를 나타내는 값은 아니다. 검정력은 효과 크기 이외에도 가설 검정과 관련된 여러 요인들에 의해 영향을 받는다. 아래 절에서 이 요인들에 대해 살펴보자.

표본 크기 검정력에 큰 영향을 미치는 요인 중 하나는 표본의 크기이다. 예제 8.6에서 우리는 n = 4명의 표본을 사용하여 효과 크기가 8점일 때의 검정력을 살펴보았다. 만약 연구자가 n = 25명의 표본을 사용하여 연구를 수행하기로 했다면, 검정력은 급격하게 달라질 수 있다. n = 25명일 때, 표본 평균의 표준오차는 다음과 같다.

$$\sigma_M = \frac{\sigma}{\sqrt{n}} = \frac{10}{\sqrt{25}} = \frac{10}{5} = 2$$

그림 8.9는 n = 25명으로 구성되어 있고 표준오차가 σ_M = 2점인 두 개의 표본 평균 분포를 나타낸다. 앞서와 마찬가지로, 왼쪽에 있는 분포는 μ = 80을 중심으로 하며, H_0가 참일 때 가능한 모든 표본 평균들의 집합을 나타낸다. 늘 그렇듯이, 이 분포를 사용하여 가설 검정의 임곗값인 z = −1.96과 z = 1.96의 위치를 알 수 있다. 오른쪽에 있는 분포는 μ = 88을 그 중심으로 하며, 8점의 처치 효과가 있을 때 가능한 모든 표본 평균들을 나타낸다. 오른쪽 분포에서 거의 모든 처치 후 표본 평균들이 1.96 경곗값을 넘어서 위치한다는 점에 주목하라. 따라서 n = 25인 표본을 사용하면, 기각역에 속하는

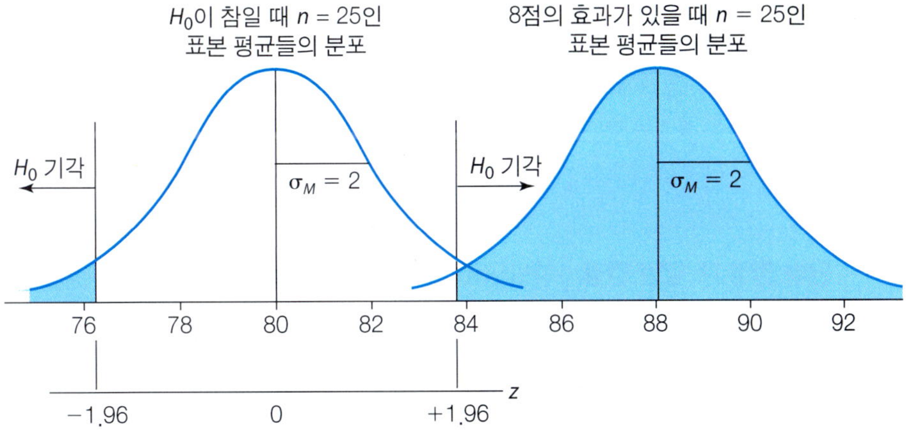

그림 8.9

가설 검정에서 표본 크기가 검정력에 미치는 영향에 대한 예. 왼쪽은 영가설이 참일 때 나타나는 표본 평균의 분포이다. 기각역은 이 분포에서 정의된다. 오른쪽은 8점의 처치 효과가 있을 때 나타나는 표본 평균의 분포이다. 주목할 것은, **그림** 8.8에서 n = 4일 때 검정력이 33%에 불과했던 것과 비교하여 표본 크기를 n = 25로 증가시키면 검정력이 거의 100%에 달한다는 점이다.

표본 평균을 얻어서 H_0를 기각하는 것이 거의 확실시된다. 앞서 예제 8.6에서 우리는 n = 4인 표본에 대해 검정력이 35.94%임을 살펴보았다. 그러나 표본 크기가 n = 25로 증가하면 검정력이 98%로 증가한다. 일반적으로, 더 큰 표본은 가설 검정의 검정력을 더 높인다.

다음 예제는 통계적 검정력에 대한 여러분의 이해를 점검해 볼 기회가 될 것이다.

예제 8.7 그림 8.9에 나타난 가설 검정에서 정확한 검정력을 찾으시오. 여러분은 임곗값이 처치 후 분포에서 표본 평균 M = 83.92에 해당되며, 검정력은 p = 0.9793, 즉 97.93%임을 찾아야 한다. ■

검정력이 표본 크기와 직접 관련되어 있기 때문에, 검정력을 계산하는 주요한 이유 중 하나는 연구가 성공할 합리적인 확률에 도달하기 위해서는 얼마나 큰 표본이 필요한지 알아내기 위해서이다. 연구를 수행하기 이전에, 연구자들은 그들의 연구가 성공적으로 영가설을 기각할 확률을 알아내기 위해 검정력을 계산할 수 있다. 만약 이 확률(검정력)이 너무 낮다면, 검정력을 높이기 위해 표본 크기를 늘리는 것을 고려할 수 있다.

유의 수준 가설 검정에서 유의 수준을 낮추는 것 또한 검정력을 낮춘다. 예를 들어, α를 .05에서 .01로 낮추면 검정력 또한 낮아진다. 유의 수준을 낮추는 것의 효과를 **그림**

8.9를 살펴봄으로써 알 수 있다. 이 그림에 나타난 임곗값은 $\alpha = .05$를 사용했을 때의 값이다. 구체적으로, 오른쪽 기각역은 $z = 1.96$에서 시작한다. 만약 α가 .01로 바뀐다면, 경곗값은 오른쪽으로 더 멀리 이동하여 $z = 2.58$까지 가게 된다. 임곗값을 더 오른쪽으로 이동시키는 것은 처치 후 분포(오른쪽 분포)에서 더 적은 비율이 기각역에 속할 것임을 의미한다. 따라서 영가설을 기각할 확률이 낮아지고 검정력도 낮아진다.

단방 검정 대 양방 검정 양방 검정에서 단방 검정으로의 변화는 검정력을 높인다. 이 효과 또한 그림 8.9를 살펴봄으로써 알 수 있다. 이 그림은 $\alpha = .05$ 수준에서 양방 검정을 사용할 때 임곗값을 나타낸다. 따라서 오른쪽 기각역이 $z = 1.96$에서 시작한다. 이를 단방 검정으로 바꾸면 기각역의 경계가 $z = 1.65$로 왼쪽으로 이동하게 된다. 경계를 왼쪽으로 이동시키는 것은 처치 후 분포의 더 많은 비율이 기각역에 속하도록 하고, 따라서 검정력을 높이게 된다.

학습 점검

학습 목표 13 **1.** 가설 검정의 검정력이 $p = 0.80$일 때, 동일한 가설 검정에서 제2종 오류의 확률은 얼마인가?

a. $p = 0.20$

b. $p = 0.80$

c. 제2종 오류의 확률은 검정력과 관련이 없다.

d. 가설 검정의 유의 수준을 모르면 정확히 알 수 없다.

학습 목표 14 **2.** 표본 크기는 영가설을 기각할 가능성과 검정력에 어떠한 영향을 미치는가?

a. 표본 크기의 증가는 H_0를 기각할 가능성과 검정력을 모두 높인다.

b. 표본 크기의 증가는 H_0를 기각할 가능성과 검정력을 모두 낮춘다.

c. 표본 크기의 증가는 H_0를 기각할 가능성은 높이지만 검정력은 변화시키지 않는다.

d. 표본 크기의 증가는 H_0를 기각할 가능성은 낮추지만 검정력은 변화시키지 않는다.

학습 목표 14 **3.** 가설 검정에서 검정력은 표본 크기 및 유의 수준과 어떻게 관련되는가?

a. 더 큰 표본과 더 높은 유의 수준은 모두 검정력을 높인다.

b. 더 큰 표본과 더 높은 유의 수준은 모두 검정력을 낮춘다.

c. 더 큰 표본은 검정력을 높이지만, 더 높은 유의 수준은 검정력을 낮춘다.

d. 더 큰 표본은 검정력을 낮추지만, 더 높은 유의 수준은 검정력을 높인다.

정답 **1. a** **2. a** **3. a**

핵심 요약

1. 가설 검정은 표본에서 얻은 자료를 사용하여 모집단에 대한 일반적인 결론을 이끌어 내는 추론 절차이다. 이 절차는 알려져 있지 않은 모집단으로부터 시작한다. 이 모집단으로부터 표본이 선택되고, 표본 자료는 가설을 지지하거나 가설에 반하는 증거를 제공한다.

2. 이번 장에서 우리는 표본 평균을 사용하여 알려져 있지 않은 모평균에 대한 가설을 검정하는 단순한 상황을 예로 들어 가설 검정을 소개했다. 이 가설 검정의 목적은 처치가 모평균에 효과를 미치는지, 그렇지 않은지를 알아내는 것이다(그림 8.2 참조).

3. 가설 검정은 이 책의 나머지 부분 전체에서 4단계 절차로서 구조화되어 있다.
   - **a.** 영가설(H_0)을 설정하고, 유의 수준을 선택한다. 영가설은 아무런 효과나 변화가 없다는 진술이다. 예제의 경우, H_0는 처치 후 모평균이 처치 전 모평균과 동일하다고 진술한다. 유의 수준은 보통 $\alpha = .05$ 또는 $\alpha = .01$을 사용하는데, 표본을 얻을 가능성이 매우 낮다고 할 때의 의미와 제1종 오류의 위험을 정의한다. 대립가설(H_1) 또한 설정하는데, 대립가설은 영가설과는 정반대의 진술이다.
   - **b.** 기각역의 위치를 찾는다. 기각역은 영가설이 참일 때 얻을 가능성이 매우 낮은 표본 결괏값들로 정의된다. 유의 수준은 "얻을 가능성이 매우 낮다"라는 의미를 정의한다.
   - **c.** 자료를 수집하고 검정 통계량을 계산한다. 표본 평균은 아래 공식에 따라 z 점수로 변환된다.

     $$z = \frac{M - \mu}{\sigma_M}$$

     μ의 값은 영가설로부터 얻는다. z 점수 검정 통계량은 표본 평균들의 분포에서 해당 표본 평균의 위치를 나타낸다. z 점수 공식을 말로 표현하면 다음과 같다.

     $$z = \frac{\text{표본 평균} - \text{영가설에서 가정한 모평균}}{\text{표준오차}}$$

   - **d.** 판정을 내린다. 만약 얻어진 z 점수가 기각역에 속한다면, 이는 H_0이 참일 때 이 자료를 얻을 가능성이 매우 낮다는 것이므로 H_0을 기각한다. 만약 z 점수가 기각역에 속하지 않는다면, 이는 자료가 영가설과 유의하게 다르지 않다는 것이므로 H_0을 기각하지 못한다. 이 경우, 자료는 처치가 효과를 갖는다는 충분한 증거를 제공하지 못한다.

4. 가설 검정에서는 어떤 판정을 내리든 간에, 언제나 잘못된 판정을 내릴 위험이 존재한다. 가설 검정에서 범할 수 있는 오류에는 두 종류가 있다.
   제1종 오류는 H_0가 참일 때 이를 기각하는 것으로 정의된다. 이는 거짓된 처치 효과를 보고하는 결과를 낳기 때문에 심각한 오류라고 할 수 있다. 제1종 오류의 위험은 유의 수준에 의해 결정되므로, 연구자의 통제하에 있다.
   제2종 오류는 H_0가 거짓일 때 이를 기각하지 못하는 것으로 정의된다. 이 경우, 실험은 실제로 발생하는 효과를 발견하지 못한다. 제2종 오류의 확률은 어떤 하나의 값으로 나타낼 수 없으며, 부분적으로 효과 크기에 따라 달라진다. 제2종 오류의 확률은 기호 β(베타)로 나타낸다.

5. 처치가 어떤 특정한 방향(증가 또는 감소)으로 점수를 변화시킬 것으로 연구자가 기대하는 경우에는, 방향성이 있는, 즉 단방 검정을 사용할 수 있다. 이 절차의 첫 번째 단계는 방향성이 있는 예측을 가설에 포함시키는 것이다. 기각역의 위치를 찾기 위해, 처치가 예상대로 작동했다고 시연해 보고 어떤 자료가 영가설에 반하는지를 알아내야 한다. 이 결과들은 분포의 한쪽 꼬리에 전적으로 위치하게 될 것이다.

6. 처치 효과의 유의성을 평가하기 위해 가설 검정을 사용하는 것과 더불어, 효과 크기를 측정하고

보고하도록 권장된다. 효과 크기 측정값 중 하나는 Cohen의 d로, 이는 평균 차이에 대한 표준화된 측정값이다. Cohen의 d는 다음과 같이 계산할 수 있다.

$$\text{Cohen의 } d = \frac{\text{평균 차이}}{\text{표준편차}}$$

7. 표본 크기는 가설 검정 결과에 영향을 미치지만, 효과 크기 측정값에는 거의 영향을 미치지 않거나 아무런 영향도 미치지 않는다. 표본 크기가 증가할수록 영가설을 기각할 가능성 또한 증가한다. 점수들의 변산성은 가설 검정 결과와 효과 크기 측정값 모두에 영향을 미친다. 변산성이 증가하면 영가설을 기각할 가능성이 낮아지고 효과 크기 측정값도 감소한다.

8. 가설 검정의 검정력은 거짓 영가설을 올바르게 기각할 확률로 정의된다.

9. 가설 검정의 검정력을 알기 위해, 여러분은 첫째로 기각역의 경곗값들을 찾아야 한다. 그다음에 처치 효과의 크기, 표본의 크기, 그리고 유의 수준을 정해야 한다. 이러한 값들을 가정한 상태에서, 가설 검정의 검정력은 기각역에 속하는 표본 평균을 얻을 확률이다.

10. 처치 효과의 크기가 증가할수록 통계적 검정력도 증가한다. 또한, 검정력은 실험자가 통제할 수 있는 다음 여러 요인들에 의해 영향을 받는다.

a. 유의 수준을 증가시키면 검정력도 증가한다.

b. 단방 검정은 양방 검정보다 더 높은 검정력을 갖는다.

c. 큰 표본은 작은 표본에 비해 더 높은 검정력을 갖는다.

주요 용어

가설 검정 hypothesis testing (232)

영가설 null hypothesis (236)

과학적 가설 또는 대립가설 scientific or alternative hypothesis (236)

유의 수준 또는 알파 수준 level of significance or α level (238)

기각역 critical region (239)

검정 통계량 test statistic (243)

제1종 오류 Type I error (246)

제2종 오류 Type II error (248)

베타 beta (248)

유의하다 또는 통계적으로 유의하다 significant or statistically significant (253)

방향성이 있는 가설 검정 directional hypothesis test (259)

단방 검정 one-tailed test (259)

효과 크기 effect size (265)

Cohen의 *d* Cohen's *d* (265)

검정력 power (269)

SPSS®

통계 프로그램 SPSS에는 z 점수를 사용하여 가설 검정을 수행하는 기능이 없다. 사실, 이번 장에 제시된 z 점수 검정은 실제 연구 상황에서는 거의 사용되지 않는다. z 점수 검정의 문제점은, 이 검정을 사용하려면 모표준편차값을 알고 있어야 하는데 보통은 이 정보가 알려져 있지 않다는 것이다. 연구자들이 연구하고자 하는 모집단에 대한 자세한 정보를 가지고 있는 경우는 거의 없다. 대신, 연구자들은 전적으로 표본으로부터 정보를 얻을 수밖에 없다. 다음 장들에서 우리는 전적으로 표본 자료에 의존한 새로운 가설 검정 방법들을 소개할 것이다. 이 새로운 방법들은 SPSS에 구현되어 있다.

문제 해결을 위한 팁

1. 가설 검정은 표본 자료만을 가지고 있을 때 모집단에 대한 일반적인 진술을 할 수 있도록 하는 일련의 논리적 절차들과 규칙들로 이루어진다. 이 논리는 이번 장 전반에 사용된 가설 검정의 4단계에 반영되어 있다. 이 단계들을 따르는 방법을 배우면, 가설 검정 문제들을 더 쉽게 풀 수 있게 된다.

1단계 가설을 설정하고 유의 수준을 선택한다.

2단계 기각역의 위치를 찾는다.

3단계 표본에 대해 검정 통계량(이 경우 z 점수)을 계산한다.

4단계 3단계의 결과에 기반하여 H_0에 대한 판정을 내린다.

2. 영가설에 대한 판정이 무엇을 의미하는지에 대해 천천히 생각하라. 영가설은 효과가 없다고 진술한다. 만약 여러분의 결정이 H_0를 기각하는 것이라면, 여러분은 표본 자료가 처치 효과에 대한 증거를 제공한다고 결론을 내려야 한다. 만약 H_0를 기각하지 못한다고 판정한다면, 여러분은 효과가 있다는 결론을 내리기에 충분한 증거가 없다고 결론을 내려야 한다.

3. 방향성이 있는 가설 검정을 실시한다면, 문제를 주의 깊게 읽고, 연구자가 예측하는 방향을 알려 주는(증가한다 또는 감소한다, 올린다 또는 내린다, 더 많이 또는 더 적게 등) 키워드를 살펴보라. 예측된 방향에 따라 대립가설(H_1)과 기각역이 결정된다.

증명 8.1

z를 사용한 가설 검정

표준화된 읽기 검사 점수는 평균이 $\mu = 65$이고 표준편차가 $\sigma = 15$인 정규분포를 따른다고 알려져 있다. 한 연구자가 읽기 능력에 대한 특별 훈련을 실시하는 것이 모집단에 속한 개인들의 점수를 변화시키는지 알아보고자 했다. $n = 25$명의 표본을 선택하여, 이 표본에 처치를 시행했다. 처치 후, 이 표본의 평균 점수는 $M = 70$와 같았다. 이는 훈련이 검사 점수에 영향을 미친다고 결론을 내리기에 충분한 증거인가?

1단계 **가설을 진술하고 유의 수준을 선택한다.** 영가설은 특별 훈련의 효과가 없다는 것이다. 기호로 나타내면 다음과 같다.

$$H_0\text{: } \mu = 65 \text{ (특별 훈련 이후에도, 평균은 여전히 65이다.)}$$

대립가설은 처치가 효과를 갖는다고 진술한다.

$$H_0: \mu \neq 65 \text{ (특별 훈련 이후, 평균은 65와 다르다.)}$$

이 시점에서 여러분은 유의 수준 또한 선택한다. 이 예제에서 우리는 $\alpha = .05$를 사용할 것이다. 따라서 만약 우리가 H_0를 기각한다면, 제1종 오류를 범할 5%의 위험이 존재한다.

2단계 **기각역을 찾는다.** $\alpha = .05$ 수준에서 기각역은, 임곗값인 $z = \pm 1.96$을 넘는 z 점수들에 해당하는 표본 평균들로 이루어진다.

3단계 **표본 자료를 얻고, 검정 통계량을 계산한다.** 이 예제에서, 표본 평균들의 분포는 영가설에 따르면 기댓값이 $\mu = 65$이고 표준오차는 아래와 같은 정규분포를 이룬다.

$$\sigma_M = \frac{\sigma}{\sqrt{n}} = \frac{15}{\sqrt{25}} = \frac{15}{5} = 3$$

이 분포에서, 우리의 표본 평균인 $M = 70$은 아래 z 점수에 대응된다.

$$z = \frac{M - \mu}{\sigma_M} = \frac{70 - 65}{3} = \frac{5}{3} = +1.67$$

4단계 **H_0에 대한 판정을 내리고, 결론을 진술한다.** 우리가 얻은 z 점수는 기각역에 속하지 않는다. 이는 우리의 표본 평균인 $M = 70$이 $\mu = 65$인 모집단으로부터 나올 수 있는 극단적이거나 예외적인 값이 아님을 의미한다. 따라서 우리의 통계적 판정은 H_0을 기각하지 못한다는 것이다. 이 연구에서 우리의 결론은, 이 자료가 특별 훈련이 검사 점수를 변화시킨다는 충분한 증거를 제공하지 못한다는 것이다.

증명 8.2

Cohen의 *d*를 사용한 효과 크기

우리는 증명 8.1에서의 연구 상황과 자료를 사용하여 Cohen의 d를 계산할 것이다. 반복하면, 원래 모평균은 $\mu = 65$이었고, 처치(특별 훈련) 후 표본 평균은 $M = 70$이었다. 따라서 5점의 평균 차이가 난다. 모표준편차 $\sigma = 15$를 사용하여, 우리는 다음과 같은 효과 크기를 얻을 수 있다.

$$\text{Cohen의 } d = \frac{\text{평균 차이}}{\text{표준편차}} = \frac{5}{15} = 0.33$$

Cohen의 평가 기준(표 8.2 참조)에 따르면, 이것은 중간 정도의 효과 크기이다.

연습 문제

1. 이번 장에서 제시된 가설 검정의 네 단계가 무엇인지 답하시오.
2. 유의 수준과 가설 검정의 기각역을 정의하시오.
3. 제1종 오류와 제2종 오류를 정의하고 각각의 결과를 설명하시오.
4. 만약 유의 수준이 α = .05에서 α = .01로 변화한다면,
   - **a.** 기각역의 경곗값들은 어떻게 달라지는가?
   - **b.** 제1종 오류의 확률은 어떻게 달라지는가?
5. 다음 각 상황이 가설 검정에서 z 점수에 어떠한 영향을 미치는지 설명하시오.
   - **a.** 표본 평균과 원래 모평균 간 차이가 증가한다.
   - **b.** 모표준편차가 증가한다.
   - **c.** 표본에 속한 점수의 개수가 증가한다.
6. Ackerman과 Goldsmith(2011)은 (휴대전화, 태블릿, 컴퓨터) 화면으로 공부하는 학생들은 종이에 인쇄된 동일한 자료를 가지고 공부하는 학생들보다 시험 점수가 더 낮은 경향이 있다고 보고했다. 이러한 발견을 검증하기 위해, 한 교수가 수업 교과서의 전자책 버전을 사용하는 n = 16명의 학생 표본이 기말 고사에서 평균 점수 M = 72.5점을 받았음을 확인했다. 지난 3년 동안 이 수업을 들은 학생들의 일반 모집단에서 기말 고사 점수는 μ = 77이고 σ = 8이었고, 대략 정규분포를 형성했다. 이 교수는 이 표본을 사용하여 전자 화면으로 공부하는 학생들이 일반 모집단 학생들에 비해 시험 점수에서 유의한 차이를 보이는지 알아보고자 한다.
   - **a.** 양방 검정을 가정하고 영가설을 기술하시오. 이때 연구 대상인 두 변수를 포함하도록 기술하시오.
   - **b.** 표준 4단계 절차를 사용하여, 전자 화면으로 공부하는 효과를 알아보기 위한 가설 검정을 α = .05 수준에서 양방 검정으로 실시하시오.
7. Babcock과 Marks(2010)은 2003~2005년 조사 자료를 검토하여 미국 4년제 대학 학생들이 매주 공부하는 데 보내는 시간이 평균 μ = 14시간임을 확인했다. 이 평균이 최근 변화되었는지 알아보기 위해, 한 연구자가 현재 대학생 n = 64명의 표본을 조사하여 평균 M = 12.5시간을 얻었다. 만약 분포의 표준편차가 주당 σ = 4.8시간이라면, 이 표본은 공부 시간에 유의한 변화가 있음을 나타내는가? α = .05 수준에서 양방 검정을 사용하여 답하시오.
8. 아동기에 운동, 문화 집단, 그리고 청년회의 참여는 청소년기 자존감 향상과 관련된다(McGee, Williams, Howden-Chapman, Martin, Kawachi, 2006). 한 대표적인 연구에서 집단 참여 경험이 있는 n = 100명의 청소년 표본에게 표준화된 자아존중감 질문지에 답하게 했다. 일반적인 청소년 모집단에서 이 질문지 점수는 평균이 μ = 50이고 표준편차가 σ = 15인 정규분포를 형성한다. 집단 참여 경험이 있는 표본의 평균은 M = 53.8이었다.
   - **a.** 이 표본은 이 청소년들의 자아존중감 점수가 일반 모집단의 점수와 유의하게 다르다는 결론을 내리기에 충분한 증거를 제공하는가? α = .05 수준에서 양방 검정을 사용하여 답하시오.
   - **b.** 차이의 크기를 측정하기 위해 Cohen의 d를 계산하시오.
   - **c.** 가설 검정 결과와 효과 크기 측정값을 논문 보고 형식에 맞게 한 문장으로 기술하시오.
9. 심리학과에서는 온라인 과목의 수를 증가시킴으로써 점진적으로 커리큘럼을 변화시키고 있다. 이러한 변화의 효과성을 알아보기 위해, 심리학개론 수업에 등록한 학생 중 n = 36명의 무작위 표본을 선택하여, 이 과목의 온라인 버전을 듣도

록 했다. 학기 말에 모든 학생들은 동일한 기말 고사 시험을 치렀다. 표본에 대한 평균점수 $M = 76$이다. 전통적인 강의 수업을 수강한 학생들의 일반 모집단에서 기말 고사 점수는 평균이 $\mu = 71$인 정규분포를 형성했다.

a. 만약 이 모집단에서 기말 고사 점수들의 표준편차가 $\sigma = 12$라면, 이 표본은 새로운 온라인 강의가 전통적인 수업과 유의하게 다르다고 결론을 내리기에 충분한 증거를 제공하는가? $\alpha = .05$ 수준에서 양방 검정을 사용하여 답하시오.

b. 만약 모표준편차가 $\sigma = 18$이라면, 이 표본은 유의한 차이를 입증하기에 충분한가? 이번에도 $\alpha = .05$ 수준에서 양방 검정을 사용하여 답하시오.

c. **a**와 **b**에 대한 답을 비교하여, 표준편차의 크기가 가설 검정 결과에 어떻게 영향을 미치는지 설명하시오.

10. 평균이 $\mu = 40$이고 표준편차가 $\sigma = 6$인 정규 모집단으로부터 무작위 표본을 선택했다. 이 표본에 속한 개인들에게 처치를 시행한 뒤 표본 평균은 $M = 37$과 같았다.

a. 만약 표본이 $n = 36$개의 점수로 구성되어 있다면, 이 표본 평균은 처치 효과가 유의하다고 결론을 내리기에 충분한가? $\alpha = .05$ 수준에서 양방 검정을 사용하여 답하시오.

b. 만약 표본이 $n = 9$개의 점수로 구성되어 있다면, 이 표본 평균은 처치 효과가 유의하다고 결론을 내리기에 충분한가? $\alpha = .05$ 수준에서 양방 검정을 사용하여 답하시오.

c. **a**와 **b**에 대한 답을 비교하여, 표본 크기가 가설 검정 결과에 어떻게 영향을 미치는지 설명하시오.

11. 평균이 $\mu = 50$인 정규 모집단으로부터 $n = 16$개의 점수로 이루어진 무작위 표본을 선택했다. 이 표본에 속한 개인들에게 처치를 시행한 뒤 표본 평균은 $M = 54$와 같았다.

a. 만약 모표준편차가 $\sigma = 8$이라면, 이 표본 평균은 처치 효과가 유의하다고 결론을 내리기에 충분한가? $\alpha = .05$ 수준에서 양방 검정을 사용하여 답하시오.

b. 만약 모표준편차가 $\sigma = 12$라면, 이 표본 평균은 처치 효과가 유의하다고 결론을 내리기에 충분한가? $\alpha = .05$ 수준에서 양방 검정을 사용하여 답하시오.

c. **a**와 **b**에 대한 답을 비교하여, 표준편차의 크기가 가설 검정 결과에 어떻게 영향을 미치는지 설명하시오.

12. 유머가 대인 간 매력에 미치는 영향에 대한 연구에서, McGee와 Shevlin(2009)은 남성의 유머 감각이 이 남성에 대한 여성의 지각에 유의한 영향을 미친다는 것을 발견했다. 이 연구에서, 여자 대학생들에게 잠재적인 연애 상대에 대한 짤막한 기술을 주고 이 남성의 매력을 1(낮음)부터 7(높음)까지의 척도에 평정하도록 했다. 이 가상의 남성은 미혼이고, 의욕적이며, 괜찮은 직업을 가지고 있는 등 긍정적으로 묘사되었다. 한 조건에서는 이 남성이 유머 감각이 뛰어나다는 묘사를 포함시켰다. 연구 결과 '유머 감각'이 포함된 경우 묘사된 남성에 대한 평정이 유의하게 높았다. 이 효과에 대해 좀 더 살펴보기 위해, 한 연구자가 $n = 16$명의 남자 대학생 표본을 선택하여 이들에게 한 여성에 대한 짤막한 묘사를 읽게 하고, 묘사된 여성의 매력도를 평정하게 했다. 이 묘사는 이전 연구에서 사용된 것으로, 이 연구에서는 유머 감각이 좋다는 묘사를 추가하여 수정했다. 이전 연구에 따르면, 원래 묘사에 대한 평정 점수는 평균이 $\mu = 4.0$이고 표준편차가 $\sigma = 0.60$인 정규분포를 형성한다고 알려져 있다. 수정된 묘사를 읽은 표본의 평균은 $M = 4.42$였다. 이 표본은 묘사에 유머 감각을 추가하는 것이 평정 점수를 유의하게 증가시킨다는 것을 나타내는가? $\alpha = .05$ 수준에서 단방 검정을 사용하여 답하시오.

13. 평균이 $\mu = 40$이고 표준편차가 $\sigma = 10$인 정규

모집단으로부터 무작위 표본을 선택했다. 이 표본에 속한 개인들에게 처치를 시행한 뒤 표본 평균은 $M = 46$과 같았다.

a. 이 표본 평균이 통계적으로 유의하기 위해서는 표본이 얼마나 커야 하는가? $\alpha = .05$ 수준에서 양방 검정을 실시한다고 가정하고 답하시오.

b. 만약 표본 평균이 $M = 43$이라면, $\alpha = .05$ 수준에서 양방 검정을 실시했을 때 유의한 결과를 얻기 위해서는 표본이 얼마나 커야 하는가?

14. 미국 북동부 국립기상센터 연구원들은 1875년 처음 기록을 시작한 이래로 매년 화씨 90도가 넘는 날짜의 수를 기록해 왔다. 이 날짜 수는 평균이 $\mu = 9.6$이고 표준편차가 $\sigma = 1.9$인 정규분포 모양을 형성한다. 이 자료가 지구 온난화에 대한 증거를 보여 주는지 알아보기 위해, 연구원들은 최근 4년간 화씨 90가 넘은 평균 날짜 수를 계산하여 $M = 12.25$를 얻었다. 이 자료는 과거 4년 동안 화씨 90도가 넘는 날짜 수가 이 모집단으로부터 얻은 무작위 표본에서 기대할 수 있는 날짜 수보다 유의하게 더 많았음을 나타내는가? $\alpha = .05$ 수준에서 단방 검정을 사용하여 답하시오.

15. 한 고등학교 교사가 학생들의 SAT 수학 시험 준비를 돕기 위한 목적으로 새로운 수업을 설계했다. 이 수업을 위해 $n = 20$명의 학생 표본을 모집했고, 그 해 말에 학생들은 SAT 시험을 쳤다. 이 표본의 평균 점수는 $M = 562$점이었다. 일반 모집단에서 SAT 점수는 $\mu = 500$이고 표준편차가 $\sigma = 100$인 정규분포를 따르도록 표준화되어 있다.

a. 이 교사는 이 수업을 들은 학생들이 일반 모집단에 비해 유의하게 높은 점수를 받았다고 결론 내릴 수 있는가? $\alpha = .01$ 수준에서 단방 검정을 사용하여 답하시오.

b. 효과 크기를 추정하기 위해 Cohen의 d를 계산하시오.

c. 가설 검정 결과와 효과 크기 측정값을 논문 보고 형식에 맞게 한 문장으로 기술하시오.

16. Miller(2008)는 대학생의 에너지 음료 소비를 조사한 결과, 남성이 여성보다 에너지 음료를 더 많이 마신다는 것을 확인했다. 이러한 현상을 검증하기 위해 한 연구원이 $n = 36$의 남대생과 $n = 25$의 여대생을 무작위 표집을 했다고 가정하자. 조사 결과, 대학생 중 남성은 평균적으로 한 달에 $M = 2.45$의 음료를 마시고, 여성은 평균적으로 한 달에 $M = 1.28$의 음료를 마신다는 것이 확인되었다. 대학생의 한 달 평균 에너지 음료 소비량이 $\mu = 1.85$, $\sigma = 1.2$의 정규분포를 따른다고 가정하자.

a. 위 남성 표본은 남성의 에너지 음료 소비량이 전체 모집단 소비량보다 평균적으로 높다는 결론을 지지하는가? $\alpha = .01$ 수준, 단방 검정을 사용하여 답하시오.

b. 위 여성 표본은 여성의 에너지 음료 소비량이 전체 모집단 소비량보다 평균적으로 낮다는 결론을 지지하는가? $\alpha = .01$ 수준, 단방 검정을 사용하여 답하시오.

17. 100만 건 이상의 식당 평가와 관련된 기상 상태를 조사한 후, Bakhshi, Kanuparthy와 Gilbert(2014)는 날씨가 온화할 때 식당의 평가가 너무 덥거나 추울 때보다 좋다고 보고했다. 이를 검증하기 위해 한 연구원이 7월과 8월의 비정상적으로 더운 기간 동안 현지 식당 평가 표본($n = 25$, $M = 7.29$)을 수집했다. 작년의 전체 평가 평균은 $\mu = 7.52$, 표준편차는 $\sigma = 0.60$이었다.

a. 연구자는 더운 기간 동안의 평가가 일반 모집단 평가보다 유의하게 낮다고 결론 내릴 수 있는가? $\alpha = .05$ 수준에서 단방 검정을 사용하여 답하시오.

b. 이 연구의 효과 크기를 측정하기 위해 Cohen의 d를 계산하시오.

c. 연구 보고서에 가설 검정 결과와 효과 크기 측정 결과를 어떻게 보고하는 것이 적절한지 작성하시오.

18. 한 연구자가 평균이 $\mu = 40$이고 표준편차가 $\sigma = 12$인 정규분포를 따르는 모집단으로부터 선택된 표본을 사용하여 처치의 효과를 알아보고자 한다. 이 연구자는 6점의 처치 효과를 예상하며, $\alpha = .05$ 수준에서 양방 검정을 사용할 계획이다.

a. 만약 연구자가 $n = 9$명의 표본을 사용한다고 할 때, 이 검정의 검정력을 계산하시오(예제 8.6 참조).

b. 만약 연구자가 $n = 16$명의 표본을 사용한다고 할 때, 이 검정의 검정력을 계산하시오.

19. 한 연구자가 처치 효과를 알아보는 실험을 수행하고자 한다. $n = 9$명의 참여자로 이루어진 표본을 선택하여, 각 참여자가 표준화된 민첩성 검사를 실시하기 전 처치를 받도록 한다. 처치는 검사 점수를 평균 30점 낮출 것으로 예상된다. 일반적인 모집단에서 이 민첩성 검사 점수는 $\mu = 240$이고 $\sigma = 30$인 정규분포를 형성한다.

a. 만약 연구자가 $\alpha = .05$ 수준에서 양방 검정을 사용한다면, 이 가설 검정의 검정력은 얼마인가?

b. 마찬가지로 $\alpha = .05$ 수준에서 양방 검정을 사용한다고 가정하면, 표본 크기가 $n = 25$로 증가되었을 때 가설 검정의 검정력은 얼마인가?

20. 연구에 따르면 IQ 점수는 시간이 지날수록 점점 증가한다(Flynn, 1984, 1999). 이 효과를 플린 효과라 한다. 자료에 따르면 매 10년간 평균 대략 7점 정도 증가한다. 이 효과를 살펴보기 위해, 한 연구자가 10년 전 IQ 검사와 채점 방법을 구하여, 이 검사를 $n = 25$명의 현재 고등학생들에게 실시하고자 한다. 10년 전 이 IQ 검사 점수는 평균이 $\mu = 100$이고 표준편차가 $\sigma = 15$가 되도록 표준화되었다. 만약 지난 10년 동안 평균 IQ 점수가 실제로 7점 증가했다면, 다음 각 항에 주어진 가설 검정의 검정력을 구하시오.

a. 연구자가 $\alpha = .05$ 수준에서 양방 검정을 사용하여, 자료가 지난 10년간 IQ에 유의한 변화가 있었음을 나타내는지 알아보고자 한다.

b. 연구자가 $\alpha = .05$ 수준에서 단방 검정을 사용하여, 자료가 지난 10년간 IQ에 유의한 변화가 있었음을 나타내는지 알아보고자 한다.

21. 표본 크기를 증가시키는 것이 다음 각 항목에 어떠한 영향을 미치는지 간략히 설명하시오. 이때 모든 다른 요인들은 변하지 않는다고 가정하시오.

a. 가설 검정에서 z 점수의 크기

b. Cohen의 d의 크기

c. 가설 검정의 검정력

22. 가설 검정의 검정력이 다음 각 항목에 의해 어떠한 영향을 받는지 간략히 설명하시오. 이때 모든 다른 요인들은 변하지 않는다고 가정하시오.

a. 유의 수준을 .01에서 .05로 증가시킨다.

b. 단방 검정에서 양방 검정으로 바꾼다.

CHAPTER

9

t 통계량에 대한 소개

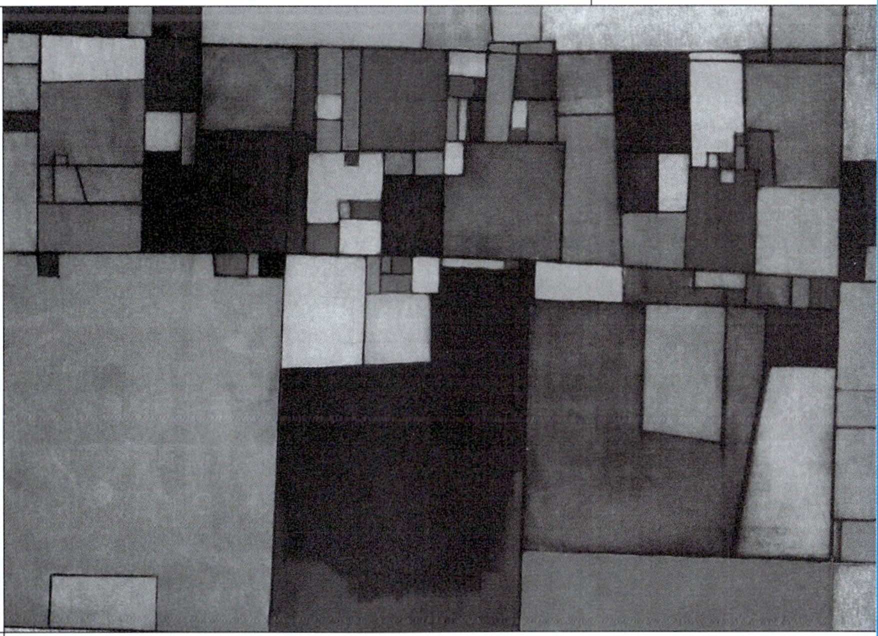

필요한 지식

아래 개념들은 이 장을 이해하기 위해 필요한 주요 개념들이다. 해당 장을 참고하여 충분히 숙지하기를 바란다.

- 표본 표준편차(4장)
- 자유도(4장)
- 표준오차(7장)
- 가설 검정(8장)

9-1 t 통계량: z에 대한 대안

학습 목표(Learning Objectives)

1. 어떤 상황에서 t 통계량이 z 점수를 대신하여 가설 검정에 사용되는지를 기술하고, 표본 평균에 대한 t 통계량과 z 점수 간의 근본적인 차이를 설명할 수 있다.
2. 특정 표본 크기와 표본 분산이 주어졌을 때 M의 추정된 표준오차를 계산하고, 이 값이 무엇을 측정하는지 설명할 수 있다.
3. t 분포와 정규분포 간의 관계를 설명할 수 있다.

이전 장에서 설명한 통계적 절차들은 표본 평균을 사용하여 알려지지 않은 모평균에 대한 가설을 검증하기 위한 것이었다. 이 절차들은 아래 요약한 몇 가지 기본 개념에 바탕을 둔다.

1. 표본 평균(M)은 해당 모평균(μ)에 근사할 것으로 기대된다. 따라서 표본 평균을 사용하여 모평균에 대한 가설 검정을 할 수 있다.
2. 표준오차는 표본 평균(M)과 모평균(μ) 간에 합리적으로 기대할 수 있는 차이를 나타낸다.

$$\sigma_M = \frac{\sigma}{\sqrt{n}} \quad \text{또는} \quad \sigma_M = \sqrt{\frac{\sigma^2}{n}}$$

3. 가설 검정을 위해 우리는 검정 통계량인 z 점수를 계산함으로써 주어진 표본 평균(M)과 영가설에서 가정한 모평균(μ)을 비교한다.

$$z = \frac{M - \mu}{\sigma_M} = \frac{\text{자료와 가설 간에 얻어진 차이}}{M\text{과 } \mu \text{ 간의 표준 거리}}$$

가설 검정은 자료와 가설 간에 얻어진 차이가 우연에 의해 기대되는 것보다 유의하게 큰지, 그렇지 않은지를 결정하는 것을 목적으로 한다. 만약 z 점수들이 정규분포를 형성한다면, 표준 정규분포표(부록 A)를 사용하여 가설 검정의 기각역을 찾을 수 있다.

■ z 점수의 문제점

가설 검정에서 z 점수를 사용할 때의 문제점은, z 점수 공식이 보통 우리가 알고 있는 것보다 더 많은 정보를 필요로 한다는 것이다. 구체적으로, z 점수를 계산하려면 반드시 모표준편차(또는 분산)을 알아야 하는데, 이 값을 알아야 표준오차를 계산할 수 있다.

그러나 대부분의 상황에서 모표준편차는 알려져 있지 않다. 사실, 가설 검정을 수행하는 이유는 알려져 있지 않은 모집단에 대한 지식을 얻기 위해서이다. 이러한 상황은 모순적이다. z 점수를 사용하는 것은 알려져 있지 않은 모집단에 대해 알고자 함인데, z 점수를 계산하기 위해서는 이 모집단에 대해 이미 알고 있어야만 한다. 다행히도, 이 문제에 대한 비교적 간단한 해결책이 존재한다. 모집단의 분산(또는 표준편차)이 알려져 있지 않을 때, 이 값을 대신하여 그에 상응하는 표본값을 사용하면 된다.

■ *t* 통계량에 대한 소개

4장에서 모분산에 대한 불편 통계량으로서 표본 분산에 대해 살펴보았다. 이때 표본 분산과 표본 표준편차 공식은 다음과 같았다.

자유도 $df = n - 1$의 개념은 4장(121쪽)에 소개되었고, 이번 장에서도 앞으로 논의될 것이다(287쪽).

$$\text{표본 분산} = s^2 = \frac{SS}{n-1} = \frac{SS}{df}$$

$$\text{표본 표준편차} = s = \sqrt{\frac{SS}{n-1}} = \sqrt{\frac{SS}{df}}$$

이제 우리는 이러한 표본값들을 사용하여 표준오차를 추정할 수 있다. 7장과 8장의 내용을 떠올려 보면, 표준오차는 표준편차 또는 분산을 사용해서 구할 수 있음을 확인할 수 있다.

$$\text{표준오차} = \sigma_M = \frac{\sigma}{\sqrt{n}} \quad \text{또는} \quad \sigma_M = \sqrt{\frac{\sigma^2}{n}}$$

여기서, 알려져 있지 않은 모집단 값을 단순히 표본 분산 또는 표준편차로 대체함으로써 표준오차를 추정할 수 있다.

$$\text{추정된 표준오차} = s_M = \frac{s}{\sqrt{n}} \quad \text{또는} \quad s_M = \sqrt{\frac{s^2}{n}} \tag{9.1}$$

주목할 것은, M의 추정된 표준오차를 나타내는 기호가 σ_M이 아니고 s_M이라는 점이다. 이는 추정된 값이 실제 모집단의 모수가 아니라 표본 자료로부터 계산되었음을 나타낸다.

추정된 표준오차(estimated standard error, s_M)는 σ가 알려져 있지 않을 때 실제 표준오차 σ_M에 대한 추정값으로서 사용된다. 이 값은 표본 분산 또는 표본 표준편차를 사용하여 계산하며, 표본 평균 M과 모평균 μ 간의 표준 거리에 대한 추정값이다.

여기서 또 한 가지 알아차려야 할 것은 우리가 (실제 또는 추정된) 표준오차 공식을 제시할 때, 표준편차를 사용한 공식과 분산을 사용한 공식 둘 다를 제시하고 있다는 것이다. 7장과 8장에서 우리는 표준편차를 사용한 공식에만 중점을 두었다. 그러나 이제부터는 분산에 기반한 공식으로 초점을 전환하도록 하겠다. 따라서 이 장의 나머지 부분과 이후 장들에서는 다음 공식을 사용하여 M의 추정된 표준오차를 제시하고 계산할 것이다.

$$s_M = \sqrt{\frac{s^2}{n}}$$

표준편차에서 분산으로 초점을 전환하는 데에는 두 가지 이유가 있다.

1. 4장(122쪽)에서 우리는 표본 분산이 불편 통계량임을 살펴보았다. 평균적으로, 표본 분산(s^2)은 모분산(σ^2)에 대한 정확하고 편향되지 않은 추정값을 제공한다. 따라서 표준오차를 추정하는 가장 정확한 방법은 표본 분산을 사용하여 모분산을 추정하는 것이다.
2. 이후 장들에서 우리는 다른 형태의 t 통계량들을 다루게 되는데, 이때 추정된 표준오차에 대한 공식에서 (표준편차 대신) 분산을 사용해야만 하는 경우가 있다. 서로 다른 형태들 간의 유사성을 최대화하기 위해, 우리는 모든 서로 다른 형태의 t 통계량 공식에서 분산을 사용하고자 한다. 따라서 우리가 t 통계량을 제시할 때는 언제나 추정된 표준오차를 다음과 같이 계산하게 될 것이다.

$$\text{추정된 표준오차} = \sqrt{\frac{\text{표본 분산}}{\text{표본 크기}}}$$

이제 우리는 z 점수 공식의 분모를 추정된 표준오차로 치환할 수 있다. 그 결과로 얻어지는 것이 바로 t 통계량이라고 하는 새로운 검정 통계량이다.

$$t = \frac{M - \mu}{s_M} \tag{9.2}$$

***t* 통계량**(t statistic)은 σ를 모를 때, 알려져 있지 않은 모평균 μ에 대한 가설 검정을 위해 사용한다. t 통계량 공식은 z 점수 공식과 동일한 구조를 가지지만, t 통계량은 분모에 추정된 표준오차를 사용한다는 점이 다르다.

t 공식과 z 점수 공식의 유일한 차이는 z 점수는 실제 모분산 σ^2(또는 표준편차)을 사용하고, t 공식은 모집단 값을 모를 때 이에 상응하는 표본 분산(또는 표준편차)을 사용한

다는 것이다.

$$z = \frac{M - \mu}{\sigma_M} = \frac{M - \mu}{\sqrt{\sigma^2/n}} \qquad t = \frac{M - \mu}{s_M} = \frac{M - \mu}{\sqrt{s^2/n}}$$

다음 예제를 통해 t 통계량에서 사용하는 추정된 표준오차를 여러분이 제대로 이해하고 있는지 점검해 볼 수 있을 것이다.

예제 9.1 $n = 9$개의 점수로 이루어져 있고 $SS = 288$인 표본에 대해, 표본 분산을 계산하고 표본 평균의 추정된 표준오차를 계산하시오. 여러분이 얻어야 하는 답은 $s^2 = 36$과 $s_M = 2$이다. ■

■ 자유도와 t 통계량

이 장에서 우리는 t 통계량이 z 점수를 대신하는 값이라고 소개했다. 이 둘 간의 근본적인 차이는 t 통계량은 표본 분산(s^2)을 사용하고 z 점수는 모분산(σ^2)을 사용한다는 것이다. t 통계량이 z 점수에 얼마나 잘 근사하는지 알기 위해서는 표본 분산이 모분산에 얼마나 잘 근사하는지를 알아야 한다.

큰 수의 법칙(7장, 206쪽)에 따르면, 표본 크기(n)가 클수록 표본 평균이 모평균에 더 가까워질 가능성이 높다. 동일한 원리가 표본 분산과 t 통계량에도 적용된다. 표본 크기가 커질수록 표본 분산 s^2이 모분산 σ^2을 더 잘 대표하고, 따라서 t 통계량이 z 점수에 더 잘 근사하게 된다. t 통계량의 경우, 이러한 관련성은 전형적으로 자유도(degree of freedom) 또는 df로 표현되는데, 여기서의 자유도는 표본 크기(n) 대신 표본 분산에서 사용하는 ($n - 1$)을 말한다. df값이 증가할수록, t 통계량이 z 점수에 더 잘 근사한다. 따라서 s^2과 연관된 자유도는 t가 z를 얼마나 잘 대표하는지 나타낸다.

표본 분산에서 자유도의 개념은 4장(121쪽)에서 소개되었다.

$$\text{자유도} = df = n - 1 \tag{9.3}$$

자유도(degrees of freedom)는 표본에 있는 독립적이고 자유롭게 변할 수 있는 점수의 개수를 나타낸다. 표본 평균이 표본에서 하나의 점수값에 대한 제약을 부여하므로, n개의 점수로 이루어진 표본은 $n - 1$의 자유도를 갖는다(4장 참조).

■ t 분포

임의의 모집단으로부터 나온 모든 표본은 z 점수 또는 t 통계량을 계산하기 위해 사용될

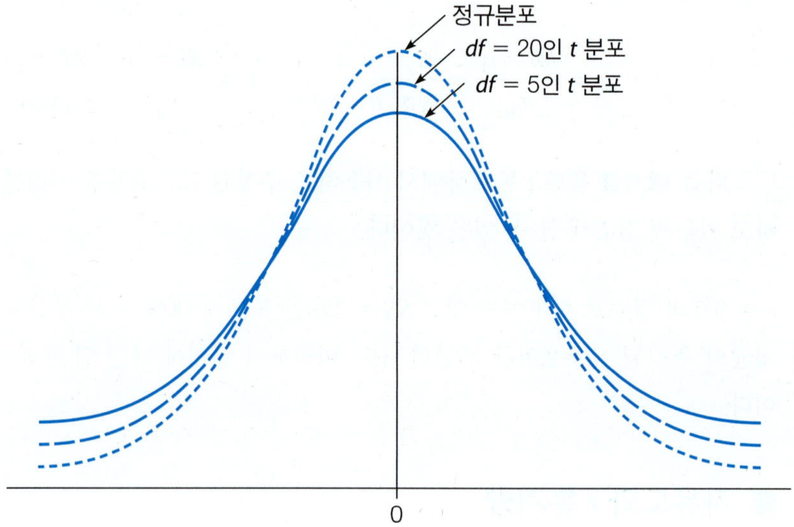

그림 9.1
서로 다른 자유도를 갖는 t 통계량의 분포들이 z 점수 정규분포와 대비되어 있다. 정규분포와 같이, t 분포도 종 모양의 좌우 대칭형이며 평균이 0이다. 그러나 t 분포가 정규분포보다 더 평평하고 더 넓게 퍼져 있다는 점에서 알 수 있듯이, t 분포는 정규분포에 비해 더 많이 변화한다. df값이 더 클수록 t 분포는 정규분포에 점점 더 근사한다.

수 있다. 만약 여러분이 특정한 크기(n)의 모든 가능한 표본들을 추출하여, 각 표본 평균에 대한 z 점수를 계산한다면, 전체 z 점수들의 집합은 z 점수 분포를 형성하게 된다. 같은 방식으로, 모든 표본에 대해 t 통계량을 계산할 수 있고 t값들의 전체 집합이 t 분포를 형성하게 된다. 7장에서 살펴보았듯이 표본 평균들에 대한 z 점수의 분포는 정규분포 형태를 띠는 경향이 있다. 구체적으로, 만약 표본 크기가 크거나($n = 30$ 근처이거나 그보다 클 때) 또는 표본이 정규 모집단에서 나왔다면, 표본 평균들의 분포는 거의 완벽하게 정규분포가 된다. 동일한 상황에서 t 분포는 정규분포에 근사하는데, 이는 t 통계량이 z 점수에 근사하는 것과 같다. t 분포가 정규분포에 얼마나 잘 근사하는가는 자유도에 의해 결정된다. 일반적으로, 표본 크기(n)가 클수록 자유도($n - 1$)도 커지고, t 분포가 정규분포에 더 잘 근사한다. 이러한 사실이 **그림 9.1**에 나타나 있는데, **그림 9.1**은 정규분포와 두 개의 t 분포를 보여 주고 있다. 두 t 분포는 각각 $df = 5$와 $df = 20$를 갖는다.

***t* 분포**(distribution)는 특정한 표본 크기(n) 또는 특정한 자유도(df)에서 모든 가능한 무작위 표본들에 대해 t값을 계산했을 때 이 값들의 전체 집합이다. t 분포는 정규분포 모양에 근사한다.

■ t 분포의 모양

t 분포의 정확한 모양은 자유도에 따라 달라진다. 사실 통계학자들은 t 분포를 하나의 분포가 아니라 분포들의 '집합'이라고 표현한다. 즉, 각각의 가능한 자유도에 대해 서로 다른 t의 표집 분포(모든 가능한 표본 t값들의 분포)가 존재한다. df가 매우 커지면 t 분포는 z 정규분포 모양에 점점 가까워진다. **그림 9.1**을 잠깐만 살펴보더라도 t 분포들이 종 모양이고 좌우 대칭이며 0을 평균으로 갖는다는 것을 알 수 있다. 그러나 t 분포는 z 정규분포에 비해 더 큰 변산성을 가지며, 특히 df값이 작을 때는 더욱더 그렇다(**그림 9.1** 참조). t 분포는 더 평평하고 넓게 퍼지는 경향이 있는 반면, z 정규분포는 중심 봉우리가 더 높다.

t 분포가 z 점수 분포보다 더 평평하고 더 많이 변화하는 이유를 더 명확히 알기 위해 z와 t 공식의 구조를 살펴보자. 표본 평균(M)은 표본에 따라 달라지기 때문에, z와 t 식 모두의 분자인 $M - \mu$는 표본에 따라 그 값이 달라질 수 있다. 그러나 z 점수의 경우, 모든 표본들이 동일한 크기이고 동일한 모집단으로부터 선택된다면, 분모는 표본에 따라 달라지지 않는다. 구체적으로, 모든 z 점수들은 분모에 동일한 표준오차, 즉 $\sigma_M = \sqrt{\sigma^2/n}$을 갖는다. 반면, t 통계량의 경우, 식의 분모가 표본에 따라 달라진다. 구체적으로, 표본 분산(s^2)이 표본에 따라 변하고, 추정된 표준오차 $s_M = \sqrt{s^2/n}$ 또한 표본에 따라 변한다. 따라서 z 점수 식은 표본에 따라 분자만 변하는 반면, t 통계량의 경우 분자와 분모 모두 변한다. 그 결과, t 통계량이 z 점수에 비해 표본에 따라 더 많이 변화하며, t 분포가 더 평평하고 더 넓게 퍼지게 되는 것이다. 그러나 표본 크기 및 df가 증가하면 t 분포의 변산성이 줄어들고 t 분포는 정규분포에 더 가까워지게 된다.

■ t 분포에서 비율과 확률 알기

z 점수와 관련된 비율이 얼마인지 알기 위해 표준 정규분포표를 사용했던 것과 마찬가지로, t 통계량에 대한 비율을 알기 위해서는 t 분포표를 사용한다. 전체 t 분포표는 부록 A에 제시되어 있고, 이 표의 일부분이 **표 9.1**에 제시되어 있다. 표의 가장 윗부분 두 행은, 어느 행을 사용하느냐에 따라 t 분포에서 한쪽 꼬리 또는 양쪽 꼬리에 포함된 비율을 나타낸다. 표의 첫 번째 열에는 t 분포의 자유도가 나열되어 있다. 마지막으로, 표 내부에 있는 숫자들은 t 분포의 꼬리와 나머지 부분의 경계를 가르는 t값들을 나타낸다.

예를 들어, $df = 3$이면, t 분포에서 정확히 5%만큼이 $t = 2.353$을 넘어서는 분포의 꼬리에 위치한다(**그림 9.2**). 이 값을 찾는 과정이 **표 9.1**에 강조되어 있다. 우선 표의 첫 번째 열에서 $df = 3$의 위치를 찾는다. 그러고 나서 한쪽 꼬리 비율을 나타내는 행에서 0.05(5%) 비율의 위치를 찾는다. 표에서 이 열과 행이 만나는 지점에서 $t = 2.353$을 찾

표 9.1 t 분포표의 비율. 표 내부에 있는 숫자들은 분포의 주요 몸통 부분으로부터 꼬리를 분리하는 t값들이다. 이 값들이 한쪽 꼬리 또는 양쪽 꼬리의 비율을 나타나는지는 표 맨 위에 제시되어 있고, t값에 대한 df값은 표의 첫 번째 열에 나열되어 있다.

	한쪽 꼬리의 비율					
	0.25	0.10	0.05	0.025	0.01	0.005
	양쪽 꼬리를 합한 비율					
df	0.50	0.20	0.10	0.05	0.02	0.01
1	1.000	3.078	6.314	12.706	31.821	63.657
2	0.816	1.886	2.920	4.303	6.965	9.925
3	0.765	1.638	2.353	3.182	4.541	5.841
4	0.741	1.533	2.132	2.776	3.747	4.604
5	0.727	1.476	2.015	2.571	3.365	4.032
6	0.718	1.440	1.943	2.447	3.143	3.707

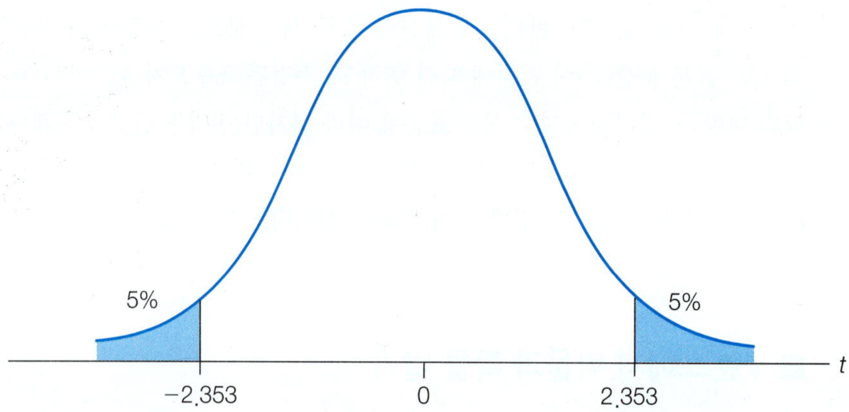

그림 9.2
$df = 3$인 t 분포. 분포의 5%가 $t = 2.353$을 넘어서는 꼬리에 위치하고, 또 다른 5%는 $t = -2.353$을 넘는 꼬리에 위치함에 주목하자. 따라서 전체 중 10%(0.10)가 분포 양쪽을 합했을 때, 분포의 꼬리에 위치한다.

을 수 있다. 이 분포는 좌우 대칭이기 때문에, $t = -2.353$을 넘어서는 꼬리에도 t 분포의 5%만큼이 존재한다(그림 9.2 참조). 결국, $t = \pm 2.353$을 넘는 양쪽 꼬리 부분에 전체의 10%(즉 0.10)가 포함되어 있다(표에서 '양쪽 꼬리를 합한 비율' 행에서 비율값을 확인하라).

부록 A에 있는 t 분포표를 좀 더 자세히 살펴보면 앞서 지적했듯이 df값이 증가함에 따라 t 분포가 정규분포와 점점 더 유사해진다는 것을 알 수 있다. 예를 들어, 표에서 양쪽 꼬리에 0.05의 비율을 갖도록 나누는 t값들을 포함하고 있는 열을 살펴보자. df = 1일 때 극단값 5%(0.05)를 나머지와 구분하는 t값은 $t = \pm 12.706$이다. 그러나 열의 아래로 읽어 내려갈수록, t 임곗값이 점점 더 작아져서 결국은 ±1.96이 됨을 알 수 있다. 여러분은 ±1.96이 정규분포에서 극단값 5%를 구분하는 z 점수값임을 알아차렸을 것이다. 따라서 df가 증가할수록, t 분포에서의 비율은 정규분포에서의 비율과 흡사해진다. 표본 크기(및 자유도)가 충분히 클 때, t 분포와 정규분포 간의 차이는 무시해도 좋을 정도로 작아진다.

주의: 이 책에 수록된 t 분포는 축약되어 있기 때문에 모든 가능한 df값을 포함하고 있지 않다. 예를 들어, t 분포표는 $df = 40$과 $df = 60$일 때의 t값은 제시하지만, df값이 40과 60 사이일 때에 대해서는 t값을 제시하지 않는다. 때로 여러분이 얻은 t값이 표에는 나열되어 있지 않은 df값을 갖는 경우가 있을 것이다. 이러한 경우에는 해당 df 앞 뒤에 해당하는 t 임곗값을 찾은 후 더 큰 값을 사용하면 된다. 예를 들어, 만약 $df = 53$이라면(표에는 제시되어 있지 않다), $df = 40$과 $df = 60$에 해당하는 두 t 임곗값을 찾은 후 더 큰 t값을 사용한다. 만약 여러분의 표본 t 통계량이 표에서 찾은 더 큰 t값보다 크다면 자료가 기각역에 속한다고 확신할 수 있고, 영가설을 확실하게 기각할 수 있다.

학습 점검

학습 목표 1 1. 가설 검정에서 어떠한 경우에 z 점수를 대신하여 t 통계량을 사용하는가?

- **a.** 표본 크기가 $n = 30$ 또는 그보다 클 때 t 통계량을 사용한다.
- **b.** 모평균이 알려져 있지 않은 경우에 t 통계량을 사용한다.
- **c.** 모분산(또는 표준편차)이 알려져 있지 않은 경우에 t 통계량을 사용한다.
- **d.** 모집단 분포가 정규분포인지 확실치 않은 경우에 t 통계량을 사용한다.

학습 목표 2 2. $n = 4$개의 점수로 이루어진 표본에서 $SS = 48$이다. 이때 표본 평균에 대한 추정된 표준오차는 얼마인가?

- **a.** 48
- **b.** 16
- **c.** 4
- **d.** 2

학습 목표 3 3. 영가설이 참일 때 평균적으로 기대할 수 있는 t 통계량은 얼마인가?

- **a.** 0
- **b.** 1

c. 1.96

d. $t > 1.96$

정답 1. c 2. d 3. a

9-2 t 통계량을 사용한 가설 검정

학습 목표(Learning Objectives)

4. t 통계량을 사용하여 가설 검정을 실행할 수 있다.

5. t 검정에서 영가설을 기각할 가능성이 표본 크기와 표본 분산에 의해 어떻게 영향을 받는지 설명할 수 있다.

가설 검정 상황에서 우리는 알려져 있지 않은 평균과 알려져 있지 않은 분산을 가진 모집단으로부터 출발하며, 종종 모집단에 어떤 처치를 가하게 된다(그림 9.3). 가설 검정의 목적은 처치 후 모집단으로부터 얻은 표본(처치 후 표본)을 기반으로 처치 효과가 있는지 없는지를 알아내는 것이다.

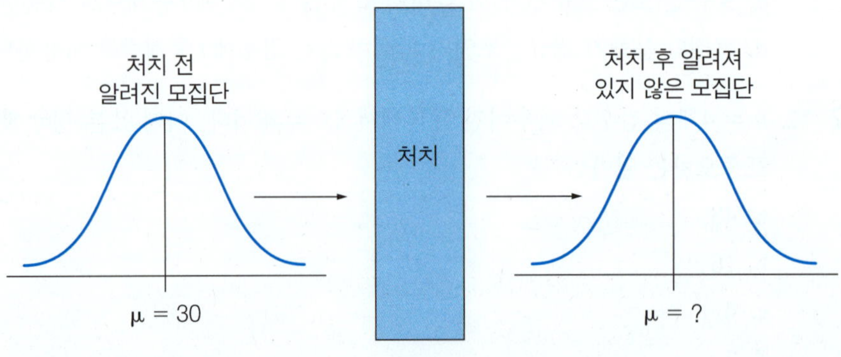

그림 9.3
t 통계량을 사용한 가설 검정에서의 기본 연구 상황. 처치 전 모집단에 대해 모수 μ가 알려져 있다고 가정한다. 연구의 목적은 처치의 효과가 있는지 알아보는 것이다. 주목할 것은 처치 후 모집단에 대해서는 평균과 분산의 값들이 알려져 있지 않다는 것이다. 우리는 모평균에 대한 가설 검정을 위해 표본을 사용할 것이다.

■ 가설 검정에서 *t* 통계량 사용하기

늘 그렇듯이 영가설은 처치가 아무런 효과를 갖지 않는다고 진술한다. 구체적으로, H_0는 모평균이 바뀌지 않는다고 진술한다. 따라서 영가설은 알려지지 않은 모평균에 대한 구체적인 값을 제공한다. 표본 자료는 표본 평균에 대한 값을 제공한다. 그리고 표본 자료를 사용해서 분산과 추정된 표준오차를 계산한다. 이 값들이 t 공식에 사용되며, 결과적으로 다음 식을 얻을 수 있다.

$$t = \frac{\text{(자료에서 얻은) 표본 평균} - (H_0\text{에서 가정한) 모평균}}{\text{(자료로부터 계산한) 추정된 표준오차}}$$

z 점수 공식에서와 마찬가지로, t 통계량도 비율을 나타낸다. 분자는 표본 자료(M)와 모집단 가설(μ) 간의 실제 차이를 나타낸다. 분모에 있는 추정된 표준오차는 표본 평균과 모평균 간에 얼마만큼의 차이를 예상하는 것이 합리적인지를 나타낸다. 자료와 가설 간 얻어진 차이(분자)가 기대된 것(분모)보다 훨씬 클 때에는, 큰 t값(큰 양수일 수도 있고 큰 음수일 수도 있다)을 얻게 된다. 이 경우, 우리는 자료가 가설과 일치하지 않는다고 결론짓고, "H_0를 기각"한다는 판정을 내린다. 반면, 자료와 가설 간의 차이가 표준오차에 비해 상대적으로 작을 때에는 0에 가까운 t 통계량을 얻게 되고, "H_0를 기각하지 못한다"는 판정을 내린다.

알려지지 않은 모집단 앞서도 언급했듯이, 가설 검정은 종종 어떤 처치를 받은 모집단에 대해서 시행된다. **그림 9.3**에 이러한 상황이 나타나 있다. 주목할 것은 처치 전 모집단에 대한 평균값은 알려져 있다는 것이다. 여기서 질문은, 처치가 점수에 영향을 미쳐서 평균에 변화를 야기했는가, 그렇지 않은가이다. 이 경우, 처치가 시행된 이후에 존재하는 모집단은 알려져 있지 않고, 영가설에서는 단순하게 처치에 의해 평균값이 변화하지 않는다고 진술한다.

t 통계량은 **그림 9.3**에서와 같이 '처치 전과 후' 유형의 연구에서 사용될 수 있기도 하지만, 기준이 되는 알려진 모평균이 존재하지 않는 상황에서의 가설 검정도 가능하다. 구체적으로, t 검정은 모평균 또는 모분산에 대한 어떠한 사전 지식도 요구하지 않는다. 여러분이 t 통계량을 계산하기 위해 필요한 것은 영가설과 알려져 있지 않은 모집단으로부터 얻은 표본이다. 따라서 t 검정은 영가설이 어떤 이론, 논리적 예측, 또는 단순한 희망적 사고 등에 의해 얻어진 상황에서 사용될 수 있다. 예를 들어, 많은 연구들은 생각이나 태도를 측정하기 위해 평정 척도를 사용한다. 참여자들에게 어떤 진술문을 주고 자신의 의견을 1부터 7까지의 척도에 표시하도록 한다. 이때 1은 "매우 부정적이다"를 나타내고 7은 "매우 긍정적이다"를 나타낸다. 4점은 어느 한쪽으로 강하게 의견을 보이지 않는 중립적인 입장을 나타낸다. 이 경우 영가설은 모집단에서 어떠한 선호나 강

한 의견이 없다는 것이고, H_0: $\mu = 4$와 같은 영가설을 사용할 수 있다. 그러고 나서 표본 자료를 사용하여 이 가설을 평가한다. 주목할 것은 연구자가 모평균에 대한 어떠한 사전 지식 없이 논리에만 기반하여 영가설을 설정했다는 것이다.

■ 가설 검정 예제

다음의 연구 상황은 t 통계량을 사용한 가설 검정 절차를 보여 준다.

예제 9.2 Chang, Aeschbach, Duffy와 Czeisler(2015)에 따르면, 잠들기 전에 빛을 방출하는 e리더를 사용하여 글을 읽는 것은 수면에 영향을 미치고 다음 날 아침 각성 상태도 떨어뜨린다. 이러한 발견을 검증하기 위해, 한 연구자가 잠들기 한 시간 전에 적어도 15분 동안 e리더를 사용하겠다고 동의한 $n = 9$명의 자원자 표본을 모집하여, e리더를 사용한 다음 날 아침 표준화된 인지적 각성 검사를 실시하도록 했다. 일반적인 모집단에서 검사 점수는 평균이 $\mu = 50$인 정규분포를 형성한다. 연구 참여자 표본에서 평균 점수는 $M = 46$이고, $SS = 162$이었다.

1단계 **가설을 진술하고 유의 수준을 선택한다.** 이 예제에서 영가설은 늦은 밤에 빛을 방출하는 화면으로 책을 읽는 것이 다음 날 아침의 각성 상태에 아무런 영향을 미치지 않는다는 것이다. 영가설을 기호로 나타내면 다음과 같다.

$$H_0: \mu_{\text{화면으로 책 읽기}} = 50 \quad \text{(일반 모집단과 동일하다)}$$

대립가설은 잠들기 전 화면으로 책을 읽는 것이 다음 날 아침 각성 상태에 영향을 미친다는 것이다. 방향성이 있는 가설 검정 또는 단방 검정에서는 각성 수준이 높아지는지 낮아지는지를 구체적으로 밝히겠지만, 방향성이 없는 대립가설의 경우 다음과 같이 나타낼 수 있다.

$$H_1: \mu_{\text{화면으로 책 읽기}} \neq 50$$

우리는 유의 수준 $\alpha = .05$에서 양방 검정을 실시할 것이다.

2단계 **기각역을 찾는다.** 모분산을 알지 못하므로 검정 통계량으로 t 통계량을 사용한다. 따라서 기각역이 어디인지 찾기 이전에 자유도를 알아야 한다. 이 예제에서 자유도는 다음과 같다.

$$df = n - 1 = 9 - 1 = 8$$

유의 수준 .05에서 자유도가 8인 양방 검정의 기각역은 t값이 $+2.306$보다 크거나 -2.306보다 작은 값들로 이루어진다. 그림 9.4는 이러한 t 분포의 기각역을 보여 준다.

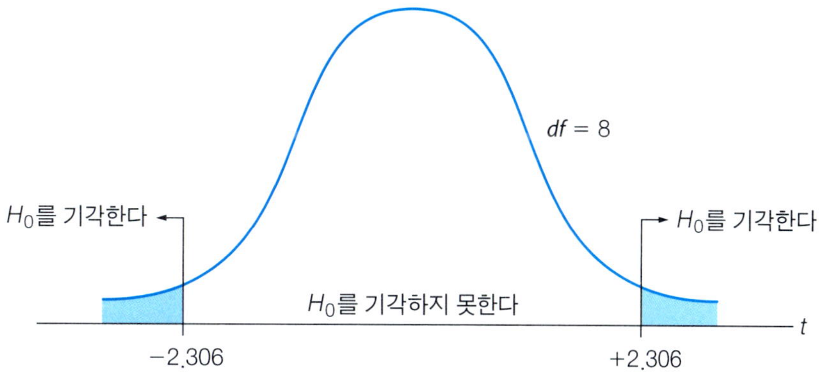

그림 9.4
$\alpha = .05$이고 $df = 8$인 t 분포의 기각역

3단계 검정 통계량을 계산한다. t 통계량은 z 점수보다는 더 많은 계산을 필요로 한다. 따라서 계산을 세 단계 과정으로 나누어 시행하는 것이 좋다.

a. 첫째, 표본 분산을 계산한다. 모분산을 알지 못하기 때문에, 대신 표본값을 사용해야 함을 기억하라. (이것이 z 점수 대신 t 통계량을 사용해야 하는 이유이다.)

$$s^2 = \frac{SS}{n-1} = \frac{SS}{df}$$

$$= \frac{162}{8} = 20.25$$

b. 다음으로, 표본 분산(s^2)과 표본 크기(n)를 사용하여 추정된 표준오차를 계산한다. 이 값이 t 통계량의 분모가 되는데, 표본 평균과 그에 상응하는 모평균 간에 우연에 의해 얼마만큼의 차이를 기대하는 것이 합리적인지를 나타낸다.

$$s_M = \sqrt{\frac{s^2}{n}}$$

$$= \sqrt{\frac{20.25}{9}} = \sqrt{2.25} = 1.50$$

c. 마지막으로, 표본 자료에 대한 t 통계량을 계산한다.

$$t = \frac{M - \mu}{s_M} = \frac{46 - 50}{1.50} = -2.67$$

4단계 H_0에 대한 판정을 내린다. 계산 결과 얻어진 t 통계량은 −2.67로, t 분포의 왼쪽 기각역에 포함된다(그림 9.4 참조). 우리는 H_0를 기각한다는 통계적 판정을 내리고, 잠자리에서 빛을 방출하는 화면으로 글을 읽는 것은 다음 날 아침의 각성 상태에 영향을 미친다고 결론 내린다. 표본 평균이 나타내듯이, 잠들기 전에 화면으로 글을 읽고 나면 각성 수준이 떨어지는 경향이 있다. ■

■ *t* 검정의 가정들

t 통계량을 사용하여 가설 검정을 하기 위해서는 두 가지 기본적인 가정이 충족되어야 한다.

1. 표본에 있는 점수들은 독립적인 관찰값이다.

일상적인 말로 표현하면, 두 관찰값이 **독립적**이라는 것은 첫 번째 값과 두 번째 값 간에 어떠한 일관되고 예측 가능한 관련성도 존재하지 않는다는 것을 의미한다. 더 정확하게 말하면, 첫 번째 사건이 발생하는 것이 두 번째 사건이 발생할 확률에 어떠한 영향도 미치지 않을 때 이 두 사건(또는 관찰값)은 독립적이다. 우리는 **글상자** 8.1(256쪽)에서 독립적인 경우와 비독립적인 경우의 구체적인 예제를 살펴보았다.

2. 표본이 추출된 모집단은 정규분포를 따른다.

이 가정은 *t* 통계량과 *t* 분포표 기저에 놓인 수학에 필요한 부분이다. 그러나 이 가정을 위배한다고 해도 *t* 통계량을 사용하여 얻어진 결과에 미치는 실질적인 영향은 거의 없고, 특히 표본 크기가 상대적으로 클 때에는 더더욱 그렇다. 매우 작은 크기의 표본에서는 모집단이 정규분포를 따르는 것이 중요하다. 더 큰 표본에서는 이 가정을 위배해도 가설 검정의 타당성에는 영향을 미치지 않는다. 만약 여러분이 모집단 분포가 정규분포가 아니라는 근거를 가지고 있다면, 큰 표본을 사용하는 것이 안전하다.

■ 표본 크기와 표본 분산의 영향

8장(254쪽)에서 지적했듯이, 가설 검정의 결과에는 다양한 요인들이 영향을 미친다. 특히, 표본에 있는 점수의 개수와 표본 분산의 크기는 둘 다 *t* 통계량에 크게 영향을 미치며, 따라서 통계적 판정에도 영향을 미치게 된다. *t* 공식의 구조를 살펴보면 이러한 요인들을 더욱 쉽게 이해할 수 있다.

$$t = \frac{M - \mu}{s_M} \qquad \text{여기서 } s_M = \sqrt{\frac{s^2}{n}}$$

추정된 표준오차 s_M이 식의 분모에 있기 때문에, s_M의 값이 크면 t값은 작아진다(0에 가까워진다). 따라서 표준오차에 영향을 미치는 모든 요인은 영가설을 기각하여 유의한 처치 효과를 찾을 가능성에도 또한 영향을 미치게 된다. 표준오차 크기를 결정하는 두 가지 요인은 표본 분산 s^2과 표본 크기 n이다.

추정된 표준오차는 표본 분산과 직접적으로 관련이 있어서, 표본 분산이 클수록 표준오차도 커진다. 따라서 표본 분산이 크다는 것은 유의한 처치 효과를 얻을 가능성이 낮아짐을 의미한다. 일반적으로, 추론 통계에서 표본 분산이 큰 것은 좋지 않다. 큰 표본 분산은 점수들이 넓게 퍼져 있음을 나타내고, 이는 자료에서 어떤 일관된 패턴이나 경향을 찾기 어렵게 만든다. 일반적으로, 높은 표본 분산은 영가설을 기각할 가능성을 낮춘다.

다른 한편으로, 추정된 표준오차는 표본에 있는 점수의 개수와 반비례하는 관계에 있다. 표본 크기가 클수록, 표준오차는 더 작아진다. 만약 다른 모든 요인들이 동일하다면, 큰 표본은 큰 t 통계량을 산출하는 경향이 있고, 따라서 유의한 결과를 산출할 가능성도 더 높다. 예를 들어, $n = 4$ 크기의 표본에서 2점의 평균 차이는 처치 효과에 대한 확실한 증거가 아닐 수 있다. 그러나 동일한 2점의 차이라도 표본 크기가 $n = 100$이면 훨씬 더 강력한 증거가 된다.

학습 점검

학습 목표 4 **1.** 평균이 $\mu = 70$인 모집단으로부터 $n = 9$개의 점수로 구성된 표본을 선택하여 이 표본에 처치를 했다. 처치 후, 표본에서 얻은 값은 $M = 74$, $SS = 288$과 같았다. 만약 처치 효과를 알아보기 위해 t 통계량을 사용하여 가설 검정을 한다면, t 통계량으로 얻어질 값은 무엇인가?

a. $t = 1$
b. $t = 1.50$
c. $t = 2$
d. $t = 4$

학습 목표 4 **2.** 가설 검정에서 $t = 2.30$의 t 통계량이 도출되었다. 만약 연구자가 $\alpha = .05$ 수준에서 양방 검정을 실시한다면, 영가설을 기각하기 위해 표본 크기가 얼마나 커야 하는가?

a. 최소 $n = 8$
b. 최소 $n = 9$

c. 최소 $n = 10$

d. 최소 $n = 11$

학습 목표 5 **3.** 모집단으로부터 표본을 선택하여 이 표본에 처치를 했다. t 통계량을 사용한 가설 검정에서, 만약 표본 평균과 원래 모평균 간에 5점의 차이가 존재한다면, 다음 중 어떠한 표본 특성이 유의한 처치 효과가 있다는 결론으로 이어질 가능성이 가장 높은가?

a. 표본 크기가 크고 분산이 작을 때

b. 표본 크기가 작고 분산이 작을 때

c. 표본 크기가 크고 분산이 클 때

d. 표본 크기가 작고 분산이 클 때

정답 1. c 2. c 3. a

9-3 *t* 통계량에 대한 효과 크기 측정

학습 목표(Learning Objectives)

6. t 통계량을 사용한 가설 검정에서 효과 크기를 측정하기 위해 Cohen의 d 또는 설명된 분산의 비율(r^2)을 계산할 수 있다.

7. t 검정의 효과 크기 값들이 표본 크기와 표본 분산에 의해 어떻게 영향을 받는지 설명할 수 있다.

8. 가설 검정에서 처치 효과 크기를 기술하기 위해 신뢰 구간을 사용하는 방법을 설명하고, 신뢰 구간 너비에 영향을 미치는 요인들을 기술할 수 있다.

9. t 통계량을 사용한 가설 검정의 결과를 논문에 어떻게 보고해야 하는지 기술할 수 있다.

8장에서 우리는 가설 검정에 대한 하나의 비판으로 가설 검정이 실제로 처치 효과의 크기를 평가하지 않는다는 점을 이야기했다. 가설 검정은 단순히 처치 효과가 우연 수준보다 큰지, 그렇지 않은지를 결정하는데, 여기서 '우연 수준'은 표준오차에 의해 결정된다. 따라서 매우 작은 처치 효과가 '통계적으로 유의한' 결과가 될 가능성이 있는데, 특히 표본 크기가 매우 클 때 이러한 일이 발생할 수 있다. 이러한 문제를 해결하기 위해, 가설 검정에 대한 결과를 보고할 때, Cohen의 d와 같은 효과 크기를 반드시 함께 보고하도록 권장하고 있다.

■ 추정된 Cohen의 *d*

처음 Cohen의 d를 소개하면서(265쪽) 다음 식을 살펴보았다.

$$\text{Cohen의 } d = \frac{\text{평균 차이}}{\text{표준편차}} = \frac{\mu_{\text{처치 후}} - \mu_{\text{처치 전}}}{\sigma}$$

Cohen은 이 효과 크기 측정값을 모평균 차이와 모표준편차를 사용하여 정의했다. 그러나 대부분의 경우 모집단값은 알려져 있지 않으므로 대신 그에 해당하는 표본값들을 사용해야 한다. 많은 연구자들은 이렇게 얻어진 값을 '추정된 d(estimated d)'라고 부르거나 Cohen의 식을 표본 통계량으로 처음 치환해서 사용한 통계학자들의 이름을 따서 부르는 것을 선호한다(예를 들어, Glass의 g 또는 Hedges의 g라고 한다). t 통계량을 사용한 가설 검정에서 처치 전 모집단의 평균은 영가설에 의해 구체적인 값이 제시된다. 그러나 처치 후 모평균과 표준편차는 둘 다 알려져 있지 않다. 따라서 알려져 있지 않은 모수에 대한 추정값으로서, 처치 후 표본의 평균과 처치 후 표본의 표준편차를 사용한다. 이렇게 치환했을 때 Cohen의 d를 추정하는 식은 다음과 같다.

$$\text{추정된 } d = \frac{\text{평균 차이}}{\text{표본 표준편차}} = \frac{M - \mu}{s} \tag{9.4}$$

분자는 처치 후 표본 평균과 처치 전 모평균(H_0로부터 나온 μ)의 차이에 의해 처치 효과 크기를 측정한다. 분모에 있는 표본 표준편차는 이 평균 차이를 표준편차 단위로 표준화한다. 따라서 추정된 d값 1.00은 처치 효과의 크기가 1 표준편차에 해당한다는 것을 의미한다. 다음 예제는 t 통계량을 사용한 가설 검정에서 어떻게 추정된 d를 사용하여 효과 크기를 측정하는지를 보여 준다.

예제 9.3 예제 9.2에서 다룬 잠들기 전의 읽기 연구에서, 참여자들의 각성 검사 점수의 평균은 $M = 46$점이었다. 만약 (영가설에서 기술한 것과 같이) 빛을 방출하는 e리더가 아무 효과가 없다면, 모평균은 $\mu = 50$일 것이다. 따라서 잠자리에서 글을 읽었을 때의 평균($M = 46$)과 일반 모평균($\mu = 50$)은 4점의 차이를 나타내게 된다. 또한 표본 표준편차는 단순히 표본 분산에 루트를 씌운 것이나. 이 연구에서 표본 분산은 $s^2 = 20.25$이었으므로 표본 표준편차는 아래와 같다.

$$s = \sqrt{s^2} = \sqrt{20.25} = 4.50$$

따라서 이 예제에서 Cohen의 d를 다음과 같이 추정할 수 있다.

$$\text{Cohen의 } d = \frac{M - \mu}{s} = \frac{46 - 50}{4.50} = 0.89$$

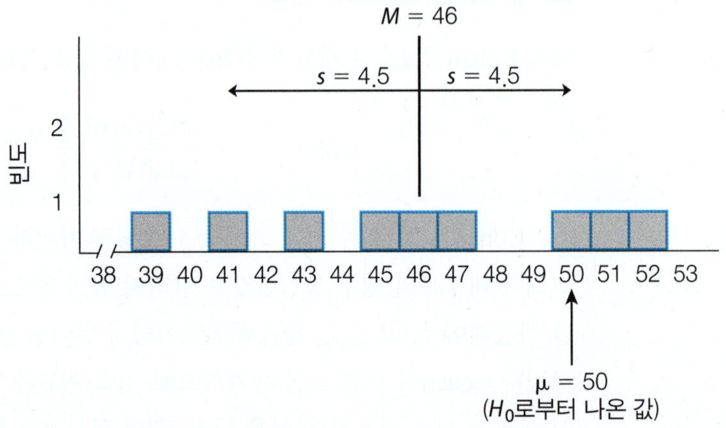

그림 9.5
예제 9.2와 9.3에 사용된 점수들의 표본 분포. 만약 빛을 방출하는 e리더가 아무 효과가 없다면 기대할 수 있는 값은 모평균인 $\mu = 50$이다. 주목할 것은 표본 평균이 $\mu = 50$으로부터 대략 1 표준편차의 거리만큼 떨어져 있다는 것이다.

Cohen이 제안한 기준에 따르면(표 8.2 참조), 이 값은 큰 처치 효과를 나타낸다. ■

Cohen의 d가 무엇을 측정하는지 시각화하기 위해, 평균이 $M = 46$이고 표준편차가 $s = 4.5$(예제 9.2와 9.3에서와 동일한 값)인 $n = 9$개의 점수를 생성했다. 그림 9.5에 이 점수들이 나타나 있다. 주목할 것은 그림 안에 $\mu = 50$의 위치를 나타내는 화살표가 포함되어 있다는 것이다. $\mu = 50$은 영가설에서 가정하는 값이고, 처치 효과가 없다면 평균이 어떤 값이어야 하는지를 나타냄을 떠올려 보자. 명백히, 우리 표본은 $\mu = 50$을 중심으로 분포되어 있지 않다. 대신, 점수들은 더 왼쪽으로 이동하여 분포하고 있고, 그 평균은 $M = 46$이다. 50에서 46으로의 이동은 처치 효과에 의해 야기된 4점의 평균 차이를 나타낸다. 또한 이 4점의 평균 차이는 표준편차와 거의 같다. 따라서 처치 효과의 크기는 1 표준편차에 가깝다. 다시 말해, Cohen의 $d = 0.89$는 처치 효과를 정확히 기술한다.

다음 예제를 통해 여러분이 t 통계량을 사용하는 가설 검정과 효과 크기를 이해했는지 확인해 볼 수 있을 것이다.

예제 9.4 평균이 $\mu = 40$인 모집단으로부터 $n = 16$명으로 구성된 표본을 선택했다. 이 표본에 속한 개인들에게 처치를 시행했을 때, 처치 후 표본은 평균이 $M = 44$, 분산이 $s^2 = 16$과 같았다. $\alpha = .05$ 수준에서 양방 검정을 사용하여 처치 효과가 유의한지 아닌지 판정하고, 처치 효과의 크기를 측정하기 위해 Cohen의 d값을 계산하시오. 여러분은 $df = 15$와 $t = 4.00$를 얻어야 하고, 이 값은 H_0를 기각할 정도로 충분히 크며, Cohen의 $d = 1.00$이다.

■ 설명된 분산의 비율 r^2 측정하기

효과 크기를 측정하는 또 다른 방법은 점수들의 변산성 중 어느 정도를 처치 효과에 의해 설명할 수 있는지 살펴보는 것이다. 이 측정값은 처치에 의해 점수들이 증가(또는 감소)한다는 개념, 즉 처치로 인해 점수가 변화한다는 개념에 바탕을 둔다. 만약 처치에 의해 얼마만큼의 변산성을 설명할 수 있는지 측정할 수 있다면, 처치 효과 크기를 측정할 수 있을 것이다.

이러한 개념을 설명하기 위해 예제 9.2에 제시된 가설 검정에서의 자료를 사용하도록 하겠다. 영가설에서 처치(잠자리에서 빛을 방출하는 화면으로 글을 읽는 것)가 다음 날 아침 각성 상태에 아무런 영향을 주지 않는다고 기술했음을 떠올려 보자. 영가설에 따르면, 잠자리에서 빛을 방출하는 화면으로 글을 읽는 사람들은 일반적인 모집단에서와 동일한 수준의 각성 상태를 보여야 하며, 따라서 표준화된 각성 검사에서 평균 μ = 50점을 나타내어야 한다.

그러나 **그림 9.5**의 자료를 보면, 점수들이 $\mu = 50$을 중심으로 분포하지 않음을 알 수 있다. 대신, 점수들은 왼쪽으로 이동하여 표본 평균인 $M = 46$을 중심으로 분포하고 있다. 이러한 이동은 처치 효과를 나타낸다. 처치 효과의 크기를 측정하기 위해 우리는 평균으로부터의 편차들 및 편차 제곱합 SS를 두 가지 서로 다른 방식으로 계산한다.

그림 9.6(a)는 원래 점수들을 보여 주고 있다. 각각의 점수에 대해, 이 값이 $\mu = 50$으로부터 떨어진 편차가 파란 선으로 나타나 있다. $\mu = 50$은 영가설로부터 온 값이고 처치 효과가 없을 때의 모평균을 나타냄을 기억하자. 주목할 것은, 거의 모든 대부분의 점수들이 $\mu = 50$의 왼쪽에 위치한다는 것이다. 이렇게 왼쪽으로의 이동이 처치 효과이다. 구체적으로, 밤늦게 화면으로 글을 읽는 것이 다음 날 아침 각성 수준을 낮춘 것인데, 이는 참여자들의 점수가 대체로 50보다 낮다는 것을 의미한다. 이와 같이, 처치가 점수를 $\mu = 50$으로부터 멀어지게끔 하여 편차의 크기를 증가시킨 것이다.

다음으로, 우리는 처치 효과가 제거되었을 때 무슨 일이 일어나는지를 살펴볼 것이다. 이 예제에서 처치는 4점의 효과(평균이 $\mu = 50$에서 $M = 46$으로 줄어든다)를 갖는다. 처치 효과를 제거하기 위해, 단순히 각 점수에 4점씩을 더한다. 이렇게 조정된 점수들이 **그림 9.6(b)**에 제시되어 있고, 앞서와 마찬가지로 $\mu = 50$으로부터의 편차가 파란 선으로 나타나 있다. 첫째로, 조정된 점수들은 $\mu = 50$을 중심으로 분포함을 알 수 있다. 이는 처치 효과가 없음을 나타낸다. 또한, 처치 효과가 제거되면 편차(파란 선)가 눈에 띄게 작아짐을 알 수 있다.

처치 효과가 제거되었을 때 변산성이 얼마나 줄어드는지 측정하기 위해, 조정 전과 후의 점수 집합 각각에 대해 잔차 제곱합, 즉 SS를 계산한다. **표 9.2**의 왼쪽 열은 원래 점수들[**그림 9.6(a)**]에 대한 계산을 보여 주고, 오른쪽 열은 조정된 점수들[**그림 9.6(b)**]에

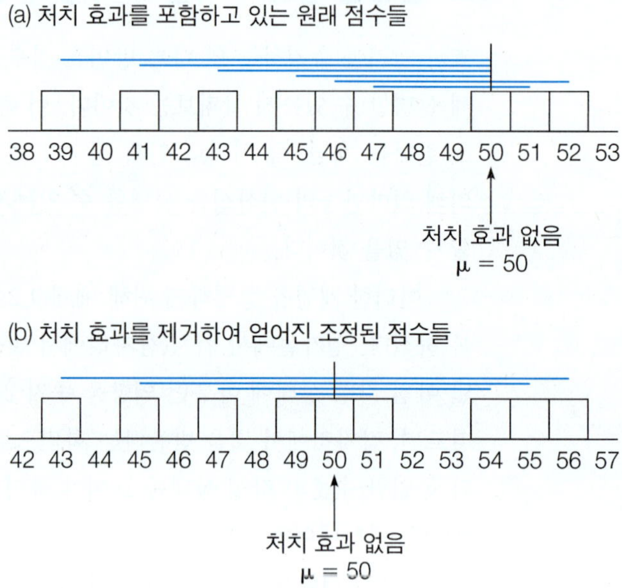

그림 9.6
예제 9.2 점수들의 $\mu = 50$(처치 효과 없음)으로부터의 편차들. (a)에서 파란 선들은 처치 효과를 포함하고 있는 원래 점수들의 편차를 나타낸다. (b)에서 파란 선들은 처치 효과를 제거한 후 얻어진 조정된 점수들의 편차를 나타낸다.

표 9.2 그림 9.6에 제시된 자료에 대한 편차 제곱합 *SS*의 계산. 처음 세 열은 처치 효과를 포함하고 있는 원래 점수들에 대한 계산을 보여 준다. 마지막 세 열은 처치 효과를 제거한 후 얻어진 조정된 점수들에 대한 계산을 보여 준다.

처치 효과를 포함한 *SS* 계산			처치 효과를 제거한 후의 *SS* 계산		
점수	$\mu = 50$으로부터의 편차	편차 제곱	조정된 점수	$\mu = 50$으로부터의 편차	편차 제곱
39	−11	121	39 + 4 = 43	−7	49
41	−9	81	41 + 4 = 45	−5	25
43	−7	49	43 + 4 = 47	−3	9
45	−5	25	45 + 4 = 49	−1	1
46	−4	16	46 + 4 = 50	0	0
47	−3	9	47 + 4 = 51	1	1
50	0	0	50 + 4 = 54	4	16
51	1	1	51 + 4 = 55	5	25
52	2	4	52 + 4 = 56	6	36
		SS = 306			**SS** = 162

대한 계산을 보여 준다. 측정 효과를 포함한 전체 변산성은 $SS = 306$이다. 그러나 처치 효과가 제거되면, 변산성은 $SS = 162$로 줄어든다. 이 두 *SS* 간의 차이, 즉 $306 - 162 = 144$점은 처치 효과에 의해 설명할 수 있는 변산성을 나타낸다. 이 값을 보고할 때에는

보통 전체 변산성에 대한 비율 또는 퍼센트를 사용한다.

$$\frac{\text{설명된 변산성}}{\text{전체 변산성}} = \frac{144}{306} = 0.47 \text{ (또는 47\%)}$$

따라서 처치 효과를 제거하면 변산성이 47% 줄어든다. 이 값을 처치에 의해 설명된 분산의 비율(percentage of variance accounted for by the treatment)이라고 하고 r^2과 같이 나타낸다.

두 개의 서로 다른 SS값을 비교하여 직접적으로 r^2을 계산하는 대신, t 검정 결과에 기반한 하나의 식으로 이 값을 구할 수도 있다.

$$r^2 = \frac{t^2}{t^2 + df} \tag{9.5}$$

영문사 r은 전통적으로 상관계수를 나타낼 때 사용하는 기호인데, r^2의 개념은 15장에서 상관에 대해 배울 때 다시 한 번 다루도록 하겠다. 또한, t 통계량의 맥락에서는 우리가 r^2이라고 부르는 분산의 비율을 종종 그리스 문자 오메가 제곱(ω^2)으로 나타내기도 한다.

예제 9.2의 가설 검정에서 우리는 $df = 8$이고 $t = -2.67$를 얻었다. 이 값들을 사용하여 r^2을 계산하면 다음과 같다.

$$\frac{(-2.67)^2}{(-2.67)^2 + 8} = \frac{7.13}{15.13} = 0.47$$

이 값은 처치에 의해 설명되는 변산성의 비율을 직접 계산하여 얻은 값과 동일하다.

r^2의 해석 Cohen(1988)은 효과 크기 측정값인 Cohen의 d를 개발했을 뿐만 아니라, r^2에 의해 측정된 처치 효과의 크기를 평가하기 위한 기준을 제안하기도 했다. 이 기준은 사실상 상관계수인 r의 크기를 평가하기 위해 제안된 것이지만, r^2에 적용하기 위해 쉽게 확장할 수 있다. 표 9.3에 r^2을 해석하기 위한 Cohen의 기준이 제시되어 있다.

이 기준에 따르면, 우리가 예제 9.1과 9.2에서 사용한 자료는 $r^2 = 0.47$의 매우 큰

표 9.3 Cohen(1988)이 제안한 r^2값의 해석 기준

설명된 분산의 비율, r^2	
$r^2 = 0.01$	작은 효과
$r^2 = 0.09$	중간 효과
$r^2 = 0.25$	큰 효과

효과 크기를 나타낸다는 것을 알 수 있다.

마지막으로 다시 한 번 강조할 것은, 표본 크기는 가설 검정에 영향을 미치지만 효과 크기에는 거의 영향을 미치지 않는다는 것이다. 특히, Cohen의 d는 표본 크기에 의해 전혀 영향을 받지 않으며, r^2은 표본 크기 변화에 의해 아주 조금 영향을 받는다. 반면, 표본 분산은 가설 검정과 효과 크기에 영향을 미친다. 구체적으로, 높은 분산은 영가설을 기각할 가능성을 낮추고 효과 크기도 작아지게 한다.

■ μ의 추정을 위한 신뢰 구간

처치 효과의 크기를 기술하는 또 다른 방법은 처치 후 모평균의 추정값을 계산하는 것이다. 예를 들어, 처치 전 평균이 $\mu = 80$이라고 알려져 있고, 처치 후 평균을 $\mu = 86$이라고 추정한다면, 처치 효과의 크기가 6점 정도 된다고 결론을 내릴 수 있을 것이다.

알려지지 않은 평균을 추정하기 위해 신뢰 구간을 사용할 수 있다. 신뢰 구간은 표본 평균이 모평균에 대한 꽤 정확한 추정값을 제공하는 경향이 있다는 관찰에 기반한다. 표본 평균이 모평균과 근접하다는 사실은 모평균이 표본 평균 근처에 있어야 함을 시사한다. 따라서 만약 우리가 얻은 표본 평균이 $M = 86$이라면, 모평균이 86 근처에 있으리라고 확신할 수 있다. 신뢰 구간은 표본 평균 근처 값들의 구간으로 이루어지며, 우리는 알려지지 않은 모평균이 이 구간 내에 어디엔가 위치할 것이라고 확신할 수 있다.

신뢰 구간(confidence interval)은 표본 통계량을 중심으로 한 그 근처 값들의 구간 또는 범위이다. 신뢰 구간의 기저에 있는 논리는, 표본 평균과 같은 표본 통계량이 그에 상응하는 모집단의 모수와 상대적으로 가깝다는 것이다. 따라서 모수가 통계량 근처의 구간에 위치하리라고 확신을 가지고 추정할 수 있다.

■ 신뢰 구간 구하기

신뢰 구간을 구하는 것은 모든 표본 평균이 그에 상응하는 t값을 갖는다는 것에서 시작한다. t값은 다음 식에 의해 정의된다.

$$t = \frac{M - \mu}{s_M}$$

M과 s_M의 값은 표본 자료로부터 얻을 수 있지만, t값 또는 μ값은 알 수 없다. 그렇지만 t값을 추정하는 것은 가능하다. 예를 들어, 만약 표본이 $n = 9$개의 점수로 이루어져 있다면, t 통계량은 $df = 8$을 가지며, 모든 가능한 t값들의 분포를 **그림** 9.7와 같이 나타낼 수 있다. t값들은 $t = 0$을 중심으로 분포하므로, 우리 표본에서 나온 t값도 0 근처의

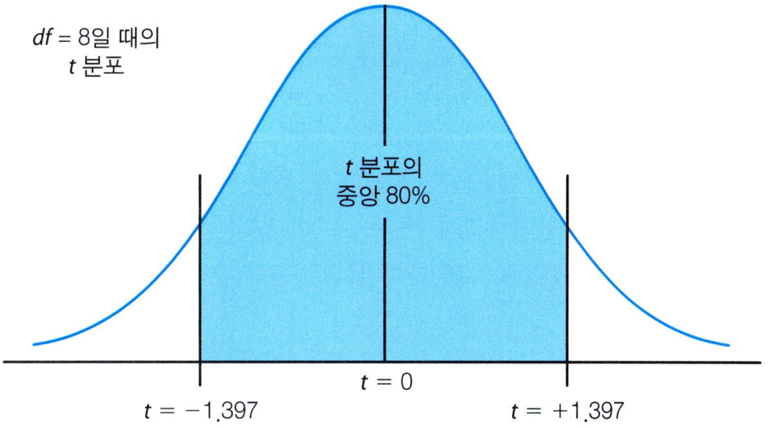

그림 9.7
df = 8일 때 t 통계량의 분포. t값들은 t = 0을 중심으로 쌓여 있고, 모든 가능한 값들 중 80%가 t = −1.397과 t = +1.397 사이에 위치한다.

값일 것이라고 추정할 수 있다. 또한, t 분포표는 분포에서 특정 비율에 해당하는 다양한 t값들을 제시하고 있다. 예를 들어, df = 8일 때, 80%의 t값들이 t = +1.397과 t = −.397 사이에 위치한다. 이 값들을 표에서 찾으려면, df = 8에서 양쪽 꼬리에 해당하는 비율이 0.20(20%)일 때의 t값을 찾으면 된다. 모든 가능한 t값들 중 80%가 ±1.397 사이에 위치하므로, 우리의 표본 평균이 이 구간에 속하는 t값에 대응하는 값임을 80% 신뢰할 수 있을 것이다. 마찬가지로, 우리는 n = 9개의 점수로 이루어진 표본의 평균이 ±2.306 사이의 t값에 대응하는 값임을 95% 신뢰할 수 있다. 여기서 주목할 것은 우리가 특정한 신뢰 수준에서 t값을 추정할 수 있다는 것이다. μ의 신뢰 구간을 구하려면, 추정된 t값을 t 식에 넣은 후 μ의 값을 계산하면 된다.

알려져 있지 않은 모평균에 대한 신뢰 구간을 구하는 과정을 설명하기에 앞서, t 식에 있는 항들을 묶어서 계산을 간단하게 만들어 보자. 여기서의 목적은 μ값을 계산하는 것이므로, 간단한 연산을 사용하여 이 식을 μ에 대해서 풀어 보면, $\mu = M - ts_M$이다. 그런데 우리는 t값을 0을 중심으로 하는 구간으로 추정하여, 한쪽 끝의 값은 $+t$이고, 다른 한쪽 끝의 값은 $-t$이다. 앞의 식에 $\pm t$를 넣어 주면 다음 식을 얻을 수 있다.

$$\mu = M \pm ts_M \quad (9.6)$$

이 식이 신뢰 구간의 기본 식이다. 주목할 것은, 이 식이 표본 평균을 중심으로 하는 구간을 산출한다는 것이다. 이 구간의 한쪽 끝은 $M + ts_M$에 위치하고, 다른 쪽 끝은 $M - ts_M$에 위치한다. 이 식을 이용하여 신뢰 구간을 구하는 과정이 다음 예제에 나와 있다.

예제 9.5 예제 9.2에서는 잠들기 전 빛을 방출하는 화면으로 글을 읽는 것이 다음 날 아침의 각성 상태를 떨어뜨린다는 연구에 대해 기술했다. 구체적으로, n = 9명의 참여자 표본에게 잠들기 전 최소 15분 동안 e리더를 사용하여 글을 읽게 했을 때, 일반적인 모평균이 $\mu = 50$인 각성 검사를 다음 날 아침 실시했더니 평균 점수가 $M = 46$점이었다. 이 자료에서 얻은 추정된 표준오차는 $s_M = 1.50$이었다. 이 예제를 사용하여 잠들기 전 빛을 방출하는 화면으로 글을 읽은 사람들의 모집단에서의 평균 각성 수준을 추정하기 위해 신뢰 구간을 구해 보자. 즉, 우리는 알려져 있지 않은 모평균을 포함할 가능성이 있는 값들의 구간을 구하고자 한다.

반복하자면, 추정 식은 다음과 같다.

$$\mu = M \pm t(s_M)$$

이 식에서, 자료로부터 $M = 46$이고 $s_M = 1.50$을 얻을 수 있다. 다음으로, 신뢰 수준을 선택해야 하는데, 이것이 식에서의 *t*값을 결정하게 된다. 가장 흔히 사용하는 신뢰 수준은 95%일 것이다. 그러나 80%, 90%, 그리고 99%도 종종 사용된다. 이 예제에서 우리는 80%의 신뢰 수준을 사용할 것인데, 이는 모평균이 실제로 이 구간에 포함되어 있다는 것을 80% 신뢰할 수 있도록 신뢰 구간을 구할 것임을 의미한다. 80% 신뢰 구간을 사용하기 때문에, 그 결과로 얻어진 구간을 μ에 대한 80% 신뢰 구간이라고 부른다.

위 식의 *t*값을 찾기 위해, 우리는 단순하게 우리 표본에 대한 *t* 통계량이 *t* 분포의 중간 80% 어디쯤에 위치하리라고 추정한다. $df = n - 1 = 8$일 때, 분포 중앙의 80%는 *t*값 +1.397과 −1.397 사이에 위치한다(그림 9.7 참조). 표본 자료와 추정된 *t*값의 범위를 사용하면, 다음과 같이 신뢰 구간을 얻을 수 있다.

중앙에 80%가 있으려면, 꼬리에 20%(즉, .20)가 있어야 한다. 이에 해당하는 *t*값들을 찾으려면 *t* 분포표에서 양쪽 꼬리에 해당하는 비율 중 .20을 보면 된다.

$$\mu = M \pm t(s_M) = 46 \pm 1.397(1.50) = 46 \pm 2.096$$

구간의 한쪽 끝은 $\mu = 46 + 2.096 = 48.096$이고, 다른 쪽 끝은 $\mu = 46 - 2.096 = 43.904$이다. 이를 통해 내릴 수 있는 결론은 잠들기 전 e리더로 글을 읽은 사람들의 모집단에서 다음 날 아침 평균 각성 점수는 $\mu = 43.904$와 $\mu = 48.096$ 사이에 있고, 실제 모평균이 이 구간 내에 포함된다는 것을 80% 신뢰한다는 것이다. 구체적으로, 우리는 *t* 통계량이 +1.397과 −1.397 사이에 존재한다고 가정했고, 이 가정이 옳다는 것을 80% 신뢰했다. 왜냐하면 모든 가능한 *t*값들 중 80%가 이 구간 내에 포함되기 때문이다. 마지막으로 주목할 것은 신뢰 구간이 표본 평균을 중심으로 구해진다는 것이다. 그 결과, 표본 평균 $M = 46$이 정확히 구간의 중심에 위치하게 된다. ■

■ 신뢰 구간의 너비에 영향을 미치는 요인들

신뢰 구간의 두 가지 특징에 대해 살펴볼 필요가 있다. 첫째, 신뢰 수준(몇 퍼센트 신뢰하는가)을 변화시키면 구간 너비에 어떠한 일이 생기는지 살펴보자. 추정에서 더 높은 신뢰 수준을 얻으려면 구간의 너비를 증가시켜야 한다. 역으로, 더 범위가 좁고 정확한 구간을 가지려면 신뢰 수준을 포기해야 한다. 추정 식에서, 신뢰 수준은 t값에 영향을 미친다. 더 높은 신뢰 수준(더 높은 비율)는 더 큰 t값을 산출하고 신뢰 구간도 더 넓어진다. **그림 9.7**에서 이러한 관계를 살펴볼 수 있다. 그림에서 우리는 80% 신뢰 구간을 찾기 위해 분포의 중앙 80%가 어디인지를 찾았다. 만약 신뢰 수준을 95%로 높인다면 t값의 범위를 더 증가시켜야 하고, 따라서 구간의 너비도 증가할 수밖에 없다.

둘째, 표본 크기가 변화하면 구간 너비에 어떠한 일이 생기는지 살펴보자. 이번에는 다음과 같은 기본 법칙이 성립한다. 표본 크기(n)가 더 커질수록, 신뢰 구간 너비는 더 좁아진다. 표본 크기가 정보의 양을 나타낸다고 생각한다면 이러한 관계는 분명해진다. 큰 표본은 모집단에 대해 더 많은 정보를 제공하므로 더 정확한 추정(더 좁은 구간)을 가능하게 한다. 표본 크기는 추정 식에서 표준오차의 크기를 조절한다. 주목할 점은, 연구자가 표본 크기 또는 신뢰 수준을 조정함으로써 신뢰 구간의 너비를 조정할 수 있다는 것이다. 예를 들어, 만약 연구자가 생각하기에 구간이 너무 넓다면(표본에 대한 부정확한 추정값을 제공한다면), 표본 크기를 증가시키거나 신뢰 수준을 낮춤으로써 구간을 더 좁게 만들 수 있다. 또 한 가지 알 수 있는 것은 신뢰 구간은 표본 크기에 의해 영향을 받기 때문에 절대적인 효과 크기를 제공하지 않으며, Cohen의 d나 r^2을 대체할 수 없다는 점이다. 그럼에도 불구하고, 신뢰 구간은 처치 효과의 크기를 기술하기 위해 연구 보고에 사용될 수 있다.

논문 들여다보기

t 검정 결과 기술하기

8장에서 우리는 가설 검정 결과를 보고할 때 관례적으로 사용하는 APA 양식을 살펴보았다. 첫째, 과학적인 논문에서는 보통 영가설이 기각되었음을 나타내기 위해 유의하다라는 표현을 사용하고, H_0을 기각하지 못했음을 나타내기 위해 유의하지 않다라는 표현을 사용함을 떠올려 보자. 이와 함께, t 검정에서 검정 통계량, 자유도, 유의 수준, 그리고 효과 크기를 보고하기 위해 이미 정해진 형식이 존재한다. 이 형식은 8장(252쪽)에서 소개된 양식과 유사하다.

예제 9.2에서 우리는 $df = 8$인 t 통계량 -2.67을 얻었고, 유의 수준 .05에서 H_0

를 기각했다. 동일한 자료를 사용하여, 처치 효과에 의해 설명된 분산의 비율 r^2 = 0.47(47%)을 얻었다. 과학적 논문에서는 이러한 정보를 다음과 같이 간략하게 제시한다.

> 참여자들은 잠자리에서 빛을 방출하는 화면으로 글을 읽은 뒤 다음 날 아침 표준화된 각성 검사에서 평균 M = 46점을 받았고 SD = 4.50이었다. 통계 분석 결과, 평균 각성 수준은 일반적인 모집단 점수에 비해 유의하게 낮은 것으로 나타났다. $t(8) = -2.67, p < .05, r^2 = 0.47$.

첫 번째 문장은 이전에 기술했던 것처럼(4장, 126쪽) 기술 통계량인 평균(M = 46)과 표준편차(SD = 4.50)를 보고한다. 다음 문장은 추론 통계 분석 결과를 제시한다. 여기서 자유도는 t 바로 뒤 괄호 안에 보고한다. 다음으로 얻어진 t 통계량(−2.67)을 보고하고, 그다음에 제1종 오류를 범할 확률(5% 미만)을 보고한다. 마지막으로, r^2 = 47%와 같이 효과 크기를 보고한다. 만약 예제 9.5에서 효과 크기를 기술하기 위해 80% 신뢰 구간을 보고에 포함시킬 경우, 다음과 같이 가설 검정 결과 다음에 추가하면 된다.

$$t(8) = -2.67, p < .05, 80\% \text{ CI } [43.904, 48.096]$$

종종 연구자들은 예제 9.2에서와 같이 컴퓨터를 사용하여 가설 검정을 실시한다. 자료에 대한 평균, 표준편차, 그리고 t 통계량을 계산하는 것 이외에도 컴퓨터를 사용하면 t값에 대한 정확한 확률(또는 유의 수준)을 계산하고 보고할 수 있다. 예제 9.2에서 우리는 ±2.306을 넘는 어떠한 t값도 .05보다 낮은 확률을 갖는다는 것을 보았다(그림 9.4 참조). 따라서 얻어진 t값 t = − 2.67은 매우 얻기 어려운 값, 즉 $p < .05$와 같이 보고한다. 그러나 컴퓨터 출력 결과에는 우리가 얻은 t값에 대한 정확한 확률값이 포함되어 있을 것이다.

구체적인 확률값을 얻을 수 있는 경우에는, 결과 보고에서 이 값을 사용할 것이 권장된다. 예를 들어, 이 자료에 대한 컴퓨터 분석 결과 정확한 p값이 p = .029라면, '$p < .05$'와 같이 덜 구체적으로 제시하는 대신에 '$t(8) = -267, p = .029$'와 같이 기술한다. 마지막 한 가지 주의 사항을 이야기하자면, 때로 t값이 너무 극단값이어서 컴퓨터에서 p = .000과 같이 보고되는 경우가 있다. 여기서 .000은 확률이 글자 그대로 0이라는 뜻이 아니라, 컴퓨터가 확률값을 소숫점 셋째 자리까지 반올림했을 때 그 결과로 .000을 얻었다는 의미이다. 이 경우에는 정확한 확률값을 알 수 없으므로 $p < .001$과 같이 보고한다.

학습 점검

학습 목표 6 **1.** $\mu = 40$인 모집단으로부터 $n = 25$인 표본을 선택하여, 이 표본에 속한 개인들에게 처치를 시행했다. 처치 후, 표본 평균은 $M = 44$이었고 표본 분산은 $s^2 = 100$이었다. 이 정보에 기반하여, Cohen의 d를 사용하여 처치 효과 크기를 측정한다면 얼마가 되겠는가?

a. $d = 0.04$

b. $d = 0.40$

c. $d = 1.00$

d. $d = 2.00$

학습 목표 7 **2.** $\mu = 75$인 모집단으로부터 표본을 선택하여, 이 표본에 속한 개인들에게 처치를 시행했다. 연구자는 처치 효과를 평가하기 위해 t 통계량을 사용하고자 한다. 만약 표본 평균이 $M = 79$라면, 다음 중 어떤 결과가 가장 큰 Cohen의 d 값을 산출하겠는가?

a. $n = 4$이고 $s^2 = 30$일 때

b. $n = 16$이고 $s^2 = 30$일 때

c. $n = 25$이고 $s^2 = 30$일 때

d. 위의 세 표본 모두에서 Cohen의 d 값은 동일할 것이다.

학습 목표 8 **3.** 평균이 알려져 있지 않은 모집단으로부터 $n = 4$개의 점수로 이루어진 표본을 선택하였다. 표본의 평균은 $M = 40$이고 분산은 $s^2 = 16$이었다. 다음 중 μ의 90% 신뢰구간으로 올바른 것은 무엇인가?

a. $\mu = 40 \pm 2.353(4)$

b. $\mu = 40 \pm 1.368(4)$

c. $\mu = 40 \pm 2.353(2)$

d. $\mu = 40 \pm 1.638(2)$

학습 목표 9 **4.** 한 연구자가 $n = 25$명으로 구성된 표본을 사용하여 처치 효과를 알아보고자 한다. $\alpha = .05$ 수준에서 가설 검정을 실시하여 $t = 2.15$를 얻었고, 이는 유의한 결과였다. 이 결과를 논문에 어떻게 보고할 수 있는가?

a. $t(25) = 2.15, p < .05$

b. $t(24) = 2.15, p < .05$

c. $t(25) = 2.15, p > .05$

d. $t(24) = 2.15, p > .05$

정답 **1.** b **2.** d **3.** c **4.** b

9-4 방향성이 있는 가설과 단방 검정

학습 목표(Learning Objectives)

10. t 통계량을 사용하여 방향성이 있는(단방) 검정을 실시할 수 있다.

8장에서 이야기했듯이, 방향성이 없는(양방) 검정이 방향성이 있는(단방) 검정에 비해 더 널리 사용된다. 그러나 탐색적 연구, 파일럿 연구, 또는 정당한 근거(예를 들면, 이론이나 이전 연구 결과 등)가 있는 상황과 같은 몇몇 연구 상황에서는 단방 검정이 사용되기도 한다. 다음 예제는 t 통계량을 사용하여 방향성이 있는 가설 검정을 어떻게 실시하는지 보여 주며, 예제 9.2에서 제시된 것과 동일한 실험 상황을 사용하고 있다.

예제 9.6 연구 질문은 잠들기 전 빛을 방출하는 화면으로 글을 읽는 것이 다음 날 아침 각성 상태에 영향을 주는가, 주지 않는가 하는 것이다. 이전 연구들에 근거하여 연구자는 밤늦게 글을 읽은 다음 날 아침에 각성 수준이 떨어질 것으로 예측하고 있다. 따라서 연구자는 참여자들이 일반적인 모집단의 평균인 $\mu = 50$보다 더 낮은 각성 점수 평균을 보일 것이라고 예측한다. 이 예제에서 우리는 예제 9.2에서 원래 가설 검정에 사용했던 것과 동일한 예제 자료를 사용할 것이다. 구체적으로, 연구자는 $n = 9$명의 참여자로 구성된 표본을 테스트했고, 평균 $M = 46$, $SS = 162$를 얻었다.

1단계 **가설을 진술하고 유의 수준을 선택한다.** 대부분 방향성이 있는 검정에서는 방향적인 예측을 하는 영가설을 말로 기술하는 것이 더 쉽고, 그 이후에 말로 기술된 가설을 기호로 변환한다. 이 예제에서 연구자는 잠자리에서 빛을 방출하는 화면으로 글을 읽는 것이 다음 날 아침 각성 점수를 더 낮출 것으로 예측하고 있다. 일반적으로 영가설은 예측된 효과가 발생하지 않을 것이라고 기술한다. 이 연구의 영가설을 기술하면, 각성 점수가 늦은 밤에 화면으로 글을 읽는 것에 의해 낮아지지 않는다는 것이다. 이를 기호로 나타내면 다음과 같다.

$$H_0\text{: } \mu_{\text{화면으로 글읽기}} \geq 50 \quad \text{(일반 모집단보다 점수가 낮지 않을 것이다.)}$$

마찬가지로, 대립가설은 처치 효과가 있을 것이라고 기술한다. 이 경우, H_1은 자기 전 빛을 방출하는 화면으로 글을 읽는 것에 의해 각성 점수가 낮아질 것이라고 기술한다. 기호로 나타내면 다음과 같다.

$$H_1\text{: } \mu_{\text{화면으로 글읽기}} < 50 \quad \text{(늦은 밤 화면으로 글을 읽은 후 각성 수준은 일반 모집단보다 점수가 낮을 것이다.)}$$

우리는 유의 수준을 $\alpha = .05$로 설정할 것이다.

2단계 **기각역을 찾는다.** 이 예제에서 연구자는 표본 평균(M)이 50보다 낮을 것으로 예측하고 있다. 따라서 만약 참여자들의 평균 점수가 50보다 낮다면, 자료가 연구자의 예측을 지지하게 되고 영가설을 반박하게 될 가능성이 있다. 여기서 한 가지 언급할 것은, 50보다 낮은 표본 평균의 t 통계량은 음수가 된다는 것이다. 따라서 단방 검정의 기각역은 분포의 왼쪽 꼬리에 위치한 음의 t값들로 이루어질 것이다. 그러나 우리는 여전히 영가설을 기각하기 위해 정확히 얼마나 큰 t값이 있어야 하는지를 결정해야 한다. 이 임곗값을 찾으려면, 여러분은 t 분포표에서 단방 비율을 사용하여 t값을 찾아야 한다. $n = 9$인 표본에서 t 통계량은 $df = 8$을 갖는다. $\alpha = .05$ 수준에서 임곗값을 찾으면 $t = 1.860$이다. 따라서 만약 표본 평균이 50보다 낮고, t 통계량이 분포 왼쪽에 있는 -1.860의 경계를 넘는다면, 우리는 영가설을 기각하고 잠들기 전 빛을 방출하는 화면으로 글을 읽는 것이 다음 날 아침의 각성 상태를 유의하게 낮춘다고 결론을 내린다. **그림 9.8**은 이러한 단방 검정에서의 기각역을 보여 준다.

3단계 **검정 통계량을 계산한다.** t 통계량을 계산하는 것은 단방 검정이나 양방 검정이나 동일하다. 예제 9.2에서 우리는 이 실험에서 얻은 자료가 $t = -2.67$의 검정 통계량을 산출한다는 것을 살펴보았다.

4단계 **판정을 내린다.** 검정 통계량이 기각역에 속하므로 H_0를 기각한다. 실험 변수들의 용어로 하자면, 잠자리에서 빛을 방출하는 화면으로 글을 읽는 것은 다음 날 아침 각성 수준을 떨어뜨린다. 논문에 보고할 때에는 다음과 같이 결과를 제시한다.

> 잠자리에서 빛을 방출하는 화면으로 글을 읽은 후 다음 날 아침 각성 점수는 효과가 없을 때 기대할 수 있는 것보다 유의하게 더 낮았다. $t(8) = -2.67$, $p < .05$, 단방 검정.

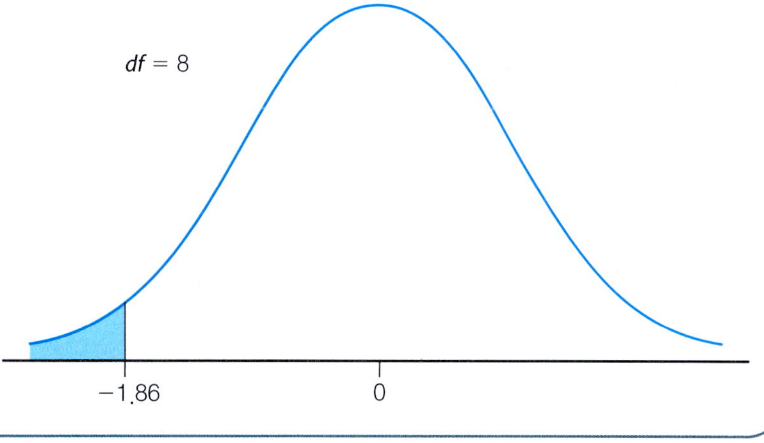

그림 9.8
예제 9.6에 나오는 $df = 8$이고 $\alpha = .05$인 가설 검정에서의 단방 기각역

주목할 것은, 이 보고에서 단방 검정이 사용되었음을 명확하게 알리고 있다는 점이다.

■ 단방 검정의 기각역

예제 9.6의 2단계에서 우리는 분포의 왼쪽 꼬리에 기각역이 있다고 기술했다. 그러나 이 단계를 둘로 나누면 어느 쪽 꼬리(오른쪽 또는 왼쪽)가 기각역을 포함하는지를 결정할 필요가 없도록 만들 수 있다. 이 과정의 첫 번째 단계는 단순히 표본 평균이 원래 연구 질문에서 예측된 방향에 있는지, 그렇지 않은지를 살펴보는 것이다. 예제에서 연구자는 각성 점수가 낮아질 것이라고 예측했다. 구체적으로, 연구자는 참여자들이 일반적인 모집단의 평균인 $\mu = 50$보다 더 낮은 점수를 보일 것으로 예측했다. 얻어진 표본 평균 $M = 46$은 연구자가 예측한 방향에 있었다. 이러한 첫 번째 단계는 기각역이 왼쪽 또는 오른쪽 꼬리에 있는지를 결정할 필요가 없도록 만든다. 왜냐하면 우리는 이미 효과가 예상된 방향으로 나타났음을 확인했으므로, t 통계량의 부호(+ 또는 −)는 더 이상 중요하지 않다. 두 번째 단계는 효과가 유의할 정도로 큰지를 결정하는 것이다. 이 예제에서는 표본이 1.860보다 더 큰 t 통계량을 나타내어야 한다. 만약 부호를 떼고 t 통계량의 크기가 1.860보다 크다면 결과가 유의한 것이고 H_0를 기각할 수 있다.

학습 점검

학습 목표 10 **1.** $\mu = 30$인 모집단으로부터 표본을 선택하여, 이 표본에 처치를 시행했다. 만약 처치가 점수를 높일 것으로 예상되고 단방 검정에서 t 통계량을 사용한다면, 다음 중 영가설로 올바른 것은 무엇인가?

a. $\mu \leq 30$

b. $\mu < 30$

c. $\mu \geq 30$

d. $\mu > 30$

학습 목표 10 **2.** 연구자는 처치가 점수를 높일 것이라고 예측한다. 처치 효과 검정을 위해 $\mu = 80$인 모집단으로부터 $n = 16$명의 표본을 선택하고, 표본에 속한 개인들에게 처치를 시행했다. 처치 후 표본 평균은 $M = 78$이고, $s^2 = 16$이었다. 만약 연구자가 단방 검정을 실시한다면, 어떤 결정을 내려야 하겠는가?

a. $\alpha = .05$ 수준 또는 $\alpha = .01$ 수준에서 H_0를 기각한다.

b. $\alpha = .05$ 수준 또는 $\alpha = .01$ 수준에서 H_0를 기각하지 못한다.

c. $\alpha = .05$ 수준에서는 H_0를 기각하고, $\alpha = .01$ 수준에서는 기각하지 못한다.

d. $\alpha = .01$ 수준에서는 H_0를 기각하고, $\alpha = .05$ 수준에서는 기각하지 못한다.

학습 목표 10 **3.** 한 연구자가 $\alpha = .05$ 수준에서 일반적인 양방 검정을 사용했을 때 영가설을 기각하지 못했다. 만약 이 연구자가 동일한 자료를 동일한 유의 수준에서 방향성이 있는 (단방) 검정을 사용하여 분석한다면, 어떤 결론에 이르겠는가?

a. 영가설을 반드시 기각한다.

b. 만약 처치 효과가 예상된 방향으로 나타난다면 반드시 영가설을 기각한다.

c. 영가설을 반드시 기각하지 못한다.

d. 만약 처치 효과가 예상된 방향으로 나타난다면 영가설을 기각할 가능성이 있다.

정답 **1.** a **2.** b **3.** d

핵심 요약

1. t 통계량은 모표준편차(또는 모분산)이 알려져 있지 않을 경우에 z 점수를 대신하여 사용한다.

2. t 통계량을 계산하기 위해서는, 첫째로 알려져 있지 않은 모집단의 값을 대신하는 표본 분산(또는 표준편차)을 계산해야 한다.

$$\text{표본 분산} = s^2 = \frac{SS}{df}$$

다음으로, 표준오차 식에 s^2를 대신 사용함으로써 표준오차를 추정한다. 추정된 표준오차는 다음과 같이 계산한다.

$$\text{추정된 표준오차} = s_M = \sqrt{\frac{s^2}{n}}$$

마지막으로, 추정된 표준오차를 사용하여 t 통계량을 계산한다. t 통계량은 z 점수를 대신하여 사용되는데, z 점수는 모분산 또는 모표준편차가 알려져 있지 않으면 계산할 수 없다.

$$t = \frac{M - \mu}{s_M}$$

3. t 공식의 구조는 z 점수의 구조와 유사하다.

$$z \text{ 또는 } t = \frac{\text{표본 평균} - \text{모평균}}{\text{(추정된) 표준오차}}$$

가설 검정에서 여러분은 알려져 있지 않은 모평균 값을 가정하고 이 값을 표본 자료로부터 계산한 표본 평균 및 추정된 표준오차와 함께 식에 투입한다. 만약 가정된 평균이 극단적인 t값을 산출하면, 가정이 틀렸다고 결론 내린다.

4. t 분포는 평균 0을 중심으로 좌우 대칭형이다. 임의의 표본 평균에 대한 t 통계량을 평가하기 위해서는, t 뷴포에서 기각역이 어디에 위치하는지 찾아야 한다. 일군의 t 분포들이 존재하는데, 하나의 t 분포의 정확한 모양은 자유도인 $(n - 1)$에 따라 달라진다. 따라서 t 임곗값의 값은 t 검정에서의 df값에 따라 달라진다. df가 증가할수록 t 분포의 모양은 정규분포에 가까워진다.

5. 가설 검정에서 t 통계량을 사용할 때에는 효과 크기 측정을 위해 Cohen의 d를 계산할 수 있다. 이

경우, d값을 추정하기 위해 표본 표준편차를 식에 사용한다.

$$\text{추정된 } d = \frac{\text{평균 차이}}{\text{표준편차}} = \frac{M - \mu}{s}$$

6. 효과 크기의 두 번째 측정값은 r^2으로, 이 값은 처치 효과에 의해 설명된 분산의 비율을 나타낸다. 이 값은 다음과 같이 계산할 수 있다.

$$r^2 = \frac{t^2}{t^2 + df}$$

7. 처치 효과의 크기를 기술하는 또 다른 방법은 μ의 신뢰 구간을 구하는 것이다. 신뢰 구간은 알려져 있지 않은 모평균을 추정하는 값들의 범위를 말한다. 신뢰 구간은 t 식을 사용하며, 이 식을 알려져 있지 않은 평균에 대해 풀면 다음과 같다.

$$\mu = M \pm t(s_M)$$

일단, 신뢰 수준을 선택하라. 그러고 나서 식에 사용하기 위해 그에 해당하는 t값을 찾아보라. 예를 들어, 95% 신뢰 수준일 때에는 분포의 중앙 95%를 차지하는 t값의 범위를 사용하라.

주요 용어

추정된 표준오차 estimated standard error (285)

t 통계량 t statistic (286)

자유도 degrees of freedom (287)

t 분포 t distribution (288)

추정된 d estimated d (299)

처치에 의해 설명된 분산의 비율 percentage of variance accounted for by the treatment (r^2) (303)

신뢰 구간 confidence interval (304)

SPSS®

다음은 이번 장에서 설명한 ***t* 검정**을 수행하기 위해 SPSS를 사용하는 방법에 대한 자세한 지침이다.

자료 입력

1. 데이터 보기 화면에서 VAR00001 한 열에 모든 점수를 입력한다.

자료 분석

1. 상단의 도구 모음에서 **분석**(Analayze)을 클릭하고 **평균 비교**(Compare Means)를 선택한 다음 **일표본 T 검정**(One-Sample T Test)을 클릭한다.

2. 왼쪽 상자에서 점수 열(VAR00001)의 이름을 선택하고, 가운데의 화살표를 클릭하여 **검정 변수**[Test Variable(s)] 상자로 이동한다.

3. 일표본 T 검정 화면에서 하단의 **검정값**(Test Value) 상자 안에 영가설에서 가정한 모평균값을 입력한다. 주의: 여러분이 새로운 값을 입력하기 전까지, 이 값은 자동적으로 0으로 지정된다.

4. 가설 검정을 수행하는 것과 함께, 모평균 차이에 대한 신뢰 구간도 계산된다. 신뢰 수준은

일표본 통계량

	N	평균	표준화 편차	평균의 표준오차
VAR00001	9	46.0000	4.50000	1.50000

일표본 검정

	검정값 = 50					
					차이의 95% 신뢰 구간	
	t	자유도	유의 확률(양측)	평균 차이	하한	상한
VAR00001	−2.667	8	.029	−4.00000	−7.4590	−.5410

그림 9.9
예제 9.2의 가설 검정에 대한 SPSS 출력 결과

자동적으로 95%로 설정되어 있지만, **옵션**(Options)을 선택하여 비율을 수 있다.

5. **확인**(OK)을 클릭한다.

SPSS 출력 결과

우리는 SPSS 프로그램을 사용하여 예제 9.2에 제시된 잠자리에서 화면으로 글읽기 연구의 자료를 분석했다. 그 결과가 **그림 9.9**에 제시되어 있다. 결과에 평균, 표준편차, 그리고 평균의 표준오차를 포함한 표본 통계량 표가 제시되어 있다. 두 번째 표는 가설 검정 결과를 보여 주며, 가정된 값인 $\mu = 50$과의 평균 차이 및 평균 차이에 대한 95% 신뢰 구간뿐만 아니라 t값, df, 유의 확률(검정에서의 p값) 또한 포함되어 있다. 평균에 대한 95% 신뢰 구간을 구하려면, 이 표에 있는 신뢰 구간의 값들에 $\mu = 50$점을 더해 주기만 하면 된다.

문제 해결을 위한 팁

1. 자료를 분석할 때 우리가 마주하는 첫 번째 문제는 적절한 통계적 검정을 결정하는 것이다. σ의 값이 알려져 있을 경우에만 가설 검정에서 z 점수를 사용할 수 있다는 점을 기억하라. 만약 σ 값이 주어지지 않았다면, t 통계량을 사용해야 한다.

2. t 검정에서는 추정된 표준오찻값을 구하기 위해 표본 분산을 사용한다. 표본 분산을 계산할 때에는 분모에 $n - 1$을 사용함을 기억하라(4장). 추정된 표준오차를 계산할 때에는 분모에 n을 사용하라.

증명 9.1

t 통계량을 사용한 가설 검정

한 심리학자가 대학을 졸업하는 학생들에게 매년 실시되는 '낙관성 검사'를 준비했다. 이 검사는 졸업하는 학생들이 미래에 대해 어떻게 느끼는지를 측정하는 것으로, 점수가 높을수록 더 낙관적임을 나타낸다. 지난해 졸업생들의 평균 점수는 $\mu = 15$였다. 올해 졸업생들 중 $n = 9$명의 표본을 선택하여 검사를 실시했다. 이 학생들의 점수는 7, 12, 11, 15, 7, 8, 15, 9, 6이었고, 표본 평균은 $M = 10$이고 $SS = 94$였다.

이 표본에 기반하여 이 심리학자는 올해 졸업생들이 작년 졸업생들과 낙관성에서 차이를 보인다고 결론을 내릴 수 있는가?

주목할 것은, 모분산(σ^2)이 알려져 있지 않으므로 이 가설 검정에서는 t 통계량을 사용한다는 점이다.

1단계 가설을 진술하고 유의 수준을 선택한다. 영가설과 대립가설은 t 통계량을 사용한 검정과 z 점수를 사용한 검정에서 동일한 형식을 따른다.

H_0: $\mu = 15$ (변화가 없다.)

H_1: $\mu \neq 15$ (올해 평균은 다르다.)

이 예시에서 우리는 $\alpha = .05$ 수준에서 양방 검정을 사용한다.

2단계 기각역을 찾는다. $n = 9$명 학생의 표본에서 t 통계량은 $df = n - 1 = 8$을 갖는다. $\alpha = .05$이고 $df = 8$인 양방 검정에서 t 임곗값은 $t = \pm 2.306$이다. 이 t 임곗값들이 기각역의 경계를 정의한다. H_0를 기각하기 위해서는 이 임곗값들보다 더 극단적인 t값을 얻어야 한다.

3단계 검정 통계량을 계산한다. 앞서 이야기했듯이, t 통계량을 세 단계로 나누어 계산하는 것이 더 쉽다.

표본 분산.

$$s^2 = \frac{SS}{n - 1} = \frac{94}{8} = 11.75$$

추정된 표준오차. 이 자료에서 추정된 표준오차는 다음과 같다.

$$s_M = \sqrt{\frac{s^2}{n}} = \sqrt{\frac{11.75}{9}} = 1.14$$

t 통계량. 이제 추정된 표준오차와 표본 평균값을 가지고 있으므로, t 통계량을 계산할 수 있다. 이 예시에서는 다음과 같다.

$$t = \frac{M - \mu}{s_M} = \frac{10 - 15}{1.14} = \frac{-5}{1.14} = -4.39$$

4단계 **H_0에 대한 판정을 내리고, 결론을 진술한다.** 우리가 얻은 t 통계량($t = -4.39$)은 기각역에 속한다. 따라서 우리의 표본 자료는 .05 유의 수준에서 영가설을 기각하기에 충분할 정도로 드문 값이다. 우리는 낙관성 수준에 있어 올해와 지난해 졸업생들 간에 유의한 차이가 있다고 결론 내릴 수 있다. $t(8) = -4.39, p < .05$, 양방 검정.

증명 9.2

효과 크기: Cohen의 d를 추정하고 r^2을 계산하기

증명 9.1의 가설 검정에 사용된 동일한 자료에 대해 Cohen의 d를 추정해 보자. 올해 졸업생 표본의 평균 낙관성 점수는 지난해 평균보다 5점 더 낮다($M = 10$ 대 $\mu = 15$). 증명 9.1에서 우리는 표본 분산 $s^2 = 11.75$를 계산했다. 따라서 표준편차는 $\sqrt{11.75} = 3.43$이다. 이 값을 사용하면 다음과 같다.

$$\text{추정된 } d = \frac{\text{평균 차이}}{\text{표준편차}} = \frac{5}{3.43} = 1.46$$

처치 효과에 의해 설명된 분산의 비율, 즉 r^2을 계산하려면 가설 검정으로부터 t값과 df값을 알아야 한다. 예시 9.1에서 우리는 $t = -4.39$와 $df = 8$을 얻었다. 이 값들을 식 9.5에 대입하면, 다음과 같이 얻을 수 있다.

$$r^2 = \frac{t^2}{t^2 + df} = \frac{(-4.39)^2}{(-4.39)^2 + 8} = \frac{19.27}{27.27} = 0.71$$

연습 문제

1. 가설 검정을 실시할 때 어떠한 상황에서 z 점수를 대신하여 t 통계량을 사용하는가?

2. $n = 16$개의 점수로 이루어진 표본에서 평균이 $M = 56$이고 표준편차가 $s = 20$이었다.

a. 표본 표준편차가 측정하는 것이 무엇인지 설명하시오.

b. 표본 평균에 대한 추정된 표준오차를 계산하고, 표준오차가 측정하는 것이 무엇인지 설명하시오.

3. 다음 각 표본에 대해 표본 평균의 추정된 표준오차를 찾으시오.

a. $n = 9$이고 $SS = 1152$

b. $n = 16$이고 $SS = 540$

c. $n = 25$이고 $SS = 600$

4. 모수가 알려져 있지 않은 모집단으로부터 다음과 같이 $n = 4$개의 점수로 이루어진 표본을 얻었다. 점수: 2, 2, 6, 2

 a. 표본 평균과 표준편차를 계산하시오(이 값들은 표본 자료를 요약하는 기술 통계량임에 주목할 것).

 b. M의 추정된 표준오차를 계산하시오(이 값은 알려져 있지 않은 모평균을 표본 평균이 얼마나 정확히 대표하는지를 나타내는 추론 통계량임에 주목할 것).

5. 모수가 알려져 있지 않은 모집단으로부터 다음 표본을 얻었다. 점수: 13, 7, 6, 12, 0, 4

 a. 표본 평균과 표준편차를 계산하시오(이 값들은 표본 자료를 요약하는 기술 통계량임에 주목할 것).

 b. M의 추정된 표준오차를 계산하시오(이 값은 알려져 있지 않은 모평균을 표본 평균이 얼마나 정확히 대표하는지를 나타내는 추론 통계량임에 주목할 것).

6. t 분포가 정규분포에 비해 더 평평하고 넓게 퍼져 있는 이유를 설명하시오.

7. 다음 각 표본 크기에 대해, $\alpha = .05$인 양방 검정에서 기각역의 경계를 나타내는 t값들을 찾으시오.

 a. $n = 4$

 b. $n = 15$

 c. $n = 24$

8. 다음 각 표본 크기에 대해, $\alpha = .01$ 단방 검정에서 분포 오른쪽 꼬리 기각역의 경계를 나타내는 t값을 찾으시오.

 a. $n = 10$

 b. $n = 20$

 c. $n = 30$

9. $\mu = 70$인 모집단으로부터 $n = 12$명으로 이루어진 무작위 표본을 선택하고 이 표본에 속한 개인들에게 처치를 시행했다. 처치 후 표본 평균은 $M = 74.5$이었고 $SS = 297$이었다.

 a. 처치된 표본의 평균과 원래 모평균 간의 차이는 얼마인가? (유의점: 이 값이 가설 검정에서 t 통계량의 분자가 된다.)

 b. 만약 처치 효과가 없다면 표본 평균과 모평균 간에 우연에 의해 기대되는 차이는 얼마인가? 즉, M의 표준오차를 찾으시오. (유의점: 이 값이 가설 검정에서 t 통계량의 분모가 된다.)

 c. 표본 자료에 기반하여 처치 효과가 유의하다고 할 수 있는가? $\alpha = .05$ 수준에서 양방 검정을 사용하여 답하시오.

10. $\mu = 35$인 모집단으로부터 $n = 4$명으로 이루어진 무작위 표본을 선택하고, 이 표본에 속한 개인들에게 처치를 시행했다. 처치 후 표본 평균은 $M = 40.1$이었고 $SS = 48$이었다.

 a. 처치된 표본의 평균과 원래 모평균 간의 차이는 얼마인가? (유의점: 이 값이 가설 검정에서 t 통계량의 분자가 된다.)

 b. 만약 처치 효과가 없다면 표본 평균과 모평균 간에 우연에 의해 기대되는 차이는 얼마인가? 즉, M의 표준오차를 찾으시오. (유의점: 이 값이 가설 검정에서 t 통계량의 분모가 된다.)

 c. 표본 자료에 기반하여 처치 효과가 유의하다고 할 수 있는가? $\alpha = .05$ 수준에서 양방 검정을 사용하시오.

11. 영아, 심지어 신생아조차도 덜 매력적인 얼굴에 비해 더 매력적인 얼굴을 선호한다고 한다(Slater et al., 1998). 이 연구에서는, 생후 1일에서 6일 사이의 영아들에게 두 장의 여성 얼굴 사진을 보여 주었다. 앞서 성인 집단에서 한 얼굴을 다른 얼굴에 비해 유의하게 더 매력적이라고 평정했다. 영아들을 사진이 제시되는 화면 앞에 자리하게 하고, 어느 얼굴이든 상관없이 아기가 얼굴을 본

시간이 총 20초에 이를 때까지 두 얼굴 사진을 화면에 보여 주었다. 그리고 각 아기가 매력적인 얼굴을 본 시간을 기록했다. 이 연구에서 $n = 9$명의 영아 표본을 사용했고, 자료에서 매력적인 얼굴을 본 평균 시간이 $M = 13$초이고 $SS = 72$라 하자. 만약 아무런 선호가 없다면, 양쪽 사진에 20초가 동일하게 배분되어야 한다. 모든 가용한 정보가 표본으로부터 주어진다는 점에 유의하라. 구체적으로 말해, 우리는 모평균이나 모표준편차를 알지 못한다. 영가설을 제시하고 $\alpha = .05$ 수준에서 양방 검정을 사용하여 가설을 평가하시오.

12. 스포트라이트 효과란 특히 자신이 사회적인 잘못을 저질렀을 때 다른 사람들이 자신의 외모나 행동을 눈치채는 정도를 과대 평가하는 것을 말한다. 사실상 마치 본인이 갑자기 모든 사람들의 주목을 받고 있는 것처럼 느낀다. 이러한 효과를 보인 한 연구에서, Gilovich, Medvec과 Savitsky (2000)는 대학생들에게 Barry Manilow 셔츠를 입도록 했는데, 이 셔츠는 이전에 다른 학생들이 창피하다고 평가한 바 있다. 그러고 나서 참여자들을 이미 실험에 참여하고 있는 다른 학생들이 있는 방으로 가도록 했다. 몇 분 후 참여자를 방 밖으로 나오게 하고, 셔츠를 벗어도 좋다고 말했다. 방안에 있던 사람들에게는 이 셔츠를 알아보았는지 물었다. 이 연구에서 참여자들은 셔츠를 알아본 사람의 실제 숫자를 유의하게 과대 평가했다.

a. $n = 9$명의 참여자 표본을 사용한 유사한 연구에서 셔츠를 입었던 사람들의 평균 추정값은 $M = 6.4$였고 $SS = 162$였다. 셔츠를 알아보았다고 말한 평균 숫자는 3.1이었다. 참여자들의 추정값은 실제 숫자와 유의하게 다른가? 실제 평균이 $\mu = 3.1$이라는 영가설을 $\alpha = .05$ 수준에서 양방 검정을 사용하여 검정하시오.

b. 참여자들의 추정값이 실제 숫자($\mu = 3.1$)보다 유의하게 높은가? $\alpha = .05$ 수준에서 단방 검정을 사용하여 답하시오.

13. 처치 효과를 알아보기 위해, 평균이 $\mu = 40$인 모집단으로부터 표본을 얻어 이 표본에 속한 개인들에게 처치를 시행했다. 처치 후, 표본 평균은 $M = 44.5$였고, 분산은 $s^2 = 36$이었다.

a. 만약 표본이 $n = 4$명으로 이루어져 있다면, 이 자료는 $\alpha = .05$ 수준에서 양방 검정을 사용했을 때 유의한 처치 효과가 있다고 결론을 내리기에 충분한가?

b. 만약 표본이 $n = 16$명으로 이루어져 있다면, 이 자료는 $\alpha = .05$ 수준에서 양방 검정을 사용했을 때 유의한 처치 효과가 있다고 결론을 내리기에 충분한가?

c. 위 **a**와 **b**의 답을 비교했을 때, 표본 크기가 가설 검정 결과에 어떤 영향을 미친다고 할 수 있는가?

14. 처치 효과를 알아보기 위해, 평균이 $\mu = 80$인 모집단으로부터 $n = 6$명으로 이루어진 표본을 얻어 이 표본에 속한 개인들에게 처치를 시행했다. 처치 후, 표본 평균은 $M = 44.5$였다.

a. 만약 표본 분산이 $s^2 = 54$라면, 이 자료는 $\alpha = .05$ 수준에서 양방 검정을 사용했을 때 유의한 처치 효과가 있다고 결론을 내리기에 충분한가?

b. 만약 표본 분산이 $s^2 = 150$이라면, 이 자료는 $\alpha = .05$ 수준에서 양방 검정을 사용했을 때 유의한 처치 효과가 있다고 결론을 내리기에 충분한가?

c. 위 **a**와 **b**의 답을 비교했을 때, 점수들의 변산성이 가설 검정 결과에 어떤 영향을 미친다고 할 수 있는가?

15. Weinstein, McDermott과 Roediger(2010)은 학생들이 새로운 내용을 공부하는 동안 질문에 답을 하게 하면 단순히 내용을 반복해서 읽은 학생들에 비해 이 내용에 대한 시험에서 더 높은 점수를 얻는다고 보고했다. 유사한 연구에서, 심리학 대형 강의를 듣는 학생들 중 한 집단에게 기말 고사를 공부하는 동안 질문을 주고 답을 하게 했다. 시험 점수의 전체 평균은 $\mu = 73.4$였지만, 질문에

답했던 $n = 16$명 학생들의 평균은 $M = 78.3$이었고, 표준편차는 $s = 8.4$였다. $\alpha = .01$ 수준에서 양방 검정을 사용하여, 공부하는 동안 질문에 답하게 하면 유의하게 더 높은 시험 점수를 받는지 검증하시오.

16. 처치 효과를 알아보기 위해, 평균이 $\mu = 20$인 모집단으로부터 표본을 얻고, 이 표본에 속한 개인들에게 처치를 시행했다. 처치 후 표본 평균은 $M = 21.3$이었고 분산은 $s^2 = 9$와 같았다.

- **a.** 표본이 $n = 16$명으로 이루어져 있다고 가정하고 $\alpha = .05$ 수준에서 양방 검정을 사용하여 처치 효과가 유의한지 알아보시오. 그리고 처치 효과를 측정하기 위해 Cohen의 d와 r^2을 계산하시오. 이 자료는 $\alpha = .05$ 수준에서 양방 검정을 사용했을 때 처치 효과가 유의하다고 결론을 내리기에 충분한가?
- **b.** 표본이 $n = 36$명으로 이루어져 있다고 가정하고, 가설 검정 및 두 효과 크기 측정값을 계산하는 과정을 다시 한 번 실시하시오.
- **c.** 위 **a**와 **b**에 대한 답을 비교했을 때, 표본 크기가 가설 검정 결과와 효과 크기 측정값에 어떠한 영향을 미친다고 할 수 있는가?

17. 처치 효과를 알아보기 위해, $n = 8$명으로 이루어진 표본을 평균이 $\mu = 50$인 모집단으로부터 얻고, 이 표본에 속한 개인들에게 처치를 시행했다. 처치 후 표본 평균은 $M = 55$와 같았다.

- **a.** 표본 분산이 $s^2 = 32$라고 가정하고, $\alpha = .05$ 수준에서 양방 검정을 사용하여 처치 효과가 유의한지 알아보시오. 그리고 처치 효과를 측정하기 위해 Cohen의 d와 r^2을 계산하시오.
- **b.** 표본 분산이 $s^2 = 72$라고 가정하고, 가설 검정 및 두 효과 크기 측정값을 계산하는 과정을 다시 한 번 실시하시오.
- **c.** 위 **a**와 **b**에 대한 답을 비교했을 때, 표본 점수의 변산성이 가설 검정 결과와 효과 크기 측정값에 어떤 영향을 미친다고 할 수 있는가?

18. 표준화된 측정값에 따르면 지난 50년간 평균 불안 수준이 지속적으로 증가되어 온 것으로 보인다(Twenge, 2000). 1950년대에는 아동 발현 불안 척도(Child Manifest Anxiety Scale)의 평균 점수가 $\mu = 15.1$이었다. $n = 16$명의 요즘 아동들의 표본에서는 평균 점수가 $M = 23.3$이고, $SS = 240$이었다.

- **a.** 이 표본에 기반하여, 1950년대 이래로 평균 불안 수준에 유의한 변화가 있었다고 할 수 있는가? $\alpha = .01$ 수준에서 양방 검정을 사용하여 답하시오.
- **b.** 요즘 모집단의 평균 불안 수준에 대한 90% 신뢰 구간을 추정하시오.
- **c.** 가설 검정 결과와 신뢰 구간을 연구 보고 형식에 맞게 기술하시오.

19. Ackerman과 Goldsmith(2011)는 종이에 인쇄된 글을 보고 공부하는 학생들이 화면에서 글을 보고 공부하는 학생들보다 더 높은 시험 점수를 받는다는 것을 발견했다. 이와 관련된 연구에서, 한 교수는 대형 강의에서 몇몇 학생들이 수업 교과서를 전자책 버전으로 구입했다는 것을 알게 되었다. 기말 고사에서 전체 학급의 평균은 $\mu = 81.7$이었으나, 전자책을 사용한 $n = 9$명 학생들의 평균은 $M = 77.2$였고, 표준편차는 $s = 5.7$이었다.

- **a.** 이 표본은 전자책을 사용한 학생들의 점수가 일반적인 학급의 점수와 유의하게 다르다고 결론을 내리기에 충분한가? $\alpha = .05$ 수준에서 양방 검정을 사용하여 답하시오.
- **b.** 만약 전체 모집단이 전자책을 사용했다면 평균 시험성적이 어떠했을지 90% 신뢰 구간을 구하여 추정하시오.
- **c.** 가설 검정 결과와 신뢰 구간을 연구 보고 형식에 맞게 기술하시오.

20. Oishi와 Shigehiro(2010)는 아동기에 이사를 자주 다닌 사람들이 성인기에 평균적으로 웰빙 수준이 더 낮다고 보고했다. 이러한 연관성에 대해 더 알아보기 위해, 한 심리학자가 16세 이전에 다

섯 번 또는 그 이상의 이사를 경험한 n = 12명의 젊은 성인 표본을 얻었다. 이 참여자들에게 표준화된 웰빙 검사지에 답하게 했는데, 이 질문지에 대한 일반 모집단에서의 평균 점수는 μ = 40이었다. 이 표본으로부터 얻은 웰빙 점수는 다음과 같았다. 점수: 38, 37, 41, 35, 42, 40, 33, 33, 36, 38, 32, 39.

a. 이 표본에 기반하여, 자주 이사를 하는 사람들의 웰빙이 일반 모집단의 웰빙과 유의하게 다르다고 할 수 있는가? α = .05 수준에서 양방 검정을 사용하여 답하시오.

b. 차이의 크기를 측정하기 위해 Cohen의 d를 계산하시오.

c. 가설 검정 결과와 효과 크기 측정값을 연구 보고 형식에 맞게 기술하시오.

21. McGee와 Shevlin(2009)은 개인의 유머 감각이 다른 사람들이 이 사람을 어떻게 지각하는가에 유의한 영향을 미친다고 보고했다. 이 연구에서 여자 대학생들에게 잠재적인 연애 상대에 대한 짧은 묘사를 주었다. 이 가상의 남성은 긍정적으로 묘사되었으며, 한 집단의 참여자들에게는 이 남성이 유머 감각이 뛰어나다는 묘사를 포함시켰다. 또 다른 집단의 여학생들은 동일한 묘사를 읽었으나, 이 집단에게는 이 남성이 유머 감각이 없다고 묘사했다. 묘사를 읽은 후, 각 참여자들은 이 남성의 매력도를 1점(매우 매력 없다)부터 7점(매우 매력 있다)까지의 7점 척도로 평정했다. 이때 4점은 중립적인 평정을 나타낸다.

a. n = 16명의 "유머 감각이 뛰어나다"라는 묘사를 읽은 여학생 표본은 M = 4.53의 평균 매력도 점수를 부여했고 표준편차는 s = 1.04였다. 이 n = 16명의 참여자들에 대해, 평균 점수가 중립적인 평정(μ = 4)보다 유의하게 높다고 할 수 있는가? α = .05 수준에서 단방 검정을 사용하여 답하시오.

b. n = 16명의 "유머 감각이 없다"라는 묘사를 읽은 여학생 표본은 M = 3.30의 평균 매력도 점수를 부여했고 표준편차는 s = 1.18이었다. 이 n = 16명의 참여자들에 대해, 평균 점수가 중립적인 평정(μ = 4)보다 유의하게 낮다고 할 수 있는가? α = .05 수준에서 단방 검정을 사용하여 답하시오.

22. Belsky, Weinraub, Owen과 Kelly(2001)는 취학 전 영유아 보육이 아동 발달에 미치는 영향을 보고했다. 결과에 따르면 엄마와 떨어져 보내는 시간이 많은 아동은 유치원에서 행동 문제를 나타낼 가능성이 더 높았다. 표준화된 척도를 사용했을 때, 유치원 아동들의 행동 문제 평정의 평균 점수는 μ = 35이다. 지난해 보육 시설에서 주당 최소 20시간 이상을 보낸 n = 16명의 유치원 아동 표본에서 평균 점수는 M = 42.7이고 표준편차는 s = 6이었다.

a. 이 자료는 보육 경험이 있는 아동들이 평균적인 유치원 아동들에 비해 행동 문제를 더 많이 보인다고 결론 내기에 충분한가? α = .01 수준에서 단방 검정을 사용하여 답하시오.

b. 보육 경험이 있는 유치원 아동 모집단에서의 행동 문제 점수 평균에 대해 90% 신뢰 구간을 구하시오.

c. 가설 검정 결과와 신뢰 구간을 연구 보고 형식에 맞게 기술하시오.

23. 그림에 수평-수직 착시의 예가 제시되어 있다. 두 선분은 정확히 같은 길이임에도 불구하고, 수직선이 더 긴 것처럼 보인다. 이 착시가 얼마나 강력한지를 알아보기 위해 한 연구자가 정확히 10인치 길이의 두 선분으로 구성된 예제를 준비했다. 이 예제를 참여자들에게 보여 주고 수평선이 10인치라고 말해 준 뒤 수직선의 길이를 추정해 보도록 했다. n = 25명으로 이루어진 표본에서 평균 추정값은 M = 12.2인치였고 표준편차는 s = 1.00이었다.

a. α = .01 수준에서 단방 검정을 사용하여 실제 선분 길이를 유의하게 과대 추정하는지 알아보시오. (참고: 추정이 정확하다면 평균값

으로 μ = 10인치를 산출할 것이다.)

b. 이 효과의 크기를 측정하기 위해 추정된 d와 설명된 분산의 비율인 r^2을 계산하시오.

c. 추정된 수직선 길이의 모평균에 대한 95% 신뢰 구간을 구하시오.

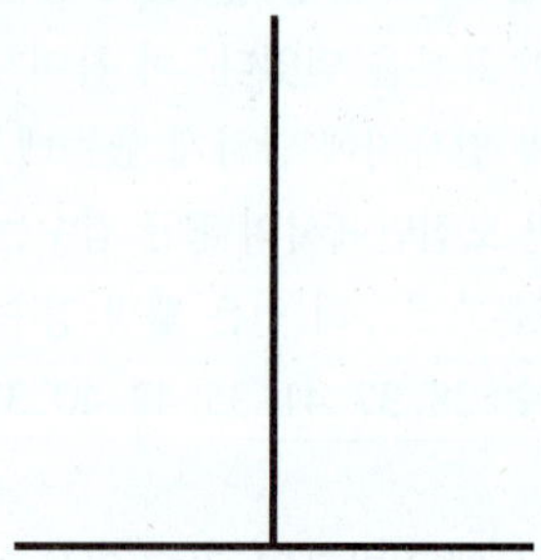

수평-수직 착시의 예

CHAPTER

10

두 독립 표본 *t* 검정

필요한 지식

아래 개념들은 이 장을 이해하기 위해 필요한 주요 개념들이다. 해당 장을 참고하여 충분히 숙지하기를 바란다.

- 표본 분산(4장)
- 표준오차 공식(7장)
- *t* 통계량(9장)
  - *t*값에 대한 분포
  - *t* 통계량의 자유도(*df*)
  - 추정된 표준오차

10-1 독립 측정 설계 소개

학습 목표(Learning Objectives)

1. 독립 측정 설계 및 반복 측정 설계를 정의하고 각각의 사례를 찾을 수 있다.

지금까지 살펴본 모든 추론 통계는 하나의 모집단에 대한 결론을 도출하기 위하여 하나의 표본을 사용했다. 이러한 **단일 표본** 방법이 실제 연구에서 사용되기도 하지만 대부분의 연구에서는 둘 이상의 표본 자료 세트를 비교해야 한다. 예를 들어, 사회심리학자는 남성과 여성의 정치 성향을 비교하고, 교육심리학자는 수학 교과의 두 가지 교수 방법을 비교하거나 임상심리학자가 치료 전과 후 환자의 우울증 점수를 비교하여 치료 방법을 평가할 수 있다. 연구에서 얻은 내용이 양적 자료라면 연구 문제는 두 자료 세트 간의 평균 차이에 관한 것일 수 있다. 두 세트의 표본 자료를 얻는 데 사용되는 연구 설계는 다음의 두 가지 범주로 분류할 수 있다.

1. 완전히 다른 두 집단의 참가자들로부터 두 세트의 데이터를 생성할 수 있다. 예를 들어, 한 연구에서 여성 표본과 남성 표본을 비교할 수 있다. 또는 노트북이 있는 신입생 집단과 노트북이 없는 집단의 학점을 비교할 수 있다.
2. 동일한 참가자 집단에서 두 세트의 데이터를 얻을 수 있다. 예를 들어, 연구자는 치료를 시작하기 전 환자의 우울증 정도를 측정하여 한 세트의 점수를 얻을 수 있으며, 치료 6주 후에 같은 사람을 재측정하여 두 번째 데이터 세트를 얻을 수 있다.

완전히 다른 집단을 사용하는 첫 번째 연구 방법은 **독립 측정 연구 설계** 또는 **개체 간 설계**라고 한다. 이 용어는 연구 설계가 개별적 · 독립적인 표본을 이용하며 두 집단의 개인을 비교하는 사실을 강조한다. 독립 측정 연구 설계의 구조는 **그림 10.1**에 있다. 이 연구 설계는 두 개의 다른 개체군(또는 두 가지 다른 처치 방법)을 비교하기 위해 두 개의 다른 표본을 사용한다.

> 각 처치 조건(또는 각 모집단)에 대해 별도의 참가자 집단을 사용하는 연구 설계를 **독립 측정 연구 설계**(independent-measures research design) 또는 **개체 간 설계**(between-subjects design)라고 한다.

이 장에서는 독립 측정 설계의 데이터를 평가하는 통계 방법을 검토한다. 좀 더 구체적으로, 연구자가 두 개의 개별 자료를 사용하여 두 집단 또는 두 처치 조건 사이의 평균 차이를 평가할 수 있는 가설 검정을 소개한다.

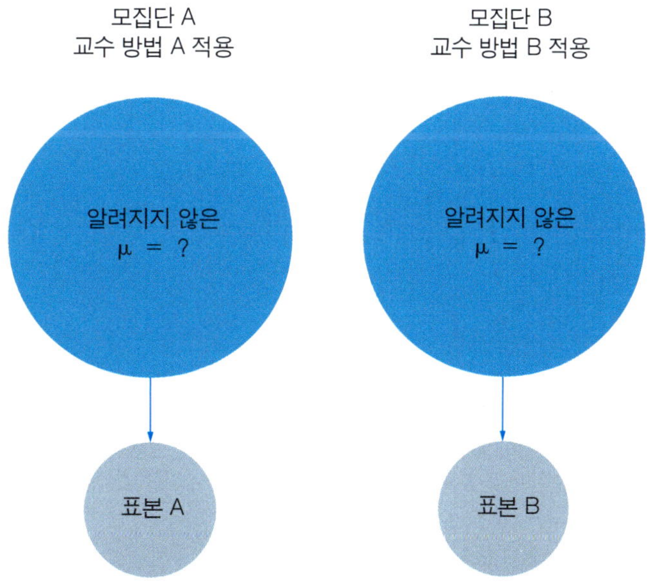

그림 10.1
독립 측정 설계 연구의 구조. 두 개별 표본을 사용하여 두 개의 알려지지 않은 모집단 또는 처치 조건에 대한 정보를 얻는다.

두 번째 연구 전략은 두 세트의 자료를 동일한 참가자 집단에서 얻는 **반복 측정 연구 설계**(repeated measures design) 또는 **개체 내 설계**(within-subjects design)이다. 반복 측정 설계의 결과를 평가하기 위한 통계 방법은 11장에서 소개한다. 이와 함께 독립 측정 및 반복 측정 설계의 장단점에 대하여 11장 후반부에 설명한다.

학습 점검

학습 목표 1 **1.** 다음 중 독립 측정 설계인 것은 무엇인가?

a. 편부모 가정의 자녀들과 부모가 모두 있는 가정의 자녀들에 대한 자존감 비교 연구

b. 배경 음악 유무에 따른 교실 학습 비교 연구

c. 운동 전후의 혈압 비교 연구

d. 국외 비행의 출발과 도착 시 인지 능력을 비교하여 시차를 평가하는 연구

학습 목표 1 **2.** 다음 중 반복 측정 설계인 것은 무엇인가?

a. 왼손잡이 청소년과 오른손잡이 청소년의 운전 능력 비교 연구

b. 귀리를 이용한 다이어트 전후의 콜레스테롤 수치 비교 연구

c. 6세 소년과 소녀의 자존감 비교 연구

d. 청소년과 30세 이상 성인을 대상으로 한 페이스북 사용 비교 연구

학습 목표 1 **3.** 두 가지 처치 조건을 비교하는 독립 측정 연구는 ____개의 참가자 집단을 사용하고 각 참가자로부터 ____개의 점수를 얻는다.

a. 1, 1

b. 1, 2

c. 2, 1

d. 2, 2

정답 **1. a** **2. b** **3. c**

10-2 독립 측정 *t* 통계량과 가설

학습 목표(Learning Objectives)

2. 독립 측정 *t* 검정의 가설을 설명할 수 있다.

3. 독립 측정 *t* 통계량의 구조를 기술하고 그것이 단일 표본 *t*와 어떻게 관련되는지 설명할 수 있다.

4. 두 표본에 대한 통합 분산과 표본 평균 차이에 대한 추정된 표준오차를 계산하고, 각각의 측정값에 대하여 설명할 수 있다.

5. 완전 독립 측정 *t* 통계량과 자유도를 계산할 수 있다.

독립 측정 연구는 두 개의 표본을 이용하기 때문에 어느 표본, 어떤 자료인지 구분할 수 있는 특별한 표기법이 필요하다. 이 표기법은 표본 통계량 옆에 작은 숫자를 작성하는 아래 첨자 방식이다. 예를 들어, 첫 번째 표본 점수는 n_1으로 두 번째 표본 점수는 n_2이다. 표본 평균은 M_1과 M_2로 작성하고, 제곱합의 경우 SS_1과 SS_2로 표기한다.

■ 독립 측정 검정을 위한 가설

독립 측정 연구의 목표는 두 모집단(또는 두 처치 조건) 사이의 평균 차이를 평가하는 것이다. 두 모집단을 구분하기 위해 아래 첨자를 사용하면 첫 번째 모집단의 평균은 μ_1, 두 번째 모평균은 μ_2이다. 평균의 차이는 간단하게 $\mu_1 - \mu_2$로 표기한다. 언제나 그렇듯

이 영가설은 변화가 없고 효과가 없으며, 이 경우에는 차이가 없다고 정한다. 따라서 독립 측정 검정에 대한 영가설은 다음과 같이 작성한다.

$$H_0: \mu_1 - \mu_2 = 0 \quad \text{(모평균 사이에 차이가 없음)}$$

영가설은 또한 $\mu_1 = \mu_2$의 형태로 표시할 수 있다. 그러나 H_0의 첫 번째 표현 방식은 특정 숫잣값(0)을 이용하고 이는 t 통계량 계산에 사용될 수 있다. 따라서 우리는 두 모평균의 차이를 드러내는 영가설을 사용하는 것을 선호한다.

대립가설은 두 모집단 사이의 평균 차이가 있음을 나타낸다.

$$H_1: \mu_1 - \mu_2 \neq 0 \quad \text{(모평균 사이에 차이가 있음)}$$

영가설에서와 마찬가지로, 두 모평균이 동일하지 않다는 형식으로 나타낼 수도 있다.

■ 독립 측정 가설 검정의 공식

독립 측정 가설 검정은 t 통계량의 또 다른 버전을 사용한다. 이 새로운 t 통계량의 공식은 9장에서 소개한 t 통계량 공식과 동일한 구조를 가진다. 두 개의 t 통계량 공식을 구분하기 위해 원래의 공식(9장)을 **단일 표본 t 통계량**(single-sample t statistic)으로 새로운 공식을 **독립 측정 t 통계량**(independent-measures t statistic)이라고 명명한다. 새로운 독립 측정 t에서는 두 개의 개별 표본과 두 개의 모집단에 대한 가설이 포함되어 있기 때문에 수식이 다소 복잡해 보일 수 있다. 그러나 새로운 수식은 9장의 단일 표본 수식과 관련하여 보면 이해가 보다 쉽다. 여기서 기억해야 할 두 가지 점이 있다.

1. t 통계량의 기본 구조는 독립 측정 및 단일 표본 가설 검정 모두에서 아래와 같이 동일하다.

$$t = \frac{\text{표본 통계량} - \text{가설적 모집단 모수}}{\text{추정된 표준오차}}$$

2. 기본적으로 독립 측정 t는 단일 표본 t 식의 모든 요소를 두 배로 하는 두 표본 t이다.

두 번째 내용을 명확히 하기 위해 두 개의 t 수식을 하나씩 살펴보자.

전반적인 t 공식 단일 표본 t는 한 개의 모평균에 대한 가설을 검정하기 위해 한 개의 표본 평균을 사용한다. 표본 평균과 모평균은 표본 자료와 모집단 가설 사이의 차이를 측정하는 공식의 분자에 나타난다.

$$t = \frac{\text{표본 평균} - \text{모평균}}{\text{추정된 표준오차}} = \frac{M - \mu}{s_M}$$

독립 측정 t는 두 표본 평균의 차이를 사용하여 두 모평균의 차이에 대한 가설을 검증한다. 따라서 독립 측정 t 공식은 다음과 같다.

$$t = \frac{\text{표본 평균 차이} - \text{모평균 차이}}{\text{추정된 표준오차}} = \frac{(M_1 - M_2) - (\mu_1 - \mu_2)}{s_{(M_1 - M_2)}}$$

이 식에서 $M_1 - M_2$의 값은 표본 자료에서, $\mu_1 - \mu_2$의 값은 영가설에서 나온 것이다. 가설 검정에서 영가설은 모평균 차이를 0으로 설정하기 때문에 독립 측정 t 공식을 아래와 같이 더욱 단순화할 수 있다.

$$t = \frac{\text{표본 평균 차이}}{\text{추정된 표준오차}}$$

위에서 t 통계량은 실제 평균 차이(분자)와 예상되는 차이(분모)를 비교하는 간단한 비율식이다.

추정된 표준오차 각 t 점수 수식에서 분모의 표준오차는 표본 통계량과 모집단 모수 사이에 예상되는 오차의 정도를 측정한다. 단일 표본 t 공식에서 표준오차는 표본 평균에 대해 예상되는 오차의 총량을 측정하며 s_M으로 나타낸다. 독립 측정 t의 경우, 표준오차는 표본 평균 차이($M_1 - M_2$)와 모평균 차이($\mu_1 - \mu_2$) 사이에 예상되는 오차의 양을 측정한다. 표본 평균 차이에 대한 표준오차는 $s_{(M_1 - M_2)}$으로 표시한다.

주의: 표준오차의 표기법으로 인한 혼동에 유의해야 한다. 일반적으로 표준오차는 $s_{\text{statistic}}$ 형식으로 표시한다. 통계량이 표본 평균인 경우 M, 표준오차는 s_M이다. 독립 측정 검정의 경우, 통계량은 표본 평균 차이($M_1 - M_2$)이고 표준오차는 $s_{(M_1 - M_2)}$이다. 각각의 경우, 표준오차는 표본 통계량과 상응하는 모집단 모수 간에 예상되는 불일치가 어느 정도인지 알려 준다.

추정된 표준오차의 해석 독립 측정 t 통계량 식에 있는 $M_1 - M_2$의 추정된 표준오차는 두 가지 방식으로 해석할 수 있다. 첫째, 표준오차는 표본 통계량($M_1 - M_2$)과 해당 모집단 모수($\mu_1 - \mu_2$) 사이의 표준 측정값 또는 평균 거리로 정의된다. 일반적으로 표본은 모집단과 완벽하게 일치하지는 않을 것이고, 따라서 표준오차는 표본 통계량과 모집단 모수 간 예상되는 차이가 얼마나 될지를 측정한다.

영가설이 참일 때, 모평균 차이는 0이다. 이 경우, 표준오차는 표본 평균 차이가 0으로부터 얼마나 멀리 떨어져 있는지 측정한다. 여기서, 0에서 얼마나 떨어져 있는지 측정하는 것은 얼마나 큰지를 측정하는 것과 같다. 따라서 $(M_1 - M_2)$의 추정된 표준오차를 해석하는 방법은 두 가지가 있다.

1. $(M_1 - M_2)$와 $(\mu_1 - \mu_2)$ 사이의 표준 거리를 측정한다.
2. 영가설이 참일 때, 그것은 표준 또는 $(M_1 - M_2)$의 평균 크기를 측정한다. 즉, 두 표본 평균 간에 예상되는 차이가 얼마나 큰지를 측정한다.

■ 추정된 표준오차 계산

$s_{(M_1-M_2)}$ 계산 공식을 위해 다음 세 가지 사항을 고려해야 한다.

1. 두 표본 평균은 각각의 모평균을 나타내지만, 약간의 오차가 존재한다.

   M_1은 약간의 오차를 포함하여 μ_1을 대표한다.
   M_2는 약간의 오차를 포함하여 μ_2를 대표한다.

   따라서 두 가지 오차의 원인이 있다.

2. 각 표본 평균과 관련된 오차의 양은 M의 추정된 표준오차로 측정된다. 각 표본 평균에 대한 추정된 표준오차는 식 9.1을 이용하여 다음과 같이 계산된다.

$$M_1,\ s_M = \sqrt{\frac{s_1^2}{n_1}} \qquad M_2,\ s_M = \sqrt{\frac{s_2^2}{n_2}}$$

3. 독립 측정 t 통계량에 대해 우리는 두 모평균을 대표하기 위해 사용한 두 표본 평균과 관련한 오차의 총량을 알기를 원한다. 이를 위해 각 표본에서 개별적으로 오차를 찾아서 두 오차를 함께 추가한다. 이에 따른 표준오차 공식은 다음과 같다.

$$s_{(M_1-M_2)} = \sqrt{\frac{s_1^2}{n_1} + \frac{s_2^2}{n_2}} \qquad (10.1)$$

독립 측정 t 통계량은 두 개의 표본 평균을 사용하기 때문에 추정된 표준오차의 공식은 첫 번째 표본 평균의 오차와 두 번째 표본 평균의 오차를 결합하여 간편하게 구할 수 있다(글상자 10.1).

글상자 10.1 차이 점수의 변산성

독립 측정 t 통계량이 두 표본 평균의 차이를 찾기 위해 감산할 때 두 표본 오차를 합산하는 것이 이상하게 여겨질 수 있다. 이 과정에 대한 논리를 여기서 설명한다.

두 개의 모집단 I과 II로 시작하자(그림 10.2). 모집단 I의 점수는 최저 50점에서 최고 70점이다. 모집단 II의 점수 범위는 20점에서 30점이다. 우리는 각 모집단의 분포에 대한 척도로서 다음 범위를 사용할 것이다.

모집단 I은 20점의 범위를 가지고 있다.
모집단 II는 10점의 범위를 가지고 있다.

모집단 I에서 한 점수와 모집단 II에서 한 점수를 무작위로 선택하고 이 두 점수의 차이 $(X_1 - X_2)$를 계산할 때 이 차이에 대해 어떤 범위가 가능할까? 이 질문에 답하기 위해서는 가능한 가장 큰 차이와 작은 차이를 찾아야 한다. 그림 10.2를 보자. 가장 큰 차이는 $X_1 = 70$과 $X_2 = 20$일 때이다. 이것은 $X_1 - X_2 = 50$점의 차이이다. 가장 작은 차이는 $X_1 = 50$ 및 $X_2 = 30$일 때이다. 이 차이는 $X_1 - X_2 = 20$점이다. 따라서 차이 점수는 최대 50점, 최소 20점이고 이는 30점의 범위이다.

모집단 I의 범위(X_1 점수) = 20점
모집단 II의 범위(X_2 점수) = 10점
차이 범위($X_1 - X_2$) = 30점

점수의 차이에 대한 변산성은 두 모집단 각각에 대한 변산성을 합산하여 구할 수 있다.

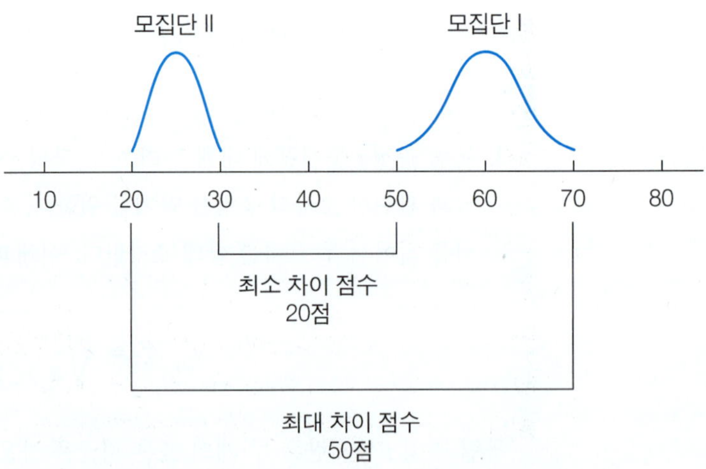

그림 10.2
두 개의 모집단 분포. 모집단 I의 점수는 50에서 70(20점의 범위)이고, 모집단 II의 점수는 20에서 30(10점의 범위)이다. 이들 각각에서 하나의 점수를 선택할 경우 가장 가까운 두 값은 $X_1 = 50$과 $X_2 = 30$이다. 가장 멀리 떨어져 있는 두 값은 $X_1 = 70$과 $X_2 = 20$이다.

■ 통합 분산

식 10.1은 독립 측정 t 통계량에 대한 표준오차 개념을 정확하게 설명하지만 이 식은 두 개의 표본이 정확히 같은 크기(즉, $n_1 = n_2$)인 상황으로 제한된다. 두 표본의 크기가 다를 때는 수식이 **편향**되어 부적절하다. 이 편향성은 식 10.1이 두 표본의 분산을 동일하게 취급한다는 사실에서 기인한다. 표본 크기가 다른 경우 두 표본 분산이 같지 않으므로 동일하게 취급해서는 안 된다. 7장에서 큰 표본으로부터 얻은 통계량은 작은 표본에서 얻은 통계량보다 모수를 더 정확하게 추정하는 경향이 있다는 큰 수의 법칙(law of large numbers)을 살펴보았다. 이 같은 특성은 표본 분산에도 적용된다. 즉, 큰 표본에서 얻은 분산이 작은 표본에서 얻은 분산보다 정확한 σ^2 추정값이다.

표준오차에서 편향을 보정하는 한 가지 방법은 두 개의 표본 분산을 **통합 분산**이라 부르는 단일한 값으로 결합하는 것이다. 통합 분산은 최종 값을 결정할 때 큰 표본에 더 많은 가중치를 지니도록 하는 절차를 사용하여 두 표본 분산을 평균화하거나 '통합'하여 구한다.

앞에서 하나의 표본만 있는 경우 표본 분산은 다음과 같이 계산한다.

$$s^2 = \frac{SS}{df}$$

독립 측정 t 통계량의 경우, 두 개의 SS값과 두 개의 df값(각 표본당 하나씩)이 있다. 두 표본의 값을 결합하여 통합 분산을 계산한다. 통합 분산은 s_p^2으로 나타내며, 다음과 같이 계산한다.

$$\text{통합 분산} = s_p^2 = \frac{SS_1 + SS_2}{df_1 + df_2} \tag{10.2}$$

하나의 표본에서 분산은 SS를 df로 나눈 값으로 계산된다. 두 개의 표본을 이용하여 구하는 통합 분산은 두 SS값을 합한 다음, 두 df값의 합으로 나누어 계산한다.

앞에서 언급했듯이, 통합 분산은 실제로 두 표본 분산의 평균이지만 더 큰 표본이 최종 값을 결정하는 데 더 많은 가중치를 가지도록 계산한다. 다음의 예는 이 점을 설명한다.

동일한 표본 크기 우리는 크기가 정확히 같은 두 개의 표본에 대하여 통합 분산을 계산하려고 한다. 첫 번째 표본은 $n = 6$, $SS = 50$이고, 두 번째 표본은 $n = 6$, $SS = 30$이다. 두 표본의 분산은 각각 다음과 같다.

$$\text{표본 1의 분산: } s^2 = \frac{SS}{df} = \frac{50}{5} = 10$$

$$\text{표본 2의 분산: } s^2 = \frac{SS}{df} = \frac{30}{5} = 6$$

두 표본에 대한 통합 분산은 다음과 같다.

$$s_p^2 = \frac{SS_1 + SS_2}{df_1 + df_2} = \frac{50 + 30}{5 + 5} = \frac{80}{10} = 8.00$$

통합 분산은 두 표본 분산의 중간에 있음을 기억하자. 두 표본은 정확히 같은 크기이므로 통합 분산은 단순히 두 표본 분산의 평균이다.

동일하지 않은 표본 크기 이제 표본 크기가 같지 않은 경우 어떻게 되는지 살펴보자. 이번의 경우 첫 번째 표본은 $n = 3$, $SS = 20$이고, 두 번째 표본은 $n = 9$, $SS = 48$이다. 두 표본의 분산은 각각 다음과 같다.

$$\text{표본 1의 분산: } s^2 = \frac{SS}{df} = \frac{20}{2} = 10$$

$$\text{표본 2의 분산: } s^2 = \frac{SS}{df} = \frac{48}{8} = 6$$

두 표본에 대한 통합 분산은 다음과 같다.

$$s_p^2 = \frac{SS_1 + SS_2}{df_1 + df_2} = \frac{20 + 48}{2 + 8} = \frac{68}{10} = 6.80$$

이번에는 통합 분산이 두 표본 분산의 중간에 위치하지 않는다. 그 대신, 통합된 값은 작은 표본($n = 3$, $s^2 = 10$)에 대한 분산보다 큰 표본($n = 9$, $s^2 = 6$)에 대한 분산에 더 가까이 위치하고 있다. 상대적으로 큰 표본은 통합 분산을 계산할 때 더 많은 가중치를 지니게 된다.

통합 분산을 계산할 때, 각 표본 분산의 대한 가중치는 자유도에 의해 결정된다. 큰 표본은 더 큰 df값을 가지기 때문에 두 분산을 단순히 평균할 때 더 많은 가중치를 가지게 된다. 이러한 성질을 이용하여 통합 분산을 계산하기 위한 대안 공식을 만들 수 있다.

$$\text{통합 분산} = s_p^2 = \frac{df_1 s_1^2 + df_2 s_2^2}{df_1 + df_2} \tag{10.3}$$

예를 들어, 첫 번째 표본의 $df_1 = 2$이고 두 번째 표본의 $df_2 = 8$이면 수식에서 총 10개의 분산에 중 첫 번째 표본 분산에 2개, 두 번째 표본 분산에 8개를 대입한다. 다음으로 평균을 구하기 위해 10으로 나눈다. (10.3)의 대안 공식은 표본 자료가 평균과 분산으로 요약되어 있는 경우 특히 유용하다. 마지막으로 통합 분산은 두 표본 분산의 평균이므로 통합 분산으로 얻은 값은 항상 두 표본 분산 사이에 위치한다는 점에 유의해야 한다.

■ 추정된 표준오차

개별 표본의 통합 분산을 사용하여 표본 평균 차이에 대한 표준오차의 불편값을 얻을 수 있다. 독립 측정 추정된 표준오차에 대한 결과 공식은 다음과 같다.

$$M_1 - M_2\text{의 추정 표준오차} = s_{(M_1-M_2)} = \sqrt{\frac{s_p^2}{n_1} + \frac{s_p^2}{n_2}} \qquad (10.4)$$

개념적으로 이 표준오차는 두 표본 평균의 차이가 두 모평균의 차이를 얼마나 정확하게 나타내는지를 측정한다. 가설 검정에서, H_0는 $\mu_1 - \mu_2 = 0$을 지정하고, 표준오차는 두 표본 평균 사이의 평균적으로 차이가 얼마나 많이 나는지를 측정한다. 어느 경우에나, 이 수식은 첫 번째 표본 평균의 오차와 두 번째 표본 평균의 오차를 결합한다. 또한 두 표본의 통합 분산을 사용하여 두 표본에 대한 표준오차를 계산한다.

다음 예제를 통하여 통합 분산과 추정된 표준오차에 대하여 여러분이 얼마나 이해하고 있는지를 확인해 보자.

예제 10.1 독립 측정 연구에서 어떤 표본이 $n = 4$, $SS = 72$이다. 다른 표본은 $n = 8$, $SS = 168$이다. 이 자료에서 평균 차이에 대한 통합 분산과 추정된 표준오차를 계산해 보자. 계산 결과는 통합 분산이 $\frac{240}{10} = 24$이고, 추정된 표준오차는 3이다. ■

■ 최종 공식 및 자유도

독립 측정 t 통계량에 대한 완전한 수식은 다음과 같다.

$$t = \frac{(M_1 - M_2) - (\mu_1 - \mu_2)}{s_{(M_1-M_2)}} = \frac{\text{표본 평균 차이} - \text{모평균 차이}}{\text{추정된 표준오차}} \qquad (10.5)$$

이 공식에서 분모의 추정된 표준오차는 식 10.4를 사용하며 식 10.2 또는 10.3을 사용하여 통합 분산을 계산해야 한다.

독립 측정 t 통계량에 대한 자유도는 두 개의 개별 표본에 대한 df값으로 결정된다.

$$t\text{ 통계량에 대한 } df = \text{첫 번째 표본의 } df + \text{두 번째 표본의 } df$$

$$= df_1 + df_2$$
$$= (n_1 - 1) + (n_2 - 1) \quad (10.6)$$

독립 측정 t 통계량의 df는 다음과 같이 나타낼 수도 있다.

$$df = n_1 + n_2 - 2 \quad (10.7)$$

통합 분산을 활용하지 않는 독립 측정 t 검정식은 글상자 10.2(342쪽)에 나와 있다.

df 수식은 총점수에서 첫 번째 표본에서 1점, 두 번째 표본에서 1점, 총 2점을 차감한다.

독립 측정 t 통계량은 가설 검정에 사용된다. 특히 표본 평균의 차이$(M_1 - M_2)$를 모평균 차이$(\mu_1 - \mu_2)$에 대한 가설을 검증하기 위한 기초로 사용한다. 이러한 관점에서 t 통계량의 전반적 구조는 다음과 같이 나타낼 수 있다.

$$t = \frac{\text{자료} - \text{가설}}{\text{오차}}$$

이 같은 구조는 9장의 단일 표본 t와 앞에서 소개한 독립 측정 t 모두에 사용된다. 표 10.1에는 이 두 t 통계량의 각 구성 요소와 이 장의 초반부에 강조한 내용들이 정리되어 있다. 독립 측정 t 통계량은 단일 표본 t 통계량의 각 요소를 두 배로 만든다.

표 10.1 단일 표본 t와 독립 표본 t에 대한 t 통계량의 기본 요소

	표본 자료	가정된 모집단 모수	추정된 표준오차	표본 분산
단일 표본 t 통계량	M	μ	$\sqrt{\frac{s^2}{n}}$	$s^2 = \frac{SS}{df}$
독립 측정	$(M_1 - M_2)$	$(\mu_1 - \mu_2)$	$\sqrt{\frac{s_p^2}{n_1} + \frac{s_p^2}{n_2}}$	$s_p^2 = \frac{SS_1 + SS_2}{df_1 + df_2}$

학습 점검

학습 목표 2 **1.** 독립 측정 t 검정에 대한 올바른 영가설은 다음 중 어느 것인가?

a. 두 표본 평균 사이에 차이가 없다.

b. 두 모평균의 차이가 없다.

c. 두 표본 평균 사이의 차이는 두 모평균의 차이와 동일하다.

d. 위의 세 가지 선택 사항 중 어느 것도 맞지 않다.

학습 목표 3 **2.** 단일 표본 t와 독립 측정 t의 공식 간 관계에 대한 설명 중 정확하지 않은 것은?

a. 단일 표본 t는 한 개의 표본 평균을 가지고 독립 측정 t는 두 개를 가진다.

b. 단일 표본 t는 한 개의 모평균을 가지고 독립 측정 t는 두 개를 가진다.

c. 단일 표본 t는 표준오차를 계산하기 위해 하나의 표본 분산을 사용하고 독립 측정 t는 두 개를 사용한다.

d. 위의 모든 설명이 정확하다.

학습 목표 4 **3.** 첫 번째 표본은 $n = 4$이고 두 번째 표본은 $n = 8$이다. 두 표본에 대한 통합 분산이 24이면 표본 평균 차이에 대한 추정된 표준오차는 얼마인가?

a. 9

b. 4

c. 3

d. 2

학습 목표 5 **4.** 한 연구자가 $n = 10$인 여아의 표본에 대해 $M = 34$, $SS = 190$을 얻고, $n = 10$인 남아의 표본에 대해서는 $M = 29$, $SS = 170$을 얻었다. 두 표본이 두 모집단 간의 평균 차이를 평가하는 데 사용된다면 t 통계량의 값은 얼마인가?

a. $\frac{5}{4} = 1.25$

b. $\frac{5}{2} = 2.50$

c. $\frac{5}{\sqrt{2}} = 3.54$

d. $\frac{5}{1} = 5.00$

정답 **1.** b **2.** d **3.** c **4.** b

10-3 독립 측정 *t* 통계량을 이용한 가설 검정

학습 목표(Learning Objectives)

6. 두 표본 자료를 사용하여 두 모평균 간 차이의 유의성을 평가하는 독립 측정 t 검정을 할 수 있다.

7. 독립 측정 t 통계량을 사용하여 (단방) 가설 검정을 할 수 있다.
8. 독립 측정 t 가설 검정의 기본 가정 중 등분산성에 대하여 설명하고 등분산성 가정 검정을 할 수 있다.

독립 측정 t 통계량은 두 개의 개별 표본 자료를 사용하여 두 모집단 간 또는 두 처치 조건 사이에 유의한 평균 차이가 있는지 여부를 결정하는 데 이용한다. 두 개의 독립 표본을 사용한 가설 검정의 예는 다음과 같다.

예제 10.2 한 연구에 따르면 사람들은 조명이 밝은 환경에서보다 어두운 곳에서 부정직하고 자기 이익적인 행동을 할 가능성이 더 많다(Zhong, Bohns, & Gino, 2010). 한 실험에서 참가자들에게 5분 동안 20개의 퍼즐 세트를 제공하고 한 개씩 해결할 때마다 0.50달러를 지불했다. 참가자들은 자신의 성과를 보고했으나 그들이 정직하게 보고했는지를 확인할 수 있는 확실한 방법이 없었다. 따라서 이 과제는 부당하게 속여 돈을 받을 수 있는 환경을 제공했다. 참가자 중 한 집단은 조명이 어두운 방에서 테스트를 실시했으며 두 번째 집단은 조명이 밝은 방에서 테스트했다. 해결한 퍼즐의 수는 개인별로 각각 기록하게 했다. 다음 자료는 연구에서 얻은 것과 유사한 결과를 나타낸다.

해결한 퍼즐의 수			
조명이 밝은 방		**조명이 어두운 방**	
11	6	7	9
9	7	13	11
4	12	14	15
5	10	16	11
$n = 8$		$n = 8$	
$M = 8$		$M = 12$	
$SS = 60$		$SS = 66$	

1단계 **가설을 진술하고 유의 수준을 선택한다.** 영가설에 따르면 방 조명의 밝기는 참가자가 보고한 해결된 문제의 수에 영향을 미치지 않는다.

$$H_0\colon \mu_1 - \mu_2 = 0 \quad \text{(모평균 차이가 없음)}$$
$$H_1\colon \mu_1 - \mu_2 \neq 0 \quad \text{(모평균 차이가 있음)}$$

유의 수준은 $\alpha = .05$로 설정한다.

방향성이 있는 가설을 사용하여 어두운 방에서 테스트한 학생들의 점수가 더 높거나 낮은지 여부를 지정할 수 있다.

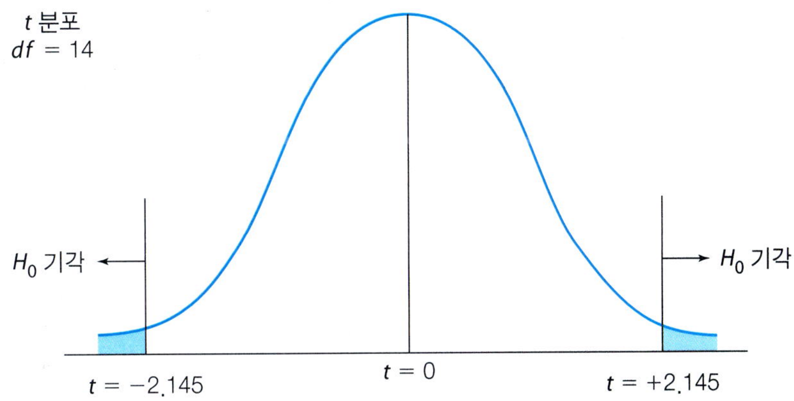

그림 10.3
예제 10.2에서 df = 14, α = .05일 때 독립 측정 가설 검정의 기각역

2단계 **기각역을 찾는다.** 이것은 독립 측정 설계이다. 이 자료에 대한 t 통계량은 다음의 자유도를 갖는다.

$$\begin{aligned} df &= df_1 + df_2 \\ &= (n_1 - 1) + (n_2 - 1) \\ &= 7 + 7 \\ &= 14 \end{aligned}$$

df = 14, α = .05의 경우, t 분포는 t = +2.145와 t = −2.145의 기각역을 가진다(그림 10.3 참조).

3단계 **검정 통계량을 계산한다.** 9장의 단일 표본 t 검정과 마찬가지로 계산을 세 단계로 나누는 것이 유용하다.

첫째, 두 표본에 대한 통합 분산을 찾는다.

주의: 통합 분산은 두 개의 표본을 결합하여 단일 분산 추정값을 얻는다. 공식에서 두 표본은 한 개의 분수로 결합된다.

$$s_p^2 = \frac{SS_1 + SS_2}{df_1 + df_2} = \frac{60 + 66}{7 + 7} = \frac{126}{14} = 9$$

둘째, 추정된 표준오차를 계산하기 위해 통합 분산을 이용한다.

주의: 표준오차는 두 개의 개별 표본으로부터 오차를 얻는다. 공식에서 이 두 오차는 두 개의 분수로 더해진다. 이 경우, 표본 크기가 동일하므로 두 오차는 동일하다.

$$s_{(M_1-M_2)} = \sqrt{\frac{s_p^2}{n_1} + \frac{s_p^2}{n_2}} = \sqrt{\frac{9}{8} + \frac{9}{8}} = \sqrt{2.25} = 1.50$$

셋째, t 통계량을 계산한다.

$$t = \frac{(M_1 - M_2) - (\mu_1 - \mu_2)}{s_{(M_1 - M_2)}} = \frac{(8 - 12) - 0}{1.5}$$

$$= \frac{-4}{1.5} = -2.67$$

4단계 최종 결정한다. 위에서 구한 값($t = -2.67$)은 기각역 안에 있다. 이 예제에서, 구한 표본 평균 차이는 두 집단 간에 차이가 없을 때 기대되는 것보다 2.67배 더 크다. 즉, H_0가 참이면 이 결과는 거의 발생하지 않는다. 그러므로 우리는 H_0를 기각하고 조명이 어두운 방의 점수와 밝은 방의 점수 사이에 유의미한 차이가 있다고 결론을 내린다. 구체적으로 희미하게 조명된 방의 학생들은 밝은 방의 학생들보다 훨씬 높은 점수를 기록했다. ■

■ 방향성이 있는 가설과 단방 검정

일반적으로 연구자는 독립 측정 연구를 계획할 때, 결과에 대하여 일정한 기대를 하거나 또는 구체적인 예측을 한다. 예제 10.2에서 연구자들은 조명이 어두운 방의 학생들이 조명이 밝은 방의 학생들보다 높은 점수를 기록할 것으로 기대한다. 이러한 종류의 방향성 예측은 가설 진술에 나타낼 수 있으며 방향성이 있는 검정 또는 단방 검정이 된다. 앞서 8장에서 단방 검정은 양방 검정에서 요구되는 평균 차이보다 상대적으로 작을 때 H_0를 거부할 수 있었음을 상기하자. 그러므로 단방 검정은 이론이나 선행 연구 결과에 의해 명확하게 정당화될 수 있을 때 사용되어야 한다. 다음의 예는 독립 측정 t 통계량을 사용하여 가설을 설정하고 단방 검정의 기각역을 찾는 과정을 보여 준다.

예제 10.3 여기서는 예제 10.2에서 설명한 동일한 연구 상황을 사용한다. 연구자는 조명과 학생들의 부정한 행동 사이의 관계를 조사하기 위해 독립 측정 설계를 사용했다. 이에 대한 예상은 조명이 어두운 방의 학생들이 조명이 밝은 방의 학생들보다 부정한 방법을 쓰는 경향이 있다(높은 점수를 보고함)는 것이다.

1단계 가설을 설정하고 유의 수준을 선택한다. 일반적으로 영가설은 효과가 없다고 말하며 대립가설은 효과가 있음을 나타낸다. 이 예제에서 예상되는 효과는 조명이 어두운 방의 학생들이 더 높은 점수를 보고한다는 것이다. 따라서 두 가설은 다음과 같다.

H_0: $\mu_{\text{어두운 방}} \leq \mu_{\text{밝은 방}}$ (조명이 어두운 방에서 보고된 점수가 높지 않다.)

$$H_1: \mu_{\text{어두운 방}} > \mu_{\text{밝은 방}}$$ (조명이 어두운 방에서 보고된 점수가 더 높다.)

가설을 기호로 표현하기 전에 가설을 말로 표현하는 것이 일반적으로 더 쉽다. 또한 대체적으로 처치가 예측대로 작용한다는 대립가설(H_1)부터 시작하는 것이 더 쉽다. 등호는 영가설에 나타나며 두 처치 조건 간에 차이가 없음을 나타낸다. 차이가 없는 것에 대한 아이디어는 영가설의 본질로 0 값은 t 통계량의 계산($\mu_1 - \mu_2$) 과정에 사용된다. 이번 검정에서는 $\alpha = .01$을 사용한다.

2단계 **기각역을 찾는다.** 방향성이 있는 검정에서 기각역은 전체 분포의 한쪽 꼬리에 위치한다. 양수 또는 음수 중 어느 쪽이 정확한 위치인지 결정하기보다는 다음과 같이 2단계 과정을 통해 기각역의 기준을 정하는 것이 좋다. 먼저, 자료를 보고 표본 평균 차이가 예측된 방향인지 여부를 확인한다. 대답이 '아니요'인 경우에는 해당 자료가 처치 효과를 지지하지 않으므로 분석을 중단할 수 있다. 반면에, 그 차이가 예측된 방향에 있다면, 2단계에서는 그 차이가 충분히 큰지 여부를 결정하는 것이다. 유의성을 검정하기 위해 t 분포표에서 단방 임곗값을 찾는다. 만약 t 통계량이 임곗값보다 더 극단적(양의 방향 또는 음의 방향)이면 그 차이가 유의하다고 볼 수 있다.

이 예제에서는 조명이 어두운 방의 학생이 예상대로 더 높은 점수를 보고했다(df = 14일 때, $\alpha = .01$에 대한 단방 임곗값은 $t = 2.624$).

3단계 **자료를 수집하고 검정 통계량을 계산한다.** 계산의 자세한 내용은 예제 10.2에 나와 있다. 계산 결과 $t = -2.67$의 통계량을 산출한다.

4단계 **기각 여부를 결정한다.** $t = -2.67$ 통계량은 $t = 2.624$의 임곗값보다 극단적이다. 따라서 우리는 영가설을 기각하고 조명이 어두운 방의 학생들의 보고된 점수가 밝은 방 학생들의 점수보다 유의하게 높다고 결론을 내릴 수 있다. 연구 보고서에 단방 검정을 명확하게 언급한다.

조명이 어두운 방의 학생들의 점수가 단방 검정 결과, $t(14) = -2.67, p < .01$ 유의하게 나타났다. ■

■ 독립 측정 t 공식의 가정

가설 검정을 위해 독립 측정 t 공식을 사용하기 전에 충족되어야 할 세 가지 가정이 있다.

1. 각 표본의 관찰값들은 독립적이어야 한다(256쪽 참조).
2. 표본이 선택되는 두 모집단은 정규분포를 이루어야 한다.
3. 표본이 선택되는 두 모집단은 동일한 분산을 가져야 한다(등분산성).

앞의 두 가정은 9장에 제시된 단일 표본 t 가설 검정을 통해 익숙할 것으로 여겨진다. 이전에 언급한 것처럼 정규성 가정은 표본이 큰 경우에는 중요성이 상대적으로 줄어든다. 모집단의 정규성에 대하여 합리적으로 의심할 여지가 있으면 표본이 상대적으로 큰지 확인하여 보완해야 한다.

세 번째 가정은 분산의 동질성, 즉 **등분산성**(homogeneity of variance)이라고 하며, 비교하는 두 모집단이 동일한 분산을 가져야 함을 의미한다. 8장의 z 점수 가설 검정에서 유사한 가정을 떠올릴 수 있다. 이 검정에서 처치의 효과는 각 개별 점수에 일정한 양을 더하거나 빼는 것이라고 가정했다. 결과적으로 처치 후 모표준편차는 처치 전과 동일하게 나타났다. 여기서는 본질적으로는 동일한 가정이지만 분산이라는 용어를 사용하여 다르게 표현한다.

t 통계량 공식에서 통합 분산은 두 표본 분산을 평균하여 구한다는 것을 상기시켜 보자. 두 값이 모두 동일한 모분산을 추정하는 경우, 즉 등분산성 가정이 충족되는 경우에만 이 두 값을 평균하는 것이 좋다. 두 가지 표본 분산이 다른 모분산을 추정하는 경우 평균은 의미가 없다. (참고: 두 사람에 대한 같은 것, 예를 들어 몸무게에 대하여 두 수치를 평균하는 것은 가능한 작업이다. 그러나 두 가지 다른 점을 평균적으로 추정하는 것은 의미가 없다. 한 사람은 몸무게를 추정하고 다른 사람은 1파운드의 커피에서 원두의 개수를 구한다면 두 숫자를 평균하는 것은 아무 의미가 없다.)

표본 크기의 차이가 클 때 등분산성은 매우 중요하다. 표본 크기가 같거나 또는 거의 같은 경우에 이 가정의 중요성은 약해질 수 있지만 그래도 여전히 중요하다. 등분산성 가정을 위반하면 독립 측정 설계에서 자료의 의미 있는 해석이 어려워진다. 특히, 가설 검정 과정에서 t 통계량을 계산할 때 H_0에서 가져오는 모평균 차이를 제외한 수식의 모든 숫자는 수집된 자료에서 나온 것이다. 따라서 한 가지를 제외한 모든 수를 공식에서 확인할 수 있다. t 통계량에 대한 극단적인 결과를 얻은 경우(기각역 안의 값), 가정한 값이 잘못되었다고 결론 내릴 수 있다. 그러나 등분산성 가정을 위반했을 때 어떤 일이 일어날 수 있을지 생각해 보자. 이 경우 수식에 의심스러운 두 가지 값(가정한 모집단 값과 두 분산의 의미 없는 평균)이 있다. 이때 극단적인 t 통계량을 얻는다면 이 두 값이 제대로 된 것이지 알 수가 없다. 특히 극단적인 통계를 산출한 것이 통합 분산일 수 있으므로 가설을 기각할 수 없다. 따라서 등분산성 가정을 만족하지 않으면 t 통계량을 정확하게 해석할 수 없으며 가설 검정은 의미가 없게 된다.

■ Hartley의 *F*-max 검정

등분산성 가정이 충족되었는지 어떻게 알 수 있을까? 한 가지 간단한 방법은 두 표본 분산을 살펴보는 것이다. 논리적으로, 두 모분산이 동일하다면 두 표본 분산은 매우 유사해야 한다. 두 표본 분산이 상당히 유사하면, 등분산성 가정이 어느 정도 만족되었기 때문에 가설 검정을 진행할 수 있으리라 생각할 수 있다. 그러나 한 표본 분산이 다른 표본 분산보다 3, 4배 큰 경우에는 이야기가 다르다. 더 객관적으로 등분산성 가정을 평가하기 위한 통계적 검증이 필요하다. 등분산성 가정이 충족되었는지 여부를 판단하기 위한 다양한 통계 방법이 있지만 Hartley의 F-max 검정은 계산과 이해에서 가장 간단한 방법 중 하나이다. 추가적인 이점으로 이 검정은 두 개 이상의 독립적인 표본의 등분산성을 확인하는 데 사용될 수 있다. 12장에서 몇 가지 서로 다른 표본을 비교하는 통계적 방법을 살펴볼 예정인데, Hartley의 검정이 유용하게 사용될 것이다. 다음 예제는 두 개의 독립 표본에 대한 F-max 검정을 보여 준다.

예제 10.4 F-max 검정은 표본 분산이 모분산의 불편 추정값을 제공한다는 원칙에 기반한다. 이 검정에 대한 영가설은 모분산이 동일하다는 것이다. 따라서 표본 분산은 매우 유사해야 한다. F-max 검정의 절차는 다음과 같다.

1. 각 표본에 대하여 표본 분산 $s^2 = \frac{SS}{df}$를 계산한다.

2. 이러한 표본 분산의 최댓값과 최솟값을 선택하여 다음과 같이 계산한다

$$F\text{-max} = \frac{s^2(\text{최댓값})}{s^2(\text{최솟값})}$$

F-max에서 상대적으로 큰 값은 표본 분산 간 차이가 크다는 것을 나타낸다. 이 경우 자료는 모분산이 다르며 등분산성 가정이 위반되었다고 보여 준다. 반면, F-max의 작은 값(1.00 근처)은 표본 분산이 유사하고 등분산성 가정이 합리적임을 나타낸다.

3. 표본 자료를 이용하여 계산한 F-max 값을 표 A.3(부록 A)에 있는 임곗값과 비교한다. 표본값이 표에서 찾은 값보다 크면 분산이 다르며 등분산성 가정이 유효하지 않다고 결론을 내릴 수 있다.

표에서 임곗값을 찾으려면 다음이 필요하다.

a. k – 개별 표본의 수(독립 측정 t 검정의 경우, $k = 2$)

b. 각 표본 분산에 대한 $df = n - 1$. Hartley 검정에서는 모든 표본이 동일한 크기라고 가정한다.

c. 유의 수준. 이 표는 $\alpha = .05$ 및 $\alpha = .01$에 대한 임곗값을 제공한다. 일반적으로 등분산성 검정은 큰 유의 수준을 사용한다.

예를 들어, 두 개의 독립적인 표본이 각각 $n = 10$이고 표본 분산이 12.34와 9.15라고 가정하면 다음과 같다.

$$F\text{-max} = \frac{s^2(\text{최댓값})}{s^2(\text{최솟값})} = \frac{12.34}{9.15} = 1.35$$

$\alpha = .05$, $k = 2$, $df = n - 1 = 9$인 경우 표에서 찾은 임곗값은 4.03이다. F-max 값이 임곗값보다 작기 때문에 이 자료가 등분산성 가정을 위반했다는 증거를 제공하지 않는다고 결론 내릴 수 있다. ■

대부분의 가설 검정의 목표는 유의미한 차이 또는 처치 효과를 입증하기 위해 영가설을 기각하는 것이다. 그러나 등분산성을 검정할 때, 바람직한 결과는 H_0를 기각하지 않는 것이다. F-max 검정에서 H_0를 기각하지 못하면 두 모분산 간에 유의한 차이가 없으며 등분산성 가정이 충족됨을 의미한다. 이 경우, 통합 분산을 사용하여 독립 측정 t 검정을 진행할 수 있다.

F-max 검정을 통해 동일한 분산에 대한 가설을 기각하거나 등분산성 가정이 정당하지 않다고 판단되면 통합 분산을 사용하여 독립 측정 t 통계량을 계산해서는 안 된다. 그러나 두 표본 분산을 통합하지 않고 등분산성 가정을 필요로 하지 않는 t 통계량에 대한 다른 공식이 있다. 대안 공식에 대한 설명은 **글상자 10.2**에 있다.

글상자 10.2 통합 분산의 대안

통합 분산을 사용하여 독립 측정 t 통계량을 계산하려면 자료가 등분산성 가정을 충족해야 한다. 특히, 표본에서 얻은 두 분포는 동일한 분산을 가져야 한다. 이러한 가정을 피하기 위해 많은 통계학자들은 통합 분산이나 등분산성 가정을 필요로 하지 않는 독립 측정 t 통계량의 대안 공식을 추천한다. 대안 공식의 계산 절차는 두 단계로 구성된다.

1. 표준오차는 식 10.1에서와 같이 두 개의 개별 표본 분산을 사용하여 계산한다.
2. t 통계량의 자유도는 다음 방정식을 사용하여 조정한다.

$$df = \frac{(V_1 + V_2)^2}{\dfrac{V_1^2}{n_1 - 1} + \dfrac{V_2^2}{n_2 - 1}}$$

여기서 $V_1 = \dfrac{s_1^2}{n_1}$, $V_2 = \dfrac{s_2^2}{n_2}$

df에 대한 십진수 값은 더 낮은 정수 단위로 내림 처리해야 한다.

자유도에 대한 조정은 df의 값을 낮추어 기각역의 경계에서 더 멀리 자리하게 한다. 따라서 조정을 통해 검정이 더 엄격해지므로 통합 분산이 피하려고 하는 것과 동일한 편향 문제를 수정한다.

참고: 통계 분석을 위한 많은 컴퓨터 프로그램(예: SPSS)은 독립 측정 t 통계량의 두 가지 버전을 제공한다. 하나는 통합 분산(등분산성 가정)을 사용하고, 다른 하나는 여기서 설명한 조정을 사용한다(등분산성 가정을 하지 않음).

학습 점검

학습 목표 6 **1.** 10명을 대상으로 한 연구의 첫 번째 처치에서는 $M = 38$, $SS = 200$, 두 번째 처치에서는 $M = 33$, $SS = 160$을 얻었다면 독립 측정 t 통계량의 값은 얼마인가?

a. $t = 1.25$

b. $t = 2.50$

c. $t = 0.25$

d. $t = \frac{5}{\sqrt{20}} = 1.12$

학습 목표 7 **2.** 한 연구자가 8세와 10세 아동의 수행 점수 평균 차이를 평가하기 위해 각각 15명의 표본을 대상으로 연구를 진행하고 있다. 연구의 예측은 높은 연령의 아이들이 더 높은 점수를 획득하는 것이다. 10세 아동의 표본 평균은 8세 아동의 평균보다 5점 높고 두 표본의 통합 분산은 30이다. 이 연구의 단방 검정 결과는 무엇인가?

a. $\alpha = .05$에서는 영가설을 기각하나, $\alpha = .01$에서는 영가설을 기각하지 못한다.

b. $\alpha = .05$, $\alpha = .01$에서 모두 영가설을 기각한다.

c. $\alpha = .05$에서는 영가설을 기각하지 못하나, $\alpha = .01$에서는 영가설을 기각한다.

d. $\alpha = .05$, $\alpha = .01$에서 모두 영가설을 기각하지 못한다.

학습 목표 8 **3.** Hartley의 F-max 검정은 등분산성 가정을 평가하는 데 사용된다. 이 테스트에 대한 영가설은 무엇인가?

a. 두 표본 분산은 동일하다.

b. 두 표본 분산은 동일하지 않다.

c. 두 모분산은 동일하다.

d. 두 모분산은 동일하지 않다.

정답 **1. b** **2. b** **3. c**

10-4 독립 측정 t 검정의 효과 크기와 신뢰 구간

학습 목표(Learning Objectives)

9. Cohen의 d 또는 설명된 분산의 비율인 r^2를 이용하여 독립 측정 t 검정의 효과 크기를 측정할 수 있다.

10. 두 개의 개별 표본 자료를 사용하여 두 처치 조건, 두 모집단 간 평균 차이의 크기를 설명하는 신뢰 구간을 계산할 수 있다.

11. α = .05일 때 독립 측정 t 통계량을 이용한 가설 검정과 평균 차이의 95% 신뢰 구간 사이의 관계를 설명할 수 있다.

12. 기존 연구들에 기술된 독립 측정 t 검정과 효과 크기 측정에 대하여 설명할 수 있다.

8장과 9장에서 언급했듯이, 가설 검정 결과는 연구에 사용된 표본 크기를 포함한 다양한 요인에 의해 영향을 받는다. 일반적으로 표본 크기를 늘리면 영가설을 기각할 확률이 높아진다. 이에 따라 표본이 충분히 클 경우에는 작은 치료 효과도 유의미하게 보일 수 있다. 그러므로 일반적으로 가설 검정은 표본 크기와 무관하게 처치 효과의 절대적인 정도를 나타내는 효과 크기 보고를 수반한다. 효과 크기를 측정하는 한 가지 방법은 Cohen의 d이며 평균 차이의 표준화된 측정값을 산출한다. 일반적으로 Cohen의 d는 다음과 같이 정의된다.

$$d = \frac{\text{평균 차이}}{\text{표준편차}} = \frac{\mu_1 - \mu_2}{\sigma}$$

독립 측정 연구에서, 두 표본 평균의 차이($M_1 - M_2$)는 두 모집단의 평균 차이의 가장 좋은 추정값이며, 통합 표준편차(통합 분산의 제곱근)는 모집단의 표준편차를 추정하는 데 사용된다. 따라서 Cohen의 d를 추정하는 공식은 다음과 같다.

$$\text{추정된 } d = \frac{\text{평균 차이의 추정치}}{\text{표준편차의 추정치}} = \frac{M_1 - M_2}{\sqrt{s_p^2}} \qquad (10.8)$$

예제 10.2에서 두 표본 평균은 8, 12이고 통합 분산은 9이다. 이 자료에서 추정된 d 값은 다음과 같다.

$$d = \frac{M_1 - M_2}{\sqrt{s_p^2}} = \frac{8 - 12}{\sqrt{9}} = \frac{-4}{3} = -1.33$$

참고: Cohen의 d는 일반적으로 양수로 보고되기 때문에 이 경우 $d = 1.33$이다. Cohen의 d를 평가하기 위해 설정된 기준(표 8.2 참조)에 따르면 이 값은 매우 큰 처치 효과를 나타낸다.

독립 측정 t 가설 검정에서는 또한 설명된 분산의 비율인 r^2을 계산하여 효과 크기를 측정할 수 있다. 9장에 나와 있듯이, r^2은 처치 효과에 의해 설명될 수 있는 점수의 변산성이다. 예를 들어, 시험 부정 행위 연구에서 보고된 점수의 변산성 중 일부는 학생이 시험을 본 방을 아는 것으로 설명할 수 있다. 조명이 어두운 방 학생들은 높은 점수를 보고하는 경향이 있으며, 조명이 밝은 방의 학생들은 낮은 점수를 보고하는 경향이 있다. 변산성에 대하여 어느 정도 설명될 수 있는지 정확하게 측정함으로써 처치 효과가 실제로 얼마나 큰지 측정할 수 있다. 독립 측정 t에 대한 r^2은 9장의 단일 표본 t와 같은 방법으로 계산한다.

$$r^2 = \frac{t^2}{t^2 + df} \tag{10.9}$$

예제 10.2 자료의 경우, $t = -2.67$, $df = 14$이다. 이 값들을 이용하여 다음과 같이 r^2을 산출한다.

$$r^2 = \frac{-2.67^2}{-2.67^2 + 14} = \frac{7.13}{7.13 + 14} = \frac{7.13}{21.13} = 0.337$$

이 연구에서 점수 변산성의 33.7%는 두 조명 조건의 차이로 설명할 수 있다. r^2의 크기 평가의 표준(표 9.3 참조)에 따르면 이 값은 큰 처치 효과를 나타낸다.

다음 예를 통해 독립 측정 t 통계량에 대한 Cohen의 d와 r^2에 대한 이해 정도를 확인해 볼 수 있다.

예제 10.5 각 처치별로 16명을 대상으로 실시한 독립 측정 연구에서, 한 표본은 $M = 89.5$, $SS = 1{,}005$, 두 번째 표본은 $M = 82.0$, $SS = 1{,}155$의 값을 나타냈다. 이때 $t(30) = 2.50$이다. 이 자료를 이용하여 Cohen의 d와 r_2을 계산해 보자. 여러분은 $d = 0.883$과 $r^2 = 0.172$를 찾을 수 있어야 한다. ■

■ $\mu_1 - \mu_2$ 추정의 신뢰 구간

9장에서 언급했듯이 처치 효과의 크기를 측정하고 설명하기 위한 대안으로 신뢰 구간을 계산하는 방법이 있다. 단일 표본 t에서는 하나의 모평균을 추정하기 위해서 단일 표본 평균, M을 사용했다. 독립 측정 t에서는 모평균 차이 $\mu_1 - \mu_2$를 추정하기 위해서 표본 평균 차이 $M_1 - M_2$를 사용한다. 이 경우 신뢰 구간은 문자 그대로 두 모집단 또는 처치 조건 사이의 모평균 차이의 크기를 추정한다.

단일 표본 t에서와 마찬가지로 첫 번째 단계는 미지의 모수에 대한 t 방정식을 푸는 것이다. 독립 측정 t 통계량에 대해 다음과 같이 구할 수 있다.

$$\mu_1 - \mu_2 = M_1 - M_2 \pm ts_{(M_1 - M_2)} \tag{10.10}$$

위의 식에서 $M_1 - M_2$ 및 $s_{(M_1 - M_2)}$의 값은 표본 자료에서 얻을 수 있다. t 통계량은 알 수 없지만 t값을 추정하기 위하여 t 통계량의 자유도와 t 분포표를 이용할 수 있다. 추정된

t값과 표본에서 구한 값을 이용하여 $\mu_1 - \mu_2$ 값을 계산할 수 있다. 다음의 예는 모평균 차이에 대한 신뢰 구간을 구하는 과정을 보여 준다.

예제 10.6 예제 10.2에서는 조명이 어두운 방 학생의 퍼즐 풀기 점수와 조명이 밝은 방 학생의 점수를 비교 조사한 결과를 살펴보았다. 가설 검정 결과, 두 집단 학생들 간에 유의미한 차이가 있었다. 여기서는 모평균 차이의 크기를 추정하기 위해 95% 신뢰 구간을 찾을 것이다.

이 연구에서는 조명이 어두운 방의 학생들의 평균은 $M = 12$였고, 조명이 밝은 방의 학생들의 평균은 $M = 8$이었다. 평균 차이에 대한 추정된 표준오차는 $s_{(M_1-M_2)} = 1.5$였다. $n = 8$인 각 표본 점수에 따른 독립 측정 t 통계량의 자유도는 $df = 14$이다. 95%의 신뢰도를 구하기 위해 표본 평균 차이에 대한 t 통계량을 살펴보면 가능한 모든 t값의 95% 중간에 위치하고 있다. t 분포표에 따르면, $df = 14$에서, t값의 95%는 $t = +2.145$와 $t = -2.145$ 사이에 위치한다. 추정 방정식에 이 값들을 대입하면 다음의 값을 구할 수 있다.

$$\begin{aligned}\mu_1 - \mu_2 &= M_1 - M_2 \pm ts_{(M_1-M_2)} \\ &= 12 - 8 \pm 2.145(1.5) \\ &= 4 \pm 3.218\end{aligned}$$

이것은 $4 - 3.218 = 0.782$에서 $4 + 3.218 = 7.218$까지 범위의 값을 생성한다. 따라서 조명이 어두운 방에서 시험을 본 학생들은 조명이 밝은 방에서 시험을 본 학생들보다 점수가 높았으며, 두 모집단 사이의 평균 차이는 0.782점과 7.218점 사이에 있다. 여기서는 t값이 분포의 중간 영역 95%에 위치하기 때문에 진정한 평균 차이가 이 범위 안에 있을 것으로 95% 확신한다. 마지막으로 신뢰 구간은 표본 평균 차이를 중심으로 구성된다. 이에 따라 표본 평균 차이 $M_1 - M_2 = 12 - 8 = 4$점은 정확하게 구간의 중앙에 위치하게 된다. ■

단일 표본 t에 대한 신뢰 구간(307쪽 참조)과 마찬가지로, 독립 측정 t의 신뢰 구간은 실제 처치 효과 크기 이외에도 다양한 요소의 영향을 받는다. 특히 구간의 너비는 사용된 신뢰도의 비율에 따라 달라지기 때문에 비율이 커질수록 더 넓은 구간을 생성한다. 또한 구간의 너비는 표본 크기에 영향을 받기 때문에 표본이 커질수록 더 좁은 구간을 생성한다. 구간의 너비는 표본 크기와 관련되기 때문에 신뢰 구간은 Cohen의 d 또는 r^2과 같이 효과 크기만의 순수한 척도가 아니다.

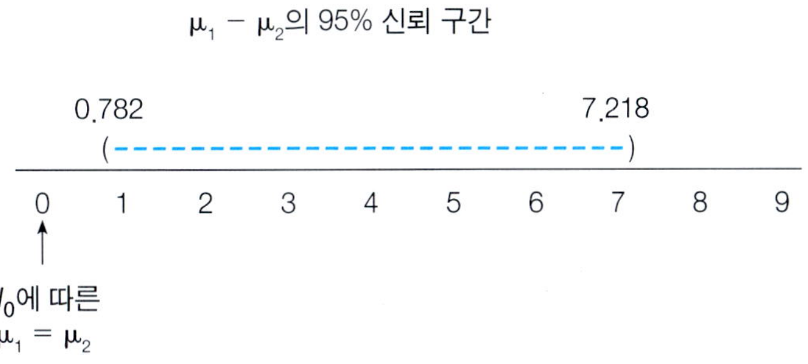

그림 10.4
예제 10.6에서 모평균 차이($\mu_1 = \mu_2$)의 95% 신뢰 구간. $\mu_1 - \mu_2 = 0$은 신뢰 구간에서 제외되어 0의 차이는 허용 가능한 값이 아님을 보여 준다(H_0는 $\alpha = .05$ 수준의 가설 검정에서 기각되었다).

■ 신뢰 구간과 가설 검정

추정을 사용하여 처치 효과의 크기를 설명하는 것 외에도 효과의 유의성을 알 수 있다. 예제 10.6에서는 실내 조명의 밝기가 학생의 수행 점수(부정 행위)에 미치는 영향을 조사하는 독립 측정 연구를 살펴보았다. 연구 결과에서는, 두 집단 모평균 차이의 95% 신뢰 구간은 0.782에서 7.218점 사이에 있다고 추정했다. 신뢰 구간 추정의 과정은 **그림 10.4**에 나와 있다. 여기서는 $\mu_1 - \mu_2$에 대한 신뢰 구간 이외에도 평균 차이가 0인 지점을 표시했다. 여러분이 반일 가설 검정을 할 때 평균 차이가 0이라는 것의 의미는 영가설에 의해 정확하게 예측된다는 것이다. 또한 차이가 0, ($\mu_1 - \mu_2 = 0$)인 지점이 95% 신뢰 구간 밖에 있다는 것을 알아야 한다. 즉, 여러분이 구한 추정값에 95%의 신뢰를 주기를 원한다면 $\mu_1 - \mu_2 = 0$은 허용 가능한 값이 아니다. 0의 값이 95%의 신뢰도로 받아들여질 수 없다고 결론짓는 것은 0의 값이 95%의 신뢰도로 기각된다는 것과 같다. 이 결론은 $\alpha = .05$에서 H_0를 기각하는 것과 같다. 반면에, 0의 평균 차이가 95% 신뢰 구간 내에 포함된다면, $\mu_1 - \mu_2 = 0$이 허용 가능한 값이며, H_0를 기각하지 못한다고 결론을 내려야 한다.

이 자료의 가설 검증은 예제 10.2(336쪽 참조)에서 시행했으며, $\alpha = .05$ 수준에서 H_0를 기각했다.

논문 들여다보기

독립 측정 t 검정의 결과 보고

평균 차이의 방향성에 관해 언급했으므로 t 통계량은 양수로 보고되었다.

일반적으로 연구 보고서에는 기술 통계와 가설 검정 결과 및 효과 크기(추론 통계 내용)의 척도가 제시된다. 4장(126쪽)에서는 평균과 표준편차를 APA 형식으로 어떻게 보고하는지 설명했다. 9장(307쪽)에서는 t 검정의 결과를 보고하는 APA 형식을 설명했다. 여기서는 APA 형식을 사용하여 독립 측정

t 검정인 예제 10.2의 결과를 제시한다. 다음과 같이 간결하게 기술할 수 있다.

> 어두운 방에서 시험을 본 학생들(M = 12, SD = 2.93)은 밝은 방에서 시험을 본 학생들(M = 8, SD = 3.07)보다 높은 성적을 보고했다. 평균의 차이는 유의했다. $t(14) = 2.67, p < .05, d = 1.33$.

표준편차는 독립 측정 t 검정의 계산 과정이 아니라 각 처치 집단에 대한 기술 통계를 제공할 때 유용하다. 통합 분산을 결정하기 위해서는 두 집단의 SS와 df가 필요하기 때문에 t 검정 과정에서 쉽게 계산할 수 있다. t에 대한 보고 형식은 9장(307쪽)에서 설명한 형식과 정확하게 동일하며 가설 검정 결과 다음에 효과 크기를 보고한다.

또한 9장에서 언급했듯이 컴퓨터 분석을 통하여 정확한 확률을 구할 수 있다면 이를 보고해야 한다. 예제 10.2 자료의 경우, 컴퓨터 분석 결과를 통하여 $t = 2.67$, $df = 14$ 일 때 $p = .018$의 확률값을 얻을 수 있다. 연구 보고서에 이 값은 다음과 같이 포함한다.

> 두 집단 간의 차이는 유의미하다. $t(14) = 2.67$, p = .018, $d = 1.33$.

마지막으로, 효과 크기를 설명하기 위해 신뢰 구간을 이용하면 가설 검정 결과의 직후에 보고한다. 시험에서의 부정 행위의 예(예제 10.2 및 10.6)의 경우, 보고 방법은 다음과 같다.

두 집단 간의 차이는 유의미하다. $t(14) = 2.67$, $p = .018$, 95% CI[0.782, 7.218].

학습 점검

학습 목표 9 **1.** 연구자가 한 처치 조건의 표본에서 $M = 26$의 평균을 다른 처치의 표본에서 $M = 28$의 평균값을 얻었다. 두 표본의 통합 분산은 16이다. Cohen의 d를 사용하여 효과 크기를 측정한 경우 결괏값은 얼마인가?

a. $\frac{2}{16}$

b. $\frac{4}{16}$

c. $\frac{2}{4}$

d. Cohen의 d를 구하기 위한 필요한 정보가 충분하지 않다.

학습 목표 10 **2.** 다음 중 독립 측정 t 통계량을 사용하여 평균 차이에 대한 신뢰 구간을 구할 때, 관련 내용이 정확하게 기술되지 않은 것은 어느 것인가?

a. 표본 평균 차이, $M_1 - M_2$는 구간의 중앙에 위치할 것이다.

b 다른 요소들이 일정하게 유지될 때, 표본 크기를 늘리면 구간의 너비가 줄어들 것이다.

c. 다른 요소들이 일정하게 유지될 때, 신뢰의 비율이 증가하면 구간의 너비가 증가할 것이다.

d. 다른 요소들이 일정하게 유지될 때, 두 표본 평균 간의 차이가 증가하면 구간의 너비가 증가할 것이다.

학습 목표 11 **3.** 유의 수준 $\alpha = .05$에서 가설 검정 결과 유의한 평균 차이가 없다고 결론 낸 독립 측정 연구의 95% 신뢰 구간에 대한 설명으로 정확한 것은 무엇인가?

a. 신뢰 구간에는 0이 포함된다.

b. 신뢰 구간에는 0이 포함되지 않는다.

c. 신뢰 구간에는 $M_1 - M_2$가 포함되지 않는다.

d. 위의 모든 설명이 정확하지 않다.

학습 목표 12 **4.** 독립 측정 t 통계량을 이용한 가설 검정 결과가 다음과 같이 보고되었다. $t(22) = 2.48, p < .05, d = 0.27$. 나음 중 정확한 연구 기술 및 결과는 무엇인가?

a. 이 연구에는 총 24명이 참여했고 영가설은 기각되었다.

b. 이 연구에는 총 22명이 참여했고 영가설은 기각되었다.

c. 이 연구에는 총 24명이 참여했고 영가설은 기각되지 않았다.

d. 이 연구에는 총 22명이 참여했고 영가설은 기각되지 않았다.

정답 **1. c** **2. d** **3. a** **4. a**

10-5 독립 측정 t 검정에서 표본 분산과 표본 크기의 역할

학습 목표(Learning Objectives)

13. 표본 크기와 표본 분산이 어떻게 가설 검정 결과에 영향을 미치는지 설명하고, 독립 측정 t 통계에서 효과 크기 측정 방법을 설명할 수 있다.

9장(296쪽)에서는 가설 검정의 결과에 영향을 미칠 수 있는 몇 가지 요소를 살펴보았다. 중요한 역할을 하는 두 가지 요인은 점수의 변산성과 표본의 크기이다. 두 요소 모두

t 통계량 분모의 추정된 표준오차 크기에 영향을 미친다. 표준오차는 표본 분산과 직접적으로 관련되므로 분산이 클수록 큰 오차가 발생한다. 따라서 분산이 클수록 t 통계량이 작아지고(0에 가까워짐) 유의미한 결과를 찾을 확률은 줄어든다. 반면에 표준오차는 표본 크기와 반비례 관계에 있다(표본 크기가 클수록 오차가 작아짐). 따라서 표본이 커질수록 더 큰 값의 t 통계량을 산출하고(0에서 더 멀어짐) H_0를 기각할 확률이 증가한다.

분산과 표본 크기가 모두 가설 검정에 영향을 미치지만, 오직 분산만이 Cohen의 d와 r^2과 같은 효과 크기 측정에 큰 영향을 미친다. 즉, 더 큰 분산은 더 작은 효과 크기를 산출한다. 반면에 표본 크기는 Cohen의 d에는 영향을 주지 않으며 r^2에 대하여 작은 영향을 준다.

다음의 예는 큰 표본 분산이 표본 간 평균 차이를 어떻게 모호하게 하고 독립 측정 연구에서 H_0를 기각할 가능성을 낮추는지 시각적으로 보여 준다.

예제 10.7 여기서는 그림 10.5의 자료를 이용하여 표본 분산의 영향을 보여 줄 것이다. 이 그림은 두 처치에 대하여 비교한 연구 결과이다. 이 연구는 각각 $n = 9$인 두 개의 표본을 사용했으며, 두 표본 간에는 평균 5점의 차이가 있다. 처치 1은 $M = 8$, 처치 2는 $M = 13$이다. 또한 처치 2의 점수가 처치 1의 점수보다 명확하게 높아서 두 분포에는 명확한 차이가 있다.

가설 검정을 위해, 자료에서 구한 통합 분산 1.50과 추정된 표준오차 0.58을 이용하여 t 통계량을 산출한다.

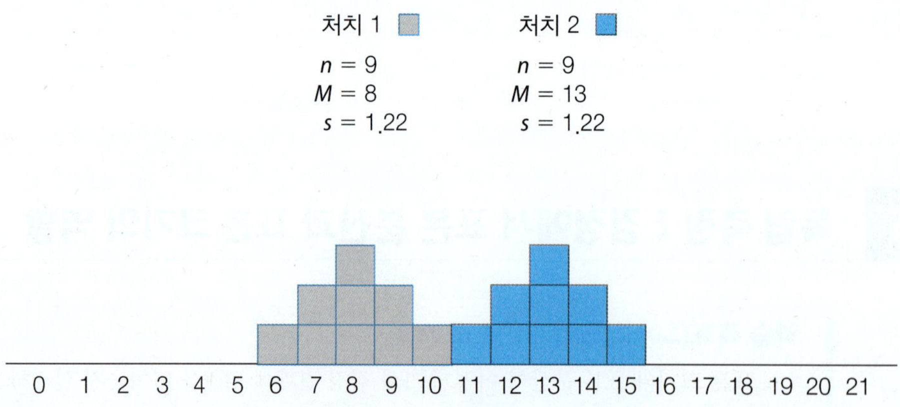

그림 10.5
두 가지 다른 처치를 나타내는 두 개의 표본 분포. 이 자료는 두 처치 간의 유의미한 차이를 보여 주며, $t(16) = 8.62, p < .01$, 효과 크기 값은 매우 큰 처치 효과를 나타낸다($d = 4.10, r^2 = 0.82$).

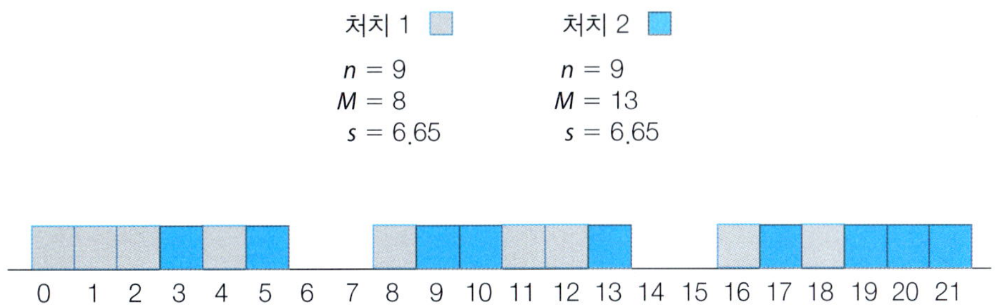

그림 10.6
두 가지 다른 처치를 나타내는 두 개의 표본 분포. 이 자료는 그림 10.6의 점수와 동일한 평균 차이를 가지고 있지만 분산은 크게 증가했다. 분산의 증가로 더 이상 두 처치 사이의 유의한 차이가 없으며, $t(16) = 1.59, p > .05$, 효과 크기 값은 크게 감소한다($d = 0.75$ 및 $r^2 = 0.14$).

$$t = \frac{\text{평균 차이}}{\text{추정된 표준오차}} = \frac{5}{0.58} = 8.62$$

$df = 16$의 경우, 이 값은 기각역($\alpha = .05$ 또는 $\alpha = .01$)에서 멀기 때문에 영가설을 기각하고 두 처치 간에 유의한 차이가 있다고 결론 내린다.

이제 표본 분산을 증가시키는 효과를 고려해 보자. 그림 10.6은 두 처치 효과를 비교한 두 번째 연구 결과이다. 각 표본은 여전히 $n = 9$이며, 두 표본 평균은 $M = 8$ 및 $M = 13$이다. 그러나 표본 분산이 크게 증가했다. 각 표본의 $s^2 = 44.25$로 그림 10.5의 $s^2 = 1.5$와 비교된다. 분산의 증가는 점수가 더 넓은 범위에 걸쳐 퍼져 있음을 의미하며, 두 표본은 그들 사이에 명확한 구별 없이 함께 혼합되어 있다.

두 표본 간에 명확한 차이가 없다는 것은 가설 검정에 의해 뒷받침된다. 통합 분산이 44.25, 추정된 표준오차가 3.14이면, 독립 측정 t 통계량은 다음과 같다.

$$t = \frac{\text{평균 차이}}{\text{추정된 표준오차}} = \frac{5}{3.14} = 1.59$$

$df = 16$ 및 $\alpha = .05$일 때, 이 값은 기각역 안에 있지 않다. 따라서 영가설을 기각하지 않고 두 처치 방법 간에 유의한 차이가 없다고 결론 내린다. 그림 10.6과 같이 표본 평균 간에는 여전히 5점의 차이가 있지만, 증가된 분산에서 5점의 차이는 중요하지 않다. 일반적으로 표본 분산이 커질수록 자료에 존재하는 평균 차이를 확인하기 어렵게 할 수 있으며 가설 검정에서 유의미한 차이를 얻을 가능성을 줄인다. ■

학습 점검

학습 목표 12 **1.** 다음 중 표본 크기가 증가할 때 가설 검정 결과와 독립 측정 t 통계량의 효과 크기에 어떤 영향을 주는가?

a. 영가설을 기각할 확률과 효과 크기 측정값이 모두 증가한다.
b. 영가설을 기각할 확률과 효과 크기 측정값이 모두 감소한다.
c. 영가설을 기각할 확률이 증가하지만 효과 크기 측정값에는 거의 영향이 없다.
d. 영가설을 기각할 확률이 감소하지만 효과 크기 측정값에는 거의 영향이 없다.

학습 목표 12 **2.** 다음 중 표본 분산이 증가할 때 가설 검정 결과와 독립 측정 t 통계량의 효과 크기에 어떤 영향을 주는가?

a. 영가설을 기각할 확률과 효과 크기 측정값이 모두 증가한다.
b. 영가설을 기각할 확률과 효과 크기 측정값이 모두 감소한다.
c. 영가설을 기각할 확률이 증가하지만 효과 크기 측정값에는 거의 영향이 없다.
d. 영가설을 기각할 확률이 감소하지만 효과 크기 측정값에는 거의 영향이 없다.

학습 목표 12 **3.** 다음 중 가장 큰 독립 측정 t 통계량을 산출하는 자료는 어느 것인가?

a. 10, 12의 표본 평균과 20, 25의 표본 분산
b. 10, 12의 표본 평균과 120, 125의 분산
c. 10, 20의 표본 평균과 20, 25의 분산
d. 10, 20의 표본 평균과 120, 125의 분산

정답 **1. c** **2. b** **3. c**

핵심 요약

1. 독립 측정 t 통계에서는 두 집단의 평균 차이 또는 두 가지 처치 조건 사이의 추론을 도출하기 위해 두 개의 개별 표본 자료를 사용한다.

2. 독립 측정 t 통계량 공식은 z 점수 또는 단일 표본 t와 동일한 구조를 가진다.

$$t = \frac{\text{표본 통계량} - \text{모집단 모수}}{\text{추정된 표준오차}}$$

독립 측정 t에 대한 표본 통계량은 표본 평균 차이$(M_1 - M_2)$이다. 모집단 모수는 모평균 차이$(\mu_1 - \mu_2)$이다. 표본 평균 차이에 대한 추정된 표준오차는 두 표본 평균에 대한 오차를 결합하여 계산한다. 수식은 다음과 같다.

$$t = \frac{(M_1 - M_2) - (\mu_1 - \mu_2)}{s_{(M_1 - M_2)}}$$

추정된 표준오차는 다음과 같다.

$$s_{(M_1-M_2)} = \sqrt{\frac{s_p^2}{n_1} + \frac{s_p^2}{n_2}}$$

수식에서 통합 분산 s_p^2는 두 표본 분산의 가중 평균값이다.

$$s_p^2 = \frac{SS_1 + SS_2}{df_1 + df_2}$$

이 t 통계량은 두 표본에 대한 df값의 합으로 구성된 자유도를 갖는다.

$$\begin{aligned} df &= df_1 + df_2 \\ &= (n_1 - 1) + (n_2 - 1) \end{aligned}$$

3. 가설 검정에서 영가설은 두 모평균 간에 차이가 없다고 진술한다.

$$H_0: \mu_1 = \mu_2 \quad \text{또는} \quad \mu_1 - \mu_2 = 0$$

4. 독립 측정 t 통계량의 가설 검정이 유의미한 차이를 나타내는 경우에는 효과 크기를 계산하는 것이 좋다. 효과 크기의 한 가지 척도는 Cohen의 d이며, 이것은 평균 차이의 표준화 값이다. 독립 측정 t 통계량에 대한 Cohen의 d는 다음과 같이 계산한다.

$$\text{추정된 } d = \frac{M_1 - M_2}{\sqrt{s_p^2}}$$

효과 크기의 두 번째 척도는 처치 효과로 설명된 분산의 비율이다. 이 값은 r^2으로 나타내며 다음과 같이 계산한다.

$$r^2 = \frac{t^2}{t^2 + df}$$

5. 처치 효과의 크기를 기술하는 또 다른 방법은 모평균 차이, $\mu_1 - \mu_2$에 대한 신뢰 구간을 구하는 것이다. 신뢰 구간은 알지 못하는 평균 차이를 구하는 위해 독립 측정 t 방정식을 사용한다.

$$\mu_1 - \mu_2 = M_1 - M_2 \pm ts_{(M_1-M_2)}$$

먼저 신뢰 수준을 선택한 다음 해당하는 t값을 찾는다. 예를 들어, 95% 신뢰도를 얻으려면 분포의 중간 95%를 결정하는 t값의 범위를 사용해야 한다. t값은 표본 자료를 이용하여 계산한 표본 평균 차이 및 표준오차와 함께 방정식에서 사용된다.

6. 통합 분산을 이용하는 t 통계량의 적절한 사용 및 해석을 위해서는 이용한 자료가 등분산성을 충족해야 한다. 이 가정은 두 모집단이 동등한 분산을 갖는 것을 의미한다. 두 표본 분산이 거의 동일한 것을 확인함으로써 이 가정에 대한 비공식적 검증이 가능하다. Hartley의 F-max 검정은 자료가 등분산성 가정을 충족시키는지 여부를 판단 가능하게 하는 통계 방법이다. 통합 분산과 등분산성 가정이 필요치 않은 대안적인 방법은 **글상자 10.2**에 소개되어 있다.

주요 용어

독립 측정 연구 설계 independent-measures research design (324)

개체 간 연구 설계 between-subjects research design (324)

반복 측정 연구 설계 repeated-measures research design (325)

개체 내 연구 설계 within-subjects research design (325)

독립 측정 t 통계량 independent-measures t statistic (327)

$M_1 - M_2$의 추정된 표준오차 estimated standard error of $M_1 - M_2$ (328)

통합 분산 pooled variance (331)

등분산성 homogeneity of variance (340)

SPSS®

다음은 이 장에서 소개한 **독립 측정 *t* 검정**을 SPSS를 사용하여 분석하는 방법에 대한 자세한 설명이다.

자료 입력

1. 점수는 누적 형식으로 입력된다. 즉, 데이터 보기 화면에서 VAR00001 한 열에 두 표본의 모든 점수를 입력한다. 2번 표본의 점수를 1번 표본의 점수 바로 아래에 간격이나 여백 없이 입력한다.
2. 각 점수에 해당하는 표본 또는 처치 조건을 식별할 수 있도록 두 번째 열(VAR00002)에 적절한 값을 입력한다. 예를 들어, 1번 표본의 각 점수 옆에 1을 입력하고 2번 표본의 각 점수 옆에는 2를 입력한다.

자료 분석

1. 상단의 도구 모음에서 **분석**(Analyze)을 클릭하고, **평균 비교**(Compare Means)를 선택한 다음 **독립표본 T 검정**(Independent-Samples T Test)을 클릭한다.
2. 왼쪽 상자에서 점수 열(VAR00001)의 이름을 선택하고 가운데의 화살표를 클릭하여 **검정 변수**[Test Variable(s)] 상자로 이동한다.
3. 왼쪽 상자에서 표본 번호 열(VAR00002)의 이름을 선택하고 가운데의 화살표를 클릭하여 **집단 변수**(Group Variable) 상자로 이동한다.
4. **집단 정의**(Define Groups)를 클릭한다.
5. 숫자 1과 2를 사용하여 두 세트의 점수를 구별했다고 가정하고 해당 집단 상자에 1과 2 값을 입력한다.
6. **계속**(Continue)을 클릭한다.
7. SPSS 프로그램은 가설 검정 이외에도 모평균 차이에 대한 신뢰 구간을 제공한다. 신뢰 수준은 자동으로 95%로 설정되지만 **옵션**(Options)을 선택하고 비율을 변경할 수 있다.
8. **확인**(OK)을 클릭한다.

SPSS 출력 결과

우리는 SPSS 프로그램을 사용하여 학생들의 부정 행위와 실내 조명 사이의 관계를 조사한 예제 10.2의 자료를 분석했다. 분석 결과는 **그림 10.7**과 같다. 분석 결과에는 평균, 표준편차 및 각 집단에 대한 평균의 표준오차가 있는 표본 통계표가 포함된다. **그림 10.7**에서 두 부분으로 나뉘어 있는 두 번째 표는 Levene의 등분산성 검정 결과이다. 이 검정은 유의미하지 않아야 한다(두 분산이 다르지 않기를 원함). 따라서 보고된 유의 확률값이 .05보다 커야 한다. 다음으로 독립 측정 *t* 검정의 결과는 두 가지 가정을 사용하여 제시된다. 맨 위의 행은 등분산성을 가정하고 통합 분산을 사용하여 *t* 통계량을 계산한 결과이다. 두 번째 행에서는 등분산성을 가정하지 않고 **글상자 10.2**에 제시된 대안 방법을 사용하여 *t* 통계량을 계산한다. 각 행은 계산한 *t*값, 자유도, 유의 수준(*p*값), 평균 차이 크기 및 평균 차이에 대한 표준오차(*t* 통계량의 분모)를 나타낸다. 마지막으로, 결과에는 평균 차이에 대한 95% 신뢰 구간이 포함된다.

집단 통계량

	VAR00002	N	평균	표준편차	평균의 표준편차
VAR00001	1.00	8	8.0000	2.92770	1.03510
	2.00	8	12.0000	3.07060	1.08562

독립 표본 검정

		Levene의 등분산 검정		평균의 동일성에 대한 t 검정	
		F	유의 확률	t	자유도
VAR00001	등분산이 가정됨	.000	1.000	−2.667	14
	등분산이 가정되지 않음			−2.667	13.968

독립 표본 검정

		평균의 동일성에 대한 t 검정				
					차이의 95% 신뢰 구간	
		유의 확률(양쪽)	평균 차이	차이의 표준오차	하한	상한
VAR00001	등분산이 가정됨	.018	−4.00000	1.50000	−7.21718	−.78282
	등분산이 가정되지 않음	.018	−4.00000	1.50000	−7.21786	−.78214

그림 10.7

예제 10.2의 독립 측정 가설 검정을 위한 SPSS 출력 결과

문제 해결을 위한 팁

1. 여러 통계 방법들에 대해 학습할 때, 마주하게 되는 한 가지 문제는, 특정 자료에 적합한 방법을 결정해야 하는 것이다. 다행스럽게도 독립 측정 t 통계량은 이용되는 상황을 쉽게 찾을 수 있다. 첫째, 자료는 항상 두 개의 개별 표본으로 구성된다(2개의 n, 2개의 M, 2개의 SS 등). 둘째, 이 t 통계량은 항상 평균 차이에 대한 질문에 대답하기 위해 사용된다. "평균적으로 한 집단이 다른 집단과 다른 특성(더 좋고, 빠르며, 똑똑하다 등)을 가지고 있는가?" 여러분이 연구자가 묻는 질문의 유형을 식별하고 자료를 분석할 때는 독립 측정 t 방법이 적절한지 여부를 결정할 수 있어야 한다.

2. 표본 자료에서 독립 측정 t 통계량을 계산할 때 모든 계산을 한번에 하지 않고 수식을 개별 단계로 나눠서 진행하는 것이 좋다. 먼저, 통합 분산을 찾고 표준오차를 계산한다. 마지막으로, t 통계량을 계산한다.

3. 학생들이 자주 범하게 되는 오류 중 하나는 통합 분산 및 표준오차에 대한 수식을 혼동하는 것이다. 통합 분산을 계산할 때 두 표본을 함께 단일 분산으로 '통합'한다. 이 분산은 분자에

서 두 개의 SS값과 분모에서 두 개의 df값을 갖는 하나의 분수로 계산된다. 표준오차를 계산할 때 첫 번째 표본의 오차와 두 번째 표본의 오차를 추가한다. 이 두 개의 개별 오차는 제곱근 기호 안에 두 개의 개별 분수를 추가한다.

증명 10.1

독립 측정 t 검정

배심원의 행동에 관한 연구에서 피고가 명백하게 유죄 판결을 받은 재판에 대한 참가자의 두 표본 집단이 제공되었다. 두 번째 집단은 첫 번째 집단과 동일한 세부 사항을 받았지만, 두 번째 집단은 판사가 배심원에게 몇 가지 증거를 보류했다고 말했다. 이후 참가자들에게 판결문을 추천해 달라고 요청했다. 각 참가자가 제안한 판결문의 길이가 여기에 표시된다. 그들의 응답에서 두 집단 사이에 유의미한 차이가 있는가?

집단 1	집단 2
4	3
4	7
3	8
2	5
5	4
1	7
1	6
4	8

집단 1: $M = 3, \quad SS = 16$

집단 2: $M = 6, \quad SS = 24$

이 연구에서는 두 개의 표본이 분리되어 있다. 따라서 분석을 위해 독립 측정 t 검정을 사용할 것이다.

1단계 가설을 진술하고 유의 수준을 선택한다.

H_0: $\mu_1 - \mu_2 = 0$ (모집단이 증거가 보류되었다는 것을 알았더라도 제안된 판결문에는 아무런 영향을 미치지 않는다.)

H_0: $\mu_1 - \mu_2 \neq 0$ (모집단이 증거가 보류되었다는 것을 아는 것이 배심원의 답변에 영향을 미친다.)

우리는 유의 수준을 $\alpha = .05$, 양방 검정으로 할 것이다.

2단계 기각역을 찾는다. 독립 측정 t 통계량의 경우 자유도는 다음과 같이 결정된다.

$$df = df_1 + df_2$$

$$= 7 + 7$$
$$= 14$$

t 분포표에서 $\alpha = .05$, $df = 14$인 양방 검정을 참고한다. 이때 t의 임곗값은 $+2.145$와 -2.145이다.

3단계 검정 통계량을 계산한다. 앞에서 언급한 것처럼, t 통계량의 계산을 3단계로 구분하여 보자.

통합 분산 이 자료의 경우, 통합 분산은 다음과 같다.

$$s_p^2 = \frac{SS_1 + SS_2}{df_1 + df_2} = \frac{16 + 24}{7 + 7} = \frac{40}{14} = 2.86$$

추정된 표준오차 이제 우리는 평균 차이에 대한 추정된 표준오차를 계산할 수 있다.

$$s_{(M_1 - M_2)} = \sqrt{\frac{s_p^2}{n_1} + \frac{s_p^2}{n_2}} = \sqrt{\frac{2.86}{8} + \frac{2.86}{8}} = \sqrt{0.358 + 0.358} = \sqrt{0.716} = 0.85$$

t 통계량 마지막으로 t 통계량을 계산할 수 있다.

$$t = \frac{(M_1 - M_2) - (\mu_1 - \mu_2)}{s_{(M_1 - M_2)}} = \frac{(3 - 6) - 0}{0.85} = \frac{-3}{0.85} = -3.53$$

4단계 H_0에 대한 결정을 내리고 결론을 진술한다. 구한 t값 -3.53은 왼쪽 꼬리의 기각역에 있다(임곗값 $t = \pm 2.145$). 따라서 영가설은 기각된다. 증거가 보류된 것을 알게 된 참여자들은 더욱 긴 문장을 보냈다. $t(14) = -3.53$, $p < .05$, 양방 검정.

증명 10.2

독립 측정 t에 대한 효과 크기

증명 10.1의 배심원 결정 자료에서 Cohen의 d와 r^2를 계산해 보자. 이 자료에서 두 표본 평균은 $M_1 = 3$과 $M_2 = 6$이며, 통합 분산은 2.86이다. 따라서 Cohen의 d 추정값은 다음과 같다.

$$d\text{의 추정값} = \frac{M_1 - M_2}{\sqrt{s_p^2}} = \frac{3 - 6}{\sqrt{2.86}} = \frac{3}{1.69} = 1.78$$

$t = 3.53$, $df = 14$인 경우, 설명된 분산의 비율은 다음과 같다.

$$r^2 = \frac{t^2}{t^2 + df} = \frac{(3.53)^2}{(3.53)^2 + 14} = \frac{12.46}{26.46} = 0.47(\text{또는 } 47\%)$$

연습 문제

1. 독립 측정 또는 개체 간 연구를 정의하고 기본 특성을 설명하시오.

2. 독립 측정 t 통계량의 분모에 위치한 추정된 표준오차로 측정되는 것을 설명하시오.

3. 한 표본의 $SS = 36$이고 다른 표본의 $SS = 24$이다.
   a. 두 표본 모두 $n = 5$일 때, 표본 분산을 찾아 통합 분산을 계산하시오. 표본 크기가 동일하기 때문에 통합 분산이 두 표본 분산의 중간에 있어야 한다.
   b. 이제 첫 번째 표본은 $n = 5$이고 두 번째 표본은 $n = 13$이라고 가정하자. 다시 두 표본 분산과 통합 분산을 계산하자. 이제 통합 분산이 큰 표본의 분산에 더 가까이 위치한 것을 발견할 수 있다.

4. 한 표본의 $SS = 60$이고 다른 표본의 $SS = 48$이다.
   a. 두 표본 모두 $n = 7$일 때, 표본 분산을 찾아 통합 분산을 계산하시오. 표본 크기가 동일하기 때문에 통합 분산이 두 표본 분산의 중간에 있어야 한다.
   b. 이제 첫 번째 표본은 $n = 7$이고 두 번째 표본은 $n = 5$이라고 가정하자. 다시 두 표본 분산과 통합 분산을 계산하자. 이제 통합 분산이 큰 표본의 분산에 더 가까운 것을 발견할 수 있다.

5. 각각 $n = 9$인 두 개의 표본을 대상으로 서로 다른 처치를 시행한다. 처치 후 첫 번째 표본은 $SS = 546$, 두 번째 표본은 $SS = 606$이다.
   a. 두 표본의 통합 분산을 찾으시오.
   b. 표본 평균 차이에 대한 추정된 표준오차를 계산하시오.
   c. 표본 평균 차이가 8점일 때, 이 차이는 유의수준 .05인 양방 검정에서 영가설을 기각하고 유의한 차이가 있다고 결론 내릴 수 있는가?

6. 두 개의 표본에 대해 서로 다른 처치를 시행한다. 처치 후 첫 번째 표본은 $n = 6$, $SS = 236$이고 두 번째 표본은 $n = 12$, $SS = 340$이다.
   a. 두 표본에 대해 통합 분산을 계산하시오.
   b. 표본 평균 차이에 대한 추정된 표준오차를 계산하시오.
   c. 표본 평균 차이가 7점일 때, 이 차이는 유의수준 .05인 양방 검정에서 영가설을 기각하고 유의한 차이가 있다고 결론 내릴 수 있는가?

7. 한 연구 결과에서 5세 아동의 TV 시청 습관과 미래 고등학교에서의 학습 능력의 관계를 보여 주었다. 예를 들어, Anderson, Huston, Wright와 Collins(1998)는 어린 시절에 *Sesame Street*를 정기적으로 시청했던 학생이 *Sesame Street*를 보지 않았던 동료들보다 고등학교에서 성적이 좋았다고 보고했다. 연구에서는 고등학생 20명을 대상으로 이 현상을 조사했다고 가정하자.

   연구자는 먼저 학생의 부모님을 조사하여 학생이 5세 때 가정의 TV 시청 습관에 대한 정보를 얻는다. 조사 결과에 따라 *Sesame Street*를 시청한 기록이 있는 10명의 학생 표본과 프로그램을 시청하지 않은 10명의 학생 표본을 선정한다. 각 학생별로 고등학교 평균 성적이 기록되며 자료는 다음과 같다.

고등학교 평균 성적			
Sesame Street 시청		*Sesame Street*를 시청하지 않음	
86	99	90	79
87	97	89	83
91	94	82	86
97	89	83	81
98	92	85	92
$n = 10$		$n = 10$	
$M = 93$		$M = 85$	
$SS = 200$		$SS = 160$	

두 유형의 고등학생 간에 유의한 차이가 있는지를 결정하기 위해 $\alpha = .01$에서 독립 측정 t 검정을 수행하시오.

8. 음식 칼로리를 명시하는 것이 패스트푸드점에서 사람들의 메뉴 선택에 영향을 미치는가? Elbel, Gyamfi와 Kersh(2011)가 얻은 결과에 따르면 대답은 '아니요'이다. 연구자들은 뉴욕시에서 칼로리 표시가 의무화되기 전과 후에 4개의 대형 패스트푸드점에서 아동 및 청소년을 대상으로 식품 구매의 칼로리 섭취량을 모니터링했다. 대부분의 청소년들이 칼로리 표시를 인지했지만 표시 유무는 선택에 아무런 영향을 미치지 않았다. 의무 표시 전에 100명의 아동 및 청소년에 대한 식사당 칼로리 $M = 786$, $s = 85$의 값과 의무 표시 후 100명에 대하여 얻은 자료는 $M = 772$, $s = 91$로 대동소이하다.

a. $\alpha = .05$의 양방 검정을 사용하여 칼로리 의무 표시 후의 평균 섭취 칼로리가 의무 표시 전과 유의미하게 다른지 여부를 확인하시오.

b. 평균 차이에 대한 효과 크기 측정을 위해 r^2를 계산하시오.

9. 심리학에서 오랜 연구를 통해 기억이 대개 한 번의 작용이 아니라 여러 번에 걸친 반복 작용으로 향상된다는 것을 증명했다. 이 효과는 보통 분산 학습법(distributed practice) 또는 간격 효과(spacing effects)로 알려져 있다. 이 효과를 조사한 최근 논문 Cepeda 등(2008)에서는 학습 회기 사이의 차별화된 지연 또는 간격의 영향을 조사했다. 연구 결과, 기간이 1~3주 간격으로 떨어져 있을 때 최적의 장기 기억이 발생한다고 보고했다. 이 연구의 한 부분으로, 어느 날 참가자들은 모호하고 중요치 않은 사실에 대하여 학습하고, 바로 다음 날 두 번째 학습을 진행했으며, 5주 후에 테스트를 받았다. 두 번째 집단은 동일한 절차를 밟았지만 두 학습 회기 사이에는 1주의 간격이 있었다. 다음의 자료는 연구에서 얻은 결과와 유사하다. 이 자료는 두 연구 조건 간에 유의미한 차이가 있음을 나타내는가? $\alpha = .05$에서 검정하시오.

학습 회기 간격이 하루인 경우	학습 회기 간격이 일주일인 경우
$n = 20$	$n = 20$
$M = 26.4$	$M = 29.6$
$SS = 395$	$SS = 460$

10. 최근의 한 연구에서 창의적인 사람들은 덜 창의적인 사람들보다 속임수를 쓰는 경향이 있음을 밝혔다(Gino & Ariely, 2011). 연구 참가자들은 창의성 평가 설문지를 작성하고 며칠 후 일련의 과제를 위해 실험실에 왔다. 한 가지 과제는 일반상식 객관식 시험이었고 참가자들은 시험지 답안에 동그라미 표시를 했다. 이후 컴퓨터 채점을 위해 OMR 답안지에 옮겨 적었다. 이때 연구자는 잘못된 OMR 답안지가 복사되어 올바른 답이 희미하게 보일 수 있다고 설명했다. 따라서 참가자들은 시험 점수를 속이고 부풀릴 기회가 있었다. 참가자들의 정답 수를 기준으로 수당이 지급되기 때문에 높은 점수를 얻을 만한 가치가 있었다. 그러나 연구자는 시험지 원본과 OMR 답안지를 비밀리에 코딩하여 각 참가자의 부정 행위의 정도를 측정할 수 있었다. 창의성 점수에 따라 두 집단으로 나눠져 있다고 가정하면 다음 자료는 연구에서 얻은 부정 행위 점수와 유사하다.

창의력이 높은 사람들	창의력이 낮은 사람들
$n = 27$	$n = 27$
$M = 7.41$	$M = 4.78$
$SS = 749.5$	$SS = 830$

a. α = .05 단방 검정을 사용하여 창의력이 높은 사람들이 창의력이 낮은 사람들보다 속임수를 쓰는 경향이 있다고 결론을 내리기에 충분한지 판단하시오.

b. 효과 크기를 측정하기 위해 Cohen의 d를 계산하시오.

c. 연구 보고서에 가설 검정 결과와 효과 크기를 어떻게 서술할 수 있는지 문장으로 작성하시오.

11. 최근의 연구에 따르면 고령자를 위한 음악을 활용한 신체 훈련은 균형, 효율적인 걷기 능력을 향상시키고 낙상의 위험을 줄일 수 있음이 입증되었다(Trombetti et al., 2011). 교육의 일환으로 참가자들은 음악에 맞추어 걷고 음악의 리듬 변화에 반응하는 운동 프로그램에 1주일에 1시간씩 참여했다. 6개월 후, 훈련 참가자들은 대조군과 비교하여 보행 속도와 보폭이 증가했다. 다음 자료는 연구에서 얻은 결과와 유사하다.

훈련 참가 집단				대조 집단			
24	25	22	24	26	23	20	23
26	17	21	22	20	16	21	17
22	19	24	23	18	23	16	20
23	28	25	23	25	19	17	16

위의 결과는 두 집단의 보폭에 상당한 차이가 있음을 나타내는가? α = .05인 양방 검정을 사용하시오.

12. McAllister 등(2012)은 학교 대표 축구와 하키 선수를 비접촉 스포츠의 선수들과 비교하여 한 시즌 동안 두부 충돌에 대한 노출이 인지 능력에 영향을 미치는지 여부를 조사했다. 이 연구에서, 비접촉 운동선수들과 비교하여 접촉 스포츠 선수들의 경우 새로운 학습에 대한 성과가 현저히 낮았다. 다음 표는 연구에서 얻은 결과와 유사한 자료이다.

비접촉 운동선수	접촉 운동선수
10	7
8	4
7	9
9	3
13	7
7	6
6	10
12	2

a. 접촉 운동선수의 경우 테스트 점수가 비접촉 운동선수보다 유의미하게 낮은가? α = .05인 단방 검정을 사용하시오.

b. 이 자료에 대해 r^2값(분산의 설명 비율)을 계산하시오.

13. Zhou와 Vohs(2009)는 돈을 다루는 것이 고통의 지각 정도를 줄인다는 연구 결과를 발표했다. 실험에 참가한 대학생들에게 그들이 수동 손재주 연구에 참여하고 있다고 설명했다. 절반의 학생들에게는 돈을 주었고 나머지 학생들에게는 빈 종이를 주었다. 돈과 종이의 매수를 세는 작업 후, 참가자들에게 매우 뜨거운 물(122° F) 그릇에 손을 담그고 얼마나 고통스러운지를 물었다. 다음 자료는 연구에서 얻은 결과와 유사한 통증 등급이다.

돈을 세는 집단	종이를 세는 집단
7	9
8	11
10	13
6	10
8	11
5	9
7	15
12	14
5	10

a. 두 가지 조건에서 보고된 통증에 유의한 차이가 있는가? α = .01인 양방 검정을 사용하시오.

b. 처치 효과의 크기를 구하기 위해 Cohen의 d를 계산하시오.

14. 문제 해결 분야의 고전 연구인 Katona(1940)는 두 가지 교수 방법의 효율성을 비교했다. 한 집단에는 문제를 해결하기 위한 정확한 단계별 절차를 보여 주었고 문제풀이를 암기하도록 했다. 두 번째 집단에게는 문제를 연구하고 해결책을 스스로 찾도록 장려했다. 그들에게 도움이 되는 힌트와 단서를 제공했지만 정확한 해결책은 결코 설명하지 않았다. 이 연구에는 다음 그림과 같이 성냥개비로 만든 5개의 사각형 문제가 포함되어 있다. 문제는 3개의 성냥개비만 이동하여 전체 모양을 4개의 사각형으로 변경하는 것이다(모든 성냥을 사용해야 하며, 어느 것도 제거하면 안 되고, 모든 사각형은 같은 크기여야 한다). 두 집단 모두 3주 후에 다시 테스트를 치렀다. 두 집단 모두 이전에 배웠던 성냥개비 문제를 잘 해결했다. 그러나 성냥개비 문제와 비슷한 새로운 문제가 생겼을 때, 암기한 집단은 스스로 해결책을 찾은 집단보다 훨씬 낮은 점수를 받았다. 다음 자료는 이 결과를 보여 준다.

스스로 해결책을 찾은 집단	해결책을 암기한 집단
$n = 8$	$n = 8$
$M = 10.50$	$M = 6.16$
$SS = 108$	$SS = 116$

a. 새로운 문제에 대한 해결력에서 두 집단에 유의미한 차이가 있는가? $\alpha = .05$인 양방 검정을 사용하시오.

b. 평균 차이의 크기를 추정하기 위한 90% 신뢰 구간을 구하시오.

만약 여전히 성냥개비 문제에 대한 해결책을 발견하지 못했다면 계속 시도하시오. Katona의 결과에 따르면, 직접적인 답을 주는 것은 매우 뒤떨어진 교수 전략이다. 그러나 여전히 해결책을 찾지 못했다면 부록 B 10장 문제 해결 첫 부분을 확인하시오. 거기에 해결법이 설명되어 있다.

15. 한 연구자가 두 가지 처치법을 비교하는 독립 측정 연구를 수행하고 t 통계량을 $t(18) = 2.15$로 보고했다.

a. 얼마나 많은 사람들이 전체 연구에 참여했는가?

b. $\alpha = .05$인 양방 검정에서 두 처치 간에 유의한 차이가 있는가?

c. 처치 효과로 설명된 분산의 비율인 r^2을 계산하시오.

16. Piff, Kraus, Côte, Cheng과 Keltner(2010)는 최근 연구에서 사회·경제적으로 낮은 계층의 사람들은 상위 계층의 사람들보다 더 사회적인 행동을 하는 경향이 있다는 것을 발견했다. 이 연구의 한 부분으로 참가자들은 익명의 상대자와 게임을 했다. 게임의 일부는 상대자와 포인트를 공유하는 것이었다. 낮은 경제 계층 참여자는 상위 계층 사람들과 비교할 때 자신의 포인트를 공유하는 데 훨씬 더 관대했다. 이 연구와 유사한 결과에 따르면 12명의 하위 계층 참여자는 평균 $M = 5.2$, $SS = 11.91$로, 12명의 상위 계층 참여자는 평균 $M = 4.3$, $SS = 9.21$로 포인트를 공유했다.

a. 두 집단 간에 유의미한 평균 차이가 있다고 결론을 내리기에 충분한가? $\alpha = .05$인 양방 검정을 사용하시오.

b. 모평균 차이의 크기를 추정하기 위하여 80% 신뢰 구간을 구하시오.

17. 등분산 가정에 대하여 기술하고 독립 측정 t 검정 시 왜 중요한지 설명하시오.

18. 다른 요인들이 일정하게 유지된다면, 다음의 각각이 독립 측정 t 통계량, 영가설의 기각 가능성

및 효과 크기 측정값에 어떻게 영향을 미치는지 설명하시오.

a. 각 표본의 점수 증가

b. 각 표본에 대한 분산 증가

19. 329쪽에서 언급했듯이, 두 모평균이 같을 때, 독립 측정 t 검정에 대한 추정된 표준오차는 두 표본 평균 간에 기대되는 차이에 대한 척도를 제공한다. 다음 각 상황에 대해 $\mu_1 = \mu_2$라고 가정하고 두 표본 평균 간에 예상되는 차이를 계산하시오.

a. 첫 번째 표본은 $n = 6$, $SS = 70$이고, 두 번째 표본은 $n = 10$, $SS = 140$이다.

b. 첫 번째 표본은 $n = 6$, $SS = 310$이고, 두 번째 표본은 $n = 10$, $SS = 530$이다.

c. 위의 **b**의 표본은 **a**보다 큰 변산성(더 큰 SS값)을 가지지만 표본 크기는 변하지 않았다. 큰 변산성은 표본 평균 차이에 대한 표준오차의 크기에 어떤 영향을 주는가?

20. 한 집단에서 두 개의 표본을 선택했다. 다음 각각에 대해 두 표본 평균값 사이의 평균적인 차이를 계산하시오.

a. 첫 번째 표본은 $n = 4$이고 두 번째 표본은 $n = 6$이며, 통합 분산은 60이다.

b. 첫 번째 표본은 $n = 12$이고 두 번째 표본은 $n = 15$이며, 통합 분산은 60이다.

c. 위의 **b**에서 표본 크기는 더 크지만 통합 분산은 변하지 않았다. 표본 크기는 표본 평균 차이에 대한 표준오차의 크기에 어떤 영향을 주는가?

21. 다음 두 개의 표본이 같은 평균값을 가진 모집단으로부터 구해진다고 가정할 때, 두 표본 평균 사이에 평균적으로 얼마나 많은 차이가 있을 것으로 예상되는지 계산하시오.

a. 각 표본은 $n = 4$이며, 첫 번째 표본에서는 $s^2 = 68$, 두 번째 표본에서는 $s^2 = 76$이었다. (참고: 두 표본의 크기가 동일하므로 통합 분산은 두 표본 분산의 평균과 같다.)

b. 각 표본은 $n = 16$이며, 첫 번째 표본에서는 $s^2 = 68$이고 두 번째 표본에서는 $s^2 = 76$이었다.

c. 위의 **b**에서는 두 표본의 크기가 **a**보다 크지만 분산은 변하지 않았다. 표본 크기가 표본 평균 차이에 대한 표준오차의 크기에 어떤 영향을 주는가?

22. 다음 각각에 대해 표본 평균 차이에 대한 추정 표준편차와 통합 분산을 계산하시오.

a. 첫 번째 표본은 $n = 4$, $s^2 = 17$, 두 번째 표본은 $n = 8$, $s^2 = 27$이다.

b. 이제 표본 분산이 증가하여 첫 번째 표본은 $n = 4$, $s^2 = 68$, 두 번째 표본은 $n = 8$, $s^2 = 108$이다.

c. 위의 **a**와 **b**에 대한 답을 비교해 볼 때, 분산의 증가는 추정된 표준오차의 크기에 어떤 영향을 주는가?

23. "우리를 죽이지 않는 것이 우리를 강하게 만든다"라는 오랜 구절이 어느 정도 사실인 것으로 보인다. Seery, Holman과 Silver(2010)는 역경의 경험이 있는 사람들의 정신 건강과 삶의 질이 역경의 경험이 거의 또는 전혀 없는 사람들에 비해 더 좋다고 보고했다. 이 현상을 조사하기 위해 연구자는 대학생들을 대상으로 지난 5년 동안 경험한 부정적인 삶의 사건과 현재의 행복감에 대하여 조사했다. 부정적인 경험이 2회 이하인 $n = 7$명의 참가자의 평균 웰빙 점수는 $M = 41$, $s^2 = 50$이고, 5~10차례의 부정적인 경험을 가지고 있는 $n = 7$명의 참가자 평균 점수는 $M = 48$이고 $s^2 = 62$였다.

a. $\alpha = .05$인 독립 측정 t 가설 검정을 사용하여 이 두 표본으로 대표되는 두 모집단 사이에 유의미한 차이가 있는지 확인하고 Cohen의 d를 계산하여 평균 차이의 효과 크기를 측정하시오.

b. 이제 각 표본에 $n = 15$명의 참가자가 있다고 가정하고 가설 검정과 Cohen의 d를 계산하시오.

c. 위의 **a**와 **b**에 대한 답을 비교하여 표본 크기

가 가설 검정 결과 및 효과 크기 측정에 어떻게 영향을 미치는지 설명하시오.

24. 1974년에 Loftus와 Palmer는 질문의 용어가 목격자의 기억에 어떻게 영향을 미칠 수 있는지에 대한 연구를 실시했다. 이 연구에서는 대학생들에게 자동차 사고 관련 영화를 보여 주고 그들이 본 것에 대하여 질문했다. 한 집단에게는 "자동차가 박살났을 때 자동차가 얼마나 빨리 달렸는가?"라고 물었다. 다른 집단에게는 동사를 '박살났다' 대신에 '부딪혔다'로 변경한 것을 제외하고는 같은 질문을 했다. '박살났다'라는 단어로 질문을 받은 집단이 '부딪혔다' 집단보다 훨씬 더 높은 속도 추정값을 보고했다. 연구자가 현재의 대학생들을 대상으로 이 연구를 반복하고 다음 결과를 얻었다고 가정하자.

추정 속도	
'박살났다'	**'부딪혔다'**
$n = 15$	$n = 15$
$M = 40.8$	$M = 34.9$
$SS = 510$	$SS = 414$

a. $\alpha = .05$인 독립 측정 t 검정을 사용하여 두 조건 간에 유의미한 차이가 있는지 확인하고 r^2을 계산하여 효과 크기를 측정하시오.

b. 이제 두 SS값을 $SS_1 = 1{,}020$ 및 $SS_2 = 828$로 두 배로 증가시켜 변산성을 높였다. 가설 검정 및 효과 크기 측정을 반복하시오.

c. 파트 **a**와 파트 **b**에 대한 답을 비교하여 표본의 변산성이 가설 검정 결과와 효과 크기 측정에 어떤 영향을 미치는지 설명하시오.

CHAPTER 11

두 개의 연관된 표본에 대한 t 검정

필요한 지식

아래 개념들은 이 장을 이해하기 위해 필요한 주요 개념들이다. 해당 장을 참고하여 충분히 숙지하기를 바란다.

- t 통계량 소개(9장)
  - 추정된 표준오차
  - 자유도
  - t 분포
  - t 통계량을 이용한 가설 검정
- 독립 측정 설계(10장)

11-1 반복 측정 설계 소개

학습 목표(Learning Objectives)

1. 반복 측정 설계의 정의 및 독립 측정 설계와의 차이점을 설명하고 각각의 예를 들 수 있다.

이전 장에서는 두 가지 처치 조건 또는 두 모집단을 비교하기 위한 방법으로 독립 측정 연구 설계를 살펴봤다. 독립 측정 설계에서는 비교할 두 세트의 점수를 얻기 위해 두 개의 개별 표본이 이용된다. 이 장에서는 **반복 측정 설계** 또는 **개체 내 설계**로 알려진 대안 방법을 소개한다. 반복 측정 설계를 사용하면 참가자들 중 한 집단이 두 가지 다른 처치 조건에서 측정되므로 각 개인에 대해 두 개의 개별 점수가 산출된다. 예를 들어, 환자 집단을 대상으로 치료 전과 치료 후를 측정할 수 있다. 다른 예로 술을 마시기 전과 두 잔의 술을 마친 후에 운전 시뮬레이션 반응 시간을 측정할 수 있다. 각각의 경우에 동일한 변수가 동일한 개인들에 대해 두 번 측정된다. 즉, 문자 그대로 같은 표본에 대한 측정을 반복한다.

서로 다른 처치 조건들에 대해 동일한 개인 집단을 사용하는 연구 설계를 **반복 측정 설계**(repeated-measures design) 또는 **개체 내 설계**(within-subject design)라고 한다.

두 가지 처치를 비교하는 반복 측정 설계에서는 각 참가자들을 대상으로 처치 #1에서 한 번, 처치 #2에서 한 번 측정하여 처치 효과 비교에 사용할 두 점수를 산출한다. 반복 측정 설계의 예는 표 11.1에 나와 있다. 표의 자료는 각 참가자의 첫 번째와 두 번째 점수의 쌍으로 구성되어 있다. 각 개인의 첫 번째 점수와 두 번째 점수를 비교하여 두 처치의 차이를 평가한다.

반복 측정 연구의 큰 이점은 모든 처치 조건에서 정확히 같은 개체를 대상으로 한

표 11.1 5명의 참가자를 대상으로 두 처치의 차이를 평가하는 반복 측정 연구의 자료 예시

참여자	처치 #1 첫 번째 점수	처치 #2 두 번째 점수	
#1	12	15	← 한 참여자가
#2	10	14	2개 점수를 가짐
#3	15	17	
#4	17	17	
#5	12	18	

다는 것이다. 따라서 한 처치 조건의 참여자와 다른 처치 조건의 참여자가 실질적으로 다를 위험이 없다. 반면에 독립 측정 설계를 사용하면 한 표본의 개인이 다른 표본의 개인과 체계적으로 서로 다르기(더 똑똑하고, 빠르며, 외향적 등) 때문에 결과가 편향될 위험이 항상 있다. 이 장의 후반부에서는 두 연구의 장점과 단점을 고려하여 반복 측정 연구와 독립 측정 연구에 대해 더욱 상세히 비교할 것이다. 지금부터 반복 측정 설계에서 표본 자료를 이용하여 모집단에 대한 추론을 가능하게 해 주는 통계 기법들을 살펴본다.

학습 점검

학습 목표 1 **1.** 반복 측정 연구에서는 동일한 개인 집단이 모든 처치 조건에 참여한다. 다음 중 반복 측정 설계의 예가 아닌 것은 무엇인가?

a. 연습이 성과에 미치는 영향을 연구하고자 한다.

b. 서로 다른 두 모집단의 개체를 비교하려고 한다.

c. 희귀병을 앓고 있는 소집단에서 치료 전후의 증상을 측정하여 치료 효과를 연구한다.

d. 발달심리학자가 다른 연령층의 같은 어린이 집단을 관찰함으로써 행동이 어떻게 전개되는지를 조사한다.

학습 목표 1 **2.** 한 연구자가 두 가지 처치 조건을 비교한 연구 조사를 실시하고 각 처치에서 20개의 점수를 얻었다. 연구자가 반복 측정 설계를 사용한 경우 연구 조사에 참여한 참가자는 몇 명인가?

a. 10

b. 20

c. 21

d. 40

학습 목표 1 **3.** 두 가지 처치 조건을 비교하는 실험의 경우, 독립 측정 설계는 각 피험자로부터 ____ 개의 점수를 얻고, 반복 측정 설계는 각 피험자로부터 ____개의 점수를 얻을 수 있다.

a. 1, 1

b. 1, 2

c. 2, 1

d. 2, 2

정답 **1. b** **2. b** **3. b**

11-2 반복 측정 설계 연구를 위한 t 통계량

학습 목표(Learning Objectives)

2. 반복 측정 t 통계량에 사용되는 자료(차이 점수)에 대해 설명할 수 있다.
3. 반복 측정 t 검정에 대한 가설 설정을 할 수 있다.
4. 반복 측정 t 통계량의 구조, 추정된 표준오차 및 자유도에 대해 설명하고, 이 수식이 단일 표본 t와 어떻게 관련되어 있는지 설명할 수 있다.
5. 차이 점수의 평균에 대한 추정된 표준오차를 계산하고 그것의 의미를 설명할 수 있다.

반복 측정 설계 t 통계량은 다른 t 통계량과 구조적으로 유사하다. 우리가 9장에서 살펴본 단일 표본 t 통계량과 본질적으로 동일하다. 반복 측정 t가 구별되는 점은 원점수(X값)보다는 차이 점수를 기반으로 한다는 것이다. 이 절에서는 차이 점수를 살펴보고 반복 측정 설계 t 통계량에 대하여 알아볼 것이다.

■ 차이 점수: 반복 측정 연구를 위한 자료

많은 감기약에는 "졸림을 유발할 수 있다"라는 경고가 포함되어 있다. 표 11.2는 이 현상을 조사한 연구 자료이다. 한 표본에서 참가자는 4명이고 각 개인은 두 번 측정되었다. 각 참가자의 첫 번째 점수(X_1)는 약물 투여 전의 반응 시간을 측정한 것이다. 두 번째 점수(X_2)는 약물 복용 1시간 후 반응 시간이다. 우리는 약물이 반응 시간에 어떻게 영향을 미치는지에 관심이 있기 때문에 각 참가자의 첫 번째 점수와 두 번째 점수의 차이를 계산했다. **차이 점수(difference scores)** 또는 D값은 표의 마지막 열에 표시했다. 차이 점수는 각 참가자들 반응 시간의 변화량이다. 일반적으로 차이 점수는 각 참가자의 두 번째 점수(복용 후)에서 첫 번째 점수(복용 전)를 뺀 값이다.

$$\text{차이 점수} = D = X_2 - X_1 \tag{11.1}$$

D 점수의 기호는 변화의 방향을 나타낸다. 예를 들어, A는 약물 복용 후 반응 시간이 감소했고[(−) 변화], B는 반응 시간이 증가했다[(+) 변화]. 차이 점수(D값)의 표본은 가설 검정의 표본 자료로 이용되며, 모든 계산은 D 점수를 이용하여 한다. 예를 들어, t 통계량을 계산하기 위해 D 점수 표본의 평균과 D 점수 표본의 SS값을 사용한다.

■ 반복 측정 t 검정의 가설

연구자의 목표는 차이 점수 표본을 사용하여 일반 모집단에 대한 질문에 답하는 것이

표 11.2 감기약을 복용하기 전과 후 반응 시간 측정.

참가자	감기약 복용 전(X_1)	감기약 복용 후(X_2)	차이(D)
A	215	210	−5
B	221	242	21
C	196	219	23
D	203	228	25
			$\Sigma D = 64$

$$M_D = \frac{\Sigma D}{n} = \frac{64}{4} = 16$$

M_D는 D 점수의 표본에 대한 평균임을 유의하라.

10장에서 설명한 2개의 독립된 표본에 관한 t 검정과 달리, 새롭게 제시된 가설 검정에 쓰이는 표본은 서로 연관되어 있기에 대응 표본 t 검정이라고도 불린다.

다. 특히, 연구자는 모집단에 대하여 두 가지 처치 조건 간에 차이가 있는지 여부를 알고 싶어 한다. 즉, 차이 점수의 모집단에 관심이 있다. 우리는 모집단의 모든 사람이 두 가지 처치 조건(X_1 및 X_2)에서 측정되고 모든 사람에 대한 차이 점수(D)가 계산되면 어떤 일이 발생할지 궁금하다. 특히, 우리는 차이 점수 모집단의 평균에 관심이 있다. 이 모평균 차이를 μ_D(아래 첨자 D를 사용하여 X 점수보다는 D값을 다루고 있음을 표시함)로 나타낸다.

이전과 마찬가지로 영가설에서는 모집단에게 효과가 없으며 변화가 없고 차이가 없다고 진술한다. 반복 측정 연구의 경우 영가설에 따르면 모집단의 평균 차이는 0이다.

$$H_0: \mu_D = 0$$

이 가설은 차이 점수 전체 모집단에 대한 평균을 의미한다. 모평균은 0이지만 모집단의 개인별 점수가 모두 0은 아니다. 따라서 영가설이 참일지라도 일부는 양의 차이 점수를, 다른 일부는 음의 차이 점수를 가질 것으로 기대한다. 그러나 양, 음의 차이는 체계적이지 않으며 장기적으로는 $\mu_D = 0$의 균형을 유지한다. 또한 이 모집단에서 선택된 표본의 평균이 정확히 0은 아닐 것이다. 항상 그렇듯이 표본 평균과 모평균 간에는 약간의 오차가 있을 수 있으므로 $\mu_D = 0$(H_0이 참)인 경우에도 M_D가 정확하게 0일 것으로 기대하지는 않는다.

대립가설은 한 처치 조건에서 얻은 점수가 다른 조건의 점수보다 체계적으로 더 높거나 낮게 나타나는 처치 효과가 있음을 나타낸다. 이를 기호로 나타내면 다음과 같다.

$$H_1: \mu_D \neq 0$$

H_1에 따르면, 모집단 내 개인의 차이 점수가 체계적으로 양(또는 음)의 값을 보여 두 처치 간 일관되고 예측 가능한 차이가 있음을 나타낸다.

■ 반복 측정 t 통계량

그림 11.1은 반복 측정 가설 검정의 일반적 상황이다. 여기 기술된 상황은 9장에서와 본질적으로 똑같다. 구체적으로 평균과 표준편차를 모르는 모집단과 가설 검정을 위한 표본이 있다. 9장에서 우리는 모평균에 대한 가설 검정을 위해 표본 평균을 사용하여 단일 표본 t 통계량을 살펴보았다. 이 t 통계량 공식은 반복 측정 t 검정을 위해 다시 사용된다. 앞서 살펴보았던 내용을 떠올려 보면, 단일 표본 t 통계량(9장)의 식은 다음과 같다.

$$t = \frac{M - \mu}{s_M}$$

이 공식에서, 표본 평균 M은 수집한 자료에서 구하며, 모평균값 μ는 영가설에서 얻는다. 또한, 추정된 표준오차 s_M은 수집한 자료에서 구하고, 표본 평균과 모평균 사이에 얼마나 많은 차이가 기대되는지에 대한 정보를 제공한다.

반복 측정 설계의 경우 표본 자료는 차이 점수이며, X가 아닌 D로 표시한다. 따라서 수식에서 X값 대신 D를 사용하여 차이 점수를 다루고 있음을 강조한다. 또한 우리가 관심 있는 모평균은 모평균 차이(전체 모집단 변화량의 평균)이며 μ_D로 나타낸다. 이러

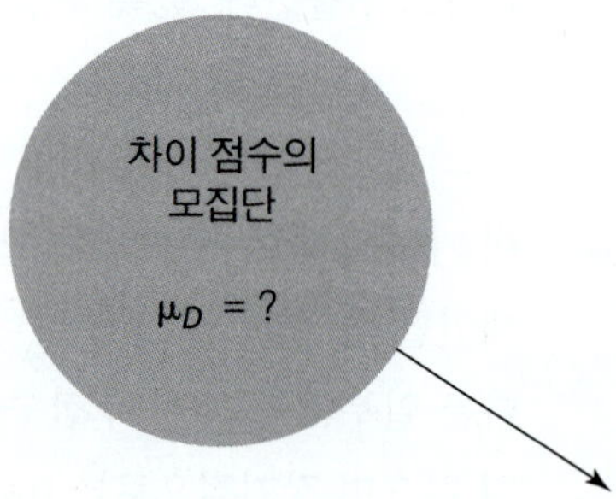

차이 점수의 표본

개체	I	II	D
A	10	14	4
B	15	13	−2
C	12	15	3
D	11	12	1

그림 11.1
모집단에서 4명의 표본을 선택한다. 각 개체에 대해 한 번은 처치 조건 I에서, 다른 한 번은 처치 조건 II에서 측정했으며, 차이 점수 D를 각 개인별로 계산한다. 이 차이 점수 표본은 모집단을 나타내기 위한 것이다. 우리는 차이 점수의 표본을 사용하여 차이 점수의 모집단을 나타낸다. 차이 점수 모집단에 대한 평균은 알 수 없다는 점에 유의해야 한다. 영가설은 두 처치 조건 간 일관된 또는 체계적인 차이가 없기 때문에 모평균 차이는 $\mu_D = 0$이다.

한 간단한 변화를 통해 설정된 반복 측정 설계의 공식은 다음과 같다.

$$t = \frac{M_D - \mu_D}{s_{M_D}} \quad (11.2)$$

이 공식에서 추정된 표준오차 s_{M_D}는 단일 표본 t 통계량에서 계산한 것과 같은 방식으로 계산한다. 추정된 표준오차를 계산하기 위한 첫 번째 단계는 D 점수의 표본에 대한 분산(또는 표준편차)을 계산하는 것이다.

$$s^2 = \frac{SS}{n-1} = \frac{SS}{df} \quad \text{또는} \quad s = \sqrt{\frac{SS}{df}}$$

M_D에 대한 추정된 표준오차(estimated standard error for M_D)는 표본 분산(또는 표본 표준편차)과 표본 크기 n을 이용하여 계산한다.

$$s_{M_D} = \sqrt{\frac{s^2}{n}} \quad \text{또는} \quad s_{M_D} = \frac{s}{\sqrt{n}} \quad (11.3)$$

다음 예를 통하여 반복 측정 t 통계량에 대한 분산 및 추정된 표준오차에 대한 이해 정도를 확인할 수 있다.

예제 11.1 10명의 참가자를 대상으로 반복 측정 실험을 실시한 결과 $\mu_D = 5.5$, $SS = 360$의 차이 점수가 산출되었다. 이 자료에서 차이 점수의 분산과 표본 평균에 대한 추정 표준오찻값을 찾아보시오. 계산 결과 분산값 40과 추정 표준오찻값 2를 구할 수 있어야 한다. ■

모든 계산은 차이 점수(D 점수)를 사용하며 각 개체마다 단 하나의 D 점수만이 있다. n명의 참가자 표본을 사용하면 D 점수의 개수는 n이고 t 통계량은 $df = n - 1$이다. 여기서 n은 원자료의 X 점수의 개수가 아니라 D 점수의 개수를 나타낸다. 또한 반복 측정 t 통계량은 이전에 조사한 t 통계량과 개념적으로 유사하다.

$$t = \frac{\text{표본 통계량} - \text{모집단 모수}}{\text{추정된 표준오차}}$$

이때 표본 자료는 차이 점수 표본에 대한 평균(M_D), 모집단 모수는 $H_0(\mu_D = 0)$에 의해 예측된 값이며, 표집 오차의 양은 표본 평균 차이의 표준오차(s_{M_D})이다.

학습 점검

학습 목표 2 **1.** 반복 측정 연구에서 다음 자료의 차이 점수에 대한 평균은 얼마인가?

a. 5
b. 6
c. 11
d. 44

I	II
5	13
2	10
6	6
7	15

학습 목표 3 **2.** 다음 중 반복 측정 가설 검정을 위한 정확한 영가설 진술은 무엇인가?

a. $M_D = 0$
b. $\mu_D = 0$
c. $\mu_1 = \mu_2$
d. $M_1 = M_2$

학습 목표 4 **3.** 다음 중 반복 측정 t 통계량과 단일 표본 t 통계량의 관계를 정확하게 설명하는 것은 어느 것인가?

a. 하나의 표본 평균을 사용한다.
b. 하나의 모평균을 사용한다.
c. 표준편차를 계산하기 위해 하나의 표본 분산을 사용한다.
d. 위의 보기 모두

학습 목표 5 **4.** $n = 9$인 차이 점수의 추정 표준오찻값은 얼마인가($SS = 72$)?

a. 72
b. 9
c. 3
d. 1

정답 **1.** b **2.** b **3.** d **4.** d

11-3 반복 측정 설계에 대한 가설 검정

학습 목표(Learning Objectives)

6. 두 처치 조건을 비교하는 반복 측정 연구 자료를 사용하여 모평균 차이의 중요성을 평가하기 위한 반복 측정 t 검정을 할 수 있다.

7. 반복 측정 t 통계량을 이용하여 단방 가설 검정을 할 수 있다.

반복 측정 연구에서는 각 참가자를 대상으로 두 가지 다른 처치 조건에서 측정하며, 첫 번째 조건에서의 점수와 두 번째 조건에서의 점수 사이에 체계적인 차이가 있는지에 관심이 있다. 먼저, 각 참가자에 대한 차이 점수(D값)를 계산하고 가설 검정에서는 표본의 차이 점수를 사용하여 전체 모집단에 대한 평균 차이(μ_D)를 평가한다. 반복 측정 t 통계량을 사용한 가설 검정도 다른 가설 검정과 마찬가지로 4단계 과정에 따라 진행한다. 전체 가설 검정 절차는 예제 11.2에 소개한다.

예제 11.2. 시험 전날 밤이다. 밤은 점점 어둑해지고 이제 공부를 더 할 것인지, 잘 것인지 결정하려고 한다. 시험 준비가 충분하지 않다고 생각한다면 더 공부를 하는 편이 더 이점이 있다. 반면에 숙면을 취하면 시험 스트레스를 잘 조절할 수 있다. "공부를 할까, 잠을 잘까?"라는 질문은 최근의 한 연구(Gillen-O'Neel, Huynh, & Fuligni, 2013)에서 제기된 문제였다. 연구자는 535명의 9학년 학생을 대상으로 학생들이 10학년과 12학년 때의 모습을 추적했다. 각 연도에 학생들은 2주 동안 매일 학교 밖에서 공부하는 데 얼마나 많은 시간을 보냈고 전날 밤에는 얼마나 오랫동안 수면을 취했는지 기록했다. 학생들은 또한 "수업에서 배운 것을 이해하지 못했다", "시험, 퀴즈 또는 과제를 제대로 수행하지 못했다"와 같은 학업 문제 상황을 매일 보고했다. 이 연구의 주요 결과는 전날 평균 이하의 수면량을 보고한 학생들이, 특히 고학년에서 다음날 더 많은 학업 문제를 보고했다는 것이다. 최근에 연구자는 8명의 대학 신입생을 대상으로 이 연구를 다시 진행했고, 이를 통해 표 11.3의 자료를 얻었다.

1단계 가설을 설정하고 유의 수준을 선택한다.

$$H_0\colon \mu_D = 0 \quad \text{(두 조건 간 차이가 없다.)}$$
$$H_1\colon \mu_D \neq 0 \quad \text{(두 조건 간 차이가 있다.)}$$

유의 수준은 $\alpha = .05$로 설정한다.

2단계 기각역을 찾는다. 이 예제에서 $n = 8$이므로 t 통계량은 $df = n - 1 = 7$, $\alpha = .05$에서 t 분포표에 제시된 임곗값은 ± 2.365이다.

표 11.3 전날 밤에 평균 이하 또는 평균 이상의 수면을 취한 학생들의 학업상 문제들

참가자	평균 이상 수면	평균 이하 수면	D	D^2
A	7	10	3	9
B	8	7	−1	1
C	4	14	10	100
D	6	13	7	49
E	3	11	8	64
F	9	10	1	1
G	4	4	0	0
H	7	11	4	16
			$\Sigma D = 32$	$\Sigma D^2 = 240$

$$M_D = \frac{32}{8} = 4 \qquad SS_D = \Sigma D^2 - \frac{(\Sigma D)^2}{n} = 240 - \frac{(32)^2}{8} = 112$$

3단계 **검정 통계량을 계산한다.** 표 11.3에는 표본 자료와 $M_D = 4$, $SS = 112$의 계산 과정이 있다. 모든 계산은 차이 점수로 수행된다. 다른 t 통계량 계산 때와 마찬가지로, t 통계량 계산은 3단계로 진행한다.

먼저, 표본 분산을 계산한다.

$$s^2 = \frac{SS}{n-1} = \frac{112}{7} = 16$$

다음으로 표본 분산을 사용하여 추정된 표준오차를 계산한다.

$$s_{M_D} = \sqrt{\frac{s^2}{n}} = \sqrt{\frac{16}{8}} = 1.41$$

마지막으로 표본 평균(M_D), 추정된 표준오차와 가정한 모평균(μ_D)을 사용하여 t 통계량의 값을 계산한다.

$$t = \frac{M_D - \mu_D}{s_{M_D}} = \frac{4-0}{1.41} = 2.84$$

4단계 **최종 결정한다.** 위에서 구한 t값, $t = +2.365$은 임곗값 밖에 있다. 따라서 연구자는 영가설을 기각하고 전날 밤 수면량이 다음날 학업 문제에 중요한 영향을 준다고 결론짓는다. ■

■ 방향성이 있는 가설과 단방 검정

많은 반복 측정 연구에서 연구자는 처치 효과의 방향에 대하여 구체적인 예측을 한다. 예제 11.2에서 연구자는 전날 밤에 평균 이하의 수면을 취했을 때 학생들의 학업 문제가 더 커질 것이라고 예측했다. 이 같은 방향성에 대한 예측은 가설 진술에 반영되어 방향성이 있는 가설 또는 단방 가설 검정이 된다. 다음의 예는 방향성이 있는 검정에서 가설과 기각역이 어떻게 결정되는지에 대한 것이다.

예제 11.3 우리는 예제 11.2의 실험을 재검토할 것이다. 연구자는 반복 측정 설계를 사용하여 전날 밤의 수면의 양에 따라 학업 문제가 어떻게 영향을 받는지 조사했다. 연구자는 참가자들이 전날 밤에 평균 이하의 수면을 취했을 때 학업 문제가 증가할 것으로 예측했다.

1단계 **가설을 설정하고 유의 수준을 선택한다.** 이 예에서 연구자는 참가자가 평상시보다 수면을 덜 취한 후에 학업 문제가 증가할 것으로 예측한다. 반면에 영가설에서는 학업 문제가 증가하지 않고 오히려 전날 밤에 평균 이하의 수면을 취한 후에도 변하지 않거나 심지어 감소할 것이라고 한다.

H_0: $\mu_D \leq 0$ (수면이 부족해도 학업 문제는 증가하지 않는다.)

대립가설은 처치가 효과가 있다고 진술한다. 이 예에서 H_1은 수면 시간이 짧으면 학업 문제가 증가한다고 말한다.

H_1: $\mu_D > 0$ (학업 문제가 증가한다.)

유의 수준은 $\alpha = .05$로 설정한다.

2단계 **기각역을 찾는다.** 독립 측정 t 통계량에서 보았듯이(339쪽) 단방 검정의 기각역은 2단계 과정을 거쳐 찾을 수 있다. 분포의 꼬리가 기각역을 포함하는지를 판단하기보다는 먼저 표본 평균 차이를 보고 그것이 예측된 방향인지 확인해야 한다. 그렇지 않은 경우 처치가 예상대로 작동하지 않아 검정을 중단할 수 있다. 변화가 정확한 방향이라면 다음 문제는 그것이 충분히 유의한가 여부이다. 이 예에서 연구자는 학업 문제가 증가할 것으로 예측했고, 표본 평균은 증가하는 모습을 보였다. $n = 8$, $\alpha = .05$에서 단방 검정을 위한 $df = 7$, 임곗값 $t = 1.895$를 구한다. 따라서 영가설을 기각하는 데는 1.895(양수 또는 음수)를 넘어서는 t 통계량이면 충분하다.

3단계 **t 통계량을 계산한다.** 예제 11.2에서 t 통계량을 계산하고 $t = 2.84$를 얻었다.

4단계 **최종 결정한다.** 구한 t 통계량이 기각역을 벗어난다. 그러므로 영가설을 기각하고 평균

이하의 수면이 다음날 학업 문제를 유의미하게 증가시켰다고 결론을 내린다. ■

■ t 검정에서 표본과 관련한 가정

반복 측정 t 통계량은 두 가지 기본 가정을 요구한다.

1. 각 처치 조건 내 관찰값은 독립적이어야 한다(256쪽 참조). 독립성 가정은 각 처치 내 점수를 의미한다. 각 처치 내의 점수는 각기 다른 개인으로부터 구하며 서로 독립적이어야 한다.
2. 차이 점수(D값)의 모집단 분포는 정규분포이다.

이전과 마찬가지로 정규성 가정은 표본 크기가 심하게 작은 경우가 아니면 우려할 만한 요인이 아니다. 정상적인 상태에서 크게 벗어나는 경우, 작은 표본을 이용했다면 t 검정의 타당성을 위협받을 수 있다. 그러나 비교적 큰 표본($n > 30$)의 경우에는 이 가정을 무시할 수 있다.

학습 점검

학습 목표 6 1. 연구자는 25명의 환자를 대상으로 두 처치 조건을 비교하는 반복 측정 연구를 실시하고 $t = 2.21$ 값을 얻었다. 다음 중 양방 검정에 대한 올바른 결정은 무엇인가?

a. $\alpha = .05$에서 영가설을 기각하나 $\alpha = .01$에서는 기각하지 못함

b. $\alpha = .05$ 또는 $\alpha = .01$에서 영가설을 기각함

c. $\alpha = .05$ 또는 $\alpha = .01$에서 영가설을 기각하지 못함

d. 더 많은 정보가 제공되지 않으면 올바른 결정을 내릴 수 없음

학습 목표 7 2. 연구자는 반복 측정 연구에서 단방 가설 검정을 사용하여 두 처치 간 평균 차이의 유의성에 대하여 평가한다. 처치를 통해 점수가 상승할 것으로 예상되면 다음 중 대립가설(H_1)에 대한 올바른 진술은 무엇인가?

a. $\mu_D \geq 0$

b. $\mu_D \leq 0$

c. $\mu_D > 0$

d. $\mu_D < 0$

정답 **1. a** **2. c**

11-4 반복 측정 t 검정에서 효과 크기, 신뢰 구간, 표본 크기와 표본 분산의 역할

학습 목표(Learning Objectives)

8. Cohen의 d 또는 r^2를 사용하여 반복 측정 t 검정의 효과 크기를 측정할 수 있다.
9. 반복 측정 연구 자료를 사용하여 모평균 차이의 크기를 설명하는 신뢰 구간을 계산할 수 있다.
10. 연구 논문에서 반복 측정 t 검정의 결과와 효과 크기의 측정 결과가 어떻게 보고되는지 설명할 수 있다.
11. 반복 측정 t 통계량을 사용하여 가설 검정 결과 및 효과 크기 측정값이 표본 크기 및 표본 분산에 의해 어떤 영향을 받는지 설명할 수 있다.
12. 처치 효과의 일관성이 차이 점수의 다양성에 어떻게 반영되는지 설명하고 이것이 가설 검정의 결과에 어떻게 영향을 미치는지 설명할 수 있다.

■ 반복 측정 t 검정의 효과 크기

다른 가설 검정에서 언급했듯이 처치 효과가 통계적으로 유의하면 효과의 절대 크기에 대한 값을 보고하는 것이 좋다. 효과 크기에 가장 일반적으로 사용되는 척도는 Cohen의 d와 r^2이다. 처치 효과의 크기는 또한 모평균 차이, μ_D를 추정하는 신뢰 구간으로 설명될 수 있다. 우리는 예제 11.2의 자료를 이용하여 이 값들이 효과 크기를 측정하고 기술하기 위해 어떻게 계산되는지 살펴볼 것이다.

Cohen의 d 8장과 9장에서 Cohen의 d를 처치 방법 간 평균 차이에 대한 표준화된 측정값으로 소개했다. 표준화는 간단하게 모평균 차이를 표준편차로 나누어 구한다. 반복 측정 연구의 경우 Cohen의 d는 다음과 같이 정의된다.

$$d = \frac{\text{모평균 차이}}{\text{표준편차}} = \frac{\mu_D}{\sigma_D}$$

모평균과 표준편차는 알려지지 않았기 때문에 대신 표본값을 사용한다. 표본 평균(M_D)은 실제 평균 차이에 대한 가장 좋은 추정값이며 표본 표준편차(표본 분산의 제곱근)는 실제 표준편차의 최적의 추정값을 제공한다. 따라서 다음과 같이 d의 값을 추정할 수 있다.

효과의 크기를 측정하는 것이지, 효과의 방향을 측정하는 것이 아니므로 관습적으로 음의 부호를 생략하고 Cohen의 d를 양숫값으로 보고한다.

$$d\text{의 추정값} = \frac{\text{표본 평균 차이} - \text{모평균 차이}}{\text{표본 표준편차}} = \frac{M_D}{s} \quad (11.4)$$

예제 11.2의 반복 측정 연구에서 표본 평균 차이는 $M_D = 4$이고 표본 분산은 $s^2 = 16.00$이므로 자료에서 추정할 수 있는 d는 다음과 같다.

$$d\text{의 추정값} = \frac{M_D}{s} = \frac{4}{\sqrt{16}} = \frac{4}{4} = 1$$

0.80보다 큰 값은 큰 효과로 간주되며, 이 자료는 명확하게 이 범주에 있다(267쪽 표 8.2 참조).

설명된 분산의 비율, r^2 분산의 비율은 앞서 단일 표본 t(303쪽 참조) 및 독립 측정 t 통계량(345쪽 참조)와 마찬가지로 가설 검정에서 얻은 t값과 df값을 사용하여 계산한다. 예제 11.2에서 $df = 7$, $t = 2.84$를 이용하여 다음과 같이 구할 수 있다.

$$r^2 = \frac{t^2}{t^2 + df} = \frac{(2.84)^2}{(2.84)^2 + 7} = \frac{8.07}{15.07} = 0.536$$

이 자료에서는 수면의 양에 의해 점수 분산의 53.6%가 설명된다. 더 구체적으로, 평균 이하의 수면과 평균 이상의 수면의 차이는 영가설에 의해 예측된 0에 가까운 작은 차이보다는 일관되게 긍정적인 차이 점수를 산출했다. 따라서 0으로부터의 편차는 두 조건 간의 차이에 의해 많은 부분이 설명된다. 다음 예제를 통해 반복 측정 t 통계량의 효과 크기를 측정하는 Cohen의 d와 r^2에 대한 이해 정도를 테스트할 수 있다.

예제 11.4. 16명의 참가자를 대상으로 한 반복 측정 연구에서 평균 차이 $M_D = 6$점과, 차이 점수에 대한 $SS = 960$, 그리고 $t = 3.00$을 얻었다. 효과 크기를 측정하기 위해 Cohen의 d와 r^2을 계산하시오. 여러분은 $d = \frac{6}{8} = 0.75$와 $r^2 = \frac{9}{24} = 0.375$ 값을 얻어야 한다. ■

■ μ_D 추정을 위한 신뢰 구간

이전 두 장에서 살펴보았듯이 처치 효과의 크기를 측정하고 설명하기 위한 대안적인 방법으로 신뢰 구간을 계산할 수 있다. 반복 측정 t에 대해 표본 평균 차 M_D를 사용하여 모평균 차이 μ_D를 추정한다. 이 경우 신뢰 구간은 문자 그대로 두 처치 조건 사이의 모평균 차이를 추정하여 처치 효과의 크기를 추정한다.

다른 t 통계량과 마찬가지로, 첫 번째 단계는 미지의 모수에 대한 t 방정식을 푸는 것이다. 반복 측정 t 통계량은 다음과 같이 계산한다.

$$\mu_D = M_D \pm ts_{M_D} \tag{11.5}$$

이 식에서, M_D 및 s_{M_D}의 값은 표본 자료에서 얻는다. 비록 t 통계량은 알 수 없지만 t 통계량의 자유도와 t 분포표를 사용하여 t값을 추정할 수 있다. 추정한 t값과 표본에서 구한 값을 사용하여 μ_D의 값을 계산할 수 있다. 다음의 예는 모평균 차이에 대한 신뢰 구간을 구하는 과정이다.

예제 11.5 예제 11.2에서는 전날 밤 수면의 양이 다음날 학업 문제에 어떻게 영향을 미치는지를 연구한 결과를 살펴보았다. 이 연구에서 8명의 대학 신입생 표본은 평균 이상 수면을 취한 밤과 비교하여 평균 이하의 수면을 취한 다음 날 더 많은 학업 문제를 경험했다. 두 조건의 평균 차이는 $M_D = 4$, 평균 차이에 대한 추정된 표준오차는 $s_{M_D} = 1.41$이었다. 이제 우리는 모평균 차이의 크기를 추정하기 위해 95% 신뢰 구간을 구할 것이다.

8명의 참가자를 대상으로 한 반복 측정 t 통계량의 자유도는 $df = 7$이다. 먼저, 95%의 신뢰도를 가지기 위해서는 표본 평균 차이에 대한 t 통계량은 모든 가능한 t값의 중간 어딘가에 95%에 위치해야 한다. t 분포표에 따르면 $df = 7$에서 t값의 95%는 $t = +2.365$와 $t = -2.365$ 사이에 있다. 앞서 살펴본 추정 식에 표본 평균 및 표준오찻값들을 대입하여 μ_D를 구한다.

$$\begin{aligned}\mu_D &= M_D \pm ts_{M_D} \\ &= 4 \pm 2.365(1.41) \\ &= 4 \pm 3.33\end{aligned}$$

이는 $4 - 3.33 = 0.67$에서 $4 + 3.33 = 7.33$ 범위의 값을 생성한다. 우리의 결론은 일반적으로, 평균 이하의 수면을 취하면 0.67에서 7.33점 사이의 학업 문제를 증가시킨다는 것이다. 우리는 계산 과정에서 추정한 유일한 값이 t 통계량이기 때문에 이 구간에 진정한 평균 차이가 위치한다고 95% 확신할 수 있으며, t값이 분포의 중간 95%에 위치한다고 95% 확신할 수 있다. 마지막으로 신뢰 구간은 표본 평균 차이를 중심으로 구성된다. 따라서 표본 평균 차이, $M_D = 4$는 구간의 중앙에 정확하게 위치하게 된다. ■

9장과 10장에서 살펴본 다른 신뢰 구간과 마찬가지로, 반복 측정 t의 신뢰 구간은 처치 효과의 실제 크기 이외의 다양한 요소의 영향을 받는다. 특히 구간의 너비는 사용된 신뢰의 비율에 따라 달라지므로 비율이 커질수록 더 넓은 구간을 생성한다. 또한 구간의 너비는 표본 크기에 따라 달라지므로 표본이 클수록 구간은 더 좁게 된다. 구간의 폭은 표본 크기와 관련되기 때문에 신뢰 구간은 Cohen의 d 또는 r^2와 같은 효과 크기의 순수한 척도가 아니다.

마지막으로, 예제 11.5에서 계산한 95% 신뢰 구간에는 $\mu_D = 0$ 값이 포함되지 않았다는 사실을 알아야 한다. 즉, 우리는 모평균 차이가 $\mu_D = 0$이 아니라는 것을 95% 확신한다. 이것은 $\mu_D = 0$으로 설정한 영가설이 유의 수준 $\alpha = .05$에서 기각된다는 것을 의미한다. 만약 $\mu_D = 0$이 95% 신뢰 구간에 포함되었다면 가설 검정 결과 $\alpha = .05$에서 H_0를 기각하지 못함을 나타낸다.

논문 들여다보기

반복 측정 t 검정의 결과 보고

앞서 9장과 10장에서 살펴보았듯이, t 검정의 결과를 보고하는 APA 형식은 t값, 자유도, 유의 수준 및 효과 크기 등을 이용하여 간단하게 보고하도록 구성되어 있다. 전형적인 방법은 평균과 표준편차에 대하여 진술하거나 표(4장)를 이용하여 설명한다. 예제 11.2에서 $M_D = 4.00$과 $s = 4.00$의 평균 차이를 얻었다. 또한 $t = 2.84(df = 7)$의 t 통계량을 얻었으며, 유의 수준 .05에서 영가설을 기각하기로 결정했다. 마지막으로 설명된 분산의 비율을 계산하여 효과 크기를 측정하고 $r^2 = 0.536$을 얻었다. 이 연구의 보고서에는 다음과 같이 결과를 요약할 수 있다.

> 평균 이하의 수면을 취한 다음 날에는 평균 $M = 4.00$점, $SD = 4.00$으로 학업 문제가 증가했다. 처치 효과는 통계적으로 유의했으며, $t(7) = 2.84$, $p < .05$, $r^2 = 0.536$이다.

컴퓨터 프로그램을 이용하여 가설 검정을 하면 일반적으로 유의 수준에 대한 정확한 확률값이 산출된다. p값은 연구 보고서에 유의 수준으로 표시한다. 예를 들어, 예제 11.2에서는 $p = .025$의 유의 수준을 생성했으며, 결과는 "통계적으로 유의했으며, $t(7) = 2.84$, $p = .017$, $r^2 = 0.536$이다"로 보고한다. 종종 확률값이 매우 작아 컴퓨터가 소수점 셋째 자리까지 반올림하고도 0의 값을 얻는 경우가 있다. 이 경우 정확한 확률값을 알지 못하므로 $p < .001$로 보고해야 한다.

만약 예제 11.5의 신뢰 구간을 가설 검정 결과와 함께 효과 크기를 설명하기 위해 사용하면 다음과 같이 나타낼 수 있다.

> 평균 이하의 수면을 취한 다음 날에는 평균 이상의 수면을 취한 날과 비교하여 학업적인 문제가 유의미하게 증가했다. $t(7) = 2.84$, $p < .05$, 95% CI [0.67, 7.33].

■ 기술 통계 및 가설 검정

연구에서 표본 자료에 대해 면밀히 살펴보면 처치 효과의 크기 및 가설 검정 결과를 더 쉽게 이해할 수 있다. 예제 11.2에서 8명의 참가자에 대하여 $M_D = 4.00$의 평균 차이와 $s = 4$의 표준편차를 얻었다. 표본 평균 및 표준편차는 $M_D = 4.00$에 중심으로 위치한 일련의 점수들을 나타내며, 대부분의 점수는 평균 4점 이내에 위치한다. **그림 11.2**는 예제 11.2에서 얻은 차이 점수들이다. 여기서는 표본의 점수를 표시하는 것 외에도 $\mu_D = 0$의 위치를 강조 표시했다. 즉, 이는 영가설에 명시된 값이다. 표본의 점수가 0에서 벗어나 있는 것에 주목할 필요가 있다. 특히, 자료에서 $\mu_D = 0$의 모평균이 일치하지 않으므로 영가설을 기각했다. 또한 표본 평균은 0에서 1 표준편차 위에 위치한다. 이 거리는 Cohen의 $d = 1.00$에 의해 측정된 효과 크기에 해당한다. 이 자료에서 표본 분포 그림(**그림 11.2** 참조)은 효과 크기의 측정 및 가설 검정 결과를 이해하는 데 도움이 된다.

■ 반복 측정 *t* 검정에서 표본 분산 및 표본 크기

이전 장에서는 가설 검정 결과에 영향을 줄 수 있는 두 가지 요인으로 표본 변산성과 표본 크기를 확인했다. 이 두 요인 모두 *t* 통계량의 분모에 위치한 추정된 표준오차의 크기에 영향을 미친다. 표준오차는 표본 크기와 반비례하며(크기가 클수록 오차가 작아짐) 표본 분산과 직접 관련이 있다(분산이 클수록 오차가 커짐). 따라서 표본이 클수록 더 큰 *t* 통계량을 산출하고(0에서 더 멀어짐) H_0를 기각할 확률이 증가한다. 반대로 분산이 커지면 *t* 통계량이 더 작아지고(0에 더 가까워짐) 유의한 결과를 산출할 가능성이

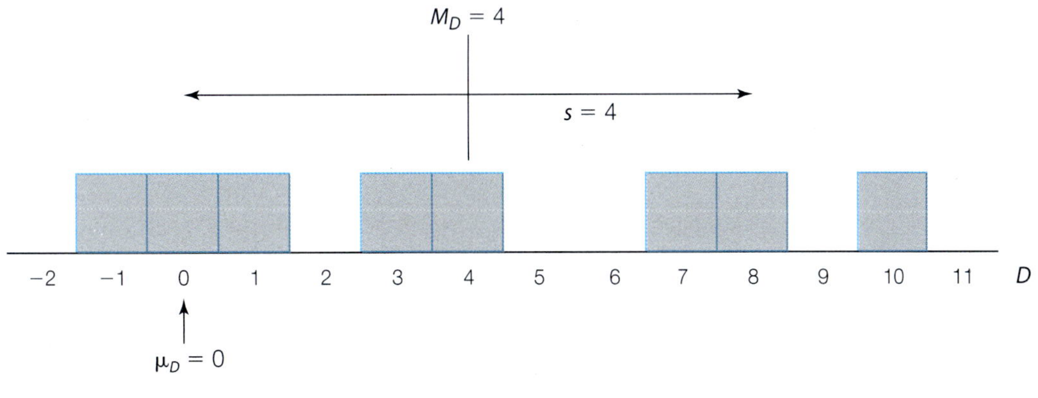

그림 11.2

예제 11.2의 차이 점수의 표본. 표본 평균은 $M_D = 4$, 표준편차는 $s = 4$이다. 차이 점수는 일관되게 양의 값을 갖기 때문에 표본 평균이 $\mu_D = 0$에서 1 표준편차 떨어진 거리에 나타나 있다.

줄어든다.

분산과 표본 크기가 모두 가설 검정에 영향을 미치지만, 분산만이 Cohen의 d와 r^2와 같은 효과 크기 측정에 큰 영향을 미친다. 분산이 커질수록 효과 크기는 더 작아진다. 반면 표본 크기는 Cohen의 d 값에는 영향을 주지 않으며 r^2에 작은 영향만을 준다.

처치 효과의 일관성에 대한 측정으로서의 변산성 반복 측정 연구에서, 차이 점수의 변산성은 상대적으로 명료하고 이해하기 쉬운 개념이다. 특히, 표본 변산성은 처치 효과의 일관성을 설명한다. 예를 들어, 처치가 일관되게 각 개인의 점수를 더하는 경우, 차이 점수 집합은 상대적으로 작은 변산성을 가지게 된다. 이와 같은 모습은 거의 모든 참가자가 평균 이하의 수면을 취했을 때 학업 문제를 더 겪고 있는 예제 11.2(그림 11.2 참조)에서 확인할 수 있다. 이때 변산성이 작으면 처치 효과를 보기가 쉽고 유의미한 결과가 산출될 가능성이 높다.

이제 변산성이 클 때 어떤 일이 발생하는지 생각해 보자. 예제 11.2의 수면 및 학업 문제 연구에서 9명 표본의 차이 점수가 13, −6, 10, −2, −4, +9, −3, +15, +4라고 가정하자. 이 차이 점수는 앞에서와 마찬가지로 $M_D = 4.00$이지만 변산성이 크게 증가하여 $SS = 512$, 표준편차는 $s = 8$이다. 그림 11.3에는 새로운 차이 점수의 집합이 있다. 그림에서 보는 것처럼 영가설에 명시된 값인 $\mu_D = 0$의 위치를 강조하여 표시했다. 높은 변산성은 일관된 처치 효과가 없다는 것을 의미한다. 일부 참가자는 평균 이하의 수면일 때 학업 문제가 더 많이 있었으며(양의 차이), 일부는 학업 문제가 덜 있었다(음의 차이). 가설 검정에서 높은 변산성은 추정된 표준오차의 크기를 증가시키고 가설 검정에서 기각역 밖에 위치한 값인 $t = 1.41$을 생성한다. 이 자료를 이용하면 영가설을 기각하지 못하고 전날 밤 수면의 양이 다음 날 학업 문제에 영향을 미치지 않는다고 결론 내릴 수 있다.

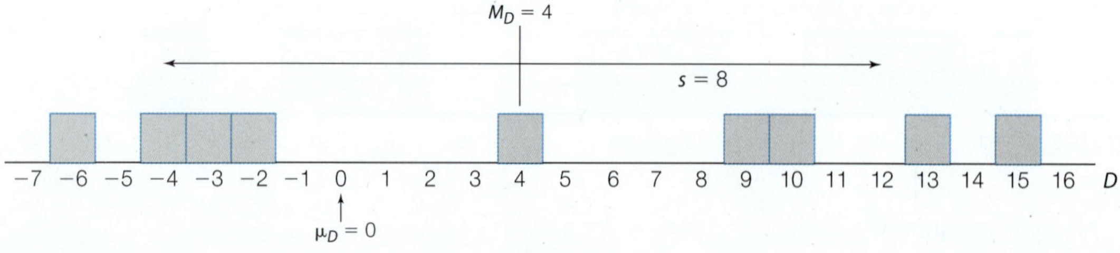

그림 11.3
평균 $M_D = 4$ 및 표준편차 $s = 8$의 차이 점수의 표본. 차이 점수는 일관된 증가 또는 감소를 나타내지 않는다. 일관된 처치 효과가 없으므로 영가설 $\mu_D = 0$은 기각되지 않는다.

작은 변산성(그림 11.2 참조)에서 4점의 처치 효과는 쉽게 볼 수 있으며 통계적으로 유의미하다. 큰 변산성(그림 11.3 참조)에서 4점의 효과는 보기 쉽지 않으며 통계적으로 유의미하지 않다. 이전에 여러 번 언급했듯이 큰 변산성은 자료의 패턴을 흐리게 하고 유의미한 처치 효과를 찾을 수 있는 가능성을 상당히 감소시킨다.

학습 점검

학습 목표 8 **1.** 25명의 참가자를 대상으로 한 반복 측정 연구에서 차이 점수의 평균 차이 $M_D = 1.2$와 $SS = 96$, t 통계량 $t = 3.00$을 산출했다. 만일 설명된 분산의 비율, r^2가 효과 크기를 측정하는 데 사용되었다면 r^2의 값은 얼마인가?

a. $\frac{9}{33} = 0.27$

b. $\frac{3}{27} = 0.11$

c. $\frac{1.2}{2} = 0.60$

d. $\frac{1.2}{4} = 0.30$

학습 목표 9 **2.** 각 처치마다 12개의 점수를 갖는 반복 측정 연구에서 연구자는 처치 간의 평균 차이를 나타내는 80% 신뢰 구간을 구성했다. 어떤 값이 구간의 중심에 있고 어떤 t값이 구간을 구성하는 데 사용되는가?

a. 표본 평균 차이는 중심에 있고 $t = \pm1.363$이다.

b. 표본 평균 차이는 중심에 있고 $t = \pm1.316$이다.

c. 0이 중심에 있고 $t = \pm1.363$이다.

d. 0이 중심에 있고 $t = \pm1.316$이다.

학습 목표 10 **3.** 어느 연구 보고서는 반복 측정 연구 결과를 "수집한 자료는 처치 간에 $t(22) = 4.71$, $p < .01$에서 유의한 차이가 있음을 보였다"라고 기술했다. 이를 통해 얻을 수 있는 가설 검정 결과는 무엇인가?

a. 검정 결과 영가설을 기각했다.

b. 검정 결과 영가설을 기각하지 못했다.

c. 검정 결과 제1종 오류가 발생했다.

d. 검정 결과 제2종 오류가 발생했다.

학습 목표 11 **4.** 반복 측정 연구의 두 처치 조건 사이에서 $M_D = 5$점의 평균 차이를 발견했다. 가설 검정에서 유의미한 t 통계량을 산출할 가능성이 가장 큰 표본의 특성은 무엇인가?

a. 큰 표본 크기(n)와 큰 분산

b. 큰 표본 크기(n)와 작은 분산

c. 작은 표본 크기(n)와 큰 분산
d. 작은 표본 크기(n)와 작은 분산

학습 목표 12 5. 반복 측정 연구에서 거의 모든 참가자가 처치 B보다 처치 A에서 약 5점 높은 점수를 얻은 것으로 나타나면 다음 중 어느 것이 이 자료를 정확하게 설명하는가?
a. 차이 점수의 분산은 작고 유의미한 결과의 가능성은 낮다.
b. 차이 점수의 분산은 작고 유의미한 결과의 가능성은 높다.
c. 차이 점수의 분산은 크고 유의미한 결과의 가능성은 낮다.
d. 차이 점수의 분산은 크고 유의미한 결과의 가능성은 높다.

정답 1. a 2. a 3. a 4. b 5. b

11-5 반복 측정 설계와 독립 측정 설계의 비교

학습 목표(Learning Objectives)

13. 두 처치 조건을 비교하기 위해 독립 측정 설계 대신 반복 측정 설계를 이용했을 때의 장단점을 설명하고 두 설계 방법이 더 적절한 상황을 평가할 수 있다.

14. 대응 개체 설계를 정의하고 반복 측정 설계와 독립 측정 설계와의 차이점을 설명할 수 있다.

■ 반복 측정 대 독립 측정 설계

많은 연구 상황에서 두 가지 처치 조건을 비교하기 위해 반복 측정 설계 또는 독립 측정 설계를 사용할 수 있다. 독립 측정 설계는 두 개의 개별 표본(각 처치 조건에 하나씩)을 사용하고 반복 측정 설계는 두 처치에 모두 참여하는 동일한 하나의 표본을 사용한다. 두 연구 설계의 장단점을 고려한 후 어떤 방법을 사용할지 결정을 한다. 일반적으로 반복 측정 설계에 더 많은 장점이 있다.

실험 참가자 수 반복 측정 설계는 일반적으로 독립 측정 설계보다 적은 참가자(개체)를 필요로 한다. 반복 측정 설계는 참가자가 두 처치 조건 모두에서 측정되기 때문에 보다 효율적이다. 이것은 비교적 적은 수의 참가자만이 있을 때(예를 들어, 매우 희귀한 종이나 드문 직종에 대하여 연구할 때) 특히 중요하다.

시간에 따른 학습 변화 반복 측정 설계는 학습, 발달 또는 시간이 지남에 따라 발생하는 변화를 연구하는 데 특히 유용하다. 이 방법은 실험 참가자를 대상으로 한 번 측정한 다음, 나중에 동일인을 다시 측정하게 된다. 이런 식으로 연구자는 시간의 흐름에 따라 변화하거나 발달하는 행동을 관찰할 수 있다.

개인차 반복 측정 설계의 주된 이점은 개인차로 인한 문제를 줄이거나 제거할 수 있다는 점이다. 개인차(individual differences)는 나이, IQ, 성별, 성격 등 개개인마다 다른 특성이다. 이러한 개인차는 조사를 통해 얻은 점수에 영향을 줄 수 있으며 가설 검정 결과에 영향을 미칠 수 있다. 표 11.4 자료를 살펴보자. 첫 번째 자료는 일반적인 독립 측정 연구의 결과를 나타내고 두 번째는 반복 측정 연구를 나타낸다. 개인차의 영향을 설명하기 위해 각 참가자의 이름을 포함했다.

독립 측정 자료의 경우, 모든 점수는 각기 다른 사람으로부터 나온다. 반면 반복 측정 연구의 경우, 동일한 참가자가 두 처치 조건 모두에서 측정된다. 이 두 연구 설계의 차이점은 몇 가지 중요한 결과를 가져온다.

1. 두 연구 조사가 정확히 같은 점수를 가지며 두 처치 간에 동일한 5점 평균 차이를 나타내도록 자료를 구성했다. 연구자는 5점 차이가 처치로 인한 것이라고 결론을 내리고 싶어 한다. 그러나 독립 측정 설계를 사용하면 처치 1의 참가자가 처치 2의 참가자와 다른 특성을 가질 가능성이 항상 있다. 예를 들어, 처치 1의 세 명의 참가자는 처치 2의 참가자들보다 지능이 더 높아 점수가 높아졌을 수 있다. 이 문제는 반복 측정 설계에서는 사라진다. 반복 측정에서는 모든 처치에 동일한 사람이 참여하기 때문에 한 처치의 참가자가 다른 처치의 참가자와 다를 가능성이 없다.

표 11.4 독립 측정 연구 및 반복 측정 연구의 결과를 보여 주는 가상의 자료. 두 자료의 세트는 정확히 동일한 수치의 점수를 보여 주며, 두 처치 간 동일한 5점 평균 차이를 나타낸다.

독립 측정 연구 (분리된 두 개의 표본)		반복 측정 연구 (두 처치 간 동일한 표본)		
처치 1	처치 2	처치 1	처치 2	D
(John) $X = 18$	(Sue) $X = 15$	(John) $X = 18$	(John) $X = 15$	-3
(Mary) $X = 27$	(Tom) $X = 20$	(Mary) $X = 27$	(Mary) $X = 20$	-7
(Bill) $X = 33$	(Dave) $X = 28$	(Bill) $X = 33$	(Bill) $X = 28$	-5
$M = 26$	$M = 21$			$M_D = -5$
$SS = 114$	$SS = 86$			$SS = 8$

2. 두 자료 세트가 정확히 동일한 점수를 가지며 동일한 5점 평균 차이를 가지지만 표준오차를 계산하는 데 사용된 분산은 매우 다르다. 독립 측정 연구의 경우 두 개의 개별 표본의 점수에 대한 SS 또는 분산을 계산한다. 각 표본에는 참가자 간에 큰 차이가 있음에 유의해야 한다. 예를 들어, 처치 1에서는 Bill의 점수가 33이고 John의 점수는 18이었다. 이러한 개인차는 상대적으로 큰 표본 분산과 큰 표준오차를 생성한다. 독립 측정 연구의 경우, 표준오차는 5.77이며, $t = 0.87$을 산출한다. 이러한 자료를 통해 가설 검정 결과 처치 간에 유의한 차이가 없다고 결론을 내린다.

   반복 측정 연구에서는 차이 점수에 대해 SS와 분산이 계산된다. 표 11.4의 반복 측정 자료의 차이 점수를 이용하면 처치 1과 처치 2에서 John과 Bill의 큰 차이가 사라진다는 것을 알 수 있다. 개인차가 없기 때문에 분산 및 표준오차가 크게 줄어든다. 반복 측정 연구의 경우 표준오차는 1.15이고 t 통계량은 $t = -4.35$이다. 반복 측정 t를 사용하면 처치 간에 유의한 차이가 있다고 결론 내릴 수 있다. 따라서 반복 측정 연구의 한 가지 큰 이점은 개인차를 제거하여 분산을 줄임으로써 유의미한 결과를 얻을 가능성이 증가한다는 것이다.

■ 시간 관련 요인 및 순서 효과

반복 측정 연구의 주요 단점은 설계 구조상 한 처치에서 다음 처치로 이어지는 동안 치료 효과 이외의 다른 요인이 참가자의 점수 변화에 작용할 수 있다는 점이다. 반복 측정 설계에서, 각 개인은 두 개의 상이한 처치 조건의 두 시점에서 측정된다. 이 경우에 시간이 지남에 따라 바뀌는 외부 요소가 참가자의 점수 변화를 초래할 수 있다. 예를 들어, 참가자의 건강 또는 정신 상태는 시간이 지남에 따라 변경될 수 있으며, 이로 인해 참가자의 점수에 차이가 발생할 수 있다. 날씨와 같은 외부 요인 또한 변화할 수 있으며 참가자의 점수에 영향을 미칠 수 있다. 반복 측정 연구는 종종 시간의 흐름에 따라 진행되기 때문에, 두 처치 방법 이외의 시간 관련 요소가 참가자의 점수를 변화시키는 원인이 될 수 있다.

또한 첫 번째 처치에 참여하는 것이 두 번째 처치의 점수에 영향을 줄 가능성이 있다. 예를 들어, 개인의 성과를 측정하는 경우, 참가자는 첫 번째 조건에서 경험을 얻을 수 있으며, 이 경험은 두 번째 상태에서의 성과에 영향을 미칠 수 있다. 이 상황에서 연구자는 두 가지 조건 간에 평균 차이를 발견할 수 있다. 그러나 그 차이는 처치로 인해 야기되는 것이 아니라 연습 효과에 의해 발생한 것일 가능성이 높다. 이전 처치에 참여로 인한 점수의 변화를 순서 효과(order effects)라 하며, 이는 반복 측정 연구의 평균 차이를 왜곡할 수 있다.

상쇄하기 시간 관련 요인 및 순서 효과를 처리하는 한 가지 방법은 처치의 순서를 상쇄하는 것이다. 즉, 참가자를 두 집단으로 무작위로 나누어 한 집단은 처치 1을 받고 이어서 처치 2를 받으며, 다른 집단은 처치 2를 먼저 받고 이어서 처치 1을 받는다. 균형을 잡는 것의 목표는 두 가지 치료에 대해 외부 효과를 균등하게 분배하는 것이다. 예를 들어, 연습 효과가 문제라면 참가자 중 절반은 처치 1에서 경험을 얻고 처치 2에서 성과를 측정한다. 그러나 나머지 절반은 처치 2에서 경험을 얻고 처치 1에서 성과를 측정한다. 따라서 이전의 경험은 두 처치에 동등하게 영향을 준다.

마지막으로, 강한 시간 관련 효과 또는 순서 효과가 예상된다면, 최상의 전략은 반복 측정 방법을 사용하지 않는 것이다. 대신에 참가자들이 한 가지 처치에 참여하고 한 번의 측정을 받는 독립 측정 방법을 사용하는 편이 낫다.

■ 대응 개체 설계

때때로 연구자들은 대응 개체 방법을 사용하여 독립 측정 및 반복 측정 설계의 장점을 모두 누리고자 한다. 대응 개체 설계에서는 두 개의 개별 표본을 포함하지만 한 표본에서의 특정 개인은 다른 표본의 개인과 대응된다. 일반적으로 연구자는 참가자를 연구에서 중요한 것으로 간주되는 하나 이상의 변수에 대응시킨다. 예를 들어, 언어 학습을 연구하는 연구자는 두 표본의 IQ를 일치시키고 싶어 한다. 이 경우 하나의 표본에서 120의 IQ를 가진 참여자는 다른 표본에서 120의 IQ를 갖는 다른 참여자와 대응된다. 한 표본의 참가자가 다른 표본의 참가자와 동일하지 않더라도 대응 개체 설계에서는 최소한 두 표본이 특정 변수와 관련해서는 동등(또는 일치)하다고 볼 수 있다.

대응 개체(matched-subjects) 연구에서 한 표본의 개인은 다른 표본의 개인과 대응된다. 대응을 통해 두 표본의 개인들은 연구자가 통제하고자 하는 특정 변수들에 대해 동등(또는 거의 동등)하게 된다.

대응 개체 설계는 독립 측정 설계와 반복 측정 설계의 특성을 모두 가지고 있다. 첫째, 두 가지 처치 조건에 대해 각각 참가자 개별 표본을 사용한다. 즉, 문자 그대로 독립 측정 설계를 의미한다. 따라서 각 참가자는 하나의 처치 조건에서 단 한 번만 측정되며 순서 효과나 이월 효과의 위험이 없어진다. 동시에, 대응 과정에서 처치 1의 각 개인이 처치 2의 개인과 대응되고 대응 쌍마다 차이 점수가 계산되기 때문에 반복 측정 설계가 적용된다. 반복 측정 설계에서는 동일한 개인이 두 조건에서 모두 사용되기 때문에 대응이 완벽하게 된다. 대응 개체 설계에서 대응은 대응되는 특정 변수(들)에 기초한다. 그러나 각각에 대해 차이 점수를 계산하고 대응 개체 설계에 대한 가설 검정은 반복 측정 설계의 t 검정과 동일하다. 결과적으로 두 설계 모두 개인차를 측정하고 이를 자료의 분산에서 제거할 수 있다.

따라서 대응 개체 설계는 어느 쪽의 단점도 없이 독립 및 반복 측정 설계의 이점을 모두 갖는다. 그러나 대응 개체 설계는 반복 측정 설계와 동일하지 않다. 대응 개체 설계에서 대응하는 참가자 쌍은 실제로 같은 사람이 아니다. 대신, 그들은 대응 과정을 통해 특정 변수에 대해서만 제한적 유사성을 가진 '유사한' 개인일 뿐이다.

학습 점검

학습 목표 13 1. 다음 중 반복 측정 연구에 대한 내용은 무엇인가?

a. 차이 점수에 대한 음수의 값

b. 이월 효과

c. 처치로 인한 차이보다는 개인차에 의해 평균 차이를 얻는다.

d. 위의 모든 것이 관련 내용이다.

학습 목표 13 2. 독립 측정 설계가 반복 측정 방법에 비해 최대의 이점을 갖는 상황은 다음 중 어느 것인가?

a. 개인차가 작고 한 번의 처치에 참여하는 것이 참가자의 성과에 영구적 변화를 가져오는 경우

b. 개인차가 작고 한 번의 처치에 참여하는 것이 참가자의 성과에 영구적 변화를 가져오지 않는 경우

c. 개인차가 크고 한 번의 처치에 참여하는 것이 참가자의 성과에 영구적 변화를 가져오는 경우

d. 개인차가 크고 한 번의 처치에 참여하는 것이 참가자의 성과에 영구적 변화를 가져오지 않는 경우

학습 목표 14 3. 대응 개체 연구의 각 처치에서 10개의 점수를 비교할 때, 총 ____명의 참가자와 각 개인별 ____개의 점수가 필요하다.

a. 10, 1

b. 10, 2

c. 20, 1

d. 20, 2

정답 1. b 2. a 3. c

핵심 요약

1. 반복 측정 연구에서는 동일한 개인 표본이 모든 처치 조건에서 테스트된다. 이 설계는 문자 그대로 같은 대상에 대한 측정을 반복한다.

2. 반복 측정 t 검정은 각 대상(또는 대응되는 쌍의 차이)에 대한 첫 번째 측정과 두 번째 측정 간 차이를 계산하는 것으로 시작된다. 차이 점수 또는 D 점수는 다음과 같이 구한다.

$$D = X_2 - X_1$$

표본 평균, M_D 및 표본 분산 s^2는 차이 점수 집합을 요약하고 설명하는 데 사용된다.

3. 반복 측정 t 통계량의 공식은 다음과 같다.

$$t = \frac{M_D - \mu_D}{s_{M_D}}$$

이 식에서 영가설을 $\mu_D = 0$으로 설정하고 추정된 표준오차는 다음과 같이 계산한다.

$$s_{M_D} = \sqrt{\frac{s^2}{n}}$$

4. 반복 측정 설계에서 효과 크기는 r^2(설명된 분산의 비율) 또는 Cohen의 d(평균 차이의 표준화)를 사용하여 구할 수 있다. r^2의 값을 구하는 방법은 독립 및 반복 측정 설계에서 동일하다.

$$r^2 = \frac{t^2}{t^2 + df}$$

Cohen의 d는 반복 측정과 독립 측정 설계 모두에서 표본 평균 차이를 표준편차로 나눈 값으로 정의된다. 반복 측정 연구의 경우 Cohen의 d는 다음과 같이 추정된다.

$$\text{추정된 } d = \frac{M_D}{s}$$

5. 처치 효과의 크기를 기술하는 또 다른 방법은 모평균 차이, μ_D에 대한 신뢰 구간을 구하는 것이다. 신뢰 구간은 미지의 평균 차이를 구하는 반복 측정 t 방정식을 사용하여 구한다.

$$\mu_D = M_D \pm ts_{M_D}$$

먼저 신뢰 수준을 선택한 다음 해당하는 t값을 찾는다. 예를 들어, 95% 신뢰도를 얻으려면 분포의 중간 95%를 결정하는 t값의 범위를 사용하면 된다. t값은 표본 자료로부터 계산한 표본 평균 차이 및 표준오찻값과 함께 방정식에서 사용하게 된다.

6. 반복 측정 설계는 독립 측정 연구보다 학습이나 발달 연구에서와 같이 동일한 개체의 행동 변화를 관찰하고자 할 때 더 선호된다. 반복 측정 설계의 중요한 장점은 개별적인 차이를 제거하거나 감소시켜 결과적으로 표본 변산성을 낮추고 유의미한 결과를 얻을 가능성을 증가시킬 수 있다.

7. 대응 개체 설계에서 한 표본의 개인은 다른 표본의 개인과 일대일로 대응된다. 대응은 연구와 관련한 특정 변수를 기반으로 한다. 대응 개체 설계는 독립 측정 및 반복 측정 연구의 요소를 가지고 있고 두 연구 설계의 장점을 이용하기 위한 것이다. 대응 개체 연구의 질은 대응 과정의 적절성에 따라 달라질 수 있다.

주요 용어

반복 측정 설계 repeated-measures design (366)

개체 내 설계 within-subjects design (366)

차이 점수 difference scores (368)

M_D에 대한 추정된 표준오차 estimated standard error for M_D (371)

반복 측정 t 통계량 repeated-measures t statistic (370)

개인차 individual differences (385)

순서 효과 order effects (386)

대응 개체 설계 matched-subjects design (387)

SPSS®

다음은 이 장에서 소개한 **반복 측정 t 검정**을 SPSS를 이용하여 분석하는 방법에 대한 자세한 설명이다.

자료 입력

1. 첫째 열에 있는 각 참여자의 첫 번째 점수와 둘째 열에 두 번째 점수를 데이터 보기 화면에서 두 열(VAR00001, VAR00002)에 자료로 입력한다. 각 참가자의 두 점수는 같은 행에 있어야 한다.

자료 분석

1. 상단의 도구 모음에서 **분석**(Analyze)을 클릭하고, **평균 비교**(Compare Means)를 선택한 다음 **대응 표본 T 검정**(Paired-Samples T Test)을 클릭한다.
2. 한 번에 하나씩 두 개의 점수 열 이름을 선택하고 가운데의 화살표를 클릭하여 **대응 변수**(Paired Variables) 상자로 이동한다.
3. 가설 검정 이외에도, 이 프로그램은 모평균 차이에 대한 신뢰 구간을 계산하여 제공한다. 신뢰 수준은 자동으로 95%로 설정되지만 **옵션**(Options)을 선택하여 비율을 변경할 수 있다.
4. **확인**(OK)을 클릭한다.

SPSS 출력 결과

우리는 예제 11.2의 자료를 SPSS 프로그램으로 분석하여 수면의 질이 다음 날 학업 문제에 어떻게 영향을 미치는지 조사했다(프로그램 분석 결과는 **그림 11.4**에 있다). 분석 결과에는 각 조건별 평균 및 표준편차가 포함된 표본 통계량이 포함되어 있다. 두 번째 표에는 두 점수 집합 간의 상관관계가 나와 있다(상관관계는 15장에서 자세히 설명함). **그림 11.4**에서 두 부분으로 나누어진 최종 표는 차이 점수에 대한 평균 및 표준편차, 평균에 대한 표준오차, 평균 차이에 대한 95% 신뢰 구간 및 t, df, 유의 수준(p값)을 포함한 가설 검정 결과를 보여 준다.

문제 해결을 위한 팁

1. 자료를 수집한 후 분석을 위해 적절한 통계 분석 방법을 선택해야 한다. 이때 수집한 자료가 반복 측정 t 검정에 적합한지 어떻게 알 수 있을까? 연구의 전반적인 상황(실험)을 주의하여 살펴보자. 피험자 표본이 오직 하나뿐인가? 동일한 개체가 두 번 시험을 치렀는가? 이에 대한 대답이 모두 긍정일 경우, 반복 측정 t 검정을 수행해야 한다. 반복 측정 t 검정이 두 표본 자료에 사용할 수 있는 상황은 하나뿐이며, 이는 대응 개체 연구(387쪽)이다.

대응 표본 통계량

		평균	N	표준편차	평균의 표준오차
쌍 1	VAR00001	6.0000	8	2.13809	.75593
	VAR00002	10.0000	8	3.20713	1.13389

대응 표본 상관

		N	상관	유의 수준
쌍 1	VAR00001 & VAR00002	8	−.083	.844

대응 표본 검정

		대응 차이			
					차이의 95% 신뢰 구간
		평균	표준편차	평균의 표준오차	하한
쌍 1	VAR00001 - VAR00002	−4.00000	4.00000	1.41421	−7.34408

대응 표본 검정

		대응 차이			
		차이의 95% 신뢰 구간			
		상한	t	df	유의 확률 (양방)
쌍 1	VAR00001 - VAR00002	−.65592	−2.828	7	.025

그림 11.4
예제 11.2의 반복 측정 가설 검정 SPSS 출력 결과

2. 반복 측정 t 검정은 차이 점수를 기반으로 한다. 차이 점수를 찾는 과정에서는 일관된 방법을 사용해야 한다. 즉, D 점수를 찾기 위해 $X_2 - X_1$ 또는 $X_1 - X_2$를 사용할 수 있지만 모든 대상에 대해 동일한 방법을 사용해야 한다.

증명 11.1

반복 측정 *t* 검정

어느 석유 회사가 대규모 기름 유출로 인하여 훼손된 기업 이미지를 개선하고자 한다. 마케팅 부서에서 짧은 TV 광고를 기획하고 7명의 표본을 대상으로 테스트를 실시했다.

회사에 대한 사람들의 태도는 광고를 보기 전과 후에 짧은 설문으로 측정한다. 설문에서 수집한 자료는 다음과 같다.

사람	X_1(시청 전)	X_2(시청 후)	개인차 D
A	15	15	0
B	11	13	+2
C	10	18	+8
D	11	12	+1
E	14	16	+2
F	10	10	0
G	11	19	+8

$\Sigma D = 21$

$M_D = \frac{21}{7} = 3.00$

$SS = 74$

중요한 변화가 있었는가? 참가자는 광고를 보기 전후에 한 번씩 총 두 번 테스트된다. 따라서 우리는 반복 측정 설계를 사용한다.

1단계 가설을 진술하고 유의 수준을 선택한다. 영가설에는 "광고는 사람들의 태도에 영향을 미치지 않는다"라고 진술하며, 다음과 같이 표현한다.

$$H_0\text{: } \mu_D = 0 \qquad \text{(평균 차이는 0이다.)}$$

대립가설은 "광고가 회사에 대한 사람들의 태도에 영향을 미친다"라고 진술하며, 다음과 같이 표현한다.

$$H_1\text{: } \mu_D \neq 0 \qquad \text{(태도에 의미 있는 변화가 있다.)}$$

우리는 유의 수준을 $\alpha = .05$, 양방 검정으로 할 것이다.

2단계 기각역을 찾는다. 반복 측정 t 검정에 대한 자유도는 다음 공식으로 구한다.

$$df = n - 1$$

이 자료의 경우, 자유도는 다음과 같다.

$$df = 7 - 1 = 6$$

t 분포표에서 $\alpha = .05$, $df = 6$의 양방 검정을 참고한다. 이때 t의 임곗값은 $t = \pm 2.447$이다.

3단계 검정 통계량을 계산한다. 다시 한 번, t 통계량의 계산을 3단계로 구분하여 보자.

D 점수에 대한 분산 D 점수의 표본에 대한 분산은 다음과 같다.

$$s^2 = \frac{SS}{n-1} = \frac{74}{6} = 12.33$$

M_D 점수에 대한 추정된 표준오차 표본 평균 차이에 대한 추정된 표준오차는 다음과 같이 계산할 수 있다.

$$s_{M_D} = \sqrt{\frac{s^2}{n}} = \sqrt{\frac{12.33}{7}} = \sqrt{1.76} = 1.33$$

반복 측정 t 통계량 이제 t 통계량 계산을 위하여 필요한 정보들을 확보했다.

$$t = \frac{M_D - \mu_D}{s_{M_D}} = \frac{3-0}{1.33} = 2.26$$

4단계 **H_0에 대한 결정을 내리고 결론을 진술한다.** 구한 t값은 기각역에 속할 정도로 극단적이지 않나. 따라서 우리는 영가설을 기각하지 못한다. 우리는 광고가 사람들의 태도에 중대한 변화를 일으키지 않는다고 결론지을 수 있다[$t(6) = 2.26, p > .05$, 양방 검정]. (우리는 H_0를 기각하지 못했기 때문에 p가 .05보다 크다고 말할 수 있다.)

증명 11.2

반복 측정 t에 대한 효과 크기

이제 예제 11.1에 대한 Cohen의 d값을 추정하고 r^2을 계산할 것이다. 자료에서 $M_D = 3.00$의 표본 평균 차이와 $s^2 = 12.33$의 표본 분산을 구했다. 이 값에 기초하여 Cohen의 d를 다음과 같이 구한다.

$$\text{추정된 } d = \frac{\text{평균 차이}}{\text{표준편차}} = \frac{M_D}{s} = \frac{3.00}{\sqrt{12.33}} = \frac{3.00}{3.51} = 0.86$$

가설 검정 결과 $t = 2.26$, $df = 6$이고, 이 결과를 기초로 r^2을 구하면 다음과 같다.

$$r^2 = \frac{t^2}{t^2 + df} = \frac{(2.26)^2}{(2.26)^2 + 6} = \frac{5.11}{11.11} = 0.46(\text{또는 } 46\%)$$

연습 문제

1. 다음 각 연구에서 반복 측정 t 검정이 적절한 분석인지 여부를 결정해야 한다. 다음에 대하여 답하시오.

a. 연구자가 폭력적인 비디오 게임을 한 집단과

평범한 게임을 한 집단을 비교하여 폭력적인 게임이 공격성에 미치는 영향을 조사하고자 한다.

b. 연구자가 다양한 유머를 포함한 문장들을 제시하고 유머를 포함하지 않은 문장들을 제시했을 때 각 참가자가 어느 문장을 얼마나 많이 기억해 낼지를 기록함으로써 유머가 기억에 미치는 영향을 조사하고자 한다.

c. 연구자가 표본을 대상으로 약을 복용하기 전 개인의 콜레스테롤 수치를 기록하고 약 복용 8주 후에 콜레스테롤 수치를 기록함으로써 새로운 콜레스테롤 약물의 효과를 평가하고자 한다.

2. 반복 측정 연구 또는 개체 내 연구 설계의 특징은 무엇인가?

3. 연구자가 두 가지 처치 조건에서 15개의 점수를 이용하여 비교하는 실험을 수행한다.

a. 독립 측정 설계를 사용하는 경우 실험에 필요한 개체는 몇 개인가?

b 반복 측정 설계를 사용하는 경우 실험에 필요한 개체는 몇 개인가?

4. 반복 측정 연구 및 독립 측정 연구에서 모두 df = 20에 해당하는 t 통계량을 산출했다. 각 실험에 몇 명의 피험자가 참여했는가?

5. 16명의 표본을 반복 측정 연구에 참여시켜 차이 점수에 대해 $M_D = 6.45$, $SS = 960$의 표본 평균 차이를 산출했다.

a. 차이 점수 표본의 표준편차를 계산하시오. 표준편차로 측정되는 것에 대해 간단히 설명하시오.

b. 표본 평균 차이에 대한 추정된 표준오차를 계산하시오. 추정된 표준오차로 측정되는 것을 간략히 설명하시오.

6. Resenhoeft, Villa와 Wiseman(2008)은 문신이 없는 사진과 비교하여 문신이 있는 모습으로 사진에 등장하는 동일한 여성이 덜 매력적이라고 판단한 연구를 실시했다. 동일한 실험이 반복 측정 연구로 수행된다고 가정하자. 12명의 남성 표본은 30장의 사진을 보고 5점 척도(5점은 가장 매력적인 점수)를 사용하여 각 여성의 매력을 평가한다. 하나의 사진은 세트에 두 번 나타나며, 한 번은 문신을 한 채로, 다른 한 번은 문신을 제거된 상태로 제공된다. 연구자는 각 참가자에 대해 동일한 사진의 두 점수 간 차이 점수를 기록한다. 평균적으로 문신이 없는 사진은 문신이 있는 사진보다 $M_D = 1.2$점 높았고 $SS = 33$이었다. 눈에 보이는 문신의 존재 유무가 매력 선호도에 중요한 영향을 미치는가? $\alpha = .05$인 양방 검정을 사용하시오.

7. 다음 자료는 9명의 표본 집단을 대상으로 처치 전후를 측정하여 처치 효과를 조사하는 반복 측정 연구에서 나온 것이다.

a. 차이 점수와 M_D을 계산하시오.

b. SS, 표본 분산 및 추정된 표준오차를 계산하시오.

c. 유의한 처치 효과가 있는가? $\alpha = .05$인 양방 검정을 사용하시오.

참가자	처치 전	처치 후
A	8	7
B	7	5
C	6	6
D	7	6
E	9	7
F	8	5
G	5	4
H	9	4
I	7	4

8. 당신은 어떤 제품을 예상 외로 낮은 가격으로 물건을 구입했을 때 진짜 좋은 거래를 했다고 생각하는가? 또는 품질이 안 좋은 제품을 구입했다고 생각하는가? 연구에 따르면 스스로 구입했을 때보다 다른 사람에 의해 구입했을 때 낮은 가격과 낮은 품질을 연관시킬 가능성이 더 크다(Yan & Sengupta, 2011). 유사한 연구에서 16명의 참가자들은 두 가지 시나리오, 즉 친구가 구입하거나 자

신이 직접 구입한 저가 품목의 품질을 평가하도록 요청받았다. 평가 결과, $M_D = 2.6$, $SS = 135$의 평균 차이를 산출했으며, 스스로 구매했을 때 더 높게 평가했다.

a. 자신이 직접 물건을 구매할 때는 다른 사람이 물건을 구매할 때와 비교하여 물건의 품질에 대한 판단이 유의하게 다른가? $\alpha = .05$인 양방 검정을 사용하시오.

b. 처치 효과의 크기를 측정하기 위해 Cohen의 d를 계산하시오.

9. 남성 중심 업계의 구인 광고에서는 직무 관련 요소로 남성적 주제의 단어(예: 경쟁력, 독립성, 분석, 강점)가 일반적으로 사용된다(Gaucher, Friesen, & Kay, 2010). 같은 연구에 따르면 이 단어들은 여성들에게 해당 직업을 덜 매력적으로 보이게 한다는 사실을 발견했다. 유사한 연구에서 여성 참가자들은 일련의 구인 광고를 읽은 후 그 직업이 얼마나 흥미롭고 매력적인지 평가했다. 광고의 절반은 여러 개의 남성 중심 단어를 포함하도록 구성되었으며 나머지는 중립적으로 표현되었다. 각 참가자별로 두 유형의 광고에 대한 평균 평점을 얻었다. 25명의 참가자를 대상으로 실시한 평가 결과 $M_D = 1.32$, $SS = 150$의 평균 차이를 산출했으며, 중립적 광고가 더 높은 점수를 얻었다.

a. 이 결과를 이용하여 두 가지 유형의 광고에 대한 평점에 중요한 차이가 있다고 결론을 내릴 수 있는가? $\alpha = .05$인 양방 검정을 사용하시오.

b. 처치 효과의 크기를 측정하기 위해 r^2을 구하시오.

c. 연구 보고서에 포함할 가설 검정 결과와 효과 크기의 척도를 설명하는 내용을 작성하시오.

10. 자극제인 리탈린(Ritalin)은 ADHD 아동들의 집중력을 높이고 학업 성적을 향상시키는 것으로 나타났다(Evans et al., 2001). 연구자는 약물의 효과를 입증하기 위해 장애로 진단된 20명의 아동을 표본으로 선택하고 약물 복용 전후의 주의 지속 기간을 측정했다. 이 자료는 차이 점수 표본에 대해 $s^2 = 125$의 분산으로 $M_D = 4.8$분 집중 시간의 평균 증가를 보여 준다.

a. 이 결과는 리탈린이 집중 시간을 유의미하게 향상시킨다는 결론을 내리기에 충분한가? $\alpha = .05$인 단방 검정을 사용하시오.

b. 모집단의 집중 시간 평균 변화에 대한 80% 신뢰 구간을 계산하시오.

11. 대학 운동선수, 특히 남학생은 대학 생활 중 학문에는 거의 관심이 없다고 종종 인식된다. 여기서 한 가지 공통적인 문제는 수업 출석이다. 학급 출석 문제를 해결하기 위해 연구자들은 비교적 단순하지만 효과적인 방법을 개발하여 시연했다(Bicard, Lott, Mills, Bicard, & Baylot-Casey, 2012). 연구자는 운동선수들에게 교실에 도착하자마자 '수업 중'이라는 문자 메시지를 그의 상담교사에게 보내도록 요청했다. 연구자들은 학생들이 문자 메시지를 보내기 시작한 후에 훨씬 더 나은 출석을 발견했다. 유사한 연구에서 한 연구자는 학기 첫 3주 동안 운동선수 남학생 16명의 수업 참석을 모니터링하고 각 학생이 수업에 늦은 시간을 기록했다. 운동선수들은 교실에 도착하자마자 문자 메시지를 보낼 것을 요청받았고 연구자는 계속해서 또 다른 3주 동안의 출석을 모니터링했다. 각 운동선수에 대해 처음 3주와 이후 두 번째 3주의 평균 지각 시간을 계산하고 차이 점수를 기록했다. 이 자료에 따르면 학생이 문자 메시지를 보낼 때 수업에 지각하는 정도가 $SS = 2{,}940$, 평균 $M_D = 21$분 감소했다.

a. $\alpha = .01$인 양방 검정을 사용하여 문자 메시지가 출석에 중요한 변화를 가져왔는지 여부를 판단하시오.

b. 모집단 출석의 평균 변화를 추정하기 위해 95% 신뢰 구간을 계산하시오.

12. Callahan(2009)은 태극권이 관절염 환자의 증상을 유의미하게 감소시킬 수 있음을 보였다. 연구

의 참가자들은 의사가 관절염으로 진단한 18세 이상의 사람들이다. 태극권 시작 시점과 8주 후 종결 시점에 통증과 경직에 대한 자기보고를 진행했다. 연구에서 40명의 참가자들이 21.5의 표준편차로 $M_D = 8.5$점의 통증 및 경직의 평균 감소를 보고했다고 가정하자.

a. 태극권이 통증과 경직에 유의미한 영향을 미치는지 확인하기 위해 $\alpha = .05$인 양방 검정을 사용하시오.

b. 처치 효과의 크기를 측정하기 위해 Cohen의 d를 계산하시오.

13. 한 연구 결과에 따르면 신체적으로 매력적인 사람들이 더 지능이 높을 것이라고 인식되는 경향이 있다(Eagly, Ashmore, Makhijani, & Longo, 1991). 이 현상을 증명하기 위해 한 연구사는 매력적인 남성 5명과 덜 매력적인 남성 5명을 찍은 사진 10장을 얻었다. 25명의 대학생 표본에게 사진을 보여 주었고, 학생들에게 1점에서 10점까지의 숫자로 사진 속 사람의 지능을 평가하도록 요청했다. 연구자는 각 학생별로 매력적인 5명의 평균 결과 및 매력적이지 않은 5명의 사진에 대한 평균을 확보했다. 이후 두 점수의 차이를 계산했다. 전체 표본에서 평균 차이는 $M_D = 2.7$, $s = 2.00$(매력적인 사진이 더 높은 점수를 얻음)이었다. 두 세트의 사진을 통하여 지능에 대한 인식에 상당한 차이가 있다고 결론을 내리기에 충분한 자료인가? $\alpha = .05$인 양방 검정을 사용하시오.

14. 객관식 시험에서 답에 대해 다시 생각하고 변경하면 시험 점수를 향상시킬 가능성이 있음을 시사하는 몇 가지 증거가 있다(Johnstone, 1975). 이 현상을 확인하기 위해 한 교사가 심리학 수업 두 강좌에 동일한 최종 시험지를 보냈다. 한 강좌의 학생들은 답을 변경하지 않고 완료 후 즉시 제출하도록 했고, 다른 강좌에서는 학생들이 각 문제에 대해 재검토하고 적절하다고 판단될 때마다 답변을 변경하도록 권장했다. 기말고사를 치르기 전에 교사는 첫 번째 강좌의 9명의 학생과 두 번째 강좌의 9명의 학생을 중간고사 성적에 따라 대응시켰다. 예를 들어, 답안 변경이 없는 집단에서 중간고사 89점을 받은 학생은 답안 변경이 가능한 집단에서 중간고사 89점을 받은 학생과 대응시켰다. 대응되는 각 쌍에 대한 두 시험 성적 차이를 계산한 결과, $M_D = 7$점($SS = 288$)의 평균 점수 차이로 답안 변경이 가능한 집단 학생들의 점수가 높았다.

a. 이 자료에서 두 조건 간 유의미한 차이가 있다고 할 수 있는가? $\alpha = .05$인 양방 검정을 사용하시오.

b. 모평균 차이의 크기를 추정하기 위해 95% 신뢰 구간을 계산하시오.

c. 연구 보고서에 포함할 가설 검정 결과와 신뢰 구간에 대한 설명을 작성하시오.

15. 예제 8.1에서 Guéguen과 Jacob(2012)의 연구를 통해 레스토랑의 여종업원이 다른 색상에 비해 빨간 셔츠를 입을 때 상당히 많은 액수의 팁을 받는 현상을 발견했다. 실제 연구에서는 5개 레스토랑의 여종업원들이 6주 동안 각기 다른 날에 6가지 색상(빨간색, 파란색, 녹색, 노란색, 검은색, 흰색)으로 같은 셔츠를 착용하는 반복 측정 설계를 사용했다. 여종업원들은 빨간 셔츠를 입은 날 받은 평균 팁 액수를 기록하고 다른 색 셔츠를 입은 날 받은 평균 팁 액수를 기록했다. 11명의 여종업원을 대상으로 한 유사 연구에서도 빨간 셔츠를 입었을 때 10달러의 음식을 주문한 손님에게 $M_D = 32$센트가량의 팁을 더 받는 차이가 발생했다. 만약 이 차이 점수가 $s^2 = 539$를 가지고 있다면 빨간 셔츠를 입었을 때 더 많은 팁을 받는다고 말할 수 있는가? $\alpha = .01$인 단방 검정을 사용하시오.

16. 다음 문제에 답하시오.

a. 16명의 참가자를 대상으로 한 반복 측정 연구에서 $M_D = 3$의 평균 차이와 $s = 4$ 표준편차를 얻었다. 이 표본이 유의미한 처치 효과의 증거를 제공하는지 여부를 결정하기 위해

α = .05인 양방 검정을 사용하시오.

b. 표본 표준편차가 s = 12라고 가정하고 가설 검정을 하시오.

c. 표본 표준편차의 크기가 유의한 평균 차이에 어떤 영향을 미치는지 설명하시오.

17. 다음 문제에 답하시오.

a. 16명의 참가자를 대상으로 한 반복 측정 연구에서 M_D = 4의 평균 차이와 s = 8 표준편차를 얻었다. α = .05인 양방 검정을 사용하여 이 표본이 μ_D = 0인 모집단에서 도출된 것인지를 결정하시오.

b. 이제 표본 평균 차이가 M_D = 10이라 가정하고, 이 표본이 μ_D = 0인 모집단에서 나온 것인지 판단하기 위해 α = .05인 양방 검정을 다시 사용하시오.

c. 표본 평균 차이의 크기가 유의미한 평균 차이 발견에 어떤 영향을 미치는지 설명하시오.

18. 반복 측정 실험을 통해 구한 차이 점수 표본은 M_D = 3이고 표준편차는 s = 4이다.

a. α = .05인 양방 검정을 사용하여 n = 4일 때 이 표본이 영가설을 기각하기에 충분한가?

b. n = 16일 때 H_0를 기각하겠는가? α = .05인 양방 검정을 사용하시오.

c. 표본 크기가 유의미한 평균 차이 발견에 어떤 영향을 미치는지 설명하시오.

19. 사람들마다 다른 점수를 산출하는 고유한 특성을 가진 연구 조사에 참여했다. 독립 측정 연구에서는 이러한 개인차가 문제를 일으킬 수 있다. 발생할 수 있는 문제들을 확인하고 반복 측정 연구를 통해 이 문제들을 어떻게 제거하거나 감소시킬 수 있는지 간략하게 설명하시오.

20. 욕설은 통증에 대한 거의 무의식적인 반응이다. 커피 테이블의 가장자리에 정강이가 부딪히거나 망치로 엄지손가락을 내리친다면, 대부분의 사람들은 욕설을 내뱉는다. 여기서 한 가지 의문점은 욕설을 하는 것이 당신이 느끼는 고통에 어떤 효과가 있는가의 여부다. Stephens, Atkins와 Kingston(2009)는 이에 대한 답을 얻기 위해 통증에 대한 반응으로 욕설과 다른 반응을 비교 실험했다. 참가자들은 얼음물에 한 손을 넣고 참을 수 있을 때까지 참으라는 요청을 받았다. 참가자 중 절반에게는 물속에 손을 담그고 있는 동안 계속해서 익숙한 욕설을 반복하도록 했다. 나머지 절반에게는 중립적인 말을 반복하도록 했다. 연구자은 각 참가자가 얼음물에서 얼마나 오래 참을 수 있었는지를 기록했다. 잠시 휴식을 취한 후, 두 집단은 단어를 바꾸고 얼음물 실험을 다시 시작했다. 따라서 모든 참가자들은 두 가지 조건, 즉 욕설 및 중립적인 말을 경험했다. 다음 자료는 9명 참가자의 통증 수준에 대한 결과이다.

참가자	중립적인 말	욕설
A	9	7
B	9	8
C	9	5
D	4	5
E	10	8
F	9	4
G	6	5
H	10	10
I	6	2

a. 위 점수를 9명의 참가자가 두 개별 표본 독립 측정 연구에 참여하여 구한 것처럼 자료를 처리하자. 통합 분산, 평균 차이에 대한 추정된 표준오차 및 독립 측정 t 통계량을 계산하시오. α = .05 수준에서 두 점수 집합 간 유의미한 차이가 있는가?

b. 이제 위의 자료가 양쪽 처치 조건에서 9명의 동일한 환자 표본을 사용하는 반복 측정 연구에서 나온 것으로 가정해 보자. 차이 점수의 표본에 대한 분산, 평균 차이에 대한 추정된 표준오차, 반복 측정 t 통계량을 계산하시오. α = .05 수준에서 두 점수 집합 간 유의미한 차이가 있는가? (반복 측정 설계를 사용하면 분산이 크게 감소하고 H_0를 기각할 가능성이 높아지는 것을 발견할 수 있어야 한다.)

21. 문제 20에서 개인차를 제거하면 실질적으로 분산을 줄이고 표준오차를 낮출 수 있음을 확인했다. 그러나 이러한 이점은 개인차가 처치 조건을 통틀어서 일관되게 나타날 때만 생긴다. 예를 들어, 문제 20의 중립적인 말 조건에서 가장 높은 점수를 받은 참가자는 욕설 조건에서도 가장 높은 점수를 받았다. 마찬가지로, 첫 번째 조건에서 가장 낮은 점수를 받은 참가자는 두 번째 조건에서 가장 낮은 점수를 받았다. 다음 자료를 만들기 위해 문제 20의 점수에서 처치 2의 점수를 뒤섞어 개인차의 일관성을 제거했다.

참가자	중립적인 말	욕설
A	9	5
B	9	2
C	9	5
D	4	10
E	10	8
F	9	4
G	6	7
H	10	5
I	6	8

a. 만약 이 자료가 두 개별 표본을 사용하는 독립 측정 연구에서 나온 것이고, 각각 9명의 참가자가 있는 경우 독립 측정 t 통계량은 얼마인가? 참고: 각 처치의 점수, 표본 평균 및 SS값은 문제 20과 동일하고 변경된 사항은 없다. $\alpha = .05$ 수준에서 두 처치 조건 간 유의미한 차이가 있는가?

b. 이제 자료가 양쪽 처치 조건에서 9명의 동일한 환자 표본을 사용하는 반복 측정 연구에서 나온 것으로 가정해 보자. 차이 점수의 표본에 대한 분산, 평균 차이에 대한 추정된 표준오차, 반복 측정 t 통계량을 계산하시오. $\alpha = .05$ 수준에서 두 점수 집합 간 유의미한 차이가 있는가? (개인차의 일관성이 없기 때문에 반복 측정 t가 더 이상 분산을 감소시키지 않는 것을 발견할 수 있어야 한다.)

22. 대응 개체 설계와 반복 측정 설계의 차이점을 설명하시오.

23. 한 연구자가 각 처치 조건별 10개의 점수를 이용하여 두 처치 조건을 비교하는 실험을 수행했다.

a. 독립 측정 설계를 사용하는 경우 연구에 필요한 참여자는 몇 명인가?

b. 반복 측정 설계를 사용하는 경우 연구에 필요한 참여자는 몇 명인가?

c. 대응 개체 설계를 사용하는 경우 연구에 필요한 참여자는 몇 명인가?

24. 반복 측정, 대응 개체 및 독립 측정 연구에서 모두 $df = 16$인 t 통계량을 산출했다. 각 연구에서 몇 명의 참가자가 사용되었는가?

CHAPTER

12

분산 분석 소개

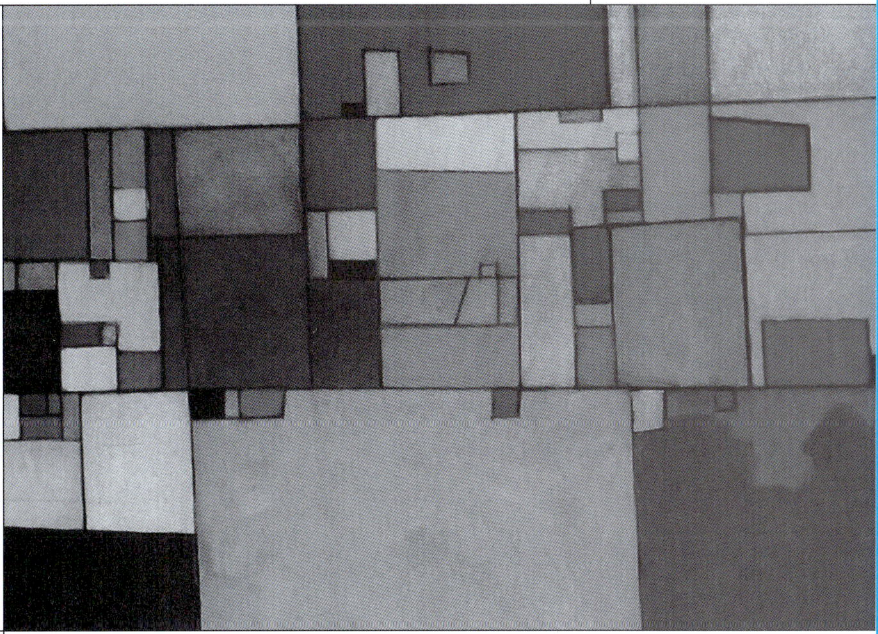

필요한 지식

아래 개념들은 이 장을 이해하기 위해 필요한 주요 개념들이다. 해당 장을 참고하여 충분히 숙지하기를 바란다.

- 변산성(4장)
  - 제곱합
  - 표본 분산
  - 자유도
- 가설 검정 소개(8장)
  - 가설 검정의 논리
  - 가설 검정의 불확실성과 오류
- 독립 측정 *t* 통계량(10장)

12-1 분산 분석 소개

학습 목표(Learning Objectives)

1. ANOVA에서 사용하는 용어, 특히 요인(factor)과 수준(level)이 무엇인지 기술하고, ANOVA 검정에서의 가설을 찾고, 주어진 연구 예제에 대해 요인과 수준이 무엇인지 말할 수 있다.
2. 어떤 상황에서 평균 차이를 알아보기 위해 t 검정 대신 ANOVA를 사용해야 하는지 파악하고, 그 이유를 설명할 수 있다.
3. ANOVA에서 사용되는 F-비율이 무엇인지 기술하고, 이 값이 t 통계량과 어떻게 관련되는지 설명할 수 있다.

분산 분석(ANOVA, ANalysis Of VAriance)은 두 개 이상 처치(또는 모집단) 간의 평균 차이를 알아보기 위한 가설 검정 과정이다. 다른 모든 추론 과정처럼, ANOVA도 모집단에 대해 일반적인 결론을 내리기 위해 표본 자료를 사용한다. ANOVA와 t 검정은 동일한 검정, 즉 평균 차이에 대한 검정을 두 가지 서로 다른 방식으로 하는 것처럼 보일 수도 있다. 이것은 일견 맞는 말이다. 두 검정 모두 표본 자료를 사용하여 모평균 차이에 대한 가설을 검증한다. 그러나 ANOVA는 t 검정에 비해 매우 큰 장점을 갖는다. 구체적으로, t 검정은 두 처치 수준을 비교하는 상황에서만 사용할 수 있다. ANOVA의 주요 장점은 둘 이상의 처치 수준을 비교할 수 있다는 점이다. 따라서 ANOVA를 사용하면 좀 더 유연하게 실험을 설계하고 결과를 해석할 수 있다.

그림 12.1을 보면 ANOVA를 사용하는 전형적인 연구 상황이 제시되어 있다. 이 연구는 세 모집단을 대표하는 세 개의 표본을 사용하고 있다. 이 분석의 목표는 세 표본들 사이에 관측된 평균 차이가 "세 모평균 간에 차이가 있다"라고 결론을 내리기에 충분한 증거를 제공하는지를 결정하는 것이다. 구체적으로, 여러분은 다음 두 해석 중 하나를 선택하여야 한다.

1. 모집단(처치) 간에 실제로 차이가 없다. 즉, 관측된 표본 평균들의 차이는 표본마다 달라지는 무작위적이고 비체계적인 요인들(표집 오차)에 의해서 발생한 것이다.
2. 모집단(처치)들은 실제로 서로 다른 평균을 가지며, 이러한 모평균 차이가 표본 평균들 간의 체계적인 차이를 만드는 원인이다.

여러분은 이 두 가지 해석이 일반적인 가설 검정 과정에서 사용되는 두 가지 가설(영가설과 대립가설)에 상응한다는 것을 알아차릴 수 있을 것이다.

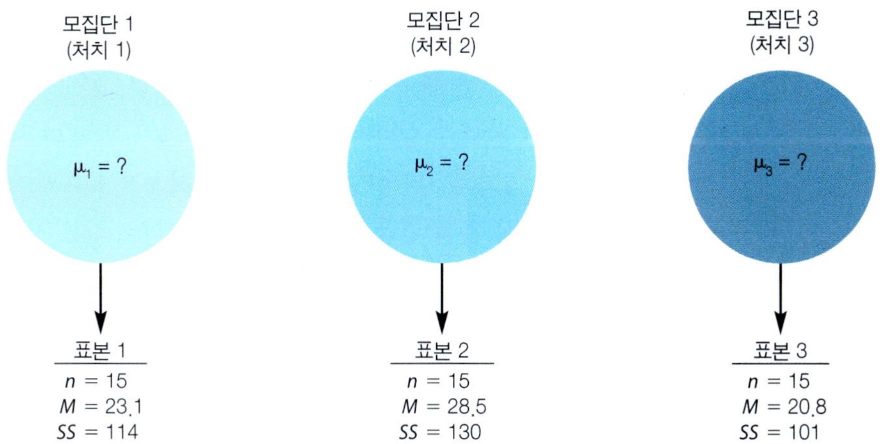

그림 12.1
ANOVA를 사용하는 전형적인 상황. 세 개의 서로 다른 표본을 얻어 알려지지 않은 평균을 가진 세 모집단(처치) 간의 평균 차이를 평가한다.

■ 분산 분석의 용어

먼저, **그림 12.1**의 연구 상황을 기술하기 위해 몇몇 용어들을 소개하는 것이 필요하다. 연구자가 어떤 변수를 조작하여 실험에서의 처치 조건을 생성하는 경우, 그 변수를 독립변수라고 부른다(1장). 예를 들어, **그림 12.1**은 세 가지 서로 다른 휴대전화 조건(휴대전화 없이 운전, 핸즈프리를 사용하여 통화, 손에 휴대전화를 들고 통화)에 따른 운전 수행을 조사하는 연구에 적용될 수 있다. 이 세 조건은 연구자에 의해 만들어진 조건이다. 반면에, 연구자가 직접 조작하지 않은 변수를 사용해서 집단을 지정할 때, 이 변수를 **준독립변수**(quasi-independent variable)라 부른다. 예를 들어, **그림 12.1**에 있는 세 집단은 6세, 8세, 10세 아동들을 나타낼 수 있다. ANOVA에서 독립변수 또는 준독립변수를 요인이라 부른다. 따라서 **그림 12.1**을 휴대전화 조건을 요인으로 하는 실험 연구, 또는 나이를 요인으로 하는 비실험 연구로 볼 수 있다.

> 분산 분석에서 서로 비교하게 될 집단을 나타내는 (독립 또는 준독립)변수를 **요인**(factor)이라 부른다.

이와 더불어, 요인을 구성하는 개별 집단 또는 처치 조건을 그 요인의 **수준**이라 부른다. 예를 들면, 세 가지 휴대전화 조건에서의 수행을 살펴보는 연구의 경우, 요인에 세 개의 수준이 존재한다.

> 요인을 구성하는 개별 조건 또는 값을 요인의 **수준**(level)이라 부른다.

10장과 11장에 제시된 *t* 검정과 마찬가지로, ANOVA는 독립 측정 또는 반복 측정 설계 모두에서 사용할 수 있다. 독립 측정 설계에서는 비교하고자 하는 처치 조건(모집단)별로 서로 다른 참여자 집단이 존재한다. 반면, 반복 측정 설계에서는 동일한 참여자 집단이 서로 다른 모든 처치 조건에서 검사를 받는다. 또한, ANOVA는 요인이 한 개 이상인 연구에서 사용될 수 있다. 예를 들어, 연구자가 두 개의 서로 다른 치료법을 비교할 때, 즉각적인 효과와 시간이 지나고 나서의 지속적 효과를 살펴보고자 하는 경우, ANOVA는 두 치료법 간의 평균 차이뿐만 아니라, 서로 다른 시점에서 얻어진 점수의 평균 차이 또한 평가할 수 있다. 두 요인을 결합한 연구를 **2요인 설계**(two-factor design) 또는 **요인 설계**(factorial design)라 부른다. 여러 요인들을 결합하고 하나의 연구에 여러 설계를 혼합하는 능력은 단일 요인 설계만으로는 답할 수 없는 과학적인 질문에 답을 할 수 있도록 하는 연구의 유연성을 제공한다.

ANOVA는 매우 다양한 연구 상황에서 사용할 수 있지만, 이번 장에서는 가장 단순한 형태의 ANOVA를 소개한다. 구체적으로, 우리는 **단일 요인 설계**(single-factor designs)만을 살펴볼 것이다. 즉, 독립변수(또는 준독립변수)가 하나뿐인 연구들을 살펴볼 것이다. 두 번째, 우리는 독립 측정 설계에 대해서만 살펴볼 것이다. 즉, 각 처치 조건에 따라 참여자 집단이 서로 다른 경우만을 살펴본다. 이번 장에서 설명하는 기본적인 논리와 절차들은 더 복잡한 ANOVA 적용을 위한 토대가 된다. 예를 들어, 13장에서 우리는 단일 요인 반복 측정 설계로 분석을 확장하고 2요인 설계를 소개할 것이다. 그러나 일단 이번 장에서는 ANOVA에 대한 논의를 **단일 요인 독립 측정 설계**(single-factor, independent-measures designs)로 한정할 것이다.

■ ANOVA의 통계적 가설들

그림 12.1에 나타난 연구 상황을 사용하여 ANOVA의 통계적 가설들을 소개해 보자. 각 처치 조건별로 하나씩, 총 세 개의 참여자 표본이 선택되었다. 연구 목적은 처치 조건들 간에 유의한 차이가 있는지 결정하는 것이다. 통계 용어를 사용해서 말하면, 우리는 "참여자 점수에 처치 조건이 영향을 미치지 않는다"라는 영가설(H_0)과 "처치 조건이 영향을 미친다"라는 대립가설(H_1) 사이에서 결정을 내리고자 한다. 영가설을 기호로 나타내면 아래와 같다.

$$H_0: \mu_1 = \mu_2 = \mu_3$$

영가설은 처치 조건이 수행에 아무런 영향도 미치지 않는다는 것이다. 즉, 세 조건에서 모평균이 모두 같다는 것이다. 일반적으로 H_0는 처치 효과가 없다고 진술한다. 대립가설은 모평균이 모두 같지 않다는 것이다.

H_1: 모집단 간에 적어도 하나의 평균 차이가 존재한다.

일반적으로, H_1는 처치 조건이 모두 같지 않다고 진술한다. 즉, 실제로 처치 효과가 있다는 것이다. 항상 그렇듯이, 검증을 위해서 표본 자료를 사용할지라도 가설은 모집단의 모수에 대해 기술한다.

여기서 대립가설을 구체적으로 세우지 않는다는 점에 주목하자. 왜냐하면 수많은 대립가설이 가능하고 이것을 일일이 모두 나열할 수 없기 때문이다. 예를 들어, "첫 번째, 두 번째 모집단은 동일하지만 세 번째 모집단은 다르다"와 같이 대립가설을 세울 수 있다. 또 다른 대립가설도 가능한데, "두 번째, 세 번째 평균이 같고, 첫 번째 모평균이 다르다"와 같이 대립가설을 세울 수도 있다. 그 밖에도 아래와 같이 또 다른 대립가설들이 가능하다.

H_1: $\mu_1 \neq \mu_2 \neq \mu_3$ (3개 평균이 모두 다르다.)

H_1: $\mu_1 = \mu_3$, 그러나 μ_2는 다르다.

짚고 넘어갈 점은, 보통 연구자는 이러한 여러 대립가설 중에서 오직 하나(아니면 많아야 서너 개)의 대립가설만을 염두에 둔다는 것이다. 이론 또는 이전 연구 결과들로부터 처치 효과에 관한 구체적인 예측을 할 수 있다. 간명성을 위해, 가능한 모든 구체적인 대립가설을 나열하는 대신 우리는 포괄적인 대립가설을 사용하도록 하겠다.

■ 제1종 오류와 다중 가설 검정

평균 차이를 비교하기 위해서 이미 t 검정이 존재하는데 왜 ANOVA가 필요한지 의문을 가질 수 있을 것이다. t 검정이 할 수 있는 것을 단순히 되풀이하는 새로운 가설 검정 과정을 왜 만들어야 하는가? 이 질문에 대한 답은 제1종 오류에 대한 우려에 기반한다.

가설 검정을 할 때마다 제1종 오류의 위험(8장, 246쪽)을 결정하는 유의 수준을 선택한다는 점을 떠올려 보자. 예를 들어, α = .05라면 영가설을 기각할 때마다 제1종 오류를 범할 위험이 5%(20번 중에 한 번)이다. 종종 하나의 실험에서 모든 평균들 간의 차이를 평가하기 위해서는 여러 번의 가설 검정을 실시해야 한다. 그러나 각각의 가설 검정은 제1종 오류의 위험을 가지며, 더 많은 가설 검정을 실시할수록 제1종 오류의 위험 또한 더 높아진다.

이러한 이유로 연구자들은 **검정 유의 수준**과 **실험 유의 수준**을 구별한다. 검정 유의 수준은 단순히 각 개별 가설 검정에서 선택한 유의 수준이다. 실험 유의 수준은 실험에서 모든 개별적 검정들로부터 누적된 제1종 오류의 총확률이다. 개별 검정의 수가 늘어날수록, 실험 유의 수준도 증가한다.

검정 유의 수준(testwise alpha level)은 하나의 개별적인 가설 검정에서 제1종 오류의 위험 또는 유의 수준이다.

실험이 여러 개의 서로 다른 가설 검정을 포함할 때, **실험 유의 수준**(experimentwise alpha level)은 모든 개별적인 검정들로부터 누적된 제1종 오류의 총확률이다. 일반적으로 실험 유의 수준은 어떤 하나의 개별적인 검정에서 사용된 유의 수준 값보다 크다.

예를 들어, 세 처치 수준으로 구성된 실험에서 모든 평균 차이를 비교하기 위해서는 세 번의 개별적인 *t* 검정이 필요할 것이다.

첫 번째 검정은 처치 1과 처치 2를 비교한다.
두 번째 검정은 처치 1과 처치 3을 비교한다.
세 번째 검정은 처치 2와 처치 3을 비교한다.

만약 모든 검정에서 $\alpha = .05$를 사용한다면, 첫 번째 검정에서 제1종 오류의 위험은 5%이며, 두 번째도 5%, 세 번째도 5%이다. 세 번의 개별 검정들이 누적되어 실험 유의 수준은 상대적으로 커지게 된다. ANOVA의 장점은 이 세 비교를 하나의 가설 검정에서 동시에 수행한다는 것이다. 따라서 비교해야 하는 평균이 몇 개 있는지에 관계없이 ANOVA는 평균 차이를 알아보기 위해서 하나의 유의 수준에서 한 번의 가설 검정만을 사용하므로, 실험 유의 수준이 증가하는 문제를 피할 수 있다.

■ ANOVA의 검정 통계량

ANOVA의 검정 통계량은 이전 장에서 사용된 *t* 통계량과 매우 유사하다. *t* 통계량을 계산하기 위해서는, 먼저 표준오차를 계산한다. 표준오차는 처치 효과가 없을 때(즉, H_0이 참일 때) 기대할 수 있는 두 표본 평균 간의 차이를 나타낸다.

$$t = \frac{\text{획득된 두 표본 평균 차이}}{\text{표준오차(처치 효과가 없을 때 기대되는 차이)}}$$

그러나 ANOVA에서 우리는 두 개 또는 그 이상의 표본 평균들을 비교하고자 한다. 두 개 이상의 표본이 있을 때, '표본 평균들 간의 차이'를 정의하거나 측정하는 것은 어렵다. 예를 들어, 두 개의 표본이 있고 이 표본들의 평균이 각각 $M = 20$, $M = 30$이라면, 표본 평균들 간에 10점의 차이가 존재한다. 그러나 평균 $M = 35$인 세 번째 표본을 추가한다고 가정해 보자. 이때 표본 평균들 간에 얼마나 많은 차이가 있는가? 이 경우, 평균 차이를 정의하는 데 문제가 생긴다. 이 문제에 대한 해결책은 분산을 사용해서 표본 평균들 간의 차이의 크기를 정의하고 측정하는 것이다. 다음 표본 평균들의 두 집합을 살펴보자.

집합 1	집합 2
$M_1 = 20$	$M_1 = 28$
$M_2 = 30$	$M_2 = 30$
$M_3 = 35$	$M_3 = 31$

만약 각 집합 내에서 분산을 계산하면, 집합 1의 분산은 $s^2 = 58.33$, 집합 2의 분산은 $s^2 = 2.33$이다. 이 두 분산값들이 차이의 크기를 정확하게 반영하고 있음에 주목하자. 집합 1에서는 표본 평균들의 차이가 상대적으로 크고 분산도 상대적으로 크다. 집합 2에서는 평균 차이들이 작고 분산도 작다.

따라서 두 개 또는 그 이상의 표본이 있을 때, 분산을 사용하여 표본 평균들의 차이를 나타낼 수 있다. ANOVA의 검정 통계량은 이러한 사실을 이용하여 다음과 같은 구조를 가진 F-비율(F-ratio)을 계산한다.

$$F = \frac{\text{표본 평균들 간의 분산(차이)}}{\text{처치 효과가 없을 때 기대되는 분산(차이)}}$$

F-비율은 t 통계량과 동일한 기본 구조를 가지지만 표본 평균 차이가 아니라 분산에 기반한다. F-비율의 분자에 있는 분산은 모든 표본 평균들 간의 차이를 나타내는 하나의 수치이다. F-비율의 분모에 있는 분산은 t 통계량 분모의 표준오차처럼 처치 효과가 없을 때 기대할 수 있는 평균 차이를 나타낸다. 따라서 t 통계량과 F-비율은 동일한 기본 정보를 제공한다. 둘 모두에서 검정 통계량이 크다는 것은 표본 평균들의 차잇값(분자)이 처치 효과가 없을 때 기대할 수 있는 값(분모)보다 더 크다는 증거를 제공한다.

학습 점검

학습 목표 1 **1.** 처치 유무에 따라 참여자의 우울 점수를 비교하는 단일 요인 독립 측정 설계에서 수준(levels)은 몇 개인가?

a. 1

b. 2

c. 3

d. 4

학습 목표 2 **2.** 검정 유의 수준과 실험 유의 수준을 구별하는 것이 언제 중요한가?

a. 분산 분석을 할 때는 항상

b. 두 처치 조건만을 비교할 때

c. 두 개 이상의 처치 조건을 비교할 때

d. 각 처치 조건에 점수들이 30개 미만일 때에만

학습 목표 3 3. 분산 분석에서 F-비율에 대한 기술로 올바른 것은 무엇인가?

a. F-비율은 두 개(또는 그 이상의) 표본 평균들의 비율이다.

b. F-비율은 두 분산의 비율이다.

c. F-비율은 표본 평균들을 표본 분산들로 나눈 비율이다.

d. 모두 아니다.

정답 1. b 2. c 3. b

12-2 분산 분석의 논리

학습 목표(Learning Objectives)

4. 처치 간 분산과 처치 내 분산이 무엇인지 알고, 어떻게 이 두 분산들을 F-비율에 사용하여 비교함으로써 영가설을 평가하는지 기술할 수 있다.

ANOVA에서 요구되는 공식과 계산은 다소 복잡하지만, 전반적인 논리는 복잡하지 않다. 따라서 이번 절에서는 ANOVA의 세부 사항을 고려하기 전에 ANOVA에 대한 일반적인 틀을 제공하고자 한다. 표 12.1에 제시된 자료를 사용하여 ANOVA의 논리를 소개해 보자. 이 자료는 세 개의 서로 다른 표본을 사용한 독립 측정 실험의 결과를 나타낸다. 각 표본에는 다섯 명의 참여자들이 있고, 이 세 처치 조건에서의 수행을 비교하고자

표 12.1 세 처치 조건에서의 수행을 탐색한 실험 자료

처치 1 (표본 1)	처치 2 (표본 2)	처치 3 (표본 3)
4	0	1
3	1	2
6	3	2
3	1	0
4	0	0
$M = 4$	$M = 1$	$M = 1$

한다.

표 12.1에 제시된 자료의 한 가지 분명한 특징은 모든 점수들이 다 같지는 않다는 것이다. 일상 용어로 말하자면, 점수들은 서로 '다르다'. 통계 용어로 말하자면 점수들은 '변한다(variable)'. 우리가 하고자 하는 것은 변산성(variability, 차이의 크기)을 측정하고 왜 점수들이 서로 다른지를 설명하는 것이다.

첫 번째 단계는 전체 자료의 전체 변산성을 알아내는 것이다. 전체 변산성을 계산할 때 우리는 모든 개별 표본들에 속한 모든 점수들을 가지고 하나의 일반적인 변산성 측정값을 얻는다. 일단 전체 변산성을 계산하고 나면, 이를 개별적인 요소들로 나눌 수 있다. **분석**이라는 단어는 더 작은 부분들로 나눈다는 것을 의미한다. 우리가 변산성을 분석하기 때문에, 이러한 과정을 **분산 분석**이라고 한다. 이 분석 과정은 전체 변산성을 두 가지 기본적인 요소들로 분해한다.

1. **처치 간 분산.** 표 12.1에 있는 자료를 보면, 점수들의 변산성의 상당 부분이 처치 조건들 간의 차이에서 비롯되었음을 알 수 있다. 예를 들면, 처치 1의 점수들($M = 4$)은 처치 2의 점수들($M = 1$)보다 더 높은 경향이 있다. 처치 조건에 따른 전반적 차이를 측정하기 위해서 처치 간 분산을 계산한다. 주목할 것은 처치 간 분산이 실제로는 표본 평균들의 차이를 측정한다는 점이다.
2. **처치 내 분산.** 처치 조건들 간의 일반적인 차이와 함께, 각 표본 내에서도 변산성이 존재한다. 표 12.1을 보면, 처치 1에 있는 점수들이 모두 같지는 않다는 것을 알 수 있다. 점수들은 변한다. 처치 내 분산은 각 처치 조건 내에서의 변산성을 측정한다.

전체 변산성을 이 두 부분으로 분해하는 것이 바로 ANOVA의 핵심이다. 이제 각 부분에 대해 좀 더 구체적으로 알아보도록 하자.

■ 처치 간 분산

분산을 계산하는 것은 단순하게 말해 숫자들의 집합에서 얼마나 큰 차이가 있는지를 측정하는 방법이다. **분산**이라는 단어는 자동적으로 **차이**라고 바꾸어 쓸 수 있다. 즉, **처치 간 분산**이란 단순히 말해 처치 조건들 간에 얼마나 많은 차이가 있는지를 측정하는 것이다. 처치 간 차이에 대해 다음과 같은 두 가지 설명이 가능하다.

1. 처치 집단 간의 차이는 처치 효과에 의해서 발생한 것이 아니라, 단순히 자연적으로 발생하는 표본 간의 무작위적이고 비체계적인 차이일 뿐이다. 즉, 처치 집단 간 차이는 표집 오차로 인해 생긴다.
2. 처치 집단 간의 차이는 **처치 효과**(treatment effects)에 의해서 발생한 것이다. 예

를 들어, 만약 처치가 수행에 실제로 영향을 준다면, 어떤 처치 집단에 속한 점수들은 다른 조건에 속한 점수들과는 체계적으로 다르다.

따라서 우리가 처치 간 분산을 계산할 때에는, 체계적 처치 효과에 의한 차이 또는 표집 오차에 의한 무작위적이고 비체계적인 차이를 측정하게 된다. 실제로 처치 효과가 있음을 보이기 위해서는 처치 간 차이가 표집 오차에 의한 차이보다 크다는 것을 입증하여야 한다. 이러한 목적을 달성하기 위해서, 체계적인 처치 효과가 없을 때 얼마나 큰 차이가 있을지를 결정한다. 즉, 얼마나 많은 차이(분산)가 무작위적이고 비체계적 요인들에 의해서 설명될 수 있는지를 측정한다. 이런 차이를 측정하기 위해 처치 내 분산을 계산한다.

■ 처치 내 분산

각 처치 조건 안에서, 참여자들은 정확히 동일한 처치를 받는다. 즉, 연구자는 개인들이 서로 다른 점수를 갖도록 하는 어떠한 행위도 하지 않는다. 예를 들어, **표 12.1**은 처치 2에 속하는 참여자 다섯 명의 검사 점수를 보여 준다. 이 다섯 명은 모두 정확하게 같은 처치를 받았는데 이들의 점수는 서로 다르다. 왜 점수들이 다를까? 정답은 이러한 점수 차이에 대한 특정한 원인이 없다는 것이다. 대신, 처치 내에 존재하는 차이는 무작위적이고 비체계적 차이를 나타내며, 이러한 차이는 점수 차이를 야기하는 처치 효과가 없을 때 발생한다. 그래서 **처치 내 분산**은 H_0가 사실일 때, 얼마나 큰 차이가 있는지에 대한 측정값을 제공한다.

그림 12.2는 전체 ANOVA와 두 가지 기본적인 요소들에 의해 측정되는 변산성의 원인(sources)을 보여 준다.

그림 12.2
독립 측정 ANOVA는 전체 변산성을 다음 2개의 요소로 분해한다. 즉, 처치 간 분산과 처치 내 분산이다.

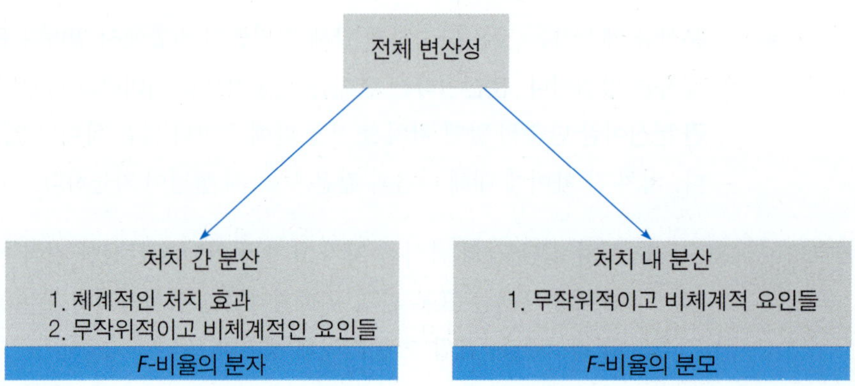

■ F-비율: ANOVA의 검정 통계량

일단 전체 변산성을 두 기본 요소들(처치 간, 처치 내)로 분해하고 나면, 이 값들을 비교하게 된다. 이러한 비교를 위해서는 F-비율(F-ratio)을 계산한다. 독립 측정 ANOVA에서 F-비율은 아래와 같은 구조를 갖는다.

$$F = \frac{\text{처치 간 분산}}{\text{처치 내 분산}} = \frac{\text{처치 효과를 포함한 차이}}{\text{처치 효과가 없을 때 차이}} \tag{12.1}$$

각 변산성 요소를 그 원인에 따라 나타내면 다음과 같다(그림 12.2 참조).

$$F = \frac{\text{체계적 처치 효과} + \text{무작위적, 비체계적 차이}}{\text{무작위적, 비체계적 차이}} \tag{12.2}$$

F-비율로 얻은 값은 처치 효과가 존재하는지를 결정하는 데 도움을 준다. 아래 두 가지 가능성을 고려해 보자.

1. 체계적 처치 효과가 없을 때, 처치 간 차이(분자)는 무작위적이고 비체계적 요인에 의해서만 발생한다. 이 경우, F-비율의 분자와 분모는 모두 무작위적인 차이를 측정하기 때문에 크기가 거의 같을 수밖에 없다. 분자, 분모가 거의 동일하면, F-비율은 1에 가까운 값이 된다. 식에 따르면 처치 효과가 0일 때 우리는 다음과 같은 F값을 얻는다.

$$F\text{-비율} = \frac{0 + \text{무작위적, 비체계적 차이}}{\text{무작위적, 비체계적 차이}}$$

즉, 1에 가까운 F-비율은 처치 간 차이(분자)가 무작위적이고 비체계적임을 나타내며, 이는 분모에서 측정하는 차이와 같다. F-비율이 1에 가까우면, 처치에 의한 효과가 존재한다는 증거가 없다고 결론을 내린다.

2. 처치 효과가 존재하고 표본 간에 체계적 차이를 야기하는 경우, 체계적 차이와 무작위적 차이가 결합된 분자의 값은 무작위적 차이만 고려한 분모의 값보다 큰 값을 가져야 한다. 이 경우, F-비율의 분자는 분모보다 현저히 큰 값을 갖게 되고, F-비율은 1보다 커진다. 따라서 큰 F-비율은 체계적 처치 효과가 존재한다는 증거이다. 즉, 처치 간에 유의한 차이가 있다고 할 수 있다.

F-비율의 분모는 오직 무작위적이고 비체계적 변산성만 측정하기 때문에 오차항이라고 부른다. F-비율의 분자는 항상 오차항과 같은 비체계적 변산성뿐만 아니라 처치 효과에 의한 체계적 차이 또한 포함한다. ANOVA의 목적은 처치 효과가 존재하는지 찾아내는 것이다.

ANOVA에서 F-비율의 분모를 **오차항**(error term)이라고 한다. 오차항은 무작위적이고 비체계적 차이에 의한 분산 측정값을 제공한다. 처치 효과가 0일 때(H_0가 참일 때), 오차항은 F-비율의 분자와 동일한 분산을 측정한다. 따라서 F-비율값은 1에 매우 가까울 것으로 기대된다.

학습 점검

학습 목표 4 **1.** 분산 분석에서 표본 평균들 간의 차이는 ____에 기여하고 F-비율의 ____에 나타난다.

a. 처치 간 분산, 분자

b. 처치 간 분산, 분모

c. 처치 내 분산, 분자

d. 처치 내 분산, 분모

학습 목표 4 **2.** ANOVA에서 F-비율이 큰 값을 가지는 것은 무엇을 의미하는가?

a. 처치 효과가 있고 영가설이 기각되어야 한다.

b. 처치 효과가 없고 영가설이 기각되어야 한다.

c. 처치 효과가 있고 영가설을 기각하지 않아야 한다.

d. 처치 효과가 없고 영가설을 기각하지 않아야 한다.

정답 **1. a** **2. a**

12-3 ANOVA 표기법과 공식

학습 목표(Learning Objectives)

5. 세 개의 SS값, 세 개의 df값, F-비율에 필요한 두 개의 평균제곱(MS)값들을 계산하고, 이들의 관계를 기술할 수 있다.

ANOVA는 보통 둘 이상의 처치 조건(둘 이상의 표본)이 있는 연구에서 사용하기 때문에, 모든 개인 점수 및 총점 기록을 위한 표기법이 필요하다. 이런 표기법을 소개하기 위해서, 아래 예제에 있는 자료를 사용해 보자.

예제 12.1 몇 년 동안 학생들과 교사들은 다가올 시험을 준비하기 위해서 다양한 공부 전략들을 개발했다. 그러나 어떤 전략이 가장 좋은 것인가? 이 질문에 대한 대답을 세 가지 전략들을 비교하는 연구에서 찾을 수 있다. 이 연구에서, 학생들은 시험 범위에 해당하는 자료를 읽는다. 첫 번째 조건에서 참여자들은 단순히 해당 자료를 다시 읽는다. 두 번째 조건에서 학생들은 해당 자료에 대한 이해를 측정하는 이미 준비된 질문에 답하고, 세 번째 조건에서 학생들은 스스로 질문을 만들고 이에 답한다.

표 12.2에 있는 자료는 Weinstein 등(2010)의 연구에서 얻은 결과 패턴을 보여 준다. 자료는 우리가 앞으로 설명할 표기법과 통계량을 보여 주고 있다. ■

1. k는 처치 조건의 수를 나타낸다. 즉, 요인의 수준 개수를 나타낸다. 독립 측정 연구에서 k는 또한 서로 다른 표본의 개수를 나타낸다. 표 12.2에 있는 자료에는 세 가지 처치가 있고, 따라서 $k = 3$이다.
2. 각 처치 내에 있는 점수들의 개수는 소문자 n으로 나타낸다. 표 12.2에 있는 예시에서, 모든 처치들에 대해 $n = 6$이다. 만약 표본들의 크기가 서로 다르다면, 아래 첨자를 사용해서 특정 표본을 나타낼 수 있다. 예를 들어, n_2는 처치 2에 있는 점수들의 개수이다.
3. 전체 연구에서 점수들의 전체 개수는 대문자 N으로 나타낸다. 모든 표본들이 같은 크기라면, $N = kn$이다. 표 12.2에 있는 자료는 $k = 3$인 각 처치에서 $n = 6$개의 점수들이 있고, 전체 연구에는 $N = 3(6) = 18$개의 점수가 있다.
4. 각 처치 조건에서 점수들의 합(ΣX)은 대문자 T(처치 총점)로 나타낸다. 특정 처치에서의 총점은 T에 아래 첨자를 추가하여 나타낼 수 있다. 예를 들어, 표 12.2의 두 번째 처치의 총점은 $T_2 = 54$이다.

표 12.2 세 가지 다른 공부 전략을 이용했을 때 학생들의 시험 점수

자료 다시 읽기	자료에 관해 준비된 질문에 답하기	스스로 자료에 대한 질문을 만들고 답하기	
2	5	8	
3	9	6	$N = 18$
8	10	12	$G = 144$
6	13	11	$\Sigma X^2 = 1324$
5	8	11	$k = 3$
6	9	12	
$T = 30$ $M = 5$ $SS = 24$	$T = 54$ $M = 9$ $SS = 34$	$T = 60$ $M = 10$ $SS = 30$	

5. 연구에서 모든 점수들의 합(전체 총점)은 G로 나타낸다. 모든 N개의 점수를 더하거나 처치 총점들을 더하여 G를 계산할 수 있다. $G = \sum T$.
6. 새로운 표기법을 사용하지는 않았지만, 우리는 각 표본의 SS와 M 또한 계산했고, $N = 18$인 전체 집합에 대해 $\sum X^2$을 계산했다. 표 12.2에 이 값들이 나타나 있고, 이 값들은 ANOVA 공식과 계산에서 중요하다.

ANOVA 공식은 각 처치에 대한 $\sum X$와 점수 전체 집합에 대한 $\sum X$를 필요로 하기 때문에, 둘 중 어느 $\sum X$가 사용되고 있는지를 식별하는 데 도움이 되도록 새로운 표기법(T와 G)을 도입하였다. T는 처치 총합을 나타내고, G는 전체 총합을 나타낸다.

마지막으로, 어디에서나 통용되는 일반적인 ANOVA 표기법은 없다는 것을 알아야 한다. 예를 들어, 우리는 G, T를 사용하고 있지만, 다른 문헌에서는 다른 기호를 사용할 수도 있다.

■ ANOVA 공식

ANOVA는 광범위한 계산과 많은 공식을 요구하기 때문에, 학생들이 서로 다른 공식과 숫자를 따라가기에 급급한 경우가 많다. 따라서 우리는 개별 공식들 소개하기에 앞서, 절차의 일반적인 구조를 살펴보고 계산이 어떻게 조직화되는지를 살펴보도록 하겠다.

1. ANOVA에서 마지막으로 계산하는 것은 F-비율로, 이는 두 개의 분산으로 구성되어 있다.

$$F = \frac{\text{처치 간 분산}}{\text{처치 내 분산}}$$

2. F-비율을 구성하는 두 개의 분산은 각각 기본적인 표본 분산 공식을 사용해서 계산한다.

$$\text{표본 분산} = s^2 = \frac{SS}{df}$$

그러므로 처치 간 분산(F의 분자)을 위해서 SS, df를 계산할 필요가 있고, 처치 내 분산(F의 분모)을 위한 또 다른 SS, df가 필요하다. 이러한 SS값들과 df값들을 얻기 위해, 두 가지 분석을 실시해야 한다. 먼저, 전체 SS를 계산하고, 이를 두 개의 요소(집단 간, 집단 내)로 분해한다. 그러고 나서, 전체의 df를 계산하고 이를 두 개의 요소(집단 간, 집단 내)로 분해한다.

따라서 ANOVA의 전체 과정은 아홉 번의 계산, 즉 세 개의 SS값, 세 개의 df값, 두 개의 분산, 최종 F-비율을 필요로 한다. 그러나 이러한 아홉 번의 계산들은 모두 논리적으로 연결되어 있고, 최종적으로 F-비율을 찾기 위해 사용된다. 그림 12.3은 ANOVA 계산의 논리적 구조를 보여 준다.

ANOVA의 최종 목표는 *F*-비율을 계산하는 것이다.	$F = \frac{\text{처치 간 분산}}{\text{처치 내 분산}}$
F-비율을 구성하는 각 분산은 *SS*/*df*와 같이 계산한다.	$\text{처치 간 분산} = \frac{SS_{\text{처치 간}}}{df_{\text{처치 간}}}$ $\quad$ $\text{처치 내 분산} = \frac{SS_{\text{처치 내}}}{df_{\text{처치 내}}}$
각각의 *SS*와 *df*값들을 얻기 위해 전체 변산성을 두 요소로 분해한다.	$SS_{\text{전체}}$ → $SS_{\text{처치 간}}$, $SS_{\text{처치 내}}$ $\quad$ $df_{\text{전체}}$ → $df_{\text{처치 간}}$, $df_{\text{처치 내}}$

그림 12.3
ANOVA의 구조와 일련의 계산들

■ 제곱합(*SS*)의 분해

ANOVA에서는 먼저 전체 제곱합(*SS*)을 계산하고 이 값을 두 개의 요소들, 즉 처치 간 제곱합과 처치 내 제곱합으로 나누어야 한다. 그림 12.4는 이러한 분식을 개괄하고 있다. 세 가지 제곱합 각각에 대해 하나씩 살펴보자.

1. 전체 제곱합, $SS_{\text{전체}}$. 이름에서 알 수 있듯이 $SS_{\text{전체}}$는 *N*개의 점수 전체에 대한 제곱합이다. 4장(113~114쪽)에서 설명했듯이 *SS*값은 계산식 또는 정의식을 사용하여 계산할 수 있다. 그러나 ANOVA에서는 보통 수많은 점수들을 다루게 되

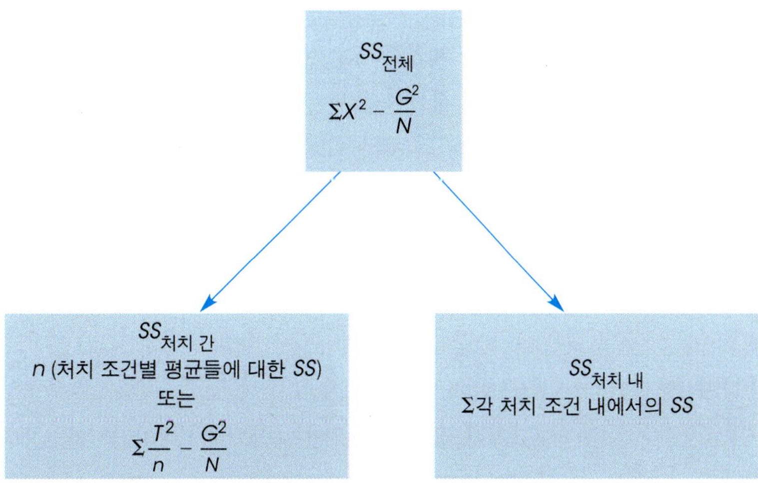

그림 12.4
독립 측정 ANOVA에서 제곱합의 분해

고 평균이 정수가 아닌 경우도 종종 있다. 따라서 계산식을 사용하여 $SS_{전체}$를 계산하는 것이 보통 더 쉽다.

$$SS = \Sigma X^2 - \frac{(\Sigma X)^2}{N}$$

이 식을 ANOVA 표기법과 일치시키기 위해서 G를 ΣX 자리에 대입하면 다음과 같다.

$$SS_{전체} = \Sigma X^2 - \frac{G^2}{N} \tag{12.3}$$

표 12.2에 있는 자료를 이 식에 적용하면 다음과 같다.

$$\begin{aligned} SS_{전체} &= \Sigma X^2 - \frac{G^2}{N} \\ &= 1324 - 1152 \\ &= 172 \end{aligned}$$

2. **처치 내 제곱합, $SS_{처치\ 내}$.** 이제 각 처치 조건 내에서의 변산성을 살펴보자. 우리는 세 처치 조건 내의 SS를 이미 계산했다(표 12.2). $SS_1 = 24$, $SS_2 = 34$, $SS_3 = 30$. 전체 처치 내 제곱합은 이 세 값을 합쳐서 구할 수 있다.

$$SS_{처치\ 내} = \Sigma SS_{개별\ 처치\ 내} \tag{12.4}$$

표 12.2의 자료를 적용하면 다음과 같다.

$$SS_{처치\ 내} = \Sigma SS_{개별\ 처치\ 내} = 24 + 34 + 30 = 88$$

3. **처치 간 제곱합, $SS_{처치\ 간}$.** $SS_{처치\ 간}$을 구하기 위한 식을 소개하기 전에, 지금까지 우리가 계산한 값들을 살펴보자. 표 12.2에 있는 자료의 전체 변산성은 $SS_{전체} = 172$이다. 우리는 전체 변산성을 두 부분으로 분해했다(그림 12.4 참조). 한 부분은 $SS_{처치\ 내}$로, 값은 88이다. 이는 $SS_{처치\ 간}$이 84가 되어야 함을 뜻하는데, 왜냐하면 이 두 부분(88과 84)을 합하여 전체(172)가 되어야 하기 때문이다. 따라서 $SS_{처치\ 간}$의 값은 단순 차이로 계산할 수 있다.

$$SS_{처치\ 간} = SS_{전체} - SS_{처치\ 내} \tag{12.5}$$

그러나 글상자 12.1에 나타난 두 개의 공식들 중 하나를 사용하여 $SS_{처치\ 간}$을 독립적으로 계산할 수도 있다. 모든 SS값을 각각 계산하는 것의 이점은 처치 간과

글상자 12.1 $SS_{처치\ 간}$을 구하는 다른 공식들

처치 간 변산성은 처치 조건별 평균들의 차이를 측정한다. 개념적으로, 처치 평균들 간의 변산성을 측정하는 가장 직접적인 방법은 표본 평균들에 대한 제곱합, 즉 $SS_{처치\ 평균}$을 계산하는 것이다. 표 12.2에 있는 자료에서 표본 평균은 5, 9, 10이다. 이 세 값의 SS는 $SS_{처치\ 평균} = 14$이다. 그러나 이 세 평균들은 $n = 6$인 점수들의 집합을 대표한다. 그러므로 최종적으로 $SS_{처치\ 간}$의 값은 $SS_{처치\ 평균}$에 n을 곱해서 얻을 수 있다.

$$SS_{처치\ 간} = n(SS_{처치\ 평균}) \qquad (12.6)$$

표 12.2의 자료에서 $SS_{처치\ 간} = n(SS_{처치\ 평균}) = 6(14) = 84$를 얻을 수 있다.

불행히도, 식 12.6은 모든 표본들이 정확하게 같은 크기일 때에만 사용할 수 있고(동일한 n), 특히 처치 평균이 정수가 아닐 때에는 식이 매우 복잡해질 수 있다. 따라서 처치 평균 대신 처치 총점(T)을 사용한 $SS_{처치\ 간}$ 계산식도 소개한다.

$$SS_{처치\ 간} = \sum\frac{T^2}{n} - \frac{G^2}{N} \qquad (12.7)$$

표 12.2의 자료를 사용하면 다음과 같다.

$$\begin{aligned} SS_{처치\ 간} &= \frac{30^2}{6} + \frac{54^2}{6} + \frac{60^2}{6} - \frac{144^2}{18} \\ &= 150 + 486 + 600 - 1152 \\ &= 1236 - 1152 \\ &= 84 \end{aligned}$$

세 방법(식 12.5, 12.6, 12.7) 모두 동일한 결과인 $SS_{처치\ 간} = 84$를 산출한다.

처치 내 두 요소들의 합이 전체가 되는지 살펴봄으로써 계산이 정확한지 확인할 수 있다는 것이다.

$SS_{처치\ 간}$ 계산 글상자 12.1에 있는 두 개의 식을 포함하여 $SS_{처치\ 간}$을 계산하기 위한 세 개의 서로 다른 공식을 소개했다. 이 세 공식을 모두 기억하기보다는, 공식 하나를 선택해서 지속적으로 사용하는 것을 추천한다. 이 중 두 개의 방법이 사용하기에 합리적이다. 가장 간단한 방법은 공식 12.5로, $SS_{처치\ 간}$을 간단하게 차이로 구하는 방법이다. $SS_{전체}$와 $SS_{처치\ 내}$를 먼저 계산하고 다음과 같이 그 차이를 계산한다.

$$SS_{처치\ 간} = SS_{전체} - SS_{처치\ 내}$$

두 번째 방법은 공식 12.7을 사용하는 것으로, 처치 총점(T값)을 사용해 $SS_{처치\ 간}$을 구한다. 이 방법의 이점은 계산이 맞았는지 확인해 볼 수 있다는 것이다. $SS_{전체}$, $SS_{처치\ 간}$, $SS_{처치\ 내}$를 각각 따로 계산한 뒤, 두 요소들의 합이 $SS_{전체}$와 동일한지 확인해 볼 수 있다.

공식 12.6을 사용하여 표본 평균들의 *SS*를 계산하는 것은 일반적으로 좋은 선택이 아니다. 표본 평균들이 모두 정수가 아니라면, 계산이 매우 복잡해질 수 있다. 대부분의 경우, 이 방법을 제외하고 다른 두 공식 중 하나를 사용하는 것이 더 낫다.

아래 예시를 통해 여러분이 ANOVA에서 *SS* 분해를 이해했는지 확인해 볼 수 있을 것이다.

예제 12.2 각 표본별로 참여자가 $n = 5$명인 세 개의 표본을 사용하여 세 처치 조건에서 평균 차이가 있는지 살펴보고자 한다. 세 표본의 표본 총점과 *SS*값은 $T_1 = 10$, $SS_1 = 16$, $T_2 = 25$, $SS_2 = 20$, $T_3 = 40$, $SS_3 = 24$와 같다. 만약 $SS_{전체} = 150$이면, $SS_{처치 간}$, $SS_{처치 내}$의 값은 얼마인가? 여러분은 $SS_{처치 간} = 90$, $SS_{처치 내} = 60$을 얻어야 한다. ■

■ 자유도(*df*)의 분해

자유도(*df*) 분해는 *SS* 분해와 동일한 패턴을 가진다. 먼저, *N*개 점수 전체의 자유도를 찾고, 이 값을 두 개의 요소, 즉 처치 간 자유도와 처치 내 자유도로 분해한다. 자유도를 계산할 때에는 다음 두 가지 사항을 염두에 두어야 한다.

1. 각 *df*값은 특정 *SS*값과 연관이 있다.
2. 일반적으로, *df*값은 *SS*를 계산하기 위해서 사용하는 항목 개수에서 1을 빼서 얻을 수 있다. 예를 들어, *n*개 점수의 *SS*를 계산하면, $df = n - 1$이다.

이 점을 잘 기억하면서 분석의 각 부분에 대한 자유도를 살펴보도록 하자.

1. **전체 자유도, $df_{전체}$.** $SS_{전체}$와 연관된 *df*를 찾기 위해서는 먼저 이 *SS*값이 *N*개 점수 전체의 변산성을 측정한다는 것을 기억해야 한다. 따라서 *df*값은 다음과 같다.

$$df_{전체} = N - 1 \tag{12.8}$$

표 12.2의 자료에서 점수들의 총수는 $N = 18$이며, 전체 자유도는 다음과 같다.

$$df_{전체} = 18 - 1 = 17$$

2. **처치 내 자유도, $df_{처치 내}$.** $SS_{처치 내}$와 연관된 *df*를 찾기 위해서는 이 *SS*값이 어떻게 계산되는지 살펴보아야 한다. 먼저 각 처치 내에서의 *SS*를 찾고 이 값들을 다 더한다는 점을 기억하자. 각 처치 내에서의 *SS*값은 해당 처치에 속하는 *n*개 점수들의 변산성을 측정하므로, 각 *SS*는 $df = n - 1$을 가진다. 개별적인 각 처치

에 대한 값을 모두 더하면 다음과 같다.

$$df_{\text{처치 내}} = \sum(n - 1) = \sum df_{\text{개별 처치 내}} \quad (12.9)$$

우리가 살펴보고 있는 실험에서 각 처치에는 $n = 6$개의 점수들이 있다. 이는 각 처치 내에 $n - 1 = 5$의 자유도가 있다는 것이다. 처치 조건이 세 개 있기 때문에, 처치 내 자유도는 총 15이다. df를 구하는 이 공식은 각 처치 내 점수들의 수(n값)를 모두 더하고 각 처치 하나당 1을 빼서 구할 수 있다. 이 두 단계를 각각 완료하면 다음 공식을 얻을 수 있다.

$$df_{\text{처치 내}} = N - k \quad (12.10)$$

(모든 n값을 다 더하면 N이 된다. 만약 각 처치에서 1을 빼면, 모두 합쳐서 k를 빼게 된다. 왜냐하면 k개의 처치가 있기 때문이다.) 표 12.2에 있는 자료는 $N = 18$, $k = 3$이며, 따라서 $df_{\text{처치 내}}$는 아래와 같다.

$$df_{\text{처치 내}} = 18 - 3 = 15$$

3. **처치 간 자유도, $df_{\text{처치 간}}$.** $SS_{\text{처치 간}}$과 연관된 df는 어떻게 이 SS값을 얻을 수 있는지를 살펴봄으로써 찾을 수 있다. 이 SS 공식은 처치 집단(총점 또는 평균)의 변산성을 측정한다. $df_{\text{처치 간}}$을 찾기 위해서, 처치 집단의 개수를 세고 1을 뺀다. 처치의 수를 k로 나타내기 때문에, df 공식을 아래와 같이 쓸 수 있다.

$$df_{\text{처치 간}} = k - 1 \quad (12.11)$$

표 12.2에 있는 자료에는 세 개의 처치 조건(세 개의 T값 또는 세 개의 표본 평균)이 있으므로, 처치 간 자유도는 아래와 같다.

$$df_{\text{처치 간}} = 3 - 1 = 2$$

자유도 분해를 통해 얻은 두 부분을 합치면 전체 자유도와 같다.

$$df_{\text{전체}} = df_{\text{처치 내}} + df_{\text{처치 간}}$$
$$17 = 15 + 2$$

자유도 분해의 전체 개요가 그림 12.5에 나타나 있다.

ANOVA의 SS, df값은 계산할 때마다 각 값에 사용된 명명이 공식을 이해하는 데 도움을 줄 수 있다. 더 구체적으로 설명하면 다음과 같다.

1. **전체**(total)라는 용어는 점수들의 전체 집단을 가리킨다. 우리는 N개 점수들 전체 집단에 대한 SS를 계산하고, 이때 df값은 $N - 1$이다.
2. **처치 내**(within treatments)라는 용어는 개별 처치 조건 내에 존재하는 차이를 나타낸다. 따라서 우리는 서로 다른 개별 처치들 각각에 존재하는 SS와 df를 계산한다.
3. **처치 간**(between treatments)이라는 용어는 처치 조건에 따른 차이를 나타낸다. 예를 들어, 세 개의 처치가 있을 때, 우리는 세 개의 서로 다른 평균(또는 총점)을 비교하고, $df = 3 - 1 = 2$를 가진다.

■ 분산(*MS*)의 계산과 *F*-비율

이 세 개의 SS와 세 개의 df값을 계산하고 나면, ANOVA의 다음 단계는 처치 간 분산과 처치 내 분산을 계산하는 것이고, 이 값들은 F-비율을 계산하기 위해 사용된다(**그림 12.3** 참조).

ANOVA에서는 관례적으로 **분산**이라는 용어 대신 **평균제곱**(mean square)이라는 용어를 사용하거나 또는 간단히 MS라고 나타낸다. 분산은 편차 제곱의 평균으로 정의된다는 것을 기억하자(4장). 편차 제곱의 합을 나타내기 위해 SS를 사용하는 것과 마찬가지로, 편차 제곱의 평균을 나타내기 위해 이제부터는 MS를 사용하도록 하겠다. 최종적으로 구하는 F-비율에서 분자에는 처치 간 MS가 필요하고 분모에는 처치 내 MS가 필요하다.

$$MS = s^2 = \frac{SS}{df} \tag{12.12}$$

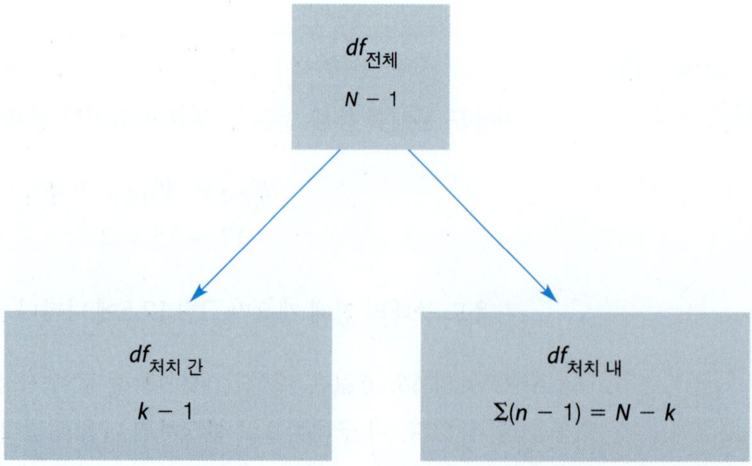

그림 12.5
독립 측정 ANOVA 에서의 자유도 분해

우리가 살펴보고 있는 자료에 대해 이를 구하면 다음과 같다.

$$MS_{\text{처치 간}} = s^2_{\text{처치 간}} = \frac{SS_{\text{처치 간}}}{df_{\text{처치 간}}} = \frac{84}{2} = 42$$

$$MS_{\text{처치 내}} = s^2_{\text{처치 내}} = \frac{SS_{\text{처치 내}}}{df_{\text{처치 내}}} = \frac{88}{15} = 5.87$$

이제 우리는 처치 간 분산(차이)과 처치 내 분산 측정값을 가지고 있으므로, 이 두 분산을 비교하여 F-비율을 간단하게 구할 수 있다.

$$F = \frac{s^2_{\text{처치 간}}}{s^2_{\text{처치 내}}} = \frac{MS_{\text{처치 간}}}{MS_{\text{처치 내}}} \tag{12.13}$$

우리가 살펴보고 있는 자료에 대해 F-비율을 구하면 아래와 같다.

$$F = \frac{MS_{\text{처치 간}}}{MS_{\text{처치 내}}} = \frac{42}{5.87} = 7.16$$

이 예제에서 얻어진 값 $F = 7.16$는 F-비율에서 분자가 분모보다 상당히 크다는 것을 나타낸다. 식 12.1와 12.2에 제시된 F-비율의 개념적 구조를 생각하면, 우리가 얻은 F-비율은 처치 간 차이가 처치 효과가 없을 때 기대되는 값보다 7배 더 크다는 것을 나타낸다. 실험 변수에 대입하여 기술하자면, 공부에 사용한 전략이 시험 수행에 영향을 준다고 볼 수 있다. 그러나 F-비율을 적절하게 평가하기 위해서는 유의 수준을 선택해야 하고 다음 장에서 논의될 F 분포표를 참고해야 한다.

학습 점검

학습 목표 5 **1.** 분산 분석에서 $df_{\text{처치 간}} = 2$, $df_{\text{처치 내}} = 24$일 때, $df_{\text{전체}}$ 값은 무엇인가?

a. 26

b. 27

c. 28

d. 추가 정보 없이는 알 수 없다.

학습 목표 5 **2.** 세 처치 조건 간의 평균 차이를 알아보기 위해 ANOVA를 사용했다. 분석에서 얻은 $SS_{\text{처치 내}} = 20$, $SS_{\text{처치 간}} = 40$, $SS_{\text{전체}} = 60$일 때, $MS_{\text{처치 간}}$ 값은 무엇인가?

a. $\frac{20}{3}$

b. $\frac{20}{2}$

c. $\frac{40}{3}$

d. $\frac{40}{2}$

학습 목표 5 **3.** 한 연구에서 각 처치별로 $n = 5$명으로 구성된 세 조건을 비교하고자 한다. 만약 세 처치에서의 SS값이 각각 25, 20, 15일 때, 분산 분석에서 산출될 $SS_{처치\ 내}$ 값은 얼마인가?

a. 12

b. 20

c. 60

d. 주어진 정보만으로는 알 수 없다.

정답 1. a 2. d 3. c

12-4 ANOVA 가설 검정 예시와 효과 크기

학습 목표(Learning Objectives)

6. F-비율에 대한 df값들을 정의하고, F-비율의 분포에서 유의 수준과 df값들을 사용하여 기각역을 찾을 수 있다.

7. 평균들 간의 차이를 살펴보기 위해 ANOVA 전 과정을 실시하고 평균 차이의 효과 크기를 계산할 수 있다.

8. 과학 문헌에서 ANOVA 결과와 효과 크기 측정값을 어떻게 보고하는지 설명할 수 있다.

■ *F*-비율 분포

분산 분석에서 F-비율은 영가설이 참일 때 분자와 분모가 정확하게 같은 분산을 측정하도록 만들어져 있다(식 12.2 참조). 이 경우 우리는 F값이 1.00에 가까울 것으로 기대한다.

만약 영가설이 거짓일 경우, F-비율은 1보다 훨씬 커진다. 문제는 어떤 값이 "1에 가깝다"고 할 수 있고, 어떤 값은 "1보다 훨씬 크다"고 할 수 있는지를 정확하게 정의하는 것이다. 이 문제를 해결하기 위해, 영가설이 참일 때 얻을 수 있는 가능한 모든 F값, 즉 F-비율의 분포를 살펴볼 필요가 있다.

이 분포를 자세히 살펴보기 전에, 두 가지 분명한 특징을 짚고 넘어가자.

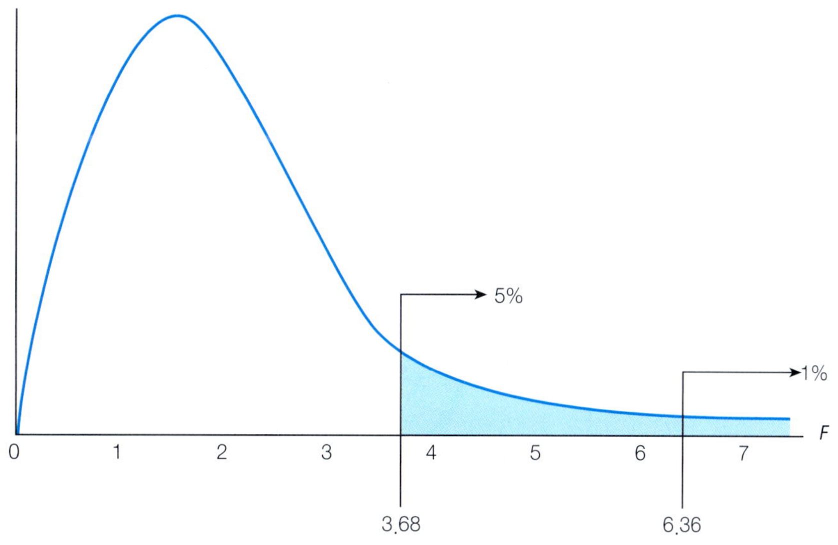

그림 12.6
df = 2, 15인 F-비율의 분포. 분포의 모든 값들 중에 5%만이 F = 3.68보다 크고, 1%만이 F = 6.36보다 크다.

1. F-비율은 두 개의 분산(비율에서 분자와 분모)으로부터 계산되기 때문에, F값은 항상 양수이다. 분산은 항상 양수라는 것을 기억하자.
2. H_0이 참일 때, F-비율의 분자와 분모는 동일한 분산을 측정한다. 이 경우 두 표본 분산의 크기가 거의 같아지고, 따라서 비율은 1에 가까워진다. 즉, F-비율의 분포는 1을 중심으로 모이게 된다.

이 두 가지 특징을 고려하여 F-비율의 분포를 대략적으로 그려 볼 수 있다. 분포는 0에서 절단되며(모두 양수), 1.00을 중심으로 모여 있고, 오른쪽으로 갈수록 감소한다(그림 12.6). F 분포의 정확한 모양은 F-비율을 구성하는 두 분산들의 자유도에 따라 달라진다. 표본 분산의 정확성은 점수의 개수 또는 자유도에 기반한다는 점을 떠올려 보자. 일반적으로, 큰 표본(큰 df)의 분산은 더 정확한 모분산의 추정값을 제공한다. MS값의 정확성은 df에 기반하기 때문에, F 분포의 모양 또한 F-비율의 분자와 분모의 df값에 기반한다. df값이 매우 크면, 거의 모든 F-비율값이 1.00에 가깝게 분포한다. df값이 작을 때에는 F 분포가 더 넓게 퍼진다.

■ *F* 분포표

ANOVA에서 H_0가 참일 때, 우리는 F값이 1.00에 근접하리라고 기대한다. 1보다 훨씬 큰 F-비율값은 H_0가 참이 아니라는 것을 나타낸다. F 분포에서 우리는 1.00에 가까운

표 12.3 *F* 분포표의 일부. **굵은 글씨**의 경우 .01 수준의 임곗값, 일반 글씨의 경우 .05 수준의 임곗값을 나타낸다. df = 2, 15일 때의 임곗값은 강조되어 있다(본문 참조).

자유도: 분모	자유도: 분자					
	1	2	3	4	5	6
11	4.84	3.98	3.59	3.36	3.20	3.09
	9.65	**7.20**	**6.22**	**5.67**	**5.32**	**5.07**
12	4.75	3.88	3.49	3.26	3.11	3.00
	9.33	**6.93**	**5.95**	**5.41**	**5.06**	**4.82**
13	4.67	3.80	3.41	3.18	3.02	2.92
	9.07	**6.70**	**5.74**	**5.20**	**4.86**	**4.62**
14	4.60	3.74	3.34	3.11	2.96	2.85
	8.86	**6.51**	**5.56**	**5.03**	**4.69**	**4.46**
15	4.54	3.68	3.29	3.06	2.90	2.79
	8.68	**6.36**	**5.42**	**4.89**	**4.56**	**4.32**
16	4.49	3.63	3.24	3.01	2.85	2.74
	8.53	**6.23**	**5.29**	**4.77**	**4.44**	**4.20**

값을 1.00보다 유의하게 큰 값과 구분할 필요가 있다. 이러한 임곗값들이 부록 A의 635쪽에 있는 *F* 분포표에 제시되어 있다. *F* 분포표의 일부가 표 12.3에 제시되어 있다. 표를 사용하기 위해서, 먼저 *F*-비율의 df값들(분자와 분모)과 가설 검정의 유의 수준을 알아야 한다. *F* 분포표에서는 일반적으로 *F*-비율의 분자에 해당하는 df를 표 제일 위에 나타낸다. *F*의 분모에 해당하는 df값은 표 왼쪽 열에 나타낸다.

우리가 살펴보고 있는 실험에서, *F*-비율의 분자(처치 간)는 $df = 2$를 가지며, *F*-비율의 분모(처치 내)는 $df = 15$를 갖는다. 이 *F*-비율은 "2와 15의 자유도를 가지고 있다"라고 말할 수 있다. 자유도는 $df = 2, 15$와 같이 쓴다. *F* 분포표를 이용하기 위해서, 먼저 $df = 2$를 표 맨 위에서 찾고, $df = 15$를 첫 번째 열에서 찾아야 한다. 이 두 값이 나타내는 열과 행이 만나는 곳에서 한 쌍의 값들을 찾을 수 있다. 이 값들은 $\alpha = .05$, $\alpha = .01$일 때의 임곗값들이다. 예를 들어, $df = 2, 15$일 때 표에 있는 값은 3.68, 6.36이다. 분포의 5%($\alpha = .05$)만이 3.68보다 큰 값에 해당하고 분포의 1%($\alpha = .01$)만이 6.36보다 큰 값에 해당한다(그림 12.6 참조).

표 12.4 예제 12.1의 자료의 ANOVA 계산 결과를 보여 주는 ANOVA 요약표

분산원	*SS*	*df*	*MS*	
처치 간	84	2	42.00	$F = 7.16$
처치 내	88	15	5.87	
전체	172	17		

■ ANOVA 가설 검정의 예시와 효과 크기

가설 검정 지금까지 ANOVA의 모든 개별적인 요소들을 살펴보았는데, 이제는 예제 12.1에 나타난 공부 전략에 관한 연구를 사용해서 전체 ANOVA 과정을 살펴보도록 하자. ANOVA를 위한 모든 계산은 이전 절에서 완료했고, 이 값들이 ANOVA 요약표라고 부르는 표 12.4에 제시되어 있다. 이 표는 변산성의 원인(처치 간, 처치 내, 전체 변산성)을 보여 주며 *SS*, *df*, *MS*, 최종 *F*-비율을 제시한다.

실제 결과를 출판할 때 이러한 표를 더 이상 사용하지는 않지만, 이러한 표는 컴퓨터 결과에 공통적으로 출력되어 나오는 부분이며, 분석 결과를 간결하게 제시하는 방법이기도 하다. (간편하게 계산 결과를 확인해 볼 수 있는데, *SS* 열에 있는 첫 번째, 두 번째 값을 84 + 88와 같이 더하면 이 값은 $SS_{전체}$가 되어야 한다. 동일한 원리가 *df* 열에도 똑같이 적용된다.) ANOVA를 사용할 때, 빈 ANOVA 요약표를 가지고 시작해서 값들이 계산될 때마다 하나씩 빈칸을 채워 나갈 수 있다. 이러한 방법을 사용하면 다음에 무엇을 해야 할지 몰라 헷갈릴 가능성이 낮아진다. 표 12.4에 있는 결과에 기반하여, 가설 검정을 위한 표준 4단계를 사용해서 ANOVA의 전 과정을 제시할 수 있다.

ANOVA 결과를 보고할 때 통용되는 방법은 425쪽에 제시되어 있다.

1단계 가설을 진술하고 유의 수준을 선택한다.

H_0: $\mu_1 = \mu_2 = \mu_3$ (처치 효과가 없다.)
H_1: 적어도 하나의 처치 평균은 다르다.

우리는 $\alpha = .05$를 사용하도록 하겠다.

2단계 기각역을 찾는다. 우리는 $df_{처치\ 간} = 2$와 $df_{처치\ 내} = 15$를 이미 구했다. 따라서 *F*-비율은 $df = 2, 15$를 가지며, $\alpha = .05$일 때 *F*-비율이 3.68보다 큰 값들이 기각역을 구성한다.

3단계 *F*-비율을 계산한다. 이전 절에서 계산을 완료하여 표 12.4에 이를 요약하여 제시했다. 자료에서 구한 값은 $F = 7.16$이다.

4단계 판정을 내린다. 우리가 얻은 F값인 $F = 7.16$는 기각역에 속한다. H_0이 참이라면, 우리가 얻은 $F = 7.16$을 얻을 가능성은 매우 낮다($p < .05$). 그러므로 우리는 H_0를 기각하고 세 가지 공부 전략에서 유의한 차이가 있다고 결론 내린다.

이렇게 하면 ANOVA의 단계별 예시가 끝난다. 그러나 이 예시에서 추가로 짚고 넘어가야 하는 부분이 있다.

이 연구는 '자료를 다시 읽기, 자료에 대해 이미 준비되어 있던 질문에 답하기, 스스로 질문을 만들고 답하기'와 같은 세 가지 공부 전략 간의 효과성을 비교했다. 통계적 판정은 H_0를 기각하는 것이며, 이는 세 가지 전략들이 모두 다 같지는 않음을 의미한다. 그러나 우리는 어떤 전략이 서로 다른지를 판정하지는 않았다. 준비된 질문에 대답하는 것이 자신이 만든 질문에 대답하는 것과 다른가? 준비된 질문에 대답하는 것이 단순히 자료를 다시 읽는 것과 다른가? 불행히도 우리는 이런 질문들에는 대답을 하지 못한다. 우리가 알고 있는 것은 적어도 하나는 다르다는 것(H_0을 기각했다)이고, 정확히 어디에서 차이가 있는지를 알아내기 위해서는 추가적인 분석이 필요하다. 이러한 문제는 12.5절에서 다루게 될 것이다.

■ ANOVA의 효과 크기 측정

이미 언급했듯이, 유의한 평균 차이란 관측된 표본에서의 차이가 우연에 의해 발생했을 가능성이 매우 낮다는 것만을 의미한다. 따라서 유의하다는 말은 반드시 '크다'의 의미가 아니라, 단지 우연에 의해 기대되는 것보다는 크다는 의미이다. 실제로 얼마나 큰 효과인지 정확하게 나타내기 위해서, 유의성과 함께 효과 크기 측정값을 보고할 것이 권장된다.

ANOVA에서 가장 간단하고도 직접적으로 효과 크기를 측정하는 방법은 처치 조건에 의해 설명된 분산의 비율을 계산하는 것이다. 이러한 비율은 점수 변산성 중의 얼마큼이 처치 간 차이에 의해 설명되는가를 나타내며, 9~11장에서 t 검정의 효과 크기를 측정하기 위해서 사용했던 r^2과 유사하다. ANOVA에서는 분산 비율에 대한 계산과 개념이 매우 간단하다. 구체적으로, 전체 SS의 얼마나 많은 부분이 $SS_{처치 간}$에 의해서 설명되는지를 계산한다.

$$\text{설명된 분산의 비율} = \frac{SS_{처치 간}}{SS_{전체}} \tag{12.14}$$

예제 12.1의 자료에 대해 설명된 분산의 비율을 구하면 다음과 같다.

$$\text{설명된 분산의 비율} = \frac{84}{172} = 0.488(\text{또는 } 48.8\%)$$

ANOVA 결과를 출판할 때에는, 처치 효과에 의해서 설명된 분산의 비율은 r^2 대신에 보통 η^2(그리스 문자 에타 제곱)을 사용해서 나타낸다. 따라서 예제 12.1에서 $\eta^2 = 0.488$이다.

다음 예제를 통해 여러분이 ANOVA에서 효과 크기를 측정하는 η^2 계산에 대해 이해했는지 확인해 볼 수 있을 것이다.

예제 12.3 독립 측정 연구의 ANOVA 결과가 다음 표에 요약되어 있다.

분산원	*SS*	*df*	*MS*	
처치 간	84	2	42	$F(2, 12) = 7.00$
처치 내	72	12	6	
전체	156	14		

이 연구에서 효과 크기를 측정하기 위해 η^2를 계산하시오. 여러분은 $\eta^2 = 0.538$를 얻어야 한다. ■

논문 들여다보기

분산 분석 결과 보고하기

ANOVA 결과를 APA 형식으로 보고할 때에는 본문, 표, 그래프에 언급된 처치 평균과 표준편차들을 제시하는 것에서 시작한다. 이러한 기술 통계는 실제 ANOVA 계산에는 필요하지 않지만, n과 T로부터 처치 평균을 쉽게 알아낼 수 있으며($M = T/n$), 각 처치의 SS값으로부터 표준편차 또한 쉽게 알아낼 수 있다[$s = \sqrt{SS/(n-1)}$]. 다음으로, ANOVA 결과를 보고한다. 예제 12.1의 연구에 대해 다음과 같이 보고할 수 있다.

> 평균과 표준편차는 표 1에 제시되어 있다. 분산 분석 결과는 세 가지 공부 전략 간에 유의한 차이가 있음을 나타낸다. $F(2, 15) = 7.16$, $p < .05$,

표 1 세 가지 서로 다른 공부 전략을 사용한 후의 시험 점수

	자료 다시 읽기	자료에 관해 준비된 질문에 답하기	스스로 자료에 대한 질문을 만들고 답하기
M	5.00	9.00	10.00
SD	2.19	2.61	2.45

$\eta^2 = 0.488.$

F-비율을 어떻게 보고하고 있는지에 주목하자. 이 예제에서 처치 간, 처치 내 자유도는 각각 $df = 2, 15$이다. 이 자유도들이 F 바로 다음에 오는 괄호 안에 제시된다. 다음으로 계산된 F값을 보고하고, 제1종 오류를 범할 확률(유의 수준)과 효과 크기를 보고한다.

컴퓨터 프로그램을 사용해서 ANOVA를 실시하게 되면, F-비율은 정확한 p값과 함께 보고된다. 예제 12.1의 자료를 SPSS 프로그램을 사용해서 분석했을 때(이번 장 마지막 SPSS 부분 참조), 컴퓨터 결과는 유의 확률 $p = .007$을 제시했다. 컴퓨터로 계산한 정확한 p를 사용하는 경우, "분산 분석 결과, 세 가지 공부 전략 간에 유의한 차이가 드러났다. $F(2, 15) = 7.16, p = .007, \eta^2 = 0.488$"과 같이 결론을 보고한다.

■ 표본 크기가 다른 경우의 예시

이전 예제에서, 모든 표본들은 정확하게 같은 크기였다(동일한 n). 그러나 ANOVA 공식은 실험 내에서 표본 크기가 달라질 때에도 사용할 수 있다. 하지만 일반적인 ANOVA 과정은 동일한 표본 크기를 가지는 실험 자료를 분석할 때 가장 정확하다. 따라서 연구자들은 일반적으로 동일한 n을 가지도록 실험을 계획하려고 노력한다. 그러나 모든 처치 조건에서 동일한 참여자 수를 확보하는 것이 불가능하거나 비실용적인 상황이 있다. 이러한 경우, 표본들이 상대적으로 크고 표본 크기의 차이가 극단적으로 크지 않을 때에는 ANOVA가 여전히 타당한 검정 결과를 제공한다.

아래 예제는 서로 다른 표본 크기를 가지는 ANOVA를 보여 준다.

예제 12.4 연구자는 전공별로 요구되는 과제량의 차이에 관심이 있다. 연구를 위해 생물학, 영문학, 심리학 전공 학생들을 모집했다. 연구자는 각 학생이 현재 듣고 있는 강의 하나를 무작위로 선택하고 학생들에게 강의에서 각 주에 요구하는 과제량을 기록하도록 했다. 연구자는 모든 지원자를 연구에 참여시켰고, 그 결과 표본의 크기는 동일하지 않았다. 이 자료는 표 12.5에 요약되어 있다.

1단계 가설을 진술하고 유의 수준을 선택한다.

H_0: $\mu_1 = \mu_2 = \mu_3$

H_1: 적어도 하나의 처치 평균은 다르다.

$\alpha = .05$

표 12.5 세 전공에서 학생들이 과제를 하는 데 사용하는 주당 평균 시간

생물학	영문학	심리학	
$n = 4$	$n = 10$	$n = 6$	$N = 20$
$M = 9$	$M = 13$	$M = 14$	$G = 250$
$T = 36$	$T = 130$	$T = 84$	$\Sigma X^2 = 3377$
$SS = 37$	$SS = 90$	$SS = 60$	

2단계 **기각역을 찾는다.** 기각역을 찾기 위해서, 먼저 F-비율의 df값들을 찾아야 한다.

$$df_{\text{전체}} = N - 1 = 20 - 1 = 19$$
$$df_{\text{처치 간}} = k - 1 = 3 - 1 = 2$$
$$df_{\text{처치 내}} = N - k = 20 - 3 = 17$$

이 자료의 F-비율은 $df = 2, 17$을 가지며, $\alpha = .05$일 때 F-비율의 임곗값은 3.59이다.

3단계 **F-비율을 계산한다.** 먼저 세 가지 SS값을 계산한다. $SS_{\text{전체}}$는 전체 $N = 20$개 점수들의 SS이며, $SS_{\text{처치 내}}$는 각 처치 조건 내에서의 SS값들을 합한 것이다.

$$SS_{\text{전체}} = \Sigma X^2 - \frac{G^2}{N} = 3377 - \frac{250^2}{20} = 3377 - 3125 = 252$$

$$SS_{\text{처치 내}} = \Sigma SS_{\text{개별 처치 내}} = 37 + 90 + 60 = 187$$

$SS_{\text{처치 간}}$은 차이로 계산할 수 있다(식 12.5).

$$SS_{\text{처치 간}} = SS_{\text{전체}} - SS_{\text{처치 내}} = 252 - 187 = 65$$

$SS_{\text{처치 간}}$은 계산식(식 12.7)을 사용해서도 구할 수 있다. 계산식을 사용할 때에는, 다음과 같이 개별 처치 총점(T)에 대해 적절한 표본 크기(n)를 사용하도록 주의를 기울여야 한다.

$$SS_{\text{처치 간}} = \Sigma \frac{T^2}{n} - \frac{G^2}{N}$$
$$= \frac{36^2}{4} + \frac{130^2}{10} + \frac{84^2}{6} - \frac{250^2}{20}$$

$$= 324 + 1690 + 1176 - 3125$$
$$= 65$$

마지막으로 *MS*값과 *F*-비율을 계산한다.

$$MS_{\text{처치 간}} = \frac{SS}{df} = \frac{65}{2} = 32.5$$

$$MS_{\text{처치 내}} = \frac{SS}{df} = \frac{187}{17} = 11$$

$$F = \frac{MS_{\text{처치 간}}}{MS_{\text{처치 내}}} = \frac{32.5}{11} = 2.95$$

4단계 **판정을 내린다.** 얻어진 *F*-비율이 기각역에 속하지 않기 때문에 영가설을 기각하지 못하고, 따라서 세 학생 모집단 간에 주당 평균 과제량에 유의한 차이가 없다고 결론을 내린다. ■

■ 독립 측정 ANOVA의 가정들

독립 측정 ANOVA에서는 독립 측정 *t* 가설 검정에 필요한 세 가지 가정과 동일한 가정이 요구된다.

1. 각 표본의 관찰값들은 독립이어야 한다(256쪽).
2. 표본들이 선택되는 모집단들은 정규분포를 이루어야 한다.
3. 표본들이 선택되는 모집단들은 동일한 분산을 가져야 한다(등분산성).

보통 연구자들은 표본들의 크기가 크고, 가정이 충족되지 않는다고 의심할 만할 강력한 증거가 없다면 정규성 가정에 대해 크게 염려하지 않는다. 반면에 등분산성 가정은 중요하다. 만약 이 가정이 위배된다고 의심된다면, 등분산성을 Hartley의 *F*-max 검정을 사용하여 검증해 볼 수 있다(10장 340쪽 참조).

학습 점검

학습 목표 6 **1.** 각 처치에 $n = 6$명이 속한 네 개의 처치를 사용한 연구에서 평균 차이 검정을 위해 분산 분석을 사용했다. 이 연구에서 *F*-비율의 자유도는 얼마인가?

a. $df = 3, 5$

b. $df = 3, 15$

c. $df = 3, 20$

d. $df = 4, 24$

학습 목표 7 **2.** 아래 표는 각 처치에 $n = 11$명이 속한 표본을 사용하여 두 개의 처치 조건을 비교한 분산 분석 결과를 보여 준다. 몇몇 값들이 표에서 지워져 있다. 지워진 *F*-비율값은 무엇이겠는가?

a. 2

b. 7

c. 14

d. 28

분산원	*SS*	*df*	*MS*	
처치 간	xx	xx	14	F = xx
처치 내	xx	xx	xx	
전체	154	xx		

학습 목표 8 **3.** 연구자가 처치들 간에 유의한 차이가 있다고 결론을 내리고 "$F(2, 27) = 8.62$, $p < .01$, $\eta^2 = 0.46$"과 같이 보고했다. 이 연구에서는 몇 개의 처치 조건을 비교하고 있는가?

a. 2

b. 3

c. 29

d. 30

정답 **1. c** **2. a** **3. b**

12-5 사후 검정

학습 목표(Learning Objectives)

9. 사후 검정이 필요한 상황을 설명하고 이 검정이 무엇을 하는지 설명할 수 있다.

앞서 언급했듯이, (t 검정과 비교했을 때) ANOVA의 주요 장점은 처치 조건이 둘 이상일 때에도 평균 차이에 대한 유의성을 검증할 수 있다는 것이다. ANOVA는 하나의 검정 안에서 모든 개별 평균들의 차이를 한꺼번에 비교한다. 불행히도 여러 평균들 간의 차이를 하나의 검정 통계량으로 결합하는 과정은 결과 해석에서의 어려움을 야기한다. 구체적으로, 유의한 *F*-비율을 얻었을 때(H_0를 기각한 경우), 이는 단지 전체 평균 차이들 중에서 적어도 하나는 통계적으로 유의하다는 것을 나타낸다. 즉, *F*-비율은 단순히 어떤 유의한 차이가 존재한다는 것만을 말해 준다. 정확하게 어느 평균들 간에 유의한 차이가 있고 어느 평균들 간에는 유의한 차이가 없는지에 대해서는 알려 주지 않는다.

예제 12.1에서 '자료 다시 읽기, 자료에 관해 준비된 질문에 답하기, 스스로 자료에 대한 질문을 만들고 답하기'와 같은 시험 준비를 위한 세 가지 공부 전략을 비교하기 위해서 세 표본을 사용하는 독립 측정 연구를 소개했다. 세 표본의 평균은 $M_1 = 5, M_2 = 9, M_3 = 10$이었다. 이 연구에는 다음과 같은 세 가지 평균 차이가 존재한다.

1. M_1과 M_2 사이에는 4점의 차이가 존재한다.
2. M_2와 M_3 사이에는 1점의 차이가 존재한다.
3. M_1과 M_3 사이에는 5점의 차이가 존재한다.

이 자료를 분석하기 위해 사용한 ANOVA에는 유의한 F-비율이 산출되었고, 이는 적어도 표본 평균 차이들 중 하나는 통계적 유의성 기준을 만족할 만큼 충분히 크다는 것을 나타낸다. 이 예시에서 5점의 차이는 세 평균 차이들 중에 가장 크기 때문에, 첫 번째 처치와 세 번째 처치 간에는 반드시 유의한 차이가 있을 것이다($\mu_1 \neq \mu_3$). 그렇다면 4점 차이는 어떨까? 이 차이 또한 유의할 만큼 충분히 큰가? 또한 M_2와 M_3 사이에 존재하는 1점의 차이는 어떠한가? 이 또한 유의한가? **사후 검정**의 목적은 바로 이러한 질문들에 대답하는 것이다.

사후 검정(post hoc tests 또는 posttests)은 정확하게 어떤 평균들 간의 차이가 유의한지 또는 유의하지 않은지 결정하기 위하여 ANOVA를 실행한 후에 실시하는 추가적인 가설 검정이다.

이름에서 알 수 있듯이, 사후 검정은 ANOVA를 완료한 후에 실시한다. 더 구체적으로, 사후 검정은 아래 두 조건을 모두 만족할 때 실시한다.

1. H_0가 기각되고
2. 3개 또는 그 이상의 처치가 있을 때 ($k \geq 3$)

H_0의 기각은 처치들 사이 적어도 하나의 차이가 존재한다는 것을 나타낸다. 만약 단지 두 개의 처치만 있다면, 어느 평균과 어느 평균이 다른지에 대한 의문의 여지가 없으므로 굳이 사후 검정이 필요 없다. 그러나 3개 이상의 처치가 있을 때에는($k \geq 3$), 정확하게 어느 평균과 어느 평균이 유의하게 다른지를 결정하는 것이 문제이다.

■ 사후 검정과 제1종 오류

일반적으로 사후 검정은 자료에서 모든 서로 다른 두 개의 개별 처치들을 비교할 수 있도록 해 준다. 통계적 용어로 하면, **쌍별 비교(pairwise comparisons)**라고 부른다. 예를 들어, $k = 3$일 때, μ_1과 μ_2를 비교하고 μ_2와 μ_3를 비교하고 μ_1과 μ_3를 비교하게 되며, 각각의 비교에서 유의한 평균 차이가 있는지를 찾는다. 쌍별 비교에서는 일련의 서로 다른 가설 검정을 수행하게 되고, 각각의 가설 검정은 제1종 오류의 위험을 갖는다. 더 많은 개별적인 검정을 실행할수록, 제1종 오류의 위험은 누적되고 이를 **실험 유의 수준**이라 부른다(404쪽 참조).

예를 들어, 우리는 세 개의 처치 조건을 갖는 연구는 세 개의 서로 다른 평균 차이들을 생성한다는 것을 살펴보았고, 이 각각의 평균 차이를 사후 검정을 사용하여 평가할 수 있다. 만약 각 검정이 $\alpha = .05$를 사용한다면, 첫 번째 사후 검정에서 제1종 오류의 위험은 5%이고, 두 번째 검정에서도 5%의 위험이 있고, 세 번째 검정 또한 5%의 위험이 있다. 제1종 오류의 확률이 단순히 이 세 검정에서의 확률들을 더해서 구해지는 것은 아니지만, 개별 검정의 수가 증가하면 전체 실험 수준에서의 제1종 오류 확률은 반드시 증가하게 된다.

사후 검정을 실시할 때에는 항상 실험 유의 수준에 대해 고려해야 한다. 통계학자들은 이러한 문제를 해결하고자 했고, 사후 검정에서 제1종 오류를 통제하기 위한 몇 가지 방법을 개발했다. 이 중 다음 두 가지 방법에 대해서 살펴보자.

■ Tukey의 Honestly Significant Difference(HSD) 검정

먼저 고려할 사후 검정은 **Tukey의 HSD 검정**이다. 우리가 Tukey의 HSD 방법을 선택한 이유는 이 방법이 심리학 연구에서 자주 사용되기 때문이다. Tukey의 검정은 유의성에 필요한 최소한의 처치 간 평균 차이를 결정하는 하나의 값을 계산한다. 이 값을 *honestly significant difference* 또는 HSD라고 부르는데, 이 값을 사용하여 임의의 두 처치 조건을 비교하게 된다. 만약 평균 차이가 Tukey의 HSD를 넘는다면, 처치 간에 유의한 차이가 있다고 결론 내린다. 그렇지 않다면 처치 간에 유의한 차이가 있다고 결론 내릴 수 없다. Tukey의 HSD의 공식은 다음과 같다.

$$HSD = q\sqrt{\frac{MS_{\text{처치 내}}}{n}} \tag{12.15}$$

Tukey의 HSD 검정에 쓰이는 q값은 합의된 범위 통계량으로 불린다.

여기서 q값은 표 A.5(부록 A, 638쪽)에서 찾을 수 있고, $MS_{\text{처치 내}}$는 ANOVA에서의 처치 내 분산이며 n은 각 처치 안에 있는 점수들의 개수이다. Tukey의 검정은 모든 처치에서 표본 크기가 n으로 동일할 것을 요구한다. 표에서 q의 적절한 값을 찾으려면, 전체 실험에서의 처치 수(k)와 $MS_{처치 내}$(F-비율에서의 오차항)의 자유도를 반드시 알아야 하고, 유의 수준을 선택해야 한다(일반적으로 ANOVA에서 사용한 α와 동일한 값을 사용한다).

예제 12.5 Tukey의 HSD 사후 검정 실행 과정을 설명하기 위해서 표 12.6에 요약되어 있는 예제 12.1의 자료를 사용하도록 하겠다. 표 12.6에 각 표본의 요약 통계와 전체 ANOVA 결과가 제시되어 있다. $k = 3, n = 6, \alpha = .05$일 때 검정에 사용하는 q값은 $q = 3.67$이다(표 A.5 참조). 따라서 Tukey의 HSD는 다음과 같다.

$$HSD = q\sqrt{\frac{MS_{처치 내}}{n}} = 3.67\sqrt{\frac{5.87}{6}} = 3.63$$

즉, 어떤 두 표본들 간에 평균 차이가 유의하기 위해서는 적어도 그 차이가 3.63은 되어야 한다. 이 값을 사용해서, 다음과 같은 결론을 내릴 수 있다.

1. 처치 A와 처치 B 간에는 유의한 차이가 있다($M_A - M_B = 4.00$).
2. 처치 A와 처치 C 간에는 유의한 차이가 있다($M_A - M_C = 5.00$).
3. 처치 B와 처치 C 간에는 유의한 차이가 없다($M_B - M_C = 1.00$).

표 12.6 예제 12.1의 연구 결과. 각 처치에 대한 요약 통계가 ANOVA 결과와 함께 제시되어 있다.

처치 A (읽기)	처치 B (준비된 질문)	처치 C (질문 만들기)
$n = 6$	$n = 6$	$n = 6$
$T = 30$	$T = 54$	$T = 60$
$M = 5.00$	$M = 9.00$	$M = 10.00$

분산원	*SS*	*df*	*MS*
처치 간	84	2	42
처치 내	88	15	5.87
전체	172	17	
전체 $F(2, 15) = 7.16$			

■

■ Scheffé 검정

Scheffé 검정은 제1종 오류의 위험을 줄이기 위해 매우 신중한 방법을 사용하기 때문에 모든 사후 검정 중에 가장 안전한 방법으로 분류된다(제1종 오류를 범할 위험이 가장 낮다). Scheffé 검정은 임의의 두 처치 조건 간 차이가 유의한지를 검증하기 위해 F-비율을 사용한다. F-비율의 분자는 비교하고자 하는 두 개의 처치만을 사용해서 계산한 처치 간 MS이다. 분모는 전체 ANOVA에서 사용한 $MS_{처치 내}$이다. Scheffé 검정이 안전한 방법인 이유는 다음과 같은 두 가지 고려를 하기 때문이다.

1. 단지 두 개의 처치만 비교하고 있는데도 Scheffé 검정은 처치 간 *df*를 계산하기 위해서 원래 실험에서의 *k*값을 사용한다. 따라서 *F*-비율에서 분자의 *df*는 $k - 1$이다.
2. Scheffé *F*-비율에 대한 임곗값은 전체 ANOVA에서의 *F*-비율을 평가하기 위해서 사용한 임곗값과 같다. 즉, Scheffé 검정은 모든 사후 검정이 전체 ANOVA와 동일한 기준을 만족할 것을 요구한다. 아래 예제는 예제 12.1의 자료(표 12.6 참조)를 사용하여 Scheffé 사후 검정 과정을 보여 주고 있다.

예제 12.6 Scheffé 과정은 각각의 비교를 위해 서로 다른 $SS_{\text{처치 간}}$, $MS_{\text{처치 간}}$, 및 *F*-비율을 필요로 한다. Scheffé는 일반적인 계산식(식 12.7)을 사용해서 $SS_{\text{처치 간}}$을 계산하지만, 식에 있는 모든 숫자들은 현재 비교하고 있는 두 처치 조건에 의해서만 결정된다는 점을 기억해야 한다. 처치 B($T = 54, n = 6$)와 처치 C($T = 60, n = 6$)를 비교하는 가장 작은 평균 차이에서 시작해 보자. 첫 번째 단계는 이 두 집단에 대한 $SS_{\text{처치 간}}$을 계산하는 것이다. *SS* 공식에서, 두 집단의 총합은 $G = 54 + 60 = 114$이며 두 집단의 점수들의 전체 개수는 $N = 6 + 6 = 12$이다.

$$SS_{\text{처치 간}} = \Sigma\frac{T^2}{n} - \frac{G^2}{N}$$
$$= \frac{(54)^2}{6} + \frac{(60)^2}{6} - \frac{(114)^2}{12}$$
$$= 486 + 600 - 1083 = 3$$

우리는 두 집단만을 비교하고 있지만, 이 두 집단은 $k = 3$개의 표본들로 구성된 연구로부터 선택된 것이다. Scheffé 검정은 전체 연구를 고려하여 처치 간 자유도를 결정한다. 즉, $df_{\text{처치 간}} = 3 - 1 = 2$ 이며, 처치 간 *MS*는 아래와 같다.

$$MS_{\text{처치 간}} = \frac{SS_{\text{처치 간}}}{df_{\text{처치 간}}} = \frac{3}{2} = 1.5$$

마지막으로, Scheffé 검정에서는 전체 ANOVA의 오차항을 사용하여 *F*-비율을 계산한다. 이 예시에서 $MS_{\text{처치 내}} = 5.87$, $df_{\text{처치 내}} = 15$이다. 따라서 Scheffé 검정에서는 다음과 같은 *F*-비율을 산출한다.

$$F = \frac{MS_{\text{처치 간}}}{MS_{\text{처치 내}}} = \frac{1.5}{5.87} = 0.26$$

$df = 2, 15$이고 $\alpha - .05$일 때 *F*의 임곗값은 3.68이다(표 A.4 참조). 따라서 우리가 얻은 *F*-비율은 기각역에 속하지 않고, 우리는 처치 B와 처치 C 간에 유의한 차이를 나타내지

않는다고 결론 내린다.

두 번째로 작은 평균 차이는 처치 A($T = 30$)와 처치 B($T = 54$) 간의 차이이다. 이번에는 $SS_{처치\ 간} = 48$, $MS_{처치\ 간} = 24$이며, $F(2, 15) = 4.09$이다(여러분이 직접 계산을 확인해 보기 바란다). 앞서와 마찬가지로 F의 임곗값이 3.68이기 때문에, 처치 A와 처치 B 사이에 유의한 차이가 있다고 결론 내린다.

마지막 비교는 처치 A($M = 5$)와 처치 C($M = 10$)이다. 우리는 이미 A와 B 간에 존재하는 4점의 평균 차이가 유의하다는 것을 발견했으므로, A와 C 사이의 5점 차이 또한 유의할 수밖에 없다. 따라서 Scheffé 사후 검정 결과, B와 C(준비된 질문에 답하기와 스스로 질문을 만들고 대답하기) 둘다 처치 A(자료 다시 읽기)와는 유의하게 다르지만, B와 C 간에는 유의한 차이가 없다고 할 수 있다. ■

이 예제에서 두 사후 검정, Tukey의 HSD 검정과 Scheffé 검정은 정확하게 같은 결과를 산출했다. 그러나 Tukey의 HSD 검정에서 유의했던 차이가 Scheffé 검정에서는 유의하지 않은 경우가 발생할 수 있다. Scheffé 검정은 제1종 오류로부터 가장 높은 수준의 보호를 제공하기 때문에 가장 안전한 사후 검정 방법 중 하나이다. 이러한 보호를 제공하기 위해, Scheffé 검정에서는 어떠한 차이가 유의하다고 결론을 내리기 위해 표본 평균들 간에 더 큰 차이를 요구한다.

학습 점검

학습 목표 9 **1.** ANOVA 실행 후에 사후 검정이 필요한 경우는 어떤 경우인가?

a. H_0이 기각되었을 때

b. 처치가 2개보다 많을 때

c. H_0가 기각되고 처치가 2개보다 많을 때

d. ANOVA 실행 후에는 언제나 사후 검정을 해야 한다.

학습 목표 9 **2.** $M_1 = 8, M_2 = 4, M_3 = 2$인 세 개의 처치를 비교하는 연구에서 처치 효과가 ANOVA에서 유의할 때, Tukey의 HSD값이 2.50이라면, 어떤 처치 간에 유의한 차이가 있는가?

a. 1 vs 2, 2 vs 3

b. 1 vs 2, 1 vs 3

c. 1 vs 3, 2 vs 3

d. 1 vs 2, 1 vs 3, 2 vs 3

정답 **1.** c **2.** b

12-6 ANOVA에 대해 더 알아보기

학습 목표(Learning Objectives)

10. ANOVA 결과와 효과 크기가 표본 크기, 표본 분산, 표본 평균 차이에 의해 어떻게 영향을 받는지 설명할 수 있다.

11. 독립 측정 연구에서 두 개의 평균 차이를 평가할 때, 독립 측정 t 검정과 ANOVA의 관계를 설명할 수 있다.

■ ANOVA에 대한 개념적 설명

분산 분석은 꽤 복잡한 계산을 포함하기 때문에, 학생들이 처음 이러한 통계적 방법을 마주하게 되면 공식과 계산에 압도당하는 경향이 있고 분석의 목적이 무엇이었는지는 잊게 된다. 아래 두 예제는 공식의 역할을 최소화하고 ANOVA 과정의 개념적 목적에 초점을 두고 있다.

예제 12.7 아래 자료는 두 개의 처치 조건 간 평균 차이를 평가하기 위해서 두 개의 서로 다른 표본들을 사용한 실험 결과를 나타낸다. 잠시 자료를 살펴보자. 어떠한 계산도 하지 말고, 이 값들에 대해 어떤 ANOVA 결과가 나올지 예측해 보자. 구체적으로 처치 간 분산(MS)과 F-비율값이 무엇일지 예측해 보자. 만약 20~30초 후에도 정답을 모르겠다면, 자료 아래에 제시된 힌트를 읽어 보자.

처치 1	처치 2	
4	2	$N = 8$
0	1	$G = 16$
1	0	$\Sigma X^2 = 56$
3	5	
$T = 8$	$T = 8$	
$SS = 10$	$SS = 14$	

만약 ANOVA 결과를 예측하는 것이 어렵다면, 다음의 힌트를 읽고 자료를 다시 한 번 살펴보자.

힌트 1: $SS_{처치\ 간}$, $MS_{처치\ 간}$은 처치 조건들 간에 얼마나 많은 차이가 있는지에 대한 측정값을 제공한다는 것을 기억하자.

힌트 2: 각 처치의 평균 또는 총합(T)을 찾고, 두 처치 간에 얼마나 많은 차이가 있는지를 살펴보자.

이 자료는 처치 간에 차이가 없도록 만들어져 있음을 알아차려야 한다. 두 표본 평균(총합)들은 동일하고, 따라서 $SS_{\text{처치 간}} = 0$, $MS_{\text{처치 간}} = 0$이며 F-비율도 0이다. ■

개념적으로, F-비율의 분자는 항상 처치 간에 얼마나 많은 차이가 존재하는지를 측정한다. 예시 12.7에서는 처치 간에 차이가 전혀 없는 극단적인 점수들의 집합을 구성했다. 그러나 여러분은 어떤 자료이건 살펴보고 빠르게 평균(또는 총합)들을 비교하여 처치 간 차이가 큰지 또는 작은지를 알아낼 수 있어야 한다.

처치 간 차이의 크기를 살펴보는 것은 ANOVA 이해를 위한 첫 단계이며, ANOVA 결과를 예측하는 데 도움이 된다. 그러나 처치 간 차이는 단지 분석의 한 부분일 뿐이다. F-비율의 분모인 처치 내 차이 또한 이해해야 한다. 아래 예제는 $SS_{\text{처치 내}}$과 $MS_{\text{처치 내}}$의 개념을 설명한다. 또한 이 예제를 통해 ANOVA 내에서 처치 간 차이와 처치 내 차이가 어떻게 함께 작용하는지를 더 잘 이해할 수 있을 것이다.

예제 12.8 이 예제의 목적은 처치 간 변산성과 처치 내 변산성의 개념에 대해 시각적인 이미지를 보여 주는 것이다. 이 예제에서는 동일한 실험에 대해 두 개의 서로 다른 가상적인 결과를 비교할 것이다. 각각의 상황에서, 이 실험은 두 처치 간의 평균 차이를 평가하기 위해서 두 개의 서로 다른 표본을 사용한다. 아래 자료는 두 결과를 나타내는데, 이들을 각각 실험 A, 실험 B라고 부르기로 하자.

실험 A		**실험 B**	
처치		**처치**	
I	**II**	**I**	**II**
8	12	4	12
8	13	11	9
7	12	2	20
9	11	17	6
8	13	0	16
9	12	8	18
7	11	14	3
$M = 8$	$M = 12$	$M = 8$	$M = 12$
$s = 0.82$	$s = 0.82$	$s = 6.35$	$s = 6.35$

실험 A의 자료가 **그림 12.7(a)**에 빈도 분포 그래프로 제시되어 있다. 처치들 간에 4점의 평균 차이가 있다는 것에 주목하자($M_1 = 8, M_2 = 12$). 이것이 F-비율의 분자를 구성하는 처치 간 차이를 나타낸다. 각 처치 내 점수들이 평균에 가깝게 몰려 있다는 점에도 주목하자. 이는 각 처치 내 분산이 상대적으로 작다는 것을 나타낸다. 이것이 F-비

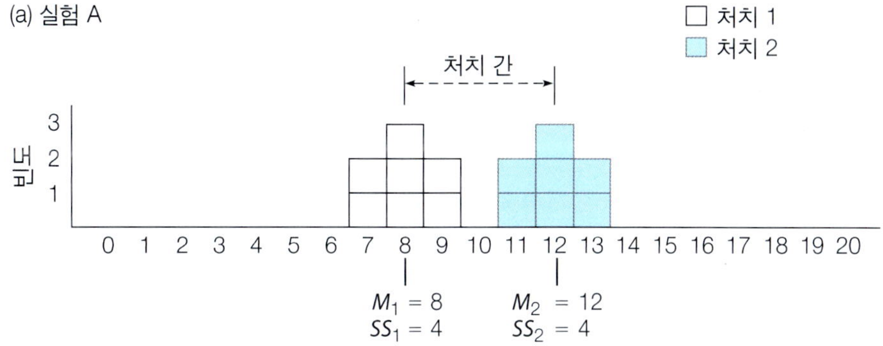

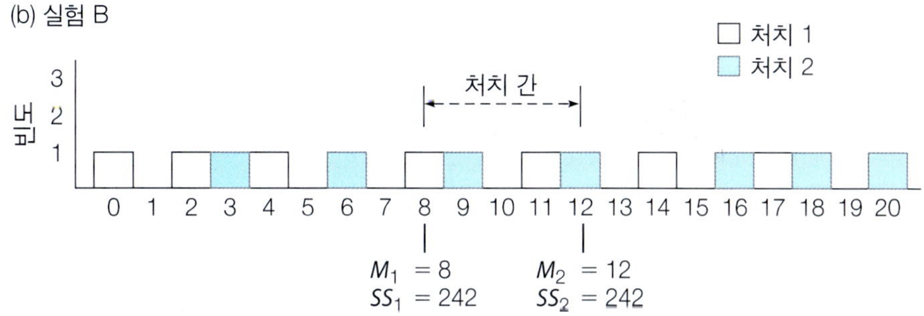

그림 12.7

F-비율의 분자와 분모를 형성하는 처치 간 변산성과 처치 내 변산성에 대한 시각적 제시. (a)에서는 처치 간 차이가 상대적으로 크고 알아보기 쉽다. (b)에서는 같은 4점의 차이가 존재하지만, 이는 처치 내 변산성에 비해 상대적으로 작고 처치 내 변산성에 의해 압도당한다.

율의 분모를 구성하는 처치 내 분산이다. 마지막으로 여러분은 두 표본들 사이의 평균 차이를 쉽게 간파할 수 있음을 알아차려야 한다. 두 처치 간에 분명한 평균 차이가 존재한다는 사실은 실험 A에서 *F*-비율을 계산함으로써 재확인할 수 있다.

$$F = \frac{\text{처치 간 차이}}{\text{처치 내 차이}} = \frac{MS_{\text{처치 간}}}{MS_{\text{처치 내}}} = \frac{56}{0.667} = 83.96$$

F-비율인 $F = 83.96$은 영가설을 기각하기에 충분하므로, 두 처치 간에 유의한 차이가 있다고 결론을 내릴 수 있다.

이제 실험 B의 자료를 살펴보자. 이 자료는 **그림 12.7(b)**에 제시되어 있으며 매우 다른 그림을 나타낸다. 이 실험은 실험 A와 마찬가지로 처치들 간에 4점의 평균 차이를 보여 준다($M_1 = 8$, $M_2 = 12$). 그러나 각 처치 내 점수들이 척도 전체에 걸쳐 넓게 분포되어 있고, 이는 처치 내 분산이 상대적으로 크다는 것을 나타낸다. 이 경우, 처치 내에 존재하는 큰 분산이 처치 간에 존재하는 상대적으로 작은 평균 차이를 압도한다. 그림에서도 처치 간 평균 차이를 식별하는 것이 거의 불가능하다. 처치 내 분산은 F-비율의 분모에 나타나고 이 자료에서 F-비율은 처치들 간에 분명한 평균 차이가 없다는 것을 재확인시켜 준다.

$$F = \frac{\text{처치 간 차이}}{\text{처치 내 차이}} = \frac{MS_{\text{처치 간}}}{MS_{\text{처치 내}}} = \frac{56}{40.33} = 1.39$$

실험 B에서 F-비율은 영가설을 기각할 만큼 크지 않으므로, 두 처치 간에 유의한 차이가 없다고 결론 내린다. 다시 한 번, 통계적 결론은 **그림 12.7(b)**에서 자료가 보여주는 것과 일치한다. 그림을 보면, 두 표본의 점수들이 처치 간에 분명한 차이 없이 무작위로 섞여 있는 것을 볼 수 있다.

마지막으로 F-비율의 분모 $MS_{\text{처치 내}}$는 각 개별 표본들 안에서의 변산성(또는 분산)을 측정한다. 이전 장에서 소개한 것처럼, 높은 변산성은 자료에서 어떤 패턴을 보기 어렵게 만는다. **그림 12.7(a)**에서 표본의 변산성이 작기 때문에 4점의 처치 간 평균 차이는 알아보기 쉽다. **그림 12.7(b)**에서는 표본의 변산성이 크기 때문에 4점의 처치 간 평균 차이를 알아볼 수 없다. 일반적으로, 분산을 자료 안에 존재하는 '잡음' 또는 '혼란'의 양을 측정하는 것으로 생각할 수 있다. 분산이 크면 많은 잡음과 혼란이 있고 어떤 분명한 패턴을 보기 어렵다. ■

예시 12.7과 12.8에서 과장된 자료를 사용하여 다소 단순하게 설명했지만, 이 예시들의 핵심은 여러분이 ANOVA를 수행할 때 무슨 일이 일어나는지 알 수 있게 도와준다는 것이다. 구체적으로 다음과 같다.

1. F-비율의 분자($MS_{\text{처치 간}}$)는 처치 평균들 간에 얼마나 많은 차이가 존재하는지 측정한다. 평균 차이가 클수록, F-비율도 커진다.
2. F-비율의 분모($MS_{\text{처치 내}}$)는 각 처치 안에 있는 점수들의 분산을 측정한다. 즉, 각 개별 표본들의 분산을 측정한다. 일반적으로 표본 분산이 클수록 F-비율은 작아진다.

표본들 안에 있는 점수들의 개수도 ANOVA 결과에 영향을 준다는 것을 알아야 한다. 대부분의 다른 가설 검정처럼, 다른 요인들이 고정되어 있다면 표본 크기의 증가는 영가설을 기각할 가능성을 증가시킨다. 그러나 표본 크기 변화는 η^2 같은 효과 크기에는 영향을 주지 않거나 영향이 작다.

■ ANOVA와 t 검정 간의 관계

단지 두 처치(서로 다른 두 표본)만을 비교하는 독립 측정 연구에서 평균 차이를 평가할 때, 독립 측정 t 검정(10장)이나 ANOVA 둘 중 하나를 사용할 수 있다. 실질적으로 어떤 것을 선택하든 차이는 없다. 이 두 통계적 방법들은 항상 같은 통계적 결론에 이르게 된다. 사실 이 두 방법들은 많은 동일한 계산을 사용하며, 여러 다른 측면에서도 매우 가깝게 연관되어 있다. t 통계량과 F-비율 사이의 기본적인 연관성을 다음 식으로 나타낼 수 있다.

$$F = t^2$$

이 관계는 F와 t 공식의 구조를 살펴보는 것으로 설명할 수 있다. t 통계량은 거리, 즉 두 표본 평균 간의 거리(분자)와 표준오차로 계산되는 거리(분모)를 비교한다. 반면, F-비율은 분산을 비교한다. 분산은 거리 제곱을 측정한다는 것을 떠올려 보자. 즉, F와 t의 관계는 다음과 같다.

$$F = t^2$$

t 통계량과 F-비율을 비교할 때 고려해야 하는 또 다른 몇 가지 측면들이 있다.

1. t 검정 또는 ANOVA 중 무엇을 선택하든지 동일한 가설을 검증한다는 점은 자명하다. 처치가 두 개만 있을 때, 검증을 위한 가설은 다음과 같다.

$$H_0: \mu_1 = \mu_2$$
$$H_1: \mu_1 \neq \mu_2$$

2. t 통계량의 자유도와 F-비율 분모의 자유도($df_{\text{처치 내}}$)는 동일하다. 예를 들어, 만약 각각 6개의 점수들로 이루어진 두 개의 표본이 있다면, 독립 측정 t 통계량의 $df = 10$이고 F-비율은 $df = 1, 10$을 가진다. 각각의 경우에서 첫 번째 표본의 $df = (n - 1)$와 두 번째 표본의 $df = (n - 1)$를 더하여 자유도를 구한다.
3. t 분포와 F-비율의 분포는 $F = t^2$ 관계를 고려하면 완벽하게 대응된다. **그림 12.8**에 나타난 $df = 18$인 t 분포와 이에 상응하는 $df = 1, 18$인 F 분포를 살펴보자. 다음과 같은 관계를 알아차릴 수 있다.
   a. 만약 각 t값을 제곱하면, 모든 음숫값이 양숫값이 된다. 결과적으로 t 분포의 모든 왼쪽 부분이 양의 방향으로 뒤집히게 된다. 이는 비대칭적이고 정적으로 편향된 분포, 즉 F 분포를 만든다.
   b. $\alpha = .05$일 때 t의 기각역은 $+2.101$보다 큰 값으로 결정되거나 -2.101보다 작은 값으로 결정된다. 이 값들을 제곱하면, $\pm 2.101^2 = 4.41$이다.

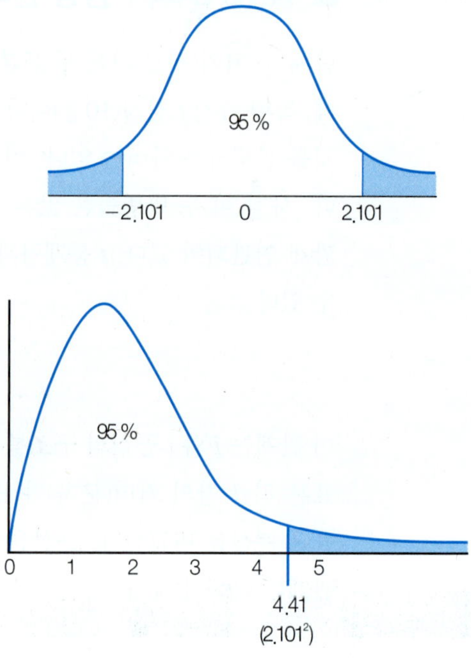

그림 12.8

df = 18인 *t* 통계량 분포와 이에 상응하는 *df* = 1, 18인 *F*-비율 분포. $\alpha = .05$일 때 임곗값은 $t = \pm 2.101$이며, $F = 2.101^2 = 4.41$이다.

4.41은 $\alpha = .05$일 때 *F* 분포의 임곗값이다. *t*의 기각역 안에 있는 어떤 값이든 제곱한 후에는 결국에 *F*-비율의 기각역 안에 있다.

학습 점검

학습 목표 10 **1.** 어떤 요인 결합이 가장 큰 *F*-비율과 가장 큰 η^2값을 만들 수 있는가?

a. 큰 평균 차이와 큰 표본 분산

b. 큰 평균 차이와 작은 표본 분산

c. 작은 평균 차이와 큰 표본 분산

d. 작은 평균 차이와 작은 표본 분산

학습 목표 10 **2.** 아래 자료에 대해 ANOVA를 사용하여 분석할 때, $M_2 = 30$으로 변하면 어떤 효과가 발생하는가?

a. $SS_{처치\ 간}$ 증가, *F*-비율의 크기 증가

b. $SS_{처치\ 간}$ 증가, *F*-비율의 크기 감소

c. $SS_{처치\ 간}$ 감소, *F*-비율의 크기 증가

d. $SS_{처치\ 간}$ 감소, *F*-비율의 크기 감소

표본 자료	
$M_1 = 15$	$M_2 = 25$
$SS_1 = 90$	$SS_2 = 70$

학습 목표 11 **3.** 두 처치 조건의 평균 차이를 평가하기 위해서 ANOVA를 사용하고 $F = 4.00$, $df = 1, 16$을 얻었다. 만약 독립 측정 t 통계량이 ANOVA 대신 사용된다면 t값과 df값은 얼마인가?

a. $t = 2.00, df = 16$

b. $t = 2.00, df = 17$

c. $t = 16, df = 16$

d. $t = 16, df = 17$

정답 **1. b** **2. a** **3. a**

핵심 요약

1. 분산 분석(ANOVA)은 둘 이상의 처치 조건 간 평균 차이를 검증하기 위해서 사용하는 통계적 방법이다. 영가설은 모집단에서 처치 간 평균 차이가 없다는 것이다. 대립가설은 적어도 한 개의 평균 차이가 있다는 것이다.

2. ANOVA 검정 통계량은 두 분산의 비율이며 F-비율이라 부른다. F-비율을 구성하는 분산을 평균제곱 또는 MS라 부른다. 각 MS는 아래와 같이 계산한다.

$$MS = \frac{SS}{df}$$

3. 독립 측정 ANOVA의 F-비율은 아래와 같다.

$$F = \frac{MS_{\text{처치 간}}}{MS_{\text{처치 내}}}$$

$MS_{\text{처치 간}}$은 처치 평균들 또는 총점들의 변산성을 계산함으로써 처치들 간의 차이를 측정한다. 이 차이는 다음에 의해 발생한다고 가정한다.

a. 처치 효과(만약 존재한다면)

b. 우연에 의한 차이

$MS_{\text{처치 내}}$은 각 처치 조건 내에서의 변산성을 측정한다. 처치 조건 안에 있는 개인들은 정확하게 같은 처치를 받고, 처치 내의 어떠한 차이도 처치 효과에 의해서 생길 수 없다. 따라서 처치 내 MS는 우연에 의한 차이에 의해서만 발생한다. 이러한 점들을 고려하면, F-비율은 아래와 같은 구조를 갖는다.

$$F = \frac{\text{처치 효과 + 우연에 의한 차이}}{\text{우연에 의한 차이}}$$

처치 효과가 없을 때(H_0가 참일 때), F-비율 분자와 분모는 같은 분산을 측정하고 F-비율은 1에 가까워진다. 만약 유의한 처치 효과가 있다면 F-비율의 분자가 분모보다 커야 한다. 즉, F값이 1보다 커야 한다.

4. 각 SS, df, MS값을 계산하는 공식이 그림 12.9에 나타나 있다. 이 그림은 ANOVA의 일반적인 구조 또한 보여 준다.

5. F-비율은 분자에 있는 MS와 연관된 자유도와 분모에 있는 MS와 연관된 자유도, 이렇게 두 개의 자유도를 갖는다. 이 자유도들은 F 분포표에서 F-비율의 임곗값을 찾는 데 사용된다.

6. 독립 측정 ANOVA에서 효과 크기는 에타 제곱을

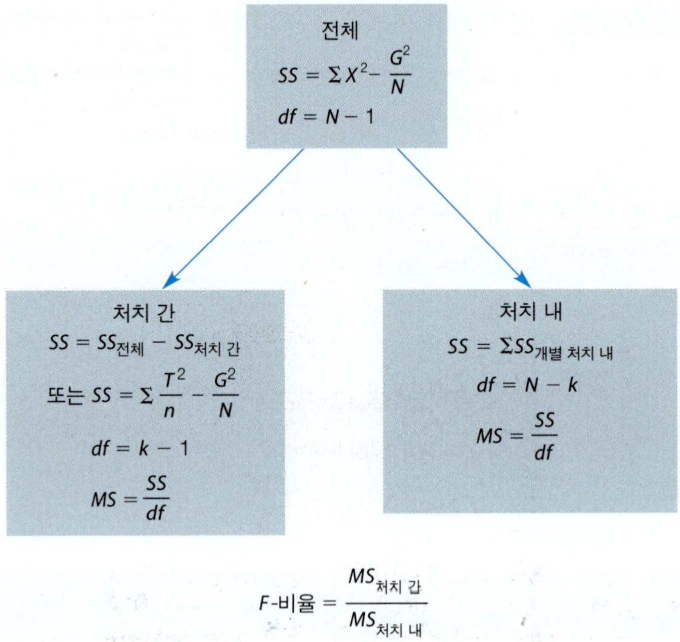

그림 12.9
ANOVA 공식

계산함으로써 구할 수 있으며, 이 값은 처치 효과에 의해서 설명된 분산의 비율을 나타낸다.

$$\eta^2 = \frac{SS_{처치\ 간}}{SS_{처치\ 간} + SS_{처치\ 내}} = \frac{SS_{처치\ 간}}{SS_{전체}}$$

7. ANOVA에서 영가설을 기각한다는 판정을 내리고, 실험에서의 처치 조건이 세 개 이상인 경우에는 Tukey의 HSD 검정 또는 Scheffé 검정과 같은 사후 검정이 필요하다. 사후 검정의 목적은 정확하게 어떤 처치들 간에 유의한 차이가 있고 어떤 처치들 간에 유의한 차이가 없는지를 알아내는 것이다.

주요 용어

분산 분석 analysis of variance (ANOVA) (400)

요인 factor (401)

수준 levels (401)

2요인 설계 또는 요인 설계 two-factor design or factorial design (402)

단일 요인 설계 single-factor design (402)

단일 요인 독립 측정 설계 single-factor, independent measures design (402)

검정 유의 수준 testwise α level (403)

실험 유의 수준 experimentwise α level (403)

처치 간 분산 between-treatments variance (407)

처치 효과 treatment effect (408)

처치 내 분산 within-treatments variance (408)

***F*-비율** *F*-ratio (409)

오차항 error term (410)

평균제곱 mean square (*MS*) (418)

F-비율 분포 distribution of F-ratios (420)

ANOVA 요약표 ANOVA summary table (423)

에타 제곱 eta squared (η^2) (425)

사후 검정 post hoc tests or posttests (430)

쌍별 비교 pairwise comparisons (431)

Tukey의 HSD 검정 Tukey's HSD test (431)

Scheffé 검정 Scheffé test (432)

SPSS®

다음은 **단일 요인 독립 측정 분산 분석**(ANOVA)을 실행하기 위한 SPSS 사용 방법이다.

자료 입력

1. 데이터 보기 화면에서 점수들을 **누적 형태**로 입력한다. 즉, 모든 서로 다른 처치에서 얻은 점수들을 첫 번째 열(VAR00001)에 입력한다. 처치 #2에 해당하는 점수들을 처치 #1 바로 아래에 여백이나 공란 없이 입력한다. 처치 #3에 해당하는 점수들도 같은 열에 연속해서 입력하고, 이런 식으로 계속 입력한다.
2. 두 번째 열(VAR00002)에 처치 조건을 나타내는 숫자를 입력한다. 예를 들어, 첫 번째 처치에서 얻은 각 점수 옆에 1을 입력하고, 두 번째 처치에서 얻은 점수 옆에 2를 입력하고, 같은 방식으로 끝까지 입력한다.

자료 분석

1. 상단의 도구 모음에서 **분석**(Analyze)을 클릭하고 **평균 비교**(Compare Means)를 선택한 다음 **일원 배치 분산 분석**(One-Way ANOVA)을 클릭한다.
2. 왼쪽 상자에서 점수(VAR0001) 열의 이름을 선택하고 가운데의 화살표를 클릭하여 **종속변수**(Dependent List) 상자로 이동한다.
3. 왼쪽 상자에서 처치(VAR0002) 열의 이름을 선택하고 가운데의 화살표를 클릭하여 **요인**(Factor) 상자로 이동한다.
4. 각 처치에 해당하는 기술 통계량을 원한다면, **옵션**(Options)을 클릭하고, **기술 통계**(Descriptives)를 선택한 후, **계속**(Continue)을 클릭한다.
5. **확인**(Ok)을 클릭한다.

SPSS 출력 결과

예제 12.1의 자료를 분석하기 위해서 SPSS를 사용했고, 그 결과가 **그림 12.10**에 나타나 있다. 결과는 각 표본 기술 통계량 표를 보여 주는 것으로 시작한다(점수 개수, 평균, 표준편차, 평균의 표준오차, 평균의 95% 신뢰 구간, 최댓값, 최솟값). 결과의 두 번째 부분은 ANOVA 결과를 보여 주는 요약표를 나타낸다.

기술 통계

VAR00001

	N	평균	표준편차	표준오차	평균의 95% 신뢰 구간		최솟값	최댓값
					하한	상한		
1.00	6	5.0000	2.19089	.89443	2.7008	7.2992	2.00	8.00
2.00	6	9.0000	2.60768	1.06458	6.2634	11.7366	5.00	13.00
3.00	6	10.0000	2.44949	1.00000	7.4294	12.5706	6.00	12.00
전체	18	8.0000	3.18082	.74973	6.4182	9.5818	2.00	13.00

ANOVA

VAR00001

	제곱합	df	평균제곱	F	유의 확률
집단 간	84.000	2	42.000	7.159	.007
집단 내	88.000	15	5.867		
전체	172.000	17			

그림 12.10
예제 12.1에 제시된 공부 전략 실험의 ANOVA 분석에 대한 SPSS 출력 결과

문제 해결을 위한 팁

1. 모든 세 개의 *SS*값을 따로 계산하고, 두 요소(처치 간, 처치 내)를 더해서 전체가 되는지 확인하는 것은 유용하다. 그러나 $SS_{전체}$와 $SS_{처치\ 내}$를 찾고 이 둘의 차이로 $SS_{처치\ 간}$을 구한다면 계산이 훨씬 쉬워진다.

2. *F*-비율은 분자의 자유도와 분모의 자유도, 이렇게 두 개의 *df*값을 가진다. $df_{처치\ 간}$값을 먼저 명시해야 한다. *F* 분포표에서 *F*의 임곗값을 결정하기 위해서는 두 *df*값이 모두 필요하다. 보고된 *F*-비율에 대해 *df*값이 하나만 있다면 이는 오류임을 바로 알아차릴 수 있어야 한다.

3. *F*-비율과 *df*값이 보고되면, 원래 실험을 상당 부분 재구성할 수 있다. 예를 들어, '$F(2, 36) = 4.80$'이라면, 실험에서 처치 집단은 $k = 3(df_{처치\ 간} = k - 1 = 2)$으로 3개이며, 총 $N = 39$명의 참여자가 실험에 참여했다는 것을 알 수 있다($df_{처치\ 내} = N - k = 36$).

증명 12.1

분산 분석

인간 요인 심리학자가 세 가지 컴퓨터 키보드 디자인을 연구했다. 세 표본에 속한 개인들에게 특정 키보드를 사용하여 자료를 입력하도록 했고, 각 참여자가 범한 오류의 수를 기록했다. 자료는 다음과 같다.

키보드 A	키보드 B	키보드 C	
0	6	6	$N = 15$
4	8	5	$G = 60$
0	5	9	$\sum X^2 = 356$
1	4	4	
0	2	6	
$T = 5$	$T = 25$	$T = 30$	
$SS = 12$	$SS = 20$	$SS = 14$	

이 자료를 보고 세 가지 키보드 디자인 간에 입력 수행에서 유의한 차이가 있다고 결론 내릴 수 있는가?

1단계 가설을 진술하고 유의 수준을 선택한다. 영가설은 세 가지 키보드 디자인에서 발생한 오류 수에 차이가 없다는 것이다. 기호로 표현하면 아래와 같다.

$$H_0: \mu_1 = \mu_2 = \mu_3 \quad \text{(사용한 키보드 종류에 따른 효과가 없다.)}$$

앞서도 언급했듯이, 수많은 대립가설이 가능하다. 여기서 우리는 포괄적인 대립가설을 설정한다.

H_1: 적어도 하나의 처치 평균은 다르다.

$\alpha = .05$를 사용한다.

2단계 기각역을 찾는다. 기각역을 찾기 위해서는 $df_{처치\ 간}$, $df_{처치\ 내}$ 값을 구해야 한다.

$$df_{처치\ 간} = k - 1 = 3 - 1 = 2$$
$$df_{처치\ 내} = N - k = 15 - 3 = 12$$

F-비율의 자유도는 $df = 2, 12$이다. F 분포표에서 분자의 자유도는 $df = 2$, 분모의 자유도는 $df = 12$를 찾는다. F 임곗값은 $\alpha = .05$일 때, $F = 3.88$이다. H_0을 기각하려면 자료에서 얻어진 값이 $F = 3.88$보다 커야 한다.

3단계 **분석을 수행한다.** 이번 단계에서는 ANOVA 요약표를 채우기 위해서 필요한 9개의 계산에 대해서 알아본다.

분산원	*SS*	*df*	*MS*	
처치 간	—	—	—	*F* = —
처치 내	—	—	—	
전체	—	—		

SS의 분해. $SS_{전체}$를 계산하고, 이를 두 가지 요소로 분해한다.

$$SS_{전체} = \sum X^2 - \frac{G^2}{N} = 356 - \frac{60^2}{15} = 356 - \frac{3600}{15}$$
$$= 356 - 240 = 116$$

$$SS_{처치\ 내} = \sum SS_{개별\ 처치\ 내}$$
$$= 12 + 20 + 14$$
$$= 46$$

$$SS_{처치\ 간} = SS_{전체} - SS_{처치\ 내}$$
$$= 116 - 46$$
$$= 70$$

자유도 분해. $df_{전체}$의 요소인 $df_{처치\ 간}$과 $df_{처치\ 내}$로 $df_{전체}$를 계산한다($df_{처치\ 간}$과 $df_{처치\ 내}$는 2단계에서 미리 계산했음).

$$df_{전체} = N - 1 = 15 - 1 = 14$$
$$df_{처치\ 간} = 2$$
$$df_{처치\ 내} = 12$$

MS값 계산. $MS_{처치\ 간}$과 $MS_{처치\ 내}$가 결정된다.

$$MS_{처치\ 간} = \frac{SS_{처치\ 간}}{df_{처치\ 간}} = \frac{70}{2} = 35$$

$$MS_{처치\ 내} = \frac{SS_{처치\ 내}}{df_{처치\ 내}} = \frac{46}{12} = 3.83$$

F-비율 계산. 마지막으로 *F*를 계산한다.

$$F = \frac{MS_{처치\ 간}}{MS_{처치\ 내}} = \frac{35}{3.83} = 9.14$$

4단계 **H_0에 대한 판정을 내리고, 결론을 제시한다.** $F = 9.14$는 임곗값 3.88보다 크다. 그러므로 영가설을 기각할 수 있다. 사용한 키보드 종류는 오류의 개수에 유의한 효과를 가진다. $F(2, 12) = 9.14, p < .05$.

증명 12.2

분산 분석의 효과 크기 계산

증명 12.1에서 분석한 자료에서 설명된 분산의 비율인 에타 제곱(η^2)을 계산해 보자. 자료의 처치 간 SS는 70이고 전체 SS는 116이다. 에타 제곱(η^2)은 아래와 같다.

$$\eta^2 = \frac{SS_{\text{처치 간}}}{SS_{\text{전체}}} = \frac{70}{116} = 0.60 \text{ (또는 60\%)}$$

연습 문제

1. 세 개 이상의 처치 조건이 있는 실험에서, 평균 차이를 알아보기 위해서 여러 번의 t 검정 대신 ANOVA를 사용하는 이유는 무엇인가?

2. ANOVA 영가설이 참일 때 기대되는 F-비율의 값은 무엇인가? 이유를 설명하시오.

3. F-비율과 t 통계량의 유사점을 기술하시오.

4. 아래 자료에 대해 $SS_{\text{전체}}$, $SS_{\text{처치 간}}$, $SS_{\text{처치 내}}$를 계산하시오.

처치 1	처치 2	처치 3	
$n = 10$	$n = 10$	$n = 10$	$N = 30$
$T = 10$	$T = 20$	$T = 10$	$G = 60$
$SS = 27$	$SS = 16$	$SS = 23$	$\sum X^2 = 206$

5. 연구자가 각 처치 조건에 $n = 8$명씩 속해 있는 세 처치 조건을 비교하기 위해서 ANOVA를 사용하였다. 이때 $df_{\text{전체}}$, $df_{\text{처치 간}}$, $df_{\text{처치 내}}$ 값은 얼마인가?

6. 독립 측정 ANOVA의 F-비율에서 $df_{\text{처치 간}} = 2$, $df_{\text{처치 내}} = 30$일 때, 아래 질문에 답하시오.
   a. 몇 개의 처치 조건을 비교하고 있는가?
   b. 전체 몇 명의 참여자가 연구에 참여했는가?

7. 독립 측정 연구에서 F-비율의 자유도가 $df = 3, 24$일 때, 아래 질문에 답하시오.
   a. 몇 개의 처치 조건을 비교하고 있는가?
   b. 연구에 참여한 전체 참여자 수는 얼마인가?

8. 세 가지 처치 조건을 비교하는 독립 측정 연구에서 다음과 같은 값을 얻었다.

처치		
I	II	III
$n = 8$	$n = 8$	$n = 8$
$SS = 35$	$SS = 42$	$SS = 70$

   a. 각 표본의 분산은 얼마인가?
   b. ANOVA에서 F-비율의 분모가 되는 $MS_{\text{처치 내}}$는 얼마인가?

   힌트: 모든 표본의 크기가 동일하기 때문에 $MS_{\text{처치 내}}$는 세 표본 분산의 평균과 동일하다.

9. 연구자가 각 표본이 $n = 6$명으로 구성된 네 개의 처치 조건을 비교하는 실험을 수행했다. ANOVA를 사용해서 자료를 분석했고, 그 결과가 아래 표에 제시되어 있다. 표의 빈칸을 모두 채우시오. 힌트: df 열부터 시작하시오.

분산원	*SS*	*df*	*MS*	
처치 간	__	__	__	$F =$ __
처치 내	__	__	2	
전체	58	__		

10. 각 처치 조건에 $n = 10$의 참여자가 속한 네 개의 처치를 비교하는 연구에서 ANOVA 결과표가 아래와 같을 때, 빈칸을 채우시오. (힌트: *df* 열부터 시작하시오.)

분산원	*SS*	*df*	*MS*	
처치 간	__	__	10	$F =$ __
처치 내	__	__	__	
전체	174	__		

11. 발달심리학자가 2~4세 아동의 언어 발달에 대한 연구를 수행했다. 세 개의 아동 집단을 모집하였고, 각 집단은 $n = 18$명으로 구성되었다. 각 아동에게 언어 능력 평가 검사를 실시했다. 서로 다른 연령 집단 간 평균 차이를 검증하기 위해서 ANOVA로 자료를 분석했고 그 결과는 아래와 같다. 빈칸을 채우시오.

분산원	*SS*	*df*	*MS*	
처치 간	48	__	__	$F =$ __
처치 내	__	__	__	
전체	252	__		

12. 세 개의 처치 조건을 비교하는 독립 측정 연구에서 얻은 자료가 아래와 같다. $\alpha = .05$ 수준에서 ANOVA를 사용해서 처치 간 평균 차이가 유의한지 결정하시오.

처치		
I	II	III
5	2	7
1	6	3
2	2	2
3	3	4
0	5	5
1	3	2
2	0	4
2	3	5

13. 세 개의 처치를 비교하는 독립 측정 연구에서 얻어진 자료가 아래와 같다. $\alpha = .05$ 수준에서 ANOVA를 사용해서 처치 간 평균 차이가 유의한지 결정하시오.

처치			
I	II	III	
$n = 8$	$n = 6$	$n = 4$	$N = 18$
$T = 16$	$T = 24$	$T = 32$	$G = 72$
$SS = 40$	$SS = 24$	$SS = 16$	$\sum X^2 = 464$

14. 세 개의 처치를 비교하는 연구에서 첫 번째 처치는 $T = 20, n = 4$이고, 두 번째 처치는 $T = 10, n = 5$, 세 번째 처치는 $T = 30, n = 6$과 같았다. 이 자료에 대한 $SS_{처치\ 간}$ 값을 계산하시오.

15. 세 개의 처치 조건을 비교하는 독립 측정 연구에서 아래와 같은 값들을 얻었다.

처치		
I	II	III
$n = 8$	$n = 8$	$n = 8$
$SS = 42$	$SS = 28$	$SS = 98$

a. 각 표본에 대해 분산을 계산하시오.

b. ANOVA에서 F-비율의 분모를 구성하는 $MS_{처치\ 내}$를 계산하시오. 표본들이 모두 동일한 크기이기 때문에, $MS_{처치\ 내}$는 세 표본 분산들의 평균과 같다.

16. 독립 측정 연구에서 $F(2, 36) = 3.45, p < .05$로 처치들 간의 차이가 유의하다고 결과를 보고했다.

a. 이 연구에서는 몇 개의 처치 조건을 비교했는가?

b. 연구에 참여한 전체 참여자 수는 몇 명인가?

17. F-비율의 크기에 영향을 주는 여러 요인들이 있다. 아래 각각에 대하여, F-비율 분자 또는 분모에 영향을 주는지, 그리고 F-비율의 크기를 증가시키는지 또는 감소시키는지 답하시오.

a. 표본 평균 간 차이가 증가할 때

b. 표본 분산의 크기가 증가할 때

18. 연구자가 아래 자료에 대해 ANOVA를 사용하고 $F = 4.25$를 얻었다.

처치		
I	II	III
$n = 10$	$n = 10$	$n = 10$
$M = 20$	$M = 28$	$M = 35$
$SS = 1{,}005$	$SS = 1{,}391$	$SS = 1{,}180$

a. 처치 3의 평균이 $M = 25$로 변하면, F-비율 크기는 어떻게 되는가(증가하는가, 감소하는가)? 이유를 설명하시오.

b. 처치 I의 SS값이 $SS = 1{,}400$으로 변하면, F-비율 크기는 어떻게 되는가? 이유를 설명하시오.

19. 세 가지 처치 조건을 비교하는 독립 측정 연구에서 얻은 자료가 아래와 같을 때, 질문에 답하시오.

처치			
I	II	III	
$n = 6$	$n = 6$	$n = 6$	$N = 18$
$M = 1$	$M = 2$	$M = 6$	$G = 54$
$SS = 60$	$SS = 65$	$SS = 40$	$\sum X^2 = 411$

a. 세 표본 각각에 대하여 표본 분산을 구하시오.

b. $\alpha = .05$ 수준에서 ANOVA를 사용해서 세 처치 간의 평균 차이가 유의한지 판정하시오. (참고: ANOVA에서 $MS_{처치\ 내}$은 세 표본 분산의 평균과 동일하다는 점을 알아야 한다.)

20. 앞의 문제 19에서 세 처치 간에 유의한 차이가 있다는 것을 발견했을 것이다. 유의한 결과가 나온 이유는 표본 분산이 상대적으로 작아서이다. 아래 자료는 문제 19와 같은 표본 평균을 사용하고 각 표본의 SS값을 2배로 늘려서 생성한 것이다.

처치			
I	II	III	
$n = 6$	$n = 6$	$n = 6$	$N = 18$
$M = 1$	$M = 2$	$M = 6$	$G = 54$
$SS = 120$	$SS = 130$	$SS = 80$	$\sum X^2 = 576$

a. 각 표본의 표본 분산을 계산하시오. 문제 19에서의 표본 분산과 어떻게 비교되는지 기술하시오.

b. 표본 분산의 증가가 어떻게 분석 결과에 영향을 미치는지 예측하시오. 즉, 문제 19에서 얻은 F-비율과 위 자료에서 얻은 F-비율을 비교하면 어떻게 다른가?

c. $\alpha = .05$ 수준에서 ANOVA를 사용해서 세 처치 간의 평균 차이가 유의한지 판정하시오. (여기서의 답이 **b**에서의 예측과 일치하는가?)

21. 세 처치 조건을 비교하는 독립 측정 연구 결과가 아래 요약되어 있다.

처치			
I	II	III	
$n = 5$	$n = 5$	$n = 5$	
$M = 1$	$M = 5$	$M = 6$	$N = 15$
$T = 5$	$T = 25$	$T = 30$	$G = 60$
$s^2 = 9.00$	$s^2 = 10.00$	$s^2 = 11.00$	$\sum X^2 = 430$
$SS = 36$	$SS = 40$	$SS = 44$	

a. $\alpha = .05$ 수준에서 ANOVA를 사용해서 세 처치 간에 유의한 평균 차이가 있는지 판정하시오. (참고: 표본들이 모두 동일한 크기이기 때문에, $MS_{처치\ 내}$은 세 표본 분산의 평균과 동일하다.)

b. 이 연구에서 효과 크기를 측정하기 위해 η^2을 계산하시오.

22. 아래 자료는 문제 21에 있는 동일한 표본 평균과 분산을 사용했으나, 표본 크기를 2배로 늘려서 $n = 10$이 되도록 생성한 자료이다.

처치			
I	II	III	
$n = 10$	$n = 10$	$n = 10$	
$M = 1$	$M = 5$	$M = 6$	$N = 30$
$T = 10$	$T = 50$	$T = 60$	$G = 120$
$s^2 = 9.00$	$s^2 = 10.00$	$s^2 = 11.00$	$\sum X^2 = 890$
$SS = 81$	$SS = 90$	$SS = 99$	

a. 표본 크기 증가가 어떻게 F-비율에 영향을 미치는지 문제 21에서 얻은 값과 비교하여 예측하시오. $\alpha = .05$ 수준에서 ANOVA를 사용해

서 예측이 맞는지 확인하시오. (참고: 표본들 이 모두 동일한 크기이기 때문에, $MS_{처치 내}$은 세 표본 분산의 평균과 동일하다.)

b. 표본 크기 증가가 어떻게 η^2값에 영향을 주는지 문제 21에 나타난 η^2값과 비교하여 예측하시오. 이 예측이 맞는지 확인하기 위해 위 자료에 대한 η^2를 계산하시오.

23. ANOVA 결과 F-비율의 자유도가 $df = 1, 34$였다. 이 자료를 t 검정을 사용하여 분석할 수 있는가? t 통계량의 자유도는 얼마인가?

24. 두 처치 조건을 비교하는 독립 측정 연구에서 얻은 점수가 다음과 같다.

처치 I	처치 II	
10	7	
8	4	
7	9	$N = 16$
9	3	$G = 120$
13	7	$\Sigma X^2 = 1036$
7	6	
6	10	
12	2	

a. $\alpha = .05$ 수준에서 독립 측정 t 검정을 사용하여 처치 간 평균 차이가 유의한지 판정하시오.

b. $\alpha = .05$ 수준에서 ANOVA를 사용하여 처치 간 평균 차이가 유의한지 판정하시오. 여러분은 $F = t^2$임을 알고 있어야 한다.

CHAPTER

13

반복 측정과 2요인 분산 분석

필요한 지식

아래 개념들은 이 장을 이해하기 위해 필요한 주요 개념들이다. 해당 장을 참고하여 충분히 숙지하기를 바란다.

- 독립 측정 분산 분석(12장)
- 반복 측정 설계(11장)
- 개인차(11장)

■ 개관

앞 장에서 두 개 또는 그 이상의 표본 평균들 간의 차이를 평가하기 위한 가설 검정 과정으로서 분산 분석(ANOVA)을 소개했다. t 검정과 비교했을 때 ANOVA의 장점은 두 개 이상의 표본 평균을 비교하는 상황에서 평균 차이의 유의성을 평가할 수 있다는 것이다. 그러나 12장에서 소개한 ANOVA는 단일 요인, 독립 측정 연구 설계로 제한되어 있었다. 단일 요인(single-factor)이란 해당 연구가 오직 하나의 독립변수(또는 준독립변수)를 포함하고 있음을 의미하고, 독립 측정(independent-measures)은 비교하고자 하는 서로 다른 처치 조건에 서로 다른 표본을 사용하고 있음을 나타낸다.

독립변수는 실험에서 조작되는 변수를 말한다. 준독립변수는 연구자에 의해 조작되지는 않지만 비실험 연구에서 집단을 정의하는 변수를 말한다.

이 장에서 우리는 ANOVA 과정을 좀 더 복잡한 연구 상황으로 확장하고자 한다. 구체적으로, 우리는 다음과 같은 ANOVA 주제들을 소개할 것이다.

1. **반복 측정** ANOVA(repeated-measures ANOVA). 동일한 개인들이 모든 처치에 참여하는 반복 측정 연구 설계를 사용하여 여러 서로 다른 처치 조건들을 비교하는 것이 가능하다. 반복 측정 연구에서 평균 차이 검증을 위해 ANOVA 절차가 어떻게 바뀌는지 살펴볼 것이다.

2. **2요인** ANOVA(two-factor ANOVA). 연구에서 여러 서로 다른 변수들이 동시에 작용하여 어떻게 행동에 영향을 주는지를 묻는 경우가 종종 있다. 예를 들어, 한 연구자가 식이요법과 운동이 서로 다르게 결합됨에 따라 체중 감소가 어떻게 달라지는지 살펴보고자 한다. 이 경우, 두 변수(식이요법, 운동)는 연구자에 의해 조작되고, 세 번째 변수(체중 감소)는 관찰된다. 통계적 용어를 사용하여 말하면, 이 연구는 두 개의 독립변수, 또는 두 요인을 가지고 있다. 이번 장 마지막 절에서 12장에서 사용한 일반적인 ANOVA 절차가 2요인 연구에서 평균 차이 검정을 위해 어떻게 사용될 수 있는지 살펴볼 것이다.

13-1 반복 측정 ANOVA 소개

학습 목표(Learning Objectives)

1. 반복 측정 ANOVA에서의 F-비율을 기술하고, 반복 측정 ANOVA의 F-비율이 독립 측정 ANOVA의 F-비율과 어떻게 연관이 있는지 설명할 수 있다.

■ 반복 측정 ANOVA

반복 측정 설계의 특징은 동일한 개인들이 서로 다른 모든 처치 조건에 참여한다는 것이다. 반복 측정 ANOVA는 아래 두 가지 일반적인 연구 상황에서 평균 차이를 평가하기 위해서 사용된다.

반복 측정 ANOVA는 반복 측정 *t* 검정과는 달리 두 개 또는 그 이상의 처치 조건들의 평균을 비교하기 위해 사용될 수 있다.

1. 연구자가 독립변수를 조작하여 두 개 또는 그 이상의 처치 조건을 생성하고 동일한 개인들이 모든 처치 조건에서 측정되는 실험 연구
2. 동일한 개인들이 단순히 두 개 또는 그 이상의 시점에서 관찰되는 비실험 연구

이러한 두 가지 연구 상황이 표 13.1에 제시되어 있다. 표 13.1(a)는 연구자가 세 개의 처치 조건을 생성한 실험에서 얻은 자료를 보여 준다. 동일한 참여자들이 세 조건 모두에서 측정된다. 이 연구에서 살펴보고자 하는 요인은 서로 다른 처치들의 집합이다.

표 13.1(b)는 연구자가 동일한 개인들의 우울 점수를 서로 다른 세 시점에서 관찰하는 비실험 연구를 보여 준다. 이 연구에서는 측정 시점이 살펴보고자 하는 요인이 된다. 비실험 설계의 예로 흔히 사용되는 다른 예는 발달심리학에서 참여자들의 나이를

표 13.1 단일 요인 반복 측정 설계의 전형적인 예를 보여 주는 두 개의 자료 집합

(a) 세 처치 조건에서의 수행 점수를 비교하는 실험 연구에서 얻은 자료

참여자	수행 점수		
	처치 1	처치 2	처치 3
A	47	22	41
B	57	31	52
C	38	18	40
D	45	32	43

(b) 우울 치료를 위한 임상 치료 효과를 평가하는 비실험 연구에서 얻은 자료

참여자	우울 점수		
	치료 전	치료 직후	6개월 후
A	71	53	55
B	62	45	44
C	82	56	61
D	77	50	46
E	81	54	55

요인으로 살펴보는 경우이다. 예를 들어, 연구자는 3세 유아 표본에서 어휘를 측정하고, 동일한 아이들이 4세, 5세가 되었을 때 다시 어휘를 측정함으로써 어휘 능력이 어떻게 발달하는지 연구할 수 있다.

■ 반복 측정 ANOVA의 가설과 논리

반복 측정 ANOVA의 가설은 12장에서 소개한 독립 측정 ANOVA의 가설과 완전히 동일하다. 구체적으로, 영가설은 비교하고자 하는 처치 조건들 간에 모평균에서 아무런 차이가 없다는 것이다. 세 처치 조건을 비교할 때 영가설은 다음과 같다.

$$H_0\colon \mu_1 = \mu_2 = \mu_3$$

영가설에 따르면, 표본 평균들 간에 존재하는 모든 차이는 체계적인 처치 효과에 의해 발생하는 것이 아니고 무작위적이고 비체계적인 요인들에 의한 것이라고 할 수 있다.

대립가설은 처치 조건들 사이에 평균 차이가 존재한다는 것이다. 정확히 어떤 처치와 어떤 처치 간에 차이가 있는지를 구체적으로 기술하기보다, 단순히 차이가 존재한다는 일반적인 형태의 H_1을 사용한다.

H_1: 적어도 하나의 처치 평균(μ)은 다른 평균들과는 다르다.

주목할 것은 대립가설에서는 평균적으로 처치들이 서로 다른 효과를 나타낸다고 기술한다는 점이다. 즉, 처치 조건들이 표본들 간의 평균 차이를 야기한다고 할 수 있다. 항상 그랬듯이, ANOVA의 목적은 표본 자료를 사용해서 이 두 가설 중 어느 쪽이 더 맞는지 결정하는 것이다.

■ 반복 측정 ANOVA에서의 *F*-비율

반복 측정 ANOVA의 *F*-비율은 12장 독립 측정 ANOVA에서 사용한 *F*-비율과 동일한 구조를 가지고 있다. 두 경우 모두 *F*-비율은 처치 간 실제 평균 차이(분자)를 처치 효과가 없을 때 기대할 수 있는 평균 차이(분모)와 비교한다. 이전과 마찬가지로, *F*-비율은 차이의 크기를 측정하기 위해 분산을 사용한다. 따라서 반복 측정 ANOVA와 독립 측정 ANOVA 모두에서 *F*-비율은 다음과 같은 일반적인 구조를 갖는다.

$$F = \frac{\text{처치 간 분산(또는 차이)}}{\text{처치 효과가 없다면 기대되는 분산(또는 차이)}}$$

F-비율의 값이 크다면 이는 처치 간 차이가 처치 효과가 없을 때 기대되는 차이보다 크다는 것을 나타낸다. 만약 *F*-비율이 *F* 분포표에 있는 임곗값보다 크다면, 처치 간 차이

가 우연에 의한 차이보다 유의하게 더 크다고 결론 내릴 수 있다.

F-비율에서 개인차 F-비율의 구조가 독립 측정과 반복 측정 설계에서 동일하기는 하지만, 두 설계에는 근본적인 차이가 있고, 이는 곧 F-비율에서의 차이와 대응된다. 구체적으로, 개인차는 독립 측정 F-비율을 이루는 한 부분이지만, 반복 측정 F-비율에서는 개인차가 모두 제거된다.

개인차(11장, 385쪽)라는 용어는 나이, 성격, 성별 등과 같이 개인에 따라 다르고 각 개인에게서 얻는 측정값에 영향을 줄 수 있는 참여자 특징을 나타낸다. 예를 들어, 여러분이 반응 시간을 측정한다고 해 보자. 연구에 참여한 첫 번째 참여자는 19세 여성이고 IQ는 136이며 대학 대표 배구팀에 속해 있다. 다음 참여자는 42세 남성이며, IQ는 111이고 실직 후 대학으로 돌아와 연구에 참여했고, 현재 코감기에 걸려 있다. 과연 이 두 명의 참여자로부터 동일한 반응 시간 점수를 얻을 것이라고 기대할 수 있을까?

개인차는 독립 측정 ANOVA에서 F-비율의 분자와 분모를 구성하는 분산들의 일부분이었다. 그러나 반복 측정 ANOVA의 F-비율을 이루는 분산들에는 개인차가 존재하지 않는다. 반복 측정 가설 검정에 개인차가 존재하지 않는다는 개념은 11장에서 반복 측정 설계를 소개할 때 처음 제시된 바 있으나, 여기서 다시 한 번 간단하게 살펴보도록 하자.

반복 측정 연구에서는 동일한 개인들이 모든 처치 조건들에 참여한다. 따라서 처치 조건들 간의 어떠한 평균 차이도 개인차에 의해서는 설명될 수 없다. 이 때문에, 개인차는 반복 측정 F-비율의 분자에는 존재하지 않는다.

또한 반복 측정 설계는 F-비율의 분모에 있는 분산으로부터도 개인차를 제거할 수 있게 해 준다. 동일한 개인들이 모든 처치 조건에서 측정되기 때문에, 개인차의 크기를 측정하는 것이 가능하다. 예를 들어, 표 13.1(a)를 살펴보면, 참여자 A의 점수들이 일관적으로 참여자 B의 점수들보다 10점 정도씩 낮다는 것을 알 수 있다. 개인차는 체계적이고 예측 가능하기 때문에 측정될 수 있으며, F-비율 분모를 구성하는 무작위적이고 비체계적 차이로부터 분리될 수 있다.

즉, 개인차는 반복 측정 F-비율 분자에는 존재하지 않고, 측정 가능하기 때문에 분모에서는 제거할 수 있다. 결과적으로, 최종적인 F-비율의 구조는 다음과 같다.

$$F = \frac{\text{처치 간 분산 또는 차이(개인차 없음)}}{\text{처치 효과가 없을 때의 분산 또는 차이(개인차가 제거됨)}}$$

개인차를 제거하는 과정은 반복 측정 ANOVA에서 중요한 부분이다.

학습 점검

학습 목표 1 **1.** 반복 측정 ANOVA의 *F*-비율에서 개인차가 위치하는 곳은 어디인가?

a. 분자, 분모에 모두 존재한다.

b. 분모가 아닌 분자에만 존재한다.

c. 분자가 아닌 분모에만 존재한다.

d. 분자에는 개인차가 존재하지 않고, 분모에서 개인차는 제거된다.

학습 목표 1 **2.** 반복 측정 ANOVA의 *F*-비율에서 개인차 때문에 발생하는 변산성은 어떻게 되는가?

a. 분자에서는 자동적으로 제거되지만 분모에서는 반드시 계산되어 제거되어야 한다.

b. 분모에서는 자동적으로 제거되지만 분자에서는 반드시 계산되어 제거되어야 한다.

c. 분자, 분모에서 자동적으로 제거된다.

d. 개인차를 계산해야 하고 분자, 분모에서 제거해야 한다.

정답 1. d 2. a

13-2 반복 측정 ANOVA의 가설 검정과 효과 크기

학습 목표(Learning Objectives)

2. 반복 측정 ANOVA의 2단계 구조와 각 단계에서 어떤 일이 일어나는지 설명할 수 있다.
3. 반복 측정 ANOVA에 필요한 *SS*, *df*, *MS*의 값을 모두 계산하고 이들의 관계를 설명할 수 있다.
4. 반복 측정 ANOVA의 전 과정을 수행하고 효과 크기를 계산할 수 있다.
5. 학술 문헌에서 반복 측정 ANOVA의 결과를 보고하는 방법과, *F*-비율의 보고된 *df*값으로부터 참여자 수와 처치 수를 어떻게 알 수 있는지 설명할 수 있다.

반복 측정 ANOVA의 전체 구조는 **그림 13.1**과 같다. 주목할 것은 ANOVA를 두 단계 과정으로 볼 수 있다는 점이다. 1단계에서는 전체 분산을 처치 간 분산(between-treatments variance)과 처치 내 분산(within-treatments variance)이라는 두 요소로 나눈다. 이 단계는 12장 독립 측정 설계에서 실시했던 분산의 분해와 동일하다.

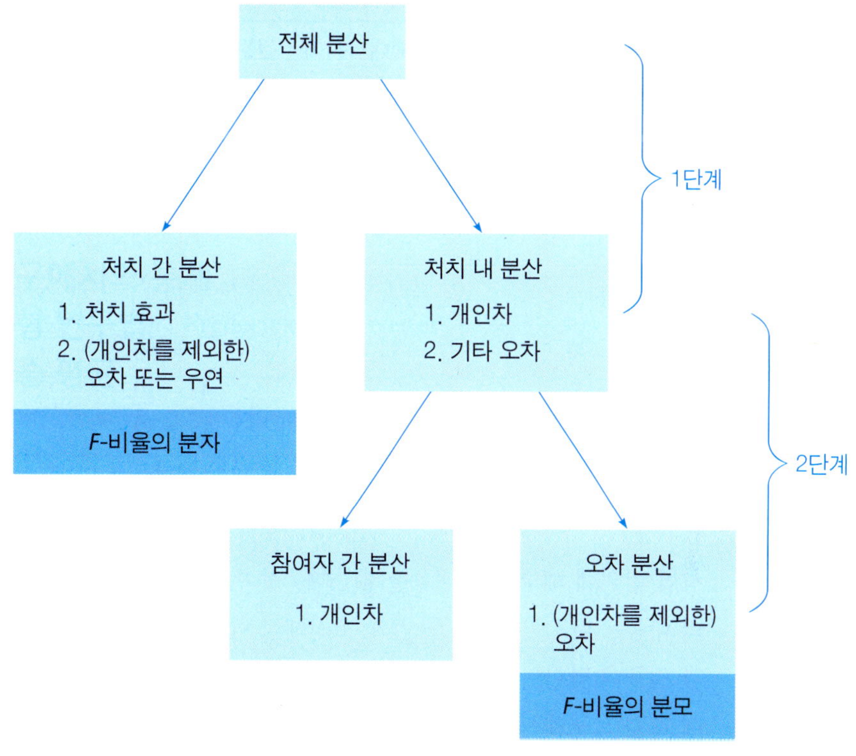

그림 13.1
반복 측정 연구에서 분산의 분해

분석의 2단계는 *F*-비율 분모에서 개인차를 제거하는 것이다. 2단계는 처치 내 분산으로부터 시작하고, 여기에서 참여자 간 분산을 측정하여 제거한다. 이때 참여자 간 분산(between-subjects variance)은 개인차의 크기를 나타낸다. 남은 분산은 잔차 분산 또는 오차 분산이라 하며, 처치 효과 및 개인차를 제거한 후 합리적으로 예상되는 분산의 크기에 대한 측정값을 제공한다. 바로 이 두 번째 단계가 반복 측정 ANOVA를 독립 측정 ANOVA와 구분짓는다. 더 구체적으로 말하자면, 반복 측정 설계에서는 개인차를 제거해야 한다.

> 반복 측정 ANOVA에서 *F*-비율의 분모를 **잔차 분산**(residual variance) 또는 **오차 분산**(error variance)이라고 부른다. 이는 점수의 변산성에 기여하는 어떠한 체계적인 처치 효과나 개인차가 없을 경우 얼마만큼의 분산을 기대할 수 있는지를 나타낸다.

■ 반복 측정 ANOVA의 표기법

표 13.2에 있는 자료를 통해 반복 측정 ANOVA에서의 표기법에 대해 알아보자. 이 자료는 시험에 대비한 학습 전략 세 가지를 비교한 Weinstein, McDermott과 Roediger(2010)의 연구 결과(12장, 411쪽)와 유사하다. 이 연구에서 학생들은 먼저 자료에서

표 13.2 학생 여섯 명의 세 가지 학습 전략별 시험 점수

학생	다시 읽기	준비된 질문에 대답하기	질문 만들고 대답하기	개인 총점	
A	2	5	8	$P = 15$	$n = 6$
B	3	9	6	$P = 18$	$k = 3$
C	8	10	12	$P = 30$	$N = 18$
D	6	13	11	$P = 30$	$G = 144$
E	5	8	11	$P = 24$	$\Sigma X^2 = 1324$
F	6	9	12	$P = 27$	
	$T = 30$	$T = 54$	$T = 60$		
	$M = 5$	$M = 9$	$M = 10$		
	$SS = 24$	$SS = 34$	$SS = 30$		

시험 범위에 해당하는 내용을 읽는다. 첫 번째 조건에서 참여자들은 단순히 시험 범위의 내용을 다시 읽는다. 두 번째 조건에서 학생들은 자료에 관해 미리 준비된 이해도 평가 질문에 답한다. 세 번째 조건에서 학생들은 직접 질문을 만들고 답한다. 참여자들은 세 조건 모두에서 시험을 쳤고, 각 조건의 순서는 참여자들마다 다르게 했다. 자료는 각 학생마다 세 개의 시험 점수로 이루어져 있다.

여러분은 이 연구와 표의 수치가 앞 장에서 독립 측정 ANOVA을 설명할 때 사용한 예시와 동일하다는 것을 알아차렸을 것이다(예제 12.1, 411쪽). 다만, 이번 장의 자료는 $n = 6$명으로 구성된 동일한 집단이 세 개의 모든 처치 조건에서 시험을 치른 반복 측정 연구를 나타낸다.

여러분은 표 13.2의 대부분의 표기법이 독립 측정 분석(12장)에서 사용된 표기법과 동일하다는 것 또한 알아차릴 수 있을 것이다. 예를 들어, $n = 6$명의 참여자들이 $k = 3$개의 처치 조건에서 측정되었고, 이는 총 $N = 18$개의 점수를 산출하며, 시험 점수의 총합은 $G = 144$이다. 단, 여기서 $N = 18$은 참여자 수가 아니라 시험 점수의 전체 개수를 나타낸다는 점에 주의하자.

반복 측정 ANOVA에서 추가되는 새로운 기호는 단 하나이다. P는 연구에서 참여자별 점수 합계를 나타낸다. P의 값을 '개인 총점(person totals)' 또는 '참여자 총점(participant totals)'이라고 생각하면 된다. 예를 들어, 표 13.2에서 참여자 A는 2, 5, 8의 점수들을 가지고 있으므로, 이 참여자의 총점은 $P = 15$이다. P값은 분석 2단계에서 개인차의 크기를 측정하고 정의하는 데 사용된다.

예제 13.1 반복 측정 ANOVA를 설명하기 위해서 표 13.2에 있는 자료를 사용해 보자. 이 검정의 목적은 비교하고자 하는 세 가지 학습 전략들 사이에 유의한 차이가 있는지 결정하는

것이다. 구체적으로 질문하면, 자료에서 처치 간 평균 차이 중 어떠한 하나라도 세 가지 전략들 사이에 체계적인 차이가 없을 때 기대되는 것보다 더 큰 것이 있는가? ■

■ 반복 측정 분석 1단계

반복 측정 분석의 1단계는 12장에서 다룬 독립 측정 ANOVA에서와 동일하다. 전체 점수들에 대해 *SS*, *df*를 처치 내 요소와 처치 간 요소로 분해한다.

표 13.2에 제시된 수치들은 예제 12.1(411쪽)에서 사용된 수치들과 동일하기 때문에, 반복 측정 분석의 1단계 계산은 예제 12.1에서의 계산과 동일하다. 같은 계산을 반복하지 않고, 반복 측정 분석 1단계 결과를 아래와 같이 요약하도록 하겠다.

전체:

$$\begin{aligned} SS_{\text{전체}} &= \sum X^2 - \frac{G^2}{N} \\ &= 1324 - 1152 \\ &= 172 \end{aligned}$$

처치 내:

$$SS_{\text{처치 내}} = \sum SS_{\text{개별 처치 내}} = 24 + 34 + 30 = 88$$
$$df_{\text{처치 내}} = \sum df_{\text{개별 처치 내}} = 5 + 5 + 5 = 15$$

처치 간: 이 예제에는 계산 공식을 사용하도록 하겠다.

$$SS_{\text{처치 간}} = \sum \frac{T^2}{n} - \frac{G^2}{N} = \frac{30^2}{6} + \frac{54^2}{6} + \frac{60^2}{6} - \frac{144^2}{18} = 84$$
$$df_{\text{처치 간}} = k - 1 = 2$$

공식과 계산에 대한 더 자세한 설명은 예제 12.1, 413~417쪽을 참고하자.

이로써 반복 측정 분석의 1단계를 마쳤다. 여기서 처치 간 요소와 처치 내 요소, 이 둘을 더하면 전체 *SS*와 전체 *df*가 된다는 점에 주목하자. 또한 처치 간 *SS*와 *df*는 처치 간 평균 차이를 나타내며 최종적으로 *F*-비율의 분사에서 분산을 계산하는 데 쓰인다는 것도 알아 두자.

■ 반복 측정 분석 2단계

분석의 2단계는 개인차를 측정하고 이를 *F*-비율의 분모에서 제거하는 것이다.

개인차 측정 동일한 개인이 모든 처치에 참여하기 때문에 개인차의 크기를 측정하는 것이 가능하다. 예를 들어, 표 13.2의 자료에서 참여자 A는 가장 낮은 점수를 받는 경향이 있고, 참여자 C와 D는 가장 높은 점수를 받는 경향이 있다. 이러한 개인차는 표 오른쪽 열의 P값, 즉 개인 총점에 반영되어 있다. 우리는 이 P값을 $SS_{참여자\ 간}$의 계산 공식에서 사용할 것이다. P값이 사용되는 방식은 처치 총점인 T값이 $SS_{처치\ 간}$의 계산 공식에 사용되는 방식과 동일하다. 구체적으로, 참여자 간 SS의 식은 다음과 같다.

$$SS_{참여자\ 간} = \Sigma\frac{P^2}{k} - \frac{G^2}{N} \tag{13.1}$$

참여자 간 SS의 식은 처치 간 SS의 계산 공식과 정확히 동일한 구조(앞의 계산을 참조)라는 것을 알 수 있다. 처치 총점인 T값 대신 개인 총점인 P값을 쓴 것만 차이가 있다. 각 P값을 제곱해서, 그 P값을 구할 때 쓰인 점수의 개수로 나눈다. 여기서 각 개인은 k개의 점수를 가진다. **글상자 13.1**은 참여자 간 SS와 처치 간 SS의 계산식에서의 유사성을 또 다른 방식으로 보여 주고 있다. 표 13.2의 자료에 대해 참여자 간 SS를 계산하면 다음과 같다.

글상자 13.1 $SS_{참여자\ 간}$과 $SS_{처치\ 간}$

반복 측정 연구의 자료는 보통 행렬의 형태로 제시된다. 이 행렬에서 각 열은 처치 조건, 각 행은 참여자를 나타낸다. 표 13.2의 자료는 이러한 형태로 제시된 것이다. $SS_{처치\ 간}$은 처치 조건들 간의 차이, 즉 자료 행렬에서 열 간의 평균 차이가 얼마인지를 나타낸다. 표 13.2의 자료에서 각 열의 총점은 30, 54, 60이다. 이 값들은 서로 다르고, $SS_{처치\ 간}$은 이 값들의 변산성을 측정한다.

아래 표는 표 13.2로부터 자료를 가져와서 재구성한 것인데, 이번에는 자료 행렬을 옆으로 눕혀서 각 열이 참여자를 나타내고 각 행이 처치 조건을 나타내도록 만든 것이다.

이러한 새로운 형태에서는 열 간의 차이가 참여자 간 변산성을 나타낸다. 이때에는 각 열의 총점이 (T값이 아니라) P값이 되고 각 열에 있는 점수의 개수가 (n이 아니라) k가 된다. $SS_{참여자\ 간}$ 공식은 정확하게 $SS_{처치\ 간}$ 공식과 같은 구조를 가지되 표기법만 이렇게 바꾼 것이다. 이 두 공식을 살펴보면, 이들 간의 유사성이 더욱 명확해질 것이다.

	참여자						
	A	B	C	D	E	F	
다시 읽기	2	3	8	6	5	6	$T = 30$
준비된 질문	5	9	10	13	8	9	$T = 54$
질문 만들기	8	6	12	11	11	12	$T = 60$
	$P=15$	$P=18$	$P=30$	$P=30$	$P=24$	$P=27$	

$$SS_{\text{참여자 간}} = \sum\frac{P^2}{k} - \frac{G^2}{N} = \frac{15^2}{3} + \frac{18^2}{3} + \frac{30^2}{3} + \frac{30^2}{3} + \frac{24^2}{3} + \frac{27^2}{3} - \frac{144^2}{18} = 66$$

$SS_{\text{참여자 간}}$는 개인차의 크기, 즉 참여자 간 차이에 대한 측정값을 제공한다.

개인차 제거 $SS_{\text{참여자 간}}$은 개인차를 측정한다. 다음 단계는 개인차를 제거하여 F-비율 분모를 형성하는 오차 측정값을 얻는 것이다. 따라서 SS를 분해하는 마지막 단계는 다음과 같다.

$$SS_{\text{오차}} = SS_{\text{처치 내}} - SS_{\text{참여자 간}} \tag{13.2}$$

우리는 이미 $SS_{\text{처치 내}} = 88$, $SS_{\text{참여자 간}} = 66$인 것을 계산했으므로 $SS_{\text{오차}}$는 다음과 같이 구할 수 있다.

$$SS_{\text{오차}} = 88 - 66 = 22$$

자유도 분해는 SS 분해와 정확하게 같은 패턴을 따른다. 처치 내 df에서 시작하여, 여기에서 참여자 간 df를 뺀다. $SS_{\text{참여자 간}}$을 계산할 때 우리가 P값들을 사용했음을 떠올려 보자. P값들 개수는 참여자 수 n과 일치하고, 따라서 이에 상응하는 df는 아래와 같다.

$$df_{\text{참여자 간}} = n - 1 \tag{13.3}$$

표 13.2의 자료에는 $n = 6$명의 참여자들이 있으므로 $df_{\text{참여자 간}}$은 아래와 같다.

$$df_{\text{참여자 간}} = 6 - 1 = 5$$

다음으로, 우리는 처치 내 요소에서 개인차를 제거하여 오차 측정값을 얻는다. 오차의 자유도는 아래와 같다.

$$df_{\text{오차}} = df_{\text{처치 내}} - df_{\text{참여자 간}} \tag{13.4}$$

표 13.2의 자료에서 df는 아래와 같다.

$$df_{\text{오차}} = 15 - 5 = 10$$

$df_{\text{오차}}$를 처치 조건의 개수(k)와 참여자 수(n)만을 사용한 다음 공식을 이용해서 동일하게 구할 수 있다.

$$df_{\text{오차}} = (k - 1)(n - 1) \tag{13.5}$$

글상자 13.2는 식 13.5의 유용함에 대해 논의하고 있다.

글상자 13.2 $df_{오차}$의 대안 공식 사용하기

연구 보고에 제시되는 통계량들은 결과의 유의성을 알려 줄 뿐만 아니라 연구 설계를 재구성하는 데 필요한 정보 또한 제공한다. $df_{오차}$의 대안 공식은 특히 이러한 목적에 유용하다. 예를 들어, 반복 측정 연구의 결과 보고에서 F-비율의 자유도가 $df = 2, 10$이었다고 하자. 이 연구에서 얼마나 많은 처치 조건들이 비교되었고, 얼마나 많은 개인들이 참여했는가?

이 질문에 답하기 위해서, 먼저 첫 번째 df값에서 시작해 보자. 이 값은 $df_{처치\ 간} = 2 = k - 1$이다. 이 값으로부터, $k = 3$개의 처치 조건이 있었음이 명확해진다. 다음으로, 두 번째 자유도인 $df_{오차} = 10$을 사용해 보자. 이 값과 $k - 1 = 2$라는 사실, 그리고 식 13.5를 사용하면 참여자 수를 알아낼 수 있다.

$$df_{오차} = 10 = (k - 1)(n - 1) = 2(n - 1)$$

만약 $2(n - 1) = 10$이면 $n - 1$은 5가 되어야 한다. 따라서 $n = 6$명이다.

즉, F-비율의 자유도가 $df = 2, 10$인 반복 측정 연구는 6명의 참여자 표본을 사용해 3개 처치 조건들을 비교했다고 결론을 내릴 수 있다.

다음을 잘 기억해 두자. 분석 두 번째 단계의 목적은 개인차를 측정하고 F-비율의 분모에서 이 개인차를 제거하는 것이다. 이를 위해 참여자 간 SS와 df를 계산하고, 이 값들을 처치 내 SS와 df에서 제거한다. 그 결과, 개인차가 제거된 변산성 측정값을 얻을 수 있다. 이 오차 분산(SS와 df)은 F-비율의 분모로 사용된다.

■ F-비율과 분산(MS값)의 계산

분석에서 마지막으로 계산하는 것이 두 분산의 비율 즉, F-비율이다. 각 분산은 **평균제곱**(mean square) 또는 MS라 불리고, 해당 SS를 그에 상응하는 df로 나누어 얻는다. F-비율 분자의 MS는 처치 간 차이의 크기를 측정하고, 다음과 같이 계산할 수 있다.

$$MS_{처치\ 간} = \frac{SS_{처치\ 간}}{df_{처치\ 간}} \tag{13.6}$$

표 13.2의 자료에서 $MS_{처치\ 간}$은 다음과 같다.

$$MS_{처치\ 간} = \frac{SS_{처치\ 간}}{df_{처치\ 간}} = \frac{84}{2} = 42$$

F-비율의 분모는 체계적인 처치 효과가 없고 개인차가 제거되었을 때 합리적으로 기대할 수 있는 차이를 나타낸다. 이것이 분석 두 번째 단계에서 얻어지는 오차 분산 또는 잔차 분산이다.

$$MS_{오차} = \frac{SS_{오차}}{df_{오차}} \tag{13.7}$$

표 13.2의 자료에서 $MS_{오차}$는 다음과 같다.

$$MS_{오차} = \frac{SS_{오차}}{df_{오차}} = \frac{22}{10} = 2.20$$

마지막으로, F-비율은 다음과 같이 계산한다.

$$F = \frac{MS_{처치\ 간}}{MS_{오차}} \tag{13.8}$$

표 13.2의 자료에서 F-비율의 값은 다음과 같다.

$$F = \frac{MS_{처치\ 간}}{MS_{오차}} = \frac{42}{2.20} = 19.09$$

다시 한 번 강조할 점은, 반복 측정 ANOVA는 $MS_{오차}$를 F-비율의 분모로 사용한다는 것이다. 이 MS값은 분석의 두 번째 단계에서 개인차를 제거하고 나서 얻어진다. 그 결과, 반복 측정 F-비율에서는 개인차가 완벽하게 제거되며, 일반적인 F-비율의 구조는 다음과 같이 기술할 수 있다.

$$F = \frac{\text{처치 효과 + 비체계적 차이(개인차 없음)}}{\text{비체계적 차이(개인차 없음)}}$$

지금까지 살펴본 자료에서 F-비율은 $F = 19.09$이며, 이는 처치 간 차이(분자)가 처치 효과가 없을 때 기대되는 차이(분모)보다 대략 20배 정도 크다는 것을 나타낸다. 이렇게 큰 비율은 실제 처치 효과가 있다는 분명한 증거를 제공한다. 이러한 결론이 맞는지 확인하기 위해서는, F 분포표를 사용하여 검정을 위한 적절한 임곗값을 찾아야 한다. F-비율의 자유도는 분자와 분모를 구성하는 두 분산에 의해서 결정된다. 반복 측정 ANOVA에서 F-비율의 df값들은 아래와 같이 보고된다.

$$df = df_{처치\ 간}, df_{오차}$$

우리가 살펴보고 있는 예제에서 F-비율의 자유도는 $df = 2, 10$이다("자유도는 2와 10이다"). F 분포표(635쪽)를 사용하면 $\alpha = .05$일 때 임곗값이 $F = 4.10$이고, $\alpha = .01$일 때 임곗값은 $F = 7.56$임을 알 수 있다. 우리가 얻은 F-비율은 $F = 19.09$이며, 이는 두 임곗값 모두를 훨씬 넘어선다. 따라서 $\alpha = .05$을 사용하든 $\alpha = .01$을 사용하든 간에, 우리는 처치 간 차이가 우연에 의해 기대되는 것보다 유의하게 크다고 결론 내릴 수 있다.

표 13.3 예제 13.1의 자료에 대한 반복 측정 ANOVA 요약표

분산원	*SS*	*df*	*MS*	*F*
처치 간	84	2	42.00	$F(2, 10) = 19.09$
처치 내	88	15		
참여자 간	66	5		
오차	22	10	2.20	
전체	172	18		

표 13.3은 예제 13.1의 반복 측정 ANOVA에 대한 요약표이다. 이러한 표가 연구 보고에 더 이상 자주 사용되고 있지는 않지만, 분석의 모든 요소들을 간결하게 정리된 형태로 제시해 준다.

아래 예제를 통해 반복 측정 ANOVA에서 *SS*값의 계산에 대한 여러분의 이해도를 확인해 볼 수 있을 것이다.

예제 13.2 다음 자료에서 $SS_{처치\ 간}$과 $SS_{참여자\ 간}$을 계산하시오.

참여자	처치 I	처치 II	처치 III	처치 IV	
A	2	2	2	2	
B	4	0	0	4	$G = 32$
C	2	0	2	0	$\Sigma X^2 = 96$
D	4	2	2	4	
	$T = 12$	$T = 4$	$T = 6$	$T = 10$	

여러분은 $SS_{처치\ 간} = 10$, $SS_{참여자\ 간} = 8$을 얻어야 한다.

■ 반복 측정 ANOVA의 효과 크기 측정

ANOVA에서 효과 크기를 측정하는 가장 일반적인 방법은 처치 간 차이에 의해 설명된 분산의 비율을 계산하는 것이다. ANOVA의 맥락에서는 이러한 분산의 비율을 일반적으로 η^2(에타 제곱)으로 나타낸다. 12장의 독립 측정 분석에서는 다음과 같이 η^2를 계산했다.

$$\eta^2 = \frac{SS_{처치\ 간}}{SS_{처치\ 간} + SS_{처치\ 내}} = \frac{SS_{처치\ 간}}{SS_{전체}}$$

η^2은 전체 변산성 중 얼마만큼이 처치 간 차이에 의해 설명되는지를 측정한다. 그러나 반복 측정 설계에는 자료의 변산성을 설명할 수 있는 또 다른 요소가 존재한다. 구체적으로, 전체 변산성 중 일부가 개인차에 의해 발생하는 것이다. 예를 들어, 표 13.2에서 참여자 C는 참여자 A, B보다 일관되게 높은 점수를 받고 있다. 이러한 일관적인 차이가 자료의 변산성 중 일부를 설명한다. 처치 효과의 크기를 계산할 때, 다른 요인들에 의해서 설명되는 변산성은 제거하고 나서 남은 부분 중에 처치 효과에 의해 설명될 수 있는 비율을 계산하는 것이 일반적이다. 따라서 반복 측정 ANOVA에서는 η^2을 계산하기 전에 개인차에 의한 변산성을 제거한다. 결과적으로 η^2은 다음과 같이 계산된다.

$$\eta^2 = \frac{SS_{\text{처치 간}}}{SS_{\text{전체}} - SS_{\text{참여자 간}}} \qquad (13.9)$$

식 13.9는 점수들의 전체 변산성에 기반해 비율을 계산한 것이 아니므로($SS_{\text{참여자 간}}$이 제거되었다), 결과적으로 얻어진 값을 흔히 부분 에타 제곱(partial eta squared)이라고 부른다.

식 13.9의 분모는 처치 차이에 의한 변산성과 무작위적이고 비체계적 요인들에 의한 변산성으로 구성된다는 점에 주목하자. 이를 고려하면, η^2에 대한 또 다른 형태의 공식을 나음을 같이 쓸 수 있다.

$$\eta^2 = \frac{SS_{\text{처치 간}}}{SS_{\text{처치 간}} + SS_{\text{오차}}} \qquad (13.10)$$

이 새로운 형태의 에타 제곱 공식에서 분모는 처치 차이가 설명하는 변산성 더하기 설명되지 않는 변산성으로 구성되어 있다. 이 두 공식 중 어느 공식을 사용하든 관계없이, 예제 13.1 자료의 η^2은 다음과 같다.

$$\eta^2 = \frac{84}{106} = 0.79$$

이 결과는 자료의 (개인차를 제외한) 변산성 중 79%가 처치 간 차이에 의해 설명된다는 것을 의미한다

다음 예제를 통해 여러분이 반복 측정 ANOVA에서의 효과 크기를 이해했는지 확인해 볼 수 있을 것이다.

예제 13.3 반복 측정 ANOVA의 결과가 아래 요약표에 제시되어 있다. 처치 효과의 크기를 측정하기 위해서 η^2을 계산하시오. 여러분은 $\eta^2 = 0.579$를 얻어야 한다.

분산원	*SS*	*df*	*MS*	*F*
처치 간	44	2	22	$F(2, 16) = 11$
처치 내	98	24		
참여자 간	66	8		
오차	32	16	2	
전체	142	26		

논문 들여다보기

반복 측정 ANOVA의 결과 보고

12장(425쪽)에서 설명했듯이, 학술지 논문 형식으로 ANOVA 결과를 보고할 때에는 아래 두 가지를 포함해야 한다.

1. 기술 통계 요약(최소한 처치 평균, 표준편차, 그리고 필요에 따라 표 또는 그래프를 제시해야 한다.)
2. ANOVA 결과에 대한 간략한 기술

예제 13.1의 연구 결과는 다음과 같이 보고할 수 있다.

> 표 1에 세 가지 전략들의 평균과 분산이 제시되어 있다. 반복 측정 분산 분석 결과, 세 공부 전략에 따라 참여자들의 시험 점수에 유의한 평균 차이가 있는 것으로 나타났다. $F(2, 10) = 19.09, p < .01, \eta^2 = 0.79$.

표 1 세 가지 서로 다른 공부 전략을 사용했을 때의 시험 점수

	다시 읽기	준비된 질문에 답하기	질문을 만들고 답하기
M	5.00	9.00	10.00
SD	2.19	2.61	2.45

■ 반복 측정 설계에서의 사후 검정

ANOVA는 처치들 간의 평균 차이를 검증할 때 전체 처치들에 걸쳐 유의성을 전반적으로 검증한다. 따라서 영가설이 기각되었을 때 이는 적어도 두 처치 평균들 간에 차이가 있다는 것을 나타낸다. 만약 $k = 2$라면, 해당 두 처치 간에 차이가 있음이 분명하다. 그

러나 k가 2보다 크다면, 상황이 복잡해진다. 정확하게 어떤 차이가 유의한지 알아내려면, 연구자는 ANOVA 이후에 사후 검정을 실시해야 한다. 12장에서 우리는 Tukey의 HSD와 Scheffé 검정을 사용하여 처치 평균들 간에 다중 비교를 시행했다. 이 두 검정 절차들은 잠재적인 비교의 수를 고려하여 검정 결과를 수정함으로써 전체 유의 수준을 조정한다.

반복 측정 ANOVA에서 Tukey의 HSD와 Scheffé 검정은 독립 측정 ANOVA에서 시행한 것과 동일한 방법으로 사용할 수 있다. 단, 공식에서 $MS_{처치\ 내}$ 대신 $MS_{오차}$를 사용해야 하고, 통계표에서 임곗값을 찾을 때에는 $df_{처치\ 내}$ 대신 $df_{오차}$를 사용해야 한다.

■ 반복 측정 ANOVA의 가정들

반복 측정 ANOVA의 기본 가정들은 독립 측정 ANOVA에서 요구되는 가정들과 동일하다.

1. 각 처치 조건 내의 관찰값들은 독립적이어야 한다(256쪽 참조).
2. 각 처치 조건 내의 모집단 분포는 정규분포를 이루어야 한다. (앞서와 마찬가지로, 정규분포 가정은 표본들 크기가 작을 때에만 중요하다.)
3. 각 처치 조건에 대한 모집단 분포의 분산은 모두 동일해야 한다.

학습 점검

학습 목표 2 **1.** 다음 중 반복 측정 ANOVA의 두 번째 단계에서 일어나는 일은 어느 것인가?

a. 개인차 변산성이 측정되고 F-비율의 분자에서 제거된다.
b. 개인차 변산성이 측정되고 F-비율의 분모에서 제거된다.
c. 개인차 변산성이 측정되고 F-비율 분모, 분자에서 제거된다.
d. 위의 보기 중에는 답이 없다.

학습 목표 3 **2.** 다음 중 반복 측정 ANOVA에서 $SS_{오차}$의 자유도는 어느 것인가?

a. $n - 1$
b. $k - 1$
c. $(N - k) - (n - 1)$
d. $N - 1$

학습 목표 4 **3.** 아래 자료에서 반복 측정 F-비율의 자유도는 무엇인가?

a. 2, 4
b. 2, 6
c. 3, 4
d. 3, 6

	처치			
참여자	I	II	III	*P* 총점
A	3	4	5	12
B	1	1	4	6
C	2	1	6	9

학습 목표 5 **4.** 반복 측정 ANOVA 결과가 $F(3, 27) = 1.12, p > .05, \eta^2 = 0.17$일 때, 얼마나 많은 참여자가 연구에 참여했는가?

a. 40
b. 36
c. 10
d. 9

정답 1. b 2. c 3. a 4. c

13-3 반복 측정 설계에 대해 더 알아보기

학습 목표(Learning Objectives)

6. 반복 측정 설계와 독립 측정 설계의 장점과 단점을 설명하고 각 설계가 더 적절한 상황을 설명할 수 있다.
7. 반복 측정 설계에서 얻어진 두 평균 차이를 평가할 때, 반복 측정 t 검정과 반복 측정 ANOVA와의 관계를 설명할 수 있다.

■ 반복 측정 설계의 장점과 단점

반복 측정 설계를 처음 다루었을 때(11장), 반복 측정 설계 연구가 독립 측정 설계와 비교하여 장점과 단점을 가진다는 것을 살펴보았다(384~386쪽). 장점을 먼저 살펴보면, 만약 참여자를 구하는 데 제약이 있다면 반복 측정 연구가 더 바람직할 것이다. 반복 측정 연구는 상대적으로 적은 참여자를 필요로 한다는 점에서 경제적이다. 또한, 반복 측정 설계는 개인차와 관련된 문제들을 제거하거나 최소화한다. 특히, F-비율의 분모 분산에서 개인차를 제거하는 것은 F값을 증가시키는 경향이 있고, 이는 영가설을 기각할 가능성을 증가시킨다. 통계적 용어로 말하자면, 반복 측정 검정은 독립 측정 검정보다 더 높은 **검정력**(power)을 갖는다. 즉, 실제로 처치 효과가 존재한다면 이를 발견할 가능성이 더 높다. 그러나 단점 또한 존재한다. 이 단점은 피로와 같이 순서에 따른 효과와 관련되는데, 이는 자료 해석을 어렵게 만들 수 있다.

이미 언급했듯이, 반복 측정 설계의 한 가지 장점은 *F*-비율 분모에서 개인차를 제거하는 것이고, 이는 보통 유의한 결과를 얻을 가능성을 증가시킨다. 그러나 이는 처치 효과가 모든 참여자들에게 일관되게 나타날 때에만 장점이 된다. 만약 처치 효과가 참여자에 따라 일관적이지 않다면 개인차는 사라지고 분모의 값은 개인차를 제거하더라도 크게 감소하지 않게 된다.

■ 반복 측정 ANOVA 결과에 영향을 미치는 요소들 및 효과 크기 측정

가설 검정을 설명한 이전 장들에서 우리는 가설 검정 결과가 세 가지 주요한 요인들에 의해 영향을 받는다는 것을 살펴보았다. 이 세 주요한 요인은 처치 효과의 크기, 표본 크기, 그리고 점수의 분산이다. 명백하게도, 처치 효과가 더 클수록 유의할 가능성이 높다. 또한 더 큰 처치 효과는 더 큰 효과 크기를 산출하는 경향이 있다. 유사하게, 큰 표본으로부터 얻은 처치 효과는 작은 표본에서 얻은 효과에 비해 더 설득력이 있다. 따라서 표본이 클수록 영가설을 기각할 가능성도 증가하는 경향이 있다. 그러나 표본 크기는 효과 크기에는 거의 영향을 미치지 못한다. 이러한 요인들은 반복 측정 ANOVA에도 적용된다. 반면, 반복 측정 ANOVA에서 분산의 역할은 좀 더 복잡하다. 일반적으로 처치 내 분산은 반복 측정 ANOVA에 큰 영향을 미치지 않는데, 그 이유는 이 분산의 대부분이 개인차로 구성되어 분석 동안 제거되기 때문이다. 그러나 만약 개인차가 처치 조건들에 따라 일관적이지 않다면, 큰 처치 내 분산은 영가설을 기각할 가능성을 감소시킬 것이다.

■ 반복 측정 ANOVA와 반복 측정 *t*

12장에서 이미 살펴본 바와 같이(439~440쪽), 두 표본 평균 간의 차이를 평가할 때에는 *t* 검정과 분산 분석 중 어느 것을 사용해도 괜찮다. 12장에서 우리는 두 검정이 다음과 같은 측면을 포함한 여러 측면에 관련되어 있다는 것을 예시를 통해 살펴보았다.

1. 두 검정은 영가설에 관해 항상 동일한 결론에 도달한다.
2. 두 검정의 통계량 간에는 기본적으로 $F = t^2$의 관련성이 존재한다.
3. *t* 통계량의 *df* 값은 *F*-비율에서 분모의 *df* 값과 동일하다.

4. 양방 t 검정에서 임곗값을 제곱하면, F-비율에 대한 임곗값을 얻게 된다. 다시 한 번 말하자면, 기본적인 연관성은 $F = t^2$이다.

12장에서는 이러한 관련성을 독립 측정 검정의 예시를 통해 살펴보았다. 그러나 이러한 관련성은 두 처치 조건을 비교하는 반복 측정 설계에도 그대로 적용된다. 다음 예제는 이러한 연관성을 보여 준다.

예제 13.4 아래 표는 두 가지 처치 조건을 비교하는 반복 측정 연구에서 얻은 자료를 보여 준다. 반복 측정 t 검정에서 사용하는 형태로 자료를 구조화했다. t 검정의 계산은 마지막 열에 있는 차이 점수(D값)에 기반한다.

참여자	처치 I	처치 II	D
A	3	5	2
B	4	14	10
C	5	7	2
D	4	6	2
			$M_D = 4$
			$SS_D = 48$

반복 측정 t 검정 t 검정의 영가설은 모집단에서 두 처치 조건 간에 평균 차이가 없다는 것이다.

$$H_0: \mu_D = 0$$

참여자가 $n = 4$명일 때 이 검정은 $df = 3$의 자유도를 가지며, $\alpha = .05$인 양방 검정에서 기각역의 경곗값은 $t = \pm 3.182$이다.

이 자료에서 차이 점수의 표본 평균은 $M_D = 4$이고, 차이 점수의 분산은 $s^2 = 16$, 표준오차는 $s_{M_D} = 2$점이다. 이 값들을 사용하여 다음과 같이 t 통계량을 계산한다.

$$t = \frac{M_D - \mu_D}{s_{M_D}}$$

$$= \frac{4 - 0}{2} = 2.00$$

이 t값은 기각역에 속하지 않으므로 우리는 H_0를 기각할 수 없고, 따라서 두 처치 간에 유의한 차이가 없다고 결론을 내린다.

반복 측정 ANOVA 이번에는 반복 측정 ANOVA에서 사용하는 형태로 자료를 재구조화해 보자. ANOVA는 (차이 점수가 아니라) 원점수들을 사용하며, 각 참여자들의 P 총점을 계산해야 한다는 점에 주목하자.

참여자	처치			
	I	II	P	
A	3	5	8	
B	4	14	18	$G = 48$
C	5	7	12	$\Sigma X^2 = 372$
D	4	6	10	$N = 8$

이때에도 영가설은 모집단에서 두 처치 조건 간에 평균 차이가 없다는 것이다.

$$H_0\text{: } \mu_1 - \mu_2 = 0$$

이 연구에서 $df_{\text{처치 간}} = 1$, $df_{\text{처치 내}} = 6$, $df_{\text{참여자 간}} = 3$이고, 따라서 $df_{\text{오차}} = (6 - 3) = 3$이다. 즉, F-비율은 $df = 1, 3$의 자유도를 가지며, 유의 수준 $\alpha = .05$에서 임곗값은 $F = 10.13$이다. 여기서 주목할 점은, F-비율 분모는 t 통계량과 같은 $df(df = 3)$를 가지며, F 임곗값은 t 임곗값의 제곱과 동일하다($10.13 = 3.182^2$)는 것이다.

이 자료에서

$$SS_{\text{전체}} = 84$$
$$SS_{\text{처치 내}} = 52$$
$$SS_{\text{처치 간}} = (84 - 52) = 32$$
$$SS_{\text{참여자 간}} = 28$$
$$SS_{\text{오차}} = (52 - 28) = 24$$

이고, F-비율을 구성하는 두 분산은 다음과 같다.

$$MS_{\text{처치 산}} = \frac{SS_{\text{처치 간}}}{df_{\text{처치 간}}} = \frac{32}{1} = 32$$

$$MS_{\text{오차}} = \frac{SS_{\text{오차}}}{df_{\text{오차}}} = \frac{24}{3} = 8$$

따라서 F-비율은 다음과 같다.

$$F = \frac{MS_{\text{처치 간}}}{MS_{\text{오차}}} = \frac{32}{8} = 4.00$$

주목할 것은 F-비율과 t 통계량이 $F = t^2(4 = 2^2)$과 같은 식에 의해 연관되어 있다는 것이다. (t 통계량과 마찬가지로) F-비율은 기각역에 속하지 않고, 따라서 이 또한 H_0를 기각하지 못하고 두 처치 간에 유의한 차이가 없다고 결론 내린다.

학습 점검

학습 목표 6 **1.** 독립 측정 ANOVA와 비교하여 반복 측정 ANOVA의 장점은 무엇인가?

a. 적은 참여자가 필요하고 연습이나 피로와 같은 순서 효과의 위험이 줄어든다.

b. 개인차에 의한 문제를 최소화하고 연습이나 피로와 같은 순서 효과의 위험이 줄어든다.

c. 적은 참여자가 필요하고 개인차에 의한 문제를 최소화한다.

d. 위의 보기 모두 정답이 아니다.

학습 목표 7 **2.** 반복 측정 ANOVA에서 F-비율이 $F = 4.00$, $df = 1, 12$일 때, 동일한 자료를 반복 측정 t 검정을 사용하여 분석한다면 이때 t 통계량은 얼마의 자유도는 갖는가?

a. 11

b. 12

c. 13

d. 주어진 정보만으로는 알 수 없다.

정답 **1.** c **2.** b

13-4 2요인 독립 측정 ANOVA 개관

학습 목표(Learning Objectives)

8. 요인 설계, 특히 2요인 독립 측정 설계의 구조를 요인(factor)과 **수준**(level)이라는 용어를 사용하여 기술하고, 2요인 설계의 구체적인 예시가 주어졌을 때 요인과 수준을 찾아낼 수 있다.

9. 주효과와 상호작용을 정의하고, 자료의 패턴이 주효과와 상호작용을 산출하는지 파악할 수 있다.

10. 2요인 ANOVA에서 사용되는 세 가지 F-비율을 알고, 이 값들이 서로 어떻게 연관되어 있는지 설명할 수 있다.

대부분의 연구 상황에서 연구의 목적은 두 변수들 사이의 관련성을 알아보는 것이다. 보통 연구에서는 두 변수들 간의 관련성을 왜곡시킬 수 있는 외적인 변수들의 영향을 줄이거나 제거하기 위해서 두 변수만을 고립시키고자 한다. 예를 들어, 전형적인 실험에서는 하나의 (행동에 영향을 미칠 것으로 기대되는) 독립변수와 하나의 종속변수(즉, 행동 측정값)에만 초점을 둔다. 그러나 현실에서는 변수들이 고립되어 존재하는 경우는 드물다. 즉, 행동은 보통 다양한 여러 변수들의 작용과 상호작용에 의해 영향을 받는다. 이러한 복잡하고 현실적인 상황을 살펴보기 위해 연구자들은 흔히 하나 이상의 독립변수를 포함하는 연구를 설계한다. 즉, 연구자들은 두 개(또는 그 이상의) 변수들을 체계적으로 변화시키고 이러한 변화가 또 다른 (종속)변수에 어떻게 영향을 미치는지를 관찰한다.

실험 연구에서 독립변수는 연구자가 조작하는 변수이다. 비실험 연구에서 준독립변수는 연구자에 의해 조작되지는 않지만 집단을 정의하는 변수이다.

12장과 이번 장의 앞부분에서 단일 요인 설계에서의 ANOVA에 대해 알아보았다. 즉, 오직 하나의 독립변수 또는 하나의 준독립변수만을 포함한 연구 설계들을 살펴보았다. 연구가 둘 이상의 요인을 포함할 때, 이를 **요인 설계**(factorial design)라 부른다. 이번 장에서 우리는 요인 설계의 가장 단순한 형태를 살펴볼 것이다. 구체적으로, 우리는 두 개의 요인을 가진 연구에 적용되는 ANOVA를 살펴볼 것이다. 또한, 우리는 각 처치 조건에 서로 다른 표본을 사용하는 연구, 즉 독립 측정 설계 연구에 대해서만 논의를 제한하도록 하겠다. 마지막으로, 우리는 모든 처치 조건의 표본 크기가 n으로 동일한 2요인 설계만을 고려할 것이다. ANOVA의 용어로 말하자면, 이번 장은 **2요인, 독립 측정, 동일 n 설계**에 대해 살펴보고자 한다. 아래 예제는 2요인 연구 설계를 소개하고 있다.

Bartholow와 Anderson(2002)은 비디오 게임에서 경험한 폭력성이 실제 행동에 영향을 미치는가에 대한 연구를 수행했다. 연구자들은 남녀 대학생을 폭력적인 비디오 게임 또는 비폭력적인 비디오 게임 조건에 무작위로 할당했다. 게임을 한 후, 각 참여자에게 다른 학생과 경쟁적인 반응 시간 게임에 참여하도록 했는데, 이때 이 다른 학생은 사실 연구 팀에 소속된 공모자였다. 반응 시간 게임에 참여하는 두 학생 모두 자극음에 가능한 한 빠르게 반응하도록 지시를 받았고, 각 시행마다 더 늦게 반응한 사람은 헤드폰에서 큰 백색 소음이 나오는 처벌을 받았다. 참여자들은 처벌 소음의 강도를 설정할 수 있다는 지시를 받았고, 참여자가 선택한 소음의 수준이 참여자의 공격적 행동 측정값으로 사용되었다. 즉, 더 높은 수준의 소음이 더 공격적인 행동을 나타낸다고 할 수 있다. 표 13.4는 이 연구의 구조를 보여 준다. 주목할 것은, 이 연구가 두 개의 서로 다른 요인들을 포함하고 있다는 점이다. 첫 번째 요인은 연구자에 의해 조작된 것으로, 참여자가 폭력적인 게임을 할 것인지 비폭력적인 게임을 할 것인지가 그것이다. 두 번째 요인

표 13.4 2요인 실험의 구조가 행렬로 제시되어 있다. 두 요인은 성별과 비디오 게임의 폭력성 정도이며, 각 요인별로 두 개의 수준이 있다.

		요인 *B*: 폭력성 정도	
		비폭력적 게임	**폭력적 게임**
요인 *A*: 성별	**남자**	비폭력적인 게임을 한 남자 집단의 점수들	폭력적인 게임을 한 남자 집단의 점수들
	여자	비폭력적인 게임을 한 여자 집단의 점수들	폭력적인 게임을 한 여자 집단의 점수들

은 성별로, 이 요인은 연구자가 조작할 수 없으며 단순히 남녀로 구분된다. 이 두 요인을 사용하여 서로 다른 성별이 행을 구성하고 서로 다른 폭력성 수준이 열을 구성하도록 행렬을 만들 수 있다. 이렇게 얻어진 2행 2열의 **행렬**(**matrix**)은 변수들의 네 가지 서로 다른 결합을 보여 주며, 이는 곧 네 가지 서로 다른 조건을 나타낸다. 따라서 이 연구는 행렬의 각 칸(cell) 또는 각 상자마다 하나씩 총 4개의 서로 다른 표본을 필요로 한다. 이 연구의 종속변수는 4개의 조건 각각에 속한 참여자들의 공격 행동 수준이다.

2요인 ANOVA는 표 13.4에 있는 성별과 비디오 게임 폭력성 연구처럼 구조화된 연구에서의 평균 차이를 검증한다. 이 예에서 2요인 ANOVA는 세 개의 서로 다른 평균 차이를 평가한다.

1. 게임에 폭력성이 있고 없음에 따라 공격 행동 수준이 어떻게 달라지는가?
2. 남자 참여자들과 여자 참여자들 간에 공격 행동에 차이가 있는가?
3. 공격 행동이 게임 폭력성과 성별의 특정한 결합에 의해 달라지는가? (예를 들어, 폭력적인 게임이 남성에게 큰 효과를 가지지만 여성에게는 작은 효과를 가질 수 있다.)

즉, 2요인 ANOVA는 하나의 분석 안에서 세 가지 유형의 평균 차이를 살펴볼 수 있도록 해 준다. 더 상세하게 설명하자면, 동일한 자료에 대해 세 가지 서로 다른 가설 검정을 실시하며, 각 검정마다 서로 다른 F-비율을 사용한다. 이 세 개의 F-비율은 다음과 같은 동일한 기본 구조를 가진다.

$$F = \frac{\text{처치 간 분산(또는 차이)}}{\text{처치 효과가 없을 때 기대되는 분산(또는 차이)}}$$

각각의 경우에서 F-비율의 분자는 자료에 존재하는 실제 평균 차이를 나타내고, 분모는 처치 효과가 없을 때 기대할 수 있는 차이를 나타낸다. 항상 그렇듯이 큰 F-비율값은 우연에 의해 기대되는 것보다 표본 평균 차이가 더 크다는 것을 나타내고, 그러므로 처치 효과가 있다는 증거를 제공한다. 획득한 F-비율이 유의한지 결정하려면, 각각의 F-비율값에 대해 부록 A에 있는 F 분포표에서 임곗값을 찾아 이 값들을 비교해야 한다.

■ 주효과와 상호작용

이전 절에서 살펴본 것과 같이 2요인 ANOVA는 사실 세 개의 구별된 가설 검정을 포함한다. 이번 절에서 이 세 개의 검정들에 대해 더 자세히 알아보도록 하자.

전통적으로 2요인 실험에서는 두 독립변수들을 요인 A, 요인 B라고 지칭한다. 표 13.4에 제시된 연구에서 성별이 요인 A, 게임의 폭력성 정도가 요인 B에 해당한다. 연구의 목적은 두 요인들이 각각 독립적으로 작용함으로써, 아니면 두 요인이 함께 작용함으로써 나타나는 평균의 차이를 평가하는 것이다.

■ 주효과

이 연구의 목적 중 하나는 성별(요인 A)에 따라 행동에 차이가 나타나는지를 알아보는 것이다. 이 질문에 답하기 위해 우리는 전체 남성의 평균 점수와 전체 여성의 평균 점수를 비교해야 한다. 이 과정은 표 13.4에서 위 행과 아래 행 간의 평균 차이를 평가하는 것임에 주목하자.

이 과정을 좀 더 구체적으로 설명하기 위해, 표 13.5에 가설적인 자료를 제시했다. 이 표는 각 처치 조건(칸)의 평균 점수뿐만 아니라 각 열(폭력성의 각 수준)의 전체 평균과 각 행(각 성별 집단)의 전체 평균을 보여 준다. 이 자료는 남성 참여자들(위 행)의 전체 평균이 $M = 8$임을 나타낸다. 남성의 전체 평균은 위의 행에 있는 두 평균값들의 평균을 계산하여 얻은 것이다. 반면, 여성 참여자들의 전체 평균(아래 행 평균)은 $M = 4$이다. 이 평균들 간의 차이가 바로 성별의 **주효과** 또는 **요인 A의 주효과**를 나타낸다.

유사하게, 요인 B(폭력성의 정도)의 주효과는 행렬을 구성하는 열들 간의 평균 차이로 정의된다. 표 13.5의 자료에서 비폭력적인 게임을 한 두 집단의 참여자들의 전체 평균

표 13.5 비디오 게임의 폭력성이 남성과 여성의 공격 행동에 미치는 영향을 알아보는 실험에 대한 가설적 자료

	비폭력적 게임	폭력적 게임	
남성	$M = 7$	$M = 9$	$M = 8$
여성	$M = 3$	$M = 5$	$M = 4$
	$M = 5$	$M = 7$	

점수는 $M = 5$이다. 폭력적인 게임을 한 참여자들의 전체 평균 점수는 $M = 7$이다. 이 평균들 간의 차이가 바로 게임 폭력성 정도의 주효과 또는 요인 B의 주효과를 나타낸다.

한 요인의 수준 간 평균 차이를 그 요인의 **주효과**(main effect)라고 부른다. 연구 설계를 행렬로 나타내고, 첫 번째 요인이 행을 구성하고 두 번째 요인이 열을 구성하도록 했을 때, 행 간의 평균 차이가 첫 번째 요인의 주효과를 기술하고, 열 간의 평균 차이가 두 번째 요인의 주효과를 기술한다.

열 또는 행 간의 평균 차이는 2요인 연구의 주효과를 단순히 기술하기만 한다. 앞 장들에서 살펴본 것처럼 표본 평균에서 차이가 존재한다는 것이 반드시 통계적으로 유의한 차이가 있음을 의미하는 것은 아니다. 일반적으로, 두 표본이 있을 때 이 두 표본이 완전히 동일한 평균값을 가지리라고 기대할 수는 없다. 표본에 따라 항상 어느 정도의 차이는 있게 마련이므로, 이 차이가 체계적인 처치의 효과를 나타내는 것이라고 단정해서는 안 된다. 2요인 연구의 경우, 자료에서 관찰되는 어떠한 주효과도 통계적으로 유의한 효과인지를 알기 위해서는 가설 검정을 통해 평가되어야 한다. 만약 가설 검정 결과 주효과가 유의하지 않다면, 관찰된 평균 차이는 단순히 표집 오차에 의해 나타난 결과라고 결론을 내려야 한다.

주효과에 대한 평가는 2요인 ANOVA의 세 가지 가설 검정 중 두 가지에 해당한다. 우리는 요인 A의 주효과와 요인 B의 주효과에 대한 가설을 설정하고 이 가설들을 평가하기 위해 두 개의 개별적인 F-비율을 계산한다.

우리가 살펴보고 있는 예제에서 요인 A는 두 개의 서로 다른 성별 비교를 포함한다. 이때 영가설은 두 수준 사이에 차이가 없다는 것이다. 즉, 성별은 공격 행동에 영향을 미치지 않는다는 것이다. 이를 기호로 나타내면 다음과 같다.

$$H_0: \mu_{A_1} = \mu_{A_2}$$

대립가설은 두 성별이 서로 다른 공격 행동 점수를 보인다는 것이다.

$$H_1: \mu_{A_1} \neq \mu_{A_2}$$

이 가설들을 평가하기 위해서 우리는 성별 간 실제 평균 차이와 아무런 체계적인 차이가 없을 때 기대되는 점수 차이의 양을 비교하는 F-비율을 계산한다.

$$F = \frac{\text{요인 } A \text{ 평균들 간의 분산(또는 차이)}}{\text{처치 효과가 없을 때 기대되는 분산(또는 차이)}}$$

$$F = \frac{\text{행 평균들 간의 분산(또는 차이)}}{\text{처치 효과가 없을 때 기대되는 분산(또는 차이)}}$$

유사하게, 요인 *B*는 두 가지 서로 다른 폭력성 조건들 간의 비교를 포함한다. 이때의 영가설은 이 두 조건들 간에 공격행동 수준에 평균 차이가 없다는 것이다. 이를 기호로 나타내면 다음과 같다.

$$H_0: \mu_{B_1} = \mu_{B_2}$$

항상 그렇듯, 대립가설은 이 평균들이 서로 다르다는 것이다.

$$H_1: \mu_{B_1} \neq \mu_{B_2}$$

앞서와 마찬가지로, *F*-비율은 두 폭력성 조건들 사이에 관찰된 평균 차이와 체계적인 처치 효과가 없을 때 기대되는 차이의 양을 비교한다.

$$F = \frac{\text{요인 } B \text{ 평균들 간 분산(또는 차이)}}{\text{처치 효과가 없을 때 기대되는 분산(또는 차이)}}$$

$$F = \frac{\text{열 평균들 간의 분산(또는 차이)}}{\text{처치 효과가 없을 때 기대되는 분산(또는 차이)}}$$

■ 상호작용

2요인 ANOVA는 각 요인의 주효과를 개별적으로 평가하는 것과 더불어, 두 요인들의 특정한 결합에 의해 나타나는 평균 차이에 대해서도 평가할 수 있도록 해 준다. 예를 들어, 게임 폭력성과 성별의 특정한 결합이 함께 작용하여 나타나는 효과는 성별 또는 게임 폭력성이 홀로 작용하는 효과와 다를 수 있다. 주효과들에 의해서 설명되지 않는 '추가적인(extra)' 평균 차이를 **상호작용** 또는 **요인 간 상호작용**이라고 부른다. 같은 연구 안에서 두 가지 요인들을 결합하는 것의 이점은 바로 상호작용에 의한 특정한 효과를 살펴볼 수 있도록 해 준다는 것이다.

> 두 요인 간 **상호작용**(interaction)은 개별 처치 조건 또는 칸 간의 평균 차이가 요인들의 전체 주효과에 의해 예측되는 것과 다를 때마다 발생한다.

상호작용 개념을 더 구체적으로 이해하기 위해, 표 13.5에 제시되어 있는 자료를 다시 한 번 살펴보자. 이 자료에는 상호작용이 존재하지 않는다. 즉, 주효과들로 설명되지 않는 추가적인 평균 차이가 없다. 예를 들어, 각 폭력성 조건(행렬의 각 열) 내에서 남성 참여자들의 공격성 평균 수준은 여성 참여자들의 평균보다 4점 높다. 이 4점의 평균 차이는 정확히 성별의 전체 주효과에 의해 예측되는 것이다.

이번에는 표 13.6에 제시된 다른 자료를 살펴보자. 이 새 자료는 표 13.5에서 보았

표 13.6 비디오 게임의 폭력성이 남성과 여성의 공격 행동에 미치는 영향을 알아보는 실험에 대한 가설적 자료. 이 자료는 표 13.5의 자료와 동일한 주효과들을 보여 주지만 개별 처치 조건의 평균들은 상호작용을 만들기 위해서 수정되었다.

	비폭력적 게임	폭력적 게임	
남성	$M = 6$	$M = 10$	$M = 8$
여성	$M = 4$	$M = 4$	$M = 4$
	$M = 5$	$M = 7$	

표 13.6의 자료는 Bartholow와 Anderson(2002) 연구에서 얻은 결과와 동일한 패턴을 보인다.

던 것과 완전히 동일한 주효과들을 보인다(열 평균들과 행 평균들은 변하지 않았다). 여전히 두 행 사이에는 4점의 평균 차이(성별의 주효과)가 존재하고, 두 열 사이에는 2점의 평균 차이(폭력성의 주효과)가 존재한다. 그러나 이번에는 두 요인 간에 상호작용이 존재한다. 예를 들어, 남성 참여자들(위 행)의 경우 폭력적 게임과 비폭력적 게임 후에 공격성 수준에서 4점의 차이를 보인다. 이 4점의 차이는 폭력성 요인의 주효과 2점으로는 설명할 수 없다. 또한 여성 참여자들(아래 행)의 자료는 두 게임 폭력성 조건들 간에 차이를 나타내지 않는다. 게임 폭력성 조건들에서 여성 참여자들의 평균 차이는 0이며, 이는 게임 폭력성 요인의 주효과인 2점 차이로는 기대할 수 없는 값이다. 주효과에 의해 설명할 수 없는 평균 차이들이 바로 두 요인들 간의 상호작용을 나타낸다.

상호작용을 평가하기 위해서, 2요인 ANOVA에서는 먼저 주효과들로는 설명할 수 없는 평균 차이들을 찾는다. 그리고 이러한 추가적인 평균 차이들을 아래와 같은 구조를 갖는 F-비율로 평가한다.

$$F = \frac{\text{주효과들로는 설명되지 않는 분산(평균 차이)}}{\text{처치 효과가 없을 때 기대되는 분산(평균 차이)}}$$

이 F-비율에 대한 영가설은 단순하게 상호작용이 없다는 것이다.

H_0: 요인 A와 B 간에 상호작용이 없다. 처치 조건들 간의 평균 차이는 두 요인들의 주효과들에 의해 설명된다.

대립가설은 두 요인들 간에 상호작용이 있다는 것이다.

H_1: 요인들 간에 상호작용이 있다. 처치 조건들 간의 평균 차이는 두 요인들의 전체 주효과들로는 예측되지 않는다.

■ 상호작용에 대해 더 알아보기

앞 절에서 두 요인들이 함께 작용하여 생성되는 특유의 효과가 상호작용 개념이라는 것을 소개했다. 이번 절에서는 상호작용에 대한 대안적인 두 가지 정의를 소개할 것이다. 이 대안적인 정의들은 상호작용 개념을 이해하도록 도와주고, 자료에 상호작용이 있을 때 이를 알아차릴 수 있도록 도와줄 것이다. 이 새로운 정의들은 원래의 정의와 동등한 것으로, 같은 개념을 단지 약간의 다른 관점에서 제시하는 것뿐이라는 점을 알아 두자.

상호작용 개념에 대한 첫 번째 새로운 관점은 두 요인의 독립성 개념에 초점을 둔다. 더 구체적으로, 만약 두 요인들이 독립적이어서 한 요인이 다른 요인의 효과에 영향을 주지 않는다면, 상호작용이 없는 것이다. 반대로, 두 요인들이 독립적이지 않아서 한 요인의 효과가 다른 요인에 따라 달라질 때에는 상호작용이 존재한다. 요인들 간 의존성에 대한 개념은 상호작용에 대한 앞서의 논의와 일치한다. 만약 요인 하나가 다른 요인의 효과에 영향을 미친다면, 요인들의 특정한 결합은 특정한 효과를 산출하게 된다.

한 요인의 효과가 다른 요인의 수준에 따라 달라질 때 요인들 사이에 **상호작용**(interaction)이 존재한다.

이러한 정의는 '약물 상호작용' 맥락에서의 상호작용과 유사하다. 의사와 약사는 항상 두 약을 동시에 복용했을 때 첫 번째 약의 효과가 두 번째 약에 의해서 바뀌거나 왜곡되는 것에 대해 염려한다. 즉, 첫 번째 약(요인 *A*)의 효과가 두 번째 약(요인 *B*)에 따라 달라지므로, 이 두 약 간에는 상호작용이 존재한다.

다시 표 13.5로 돌아가 보자. 여러분은 게임 폭력성 효과의 크기(첫 번째 열 대 두 번째 열)가 참여자들의 성별에 따라 **달라지지 않는다**는 것을 알 수 있다. 이 자료에서 게임에 폭력성이 더해지면 두 집단 모두에서 동일하게 공격 행동이 2점 증가한다. 즉, 게임 폭력성의 효과가 성별에 따라 달라지지 않으므로, 상호작용이 없다. 이제 표 13.6의 자료를 살펴보자. 이번에는 게임에 폭력성이 더해졌을 때의 효과가 성별에 따라 달라진다. 예를 들어, 게임에 폭력성이 더해지면 남성의 경우 공격 행동이 4점 증가하지만 여성의 경우 아무런 효과가 없었다. 즉, 게임 폭력성의 효과가 성별에 따라 달라지는데, 이것은 이 두 요인 간에 상호작용이 존재함을 의미한다.

상호작용에 대한 두 번째 대안적 정의는 2요인 연구의 결과를 그래프로 그렸을 때 얻어진다. 이 경우, 상호작용의 개념은 그래프에 나타난 패턴으로 정의될 수 있다. **그림 13.2**는 우리가 살펴보았던 두 자료를 보여 준다. 표 13.5에 제시된 상호작용이 없는 원래 자료가 **그림 13.2(a)**에 나타나 있다. 이 자료에는 상호작용이 존재하지 않는다. 이 그림을 만들기 위해서, 우리는 요인 중 하나를 선택하여 수평축에 나타내었다. 이 경우,

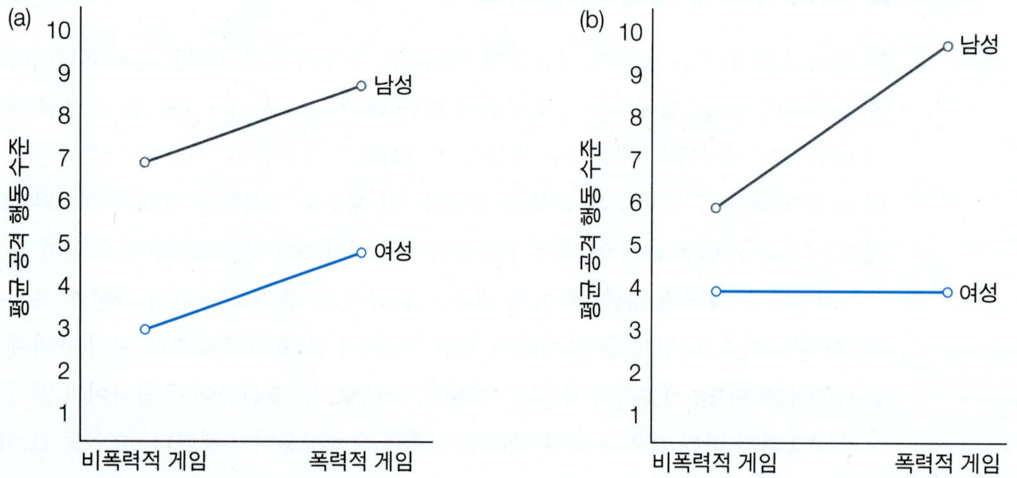

그림 13.2

(a) 그래프는 표 13.5의 처치 평균들을 보여 주며, 상호작용이 존재하지 않는다. (b) 그래프는 표 13.6의 처치 평균들을 보여 주며, 상호작용이 존재한다.

게임 폭력성의 서로 다른 수준이 수평축에 표시된다. 종속변수인 공격 행동 수준은 수직축에 나타낸다. 주목할 것은 이 그림이 사실 두 개의 서로 다른 그래프를 포함하고 있다는 점이다. 위의 선분은 남성 집단에서 게임 폭력성과 공격 행동 간의 관계를 보여 주고, 아래 선분은 여성 집단에서 게임 폭력성과 공격 행동 간의 관계를 보여 준다. 일반적으로, 그래프가 보여 주는 그림은 자료 행렬의 구조와 일치한다. 행렬의 열들이 X축의 값들로 나타나고, 행렬의 행들은 그래프의 개별적인 선분들로 나타난다.

원래 자료를 보여 주는 **그림 13.2(a)**에서는 두 선분이 평행하다. 즉, 선분들 간의 거리가 일정하다. 이 경우, 선분들 사이의 거리는 남성과 여성의 평균 공격성 점수에서의 2점 차이를 반영하고, 이러한 2점의 차이는 두 게임 폭력성 조건에서 동일하다.

이번에는 자료에 상호작용이 있는 경우 얻어지는 그래프를 살펴보자. **그림 13.2(b)**는 표 13.6의 자료를 보여 준다. 주목할 것은 이번에는 그래프의 선분들이 평행하지 않다는 점이다. 선분들 사이의 거리가 왼쪽과 오른쪽에서 다르다. 이 자료에서 선분들 사이의 거리는 성별 효과, 즉 남성과 여성 참여자 간의 공격 행동에서의 평균 차이를 나타낸다. 이러한 차이가 게임 폭력성의 수준에 따라 달라진다는 사실은 두 요인 간에 상호작용이 존재함을 나타낸다.

2요인 연구의 결과를 그래프로 나타내었을 때, 평행하지 않은 선분들이 존재하면(선분들이 교차하거나 수렴할 때) 두 요인들 간에 **상호작용**(interaction)이 존재한다.

많은 학생들이 상호 의존성이라는 관점을 사용하면 가장 쉽게 상호작용 개념을 이해한다. 즉, 상호작용은 한 변수의 효과가 다른 요인에 따라 달라질 때 존재한다. 그러나 주어진 자료에서 상호작용을 확인하는 가장 쉬운 방법은 처치 평균들을 보여 주는 그래프를 그려 보는 것이다. 평행하지 않은 선분들이 존재하면 상호작용이 존재한다는 것을 쉽게 알 수 있다.

■ 주효과와 상호작용의 독립성

$A \times B$ 상호작용을 보통 'A와 B'의 상호작용이라고 부른다. 만약 비디오 게임의 폭력성과 성별 간에 상호작용이 존재한다면 이를 '폭력성과 성별'의 상호작용이라고 부를 수 있다.

2요인 ANOVA는 세 가지 가설 검정으로 구성되어 있고, 각각의 가설 검정은 특정한 평균 차이, 즉 A의 주효과, B의 주효과, 그리고 $A \times B$ 상호작용을 평가한다. 앞서 언급했듯이 이들은 세 개의 개별적인 검정이며, 또한 여러분은 이 검정들이 독립적임을 알아야 한다. 즉, 세 개의 검정들 중 어느 하나의 결과는 다른 두 결과와 아무런 관련이 없다. 따라서 2요인 연구에서 주효과와 상호작용이 각각 유의하거나 유의하지 않은 어떠한 조합도 자료에 나타날 수 있다. 표 13.7의 자료들은 이러한 여러 가능성들을 보여 준다.

표 13.7(a)는 요인 A의 수준들 간에 평균 차이를 보이지만(A의 주효과) 요인 B의 수준 간에는 평균 차이가 없고 상호작용도 없다. A의 주효과를 확인하려면, A_1의 전체 평균(위 행)이 A_2의 전체 평균(아래 행)보다 10점 더 높다는 점을 알아차려야 한다. 이 10점의 차이가 바로 요인 A의 주효과이다. B의 주효과를 평가하기 위해서는, 두 개의 열이 정확하게 같은 전체 평균을 가지고 있다는 것을 알아야 하며, 이는 요인 B의 수준들 간에 차이가 없다는 것을 나타낸다. 따라서 B의 주효과는 없다. 마지막으로 상호작용의 부재는 A의 전반적인 효과(10점 차이)가 각 열 내에서 일정하다는 것으로 알 수 있다. 즉, A의 효과는 요인 B의 수준에 따라 달라지지 않는다. (또는, B의 전반적인 효과가 각 행 내에서 일정하다고도 말할 수 있다.)

표 13.7(b)는 A의 주효과와 B의 주효과는 있지만 상호작용은 없는 자료를 보여 준다. 이 자료에서 A의 효과는 행 간에 10점의 평균 차이로 나타나고, B의 효과는 열 간에 20점의 평균 차이로 나타난다. 10점의 A 효과가 각 열 내에서 일정하다는 것은 상호작용이 없다는 것을 나타낸다.

마지막으로 표 13.7(c)는 상호작용은 있지만 요인 A 또는 요인 B의 주효과가 없는 자료를 보여 준다. 이 자료에서는 행들 사이에 평균 차이가 없고(A의 주효과 없음), 열들 사이에 평균 차이도 없다(B의 주효과 없음). 그러나 각 행 내에서(또는 각 열 내에서), 평균 차이가 존재한다. 행들과 열들 간의 이러한 '추가적인' 평균 차이는 전반적인 주효과들로는 설명할 수 없고 따라서 상호작용이 있음을 나타낸다.

표 13.7 2요인 연구에서 주효과들과 상호작용의 서로 다른 조합을 보여 주는 자료들. (행렬에서 각 칸의 값은 해당 처치 조건에서의 표본 평균값을 나타낸다.)

(a) 요인 A의 주효과는 있고 요인 B의 주효과와 상호작용은 없는 자료

	B_1	B_2		
A_1	20	20	A_1 평균 = 20	10점 차이
A_2	10	10	A_2 평균 = 10	
	B_1 평균 = 15	B_2 평균 = 15		
	차이 없음			

(b) 요인 A, 요인 B 모두 주효과는 보이지만 상호작용은 없는 자료

	B_1	B_2		
A_1	10	30	A_1 평균 = 20	10점 차이
A_2	20	40	A_2 평균 = 30	
	B_1 평균 = 15	B_2 평균 = 35		
	20점 차이			

(c) 두 요인 모두 주효과가 없고 상호작용은 있는 자료

	B_1	B_2		
A_1	10	20	A_1 평균 = 15	차이 없음
A_2	20	10	A_2 평균 = 15	
	B_1 평균 = 15	B_2 평균 = 15		
	차이 없음			

다음 예제를 통해 여러분이 주효과와 상호작용을 이해했는지 확인할 수 있을 것이다.

예제 13.5 아래 행렬은 2요인 실험의 결과를 나타낸다. 요인 A의 주효과와 요인 B의 주효과를 기술하시오. 이 두 요인 간에 상호작용이 있는가?

실험 1

	B_1	B_2
A_1	$M = 10$	$M = 20$
A_2	$M = 30$	$M = 40$

여러분은 요인 A의 주효과가 있고(A_2에 있는 점수들의 평균이 A_1보다 20점 더 높다), 요인 B의 주효과도 있다고(B_2에 있는 점수들의 평균이 B_1보다 10점 더 높다) 답해야 한다. 그러나 상호작용은 없다. A_1과 A_2 사이에 존재하는 20점의 차이는 요인 B의 수준에 따라 달라지지 않는다. ■

학습 점검

학습 목표 8 **1.** 요인 A는 2개의 수준을 가지고, 요인 B는 3개의 수준을 갖는 2요인 연구에서 각 처치 조건마다 $n = 5$명의 참여자로 이루어진 개별적인 표본을 사용하고자 한다. 전체 연구에 필요한 참여자 수는 얼마인가?

a. 5
b. 10
c. 25
d. 30

학습 목표 9 **2.** 두 변수들 간의 상호작용에 대한 설명으로 옳은 것은 무엇인가?

a. 첫 번째 변수의 효과가 두 번째 변수의 수준에 따라 달라진다.
b. 두 변수들이 모두 세 번째 요인에 의해서 동일한 영향을 받는다.
c. 두 변수들이 세 번째 변수에 의해서 서로 다른 영향을 받는다.
d. 두 변수들 모두 참여자 점수에서 변화를 가져온다.

학습 목표 10 **3.** 2요인 분산 분석 결과, 두 개의 주효과가 모두 유의했다. 이 정보로부터 상호작용에 대해 어떤 결론을 내릴 수 있는가?

a. 상호작용 또한 반드시 유의하다.
b. 상호작용은 유의할 수 없다.
c. 상호작용은 반드시 있지만 통계적으로 유의하지 않을 수 있다.
d. 상호작용의 유의성에 대해서 어떠한 결론도 내릴 수 없다.

정답 **1. d** **2. a** **3. d**

13-5 2요인 ANOVA와 효과 크기 예시

학습 목표(Learning Objectives)

11. 2요인 ANOVA의 두 단계를 기술하고 각 단계에서 어떤 일이 일어나는지 설명할 수 있다.

12. 2요인 ANOVA에 필요한 *SS*, *df*, *MS*의 값들을 계산하고, 이 값들 간의 관계를 설명할 수 있다. 그리고 특정 ANOVA에서의 *df*값을 사용해서 연구의 구조와 참여자 수를 알아낼 수 있다.

13. 주효과와 상호작용에 대한 효과 크기 측정을 포함하여 2요인 ANOVA를 실행할 수 있다.

2요인 ANOVA는 세 가지 서로 다른 가설 검정으로 구성되어 있다.

1. 요인 *A*의 주효과(종종 *A* 효과라고도 한다). 요인 *A*가 행렬의 행을 정의한다고 가정하면, 요인 *A*의 주효과는 행 간의 평균 차이를 평가한다.
2. 요인 *B*의 주효과(*B* 효과라고도 한다). 요인 *B*가 행렬의 열을 정의한다고 가정하면, 요인 *B*의 주효과는 열 간의 평균 차이를 평가한다.
3. 상호작용($A \times B$ 상호작용이라고도 한다). 상호작용은 요인 *A* 또는 요인 *B*의 전반적인 주효과들로부터 예측할 수 없는 처치 조건들 간의 평균 차이를 평가한다.

이 세 검정들 각각에서 우리는 처치 효과가 없다면 기대할 수 있는 차이보다 더 큰 처치 간 평균 차이가 있는지를 찾는다. 각각의 경우, 처치 효과의 유의성은 *F*-비율로 평가된다. 모든 세 개의 *F*-비율은 다음과 같은 동일한 기본 구조를 가진다.

$$F = \frac{\text{처치 간 분산(평균 차이)}}{\text{처치 효과가 없을 때 기대되는 분산(평균 차이)}} \tag{13.11}$$

2요인 ANOVA의 일반적인 구조가 **그림 13.3**에 제시되어 있다. 주목할 것은 전체 분석이 2단계로 나뉜다는 점이다. 첫 번째 단계에서는 전체 변산성을 두 개의 요소들, 즉, 처치 간 변산성과 처치 내 변산성으로 분해한다. 첫 번째 단계는, 2요인 행렬의 각 칸을 개별적인 처치 조건이라고 보면, 12장에서 소개한 단일 요인 ANOVA와 동일하다. 분석 1단계에서 얻어지는 처치 내 변산성은 *F*-비율 분모로 사용된다. 12장에서 설명했듯이, 각 처치에 속한 모든 참여자들은 완전히 동일한 처치를 받는다. 따라서 처치 내에 존재하는 어떠한 차이도 처치 효과에 의한 차이가 될 수 없다. 결과적으로, 처치 내 변산성은 점수들에 영향을 미치는 체계적인 처치 효과가 없을 때 존재하는 차이에 대한 측정값을 제공한다(식 13.11 참조).

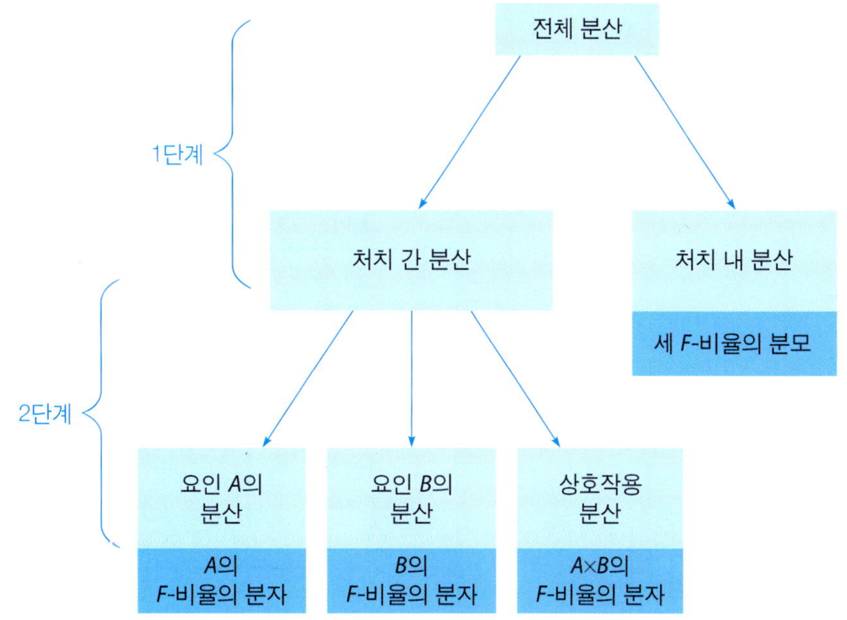

그림 13.3
2요인 ANOVA의 분석 구조

분석 1단계에서 얻어지는 처치 간 변산성은 요인 A, 요인 B, 그리고 상호작용에 의해 나타나는 모든 평균 차이들을 합한 것이다. 두 번째 단계의 목적은 이 차이를 세 가지 개별적인 요소들 즉, 요인 A에 의한 차이, 요인 B에 의한 차이, 그리고 상호작용을 정의하는 평균 차이로 분해하는 것이다. 이 세 요소들이 분석에서 사용되는 세 개의 F-비율의 분자를 형성한다.

이 분석의 목적은 세 개의 F-비율에 필요한 분산값들을 계산하는 것이다. 이때 세 개의 처치 간 분산(요인 A, 요인 B, 상호작용)과 하나의 처치 내 분산이 필요하다. 이 각각의 분산들(또는 평균제곱들)은 제곱합(SS)과 자유도(df)의 값에 의해 결정된다.

ANOVA에서 분산은 평균제곱 또는 *MS*라고 불린다는 점을 기억하자.

$$평균제곱 = MS = \frac{SS}{df}$$

예제 13.6 2요인 ANOVA에 대해 설명하기 위해 Ackerman과 Goldsmith(2011)에 기반한 연구를 예로 들어 보자. 이들의 연구는 종이에 인쇄된 글 또는 컴퓨터 화면에 제시된 글을 가지고 공부한 학생들의 학습 수행을 비교했다. 이 연구 결과에 따르면 학생들이 공부 시간을 스스로 조절했을 때에는 종이에 인쇄된 글로 공부했을 때 수행이 더 좋다. 그러나 연구자가 공부 시간을 고정하면, 두 조건 사이에 차이가 없다.

분명하게도, 학생들은 종이로 공부하는 것보다 컴퓨터 화면으로 공부할 때 자신들의 학습 수행을 덜 정확히 예측하며 학습 시간을 조절하는 것에도 어려움을 느낀다. 표

표 13.8 두 수준의 시간 통제(자기 규제 또는 연구자에 의해 고정)와 두 수준의 글 제시 형태(종이와 컴퓨터 화면)를 비교하는 2요인 연구에서 얻은 자료. 종속변수는 제시된 글에 대한 시험에서의 수행 점수이다. 이 연구는 네 가지 처치 조건을 포함하며, 각 처치당 n = 5명의 참여자들이 포함되어 있다.

		요인 *B*: 글의 제시 형태			
		종이	컴퓨터 화면		
요인 *A*: 시간 통제	자기 규제	11 8 9 10 7 $M = 9$ $T = 45$ $SS = 10$	4 4 8 5 4 $M = 5$ $T = 25$ $SS = 12$	$T_{행} = 70$	$N = 20$ $G = 155$ $\Sigma X^2 = 1303$
	고정됨	10 7 10 6 7 $M = 8$ $T = 40$ $SS = 14$	10 6 10 10 9 $M = 9$ $T = 45$ $SS = 12$	$T_{행} = 85$	
		$T_{열} = 85$	$T_{열} = 70$		

13.8은 Ackerman과 Goldsmith의 실험을 반복 검증한 2요인 연구로부터 얻은 자료이다. 여기서의 두 요인은 제시 형태(종이 또는 컴퓨터 화면)와 시간 통제(자기 규제 또는 고정)이다. 4개의 조건들 각각에서 n = 5명으로 이루어진 개별적 학생 집단들이 실험에 참여했다. 종속변수는 학습된 내용에 대한 시험에서 학생들이 보인 수행이다.

자료는 행렬 형태로 제시되어 있는데, 이때 시간 통제(요인 *A*)의 두 수준이 행을 구성하고, 제시 형태(요인 *B*)의 두 수준이 열을 구성한다. 주목할 것은 자료 행렬이 총 4개의 칸 또는 처치 조건을 가지며, 각 조건별로 n = 5명의 서로 다른 참여자 표본이 참여하고 있다는 것이다. 여기 사용된 대부분의 표기법은 12장에서 소개한 단일 요인 ANOVA와 유사하다. 구체적으로, 처치 총점은 *T*값이라고 나타내고, 전체 연구에서 점수들의 전체 개수는 N = 20이며, 모든 20개 점수들의 전체 총점(합)은 G = 155이다. 이러한 익숙한 값들과 함께, 행렬에 있는 각 행들의 총점과 각 열들의 총점 또한 추가되었다. ANOVA의 목적은 자료에서 관찰된 평균 차이가 처치 효과가 없을 때 기대되는 차이보다 유의하게 큰지를 결정하는 것이다.

■ 2요인 분석의 1단계

2요인 분석의 첫 번째 단계는 전체 변산성을 2개의 요소들, 즉 처치 간, 처치 내 요소들로 분해하는 것이다. 이때 사용하는 공식은, 2요인 행렬 안에 있는 각 칸을 개별적인 처치 조건이라고 간주한다면, 12장에 있는 단일 요인 ANOVA에서 사용한 공식과 동일하다. 공식 및 표 13.8에 제시된 자료에 대한 계산은 다음과 같다.

전체 변산성

$$SS_{전체} = \Sigma X^2 - \frac{G^2}{N} \tag{13.12}$$

이 자료에서 전체 변산성을 구하면 다음과 같다.

$$\begin{aligned} SS_{전체} &= 1303 - \frac{155^2}{20} \\ &= 1303 - 1201.25 \\ &= 101.75 \end{aligned}$$

이 SS값은 $N = 20$개의 모든 점수들의 변산성을 측정하며, 해당 자유도는 아래와 같다.

$$df_{전체} = N - 1 \tag{13.13}$$

표 13.8 자료의 경우, $df_{전체} = 19$이다.

처치 내 변산성 처치 내 분산을 계산하기 위해서는 먼저 개별 처치 조건들 각각의 SS와 $df = n - 1$를 계산해야 한다. 처치 내 SS는 아래와 같이 정의된다.

$$SS_{처치\ 내} = \Sigma SS_{개별\ 처치\ 내} \tag{13.14}$$

처치 내 df는 다음과 같이 정의된다.

$$df_{처치\ 내} = \Sigma df_{개별\ 처치\ 내} \tag{13.15}$$

표 13.8에 있는 4개의 처치 조건에 대해 이 값들을 구하면 다음과 같다.

$$\begin{aligned} SS_{처치\ 내} &= 10 + 12 + 14 + 12 = 48 \\ df_{처치\ 내} &= 4 + 4 + 4 + 4 = 16 \end{aligned}$$

처치 간 변산성 1단계에서 얻어지는 두 요소들을 더하면 반드시 전체와 같아져야 하기 때문에, $SS_{\text{처치 간}}$을 구하는 가장 쉬운 방법은 뺄셈을 사용하는 것이다.

$$SS_{\text{처치 간}} = SS_{\text{전체}} - SS_{\text{처치 내}} \tag{13.16}$$

표 13.8에 제시된 자료의 $SS_{\text{처치 간}}$은 아래와 같다.

$$SS_{\text{처치 간}} = 101.75 - 48 = 53.75$$

그러나 $SS_{\text{처치 간}}$을 직접 구하는 계산식을 사용할 수도 있다.

$$SS_{\text{처치 간}} = \Sigma\frac{T^2}{n} - \frac{G^2}{N} \tag{13.17}$$

표 13.8에 제시된 자료에는 4개의 처치(4개의 T값)가 있고 각 처치에 $n = 5$개의 점수들을 가지고 있으므로, 처치 간 SS는 다음과 같이 구할 수 있다.

$$\begin{aligned} SS_{\text{처치 간}} &= \frac{45^2}{5} + \frac{25^2}{5} + \frac{40^2}{5} + \frac{45^2}{5} - \frac{155^2}{20} \\ &= 405 + 125 + 320 + 405 - 1201.25 \\ &= 53.75 \end{aligned}$$

처치 간 df값은 처치의 수(또는 T값들의 개수) − 1로 결정된다. 2요인 연구에서 처치의 수는 행렬에 있는 칸의 수와 동일하다. 따라서 $df_{\text{처치 간}}$은 다음과 같이 구할 수 있다.

$$df_{\text{처치 간}} = \text{칸의 개수} - 1 \tag{13.18}$$

이 자료에서 $df_{\text{처치 간}} = 3$이다.

이것으로 분석의 첫 번째 단계가 완료되었다. SS와 df 모두 두 요소들을 더하면 전체와 같아진다는 점에 주목하자.

$$\begin{aligned} SS_{\text{처치 간}} + SS_{\text{처치 내}} &= SS_{\text{전체}} \\ 53.75 + 48 &= 101.75 \\ df_{\text{처치 간}} + df_{\text{처치 내}} &= df_{\text{전체}} \\ 3 + 16 &= 19 \end{aligned}$$

■ 2요인 분석의 2단계

분석의 두 번째 단계는 세 개의 F-비율에 대한 분자들을 찾는 것이다. 구체적으로, 이번 단계에서는 요인 A, 요인 B, 그리고 상호작용에 대한 처치 간 분산을 구한다.

1. **요인 A** 요인 A의 주효과는 요인 A의 수준들 간의 평균 차이를 평가한다. 이 예에서 요인 A는 행렬의 행들을 정의하기 때문에, 요인 A의 주효과는 행들 간의 평균 차이를 평가하는 것과 같다. 요인 A의 SS를 계산하기 위해서, 우리는 이전에 처치 총점(T값)들을 사용해서 $SS_{처치\ 간}$을 계산한 것과 완전히 동일한 방식을 사용한다. 즉, 행 총점을 사용해서 요인 A에 대한 처치 간 SS를 계산한다. 요인 A의 경우, 행 총점들이 70과 85이고, 각 총점은 10개의 점수들을 더해서 얻어진다. 따라서 SS_A는 다음과 같이 구할 수 있다.

$$SS_A = \Sigma \frac{T_{행}^2}{n_{행}} - \frac{G^2}{N} \quad (13.19)$$

이 자료에서 이 값을 구하면 다음과 같다.

$$\begin{aligned} SS_A &= \frac{70^2}{10} + \frac{85^2}{10} - \frac{155^2}{20} \\ &= 490 + 722.5 - 1201.25 \\ &= 11.25 \end{aligned}$$

요인 A는 2개 처치(또는 2개의 행)를 포함하므로, df값은 다음과 같다.

$$\begin{aligned} df_A &= \text{행의 개수} - 1 \\ &= 2 - 1 \\ &= 1 \end{aligned} \quad (13.20)$$

2. **요인 B** 요인 B에 대한 계산은 행 대신 열을 사용한다는 점을 제외하면 요인 A에서 사용한 방법과 완전히 동일하다. 요인 B의 주효과는 요인 B의 수준들 간의 평균 차이를 평가하며, 이는 행렬에서 열 간의 차이를 나타낸다.

$$SS_B = \Sigma \frac{T_{열}^2}{n_{열}} - \frac{G^2}{N} \quad (13.21)$$

이 자료에서 열 총점들은 85과 70이고 각각의 총점은 10개 점수들의 합으로 얻어진다. 따라서 다음과 같은 값을 얻을 수 있다.

$$\begin{aligned} SS_B &= \frac{85^2}{10} + \frac{70^2}{10} - \frac{155^2}{20} \\ &= 722.5 + 490 - 1201.25 \\ &= 11.25 \end{aligned}$$

$$df_B = \text{열의 개수} - 1 \tag{13.22}$$
$$= 2 - 1$$
$$= 1$$

3. **$A \times B$ 상호작용** $A \times B$ 상호작용은 두 요인들의 주효과들로는 설명할 수 없는 '추가적인' 평균 차이로 정의된다. 이 정의를 사용하여 상호작용 SS와 df를 단순한 뺄셈으로 구해 보도록 하겠다. 구체적으로, 처치 간 변산성은 A 효과, B 효과, 그리고 상호작용의 세 부분으로 쪼개진다(그림 13.3 참조). A와 B 효과에 대한 SS와 df값은 이미 계산했으므로, 뺄셈을 사용하여 남은 값을 구함으로써 상호작용에 대한 값을 얻을 수 있다.

$$SS_{A\times B} = SS_{\text{처치 간}} - SS_A - SS_B \tag{13.23}$$

이 자료에서 이 값을 구하면 다음과 같다.

$$SS_{A\times B} = 53.75 - 11.25 - 11.25 = 31.25$$

이와 유사하게, 자유도는 다음과 같이 구해진다.

$$df_{A\times B} = df_{\text{처치 간}} - df_A - df_B \tag{13.24}$$
$$= 3 - 1 - 1$$
$$= 1$$

기억하기 쉬운 대안적인 $df_{A\times B}$ 공식은 다음과 같다.

$$df_{A\times B} = df_A \times df_B \tag{13.25}$$
$$= 1 \times 1 = 1$$

■ 2요인 ANOVA의 평균제곱과 *F*-비율

2요인 ANOVA는 세 개의 개별적인 F-비율을 사용하는 세 가지 개별적인 가설 검정으로 구성되어 있다. 각 F-비율의 분모는 처치 효과가 없을 때 기대되는 분산(차이)을 측정한다. 12장에서 살펴보았듯이, 독립 측정 설계에서는 처치 내 분산이 F-비율의 분모로 적합하다(408쪽). 처치 내 분산을 MS 또는 평균제곱(mean square)이라고 부르며, 이는 다음과 같이 계산할 수 있다.

$$MS_{\text{처치 내}} = \frac{SS_{\text{처치 내}}}{df_{\text{처치 내}}}$$

표 13.8의 자료의 $MS_{처치\ 내}$는 다음과 같다.

$$MS_{처치\ 내} = \frac{48}{16} = 3$$

이 값은 세 개의 F-비율 모두에서 분모가 된다.

세 개의 F-비율 분자는 모두 처치 간 차이 또는 처치 간 분산을 나타낸다. 즉, 요인 A의 수준들 간의 차이, 요인 B의 수준들 간의 차이, 그리고 $A \times B$ 상호작용에 의한 추가적인 차이가 바로 세 개의 F-비율의 분자를 구성한다. 이 세 개의 분산들은 다음과 같이 계산된다.

$$MS_A = \frac{SS_A}{df_A} \qquad MS_B = \frac{SS_B}{df_B} \qquad MS_{A\times B} = \frac{SS_{A\times B}}{df_{A\times B}}$$

표 13.8에 자료에서 이 세 MS값들을 구하면 다음과 같다.

$$MS_A = \frac{11.25}{1} = 11.25 \quad MS_B = \frac{11.25}{1} = 11.25 \quad MS_{A\times B} = \frac{31.25}{1} = 31.25$$

마지막으로, 세 F-비율은 다음과 같이 구할 수 있다.

$$F_A = \frac{MS_A}{MS_{처치\ 내}} = \frac{11.25}{3} = 3.75$$

$$F_B = \frac{MS_B}{MS_{처치\ 내}} = \frac{11.25}{3} = 3.75$$

$$F_{A\times B} = \frac{MS_{A\times B}}{MS_{처치\ 내}} = \frac{31.25}{3} = 10.42$$

각 F-비율의 유의성을 결정하기 위해서는 각 F-비율의 df값을 사용해서 F 분포표를 찾아보아야 한다. 이 예제에서, 세 F-비율들은 모두 분자 $df = 1$, 분모 $df = 16$을 갖는다. F 분포표에서 $df = 1, 16$일 때의 임곗값을 확인하면, $\alpha = .05$일 때의 임곗값은 4.49이며 $\alpha = .01$일 때는 8.53이다. 두 주효과 모두 $F = 3.75$이므로, 두 주효과 모두 유의하지 않다. 상호작용의 경우 $F = 10.41$을 얻었고, 이는 2개의 임곗값을 모두 초과하므로 두 요인 간에 유의한 상호작용이 있다고 결론을 내릴 수 있다. 즉, 두 가지 글 제시 형태 간의 차이가 공부 시간 통제 방법에 따라 달라진다. ■

표 13.9는 예제 13.6의 2요인 ANOVA 결과에 대한 요약표이다. 이러한 표들이 연구 보고에 더 이상 자주 사용되지는 않지만, 이러한 표들은 분석의 모든 요소들을 간략한 형태로 제시해 준다.

표 13.9 예제 13.6의 자료에 대한 2요인 ANOVA 요약표

분산원	*SS*	*df*	*MS*	*F*
처치 간	53.75	3		
요인 *A*(시간 통제)	11.25	1	11.25	$F(1, 16) = 3.75$
요인 *B*(제시 형태)	11.25	1	11.25	$F(1, 16) = 3.75$
$A \times B$	31.25	1	31.25	$F(1, 16) = 10.42$
처치 내	48	16	3	
전체	101.75	19		

다음 예시를 통해 여러분이 2요인 ANOVA에서 필요한 계산을 이해했는지 확인해 볼 수 있을 것이다.

예제 13.7 다음 자료는 2요인 독립 측정 실험 결과를 요약한 것이다.

		요인 *B*		
		B_1	B_2	B_3
요인 *A*	A_1	$n = 10$ $T = 0$ $SS = 30$	$n = 10$ $T = 10$ $SS = 40$	$n = 10$ $T = 20$ $SS = 50$
	A_2	$n = 10$ $T = 40$ $SS = 60$	$n = 10$ $T = 30$ $SS = 50$	$n = 10$ $T = 20$ $SS = 40$

요인 *A* 각 수준의 총점과 요인 *A*의 *SS*를 계산하고, 요인 *B* 각 수준의 총점과 요인 *B*의 *SS*를 계산하시오. 여러분이 얻어야 하는 값은 다음과 같다. 요인 *A* 각 수준의 총점은 30, 90이고 $SS_A = 60$이다. 요인 B 각 수준의 총점은 모두 40으로 동일하다. 이 값들이 모두 동일하기 때문에 변산성이 없고 $SS_B = 0$이다. ■

■ 2요인 ANOVA의 효과 크기 측정

ANOVA에서 효과 크기를 측정하는 일반적인 방법은 처치 효과에 의해서 설명된 분산의 비율인 η^2를 계산하는 것이다. 2요인 ANOVA에서는 세 가지 개별적인 에타 제곱을 계산한다. 첫 번째, 요인 *A*의 주효과가 설명하는 분산의 양을 계산한다. 두 번째, 요인 *B*의 주효과가 설명하는 분산의 양을 계산한다. 세 번째, 상호작용이 설명하는 분산의 양을 계산한다. 반복 측정 ANOVA에서 했던 것처럼(464쪽), 세 가지 개별적인 처치 효과

각각의 비율을 계산하기 전에, 다른 요인에 의해 설명되는 변산성은 모두 제거한다. 예를 들어, 요인 A의 η^2을 계산하기 전에, 요인 B와 상호작용이 설명하는 변산성은 제거한다. 결과적으로 요인 A의 효과 크기를 계산하는 식은 다음과 같다.

$$\text{요인 } A\text{의 } \eta^2 = \frac{SS_A}{SS_{\text{전체}} - SS_B - SS_{A\times B}} \quad (13.26)$$

주목할 것은 식 13.26의 분모가 요인 A가 설명하는 변산성 및 설명되지 않는 변산성으로 구성되어 있다는 점이다. 따라서 이 식을 다음과 같이 나타낼 수도 있다.

$$\text{요인 } A\text{의 } \eta^2 = \frac{SS_A}{SS_A + SS_{\text{처치 내}}} \quad (13.27)$$

유사하게, 요인 B에 대한 η^2 식과 상호작용에 대한 η^2 식은 다음과 같다.

$$\text{요인 } B\text{의 } \eta^2 = \frac{SS_B}{SS_{\text{전체}} - SS_A - SS_{A\times B}} = \frac{SS_B}{SS_B + SS_{\text{처치 내}}} \quad (13.28)$$

$$A \times B\text{의 } \eta^2 = \frac{SS_{A\times B}}{SS_{\text{전체}} - SS_A - SS_B} = \frac{SS_{A\times B}}{SS_{A\times B} + SS_{\text{처치 내}}} \quad (13.29)$$

각 η^2의 식은 점수들의 전체 변산성에 기반하지 않고 비율을 계산하기 때문에, 이 값들을 부분 에타 제곱(partial eta squared)이라 부른다. 예제 13.6 자료에 대해 이 값들을 구하면 다음과 같다.

$$\text{요인 } A(\text{시간 통제})\text{의 } \eta^2 = \frac{11.25}{11.25 + 48} = 0.190$$

$$\text{요인 } B(\text{글 제시 형태})\text{의 } \eta^2 = \frac{11.25}{11.25 + 48} = 0.190$$

$$A \times B \text{ 상호작용의 } \eta^2 = \frac{31.25}{31.25 + 48} = 0.394$$

논문 들여다보기

2요인 ANOVA의 결과 보고

2요인 ANOVA의 결과를 APA 형식으로 보고할 때에는 단일 요인 결과를 보고할 때와 동일한 기본 지침을 따른다. 첫째, 평균과 표준편차를 보고한다. 2요인 설계는 전형적으로 여러 처치 조건들을 포함하기 때문에 이러한 기술 통계량을 종종 그래프나 표로 보고한다. 다음으로 세 개의 가설 검정 결과(F-비율)들을 보고한다. 예제 13.6의 연구 결과는 다음과 같이 보고할 수 있다.

> 모든 처치 조건들의 평균과 표준편차가 표 1에 제시되어 있다. 2요인 분산 분석은 시간 통제의 주효과가 유의하지 않으며, $F(1, 16) = 3.75, p > .05$, $\eta^2 = 0.190$, 글 제시 형태의 주효과 또한 유의하지 않다는 것을 보였다, $F(1, 16) = 3.75, p > .05, \eta^2 = 0.190$. 그러나 요인들 간의 상호작용은 유의했다, $F(1, 16) = 10.41, p < .01, \eta^2 = 0.394$.

표 1 각 처치 조건에서의 평균 시험 점수

		글 제시 형태	
		종이	**컴퓨터 화면**
시간 통제	**자기 통제**	$M = 9.00$ $SD = 1.58$	$M = 5.00$ $SD = 1.73$
	고정됨	$M = 8.00$ $SD = 1.87$	$M = 9.00$ $SD = 1.73$

■ 2요인 ANOVA의 결과 해석

2요인 ANOVA는 세 개의 개별적인 검정을 포함하기 때문에, 개별적인 주효과 또는 상호작용에 초점을 두는 것보다는 결과의 전체적인 패턴을 고려해야 한다. 특히, 유의한 상호작용이 있다면, 주효과를 (유의하든 유의하지 않든 간에) 액면가 그대로 받아들이는 것에 주의해야 한다. 상호작용의 의미가 첫 번째 요인의 효과가 두 번째 요인의 수준에 따라 달라진다는 것임을 잘 기억해 두자. 수준에 따라 효과가 달라지므로, 일정한 '주효과'란 존재하지 않는다.

그림 13.4는 종이와 컴퓨터 화면 연구로부터 얻은 표본 평균들을 제시하고 있다. 분석 결과, 두 주효과는 모두 유의하지 않았고 상호작용은 유의했다는 것을 떠올려 보자. 두 주효과 모두 너무 작아서 유의하지는 않았지만, 그렇다고 해서 두 요인 모두 행동에 영향을 미치지 않았다고 결론을 내려서는 안 된다. 이 예제에서 종이에 제시된 글과 컴퓨터 화면에 제시된 글 간의 차이는 공부 시간을 어떻게 통제했느냐에 따라 달라진다. 구체적으로, 연구자에 의해서 공부 시간이 고정되었을 때에는 종이와 컴퓨터 화면 간의 차이는 없거나 매우 작았다. 그러나 참여자들이 스스로 공부 시간을 조절했을 때에는, 종이에 제시된 글을 학습했을 때 시험 점수가 더 높았다. 즉, 종이에 제시된 글을 학습하는 것과 컴퓨터 화면에 제시된 글을 학습하는 것 간의 차이는 공부에 사용하

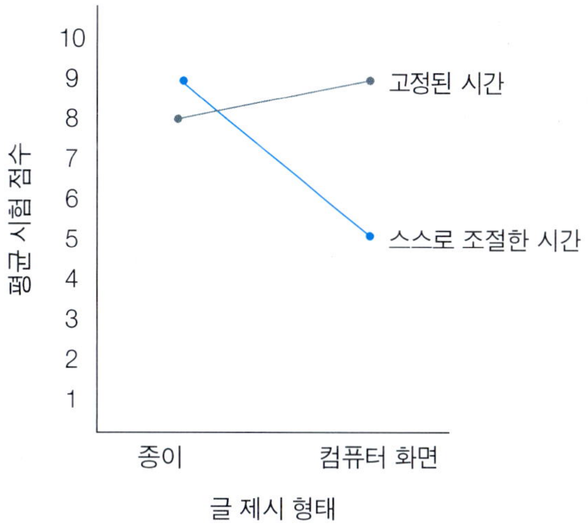

그림 13.4
예제 13.6 자료의 표본 평균들. 이 자료는 종이 또는 컴퓨터 화면에 제시된 글을 고정된 시간 또는 자신이 조절한 시간 동안 학습하는 것의 효과를 살펴본 2요인 연구에서의 시험 점수를 나타낸다.

는 시간을 어떻게 통제하는지에 따라 달라진다. 요인들 간의 이러한 상호 의존성이 유의한 상호작용을 만들어 낸다.

■ 2요인 ANOVA의 가정

이번 장에서 소개한 ANOVA 타당성은 다른 독립 측정 설계 가설 검정들(10장의 t 검정과 12장의 단일 요인 ANOVA)에서 살펴보았던 동일한 세 가지 가정에 기반한다.

1. 각 표본에 속한 관찰값들은 독립적이어야 한다(256쪽).
2. 표본들이 선택되는 모집단들은 정규분포를 이루어야 한다.
3. 표본들이 선택되는 모집단들은 모두 동일한 분산을 가져야 한다(등분산성).

이전에 설명한 것과 마찬가지로, 정규성 가정은 표본 크기가 상대적으로 클 때에는 염려하지 않아도 된다. 등분산성 가정은 더 중요한데, 만약 자료가 이 가정을 만족시키지 않는 것처럼 보인다면 ANOVA를 실행하기 전에 먼저 등분산성에 대한 검정을 실시하여야 한다. Hartley의 F-max 검정(340쪽)을 통해 표본 분산들을 사용하여 모분산들 간에 차이가 있다는 증거가 있는지를 결정할 수 있다. 2요인 ANOVA는 자료 행렬의 각 칸마다 서로 다른 표본이 존재한다는 점을 기억하자. 등분산성 검정은 이 모든 표본들과 이들이 대표하는 모든 모집단들에 적용되어야 한다.

학습 점검

학습 목표 11 **1.** 2요인 ANOVA의 두 단계에 대한 설명으로 올바른 것은 무엇인가?

a. 첫 번째 단계에서 전체 변산성을 분해하고, 두 번째 단계에서 처치 내 변산성을 분해한다.

b. 첫 번째 단계에서 전체 변산성을 분해하고, 두 번째 단계에서 처치 간 변산성을 분해한다.

c. 첫 번째 단계에서 처치 간 변산성을 분해하고, 두 번째 단계에서 처치 내 변산성을 분해한다.

d. 위의 보기 모두 옳지 않다.

학습 목표 12 **2.** 2요인 분산 분석에서 요인 *A*의 *F*-비율이 *df* = 2, 60의 자유도를 가지고, 요인 *B*의 *F*-비율이 *df* = 3, 60의 자유도를 갖는다. 이 정보에 기반하여, 상호작용 *F*-비율의 *df*는 무엇이겠는가?

a. 3, 60

b. 5, 60

c. 6, 60

d. 주어진 정보만으로는 알 수 없다.

학습 목표 13 **3.** 다음 표는 2요인 ANOVA의 결과이다. 표에 나타난 요인 *A*의 η^2 값은 얼마인가?

a. $\frac{12}{36}$

b. $\frac{12}{96}$

c. $\frac{12}{99}$

d. $\frac{12}{120}$

분산원	*SS*	*df*	*MS*	
처치 간	36	3		
A	12	1	12	*F* = 4.00
B	3	1	3	*F* = 1.00
A × *B*	21	1	21	*F* = 7.00
처치 내	84	28	3	
전체	120	31		

정답 **1. b** **2. c** **3. b**

핵심 요약

1. 반복 측정 ANOVA는 둘 이상의 처치를 비교하고, 각 처치 조건에 모두 동일한 개인들이 속해 있는 연구에서 평균 차이를 평가하기 위해서 사용한다. 검정 통계량은 *F*-비율이고, *F*-비율의 분자는 처치 간

분산(차이)을 측정하고 분모는 처치 효과 또는 개인차가 없을 때 기대되는 분산(차이)을 측정한다.

$$F = \frac{MS_{\text{처치 간}}}{MS_{\text{오차}}}$$

2. 반복 측정 ANOVA의 첫 번째 단계는 독립 측정 분석과 동일하며, 전체 변산성을 처치 간, 처치 내 두 개의 요소로 분해한다. 반복 측정 설계는 모든 처치 조건에서 동일한 개인들을 측정하기 때문에 어떠한 처치 간 차이도 개인차 때문에 생길 수 없다. 따라서 개인차는 자동적으로 F-비율의 분자인 처치 간 분산에서 제거된다.

3. 반복 측정 분석의 두 번째 단계에서는 개인차에 의한 변산성을 계산하고 이를 F-비율 분모에서 제거한다. 개인차를 제거하기 위해서 먼저 참여자 간 간 변산성(SS, df)을 계산하고, 이 값을 처치 내 변산성에서 제거한다. 남은 값은 개인차가 제거된 오차의 측정값이며, 반복 측정 F-비율의 분모로 사용된다.

4. 반복 측정 ANOVA에서 효과 크기는 η^2을 계산해서 측정하며, 처치 효과에 의해서 설명되는 분산의 비율을 나타낸다. 반복 측정 ANOVA에서 η^2은 다음과 같이 계산한다.

$$\eta^2 = \frac{SS_{\text{처치 간}}}{SS_{\text{전체}} - SS_{\text{참여자 간}}}$$

$$= \frac{SS_{\text{처치 간}}}{SS_{\text{처치 간}} + SS_{\text{오차}}}$$

η^2을 계산하기 전에 전체 변산성 중 일부분(개인차에 의한 SS)이 제거되기 때문에, 이 효과 크기를 종종 부분 에타 제곱이라고 부른다.

5. 두 개의 독립변수를 가지는 연구를 2요인 설계라고 부른다. 이러한 설계를 행렬로 나타낼 수 있고, 이 때 한 요인의 수준들이 행을, 다른 요인의 수준들이 열을 정의하게 된다. 행렬의 각 칸은 두 요인의 특정한 결합에 해당한다.

6. 전통적으로, 두 요인이 있을 때 이를 요인 A, 요인 B라고 지칭한다. ANOVA의 목적은 실험 행렬의 처치 조건들 또는 칸들 간에 어떠한 유의한 평균 차이가 있는지를 결정하는 것이다. 이러한 처치 효과는 다음과 같이 분류된다.
   - a. A 효과: 요인 A의 수준들 간의 전반적인 평균 차이
   - b. B 효과: 요인 B의 수준들 간의 전반적인 평균 차이
   - c. $A \times B$ 상호작용: 주효과들로는 설명할 수 없는 추가적인 평균 차이

7. 2요인 ANOVA는 세 개의 F-비율을 산출한다. 요인 A에 대한 F-비율, 요인 B에 대한 F-비율, $A \times B$ 상호작용에 대한 F-비율이 그것이다. 각 F-비율의 기본 구조는 동일하다.

$$F = \frac{MS_{\text{처치 효과}}(A, B, A \times B \text{ 중 하나})}{MS_{\text{처치 내}}}$$

2요인 ANOVA의 SS, df, MS값을 구하는 식은 **그림 13.5**에 제시되어 있다.

주요 용어

반복 측정 설계 Repeated-measures design (453)

반복 측정 ANOVA Repeated-measures ANOVA (453)

개인차 individual differences (455)

처치 간 분산 between-treatments variance (456)

처치 내 분산 within-treatments variance (456)

참여자 간 분산 between-subjects variance (457)

잔차 분산 또는 오차 분산 residual variance or error variance (457)

요인 설계 factorial design (473)

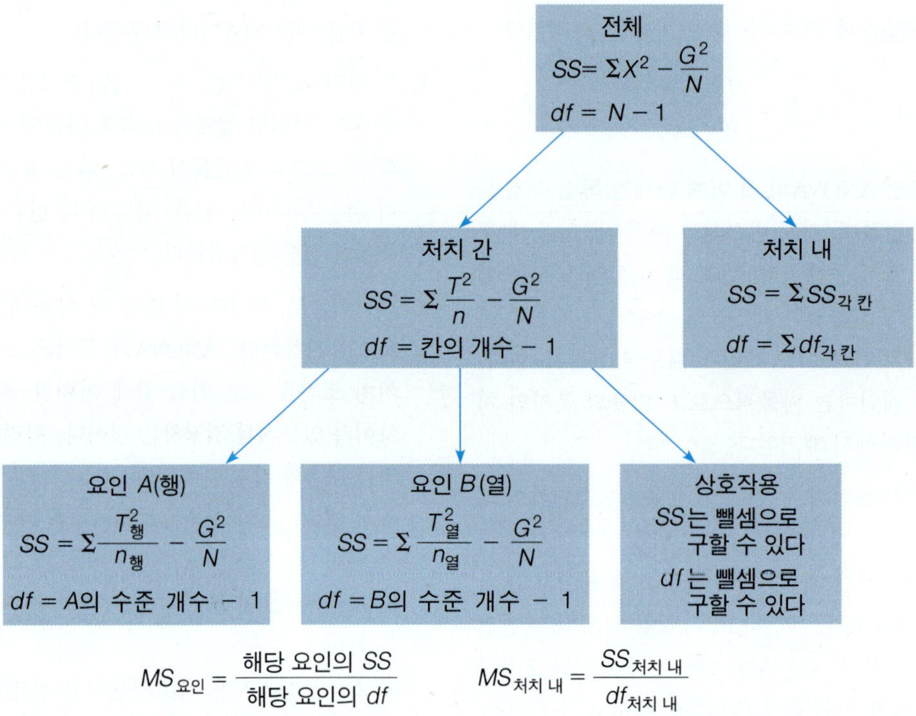

그림 13.5
독립 측정 2요인 설계 ANOVA

2요인 설계 two-factor designs (473)

2요인, 독립 측정, 동일 *n* 설계 two-factor, independent-measures, equal *n* designs (473)

행렬 matrix (474)

칸 cell (474)

주효과 main effect (475)

상호작용 interaction (477)

SPSS®

아래 내용은 **단일 요인, 반복 측정 분산 분석**을 실행하기 위한 SPSS 사용 방법이다.

자료 입력

한 사람의 점수들은 하나의 행에 입력하고, 하나의 처치 조건에 해당하는 점수는 하나의 열에 입력한다. 첫 번째 처치에 대한 모든 점수들은 VAR00001 열에, 두 번째 처치에 대한 모든 점수들은 VAR00002 열에 입력하고, 이러한 방식으로 계속 입력한다.

자료 분석

1. 상단의 도구 모음에서 **분석**(Analyze)을 클릭하고 **일반선형모형**(General Linear Model)을 선택한 다음 **반복 측정**(Repeated Measures)을 클릭한다.

2. SPSS에서 **반복 측정 요인 정의**(Repeated-Measures Define Factors)라는 상자가 나타날 것이다. 상자 안에 **개체 내 요인 이름**(Within-Subjects Factor Name)에 이미 **요인** 1(Factor 1)이라고 나타나 있을 것이다. 만약 그렇지 않다면, 요인 1(Factor 1)이라고 입력한다.
3. 다음 상자에 **수준의 수**(Number of levels: 서로 다른 처치 조건의 개수)를 입력한다.
4. **추가**(Add)를 클릭한다.
5. **정의**(Define)를 클릭한다.
6. 처치 조건에 해당하는 열 이름을 **개체 내 변수**(Within Subjects Variables) 상자로 하나씩 옮긴다. (왼쪽에서 열 이름을 선택하고 화살표를 눌러서 상자로 옮긴다.)
7. 각 처치에 대한 기술 통계량을 원한다면, **옵션**(Options)을 클릭하고 **기술 통계**(Descriptives)를 선택한 후 **계속**(Continue)을 클릭한다.
8. **확인**(OK)을 클릭한다.

SPSS 출력 결과

SPSS를 활용하여, 시험 전에 사용하는 세 가지 공부 전략을 비교하는 예제 13.1의 자료를 분석했다. 그림 13.6에 일부 결과가 제시되어 있다. SPSS 출력 결과의 많은 부분은 우리의 분석 목적과 관련이 없기 때문에 포함시키지 않았다. 첫 번째로 우리가 관심 있는 결과는 **기술 통계량** 표로, 각 처치에 대한 평균, 표준편차, 그리고 각 처치 내 점수의 개수를 제시한다. 다음으로 **개체 내 효과 검정**을 보여 주는 표로 넘어가자. 요인 1 칸의 맨 윗줄(구형성 가정)은 처치 간 제곱합, 자유도, 그리고 F-비율 분자를 만드는 평균제곱을 보여 준다. 같은 줄에 F-비율값, 유의 확률(p값)이 보고되어 있다. 유사하게, 오차(요인 1) 칸의 맨 윗줄은 제곱합, 자유도, 그리고 오차항의 평균제곱(F-비율 분모)을 보여 준다. (그림 13.6에는 나타나 있지 않지만) 출력 결과 마지막 부분에 **개체 간 효과 검정**이라는 표가 제시되고, 이 표의 맨 마지막 줄(오차)에 참여자 간 제곱합과 자유도가 제시된다(평균제곱과 F-비율은 반복 측정 ANOVA에 해당되는 부분이 아니므로 무시한다).

다음은 2**요인**, 독립 측정 분산 분석을 실행하기 위한 자세한 SPSS 사용법이다.

자료 입력

1. 점수들을 SPSS 자료 편집기에 누적 형태로 입력한다. 즉, 서로 다른 처치 조건에서 얻은 모든 점수들을 하나의 열(VAR00001)에 입력한다.
2. 두 번째 열(VAR00002)에 각 점수에서 요인 A의 수준을 식별하기 위한 코드를 입력한다. 만약 요인 A가 자료 행렬의 행을 정의한다면, 첫 번째 행에서 얻은 각 점수 옆에는 1을 입력하고 두 번째 행에서 얻은 각 점수 옆에는 2를 입력하고 이러한 방식으로 계속 입력한다.
3. 세 번째 열(VAR00003)에 각 점수에서 요인 B의 수준을 식별하기 위해서 코드를 입력한다. 만약 요인 B가 자료 행렬의 열을 정의한다면, 첫 번째 열에서 얻은 각 점수 옆에는 1을 입력하고 두 번째 열에서 얻은 각 점수 옆에는 2를 입력하고 이러한 방식으로 계속 입력한다.

따라서 SPSS 데이터 보기 화면의 각 행은 한 개의 점수와 두 개의 코드 숫자를 가진다. 첫 번째 열에는 점수, 두 번째 열에는 요인 A의 코드, 세 번째 열에는 요인 B의 코드를 입력한다.

기술 통계량

	평균	표준편차	N
VAR00001	5.0000	2.19089	6
VAR00002	9.0000	2.60768	6
VAR00003	10.0000	2.44949	6

개체 내 효과 검정

Measure: MEASURE_1

분산원		유형 III 제곱합	df	평균제곱	F	유의확률
요인 1	구형성 가정	84.000	2	42.000	19.091	.000
	Greenhouse-Geisser	84.000	1.228	68.380	19.091	.004
	Huynh-Feldt	84.000	1.424	58.991	19.091	.002
	하한	84.000	1.000	84.000	19.091	.007
오차(요인 1)	구형성 가정	22.000	10	2.200		
	Greenhouse-Geisser	22.000	6.142	3.582		
	Huynh-Feldt	22.000	7.120	3.090		
	하한	22.000	5.000	4.400		

그림 13.6

예제 13.1의 자료에 반복 측정 ANOVA를 사용하여 얻은 SPSS 출력 결과의 일부분

자료 분석

1. **분석**(Analyze)을 클릭하고 **일반선형모형**(General Linear Model)을 선택한 후 **일변량**(Univariant)을 클릭한다.
2. 왼쪽 상자에 점수를 나타내는 열(VAR00001) 이름을 선택하고 화살표를 눌러서 **종속변수**(Dependent Variable) 상자로 옮긴다.
3. 두 요인들의 코드에 해당하는 열 이름을 하나씩 선택하고 화살표를 눌러서 **모수 요인**(Fixed Factors) 상자로 옮긴다.
4. 각 처치에 대한 기술 통계량을 원한다면, **옵션**(Options)을 클릭하고 **기술 통계량**(Descriptives)을 선택한 후 **계속**(Continue)을 클릭한다.
5. **확인**(OK)을 클릭한다.

SPSS 출력 결과

SPSS 프로그램을 사용하여 예제 13.6에 제시된 종이 또는 컴퓨터 화면 연구 자료를 분석했다.

기술 통계량

종속변수: VAR00001

VAR00002	VAR00003	평균	표준편차	N
1.00	1.00	9.0000	1.58114	5
	2.00	5.0000	1.73205	5
	Total	7.0000	2.62467	10
2.00	1.00	8.0000	1.87083	5
	2.00	9.0000	1.73205	5
	Total	8.5000	1.77951	10
합계	1.00	8.5000	1.71594	10
	2.00	7.0000	2.66667	10
	Total	7.7500	2.31414	20

개체 간 효과 검정

종속변수: VAR00001

분산원	유형 III 제곱합	df	평균제곱	F	유의확률
수정 모형	53.750[a]	3	17.917	5.972	.006
절편	1201.250	1	1201.250	400.417	.000
VAR00002	11.250	1	11.250	3.750	.071
VAR00003	11.250	1	11.250	3.750	.071
VAR00002 * VAR00003	31.250	1	31.250	10.417	.005
오차	48.000	16	3.000		
합계	1303.000	20			
수정 합계	101.750	19			

그림 13.7
예제 13.6의 자료를 2요인 ANOVA를 사용하여 분석한 결과의 일부분

SPSS 출력 결과의 일부가 **그림 13.7**에 제시되어 있다. 출력 결과는 요인들을 나열하는 표로 시작한다(**그림 13.7**에는 제시되어 있지 않다). 그다음 표는 각 칸 또는 처치 조건에 대한 평균, 표준편차를 포함한 기술 통계량을 보여 준다. ANOVA 결과는 **개체 간 효과 검정**이라는 제목의 표에 제시되어 있다. 맨 위 행(수정 모형)은 처치 간 *SS*, *df*의 값을 보여 준다. 두 번째 행(절편)은 우리의 분석 목적과는 관련이 없다. 다음 세 개의 행들은 두 요인들의 주효과 및 상호작용(*SS*, *df*, *MS*의 값 및 *F*-비율과 유의 확률이 제시되어 있다)을 보여 준다. 그다음 행(오차)은 오차항(*F*-비율의 분모)을 나타내고, 마지막 행(수정 합계)은 전체 점수에 대한 전체 변산성을 나타낸

다. (합계라는 행은 무시한다.)

문제 해결을 위한 팁

1. 반복 측정 ANOVA를 시작하기 전에, ANOVA 공식을 사용하기 위해 필요한 기초적인 계산을 완료하도록 한다. 각 처치 총점(T), 각 참여자 총점(P), 전체 총점(G), 각 처치 조건의 SS, 그리고 전체 N개의 점수에 대한 $\sum X^2$를 계산한다. 이러한 계산이 맞는지 부분적으로 점검하려면, T값들을 다 더했을 때 G와 같아지는지, 그리고 P값들을 다 더했을 때 G와 같아지는지 확인한다.

2. 반복 측정 ANOVA 구조를 잘 기억하기 위해, 반복 측정 실험에서는 개인차가 제거된다는 점을 명심하자. 동일한 개인들이 모든 처치를 다 받기 때문에, 어떠한 개인차도 F-비율의 분자($MS_{처치\ 간}$)에 기여하지 못한다. 따라서 분모에서도 개인차가 제거되어야 한다. 이는 처치 내 변산성을 참여자 간 변산성과 오차 변산성의 두 요소들로 분해함으로써 가능하다. 오차 변산성에 대한 MS값을 F-비율 분모로 사용한다.

3. 2요인 ANOVA를 시작하기 전에, 찬찬히 자료를 구조화하고 요약하자. 자료를 행렬의 형태로 요약하는 것이 가장 좋고, 한 요인의 수준이 행렬의 행에 해당하고, 다른 요인 수준이 행렬의 열에 해당하도록 한다. 행렬의 각 칸 안에는 점수 개수(n), 칸 평균과 총점, 그리고 칸 내의 SS를 제시하라. 또한 주효과를 계산할 때 필요한 행 총점들과 열 총점들도 계산해 두자.

4. 2요인 ANOVA에는 세 개의 각기 다른 F-비율이 존재한다. 이 세 개의 F-비율들은 모두 동일한 오차항을 분모에 사용한다($MS_{처치\ 내}$). 반면에, 이 세 개의 F-비율들은 서로 다른 분자를 가지며, 이 분자들에 해당하는 df값도 다르다.

증명 13.1

반복 측정 ANOVA

다음 자료는 수면 부족이 운동 능력 수행에 미치는 영향을 살펴보는 연구로부터 얻은 것이다. 5명으로 이루어진 참여자 표본에 대해 24시간 동안 수면을 박탈한 후 운동 능력을 측정하고, 36시간 수면 박탈 후 다시 측정하고, 48시간 수면 박탈 후에 다시 한 번 측정했다. 종속변수는 운동 능력 과제에서 발생한 오류의 개수이다. 이 자료는 수면 박탈 시간이 운동 능력 수행에 유의한 영향을 미친다는 것을 보여 주는가?

참여자	24시간	36시간	48시간	*P* 총점	
A	0	0	6	6	$N = 15$
B	1	3	5	9	$G = 32$
C	0	1	5	6	$\sum X^2 = 245$
D	4	5	9	18	
E	0	1	5	6	
	$T = 5$	$T = 10$	$T = 30$		
	$SS = 12$	$SS = 16$	$SS = 12$		

1단계 **가설을 진술하고 유의 수준을 선택한다.** 영가설은 모집단에서 세 수면 박탈 조건 사이에 아무런 차이가 없다는 것이다. 표본들 간에 존재하는 모든 차이는 단지 우연 또는 오차에 의한 결과이다. 영가설을 기호로 나타내면 다음과 같다.

$$H_0: \mu_1 = \mu_2 = \mu_3$$

대립가설은 조건들 간에 차이가 있다는 것이다.

$$H_1: \text{적어도 하나의 처치 평균은 다르다.}$$

$\alpha = .05$를 사용하도록 하겠다.

2단계 **반복 측정을 분석한다.** *df*값을 계산하여 *F*의 임계값을 찾지 않고, 바로 ANOVA로 넘어가도록 하겠다.

단계 1 분석의 첫 번째 단계는 12장에 제시된 독립 측정 ANOVA와 동일하다.

$$SS_{\text{전체}} = \sum X^2 - \frac{G^2}{N} = 245 - \frac{45^2}{15} = 110$$

$$SS_{\text{처치 내}} = \sum SS_{\text{개별 처치 내}} = 12 + 16 + 12 = 40$$

$$SS_{\text{처치 간}} = \sum \frac{T^2}{n} - \frac{G^2}{N} = \frac{5^2}{5} + \frac{10^2}{5} + \frac{30^2}{5} - \frac{45^2}{15} = 70$$

해당 *df*값들은 다음과 같다.

$$df_{\text{전체}} = N - 1 = 14$$

$$df_{\text{처치 내}} = \sum df = 4 + 4 + 4 = 12$$

$$df_{\text{처치 간}} = k - 1 = 2$$

단계 2 반복 측정 분석의 두 번째 단계는 개인차를 측정하고 이를 F-비율의 분모에서 제거하는 것이다.

$$
\begin{aligned}
SS_{\text{참여자 간}} &= \Sigma\frac{P^2}{k} - \frac{G^2}{N} \\
&= \frac{6^2}{3} + \frac{9^2}{3} + \frac{6^2}{3} + \frac{18^2}{3} + \frac{6^2}{3} - \frac{45^2}{15} \\
&= 36
\end{aligned}
$$

$$
\begin{aligned}
SS_{\text{오차}} &= SS_{\text{처치 내}} - SS_{\text{참여자 간}} \\
&= 40 - 36 \\
&= 4
\end{aligned}
$$

해당 df값들은 다음과 같다.

$$df_{\text{참여자 간}} = n - 1 = 4$$

$$
\begin{aligned}
df_{\text{오차}} &= df_{\text{처치 내}} - df_{\text{참여자 간}} \\
&= 12 - 4 \\
&= 8
\end{aligned}
$$

F-비율을 구성하는 평균제곱값들은 다음과 같이 구한다.

$$MS_{\text{처치 간}} = \frac{SS_{\text{처치 간}}}{df_{\text{처치 간}}} = \frac{70}{2} = 35$$

$$MS_{\text{오차}} = \frac{SS_{\text{오차}}}{df_{\text{오차}}} = \frac{4}{8} = 0.50$$

F-비율은 다음과 같다.

$$F = \frac{MS_{\text{처치 간}}}{MS_{\text{오차}}} = \frac{35}{0.50} = 70.00$$

3단계 **판정을 내리고 결론을 진술한다.** 자유도가 $df = 2, 8$이고 $\alpha = .05$일 때 임곗값은 $F = 4.46$이다. 우리가 얻은 F-비율($F = 70.00$)은 기각역에 속하므로, 영가설을 기각하고, 세 수면 박탈 수준에 따라 유의한 차이가 있다고 결론을 내린다.

증명 13.2

2요인 ANOVA

다음 자료는 섭식 행동과 몸무게 간의 관계를 살펴보는 연구(Schachter, 1968)에서 얻은 결과를 나타낸다. 이 연구에 사용된 두 요인들은 아래와 같다.

1. 참여자들의 몸무게(정상 또는 비만)
2. 참여자들의 배고픔 상태(배부름 또는 배고픔)

참여자들에게 여러 종류의 과자를 맛보는 평가에 참여하는 것처럼 믿게 한 후에, 참여자들에게 원하는 만큼 과자를 먹도록 했다. 종속변수는 각 참여자가 먹은 과자의 개수이다. 이 연구에는 두 가지 구체적인 예측이 있었다. 첫째, 정상 참여자들의 섭식 행동은 배고픔 상태에 따라 결정될 것이다. 즉, 배고픈 사람들이 더 많이 먹고 배부른 사람들은 더 적게 먹을 것이다. 둘째, 비만 참여자들의 섭식 행동은 배고픔 상태와는 관련이 없을 것이다. 구체적으로, 비만 참여자들은 배고프거나 배고프지 않거나 관계없이 동일한 양의 과자를 먹을 것이라고 예측했다. 연구자들이 상호작용을 예측하고 있음에 주목하자. 배고픔의 효과가 정상 참여자와 비만 참여자에 따라 다를 것이라고 예측하고 있다. 자료는 다음과 같다.

		요인 B: 배고픔			
		배고픔	배부름		
요인 A: 몸무게	정상	$n = 20$ $M = 22$ $T = 440$ $SS = 1540$	$n = 20$ $M = 15$ $T = 300$ $SS = 1270$	$T_{정상} = 740$	$G = 1440$ $N = 80$ $\Sigma X^2 = 31,836$
	비만	$n = 20$ $M = 17$ $T = 340$ $SS = 1320$	$n = 20$ $M = 18$ $T = 360$ $SS = 1266$	$T_{비만} = 700$	
		$T_{배고픔} = 780$	$T_{배부름} = 660$		

1단계 **가설을 진술하고 유의 수준을 선택한다.** 2요인 연구에는 세 개의 개별적인 가설이 있다. 두 개의 주효과와 한 개의 상호작용에 관한 가설이 그것이다.

요인 A에 대한 영가설은 정상 참여자와 비만 참여자 간에 섭식량의 차이가 없다는 것이다. 이를 기호로 나타내면 다음과 같다.

$$H_0\text{: } \mu_{\text{정상}} = \mu_{\text{비만}}$$

요인 B에 대한 영가설은 배고픔과 배부름 조건에서 섭식량의 차이가 없다는 것이다. 이를 기호로 나타내면 다음과 같다.

$$H_0\text{: } \mu_{\text{배부름}} = \mu_{\text{배고픔}}$$

$A \times B$ 상호작용에 대한 영가설은 두 가지 서로 다른 방법으로 기술할 수 있다. 첫 번째, 배부름과 배고픔 조건 사이의 섭식 차이는 정상 참여자와 비만 참여자에서 동일하다. 두 번째, 정상 참여자와 비만 참여자 간의 섭식 차이는 배고픔과 배부름 조건에서 동일하다. 일반적으로 영가설은 다음과 같이 기술할 수 있다.

H_0: 요인 A의 효과가 요인 B 수준에 따라 달라지지 않는다
(그리고 요인 B의 효과도 요인 A에 따라 달라지지 않는다).

모든 검정에 $\alpha = .05$를 사용하도록 하겠다.

2단계 2요인을 분석한다. df값을 계산하여 F의 임곗값을 찾지 않고, 바로 ANOVA로 넘어가도록 하겠다.

단계 1 분석의 첫 번째 단계는 12장에 제시된 독립 측정 ANOVA와 동일하다. 이때 자료 행렬의 각 칸을 개별적인 처치 조건으로 간주한다.

$$SS_{\text{전체}} = \sum X^2 - \frac{G^2}{N} = 31836 - \frac{1440^2}{80} = 5916$$

$$SS_{\text{처치 내}} = \sum SS_{\text{개별 처치 내}} = 1540 + 1270 + 1320 + 1266 = 5396$$

$$SS_{\text{처치 간}} = \sum\frac{T^2}{n} - \frac{G^2}{N} = \frac{440^2}{20} + \frac{300^2}{20} + \frac{340^2}{20} + \frac{360^2}{20} - \frac{1440^2}{80} = 520$$

해당 df값들은 다음과 같다.

$$df_{\text{전체}} = N - 1 = 79$$

$$df_{\text{처치 내}} = \sum df = 19 + 19 + 19 + 19 = 76$$

$$df_{\text{처치 간}} = \text{처치 개수} - 1 = 3$$

단계 2 분석의 두 번째 단계는 처치 간 변산성을 세 개의 요소들로 분해하는 것이다. 즉, 요인 A의 주효과, 요인 B의 주효과, $A \times B$ 상호작용으로 분해한다.

요인 A(정상 또는 비만)

$$\begin{aligned} SS_A &= \sum \frac{T_{\text{행}}^2}{n_{\text{행}}} - \frac{G^2}{N} \\ &= \frac{740^2}{40} + \frac{700^2}{40} - \frac{1440^2}{80} \\ &= 20 \end{aligned}$$

요인 B(배부름 또는 배고픔)

$$\begin{aligned} SS_B &= \sum \frac{T_{\text{열}}^2}{n_{\text{열}}} - \frac{G^2}{N} \\ &= \frac{780^2}{40} + \frac{660^2}{40} - \frac{1440^2}{80} \\ &= 180 \end{aligned}$$

$A \times B$ 상호작용

$$\begin{aligned} SS_{A\times B} &= SS_{\text{처치 간}} - SS_A - SS_B \\ &= 520 - 20 - 180 \\ &- 320 \end{aligned}$$

해당 df값들은 다음과 같다.

$$\begin{aligned} df_A &= \text{행의 개수} - 1 = 1 \\ df_B &= \text{열의 개수} - 1 = 1 \\ df_{A\times B} &= df_{\text{처치 간}} - df_A - df_B \\ &= 3 - 1 - 1 = 1 \end{aligned}$$

F-비율 계산에 필요한 MS값들은 다음과 같이 구할 수 있다.

$$MS_A = \frac{SS_A}{df_A} = \frac{20}{1} = 20$$

$$MS_B = \frac{SS_B}{df_B} - \frac{180}{1} = 180$$

$$MS_{A\times B} = \frac{SS_{A\times B}}{df_{A\times B}} = \frac{320}{1} = 320$$

$$MS_{\text{처치 내}} = \frac{SS_{\text{처치 내}}}{df_{\text{처치 내}}} = \frac{5396}{76} = 71$$

F-비율은 다음과 같이 구한다.

$$F_A = \frac{MS_A}{MS_{\text{처치 내}}} = \frac{20}{71} = 0.28$$

$$F_B = \frac{MS_B}{MS_{\text{처치 내}}} = \frac{180}{71} = 2.54$$

$$F_{A\times B} = \frac{MS_{A\times B}}{MS_{\text{처치 내}}} = \frac{320}{71} = 4.51$$

3단계 **판정을 내리고 결론을 진술한다.** 세 개의 F-비율 모두 자유도 $df = 1, 76$를 가진다. 따라서 $\alpha = .05$에서 세 검정 모두에 대한 F 임곗값은 3.98이다.

이 자료에서 요인 A(몸무게)는 유의한 주효과가 없다. $F(1, 76) = 0.28$. 정상 참여자와 비만 참여자가 먹는 과자 개수에는 통계적으로 차이가 없다.

마찬가지로, 요인 B(배고픔) 또한 유의한 주효과가 없다. $F(1, 76) = 2.54$. 배부른 참여자와 배고픈 참여자가 먹는 과자 개수에는 통계적으로 차이가 없다. (주의: 이 결론은 정상과 비만 참여자 집단을 합했을 때 나온 결론이다. 상호작용은 이 두 집단을 각각 따로 고려한다.)

이 자료는 유의한 상호작용을 산출한다. $F(1, 76) = 4.51, p < .05$. 이는 배부름의 효과가 몸무게에 따라 달라진다는 것을 의미한다. 자료를 더 자세히 살펴보면, 배부름 정도는 정상 참여자에게는 영향을 미치지만 비만 참여자에게는 영향을 미치지 않음을 알 수 있다.

연습 문제

1. 반복 측정 ANOVA의 F-비율과 독립 측정 ANOVA의 F-비율은 어떠한 관계를 갖는가? 구체적으로, 각각에서 개인차의 역할이 무엇인지 설명하시오.

2. 한 연구자가 4개의 처치 조건을 비교하는 실험을 했고, 각각의 조건에 $n = 12$명이 참여했다.

a. 만약 연구자가 독립 측정 설계를 사용한다면 얼마나 많은 참여자가 필요한가? 그리고 F-비율의 df값들은 얼마인가?

b. 만약 연구자가 반복 측정 설계를 사용한다면 얼마나 많은 참여자가 필요한가? F-비율의 df값들은 얼마인가?

3. 한 연구자가 $n = 15$명의 참여자 표본을 사용하여 3개의 처치 조건 간의 차이를 평가하기 위해서 반복 측정 실험을 수행했다. 만약 ANOVA를 사용하여 결론을 내린다면, F-비율의 df값들은 얼마인가?

4. 다음은 세 가지 처치 조건을 비교하는 반복 측정 연구에서 얻은 자료이다. $\alpha = .05$에서 반복 측정 ANOVA를 사용하여 3개 처치 간 평균 차이가 유의한지 결정하시오.

참여자	처치 I	처치 II	처치 III	참여자 총점	
A	0	2	4	$P = 6$	$N = 15$
B	0	3	6	$P = 9$	$G = 60$
C	3	7	8	$P = 18$	$\sum X^2 =$
D	0	7	5	$P = 12$	350
E	2	6	7	$P = 15$	
	$M = 1$	$M = 5$	$M = 6$		
	$T = 5$	$T = 25$	$T = 30$		
	$SS = 8$	$SS = 22$	$SS = 10$		

5. 다음 자료는 42인치 고화질 텔레비전의 시청 거리를 비교하는 반복 측정 연구 결과를 보여 준다. 9피트, 12피트, 15피트, 18피트 4개의 시청 거리를 평가했다. 각 참여자들은 30분짜리 비디오를 텔레비전으로 시청했고, 시청하는 동안 이 4개의 시청 거리를 자유롭게 이동했다. 한 가지 제약은 4개의 시청 거리 각각에서 적어도 2분 동안은 비디오를 시청해야 한다는 것이었다. 비디오가 끝나고 참여자들은 4개의 시청 거리 모두에 대해서 1점(매우 나쁨, 더 가까이 또는 더 멀리 움직일 필요가 있음)부터 7점(매우 좋음, 완벽한 시청 거리)까지의 척도로 평정했다.

a. $\alpha = .05$에서 반복 측정 ANOVA를 사용하여 4개 시청 거리 간에 유의한 차이가 있는지 알아보시오.

b. 처치 효과의 크기를 측정하기 위해 η^2을 계산하시오.

참여자	시청 거리(피트) 9	12	15	18	참여자 총점	
A	3	4	7	6	$P = 20$	$n = 5$
B	0	3	6	3	$P = 12$	$k = 4$
C	2	1	5	4	$P = 12$	$N = 20$
D	0	1	4	3	$P = 8$	$G = 60$
E	0	1	3	4	$P = 8$	$\sum X^2 =$ 262
	$T=5$	$T=10$	$T=25$	$T=20$		
	$SS=8$	$SS=8$	$SS=10$	$SS=6$		

6. 반복 측정 설계의 장점 중 하나는 개인차를 오차 분산에서 제거하여 영가설 기각 가능성을 높인다는 것이다. 다음은 세 가지 처치 조건을 비교하는 연구에서 얻은 자료이다.

처치 I	처치 II	처치 III	
6	8	10	$G = 48$
5	5	5	$\sum X^2 = 294$
1	2	3	
0	1	2	
$T = 12$	$T = 16$	$T = 20$	
$SS = 26$	$SS = 30$	$SS = 38$	

a. 이 자료가 3개의 개별적인 표본을 사용하는 독립 측정 연구에서 얻어진 것이고 각 조건당 $n = 4$명의 참여자가 있었다고 가정하고, $\alpha = .05$에서 독립 측정 ANOVA를 사용하여 3개 처치 간에 유의한 차이가 있는지 검증하시오.

b. 이 자료가 $n = 4$명의 참여자로 이루어진 표본을 사용한 반복 측정 연구에서 얻어졌다고 가정하고, $\alpha = .05$에서 반복 측정 ANOVA를 사용하여 3개 처치 간에 유의한 차이가 있는지 검증하시오.

7. 다음 요약표는 $n = 8$명의 참여자 표본을 사용하여 3개의 처치 조건을 비교하는 반복 측정 ANOVA 결과이다. 표의 빈칸을 채우시오. (힌트: *df*값에서 시작하시오.)

분산원	*SS*	*df*	*MS*	
처치 간	__	__	__	$F = 6.50$
처치 내	70	__		
참여자 간	__	__		
오차	28	__	__	
전체	__	__		

8. 다음 요약표는 4개의 처치 조건을 $n = 20$명의 참여자 표본을 사용하여 비교하는 반복 측정 ANOVA 결과이다. 표의 빈칸을 채우시오. (힌트: *df*값에서 시작하시오.)

분산원	*SS*	*df*	*MS*	
처치 간	33	__	__	$F =$ __
처치 내	__	__		
참여자 간	__	__		
오차	__	__	3	
전체	263	__		

9. 한 연구자가 반복 측정 ANOVA를 사용하고 결과에 $df = 3, 24$인 F-비율을 보고했다.

a. 이 연구는 얼마나 많은 처치 조건을 비교했는가?

b. 이 연구에는 얼마나 많은 참여자가 참여했는가?

10. 출판된 반복 측정 연구 결과 보고에 "$F(2, 26) = 4.87, p < .05$로 처치 조건 간에 유의한 차이가 있었다"와 같은 기술이 포함되어 있다.

a. 이 연구는 얼마나 많은 처치 조건을 비교했는가?

b. 이 연구에는 얼마나 많은 참여자가 참여했는가?

11. 다음 자료는 3개의 처치 조건을 비교하는 반복 측정 연구로부터 얻은 것이다.

참여자	처치 I	처치 II	처치 III	참여자 총점	
A	1	4	7	$P = 12$	$N = 12$
B	4	8	6	$P = 18$	$G = 60$
C	2	7	9	$P = 18$	$\sum X^2 =$
D	1	5	6	$P = 12$	378
	$M = 2$	$M = 6$	$M = 7$		
	$T = 8$	$T = 24$	$T = 28$		
	$SS = 6$	$SS = 10$	$SS = 6$		

a. $\alpha = .05$인 반복 측정 ANOVA를 사용하여 처치 간에 유의한 차이가 있는지 판정하고, 처치 효과의 크기를 측정하기 위해 η^2을 계산하시오.

b. 각 처치 내에 있는 점수들을 단순히 한 번 더 반복해서 각 처치 내에 속한 점수들의 개수를 2배로 만든다. 예를 들어, 처치 I에 속한 8개의 점수는 1, 4, 2, 1, 1, 4, 2, 1이 된다. 주목할 점은 이때 평균은 변하지 않지만, $SS_{처치\ 간}$, $SS_{참여자\ 간}$ 값은 2배가 된다는 것이다. 이 새로운 자료로 $\alpha = .05$인 반복 측정 ANOVA를 사용하여 처치 간 유의한 차이가 있는지 판정하고, 처치 효과의 크기를 측정하기 위해 η^2을 계산하시오.

c. 표본 크기가 2배가 되면 F-비율과 η^2이 어떠한 영향을 받는지 설명하시오.

12. 다음 자료는 2개의 처치 조건을 비교하는 반복 측정 연구에서 얻은 것이다.

a. $\alpha = .05$인 반복 측정 ANOVA를 사용해서 처치 간에 유의한 차이가 있는지 판정하시오.

b. $\alpha = .05$인 반복 측정 t 검정을 사용해서 처치 간 평균 차이를 평가하시오. **a**와 **b**의 답을 비교했을 때, $F = t^2$을 만족하여야 한다.

참여자	처치 I	처치 II
A	11	13
B	8	7
C	10	13
D	8	8
E	7	13
F	10	12

13. 11장(394쪽) 연습 문제 6에서 우리는 눈에 보이는 문신이 있으면 사진 속 여성의 매력을 유의하게 낮게 평가한다는 연구(Resenhoeft, Villa, & Wiseman, 2008)를 소개한 바 있다. 이와 유사한 연구에서 $n = 9$명의 남성 참여자 표본에게 30장의 여성 사진을 보여 주고 10점 척도(10 = 가장 긍정적인 평가)를 사용하여 매력을 평정하게 했다. 이 중 한 장의 사진은 두 번 보여 주었는데, 한 번은 문신이 보이도록 하고, 다른 한 번은 문신을 제거하고 보여 주었다. 연구자는 각 참여자가 두 번 보여 준 사진을 각각 어떻게 평정했는지 기록했다. 다음 표에 결과가 제시되어 있다.

참여자	문신 없음	문신 있음
A	7	5
B	9	3
C	7	5
D	8	3
E	9	8
F	6	3
G	6	6
H	8	3
I	6	3

a. $\alpha = .05$인 반복 측정 ANOVA를 사용하여 처치 간 평균 차이가 유의한지 판정하시오.

b. $\alpha = .05$인 반복 측정 t 검정을 사용하여 처치 간 평균 차이를 평가하시오. **a**와 **b**의 답을 비교했을 때, $F = t^2$을 만족해야 한다.

14. 다음 용어를 정의하시오.

a. 요인

b. 수준

c. 2요인 연구

15. 2요인 ANOVA의 두 단계에서 각각 어떤 일이 발생하는지 설명하시오.

16. 다음 행렬에 주어진 자료에 대해 답하시오.

	처치 없음	처치	
남자	$M = 8$	$M = 14$	전체 $M = 11$
여자	$M = 4$	$M = 10$	전체 $M = 7$
	전체 $M = 6$	전체 $M = 12$	

a. 처치의 주효과를 기술하기 위해서 비교해야 하는 두 평균은 무엇인가?

b. 성별의 주효과를 기술하기 위해서 비교해야 하는 두 평균은 무엇인가?

c. 성별과 처치 사이에 상호작용이 있는가? 그렇게 답한 이유를 설명하시오.

17. 아래 행렬은 각 처치 조건에 $n = 10$명의 참여자로 이루어진 표본을 사용한 독립 측정 2요인 연구에서 얻은 자료이다. 처치 평균 중 하나가 결측되어 있다.

		요인 B	
		B_1	B_2
요인 A	A_1	$M = 3$	$M = 7$
	A_2	$M = 5$	

a. 요인 A의 주효과가 없다면 빈칸의 값은 무엇인가?

b. 요인 B의 주효과가 없다면 빈칸의 값은 무엇인가?

c. 상호작용이 없다면 빈칸의 값은 무엇인가?

18. 아래 행렬은 6개의 처치 조건 각각에 $n = 10$명의 참여자 표본을 사용한 2요인 연구 결과이다. 처치 평균 중 하나가 결측되어 있다.

		요인 B		
		B_1	B_2	B_3
요인 A	A_1	$M = 4$	$M = 6$	$M = 14$
	A_2	$M = 2$	$M = 4$	

a. 요인 A의 주효과가 없다면 결측된 평균값은 얼마인가?

b. 상호작용이 없다면 결측된 평균값은 얼마인가?

19. 한 연구자가 독립 측정 2요인 연구를 수행했다. 요인 A는 2개의 수준을, 요인 B도 2개의 수준을 가지며, 각 처치 조건별 참여자 수는 $n = 8$명이다.

a. 요인 A의 주효과를 평가하는 F-비율의 df값은 무엇인가?

b. 요인 B의 주효과를 평가하는 F-비율의 df값은 무엇인가?

c. 상호작용을 평가하는 F-비율의 df값은 무엇인가?

20. 한 연구자가 독립 측정 2요인 연구를 수행했다. 요인 A는 2개의 수준을, 요인 B는 3개의 수준을 가지며, 각 처치 조건별 참여자 수는 $n = 10$명이다.

a. 요인 A의 주효과를 평가하는 F-비율의 df값은 무엇인가?

b. 요인 B의 주효과를 평가하는 F-비율의 df값은 무엇인가?

c. 상호작용을 평가하는 F-비율의 df값은 무엇인가?

21. 다음은 독립 측정 2요인 연구에서 얻어진 결과이다. 각 처치 조건별로 n = 10명의 참여자 표본을 사용했다.

		요인 B	
		B_1	B_2
요인 A	A_1	$T = 40$ $M = 4$ $SS = 50$	$T = 10$ $M = 1$ $SS = 30$
	A_2	$T = 50$ $M = 5$ $SS = 60$	$T = 20$ $M = 2$ $SS = 40$

$N = 40$
$G = 120$
$\sum X^2 = 640$

a. α = .05인 2요인 ANOVA를 사용하여 주효과와 상호작용을 평가하시오.

b. 각각의 주효과와 상호작용의 효과 크기를 측정하는 η^2을 계산하시오.

22. 다음 결과는 독립 측정 2요인 연구에서 얻어진 것이다. 각 처치 조건별로 n = 5명의 참여자 표본을 사용했다. α = .05인 2요인 ANOVA를 사용하여 주효과와 상호작용을 평가하시오.

		요인 B		
		B_1	B_2	B_3
요인 A	A_1	$T = 25$ $M = 5$ $SS = 30$	$T = 40$ $M = 8$ $SS = 38$	$T = 70$ $M = 14$ $SS = 46$
	A_2	$T = 15$ $M = 3$ $SS = 22$	$T = 20$ $M = 4$ $SS = 26$	$T = 40$ $M = 8$ $SS = 30$

$N = 30$
$G = 210$
$\sum X^2 = 2062$

23. 대부분의 운동 부상은 다리가 부러지는 것처럼 즉각적이고 분명하게 나타난다. 그러나 축구 선수들이 반복적으로 공을 헤딩하여 발생하는 신경 손상처럼, 감지하기 어려운 부상들도 있다. 반복적인 헤딩의 영향을 살펴보기 위해서 McAllister와 동료들(2013)은 시즌 전후로 미식 축구와 아이스 하키 선수 집단을 조사했고, 신체 접촉이 없는 운동선수 집단도 조사했다. 종속변수는 개념적 사고 과제에서의 수행이었다. 다음은 McAllister와 동료들의 연구와 유사한 독립 측정 연구에서 얻어진 가상적인 자료이다. 연구자들은 신체 접촉이 있는 운동선수들과 접촉이 없는 운동선수들의 개념적 사고 과제 수행을 첫 번째 시즌이 시작 전에 측정했고, 또 다른 집단의 운동선수들을 두 번째 시즌이 끝났을 때 측정했다.

a. α = .05인 2요인 ANOVA를 사용하여 주효과와 상호작용을 평가하시오.

b. 각각의 주효과와 상호작용의 효과 크기를 측정하는 η^2을 계산하시오.

c. 이 연구의 결과를 간명하게 설명하시오.

		요인 B: 시간	
		첫 번째 시즌 전	두 번째 시즌 후
요인 A: 운동	접촉 운동	$n = 20$ $M = 9$ $T = 180$ $SS = 380$	$n = 20$ $M = 4$ $T = 80$ $SS = 390$
	비접촉 운동	$n = 20$ $M = 9$ $T = 180$ $SS = 350$	$n = 20$ $M = 8$ $T = 160$ $SS = 400$

$\sum X^2 = 6360$

24. 다음 요약표는 요인 A가 2수준, 요인 B가 4수준을 가지고, 각 조건별로 n = 5명의 서로 다른 참여자 표본을 사용한 2요인 연구 결과이다. 표의 빈칸을 채우시오. (힌트: df값부터 시작하시오.)

분산원	*SS*	*df*	*MS*	
처치 간	__	__		
요인 *A*	20	__	__	*F* = __
요인 *B*	__	__	12	*F* = __
A×*B* 상호작용	__	__	6	*F* = __
처치 내	64	__	__	
전체	__	__		

25. 아래 요약표는 요인 *A*가 2수준, 요인 *B*가 3수준이며, 각 조건별로 n = 8명의 서로 다른 참여자 표본을 사용한 2요인 연구 결과이다. 표의 빈칸을 채우시오. (힌트: *df*값부터 시작하시오.)

분산원	*SS*	*df*	*MS*	
처치 간	72	__		
요인 *A*	___	__	__	*F* = __
요인 *B*	___	__	__	*F* = 6.0
A×*B* 상호작용	___	__	12	*F* = __
처치 내	126	__	__	
전체	___	__		

26. 이번 장의 앞부분에서 비디오 게임의 폭력성을 경험하는 것이 남녀의 공격 행동에 영향을 미치는지에 대해 살펴본 Bartholow와 Anderson (2002)의 연구를 소개했다. 연구 결과, 남성은 폭력성 경험이 증가하면 공격 행동이 증가하였지만, 여성에게는 거의 영향을 미치지 않았다. 다음 자료는 이 연구에서 얻은 결과와 유사한 공격 행동을 측정한 자료이다.

	비폭력적 게임	폭력적 게임
여성	3	9
	6	4
	2	5
	2	8
	4	4
	7	6
남성	9	12
	9	16
	4	13
	8	17
	10	13
	8	13

a. α = .05인 ANOVA를 사용하여 자료를 평가하시오. 폭력적인 게임과 비폭력적인 게임이 남성과 여성의 공격적 행동에 미치는 효과를 설명하시오.

b. 각각의 주효과와 상호작용의 효과 크기를 측정하는 η^2을 계산하시오.

CHAPTER

14

상관과 회귀

필요한 지식

아래 개념들은 이 장을 이해하기 위해 필요한 주요 개념들이다. 해당 장을 참고하여 충분히 숙지하기를 바란다.

- 제곱합(*SS*)(4장)
  - 계산식
  - 정의식
- *z* 점수(5장)
- 가설 검정(8장)
- 분산 분석(ANOVA)(12장)

14-1 소개

학습 목표(Learning Objectives)

1. 상관계수의 부호(+/−)와 숫값이 제공해 주는 정보를 기술할 수 있다.

1장에서 상관연구 설계에 대해 한 집단의 개인들에 대해 두 개의 서로 다른 변수로 측정된 변수 간 관계를 살펴보는 방법이라고 소개했다. 상관 연구에서 얻어진 관계는 대체로 상관이라고 부르는 통계량으로 나타낸다. 이 장에서는 상관을 소개하고, 어떻게 사용되고 해석되는지 살펴본다.

> **상관**(correlation)은 두 변수 간 관계를 측정하고 기술하기 위해 사용하는 통계적 기법을 말한다.

대체로 상관 연구에서 두 변수는 자연적으로 존재하는 대로 관찰되며 연구자가 통제하거나 조작하지 않는다. 예를 들어, 연구자는 학생의 학업 성취도를 측정하기 위해 (허가를 받아) 고등학교 성적을 확인하고, 소득을 측정하기 위해 각 가정을 조사할 수 있다. 그 결과, 얻은 자료는 고등학교 성적과 가구 소득 간에 관계가 있는지 알아보기 위해 사용할 수 있다. 연구자가 학생의 성적 또는 가구 소득을 조작하지 않으며 자연적으로 얻어진 결과만 이용하고 있음에 주목하자. 상관은 개인별로 두 변수에 대한 점수를 이용한다. 이 점수를 보통 X와 Y라고 부른다. 이 점수 쌍은 표로 나타낼 수도 있으며, 산포도라는 그림으로 나타낼 수도 있다(그림 14.1 참조). 산포도에서 X 변수의 값은 수평축에 제시되고 Y 변수의 값은 수직축에 제시된다. 개인은 그래프에서 하나의 점으로 표시되며, 그 점의 수평축 위치는 개인의 X값이고 수직축 위치는 Y값에 해당한다. 산포도의 가치는 자료에 담겨 있는 양상이나 경향성을 볼 수 있도록 해 준다는 점에 있다. 예를 들어, 그림 14.1의 자료 점들은 가구 소득과 학생의 성적 간에 분명히 관계가 있음을 나타낸다. 소득이 증가할수록 성적 또한 높아진다.

■ 관계의 특성

상관은 X와 Y 간 관계에 대한 세 가지 특징을 나타내거나 측정하는 숫값이다. 이 세 가지 특징은 다음과 같다.

1. **관계의 방향.** 상관의 정적(+) 부호 또는 부적(−) 부호는 관계의 방향을 나타낸다.

사람	가정 수입 (단위: 1000달러)	학생의 평균 성적
A	31	72
B	38	86
C	42	81
D	44	78
E	49	85
F	56	80
G	58	91
H	65	89
I	70	94
J	90	83
K	92	90
L	106	97
M	135	89
N	174	95

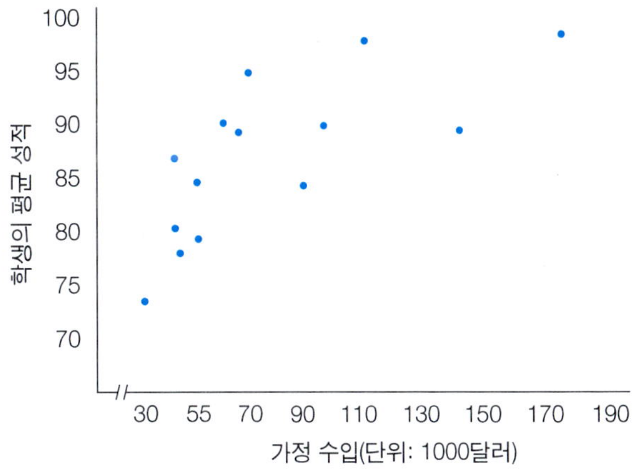

그림 14.1
가정 수입(X)과 학생 성적(Y) 간 관계를 보여 주는 상관 자료이다. 표본은 n = 14의 고등학교 학생이다. 산포도에는 가장 낮은 가정 수입에서 가장 높은 가정 수입 순으로 점수가 나열되어 있다.

정적 상관(positive correlation)의 경우, 두 변수가 같은 방향으로 변하는 경향이 있다. X 변수의 값이 한 개인의 값에서 다른 개인의 값으로 달라지면서 증가할 때 Y 변수의 값도 증가하는 경향이 있다. X 변수의 값이 감소하면 Y 변수의 값도 작아진다.

부적 상관(negative correlation)의 경우, 두 변수가 서로 다른 방향으로 움직이는 경향성을 말한다. X 변수의 값이 증가하면 Y 변수의 값은 작아진다. 즉, 반대로 움직이는 관계를 말한다.

남녀의 수입과 체중의 관계에 대한 최근 연구를 살펴보자(Judge & Cable, 2011). 이 연구의 결과가 **그림 14.2**에 제시되어 있으며, 정적 관계와 부적 관계 모두에 대한 예시를 보여 준다. 남자에 대해서는[**그림 14.2(a)** 참조] 체중이 증가하면서 수입이 증가하는 정적 관계가 있었다. 여자에 대해서는[**그림 14.2(b)** 참조] 변수 간 관계가 부적이어서 체중이 증가할수록 수입이 감소했다. 두 변수 간 관계가 남녀 사이에 차이를 보이는 데 대해 확실한 설명은 할 수 없지만 저자들은 날씬해지는 것이 여성들에게는 성공과 자기훈련의 신호로 간주된다고 제시한다. 반면 남성들에게는 체중 과다가 종종 성공의 신호로 간주된다는 것이다.

2. 관계의 형태. 앞에서 제시한 수입과 체중의 예(**그림 14.2**)에서 변수 간 관계는 선형의 형태를 지닌다. 즉, 산포도에서 점들이 직선 주변에 뭉쳐 있다. 그 관계를

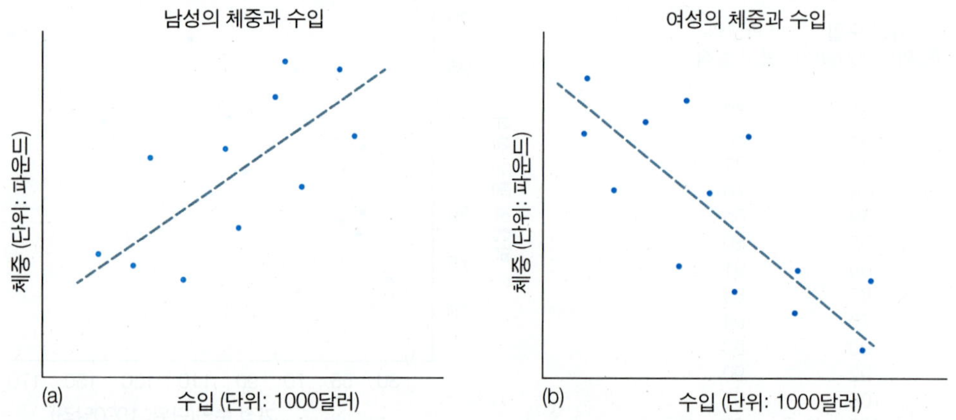

그림 14.2

정적 상관과 부적 상관의 예시. (a) 남성의 체중과 수입은 정적 상관을 보임, (b) 여성의 체중과 수입은 부적 상관을 보임.

보여 주기 위해 각 그림에서 자료의 점들 가운데에 선을 하나 그었다. 상관을 사용하는 가장 흔한 경우는 이 직선 관계를 측정하는 것이다. 그러나 다른 형태의 관계도 존재하며 그런 관계를 측정하는 특별한 상관도 있다(대안적인 상관은 14-5절에서 다룬다).

3. **관계의 강도 또는 일관성.** 마지막으로 상관은 관계의 일관성을 측정한다. 예를 들어, 어떤 선형 관계에서는 자료가 나타내는 점들이 완벽하게 직선 위에 존재할 수 있다. X의 값이 1점 증가할 때 Y의 값 또한 일정하고 예측 가능한 정도만큼 변하는 것이다. 그림 14.3(a)는 완벽한 선형 관계의 예를 보여 준다. 그러나 대체로 관계는 완벽하지 않다. X가 증가함에 따라 Y의 값이 증가하는 경향이 있다 하더라도 Y의 변화량이 항상 같은 것은 아니며, 때로는 X가 증가할 때 Y가 감소하기도 한다. 이때에는 자료가 직선에 완벽하게 들어맞지 않는다. 이 관계의 정도를 상관의 수치로 측정할 수 있다. **완벽한 상관(perfect correlation)**은 1.00이라는 상관값으로 표현되며 완벽하게 일관된 관계를 나타낸다. 상관값이 1.00(또는 −1.00)일 때, X의 변화는 Y의 변화를 완벽하게 예측할 수 있게 한다. 반대로 0이라는 상관값은 일관성이 전혀 없음을 나타낸다. 상관값이 0일 때에는 자료가 뚜렷한 경향성 없이 무작위로 흩어진다[그림 14.3(b) 참조]. 0과 1 사이의 값들은 일관성의 정도를 나타낸다.

선형 상관의 여러 예가 그림 14.3에 제시되어 있다. 각 예에서 점으로 나타낸 자료 주변에 선을 그어 표시했다. 자료를 감싸고 있어 덮개라고 부를 수 있는 이 선은 종종

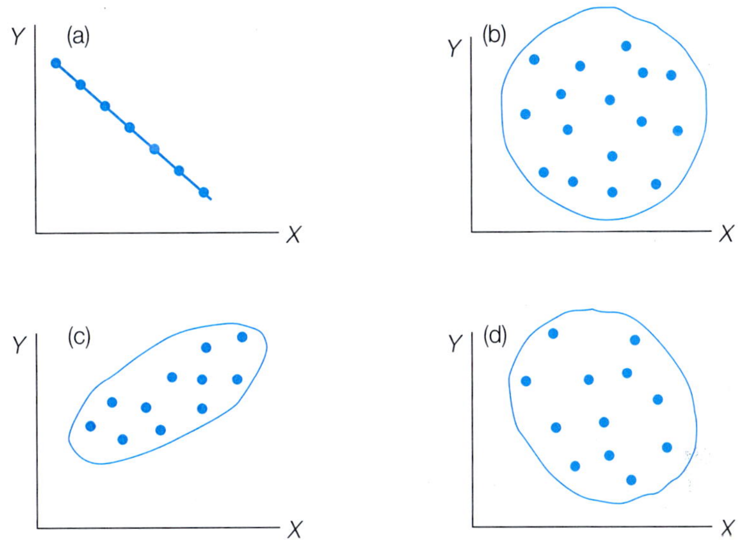

그림 14.3
서로 다른 강도의 선형 상관. (a) 완벽한 부적 상관, −1.00, (b) 선형 경향성을 보이지 않음, 0.00, (c) 강한 정적 상관, 약 +0.90, (d) 상대적으로 약한 부적 상관, 약 −0.40.

자료의 전반적인 경향성을 볼 수 있게 해 준다. 경험적으로 덮개가 대체로 미식축구 공 모양을 지니고 있을 때 상관은 0.7 근처에 있다. 미식축구 공보다 뚱뚱한 모양의 덮개는 상관이 0에 가까워졌음을 의미하며, 더 좁은 모양이 되면 1.00에 가까워졌음을 나타낸다.

상관의 강도와 부호(+ 또는 −)는 서로 독립적이다. 예를 들어, 1.00이라는 상관은 정적이든(+1.00) 부적이든(−1.00) 완벽하게 일관된 관계를 나타낸다. 유사하게 +0.80과 −0.80이라는 상관은 동일한 정도로 일관된 관계이다. 마지막으로, 상관은 +1.00보다 커지거나 −1.00보다 작아질 수 없다. 이 범위를 벗어난 값이 계산된다면 계산에서 잘못이 있었음을 의미한다.

학습 점검

학습 목표 1 **1.** 상관이 양수일 때 다음 중 올바른 결론은 무엇인가?

a. *X*의 증가가 *Y*의 증가를 수반하는 경향이 있다.
b. *X*의 증가가 *Y*의 감소를 수반하는 경향이 있다.
c. *X*의 증가가 항상 *Y*의 증가를 수반한다.
d. *X*의 증가가 항상 *Y*의 감소를 수반한다.

학습 목표 1 **2.** 다음 중 *X*와 *Y* 사이의 일관성이 가장 낮은 관계를 나타내는 상관값은 무엇인가?

a. 0.80

b. 0.40

c. −0.10

d. −0.90

정답 **1. a** **2. c**

14-2 피어슨 상관

학습 목표(Learning Objectives)

2. 정의식과 계산식을 사용하여 일련의 점수들에 대하여 편차곱의 합(*SP*)을 계산할 수 있다.

3. 일련의 점수들에 대하여 피어슨 상관을 계산하고 이 값이 무엇을 측정하는지 설명할 수 있다.

4. *X*와 *Y*의 각 점수에 상수를 더하거나 곱할 때 피어슨 상관계수가 어떠한 영향을 받는지 설명할 수 있다.

현재까지 가장 흔히 사용되는 상관은 피어슨 상관(또는 피어슨 적률상관)이며, 이 값은 선형 관계(linear relationship)의 정도, 즉 자료가 직선에 얼마나 잘 들어맞는지를 나타낸다.

피어슨 상관(Pearson correlation)은 두 변수 간 선형 관계의 정도와 방향을 나타낸다.

표본에 대한 피어슨 상관은 문자 *r*로 표시한다. 모집단 전체에 대한 상관은 알파벳 *r*에 대응되는 그리스어 문자인 ρ로 나타낸다. 개념적으로 상관은 다음 식과 같이 계산할 수 있다.

$$r = \frac{X\text{와 }Y\text{가 함께 변하는 정도}}{X\text{와 }Y\text{가 각각 변하는 정도}} = \frac{X\text{와 }Y\text{의 공변량}}{X\text{와 }Y\text{ 각각의 변산성}}$$

완벽한 선형 관계가 존재할 때 *X* 변수의 변화는 이에 대응되는 *Y* 변수의 변화를 수반한다. 예를 들어, 그림 14.3(a)에서 *X*의 값이 증가할 때마다 *Y*의 값도 완벽히 예측할 수 있는 정도로 감소한다. 그 결과, X와 Y는 항상 함께 변하므로 두 변수 간에는 완벽한 선형 관계가 존재한다. 이 경우, X와 Y의 공변량은 X와 Y 각각의 변산성과 동일하며, 위의 식은 1.00 또는 −1.00의 상관이 된다. 반면 두 변수 간 선형 관계가 존재하지 않을 때 X의 변화는 Y 변수의 변화를 예측하지 못한다. 이 경우에 공변량이 없으므로 그 결과 상관은 0이 된다.

■ 편차곱의 합

피어슨 상관을 계산하기 위해서는 편차의 곱의 합(sum of products), 즉 *SP*라는 새로운 개념이 필요하다. 이 새로운 값은 한 변수의 변산성을 측정하기 위해 사용되는 *SS*(편차 제곱의 합)와 유사하다. 이제 이 *SP*는 두 변수 간 공변량의 양을 측정하기 위해 사용된다. *SP*값은 정의식이나 계산식 중 하나를 이용해 계산할 수 있다.

*SP*의 정의식(definitional formula)은 다음과 같다.

$$SP = \Sigma(X - M_X)(Y - M_Y) \qquad (14.1)$$

여기에서 M_X와 M_Y는 각각 X와 Y 점수의 평균을 의미한다.

정의식은 다음 연산 순서를 따른다.

1. 각 개인에 대해 X와 Y의 편차를 구한다.
2. 각 개인에 대해 편차의 곱을 구한다.
3. 곱한 값을 모두 더한다.

이 과정은 계산되는 값을 문자 그대로 정의한 것이다. 즉, 이 식은 실제로 편차곱의 합을 계산한다.

편차곱의 합에 대한 계산식(computational formula)은 다음과 같다.

주의: 이 식에서 n은 점수 쌍의 개수를 의미한다.

$$SP = \Sigma XY - \frac{\Sigma X \Sigma Y}{n} \qquad (14.2)$$

계산식은 X와 Y의 원래 값을 사용하기 때문에 특히 M_X와 M_Y가 정수가 아닐 때 정의식보다 계산이 더 쉬워진다. 그러나 두 식은 항상 *SP*에 대해 같은 값을 산출한다.

여러분은 *SP*를 구하는 식이 *SS*(제곱합)에 대한 식과 비슷하다는 점을 알아차렸을 것이다. 구체적으로, *SS*에 대한 식은 제곱(*X* 곱하기 *X*)을 이용하지만 *SP*에 대한 식은 곱(*X* 곱하기 *Y*)을 이용한다는 점을 제외하면 두 개의 식은 완전히 동일한 구조를 가지고 있다.

정의식

$$SS = \sum(X - M_X)^2$$

$$SP = \sum(X - M_X)(Y - M_Y)$$

계산식

$$SS = \sum X^2 - \frac{(\sum X)^2}{n}$$

$$SP = \sum XY - \frac{(\sum X)(\sum Y)}{n}$$

다음 예제는 두 식을 이용한 *SP*의 계산을 보여 준다.

예제 14.1 다음은 $n = 4$인 점수 쌍에 대해 처음은 정의식, 다음은 계산식을 이용한 *SP* 계산 과정을 보여 준다.

정의식을 사용하기 위해서는 각 *X*값과 *Y*값에 대해 편차 점수를 구해야 한다. *X*의 평균은 $M_X = 2.5$, *Y*의 평균은 $M_Y = 5$이다. 편차와 편차곱은 다음 표에 나타나 있다.

주의: 부호(+ 또는 −)는 *SP*를 계산할 때 매우 중요하다.

점수		편차		곱
X	Y	$X - M_X$	$Y - M_Y$	$(X - M_X)(Y - M_Y)$
1	3	−1.5	−2	+3
2	6	−0.5	+1	−0.5
4	4	+1.5	−1	−1.5
3	7	+0.5	+2	+1
				+2 = *SP*

이 점수에 대해 편차곱의 합은 $SP = +2$이다.

계산식을 쓰기 위해서는 각 개인에 대한 *X*값과 *Y*값, 그리고 이 둘을 곱한 *XY*값을 알아야 한다. 그리고 나서 *X*의 합, *Y*의 합, 그리고 *XY*의 합을 구해야 한다. 이 값들은 다음과 같다.

X	Y	XY	
1	3	3	
2	6	12	
4	4	16	
3	7	21	
10	20	52	합

계산된 합계를 식에 대입하면 다음과 같다.

$$SP = \sum XY - \frac{\sum X \sum Y}{n}$$

$$= 52 - \frac{10(20)}{4}$$
$$= 52 - 50$$
$$= 2$$

두 식은 모두 동일한 결과, 즉 $SP = 2$라는 결과를 산출한다. ■

다음 예제를 통해 여러분이 SP(편차곱의 합) 계산을 이해했는지 확인해 볼 수 있을 것이다.

예제 14.2 다음 자료에 대해 편차곱의 합(SP)을 계산하시오. 먼저 정의식을 사용하고 다음에는 계산식을 사용하시오. 두 식 모두에서 $SP = 5$라는 결과를 얻어야 한다.

X	Y
0	1
3	3
2	3
5	2
0	1

■

■ 피어슨 상관의 계산

앞에서 살펴보았듯이 피어슨 상관계수는 X와 Y의 공변량(분자)과 X와 Y 각각의 변산성(분모)의 비율로 구성된다. 피어슨 상관(r)을 위한 식에서 우리는 X와 Y의 공변량을 나타내기 위해 SP를 쓴다. X의 변산성은 X 점수에 대한 SS로 측정하고, Y의 변산성은 Y 점수에 대한 SS로 측정한다. 이 정의를 이용한 피어슨 상관계수 식은 다음과 같다.

$$r = \frac{SP}{\sqrt{SS_X SS_Y}} \tag{14.3}$$

피어슨 상관계수 식의 분모에서 X에 대한 SS와 Y에 대한 SS를 곱한다는 점에 유의하자.

다음 예제는 간단한 점수들에 대해 이 식을 사용한 예시를 보여 준다.

예제 14.3 다음 $n = 5$쌍의 자료에 대해 피어슨 상관을 계산해 보자.

계산을 시작하기 전에 자료를 산포도로 표현해 보고 상관을 추측해 보는 것이 도움이 된다. 이 그래프는 **그림 14.4**에 표현되어 있다. 이 산포도를 보면 (완벽하지는 않지

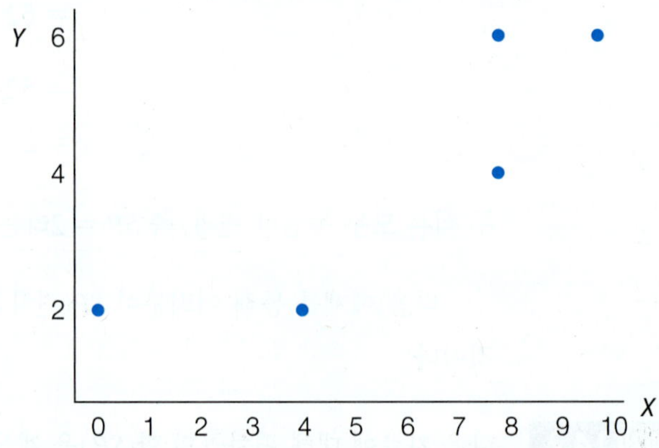

그림 14.4
예제 14의 자료를 활용한 산포도

만) 상당한 정도의 정적 상관이 있는 것으로 보인다. 근삿값으로 $r = +.8$ 또는 $r = +.9$를 기대할 수 있을 것이다. 피어슨 상관계수를 구하려면 *SP*와 함께 *X*에 대한 *SS*와 *Y*에 대한 *SS*가 필요하다. 정의식을 이용해 구한 이 각각의 계산 결과는 다음 표 14.1에 있다. (참고로 *X*에 대한 평균은 $M_X = 6$, *Y*에 대한 평균은 $M_Y = 4$이다.)

표 14.1의 값을 사용하여 피어슨 상관계수를 구하면 다음과 같다.

$$r = \frac{SP}{\sqrt{(SS_X)(SS_Y)}} = \frac{28}{\sqrt{(64)(16)}} = \frac{28}{32} = +0.875$$

주목할 점은 이 상관이 그림 14.4에 나타난 양상을 정확하게 기술하고 있다는 것이다. 양의 부호는 그래프에서 *X*값이 왼쪽에서 오른쪽으로 증가하면서 *Y*값도 증가한다는 사실과 일치한다. 또한 두 좌표선이 만나는 좌측 하단부터 우측 상단($X = 10$, $Y = 6$)까지 자료의 점들을 관통하는 선을 긋는다면 자료의 점들은 직선에 매우 가까워서 매우 높은 상관(1.00에 가까운)을 나타낼 것이다. ■

표 14.1 $n = 5$인 표본에 대한 SS_X, SS_Y, SP 계산

점수		편차		편차 제곱		곱
X	Y	$X - M_X$	$Y - M_Y$	$(X - M_X)^2$	$(Y - M_Y)^2$	$(X - M_X)(Y - M_Y)$
0	2	−6	−2	36	4	+12
10	6	+4	+2	16	4	+8
4	2	−2	−2	4	4	+4
8	4	+2	0	4	0	0
8	6	+2	+2	4	4	+4
				$SS_X = 64$	$SS_Y = 16$	$SP = +28$

■ 상관과 자료의 패턴

앞에서 지적했듯이 예제 14.3에서 상관값은 **그림 14.4**에서 드러난 자료의 패턴과 완벽히 일치한다. 상관이 양의 부호를 갖는다는 것은 점들이 오른쪽 위로 향하는 기울기의 선 주위에 모여 있음을 의미한다. 다음으로 상관이 높은 값(1.00 근처)을 지닌다는 것은 점들이 그 선 주위에 근접해 있음을 나타낸다. 따라서 상관의 값은 자료가 지니는 관계를 설명한다.

피어슨 상관은 자료의 패턴을 나타내기 때문에 그 패턴을 바꾸지 않는 어떤 요인도 상관을 변화시키지 못한다. 예를 들어, **그림 14.4**에서 X의 모든 값에 5점이 더해진다면 모든 점들은 오른쪽으로 이동할 것이다. 그러나 모든 점이 오른쪽으로 이동하기 때문에 전체적인 패턴은 변하지 않으며, 단지 새로운 위치로 옮겨질 뿐이다. 마찬가지로 X의 모든 값에서 5를 뺀다면 패턴은 왼쪽으로 이동할 것이다. 어떤 경우든 전체적인 패턴은 변하지 않으며 상관은 달라지지 않는다. 같은 방식으로, 모든 Y값에 상수를 더하거나 빼면 그림이 위나 아래로 이동하지만 패턴은 변하지 않으며 상관도 달라지지 않는다. 유사하게, 각각의 X나 Y에 양의 상수를 곱해도 패턴은 변하지 않으며 상관이 유지된다. 예를 들어, **그림 14.4**의 모든 X값에 2를 곱했을 때 곱하기 전이나 후를 모두 같은 산포도로 나타낼 수 있다. 현재의 그림은 원래의 점수를 나타내지만 X축의 모든 값(0, 1, 2, 3, ...)이 두 배가 되면(0, 2, 4, 6, ...) 그때도 같은 패턴의 그림이 된다. 그러나 X나 Y의 값에 음수를 곱하면 상관값은 달라지지 않지만 부호가 달라진다. 예를 들어, **그림 14.4**의 모든 X값에 -1을 곱하면 현재의 자료가 나타내는 점들은 Y축의 왼쪽으로 옮겨 가서 현재 패턴이 거울에 비친 모양이 될 것이다. 새로운 상관은 현재 자료가 보여 주는 정적 상관이 아니라 정확히 똑같은 값을 지니는 부적 상관이 될 것이다.

요약하면 각각의 X나 Y에 상수를 더하거나 빼면 자료의 패턴과 상관은 달라지지 않는다. 또한 각 X나 Y에 양수를 곱하거나 나누면 패턴과 상관이 변하지 않는다. 그러나 음수를 곱하면 새로운 자료는 기존 자료가 거울에 비친 모습이 되며 그에 따라 상관의 부호가 바뀐다.

■ 피어슨 상관과 *z* 점수

피어슨 상관은 개인의 X 분포 내 위치와 Y 분포 내 위치 간 관계를 측정한다. 예를 들어, 정적 상관은 X에서 높은 점수를 받은 개인은 Y에서도 높은 점수를 받는 경향이 있다는 것을 의미한다. 유사하게, 부적 상관은 X 점수가 높은 개인은 Y 점수가 낮은 경향이 있다는 것을 나타낸다.

z 점수는 개인의 분포 내 정확한 위치를 알려 준다는 것을 5장에서 배운 바 있다. 이를 고려하면 각 X 점수는 X의 평균과 표준편차를 이용하여 z 점수, 즉 z_X로 바꿀 수 있

다. 마찬가지로 Y 점수는 z_Y로 바꿀 수 있다. X와 Y의 값이 표본으로 간주된다면 z 점수를 위한 표본 공식(142쪽, 식 5.3)을 이용하여 변환한다. X와 Y가 모집단의 값이라면 z 점수는 식 5.1(141쪽)을 이용하여 계산한다. 변환 후에 피어슨 상관 공식은 z 점수로 표현할 수 있다.

$$\text{표본에 대하여: } r = \frac{\sum z_X z_Y}{(n-1)} \tag{14.4}$$

$$\text{모집단에 대하여: } \rho = \frac{\sum z_X z_Y}{N} \tag{14.5}$$

모집단에 대한 상관은 그리스어 문자 ρ('로'라고 발음함)로 표현됨을 주목하자.

학습 점검

학습 목표 2 **1.** $\sum X = 10, \sum Y = 20, \sum XY = 60$인 $n = 5$쌍의 X값, Y값에 대한 SP값은 얼마인가?

a. -20

b. -28

c. 20

d. 60

학습 목표 3 **2.** $n = 5$쌍의 X, Y 점수에 대하여 $SS_X = 18, SS_Y = 8, \sum X = 5, \sum Y = 15, \sum XY = 18$이다. 이 점수에 대한 피어슨 상관은 얼마인가?

a. $\frac{18}{12} = 1.50$

b. $\frac{18}{144} = 0.125$

c. $\frac{3}{12} = 0.25$

d. $\frac{3}{144} = 0.21$

학습 목표 4 **3.** $n = 5$쌍의 X, Y 점수에 대한 피어슨 상관이 $r = 0.40$이다. 모든 X값에 대하여 2점을 더하여 얻은 점수의 상관은 얼마인가?

a. 0.40

b. -0.40

c. 0.60

d. -0.60

정답 **1. c** **2. c** **3. a**

14-3 피어슨 상관 사용하고 해석하기

학습 목표(Learning Objectives)

5. 왜 두 변수 간 상관을 이용하여 인과관계를 정당화할 수 없는지 설명할 수 있다.
6. 점수의 범위 제한이나 이상치(outlier)가 어떻게 상관에 영향을 미치는지 설명할 수 있다.
7. 결정계수(coefficient of determination)를 정의하고, 이 값이 무엇을 측정하는지 설명할 수 있다.

■ 상관은 언제, 왜 사용하는가

상관이 응용되는 경우는 매우 많지만, 다음에 제시된 몇몇 예를 통해 이 통계 측정값은 언제 사용하는지 살펴보도록 하자.

1. **예측.** 두 변수가 체계적으로 관련이 있는 것으로 알려져 있다면 하나의 변수를 이용하여 다른 변수에 대해 정확하게 예측하는 것이 가능하다. 예를 들어, 대학에 지원할 때 SAT를 비롯한 개인 정보를 제출해야 한다. 대학 관계자는 학생이 대학에서 성공적으로 학업을 수행할 가능성을 예측하기 위하여 이 정보를 필요로 한다. 몇 년에 걸쳐 SAT 점수와 대학 학점 간에 상관이 있다는 것이 확인되었다. SAT를 잘 본 학생은 대학에서도 잘하는 경향이 있다. SAT에 어려움을 겪는 학생은 대학에서도 어려움을 겪는 경향이 있다. 이러한 관계를 기반으로 하여 대학의 입학사정관은 각 지원자의 잠재력을 예측할 수 있다. 이 예측이 완벽하게 정확한 것은 아님을 기억해야 한다. SAT 성적이 좋지 않은 학생이 모두 대학에서 어려움을 겪는 것은 아니다. 그래서 지원자는 추천서, 고등학교 내신 성적을 포함한 다른 정보를 지원 시에 제출하는 것이다. 이런 관계를 이용해 예측을 하는 과정을 회귀라고 부르며, 이 장의 마지막에서 논의한다.
2. **타당도.** 심리학자가 지능을 측정하는 새로운 검사를 만든다고 가정해 보자. 이 검사가 측정하고자 하는 것을 측정하는지 어떻게 보여 줄 것인가? 즉, 타당도를 어떻게 입증할 것인가? 타당도를 보여 주는 일반적인 방법 중 하나는 상관을 이용하는 것이다. 검사가 실제로 지능을 측정한다면 검사 점수는 다른 지능 측정 결과, 예를 들어 표준화된 IQ 검사, 학습 과제 수행 결과, 문제 해결력 등과 관계가 있어야 한다. 심리학자는 새로운 검사가 타당하다는 것을 보이기 위해 새로운 검사와 다른 각각의 지능 측정 결과 간에 상관을 측정할 수 있다.
3. **신뢰도.** 상관은 측정 절차의 타당도 평가뿐만 아니라 신뢰도를 추정하는 데에도

사용된다. 신뢰도는 측정 절차가 안정적이고 일관된 측정 결과를 산출하는 정도를 말한다. 즉, 신뢰로운 측정 방법은 동일한 개인이 동일한 조건에서 두 번 검사를 치를 때 동일한(또는 거의 동일한) 결과를 산출할 것이다. 예를 들어, 여러분의 IQ가 지난주에 113으로 측정되었다면 이번 주에 다시 측정한 IQ는 거의 같은 점수일 것으로 기대할 수 있다. 신뢰도를 평가하는 한 가지 방법은 두 측정 결과 간 상관을 이용하는 것이다. 신뢰도가 높다면 두 측정 결과 간 상관은 높은 양수여야 한다.

4. **이론의 입증.** 많은 심리학 이론이 두 변수 간 관계에 대하여 특정한 예측을 한다. 예를 들어, 어떤 발달 이론은 부모의 IQ와 자녀의 IQ 간 관계를 예측할 수 있을 것이다. 또는 사회심리학자가 부녀의 초기 관계가 미래에 딸의 성공적 연애를 예측한다는 이론을 가지고 있을 수 있다. 각각의 경우에서, 이론에 따른 예측은 두 변수 간 상관을 확인함으로써 검증할 수 있다.

■ 상관 해석하기

상관을 해석할 때 추가로 염두에 두어야 할 것이 네 가지 있다.

1. 상관은 두 변수 간 관계를 단순히 보여 주는 것이며 그 두 변수가 왜 관계를 가지고 있는지 설명해 주지 않는다. 특히 상관은 두 변수 간 인과관계를 입증하는 것으로 해석될 수도 없고 그렇게 해석되어서도 안 된다.
2. 상관은 자료에 포함된 점수의 범위에 영향을 받을 수 있다.
3. 흔히 이상치(outlier)라 부르는 점수 한두 개가 상관값에 막대한 영향을 미칠 수 있다.
4. 얼마나 '좋은' 관계인지 판단할 때 상관의 수치에만 집중하고 싶을 것이다. 예를 들어, +0.50의 상관은 0과 1.00 중간에 있는 상관이므로 중간 정도의 관계를 나타내는 것으로 보인다. 그러나 상관은 비율로 해석해서는 안 된다. 1.00이라는 상관은 X와 Y 사이에 100% 완벽하게 예측 가능한 관계가 있음을 의미하지만 0.50이라는 상관은 50%의 정확도로 예측할 수 있음을 의미하지는 않는다. 한 변수가 얼마나 정확하게 다른 변수를 예측하는지 설명하려면 상관을 제곱해야 한다. 그래서 $r = 0.50$이라는 상관은 한 변수가 다른 변수를 부분적으로 예측함을 의미하지만, 예측하는 비율은 단지 총변산성(total variability)의 $r^2 = 0.50^2 = 0.25$(또는 25%)에 지나지 않는다.

이제 이 네 가지를 하나씩 살펴보도록 하자.

■ 상관과 인과

상관을 해석할 때 가장 흔히 일어나는 잘못은 상관이 반드시 두 변수 간 인과관계를 함의한다고 가정하는 것이다. 심지어 피어슨도 상관을 보이는 자료에서 인과관계를 주장하는 잘못을 저질렀다(Blum, 1978). 우리는 끝없이 넘쳐나는 관계에 대한 정보에 묻혀 살아간다. 흡연은 심장병과 관련이 있다. 음주는 선천적 기형과 관련이 있다. 당근을 먹는 것은 시력과 관련이 있다. 이러한 관계들이 흡연이 심장병을 유발한다거나 당근이 좋은 시력의 원인이 된다는 것을 의미하는가? 이에 대한 답은 '아니요'이다. 인과적 관계가 있을 수는 있으나 단지 상관이 있다는 것만으로 그 인과관계가 증명되는 것은 아니다. 예를 들어, 앞에서 고등학교 내신 성적과 가구 소득 간 관계를 보여 주는 연구에 대해 논의한 적이 있다. 그러나 이 결과가 높은 가구 소득이 더 좋은 내신 성적의 원인이 된다는 의미는 아니다. 예를 들어, 어머니가 직장에서 기대하지 않은 보너스를 받았다고 해서 자녀의 성적이 갑자기 오를 것이라고 기대하기는 어렵다. 인과관계를 입증하려면 연구자가 한 변수를 조작하고 다른 변수는 엄격하게 통제한 진실험(true experiment)이 수행될 필요가 있다(25쪽 참조). 다음 예제는 상관이 인과관계를 입증하지 않는다는 사실을 보여 준다.

예제 14.4 미국 전국에 걸쳐 여러 도시와 마을을 선택하여 교회의 수(X 변수)와 중범죄 건수(Y 변수)를 측정한다고 가정해 보자. 이 연구를 위한 가상적 자료의 산포도가 **그림 14.5**에 제

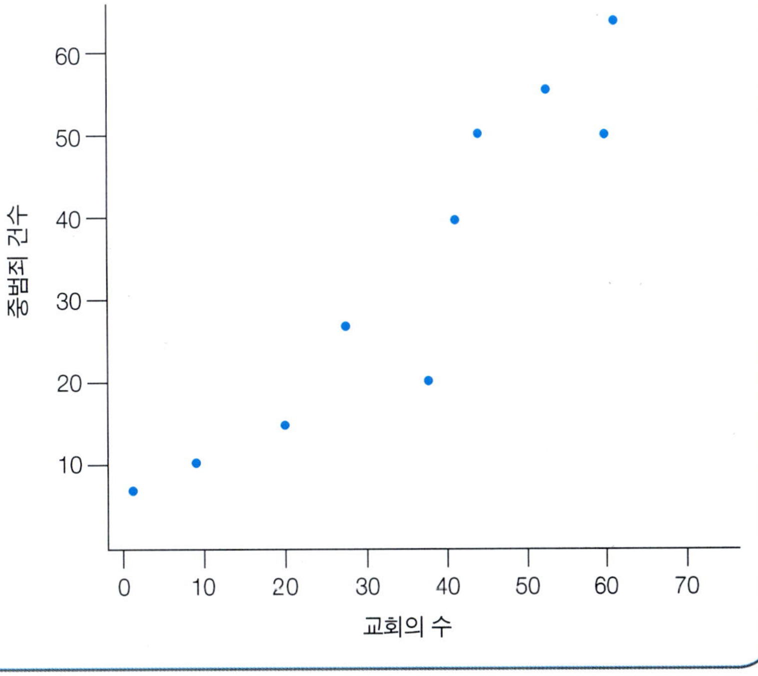

그림 14.5
미국 도시 표본에서의 중범죄 건수와 교회의 수 간의 논리적 관계를 보여 주는 가상 자료

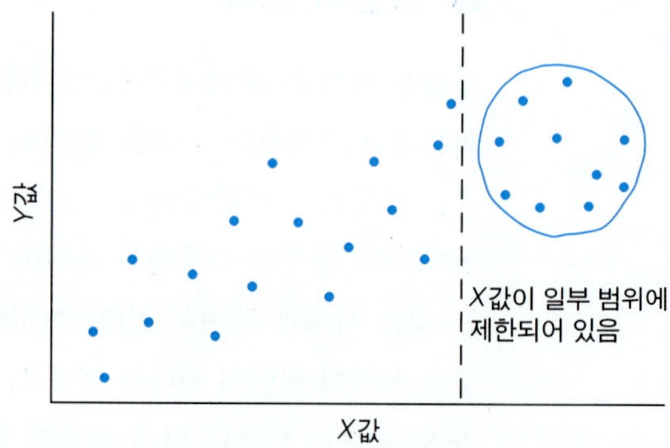

그림 14.6
이 예시에서 X와 Y는 전 범위에 걸쳐 강한 정적 상관을 보이지만, 점수의 범위 제한으로 인해 상관이 0에 가까운 것처럼 보인다.

시되어 있다. 주목한 것은 이 산포도가 교회와 범죄 간 강한 정적 상관을 보여 주고 있다는 점이다. 또한 이는 매우 현실적인 자료이다. 이 자료가 합리적인 것인 작은 마을에는 범죄도 적고 교회 수도 적은 반면, 대도시는 두 변수 모두에 대해 큰 값을 갖기 때문이다. 이 관계는 교회가 범죄의 원인이 된다는 것을 의미하는가? 또는 범죄가 교회의 원인이 된다는 것을 의미하는가? 두 질문에 대한 대답이 모두 '아니요'라는 것은 명백하다. 교회와 범죄 간에는 강한 상관이 존재하지만 그 관계의 원인은 인구이다. ■

■ 상관과 범위 제한

가능한 점수 범위 전체를 대표하지 못하는 점수를 이용해 상관이 계산되었을 때에는 상관 해석에 주의를 기울여야 한다. 예를 들어, IQ와 창의성 간 관계에 관심을 가지고 있다고 하자. 만약 여러분이 동료 대학생들을 표본으로 추출한다면, 이 자료는 **제한된 범위(restricted range)**의 IQ 점수(아마도 110에서 130 사이)만을 대표할 것이다. 이 제한된 범위의 상관은 IQ 점수의 전체 범위에서 구한 상관과 완전히 다를 수 있다. 예를 들어, **그림 14.6**은 모든 점수 범위를 고려할 때 X와 Y 사이에 강한 정적 관계가 있음을 보여 준다. 그러나 자료의 범위가 제한될 때 이 관계는 흐려진다.

표본이 대표하는 자료의 범위를 넘어서 상관을 일반화하지 않는 것이 안전하다. 상관이 일반적인 모집단을 정확히 기술하려면 X와 Y의 값이 넓은 범위를 지녀야 한다.

■ 이상치

이상치(outliers)는 자료에서 다른 점수와 상당히 다른(즉 크거나 작은) X나 Y의 값을 가진 개체를 말한다. 하나의 이상치가 상관값에 막대한 영향을 미칠 수도 있다. 이러한 영향이 **그림 14.7**에 나타나 있다. **그림 14.7(a)**는 X와 Y 변수 간 0에 가까운 상관(실제로는 $r = -0.08$)을 나타내는 $n = 5$의 자료를 보여 준다. **그림 14.7(b)**에는 하나의 극단적

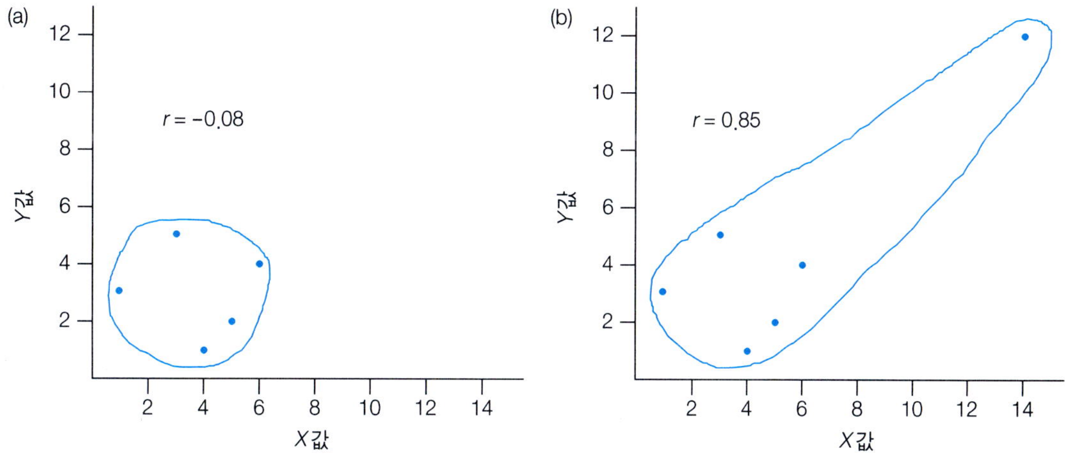

원자료		
참여자	X	Y
A	1	3
B	3	5
C	6	4
D	4	1
E	5	2

이상치가 포함된 자료		
참여자	X	Y
A	1	3
B	3	5
C	6	4
D	4	1
E	5	2
F	14	12

그림 14.7
하나의 극단값(이상값)이 어떻게 상관관계에 영향을 주는가를 보여 준다.

인 값인 (14, 12)가 원자료에 추가되었다. 이 이상치가 분석에 포함되면 강한 정적 상관(이제 $r = +0.85$)이 얻어진다. 이 하나의 이상치가 상관값을 극적으로 변화시켜 X와 Y 변수 간 관계에 대한 해석에 영향을 미칠 수 있다. 이상치가 없으면 두 변수 간에 관계가 없다고 결론을 내릴 수도 있을 것이다. 이 극단적인 값이 포함됨으로써 얻어지는 $r = +0.85$라는 값은 X가 증가할 때 Y도 일관되게 증가하는 강한 관계를 의미한다. 이상치로 인한 문제는 단순히 상관값을 해석하는 것이 아니라, 산포도를 살펴보아야 하는 충분한 이유가 된다. 단지 '수치만을 따르게' 되면 극단값 하나가 상관값을 부풀렸다는 사실을 간과할 우려가 있다.

■ 상관과 관계의 강도

상관은 두 변수 간 관계의 정도를 0부터 1.00 사이의 척도로 측정한다. 이 수치가 어느 정도의 관계가 있는지 보여 주기는 하지만 관계의 정도는 상관을 제곱함으로써 더 잘 측정할 수 있다.

상관은 흔히 예측을 위해 사용된다. 예를 들어, 대학 입학사정관은 어느 지원자가 잘해 낼지 근거 없이 추측하지 않는다. 그들은 어느 지원자가 성공적인 대학생활을 할지 예측하기 위하여 SAT 점수나 고등학교 내신 성적과 같은 변수를 이용한다. 이 예측은 상관을 기반으로 한다. 상관을 이용하여 대학 입학사정관은 막연히 추측하는 것보다 정확한 예측을 할 수 있다. 일반적으로 상관 제곱(r^2)은 예측의 목적으로 상관을 사용하여 얼마나 더 정확한 결과를 얻을 수 있는지 측정해 준다. 상관 제곱은 X와 Y 간 관계로 설명할 수 있는 자료의 변산성 비율을 측정한다. 이 값은 때로 **결정계수**라고 부른다.

> r^2 값은 한 변수가 다른 변수와의 관계에서 결정될 수 있는 변산성의 비율을 측정하므로 **결정계수**(coefficient of determination)라고 부른다. 예를 들어, 상관 $r = 0.80$(또는 $r = -0.80$)는 Y 점수 변산성에서 $r^2 = 0.64$(즉 64%)가 X와의 관계에서 예측될 수 있음을 의미한다.

앞 장(301, 344, 378쪽 참조)에서 평균 차이를 이용하여 처치를 비교하는 연구에서 효과 크기를 측정하는 방법으로 r^2을 소개했다. 구체적으로, 점수의 분산 중 얼마만큼을 처치 간 차이로 설명할 수 있는지를 측정했다. 실험 설계 용어를 사용해서 말하자면, r^2은 종속변수의 분산을 독립변수로 얼마나 설명하는지를 나타낸다. 우리가 계산하는 r^2은 이와 동일한데, 다만 차이는 독립변수와 종속변수가 없다는 것이다. 대신 X와 Y라는 두 개의 변수가 있을 뿐이고, 하나의 변수의 분산 중 얼마만큼을 다른 변수와의 관계에 의해 결정할 수 있는지를 측정하기 위해 r^2을 사용한다. 다음 예제는 이러한 개념을 보여 주고 있다.

예제 14.5 그림 14.8은 서로 다른 선형 관계를 나타내는 세 세트의 자료를 보여 주고 있다. 첫 번째 세트의 자료[**그림 14.8(a)**]는 IQ와 신발 크기 간 관계를 보여 주고 있다. 이 경우에 상관은 $r = 0(r^2 = 0)$이며, 신발 크기로는 IQ를 예측할 수 없음을 나타낸다. 신발 크기를 아는 것은 그 사람의 IQ에 대해 어떤 정보도 제공해 주지 않는다. 이 경우에 신발 크기는 왜 사람들이 서로 다른 IQ를 지니는지 설명하는 데 아무런 도움을 주지 못한다.

이제 **그림 14.8(b)**의 자료를 고려해 보자. 이 자료는 IQ 점수와 대학 학점(GPA) 간에 중간 정도의 정적 상관($r = +0.60$)이 있음을 보여 준다. 높은 IQ를 지닌 학생은 IQ가 낮은 학생에 비해 높은 학점을 받는 경향이 있다. 이 관계를 바탕으로 학생의 IQ를 이용하여 학점을 예측해 볼 수 있다. 그러나 이 예측은 완벽하지 않다. IQ가 높은 학생이 높은 학점을 받는 경향이 있다 하더라도 항상 그런 것은 아니다. 따라서 학생의 IQ가 학점에 대해 약간의 정보를 주거나 학생의 학점이 IQ에 대해 약간의 정보를 주는 것이다. 이 경우에 IQ 점수는 서로 다른 학생들이 다른 학점을 받는다는 사실을 설명하는 데

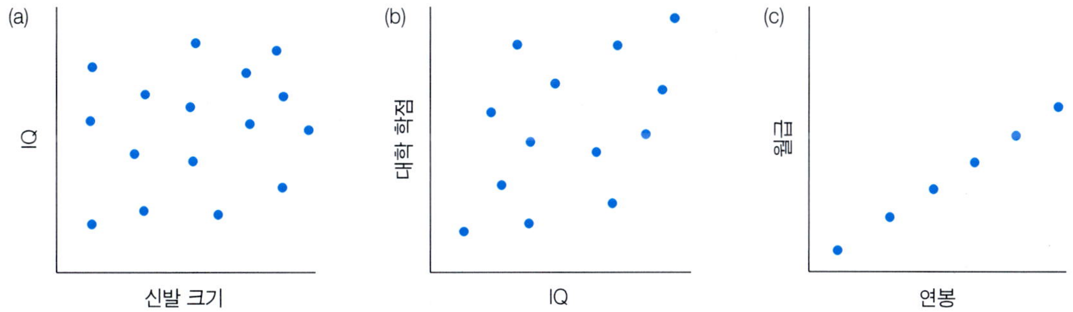

그림 14.8
세 가지 다른 강도의 선형 관계를 보여 주는 3개 자료

도움을 준다. 특히 학점의 차이 중 일부분이 IQ에 의해 설명된다고 말할 수 있을 것이다. 상관이 $r = +0.60$일 때 $r^2 = 0.36$이며, 이는 학점 변산성의 36%를 IQ로 설명할 수 있음을 의미한다.

마지막으로 **그림 14.8**(c)의 자료를 살펴보자. 이 자료는 일군의 교직원들의 월급과 연봉 간의 완벽한 선형 관계($r = +1.00$)를 보여 준다. $r = 1.00$이면 $r^2 = 1.00$이고, 100% 예측이 가능하다. 어떤 사람의 월급을 알면 그 사람의 연봉을 완벽하게 정확히 알 수 있다. 두 사람의 연봉이 서로 다르다면 그 차이는 그들의 월급 차이로 완벽히(100%) 설명할 수 있다. ■

9장, 10장, 11장에서 평균 차이의 효과 크기를 평가하는 데 r^2이 사용되었듯이 r^2은 이제 상관의 크기나 강도를 평가하는 데에도 사용될 수 있다. 표 9.3(303쪽)에 제시된 것과 동일한 기준이 r^2을 사용하는 두 경우에 모두 적용된다. 다시 말하면 0.01이라는 r^2은 작은 효과 크기 또는 작은 상관을 의미하며, 0.09라는 r^2은 중간 상관, 0.25 이상의 r^2은 큰 상관을 나타낸다.

결정계수(r^2)에 대한 더 많은 정보가 14-5절에 제시될 것이다. 우선은 두 변수가 일관적인 관계를 지니고 있다면 한 변수를 이용해 다른 변수를 예측할 수 있다는 것을 알아 두사.

학습 점검

학습 목표 5 **1.** 한 연구자가 6세 아동들의 공격적 행동과 TV에서 시청하는 폭력물의 양 간에 강한 정적 상관이 있음을 확인했다. 이 상관에 기초하여 합당한 결론은 다음 중 무엇인가?

a. 아동들이 TV에서 보는 폭력물의 양을 줄이면 공격적 행동이 줄어들 것이다.

b. 아동들이 TV에서 보는 폭력물의 양을 늘리면 공격적 행동이 늘어날 것이다.

c. TV에서 폭력물을 더 많이 보는 아동들이 공격적인 행동을 보이는 경향이 있다.

d. 이상 모두

학습 목표 6 **2.** $n = 5$의 X, Y 점수 쌍에서 피어슨 상관 $r = -0.10$을 얻었다. X값의 범위는 0부터 5까지이고 Y값의 범위는 2부터 6까지이다. $X = 12$, $Y = 14$인 개인이 표본에 추가된다면 새로운 상관으로 가장 가능한 값은 얼마인가?

a. −0.60

b. −0.20

c. 0.20

d. 0.60

학습 목표 7 **3.** $n = 10$의 X, Y 점수 쌍에서 피어슨 상관 $r = -0.40$을 얻었다. Y 점수에서 X와의 관계로 예측할 수 있는 변산성은 얼마인가?

a. 16%

b. 40%

c. 0.16%

d. 0.40%

정답 **1.** c **2.** d **3.** a

14-4 피어슨 상관의 가설 검정

학습 목표(Learning Objectives)

8. 상관의 유의성을 평가하는 가설 검정을 실시할 수 있다.

피어슨 상관은 일반적으로 표본 자료에 대해 계산한다. 그러나 대부분의 표본 통계와 마찬가지로 표본 상관은 종종 그에 상응하는 모집단 상관에 대한 질문에 답하기 위해 사용된다. 예를 들어, 한 심리학자가 IQ와 창의성 간에 관계가 있는지 연구하고자 한다. 이는 모집단에 대한 일반적인 질문이다. 이 질문에 답하기 위해서는 표본을 추출해서 표본 자료로 상관을 계산하게 될 것이다. 이 과정은 표본을 이용하여 모집단에 대해 추론하는 추론 통계의 예임을 이해해야 한다. 앞에서 우리는 주로 모집단의 평균에 대한 질문에 답하기 위한 근거로 표본 평균을 사용하는 데에 집중했다. 여기에서는 모집단 상관에 대한 가설을 검정하기 위한 근거로 표본 상관을 이용하는 과정을 살펴보자.

■ 가설

이 가설 검정의 기본 질문은 모집단에서 상관이 존재하는가이다. 영가설은 "아니요. 모집단에는 상관이 존재하지 않습니다" 또는 "모집단 상관은 0입니다"와 같다. 대립가설은 "예. 모집단에는 0이 아닌 상관이 실제로 존재합니다"와 같다. 모집단 상관은 전통적으로 ρ[(그리스어 문자 '로(rho)']로 나타내기 때문에 이 가설은 다음과 같이 기호로 나타낼 수 있다.

H_0: $\rho = 0$ (모집단 상관이 존재하지 않는다.)
H_1: $\rho \neq 0$ (상관이 실제로 존재한다.)

상관의 특정 방향에 대해 예측할 수 있다면 단방 검정을 하는 것도 가능하다. 예를 들어, 만약 연구자가 정적 관계를 예측하고 있다면 가설은 다음과 같다.

H_0: $\rho < 0$ (모집단 상관은 양의 값이 아니다.)
H_1: $\rho > 0$ (모집단 상관은 양수다.)

표본 상관은 가설을 평가하기 위해 사용된다. 보통의 양방 검정에서는 0에 가까운 표본 상관은 H_0을 지지하며 0으로부터 멀어질수록 H_0을 기각하는 경향이 있다. 단방 검정에서 표본 상관이 양수면 모집단 상관이 양수가 아니라는 영가설을 기각하는 경향이 있다.

표본 상관은 모집단 상관에 대한 가설을 검정하기 위해 사용되지만 표본이 모집단과 동일하다고 기대해서는 안 된다. 표본 통계와 그에 상응하는 모집단 통계 사이에는 약간의 차이(표집 오차)가 있을 것이다. 구체적으로, 여러분은 표본 상관과 모집단 상관 간에는 항상 어느 정도의 오차가 있을 것으로 기대해야 한다. 이 사실이 함의하는 바는 실제로 모집단에서 상관이 존재하지 않더라도($\rho = 0$), 0이 아닌 표본 상관을 얻을 가능성이 있다는 것이다. **그림 14.9**는 모집단의 상관이 거의 0일 때 어떻게 작은 규모의 표본에서 0으로부터 벗어난 상관을 얻을 수 있는지 보여 준다. 그림에서 색칠한 점은 전체 모집단을 나타내며, 세 개의 동그라미 친 점은 무작위 표본을 나타낸다. 표본에 속한 세 개의 점들은 모집단에 선형적인 경향성이 없더라도($\rho = 0$) 상대적으로 강한 정적 표본 상관이 나타날 수 있음을 보여 준다.

표본에서 0이 아닌 상관을 얻었을 때 가설 검정의 목적은 다음 두 해석 중 하나를 결정하는 것이다.

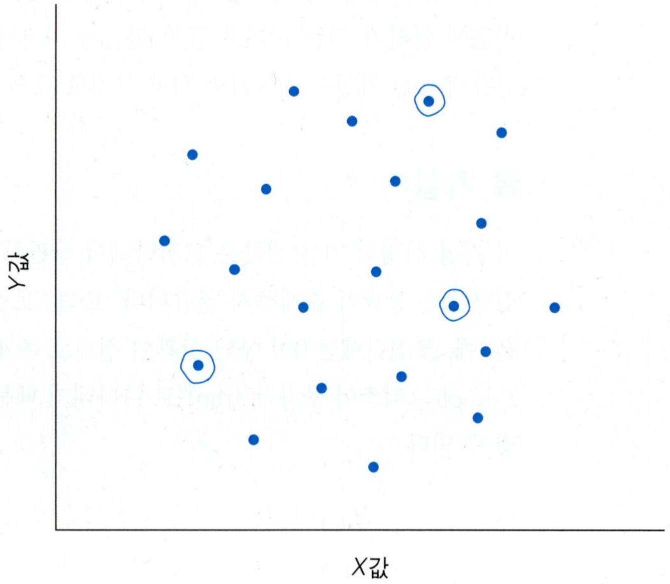

그림 14.9
X와 Y의 모집단의 산포도를 보면 거의 영의 상관을 보인다. 그러나 모집단에서 $n = 3$의 작은 표본을 선정할 경우 X와 Y의 관계는 상대적으로 강한 정적 상관을 보인다. 선정된 표본에는 동그라미가 그려져 있다.

1. 모집단에는 상관이 없으며($\rho = 0$) 표본에서 얻은 값은 표집 오차의 결과이다. 표본은 모집단과 동일하다고 기대할 수 없음을 기억하라. 표본 통계와 그에 상응하는 모수 간에는 항상 약간의 오차가 있다. 이는 H_0이 의미하는 바이다.
2. 0이 아닌 표본 상관은 모집단에 실제로 0이 아닌 상관이 존재함을 정확히 나타내는 것이다. 이는 H_1에 나타난 대안 가설이다.

표본에서 구한 상관은 이 두 해석 중 어느 것이 더 그럴듯한지 결정하는 데 도움을 줄 수 있다. 0에 가까운 표본 상관은 모집단 상관 또한 0이라는 결론을 지지한다. 0으로부터 상당히 벗어난 표본 상관은 모집단에도 실제로 0이 아닌 상관이 존재한다는 결론을 지지한다.

■ 가설 검정

상관의 유의성을 평가하는 가설은 t 통계량이나 F-비율을 이용하여 검정할 수 있다. F-비율은 나중에(564~567쪽) 논의할 것이고 여기에서는 t 통계량을 집중적으로 다룬다. 상관에 대한 t 통계량은 9, 10, 11장에서 소개한 t 통계량과 일반적으로 동일한 구조를 지닌다.

$$t = \frac{\text{표본 통계량} - \text{모수}}{\text{표준오차}}$$

이 경우에 표본 통계량은 표본 상관(r)이며 이에 상응하는 모수는 모집단 상관(ρ)이다. 영가설은 모집단 상관이 0이라는 것이다($\rho = 0$). 마지막으로 표준오차는 다음과 같이 얻을 수 있다.

$$r\text{의 표준오차} = s_r = \sqrt{\frac{1 - r^2}{n - 2}} \tag{14.6}$$

따라서 완전한 t 통계량은 다음과 같다.

$$t = \frac{r - \rho}{\sqrt{\frac{(1 - r^2)}{(n - 2)}}} \tag{14.7}$$

t 통계량의 자유도 t 통계량은 $df = n - 2$라는 자유도를 갖는다. 이 값에 대한 직관적인 설명은 단지 $n = 2$인 자료는 자유도가 없다는 것이다. 자료에 두 개의 점만 있을 때에는 직선에 완벽히 들어맞을 것이며 표본 상관은 완벽할 것이다($r = +1.00$ 또는 $r = -1.00$). 첫 두 점은 항상 완벽한 상관을 산출하므로 표본 상관은 자료에 두 개의 점 이상이 있을 때 자유롭게 변할 수 있다. 그래서 $df = n - 2$이다.

다음 예제는 가설 검정의 예시를 보여 준다.

예제 14.6 한 연구자가 모집단에 0이 아닌 상관이 있는지 결정하기 위하여 $\alpha = .05$ 수준에서 양방 검정을 실시하고자 한다. $n = 30$인 표본을 추출해서 $r = 0.35$라는 상관을 얻었다. 영가설은 모집단에 상관이 없다는 것이다.

$$H_0\text{: } \rho = 0$$

이 예제에서 $df = 28$이고 임곗값(critical value)은 $t = \pm 2.048$이다. $r^2 = 0.35^2 = 0.1225$이며, 이에 대한 t 통계량은 다음과 같다.

$$t = \frac{0.35 - 0}{\sqrt{(1 - 0.1225)/28}} = \frac{0.35}{0.177} = 1.97$$

t 통계량은 기각역에 속하지 않으므로 우리는 영가설을 기각하지 못한다. 표본 상관은 영가설을 기각할 만큼 크지 않다. ■

예제 14.7 다시 한 번 $n = 30$인 표본에서 얻은 $r = 0.35$라는 상관에서 시작해 보자. 이번에는 모집단에서 정적 상관이 있는지에 대한 단방 검정을 실시한다.

H_0: $\rho \leq 0$ (모집단 상관은 양의 값이 아니다.)

H_1: $\rho > 0$ (모집단 상관은 양수다.)

표본 상관은 예측한 대로 양수이므로, 이 값이 유의할 정도로 큰지만 판단하면 된다. *df* = 28이고 α = .05일 때 임곗값은 t = 1.701이다. 이전 예제에서 이 표본이 t = 1.97를 산출함을 확인했고, 이 값은 기각역을 벗어난다. 단방 검정에서는 영가설을 기각하며 모집단에 유의한 정적 상관이 있다고 결론을 내릴 수 있다. ■

가설 검정에 대한 t 통계량을 계산하는 대신에 표본 상관을 부록 A에 있는 표 A.6에 있는 임곗값과 간단히 비교해 볼 수 있다. 이 표를 이용하기 위해서는 표본 크기(n)와 유의 수준을 알아야 한다. 예 14.6과 14.7에서 우리는 n = 30인 표본을 이용했고, r = 0.35에 유의 수준은 .05였다. 표의 왼쪽 열에서 $df = n - 2 = 28$을 찾은 후, 해당 행에서 일방향이나 양방의 .05에 해당하는 열과 만나는 지점을 찾아보라. *df* = 28과 양방 α = .05에 대한 임곗값은 0.361이다. 표본 상관이 이보다 크지 않기 때문에 영가설을 기각하지 못한다(예제 14.6). 일방 검정을 위한 임곗값을 표에서 찾아보면 0.306이다. 이번에는 표본 상관이 임곗값보다 크기 때문에 영가설을 기각하며 상관이 0보다 유의한 정도로 크다는 결론을 내릴 수 있다(예제 14.7).

대부분의 가설 검정과 마찬가지로, 다른 요인들이 동일하다면 유의한 상관을 얻을 가능성은 표본 크기가 커질수록 증가한다. 예를 들어, r = 0.50이라는 표본 상관은 n = 10인 표본에 대하여 $t(8)$ = 1.63으로 유의하지 않다. 그러나 동일한 상관은 표본 크기가 n = 20으로 커진다면 $t(18)$ = 2.45로 유의한 결과를 산출한다.

다음 예제는 상관의 유의성에 대한 가설 검정을 여러분이 얼마나 이해하고 있는지 점검해 볼 수 있는 기회가 될 것이다.

예제 14.8 한 연구자가 n = 25인 표본에 대해 r = −0.39라는 상관을 얻었다. α = .05 수준에서 양방 검정을 하고자 할 때, 모집단에서 유의하게 0이 아닌 상관이 존재한다고 결론을 내릴 정도로 충분한 근거를 이 표본에서 찾을 수 있는가? t 통계량을 계산하고 표 A.6에 있는 임곗값을 이용하여 결론을 내려 보자. 여러분은 $t(23)$ = 2.03이라는 결과를 얻을 수 있어야 한다. 임곗값은 t = 2.069이므로 이 상관은 유의하지 않다. 표 A.6에서 임곗값은 0.396이다. 마찬가지로 이 상관은 유의하지 않다. ■

논문 들여다보기

상관 보고하기

상관을 보고하는 표준적인 APA 양식은 존재하지 않는다. 그러나 연구 결과에 표본 크기, 계산된 상관값, 통계적 유의성 여부, 유의 확률, 검정의 종류(단방 또는 양방) 등과 같은 정보를 포함하는 것이 유용할 것이다. 예를 들어, 상관은 다음과 같이 보고할 수 있다.

> 이 자료의 상관은 교육 수준과 연봉 사이에 유의한 관계가 있음을 보여 준다($r = +.65$, $n = 30$, $p < .01$, 양방 검정).

연구에서 여러 변수를 다루며 가능한 모든 변수 쌍에 대해 상관을 계산하는 경우도 있다. 예를 들어, 어느 연구에서 사람들의 연봉, 교육 수준, 나이, 지능을 측정했다고 하자. 이 네 변수들에 대해 여섯 개의 쌍이 가능하므로 총 여섯 개의 상관을 계산할 수 있다. 여러 개의 상관은 **상관 행렬**(correlation matrix)이라 부르는 표를 이용하여 보고하고 어느 상관이 유의한지 각주를 이용해 나타냄으로써 결과를 쉽게 보고할 수 있다. 예를 들어, 다음과 같이 작성할 수 있다.

> 분석 결과 $n = 30$의 참가자들로부터 연봉 교육 수준, 나이, 지능 간 관계를 분석하였다. 변수들 간 상관은 **표 1**에 제시되어 있다. 유의한 상관은 각주로 표시하였다.

표 1 수입, 학력, 연령, 지능에 대한 상관 행렬

	학력	연령	지능
수입	+.65*	+.41**	+.27
학력		+.11	+.38**
연령			−.02

$n = 30$
*$p < .01$, 양방 검정
**$p < .05$, 양방 검정

학습 점검

학습 목표 8 **1.** 한 연구자가 $n = 25$의 고등학생을 표본으로 선정하여 학생별 내신 성적과 페이스북에 쓰는 시간을 측정한다. 그 연구자는 두 변수 간에 유의한 관계가 있는지 가설 검정을 하고자 한다. 다음 중 올바른 영가설은 무엇인가?

a. $\rho = 0$

b. $\rho \neq 0$

c. $\rho = 1.00$

d. $\rho \neq 1.00$

학습 목표 8 **2.** $n = 25$의 표본에 피어슨 상관을 계산하고자 한다. 상관의 유의성을 검정하기 위해 사용해야 하는 자유도(*df*)는 얼마인가?

a. 23

b. 24

c. 25

d. 추가 정보 없이는 결정할 수 없음

정답 **1. a** **2. a**

14-5 피어슨 상관계수의 대안

학습 목표(Learning Objectives)

9. 점수에 어떻게 순위를 부여하는지, 특히 동점자가 있을 때 어떻게 순위를 부여하는지 설명할 수 있다.

10. 스피어만 상관을 계산하고 이것이 무엇을 측정하는지 설명할 수 있다.

11. 점이연 상관계수가 사용되는 상황과 이것이 무엇을 측정하는지 설명할 수 있다.

12. 파이 계수가 사용되는 상황과 이것이 무엇을 측정하는지 설명할 수 있다.

피어슨 상관계수는 자료(*X*값과 *Y*값)가 등간 척도나 비율 척도로 측정된 수치로 구성되었을 때 두 변수 간 선형 관계의 정도를 측정한다. 그러나 비선형 관계를 위한 상관 및 다른 종류의 자료에 대한 다른 상관이 개발되었다. 이 절에서 우리는 세 개의 상관을 더 살펴볼 것이다. 이 상관은 스피어만(Spearman) 상관, 점이연(point-biserial) 상관, 파이 계수(phi-coefficient) 등이다. 앞으로 살펴보겠지만, 이들은 피어슨 상관을 특별한 경우에 적용한 것이라고 볼 수 있다.

■ 스피어만 상관

서열 척도(순위) 자료에 피어슨 상관계수 공식을 사용하면, 그 결과는 **스피어만 상관(Spearman correlation)**이 된다. 스피어만 상관은 두 가지 경우에 사용한다.

먼저, 스피어만 상관은 *X*와 *Y*가 모두 서열 척도로 측정되었을 때 이들 간 관계를 측정하기 위해 사용한다. 1장에서 배웠듯이 전형적으로 서열 척도는 수치로 된 점수를 얻기 위해서보다 서열화를 위해서 사용된다. 서열 척도 자료는 등간 척도나 비율 척도 자료보다 얻기 쉽기 때문에 매우 흔하게 사용된다. 예를 들어, 교사는 학생들의 리더십 순위에 대해서는 확신을 갖지만, 이를 다른 척도를 사용해서 측정하기는 힘들다고 생각할 수 있다.

스피어만 상관은 서열 척도 자료에서 관계를 측정하는 것 외에도, 원자료가 등간 척도나 비율 척도일 때에도 피어슨 상관에 대해 유용한 대안으로 사용될 수 있다. 앞에서 살펴본 바와 같이 피어슨 상관은 두 변수 간 **선형 관계**, 즉 자료가 직선에 얼마나 잘 들어맞는지를 측정한다. 그러나 연구자는 자료에 어떠한 일방향의 일관된 관계가 있는지에 관심을 가지며, 그 관계가 반드시 선형 관계일 필요는 없다. 예를 들어, **그림 14.10**은 연습의 양과 수행 수준 간의 전형적인 관계를 보여 준다. 어떤 기술이든 연습의 양을 늘리면 수행이 향상되는 경향이 있다. 즉, 연습을 더 많이 할수록 더 나아진다. 그러나 이것이 선형 관계는 아니다. 새로운 기술을 처음 배우면 연습을 통해 수행에 큰 향상이 있게 된다. 그러나 몇 년 후에는 연습을 더 해도 수행이 약간만 향상된다. 연습의 양

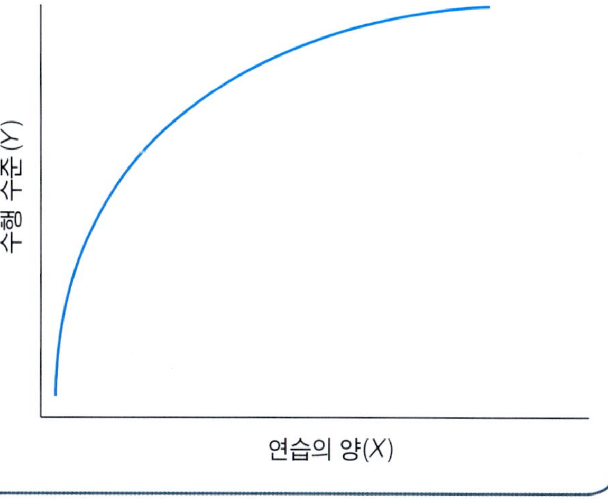

그림 14.10
연습과 수행의 관계를 나타내는 그림이다. 선형 관계는 아니지만, 일관적인 정적 상관을 확인할 수 있어서, 연습의 증가에 따른 수행의 증가 경향이 존재한다.

과 수행 수준 간에는 일관된 관계가 있지만 그 관계는 확실히 직선적이지 않다. 이 자료에 대해 피어슨 상관계수를 계산한다면 자료가 완벽히 직선 위에 들어맞지는 않기 때문에 1.00은 산출되지 않을 것이다. 이런 상황에서 스피어만 상관을 이용하여 자료의 형태와는 상관없이 두 변수 간 관계가 일관되게 일방향인지 측정할 수 있을 것이다. 두 변수 간에 일관된 일방향 관계가 존재한다면 단조 관계(monotonic relationship)라고 한다. 따라서 스피어만 상관은 두 변수 간 단조 관계의 정도를 측정한다.

단조적(monotonic)이라는 말은 일관되게 증가하는(또는 감소하는) 관계를 나타낸다. 단조로운(monotonous)이라는 단어와 마찬가지로 항상적이며 변하지 않는다는 것을 의미한다.

스피어만 상관이 형태와는 상관없이 일관성을 측정하는 이유는 간단히 살펴보아도 알 수 있다. 두 변수가 일관적으로 연관되어 있으면 순위는 선형 관계를 갖는다. 예를 들어, 완벽하게 일관된 정적 관계는 X 변수가 증가할 때 Y 변수 또한 증가함을 의미한다. 따라서 X에서 가장 작은 값이 Y에서 가장 작은 값과 짝을 맺게 되고 X에서 두 번째로 작은 값은 Y에서 두 번째로 작은 값과 연결되는 것 등을 말한다. X의 순위가 한 등수 오르면 Y의 순위 또한 한 등수 오른다. 그 결과 순위는 완벽한 직선상에 놓인다. 이 현상은 다음 예제에서 볼 수 있다.

예제 14.9 표 14.2는 $n = 4$인 표본에서 X와 Y 점수를 보여 준다. 이 자료가 완벽하게 일관된 관계를 보임에 주목하라. X가 증가할 때마다 Y 또한 증가한다. 그러나 이 관계는 **그림 14.11(a)**에서 볼 수 있듯이 선형은 아니다.

표 14.2 예제 14.9의 점수와 순위

사람	X	Y	X 순위	Y 순위
A	2	2	1	1
B	3	8	2	2
C	4	9	3	3
D	10	10	4	4

다음으로 이 점수를 순위로 바꾸어 보자. X에서 가장 작은 값에 1, 두 번째로 작은 값에 2와 같이 순서대로 등수를 부여한다. Y 점수에 대해서도 같은 방식으로 순위를 부여한다. 이 등수는 표 14.2와 **그림 14.11(b)**에 제시되어 있다. 완벽하게 일관된 점수는 등수에 대해서도 완벽한 선형 관계를 보임에 주목하라. ■

앞의 예제는 점수가 등수로 변환될 때 점수 간 일관된 관계가 선형 관계를 만들어 낸다는 것을 보여 준다. 따라서 한 세트의 점수에 대해 관계의 일관성을 측정하고자 한

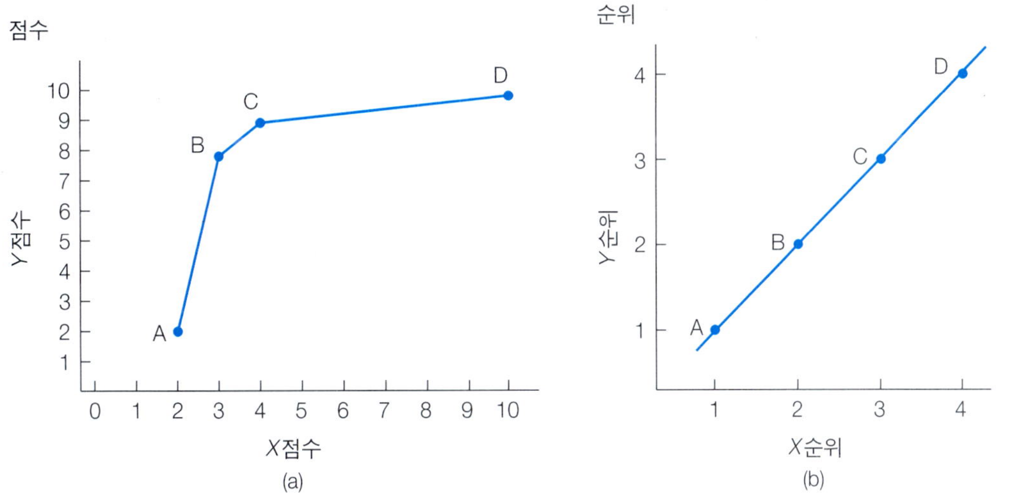

그림 14.11
예제 14.9 자료의 점수(a) 및 순위(b)이다. X와 Y 간의 선형 관계가 보이지 않지만, 둘 간의 일관된 정적 상관이 존재한다는 사실과 순위의 산포도는 완벽한 선형 관계를 보인다는 사실을 확인하라.

다면 점수를 등수로 바꾸고 피어슨 상관계수 식을 사용하여 순위화된 자료의 선형 관계를 측정할 수 있게 된다. 순위에 대한 선형 관계의 정도는 원점수의 일관성 정도를 측정하게 된다.

요약하면 스피어만 상관은 서열 척도(순위)로 측정된 두 변수 간 관계를 나타낸다. 스피어만 상관이 사용되는 두 개의 일반적인 상황은 다음과 같다.

1. 스피어만 상관은 원자료가 서열 척도, 즉 X와 Y가 모두 순위일 때 사용한다. 이 경우에 순위로 된 자료에 단순히 피어슨 상관계수 식을 적용할 수 있다.
2. 스피어만 상관은 연구자가 관계의 형태와 상관없이 X와 Y 간 관계의 정도를 측정하고자 할 때 사용한다. 이 경우에 원점수는 먼저 순위로 변환되며 다음으로 순위 자료에 피어슨 상관계수 식을 적용하게 된다. 피어슨 상관 식은 순위가 직선에 얼마나 들어맞는지 측정하므로 원점수의 관계에 대한 일관성 정도도 측정할 수 있다.

어느 경우든, 스피어만 상관은 피어슨 상관과 구별하기 위하여 r_S라는 기호를 이용하여 나타낸다. 점수를 순위화하는 것을 포함하여 스피어만 상관을 계산하는 전체 과정은 예제 14.10에 제시되었다.

예제 14.10 다음 자료는 X와 Y 간 완벽한 단조적 관계를 나타낸다. X가 증가할 때 Y는 감소하는 경향이 있으나 이 일반적인 경향에 반하는 하나의 사례가 있다. 스피어만 상관을 구하려면 먼저 X와 Y의 값을 서열화한 후 순위에 대하여 피어슨 상관을 계산하면 된다.

경향성을 쉽게 인식할 수 있도록 X값이 오름차순으로 정렬되어 있다.

원 자료		순위		
X	Y	X	Y	XY
3	12	1	5	5
4	10	2	3	6
10	11	3	4	12
11	9	4	2	8
12	2	5	1	5
				$36 = \Sigma XY$

상관을 계산하기 위해서는 X에 대한 SS, Y에 대한 SS, 그리고 SP가 필요하다. 이 값들은 원점수가 아니라 순위를 사용하여 계산해야 함을 잊지 말자. X의 순위는 이미 오름차순으로 정렬되었으므로 1, 2, 3, 4, 5이다. 이에 대해서는 $\Sigma X = 15$, $\Sigma X^2 = 55$이다. X 순위에 대한 SS는 다음과 같다.

$$SS_X = \Sigma X^2 - \frac{(\Sigma X)^2}{n} = 55 - \frac{(15)^2}{5} = 10$$

Y에 대한 순위는 X에 대한 순위와 동일하다. 다시 말해, 그 값은 동일하게 1, 2, 3, 4, 5라는 정수이다. 그러므로 Y에 대한 SS도 X에 대한 SS와 동일하다.

$$SS_Y = 10$$

SP값을 계산하기 위해서는 순위에 대한 ΣX, ΣY, ΣXY가 필요하다. XY값은 표에 순위와 함께 제시되어 있으며, 우리는 이미 X와 Y의 합이 각각 15임을 알고 있다. 이 수치를 이용해서 다음의 결과를 얻을 수 있다.

$$SP = \Sigma XY - \frac{(\Sigma X)(\Sigma Y)}{n} = 36 - \frac{(15)(15)}{5} = -9$$

마지막 단계로, 스피어만 상관계수는 순위를 피어슨 상관계수 식에 적용하여 구할 수 있다.

$$r_S = \frac{SP}{\sqrt{(SS_X)(SS_Y)}} = \frac{-9}{\sqrt{10(10)}} = -0.9$$

스피어만 상관은 자료에 일관된(거의 완벽하게) 부적인 경향이 있음을 보여 준다. ■

■ 동점자 순위 매기기

스피어만 상관을 계산하기 위해 점수를 순위로 변환할 때 두 개(또는 그 이상)의 점수가 똑같은 경우가 있다. 두 개의 점수가 동일한 경우 순위도 같아야 한다. 다음 절차에 따라 계산할 수 있다.

1. 점수를 오름차순으로 정렬하라. 동점을 모두 포함하여 정렬해야 한다.
2. 순서대로 순위를 부여한다(첫째, 둘째 등).
3. 두 개(또는 그 이상)의 점수가 같으면 순위의 평균을 계산하고 각 점수에 평균 순위를 부여한다.

같은 점수에 순위를 부여하는 과정의 예제가 여기에 제시되어 있다. 점수들은 오름차순으로 정렬되어 있다.

점수	순위	최종 순위	
3	1	1.5	1과 2의 평균
3	2	1.5	
5	3	3	
6	4	5	4, 5, 6의 평균
6	5	5	
6	6	5	
12	7	7	

이 예에는 7개의 점수가 있고 7위까지 순위가 부여되어 있음을 기억하라. 가장 높은 점수인 $X = 12$에 대하여 부여해야 할 적절한 등수는 7이다. 6순위는 동점에 이미 사용되었으므로 부여할 수 없다.

■ 스피어만 상관을 위한 특별한 공식

X와 Y의 값이 순위일 때 SS와 SP를 위한 계산은 매우 간단하게 할 수 있다. 우선, X와 Y의 등수는 1, 2, 3, 4, …, n의 정수일 뿐임을 기억하라. 이 정수들의 평균을 계산하려면 $M = (n + 1)/2$와 같이 중간에 위치한 값을 찾으면 된다. 마찬가지로 이 정수들의 SS는 다음과 같이 계산할 수 있다.

$$SS = \frac{n(n^2 - 1)}{12} \quad \text{(직접 계산해 보라.)}$$

또한 X와 Y의 등수가 같은 값들이므로 X의 SS와 Y의 SS는 서로 같은 값이다.

순위를 사용하면 계산이 간단해지고, 스피어만 상관은 순위 자료를 이용하므로, 이렇게 단순화된 계산에 적용시킬 수 있다. 자료를 순위화한 후 피어슨 공식을 적용하는 대신, 순위를 직접 이 단순화된 공식에 대입할 수 있다.

$$r_S = 1 - \frac{6\Sigma D^2}{n(n^2 - 1)} \tag{14.8}$$

주의: 이 공식에서는 분수를 먼저 계산한 후 1에서 빼야 한다. 1은 분수의 일부가 아니다.

이 식에서 D는 각 개인에 대한 X 순위와 Y 순위의 차이를 말한다. 이 특별한 식을 이용한 계산 결과는 피어슨 공식을 적용했을 때와 동일하다. 그러나 이 식은 점수가 순위로 변환되었고 같은 등수가 없을 때에만 사용해야 한다. 같은 순위가 비교적 소수일 때에는 이 식을 사용할 수 있으나 동점자가 증가할수록 정확도가 낮아진다. 이 식의 적용 예는 다음과 같다.

예제 14.11 스피어만 상관을 위한 특별식의 적용 예를 보기 위해 예제 14.10과 같은 자료를 사용하고자 한다. 이 자료의 순위를 다시 한 번 제시하면 다음과 같다.

순위		차이	
X	Y	D	D^2
1	5	4	16
2	3	1	1
3	4	1	1
4	2	−2	4
5	1	−4	16
			$38 = \Sigma D^2$

스피어만 상관을 위한 특별식을 적용한 계산 결과는 다음과 같다.

$$\begin{aligned} r_S &= 1 - \frac{6\Sigma D^2}{n(n^2 - 1)} \\ &= 1 - \frac{6(38)}{5(25 - 1)} \\ &= 1 - \frac{228}{120} \\ &= 1 - 1.90 \\ &= -0.90 \end{aligned}$$

이 결과는 예제 14.10에서 순위 자료 피어슨 상관을 위한 식을 적용한 결과와 동일하다. ■

다음 예제는 스피어만 상관에 대한 여러분의 이해를 점검하기 위한 것이다.

예제 14.12 다음 자료에 대하여 스피어만 상관을 계산해 보자.

X	*Y*
2	7
12	38
9	6
10	19

여러분은 $r_S = 0.80$이라는 결과를 얻을 수 있어야 한다.

■ 점이연 상관계수 및 r^2을 이용한 효과 크기 측정

9, 10, 11장에서 효과 크기 측정값으로 r^2을 소개한 바 있고, 이 값은 종종 t 통계량을 사용한 가설 검정에서 사용된다. 효과 크기를 측정하는 데 사용할 수 있는 r^2과 상관을 측정하는 데 사용되는 r은 직접적으로 연관되어 있으며, 이제 그 관계를 설명하게 될 것이다. 특히 독립 측정 t 검정(10장)과 피어슨 상관의 특수한 형태인 **점이연 상관**(point-biserial correlation)을 비교하고자 한다.

점이연 상관은 한 변수가 일반적인 수치로 이루어져 있고 다른 변수는 단지 두 개의 값만을 지니는 경우에 이 둘의 관계를 측정하기 위해 사용된다. 두 개의 값만 지니는 변수는 **이분변수**(dichotomous variable) 또는 **이항변수**(binomial variable)라고 불린다. 다음은 이분변수의 예이다.

1. 대학 졸업 여부
2. 맏이 여부
3. 특정 업무에 대한 성공 여부
4. 30세 이상 여부

점이연 상관을 계산하기 위해서는 한 범주에 0을 부여하고 다른 범주에 1을 부여함으로써 이분변수로 변환한다. 그리고 변환된 자료에 피어슨 상관식을 적용하면 된다.

보통 이분변수에 0과 1을 사용한다. 그러나 어떤 두 개의 숫자를 사용해도 괜찮으며 상관값에 영향을 미치지 않는다.

점이연 상관계수와 효과 크기를 측정하는 r^2의 연관성을 보여 주기 위해 우리는 예제 10.2(336쪽)에 있는 자료를 사용할 것이다. 원래의 예는 어두운 방과 밝은 방에서 부정 행위를 비교하는 것이다. 그 결과 어두운 방의 참가자들이 밝은 방의 참가자들보다

표 14.3 동일한 자료가 두 가지 다른 형태로 제시되어 있다. 왼쪽의 경우, 자료가 두 개의 분리된 표본으로 나타나므로 독립 t 검정을 실시할 수 있다. 오른쪽의 경우, 자료가 하나의 표본으로 나타나며 각 개인이 두 개의 점수를 지닌다. 점수 하나는 문제 풀이 횟수이고, 다른 점수 하나는 집단을 나타내는 이산형 변수이다(밝은 방 = 0, 어두운 방 = 1). 오른쪽 자료의 경우, 점이연 상관에 적합한 자료이다.

문제 풀이 횟수

밝은 방		어두운 방	
11	6	7	9
9	7	13	11
4	12	14	15
5	10	16	11
$n = 8$		$n = 8$	
$M = 8$		$M = 12$	
$SS = 60$		$SS = 66$	

점이연 상관을 위한 자료: $n = 16$ 참가자들 각각의 X와 Y 점수

참가자	문제 풀이 횟수 X	집단 Y
A	11	0
B	9	0
C	4	0
D	5	0
E	6	0
F	7	0
G	12	0
H	10	0
I	7	1
J	13	1
K	14	1
L	16	1
M	9	1
N	11	1
O	15	1
P	11	1

문제를 더 많이 풀었다고 주장했다. 독립 측정 연구에서 얻은 자료는 표 14.3에 제시되어 있다. 자료는 두 개의 독립적인 표본으로 구성되어 있으며 각 표본이 대표하는 두 모집단 간에 유의한 평균 차이가 있는지 독립 측정 t를 사용하여 검증했다.

표 14.3의 오른쪽을 보면 자료를 점이연 상관에 적합한 형태로 재배열했다. 특히 각 참가자의 문제풀이 점수를 X값으로 사용했고, 각 참가자의 집단이나 상태를 나타내는 새로운 변수 Y를 만들었다. 이 경우에 우리는 밝은 방에 있는 참가자를 위해 $Y = 0$을 사용했고 어두운 방의 참가자에게는 $Y = 1$을 사용했다.

원래 표 14.3의 자료가 10장에서 제시되었을 때에는 독립 측정 t 검정을 실시했고 $t = -2.67$, $df = 14$라는 결과를 얻었다. 그리고 설명된 분산의 비율인 r^2을 계산함으로써 처치 효과의 크기를 측정했고 $r^2 = 0.337$이라는 결과를 얻었다.

이 자료에 대하여 점이연 상관계수를 계산함으로써 r 값을 구할 수 있다. 특히 X에 대해서는 $SS = 190$이고 Y에 대해서는 $SS = 4.00$이다. 또한 X와 Y의 편차곱은 $SP =$

16이다. 이때 점이연 상관계수는 다음과 같다.

$$\begin{aligned} r &= \frac{SP}{\sqrt{SS_X SS_Y}} \\ &= \frac{16}{\sqrt{(190)(4)}} \\ &= \frac{16}{27.57} \\ &= 0.5803 \end{aligned}$$

점이연 상관계수를 제곱하여 얻은 결과는 $r^2 = (0.5803)^2 = 0.337$이고 이는 효과 크기를 측정하여 얻은 r^2 값과 동일하다.

어떤 면에서 보면 점이연 상관과 독립 측정 가설 검정은 같은 것을 평가하는 것이다. 특히 둘 다 방의 밝기와 부정 행위 간의 관계를 살펴보는 것이다.

1. 상관은 두 변수 간 관계의 강도(strength)를 측정하는 것이다. 높은 상관(1.00 또는 −1.00 근처)은 부정 행위와 방의 밝기 간에 일관되고 예측 가능한 관계가 있다는 것을 나타낸다. 특히 r^2값은 참가자가 밝은 방 또는 어두운 방에서 시험을 봤는지가 부정 행위의 변산성을 얼마나 많이 설명해 주는지 측정한다.
2. t 검정은 관계의 유의성(significance)을 알려 준다. 가설 검정은 두 집단 간 점수 차이가 우연만으로 설명할 수 있는 것 이상의 평균 차이를 나타내는지 판단하게 해 준다.

10장(344~348쪽)에서 살펴보았듯이 가설 검정의 결과와 r^2값은 보통 함께 보고한다. t값은 통계적 유의성을 알려 주고 r^2값은 효과 크기를 알려 준다. 또한 10장에서 살펴보았듯이 t와 r^2값은 직접적으로 관련되어 있다. 사실 둘 중 하나를 알면 다음 식을 이용하여 나머지 하나의 값을 계산할 수 있다.

$$r^2 = \frac{t^2}{t^2 + df} \text{ 와 } \quad t^2 = \frac{r^2}{(1 - r^2)/df}$$

여기에서 df는 t 통계량에 대한 자유도를 의미한다.

그러나 t값이 상관과 표본의 크기에 영향을 받는 반면 r^2은 상관의 크기에 의해서만 결정된다는 것을 알아야 한다. 예를 들어, $r = 0.30$이라는 상관에 대해서는 표본이 아무리 크더라도 $r^2 = 0.09$(9%)이다. 반면 총 10명의 표본(각 집단에서 $n = 5$)에 대하여 $r = 0.30$이라는 점이연 상관계수는 유의하지 않은 $t = 0.791$이라는 결과를 산출한다. 만약 표본이 50명(각 집단에서 $n = 25$)으로 증가한다면 같은 상관은 유의한 t값($t = 4.75$)을 산출할 것이다. t와 r은 관련되어 있지만 서로 다른 것을 측정한다.

■ 파이 계수

개인을 측정하는 두 변수(X와 Y)가 모두 이분변수일 때 두 변수 간 상관계수를 파이 계수(phi-coefficient)라고 한다. 파이(Φ) 값을 계산하려면 다음 두 단계를 거쳐야 한다.

1. 각 이분변수에 대해 하나의 범주에는 0, 다른 범주에는 1이라는 수치를 부여한다.
2. 변환된 점수에 피어슨 상관계수 식을 적용한다.

이 과정은 다음 예제에 나타나 있다.

예제 14.13 한 연구자가 출생 순서와 성격 간에 관련이 있는지에 대해 관심을 가지고 있다. 무작위로 추출한 $n = 8$의 표본을 구했고 개인들을 맏이이거나 외동일 경우와 그렇지 않은 경우로 나누었다. 그리고 각 개인의 성격을 내향성 또는 외향성으로 구분했다.

원래의 측정 결과를 다음과 같이 숫잣값으로 변환했다.

태어난 순서	성격
맏이 또는 외동 = 0	내향적 = 0
막내 = 1	외향적 = 1

원자료와 변환된 점수는 다음과 같다.

원자료		변환된 점수	
출생 순위 X	성격 Y	출생 순위 X	성격 Y
맏이	내향	0	0
셋째	외향	1	1
외동	외향	0	1
둘째	외향	1	1
넷째	외향	1	1
둘째	내향	1	0
외동	내향	0	0
셋째	외향	1	1

변환된 자료에 피어슨 상관계수 식을 적용하여 파이 계수를 계산했다.

수치를 부여하는 작업은 임의적이므로(즉 어떤 범주에든 0이나 1을 부여할 수 있음) 상관의 부호는 의미가 없다. 대부분의 상관과 마찬가지로 관계의 강도(strength)는 한 변수의 변산성을 다른 변수와의 관계로 얼마나 잘 예측하거나 결정할 수 있는지를 나타내는 결정계수인 r^2으로 가장 잘 기술할 수 있다.

또한 파이 계수를 사용하여 두 이분변수 간 관계를 측정할 수 있기는 하지만, 이 경우에 사용하는 더 일반적인 통계적 절차는 15장에서 다룰 카이제곱 통계량이다.

학습 점검

학습 목표 9 **1.** 다음 점수를 순위로 변환한다면(최솟값이 1), $X = 7$에는 어떤 순위가 부여되는가?

점수: 4, 5, 5, 6, 6, 6, 7, 9, 10

a. 4

b. 5

c. 6

d. 7

학습 목표 10 **2.** 다음 순위 자료에 대한 스피어만 상관은 얼마인가?

a. 0.8

b. −0.8

c. 0.375

d. −0.375

X	Y
1	4
2	5
3	2
4	3
5	1

학습 목표 11 **3.** 다음 중 독립 측정 t 검정에 적합한 자료로 계산할 수 있는 것은 무엇인가?

a. 피어슨 상관

b. 스피어만 상관

c. 점이연 상관

d. 파이 계수

학습 목표 12 **4.** 한 연구자가 성별(남성/여성)과 투표자 등록 여부(예/아니요) 간 관계를 측정하고자 한다. 다음에서 적절한 것은 무엇인가?

a. 피어슨 상관

b. 스피어만 상관

c. 점이연 상관

d. 파이 계수

정답 **1.** d **2.** b **3.** c **4.** d

14-6 선형 방정식과 회귀식 소개

학습 목표(Learning Objectives)

13. 두 변수 간 선형 관계를 나타내는 식을 정의할 수 있다.

14. *X*와 *Y* 점수에 대하여 회귀식(기울기와 *Y* 절편)을 계산할 수 있다.

15. 회귀식에서 추정값의 표준오차를 계산하고, 이 값이 무엇을 나타내는지 설명할 수 있다.

16. 회귀 분석을 실시하여 회귀식의 유의성을 평가할 수 있다.

이 장의 앞부분에서 두 변수 간 선형 관계를 설명하고 측정하는 방법으로 피어슨 상관을 소개한 바 있다. 그림 14.12에는 학생들의 SAT 점수와 대학 학점(GPA) 간 관계를 나타내는 가상의 자료가 나타나 있다. 이 그림에서 양호하지만 완벽하지는 않은 정적 관계를 볼 수 있다. 또한 점들의 가운데를 지나는 선을 하나 그어둔 것에 주목하라. 이 선은 몇 가지 목적을 위해 사용된다.

1. 이 선은 SAT와 GPA 간 관계를 더 잘 볼 수 있게 해 준다.
2. 한 세트의 자료에 대하여 평균이 중심 경향값을 의미하듯이 이 선은 관계에 대한 중심 또는 중심 경향값(central tendency)을 드러낸다. 따라서 이 선은 관계를 간명하게 보여 준다. 예를 들어, 점들이 제거되더라도 이 선은 SAT와 GPA 간 관계에 대한 대략적인 그림을 보여 준다.
3. 마지막으로 이 선은 예측에 사용될 수 있다. 이 선은 *X*값(SAT 점수)과 그에 해당하는 *Y*값(GPA)에 대해 정확한 일대일의 관계를 나타낸다. 예를 들어, 620이라는 SAT 점수는 3.25라는 GPA에 대응된다(그림 14.12 참조). 따라서 대학 입학사정관은 이 선형 관계를 이용하여 620점이라는 SAT 점수를 가지고 대학에 입학하는 학생이 대략 3.25라는 GPA를 획득할 것이라고 예측할 수 있다.

이 절의 목적은 어느 특정한 점수 세트에 가장 잘 들어맞는 직선을 찾아내고 정의하는 것이다. 이 직선을 반드시 그래프에서 그릴 필요는 없으며 간단한 식으로 제시할 수도 있다. 따라서 우리의 목적은 *X*와 *Y* 자료의 관계를 가장 잘 설명하는 직선의 식을 찾아내는 것이다.

■ 선형 방정식

대체로 두 변수 *X*와 *Y* 간 선형 관계(linear relationship)는 다음과 같은 식으로 나타낼 수 있다.

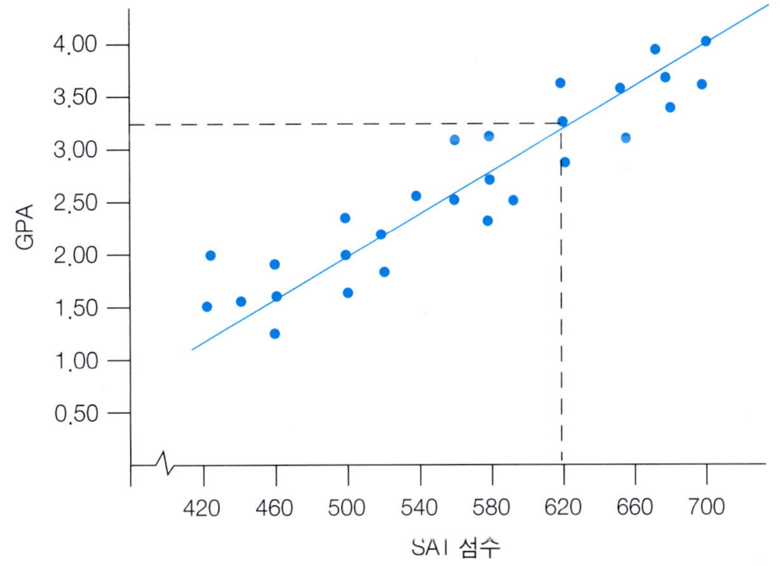

그림 14.12
중간에 그려진 선이 SAT 점수와 대학 GPA 간 관계를 나타내고 있다. 해당 선은 X(SAT 점수)와 Y(GPA) 간의 정확한 일대일 관계를 정의한다.

$$Y = bX + a \tag{14.9}$$

여기에서 a와 b는 고정 상수다.

예를 들어, 지역의 체육관에서 시설을 무제한 이용할 때 35달러의 등록비와 함께 15달러의 월회비를 부과한다고 하자. 이 정보를 이용하여 체육관에 대한 전체 비용은 이용 개월 수(X)와 총비용(Y) 간 관계를 나타내는 **선형 방정식**(linear equation)을 이용하여 계산할 수 있다.

$$Y = 15X + 35$$

일반적인 선형 방정식에서 b는 **기울기**(slope)라고 부른다. 기울기는 X가 1점 증가할 때 Y가 얼마나 변하는지를 정한다. 체육관 회비 예에서 기울기는 b = 15달러이므로 총비용이 매달 15달러 증가함을 나타낸다. 일반적인 방정식에서 a는 $X = 0$일 때 Y값을 알려 주므로 Y **절편**(Y-intercept)이라고 부른다. (그래프에서 a값은 직선이 Y축을 만나는 지점을 나타낸다.) 체육관의 예에서는 a = 35달러이다.

양수의 기울기는 X가 증가할 때 Y도 증가함을 나타내며, 음수의 기울기는 X가 증가할 때 Y는 감소함을 나타낸다.

그림 14.13은 체육관 예에서 총비용과 이용 개월 수 간의 일반적인 관계를 보여 준다. 이 관계는 직선으로 나타남에 주목하라. 이 그래프를 얻기 위해서는 X에 대해 어느 두 점을 정하고 방정식을 이용하여 그에 해당하는 Y값을 계산하면 된다. 예를 들면 다음과 같다.

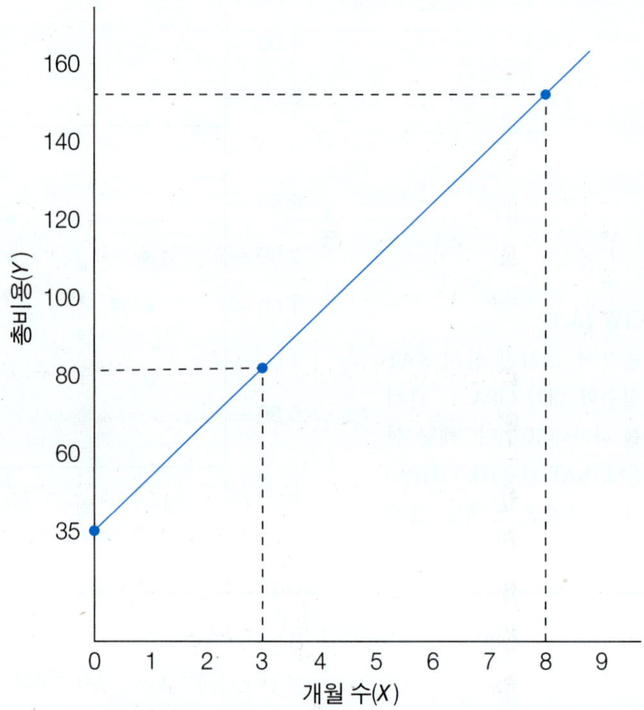

그림 14.13
총비용과 체육관 월회비 간 관계. 체육관 이용 비용은 등록비 35달러에 월회비 15달러이다. 해당 관계는 선형식인 $Y = 15X + 35$로 나타낼 수 있으며, 해당 식에서 Y는 전체 비용, X는 개월 수이다.

$X = 3$일 때	$X = 8$일 때
$Y = bX + a$	$Y = bX + a$
$= \$15(3) + \$35$	$= \$15(8) + \$35$
$= \$45 + \$35$	$= \$120 + \$35$
$= \$80$	$= \$155$

다음으로 이 두 개의 점을 그래프에 그린다. $X = 3$, $Y = 80$에 해당하는 점과 $X = 8$, $Y = 155$에 해당하는 점을 찾아 잇는다. 이 두 점을 이용하여 직선을 온전히 결정할 수 있으므로 이 두 점을 지나는 직선을 그리기만 하면 된다.

선형 방정식 그래프를 그릴 때에는 실수를 저지르지 않았는지 확인할 수 있도록 최소한 세 개의 점을 찾아 계산하고 그림을 그리는 것이 좋다.

■ 회귀

직선은 두 변수 간 관계를 설명하는 데 매우 유용하므로 어떤 자료 세트에도 최적의 선을 찾을 수 있는 표준화된 방법을 제공하는 통계적 기법이 발달되었다. 이 통계 절차를 **회귀**라고 하며 그 결과 얻어진 직선을 **회귀선**이라고 부른다.

어떤 자료 세트에 대한 최적의 선을 찾는 통계적 기법을 **회귀**(regression)라고 하며, 그 결과 얻어진 직선을 **회귀선**(regression line)이라고 부른다.

회귀의 목적은 한 세트의 자료에 대한 최적의 직선을 찾는 것이다. 그러나 이 목적을 달성하려면 먼저 '최적'이 무엇을 의미하는지 정확히 정의하는 것이 필요하다. 어떤 자료 세트에 대해서든 자료의 중앙을 지나는 것으로 보이는 서로 다른 직선을 여러 개 그리는 것이 가능하다. 이 선 각각은 $Y = bX + a$라는 형태의 선형 방정식으로 정의할 수 있다. 여기에서 b와 a는 각각 직선의 기울기와 Y 절편을 나타내는 상수이다. 개별 선은 고유한 b와 a 값을 지닌다. 문제는 실제 자료에 대한 최적의 특정 선을 찾아내는 것이다.

최소제곱법 이 선이 자료가 나타내는 점들을 얼마나 잘 보여 주는지 확인하기 위한 첫 번째 단계는 선과 각 점의 거리를 수학적으로 정의하는 것이다. 선형 방정식은 자료에서 모든 X값에 대한 Y값을 결정한다. 이 값이 예측된 Y값이며, $\hat{Y}$('Y' hat)이라고 부른다. 자료의 실제 Y값과 예측된 값 간의 거리는 다음과 같다.

$$\text{거리(distancc)} = Y - \hat{Y}$$

이때, 실제 자료의 Y값과 직선상의 예측된 Y값 간에 수직상의 거리를 측정하고 있음에 주목하자. 이 거리는 직선상의 Y값과 실제 측정값 간 오차를 측정한다(그림 14.14 참조).

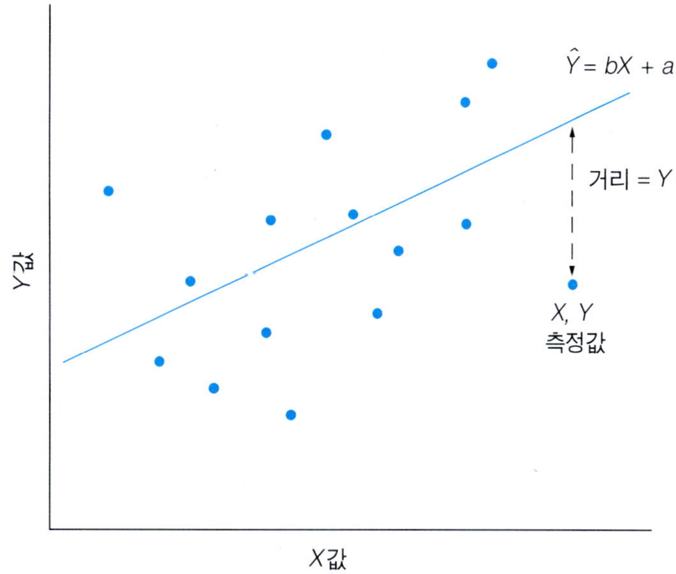

그림 14.14
실제 측정값(Y)과 선 위의 예측값($\hat{Y}$) 간의 거리는 $Y - \hat{Y}$으로 정의된다. 회귀의 목적은 이러한 거리를 최소화하는 선의 공식을 찾는 것이다.

이 거리 중 일부는 양수이고 일부는 음수이기 때문에, 다음 단계는 각각의 거리를 제곱하여 모든 오차를 양숫값으로 만드는 것이다. 마지막으로 직선과 자료 간 전체 오차를 알아내기 위하여 모든 자료의 제곱오차를 다 더한다. 그 결과, 직선과 자료 간 총 제곱오차(total squared error)를 얻을 수 있다.

$$\text{총제곱오차} = \Sigma(Y - \hat{Y})^2$$

이제 총제곱오차를 최소화하는 **최적의 직선**(best-fitting line)을 찾을 수 있다. 그 결과 얻어진 직선을 보통 **최소제곱오차 해**(least-squared-error solution)라고 부른다. 기호로 나타내면 다음과 같은 형태의 선형 방정식을 구하는 것이다.

$$\hat{Y} = bX + a$$

이 방정식은 자료에서 각각의 X값에 대해 Y값을 가장 잘 예측하는 직선상의 점($\hat{Y}$)을 결정한다. 문제는 최적의 직선을 만드는 특정 a, b의 값을 찾는 것이다.

이 방정식을 찾는 계산에는 미적분과 약간 복잡한 대수학이 필요하다. 그래서 이 해를 찾는 세부 과정은 제시하지 않도록 하겠다. 그러나 결과는 상대적으로 명확해서 b와 a에 대한 해는 다음과 같다.

$$b = \frac{SP}{SS_X} \tag{14.10}$$

여기에서 SP는 곱의 합이고, SS_X는 X값의 제곱합을 말한다.

기울기를 구하기 위해 흔히 사용되는 대안적인 식은 X와 Y의 표준편차에 기반을 두고 있다. 이 식은 다음과 같다.

$$b = r\frac{s_Y}{s_X} \tag{14.11}$$

여기에서 s_Y는 Y 점수의 표준편차이고 s_X는 X 점수의 표준편차이며, r은 X와 Y의 피어슨 상관계수이다. 먼저 b가 계산된 후 상수인 a의 값은 다음 식에 의해 결정된다.

$$a = M_Y - bM_X \tag{14.12}$$

이 식은 Y값을 가장 잘 예측하는 선형 방정식을 찾아 준다는 것에 주목하자. 이 방정식은 Y를 위한 회귀식이라고 부른다.

***Y*를 위한 회귀식**(regression equation for Y)은 다음과 같은 선형 방정식을 말한다.

$$\hat{Y} = bX + a \tag{14.13}$$

여기에서 상수 b는 식 14.10이나 14.11에 의해 정해지며, 상수 a는 식 14.12에 의해 정해진다. 이 식은 자료와 직선 간 제곱오차를 최소화하게 된다.

예제 14.14 다음 표의 점수는 Y를 예측하는 회귀식의 계산과 사용의 예를 보여 주기 위한 것이다.

X	Y	$X - M_X$	$Y - M_Y$	$(X - M_X)^2$	$(Y - M_Y)^2$	$(X - M_X)(Y - M_Y)$
5	10	1	3	1	9	3
1	4	−3	−3	9	9	9
4	5	0	−2	0	4	0
7	11	3	4	9	16	12
6	15	2	8	4	64	16
4	6	0	−1	0	1	0
3	5	−1	−2	1	4	2
2	0	−2	−7	4	49	14
				$SS_X = 28$	$SS_Y = 156$	$SP = 56$

이 자료에서 $\sum X = 32$이다. 그래서 $M_X = 4$이다. 또한 $\sum Y = 56$이므로 $M_Y = 7$이다. 이 값들은 X와 Y값 각각에 대한 편차 점수를 계산하기 위해 사용되었다. 마지막 세 개의 열은 X와 Y의 편차 제곱과 편차 점수의 곱을 나타낸다.

우리의 목표는 회귀식에서 b와 a의 값을 찾아내는 것이다. 식 14.10과 식 14.12를 이용하여 b와 a의 해를 찾으면 다음과 같다.

$$b = \frac{SP}{SS_X} = \frac{56}{28} = 2$$

$$a = M_Y - bM_X = 7 - 2(4) = -1$$

그 결과로 얻어지는 식은 다음과 같다.

$$\hat{Y} = 2X - 1$$

원자료와 회귀선은 **그림 14.15**에 나타나 있다. ■

그림 14.15의 회귀선은 회귀 분석에 대해 매우 간단하고 예측 가능한 사실을 보여 준다. 우선, 회귀선은 X의 평균과 Y의 평균이 만나는 점을 지난다. 즉, M_X, M_Y의 위치를 나타내는 점은 항상 회귀선 위에 있다. 이를 보여 주기 위해 **그림 14.15**에 두 평균을 포함하였다. 둘째로, 상관의 부호(+ 또는 −)는 회귀선 기울기의 부호와 같다. 다시 말하면 상관이 정적이라면 기울기도 정적이고 회귀선은 우측 상단을 향한다. 반면 상관이

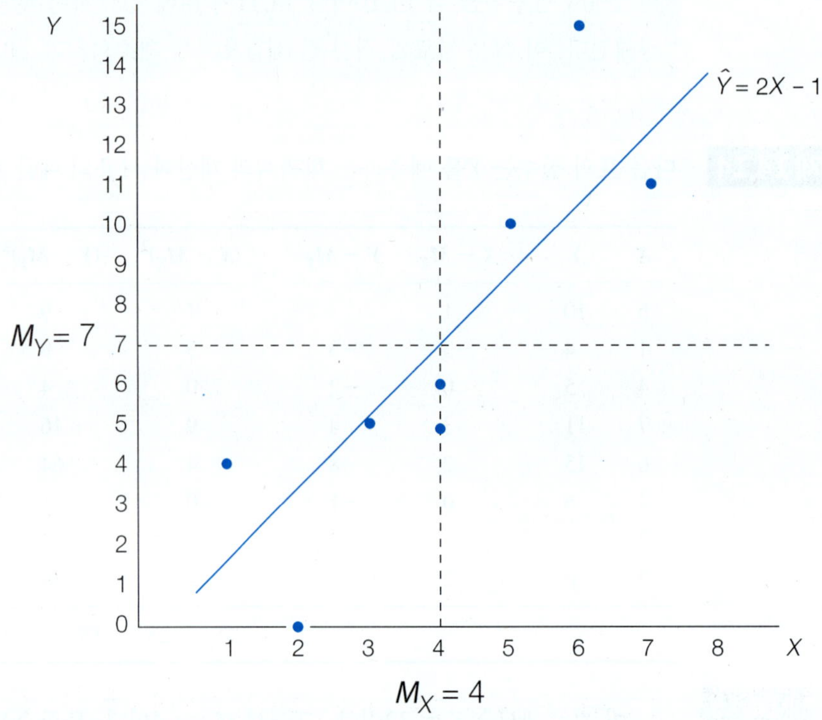

그림 14.15
예제 14.14에서의 $n = 8$, X와 Y 측정값 쌍에 대한 회귀선

부적이라면 기울기도 부적이고 기울기는 우측 하단을 향한다. 상관이 0이라면 기울기도 0이고 회귀선은 X축과 평행하며 Y의 평균을 지나는 선이 된다. 그림 14.15의 회귀선은 정적 기울기를 가지고 있음에 주목하라. 이러한 사실로 인한 결과 중 하나는 직선 상에서 X값이 X의 평균보다 높은 모든 점들은 Y값 또한 평균보다 높다는 점이다. 마찬가지로 X의 평균보다 낮은 모든 점들은 Y에 대해서도 평균보다 낮은 값을 갖는다. 따라서 X에 대해 양의 편차를 갖는 개인은 Y에 대해서도 양의 편차를 가질 것으로 예측되며, X에 대해 음의 편차를 갖는 개인은 Y에 대해서도 음의 편차를 가질 것으로 예측된다.

회귀식을 예측에 이용하기 이 절의 앞부분에서 지적했듯이 회귀식은 흔히 예측에 사용된다. 회귀식을 이용하여 X의 어떤 값에 대해서도 Y 예측값을 계산할 수 있다. 예제 14.14의 회귀식을 이용하면 $X = 6$인 개인은 다음과 같은 Y 점수를 가질 것으로 예측된다.

$$\hat{Y} = 2X - 1 = 12 - 1 = 11$$

회귀식이 예측에 이용될 수는 있지만 예측값을 해석할 때에는 다음 몇 가지를 주의해야 한다.

1. 예측은 완벽하지 않다($r = +1.00$이거나 -1.00인 경우가 아니라면). 그림 14.15를 살펴보면 자료의 점들이 선 위에 완벽하게 놓여 있지 않다는 것을 분명히 알 수 있다. 대체로 예측된 Y의 값과 실제 자료 간에 어느 정도의 오차가 있을 것이다. 오차의 양은 자료의 점 하나하나마다 다르겠지만 평균적으로 오차는 상관계수의 크기와 직접적인 관련이 있을 것이다. 1.00(또는 −1.00) 근처의 상관이 있을 때 자료의 점들은 직선에 가까이 모이며 오차는 작을 것이다. 상관이 0에 가까워질수록 각 점은 선으로부터 멀어지고 오차의 크기는 증가할 것이다.
2. 회귀식은 원자료가 포괄하는 값의 범위를 벗어난 X값을 위한 예측에 사용되어서는 안 된다. 예제 14.14에서 X의 값은 0부터 7까지이며, 회귀선은 이 범위 내에서 최적의 직선으로 계산된 것이다. 이 범위를 벗어난 X와 Y의 관계에 대해서는 아무런 정보가 없기 때문에 이 식은 0보다 작거나 7보다 큰 X값을 예측하기 위해 사용해서는 안 된다.

다음 예는 선형 회귀식을 찾기 위해 필요한 계산 과정을 여러분이 얼마나 이해하고 있는지 점검하기 위한 것이다.

예제 14.15 다음 자료에 대해 X로부터 Y를 예측하는 회귀식을 찾아보자.

X	Y
1	4
3	9
5	8

여러분은 $\hat{Y} = X + 4$라는 결과를 얻어야 한다. ■

회귀 방정식의 표준화 형태 지금까지 우리는 X와 Y의 원점수를 이용한 회귀식을 제시하였다. 그러나 연구자들이 회귀식을 구하기 전에 X와 Y값을 표준화하여 z 점수로 변환하는 경우가 있다. 그 결과로 얻는 식을 종종 **표준화된 회귀식**(standardized form of the regression equation)이라고 부르며, 원점수를 이용한 식보다 매우 간단해진다. 이렇게 간단해지는 이유는 z 점수가 표준화된 특성을 가지고 있기 때문이다. 특히 z 점수의 평균은 항상 0이고 표준편차는 항상 1이다. 그 결과 표준화된 회귀식은 다음과 같이 된다.

$$\hat{z}_Y = (\text{beta})z_X \tag{14.14}$$

먼저 X값 각각에 대한 z 점수(z_X)를 이용하여 그에 상응하는 Y값의 z 점수(z_Y)를 예측하고 있다는 점에 주목하자. 또한 원점수의 회귀식에서 b라고 불렀던 기울기를 이제는 베타(beta)라고 부른다는 점도 기억하자. *X*와 *Y*의 z 점수가 모두 평균이 0이므로 회귀식에서 a라는 상수는 사라지게 된다. 마지막으로, *X*라는 변수가 *Y*라는 변수를 예측하기 위해 사용될 때 베타의 값은 두 변수 간 피어슨 상관계수와 동일하다. 따라서 표준화된 회귀식은 다음과 같이 쓸 수도 있다.

$$\hat{z}_Y = rz_X \tag{14.15}$$

모든 원점수를 z 점수로 변환하는 것은 지루한 과정이므로 연구자들은 보통 표준화된 식보다 원점수를 이용한 회귀식(식 14.13)을 계산한다. 그러나 대부분의 컴퓨터 프로그램은 선형 회귀 분석의 결과로 베타값도 출력하며, 여러분은 이 값이 무엇을 나타내는지 이해할 수 있어야 한다.

■ 추정의 표준오차

앞에서 제시한 식을 이용하면 어떠한 자료에 대해서도 회귀식을 구할 수 있다. 그러고 나서 여러분이 얻은 선형 회귀식을 사용하면, 어떠한 알려진 *X*값에 대해서도 예측된 *Y*값을 구할 수 있다. 그러나 이러한 예측의 정확도는 직선 위의 점이 실제 자료와 얼마나 일치하는지, 즉 예측된 값인 $\hat{Y}$과 실제 *Y*값 간의 오차가 얼마인지에 따라 달라진다는 점을 정확히 이해해야 한다. **그림 14.16**은 완전히 동일한 회귀식을 갖는 두 세트의 자료를 보여 준다. 하나는 *X*와 *Y* 간에 완벽한 상관($r = +1$)이 있어 직선 식과 자료가 완벽히 들어맞는다. 두 번째 자료 세트에서는 직선상의 예측된 *Y*값이 실제 자료와 가까울 뿐 완벽히 들어맞지는 않는다.

회귀식은 예측을 가능케 하지만 예측의 정확도에 대해서는 어떠한 정보도 제공하지 않는다. 회귀식의 정확도를 측정하기 위해서는 보통 **추정의 표준오차**를 계산한다.

추정의 표준오차(standard error of estimate)는 회귀선 상의 예측된 *Y*값과 실제 *Y*값 간의 표준 거리를 측정한 것이다.

개념적으로 추정의 표준오차는 표준 거리를 측정한다는 점에서 표준편차와 매우 비슷하다. 또한 추정의 표준오차는 표준편차의 계산과 매우 유사하다는 점을 살펴보게 될 것이다.

추정의 표준오차를 계산하기 위해서는 먼저 편차 제곱합(*SS*)을 찾아야 한다. 각 편차는 자료의 실제 *Y*값과 회귀선상의 예측된 *Y*값 간의 거리를 나타낸다. 이 제곱합은 실제 *Y* 점수와 예측된 값 간에 남아 있는 거리를 바탕으로 하므로 보통 $SS_{잔차}$(residual)라고 부른다.

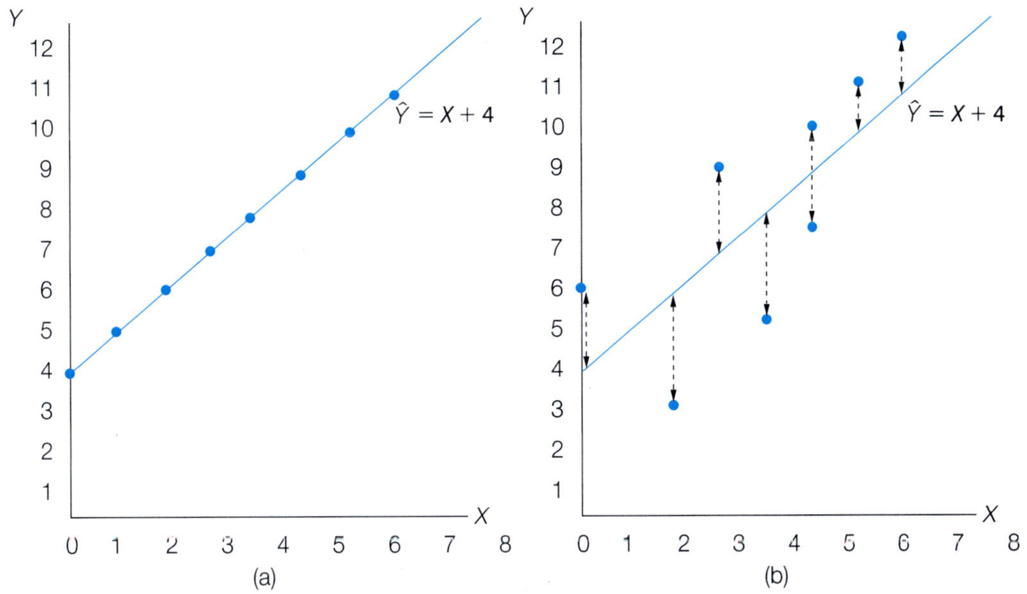

그림 14.16

(a) 산포도 위의 측정값들은 $\hat{Y} = X + 4$로 정의되는 회귀선에 완벽히 적합되어 있다. 상관값이 $r = +1.00$인 것을 확인할 수 있다.

(b) $\hat{Y} = X + 4$의 회귀식을 따르는 또 다른 산포도이다. 실제 측정값과 회귀선 위에 있는 예측된 Y값 사이에 오차가 존재한다는 사실을 확인할 수 있다.

$$SS_{잔차} = \Sigma(Y - \hat{Y})^2 \tag{14.16}$$

이렇게 구한 SS값을 자유도로 나누어 분산을 측정한다. 여러분은 이미 분산을 계산하는 과정에 익숙할 것이다(4장, 110쪽).

$$분산 = \frac{SS}{df}$$

추정의 표준오차에 대한 자유도는 $df = n - 2$이다. 여기에서 일반적으로 사용되는 $n - 1$이 아니라 $n - 2$라는 자유도를 갖는 것은 우리가 평균으로부터의 편차가 아니라 직선으로부터의 편차를 측정하기 때문이다. 회귀선을 위한 식을 찾기 위해서는 X와 Y 모두의 평균을 알아야 한다. 이 두 개의 평균을 알게 되면 자료의 변산성에 두 개의 제약이 생기므로 $n - 2$의 자유도를 갖게 된다. 여기에서 $SS_{잔차}$가 갖는 $n - 2$라는 자유도는 536쪽에서 피어슨 상관의 통계적 유의성을 검정할 때 사용한 $df = n - 2$와 같다.

분산은 거리 제곱의 평균을 측정한다는 점을 기억하자.

추정의 표준오차 계산을 위한 마지막 단계는 표준적인 거리의 측정값을 얻기 위하여 분산에 제곱근을 취하는 것이다. 최종적으로 얻어지는 계산식은 다음과 같다.

$$\text{추정의 표준오차} = \sqrt{\frac{SS_{\text{잔차}}}{df}} = \sqrt{\frac{\Sigma(Y-\hat{Y})^2}{n-2}} \tag{14.17}$$

다음 예제는 표준오차의 계산 과정을 보여 준다.

예제 14.16 예제 14.14에서 사용한 것과 같은 자료를 사용하여 추정의 표준오차 계산을 보이도록 하겠다. 이 자료는 다음의 회귀식을 갖는다.

$$\hat{Y} = 2X - 1$$

이 회귀식을 이용하여 각각의 개인에 대한 Y의 예측값, 잔차, 잔차 제곱을 계산했다.

자료		Y의 예측값	잔차	잔차 제곱
X	Y	$\hat{Y} = 2X - 1$	$Y - \hat{Y}$	$(Y - \hat{Y})^2$
5	10	9	1	1
1	4	1	3	9
4	5	7	−2	4
7	11	13	−2	4
6	15	11	4	16
4	6	7	−1	1
3	5	5	0	0
2	0	3	−3	9
			0	$SS_{\text{잔차}} = 44$

먼저 잔차의 합은 항상 0임을 명심하자. 즉, 직선 위에 있는 거리들의 합은 직선 아래에 있는 거리들의 합과 동일하다. 이는 어떤 자료에 대해서도 적용되며 계산의 정확성을 확인하는 방법이기도 하다. 잔차 제곱은 표의 마지막 열에 제시되어 있다. 이 자료에 대해 잔차 제곱합은 $SS_{\text{잔차}} = 44$이다. $n = 8$이므로 이 자료는 $df = n - 2 = 6$이라는 자유도를 가지고 있다. 따라서 추정값의 표준오차는 다음과 같다.

$$\text{추정의 표준오차} = \sqrt{\frac{SS_{\text{잔차}}}{df}} = \sqrt{\frac{44}{6}} = 2.708$$

이때 기억해야 할 것은 다음과 같다. 추정의 표준오차는 회귀식이 Y값을 얼마나 정확하게 예측하는지에 대한 측정값을 제공한다. 이 예제에서 실제 자료와 회귀선 간의

표준 거리는 2.708이라는 추정의 표준오차로 측정된다. ■

표준오차와 상관의 관계 예제 14.16으로부터 추정의 표준오차가 X와 Y 간 상관의 크기와 직접적인 관련을 가지고 있음을 명확히 알 수 있다. 만약 상관이 1.00(또는 −1.00)에 가깝다면 자료의 점들은 직선 주변에 모여 있고 추정의 표준오차는 작을 것이다. 상관이 0에 가까워지면 자료의 점들은 더 넓게 흩어지며 직선이 제공하는 예측 정보는 덜 정확해지고 추정의 표준오차는 커질 것이다.

앞에서(532쪽) 상관을 제곱하면 예측의 정확도에 대한 정보를 얻을 수 있음을 살펴보았다. 상관을 제곱한 값, 즉 r^2은 Y의 변산성 중 얼마나 많은 부분이 X와의 관계로 설명될 수 있는지를 결정해 주기 때문에 결정계수(coefficient of determination)라고 부른다. 또한 r^2은 Y의 변산성 중 예측된 부분을 나타내기 때문에 예측되지 않은 부분을 $(1 - r^2)$로 표현할 수 있다. 그러므로 다음과 같은 식이 성립한다.

$$\text{예측된 변산성} = SS_{\text{회귀}} = r^2 SS_Y \tag{14.18}$$

$$\text{예측되지 않은 변산성} = SS_{\text{잔차}} = (1 - r^2)SS_Y \tag{14.19}$$

예를 들어, $r = 0.80$이라면 Y 점수의 변산성 중 $r^2 = 0.64$(또는 64%)가 X와의 관계로 예측되고 나머지 36%$(1 - r^2)$는 예측되지 않은 부분이다. $r = 1.00$이라면 예측은 완벽하고, 따라서 잔차(residual)가 존재하지 않는다. 상관이 0에 가까워지면서 자료의 점들은 선으로부터 점점 멀어지고 잔차는 커진다. 식 14.19를 이용하여 $SS_{\text{잔차}}$를 계산하면 추정의 표준오차는 다음과 같다.

$$\text{추정의 표준오차} = \sqrt{\frac{SS_{\text{잔차}}}{df}} = \sqrt{\frac{(1 - r^2)SS_Y}{n - 2}} \tag{14.20}$$

각각의 $(Y - \hat{Y})^2$값을 계산하는 것보다 피어슨 상관계수를 계산하는 것이 보통 훨씬 쉽기 때문에 대체로 식 14.19는 $SS_{\text{잔차}}$를 계산하는 가장 간단한 방법이며, 식 14.20는 회귀식에서 추정의 표준오차를 계산하는 가장 간단한 방법이다. 이 새로운 식이 어떻게 사용되는지 다음 예제에서 확인할 수 있다.

예제 14.17 예제 14.14와 예제 14.16에서 사용한 것과 동일한 자료를 사용할 것이다. 앞서 $SS_X = 28$, $SS_Y = 156$, $SP = 56$임을 보았다. 이 자료에 대한 피어슨 상관계수는 다음과 같다.

$$r = \frac{56}{\sqrt{28(156)}} = \frac{56}{66.09} = 0.847$$

$SS_Y = 156$이고 상관은 $r = 0.847$이므로 회귀식에서 예측된 변산성(predicted variability)은 다음과 같다.

$$SS_{회귀} = r^2 SS_Y = (0.847^2)(156) = 0.718(156) = 112.01$$

마찬가지로 예측되지 않은 변산성(unpredicted variability)은 다음과 같다.

$$SS_{잔차} = (1 - r^2)SS_Y = (1 - 0.847^2)(156) = 0.282(156) = 43.99$$

주목할 것은 $SS_{잔차}$를 위한 새로운 식이 반올림에 따른 오차를 고려한다면 예제 14.16의 잔차 제곱을 더함으로써 얻은 것과 동일한 값을 산출한다는 점이다. 또한 이 새로운 식은 상관(r)과 Y의 제곱합(SS)만을 요구하므로 훨씬 더 쉽게 사용할 수 있다는 것도 기억하자. 그러나 이 예제의 핵심은 $SS_{잔차}$와 추정의 표준오차가 상관과 밀접한 관련을 지니고 있다는 것이다. 상관이 커질수록(+1.00 또는 −1.00에 가까워질수록) 자료의 점들은 회귀선 주변으로 모이고 추정의 표준오차는 작아진다. ■

서로 다른 상관을 지닌 자료에 대해서 동일한 회귀선을 얻는 것이 가능하므로 결정계수(r^2)와 추정의 표준오차를 살펴보는 것 또한 중요하다. 회귀식은 단지 최적의 직선을 나타내며 예측을 위해 사용된다. 그러나 결정계수(r^2)와 추정의 표준오차는 이 예측이 얼마나 정확한지 나타낸다.

■ 회귀 분석: 회귀식의 유의성

이 장의 앞부분에서 지적했듯이 표본의 상관은 모집단의 상관을 대표할 것으로 기대된다. 예를 들어, 모집단의 상관이 0이라면 표본 상관도 0에 가까울 것으로 기대된다. 모집단에서 상관이 0이라고 해서 표본의 상관이 정확히 0이 된다는 것은 아님을 잊지 말자. 이것이 **표집 오차**(sampling error)의 기본 개념으로 1장(7쪽)에서 소개한 바 있다. 표집 오차의 원리는 대체로 표본으로부터 구한 통계량와 그에 상응하는 모집단의 모수 간에는 어느 정도의 차이가 있다는 것이다. 그래서 모집단에 아무런 관계가 존재하지 않을 때 모집단의 상관 모수는 $\rho = 0$이지만 표본의 상관에서는 0이 아닌 값을 얻을 가능성이 여전히 있다는 것이다. 그러나 이러한 상황에서 표본 상관은 의미가 없으며 대체로 가설 검정에서 상관값이 유의하지 않게 된다.

표본 상관에서 0이 아닌 값을 얻는다면 회귀식에 대해서도 어떤 수치를 얻을 것이다. 그러나 모집단에서 실제 관계가 존재하지 않는다면 표본 상관과 회귀식은 모두 의미가 없다. 이 값들은 표집 오차로 인해 얻어진 것이며 X와 Y 간에 어떠한 관계를 나타내는 것으로 간주되어서는 안 된다. 피어슨 상관의 유의성을 검정한 것과 마찬가지로 회귀식의 유의성도 검정할 수 있다. 사실 X에서 어떤 하나의 값이 Y에서 하나의 값을 예측하기 위해 사용될 때 두 검정은 동일한 것이다. 각각의 경우에서 검정의 목적은 표본 상관이 실제적인 관계를 나타내는지 또는 표집 오차의 결과인지를 결정하는 것이다. 두 검정 모두 영가설은 모집단에서 두 변수 간에 관계가 없다는 것이다. 상관에 대한 영가설은 다음과 같다.

H_0: 모집단에서 상관은 $\rho = 0$이다.

회귀식에 대한 영가설은 다음과 같다.

H_0: 회귀식의 기울기(b 또는 beta)는 0이다.

회귀식에 대한 영가설의 또 다른 버전은 회귀식이 Y 점수의 변산성을 유의한 정도로 예측하지 못한다는 것이다.

회귀식의 유의성에 대한 검정 과정을 **회귀 분석**(analysis of regression)이라고 부르며, 회귀 분석은 12장에서 다룬 분산 분석(analysis of variance, ANOVA)과 매우 유사하다. ANOVA에서와 마찬가지로, 회귀 분석은 회귀식에 의해 예측되는 점수들의 분산이 X와 Y 간에 아무런 관계가 없을 때 기대할 수 있는 것보다 유의한 정도로 많은지를 결정하기 위해 F-비율(F-ratio)을 사용한다. 이 F-비율은 두 개의 분산 또는 평균제곱(mean square, MS) 값의 비율이며, 각 분산은 SS값을 그에 상응하는 자유도로 나누어 줌으로써 얻을 수 있다. F-비율의 분자는 $MS_{회귀}$로 회귀식에 의해 예측되는 Y 점수의 분산을 의미한다. 이 분산은 X값이 증가하거나 감소할 때 나타나는 Y의 체계적인 변화를 나타낸다. 분모는 $MS_{잔차}$로, Y 점수에서 예측되지 못하는 분산을 의미한다. 이 분산은 X의 변화와 무관한 Y의 변화를 나타낸다. 이 두 개의 MS값은 다음과 같이 정의된다.

$$MS_{회귀} = \frac{SS_{회귀}}{df_{회귀}} \quad df = 1 \qquad MS_{잔차} = \frac{SS_{잔차}}{df_{잔차}} \quad df = n - 2$$

F-비율은 다음과 같다.

$$F = \frac{MS_{회귀}}{MS_{잔차}} \quad df = 1, n - 2 \tag{14.21}$$

SS와 자유도에 대한 전체 분석은 **그림 14.17**에 나타나 있다. 회귀 분석의 절차는 예제 14.14, 14.16, 14.17에서 사용한 것과 같은 자료를 이용하여 다음 예제에서 보여주고 있다.

예제 14.18 자료는 $n = 8$개의 쌍으로 이루어져 있으며, $r = 0.847$이고 $SS_Y = 156$이다. 영가설은

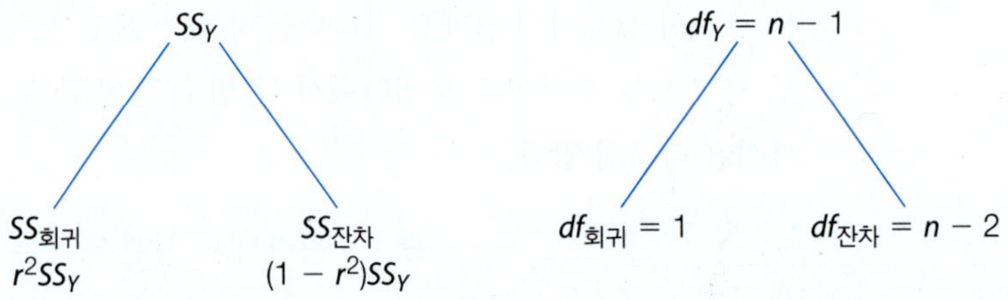

그림 14.17
회귀 분석에서 *SS*와 자유도의 분해. 원 *Y*점수의 변산성(*SS*와 자유도)은 (1) 회귀식으로 예측된 변산성과 (2) 잔차 변산성 등 두 부분으로 나뉜다.

모집단에서 X와 Y 사이에 아무 관계가 없다는 것이다. 또는 영가설을 “회귀식의 $b = 0$이고 Y 점수의 분산을 유의한 정도로 설명해 주지 못한다”라는 것으로 할 수도 있다.

회귀 분석을 위한 F-비율의 자유도는 $df = 1, n - 2$이다. 따라서 이 자료에 대해서는 $df = 1, 6$이다. 유의 수준 $\alpha = .05$에서 임곗값(critical value)은 5.99이다.

앞에서 지적한 바와 같이 Y 점수를 위한 SS는 두 부분으로 나눌 수 있다. 즉, r^2에 해당하는 예측된 부분과 $(1 - r^2)$에 해당하는 예측되지 못한 잔차로 나눌 수 있다. $r = 0.847$일 때 $r^2 = 0.718$이며 다음과 같이 얻는다.

$$\text{예측된 변산성} = SS_{회귀} = 0.718(156) = 112.01$$

$$\text{예측되지 않은 변산성} = SS_{잔차} = (1 - 0.718)(156) = 0.282(156) = 43.99$$

이 SS값과 그에 해당하는 자유도를 이용해서 각 요소의 분산, 즉 MS를 계산한다. 이 자료에 대한 MS값은 다음과 같다.

$$MS_{회귀} = \frac{SS_{회귀}}{df_{회귀}} = \frac{112.01}{1} = 112.01$$

$$MS_{잔차} = \frac{SS_{잔차}}{df_{잔차}} = \frac{43.99}{6} = 7.33$$

마지막으로, 회귀식의 유의성을 평가하기 위한 F-비율은 다음과 같다.

$$F = \frac{MS_{회귀}}{MS_{잔차}} = \frac{112.01}{7.33} = 15.28$$

F-비율은 기각역에 속해 있으므로 우리는 영가설을 기각하고 회귀식이 Y 점수의 분산을 유의한 정도로 설명한다는 결론을 내릴 수 있다. 회귀 분석의 모든 결과는 표 14.4에 요약되어 있으며, 이는 회귀 분석을 컴퓨터로 실시했을 때 출력되어 나오는 형식이다. ■

표 14.4 예제 14.18에서 회귀 분석의 결과를 보여 주는 요약표

분산원	*SS*	*df*	*MS*	*F*
회귀	112.01	1	112.01	15.28
잔차	43.99	6	7.33	
합	156	7		

회귀의 유의도와 상관의 유의도 앞에서 지적했듯이 하나의 X 변수와 하나의 Y 변수가 있는 상황에서 회귀식의 유의도를 검정하는 것은 피어슨 상관의 유의도를 검정하는 것과 동일하다. 따라서 두 변수 간 상관이 유의하다면 회귀식 또한 유의하다는 결론을 내릴 수 있다. 마찬가지로 상관이 유의하지 않으면 회귀식 또한 유의하지 않다. 예제 14.18의 자료에서 우리는 회귀식이 유의하다는 결론을 내린 바 있다.

이 두 검정이 동등하다는 것을 보여 주기 위해 상관의 유의성을 검정하기 위해 사용한 t 통계량(537쪽의 식 14.7)이 회귀식의 유의성을 검정하기 위해 사용된 F-비율(식 14.21)에 상응한다는 것을 보일 것이다. t 통계량에서 시작해 보자.

$$t = \frac{r - \rho}{\sqrt{\dfrac{(1 - r^2)}{(n - 2)}}}$$

먼저, 모집단의 상관인 ρ는 영가설에서 항상 0으로 정하고 있으므로 식에서 지우면 된다. 다음으로 이 t 통계량를 제곱함으로써 그에 상응하는 F-비율을 얻을 수 있다.

$$t^2 = F = \frac{r^2}{\dfrac{(1 - r^2)}{(n - 2)}}$$

마지막으로 분자와 분모에 SS_Y를 곱하여 구한다.

$$t^2 = F = \frac{r^2(SS_Y)}{\dfrac{(1 - r^2)(SS_Y)}{(n - 2)}}$$

여기에서 분자는 $SS_{회귀}$이며 $df_{회귀} = 1$이므로 $MS_{회귀}$과 동일하다는 점을 알아야 한다. 따라서 상관의 유의성을 검정하기 위해 사용한 t 통계량을 제곱하면, 회귀식의 유의성을 검정하기 위해 사용하는 F-비율과 동일하다.

학습 점검

학습 목표 13 **1.** 일반적인 선형 회귀식 $Y = bX + a$에서 a값은 무엇을 측정하는가?

a. 직선이 X축과 만나는 점

b. 직선이 Y축과 만나는 점

c. Y가 1점 증가할 때마다 X가 변하는 양

d. X가 1점 증가할 때마다 Y가 변하는 양

학습 목표 14 **2.** $n = 25$인 X와 Y 쌍에서 $M_X = 4$, $SS_X = 10$, $M_Y = 6$, $SS_Y = 40$, $SP = 20$일 때 X로부터 Y를 예측하는 회귀식은 무엇인가?

a. $Y = 2X - 2$

b. $Y = 2X - 8$

c. $Y = 0.5X + 4$

d. $Y = 0.5X + 1$

학습 목표 15 **3.** 회귀식에서 추정의 표준오차가 측정하는 것은 무엇인가?

a. 예측된 Y값과 Y의 평균 간 표준 거리

b. 예측된 Y값과 회귀선의 중앙 간 표준 거리

c. 예측된 Y값과 실제 Y값 간 표준 거리

d. 실제 Y값과 회귀선의 중앙 간 표준 거리

학습 목표 16 **4.** 한 연구자가 표본 크기가 $n = 25$인 X, Y 점수 쌍에서 Y를 예측하는 회귀식을 계산하고자 한다. 회귀식의 유의성을 회귀 분석으로 평가하고자 할 때, F-비율의 자유도는 얼마인가?

a. 1, 24

b. 1, 23

c. 2, 23

d. 2, 22

정답 **1.** b **2.** a **3.** c **4.** b

핵심 요약

1. 상관은 두 변수, X와 Y 간 관계를 측정한다. 이 관계에는 다음 세 가지 특징이 있다.
   - **a.** 방향. 관계는 정적(+)이거나 부적(−)일 수 있다. 정적 관계는 X와 Y가 같은 방향으로 변한다는 것이고 부적 관계는 X와 Y가 서로 다른 방향으로 변한다는 것이다.
   - **b.** 형태. 가장 흔한 형태의 관계는 직선이다. 그러나 다른 형태를 의미하는 특별한 상관도 있다. 관계의 형태는 사용된 상관의 종류에 의해 구체적으로 알 수 있다. 예를 들어, 피어슨 상관은 직선의 형태를 측정한다.
   - **c.** 강도 또는 일관성. 상관값은 관계의 강도 또는 일관성을 측정한다. 1.00이라는 상관은 완벽하게 일관된 관계를 나타내며, 0.00은 어떠한 관계도 없음을 나타낸다. 피어슨 상관에 대해 $r - 1.00$(또는 -1.00)은 자료의 모든 점이 직선 위에 완벽히 들어맞음을 의미한다.

2. 가장 흔히 사용되는 상관은 피어슨 상관이며, 이는 선형 관계의 정도를 측정한다. 피어슨 상관은 r로 표시하며, 다음과 같이 계산된다.

$$r = \frac{SP}{\sqrt{SS_X SS_Y}}$$

   이 식에서 SP는 편차곱을 모두 더한 것이며 다음의 정의식이나 계산식을 이용해 계산할 수 있다.

$$\text{정의식: } SP = \sum(X - M_X)(Y - M_Y)$$

$$\text{계산식: } SP = \sum XY - \frac{\sum X \sum Y}{n}$$

3. 두 변수 간 상관은 인과관계를 시사하는 것으로 해석되어서는 안 된다. 단지 X와 Y 사이에 관계가 있다는 것이 X가 Y의 원인이 된다거나 Y가 X의 원인이 된다는 것을 의미하지는 않는다.

4. 관계의 강도를 평가하기 위해 상관값을 제곱할 수 있다. 그 결과 얻어진 r^2은 한 변수의 변산성이 다른 변수와의 관계에 의해 얼마나 결정되는지를 측정하므로 결정계수(coefficient of determination)라 부른다.

5. 스피어만 상관(r_S)은 변수 X와 Y 간 관계의 방향이 지니는 일관성, 즉 관계가 일방향이거나 단조적(monotonic)인 정도를 측정한다. 스피어만 상관은 다음과 같이 2단계로 계산된다.
   - **a.** X와 Y 점수 각각에 대해 순위를 정한다.
   - **b.** 순위를 이용해 피어슨 상관을 계산한다.

6. 점이연 상관은 둘 중 하나의 변수가 이분변수일 때 관계의 강도를 측정하기 위해 사용한다. 이분변수에 0과 1이라는 두 개의 값을 부여한 후 피어슨 상관계수를 구하기 위한 일반식을 적용하면 된다. 점이연 상관계수를 제곱한 값은 독립 측정 t 검정을 위한 효과 크기를 측정하기 위해 구하는 r^2과 동일하다. 두 변수 X와 Y가 모두 이분변수이면 파이 계수를 이용해 두 변수 간 관계의 강도를 측정할 수 있다. 두 변수를 모두 0과 1로 코딩한 후 피어슨 상관계수 식을 이용해 상관을 구하면 된다.

7. 두 변수 X와 Y 간에 일반적인 선형 관계가 존재한다면 어떤 X의 값에 대해서든 그에 상응하는 Y값을 예측할 수 있게 해 주는 선형 방정식을 구성할 수 있다.

$$\text{예측된 } Y\text{값} = \hat{Y} = bX + a$$

   이 방정식을 구하는 방법을 회귀라고 부른다. 예측된 Y값과 실제 Y값 간 오차를 최소화하기 위하여 최소제곱(least-squares) 방법을 사용함으로써 다음을 충족하는 선형 방정식을 얻을 수 있다.

$$b = \frac{SP}{SS_X} = r\frac{s_Y}{s_X}, \qquad a = M_Y - bM_X$$

8. 회귀 분석의 선형 방정식(회귀식이라고 부름)은 임의의 X값에 대한 Y를 예측하는 데 사용할 수 있다. 그러나 예측은 완벽하지 않으므로 각 Y값

에 대해 예측되는 부분과 예측되지 않는 잔차가 존재한다. 전체적으로 Y 점수의 변산성에서 예측되는 부분은 r^2으로, 잔차는 $1 - r^2$으로 측정할 수 있다.

$$\text{예측된 변산성} = SS_{\text{회귀}} = r^2 SS_Y$$

$$\text{예측되지 않은 변산성} = SS_{\text{잔차}} = (1 - r^2) SS_Y$$

9. 오차의 변산성은 표준오차를 계산하기 위해 사용될 수 있으며, 표준오차는 직선상의 예측된 Y값과 실제 자료를 나타내는 점 간의 표준 거리(또는 오차)에 대한 측정값을 제공한다. 추정의 표준오차는 다음과 같이 계산된다.

$$\text{추정의 표준오차} = \sqrt{\frac{SS_{\text{잔차}}}{n-2}} = \sqrt{MS_{\text{잔차}}}$$

10. 회귀 방정식의 유의성을 평가하기 위해 F-비율을 계산할 수도 있다. 이 과정을 회귀 분석이라고 하며 회귀식이 Y 점수 분산을 유의한 정도로 예측하는지 판정한다. 먼저 예측된 변산성과 잔차 변산성에 대한 분산, 즉 MS를 계산한다.

$$MS_{\text{회귀}} = \frac{SS_{\text{회귀}}}{df_{\text{회귀}}} \qquad MS_{\text{잔차}} = \frac{SS_{\text{잔차}}}{df_{\text{잔차}}}$$

여기에서 $df_{\text{회귀}} = 1$이고 $df_{\text{잔차}} = n - 2$이다. 다음으로 회귀식의 유의성을 평가하기 위하여 F-비율을 계산한다.

$$F = \frac{MS_{\text{회귀}}}{MS_{\text{잔차}}} \qquad df = 1, n-2$$

주요 용어

상관 correlation (516)

정적 상관 positive correlation (517)

부적 상관 negative correlation (517)

완벽한 상관 perfect correlation (518)

피어슨 상관 Pearson correlation (520)

선형 관계 linear relationship (520)

곱의 합 sum of products (SP) (521)

이상치 outliers (530)

제한된 범위 restricted range (530)

결정계수 coefficient of determination (532)

상관 행렬 correlation matrix (539)

스피어만 상관 Spearman correlation (541)

단조 관계 monotonic relationship (542)

점이연 상관 point-biserial correlation (547)

이분변수 또는 이항변수 dichotomous variable or a binomial variable (547)

파이 계수 phi-coefficient (550)

선형 방정식 linear equation (552)

기울기 slope (553)

***Y* 절편** Y-intercept (553)

회귀 regression (555)

회귀선 regression line (555)

최소제곱오차 해 least-squared-error solution (556)

***Y*를 위한 회귀식** regression equation for Y (556)

표준화된 회귀식 standardized form of the regression equation (559)

추정의 표준오차 standard error of estimate (560)

예측된 변산성 predicted variability ($SS_{\text{regression}}$) (563)

예측되지 않은 변산성 unpredicted variability (SS_{residual}) (563)

회귀 분석 analysis of regression (565)

SPSS®

SPSS의 일반적인 사용법은 부록 D에 제시되어 있다. 다음은 **피어슨 상관**, **스피어만 상관**, **점이연 상관**, **편상관**(partial correlation)을 계산하기 위해 SPSS를 사용하는 방법을 상세히 설명하고 있다. 주: 우리는 피어슨 상관에 중점을 둘 것이며, 이 절차를 약간 변형하여 어떻게 스피어만 상관, 점이연 상관, 편상관이 계산되는지 설명할 것이다. **파이**(phi) **계수**의 계산 절차에 대해서는 마지막에 제시한다.

자료 입력

1. 데이터 보기 화면에서 두 개의 열에 자료를 입력한다. *X*값(VAR00001)이 하나의 열에 해당하고 *Y*값(VAR00002)은 다른 열에 해당한다. 각 개인에 대한 두 개의 점수는 같은 행에 입력한다.

자료 분석

1. 상단의 도구 모음에서 **분석**(Analyze)을 클릭한 후 **상관 분석**(Correlate)을 선택한 다음 **이변량 상관계수**(Bivariate)를 클릭한다.

2. 두 개의 열에 대한 변수명을 하나씩 **변수**(Variable) 상자로 옮긴다. (각 변수명을 선택한 후 화살표를 클릭하면 상자로 옮겨진다.)

3. Pearson 상자에 체크가 되어 있어야 한다. 그러나 Spearman 상관을 계산하고자 할 경우 그에 해당하는 상자를 체크할 수도 있다.

4. **확인**(OK)을 클릭한다.

SPSS 출력 결과

우리는 SPSS를 이용하여 예 14.3의 자료에 대한 상관을 계산했고, 그 결과는 **그림 14.18**에 제시되어 있다. SPSS는 가능한 모든 상관을 보여 주는 상관 행렬을 산출하고 있으므로 *X*와 *X* 간 상관, *Y*와 *Y* 간 상관(둘 다 완벽한 상관)도 포함한다. 여러분이 원하는 *X*와 *Y*의 상관은 우측 상단(또는 좌측 하단)에서 확인할 수 있다. 분석 결과에는 상관에 대한 유의도(*p*값 또는 유의수준)가 포함되어 있다.

스피어만 상관을 계산하기 위해서는 *X*와 *Y*의 순위 또는 *X*와 *Y*의 점수를 첫 두 열에 입력한다. 다음으로 피어슨 상관을 계산할 때와 동일한 자료 분석 절차를 밟는데, 세 번째 단계에서 '확인'을 선택하기 전에 Spearman이라는 상자를 체크해야 한다. (주: 데이터 보기 화면에 *X*와 *Y*의 점수를 입력하면 SPSS는 스피어만 상관을 계산하기 전에 점수를 순위로 변환한다.)

점이연 상관을 계산하려면 첫 열에 점수(*X*값)를 입력하고 두 번째 열에는 이분변수에 대한 숫자(대체로 0과 1)를 입력한다. 다음으로 피어슨 상관을 계산할 때와 동일한 자료 분석 절차를 따른다.

데이터 보기 화면에 0과 1만 입력된 두 열에 대해 **파이 계수**를 계산할 수도 있다. 그러나 이는 점수가 많을 때에 매우 지루한 작업이 될 수도 있다. 다음은 대용량의 자료에 대해 파이 계수를 계산하는 대안적인 절차이다.

상관 분석

		VAR00001	VAR00002
VAR00001	피어슨 상관	1	.875
	유의 확률(양방)		.052
	N	5	5
VAR00002	피어슨 상관	.875	1
	유의 확률(양방)	.052	
	N	5	5

그림 14.18
예제 14.3의 상관 분석 SPSS 출력 결과

자료 입력

1. SPSS 데이터 보기 화면의 첫 행에 0, 0, 1, 1을 순서대로 입력한다.
2. 두 번째 행에 0, 1, 0, 1을 순서대로 입력한다.
3. 표본에서 $X = 0, Y = 0$의 값을 갖는 개인의 수를 센다. 이 빈도를 데이터 보기 화면의 세 번째 행 가장 위에 입력한다. 다음으로 $X = 0, Y = 1$의 수를 세어 세 번째 행 두 번째 열에 입력한다. 다음으로 $X = 1, Y = 0$의 수와 $X = 1, Y = 1$의 수를 같은 방식으로 입력한다. 이 작업을 마쳤을 때 세 번째 행에 4개의 숫자가 입력되어 있어야 한다.
4. SPSS 데이터 보기 화면의 상단 도구 모음에서 **데이터**를 클릭하고 다음으로 목록 하단에서 **가중치 케이스**(Weight Cases)를 선택한다.
5. **가중 케이스 지정**(weight cases by)이라는 이름을 선택한다. 다음으로 왼쪽 상자에서 빈도를 담고 있는 행(VAR00003)의 변수명을 선택한 후 화살표를 클릭하여 **빈도 변수**(Frequency Variable)로 이동한다.
6. **확인**(OK)을 선택한다.
7. 상단의 도구 모음에서 **분석**(Analyze)을 클릭하여 **상관 분석**(Correlate)을 선택한 다음 **이변량 상관계수**(Bivariate)를 선택한다.
8. 0과 1을 포함하고 있는 두 개의 행(아마도 VAR00001과 VAR00002)를 선택하여 **변수**(Variable) 상자로 이동한다. (각 변수명을 선택하고 화살표를 클릭하여 오른쪽 상자로 이동한다.)
9. **Pearson**에 체크가 되어 있는지 확인한다.
10. **확인**(OK)을 클릭한다.

SPSS 출력 결과

SPSS는 피어슨 상관과 마찬가지의 상관 행렬을 출력한다. 다시 한 번 오른쪽 상단(또는 왼쪽 하단)에 있는 X와 Y의 상관을 확인한다. 파이 계수에서 상관의 부호는 의미가 없음을 기억하라.

다음은 SPSS를 이용하여 선형 회귀 분석을 실시하는 절차에 대한 설명이다.

자료 입력

SPSS 데이터 보기 화면에서 한 행에 X값을 입력하고 다음 행에 Y값을 입력한다.

자료 분석

1. 상단의 도구 모음에서 **분석**(Anlayze)을 클릭한 후 **회귀 분석**(Regression)을 선택하고 다음에 **선형**(Linear)을 클릭한다.
2. 왼쪽 상자에서 Y값에 대한 변수 이름을 선택한 후 가운데의 화살표를 클릭하여 오른쪽의 **종속변수**(Dependent Variable) 상자로 이동한다.
3. X 변수에 해당하는 변수 이름을 선택한 후 화살표를 클릭하여 **독립변수**(Independent Variable) 상자로 이동한다.
4. **확인**(OK)을 클릭한다.

SPSS 출력 결과

우리는 예 14.14와 14.18에서 사용한 자료에 대해 회귀 분석을 실시했다. 그리고 그 결과는 그림 14.19에 나타나 있다. 모형 요약(Model Summary) 표에 R, R^2, 추정의 표준오차가 제시되어 있다. (주: R은 단순히 X와 Y 간 피어슨 상관계수이다.) 분산 분석표(ANOVA table)는 회귀식의 유의성을 평가하는 회귀 분석 결과를 보여 주며, F-비율과 유의도(p값 또는 검정에 대한 유의 수준)를 포함하고 있다. **계수표**(Coefficients table)에는 회귀식에 대한 비표준화 계수와 표준화 계수가 모두 요약되어 있다. 이 표에서 상수(a)와 계수(b)를 볼 수 있다. 표준화 계수는 베타값이다. 다시 말하지만 베타는 X와 Y 간 피어슨 상관계수이다. 마지막으로 이 표는 예측변수의 유의도를 평가하기 위해 t 통계량을 사용한다. 이것은 회귀식의 유의도와 동일하며 여기에서 t값은 회귀 분석에서 F-비율의 제곱근과 같다는 것을 알 수 있다.

문제 해결을 위한 팁

1. 상관은 항상 +1.00에서 −1.00 사이의 값을 갖는다. 이 범위를 벗어나는 상관을 얻었다면 계산상 오류가 있는 것이다.

2. 상관을 해석할 때 부호(+ 또는 −)를 수치와 헷갈리지 않도록 한다. 부호와 수치는 개별적으로 취급되어야 한다. 부호는 X와 Y 간 관계의 방향을 의미한다. 반면 수치는 관계의 강도, 즉 데이터의 점들이 선형(직선의) 관계를 얼마나 잘 표현하는지를 나타낸다. 그러므로 −0.90이라는 상관은 +0.90이라는 상관만큼 강한 것이다. 부호는 두 상관 간 관계가 서로 반대 방향임을 알려 준다.

모형 요약

모형	R	R 제곱	조정된 R 제곱	추정의 표준오차
1	.847[a]	.718	.671	2.70801

ANOVA[b]

모형		제곱합	df	평균제곱	F	유의 확률
1	회귀 모형	112.000	1	112.000	15.273	.008[a]
	잔차	44.000	6	7.333		
	합계	156.000	7			

계수[a]

모형		비표준화 계수		표준화 계수	t	유의 확률
		B	표준오차	베타		
1	(상수)	-1.000	2.260		-.442	.674
	VAR00001	2.000	.512	.847	3.908	.008

그림 14.19

예제 14.14, 14.16, 14.18의 회귀 분석 SPSS 출력 결과 일부

3. 상관을 계산하기 전에 자료에 대해 산포도를 그리고 상관을 추정해 보라. (정적 상관인가 아니면 부적 상관인가? 1에 가까운가 아니면 0에 가까운가?) 상관을 계산한 후에 처음 추정한 값과 비교해 보라.

4. *SP*에 대한 정의식은 점수의 개수(n)가 작고 X와 Y의 평균이 모두 정수일 때에만 사용해야 한다. 그렇지 않다면 계산식이 더 빠르고 더 쉬우며 결과가 더 정확하다.

5. 상관을 계산할 때 n은 개인의 수(즉 X와 Y의 값이 이루는 쌍의 개수)를 말한다.

6. *SP*와 *SS*의 계산을 포함하여 피어슨 상관에 대한 기본적인 이해는 회귀식을 이해하고 계산하는 데 필수적이다.

7. $SS_{잔차}$는 잔차(각 개인에 대한 실제 Y값과 예측된 Y값 간 차이)를 찾아 제곱한 후 모두 더함으로써 계산할 수 있다. 그러나 먼저 r^2을 먼저 계산한 후 $SS_{잔차} = (1 - r^2)SS_Y$를 찾아내는 것이 훨씬 더 쉽다.

8. 회귀 분석에서 F-비율은 대체로 실제 $SS_{회귀}$와 $SS_{잔차}$를 이용해 계산한다. 그러나 $SS_{회귀}$ 대신에 r^2을, $SS_{잔차}$ 대신에 $1 - r^2$을 쓸 수 있다. 주: 분자와 분모의 자유도(df)에는 정확한 값을 써야 한다.

증명 14.1

상관과 회귀

다음 자료에 대해 피어슨 상관계수를 계산해 보자.

사람	X	Y	
A	0	4	$M_X = 4$이고, $SS_X = 40$
B	2	1	$M_Y = 6$이고, $SS_Y = 54$
C	8	10	$SP = 40$
D	6	9	
E	4	6	

1단계 **산포도를 그린다.** 산포도를 그리고(그림 14.20) 자료의 점들의 모양을 살펴보라. 둘러싼 모양이 좁고 길다는 것에 주목하자. 이는 상관이 크다는 것, 즉 아마도 0.80에서 0.90 사이일 것임을 나타낸다. 또한 X가 증가할 때 Y도 대체로 증가하므로 상관은 정적이다.

2단계 **피어슨 상관을 계산한다.** 이 자료에 대한 피어슨 상관은 다음과 같다.

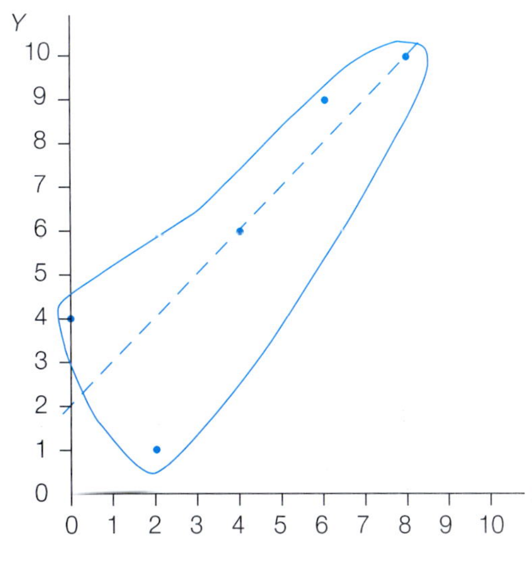

그림 14.20
예시 14.1의 자료에 대한 산포도. 상관의 크기를 추정할 수 있도록 점들 주변을 둘러싼 타원을 그렸다. 점선은 타원의 가운데를 가로지른다.

$$r = \frac{SP}{\sqrt{SS_X SS_Y}} = \frac{40}{\sqrt{40(54)}} = \frac{40}{\sqrt{2160}} = \frac{40}{46.48} = 0.861$$

1단계에서 상관을 +0.80에서 +0.90 사이로 추정한 바 있다. 이 추정값과 일관되는 상관이 계산되었다.

3단계 **회귀 계수를 계산한다.** 회귀식의 형태는 다음과 같다.

$$\hat{Y} = bX + a \qquad \text{여기에서 } b = \frac{SP}{SS_X} \qquad \text{그리고} \qquad a = M_Y - bM_X$$

이 자료에 대해 다음과 같이 계산할 수 있다.

$$b = \frac{40}{40} = 1.00 \qquad a = 6 - 1(4) = +2.00$$

따라서 회귀식은 다음과 같다.

$$\hat{Y} = (1)X + 2.00$$

또는 단순하게 바꾸면 다음과 같다.

$$\hat{Y} = X + 2$$

4단계 **상관과 회귀식의 유의성을 평가한다.** 영가설은 모집단에 대해 X와 Y 간 선형 관계가 없다는 것이고, 달리 말하면 표본 상관과 회귀식에서 구한 값이 표집 오차에 의한 결과라는 것이다. 상관의 관점에서 H_0은 모집단 상관이 0($\rho = 0$)이라는 것이다. 회귀식의 관점에서 H_0은 회귀 방정식이 분산을 유의한 정도로 예측하지 못한다는 것, 즉 베타가 0이라는 것이다. 검정은 상관에 대해서는 t값을 이용하거나 회귀 분석에 대해서는 F-비율을 이용한다. F-비율을 이용하면 다음과 같은 결과를 얻는다.

$$SS_{회귀} = r^2(SS_Y) = (0.861)^2(54) = 40.03\text{이고, } df = 1$$

$$SS_{잔차} = (1 - r^2)(SS_Y) = (1 - 0.861^2)(54) = 13.97\text{이고, } df = n + 2 = 3$$

$$F = \frac{MS_{회귀}}{MS_{잔차}} = \frac{40.03/1}{13.97/3} = 8.60$$

자유도 $df = 1.3$에 대하여 임곗값은 10.13이다. 영가설은 기각되지 않으며, 상관과 회귀식 모두 유의하지 않다.

연습 문제

1. 다음 자료에 대해 *SP*(편차곱의 합)를 계산하시오. 주: 평균은 둘 다 정수이므로 정의식을 사용하면 됨.

X	*Y*
4	5
0	2
1	1
3	4

2. 다음 자료에 대해 *SP*(편차곱의 합)를 계산하시오. 주: 둘 다 평균에 소수점이 있으므로 계산식을 사용하면 됨.

X	*Y*
0	4
1	1
0	5
4	1
2	1
1	3

3. 다음 자료에 대해 답하시오.

X	*Y*
2	7
5	4
4	7
7	5
2	6
4	7

a. 여섯 개의 점을 나타내는 산포도를 그리시오.

b. 산포도만을 보고 피어슨 상관계수를 추정하시오.

c. 피어슨 상관계수를 계산하시오.

4. 다음 자료에 대해 답하시오.

X	*Y*
0	4
2	9
1	6
1	9

a. 산포도를 그리고 피어슨 상관계수를 추정하시오.

b. 피어슨 상관계수를 계산하시오.

5. 다음 자료에 대해 답하시오

X	*Y*
4	0
1	5
1	0
4	5

a. 산포도를 그리고 피어슨 상관계수를 추정하시오.

b. 피어슨 상관계수를 계산하시오.

6. 다음 자료에 대해 답하시오.

X	*Y*
3	6
5	5
6	0
6	2
5	2

a. 산포도를 그리고 피어슨 상관계수를 추정하시오.

b. 피어슨 상관계수를 계산하시오.

7. 자료의 개수가 적을 때에는 하나의 점도 상관의 크기에 큰 영향을 미칠 수 있다. 다음 자료를 만들기 위해 우리는 문제 6의 자료에서 첫 *X*값을 $X = 3$에서 $X = 8$로 바꾸었다.

X	*Y*
8	6
5	5
6	0
6	2
5	2

a. 산포도를 그리고 피어슨 상관계수를 추정하시오.

b. 피어슨 상관계수를 계산하시오.

8. 다음 자료에 대해 답하시오.

X	Y
4	5
6	5
3	2
9	4
6	5
2	3

a. 피어슨 상관계수를 계산하시오.

b. X의 값 하나하나에 2점을 더한 후 바뀐 자료를 이용해 상관계수를 계산하시오. 모든 점수에 같은 상수를 더한 것이 상관계숫값에 어떤 영향을 미치는가?

c. X의 원래 값 하나하나에 2를 곱하고 바뀐 숫자에 대해 상관계수를 계산하시오. 모든 점수에 같은 상수를 곱한 것이 상관계숫값에 어떤 영향을 미치는가?

9. 이 장의 초반에 우리는 일군의 남성들에 대해 몸무게와 수입 간 정적 관계를 보이는 Judge와 Cable(2010)의 연구에 대해 논의했다. 다음은 이 연구에서 얻은 것과 유사한 자료이다. 몸무게 변수를 간단히 처리하기 위해 남성들의 신장 대비 실제 몸무게를 가장 마른 사람 1부터 가장 무거운 사람 5의 다섯 범주로 구분했다. 수입은 1,000을 단위로 하는 연봉으로 기록되었다.

a. 이 자료에 대해 피어슨 상관계수를 계산하시오.

b. 상관계수가 통계적으로 유의한가? α = .05 수준에서 양방 검정을 사용하시오.

몸무게(X)	수입 (Y)
4	151
5	88
3	52
2	73
1	49
3	92
1	56
5	143

10. α = .05 수준에서 양방 검정을 사용했을 때, 표 B.6에 기반하여 다음 각각의 표본에 대해 통계적으로 유의한 결과를 얻으려면 피어슨 상관계수가 얼마나 커야 하는지 결정하시오.

a. n = 6인 표본

b. n = 12인 표본

c. n = 24인 표본

11. 적어도 새들에 대해서는 인지적 능력과 사회적 지위 사이에 유의한 관계가 있는 것으로 보인다. Boogert, Reader와 Laland(2006)는 일군의 찌르레기를 대상으로 사회적 지위와 개별적 학습 능력을 측정했다. 다음 자료는 이 연구에서 얻은 것과 유사한 결과를 보여 준다. 사회적 지위가 5개의 순위 범주로 구성된 서열 변수이므로 이 자료에는 스피어만 상관이 적절하다. 사회적 지위 범주와 학습 점수를 순위로 변환하여 스피어만 상관을 계산하시오.

참여자	사회적 지위	학습 점수
A	1	3
B	3	10
C	2	7
D	3	11
E	5	19
F	4	17
G	5	17
H	2	4
I	4	12
J	2	3

12. 앞의 문제 9는 일군의 전문직 남성을 대상으로 몸무게와 수입 간에 정적 관계가 있음을 보여 준다. 그러나 몸무게는 5개의 범주로 기록되었으므로 등간이나 비율 척도 대신 서열 척도로 간주될 수 있을 것이다. 그렇다면 피어슨 상관보다는 스피어만 상관이 더 적절하다. 문제 9의 점수에 대해 몸무게와 수입을 서열로 바꾼 후 스피어만 상관계수를 계산하시오.

13. 10장의 문제 13은 돈을 다루는 것이 고통에 대한 인식을 줄여줄 수 있음을 보여 주는 자료를 사용

하고 있다. 이 연구에서 한 집단은 돈을 셌고 다른 집단은 백지를 셌다. 돈 세기 작업을 마친 후 연구의 각 참여자는 손을 매우 뜨거운 물에 담그는 것이 얼마나 불편한지 등급을 매겼다.

a. 이 문제의 자료를 점이연 상관계수에 적절한 형태로 변환(돈에는 1, 백지에는 0이라는 변수를 사용)하고 상관을 계산하시오.

b. 점이연 상관계수를 제곱하여 r^2을 계산하시오.

c. 10장의 t 검정 결과는 $df = 16$에 $t = 3.57$이었다. 549쪽의 식을 사용하여 t 통계량과 df를 이용하여 r^2을 바로 계산하시오. 반올림에 따른 오차를 감안할 때 이 식에서 얻은 r^2 값은 점이연 상관계수로부터 얻은 값과 동일해야 한다.

14. $Y = 2X - 1$이라는 식에 대한 선을 그려 보시오. 같은 그래프에서 $Y = -X + 8$을 그려 보시오.

15. $n = 18$인 점수 쌍(X, Y값)에 대해 $SS_X = 20$, $SS_Y = 80$, $SP = 10$이다. X의 평균이 $M_X = 8$이고 Y의 평균이 $M_Y = 10$일 때, 다음에 답하시오.

a. 피어슨 상관계수를 계산하시오.

b. X값으로부터 Y를 예측하는 회귀식을 찾으시오.

16. $n = 15$인 점수 쌍(X값과 Y값)에서 $\hat{Y} = 2X + 6$이라는 식이 산출되었다. 0, 2, 3, −4라는 X 점수 각각에 대한 Y의 기댓값을 구하시오.

17. 추정의 표준오차가 의미하는 바를 간단히 설명하시오.

18. 대체로 상관계수의 크기와 관련하여 추정의 표준오차 크기는 어떠한가?

19. 다음 자료에 대하여 X로 Y를 예측하는 선형 회귀식을 구하시오.

X	Y
2	1
7	10
5	8
3	0
3	4
4	13

20. 다음 자료에 대해 답하시오.

X	Y
3	3
6	9
5	8
4	3
7	10
5	9

a. X로 Y를 예측하는 회귀식을 구하시오.

b. 이 자료에 대한 피어슨 상관계수를 구하시오. r^2과 SS_Y를 이용하여 $SS_{잔차}$와 추정의 표준오차를 계산하시오.

21. 다음 자료에 대해 답하시오.

X	Y
3	8
5	8
2	6
2	3
4	6
1	4
4	7

a. X로 Y를 예측하는 회귀식을 구하시오.

b. 각 X에 대한 Y의 예측값을 계산하시오.

22. $n = 18$, $r = +0.50$, $SS_Y = 48$인 X와 Y의 자료 쌍에 대한 회귀식을 계산했다.

a. 이 회귀식에 대한 추정의 표준오차를 구하시오.

b. 표본 크기가 $n = 66$이라면 표준오차는 얼마나 커지는가?

23. 다음 문제에 대한 답을 구하시오.

a. 10쌍의 X, Y 점수에 대하여 상관계수가 $r = 0.60$으로 계산되었다. 만약 $SS_Y = 200$이라면 회귀선에 대한 추정의 표준오차는 얼마인지 구하시오.

b. 또 다른 X, Y 점수 쌍에 대하여 상관이 $r = 0.40$이다. 만약 $SS_Y = 200$이라면 회귀선에 대한 추정의 표준오차가 얼마인지 구하시오.

24. 문제 20의 회귀식이 Y 점수 분산을 유의한 정도로 설명하는가? F-비율을 평가하기 위해 $\alpha = .05$를 사용하시오.

25. 다음 문제에 답하시오.

a. 한 연구자가 $n = 20$인 점수 쌍에 대하여 선형 회귀식을 계산했다. 이 식의 유의성을 검정하기 위하여 회귀 분석이 사용된다면 이 F-비율에 대한 df값은 얼마인가?

b. 회귀식의 유의성을 평가하는 연구자가 자유도 $df = 1, 23$인 자료에 대한 F-비율을 얻었다. 이 자료에는 얼마나 많은 X와 Y값의 쌍이 있는가?

CHAPTER

15

카이제곱 통계량: 적합도와 독립성에 대한 검정

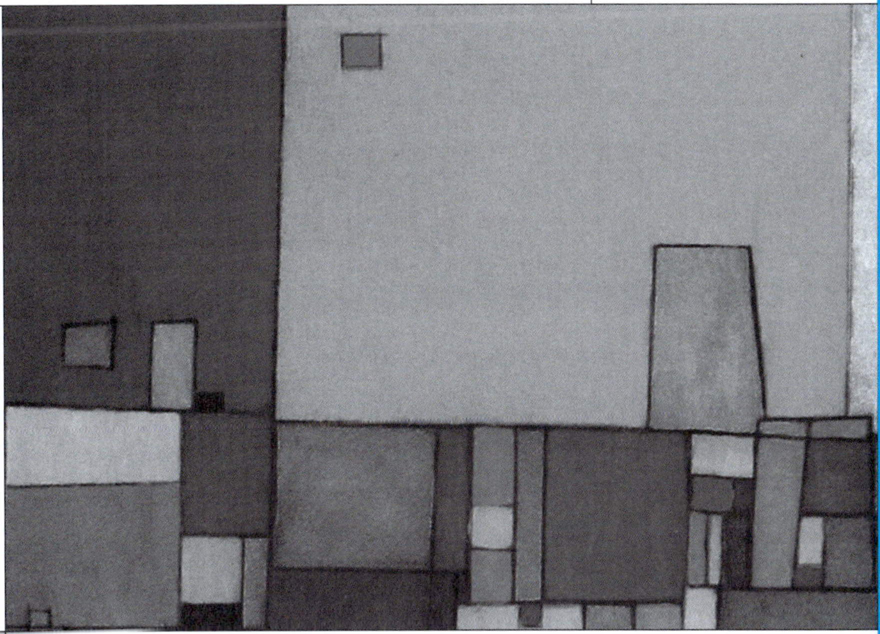

필요한 지식

아래 개념들은 이 장을 이해하기 위해 필요한 주요 개념들이다. 해당 장을 참고하여 충분히 숙지하기를 바란다.

- 빈도 분포(2장)

15-1 카이제곱 소개: 적합도 검정

학습 목표(Learning Objectives)

1. 모수적 가설 검정과 비모수적 가설 검정에 대해 설명할 수 있다.
2. 카이제곱 적합도 검정에 맞는 자료(관찰 빈도)에 대해 설명할 수 있다.
3. 카이제곱 적합도 검정의 가설과 기대 빈도가 어떻게 얻어지는지에 대해 설명하고 연구 사례에 대해 기대 빈도를 계산할 수 있다.

■ 모수적 통계 검정과 비모수적 통계 검정

지금까지 다룬 모든 통계 검정은 특정한 모수에 대한 가설을 검정하도록 고안된 것이다. 예를 들어, 우리는 모집단의 평균(μ)이나 평균 차이($\mu_1 - \mu_2$)에 대한 가설을 평가하기 위해 t 검정을 사용했다. 게다가 이 검정들은 대체로 다른 모수에 대해 가정하는 것이 있다. 분산 분석(ANOVA)에 대해 모집단이 정규분포를 따르고 분산의 동질성을 가정한다는 것을 기억하자. 이 검정들은 모수에 대해 다루고 이 모수에 대한 가정을 요구하므로 **모수 검정**(parametric tests)이라고 부른다.

모수 검정의 또 다른 일반적 특징은 표본에 속한 각 개인에 대해 수치화된 점수를 요구한다는 것이다. 이 점수들은 더하거나 제곱하기도 하고 다른 기초적인 대수적 방법으로 처리되기도 한다. 측정의 척도 측면에서 이야기하자면 모수 검정은 등간 척도나 비율 척도를 따라야 한다(1장 참조).

연구자들은 종종 모수 검정의 요건을 충족하지 못하는 실험 상황에 직면한다. 이런 상황에서는 모수 검정을 사용하는 것이 적절하지 않을 수 있다. 검정의 가정이 위배되면 검정 결과가 자료에 대한 그릇된 해석으로 귀결될 수 있음을 기억하자. 다행히도 모수 검정에 대한 대안으로 사용될 수 있는 몇 가지 가설 검정 기법이 있다. 이 대안적 기법들을 **비모수 검정**(nonparametric tests)이라고 부른다.

이 장에서 우리는 비모수 검정이 사용될 수 있는 두 가지 흔한 예를 소개한다. 이 두 개의 검정은 카이제곱으로 알려져 있는 통계량에 기반을 두고 있고 비율이나 모집단 내에 존재하는 관계에 대한 가설을 평가하기 위해 표본 자료를 사용한다. 이 두 개의 카이제곱 검정은 대부분의 비모수 검정과 같이 특정 모수를 이용한 가설을 세우지 않고 모집단 분포에 대해 대체로 어떤 가정도 하지 않는다. 분포를 가정하지 않는다는 이유로 비모수 검정을 때로 **분포에서 자유로운 검정**(distribution-free tests)이라고 부른다.

모수 검정과 비모수 검정의 가장 뚜렷한 차이 중 하나는 사용하는 자료의 유형이다. 지금까지 우리가 살펴본 모든 모수 검정은 수로 된 점수를 필요로 한다. 반면 비모수 검정에서 연구 대상은 종종 민주당과 공화당 또는 높은 IQ, 중간 IQ, 낮은 IQ와 같이 범주로 분류된다. 이 분류는 명명 척도나 서열 척도로 측정되며, 평균이나 분산을 추정할 수 있게 해 주는 숫잣값이 될 수 없다는 점을 명심하자. 대신 많은 비모수 검정에서 사용하는 자료는 단순한 빈도이다. 예를 들어, $n = 100$의 투표자 표본에서 민주당의 수와 공화당의 수와 같은 것이다.

■ 카이제곱 적합도 검정

평균과 표준편차와 같은 모수는 모집단을 나타내기 위해 가장 흔히 사용되는 방법이지만 연구자가 분포 내 비율이나 상대 빈도에 대해 관심을 가지는 상황이 있다. 예를 들어 보자.

> 50세 미만인 변호사의 수는 50세 이상인 변호사의 수와 어떻게 다른가?
>
> 두 종류의 콜라 중 대부분의 미국인이 선호하는 것은 무엇인가?
>
> 지난 10년간 자신만의 휴대전화를 가진 10세 아동의 비율에 유의한 변화가 있었는가?

위의 예 각각은 모집단의 비율에 대해 묻고 있음에 주목하자. 특히 우리는 개인의 점수를 측정하지 않는다. 대신 개인은 범주로 분류되며, 우리는 각 범주에 대한 모집단의 비율을 알고자 할 뿐이다. **카이제곱 적합도 검정**은 특히 이런 종류의 질문에 답하기 위해 고안되었다. 일반적으로 말하자면 카이제곱 검정은 표본에서 구한 비율을 이용해 모집단의 비율에 대한 가설을 검정하는 것이다.

이 검정의 이름은 그리스어 문자로 검정 통계량을 나타내는 χ('카이'라고 발음)에 유래한다.

> **카이제곱 적합도 검정**(chi-square test for goodness of fit)은 표본 자료를 이용해 모집단 분포의 비율에 대한 가설을 검정한다. 이 검정은 표본으로부터 얻은 비율이 영가설에 따른 모집단 비율에 얼마나 잘 들어맞는지 결정한다.

2장에서 빈도 분포는 측정 척도의 각 범주 내에 위치한 개인의 수에 대해 표를 만드는 것이라고 정의한 것을 기억하자. 빈도 분포 그래프에서 측정의 척도를 구성하는 범주는 X축에 나열된다. 표본 분포표에서 범주는 첫 열에 나열되어 있다. 그러나 카이제곱 검정에서는 측정 척도를 일련의 상자로 제시하는 관습이 있으며, 각 범주는 상자 안에 써 있는 숫자로 제시된다. **그림 15.1**은 $n = 40$인 학생들의 시험 성적 분포를 그래프,

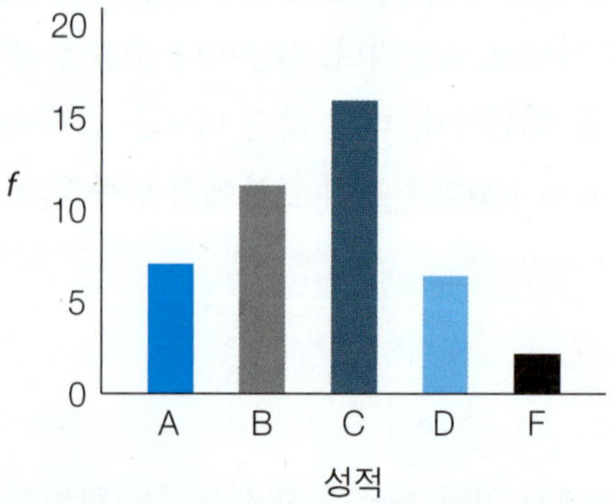

X	f
A	5
B	11
C	16
D	6
F	2

A	B	C	D	F
5	11	16	6	2

그림 15.1
표본 $n = 40$인 사람들의 시험 점수 분포. 동일한 빈도 분포가 막대그래프, 표 그리고 일련의 상자 안에 나타나 있다.

표, 또는 일련의 상자로 제시할 수 있음을 보여 준다. 이 예에서 측정의 척도는 다섯 범주의 성적(A, B, C, D, E)으로 구성된다.

■ 적합도 검정을 위한 영가설

카이제곱 적합도 검정에서 영가설은 각 범주에 대한 모집단의 비율을 지정한다. 예를 들어, 2016학년도에 졸업한 모든 대학생의 50%가 남자이며 나머지 50%는 여성이라는 가설이 성립할 수 있다. 이 가설을 제시하는 가장 간단한 방법은 가설에 따른 비율을 측정 척도를 나타내는 일련의 상자 안에 배치하는 것이다.

	남성	여성
H_0:	50%	50%

연구자가 영가설로 어떤 비율이든 선택할 수 있으나 보통 영가설에는 적절한 근거가 존재한다. 대체로 영가설(H_0)은 다음 범주 중 하나로 분류된다.

1. **선호도 없이 비율 동일함.** 영가설은 종종 범주들 간 동등하게 나누어짐 또는 범주 간 선호도 없음이 된다. 예를 들어, 가장 많이 팔리는 탄산 음료 세 종 간에 차이가 없다는 가설은 모집단의 분포를 다음과 같이 규정할 것이다.

	X사	Y사	Z사
H_0:	$\frac{1}{3}$	$\frac{1}{3}$	$\frac{1}{3}$

(모집단에서 선호도는 세 개의 탄산 음료 사이에 동일하게 나뉜다.)

연구자가 범주 간 선호도가 있는지를 결정하고자 하거나 비율이 범주마다 서로 다른지 결정하고자 하는 상황에서는 '선호도 없음'이라는 가설이 사용된다.

적합도 검정을 위한 영가설은 모집단의 정확한 분포를 정해야 하므로 대립가설(H_1)은 단지 모집단의 분포가 영가설에서 정한 것과 다른 모양을 가지고 있다는 것이다. 모집단이 세 범주 간 균등하게 나뉜다는 것이 영가설이라면 모집단에서는 균등하지 않다는 것이 대립가설이다.

2. **알려진 모집단과 차이 없음.** 영가설은 한 모집단 내의 비율이 다른 모집단에 대해 알려진 비율과 다르다는 것이 될 수 있다. 예를 들어, 면허를 지닌 운전자 중 28%가 30세 미만이고 72%는 30세 이상이라고 하자. 연구자는 과속 딱지를 받은 운전자에서도 동일한 비율이 유지될지 궁금해할 수 있다. 영가설은 과속 딱지가 운전자의 모집단에서 균등하게 발부되는지, 그래서 운전자의 나이 분포와 과속 딱지를 받은 운전자의 나이 분포 간 차이가 없는지이다. 즉, 영가설은 다음과 같을 것이다.

	과속 딱지를 받은 30세 미만 운전자	과속 딱지를 받은 30세 이상 운전자
H_0:	28%	72%

(과속 딱지에 대한 모집단의 비율은 운전자에 대한 비율과 차이가 없다.)

특정한 모집단 분포가 이미 알려져 있다면 '차이 없음'이라는 영가설이 사용된다. 예를 들어, 예전부터 알려진 분포가 있고 비율에 어떤 차이가 있었는지가 문제라고 해 보자. 또는 한 모집단(운전자)에서 분포가 알려져 있고 다른 모집단(과속 딱지를 받은 집단)이 같은 비율을 지니는지가 문제라고 하자.

영가설(H_0)은 단지 모집단의 비율이 영가설에서 정한 값과 같지 않다는 것으로 하자. 이 예에서 H_1은 과속 딱지의 비율이 한 연령대 집단에서는 높고 다른 연령대 집단에서는 낮다는 것이다.

■ 적합도 검정을 위한 자료

카이제곱 검정을 위한 자료는 매우 간단하다. 표본 평균이나 *SS*를 계산할 필요도 없다. 단지 *n*명의 사람들을 표본으로 선택해 각 범주에 얼마나 많은 사람들이 있는지만 세면 된다. 그 결과로 얻은 수치를 **관찰 빈도**라고 한다. 관찰 빈도는 f_o로 나타낸다. 예를 들어, 다음 자료는 40명의 대학생으로부터 구한 관찰 빈도를 나타낸다. 학생들은 매주 운동을 어떻게 했는지에 따라 다음 세 범주로 분류되었다.

운동 안 함	일주일에 한 번	일주일에 한 번 이상	
15	19	6	$n = 40$

표본에서 개인들은 단지 하나의 범주로만 분류됨에 주목하자. 따라서 이 예의 빈도는 학생들을 서로 완전히 다른 집단으로 구분한 결과를 나타낸다. 즉, 15명은 규칙적인 운동을 하지 않고, 19명은 주당 1회만 운동을 하며, 6명은 주당 1회 이상 운동을 한다. 또한 관찰 빈도가 표본의 크기와 동일하다($\Sigma f_o = n$)는 점에도 주목하자. 마지막으로 우리가 개인을 범주로 지정한 것이 아니라는 점을 알아야 한다. 우리는 단지 개인들이 속한 범주를 측정했을 뿐이다.

관찰 빈도(observed frequency)는 표본에서 어떤 특정 범주로 분류되는 개인의 수를 의미한다. 각 개인은 단지 하나의 범주에만 속한다.

■ 관찰 빈도

카이제곱 적합도 검정의 일반적인 목표는 자료(관찰 빈도)를 영가설과 비교하는 것이다. 문제는 H_0이 지정하는 분포와 자료가 얼마나 잘 들어맞는지 결정하는 것이며, 그래서 적합도(goodness of fit) 검정이라는 이름이 생겼다.

카이제곱 검정의 첫 단계는 영가설에서 정한 비율과 완벽히 일치할 경우 나올 수 있는 표본 분포를 대표하는 가상적 표본을 구성하는 것이다. 예를 들어, 표본이 세 범주에 대해 다음 비율과 같이 분포되는 것이 영가설이라고 가정하자.

	A 범주	B 범주	C 범주
H_0:	25%	50%	25%

(모집단은 A 범주에 25%, B 범주에 50%, C 범주에 다시 25% 분포되어 있다.)

이 가설이 참이라면 $n = 40$인 무작위 표본에서 이 세 범주 간 비율이 어떨 것이라고 예측할 수 있을까? A, B, C 범주에 대해 각각 표본의 25%, 50%, 25%가 속한다고 예측하는 것이 최선의 전략임은 명확하다. 각 범주에 기대되는 정확한 빈도를 구하기 위해서는 표본 크기(n)를 영가설에서의 비율에 곱하면 된다. 예를 들어 다음을 기대한다고 하자.

40명의 25% = 0.25(40) = A 범주에 10명
40명의 50% = 0.50(40) = B 범주에 20명
40명의 25% = 0.25(40) = C 범주에 10명

영가설에서 기대되는 빈도를 기대 빈도라고 한다. 기대 빈도는 f_e로 나타내며, 각 범주의 기대 빈도는 다음과 같이 계산된다.

$$기대\ 빈도 = f_e = pn \tag{15.1}$$

여기에서 p는 영가설에서의 비율이며 n은 표본 크기이다.

각 범주에 대한 **기대 빈도**(expected frequency)는 영가설과 표본 크기(n)에 대한 비율에서 기대되는 빈도를 말한다. 기대 빈도는 표본 분포가 영가설에서 정한 비율과 완벽히 일치한다면 얻을 수 있는 이상적이고 가상적인(hypothetical) 표본 분포를 말한다.

선호도 없음이라는 영가설에서는 비율(p)이 모든 범주에 대해 같기 때문에 기대 빈도(f_e값) 또한 모든 범주에 대해 같을 것이라는 점에 주목하자. 반면 차이 없음이라는 영가설은 가설에 따른 비율이 대체로 범주별로 다르기 때문에 기대 빈도가 동일하지는 않을 것이다. 또한 기대 빈도가 계산되면 여러분이 구한 가상적인 값은 소수점이나 분수일 것이라는 점도 기억해야 한다. 반면 관찰 빈도는 항상 개인을 대표하므로 정수가 된다.

■ 카이제곱 통계량

어떤 가설 검정도 일반적인 목적은 표본의 자료가 모집단에 대한 가설을 지지하거나 반박하는지 결정하는 것이다. 카이제곱 적합도 검정에서 표본은 일군의 관찰 빈도로 표현되며(f_o값), 영가설은 일군의 기대 빈도로 표현된다(f_e값). **카이제곱 통계량**(chi-square statistic)은 χ^2이라고 쓴다. 카이제곱 통계량 계산식은 다음과 같다.

$$카이제곱 = \chi^2 = \Sigma\frac{(f_o - f_e)^2}{f_e} \tag{15.2}$$

식이 나타내듯이 카이제곱값은 다음 단계에 따라 계산된다.

1. 각 범주에 대해 f_o(자료)와 f_e 간 차이를 알아낸다.
2. 차이를 제곱한다. 모든 값이 양수인지 확인한다.
3. 다음으로 제곱한 차잇값을 f_e로 나눈다.
4. 마지막으로 모든 범주에서 계산된 값을 더한다.

첫 두 단계에서 카이제곱 통계량의 분자에 해당하는 값이 결정되며, 여기까지는 이해하기 쉬울 것이다. 특히 분자는 자료(f_o값)와 f_e로 대표되는 가설 간에 얼마나 큰 차이가 있는지를 측정한다. 마지막 단계 또한 논리적으로 이해할 수 있다. 이 값들을 다 더해 자료와 가설 간의 전체적인 불일치가 얼마인지 얻을 수 있게 된다. 따라서 카이제곱 값이 크다는 것은 자료가 가설에 잘 들어맞지 않는다는 것이며, 그에 따라 영가설을 기각하게 만든다.

그러나 카이제곱 통계량의 분모를 결정하는 세 번째 단계는 명확하지 않다. 왜 각 범주에 해당하는 값을 더하기 전에 f_e로 나누어야 하는가? 이 질문에 대한 답은 우리가 구한 f_o와 f_e 간 불일치는 기대 빈도의 크기에 따라 상대적으로 크거나 상대적으로 작은 것으로 간주된다는 것이다. 이 점은 다음의 비유에 드러난다.

어떤 파티에 1,000명의 사람들이 참석할 것으로 기대하고 있다고 하자. 그러나 파티에서 손님을 세어보았더니 실제로 1,040명이 참석했음을 관찰했다. 당신이 1,000명을 계획했을 때 기대보다 40명의 손님이 더 참석한 것은 큰 문제가 아니다. 아마 모두 즐길 만큼 술과 안주가 충분할 것이다. 반면 당신이 파티를 열었는데, 10명이 참석하기를 기대했는데 실제로는 50명이 왔다고 하자. 이 경우 40명이 더 참석한 것은 큰 문제다. 이 불일치가 얼마나 '유의한지'는 부분적으로 당신의 원래 기댓값이 얼마였는지에 따라 다르다. 기대 빈도가 매우 클 때 f_o와 f_e 간에는 더 큰 오차가 허용된다. 이는 카이제곱 식에서 각 범주에 대해 불일치를 제곱한 값$(f_o - f_e)^2$을 기대 빈도로 나눔으로써 가능해진다.

학습 점검

학습 목표 1 1. 다음 중 비모수 검정의 특징은 무엇인가?

a. 개인에 대한 수치를 필요로 한다.
b. 모집단 분포에 대한 가정을 필요로 한다.
c. 모집단의 평균이나 분산에 대한 가설을 평가한다.
d. 위의 어느 것도 비모수 통계의 특징이 아니다.

학습 목표 2 2. 다음 중 카이제곱 적합도 검정의 관찰 빈도를 정확히 설명하는 것은 무엇인가?

a. 항상 양의 정수이다.
b. 항상 양수지만 분수나 소수점을 포함할 수 있다.
c. 양수나 음수가 될 수 있지만 항상 정수이다.
d. 양수나 음수가 될 수 있으며 분수나 소수점도 포함할 수 있다.

학습 목표 3 3. 어느 연구자가 $n = 60$인 표본을 대상으로 사람들이 세 종류의 사과 중 어느 것을 선호하는지 검정하려고 한다. 각 참가자는 세 종류의 사과를 맛보고 좋아하는 것을 고른다. 다음 중 카이제곱 적합도 검정을 위한 기대 빈도가 될 수 있는 것은 무엇인가?

a. $\frac{1}{3}, \frac{1}{3}, \frac{1}{3}$

b. 10, 10, 10

c. 20, 20, 20

d. 60, 60, 60

정답 **1. d** **2. a** **3. c**

15-2 카이제곱 적합도 검정의 예

학습 목표(Learning Objectives)

4. 카이제곱 적합도 검정의 자유도를 정의하고 카이제곱 분포에서 특정 유의 수준을 위한 임곗값을 구할 수 있다.

5. 카이제곱 적합도 검정을 실시하고 논문에 쓰듯이 결과를 기술할 수 있다.

■ 카이제곱 분포와 자유도

카이제곱 공식에서 카이제곱의 값은 관찰 빈도(자료)와 기대 빈도(영가설) 간 불일치를 측정하는 값이라는 점을 정확히 이해해야 한다. 늘 그러하듯이 표본 자료는 모집단을 완벽히 대표하지 않는다. 이 경우에 표본의 관찰 빈도나 비율은 모집단과 정확히 일치할 것으로 기대되지 않는다. 따라서 f_o와 f_e 간에 약간의 불일치가 있다면 카이제곱값이 작을 것이므로 자료와 가설 간 적합도가 좋다는 결론을 내릴 수 있다(즉, 영가설을 기각하지 못함). 그러나 f_o와 f_e 사이에 큰 불일치가 있다면 큰 카이제곱값을 얻을 것이고 자료가 가설에 들어맞지 않는다는 결론을 내리게 된다(즉, 영가설을 기각). 특정한 카이제곱값이 큰지 또는 작은지 결정하기 위해서는 **카이제곱 분포**(chi-square distribution)를 참조해야 한다. 이 분포는 영가설이 참일 때 가능한 모든 무작위 표본에 대한 카이제곱값의 분포를 말한다. 앞에서 살펴본 다른 분포들(t 분포, F 분포)과 마찬가지로 카이제곱 분포도 잘 정의된 특징을 지닌 이론적 분포이다. 이 특징 중 일부는 카이제곱 공식으로부터 쉽게 추론할 수 있다.

1. 카이제곱 공식에는 제곱된 값을 더하는 과정이 포함되어 있으므로 음수가 나올 수 없다. 따라서 모든 카이제곱값은 0 이상이다.

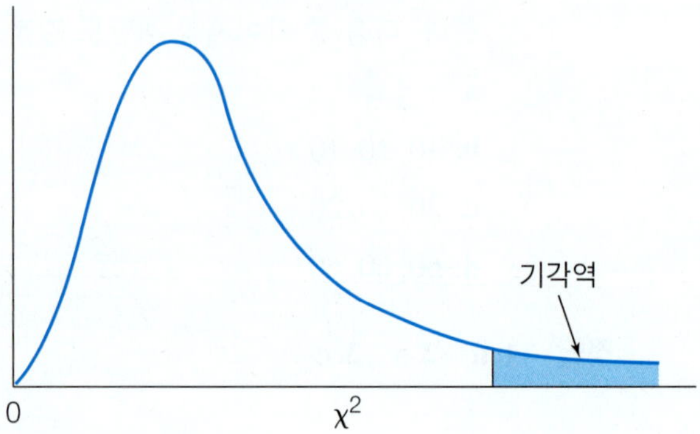

그림 15.2
카이제곱 분포는 정적으로 편포되어 있으며, 기각역은 카이제곱값이 큰 부분인 꼬리 끝부분에 존재한다.

2. H_0이 참일 때 자료(f_o)가 가설(f_e)과 가까울 것으로 기대된다. 따라서 카이제곱은 H_0이 참일 때 작을 것으로 기대된다.

이 두 요인에 따르면 전형적인 카이제곱 분포는 정적 편포를 이룰 것이다(그림 15.2). H_0이 참일 때 0에 가까운 작은 값이 기대되며 오른쪽 끝에 있는 큰 값은 가능성이 낮다. 따라서 카이제곱 분포에서 비정상적으로 큰 값은 가설 검정을 위한 기각역(critical region)을 형성한다.

전형적인 카이제곱 분포는 정적 편포를 이루지만 카이제곱의 정확한 형태를 결정하는 또 다른 요인은 범주의 수이다. 카이제곱 공식에서 모든 범주의 수를 더하는 과정이 있음을 기억하자. 범주가 많을수록 더 큰 카이제곱값을 얻을 가능성이 있다. 평균적으로 3개의 범주에서 값을 더할 때보다 10개의 범주에서 값을 더할 때 더 큰 카이제곱값을 얻을 것이다. 그 결과 카이제곱 분포는 군을 이루며 각 분포의 정확한 형태는 연구에서 사용된 범주의 수에 의해 결정된다. 기술적으로 각각의 특정한 카이제곱 분포는 범주의 수가 아니라 자유도(degrees of freedom, df)에 의해 정해진다. 적합도 검정에서 자유도는 다음과 같이 결정된다.

$$df = C - 1 \tag{15.3}$$

주의: 카이제곱 검정의 df는 대부분의 다른 검정과 달리 표본의 크기(n)와는 관련이 없다.

여기에서 C는 범주의 수이다. 이 df 공식에 대한 간단한 논의는 글상자 15.1에서 찾을 수 있다. 그림 15.3은 df와 카이제곱 분포의 모양 간 일반적인 관계를 보여 준다. 카이제곱값은 범주의 수와 자유도가 커질수록 더 커지는(즉 오른쪽으로 이동하는) 경향이 있음에 주목하자.

다음 예는 카이제곱 적합도 검정을 위한 기대 빈도와 df값을 이해하고 있는지 확인

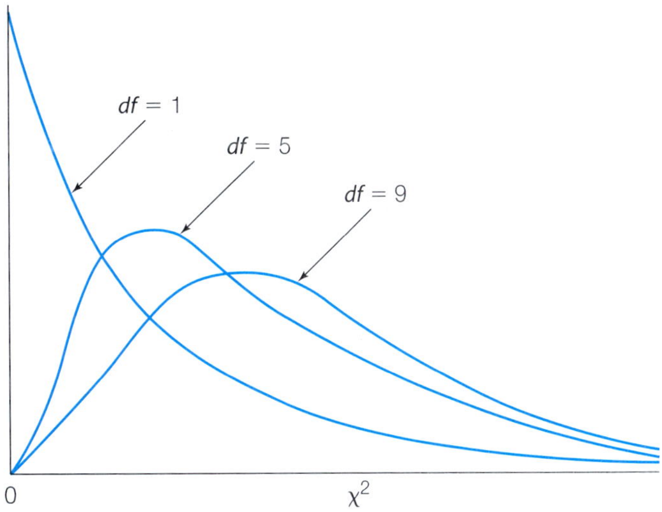

그림 15.3
카이제곱 분포의 형태는 자유도(*df*)에 따라 달라진다. 범주의 수가 늘어날수록 꼭짓점(최빈값)에 해당하는 카이제곱값이 증가한다.

글상자 15.1 자유도에 대한 면밀한 관찰

카이제곱 검정을 위한 자유도는 말 그대로 영가설이나 기대 빈도를 정할 때 여러분이 내릴 수 있는 자유로운 선택의 수를 측정한다. 예를 들어, 여러분이 개인을 세 범주로 분류할 때 영가설을 진술함에 있어 정확히 두 개의 자유로운 선택을 내릴 수 있다. 첫 두 범주에 대한 비율을 정할 수 있으나 그로 인해 세 번째 비율이 결정된다. 첫 범주에 25%, 두 번째 범주에 50%가 있는 것으로 가정하면 세 번째 범주는 모집단을 100% 설명하기 위해서는 반드시 25%가 되어야 한다.

범주 A	범주 B	범주 C
25%	50%	?

대체로 여러분은 하나를 제외한 나머지 범주에 대해 비율을 자유롭게 선택할 수 있으나 그러면 전체 집합의 합이 100%가 되어야 한다는 사실에 의해 마지막 비율이 정해진다. 그래서 *C*를 범주의 수라고 할 때 $C - 1$개의 자유로운 선택이 가능하다. 따라서 자유도, 즉 *df*는 $C - 1$이다.

해 볼 수 있는 기회를 제공한다.

예제 15.1 어느 연구자가 세 개의 서로 다른 컴퓨터 키보드 디자인을 만들었다. 연구 대상으로 $n = 60$의 표본을 구했고, 각 개인은 세 개의 키보드를 다 써 보고 선호하는 것을 골랐다. 선호도 빈도 분포는 다음과 같다.

디자인 A	디자인 B	디자인 C	
23	12	25	$n = 60$

영가설은 세 디자인의 선호도에 차이가 없다는 것으로 가정하자. 카이제곱 검정을 위한 기대 빈도를 구하고 *df*값을 찾아보시오. 여러분은 세 디자인 모두 $f_e = 20$이고 $df = 2$임을 구할 수 있어야 한다. ■

■ 카이제곱 검정을 위한 기각역 정하기

카이제곱 통계량이 크다는 것은 자료와 가설 간 불일치가 크다는 것이며 H_0을 기각하도록 제안하는 것이라는 점을 기억하자. 특정한 카이제곱값이 유의한 정도로 큰지 결정하기 위해서는 카이제곱 분포라는 이름의 표(부록 A)를 참조해야 한다. 카이제곱표의 일부분이 표 15.1에 제시되어 있다. 첫 열은 카이제곱 검정을 위한 *df*값이며 첫 행은 분포의 오른쪽 끝에 있는 부분(유의 수준)을 의미한다. 표의 몸통에 있는 숫자들은 카이제곱 임곗값이다. 예를 들어, 표에서 영가설이 참이고 $df = 3$일 때 카이제곱값의 단지 5%(.05)만이 7.81 이상이며 단지 1%(.01)만이 11.34 이상이라는 것이다. 따라서 $df = 3$일 때 7.81보다 큰 카이제곱값은 $p < .05$의 확률을 지니며 11.34보다 큰 카이제곱값은 $p < .01$의 확률을 지닌다.

■ 완전한 카이제곱 적합도 검정

다른 가설 검정의 경우와 마찬가지로 카이제곱에 대해서도 가설 검정을 절차를 단계적

표 15.1 카이제곱 분포의 임곗값 표 일부

	기각역의 비율				
df	0.10	0.05	0.025	0.01	0.005
1	2.71	3.84	5.02	6.63	7.88
2	4.61	5.99	7.38	9.21	10.60
3	6.25	7.81	9.35	11.34	12.84
4	7.78	9.49	11.14	13.28	14.86
5	9.24	11.07	12.83	15.09	16.75
6	10.64	12.59	14.45	16.81	18.55
7	12.02	14.07	16.01	18.48	20.28
8	13.36	15.51	17.53	20.09	21.96
9	14.68	16.92	19.02	21.67	23.59

으로 제시했다. 대체로 이 단계들은 가설 진술하기, 기각역 정하기, 통계량 계산하기, H_0에 대한 의사 결정을 내리기 등으로 구성되어 있다. 다음 예는 적합도 검정을 위한 완벽한 가설 검정 절차를 보여 준다.

예제 15.2 사람들은 어떤 색(특히 빨강과 노랑)을 배고픔의 증가와 연계하는 경향이 있다(Singh, 2006). 많은 패스트푸드 식당들이 간판과 장식을 디자인할 때 이 관계를 이용한다. 이러한 현상을 점검하기 위해 한 심리학자가 연구 대상에게 무드와 감정을 묘사하는 일련의 단어들(조용하다, 행복하다, 배고프다, 졸리다, 불안하다 등)을 제공하고는 각자 선호하는 색상을 고르게 했다. 각 연구 대상은 빨강, 노랑, 초록, 파랑 등 4개의 선택지를 받았다. 다음 자료는 얼마나 많은 학생들이 각 색깔을 배고픔과 연결했는지 보여 준다.

빨강	노랑	초록	파랑
19	16	10	5

가설 검정에 대한 문제는 네 개의 선택된 색상 중 선호하는 것이 있는지이다. 배고픔과 연결된 어떤 색상이 우연보다는 더 많은(또는 더 적은) 수준으로 선택되었는가?

1단계 **가설을 진술하고 유의 수준을 선택한다.** 가설은 다음과 같이 진술할 수 있다.

H_0: 모집단 전체에서 배고픔과 더 높은 연관성을 가지는 특정한 색은 없다. 따라서 네 가지 색은 동등한 빈도로 선택되며, 모집단 분포는 다음과 같은 비율을 지닌다.

빨강	노랑	초록	파랑
25%	25%	25%	25%

H_1: 모집단 전체에서 하나 이상의 색이 다른 색보다 더 배고픔과 연관성을 갖는다.

유의 수준은 $\alpha = .05$를 사용할 것이다.

2단계 **기각역을 찾는다.** 이 예에 대해서 자유도는 다음과 같다.

$$df = C - 1 = 4 - 1 = 3$$

$df = 3$이고 $\alpha = .05$일 때 카이제곱 임곗값을 표에서 찾아보면 7.81이다. 기각역은 **그림 15.4**에 표시되어 있다.

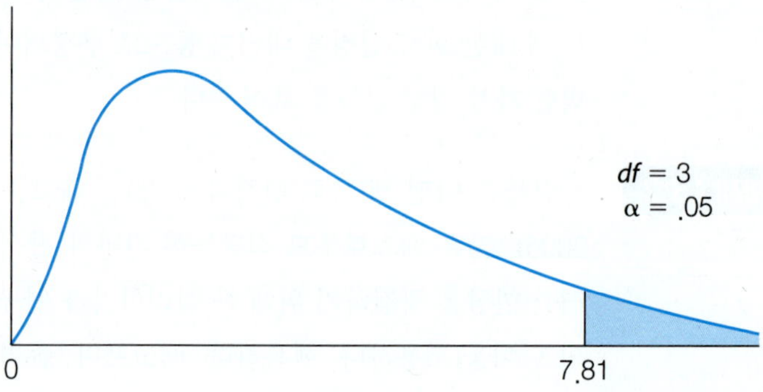

그림 15.4
예제 15.2에서 기각역은 카이제곱값 7.81에서 시작한다.

표 15.2 예제 15.2의 카이제곱 검정을 위한 관찰 빈도와 기대 빈도

	빨강	노랑	초록	파랑
관찰 빈도	19	16	10	5
	빨강	**노랑**	**초록**	**파랑**
기대 빈도	12.5	12.5	12.5	12.5

3단계 카이제곱 통계량을 계산한다. 카이제곱의 계산 과정은 실제로 두 단계이다. 우선, H_0로부터 기대 빈도를 찾아내고 그다음에 카이제곱값을 계산해야 한다. 이 예에 대해서 영가설은 모집단의 1/4(p = 25%)이 네 범주 각각에 분포한다는 것이다. 이 가설에 따르면 표본의 1/4이 각 범주에 분포할 것으로 기대해야 한다. 50명의 개인(n = 50)의 표본에 대하여 각 범주에 대한 기대 빈도는 다음과 같다.

기대 빈도를 계산하면 소수점이 나올 수 있다. 관찰 빈도는 항상 정수이다.

$$f_e = pn = \frac{1}{4}(50) = 12.5$$

관찰 빈도와 기대 빈도는 표 15.2에 나타나 있다.

이 값들을 이용하여 카이제곱 통계량을 다음과 같이 계산할 수 있다.

$$\chi^2 = \frac{(f_o - f_e)^2}{f_e}$$

$$= \frac{(19 - 12.5)^2}{12.5} + \frac{(16 - 12.5)^2}{12.5} + \frac{(10 - 12.5)^2}{12.5} + \frac{(5 - 12.5)^2}{12.5}$$

$$= \frac{42.25}{12.5} + \frac{12.25}{12.5} + \frac{6.25}{12.5} + \frac{56.25}{12.5}$$

$$= 3.38 + 0.98 + 0.50 + 4.50$$
$$= 9.36$$

4단계 의사 결정을 하고 결론을 내린다. 구한 카이제곱값은 기각역에 속한다. 따라서 H_0은 기각되고 연구자는 네 가지 색이 배고픔과 같은 정도로 연관되어 있지 않을 것이라고 결론 내릴 수 있다. 네 가지 색 간에는 유의한 차이가 있어 어떤 색은 우연히 나타날 수 있는 것보다 더 또는 덜 자주 선택된다. 이 자료를 보면 빨강과 노랑이 배고픔과 더 많이 연관되며 초록과 파랑은 기댓값보다 덜 연관된다는 점이 분명하다. ■

논문 들여다보기

카이제곱 결과 보고하기

APA 양식은 학술지에서 카이제곱 통계량을 보고하는 양식을 정해 놓고 있다. 예제 15.2의 결과에 대해 다음과 같이 진술할 수 있다.

> 자료 분석 결과, 네 가지 색 중 일부는 다른 색보다 배고픔과 더 깊은 관련성을 보였다. $\chi^2(3, n = 50) = 9.36, p < .05$.

이 결과 보고 양식은 앞에서 살펴본 다른 통계 검정 결과와 유사하다. 자유도는 카이제곱 기호 다음 괄호 안에 표시된다. 또한 괄호 안에는 표본 크기(n)가 포함된다. 자유도는 표본 크기가 아니라 범주의 수(C)에 따라 달라지므로 이런 추가 정보는 중요하다. 다음으로, 계산된 카이제곱값을 제시하고 그다음 1종 오류가 저질러졌을 확률을 제시한다. 카이제곱 통계량으로 매우 큰 값을 얻었으므로 이 확률은 유의수준보다 작은 것으로 보고된다. 추가로, 결과를 보고할 때 각 범주에 대한 관찰 빈도(f_o)를 제시할 수 있다. 이런 정보는 간단한 문장으로 나타내거나 표로 제시한다. ■

■ 적합도와 단일 표본 t 검정

모수 검정과 비모수 검정 간 차이에 대한 일반적인 논의로 이 장을 시작한 바 있다. 이러한 맥락에서 카이제곱 적합도 검정은 비모수 검정의 예이다. 즉, 모집단 분포의 모수에 대해 어떠한 가정도 하지 않고, 등간 척도나 비율 척도의 자료를 필요로 하지도 않는다. 반면, 9장에서 소개한 단일 표본 t 검정은 모수 검정의 예이다. 즉, 정규분포를 따르는 모집단을 가정하고, 모집단의 평균(모수)에 대한 가설을 검정하며, 연산(더하기, 제곱하기, 나누기 등)이 가능한 점수를 필요로 한다.

카이제곱 검정과 단일 표본 t 검정은 명확히 분리되지만 매우 유사한 점도 있다. 특히, 두 개의 검정 모두 단일 모집단에 대한 가설을 검정하기 위하여 하나의 표본으로부터 수집한 데이터를 이용하고자 한다.

여러분이 카이제곱 검정이나 t 검정 중 무엇을 써야 하는지 결정할 때 제1의 요인은 각 피험자로부터 얻을 수 있는 측정의 예이다. 만약 표본의 자료가 점수(등간 척도나 비율 척도)로 구성되어 있다면 표본 평균을 구하고 모집단의 평균에 대한 가설을 평가하기 위해 t 검정을 사용하는 것이 적절하다. 예를 들어, 어느 연구자가 투표자 표본에서 개인의 IQ를 측정할 수 있다고 하자. 이때 투표자 전체 모집단의 평균 IQ에 대한 가설을 평가하기 위해 t 검정을 사용할 수 있다. 반면 표본의 개인이 점수가 아닌 범주(명명 척도나 서열 척도)로 분류된다면 모집단의 비율에 대한 가설을 평가하기 위해 카이제곱 검정을 사용할 것이다. 예를 들어, 연구자가 투표자 표본에서 남성과 여성의 숫자를 셈으로써 사람들을 분류할 수 있다. 이때 카이제곱 검정은 모집단의 비율에 대한 가설을 평가하기에 적절할 것이다.

학습 점검

학습 목표 4 **1.** 어느 연구자가 새 자동차를 위한 세 개의 서로 다른 디자인에 대한 선호도를 평가하기 위해 카이제곱 적합도 검정을 실시하고 있다. $n = 30$의 표본에 대해 이 연구자는 $\chi^2 = 4.81$이라는 카이제곱값을 얻는다. 이 결과에 대해 적절한 통계적 의사 결정은 무엇인가?

a. $\alpha = .05$에서는 영가설을 기각하지만 $\alpha = .01$에서는 기각하지 못한다.

b. $\alpha = .05$ 또는 $\alpha = .01$에서 영가설을 기각한다.

c. $\alpha = .05$나 $\alpha = .01$에서 영가설을 기각하지 못한다.

d. 적절한 의사결정을 내릴 만큼 충분한 정보가 없다.

학습 목표 4 **2.** 다음 중 카이제곱 적합도 검정을 위해 df를 계산하기에 적절한 식은 무엇인가?

a. $n - 1$

b. $n - 2$

c. $n - C$(여기에서 C는 범주의 수)

d. 어느 것도 아님

학습 목표 5 **3.** 어느 연구자가 20명의 대학 2학년생 대상으로 두 종류의 휴대전화 선호도를 알아보고자 한다. 각 학생은 각 전화를 하루 동안 사용한 후 선호하는 것을 고른다. 만약 14명의 학생이 한 종류의 휴대전화를 고르고 6명은 다른 종류를 골랐다면 χ^2 값은 얼마인가?

a. 0.80

b. 1.60
c. 3.20
d. 11.0

정답 **1. c** **2. d** **3. c**

15-3 카이제곱 독립성 검정

학습 목표(Learning Objectives)

6. 카이제곱 독립성 검정을 위한 자유도를 정의하고 카이제곱 분포에서 특정 유의 수준에 대한 임곗값을 찾을 수 있다.
7. 카이제곱 독립성 검정의 가설을 제시하고 기대 분포가 어떻게 얻어지는지 설명할 수 있다.
8. 카이제곱 독립성 검정을 실시하고 학술 논문에서와 같이 결과를 보고할 수 있다.

카이제곱 통계량은 두 변수 간에 관계가 있는지 검정하기 위해 사용할 수도 있다. 이런 상황에서 표본에 속한 개인은 두 변수 각각에 대해 측정되거나 분류된다. 예를 들어, 일군의 학생들은 성격(내향성, 외향성) 및 색상 선호도(빨강, 노랑, 초록, 파랑)에 따라 분류될 수 있다. 대체로 이런 분류 자료는 행렬의 형태로 제시되며 이 행렬의 행과 열은 각각 한 변수의 범주들에 대응된다. 표 15.3은 성격과 선호 색상에 따라 분류된 학생(n = 200)에 대한 가상적 자료를 보여 준다. 각 상자 안의 숫자는 해당 집단에 속한 개인의 수, 즉 빈도를 나타낸다. 예를 들어, 표 15.3에서 내성적이며 빨강을 선호하는 것으로 분류된 학생은 10명이 있다. 이러한 자료를 얻으려면 연구자는 먼저 n = 200의 학생들을 무작위로 선발한다. 각 학생에게는 성격 검사를 실시하고 네 개의 색상 중 하나를 선

표 15.3 성격에 따른 색상 선호도

	빨강	노랑	초록	파랑	
내향성	10	3	15	22	50
외향성	90	17	25	18	150
	100	20	40	40	n = 200

택하게 한다. 이러한 분류는 학생 개인의 측정 결과에 따라 이루어진다는 점에 주목하자. 연구자는 학생들을 이렇게 범주로 구분해 나간다. 또한 자료는 표본으로부터 얻은 점수가 아니라 빈도로 구성되어 있음에 주목하자. 이 분석의 목표는 표본으로부터 구한 빈도를 이용하여 모집단의 빈도 분포에 대한 가설을 검정하는 것이다. 특히 학생들 모집단에서 성격과 색상 선호도 간 유의한 관계가 있는지라는 결론을 내리기에 이 자료가 충분한 것인가?

표 15.3의 색상 선호도 연구는 비실험 연구의 예이다(1장, 24쪽). 연구자는 어떤 변수도 조작하지 않았으며 참여자는 집단이나 처치의 조건으로 무작위로 배정되지 않았다. 그러나 진실험 연구에서 비슷한 자료를 얻을 수 있다. 다음의 예는 실험 연구에서 얻은 빈도 자료를 보여 준다.

예제 15.3 Guéguen, Jacob과 Lamy(2010)는 낭만적인 배경 음악이 방금 만난 남성에게 여성이 전화번호를 줄 가능성을 높인다는 것을 보여 주었다. 이 연구의 참여자는 제품 평가에 대한 연구에 참여하기 위해 모집된 18세부터 20세까지의 여자 대학생들이었다. 각 여성은 배경 음악이 흘러나오는 대기실로 인도되었다. 일부 여성들에게는 유명한 사랑 노래를 들려주었고 다른 여성들에게는 중립적인 노래를 들려주었다. 3분 후에 참가자는 20세의 남성이 이미 기다리고 있던 방으로 이동했다. 남성들은 매력도에서 중간으로 평가받은 적이 있기 때문에 연구에 참여하게 되었다. 연구 참여 여성과 남성은 유기농 과자와 일반 과자 등 두 개의 과자를 먹으라는 지시를 받았고, 그 후에 두 과자에 대해 몇 분간 이야기를 나누었다. 5분 후에 연구자는 실험을 마치기 위해 들어와 남녀에게 몇 분간 홀로 기다려 달라고 요구했다. 이 시간 동안 남성은 미리 정한 문구를 이용하여 여성에게 전화번호를 요구했다. 이 연구에서 수집한 것과 유사한 결과가 표 15.4에 나타나 있다. 연구자들이 배경 음악(독립변수)의 종류를 조작했고 각 음악의 종류에 대해 '예'와 '아니요'의 응답 숫자(종속변수)를 기록했음에 주목하자. 색상 선호도 자료와 마찬가지로 연구자들은 표본에서 그에 상응하는 모집단의 빈도 분포에 대한 가설을 검정하기

표 15.4 전화번호를 요구받았을 때 '예' 또는 '아니요'라고 답한 연구 참여자의 수를 보여 주는 표본 분포표. 한 집단은 대기실에서 낭만적인 음악을 들었고 다음 집단은 중립적인 음악을 들었다.

		전화번호를 주었는가?		
		예	아니요	
음악의 종류	낭만적	27	23	50
	중립적	15	35	50
		42	58	

위하여 빈도를 이용하고자 한다. 이 경우에 연구자들은 음악의 종류와 전화번호 요구에 대한 여성의 반응 간 유의한 관계가 존재하는지 결론을 내릴 만큼 충분한 근거를 표본 자료가 제공하는지 알고자 한다. ■

변수들 간 관계에 대한 가설을 검정하기 위해 표본 빈도를 이용하는 절차에는 카이제곱 통계량을 이용한 또 다른 검정이 개입된다. 그러나 이러한 상황에서 이 검정은 **카이제곱 독립성 검정**이라고 불린다.

카이제곱 독립성 검정(chi-square test for independence)은 모집단에서 두 변수 간 관계를 평가하기 위하여 표본의 빈도 자료를 이용한다. 표본에서 각 개인은 두 변수 모두에 대해 분류되어 2차원의 빈도 분포 행렬을 만들어 낸다. 그다음으로 표본에 대한 빈도 분포를 이용하여 그에 상응하는 모집단의 빈도 분포에 대한 가설을 검정한다.

■ 독립성 검정을 위한 영가설

카이제곱 독립성 검정을 위한 영가설은 측정된 두 변수가 **독립적**이라고 진술한다. 즉, 각 개인에 대해 한 변수의 값은 두 번째 변수의 값과 관련이 없거나 또는 영향을 받지 않는다는 말이다. 이 일반적인 가설은 두 개의 서로 다른 개념적 형태로 표현될 수 있으며 각각은 자료와 검정을 서로 약간 다른 관점에서 바라본다. 배경 음악과 전화번호를 제공할 가능성에 대한 예제 15.3의 연구는 두 가지의 영가설을 나타내기 위해 사용된다.

두 변수 간에 일관적이고 예측 가능한 관계가 존재하지 않을 때 이 변수들은 **독립적**(independent)이다. 이 경우에 한 변수의 빈도 분포는 다른 변수의 범주와 관련이 없거나 종속적이지 않다. 그 결과 두 변수가 독립적이면 한 변수의 빈도 분포는 두 번째 변수의 모든 범주에 대해 동일한 형태, 즉 동일한 비율을 보일 것이다.

영가설 버전 1 이 버전의 H_0에서 자료는 각 개인이 두 변수에 대해 측정된 단일 표본으로 간주된다. 카이제곱 검정의 목적은 두 변수 간 관계를 평가하는 것이다. 우리가 검토하고 있는 이 예에서 목적은 음악의 종류와 여성이 전화번호를 제공할지 간에 일관적이며 예측 가능한 관계가 존재하는지를 결정하는 것이다. 다시 말하면, 내가 만약 배경 음악의 종류를 안다면 그녀가 전화번호를 제공할지를 예측하는 데 도움을 받을 것인가? 영가설은 두 변수 간 관계가 없다는 것이다. 대립가설 H_1은 두 변수 간에 관계가 있다는 것이다.

H_0: 일반적인 학생 모집단에서 배경 음악의 종류와 여성이 전화번호를 제공할지 간에는 아무런 관련이 없다.

이 버전의 H_0은 카이제곱 독립성 검정과 상관 간에 유사성이 있음을 보여 준다. 각각의 경우에 자료는 각 개인에 대한 두 개의 측정값(X와 Y)으로 구성되며, 목적은 두 변수 간 관계를 평가하는 것이다. 그러나 상관은 X와 Y에 대한 수치 점수를 필요로 한다. 반면 카이제곱 검정은 개인을 범주로 분류할 빈도만 이용할 뿐이다.

영가설 버전 2 이 버전의 H_0에서 자료는 두 개(또는 그 이상)의 모집단 또는 처치 조건을 나타내는 두 개(또는 그 이상)의 분리된 표본으로 간주된다. 이 카이제곱 검정의 목적은 모집단 간에 유의한 차이가 있는지 결정하는 것이다. 우리가 검토하고 있는 예에서 표 15.4의 자료는 낭만적인 음악을 듣게 되는 $n = 50$의 여성 표본(1행)과 중립적인 음악을 듣게 되는 $n = 50$의 또 다른 여성 표본(2열)으로 간주될 것이다. 카이제곱 검정은 낭만적인 음악을 들을 때 전화번호를 제공하는 여성의 비율이 중립적인 음악을 듣는 비율과 유의한 정도로 다른지 결정할 것이다. 이러한 관점에서 영가설은 다음과 같이 기술된다.

H_0: 여성 대학생 모집단에서 낭만적인 음악에 대한 '예'와 '아니요' 반응의 비율은 중립적인 음악에 대한 비율과 다르지 않다. 두 분포는 같은 형태(같은 비율)를 갖는다.

이 버전의 H_0은 카이제곱 검정과 독립 측정 t 검정(또는 분산 분석) 간 유사성을 보여 준다. 각각의 경우에 자료는 두 개(또는 그 이상)의 모집단 간 차이를 검정하기 위해 사용되는 두 개(또는 그 이상)의 서로 다른 표본으로 구성된다. t 검정(분산 분석)은 평균과 평균 차이를 계산하기 위해 수치로 된 점수를 필요로 한다. 그러나 카이제곱 검정은 단지 범주로 분류된 개인의 빈도만 사용한다. 카이제곱 검정을 위한 영가설은 모집단이 같은 비율(같은 형태)을 가지고 있는 것으로 진술된다. 대립가설 H_1은 모집단이 서로 다른 비율을 가지고 있는 것으로 진술된다. 우리가 살펴보고 있는 예에서 H_1은 낭만적인 음악에 대한 '예'와 '아니요'의 반응 비율은 중립적인 음악에 대한 반응의 비율과 서로 다르다고 진술된다.

H_0 버전 1과 H_0 버전 2의 동등성 두 가지의 서로 다른 영가설 진술 방법을 제시했지만 이 두 버전은 동등하다. 첫 번째 버전의 H_0은 여성이 방금 만난 남성에게 자신의 전화번호를 줄 가능성이 배경 음악의 종류와 관련이 없다는 것이다. 만약 이 가설이 옳다면 '예'와 '아니요'의 분포는 낭만적인 음악과 중립적인 음악에서 동등한 비율을 보여야 하

며, 이는 바로 H_0의 두 번째 버전이다.

예를 들어, 만약 60%의 여성들이 중립적인 음악의 상황에서 '아니요'라고 답했다면 H_0은 낭만적인 음악에 대해서도 60%는 '아니요'라고 답할 것이라고 예측한다는 것이다. 이 경우에 배경 음악의 종류를 아는 것은 여성이 '예'라고 할지 '아니요'라고 할지에 대해 예측하는 데 도움을 주지 않는다. 여기에서 **같은 비율**이라고 하는 것은 **관계가 없음**을 의미한다는 점을 기억해야 한다.

반면 비율이 서로 다르다면 관련이 있다는 것이다. 예를 들어, 여성이 중립적인 음악에 대해서는 60%가 '아니요'라고 답했으나 낭만적인 음악에서는 30%만 거절했다면 음악의 종류와 여성의 반응 간에는 분명하고 예측 가능한 관계가 있다는 것이다(내가 만약 음악의 종류를 안다면 여성의 반응을 예측할 수 있을 것이다). 그러므로 **서로 다른 비율**을 발견하는 것은 두 변수 간에 **관계가 있다**는 것을 의미한다.

따라서 두 변수 간에 관계가 없다고 진술하는 것(H_0의 첫 번째 버전)은 분포가 동일한 비율을 지닌다고 진술하는 것(H_0의 두 번째 버전)과 동등하다.

■ 관찰 빈도와 기대 빈도

카이제곱 독립성 검정은 적합성 검정에 사용되는 것과 동일한 기본 논리를 사용한다. 첫째, 표본이 선택되고 개인은 범주로 분류된다. 독립성 검정에서 두 개의 변수를 고려하므로 개인은 두 변수 모두에 대해 분류되고 그 결과로 얻어진 기대 분포는 2차원 행렬로 제시된다(표 15.4 참조). 이전과 마찬가지로 표본 분포에서 빈도는 **관찰 빈도**(observed frequencies)라고 불리며 f_o라는 기호로 나타낸다.

다음 단계는 카이제곱 검정을 위해 기대 빈도, 즉 f_e값을 찾는 것이다. 이전과 마찬가지로 **기대 빈도**는 영가설에 완벽히 들어맞는 가상적 분포를 나타낸다. 기대 빈도를 얻게 되면 자료(관찰 빈도)가 영가설(기대 빈도)에 얼마나 잘 들어맞는지 결정하는 카이제곱 통계량을 계산하게 된다.

기대 빈도를 찾기 위해 어떠한 버전의 영가설도 사용할 수 있지만 절차는 동일한 비율로 진술되는 H_0을 사용할 때 훨씬 더 간단해진다. 이 예에 대하여 영가설은 다음과 같다.

H_0: '예'와 '아니요'의 빈도 분포는 배경 음악의 두 범주에 대해 같은 형태 또는 같은 비율을 지닌다.

기대 빈도를 찾기 위하여 먼저 '예'와 '아니요'의 전체 분포를 정하고 다음으로 이 분포를 음악의 두 범주에 적용하게 된다. 표 15.5는 표 15.4의 자료에 상응하는 빈 행렬을 보여준다. 이 빈 행렬은 원자료 행렬 행의 합과 열의 합을 포함하고 있음에 주목하자. 이 행

표 15.5 행과 열의 합만 나타낸 공백의 빈도표(이 수치는 표 15.4의 표본에 대한 기본적인 특성을 나타낸다).

		전화번호를 주었는가? 예	아니요	
음악의 종류	낭만적			50
	중립적			50
		42	58	

의 합과 열의 합은 기대 빈도를 계산하는 과정에서 필수적이다.

이 행렬에서 열의 합은 '예'와 '아니요' 반응의 전체적인 분포를 나타낸다. 이 자료에서 42명의 여성이 예라고 답했다. 표본은 모두 100명의 여성으로 구성되어 있으므로 '예'라는 응답의 비율은 100에서 42, 즉 42%이다. 마찬가지로 100에서 58, 즉 58%는 '아니요'라고 답했다.

행렬에서 행의 합은 두 종류의 음악을 나타낸다. 예를 들어, 표 15.5에서 행렬은 50명의 여성이 낭만적인 음악을 들었으며(1행) 50명의 여성이 중립적인 음악을 들었음(2행)을 보여 준다. 영가설에 따르면 두 집단에서 '예'와 '아니요'의 반응은 동일한 비율을 가져야 한다. 기대 빈도를 찾으려면 '예'와 '아니요'의 전체 분포를 각 집단에 적용하기만 하면 된다. 1행의 50명 여성으로부터 기대 빈도를 구하면 다음과 같다.

42%가 '예'라고 응답: f_e = 50명의 42% = 0.42(50) = 21
58%가 '아니요'라고 응답: f_e = 50명의 58% = 0.58(50) = 29

중립적인 음악을 들은 2행의 $n = 50$명 여성들에 정확히 동일한 비율을 적용하면 다음과 같은 기대 빈도를 얻는다.

42%가 '예'라고 응답: f_e = 50명의 42% = 0.42(50) = 21
58%가 '아니요'라고 응답: f_e = 50명의 58% = 0.58(50) = 29

전체 기대 빈도는 다음 표 15.6과 같다. 기대 빈도에서 행의 합과 열의 합은 표 15.4의 원자료(관찰 빈도)와 동일하다는 점에 주목하자.

기대 빈도를 구하기 위한 간단식 기대 빈도는 영가설과 표본의 특성을 이용하여 직접적으로 도출할 수 있지만, f_e값을 구하기 위해 방대한 계산 절차를 다 밟을 필요는 없다. 사실 기대 분포 행렬에서 f_e를 구하는 간단한 식이 있다.

표 15.6 표 15.4의 자료에 상응하는 기대 빈도(이는 영가설에 의해 예측된 분포임)

		전화번호를 주었는가?		
		예	아니요	
음악의 종류	낭만적	21	29	50
	중립적	21	29	50
		42	58	

$$f_e = \frac{f_c f_r}{n} \tag{15.4}$$

여기에서 f_c는 열의 빈도 합(열의 합)이고 f_r은 행의 빈도 합(행의 합)이며 n은 전체 표본에서 개인의 수를 나타낸다. 이 식을 보여 주기 위하여 표 15.6에서 낭만적인 음악과 전화번호를 제공하지 않은 경우에 대한 기대 빈도를 계산해 보도록 하자. 첫째, 이는 표에서 첫 번째 행과 두 번째 열에 해당한다는 점을 기억하자. 열의 합은 $f_c = 58$이고 열의 합은 $f_r = 50$이며 표본 크기는 $n = 100$이다. 식 15.4에서 이 값들을 이용하여 다음을 얻는다.

$$f_e = \frac{58(50)}{100} = \frac{2900}{100} = 29$$

이는 전체 분포의 비율을 이용하여 구한 기대 빈도와 동일하다.

■ 카이제곱 통계량과 자유도

카이제곱 독립성 검정은 적합도 검정과 정확히 동일한 카이제곱 계산식을 사용한다.

$$\chi^2 = \Sigma \frac{(f_o - f_e)^2}{f_e}$$

표 15.4의 관찰 빈도와 표 15.6의 기대 빈도를 이용하여 우리는 다음을 얻을 수 있다.

$$\begin{aligned}\chi^2 &= \frac{(27-21)^2}{21} + \frac{(23-29)^2}{29} + \frac{(15-21)^2}{21} + \frac{(35-29)^2}{29} \\ &= 1.714 + 1.241 + 1.714 + 1.241 \\ &= 5.91\end{aligned}$$

이전과 마찬가지로 이 계산식의 결과는 자료(f_o값)과 가설(f_e값) 간 차이를 측정한다. 큰 차이가 있으면 카이제곱값이 커지고 이는 H_0이 기각되어야 함을 나타낸다. 특정

표 15.7 자유도와 기대 빈도(하나의 값이 정해지면 다른 모든 기대 빈도는 행의 합과 열의 합에 의해 결정된다. 이 예에서는 하나의 자유로운 선택만 가능하다. 따라서 $df = 1$이다).

		전화번호를 주었는가?		
		예	아니요	
음악의 종류	낭만적	21	?	50
	중립적	?	?	50
		42	58	

한 카이제곱값이 유의한 정도로 큰지 결정하려면 해당 통계에 대한 자유도(degrees of freedom, *df*)를 먼저 정한 후 부록에 있는 카이제곱 분포를 참조해야 한다. 카이제곱 독립성 검정에 대한 자유도는 기대 빈도를 자유로이 선택할 수 있는 칸(cell)의 수에 기반을 두고 있다. f_e값은 부분적으로 표본 크기(n), 원자료 행의 합과 열의 합에 의해 결정된다는 점을 기억하자. 이 다양한 합겟값들은 기대 빈도를 구할 때 여러분의 자유를 제한한다. 이 점은 표 15.7에 설명되어 있다. f_e값 중 하나가 정해지면 표에 있는 다른 모든 f_e값들도 정해진다. 일반적으로 행의 합과 열의 합이 각 행과 열의 선택을 제한한다. 그 결과 우리는 각 행에서 하나의 f_e값을 제외한 나머지를 자유롭게 선택할 수 있고 마찬가지로 각 열에서도 하나의 f_e값을 제외한 나머지를 자유롭게 선택할 수 있다. 만약 R이 행의 수이고 C가 열의 수일 때 여러분은 행렬에서 마지막 열과 마지막 행을 지우면 $C - 1$개의 열과 $R - 1$개의 행을 가진 작은 행렬만 남게 된다. 이 작은 행렬에 있는 칸의 수가 자유도를 결정한다. 따라서 여러분이 자유로이 선택할 수 있는 f_e값의 전체 개수는 $(R - 1)(C - 1)$이며, 카이제곱 독립성 검정의 자유도는 다음 식에 의해 결정된다.

$$df = (R - 1)(C - 1) \tag{15.5}$$

또한 이 작은 행렬의 기대 빈도를 다 계산하고 나면 나머지 f_e값들은 뺄셈을 통해 구할 수 있음에 주목하자.

다음 예는 카이제곱 독립성 검정의 기대 빈도와 자유도에 대한 여러분의 이해를 확인해 볼 수 있는 기회를 제공한다.

예제 15.4 어느 연구자가 새 차를 사는 사람들에게 가장 중요한 요인이 무엇인지 알고자 한다. 고객 $n = 200$의 표본에 속한 각 개인에게 결정 과정에서 수행, 신뢰도, 스타일 중 가장 중요한 요인이 무엇인지 물었다. 연구자는 장년층(35세 이상)과 청년층(35세 미만)이 꼽은 요인 간에 차이가 있는지 알고자 한다. 자료는 다음과 같다.

연령에 따른 가장 중요한 요인의 관찰 빈도

	수행	신뢰도	스타일	계
청년층	21	33	26	80
장년층	19	67	34	120
계	40	100	60	

기대 빈도를 계산하고 카이제곱 검정에 필요한 자유돗값을 정하라. 여러분은 청년층에 대한 기대 빈도 16, 40, 24과 장년층에 대한 기대 빈도 24, 60, 36 그리고 $df = 2$를 찾을 수 있어야 한다. ■

■ 카이제곱 독립성 검정의 요약

이 시섬에서 우리는 카이제곱 독립성 검정에 핵심적으로 필요한 모든 요소를 제공했다. 예제 15.3의 낭만적 음악 연구(598쪽)를 이용하면 검정 과정은 다음과 같이 요약된다.

1단계 **가설을 진술하고 유의 수준을 선택한다.** 이 예에 대해서 영가설은 배경음악의 종류와 여성이 방금 만난 남성에게 전화번호를 제공할 가능성 사이에는 아무런 관련이 없다는 것이다. 즉, 두 변수는 서로 독립적이라는 것을 의미한다. 대립가설은 두 변수 간에 관련이 있다는 것 또는 전화번호를 제공할 가능성은 배경음악의 종류에 따라 다르다는 것이다.

2단계 **기각역을 정한다.** 카이제곱 검정의 자유도는 다음과 같다.

$$df = (R - 1)(C - 1) = 1(1) = 1$$

$df = 1$이고 $\alpha = .05$일 때 임곗값은 $\chi^2 = 3.84$이다.

3단계 **검정 통계량을 계산한다.** 앞에서 우리는 예제 15.3의 자료에 대해 표 15.4의 관찰 빈도와 표 15.6의 기대 빈도를 이용하여 $\chi^2 = 5.91$임을 계산했다.

4단계 **의사 결정을 한다.** 우리가 구한 카이제곱값은 기각역 밖에 위치한다. 따라서 우리는 H_0을 기각하고 여성이 방금 만난 남성에게 전화번호를 제공할 가능성과 배경음악의 종류 간에는 통계적으로 유의한 관계가 있다는 결론을 내린다. 자료를 보면 낭만적인 음악을 듣고 난 후 전화번호를 제공한 여성의 비율은 중립적인 음악을 들은 여성보다 높은 비율을 보인다.

학습 점검

학습 목표 6 **1.** 만약 카이제곱 독립성 검정이 $df = 3$을 갖는다면 관찰 빈도 행렬에 몇 개의 칸이 있겠는가?

a. 4

b. 5

c. 6

d. 8

학습 목표 7 **2.** 다음 중 카이제곱 독립성 검정으로 평가할 수 있는 것은 무엇인가?

a. 두 변수 간 관계

b. 둘 이상의 모집단 빈도 분포 간 차이

c. 두 변수 간 관계 또는 분포 간 차이

d. 두 변수 간 관계나 분포 간 차이 모두 아님

학습 목표 8 **3.** 한 연구자가 일군의 사람들을 세 개의 연령대 집단으로 분류한 후 각 사람에게 지난 주에 페이스북을 사용했는지(예/아니요) 측정한다. 연구자는 카이제곱 독립성 검정을 사용하여 두 변수 간에 유의한 관계가 있는지 결정하고자 한다. 만약 연구자가 $\chi^2 = 6.75$라는 결과를 얻었다면 올바른 검정 결과는 무엇인가?

a. H_0을 $\alpha = .05$에서는 기각하지만 $\alpha = .01$에서는 기각하지 못함

b. H_0을 $\alpha = .01$에서는 기각하지만 $\alpha = .05$에서는 기각하지 못함

c. H_0을 $\alpha = .05$이나 $\alpha = .01$에서 기각함

d. H_0을 $\alpha = .05$이나 $\alpha = .01$에서 모두 기각하지 못함

정답 **1.** d **2.** c **3.** a

15-4 효과 크기와 카이제곱 검정의 가정

학습 목표(Learning Objectives)

9. 두 종류의 카이제곱 검정에 대하여 효과 크기를 측정하기 위해 Cohen의 w를 계산할 수 있다.

10. 카이제곱 독립성 검정의 효과 크기를 측정하기 위해 파이 계수나 Cramér의 V를 계산할

수 있다.

11. 카이제곱 검정의 기본 가정과 제약을 알 수 있다.

Cohen의 *w*

카이제곱 적합도 검정이나 독립성 검정과 같은 가설 검정은 연구 결과의 통계적 유의성을 평가한다. 특히 검정의 의도는 표본 자료에서 관찰된 패턴이나 관계가 모집단에서 그에 상응하는 패턴이나 관계 없이도 일어날 수 있었는지를 결정하는 것이다. 유의성 검정은 처치 효과의 크기나 강도뿐만 아니라 표본의 크기에도 영향을 받는다. 그 결과 작은 효과도 매우 큰 표본에서 관찰된다면 통계적으로 유의해질 수 있다. 유의한 효과가 반드시 큰 효과를 의미하는 것은 아니므로 가설 검정의 결과는 효과 크기의 측정값과 동반하는 것을 일반적으로 권장한다. 이 일반적인 권장사항은 이 장에서 제시되는 카이제곱 검정에도 마찬가지로 적용된다.

Jacob Cohen(1992)은 어떤 카이제곱 검정에서든 효과 크기의 측정값을 제공하는 *w*라는 통계량을 소개했다. *Cohen*의 *w*를 계산하는 식은 카이제곱의 계산식과 매우 유사하지만 빈도 대신 비율을 사용한다.

$$w = \sqrt{\Sigma \frac{(P_o - P_e)^2}{P_e}} \tag{15.6}$$

이 식에서 P_o값은 자료에서 관찰되는 비율로, 각 관찰 빈도를 전체 참여자 수로 나누어 구한다.

$$\text{관찰 비율} = P_o = \frac{f_o}{n}$$

비슷하게, P_e값은 영가설에서 정한 기대 비율이다. 이 식은 다음 단계를 따른다.

1. 각 칸(범주)에 대해 관찰 비율과 기대 비율 간 차이를 계산한다.
2. 각 칸에 대하여 차이를 제곱하고 기대 비율로 나눈다.
3. 위의 단계에서 구한 값을 더하고 합계에 대한 양의 제곱근을 구한다.

다음 예는 이 과정을 보여 준다.

예제 15.5 한 연구자가 학생들이 동네에 있는 네 곳의 피자 가게에 어떠한 선호도를 가지고 있는지 알아내고자 했다. $n = 40$의 표본 학생을 구해 네 가게로부터 각각 방금 구운 피자를 주문했다. 각 학생은 네 개의 피자를 다 맛보고 선호하는 것을 골랐다. 관찰 빈도는 다음과 같다.

A 가게	B 가게	C 가게	D 가게	
6	12	8	14	40

영가설은 네 가게에 어떤 선호도도 존재하지 않는다는 것이므로 기대 비율은 각각에 대하여 $p = 0.25$이다. 관찰 비율은 A 가게에 대해 $\frac{6}{40} = 0.15$, B 가게에 대해 $\frac{12}{40} = 0.30$, C 가게에 대해 $\frac{8}{40} = 0.20$, D 가게에 대해 $\frac{14}{40} = 0.35$이다. 아래 표에 w에 대한 계산이 요약되어 있다.

	P_o	P_e	$(P_o - P_e)$	$(P_o - P_e)^2$	$(P_o - P_e)^2/P_e$
A 가게	0.15	0.25	−0.10	0.01	0.04
B 가게	0.30	0.25	0.05	0.0025	0.01
C 가게	0.25	0.25	−0.05	0.0025	0.01
D 가게	0.35	0.25	0.10	0.01	0.04
					0.10

$$\Sigma\frac{(p_o - p_e)^2}{p_e} = 0.10 \quad \text{그리고} \quad w = \sqrt{0.10} = 0.316$$

■

Cohen(1992)은 또한 w의 크기를 해석하는 지침을 제안했는데, 0.10에 가까운 값은 작은 효과, 0.30은 중간 효과, 0.50은 큰 효과를 나타낸다. 이 기준에 따르면 예제 15.5에서 구한 값은 중간 효과이다.

표본 크기의 역할 여러분은 w를 계산하는 데 사용한 식에서 표본 크기를 사용하지 않고 있음을 알아차렸을 것이다. 그 대신 w는 표본의 비율과 영가설에 의한 비율만으로 계산된다. 그 결과 표본 크기는 w의 크기에 아무런 영향을 미치지 않는다. 이는 모든 효과 크기 측정값의 기본 특징 중 하나이다. 반면 표본 크기는 가설 검정의 결과에 큰 영향을 미친다. 예를 들어, 예제 15.5의 자료에서 $\chi^2 = 4.00$이라는 결과가 산출된다. $df = 3$일 때 $\alpha = .05$에 대한 임곗값은 7.81이며, 우리는 네 군데 피자 가게에 대한 유의한 선호도는 없다는 결론을 내리게 된다. 그러나 각 범주에 속한 개인의 수가 두 배라면 관찰 빈도는 12, 24, 16, 28이 되며, 새로 계산된 결과는 $\chi^2 = 8.00$이다. 이제 통계량은 기각역에 속하므로 우리는 H_0을 기각하며 유의한 선호도가 있다는 결론을 내리게 된다. 따라서 표본 크기를 증가시키게 되면 영가설을 기각할 가능성이 증가한다. 그러나 여러분은 새로운 표본에서 비율은 처음 표본에서의 비율과 정확히 동일하므로 w의 값은 변하지 않았다는 점을 알아야 한다. 두 개의 표본 크기 경우 모두에 대하여 $w = 0.316$이다.

카이제곱과 *w* 카이제곱 통계량과 w로 측정되는 효과 크기는 서로 다른 목적을 지니고 있고 서로 다른 요인에 영향을 받지만 이들은 대수적으로 연관되어 있다. 특히 w를 위한 식에서 제곱근 기호 아래에 사용되는 식의 부분은 카이제곱 식을 n으로 나눔으로써 얻을 수 있다. 표본 크기로 나누게 되면 각 빈도(관찰 빈도와 기대 빈도)를 비율로 바꾸어 주며, 그에 따라 w를 위한 식이 된다. 그 결과 여러분은 다음 식을 이용하여 카이제곱값으로부터 바로 w의 값을 정할 수 있다.

$$w = \sqrt{\frac{\chi^2}{n}} \tag{15.7}$$

예제 15.5의 자료에 대해 우리는 $\chi^2 = 4.00$이며 $w = 0.316$이라는 결과를 얻었다. 이 식에 값을 대입하면 다음을 얻는다.

$$w = \sqrt{\frac{\chi^2}{n}} = \sqrt{\frac{4.00}{40}} = \sqrt{0.10} = 0.316$$

Cohen의 w 통계도 카이제곱 독립성 검정의 효과 크기를 측정하는 데 사용될 수 있지만, 이 가설 검정을 위해서는 두 개의 다른 측정 방법이 개발되었다. 이 두 측정 방법, 즉 파이 계수와 Cramér의 V는 자료 행렬의 크기를 고려하므로 특히 자료 행렬이 매우 클 때 w보다 더 나은 것으로 간주된다.

■ 파이 계수와 Cramér의 *V*

14장(550쪽)에서 우리는 파이 계수(phi-coefficient)를 두 개의 이분변수(정확히 두 개의 값만 갖는 변수)로 구성된 자료의 상관 측정값으로 소개했다. 이와 같은 경우가 나타나는 것은 카이제곱 독립성 검정을 위한 자료가 2×2 행렬의 형태(다시 말하지만 각 변수가 정확히 두 개의 값을 갖는 경우)를 지닐 때이다. 이 경우에 동일한 자료에 대하여 카이제곱 가설 검정과 함께 파이(ϕ) 상관을 계산하는 것도 가능하다. 파이는 상관이므로 유의도보다는 관계의 강도를 측정하며 따라서 효과 크기를 측정한다. 파이 계수의 값은 다음 식에 의해 카이제곱값에서 바로 계산할 수 있다.

χ^2의 값은 이미 제곱되었으므로 다시 제곱하지 않도록 유의하라.

$$\phi = \sqrt{\frac{\chi^2}{n}} \tag{15.8}$$

Cohen의 w와 ϕ(식 15.7과 15.8)는 2×2 행렬에 대해 동일하다는 점에 주목하자.

파이 계수의 값은 2×2 행렬에서 전적으로 비율에 의해 결정되며 빈도의 절대적인 크기와는 완전히 무관하다. 그러나 카이제곱값은 비율과 빈도의 크기에 의해 영향을 받는다. 이 차이는 다음 예에서 드러난다.

예제 15.6 다음 자료는 성별과 두 학생회장 후보의 선호도 간 관계를 평가하는 빈도 분포를 보여 준다.

	후보 A	후보 B
남성	5	10
여성	10	5

자료를 보면 남성들은 B 후보를 2:1로 선호하며 여성들은 A 후보를 2:1로 선호한다. 또한 표본에는 총 15명의 남성과 15명의 여성이 포함되어 있음에 주목하자. 여기에서는 어떠한 계산도 하지 않겠지만 이 자료에서 계산되는 카이제곱값은 3.33으로 유의하지 않으며 파이 계수는 0.333이다.

다음으로 자료의 비율은 완전히 동일하지만, 모든 빈도에 2를 곱해 보자. 결과 자료는 다음과 같다.

	후보 A	후보 B
남성	10	20
여성	20	10

다시 한 번 남성은 B 후보를 2:1로 선호하며 여성은 A 후보를 2:1로 선호한다. 그러나 표본에는 이제 30명의 남성과 30명의 여성이 있다. 이 새로운 자료에 대해 카이제곱값은 6.66으로 이전에 계산된 값의 두 배이지만(이제 $\alpha = .05$에서 유의함) 파이 계수는 여전히 0.333이다.

이 두 표본에 대해 비율이 동일하므로 파이 계수의 값은 변하지 않는다. 그러나 더 큰 표본은 작은 표본보다 더 믿을 만한 근거를 제공하므로 더 큰 표본에서 유의한 결과가 산출될 가능성이 더 크다. ■

ϕ의 해석은 상관을 평가하는 기준을 따른다(303쪽에 있는 표 9.3은 상관 제곱을 위한 기준을 보여 준다). 0.10이라는 상관은 작은 효과, 0.30은 중간 효과, 0.50은 큰 효과이다. 때로 ϕ의 값은 제곱되며(ϕ^2) 정확히 r^2와 마찬가지로 설명된 분산의 비율로 보고된다.

카이제곱 검정이 2 × 2보다 큰 행렬에서 이루어질 때 파이 계수를 수정한 Cramér의 V가 효과 크기를 측정하기 위해 사용될 수 있다.

표 15.8 Cohen(1988)에서 제시된 Cramér의 V 표준 해석법

	작은 효과	중간 효과	큰 효과
$df^* = 1$일 때	0.10	0.30	0.50
$df^* = 2$일 때	0.07	0.21	0.35
$df^* = 3$일 때	0.06	0.17	0.29

$$V = \sqrt{\frac{\chi^2}{n(df^*)}} \tag{15.9}$$

식 15.9의 Cramér의 V 식은 분모에 df^*가 덧붙은 것을 제외하고는 식 15.8의 파이 계수 식과 동일하다. df^* 값은 카이제곱 검정의 자유도와 동일하지 않다. 카이제곱 독립성 검정에서 R이 표에 있는 행의 수이고 C가 열의 수일 때 $df = (R - 1)(C - 1)$이었음을 기억하자. Cramér의 V에 대하여 df^*는 $(R - 1)$이나 $(C - 1)$ 중 더 작은 값을 말한다.

Cohen(1988)은 표 15.8과 같이 Cramér의 V를 해석하는 기준도 제안했다. 2×2 행렬에서와 마찬가지로 $df^* = 1$일 때 V를 해석하는 기준은 보통의 상관이나 파이 계수를 해석하는 기준과 정확히 동일하다.

연구 보고서에서 효과 크기의 측정값은 가설 검정 결과 직후에 등장한다. 예제 15.3의 낭만적인 음악 연구를 예로 들자면 우리는 $n = 100$의 참가자로부터 $\chi^2 = 5.91$이라는 값을 얻었다. 자료가 2×2의 행렬을 구성하므로 파이 계수는 효과 크기의 적절한 측정 결과를 제공하며 다음과 같이 계산된다.

$$\phi = \sqrt{\frac{\chi^2}{n}} = \sqrt{\frac{5.91}{100}} = 0.243$$

이 자료에 대하여 가설 검정의 결과와 효과 크기의 측정값은 다음과 같이 보고될 것이다.

> 연구 결과 배경음악의 종류와 여성이 자신의 전화번호를 기꺼이 제공하는 것 사이에는 유의한 관계가 존재함을 보여 준다[$\chi^2(1, \text{n} = 100) = 5.91, p < .05, \phi = 0.243$]. 특히 낭만적인 음악을 들은 여성들은 방금 만난 남성들에게 자신의 전화번호를 줄 가능성이 훨씬 더 높았다.

■ 카이제곱 검정의 가정과 제약

카이제곱 적합도 검정이나 독립성 검정을 실시하려면 몇 가지 조건이 충족되어야 한다. 어떤 통계 검정에 대해서든 가정의 위배와 제약은 결과에 의심을 드리운다. 예를 들어, 제1종 오류를 저지를 확률은 통계 검정의 가정이 충족되지 않을 때 뒤틀릴 수 있다. 카

이제곱 검정을 사용할 때 몇 가지 중요한 가정과 제약은 다음과 같다.

1. **관찰값들의 독립성.** 이것은 카이제곱 독립성 검정에서 다룬 변수들 간 독립성의 개념(15-3절에서 언급)과 혼동되어서는 안 된다. 독립적인 관찰의 결과는 각각의 관찰된 빈도가 서로 다른 개인에 의한 것이라는 점이다. 카이제곱 검정은 한 개인이 하나의 범주에 두 번 이상 포함되는 반응을 나타내거나 둘 이상의 빈도를 갖는 경우에는 적절하지 않다(독립성에 대해 더 많은 정보를 원하면 255쪽을 보라).
2. **기대 빈도의 크기.** 어느 하나의 칸에 대한 기대 빈도가 5가 되지 않으면 카이제곱 검정을 하지 말아야 한다. 카이제곱 통계량은 f_e가 매우 작을 때 왜곡될 수 있다. 하나의 칸에 카이제곱 통계량을 계산하는 경우를 생각해 보자. 해당 칸이 $f_e = 1$, $f_o = 5$라는 값을 지닌다고 하자. 이때 관찰 빈도와 기대 빈도 간에는 4점의 차이가 있다. 그러나 이 칸이 전체 카이제곱값에 기여하는 정도는 다음과 같다.

$$\text{칸} = \frac{(f_o - f_e)^2}{f_e} = \frac{(5 - 1)^2}{1} = \frac{4^2}{1} = 16$$

이제 $f_e = 10, f_o = 14$인 또 다른 경우를 생각해 보자. 관찰 빈도와 기대 빈도 간 차이는 여전히 4이다. 그러나 이 칸이 전체 카이제곱값에 기여하는 정도는 먼저의 경우와 다르다.

$$\text{칸} = \frac{(f_o - f_e)^2}{f_e} = \frac{(14 - 10)^2}{10} = \frac{4^2}{10} = 16$$

이제 작은 f_e값이 카이제곱 수치에 큰 영향을 미칠 수 있다는 점이 명확할 것이다. 이 문제는 f_e값이 5보다 작을 때 심각해진다. f_e가 매우 작으면 f_o와 f_e 간에 작은 차이로 간주될 수도 있는 것이 큰 카이제곱 수치로 귀결되기도 한다. f_e가 지나치게 작으면 검정이 매우 민감해진다. 작은 기대 빈도를 피하는 한 가지 방법은 큰 표본을 사용하는 것이다.

학습 점검

학습 목표 9 **1.** 다음 중 카이제곱 적합도 검정에 적절한 효과 크기 측정값은 무엇인가?

a. Cohen의 w

b. 파이 계수

c. Cramér의 V

d. 파이 계수 또는 Cramér의 V

학습 목표 10 **2.** 한 연구자가 2×3 행렬의 관찰 빈도를 이용하여 독립성 검정을 실시하고 $\chi^2 = 4.0$이라는 결과를 얻는다. 표본에 $n = 100$의 사람들이 있다면 Cramér의 V 값은 무엇인가?

a. 0.04

b. 0.16

c. 0.20

d. 0.40

학습 목표 11 **3.** 어떤 상황에서 카이제곱 통계량을 사용하면 안 되는가?

a. 어느 하나의 칸에 대한 기대 빈도가 5보다 클 때

b. 어느 하나의 칸에 대한 기대 빈도가 5보다 작을 때

c. 어느 하나의 칸에 대한 기대 빈도가 관찰 빈도와 같을 때

d. 위의 어느 것도 아님

정답 **1. a** **2. c** **3. b**

15-5 카이제곱과 다른 통계 절차 간 관계

학습 목표(Learning Objectives)

12. 카이제곱 독립성 검정과 피어슨 상관 간 유사점과 차이점을 설명할 수 있다.

13. 카이제곱 독립성 검정과 독립 측정 t 검정 또는 분산 분석(ANOVA) 간 유사점과 차이점을 설명할 수 있다.

■ 카이제곱과 피어슨 상관

카이제곱 독립성 검정과 피어슨 상관은 모두 두 변수 간 관계를 평가하기 위한 통계 기법이다. 이 두 가지 통계 절차 중 어떤 것이 적절한지는 연구에서 수집된 자료의 형태가 결정하게 된다. 예를 들어, 연구자가 10세 아동의 자존감과 학업 수행 간 관계에 관심이 있다고 하자. 연구자가 두 변수에 대해 수치로 된 점수를 얻었다면 그 결과로 얻게 된 자료는 아래 표 15.9(a)와 비슷한 수치가 될 것이며, 그에 따라 연구자는 관계를 평가하

표 15.9 자존감과 학업 수행 간 관계를 밝히는 연구에서 가능한 두 가지의 자료 구조. (a)는 두 변수 모두에 대해 수치 점수가 있어 자료가 상관을 산출하기에 적절함. (b)는 두 변수 모두 범주로 분류되어 있어 자료는 빈도의 형태이며 카이제곱 검정에 적합함.

(a)

참가자	자존감(X)	학업 수행(Y)
A	13	73
B	19	88
C	10	71
D	22	96
E	20	90
F	15	82
.	.	.
.	.	.
.	.	.

(b)

		자존감 수준			
		고	중	저	
학업 수행	고	17	32	11	60
	저	13	43	34	90
		30	75	45	$n = 150$

기 위해 피어슨 상관을 사용할 수 있다. 반면 변수들이 표 15.9(b)와 같이 수치가 아닌 범주로 분류된다면 자료는 빈도로 구성되며 관계는 카이제곱 독립성 검정으로 평가받을 수 있다.

■ 카이제곱, 그리고 독립 측정 *t* 검정과 분산 분석

다시 한 번 어느 연구자가 10세 아동의 자존감과 학업 수행 간 관계를 연구하고 있다고 하자. 이번에는 연구자가 개인을 '고'와 '저'라는 두 개의 집단으로 분류하는 방식으로 학문 수행을 측정했다고 하자. 그리고 개인의 자존감에 대해서는 수치로 된 점수를 구했다. 그 결과 얻게 되는 자료는 표 15.10(a)와 유사할 것이며, 두 집단 간 점수의 평균 차이를 평가하기 위해서는 독립 측정 t 검정이 사용될 것이다. 또는 연구자가 개인을 '고, 중, 저'라는 세 개의 범주로 분류하는 방식으로 자존감을 측정할 수도 있다. 만약 개인의 학업 수행에 대해 수치로 된 점수를 얻게 된다면 그 결과 얻어지는 자료는 표 15.10(b)와 같은 형태가 될 것이며, 세 집단 간 평균 차이를 평가하기 위해 분산 분석(ANOVA)을 실시할 수 있을 것이다.

표 15.10 독립 측정 t 검정이나 ANOVA에 적절한 자료. (a)에는 학업 수행 수준에 따른 두 학생 집단의 자존감 점수를 구했음. (b)에서는 자존감 수준에 따른 세 학생 집단의 학업 수행 점수를 구했음.

(a) 두 학생 집단의 자존감 점수

학문 수행	
고	저
17	13
21	15
16	14
24	20
18	17
15	14
19	12
20	19
18	16

(b) 세 학생 집단의 학업 수행 점수

자존감		
고	중	저
94	83	80
90	76	72
85	70	81
84	81	71
89	78	77
96	88	70
91	83	78
85	80	72
88	82	75

이 예들의 핵심은 카이제곱 독립성 검정, 피어슨 상관, 그리고 평균차 검정이 모두 두 변수 간 관계를 평가하기 위해 사용될 수 있다는 것이다. 서로 다른 통계 절차 간의 주요한 차이는 자료의 형태이다. 그러나 이러한 서로 다른 통계 간에는 근본적인 목적의 차이도 존재한다. 카이제곱 검정과 평균차 검정(t 검정과 ANOVA)은 관계의 유의성(significance)을 평가한다. 즉, 이들은 표본에서 관찰된 관계가 모집단에서 그에 상응하는 관계로 귀결될 수 있는 충분한 근거를 제공하는지 결정하게 해 준다. 여러분은 피어슨 상관의 유의성 또한 평가할 수 있다. 그러나 상관 분석의 주목적은 관계의 강도(strength)를 측정하는 것이다. 특히 상관을 제곱한 r^2은 효과 크기의 측정값이 되며 다른 변수와의 관계로 설명되는 한 변수의 분산 비율을 나타낸다.

학습 점검

학습 목표 12 **1.** 카이제곱 독립성 검정은 두 변수 간 관계를 평가하기 위해 사용할 수 있다는 점에서 다른 어떤 통계 절차와 유사하다고 볼 수 있는가?

a. 독립 측정 t 검정

b. 반복 측정 t 검정

c. 단일 표본 t 검정

d. 피어슨 상관

학습 목표 13 **2.** 카이제곱 독립성 검정은 서로 다른 모집단 간 차이를 평가할 수 있다는 점에서 다른 어떤 통계 절차와 유사하다고 볼 수 있는가?

a. 독립 측정 t 검정

b. 반복 측정 t 검정

c. 단일 표본 t 검정

d. 피어슨 상관

정답 **1. d** **2. a**

핵심 요약

1. 카이제곱 검정은 전체 빈도 분포의 형태에 대한 가설을 검정하는 비모수적 기법이다. 카이제곱 검정의 두 종류는 적합도 검정과 독립성 검정이다. 이 검정을 위한 자료는 각 범주의 빈도 또는 개인의 수로 구성된다.

2. 적합도 검정은 표본의 빈도 분포를 H_0이 예측하는 모집단 분포와 비교한다. 이 검정은 관찰 빈도(표본 자료)가 기대 빈도(H_0이 예측하는 자료)와 얼마나 잘 들어맞는지 판정한다.

3. 적합도 검정의 기대 빈도는 다음과 같이 결정된다.

$$\text{기대 빈도} = f_e = pn$$

여기에서 p는 어느 범주에 속하는 관찰값의 가상적 비율(H_0을 따르는)이며 n은 표본의 크기이다.

4. 카이제곱 통계량은 다음과 같이 계산된다.

$$\text{카이제곱} = \chi^2 = \Sigma \frac{(f_o - f_e)^2}{f_e}$$

여기에서 f_o는 특정 범주의 관찰 빈도이고 f_e는 해당 범주의 기대 빈도이다. 큰 χ^2값은 관찰 빈도(f_o)와 기대 빈도(f_e) 간에 큰 차이가 있다는 것을 나타내며, 영가설을 기각하게 해 줄 수 있다.

5. 적합도 검정의 자유도는 다음과 같다.

$$df = C - 1$$

여기에서 C는 변수의 범주 수이다. 자유도는 f_e의 값을 자유롭게 선택할 수 있는 범주의 수이다. 식에서 드러나듯이 마지막 f_e값을 제외한 나머지는 자유롭게 변할 수 있다.

6. 카이제곱 분포는 정적 편포를 이루며 0에서 시작한다. 분포의 정확한 형태는 자유도에 의해 결정된다.

7. 카이제곱 독립성 검정은 두 변수 간 관계를 평가하기 위해 사용된다. 영가설은 문제의 두 변수가 서로 독립적이라는 것이다. 즉, 한 변수의 빈도 분포가 다른 변수의 범주에 따라 달라지지 않는다는 것이다. 반면 어떤 관계가 존재한다면 한 변수에 대한 분포의 형태는 다른 변수의 범주에 따라 달라진다.

8. 독립성 검정에 대해서 H_0의 기대 빈도는 다음과 같이 주변부 빈도 합을 이용해 직접적으로 계산할 수 있다.

$$f_e = \frac{f_c f_r}{n}$$

여기에서 f_c는 문제의 칸에 대한 열 빈도의 합이고 f_r은 행 빈도의 합이다.

9. 독립성 검정을 위한 자유도는 다음과 같이 계산된다.

$$df = (R - 1)(C - 1)$$

여기에서 R은 행 범주의 수이고 C는 열 범주의 수이다.

10. 독립성 검정에 대하여 큰 카이제곱값은 f_o값과 f_e값 간에 큰 차이가 있음을 의미한다. 이 검정에서 H_0을 기각한다는 것은 두 변수 간 관계의 지지 근거를 제공한다.

11. 적합도 검정과 독립성 검정 등 두 개의 카이제곱 검정은 각 칸의 관찰값은 서로 독립적이라는 가정에 근거한다. 즉, 각 관찰 빈도는 서로 다른 개인임을 의미하며 어떠한 개인도 하나의 범주에 대하여 여러 번 분류되거나 복수의 빈도를 갖지 않는다는 것이다.

12. 카이제곱 통계량은 f_e값이 작을 때 왜곡된다. 따라서 어떤 칸의 기대 빈도가 5 이하일 때 카이제곱 검정을 해서는 안 된다.

13. Cohen의 w는 두 개의 카이제곱 검정을 수행할 때 사용할 수 있는 효과 크기의 측정값이다.

$$w = \sqrt{\Sigma\frac{(P_o - P_e)^2}{p_e}}$$

카이제곱 독립성 검정의 효과 크기는 2 × 2 행렬을 구성하는 자료에 대해서는 파이 계수를 계산하거나 2 × 2보다 큰 행렬에 대해서는 Cramér의 V를 계산함으로써 측정할 수 있다.

$$\text{파이 계수} = \sqrt{\frac{\chi^2}{n}} \qquad \text{Cramér의 } V = \sqrt{\frac{\chi^2}{n(df^*)}}$$

여기에서 df^*는 $(R - 1)$과 $(C - 1)$ 중 더 작은 값이다. 파이 계수와 Cramér의 V 모두 표 15.8의 기준을 이용해 평가할 수 있다.

주요 용어

모수 검정 parametric test (582)
비모수 검정 nonparametric test (582)
카이제곱 적합도 검정 chi-square test for goodness of fit (583)
관찰 빈도 observed frequency (586)
기대 빈도 expected frequency (587)
카이제곱 통계량 chi-square statistic (587)
카이제곱 분포 chi-square distribution (589)
카이제곱 독립성 검정 chi-square test for independence (599)
독립적 independent (599)
Cohen의 *w* Cohen's *w* (607)
파이 계수 phi-coefficient (609)
Cramer의 *V* Cramer's *V* (610)

SPSS®

다음은 SPSS를 이용하여 이 장에서 제시한 **카이제곱 적합도 검정**과 **독립성 검정**을 실시하는 방법이다.

카이제곱 적합도 검정

자료 입력

1. 데이터 보기 화면에서 첫 열에 관찰 빈도를 입력한다. 예를 들어, 범주가 4개라면 4개의 관

찰 빈도를 입력한다.

2. 두 번째 열에 숫자를 1, 2, 3 등과 같이 입력한다. 그리하여 첫 열의 관찰 빈도 옆에 숫자가 입력되도록 한다.

자료 분석

1. 상단의 도구 모음에서 **자료**(Data)를 클릭한 후 목록의 하단에서 **가중치 케이스**(weight cases)를 선택한다.
2. **가중치 케이스 지정**(weight cases by)을 클릭한 다음 왼쪽 상자에서 관찰 빈도를 포함하는 열(VAR00001)의 이름을 선택하고 가운데의 화살표를 클릭하여 **빈도 변수**(Frequency Variable) 상자로 이동한다.
3. **확인**(OK)을 클릭한다.
4. 도구 모음에서 **분석**(Analyze)을 클릭하고 **비모수 검정**(Nonparametric Tests)을 선택한 다음 **카이제곱**(Chi-Square)을 클릭한다.
5. 1, 2, 3을 포함하는 열의 이름을 선택하고 가운데의 화살표를 클릭하여 **검정 변수**(Test Variables)로 이동한다.
6. 기대 빈도를 찾기 위하여 기대 빈도를 자동으로 계산해 주는 **모든 변수가 동일**(all categories equal) 옵션을 선택하거나 값을 직접 입력한다. 기대 빈도를 직접 입력하려면 **값**(values) 옵션을 클릭하고 작은 상자에 기대 빈도를 하나씩 입력한 후 **추가**(Add)를 클릭함으로써 목록의 하단에 새로운 값을 추가한다.
7. **확인**(OK)을 클릭한다.

SPSS 출력 결과

SPSS는 관찰 빈도와 기대 빈도를 모두 보여 주는 표를 산출한다. 두 번째 표에는 카이제곱 통계량과 자유도, 유의 확률(p값 또는 검정의 유의 수준) 등이 포함되어 있다.

카이제곱 독립성 검정

자료 입력

1. 데이터 보기 화면에서 첫 열(VAR00001)에 관찰 빈도를 모두 입력한다.
2. 두 번째 열에 각 관찰 빈도에 상응하는 행을 확인해 주는 숫자(1, 2, 3 등)를 입력한다. 예를 들어, 첫 행의 관찰 빈도 옆에 숫자 1을 입력한다.
3. 세 번째 열에 각 관찰 빈도의 열을 확인해 주는 숫자(1, 2, 3 등)를 입력한다. 첫 열에는 숫자 1을 입력하기 등이다.

자료 분석

1. 상단의 도구 모음에서 **자료**(Data)를 클릭한 다음 목록의 하단에서 **가중치 케이스**(weight cases)를 선택한다.
2. **가중치 케이스 지정**(weight cases by)을 클릭한 후 왼쪽 상자에서 관찰 빈도를 포함하는 열(VAR00001)의 이름을 선택하고 가운데의 화살표를 클릭하여 **빈도 변수**(Frequency Variable) 상자로 이동한다.
3. **확인**(OK)을 클릭한다.

4. 도구 모음에서 **분석**(Analyze)을 클릭하고 **기술 통계량**(Descriptive Statistics)를 선택한 다음 **교차분석**(Crosstabs)을 클릭한다.
5. 행(VAR00002)을 포함하는 열의 이름을 선택하고 화살표를 클릭하여 **행**(Rows) 상자로 이동한다.
6. 열(VAR00003)을 포함하는 열의 이름을 선택하고 화살표를 클릭하여 **열**(Columns) 상자로 이동한다.
7. **통계량**(Statistics)를 클릭하고 **카이제곱**(Chi-Square)을 선택한 후 **계속**(Continue)을 클릭한다.
8. **확인**(OK)을 클릭한다.

SPSS 출력 결과

우리는 배경 음악과 여성이 방금 만난 남성에게 자신의 전화번호를 제공할 가능성 간 관계를 검토하는 예 15.3의 자료에 대해 카이제곱 독립성 검정을 실시하기 위해 SPSS를 사용했다. 분석 결과는 **그림 15.5**에 나타나 있다. 분석 결과에서 첫 번째 표는 단지 변수들을 나열하고 있어

VAR00002 * VAR00003 교차표

빈도

		VAR00003		
		1.00	2.00	전체
VAR00002	1.00	27	23	50
	2.00	15	35	50
전체		42	58	100

카이제곱 검정

	값	df	접근 유의 확률 (양방 검정)	정확한 유의 확률 (양방 검정)	정확한 유의 확률 (단방 검정)
피어슨 카이제곱	5.911[a]	1	.015		
연속 수정[b]	4.967	1	.026		
우도비	5.978	1	.014		
Fisher의 정확한 검정				.025	.013
선형 대 선형 결합	5.852	1	.016		
유효 사례 수	100				

a. 0칸(0.0%)은 5보다 작은 기대 빈도를 갖는 칸이다. 최소 기대 빈도는 21.00이다.
b. 2×2 표에 대해서만 계산된다.

그림 15.5
예제 15.3의 카이제곱 독립성 검정 SPSS 출력 결과

그림에는 포함하지 않았다. 다음의 **교차**(Crosstabulation)표는 관찰 빈도의 행렬을 보여 준다. **카이제곱 검정**(Chi-Square Tests)이라고 이름 붙은 마지막 표에 결과가 제시된다. 제일 위의 행에는 **피어슨 카이제곱**(Pearson Chi-Square)이 있고 여기에는 계산된 카이제곱값과 자유도, 그리고 유의 확률(p값 또는 검정의 유의 수준) 등이 포함되어 있다.

문제 해결을 위한 팁

1. 여러분이 계산한 기대 빈도는 표본의 제약을 충족시켜야 한다. 이 제약은 적합도 검정에서 $\sum f_e = \sum f_o = n$이다. 독립성 검정에서 기대 빈도에 대한 행의 합 및 열의 합은 관찰 빈도에 대한 행의 합 및 열의 합과 같아야 한다.

2. 기대 빈도가 분수(또는 소수점)의 값을 갖는 것은 전적으로 가능하다. 그러나 관찰 빈도는 항상 정수여야 한다.

3. $df = 1$일 때 관찰 빈도와 기대 빈도 간 차이는 모든 칸에 대하여 동일할 것이다. 이는 카이제곱의 계산을 쉽게 만들어 준다.

4. 모든 범주(또는 칸)에 대해 기대 빈도를 계산하라고 하지만 모든 f_e값을 반드시 별도로 계산해야 하는 것은 아님을 알아야 한다. 카이제곱에 대한 df는 자유로이 변할 수 있는 f_e값의 수와 같다는 것을 기억하자. 여러분이 그 f_e값을 계산하게 되면 나머지 f_e값은 자동으로 결정된다. 여러분은 계산된 f_e값을 해당 행이나 열의 합에서 뺌으로써 이 나머지 값을 구할 수 있다.

5. 이전의 다른 통계 검정과 달리 카이제곱 검정의 자유도(df)는 표본 크기(n)에 의해 결정되지 않는다. 이를 주의하자!

증명 15.1

독립성 검정

시계 제작자가 디지털 시계와 아날로그 시계 간 선호도를 조사하고자 한다. $n = 200$의 표본이 선택되고 이 개인들은 연령과 선호도로 분류된다. 시계 제작자는 연령대와 시계 선호도 간에 관계가 있는지 알고자 한다. 관찰 빈도(f_o)는 다음과 같다.

	디지털 시계	아날로그 시계	미결정	계
30세 미만	90	40	10	80
30세 이상	10	40	10	120
계	100	80	20	$n = 200$

1단계 가설을 진술하고 유의 수준을 선택한다. 영가설은 두 변수 간에 관계가 없다는 것이다.

H_0: 선호도는 연령에 대해 독립적이다. 즉, 선호도의 빈도 분포는 30세 미만이나 30세 이상의 사람들에게 동일한 형태를 지닌다.

대립가설은 두 변수 간 관계가 있다는 것이다.

H_1: 선호도는 연령과 관련이 있다. 즉, 선호되는 시계의 유형은 나이와 관련이 있다.

우리는 유의 수준을 $\alpha = .05$로 설정할 것이다.

2단계 기각역을 찾는다. 카이제곱 독립성 검정의 자유도는 다음과 같이 결정된다.

$$df = (C - 1)(R - 1)$$

이 자료에 대해서는 다음과 같다.

$$df = (3 - 1)(2 - 1) = 2(1) = 2$$

$df = 2$이고 $\alpha = .05$일 때 카이제곱 임곗값은 5.99이다. 따라서 카이제곱값이 기각역에 속해 H_0을 기각하기 위해서는 계산된 카이제곱값이 5.99를 넘어야 한다.

3단계 검정 통계량을 계산한다. 카이제곱을 구하기 위해서는 기대 빈도 찾기와 카이제곱 통계량 계산 등 다음의 두 가지가 필요하다.

기대 빈도, f_e. 독립성 검정을 위해서는 열의 합(f_c), 행의 합(f_c), 그리고 다음 식을 이용하여 기대 빈도를 구할 수 있다.

$$f_e = \frac{f_c f_r}{n}$$

30세 미만의 사람들에 대해 우리는 다음과 같은 기대 빈도를 얻는다.

$$\text{디지털: } f_e = \frac{100(140)}{200} = \frac{14,000}{200} = 70$$

$$\text{아날로그: } f_e = \frac{80(140)}{200} = \frac{11,200}{200} = 56$$

$$\text{미결정: } f_e = \frac{20(140)}{200} = \frac{2800}{200} = 14$$

30세 이상의 사람들에 대해 우리는 다음과 같은 기대 빈도를 얻는다.

$$\text{디지털: } f_e = \frac{100(60)}{200} = \frac{6000}{200} = 30$$

$$\text{아날로그: } f_e = \frac{80(60)}{200} = \frac{4800}{200} = 24$$

$$\text{미결정: } f_e = \frac{20(60)}{200} = \frac{1200}{200} = 6$$

다음 표는 기대 빈도를 요약한 것이다.

	디지털 시계	아날로그 시계	미결정
30세 미만	70	56	14
30세 이상	30	24	6

카이제곱 통계량. 카이제곱 통계량은 다음 식을 이용해 계산할 수 있다.

$$\chi^2 = \Sigma\frac{(f_o - f_e)^2}{f_e}$$

다음 표는 계산 결과를 요약한 것이다.

칸	f_o	f_e	$(f_o - f_e)$	$(f_o - f_e)^2$	$(f_o - f_e)^2/f_e$
30세 미만 — 디지털 시계	90	70	20	400	5.71
30세 미만 — 아날로그 시계	40	56	−16	256	4.57
30세 미만 — 미결정	10	14	−4	16	1.14
30세 이상 — 디지털 시계	10	30	−20	400	13.33
30세 이상 — 아날로그 시계	40	24	16	256	10.67
30세 이상 — 미결정	10	6	4	16	2.67

마침내 우리는 마지막 열을 모두 더해 카이제곱값을 구할 수 있다.

$$\chi^2 = 5.71 + 4.57 + 1.14 + 13.33 + 10.67 + 2.67 = 38.09$$

4단계 **H_0에 대한 의사 결정을 하고 결론을 진술한다.** 카이제곱값은 기각역에 놓여 있다. 따라서 우리는 영가설을 기각한다. 시계 선호도와 연령 간에는 관계가 있다. [$\chi^2(2, n = 200) = 38.09, p < .05$]

증명 15.2

Cramér의 *V*에 대한 효과 크기

자료 행렬의 크기가 2 × 2보다 크기 때문에 우리는 효과 크기를 측정하기 위해 Cramér의 *V*를 계산할 것이다.

$$\text{Cramér의 } V = \sqrt{\frac{\chi^2}{n(df^*)}} = \sqrt{\frac{38.09}{200(1)}} = \sqrt{0.19} = 0.436$$

연습 문제

1. *t* 검정이나 ANOVA 같은 모수 검정은 주로 요구하는 가정과 사용하는 자료의 측면에서 카이제곱과 같은 비모수 검정과 다르다. 이 차이를 설명하시오.

2. 주립대학의 학생 모집단은 60%의 여학생과 40%의 남학생으로 구성되어 있다.

a. 대학의 연극과에서는 최근 현대 뮤지컬을 제작했다. 어느 연구자가 극장에 입장하는 학생들의 성별을 기록하고 총 37명의 여학생과 18명의 남학생이 입장했음을 알게 되었다. 극장에 다니는 학생들의 성별은 대학의 학생 성별 분포와 유의한 차이를 보이는가? .05의 유의 수준에서 검정하시오.

b. 같은 연구자가 대학의 체육관에서 남자 농구 경기를 관람하는 학생들의 성별을 기록하고 총 58명의 여학생과 82명의 남학생이 입장하였음을 발견했다. 농구 경기 팬의 성별은 대학의 학생 성별 분포와 유의한 차이를 보이는가? .05의 유의 수준에서 검정하시오.

3. 어느 발달심리학자는 유아가 색상 선호도를 지니는지 검증하고자 했다. 네 개의 색상 패치(빨강, 초록, 파랑, 노랑)로 구성된 자극제를 유아침대 위 천장에 걸어놓았다. 유아들을 침대에 올려놓은 후 얼마나 오랜 시간 네 색상을 바라보는지 하나씩 심리학자가 기록한다. 100초의 실험 시간 동안 가장 많은 관심을 받은 색상이 해당 유아의 선호 색상으로 기록된다. 80명의 유아 표본에 대한 선호 색상은 다음 표에 기록되어 있다.

빨강	초록	파랑	노랑
25	18	23	14

a. 자료를 보면 네 색상에 대한 선호도가 드러나는가? .05의 유의 수준에서 검정하시오.

b. 연구보고서에 가설 검정의 결과가 어떻게 나타날 것인지 한 문장으로 기술하시오.

4. 교통부 자료를 보면 운전자의 80%가 25세를 초과한다.

a. 최근 과속 딱지를 받은 $n = 50$의 표본 중 33명이 25세 이상이었으며 나머지 17명이 25세 이하였다. 이 표본의 연령 분포는 운전자 모집단의 분포와 유의한 차이를 보이는가? $\alpha = .05$를 사용하시오.

b. 최근 주차 딱지를 받은 $n = 50$의 표본에서 36명이 25세 이상이었고 나머지 14명은 25세 이하였다. 이 표본의 연령 분포는 운전자 모집단의 분포와 유의한 차이를 보이는가? $\alpha = .05$를 사용하시오.

5. 예술 감상을 연구하는 심리학자가 위아래가 명확하지 않은 추상화를 선택하고 그림을 네 방향 중 어느쪽으로도 걸 수 있도록 걸이를 부착했다. 그림을 $n = 50$의 표본 참가자에게 보여 준 후 각 참

가자에게 올바르게 보이는 방향으로 그림을 걸도록 요청했다. 다음 자료는 얼마나 많은 사람들이 네 면 중 어느 쪽을 위로 선택했는지 보여 준다. 어느 면이 우연히 발생하는 것 이상의 정도로 선택되는가? $\alpha = .05$를 사용하시오.

상(옳음)	하	좌	우
18	17	7	8

6. 심리학과 교수가 몇 년 동안 학점을 매기는 방식에 유의한 변화가 있었는지 검토하고자 했다. 1985년 해당 학과의 전체 학점 분포는 A 14%, B 26%, C 31%, D 19%, F 10%였던 것으로 알려져 있다. 이전 학기 $n = 200$의 심리학과 학생 표본은 다음과 같은 학점 분포를 보였다.

A	B	C	D	E
32	61	64	31	12

자료에서 학점 분포에 유의한 차이가 드러나는가? .05의 유의 수준에서 검정하시오.

7. 자동차 보험은 10대 운전자들에게 더 비싸다. 이러한 가격 차이를 정당화하기 위하여 보험 회사들은 젊은 운전자들이 큰 사고를 일으키는 경향이 훨씬 더 많다고 주장한다. 이러한 주장을 검증하기 위하여 한 연구자가 교통부에 등록된 운전자 정보를 획득하여 경찰에 보고된 $n = 300$의 교통사고 표본을 선택했다. 교통부는 연령대 범주별 교통사고 비율을 다음과 같이 보고하고 있다. 즉, 16%가 20세 이하, 28%가 20세에서 29세 사이, 56%가 30세 이상이다. 각 연령대 집단의 교통사고 수는 다음과 같다.

20세 이하	20~29세	30세 이상
68	92	140

a. 이 세 연령대 집단의 사고 분포가 운전자 분포와 차이를 보이는가? $\alpha = .05$에서 검정하라.

b. 효과 크기를 측정하기 위하여 Cohen의 w를 계산하시오.

c. 연구 보고서에 가설 검정과 효과 크기의 측정 결과가 어떻게 제시될지 문장으로 작성하시오.

8. 어느 통신 회사가 휴대전화의 디자인을 세 종 개발했다. 소비자의 반응을 평가하기 위하여 12명의 대학생 표본을 선정하고 각 학생에게 세 대의 전화를 일주일간 사용해 보게 했다. 일주일 후에 학생들은 선호하는 디자인을 선택했다. 선호도 분포는 다음과 같다.

디자인 1	디자인 2	디자인 3
54	38	28

a. 세 디자인 간 유의한 선호도 차이가 드러나는가?

b. 효과 크기를 측정하는 Cohen의 w를 계산하시오.

9. 문제 8에서 연구자는 대학생들에게 3개의 새로운 휴대전화 디자인을 평가하도록 요청했다. 그러나 연구자는 대학생들이 장년층과는 다른 선택 기준을 가질 수 있다고 생각한다. 이 가설을 검정하기 위하여 연구자는 $n = 60$의 대학생 표본뿐만 아니라 $n = 60$의 장년층 표본에도 같은 실험을 반복한다. 선호도 분포는 다음과 같다.

	디자인 1	디자인 2	디자인 3	
학생	27	20	13	60
장년	21	34	5	60
	48	54	18	

자료에서 장년층의 선호도는 대학생의 선호도와 다른 분포를 보이는가? $\alpha = .05$에서 검정하시오.

10. 이 장의 초반부에 우리는 성격과 색상 선호도 간 관계를 검증하는 연구에서 카이제곱 독립성 검정을 사용할 수 있음을 소개했다. 다음 표는 성격(내성적, 외향적)과 색상 선호도(빨강, 노랑, 초록, 파랑)로 분류된 $n = 200$의 학생 집단에 대한 빈도 분포를 보여 준다. 이 자료에는 두 변수 간 유의한 관계가 드러나는가? $\alpha = .05$에서 검정하시오.

	빨강	노랑	초록	파랑	
내성적	10	3	15	22	50
외향적	90	17	25	18	150
	100	20	40	40	$n = 200$

11. Liu 등(2015)은 최근 행복한 사람들이 더 오래 사는지에 대한 연구 결과를 발표했다. 이 연구는 50세에서 69세 사이의 대규모 영국 여성 표본을 10년 동안 추적하여 조사했다. 연구 초반 여성들에게 얼마나 자주 행복하다고 느끼는지 등의 몇 가지 질문이 주어졌다. 10년 후 대략 4%의 여성들이 사망했다. 다음 표는 연구 결과와 유사한 빈도 분포를 보여 준다.

	생존	사망	
대부분 행복	382	18	400
대부분 불행	194	6	200
	576	24	

a. 자료는 대부분 행복하게 사는 것과 장수 간 유의한 관계를 보여 주는가? α = .05에서 검정하시오.

b. 처치 효과의 크기를 측정하는 파이 계수를 계산하시오.

12. 많은 사업체들이 고객의 재방문을 권장하는 충성도 프로그램을 채택한다. 흔히 사용되는 예가 '10회 방문 시 1회 무료' 쿠폰이다. Drèze와 Nunes(2006)는 고객들이 이 쿠폰을 다 채우도록 시작할 수 있도록 하는 간단한 변형 방법을 검토했다. 일군의 세차장 고객들에게는 '8회 방문 시 1회 무료' 쿠폰을 제공했고 다른 집단에게는 이미 2회를 사용한 것으로 처리한 '10회 방문 시 1회 무료' 쿠폰을 제공했다. 두 집단은 모두 8회만 방문하면 무료 세차를 1회 받을 수 있었지만 2회를 이미 사용한 것으로 처리한 쿠폰을 받은 집단이 목표 도달에 더 가까운 모습을 보였다. 몇 달 후 연구자들은 쿠폰을 다 채워 무료 세차를 받은 고객들의 수를 기록하였다. 다음 자료는 연구 결과와 유사하다. 두 종류의 쿠폰 프로그램에 유의한 차이가 존재하는가? α = .05에서 검정하시오.

	쿠폰 다 채움	채우지 못함	
8회 쿠폰	10	40	50
10회 쿠폰 (2회 선공제)	19	31	50
	29	71	

13. 고전적인 연구의 예로서, Loftus와 Palmer(1974)는 증인의 기억과 그들이 받은 질문 간 관계를 조사했다. 이 연구에서 참가자들은 자동차 사고에 대한 영화를 보고 그 사고에 대한 질문을 받았다. 일군의 참가자들은 그 자동차들이 '박살났을' 때 얼마나 속도가 빨랐는지 질문을 받았다. 다른 집단에게는 자동차들이 '부딪혔을' 때의 속도를 물었다. 또 다른 집단에게는 자동차의 속도에 대한 질문을 하지 않았다. 일주일 후 참가자들은 사고 시 유리가 깨진 것을 본 적이 있는지를 포함하여 그 사고에 대한 추가 질문에 답했다. 영화에는 유리가 깨진 장면이 없었지만 일부 학생들은 그런 장면을 기억한다고 주장했다. 다음 표는 각 집단의 응답 빈도 분포를 보여 준다.

		질문에 대한 응답 깨진 유리를 보았는가?	
		예	**아니요**
속도에 대한 질문에서 사용한 동사	박살남	16	34
	부딪힘	7	43
	통제 집단 (질문하지 않음)	6	44

a. 깨진 유리를 보았다고 주장한 참가자의 비율은 집단에 따라 유의하게 다른가? α = .05에서 검정하시오.

b. 처치 효과의 크기를 측정하는 Cramér의 V를 계산하시오.

c. 질문의 문구가 참가자의 기억에 어떤 영향을 미치는지 설명하시오.

d. 가설 검정의 결과와 효과 크기가 학술지 논문에서 어떻게 보고될지 쓰시오.

14. 신입생의 체중 증가를 조사한 연구에서 연구자들은 체중의 성별 차이도 검토했다(Kasparek, Corwin, Valois, Sargent, & Morris, 2008). 스스로 보고한 신장과 체중을 이용하여 각 학생의 체질량지수(Body Mass Index, BMI)를 계산했다. BMI 점수를 이용하여 학생들은 바람직한 체중인지 또는 과체중인지로 분류되었다. 학생들을 다시 성별로 분류한 후 연구자들은 다음 표와 유사한 빈

도를 확인했다.

	이상적인 체중	과체중
남성	74	46
여성	62	18

a. 자료를 보면 과체중 남성의 비율이 과체중 여성의 비율과 유의하게 다른가? α = .05에서 검정하시오.

b. 관계의 강도를 측정하는 파이 계수를 계산하시오.

c. 가설 검정의 결과와 효과 크기가 학술지 논문에서 어떻게 보고될지 쓰시오.

15. 연구 결과 남학생의 IQ 점수가 여학생보다 높은 분산을 보였다(Arden & Plomin, 2006). 10세 아동을 조사한 전형적인 연구에서 참가자들을 성별과 '고, 평균, 저'의 IQ로 분류했다. 다음은 연구 결과를 보여 주는 가상적인 자료이다. 이 자료는 남자와 여자의 빈도 분포 간 유의한 차이를 드러내는가? .05의 유의 수준에서 검정하고 차이를 설명하시오.

	IQ			
	저	평균	고	
남학생	18	42	20	80
여학생	12	54	14	80
				n = 160

16. 꿈의 내용에 대한 성별 차이는 잘 알려져 있다(Winget & Kramer, 1979 참조). 어느 연구자가 남성과 여성의 꿈에서 나타나는 공격적인 내용에 대해 연구한다고 하자. 각 참여자는 자신의 최근 꿈에 대해 이야기한다. 그 꿈의 공격적인 내용은 일군의 전문가들에 의해 '고, 중, 저'로 판단된다. 관찰 빈도는 다음 행렬에 제시되어 있다.

		공격적인 내용		
		저	중	고
성별	남성	18	4	2
	여성	4	17	15

성별과 꿈에 등장하는 공격적인 내용 간에는 관계가 있는가? α = .01에서 검정하시오.

17. 많은 부모들이 감독할 수 있는 성년이 있는 상황에서 제한적으로 미성년 자녀들의 음주를 허용한다. 이는 10대들이 통제된 환경에서 첫 음주 경험을 하게 되면 책임감 있는 음주 습관을 배우게 될 것이라는 생각에서 나왔다. 다른 부모들은 무엇이 옳고 무엇이 그른지에 대한 분명한 의사를 전달해야 한다는 생각으로 음주를 엄격하게 제한한다. 그러나 최근 연구에 따르면 더욱 허용적인 태도가 실제로는 더 부정적인 결과를 낳게 될 것이라고 한다(McMorris et al., 2011). 연구자들은 매년 14세부터 17세 사이의 학생 150명을 조사한다. 학생들에게 음주 및 폭음, 폭력, 정신 잃기 등 음주 관련 문제에 대한 질문을 했다. 다음 표는 연구 결과와 유사한 자료를 보여 준다.

	음주 관련 문제 경험		
	없음	있음	
음주 허용되지 않음	71	9	80
음주 허용됨	89	31	120
	160	40	n = 200

a. 자료는 부모의 음주 규칙과 음주 관련 문제 간 유의한 관계를 보여 주는가? α = .05에서 검정하시오.

b. 관계의 강도를 측정하는 Cramér의 V를 계산하시오.

18. 최근 연구에 따르면 사람들은 제작자와 비슷한 특성을 지닌 비디오 게임 아바타를 선택하는 경향이 있다고 한다(Bélisle & Onur, 2010). 가상 공동체 게임에서 아바타를 만들어 본 참가자들이 자신의 성격에 대한 설문지에 답했다. 다른 사람들이 이 아바타를 보고 그에 대한 인상을 기록했다. 성격 중 하나로 고려된 것이 내성적인지 또는 외향적인지였다. 다음 표는 참가자들과 그들이 창조한 아바타의 성격 분포를 보여 준다.

	참가자 성격		
	내성적	외향적	
내성적인 아바타	22	23	45
외향적인 아바타	16	39	55
	38	62	

a. 참가자들의 성격과 그들 아바타의 성격 간에는 유의한 관계가 존재하는가? α = .05에서 검정하시오.

b. 효과 크기를 측정하는 파이 계수를 계산하시오.

19. 연구 결과에 따르면 연구 참여에 자원하는 사람들은 자원하지 않는 사람들보다 높은 지능을 갖는 경향이 있다. 이 현상을 검증하기 위하여 어느 연구자가 200명의 고등학생 표본을 구했다. 학생들은 심리학 연구에 대한 설명을 듣고 자원해서 참가할 것인지 질문을 받았다. 연구자는 또한 각 학생의 IQ 점수를 구해 학생들을 고, 중, 저 IQ 집단으로 분류했다. 다음 자료는 IQ와 자원 간 유의한 관계를 드러내는가? .05의 유의 수준에서 검정하시오.

	IQ			
	고	**중**	**저**	
자원	43	73	34	150
비자원	7	27	16	50
	50	100	50	

20. 연구 결과 정신 건강 문제를 다루는 10대들의 접근 방법에는 강한 성별 차이가 있다는 것이 드러난다(Chandra & Minkovitz, 2006). 한 전형적인 연구에서 8학년 학생들에게 감정적 또는 다른 정신 건강 문제에 직면했을 때 정신 건강 서비스를 이용할 의사가 있는지 질문했다. n = 150의 학생 표본으로부터 구한 전형적인 자료가 다음 표에 나타나 있다.

	정신 건강 서비스를 사용할 의사가 있는지			
	아니요	**모름**	**예**	
남성	17	32	11	60
여성	13	43	34	90
	30	75	45	n = 200

a. 자료는 성별과 정신 건강 서비스를 이용하려는 의사 간 유의한 관계를 보여 주는가? α = .05에서 검정하시오.

b. 처치 효과의 크기를 측정하는 Cramér의 V를 계산하시오.

Appendix A

통계표 모음

표 A.1 정규분포표*

*A열에는 *z* 점수가 나열되어 있습니다. *z* 점수 위치에서 정규 분포를 통해 그려진 세로 선은 분포를 두 부분으로 나눕니다.

B열은 몸통이라고 하는 큰 부분의 비율을 나타냅니다.

C열은 꼬리라고 하는 작은 부분의 비율을 나타냅니다.

D열은 평균과 *z* 점수 사이의 비율을 나타냅니다.

주: 정규 분포는 대칭이므로 음수인 *z* 점수의 비율은 양수인 *z* 점수의 비율과 같습니다.

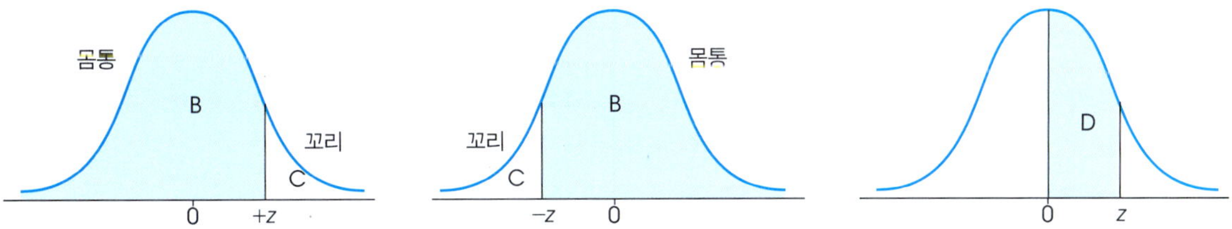

(A) z	(B) 몸통 비율	(C) 꼬리 비율	(D) 평균과 z 사이 비율
0.00	.5000	.5000	.0000
0.01	.5040	.4960	.0040
0.02	.5080	.4920	.0080
0.03	.5120	.4880	.0120
0.04	.5160	.4840	.0160
0.05	.5199	.4801	.0199
0.06	.5239	.4761	.0239
0.07	.5279	.4721	.0279
0.08	.5319	.4681	.0319
0.09	.5359	.4641	.0359
0.10	.5398	.4602	.0398
0.11	.5438	.4562	.0438
0.12	.5478	.4522	.0478
0.13	.5517	.4483	.0517
0.14	.5557	.4443	.0557
0.15	.5596	.4404	.0596
0.16	.5636	.4364	.0636
0.17	.5675	.4325	.0675
0.18	.5714	.4286	.0714
0.19	.5753	.4247	.0753
0.20	.5793	.4207	.0793
0.21	.5832	.4168	.0832
0.22	.5871	.4129	.0871
0.23	.5910	.4090	.0910
0.24	.5948	.4052	.0948
0.25	.5987	.4013	.0987
0.26	.6026	.3974	.1026
0.27	.6064	.3936	.1064
0.28	.6103	.3897	.1103
0.29	.6141	.3859	.1141
0.30	.6179	.3821	.1179
0.31	.6217	.3783	.1217
0.32	.6255	.3745	.1255
0.33	.6293	.3707	.1293
0.34	.6331	.3669	.1331
0.35	.6368	.3632	.1368
0.36	.6406	.3594	.1406
0.37	.6443	.3557	.1443
0.38	.6480	.3520	.1480
0.39	.6517	.3483	.1517
0.40	.6554	.3446	.1554
0.41	.6591	.3409	.1591
0.42	.6628	.3372	.1628
0.43	.6664	.3336	.1664
0.44	.6700	.3300	.1700
0.45	.6736	.3264	.1736
0.46	.6772	.3228	.1772
0.47	.6808	.3192	.1808
0.48	.6844	.3156	.1844
0.49	.6879	.3121	.1879

표 A.1 정규분포표(계속)

(A) z	(B) 몸통 비율	(C) 꼬리 비율	(D) 평균과 z 사이 비율	(A) z	(B) 몸통 비율	(C) 꼬리 비율	(D) 평균과 z 사이 비율
0.50	.6915	.3085	.1915	1.00	.8413	.1587	.3413
0.51	.6950	.3050	.1950	1.01	.8438	.1562	.3438
0.52	.6985	.3015	.1985	1.02	.8461	.1539	.3461
0.53	.7019	.2981	.2019	1.03	.8485	.1515	.3485
0.54	.7054	.2946	.2054	1.04	.8508	.1492	.3508
0.55	.7088	.2912	.2088	1.05	.8531	.1469	.3531
0.56	.7123	.2877	.2123	1.06	.8554	.1446	.3554
0.57	.7157	.2843	.2157	1.07	.8577	.1423	.3577
0.58	.7190	.2810	.2190	1.08	.8599	.1401	.3599
0.59	.7224	.2776	.2224	1.09	.8621	.1379	.3621
0.60	.7257	.2743	.2257	1.10	.8643	.1357	.3643
0.61	.7291	.2709	.2291	1.11	.8665	.1335	.3665
0.62	.7324	.2676	.2324	1.12	.8686	.1314	.3686
0.63	.7357	.2643	.2357	1.13	.8708	.1292	.3708
0.64	.7389	.2611	.2389	1.14	.8729	.1271	.3729
0.65	.7422	.2578	.2422	1.15	.8749	.1251	.3749
0.66	.7454	.2546	.2454	1.16	.8770	.1230	.3770
0.67	.7486	.2514	.2486	1.17	.8790	.1210	.3790
0.68	.7517	.2483	.2517	1.18	.8810	.1190	.3810
0.69	.7549	.2451	.2549	1.19	.8830	.1170	.3830
0.70	.7580	.2420	.2580	1.20	.8849	.1151	.3849
0.71	.7611	.2389	.2611	1.21	.8869	.1131	.3869
0.72	.7642	.2358	.2642	1.22	.8888	.1112	.3888
0.73	.7673	.2327	.2673	1.23	.8907	.1093	.3907
0.74	.7704	.2296	.2704	1.24	.8925	.1075	.3925
0.75	.7734	.2266	.2734	1.25	.8944	.1056	.3944
0.76	.7764	.2236	.2764	1.26	.8962	.1038	.3962
0.77	.7794	.2206	.2794	1.27	.8980	.1020	.3980
0.78	.7823	.2177	.2823	1.28	.8997	.1003	.3997
0.79	.7852	.2148	.2852	1.29	.9015	.0985	.4015
0.80	.7881	.2119	.2881	1.30	.9032	.0968	.4032
0.81	.7910	.2090	.2910	1.31	.9049	.0951	.4049
0.82	.7939	.2061	.2939	1.32	.9066	.0934	.4066
0.83	.7967	.2033	.2967	1.33	.9082	.0918	.4082
0.84	.7995	.2005	.2995	1.34	.9099	.0901	.4099
0.85	.8023	.1977	.3023	1.35	.9115	.0885	.4115
0.86	.8051	.1949	.3051	1.36	.9131	.0869	.4131
0.87	.8078	.1922	.3078	1.37	.9147	.0853	.4147
0.88	.8106	.1894	.3106	1.38	.9162	.0838	.4162
0.89	.8133	.1867	.3133	1.39	.9177	.0823	.4177
0.90	.8159	.1841	.3159	1.40	.9192	.0808	.4192
0.91	.8186	.1814	.3186	1.41	.9207	.0793	.4207
0.92	.8212	.1788	.3212	1.42	.9222	.0778	.4222
0.93	.8238	.1762	.3238	1.43	.9236	.0764	.4236
0.94	.8264	.1736	.3264	1.44	.9251	.0749	.4251
0.95	.8289	.1711	.3289	1.45	.9265	.0735	.4265
0.96	.8315	.1685	.3315	1.46	.9279	.0721	.4279
0.97	.8340	.1660	.3340	1.47	.9292	.0708	.4292
0.98	.8365	.1635	.3365	1.48	.9306	.0694	.4306
0.99	.8389	.1611	.3389	1.49	.9319	.0681	.4319

표 A.1 정규분포표(계속)

(A) z	(B) 몸통 비율	(C) 꼬리 비율	(D) 평균과 z 사이 비율	(A) z	(B) 몸통 비율	(C) 꼬리 비율	(D) 평균과 z 사이 비율
1.50	.9332	.0668	.4332	2.00	.9772	.0228	.4772
1.51	.9345	.0655	.4345	2.01	.9778	.0222	.4778
1.52	.9357	.0643	.4357	2.02	.9783	.0217	.4783
1.53	.9370	.0630	.4370	2.03	.9788	.0212	.4788
1.54	.9382	.0618	.4382	2.04	.9793	.0207	.4793
1.55	.9394	.0606	.4394	2.05	.9798	.0202	.4798
1.56	.9406	.0594	.4406	2.06	.9803	.0197	.4803
1.57	.9418	.0582	.4418	2.07	.9808	.0192	.4808
1.58	.9429	.0571	.4429	2.08	.9812	.0188	.4812
1.59	.9441	.0559	.4441	2.09	.9817	.0183	.4817
1.60	.9452	.0548	.4452	2.10	.9821	.0179	.4821
1.61	.9463	.0537	.4463	2.11	.9826	.0174	.4826
1.62	.9474	.0526	.4474	2.12	.9830	.0170	.4830
1.63	.9484	.0516	.4484	2.13	.9834	.0166	.4834
1.64	.9495	.0505	.4495	2.14	.9838	.0162	.4838
1.65	.9505	.0495	.4505	2.15	.9842	.0158	.4842
1.66	.9515	.0485	.4515	2.16	.9846	.0154	.4846
1.67	.9525	.0475	.4525	2.17	.9850	.0150	.4850
1.68	.9535	.0465	.4535	2.18	.9854	.0146	.4854
1.69	.9545	.0455	.4545	2.19	.9857	.0143	.4857
1.70	.9554	.0446	.4554	2.20	.9861	.0139	.4861
1.71	.9564	.0436	.4564	2.21	.9864	.0136	.4864
1.72	.9573	.0427	.4573	2.22	.9868	.0132	.4868
1.73	.9582	.0418	.4582	2.23	.9871	.0129	.4871
1.74	.9591	.0409	.4591	2.24	.9875	.0125	.4875
1.75	.9599	.0401	.4599	2.25	.9878	.0122	.4878
1.76	.9608	.0392	.4608	2.26	.9881	.0119	.4881
1.77	.9616	.0384	.4616	2.27	.9884	.0116	.4884
1.78	.9625	.0375	.4625	2.28	.9887	.0113	.4887
1.79	.9633	.0367	.4633	2.29	.9890	.0110	.4890
1.80	.9641	.0359	.4641	2.30	.9893	.0107	.4893
1.81	.9649	.0351	.4649	2.31	.9896	.0104	.4896
1.82	.9656	.0344	.4656	2.32	.9898	.0102	.4898
1.83	.9664	.0336	.4664	2.33	.9901	.0099	.4901
1.84	.9671	.0329	.4671	2.34	.9904	.0096	.4904
1.85	.9678	.0322	.4678	2.35	.9906	.0094	.4906
1.86	.9686	.0314	.4686	2.36	.9909	.0091	.4909
1.87	.9693	.0307	.4693	2.37	.9911	.0089	.4911
1.88	.9699	.0301	.4699	2.38	.9913	.0087	.4913
1.89	.9706	.0294	.4706	2.39	.9916	.0084	.4916
1.90	.9713	.0287	.4713	2.40	.9918	.0082	.4918
1.91	.9719	.0281	.4719	2.41	.9920	.0080	.4920
1.92	.9726	.0274	.4726	2.42	.9922	.0078	.4922
1.93	.9732	.0268	.4732	2.43	.9925	.0075	.4925
1.94	.9738	.0262	.4738	2.44	.9927	.0073	.4927
1.95	.9744	.0256	.4744	2.45	.9929	.0071	.4929
1.96	.9750	.0250	.4750	2.46	.9931	.0069	.4931
1.97	.9756	.0244	.4756	2.47	.9932	.0068	.4932
1.98	.9761	.0239	.4761	2.48	.9934	.0066	.4934
1.99	.9767	.0233	.4767	2.49	.9936	.0064	.4936

표 A.1 정규분포표(계속)

(A) z	(B) 몸통 비율	(C) 꼬리 비율	(D) 평균과 z 사이 비율
2.50	.9938	.0062	.4938
2.51	.9940	.0060	.4940
2.52	.9941	.0059	.4941
2.53	.9943	.0057	.4943
2.54	.9945	.0055	.4945
2.55	.9946	.0054	.4946
2.56	.9948	.0052	.4948
2.57	.9949	.0051	.4949
2.58	.9951	.0049	.4951
2.59	.9952	.0048	.4952
2.60	.9953	.0047	.4953
2.61	.9955	.0045	.4955
2.62	.9956	.0044	.4956
2.63	.9957	.0043	.4957
2.64	.9959	.0041	.4959
2.65	.9960	.0040	.4960
2.66	.9961	.0039	.4961
2.67	.9962	.0038	.4962
2.68	.9963	.0037	.4963
2.69	.9964	.0036	.4964
2.70	.9965	.0035	.4965
2.71	.9966	.0034	.4966
2.72	.9967	.0033	.4967
2.73	.9968	.0032	.4968
2.74	.9969	.0031	.4969
2.75	.9970	.0030	.4970
2.76	.9971	.0029	.4971
2.77	.9972	.0028	.4972
2.78	.9973	.0027	.4973
2.79	.9974	.0026	.4974
2.80	.9974	.0026	.4974
2.81	.9975	.0025	.4975
2.82	.9976	.0024	.4976
2.83	.9977	.0023	.4977
2.84	.9977	.0023	.4977
2.85	.9978	.0022	.4978
2.86	.9979	.0021	.4979
2.87	.9979	.0021	.4979
2.88	.9980	.0020	.4980
2.89	.9981	.0019	.4981
2.90	.9981	.0019	.4981
2.91	.9982	.0018	.4982
2.92	.9982	.0018	.4982
2.93	.9983	.0017	.4983
2.94	.9984	.0016	.4984
2.95	.9984	.0016	.4984
2.96	.9985	.0015	.4985
2.97	.9985	.0015	.4985
2.98	.9986	.0014	.4986
2.99	.9986	.0014	.4986
3.00	.9987	.0013	.4987
3.01	.9987	.0013	.4987
3.02	.9987	.0013	.4987
3.03	.9988	.0012	.4988
3.04	.9988	.0012	.4988
3.05	.9989	.0011	.4989
3.06	.9989	.0011	.4989
3.07	.9989	.0011	.4989
3.08	.9990	.0010	.4990
3.09	.9990	.0010	.4990
3.10	.9990	.0010	.4990
3.11	.9991	.0009	.4991
3.12	.9991	.0009	.4991
3.13	.9991	.0009	.4991
3.14	.9992	.0008	.4992
3.15	.9992	.0008	.4992
3.16	.9992	.0008	.4992
3.17	.9992	.0008	.4992
3.18	.9993	.0007	.4993
3.19	.9993	.0007	.4993
3.20	.9993	.0007	.4993
3.21	.9993	.0007	.4993
3.22	.9994	.0006	.4994
3.23	.9994	.0006	.4994
3.24	.9994	.0006	.4994
3.30	.9995	.0005	.4995
3.40	.9997	.0003	.4997
3.50	.9998	.0002	.4998
3.60	.9998	.0002	.4998
3.70	.9999	.0001	.4999
3.80	.99993	.00007	.49993
3.90	.99995	.00005	.49995
4.00	.99997	.00003	.49997

표 A.2 *t* 분포표

표의 값들은 한쪽 꼬리 또는 양쪽 꼬리 결합 비율에 해당하는 *t*값임.

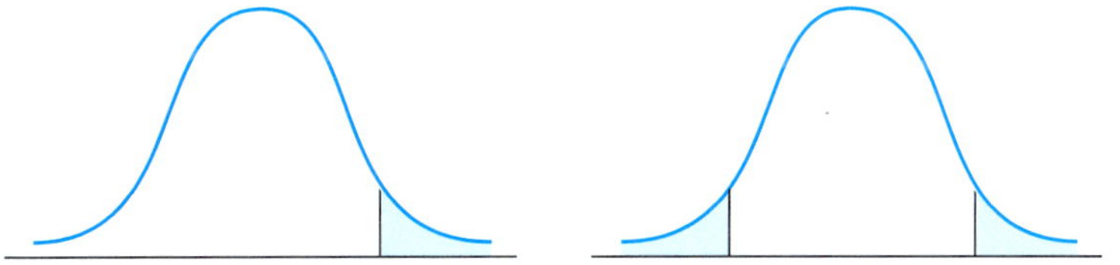

	한쪽 꼬리 비율					
	0.25	0.10	0.05	0.025	0.01	0.005
	양쪽 꼬리 결합 비율					
df	0.50	0.20	0.10	0.05	0.02	0.01
1	1.000	3.078	6.314	12.706	31.821	63.657
2	0.816	1.886	2.920	4.303	6.965	9.925
3	0.765	1.638	2.353	3.182	4.541	5.841
4	0.741	1.533	2.132	2.776	3.747	4.604
5	0.727	1.476	2.015	2.571	3.365	4.032
6	0.718	1.440	1.943	2.447	3.143	3.707
7	0.711	1.415	1.895	2.365	2.998	3.499
8	0.706	1.397	1.860	2.306	2.896	3.355
9	0.703	1.383	1.833	2.262	2.821	3.250
10	0.700	1.372	1.812	2.228	2.764	3.169
11	0.697	1.363	1.796	2.201	2.718	3.106
12	0.695	1.356	1.782	2.179	2.681	3.055
13	0.694	1.350	1.771	2.160	2.650	3.012
14	0.692	1.345	1.761	2.145	2.624	2.977
15	0.691	1.341	1.753	2.131	2.602	2.947
16	0.690	1.337	1.746	2.120	2.583	2.921
17	0.689	1.333	1.740	2.110	2.567	2.898
18	0.688	1.330	1.734	2.101	2.552	2.878
19	0.688	1.328	1.729	2.093	2.539	2.861
20	0.687	1.325	1.725	2.086	2.528	2.845
21	0.686	1.323	1.721	2.080	2.518	2.831
22	0.686	1.321	1.717	2.074	2.508	2.819
23	0.685	1.319	1.714	2.069	2.500	2.807
24	0.685	1.318	1.711	2.064	2.492	2.797
25	0.684	1.316	1.708	2.060	2.485	2.787
26	0.684	1.315	1.706	2.056	2.479	2.779
27	0.684	1.314	1.703	2.052	2.473	2.771
28	0.683	1.313	1.701	2.048	2.467	2.763
29	0.683	1.311	1.699	2.045	2.462	2.756
30	0.683	1.310	1.697	2.042	2.457	2.750
40	0.681	1.303	1.684	2.021	2.423	2.704
60	0.679	1.296	1.671	2.000	2.390	2.660
120	0.677	1.289	1.658	1.980	2.358	2.617
∞	0.674	1.282	1.645	1.960	2.326	2.576

출처: Fisher, R. A., & Yates, F. (1974). *Statistical Tables for Biological, Agricultural and Medical Research* (6th ed.). London: Longman Group Ltd., 1974 (previously published by Oliver and Boyd Ltd., Edinburgh). 내 표 III.

표 A.3 *F*−Max 통계량의 임곗값*

*α = .05의 임곗값은 보통 글씨로, α = .01의 임곗값은 굵은 글씨로 표기함.

	k = 표본의 수										
n − 1	2	3	4	5	6	7	8	9	10	11	12
4	9.60	15.5	20.6	25.2	29.5	33.6	37.5	41.4	44.6	48.0	51.4
	23.2	**37.**	**49.**	**59.**	**69.**	**79.**	**89.**	**97.**	**106.**	**113.**	**120.**
5	7.15	10.8	13.7	16.3	18.7	20.8	22.9	24.7	26.5	28.2	29.9
	14.9	**22.**	**28.**	**33.**	**38.**	**42.**	**46.**	**50.**	**54.**	**57.**	**60.**
6	5.82	8.38	10.4	12.1	13.7	15.0	16.3	17.5	18.6	19.7	20.7
	11.1	**15.5**	**19.1**	**22.**	**25.**	**27.**	**30.**	**32.**	**34.**	**36.**	**37.**
7	4.99	6.94	8.44	9.70	10.8	11.8	12.7	13.5	14.3	15.1	15.8
	8.89	**12.1**	**14.5**	**16.5**	**18.4**	**20.**	**22.**	**23.**	**24.**	**26.**	**27.**
8	4.43	6.00	7.18	8.12	9.03	9.78	10.5	11.1	11.7	12.2	12.7
	7.50	**9.9**	**11.7**	**13.2**	**14.5**	**15.8**	**16.9**	**17.9**	**18.9**	**19.8**	**21.**
9	4.03	5.34	6.31	7.11	7.80	8.41	8.95	9.45	9.91	10.3	10.7
	6.54	**8.5**	**9.9**	**11.1**	**12.1**	**13.1**	**13.9**	**14.7**	**15.3**	**16.0**	**16.6**
10	3.72	4.85	5.67	6.34	6.92	7.42	7.87	8.28	8.66	9.01	9.34
	5.85	**7.4**	**8.6**	**9.6**	**10.4**	**11.1**	**11.8**	**12.4**	**12.9**	**13.4**	**13.9**
12	3.28	4.16	4.79	5.30	5.72	6.09	6.42	6.72	7.00	7.25	7.48
	4.91	**6.1**	**6.9**	**7.6**	**8.2**	**8.7**	**9.1**	**9.5**	**9.9**	**10.2**	**10.6**
15	2.86	3.54	4.01	4.37	4.68	4.95	5.19	5.40	5.59	5.77	5.93
	4.07	**4.9**	**5.5**	**6.0**	**6.4**	**6.7**	**7.1**	**7.3**	**7.5**	**7.8**	**8.0**
20	2.46	2.95	3.29	3.54	3.76	3.94	4.10	4.24	4.37	4.49	4.59
	3.32	**3.8**	**4.3**	**4.6**	**4.9**	**5.1**	**5.3**	**5.5**	**5.6**	**5.8**	**5.9**
30	2.07	2.40	2.61	2.78	2.91	3.02	3.12	3.21	3.29	3.36	3.39
	2.63	**3.0**	**3.3**	**3.5**	**3.6**	**3.7**	**3.8**	**3.9**	**4.0**	**4.1**	**4.2**
60	1.67	1.85	1.96	2.04	2.11	2.17	2.22	2.26	2.30	2.33	2.36
	1.96	**2.2**	**2.3**	**2.4**	**2.4**	**2.5**	**2.5**	**2.6**	**2.6**	**2.7**	**2.7**

출처: Pearson, E., and Hartley, H.O. (1958). *Biometrika Tables for Statisticians* (2nd ed.). New York: Cambridge University Press. 내 표 31. Biometrika 이사회의 허가를 받아 수정 후 재판하였음.

표 A.4 *F* 분포표*

*α = .05의 임곗값은 보통 글씨로, *α = .01의 임곗값은 굵은 글씨로 표기함

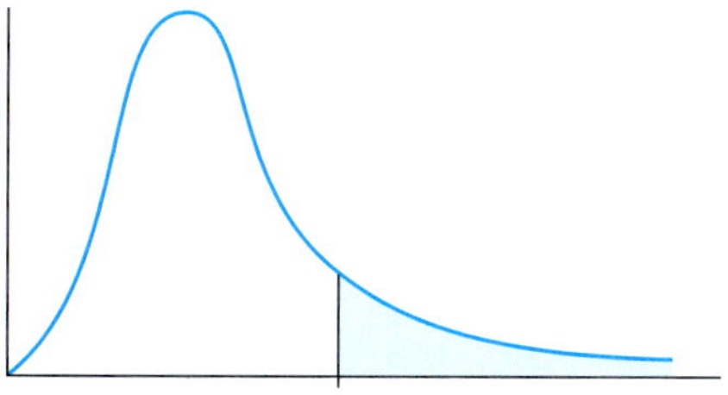

F 임곗값

분모의 자유도	분자의 자유도														
	1	2	3	4	5	6	7	8	9	10	11	12	14	16	20
1	161 **4052**	200 **4999**	216 **5403**	225 **5625**	230 **5764**	234 **5859**	237 **5928**	239 **5981**	241 **6022**	242 **6056**	243 **6082**	244 **6106**	245 **6142**	246 **6169**	248 **6208**
2	18.51 **98.49**	19.00 **99.00**	19.16 **99.17**	19.25 **99.25**	19.30 **99.30**	19.33 **99.33**	19.36 **99.34**	19.37 **99.36**	19.38 **99.38**	19.39 **99.40**	19.40 **99.41**	19.41 **99.42**	19.42 **99.43**	19.43 **99.44**	19.44 **99.45**
3	10.13 **34.12**	9.55 **30.92**	9.28 **29.46**	9.12 **28.71**	9.01 **28.24**	8.94 **27.91**	8.88 **27.67**	8.84 **27.49**	8.81 **27.34**	8.78 **27.23**	8.76 **27.13**	8.74 **27.05**	8.71 **26.92**	8.69 **26.83**	8.66 **26.69**
4	**7.71** **21.20**	**6.94** **18.00**	**6.59** **16.69**	**6.39** **15.98**	**6.26** **15.52**	**6.16** **15.21**	**6.09** **14.98**	**6.04** **14.80**	**6.00** **14.66**	**5.96** **14.54**	**5.93** **14.45**	**5.91** **14.37**	**5.87** **14.24**	**5.84** **14.15**	**5.80** **14.02**
5	6.61 **16.26**	5.79 **13.27**	5.41 **12.06**	5.19 **11.39**	5.05 **10.97**	4.95 **10.67**	4.88 **10.45**	4.82 **10.27**	4.78 **10.15**	4.74 **10.05**	4.70 **9.96**	4.68 **9.89**	4.64 **9.77**	4.60 **9.68**	4.56 **9.55**
6	5.99 **13.74**	5.14 **10.92**	4.76 **9.78**	4.53 **9.15**	4.39 **8.75**	4.28 **8.47**	4.21 **8.26**	4.15 **8.10**	4.10 **7.98**	4.06 **7.87**	4.03 **7.79**	4.00 **7.72**	3.96 **7.60**	3.92 **7.52**	3.87 **7.39**
7	5.59 **12.25**	4.74 **9.55**	4.35 **8.45**	4.12 **7.85**	3.97 **7.46**	3.87 **7.19**	3.79 **7.00**	3.73 **6.84**	3.68 **6.71**	3.63 **6.62**	3.60 **6.54**	3.57 **6.47**	3.52 **6.35**	3.49 **6.27**	3.44 **6.15**
8	5.32 **11.26**	4.46 **8.65**	4.07 **7.59**	3.84 **7.01**	3.69 **6.63**	3.58 **6.37**	3.50 **6.19**	3.44 **6.03**	3.39 **5.91**	3.34 **5.82**	3.31 **5.74**	3.28 **5.67**	3.23 **5.56**	3.20 **5.48**	3.15 **5.36**
9	5.12 **10.56**	4.26 **8.02**	3.86 **6.99**	3.63 **6.42**	3.48 **6.06**	3.37 **5.80**	3.29 **5.62**	3.23 **5.47**	3.18 **5.35**	3.13 **5.26**	3.10 **5.18**	3.07 **5.11**	3.02 **5.00**	2.98 **4.92**	2.93 **4.80**
10	4.96 **10.04**	4.10 **7.56**	3.71 **6.55**	3.48 **5.99**	3.33 **5.64**	3.22 **5.39**	3.14 **5.21**	3.07 **5.06**	3.02 **4.95**	2.97 **4.85**	2.94 **4.78**	2.91 **4.71**	2.86 **4.60**	2.82 **4.52**	2.77 **4.41**
11	4.84 **9.65**	3.98 **7.20**	3.59 **6.22**	3.36 **5.67**	3.20 **5.32**	3.09 **5.07**	3.01 **4.88**	2.95 **4.74**	2.90 **4.63**	2.86 **4.54**	2.82 **4.46**	2.79 **4.40**	2.74 **4.29**	2.70 **4.21**	2.65 **4.10**
12	4.75 **9.33**	3.88 **6.93**	3.49 **5.95**	3.26 **5.41**	3.11 **5.06**	3.00 **4.82**	2.92 **4.65**	2.85 **4.50**	2.80 **4.39**	2.76 **4.30**	2.72 **4.22**	2.69 **4.16**	2.64 **4.05**	2.60 **3.98**	2.54 **3.86**
13	4.67 **9.07**	3.80 **6.70**	3.41 **5.74**	3.18 **5.20**	3.02 **4.86**	2.92 **4.62**	2.84 **4.44**	2.77 **4.30**	2.72 **4.19**	2.67 **4.10**	2.63 **4.02**	2.60 **3.96**	2.55 **3.85**	2.51 **3.78**	2.46 **3.67**
14	**4.60** **8.86**	**3.74** **6.51**	**3.34** **5.56**	**3.11** **5.03**	**2.96** **4.69**	**2.85** **4.46**	**2.77** **4.28**	**2.70** **4.14**	**2.65** **4.03**	**2.60** **3.94**	**2.56** **3.86**	**2.53** **3.80**	**2.48** **3.70**	**2.44** **3.62**	**2.39** **3.51**
15	4.54 **8.68**	3.68 **6.36**	3.29 **5.42**	3.06 **4.89**	2.90 **4.56**	2.79 **4.32**	2.70 **4.14**	2.64 **4.00**	2.59 **3.89**	2.55 **3.80**	2.51 **3.73**	2.48 **3.67**	2.43 **3.56**	2.39 **3.48**	2.33 **3.36**
16	4.49 **8.53**	3.63 **6.23**	3.24 **5.29**	3.01 **4.77**	2.85 **4.44**	2.74 **4.20**	2.66 **4.03**	2.59 **3.89**	2.54 **3.78**	2.49 **3.69**	2.45 **3.61**	2.42 **3.55**	2.37 **3.45**	2.33 **3.37**	2.28 **3.25**

표 A.4 *F* 분포(계속)

분모의 자유도	분자의 자유도														
	1	2	3	4	5	6	7	8	9	10	11	12	14	16	20
17	4.45	3.59	3.20	2.96	2.81	2.70	2.62	2.55	2.50	2.45	2.41	2.38	2.33	2.29	2.23
	8.40	**6.11**	**5.18**	**4.67**	**4.34**	**4.10**	**3.93**	**3.79**	**3.68**	**3.59**	**3.52**	**3.45**	**3.35**	**3.27**	**3.16**
18	4.41	3.55	3.16	2.93	2.77	2.66	2.58	2.51	2.46	2.41	2.37	2.34	2.29	2.25	2.19
	8.28	**6.01**	**5.09**	**4.58**	**4.25**	**4.01**	**3.85**	**3.71**	**3.60**	**3.51**	**3.44**	**3.37**	**3.27**	**3.19**	**3.07**
19	4.38	3.52	3.13	2.90	2.74	2.63	2.55	2.48	2.43	2.38	2.34	2.31	2.26	2.21	2.15
	8.18	**5.93**	**5.01**	**4.50**	**4.17**	**3.94**	**3.77**	**3.63**	**3.52**	**3.43**	**3.36**	**3.30**	**3.19**	**3.12**	**3.00**
20	4.35	3.49	3.10	2.87	2.71	2.60	2.52	2.45	2.40	2.35	2.31	2.28	2.23	2.18	2.12
	8.10	**5.85**	**4.94**	**4.43**	**4.10**	**3.87**	**3.71**	**3.56**	**3.45**	**3.37**	**3.30**	**3.23**	**3.13**	**3.05**	**2.94**
21	4.32	3.47	3.07	2.84	2.68	2.57	2.49	2.42	2.37	2.32	2.28	2.25	2.20	2.15	2.09
	8.02	**5.78**	**4.87**	**4.37**	**4.04**	**3.81**	**3.65**	**3.51**	**3.40**	**3.31**	**3.24**	**3.17**	**3.07**	**2.99**	**2.88**
22	4.30	3.44	3.05	2.82	2.66	2.55	2.47	2.40	2.35	2.30	2.26	2.23	2.18	2.13	2.07
	7.94	**5.72**	**4.82**	**4.31**	**3.99**	**3.76**	**3.59**	**3.45**	**3.35**	**3.26**	**3.18**	**3.12**	**3.02**	**2.94**	**2.83**
23	4.28	3.42	3.03	2.80	2.64	2.53	2.45	2.38	2.32	2.28	2.24	2.20	2.14	2.10	2.04
	7.88	**5.66**	**4.76**	**4.26**	**3.94**	**3.71**	**3.54**	**3.41**	**3.30**	**3.21**	**3.14**	**3.07**	**2.97**	**2.89**	**2.78**
24	4.26	3.40	3.01	2.78	2.62	2.51	2.43	2.36	2.30	2.26	2.22	2.18	2.13	2.09	2.02
	7.82	**5.61**	**4.72**	**4.22**	**3.90**	**3.67**	**3.50**	**3.36**	**3.25**	**3.17**	**3.09**	**3.03**	**2.93**	**2.85**	**2.74**
25	4.24	3.38	2.99	2.76	2.60	2.49	2.41	2.34	2.28	2.24	2.20	2.16	2.11	2.06	2.00
	7.77	**5.57**	**4.68**	**4.18**	**3.86**	**3.63**	**3.46**	**3.32**	**3.21**	**3.13**	**3.05**	**2.99**	**2.89**	**2.81**	**2.70**
26	4.22	3.37	2.98	2.74	2.59	2.47	2.39	2.32	2.27	2.22	2.18	2.15	2.10	2.05	1.99
	7.72	**5.53**	**4.64**	**4.14**	**3.82**	**3.59**	**3.42**	**3.29**	**3.17**	**3.09**	**3.02**	**2.96**	**2.86**	**2.77**	**2.66**
27	4.21	3.35	2.96	2.73	2.57	2.46	2.37	2.30	2.25	2.20	2.16	2.13	2.08	2.03	1.97
	7.68	**5.49**	**4.60**	**4.11**	**3.79**	**3.56**	**3.39**	**3.26**	**3.14**	**3.06**	**2.98**	**2.93**	**2.83**	**2.74**	**2.63**
28	4.20	3.34	2.95	2.71	2.56	2.44	2.36	2.29	2.24	2.19	2.15	2.12	2.06	2.02	1.96
	7.64	**5.45**	**4.57**	**4.07**	**3.76**	**3.53**	**3.36**	**3.23**	**3.11**	**3.03**	**2.95**	**2.90**	**2.80**	**2.71**	**2.60**
29	4.18	3.33	2.93	2.70	2.54	2.43	2.35	2.28	2.22	2.18	2.14	2.10	2.05	2.00	1.94
	7.60	**5.42**	**4.54**	**4.04**	**3.73**	**3.50**	**3.33**	**3.20**	**3.08**	**3.00**	**2.92**	**2.87**	**2.77**	**2.68**	**2.57**
30	4.17	3.32	2.92	2.69	2.53	2.42	2.34	2.27	2.21	2.16	2.12	2.09	2.04	1.99	1.93
	7.56	**5.39**	**4.51**	**4.02**	**3.70**	**3.47**	**3.30**	**3.17**	**3.06**	**2.98**	**2.90**	**2.84**	**2.74**	**2.66**	**2.55**
32	4.15	3.30	2.90	2.67	2.51	2.40	2.32	2.25	2.19	2.14	2.10	2.07	2.02	1.97	1.91
	7.50	**5.34**	**4.46**	**3.97**	**3.66**	**3.42**	**3.25**	**3.12**	**3.01**	**2.94**	**2.86**	**2.80**	**2.70**	**2.62**	**2.51**
34	4.13	3.28	2.88	2.65	2.49	2.38	2.30	2.23	2.17	2.12	2.08	2.05	2.00	1.95	1.89
	7.44	**5.29**	**4.42**	**3.93**	**3.61**	**3.38**	**3.21**	**3.08**	**2.97**	**2.89**	**2.82**	**2.76**	**2.66**	**2.58**	**2.47**
36	4.11	3.26	2.86	2.63	2.48	2.36	2.28	2.21	2.15	2.10	2.06	2.03	1.98	1.93	1.87
	7.39	**5.25**	**4.38**	**3.89**	**3.58**	**3.35**	**3.18**	**3.04**	**2.94**	**2.86**	**2.78**	**2.72**	**2.62**	**2.54**	**2.43**
38	4.10	3.25	2.85	2.62	2.46	2.35	2.26	2.19	2.14	2.09	2.05	2.02	1.96	1.92	1.85
	7.35	**5.21**	**4.34**	**3.86**	**3.54**	**3.32**	**3.15**	**3.02**	**2.91**	**2.82**	**2.75**	**2.69**	**2.59**	**2.51**	**2.40**
40	4.08	3.23	2.84	2.61	2.45	2.34	2.25	2.18	2.12	2.07	2.04	2.00	1.95	1.90	1.84
	7.31	**5.18**	**4.31**	**3.83**	**3.51**	**3.29**	**3.12**	**2.99**	**2.88**	**2.80**	**2.73**	**2.66**	**2.56**	**2.49**	**2.37**

표 A.4 *F* 분포(계속)

분모의 자유도	분자의 자유도 1	2	3	4	5	6	7	8	9	10	11	12	14	16	20
42	4.07	3.22	2.83	2.59	2.44	2.32	2.24	2.17	2.11	2.06	2.02	1.99	1.94	1.89	1.82
	7.27	**5.15**	**4.29**	**3.80**	**3.49**	**3.26**	**3.10**	**2.96**	**2.86**	**2.77**	**2.70**	**2.64**	**2.54**	**2.46**	**2.35**
44	4.06	3.21	2.82	2.58	2.43	2.31	2.23	2.16	2.10	2.05	2.01	1.98	1.92	1.88	1.81
	7.24	**5.12**	**4.26**	**3.78**	**3.46**	**3.24**	**3.07**	**2.94**	**2.84**	**2.75**	**2.68**	**2.62**	**2.52**	**2.44**	**2.32**
46	4.05	3.20	2.81	2.57	2.42	2.30	2.22	2.14	2.09	2.04	2.00	1.97	1.91	1.87	1.80
	7.21	**5.10**	**4.24**	**3.76**	**3.44**	**3.22**	**3.05**	**2.92**	**2.82**	**2.73**	**2.66**	**2.60**	**2.50**	**2.42**	**2.30**
48	4.04	3.19	2.80	2.56	2.41	2.30	2.21	2.14	2.08	2.03	1.99	1.96	1.90	1.86	1.79
	7.19	**5.08**	**4.22**	**3.74**	**3.42**	**3.20**	**3.04**	**2.90**	**2.80**	**2.71**	**2.64**	**2.58**	**2.48**	**2.40**	**2.28**
50	4.03	3.18	2.79	2.56	2.40	2.29	2.20	2.13	2.07	2.02	1.98	1.95	1.90	1.85	1.78
	7.17	**5.06**	**4.20**	**3.72**	**3.41**	**3.18**	**3.02**	**2.88**	**2.78**	**2.70**	**2.62**	**2.56**	**2.46**	**2.39**	**2.26**
55	4.02	3.17	2.78	2.54	2.38	2.27	2.18	2.11	2.05	2.00	1.97	1.93	1.88	1.83	1.76
	7.12	**5.01**	**4.16**	**3.68**	**3.37**	**3.15**	**2.98**	**2.85**	**2.75**	**2.66**	**2.59**	**2.53**	**2.43**	**2.35**	**2.23**
60	4.00	3.15	2.76	2.52	2.37	2.25	2.17	2.10	2.04	1.99	1.95	1.92	1.86	1.81	1.75
	7.08	**4.98**	**4.13**	**3.65**	**3.34**	**3.12**	**2.95**	**2.82**	**2.72**	**2.63**	**2.56**	**2.50**	**2.40**	**2.32**	**2.20**
65	3.99	3.14	2.75	2.51	2.36	2.24	2.15	2.08	2.02	1.98	1.94	1.90	1.85	1.80	1.73
	7.04	**4.95**	**4.10**	**3.62**	**3.31**	**3.09**	**2.93**	**2.79**	**2.70**	**2.61**	**2.54**	**2.47**	**2.37**	**2.30**	**2.18**
70	3.98	3.13	2.74	2.50	2.35	2.23	2.14	2.07	2.01	1.97	1.93	1.89	1.84	1.79	1.72
	7.01	**4.92**	**4.08**	**3.60**	**3.29**	**3.07**	**2.91**	**2.77**	**2.67**	**2.59**	**2.51**	**2.45**	**2.35**	**2.28**	**2.15**
80	3.96	3.11	2.72	2.48	2.33	2.21	2.12	2.05	1.99	1.95	1.91	1.88	1.82	1.77	1.70
	6.96	**4.88**	**4.04**	**3.56**	**3.25**	**3.04**	**2.87**	**2.74**	**2.64**	**2.55**	**2.48**	**2.41**	**2.32**	**2.24**	**2.11**
100	3.94	3.09	2.70	2.46	2.30	2.19	2.10	2.03	1.97	1.92	1.88	1.85	1.79	1.75	1.68
	6.90	**4.82**	**3.98**	**3.51**	**3.20**	**2.99**	**2.82**	**2.69**	**2.59**	**2.51**	**2.43**	**2.36**	**2.26**	**2.19**	**2.06**
125	3.92	3.07	2.68	2.44	2.29	2.17	2.08	2.01	1.95	1.90	1.86	1.83	1.77	1.72	1.65
	6.84	**4.78**	**3.94**	**3.47**	**3.17**	**2.95**	**2.79**	**2.65**	**2.56**	**2.47**	**2.40**	**2.33**	**2.23**	**2.15**	**2.03**
150	3.91	3.06	2.67	2.43	2.27	2.16	2.07	2.00	1.94	1.89	1.85	1.82	1.76	1.71	1.64
	6.81	**4.75**	**3.91**	**3.44**	**3.14**	**2.92**	**2.76**	**2.62**	**2.53**	**2.44**	**2.37**	**2.30**	**2.20**	**2.12**	**2.00**
200	3.89	3.04	2.65	2.41	2.26	2.14	2.05	1.98	1.92	1.87	1.83	1.80	1.74	1.69	1.62
	6.76	**4.71**	**3.88**	**3.41**	**3.11**	**2.90**	**2.73**	**2.60**	**2.50**	**2.41**	**2.34**	**2.28**	**2.17**	**2.09**	**1.97**
400	3.86	3.02	2.62	2.39	2.23	2.12	2.03	1.96	1.90	1.85	1.81	1.78	1.72	1.67	1.60
	6.70	**4.66**	**3.83**	**3.36**	**3.06**	**2.85**	**2.69**	**2.55**	**2.46**	**2.37**	**2.29**	**2.23**	**2.12**	**2.04**	**1.92**
1000	3.85	3.00	2.61	2.38	2.22	2.10	2.02	1.95	1.89	1.84	1.80	1.76	1.70	1.65	1.58
	6.66	**4.62**	**3.80**	**3.34**	**3.04**	**2.82**	**2.66**	**2.53**	**2.43**	**2.34**	**2.26**	**2.20**	**2.09**	**2.01**	**1.89**
∞	3.84	2.99	2.60	2.37	2.21	2.09	2.01	1.94	1.88	1.83	1.79	1.75	1.69	1.64	1.57
	6.64	**4.60**	**3.78**	**3.32**	**3.02**	**2.80**	**2.64**	**2.51**	**2.41**	**2.32**	**2.24**	**2.18**	**2.07**	**1.99**	**1.87**

출처: Snedecor, G. W., and Cochran, W. G. (1980). *Statistical Methods* (7th ed.). Ames, Iowa: Iowa State University Presss. 내 표 A14.

표 A.5 합의된 범위 통계량(q)*

*α = .05의 임곗값 q는 보통 글씨로, α = .01의 임곗값 q는 굵은 글씨로 표기함.

오차 항의 df	k = 처치의 수 2	3	4	5	6	7	8	9	10	11	12
5	3.64	4.60	5.22	5.67	6.03	6.33	6.58	6.80	6.99	7.17	7.32
	5.70	**6.98**	**7.80**	**8.42**	**8.91**	**9.32**	**9.67**	**9.97**	**10.24**	**10.48**	**10.70**
6	3.46	4.34	4.90	5.30	5.63	5.90	6.12	6.32	6.49	6.65	6.79
	5.24	**6.33**	**7.03**	**7.56**	**7.97**	**8.32**	**8.61**	**8.87**	**9.10**	**9.30**	**9.48**
7	3.34	4.16	4.68	5.06	5.36	5.61	5.82	6.00	6.16	6.30	6.43
	4.95	**5.92**	**6.54**	**7.01**	**7.37**	**7.68**	**7.94**	**8.17**	**8.37**	**8.55**	**8.71**
8	3.26	4.04	4.53	4.89	5.17	5.40	5.60	5.77	5.92	6.05	6.18
	4.75	**5.64**	**6.20**	**6.62**	**6.96**	**7.24**	**7.47**	**7.68**	**7.86**	**8.03**	**8.18**
9	3.20	3.95	4.41	4.76	5.02	5.24	5.43	5.59	5.74	5.87	5.98
	4.60	**5.43**	**5.96**	**6.35**	**6.66**	**6.91**	**7.13**	**7.33**	**7.49**	**7.65**	**7.78**
10	3.15	3.88	4.33	4.65	4.91	5.12	5.30	5.46	5.60	5.72	5.83
	4.48	**5.27**	**5.77**	**6.14**	**6.43**	**6.67**	**6.87**	**7.05**	**7.21**	**7.36**	**7.49**
11	3.11	3.82	4.26	4.57	4.82	5.03	5.20	5.35	5.49	5.61	5.71
	4.39	**5.15**	**5.62**	**5.97**	**6.25**	**6.48**	**6.67**	**6.84**	**6.99**	**7.13**	**7.25**
12	3.08	3.77	4.20	4.51	4.75	4.95	5.12	5.27	5.39	5.51	5.61
	4.32	**5.05**	**5.50**	**5.84**	**6.10**	**6.32**	**6.51**	**6.67**	**6.81**	**6.94**	**7.06**
13	3.06	3.73	4.15	4.45	4.69	4.88	5.05	5.19	5.32	5.43	5.53
	4.26	**4.96**	**5.40**	**5.73**	**5.98**	**6.19**	**6.37**	**6.53**	**6.67**	**6.79**	**6.90**
14	3.03	3.70	4.11	4.41	4.64	4.83	4.99	5.13	5.25	5.36	5.46
	4.21	**4.89**	**5.32**	**5.63**	**5.88**	**6.08**	**6.26**	**6.41**	**6.54**	**6.66**	**6.77**
15	3.01	3.67	4.08	4.37	4.59	4.78	4.94	5.08	5.20	5.31	5.40
	4.17	**4.84**	**5.25**	**5.56**	**5.80**	**5.99**	**6.16**	**6.31**	**6.44**	**6.55**	**6.66**
16	3.00	3.65	4.05	4.33	4.56	4.74	4.90	5.03	5.15	5.26	5.35
	4.13	**4.79**	**5.19**	**5.49**	**5.72**	**5.92**	**6.08**	**6.22**	**6.35**	**6.46**	**6.56**
17	2.98	3.63	4.02	4.30	4.52	4.70	4.86	4.99	5.11	5.21	5.31
	4.10	**4.74**	**5.14**	**5.43**	**5.66**	**5.85**	**6.01**	**6.15**	**6.27**	**6.38**	**6.48**
18	2.97	3.61	4.00	4.28	4.49	4.67	4.82	4.96	5.07	5.17	5.27
	4.07	**4.70**	**5.09**	**5.38**	**5.60**	**5.79**	**5.94**	**6.08**	**6.20**	**6.31**	**6.41**
19	2.96	3.59	3.98	4.25	4.47	4.65	4.79	4.92	5.04	5.14	5.23
	4.05	**4.67**	**5.05**	**5.33**	**5.55**	**5.73**	**5.89**	**6.02**	**6.14**	**6.25**	**6.34**
20	2.95	3.58	3.96	4.23	4.45	4.62	4.77	4.90	5.01	5.11	5.20
	4.02	**4.64**	**5.02**	**5.29**	**5.51**	**5.69**	**5.84**	**5.97**	**6.09**	**6.19**	**6.28**
24	2.92	3.53	3.90	4.17	4.37	4.54	4.68	4.81	4.92	5.01	5.10
	3.96	**4.55**	**4.91**	**5.17**	**5.37**	**5.54**	**5.69**	**5.81**	**5.92**	**6.02**	**6.11**
30	2.89	3.49	3.85	4.10	4.30	4.46	4.60	4.72	4.82	4.92	5.00
	3.89	**4.45**	**4.80**	**5.05**	**5.24**	**5.40**	**5.54**	**5.65**	**5.76**	**5.85**	**5.93**
40	2.86	3.44	3.79	4.04	4.23	4.39	4.52	4.63	4.73	4.82	4.90
	3.82	**4.37**	**4.70**	**4.93**	**5.11**	**5.26**	**5.39**	**5.50**	**5.60**	**5.69**	**5.76**
60	2.83	3.40	3.74	3.98	4.16	4.31	4.44	4.55	4.65	4.73	4.81
	3.76	**4.28**	**4.59**	**4.82**	**4.99**	**5.13**	**5.25**	**5.36**	**5.45**	**5.53**	**5.60**
120	2.80	3.36	3.68	3.92	4.10	4.24	4.36	4.47	4.56	4.64	4.71
	3.70	**4.20**	**4.50**	**4.71**	**4.87**	**5.01**	**5.12**	**5.21**	**5.30**	**5.37**	**5.44**
∞	2.77	3.31	3.63	3.86	4.03	4.17	4.28	4.39	4.47	4.55	4.62
	3.64	**4.12**	**4.40**	**4.60**	**4.76**	**4.88**	**4.99**	**5.08**	**5.16**	**5.23**	**5.29**

출처: Pearson, E., and Hartley, H. O. (1966). *Biometrika Tables for Statisticians* (3rd ed.). New York: Cambridge University Press. 내 표 29. Biometrika 이사회의 허가를 받아 수정 후 재판하였음.

표 A.6 피어슨 상관의 임곗값*

*통계적으로 유의미하기 위해서는 표본의 상관값 r인 하단 표의 임곗값보다 같거나 커야 한다.

	단방 검정에서의 유의 수준 .05	.025	.01	.005
	양방 검정에서의 유의 수준			
$df = n - 2$	.10	.05	.02	.01
1	.988	.997	.9995	.9999
2	.900	.950	.980	.990
3	.805	.878	.934	.959
4	.729	.811	.882	.917
5	.669	.754	.833	.874
6	.622	.707	.789	.834
7	.582	.666	.750	.798
8	.549	.632	.716	.765
9	.521	.602	.685	.735
10	.497	.576	.658	.708
11	.476	.553	.634	.684
12	.458	.532	.612	.661
13	.441	.514	.592	.641
14	.426	.497	.574	.623
15	.412	.482	.558	.606
16	.400	.468	.542	.590
17	.389	.456	.528	.575
18	.378	.444	.516	.561
19	.369	.433	.503	.549
20	.360	.423	.492	.537
21	.352	.413	.482	.526
22	.344	.404	.472	.515
23	.337	.396	.462	.505
24	.330	.388	.453	.496
25	.323	.381	.445	.487
26	.317	.374	.437	.479
27	.311	.367	.430	.471
28	.306	.361	.423	.463
29	.301	.355	.416	.456
30	.296	.349	.409	.449
35	.275	.325	.381	.418
40	.257	.304	.358	.393
45	.243	.288	.338	.372
50	.231	.273	.322	.354
60	.211	.250	.295	.325
70	.195	.232	.274	.302
80	.183	.217	.256	.283
90	.173	.205	.242	.267
100	.164	.195	.230	.254

출처: Fisher, R. A., and Yates, F. (1974). *Statistical Tables for Biological, Agricultural and Medical Research* (6th ed.). London: Longman Group Ltd. (previously published by Oliver and Boyd Ltd., Edinburgh). 내 표 VI. Copyright ©1963 R. A. Fisher and F. Yates. Pearson Education Limited의 허가를 받아 재판하였음.

표 A.7 카이제곱 분포*

*표의 값들은 χ^2의 임곗값임.

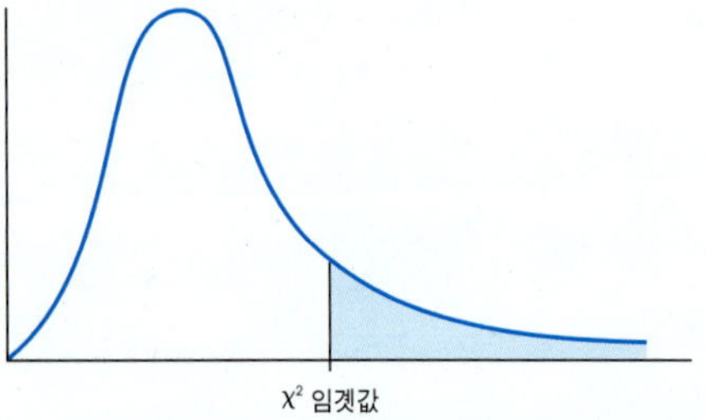

	기각역 비율				
df	0.10	0.05	0.025	0.01	0.005
1	2.71	3.84	5.02	6.63	7.88
2	4.61	5.99	7.38	9.21	10.60
3	6.25	7.81	9.35	11.34	12.84
4	7.78	9.49	11.14	13.28	14.86
5	9.24	11.07	12.83	15.09	16.75
6	10.64	12.59	14.45	16.81	18.55
7	12.02	14.07	16.01	18.48	20.28
8	13.36	15.51	17.53	20.09	21.96
9	14.68	16.92	19.02	21.67	23.59
10	15.99	18.31	20.48	23.21	25.19
11	17.28	19.68	21.92	24.72	26.76
12	18.55	21.03	23.34	26.22	28.30
13	19.81	22.36	24.74	27.69	29.82
14	21.06	23.68	26.12	29.14	31.32
15	22.31	25.00	27.49	30.58	32.80
16	23.54	26.30	28.85	32.00	34.27
17	24.77	27.59	30.19	33.41	35.72
18	25.99	28.87	31.53	34.81	37.16
19	27.20	30.14	32.85	36.19	38.58
20	28.41	31.41	34.17	37.57	40.00
21	29.62	32.67	35.48	38.93	41.40
22	30.81	33.92	36.78	40.29	42.80
23	32.01	35.17	38.08	41.64	44.18
24	33.20	36.42	39.36	42.98	45.56
25	34.38	37.65	40.65	44.31	46.93
26	35.56	38.89	41.92	45.64	48.29
27	36.74	40.11	43.19	46.96	49.64
28	37.92	41.34	44.46	48.28	50.99
29	39.09	42.56	45.72	49.59	52.34
30	40.26	43.77	46.98	50.89	53.67
40	51.81	55.76	59.34	63.69	66.77
50	63.17	67.50	71.42	76.15	79.49
60	74.40	79.08	83.30	88.38	91.95
70	85.53	90.53	95.02	100.42	104.22
80	96.58	101.88	106.63	112.33	116.32
90	107.56	113.14	118.14	124.12	128.30
100	118.50	124.34	129.56	135.81	140.17

출처: Pearson, E., and Hartley, H. O. (1966). *Biometrika Tables for Statisticians* (3rd ed.). New York: Cambridge University Press. 내 표 8. Biometrika 이사회의 허가를 받아 수정 후 재판하였음.

Appendix B

연습문제 해답

제1장 통계에 대한 소개

1. **a.** 모집단은 미국 내 전체 고등학생이다.

b. 이 표본은 연구를 진행하기 위해서 전체에서 100명의 학생을 추출하여 측정하였다.

c. 그들의 평균 수치는 통계치이다.

3. 기술 통계는 자료를 단순화하고 요약하는 데 사용된다. 추론 통계는 표본 데이터를 사용하여 모집단에 대한 보편적인 결론을 내린다.

5. 정직은 직접 관찰하거나 측정할 수 없는 내부 속성이나 특성이다. 정직은 거짓말 탐지기로 측정한 질문에 대한 생리적 반응과 같이 정직과 관련된 외부 행동을 식별하고 관찰함으로써 조작적 정의를 내릴 수 있다. 또 참가자들에게 정직이 영향을 미칠 수 있는 상황에서 어떻게 행동하고 느끼는지를 묻는 설문지도 활용할 수 있다.

7. **a.** 서열 척도는 두 측정 사이의 차이(더 크거나 작음)에 대한 정보를 제공한다.

b. 등간 척도는 두 측정치 간의 차이 크기에 대한 정보를 제공한다.

c. 비율 척도는 '두 배'와 같은 비교를 가능하게 하는 두 측정치의 비율에 대한 정보를 제공한다.

9. 실험의 목적은 두 변수 간의 인과 관계가 있음을 증명하는 것이다. 이 목표를 달성하기 위해 실험에서는 독립 변수를 조작하고 관련 없는 다른 변수를 통제해야 한다.

11. 독립변수를 조작하지 않기 때문에 실험이 아니다. 연구자들은 비디오 게임 폭력 경험 수준에 따라 기존의 서로 다른 두 집단을 비교하고 있다.

13. 독립변수는 소리내어 외치고 있는 단어의 유형이다. 종속변수는 통증 내성이다.

15. **a.** 독립변수는 문신의 존재 여부이다.

b. 문신 대 문신 없음은 명목 척도로 측정한다.

c. 종속변수는 매력도이다.

d. 매력도는 비율 척도로 측정한다.

17. **a.** 독립변수는 표지판 부착 여부, 종속변수는 이용한 계단의 수이다.

b. 부착 여부는 명목 척도로 측정한다.

19. **a.** $\sum X^2 = 31$

b. $(\sum X)^2 = (11)^2 = 121$

c. $\sum(X + 1) = 16$

d. $\sum(X + 1)^2 = 58$

21. **a.** $\sum X = 0$

b. $\sum Y = 14$

c. $\sum(X + Y) = 14$

d. $\sum XY = 4$

23. **a.** $\sum X^2 = 55$

b. $(\sum X)^2 = (15)^2 = 225$

c. $\sum(X - 3) = 0$

d. $\sum(X - 3)^2 = 10$

제2장 빈도 분포와 빈도 분포표

1.

X	f
10	5
9	5
8	3
7	1
6	3
5	2
4	1

3. **a.** $n = 12$

b. $\sum X = 35$

c. $\sum X^2 = 125$

5. **a.** 너비 10점, 간격 약 8점.

b. 너비 2점, 간격 약 8~9점.

c. 너비 5점, 간격 약 9점.

7.

X	f
60–64	2
55–59	4
50–54	4
45–49	3
40–44	1
35–39	3
30–34	5
25–29	5
20–24	4
15–19	1

분포는 연령 그룹 전반에 걸쳐 상당히 균등하다.

9. 막대그래프는 인접한 막대와 그 사이에 공간을 둔다. 명목 척도 또는 서열 척도의 데이터를 보여줄 때 사용한다. 히스토그램에서 인접한 막대는 실제 한계에서 만나 붙어있다. 히스토그램은 등간 또는 비율 척도의 데이터를 보여줄 때 사용한다.

11.

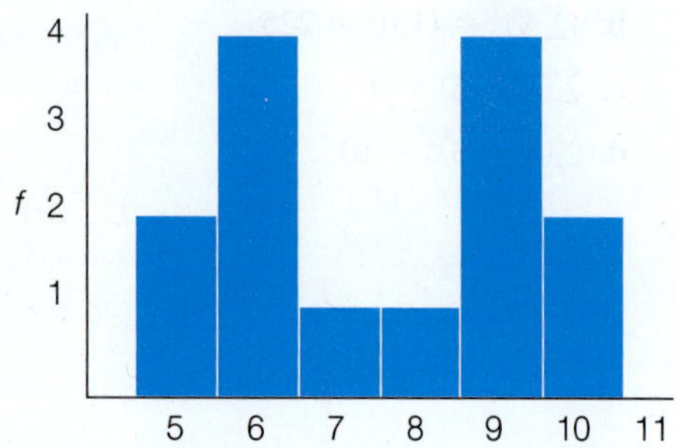

13. **a.**

X	f
14	2
13	4
12	3
11	0
10	1
9	3
8	4
7	1

b. 분포는 높은 점수인 13점 대와, 낮은 점수인 8~9점 대가 대략적으로 대칭적이다.

15. **a.** 히스토그램 또는 절선도표 (비율 척도)

b. 막대 그래프 (서열 척도)

c. 막대 그래프 (명목 척도)

d. 막대 그래프 (명목 척도)

17. **a.** $n = 17$

b. $\sum X = 55$

c. $\sum X^2 = 197$

19. **a.** 막대 그래프는 서열 척도 자료료 적합하다.

b.

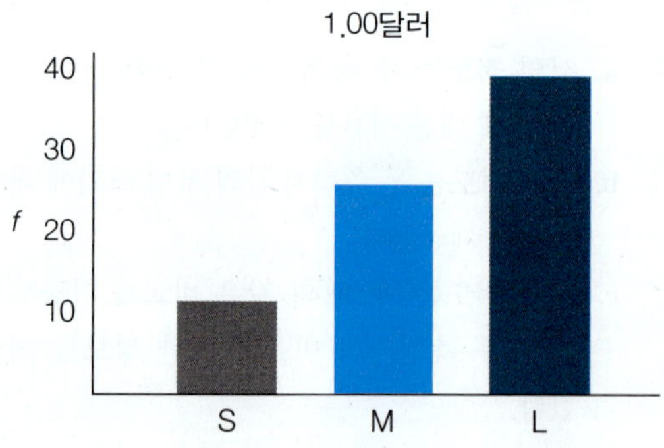

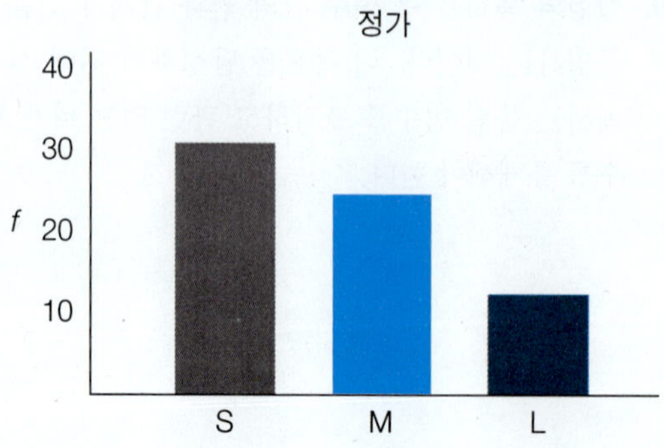

c. 예. S, M, L 세 사이즈가 모두 1달러일 때 사람들은 더 큰 사이즈를 더 많이 주문한다.

21.

X	$f_{저}$	$f_{고}$
5	1	5
4	2	6
3	4	3
2	5	1
1	3	0

부모와 수에 대해 많이 대화한 자녀 집단의 점수가 눈에 띄게 더 높다.

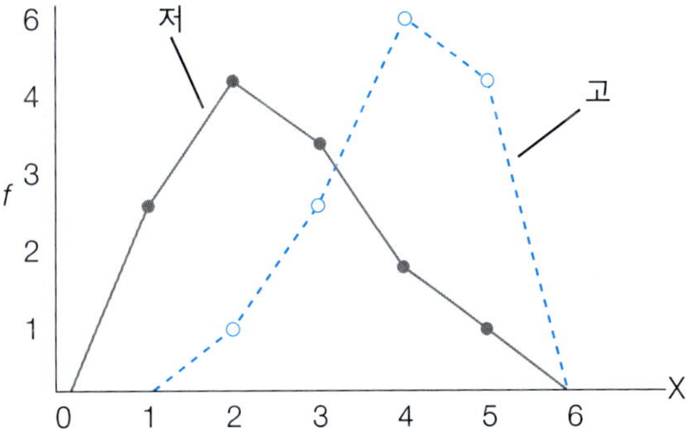

제3장 중심 경향값

1. 표본의 평균은 $\frac{108}{9} = 12$.

3. $\sum X = 7(13) = 91$

5. a. 합친 표본 수는 $n = 8$ 그리고 $\sum X = 72$. 합친 표본의 평균은 $\frac{72}{8} = 9$.
   b. 합친 표본 수는 $n = 9$ 그리고 $\sum X = 90$. 합친 표본의 평균은 $\frac{90}{9} = 10$.
   c. 합친 표본 수는 $n = 9$ 그리고 $\sum X = 72$. 합친 표본의 평균은 $\frac{72}{9} = 8$.

7. 이 점수들의 $n = \sum f = 10$이고, $\sum X = 42$. 평균은 $\frac{42}{10} = 4.20$.

9. a. 새로운 평균은 $40 + 5 = 45$.
   b. 새로운 평균은 $3(40) = 120$.

11. 원 표본은 $n = 8$ 그리고 $\sum X = 56$. 새로운 표본은 $n = 8$ 그리고 $\sum X = 56 - 16 = 40$. 새로운 표본의 평균은 $M = \frac{40}{8} = 5$.

13. 원 표본은 $N = 10$ 그리고 $\sum X = 120$. 새로운 표본은 $N = 9$ 그리고 $\sum X = 120 - 21 = 99$. 새로운 표본의 평균은 $M = \frac{99}{9} = 11$.

15. 원 모집단은 $N = 7$ 그리고 $\sum X = 63$. 새로운 모집단은 $N = 6$ 그리고 $\sum X = 60$. 왜냐하면 63에서 60으로 감소했다. 제거된 점수는 $X = 3$이다.

17. 자료의 수가 짝수($n = 12$)로 중위수는 리스트에 있는 중간 점수 두 개의 평균이다. 중위수는 $X = 3.5$이다(3과 4의 평균).

19. 평균은 $\frac{67}{10} = 6.7$, 중위수는 6.5, 최빈값은 6.

21 a. 평균은 $\frac{120}{16} = 7.5$, 중위수는 8, 최빈값은 9.
   b. 분포가 부적으로 편포되었다..

23. 분포가 매우 치우치거나 몇 가지 극단적 점수가 있을 때 평균은 중심에서 멀어질 수 있기 때문에 중위수가 더 나은 측정값을 제공할 수 있다. 결정되지 않은 점수나 개방형 측정 범주가 있을 경우 평균을 계산할 수 없으므로 중위수를 선호한다. 서열 자료는 자료 간의 거리에 대한 개념과 맞지 않기 때문에, 중위수가 서열 척도에 너 적합하다.

제4장 중심 경향값

1. 변산성 측정치는 한 분포에서 점수들이 얼마나 퍼져있는지 아니면 몰려있는지에 대한 정도를 알려준다. 변산성은 또한 점수들 간 거리의 크기를 측정한다.

3. 분산은 편차 제곱 합의 평균이다. 표준편차는 분산의 제곱근으로 평균으로부터의 표준 거리를 측정한다.

5. 표준편차가 0이라면 변산성이 없다는 것을 의미한다. 이런 경우는 표본에서 모든 점수들이 동일한 값을 가질 때 발생한다.

7. A 자료의 $SS = 14$이다. 정의적 공식이 더 적합하다. B 자료의 $SS = 5$이다. 평균이 정수가 아니기 때문에 계산적 공식이 더 적합하다.

9. $SS = 80$, 분산은 16, 표준편차는 4.

11. $SS = 28$, 분산은 4, 표준편차는 2.

13. 교정이 없다면 표본 분산은 모집단 분산을 과소 추정하게 된다. 교정을 위해서 표본 분산 공식에서 N이 아닌 $n - 1$을 사용한다.

15. $SS = 14, s^2 = 2, s = \sqrt{2} = 1.41$

17. a. $\mu = 53$이고 표준편차는 동일하게 $\sigma = 10$.
    b. $\mu = 100$이고 새로운 표준편차는 $\sigma = 20$.

19. 모든 점수에서 70점을 뺀 후 계산하면, $M = 3$, $SS = 64$, $s = 4$. 원점수로 되돌리기 위해 70점을 더하면 $M = 73$, 표준편차는 동일하게 4이다.

21. a. 범위는 7 혹은 8, $SS = 36$, 표준편차 $\sigma = \sqrt{6} = 2.45$
    b. 2점을 더해도 범위는 여전히 7 혹은 8이고 표준편차도 동일하게 $\sigma = 2.45$

23. a. $M = 3, SS = 48, s = 4$.
    b. 9를 3으로 바꾸면, $M = 1.5, SS = 3, s = 1$.
    c. 평균이 극단 점수 쪽으로 이동하고, 표준편차도 커진다.

25. a. $\sigma = 20$일 때 $X = 70$은 극단 값이 아니다. 1 표준편차에 위치하고 있다.
    b. $\sigma = 5$일 때 $X = 70$은 극단 값이다. 4 표준편차에 위치하고 있다.

제5장 z 점수: 표본 분포와 점수들의 위치

1. z 점수의 기호는 평균보다 위(+)에 혹은 아래(−)에 위치하는지 알려주고, z 점수는 평균으로부터 몇 표준편차 만큼에 위치하는지를 알려준다.

3. a. 평균보다 24점 작다.
   b. 평균보다 9점 크다.
   c. 평균보다 12점 크다.
   d. 평균보다 18점 작다

5.

X	z
83	0.33
67	−1.44

X	z
75	−0.56
85	0.56

X	z
91	1.22
68	−1.33

7.

X	z
69	1.29
54	−0.86

X	z
72	1.71
49	−1.57

X	z
63	0.43
52	−0.14

9. a. $X = 93$
   b. $X = 96$
   c. $X = 99$
   d. $X = 105$

11. a. $z = +0.33, X = 38$
    b. $z = +1.00, X = 26$
    c. $z = -0.75, X = 42$
    d. $z = -0.60, X = 45$

13. 표준편차는 16

15. $\sigma = 6$

17. $s = 12$

19. $M = 27, s = 6$, 두 점수 차이는 9점이고 1.5 표준편차와 동일하다.

21. a. $X = 70$의 $z = -1.50$이고 $X = 60$의 $z = -1.00$(더 나은 성적)
    b. $X = 58$의 $z = 1.50$이고 $X = 85$의 $z = 1.50$. 두 점수의 상대적 위치는 동일하기 때문에 같

은 성적(등급)을 받는다.

c. $X = 32$의 $z = 2.00$이고, $X = 26$의 $z = 3.00$(더 나은 성적)

23. a. $X = 48(z = -0.20)$

b. $X = 36(z = -1.40)$

c. $X = 56(z = 0.60)$

d. $X = 74(z = 2.40)$

25. a. $M = 5, s = 4$

b.와 **c.**

원점수 X	z 점수	변환된 점수 X
8	0.75	115
4	−0.25	95
10	1.25	125
0	−1.25	75
3	−0.50	90

제6장 확률

1. 무선 표집을 위한 두 가지 요건은 (1) 각 개인이 선택될 확률이 동일해야 한다. (2) 한 개인 이상이 선택되었을 때에도 모든 선택 확률들은 동일하게 유지되어야 한다.

3. a. $p = \frac{1}{3} = 0.33$

b. $p = \frac{2}{3} = 0.67$

c. $p = \frac{2}{3} = 0.67$

5. a. 좌측이 몸통 부분, $p = 0.9772$

b. 좌측이 몸통 부분, $p = 0.7734$

c. 우측이 몸통 부분, $p = 0.9192$

d. 우측이 몸통 부분, $p = 0.7486$

7. a. $p = 0.4641$

b. $p = 0.2088$

c. $p = 0.3643$

d. $p = 0.3023$

9. a. $p = 0.3830$

b. $p = 0.6046$

c. $p = 0.8904$

11. a. $z = 1.04$

b. $z = -0.25$

c. $z = -0.67$

d. $z = 0.25$

13. a. 우측이 꼬리 부분, $p = 0.4207$

b. 우측이 꼬리 부분, $p = 0.0918$

c. 좌측이 꼬리 부분, $p = 0.3707$

d. 좌측이 꼬리 부분, $p = 0.0918$

15. a. $p(z > 0.20) = 0.4207$

b. $p(z < -0.65) = 0.2578$

c. $p(-0.75 < z < 0.75) = 0.5468$

17. a. $z = 2.67, p = 0.0038$

b. $p(1.33 < z < 2.67) = 0.0880$

c. $p(-0.67 < z < 0.60) = 0.4743$

19. a. $p(z > 1.62) = 0.0526$

b. $p(z > -0.60) = 0.7257$

21. a. $p(z > 0.60) = 0.2743$

b. $p(0.20 < z < 1.80) = 0.3848$

제7장 확률과 표본: 표본 평균의 분포

1. a. 표본 평균의 분포는 하나의 모집단으로부터 얻을 수 있는 특정한 표본 크기(n)를 가진 모든 가능한 무선 표본들의 표본 평균들로 이루어진다.

b. 중심극한정리는 임의의 모집단으로부터 얻어진 일정한 표본 크기를 갖는 표본들의 표본 평균들이 어떻게 분포하는지 그 분포의 기본 특성을 알려준다. 구체적으로, 분포의 모양은

표본 크기가 증가할수록 정규 분포에 근사하며, 분포의 평균은 모집단 평균과 같고, 분포의 표준편차(표준오차)는 모집단의 표준편차를 표본 크기의 제곱근으로 나눈 것과 같다.

c. M의 기댓값은 표본 평균 분포의 평균(μ)과 같다.

d. M의 표준오차는 표본 평균 분포의 표준편차와 같다($\sigma_M = \sigma/\sqrt{n}$).

3. $n > 30$이므로 정규분포를 이루고, 기댓값은 $\mu = 90$이고 표준오차는 $\frac{32}{\sqrt{64}} = 4$점이다.

5. **a.** 표준오차 $\frac{18}{\sqrt{4}} = 9$점

b. 표준오차 $\frac{18}{\sqrt{9}} = 6$점

c. 표준오차 $\frac{18}{\sqrt{36}} = 3$점

7. **a.** $\sigma = 8$점, $z = -0.75$

b. $\sigma_M = 4$점, $z = -1.5$

c. $\sigma_M = 2$점, $z = -3.00$

9. **a.** 표준오차가 12일 때, $M = 91$은 $z = 0.50$에 해당한다.

b. 표준오차가 8일 때, $M = 91$은 $z = 0.75$에 해당한다.

c. 표준오차가 6일 때, $M = 91$은 $z = 1.00$에 해당한다.

d. 표준오차가 4일 때, $M = 91$은 $z = 1.50$에 해당한다.

11. **a.** $\sigma_M = 5, z = 0.60, p = 0.2743$

b. $\sigma_M = 2.5, z = 1.20, p = 0.1151$

c. $\sigma_M = 2, z = 1.50, p = 0.0668$

13. **a.** $\sigma_M = 4, z = 0.50, p = 0.3085$

b. $n = 4$일 때에는 표본 평균의 분포가 정규분포를 형성하지 않기 때문에 정답을 알 수 없다.

c. $\sigma_M = 1, z = 2, p = 0.0228$

d. $n = 64$일 때, 표본 평균의 분포는 정규분포를 이룬다. $\sigma_M = 1, z = 2.00, p = 0.0228$

15. **a.** 표본 평균의 분포가 정규분포를 형성하지 않기 때문에 정답을 알 수 없다.

b. $\sigma_M = 2, z = 1.75, p = 0.0401$

c. $\sigma_M = 2, p(-0.75 < z < 1.75) = 0.7333$

17. **a.** $\frac{10}{\sqrt{4}} = 5$점

b. $\frac{10}{\sqrt{25}} = 2$점

19. **a.** $n > 4$

b. $n > 25$

c. $n > 100$

21. **a.** 표준오차가 6일 때, $M = 64$는 $z = 0.67$에 해당하고, 이는 극단값이 아니다.

b. 표준오차가 4일 때, $M = 64$는 $z = 1.00$에 해당하고, 이는 극단값이 아니다.

c. 표준오차가 3일 때, $M = 66$은 $z = 2.00$에 해당하고, 이는 극단값이다.

d. 표준오차가 2일 때, $M = 66$은 $z = 3.00$에 해당하고, 이는 극단값이다.

23. **a.** 표준오차가 2일 때, $M = 59$는 $z = -3.00$에 해당하고, 이는 극단값이다.

b. 표준오차가 5일 때, $M = 59$는 $z = -1.20$에 해당하고, 이는 극단값이 아니다.

제8장 가설 검정의 소개

1. 4단계는 다음과 같다. (1) 가설을 설정하고 알파 수준을 선택한다. (2) 기각역의 위치를 알아낸다. (3) 검정 통계량을 계산한다. (4) 판정을 내린다.

3. 제1종 오류는 참인 영가설을 기각하는 것이다(즉, 처치 효과가 없을 때 처치 효과가 있다고 판정을 내리는 것을 뜻한다). 이는 실제로는 존재하지 않는 처치 효과를 거짓으로 보고하는 결과를 낳게 된다. 제2종 오류는 거짓인 영가설을 기각하지 못하는 것이다(즉, 실제 처치 효과를 탐지하지 못하는 것을 뜻한다). 이 때 연구자는 처치 효과가 없다는 것을 받아들이거나 혹은 연구를 다시 반복하여 수행하고자 할 수 있다.

5. a. 차이가 더 커지면 분자 값이 커지고, 이로 인해 z 점수는 더 커진다.

b. 표준편차가 더 커지면 분모의 표준오차가 더 커지고, 이로 인해 z 점수는 더 작아진다.

c. 표본 크기가 더 커지면 분모의 표준오차가 더 작아지고, 이로 인해 z 점수는 더 커진다.

7. H_0: $\mu = 14$(변화가 없다). H_1: $\mu \neq 14$(평균이 변하였다). 기각역은 ± 1.96을 벗어나는 z 점수들로 구성된다. 이 자료에서 표준오차는 0.6이고 $z = -\frac{1.5}{0.6} = -2.5$이다. 따라서 영가설을 기각한다. 공부 시간에 유의한 변화가 있었다고 할 수 있다.

9. a. H_0: $\mu = 71$. $\sigma = 12$일 때 표본 평균은 $z = \frac{5}{2} = 2.50$에 해당한다. 이는 영가설을 기각하기에 충분한 값이다. 따라서 온라인 수업이 유의한 효과가 있다고 결론을 내린다.

b. H_0: $\mu = 71$. $\sigma = 18$일 때 표본 평균은 $z = \frac{5}{3} = 1.67$에 해당한다. 이는 영가설을 기각하기에 충분하지 않은 값이다. 따라서 온라인 수업이 유의한 효과를 나타내지 않았다고 결론을 내린다.

c. 표본 평균과 가설 간에 5점의 차이가 존재한다. 앞의 a에서 표준오차는 2점이고, 5점의 차이는 유의하다. 그러나, b에서 표준오차는 3점이고, 5점의 차이는 우연에 의해 기대되는 것보다 유의하게 더 크지 않았다. 일반적으로, 큰 표준편차는 큰 표준오차를 낳고, 이는 영가설이 기각될 가능성을 낮춘다.

11. a. $\sigma = 8$일 때 표준오차는 2이고, $z = \frac{4}{2} = 2.00$이다. 따라서, H_0를 기각한다.

b. $\sigma = 12$일 때 표준오차는 3이고, $z = \frac{4}{3} = 1.33$이다. 따라서, H_0를 기각하지 못한다.

c. 더 큰 변산성은 H_0를 기각할 가능성을 낮춘다.

13. a. 6점의 치료 효과가 있을 때, z 점수가 1.96보다 커지려면 표준오차가 3.06보다 작아야 한다. 표본 크기는 10.68보다 커야 하므로, n = 11 이상의 표본이 필요하다.

b. 3점의 치료 효과가 있을 때, z 점수가 1.96보다 커지려면 표준오차가 1.53보다 작아야 한다. 표본 크기는 42.72보다 커야 하므로, n = 43 이상의 표본이 필요하다.

15. a. 영가설은 새로운 수업이 SAT 점수에 영향을 미치지 않는다, 혹은 $\mu = 500$이다. 기각역은 $z = +2.33$인 z 점수들로 이루어진다. 주어진 자료에서 표준오차는 22.37이므로 $z = \frac{62}{22.37} = 2.77$이다. 따라서 H_0를 기각한다. SAT 점수에 유의한 변화가 있다.

b. Cohen의 $d = \frac{62}{100} = 0.62$.

c. 새로운 수업은 SAT 점수에 유의한 영향을 미친다고 할 수 있다. $z = 2.77$, 단방 $p < .01$, $d = 0.62$.

17. a. H_0: $\mu = 7.52$(온도는 평가에 영향을 미치지 않는다). 표준오차는 0.12이므로 $z = -1.92$이고, 이는 기각역의 경계인 -1.65를 넘는 값이다. 따라서 영가설을 기각하고, 높은 온도는 레스토랑의 평가를 유의하게 낮춘다고 결론을 내린다.

b. Cohen의 $d = \frac{0.23}{0.6} = 0.383$.

c. 더 높은 온도는 레스토랑 평가를 유의하게 낮춘다. $z = -1.92$, 단방 $p < .05$, $d = 0.383$.

19. a. 처치 효과가 없을 때 표본 평균의 분포는 μ = 240을 중심으로 하고 표준오차가 10점이며, 임곗값 $z = -1.96$은 표본 평균 $M = 220.4$에 해당한다. 30점의 처치 효과가 있을 때, 표본 평균의 분포는 $\mu = 210$을 중심으로 한다. 이 분포에서 표본 평균 $M = 220.4$는 $z = 1.04$에 해당한다. 이 때 검정력은 1.04보다 더 작은 z 점수를 얻을 확률, 즉 $p = 0.8508$과 같다.

b. 표본 크기가 $n = 25$일 때, 표준오차는 6점이 된다. 이 경우, 임곗값 $z = -1.96$은 표본 평균 $M = 228.24$에 해당한다. 30점의 처치 효과가 있을 때, 표본 평균의 분포는 $\mu = 210$을 중심으로 한다. 이 분포에서 표본 평균 M = 228.24는 $z = 3.04$에 해당한다. 이 때 검정력

은 3.04보다 더 작은 z 점수를 얻을 확률, 즉 $p = 0.9988$과 같다.

21. **a.** z 점수는 증가한다(0에서 더 멀어진다).

b. Cohen의 d는 표본 크기에 의해 영향을 받지 않는다.

c. 검정력은 증가한다.

제9장 t 통계량에 대한 소개

1. z 점수는 모집단 표준편차(또는 분산)가 알려져 있을 때 사용한다. t 통계량은 모집단 분산 혹은 표준편차가 알려져 있지 않을 때 사용한다. t 통계량은 알려져 있지 않은 모집단 값을 대신하여 표본 분산 혹은 표준편차를 사용한다.

3. **a.** 표본 분산은 144이고 추정된 표준오차는 4이다.

b. 표본 분산은 36이고 추정된 표준오차는 1.5이다.

c. 표본 분산은 25이고 추정된 표준오차는 1이다.

5. **a.** $M = 7$이고 $s = \sqrt{24} = 4.90$

b. $s_M = 2$

7. **a.** $t = \pm 3.182$

b. $t = \pm 2.145$

c. $t = \pm 2.069$

9. **a.** 4.5점

b. 표본 분산은 27이고 추정된 표준오차는 $s_M = 1.5$이다.

c. 주어진 자료에서 $t = 3.00$이다. $df = 11$일 때 임곗값은 $t = \pm 2.201$이다. 따라서 H_0를 기각하고 유의한 효과가 있다고 결론을 내린다.

11. 영가설은 두 사진 간에 선호도에 차이가 없으며 영아들이 각 사진을 평균 10초씩 응시하리라는 것이다. H_0: $\mu_{매력} = 10$. $df = 8$일 때 임곗값은 $t = \pm 2.306$이다. 주어진 자료에서 분산은 9이고, 추정된 표준오차는 1이므로 $t = 3.00$이다. 따라서 영가설을 기각한다. 더 매력적인 얼굴을 유의하게 선호한다.

13. **a.** $n = 4$일 때 $s_M = 3$이고 $t = \frac{4.5}{3} = 1.50$이다. 이는 임곗값 3.182보다 크지 않으므로, 유의한 효과가 없다고 할 수 있다.

b. $n = 16$일 때 $s_M = 1.5$이고 $t = \frac{4.5}{1.50} = 3.00$이다. 이는 임곗값 2.131보다 크므로, 영가설을 기각하고 유의한 처치 효과가 있다고 결론을 내린다.

c. 표본 크기가 커질수록, 영가설을 기각할 가능성 또한 증가한다.

15. 추정된 표준오차는 2.1이고 $t = \frac{4.9}{2.1} = 2.33$이다. 양방 검정에서 임곗값은 2.947이다. 따라서 영가설을 기각하지 못한다. 즉, 질문에 답하는 것은 시험 점수를 유의하게 높이지 못한다.

17. **a.** $s^2 = 32$일 때 추정된 표준오차는 2이고 $t = \frac{5}{2} = 2.5$이다. $df = 7$일 때, 임곗값은 ± 2.365이다. 따라서 영가설을 기각한다. $r^2 = \frac{6.25}{13.25} = 0.472$. Cohen의 $d = \frac{5}{5.66} = 0.883$.

b. $s^2 = 72$일 때 추정된 표준오차는 3이고 $t = \frac{5}{3} = 1.67$이다. $df = 7$일 때, 임곗값은 ± 2.365이다. 따라서 영가설을 기각하지 못한다. $r^2 = \frac{2.79}{9.79} = 0.285$. Cohen의 $d = \frac{5}{8.49} = 0.589$.

c. 분산의 증가는 영가설이 기각될 가능성을 낮추고 Cohen의 d와 r^2 또한 낮춘다.

19. **a.** 추정된 표준오차는 1.9이고, $t = -\frac{4.5}{1.9} = -2.37$이다. 양방 검정에서 임곗값은 2.306이다. 따라서 영가설을 기각한다. 이는 전자책을 사용한 학생들의 점수가 유의하게 다르다는 것을 뜻한다.

b. 90% 신뢰구간을 구하기 위해서는 $t = \pm 1.860$을 사용한다. 신뢰 구간은 $77.2 \pm (1.860)1.9$와 같이 구할 수 있고, 이 구간은 73.666에서 80.734에 이른다.

c. 이 결과는 전자책을 사용한 학생들이 다른 학생들과 유의하게 다른 시험 점수를 얻었음을 보여준다. $t(8) = 2.37$, $p < .05$, 90%CI[73.666, 80.734].

21. a. H_0: $\mu \le 4$(중립적 평정보다 높지 않다). 추정된 표준오차는 0.26이고 $t = 2.04$이다. 임곗값이 1.753이므로, 영가설을 기각하고 유머 감각이 뛰어난 남성들이 중립적인 경우보다 유의하게 더 높게 평정된다고 결론을 내린다.

b. H_0: $\mu \ge 4$(중립적 평정보다 낮지 않다). 추정된 표준오차는 0.295이고 $t = -2.37$이다. 임곗값이 −1.753이므로, 영가설을 기각하고 유머 감각이 없는 남성들이 중립적인 경우보다 유의하게 더 낮게 평정된다고 결론을 내린다.

23. a. 추정된 표준오차는 0.20이고 $t = \frac{2.2}{0.2} = 11.00$이다. 이 t값은 임곗값 2.492를 훨씬 웃도는 값이므로 영가설을 기각한다.

b. Cohen의 $d = \frac{2.2}{1} = 2.20$, $r^2 = \frac{121}{145} = 0.8345$.

c. 95% 신뢰구간을 구하기 위해서는 $t = \pm 2.064$를 사용한다. 신뢰 구간은 $12.2 \pm (2.064)0.2$와 같이 구할 수 있고, 이 구간은 11.787에서 12.613에 이른다.

제10장 두 독립 표본 *t* 검정

연습문제 14의 성냥개비를 이용한 퍼즐을 푸는 여러 방법들은 모두 기존 사각형 중 2개의 사각형을 변형시킨다. 하나의 모서리에서 두 개의 성냥개비를 제거하면 한 개의 사각형이 없어지고 다른 성냥개비 한 개를 제거하면 다른 사각형 한 개가 없어진다. 이후 제거한 3개의 성냥개비를 사용하여 하나의 사각형을 만들 수 있다. 다음 그림에 한 가지 해결 방법을 제시하였다.

5개 사각형의 변형 전 그림 (화살표는 제거할 성냥개비를 표시함)

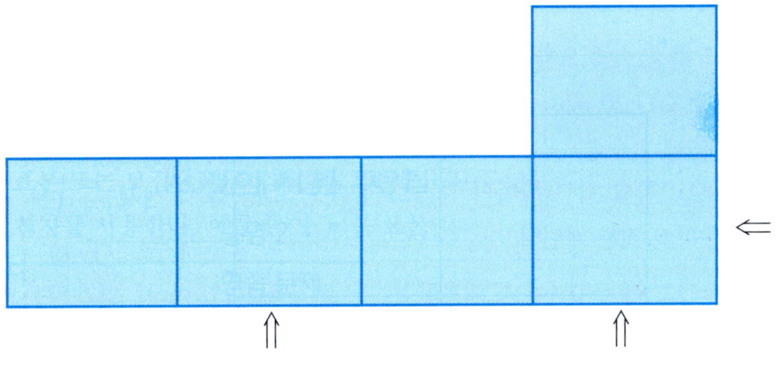

4개 사각형의 변형 후 그림 (화살표는 성냥개비의 새로운 위치를 나타냄)

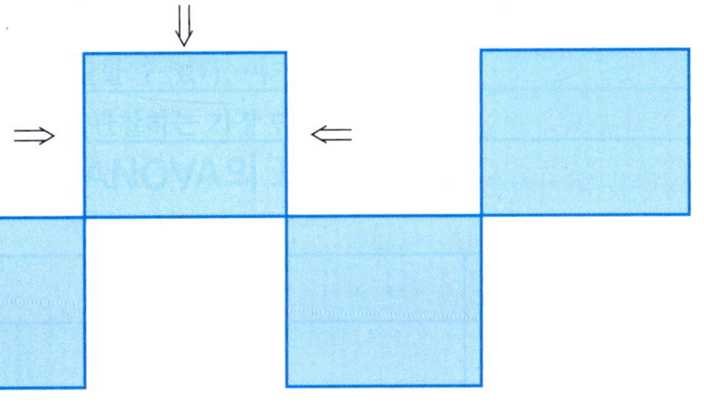

1. 독립 측정 연구는 각 처치 조건 또는 모집단에 대한 비교를 위해 개별적인 표본을 사용한다.

3. a. 첫 번째 표본은 $s^2 = 9$이고 두 번째 표본은 $s^2 = 6$이다. 통합 분산은 $\frac{60}{8} = 7.5$이다(두 분산의 중간).

b. 첫 번째 표본은 $s^2 = 9$이고 두 번째 표본은 $s^2 = 2$이다. 통합 분산은 $\frac{60}{16} = 3.75$이다(큰 표본의 본산에 가까움).

5. a. 통합 분산은 $\frac{1152}{16} = 72$이다.

b. 추정 표준 오차는 4.00이다.

c. 8점의 표본 평균 차이에 대한 $t = \frac{8}{4} = 2.00$이다. $df = 16$일 때 임곗값은 ± 2.120이다. 따라서 영가설을 기각하지 못한다.

7. 영가설은 두 학생 집단 간 평균 차이가 없다고 진술한다. 통합 분산은 20이고 추정 표준 오차는 2, $t = \frac{8}{2} = 4.00$이다. $df = 18$에서 임곗값은 ± 2.878이다. 영가설을 기각하고 어린 시절에 Sesame Street를 본 학생과 그렇지 않은 학생의 고등학교 성적에 유의미한 차이가 있다고 결론을 내린다.

9. 통합 분산은 22.5이고 추정 표준 오차는 1.5, $t = \frac{3.2}{1.50} = 2.13$이다. $df = 20+20-2 = 38$가 표에 없기 때문에 $df = 30$일 때 임곗값 ± 2.042을 사용한다. 영가설을 기각하고 학습 세션 사이의 간격은 기억력에 영향을 준다고 결론 내린다.

11. 운동을 한 집단은 $M = 23$, $SS = 104$이고, 대조군은 $M = 20$, $SS = 160$이다. 통합 분산은 8.8, 추정 표준 오차는 1.05이며 $t = 2.86$이다. $df = 30$일 때 임곗값은 2.042이다. 영가설을 기각하고 운동 프로그램이 보폭 차이에 유의미한 영향을 준다고 결론 내린다.

13. a. 영가설은 돈을 세는 것과 종이를 세는 것이 통증 느끼는 것에 영향을 미치지 않는다고 진술한다. 돈을 세는 집단의 평균은 $M = 7.56$, $SS = 42.22$이다. 종이를 세는 집단의 평균은 $M = 11.33$, $SS = 38$이다. 통합 분산은 5.01, 추정 표준 오차는 1.06이며 $t(16) = 3.57$이다. $df = 16$일 때 임곗값은 ± 2.921이다. 영가설을 기각하고 돈을 세는 것과 종이를 세는 것에서 겪는 고통의 양에는 상당한 차이가 있다고 결론을 내린다.

b. $d = \frac{3.77}{2.24} = 1.68$

15. a. 두 표본을 합하면 총 20명의 참가자가 있다.

b. $df = 18$, $\alpha = 0.5$에서 기각역은 ± 2.101 밖의 t값이다. t값은 기각역 안에 있다. 따라서 영가설을 기각하고 유의미한 차이가 있다는 결론을 내린다.

c. $r^2 = \frac{4.62}{22.62} = 0.204$ 또는 20.4%

17. 등분산성 가정은 표본에서 구한 두 모집단에 대한 분산이 동일함을 의미한다. 이 가정을 위반하면 t 검정 시 가설 검정에 대한 잘못된 결론을 초래할 수 있다.

19. a. 통합 분산은 15, 추정 표준 오차는 2이다.

b. 통합 분산은 60, 추정 표준 오차는 4이다.

c. 변산성이 클수록 표준 오차가 더 커진다.

21. a. 표본 평균 차이의 추정 표준 오차는 6이다.

b. 표본 평균 차이의 추정 표준 오차는 3이다.

c. 표본이 클수록 표준 오차가 더 작다.

23. a. 통합 분산은 56이고 추정 표준 오차는 4, $t = \frac{7}{4} = 1.75$이다. $df = 12$일 때, 임곗값은 ± 2.179이다. 영가설을 기각 할 수 없으며, Cohen의 $d = \frac{7}{\sqrt{56}} = 0.936$이다.

b. $n = 15$일 때 통합 분산은 56이고, 추정 표준 오차는 2.73, $t = \frac{7}{2.73} = 2.56$이다. $df = 28$일 때 임곗값은 ± 2.048이다. 영가설을 기각하며, Cohen의 $d = \frac{7}{\sqrt{56}} = 0.936$이다.

c. 표본 크기를 늘리면 영가설을 기각 할 가능성이 높아지지만 Cohen의 d에는 영향을 주지 않는다.

제11장 두 개의 연관된 표본에 대한 *t* 검정

1. a. 독립 측정: 연구자는 두 개의 개별 집단을 비교하고 있다.
   b. 반복 측정: 각 개인에 대해 두 가지 점수(유머를 포함과 유머가 포함되지 않음)가 있다.
   c. 반복 측정: 각 개인에 대해 두 가지 점수(전후)가 있다.

3. a. 독립 측정 설계에는 각 15명의 참가자가 있는 두 개의 개별 표본(총 30명)이 필요하다.
   b. 반복 측정 설계는 두 처치 조건에서 동일한 $n = 15$ 참가자 표본을 사용한다.

5. a. 표준 편차는 8점이며 개별 점수와 표본 평균 사이의 평균 거리를 측정한다.
   b. 추정 표준 오차는 2점이며 표본 평균과 모평균 사이의 평균 거리를 측정한다.

7. a. 차이 점수는 −1, −2, 0, −1, −2, −3, −1, −5 및 −3이다. $M_D = -2$.
   b. $SS = 18$, 표본 분산은 2.25이며 추정 표준 오차는 0.5이다.
   c. $df = 8$, $\alpha = .05$에서 임곗값은 $t = \pm 2.306$이다. 이 자료에서 $t = -4.00$이다. 따라서 영가설을 기각하고 유의미한 처치 효과가 있다고 결론 내린다.

9. a. 영가설은 남성 주제 광고에 대한 평가가 중립적인 광고의 평가와 다르지 않다는 것을 나타낸다. 이 자료에서 분산은 6.25이고 추정 표준 오차는 0.50, $t = 2.64$이다. $df = 24$일 때 임곗값은 2.064이다. 따라서 영가설을 기각한다.
   b. $r^2 = 2.64^2/(2.64^2 + 24) = 0.225$.
   c. 참가자들은 남성을 주제로 한 광고가 중립적인 광고보다 훨씬 덜 매력적이라고 평가했다. $t(24) = 2.64, p < .05, r^2 = 0.225$.

11. a. 영가설은 문자 메시지 보내기가 출석 변화에 영향을 미치지 않음을 나타낸다. 표본 분산은 196이고, 추정 표준 오차는 3.5이며 $t = 6.00$이다. $df = 15$일 때, 기각역은 $t = \pm 2.947$이다. 따라서 영가설을 기각하고 유의한 효과가 있다고 결론을 내린다.
    b. 95% 신뢰도로 t값은 ±2.131이고 구간의 경계는 21 ± 2.131(3.5)이다. 간격은 13.541에서 28.459까지 연장 가능하다.

13. 영가설은 매력적인 외모의 사진과 매력적이지 않은 외모의 사진을 본 후 인식된 지능에 차이가 없음을 나타낸다. 이 자료에서 추정 표준 오차는 0.4이고 $t = \frac{2.7}{0.4} = 6.75$이다. $df = 24$일 때 임곗값은 2.064이다. 따라서 영가설을 기각한다.

15. 영가설은 셔츠 색상이 팁에 영향을 미치지 않는다는 것이다. 이 자료에서 $M_D = 32$, 추정 표준 오차는 7이고 $t(10) = 4.57$이다. $df = 10$, $\alpha = .01$일 때 임곗값은 $t = \pm 3.169$이다. 따라서 영가설을 기각하고 셔츠 색상이 팁에 유의미한 영향을 미친다고 결론 내린다.

17. a. 추정 표준 오차는 2점이며 $t(15) = 2.00$이다. 기각역 ±2.131에서 영가설을 기각 할 수 없다.
    b. $M_D = 10$, $t(15) = 5.00$, 기각역 ±2.131에서 영가설을 기각한다.
    c. 평균 차이가 클수록 유의미한 차이를 찾을 가능성이 커진다.

19. 개인 차이의 한 가지 문제점은 한 집단의 참가자가 다른 집단의 참가자와 현저하게 다를 수 있고(더 똑똑하거나 나이가 더 많음) 이러한 차이가 집단별 평균의 차이를 가져오게 될 수 있다는 점이다. 동일한 개인이 두 집단에 있기 때문에 반복 측정 설계로 이 문제를 해결할 수 있다. 두 번째 문제는 개인차가 분산을 증가시킬 수 있다는 것이다. 반복 측정 설계에서는 분산에서 개인차를 뺌으로써 해결한다.

21. a. 문제 20에서와 점수가 동일하므로 결과도 동일하나. 2점 평균 차이의 추정 표준 오차는 1.08, $t = 1.85$이다. $df = 16$일 때 유의미한

차이는 없다.

b. 반복 측정 연구의 경우 평균 차이는 −2점, SS = 140, 표본 분산은 17.5, 추정 표준 오차는 1.39, t = 1.44이다. df = 8일 때 유의미한 차이가 없다.

23. a. 독립 측정 설계는 각각 10명의 참가자가 있는 두 개의 개별 표본이 필요하다(총 참가자 = 20명).

b. 반복 측정 설계는 두 처치 조건에서 동일한 n = 10 참가자 표본을 사용한다.

c. 대응 개체 설계는 각각 10명의 참가자가 있는 두 개의 개별 표본이 필요하다(총 참가자 = 20명).

제12장 분산 분석 소개

1. 세 개 이상의 처치 조건이 있으면, 모든 평균들의 차이를 평가하기 위해 셋 혹은 그 이상의 t 검정이 필요하다. 각 검정은 제1종 오류의 위험을 내포한다. 더 많은 검정을 실시할수록 제1종 오류의 위험은 더욱 높아진다. ANOVA는 모든 검정을 하나의 고정된 알파 수준에서 동시적으로 수행한다.

3. F-비율과 t 통계량은 모두 표본 평균들 간의 실제 평균 차이(분자)와 아무런 처치 효과가 없다면 기대되는 차이(H_0이 참일 때의 분모)를 비교한다. 만약 분자가 분모에 비해 충분히 크다면, 처치 조건 간에 유의한 차이가 있다고 결론을 내린다.

5. $df_{전체} = 23$, $df_{처치\ 간} = 2$, $df_{처치\ 내} = 21$

7. a. k = 4개의 처치 조건

b. 이 연구에는 총 N = 28명이 참여하였다.

9.

분산원	*SS*	*df*	*MS*	
처치 간	18	3	6	F = 3.00
처치 내	40	20	2	
전체	58	23		

11.

분산원	*SS*	*df*	*MS*	
처치 간	48	2	24	F = 6.00
처치 내	204	51	4	
전체	252	53		

13.

분산원	*SS*	*df*	*MS*	
처치 간	96	2	48	F(2, 15) =
처치 내	80	15	5.33	9.01
전체	176	17		

df = 2, 15일 때, α = .05에서 임곗값은 3.68이다. 따라서, 영가설을 기각한다.

15. a. 세 표본 분산은 6.00, 4.00, 14.00이다.

b. $SS_{처치\ 내} = 168$, $df_{처치\ 내} = 21$, $MS_{처치\ 내} = 8$. 세 표본 분산들의 평균 또한 8과 같다.

17. a. 표본 평균들 간의 차이가 커질수록, $MS_{처치\ 간}$ 또한 커지고, F-비율도 커진다.

b. 표본 변산성의 증가는 $MS_{처치\ 내}$를 증가시키고, 따라서 F-비율은 작아진다.

19. a. 표본 분산은 12, 13, 8이다.

b.

분산원	*SS*	*df*	*MS*	
처치 간	84	2	42	F(2, 15) =
처치 내	165	15	11	3.82
전체	249	17		

α = .05에서 임곗값은 3.68이다. 따라서, 영가설을 기각하고, 세 처치 간에 유의한 차이가 있다고 결론을 내린다.

21. a.

분산원	*SS*	*df*	*MS*	
처치 간	70	2	35	F(2, 12) =
처치 내	120	12	10	3.50
전체	190	14		

df = 2, 12일 때 임곗값은 3.88이다. 따라서, 영가설을 기각하지 못한다.

b. $\eta^2 = \frac{70}{190} = 0.368$

23. 만약 F-비율이 df = 1, 34의 자유도를 가진다면, 이 실험은 두 개의 처치만을 비교하는 것이므로 자료를 분석하기 위해 t 통계량을 사용할 수 있다. 이 때 t 통계량은 df = 34의 자유도를 가진다.

제13장 반복 측정과 2요인 분산 분석

1. 독립측정 설계의 F-비율은 분자와 분모 모두에 개인차를 포함하고 있다. 즉, 처치 간 개인차와 처치 내 개인차가 존재한다. 반복 측정 설계에서는 처치 간 개인차가 존재하지 않는다. 왜냐하면 모든 처치 조건에 동일한 개인들이 존재하기 때문이다. 따라서, F-비율의 분자에 어떠한 개인차도 포함되지 않는다. 반복 측정 F-비율에서 이러한 점을 고려하여 분자, 분모를 비교하기 위해서는 개인차를 측정하여 이를 분모에서 제거하는 것이 필요하다. 독립측정 분석에서는 처치 내 변산성이 적절한 오차항이었다. 그러나, 반복 측정에서는 오차의 측정을 위해 처치 내 변산성으로부터 개인차에 의한 변산성을 빼서 제거해야 한다.

3. 반복 측정 F-비율은 $df = 2, 28$의 자유도를 가진다.

5. a.

분산원	*SS*	*df*	*MS*	
처치 간	50	3	16.67	$F(3, 12)$
처치 내	32	16	0.67	= 24.88
참여자 간	24	4		
오차	8	12		
전체	82	19		

$df = 3, 12$일 때 임곗값은 3.49이다. 따라서, H_0을 기각한다. 네 시청 거리 간에 유의한 차이가 있다.

b. 주어진 자료에서 $\eta^2 = \frac{50}{58} = 0.862$이다.

7.

분산원	*SS*	*df*	*MS*	
처치 간	26	2	13	$F(2, 14)$
처치 내	70	21		= 6.50
참여자 간	42	7		
오차	28	14	2	
전체	96	23		

9. a. 4조건

b. 참여자 9명

11. a.

분산원	*SS*	*df*	*MS*	
처치 간	56	2	28	$F(2, 6)$
처치 내	22	9		= 16.77
참여자 간	12	3		
오차	10	6	1.67	
전체	78	11		

$df = 2, 6$일 때 임곗값은 5.14이다. 따라서, H_0을 기각한다. $\eta^2 = \frac{56}{66} = 0.848$.

b.

분산원	*SS*	*df*	*MS*	
처치 간	112	2	56	$F(2, 14)$
처치 내	44	21		= 39.16
참여자 간	24	7		
오차	20	14	1.43	
전체	156	23		

$\eta^2 = \frac{112}{132} = 0.848$.

c. 표본 크기를 두 배로 증가시키는 것은 F-비율을 크게 증가시키지만 η^2에는 아무런 영향도 미치지 않는다.

13. a.

분산원	*SS*	*df*	*MS*	
처치 간	40.5	1	40.5	$F(1, 8)$
처치 내	38	16		= 20.25
참여자 간	22	8		
오차	16	8	2	
전체	78.5	17		

F-비율은 $df = 1, 8$의 자유도를 가지며, 임곗값은 5.32이다. 따라서, H_0을 기각한다. 두 문신 조건 간에 유의한 차이가 존재한다.

b. t 검정에서 평균 차이는 $M_D = 3$이고, 차이 점수에 대한 SS는 32, 분산은 3, 표준오차는 0.667이다. 따라서 $t = \frac{3}{0.667} = 4.50$이다. $df = 8$일 때 임곗값은 2.306이므로, H_0을 기각한다. 두 문신 조건 간에 유의한 차이가 존재한다. $F = t^2$임에 주목하여라.

15. 2요인 ANOVA의 첫 번째 단계에서 전체 분산은 처치 간, 처치 내 두 부분으로 분해된다. 2요인 ANOVA의 두 번째 단계에서는 처치 간 평균 차

이가 두 개의 주효과 및 상호작용에 효과로 분해된다.

17. **a.** $M = 5$

b. $M = 1$

c. $M = 9$

19. **a.** $df = 1, 28$

b. $df = 1, 28$

c. $df = 1, 28$

21. **a.**

분산원	*SS*	*df*	*MS*	
처치 간	100	3		
A	10	1	10	$F(1, 36) = 2$
B	90	1	90	$F(1, 36) = 18.00$
A×B	0	1	0	$F(1, 36) = 0$
처치 내	180	36	5	
전체	280	39		

모든 *F*-비율들은 $df = 1, 36$의 자유도를 가지며, 임곗값은 $F = 4.11$이다. 요인 B의 주효과는 유의하지만, 요인 A의 주효과 및 상호작용 효과는 유의하지 않다.

b. 요인 A의 경우, $\eta^2 = \frac{10}{190} = 0.053$이고, 요인 B의 경우 $\eta^2 = \frac{90}{270} = 0.333$이다. 상호작용의 경우, $\eta^2 = 0$이다.

23. **a.**

분산원	*SS*	*df*	*MS*	
처치 간	340	3		
A	80	1	80	$F(1, 76) = 4.00$
B	180	1	180	$F(1, 76) = 9.00$
A×B	80	1	80	$F(1, 76) = 4.00$
처치 내	1520	76	20	
전체	1860	79		

모든 *F*-비율들에 대한 임곗값은 $F = 3.98$이다($df = 1, 70$을 사용한다). 두 개의 주효과와 상호작용 모두 유의하다.

b. 접촉(운동) 요인의 경우, $\eta^2 = \frac{80}{1600} = 0.050$이다. 시간 요인의 경우, $\eta^2 = \frac{180}{1700} = 0.106$이다. 상호작용의 경우, $\eta^2 = \frac{80}{1600} = 0.050$이다.

c. 비접촉 운동선수들의 경우, 첫 번째 시즌 전과 두 번째 시즌 후에 거의 차이가 없었으나, 접촉 운동선수들의 경우에는 두 번째 시즌 후에 눈에 띄게 점수가 낮아졌다.

25.

분산원	*SS*	*df*	*MS*	
처치 간	72	5		
A	12	1	12	$F(1, 42) = 4.00$
B	36	2	18	$F(2, 42) = 6.00$
A×B	24	2	12	$F(2, 42) = 4.00$
처치 내	126	42	3	
전체	198	47		

제14장 상관과 회귀

1. $SP = 9$

3. **a.** 산포도는 점들이 오른쪽 아래로 뻗은 직선 주변에 흩어져 있음을 보여준다.

b. 상관계수는 대체로 −0.4부터 −0.6 사이의 중간 정도 부적인 값을 갖는다.

c. 이 점수들에 대해 $SS_X = 18$, $SS_Y = 8$, $SP = -7$이다. 상관계수는 $r = -\frac{7}{12} = -0.583$이다.

5. **a.** 산포도는 네 개의 점이 사각형을 이루고 있음을 보여준다. 선형 경향성이 나타나지 않으므로 상관계수는 0에 가깝다.

b. $SS_X = 9$, $SS_Y = 25$, $SP = 0$. 상관계수는 $r = \frac{0}{15} = 0$이다.

7. **a.** 산포도는 점들이 오른쪽 위로 뻗는 직선 주변에 흩어져 있음을 보여준다. 상관계수는 0.4에서 0.6 사이일 것이다.

b. $SS_X = 6, SS_Y = 24, SP = 5$. 상관계수는 $r = \frac{5}{12} = 0.42$이다.

9. a. 남성의 체중에 대해서 $SS = 18$, 수입에 대해서는 $SS = 11,076$이며, $SP = 330$이다. 상관계수는 $r = 0.739$이다.
   b. $n = 8$일 때 $df = 7$이고 임곗값은 0.707이다. 상관계수는 유의하다.

11. $r_S = +0.960$.

13. a. 통증에 대한 평정을 X 변수로 하고 Y 변수에 대해서는 돈을 1로, 백지를 0으로 입력하면 $SS_X = 144.44, SS_Y = 4.5, SP = -17$이 된다. 점이연 상관계수는 $r = -0.667$이다.
   b. $r^2 - 0.445$.
   c. 이 식으로부터 얻은 값은 $r^2 = 0.443$이다.

15. a. $r = 0.25$
   b. $\hat{Y} = 0.5X + 6$

17. 추정의 표준오차는 회귀식으로부터 예측된 Y값과 자료의 실제 Y값 간 평균적인 거리를 측정한다.

19. $SS_X = 16, SS_Y = 134, SP = 32. M_X = 4, M_Y = 6$일 때 회귀식은 $\hat{Y} = 2X - 2$이다.

21. a. $SS_X = 12, SP = 12, \hat{Y} = X + 3$
   b.

X	$\hat{Y}$
3	6
5	8
2	5
2	5
4	7
1	4
4	7

23. a. $SS_{잔차} = 128$이고 추정의 표준오차는 4이다.
   b. $SS_{잔차} = 168$이고 추정의 표준오차는 4.58이다.

25. a. $df = 1, 18$
   b. $n = 25$쌍의 점수

제15장 카이제곱 통계량: 적합도와 독립성에 대한 검정

1. 비모수적 검정은 모집단에 대해 거의 어떠한 가정도 하지 않는다. 예를 들어 모집단이 정규 분포를 따를 필요도 없고 같은 연구에서 서로 다른 모집단이 같은 분산을 가진다는 가정(등분산성 가정)도 필요하지 않다. 모수적 검정에서는 자료가 등간척도나 비율척도로 측정되어야 한다. 비모수적 검정에서는 어떤 척도도 사용할 수 있다.

3. a. 네 개의 색상에 따른 선호도가 없다는 것(즉 모든 범주에 대해 $p = \frac{1}{4}$)이 영가설이 된다. 기대 빈도는 모든 범주에 대해 $f_e = 20$이며, 카이제곱은 3.70이다. 자유도가 3일 때 임곗값은 7.81이다. 따라서 영가설을 기각하지 못해 유의한 선호도 차이는 없다는 결론을 내리게 된다.
   b. 결과에 의하면 네 개의 색상 사이에 유의한 선호도 차이는 없다. $\chi^2(3, N = 80) = 3.70$, $p > .05$.

5. 특정한 방향에 대한 선호도가 없다는 것이 영가설이다. $df = 3$일 때 카이제곱 임곗값은 7.81이다. 네 개의 범주 모두에 대한 기대 빈도는 12.5이며 카이제곱은 8.08이다. 영가설은 기각되며 하나 이상의 방향이 선호된다는 결론을 내릴 수 있다.

7. a. 10대의 자동차 사고 분포가 등록된 운전자와 동일하다는 것(즉 20세 이하에서 16%, 20~29세에서 28%, 30세 이상에서 56%)이 영가설이 된다. $df = 2$일 때 임곗값은 5.99이다. 이 세 범주에 대한 기대 빈도는 각각 48, 84, 168이며 카이제곱은 13.76이다. 영가설을 기각하며 자동차 사고의 분포는 등록된 운전자와 동일하지 않다는 결론을 내릴 수 있다.
   b. Cohen의 $w = 0.215$.
   c. 카이제곱 검정은 자동차 사고에서 나이 분포

가 등록된 운전자의 나이 분포와 유의하게 다르다는 것을 보여 준다. 즉, $\chi^2(2, n = 300) = 13.76, p < .05, w = 0.215$.

9. 두 집단에 대해 선호도의 분포가 같다는 것(즉 비율이 같다는 것)이 영가설이다. $df = 2$일 때 임곗값은 5.99이다. 기대 빈도는 다음과 같다.

	디자인 1	디자인 2	디자인 3
학생	24	27	9
장년	24	27	9

카이제곱은 7.94이며 영가설은 기각된다.

11. 행복과 장수 사이에는 아무런 관계가 없다는 것이 영가설이다. $df = 1$일 때 임곗값은 3.84이다. 기대 빈도는 다음과 같다.

	생존	사망	
대부분 행복	384	16	400
대부분 불행	192	8	200
	576	24	

a. 카이제곱은 0.78이며 영가설을 기각하지 못한다.

b. 파이 계수는 0.036이다.

13. a. 깨진 유리를 보았다고 잘못 기억하는 사람들의 비율이 세 집단 모두에 대해 동일하다는 것이 영가설이다. 예라고 대답하는 사람들의 기대 빈도는 세 집단 공히 9.67이며, '아니요'라고 대답하는 사람들의 기대 빈도는 세 집단 모두 40.33이다. $df = 2$일 때 임곗값은 5.99이고, 이 자료에 대하여 카이제곱은 7.78이다. 영가설은 기각되며 깨진 유리에 대해 참가자가 어떻게 기억할지의 가능성은 받은 질문에 따라 달라진다는 결론을 내릴 수 있다.

b. Cramér의 V는 0.228이다.

c. 자동차가 "박살났을" 때의 속도에 대한 질문을 받은 참가자들은 깨진 유리에 대해 잘못 기억하고 있을 가능성이 두 배 이상 높았다.

d. 카이제곱 검정의 결과는 질문을 어떻게 제시하는지가 사고에 대한 참가자의 기억에 유의한 영향을 미쳤다는 것을 보여 준다. $\chi^2(2, N = 150) = 7.78, p < .05, V = 0.228$.

15. IQ와 성별이 서로 독립적이라는 것이 영가설이므로 남학생과 여학생의 IQ 점수 분포는 같아야 한다. $df = 2$, $\alpha = .05$일 때 임곗값은 5.99이다. 남학생과 여학생의 기대 빈도는 낮은 IQ에 대해 15, 중간 IQ에 대해 48, 높은 IQ에 대해 17이다. 이 자료에 대한 카이제곱 값은 3.76이며 영가설을 기각하지 못한다. 이 자료는 IQ와 성별이 유의한 관계를 지닌다는 근거를 제시하지 못한다.

17. a. 일반적으로 음주에 대한 부모의 규칙과 음주 관련 문제의 발생 간에는 아무런 관련이 없다는 것이 영가설이다. $df = 1$, $\alpha = .05$일 때 카이제곱 임곗값은 3.84이다. 기대 빈도는 다음과 같다.

	음주 관련 문제 경험		
	없음	있음	
음주 허용되지 않음	64	16	80
음주 허용됨	96	24	120
	160	40	$n = 200$

카이제곱은 6.831이며 영가설을 기각한다.

b. Cramér의 V는 0.179이다.

19. IQ와 자원봉사 간에는 아무런 관련이 없다는 것이 영가설이다. $df = 2$, $\alpha = .05$일 때 임곗값은 5.99이다. 기대 빈도는 다음과 같다.

	IQ			
	고	중	저	
자원	37.5	75	37.5	150
비자원	12.5	25	12.5	50
	50	100	50	

카이제곱 통계는 4.75이다. $\alpha = .05$, $df = 2$일 때 영가설을 기각하지 못한다.

참고 문헌

Ackerman, R., & Goldsmith, M. (2011). Metacognitive regulation of text learning: On screen versus on paper. *Journal of Experimental Psychology: Applied*, *17*, 18-32. doi:10.1037/0022086

American Psychological Association (APA). (2010). *Publication manual of the American Psychological Association* (6th ed.) Washington, DC: Author.

Anderson, D. R., Huston, A. C., Wright, J. C., & Collins, P. A. (1998). Initial findings on the long term impact of Sesame Street and educational television for children: The recontact study. In R. Noll and M. Price (Eds.), *A communication cornucopia: Markle Foundation essays on information policy* (pp. 279-296). Washington, DC: Brookings Institution.

Arden, R., & Plomin, R. (2006). Sex differences in variance of intelligence across childhood. *Personality and Individual Differences*, *41*, 39-48.

Babcock, P., & Marks, M. (2010). Leisure college, USA: The decline in student study time. *Education Outlook*, *7*. Retrieved from http://www.aei.org/article/education http://www.aei.org/article/education/higher-education/leisure-college-usa/

Bakhshi, S., Kanuparthy, P., & Gilbert, E. (2014). Demographics, weather and online reviews: A study of restaurant recommendations. International World Wide Web Conference Committee, IW3C2 (published online April 7-11, 2014). http://dx.doi/http://dx.doi.org/10.1145/2566486.2568021

Bartholow, B. D., & Anderson, C. A. (2002). Effects of violent video games on aggressive behavior: Potential sex differences. *Journal of Experimental Social Psychology*, *38*, 283-290.

Bélisle, J., & Bodur, H. O. (2010). Avatars as information: Perception of consumers based on the avatars in virtual worlds. *Psychology & Marketing*, *27*, 741-765.

Belsky, J., Weinraub, M., Owen, M., & Kelly, J. (2001). Quality of child care and problem behavior. In J. Belsky (Chair), *Early childcare and children's development prior to school entry*. Symposium conducted at the 2001 Biennial Meetings of the Society for Research in Child Development, Minneapolis, MN.

Bicard, D. F., Lott, V., Mills, J., Bicard, S., & Baylot-Casey, L. (2012). Effects of text messaged self-monitoring on class attendance and punctuality of at-risk college athletes. *Journal of Applied Behavior Analysis*, *45*, 205-210. doi:10.1901/jaba.2012.45-205

Broberg, A. G., Wessels, H., Lamb, M. E., & Hwang, C. P. (1997). Effects of day care on the development of cognitive abilities in 8-year-olds: A longitudinal study. *Development Psychology*, *33*, 62-69.

Callahan, L. F. (2009). Physical activity programs for chronic arthritis. *Current Opinion in Rheumatology*, *21*, 177-182.

Candappa, R. (2000). *The little book of wrong shui*. Kansas City, MO: Andrews McMeel Publishing.

Cepeda, N. J., Vul, E., Rohrer, D., Wixted, J. T., & Pashler, H. (2008). Spacing effects in learning: A temporal ridgeline of optimal retention. *Psychological Science*, *19*, 1095-1102.

Chandra, A., & Minkovitz, C. S. (2006). Stigma starts early: Gender differences in teen willingness to use mental health services. *Journal of Adolescent Health*, *38*, 754.el-754.e8.

Chang, A., Aeschbach, D., Duffy, J. F., & Czeisler, C. A. (2015). Evening use of light-emitting eReaders negatively affects sleep, circadian timing, and next-morning alertness. *Proceedings of the National Academy of Science of the United States*, 112. doi:10.1073/pnas.1418490112

Cohen, J. (1988). *Statistical power analysis for the behavioral sciences*. Hillsdale, NJ: Lawrence Erlbaum Associates.

Cohen, J. (1992). A power primer. *Psychological Bulletin, 112*, 155-159.

Cohen, R. (2013, August). Sugar love: A not so sweet tale. *National Geographic Magazine*. Retrieved from http://ngm.nationalgegraphich.com/2013/08/sugar/cohen-text

Cowles, M., & Davis, C. (1982). On the origins of the .05 level of statistical significance. *American Psychologist, 37*, 553-558.

Drèze, X., & Nunes, J. (2006). The endowed progress effect: How artificial advancement increases effort. *Journal of Consumer Research, 32*, 504-512.

Eagly, A. H., Ashmore, R. D., Makhijani, M. G., & Longo, L. C. (1991). What is beautiful is good but . . . : Metaanalytic review of research on the physical attractiveness stereotype. *Psychological Bulletin, 110*, 109-128.

Elbel, B., Gyamfi, J., & Kersh, R. (2011). Child and adolescent fast-food choice and the influence of calorie labeling: A natural experiment. *International Journal of Obesity, 35*, 493-500. doi:10.1038/ijo.2011.4

Elliot, A. J., & Niesta, D. (2008). Romantic red: Red enhances men's attraction to women. *Journal of Personality and Social Psychology, 95*, 1150-1164.

Evans, S. W., Pelham, W. E., Smith, B. H., Bukstein, O., Gnagy, E. M., Greiner, . . . Baron-Myak, C. (2001). Dose-response effects of methylphenidate on ecologically valid measures of academic performance and classroom behavior in adolescents with ADHD. *Experimental and Clinical Psychopharmacology, 9*, 163-175.

Flynn, J. R. (1984). The mean IQ of Americans: Massive gains 1932 to 1978. *Psychological Bulletin, 95*, 29-51.

Flynn, J. R. (1999). Searching for justice: The discovery of IQ gains over time. *American Psychologist, 54*, 5-20.

Ford, A. M., & Torok, D. (2008). Motivational signage increases physical activity on a college campus. *Journal of American College Health, 57*, 242-244.

Gaucher, D., Friesen, J., & Kay, A. C. (2011). Evidence that gendered wording in job advertisements exists and sustains gender inequality. *Journal of Personality and Social Psychology, 101*, 109-128.

Gentile, D. A., Lynch, P. J., Linder, J. R., & Walsh, D. A. (2004). The effects of video game habits on adolescent hostility, aggressive behaviors, and school performance. *Journal of Adolescence, 27*, 5-22. doi:10.1016/j.adolescence.2003.10.002

Gillen-O'Neel, C., Huynh, V. W., & Fuligni, A. J. (2013). To study or to sleep? The academic costs of extra studying at the expense of sleep. *Child Development, 84*, 133-142. doi:10/1111/j.1467-8624.2012.01834.x

Gilovich, T., Medvec, V. H., & Savitsky, K. (2000). The spotlight effect in social judgment: An egocentric bias in estimates of the salience of one's own actions and appearance. *Journal of Personality and Social Psychology, 78*, 211-222.

Gino, F. & Ariely, D. (2012). The dark side of creativity: original thinkers can be more dishonest. Journal of Personality and Social Psychology, 102, 445-459. doi:10.1037/a0026406

Guéguen, N., Jacob, C., & Lamy, L. (2010). "Love is in the air": Effects of songs with romantic lyrics on compliance with a courtship request. *Psychology of Music, 38*, 303-307.

Guéguen, N., & Jacob, C. (2012, April). Clothing color and tipping: Gentlemen patrons give more tips to waitresses with red clothes. *Journal of Hospitality & Tourism Research*. doi:10.1177/1096348012442546

Hunter, J. E. (1997). Needed: A ban on the significance test. *Psychological Science, 8*, 3-7.

Johnston, J. J. (1975). Sticking with first responses on multiple-choice exams: For better or worse? *Teaching of Psychology, 2*, 178-179.

Jones, B. T, Jones, B. C., Thomas, A. P., & Piper, J. (2003). Alcohol consumption increases attractiveness ratings of opposite sex faces: A possible third route to risky sex. *Addiction, 98*, 1069-1075. doi:10.1046/j.1360-0443.2003.00426.x

Judge, T. A., & Cable, D. M. (2010). When it comes to pay, do the thin win? The effect of weight on pay for men and women. *Journal of Applied Psychology, 96*, 95-112. doi:10.1037/a0020860

Junco, R. (2015). Student class standing, Facebook use, and academic performance. *Journal of Applied Developmental Psychology*, 36, 18-29. doi:10.1016/j.appdev.2014.11.001

Kasparek, D. G., Corwin, S. J., Valois, R. F., Sargent, R. G., & Morris, R. L. (2008). Selected health behaviors that influence college freshman weight change. *Journal of American College Health, 56*, 437-444.

Katona, G. (1940). *Organizing and memorizing*. New York, NY: Columbia University Press.

Keppel, G. (1973). *Design and analysis: A researcher's*

handbook. Englewood Cliffs, NJ: Prentice-Hall.

Killeen, P. R. (2005). An alternative to null-hypothesis significance tests. *Psychological Science*, *16*, 345-353.

Kuo, M., Adlaf, E. M., Lee, H., Gliksman, L., Demers, A., & Wechsler, H. (2002). More Canadian students drink but American students drink more: Comparing college alcohol use in two countries. *Addiction*, *97*, 1583-1592.

Levine, S. C., Suriyakham, L. W., Rowe, M. L., Huttenlocher, J., & Gunderson, E. A. (2010). What counts in the development of young children's number knowledge? *Developmental Psychology*, *46*, 1309-1319.

Liu, B., Floud, S., Pirie, K., Green, J., Peto, R., & Beral, V. (2015). Does happiness itself directly affect mortality? The prospective UK million women study. *The Lancet* (published online Dec. 9, 2015). hhtp://dx,doi.org/10.1016/S0140-6736(15)01087-9

Loftus, E. F., & Palmer, J. C. (1974). Reconstruction of automobile destruction: An example of the interaction between language and memory. *Journal of Verbal Learning & Verbal Behavior*, *13*, 585-589.

Loftus, G. R. (1996). Psychology will be a much better science when we change the way we analyze data. *Current Directions in Psychological Science*, *5*, 161-171.

McAllister, T. W., Flashman, L. A., Maerlender, A., Greenwald, R. M., Beckwith, J. G., Tosteson, T. D., . . . Turco, J. H. (2012). Cognitive effects of one season of head impacts in a cohort of collegiate contact sport athletes. *Neurology*, *78*, 1777-1784. doi:10.1212/WNL.0b013e3182582fe7

McGee, E., & Shevliln, M. (2009). Effect of humor on interpersonal attraction and mate selection. *Journal of Psychology*, *143*, 67-77.

McGee, R., Williams, S., Howden-Chapman, P., Martin, J., & Kawachi, I. (2006). Participation in clubs and groups from childhood to adolescence and its effects on attachment and self-esteem. *Journal of Adolescence*, *29*, 1-17.

McMorris, B. J., Catalano, R. F., Kim, M. J., Toumbourou, J. W., & Hemphill, S. A. (2011). Influence of family factors and supervised alcohol use on adolescent alcohol use and harms: Similarities between youth in different alcohol policy contexts. *Journal of Studies on Alcohol and Drugs*, *72*, 418-428.

Miller, K. E. (2008). Wired: Energy drinks, jock identity, masculine norms, and risk taking. *Journal of American College Health*, *56*, 481-490.

Noland, S. A. & The Society for the Teaching of Psychology Statistical Literacy Taskforce. (2012). Statistical literacy in the undergraduate psychology curriculum. Retrieved from http://www.teachpsych.org/Resources/Documents/otrp/resources/statistics/STP_Statistical_Literacy_Psychology_Major_Learning_Goals_4-2014.pdf

Oishi, S., & Schimmack, U. (2010). Residential mobility, well-being, and mortality. *Journal of Personality and Social Psychology*, *98*, 980-994.

Piff, P. K., Kraus, M. W., Cote, S., Cheng, B. H., & Keltner, D. (2010). Having less, giving more: The influence of social class on prosocial behavior. *Journal of Personality and Social Psychology*, *99*, 771-784.

Polman, H., de Castro, B. O., & van Aken, M. A. G. (2008). Experimental study of the differential effects of playing versus watching violent video games on children's aggressive behavior. *Aggressive Behavior*, *34*, 256-264. doi:10.1002/ab.20245

Resenhoeft, A., Villa, J., & Wiseman, D. (2008). Tattoos can harm perceptions: A study and suggestions. *Journal of American College Health*, *56*, 593-596.

Schachter, S. (1968). Obesity and eating. *Science*, *161*, 751-756.

Scharf, R., Demmer, R., & DeBoer, M. M. (2013). Longitudinal evaluation of milk type consumed and weight status in preschoolers. *Archives of Disease in Childhood*, *98*, 335-340. doi:10.1136/archdischild-2012-302941

Seery, M. D., Holman, E. A., & Sivler, R. C. (2010). Whatever does not kill us: Cumulative lifetime adversity, vulnerability, and resilience. *Journal of Personality and Social Psychology*, *99*, 1025-1041. doi:10.1037/a0021344

Sibbald, T. (2014). Occurrence of bimodal classroom achievement in Ontario, Alberta. *Journal of Educational Research*, *60*, 221-225.

Singh, S. (2006). Impact of color on marketing. *Management decision*, *44*(6), 783-789. doi:10.1108/00251740610673322

Slater, A., Von der Schulenburg, C., Brown, E., Badenoch, M., Butterworth, G., Parsons, S., & Samuels, C. (1998). Newborn infants prefer attractive faces. *Infant Behavior and Development*, *21*, 345-354.

Stephens, R., Atkins, J., & Kingston, A. (2009). Swearing as a response to pain. *NeuroReport: For Rapid Communication of Neuroscience Research*, *20*,

1056-1060. doi:10.1097/WNR.0b013e32832e64b1

Trombetti, A., Hars, M., Herrmann, F. R., Kressig, R. W., Ferrari, S., & Rizzoli, R. (2011). Effect of music-based multitask training on gait, balance, and fall risk in elderly people: A randomized controlled trial. *Archives of Internal Medicine*, *171*, 525-533.

Twenge, J. M. (2000). The age of anxiety? Birth cohort change in anxiety and neuroticism, 1952-1993. *Journal of Personality and Social Psychology*, *79*, 1007-1021.

U.S. Census Bureau. (2005). *Americans spend more than 100 hours commuting to work each year, Census Bureau reports*. Retrieved from http://www.census.gov/www.census.gov/Press-Release/www/releases/archives/american_community_survey_acs/004489.html

von Hippel, P. T. (2005). Mean, median, and skew: Correcting a textbook rule. *Journal of Statistics Education*, *13*. Retrieved from http://www.amstat.org/http://www.amstat.org/publications/jse/v13n2/vonhippel.html

Weinstein, Y., McDermott, K. B., & Roediger, H. L. III (2010). A comparison of study strategies for passages: Rereading, answering questions, and generating questions. *Journal of Experimental Psychology: Applied*, *16*, 308-316.

Wilkinson, L., and the Task Force on Statistical Inference. (1999). Statistical methods in psychology journals. *American Psychologist*, *54*, 594-604.

Winget, C., & Kramer, M. (1979). *Dimensions of dreams*. Gainesville, FL: University Press of Florida.

Yan, D., & Sengupta, J. (2011). Effects of construal level on the price-quality relationship. *Journal of Consumer Research*, *38*, 376-389. doi:10.1086/659755

Zhong, C., Bohns, V. K., & Gino, F. (2010). Good lamps are the best police: Darkness increases dishonesty and self-interested behavior. *Psychological Science*, *21*, 311-314.

Zhou, X., Vohs, K. D., & Baumeister, R. F. (2009). The symbolic power of money: Reminders of money after social distress and physical pain. *Psychological Science*, *20*, 700-706.

찾아보기

[ㅊ]

[ㅋ]

[ㅌ]

[ㅍ]

[ㅎ]

[기타]

역자 소개

■ 이태헌

서울대학교 계량심리학 석사
University of North Carolina at Chapel Hill 통계학 석사
University of North Carolina at Chapel Hill 계량심리학 박사
전, University of Oklahoma 심리학과 교수
전, 중앙대학교 심리학과 교수
현, 고려대학교 심리학과 교수

♣ 주요 논문

Lee, T. , & Shi, D. (2021). A Comparison of Full Information Maximum Likelihood and Multiple Imputation for Structural Equation Modeling with Missing Data, *Psychological Methods*, *26*(4), 466-485.

Lee, T., MacCallum. R. C., & Browne, M. W. (2018). Fungible Estimates in Structural Equation Modeling. *Psychological Methods*, *23*(1), 58-75.

Lee, T., Cai, L., & Kuhfeld, M. (2016). A Poor Person's Posterior Predictive Assessment of Structural Equation Models. *Structural Equation Modeling*, *23*(2), 206- 220.

■ 문광수

중앙대학교 심리학과 산업 및 조직 심리학 석사 · 박사
현, 중앙대학교 심리학과 교수

♣ 주요 저 · 역서

산업 및 조직 심리학: 직장 그리고 일에 대한 이해 (2018, 시그마프레스)
용어로 읽는 심리학(2017, 교육과학사)
직무수행관리: 조직의 효율성을 이끌어 내는 행동 변화 (2009, 학지사)

■ 박준성

나사렛대학교 신학대학원 상담학 석사
중앙대학교 일반대학원 심리학과 비교문화심리학 석사
중앙대학교 일반대학원 심리학과 사회및문화심리학 박사
현, 중앙대학교 미래교육원 심리학 전공 주임교수

♣ 주요 저 · 역서

현대심리학개론(2019, 솔과학)
통개분석의 개념과 실제(2017, 학지사)
사회심리학(2016, 학지사)

■ 박찬호

서울대학교 영어영문학 석사
University of Hawaii at Manoa 영어교육 석사
University of Wisconsin-Madison 교육심리(양적방법) 박사
현, 계명대학교 교육학과 교수

♣ 주요 저 · 역서

비교교육학과 교육학(2018, 양성원)
교실평가의 원리와 실제(2015, 교육과학사)
프로그램 평가(2014, 아카데미프레스)

■ 석혜원

서울대학교 계량심리학 석사
McGill University 심리학과 계량심리학 박사
전, Arizona State University 심리학과 교수
현, 서강대학교 심리학과 교수

♣ 주요 논문

Suk, H. W., West, S. G., Fine, K. L., & Grimm, K. J. (2019). Nonlinear growth curve modeling using penalized spline models: A gentle introduction. *Psychological Methods*, *24*(3), 269-290.

Fine, K. L., Suk, H. W., & Grimm, K. J. (2019). An examination of a functional mixed-effects modeling approach to the analysis of longitudinal data. *Multivariate Behavioral Research*, *54*(4), 475-491.

Suk, H. W., & Hwang, H. (2016). Functional Generalized Structured Component Analysis. *Psychometrika*, *81*, 940-968.

■ 이문수

연세대학교 교육학과 석사
UCLA 교육학과 교육 측정평가 박사
현, 경상대학교 교육학과 교수

♣ 주요 저 · 역서

과정중심 평가 도구 개발을 위한 문항반응모형을 적용한 척도 개발(2018, 한국문화사)

행동 과학을 위한 통계의 핵심, 제9판

Essentials of Statistics for the Behavioral Sciences

발 행 일 | 2025년 2월 28일 초판 2쇄 발행
저 자 | Frederick J Gravetter · Larry B. Wall nau · Lori-Ann B. Forzano
역 자 | 이태헌 · 문광수 · 박준성 · 박찬호 · 석혜원 · 이문수
발 행 인 | 구본하
발 행 처 | 도서출판 **박학사**
주 소 | 서울시 마포구 월드컵북로5길 33 동아빌딩 2층
전 화 | (02)3142-3764~5
팩 스 | (02)3142-3766
웹사이트 | www.pakhaksa.co.kr
등록번호 | 제10-2230호

정가 27,000원 ISBN 978-89-98521-72-1